新編諸子集成

莊子集釋

上

〔清〕郭慶藩 撰
王孝魚 點校

中華書局

莊子集釋目録

莊子集釋序

郭君子瀞爲莊子集釋成，以授先謙讀之，而其年適有東夷之亂，作而歎曰：莊子其有不得已於中乎！夫其遭世否塞，拯之末由，神彷徨乎馮閎，驗小大之無垠，究天地之終始，懼然而爲是言也。

騶衍曰：「儒者所謂中國，於天下乃八十一分居其一分耳。赤縣神州外自有九州，裨海環之，大瀛海環其外。」惠施曰：「我知天下之中央，燕之北，越之南是也。」而莊子稱之，亦言儵與忽鑿混沌死，其説若豫睹將來而推厥終極，亦異人矣哉！子貢爲挈水之槔，而漢陰丈人笑之。今之機械機事，倍於槔者相萬也。使莊子見之，奈何？蠻觸氏争地於蝸角，伏尸數萬，逐北旬日。今之蠻觸氏不知其幾也，而莊子奈何？

是故以黄帝爲君而有蚩尤，以堯爲君而有叢枝、宗、膾、胥敖。黄帝、堯非好事也，然而欲虚其國，刑其人，其不能以虚静治，決矣。彼莊子者，求其術而不得，將遂獨立於寥闊之野，以幸全其身而樂其生，烏足及天下！

且其書嘗暴著於後矣。晉演爲玄學，無解於胡羯之氛；唐尊爲真經，無救於安史之禍。徒以藥世主淫侈，澹末俗利欲，庶有一二之助焉。

而其文又絶奇，郭君愛翫之不已，因有集釋之作，附之以文，益之以博。使莊子見之，得毋曰「此猶吾之糟粕」乎？雖然，無迹奚以測履，無糟粕奚以觀於古美矣！郭君於是書爲副墨之子，將辜天下爲洛誦之孫已夫！

光緒二十年歲次甲午冬十二月，長沙愚弟王先謙謹撰。

莊子序

河南郭象子玄撰

夫莊子者，可謂知本矣，故未始藏其狂言，言雖無會而獨應者也。夫應而非會，則雖當無用；言非物事，則雖高不行；與夫寂然不動，不得已而後起者，固有間矣，斯可謂知無心者也。夫心無爲，則隨感而應，應隨其時，言唯謹爾。故與化爲體，流萬代而冥物，豈曾設對獨遘而游談乎方外哉！此其所以不經而爲百家之冠也。

然莊生雖未體之，言則至矣。通天地之統，序萬物之性，達死生之變，而明内聖外王之道，上知造物無物，下知有物之自造也。其言宏綽，其旨玄妙。至至之道，融微旨雅；泰然遺放，放而不敖。故曰不知義之所適，猖狂妄行而蹈其大方；含哺而熙乎澹泊，鼓腹而游乎混芒①。至（人）〔仁〕②極乎無親，孝慈終於兼忘，禮樂復乎已能，忠信發乎天光。用其光則其朴自成，是以神器獨化於玄冥之境而源流深長③也。

故其長波之所蕩，高風之所扇，暢乎物宜，適乎民願。弘其鄙，解其懸，灑落之功未加，而矜夸所以散。故觀其書，超然自以爲已當，經崐崘，涉太虚，而游惚怳之庭矣。雖復貪婪之人，進躁之士，暫而攬其餘芳，味其溢流，彷彿其音影，猶足曠然有忘形自得之懷，況探其遠情而玩永年者乎！遂綿邈清遐，去離塵埃而返冥極者也。

〔校〕①芒字宋趙諫議本作茫。②仁字依古逸叢書覆宋本改。③源流深長趙諫議本作源深流長。

經典釋文序録

唐陸德明撰

莊子

莊子者，姓莊，名周，（太史公云：字子休。）梁國蒙縣人也。六國時，爲漆園吏，與魏惠王、齊宣王、楚威王同時，（李頤云：與齊愍王同時。）齊楚嘗聘以爲相，不應。時人皆尚遊説，莊生獨高尚其事，優遊自得，依老氏之旨，著書十餘萬言，以逍遥自然無爲齊物而已；大抵皆寓言，歸之於理，不可案文責也。

然莊生弘才命世，辭趣華深，正言若反，故莫能暢其弘致；後人增足，漸失其真。故郭子玄云：「一曲之才，妄竄奇説，若閼弈、意脩之首，危言、游鳧、子胥之篇，凡諸巧雜，十分有三。」漢書藝文志「莊子五十二篇」，即司馬彪、孟氏所注是也。言多詭誕，或似山海經，或類占夢書，故注者以意去取。其内篇衆家並同，自餘或有外而無雜。惟子玄所注，特會莊生之旨，故爲世所貴。徐仙民、李弘範作音，皆依郭本。今以郭爲主。

崔譔注十卷，二十七篇。（清河人，晉議郎。内篇七，外篇二十。）
向秀注二十卷，二十六篇。（一作二十七篇，一作二十八篇，亦無雜篇。爲音三卷。）
司馬彪注二十一卷，五十二篇。（字紹統，河内人，晉祕書監。内篇七，外篇二十八，雜篇十四，解説三。爲音三卷。）
郭象注三十三卷，三十三篇。（字子玄，河内人，晉太傅主簿。内篇七，外篇十五，雜篇十一。爲音三卷。）
李頤集解三十卷，三十篇。（字景真，潁川襄城人，晉丞相參軍，自號玄道子。一作三十五篇。爲音一卷。）
孟氏注十八卷，五十二篇。（不詳何人。）
王叔之義疏三卷。（字穆□，琅邪人，宋處士。亦作注。）
李軌音一卷。
徐邈音三卷。

莊子序

唐西華法師成玄英撰

夫莊子者，所以申道德之深根，述重玄之妙旨，暢无爲之恬淡，明獨化之窅冥，鉗揵九流，括囊百氏，諒區中之至教，實象外之微言者也。

其人姓莊，名周，字子休，生宋國睢陽蒙縣，師長桑公子，受號南華仙人。當戰國之初，降〔襄〕〔衰〕周之末，歎蒼生之業薄，傷道德之陵夷，乃慷慨發憤，爰著斯論。其言大而博，其旨深而遠，非下士之所聞，豈淺識之能究！

所言子者，是有德之嘉號，古人稱師曰子。亦言子是書名，非但三篇之總名，亦是百家之通題。所言内篇者，内以待外立名，篇以編簡爲義。古者殺青爲簡，以韋爲編；編簡成篇，猶今連紙成卷也。故元愷云：「大事書之於策，小事簡牘而已。」内則談於理本，外則語其事迹。事雖彰著，非理不通；理既幽微，非事莫顯；欲先明妙理，故前標内篇。内篇理深，故每於文外别立篇目，郭象仍於題下即注解之，逍遥、齊物之類是也。自外篇以去，則取篇首二字爲其題目，駢拇、馬蹄之類是也。

所言逍遥遊者，古今解釋不同。今汎舉紘綱，略爲三釋。所言三者：

第一，顧桐柏云：「逍者，銷也；遥者，遠也。銷盡有爲累，遠見無爲理。以斯而遊，故曰逍遥。」

第二，支道林云：「物物而不物於物，故逍然不我待；玄感不疾而速，故遥然靡所不爲。以斯而遊天下，故曰逍遥遊。」

第三，穆夜云：「逍遥者，蓋是放狂自得之名也。至德内充，无時不適；忘懷應物，何往不通！以斯而遊天下，故曰逍遥遊。」

内篇明於理本，外篇語其事迹，雜篇雜明於理事。内篇雖明理本，不无事迹；外篇雖明事迹，甚有妙理；但立教分篇，據多論耳。

所以逍遥建初者，言達道之士，智德明敏，所造皆適，遇物逍遥，故以逍遥命物。夫無待聖人，照機若鏡，既明權實之二智，故能大齊於萬境，故以齊物次之。既指馬（蹄）①天地，混同庶物，心靈凝澹，可以攝衞養生，故以養生主次之。既善惡兩忘，境智俱妙，隨變任化，可以處涉人間，故以人間世次之。内德圓滿，故能支離其德，外以接物，既而隨物昇降，内外冥契，故以德充符次之。止水流鑑，接物无心，忘德忘形，契外會内之極，可以匠成庶品，故以大宗師次之。古之真聖，知天知人，與造化同功，即寂即應，既而驅馭羣品，故以應帝王次之。駢拇以下，皆以篇首二字爲題，既無别義，今不復次篇也。

而自古高士，晉漢逸人，皆莫不躭翫，爲之義訓；雖注述無可間然，並有美辭，咸能索隱。玄英不揆庸昧，少而習焉，研精覃思三十矣。依子玄所注三十篇，輒爲疏解，總三十卷。雖復詞情疏拙，亦頗有心跡指歸；不敢貽厥後人，聊自記其遺忘耳。

〔校〕①蹄字覆宋本亦誤衍，依齊物論篇「天地一指也，萬物一馬也」義删。

莊子集釋卷一上

内篇〔一〕逍遥遊第一〔二〕

〔一〕【釋文】「内篇①」内者，對外立名。説文：篇，書也。字從竹；從艸者草名耳，非也。

〔二〕【注】夫小大雖殊，而放於自得之場，則物任其性，事稱其能，各②當其分，逍遥一也，豈容勝負於其間哉！○慶藩案劉義慶世説新語文學類云：莊子逍遥篇，舊是難處；諸名賢所可鑽味，而不能拔理於郭向之外。支道林在白馬寺中，將馮太常共語，因及逍遥。支卓然標新理於二家之表，立異義於衆賢之外，皆是諸名賢尋味之所不得，後遂用支理。劉孝標注云：向子期、郭子玄逍遥義曰：「夫大鵬之上九萬，尺鷃之起榆枋，小大雖差，各任其性，苟當其分，逍遥一也。然物之芸芸，同資有待，得其所待，然後逍遥耳。唯聖人與物冥而循大變，爲能無待而常通。豈獨自通而已！又從有待者不失其所待，不失則同於大通矣。」支氏逍遥論曰：「夫逍遥者，明至人之心也。莊生建言大道，而寄指鵬鷃。鵬以營生之路曠，故失適於體外；鷃以在近而笑遠，有矜伐於心内。至人乘天正而高興，遊無窮於放浪。物物而不物於物，則遥然不我得；玄感不爲，不疾而速，則逍然靡不適。此所以爲逍遥也。若夫有欲當其所足，足於所足，快然有似天真，猶饑者一飽，渴者一盈，豈忘烝嘗於糗糧，絶觴爵於醪醴哉！苟非至足，豈所以逍遥乎！」此向郭之注所未盡。【釋文】「逍」音銷，亦作消。「遥」如字，亦作摇。○慶藩案逍遥二字，説文不收，作消摇者是也。禮檀弓消摇於門，漢書司馬相如傳消摇乎襄羊，京山引太玄翕首雖欲消摇，天不之兹，漢開母石闕則文燿以消摇，文選宋玉九辯聊消摇以相羊，後漢東平憲王蒼傳消摇相羊，字並從水作消，從手作摇。唐釋湛然止觀輔行傳弘決引王瞀夜云：消摇者，調暢逸豫之意。夫至理内足，無時不適；止懷應物，何往不通。以斯而遊天下，故曰消摇。又曰：理無幽隱，消然而當，形無鉅細，摇然而通，故曰消摇。解消摇義，視諸儒爲長。「遊」如字。亦作游。逍遥遊者，篇名，義取閒放不拘，怡適自得。○慶藩案家世父侍郎公曰：天下篇莊子自言其道術充實不可以已，上與造物者遊。首篇曰逍遥遊者，莊子用其無端崖之詞以自喻也。注謂小大雖殊，逍遥一也，似失莊子之指。○又案文選潘安仁秋興賦注引司馬彪云：言逍遥無爲者能遊大道也。釋文闕。「夫小大」音符。「之場」直良反。「事稱」尺證反。「各當」丁浪反。「其分」符問反。

〔校〕①依通志堂本經典釋文補。②各字宋趙諫議本作名。

北冥有魚，其名爲鯤。鯤之大，不知其幾千里也〔一〕。化而爲鳥，其名爲鵬〔二〕。鵬之背，不知其幾千里也；怒而飛，其翼若垂天之雲〔三〕。是鳥也，海運則將徙於南冥。南冥者，天池也〔四〕。

〔一〕【疏】溟，猶海也，取其溟漠無涯，故(爲)〔謂〕①之溟。東方朔十洲記云：溟海無風而洪波百丈。巨海之内，有此大魚，欲明物性自然，故標爲章首。玄中記云：東方有大魚焉，行者一日過魚頭，七日過魚尾；産三日，碧海爲之變紅。故知大物生於大處，豈獨北溟而已。

【釋文】「北冥」本亦作溟，覓經反，北海也。嵇康云：取其溟漠無涯也。梁簡文帝云：窅冥無極，故謂之冥。東方朔十洲記云：水黑色謂之冥海，無風洪波百丈。○慶藩案慧琳一切經音義三十一大乘入楞伽經卷二引司馬云：溟，謂南北極也。去日月遠，故以溟爲名也。釋文闕。「鯤」徐音昆，李侯温反。大魚名也。崔譔云：鯤當爲鯨，簡文同。○慶藩案方以智曰：鯤本小魚之名，莊子用爲大魚之名。其説是也。爾雅釋魚：鯤，魚子。凡魚之子名鯤。魯語魚禁鯤鮞，韋昭注：鯤，魚子也。張衡(東)〔西〕②京賦摷鯤鮞，薛綜注：鯤，魚子也。説文無鯤篆。段玉裁曰：魚子未生者曰鯤。鯤即卵字，許慎作卝，古音讀如關，亦讀如昆。禮内則濡魚卵醬，鄭讀卵若鯤。凡未出者曰卵，已出者曰子。鯤即魚卵，故叔重以卝字包之。莊子謂絶大之魚爲鯤，此則齊物之寓言，所謂汪洋自恣以適己者也。釋文引李頤云鯤，大魚名也，崔譔、簡文並云鯤當爲鯨，皆失之。「其幾」居豈反。下同。

〔二〕【注】鵬鯤之實，吾所未詳也。夫莊子之大意，在乎逍遥遊放，無爲而自得，故極小大之致以明性分之適。達觀之士，宜要其會歸而遺其所寄，不足事事曲與生説。自不害其弘旨，皆可略之耳。【疏】夫四序風馳，三光電卷，是以負山岳而捨故，揚舟壑以趨新。故化魚爲鳥，欲明變化之大理也。【釋文】「鵬」步登反。徐音朋。郭甫登反。崔音鳳，云：鵬即古鳳字，非來儀之鳳也。說文云：朋及鵬，皆古文鳳字也。朋鳥象形。鳳飛，羣鳥從以萬數，故以朋爲朋黨字。字林云：鵬，朋黨也，古以爲鳳字。○盧文弨曰：以朋舊作以鵬，今案文義(政)〔改〕正。○慶藩案廣川書跋寶龢鍾銘、通雅四十五並引司馬云：鵬者鳳也。釋文闕。「夫莊」音符。發句之端皆同。「性分」符問反。下皆同。「達觀」古亂反。「宜要」一遥反。

〔三〕【疏】魚論其大，以表頭尾難知；鳥言其背，亦示修短叵測。故下文云未有知其修者也。鼓怒翅翼，奮迅毛衣，既欲摶風，方將擊水。遂乃斷絶雲氣，背負青天，騫翥翱翔，淩摩霄漢，垂陰布影，若天涯之降行雲也。【釋文】「垂天之雲」司馬彪云：若雲垂天旁。崔云：垂，猶邊也，其大如天一面雲也。

〔四〕【注】非冥海不足以運其身，非九萬里不足以負其翼。此豈好奇哉？直以大物必自生於大處，大處亦必自生此大物，理固自然，不患其失，又何厝心於其間哉。【疏】運，轉也。是，指斥也，即此。鵬鳥其形重大，若不海中運轉，無以自致高昇，皆不得不然，非樂然也。且形既遷革，情亦隨變。昔日爲魚，涵泳北海；今時作鳥，騰翥南溟；雖復昇沈性殊，逍遥一也。亦猶死生聚散，所遇斯適，千變萬化，未始非吾。所以化魚爲鳥，自北徂南者，鳥是淩虚之物，南即啓明之方；魚乃滯溺之蟲，北蓋幽冥之地；欲表向明背暗，捨滯求進，故舉南北鳥魚以示爲道之逕耳。而大海洪川，原夫造化，非人所作，故曰天池也。【釋文】「海運」司馬云：運，轉也。向秀云：非海不行，故曰海運。簡文云：運，徙也。○慶藩案玉篇：運，行也。渾天儀云：天運如車轂，謂天之行不息也。此運字亦當訓行。莊子言鵬之運行不息於海，則將徙天池而休息矣。（説文：徙，迻也。段注：乍行乍止而竟止，則迻其所矣。）下文引齊諧六月息之言可證。郭氏謂非冥海不足以運其身，釋文引司馬向秀之説，皆失之。「豈好」呼報反。下皆同。「大處」昌慮反。下同。「何厝」七故反。本又作措。○盧文弨曰：案説文：厝，厲石也；措，置也；俗多通用。今莊子注作措，與説文合。

〔校〕①爲謂古多混用，今以義別。後不複出。②依文選改。

齊諧者，志怪者也。諧之言曰：「鵬之徙於南冥也，水擊三千里，摶扶搖而上者九萬里〔一〕，去以六月息者也。〔二〕野馬也，塵埃也，生物之以息相吹也〔三〕。天之蒼蒼，其正色邪？其遠而無所至極邪？其視下也，亦①若是則②已矣〔四〕。

〔一〕【注】夫翼大則難舉，故摶扶搖而後能上，九萬里乃足自③勝耳。既有斯翼，豈得決然而起，數仞而下哉！此皆不得不然，非樂然也。【疏】姓齊，名諧，人姓名也。亦言書名也，齊國有此〔徘〕〔俳〕諧之書也。誌，記也。擊，打也。摶，鬬也，扶搖，旋風也。齊諧所著之書，多記怪異之事，莊子引以爲證，明己所説不虚。大鵬既將適南溟，不可決然而起，所以舉擊兩翅，動蕩三千，踉蹌而行，方能離水。然後繚戾宛轉，鼓怒徘徊，風氣相扶，搖動而上。塗經九萬，時隔半年，從容志滿，方言憩止。適足而已，豈措情乎哉！【釋文】「齊諧」户皆反。司馬及崔並云人姓名。簡文云書。○俞樾曰：按下文諧之言曰，則當作人名爲允。若是書名，不得但稱諧。「志怪」志，記也。怪，異也。「水擊」崔云：將飛舉翼，擊水踉蹌也。踉，音亮。蹌，音七亮反。「摶」徒端反。司馬云：摶飛而上也。一音博。崔云：拊翼徘徊而上也。○盧文弨曰：當云本一作搏，音博，陸氏於考工記之搏（揎）〔埴〕④，亦云劉音博，不分別字體，非。○慶藩案慧琳一切經音義七十二引司馬云：摶，圜也。釋文闕。又文選江文通雜體詩注引司馬云：摶，圜也。扶摇，上行風也，圜飛而上行者若扶摇也。范彦龍古意贈王中書詩注引司馬曰：摶，圜也。圜飛而上若扶摇也。張景陽七命注、御覽九及九百二十七、初學記一竝引司馬曰：扶摇，上行風也。諸書所引，互有異同，與釋文亦小異。○又案説文：摶，以手圜之也。古借作專。漢書天文志騎氣卑而布卒氣摶，如淳注：摶，專也。集韻：摶，擅也，（擅亦有專義。）又曰：聚也。摶扶摇而上，言專聚風力而高舉也。釋文所引，未得摶字之義。「扶摇」徐音遥，風名也。司馬云：上行風謂之扶摇。爾雅云：扶摇謂之飈。郭璞云：暴風從下上也。○盧文弨曰：從下上倒，今據爾雅注改正。「而上」時掌反。注同。「自勝」音升。下同。「決然」喜缺反。下同。「數仞」色主反。下同。「非樂」音嶽，又五孝反。

〔二〕【注】夫大鳥一去半歲，至天池而息；小鳥一飛半朝，搶榆枋而止。此比所能則有間矣，其於適性一也。【釋文】「搶」七羊反。「枋」音方。○家世父曰：去以六月息，猶言乘長風也，與下時則不至而控於地對文。莊文多不能專於字句求之。⑤

〔三〕【注】此皆鵬之所馮以飛者耳。野馬者，游氣也。【疏】爾雅云：邑外曰郊，郊外曰牧，牧外曰野。此言青春之時，陽氣發動，遥望藪澤之中，猶如奔馬，故謂之野馬也。揚土曰塵，塵之細者曰埃。天地之閒，生物氣息更相吹動以舉於鵬者也。夫四生雜沓，萬物參差，形性不同，資待宜異。故鵬鼓垂天之翼，託風氣以逍遥；蜩張決起之翅，搶榆枋而自得。斯皆率性而動，禀之造化，非有情於遐邇，豈措意於驕矜！體斯趣者，於何而語夸企乎！【釋文】「野馬」司馬云：春月澤中游氣也。崔云：天地閒氣如野馬馳也。「塵埃」音哀。崔云：天地閒氣蓊鬱似塵埃揚也。「相吹」如字。崔本作炊。○慶藩案吹炊二字古通用。集韻：炊，累動而升也。荀子仲尼篇可炊而境也，本書在宥篇從容無爲而萬物炊累焉，注並云：炊與吹同。○又案莊生既言鵬之飛與息各適其性，又申言野馬塵埃皆生物之以息相吹，蓋喻鵬之純任自然，亦猶野馬塵埃之累動而升，無成心也。郭氏謂鵬之所馮以飛者，疑誤。「所馮」皮冰反。本亦作憑。○盧文弨曰：今注作憑，改正。

〔四〕【注】今觀天之蒼蒼，竟未知便是天之正色邪，天之爲遠而無極邪。鵬之自上以視地，亦若人之自〔此〕〔地〕⑥視天。則止而圖南矣⑦，言鵬不知道里之遠近，趣足以自勝而逝。【疏】仰視圓穹，甚爲迢遞，碧空高遠，算數無窮，蒼蒼茫昧，豈天正色！然鵬處中天，人居下地，而鵬之俯視，不異人之仰觀。人既不辨天之正色，鵬亦詎知地之遠近！自勝取足，適至南溟，鵬之圖度，止在於是矣。【釋文】「色邪」餘嗟反，助句不定之辭。後放此。○盧文弨曰：舊也嗟反，今據易釋文正。

〔校〕①闕誤云：文如海本亦作則。②闕誤則作而。③趙諫議本足自作自足。④埴字依考工記改。⑤以上三十八字，原誤置上注文之下。⑥地字依續古逸叢書本改。⑦趙本無矣字。

且夫水之積也不厚，則其負大舟也無力。覆杯水於坳堂之上，則芥爲之舟；置杯焉則膠，水淺而舟大也〔一〕。風之積也不厚，則其負大翼也無力。故九萬里，則風斯在下矣〔二〕，而後乃今培風；背負青天而莫之夭閼者，而後乃今將圖南〔三〕。

〔一〕【注】此皆明鵬之所以高飛者，翼大故耳。夫質小者所資不待大，則質大者所用不得小矣。故理有至分，物有定極，各足稱事，其濟一也。若乃失乎忘生之（主）〔生〕①而營生於至當之外，事不任力，動不稱情，則雖垂天之翼不能無窮，決起之飛不能無困矣。【疏】且者假借，是聊略之辭。夫者開發，在語之端緒。積，聚也。厚，深也。杯，小器也。坳，污陷也，謂堂庭坳陷之地也。芥，草也。膠，黏也。此起譬也。夫翻覆一杯之水於坳污堂地之間，將草葉爲舟，則浮汎靡滯；若還用杯爲舟，理必不可。何者？水淺舟大，則黏地不行故也。是以大舟必須深水，小芥不待洪流，苟其大小得宜，則物皆逍遥。【釋文】「且夫」音符。「覆」芳服反。「杯」崔本作盃。「坳堂」於交反，又烏了反，李又伊九反。崔云：堂道謂之坳。司馬云：塗地令平。支遁云：謂有坳垤形也。「芥」吉邁反，徐古邁反，一音古黠反。李云：小草也。「則膠」徐、李古孝反，一音如字。崔云：膠著地也。李云：黏也。「稱事」尺證反。後同。「其濟」子細反，本又作齊，如字。「之生」本亦作主字。「至當」丁浪反。後皆同。

〔二〕【疏】此合喻也。夫水不深厚，則大舟不可載浮；風不崇高，大翼無由淩霄漢。〔是〕②以小鳥半朝，決起（搶）榆〔枋〕③之上；大鵬九萬，飄風鼓扇其下也。

〔三〕【注】夫所以乃今將圖南者，非其好高而慕遠也，風不積則夭閼不通故耳。此大鵬之逍遥也。

【疏】培，重也。夭，折也。閼，塞也。初賴扶摇，故能昇翥；重積風吹，然後飛行。既而上負青天，下乘風脊，一淩霄漢，六月方止。網羅不逮，畢弋無侵，折塞之禍，於何而至！良由資待合宜，自致得所，逍遥南海，不亦宜乎！【釋文】「而後乃今培」音裴，重也。徐扶杯反，又父宰反，三音扶北反。本或作陪。○盧文弨曰：今本三作一，非。「風」絶句。○慶藩案王念孫曰：培之言馮也。馮，乘也。（見周官馮相氏注。）風在鵬下，故言負；鵬在風上，故言馮。必九萬里而後在風之上，在風之上而後能馮風，故曰而後乃今培風。若訓培爲重，則與上文了不相涉矣。馮與培，聲相近，故義亦相通。漢書周緤傳，更封緤爲（蒯）〔鄘〕④城侯，顔師古曰：（蒯）〔鄘〕，吕忱音陪，而楚漢春秋作馮城侯。陪馮聲相近，是其證也。（馮字古音在蒸部，陪字古音在之部。之部之音與蒸部相近，故陪馮聲亦相近。說文曰：陪，滿也。王注離騷曰：馮，滿也。陪馮聲相近，故皆訓爲滿。文穎注漢書文帝紀曰：陪，輔也。張晏注百官公卿表曰：馮，輔也。說文曰：倗，輔也。陪馮倗，聲並相近，故皆訓爲輔。說文曰：倗，從人，朋聲，讀若陪位。鄘，從邑，崩聲，讀若陪。漢書王尊傳南山羣盜倗宗等，蘇林曰：倗，音朋。晉灼曰：音倍。墨子尚賢篇守城則倍畔，非命篇倍作崩。皆其例也。）今案說文：培，益也。培風者，以風益大翼之力，助其高飛也。陸氏訓重，未明，當從王氏爲允。「背負青天」一讀以背字屬上句。「夭」於表反。司馬云：折也。「閼」徐於葛反，一音謁。司馬云：止也。李云：塞也。〇慶藩案文選劉孝標辨命論注引司馬云：夭，折；閼，止也；言無有夭止使不通者也。視釋文所引爲詳。

〔校〕①生字依釋文及世德堂本改。②是字依劉文典補正本補。③依下疏文「小鳥決起榆枋」句改。④鄘字依漢書改。

蜩與學鳩笑之曰：「我決起而飛，（槍）〔搶〕①榆枋②，時則不至而控於地而已矣，奚以之九萬里而南爲？」〔一〕適莽蒼者，三飡而反，腹猶果③然；適百里者，宿舂糧；適千里者，三月聚糧〔二〕。之二蟲又何知④〔三〕！

〔一〕【注】苟足於其性，則雖大鵬無以自貴於小鳥，小鳥無羨於天池，而榮願有餘矣。故小大雖殊，逍遥一也。　【疏】蜩，蟬也，生七八月，紫青色，一名蛁蟟。鷽鳩，鶻鳩也，即今之班鳩是也。決，卒疾之貌。（槍）〔搶〕，集也，亦突也。枋，檀木也。控，投也，引也，窮也。奚，何也。之，適也。蜩鳩聞鵬鳥之弘大，資風水以高飛，故嗤彼形大而劬勞，欣我質小而逸豫。且騰躍不過數仞，突榆檀而栖集；時困不到前林，投地息而更起，逍遥適性，樂在其中。何須時經六月，途遥九萬，跋涉辛苦，南適胡爲！以小笑大，夸企自息而不逍遥者，未之有也。

【釋文】「蜩」音條。司馬云：蟬。「學鳩」如字。一音於角反。本又作鷽，音同。本或作鸒，音預。崔云：學讀爲滑，滑鳩，一名滑雕。司馬云：學鳩，小鳩也。李云：鶻鵰也。毛詩草木疏云：鶻鳩，班鳩也。簡文云：月令云鳴鳩拂其羽是也。○慶藩案俞樾曰：釋文曰：學，本或作鸒，音預。據文選江文通雜體詩鸒斯蒿下飛，李善注即以莊子此文説之。又引司馬云：鸒鳩，小鳥。毛萇詩傳曰：鸒斯，鵯居；鵯居，鴉烏也。音豫。然則李氏所據本固作鸒，不作學也。今釋文引司馬云，學鳩，小鳩也，此經後人竄改，非其原文矣。今案釋文，學(亦或)〔本又〕作鷽。説文：鷽，雗鷽，山鵲，知來事鳥，或作雤。爾雅釋鳥：鷽，山鵲。作學者，蓋鷽叚借字。鳩爲五鳩之總名，鷽、鳩當是兩物，釋文引諸説似未分曉。「我決」向、徐喜缺反，李呼穴反。李頤云：疾貌。「(槍)〔搶〕」七良反。司馬、李云：猶集也。崔云：著也。支遁云：(槍)〔搶〕，突也。○俞樾曰：王氏引之經傳釋詞曰：則，猶或也。引史記陳丞相世家則恐後悔爲證。此文則字亦當訓爲或。「榆」徐音踰，木名也。「枋」徐音方。李云：檀木也。崔云：本也。或曰：木名。○盧文弨曰：今本作崔云木也，與下複，係字誤。「控」苦貢反。司馬云：投也。又云引也。崔云：叩也。○俞樾曰：而字下當有圖字。上文而後乃今將圖南，此即承上文而言也。文選注引此，正作奚以之九萬里而圖南爲。

〔二〕【注】所適彌遠，則聚糧彌多，故其翼彌大，則積氣彌厚也。【疏】適，往也。莽蒼，郊野之色，遥望之不甚分明也。果然，飽貌也。往於郊野，來去三食，路既非遥，腹猶充飽。百里之行，路程稍遠，舂擣糧食，爲一宿之借。適於千里之途，路既迢遥，聚積三月之糧，方充往來之食。故郭注云，所適彌遠，則聚糧彌多，故其翼彌大，則積氣彌厚者也。【釋文】「莽」莫浪反，或莫郎反。「蒼」七蕩反，或如字。司馬云：莽蒼，近郊之色也。李云：近野也。支遁云：冢間也。崔云：草野之色。「三飡」七丹反。「果然」徐如字，又苦火反。衆家皆云：飽貌。「舂」束容反。「糧」音良。

〔三〕【注】二蟲，謂鵬蜩也。對大於小，所以均異趣也。夫趣之所以異，豈知異而異哉？皆不知所以然而自然耳。自然耳，不爲也。此逍遥之大意。【疏】郭注云，二蟲，鵬蜩也；對大於小，所以均異趣也。且大鵬搏風九萬，小鳥決起榆枋，雖復遠近不同，適性均也。咸不知道里之遠近，各取足而自勝，天機自張，不知所以。既無意於高卑，豈有情於優劣！逍遥之致，其在兹乎！而呼鵬爲蟲者，大戴禮云：東方鱗蟲三百六十，應龍爲其長；南方羽蟲三百六十，鳳皇爲其長；西方毛蟲三百六十，麒麟爲其長；北方甲蟲三百六十，靈龜爲其長；中央倮蟲三百六十，聖人爲其長。通而爲語，故名鵬爲蟲也。○俞樾曰：二蟲即承上文蜩、鳩之笑而言，謂蜩、鳩至小，不足以知鵬之大也。郭注云二蟲謂鵬、蜩也。失之。

〔校〕①搶字依釋文原本改，下並同。②闕誤引文本及江南舊本枋下有而止二字。③闕誤引文本果作顆。④闕誤引文本此句上下有彼也二字。

小知不及大知，小年不及大年〔一〕。奚以知其然也〔二〕？朝菌不知晦朔，蟪蛄不知春秋，此小年也〔三〕。楚之南有冥靈者，以五百歲爲春，五百歲爲秋；上古有大椿者，以八千歲爲春，八千歲爲秋①〔四〕。而彭祖乃今以久特聞，衆人匹之，不亦悲乎〔五〕！

〔一〕【注】物各有性，性各有極，皆如年知，豈跂尚之所及哉！自此已下至於列子，歷舉年知之大小，各信其一方，未有足以相傾者也。然後統以無待之人，遺彼忘我，冥此羣異，異方同得而我無功名。是故統小大者，無小無大者也；苟有乎大小，則雖大鵬之與斥鴳，宰官之與御風，同爲累物耳。齊死生者，無死無生者也；苟有乎死生，則雖大椿之與蟪蛄，彭祖之與朝菌，均於短折耳。故遊於無小無大者，無窮者也；冥乎不死不生者，無極者也。若夫逍遥而繫於有方，則雖放之使遊而有所窮矣，未能無待也。【疏】夫物受氣不同，稟分各異，智則有明有暗，年則或短或長，故舉朝菌冥靈、宰官榮子，皆如年知，豈企尚之所及哉！故知物性不同，不可强相希效也。【釋文】「小知」音智，本亦作智。下大知並注同。下年知放此。「跂尚」丘豉反。後同。「累物」劣僞反。下皆同。

〔二〕【疏】奚，何也。然，如此也。此何以知年知不相及若此之縣（解）②耶？假設其問以生後答。

〔三〕【疏】此答前問也。朝菌者，謂天時滯雨，於糞堆之上熱蒸而生，陰溼則生，見日便死，亦謂之大芝，生於朝而死於暮，故曰朝菌。月終謂之晦，月旦謂之朔；假令逢陰，數日便萎，終不涉三旬，故不知晦朔也。蟪蛄，夏蟬也。生於麥梗，亦謂之麥節，夏生秋死，故不知春秋也。菌則朝生暮死，蟬則夏長秋殂，斯言齡命短促，故謂之小年也。【釋文】「朝菌」徐其隕反。司馬云：大芝也。天陰生糞上，見日則死，一名日及，故不知月之終始也。崔云：糞上芝，朝生暮死，晦者不及朔，朔者不及晦。支遁云：一名舜英，朝生暮落。潘尼云：木槿也。簡文云：欻生之芝也。欻，音況物反。○盧文弨曰：案菌，芝類，故字從艸。支遁潘尼以木槿當之，説殊誤。○慶藩案慧琳一切經音義八十四集古今佛道論衡卷三引司馬云：朝菌，大芝也，江東呼爲土菌，一曰道厨。又御覽九百九十八引司馬云：朝菌，大芝也，天陰時生糞上，見陽則萎，故不知月之始終。與釋文所引小異。○又案王引之曰：案淮南道應篇引此，朝菌作朝秀。（今本淮南作朝菌，乃後人據莊子改之。文選辯命論注及太平御覽蟲豸部六引淮南並作朝秀，今據改。）高注曰：朝秀，朝生暮死之蟲也，生水上，狀似蠶蛾，一名孳母。據此，則朝秀與蟪蛄，皆蟲名也。朝菌朝秀，語之轉耳，非謂芝菌，亦非謂木槿也。上文云之二蟲又何知，謂蜩與學鳩；此云不知晦朔，亦必謂朝菌之蟲。蟲者微有知之物，故以知不知言之；若草木無知之物，何須言不知乎？今案王説是也。廣雅正作朝蟀，以其爲蟲，故字從虫耳。「晦朔」晦，冥也。朔，旦也。○盧文弨曰：此以一日之蚤莫言，不若以一月之終始言。蓋朝生者不及暮，然固知朝矣；暮生者不及朝，然固知暮矣。故晦朔不當從日爲解。「惠」本亦作蟪，同。○盧文弨曰：今本作蟪，係説文新附字。「蛄」音姑。司馬云：惠蛄，寒蟬也，一名蝭蟧，春生夏死，夏生秋死。崔云：蛁蟧也。或曰山蟬。秋鳴者不及春，春鳴者不及秋。廣雅云：蟪蛄，蛁（螃）〔蟧〕也。案即楚辭所云寒螿者也。蝭，音提。蟧，音勞，又音遼。蛁，音彫。螿，音將。○慶藩案御覽九百四十九引司馬云：惠蛄，亦名蝭蟧，春生夏死，夏生秋死，故不知歲有春秋也。與釋文所引小異。

〔四〕【疏】冥靈大椿，並木名也，以葉生爲春，以葉落爲秋。冥靈生於楚之南，以二千歲爲一年也。而言上古者，伏犧時也。大椿之木長於上古，以三萬二千歲爲一年也。冥靈五百歲而花生，大椿八千歲而葉落，並以春秋賒永，故謂之大年也。【釋文】「冥」本或作榠，同。「靈」李頤云：冥靈，木名也，江南生，以葉生爲春，葉落爲秋。此木以二千歲爲一年。○盧文弨曰：案說文云：以五百歲爲春，以五百歲爲秋。言春秋則包乎冬夏矣，則當云以千歲爲一年。下大椿亦當云此木萬六千歲爲一年，不當云三萬二千歲。○慶藩案齊民要術靈作泠，引司馬云：木生江南，千歲爲一年。釋文漏引。「大椿」丑倫反。司馬云：木，一名櫄。櫄，木槿也。崔音櫄華，同。李云：生江南。一云生北户南。此木三萬二千歲爲一年。○慶藩案齊民要術引司馬云：木槿也，以萬六千歲爲一年。一名蕣椿。與釋文所引小異。

〔五〕【注】夫年知不相及若此之懸也，比於衆人之所悲，亦可悲矣。而衆人未嘗悲此者，以其性各有極也。苟知其極，則毫分不可相跂，天下又何所悲乎哉！夫物未嘗以大欲小，而必以小羨大，故舉小大之殊各有定分，非羨欲所及，則羨欲之累可以絶矣。夫悲生於累，累絶則悲去，悲去而性命不安者，未之有也。【疏】彭祖者，姓籛，名鏗，帝顓頊之玄孫也。善養性，能調鼎，進雉羹於堯，堯封於彭城，其道可祖，故謂之彭祖。歷夏經殷至周，年八百歲矣。特，獨也。以其年長壽，所以聲〔名〕獨聞於世。而世人比匹彭祖，深可悲傷；而不悲者，爲彭祖稟性遐壽，非我氣類，置之言外，不敢嗟傷。故知生也有涯，豈唯彭祖去己一毫不可企及，於是均椿菌，混彭殤，各止其分而性命安矣。【釋文】「彭祖」李云：名鏗。堯臣，封於彭城。歷虞夏至商，年七百歲，故以久壽見聞。世本云：姓籛，名鏗，在商爲守藏史，在周爲柱下史，年八百歲。籛，音翦。一云：即老子也。崔云：堯臣，仕殷世，其人甫壽七百年。王逸注楚辭天問云：彭鏗即彭祖，事帝堯。彭祖至七百歲，猶曰悔不壽，恨（杖晚）〔枕高〕③而唾遠云。帝嚳之玄孫。○盧文弨曰：玉篇：籛，子踐切，姓也，與此正合。是古讀皆然，或據廣韻改作音箋，非是。○慶藩案神仙傳曰：彭祖諱鏗，帝顓頊之玄孫，至殷末年，七百六十七歲而不衰老，遂往流沙之西，非壽終也。今案史記楚世家，顓頊生稱，稱生卷章，卷章生重黎。重黎爲帝嚳所殺，以其弟吳回後重黎爲火正。吳回生陸終，陸終生彭祖。以世系推之，彭祖乃顓頊玄孫陸終之子，禮所謂來孫也。成疏緣神仙傳作顓頊之玄孫，誤。釋文引王逸楚辭章句，以爲帝嚳之玄孫，亦非。（帝嚳爲顓頊之姪，名夋。彭祖乃顓頊子稱之玄孫，帝嚳之姪玄孫也。）「特聞」如字。崔本作待問。「之懸」音玄。「豪分」符問反，又方云反。

〔校〕①闕誤引成玄英本秋下有此大年也句。②解字依下注文删。③枕高，釋文原本亦誤，依楚辭王逸注改。

湯之問棘也是已〔一〕。窮髮之北有冥海者，天池也。有魚焉，其廣數千里，未有知其修者，其名爲鯤〔二〕。有鳥焉，其名爲鵬，背若太山①，翼若垂天之雲，搏扶摇羊角而上者九萬里，絶雲氣，負青天，然後圖南〔三〕，且適南冥也。斥鴳笑之曰：「彼且奚適也？我騰躍而上，不過數仞而下，翱翔蓬蒿之間，此亦飛之至也。而彼且奚適也？」此小大之辯也〔四〕。

〔一〕【注】湯之問棘，亦云物各有極，任之則條暢，故莊子以所問爲是也。【疏】湯是帝嚳之後，契之苗裔，姓子，名履，字天乙。母氏扶都，見白氣貫月，感而生湯。豐下兑上，身長九尺。仕夏爲諸侯，有聖德，諸侯歸之。遭桀無道，囚於夏臺。後得免，乃與諸侯同盟於景亳之地，會桀於昆吾之墟，大戰於鳴條之野，桀奔於南巢。湯既克桀，讓天下於務光，務光不受。湯即位，乃都於亳，後改爲商，殷開基之主也。棘者，湯時賢人，亦云湯之博士。列子謂之夏革，革棘聲類，蓋字之誤也。而棘既是賢人，湯師事之，故湯問於棘，詢其至道，云物性不同，各有素分，循而直往，因而任之。殷湯請益，深有玄趣，莊子許其所問，故云是已。【釋文】「棘」李云：湯時賢人。又云是棘子。崔云：齊諧之徒識冥靈大椿者名也。簡文云：一曰：湯，廣大也，棘，狹小也。○俞樾曰：李云湯時賢人，是。簡文云湯大也，棘狹小也，以湯棘爲寓名，殆未讀列子者。（此篇全本列子，上文所説鯤鵬及冥靈大椿，皆湯問篇文。）○慶藩案列子湯問篇殷湯問夏革，張注：夏革即夏棘，字子棘，湯時賢大夫。革棘古同聲通用。論語棘子成，漢書古今人表作革子成。詩匪棘其欲，禮坊記引作匪革其猶。漢書煮棗侯革朱，史記索隱革音棘。皆其證。

〔二〕【疏】修，長也。地以草爲毛髮，北方寒沍之地，草木不生，故名窮髮，所謂不毛之地。鯤魚廣闊數千，未有知其長者，明其大也。然冥海鯤鵬，前文已出，如今重顯者，正言前引齊諧，足爲典實，今牽列子，再證非虛，鄭重殷勤以成其義者也。【釋文】「窮髮」李云：髮，猶毛也。司馬云：北極之下無毛之地也。崔云：北方無毛地也。案毛，草也。地理書云：山以草木爲髮。○慶藩案窮髮之北，列子作窮髮北之北。北史蠕蠕傳：蠕蠕者，匈奴之裔，根本莫尋，翦之窮髮之野，逐之無人之鄉。窮髮，言極荒遠之地也。「其廣」古曠反。「數千」色主反。下同。

〔三〕【疏】鵬背弘巨，狀若嵩華；旋風曲戾，猶如羊角。既而凌摩蒼昊，遏絶雲霄，鼓怒放暢，圖度南海。故禦寇湯問篇云：世豈知有此物哉？大禹行而見之，伯益知而名之，夷堅聞而誌之，是也。【釋文】「羊角」司馬云：風曲上行若羊角。「而上」時掌反。下同。

〔四〕【注】各以得性爲至，自盡爲極也。向言二蟲殊翼，故所至不同，或翱翔天池，或畢志榆枋，直各稱體而足，不知所以然也。今言小大之辯，各有自然之素，既非跂慕之所及，亦各安其天性，不悲所以異，故再出之，【疏】且，將也，亦語助也。斥，小澤也。鴳，雀也。八尺曰仞。翺翔，猶嬉戲也。而鴳雀小鳥，縱任斥澤之中，騰舉踴躍，自得蓬蒿之內，故能嗤九萬之遠適，欣數仞之近飛。斯蓋辯小大之性殊，論各足之不二也。【釋文】「且適」如字，舊子餘反。下同。「斥」如字。司馬云：小澤也。本亦作尺，崔本同。簡文云：作尺非。「鴳」於諫反。字亦作鷃。司馬云：鴳，鴳雀也。○慶藩案斥鴳，釋文引崔本作尺鴳，是也。説文：鴳，鴳雇也。（犍爲舍人、李巡、孫炎爾雅注皆云：鳸，一名鴳，鴳雀也，郭注同。）斥尺古字通。文選曹植七啓注：鷃雀飛不過一尺，言其劣弱也，正釋尺字之義。淮南高注：斥澤之鷃，爲飛不出頃畝，喻弱也。文選宋玉對楚王問尺澤之鯢注：尺澤，言小也。夏侯湛抵疑尺鷃不能陵桑榆，字正作尺。一切經音義尺鷃下云：鷃長惟尺，即以尺名。釋文引簡文云作尺非，失之。「騰躍」（曲）〔由〕②若反。「翺翔」五刀反。「蓬蒿」好刀反。

〔校〕①太山，趙諫議本作大山，世德堂本作泰山。②由字依世德堂本改。

故夫知效一官，行比一鄉，德合一君，而徵一國者，其自視也亦若此矣〔一〕。而宋榮子猶然笑之〔二〕。且舉世而譽之而不加勸，舉世而非之而不加沮〔三〕，定乎內外之分〔四〕，辯乎榮辱之境①〔五〕，斯已矣〔六〕。彼其於世未數數然也〔七〕。雖然，猶有未樹也〔八〕。夫列子御風而行，泠然善也〔九〕，旬有五日而後反〔一〇〕。彼於致福者，未數數然也〔一一〕。此雖免乎行，猶有所待者也〔一二〕。若夫乘天地之正，而②御六氣之辯，以遊无窮者，彼且惡乎待哉〔一三〕！故曰，至人无己〔一四〕，神人无功〔一五〕，聖人无名〔一六〕。

〔一〕【注】亦猶鳥之自得於一方也。【疏】故是仍前之語，夫是生後之詞。國是五等之邦，鄉是萬二千五百家也。自有智數功效，堪蒞一官；自有名譽著聞，比周鄉黨；自有道德弘博，可使南面，徵成邦國，安育黎元。此三者，禀分不同，優劣斯異，其於各足，未始不齊，視己所能，亦猶鳥之自得於一方。【釋文】「知效」音智。下户教反。「行」下孟反。「比」毗至反，徐扶至反。李云：合也。「而徵」如字。司馬云：信也。崔、支云：成也。○慶藩案而徵一國，釋文及郭注無訓，成疏讀而爲轉語，非也。而字當讀爲能，能而古聲近通用也。官、鄉、君、國相對，知、仁、德、能亦相對，則而字非轉語詞明矣。淮南原道篇而以少正多，高注：而，能也。呂覽去私、不屈諸篇注皆曰：而，能也。墨子尚同篇：故古者聖王唯而審以尚同以爲正長。又曰：天下所以治者何也？唯而以尚同一義爲政故也。非命篇：不而矯其耳目之欲。楚辭九章：世孰云而知之？齊策：子孰而與我赴諸侯乎？而並與能同。堯典柔遠能邇，漢督郵班碑作而邇。皋陶謨能哲而惠，衛尉衡方碑作能悊能惠，史記夏本紀作能智能惠。禮運正義曰：劉向説苑能字皆作而。是其例。

〔二〕【注】未能齊，故有笑。【疏】子者，有德之稱，姓榮氏，宋人也。猶然，如是。榮子雖能忘有，未能遣無，故笑。宰官之徒，滯於爵禄，虚淡之人，猶懷嗤笑，見如是所以不齊。前既以小笑大，示大者不夸；今則以大笑小，小者不企；而性命不安者，理未之聞也。【釋文】

「宋榮子」司馬、李云：宋國人也。崔云：賢者也。「猶然笑之」崔、李云：猶，笑貌。案謂猶以爲笑。

〔三〕【注】審自得也。【疏】舉，皆也。勸，勵勉也。沮，怨喪也。榮子率性懷道，謷然超俗，假令世皆譽讚，亦不增其勸獎，率土非毁，亦不加其沮喪，審自得也。【釋文】「譽之」音餘。「加沮」慈吕反，敗也。

〔四〕【注】内我而外物。【疏】榮子知内既非我，外亦非物，内外雙遣，物我兩忘，故於内外之分定而不忒也。

〔五〕【注】榮己而辱人。【疏】忘勸沮於非譽，混窮通於榮辱，故能返照明乎心智，玄鑒辯於物境，不復内我而外物，榮己而辱人也。【釋文】「之竟」居領反。○慶藩案釋文作竟，古竟境字通。

〔六〕【注】亦不能復過此。【疏】斯，此也。已，止也，宋榮子智德止盡於斯也。【釋文】「能復」扶又反。

〔七〕【注】足於身，故閒於世也。【疏】數數，猶汲汲也。宋榮子率性虚淡，任理直前，未嘗運智推求，役心爲道，栖身物外，故不汲汲然者也。【釋文】「數數」音朔。下同。徐所禄反。一音桑縷反。司馬云：猶汲汲也。崔云：迫促意也。簡文所喻反，謂計數。「故閒」音閑。本亦作閑。

〔八〕【注】唯能自是耳，未能無所不可也。【疏】樹，立也。榮子捨有證無，溺在偏滯，故於無待之心，未立逍遥之趣，智尚虧也。【釋文】「未樹」司馬云：樹，立也，未立至德也。

〔九〕【注】泠然，輕妙之貌。【疏】姓列，名禦寇，鄭人也。與鄭繻公同時，師於壺丘子林，著書八卷。得風仙之道，乘風遊行，泠然輕舉，所以稱善也。【釋文】「列子」李云：鄭人，名禦寇，得風仙，乘風而行，與鄭穆公同時。「泠」音零。○慶藩案初學記、太平御覽九引司馬云：列子，鄭人列禦寇也。泠然，涼貌也。文選江文通雜體詩注引同。釋文闕。

〔一〇〕【注】苟有待焉，則雖御風而行，不能以一時而周也。【疏】旬，十日也。既得風仙，遊行天下，每經一十五日回反歸家，未能無所不乘，故不可一時周也。

〔一一〕【注】自然御風行耳，非數數然求之也。【疏】致，得也。彼列禦寇得於風仙之福者，蓋由炎涼無心，虛懷任運，非關役情取捨，汲汲求之。欲明爲道之要，要在忘心，若運役智慮，去之遠矣。○家世父曰：未數數然也，猶戴記之云天下一人而已。致福，謂備致自然之休。御風而行，猶待天機之動焉。郭象云，自然御風行，非數數然求之，誤。

〔一二〕【注】非風則不得行，斯必有待也，唯無所不乘者無待耳。【疏】乘風輕舉，雖免步行，非風不進，猶有須待。自宰官已下及宋榮禦寇，歷舉智德優劣不同，既未洞忘，咸歸有待。唯當順萬物之性，遊變化之塗，而能無所不成者，方盡逍遥之妙致者也。

〔一三〕【注】天地者，萬物之總名也。天地以萬物爲體，而萬物必以自然爲正，自然者，不爲而自然者也。故大鵬之能高，斥鴳之能下，椿木之能長，朝菌之能短，凡此皆自然之所能，非爲之所能也。不爲而自能，所以爲正也。故乘天地之正者，即是順萬物之性也；御六氣之辯者，即是遊變化之塗也；如斯以往，則何往而有窮哉！所遇斯乘，又將惡乎待哉！此乃至德之人玄同彼我者之逍遥也。苟有待焉，則雖列子之輕妙，猶不能以無風而行，故必得其所待，然後逍遥耳，而況大鵬乎！夫唯與物冥而循大變者，爲能無待而常通，豈〔獨〕③自通而已哉！又順有待者，使不失其所待，所待不失，則同於大通矣。故有待無待，吾所不能齊也；至於各安其性，天機自張，受而不知，則吾所不能殊也。夫無待猶不足以殊有待，況有待者之巨細乎！【疏】天地者，萬物之總名。萬物者，自然之别稱。六氣者，李頤云：平旦朝霞，日午正陽，日入飛泉，夜半沆瀣，並天地二氣爲六氣也。又杜預云：六氣者，陰陽風雨晦明也。又支道林云：六氣，天地四時也。辯者，變也。惡乎，猶於何也。言無待聖人，虚懷體道，故能乘兩儀之正理，順萬物之自然，御六氣以逍遥，混羣靈以變化。苟無物而不順，亦何往而不通哉！明徹於無窮，將於何而有待者也！【釋文】「六氣」司馬云：陰陽風雨晦明也。李云：平旦爲朝霞，日中爲正陽，日入爲飛泉，夜半爲沆瀣，天玄地黄爲六氣。王逸注楚辭云：陵陽子明經言，春食朝霞，朝霞者，日欲出時黄氣也。秋食淪陰，淪陰者，日没已後赤黄氣也。冬食沆瀣，沆瀣者，北方夜半氣也。夏食正陽，正陽者，南方日中氣也。並天玄地黄之氣，是爲六氣。沆，音户黨反。瀣，音下界反。支云：天地四時之氣。○慶藩案釋文引諸家訓六氣，各有不同。司馬以陰陽風雨晦〔冥〕〔明〕爲六氣，其説最古。李氏以平旦日中日入夜半並天玄地黄爲六氣，頗近牽强。王逸支遁以天地四時爲六氣。夫天地之氣，大莫與京，四時皆承天地之氣以爲氣，似不得以四時與天地並列爲六。王應麟云：六氣，少陰君火，太陰溼土，少陽相火，陽明燥金，太陽寒水，厥陰風木，而火獨有二。天以六爲節，故氣以六朞爲一備。左傳述醫和之言，天有六氣，（注云：陰陽風雨晦〔冥〕〔明〕也。）降生五味。即素問五六之數。（全祖望云：天五地〔五〕〔六〕④，見於大易，天六地五，見於國語。〔故〕⑤漢志云，五六天地之中合。然左氏之説，又與素問不同。）沈括筆談：六氣，方家以配六神，所謂青龍者，東方厥陰之氣也；其他取象皆如是。唯北方有二：曰玄武，太陽寒水之氣也；曰螣蛇，少陽相火之氣也，其在人爲腎，腎有二：左太陽寒水，右少陽相火，此坎離之交也。中央太〔陽〕〔陰〕⑥土爲句陳，配脾也。六氣之説，聚訟棼如，莫衷一是。愚謂有二説焉：一，洪範雨暘燠寒風時爲六氣也。雨，木也；暘，金也；燠，火也；寒，水也；風，土也；是爲五氣。五氣得時，是爲五行之和氣，合之則爲六氣。氣有和有乖，乖則變也，變則宜有以御之，故曰御六氣之變。一，六氣即六情也。漢書翼奉傳奉又引師説六情云：北方之情，好也，好行貪狼，申子主之；東方之情，怒也，怒行陰〔餓〕〔賊〕⑦，亥卯主之；南方之情，惡也，惡行廉貞，寅午主之；西方之情，喜也，喜行寬大，巳酉主之；上方之情，樂也，樂行姦邪，辰未主之；下方之情，哀也，哀行公正，戌丑主之。此二説似亦可備參證。「之辯」

如字。變也。崔本作和。○慶藩案辯與正對文，辯讀爲變。廣雅：辯，變也。易坤文言（猶）（由）辯之不早辯也，荀本作變。辯變古通用。崔訓和，失之。「惡乎」音烏。注同。

〔一四〕【注】無己，故順物，順物而至⑧矣。【釋文】「无己」音紀。注同。○盧文弨曰：今本无作無，下並同。「而王」于況反。本亦作至。

〔一五〕【注】夫物未嘗有謝生於自然者，而必欣賴於針石，故理至則迹滅矣。今順而不助，與至理爲一，故無功。【釋文】「於針」之（鳩）〔鴆〕⑨反，或之林反。

〔一六〕【注】聖人者，物得性之名耳，未足以名其所以得也。【疏】至言其體，神言其用，聖言其名。故就體語至，就用語神，就名語聖，其實一也。詣於靈極，故謂之至；陰陽不測，故謂之神；正名百物，故謂之聖也。一人之上，其有此三，欲顯功用名殊，故有三人之別。此三人者，則是前文乘天地之正、御六氣之辯人也。欲結此人無待之德，彰其體用，乃言故曰耳。○慶藩案文選任彦昇到大司馬記室牋注引司馬云：神人無功，言修自然，不立功也。聖人無名，不立名也。釋文闕。

〔校〕①世德堂本境作竟，與釋文同。趙諫議本作境。②唐寫本無而字。③獨字依王叔岷說補。④六字依困學紀聞全箋改。⑤故字依困學紀聞全箋補。⑥陰字依夢溪筆談改。⑦賊字依漢書改。⑧世德堂本至作王，與釋文同。⑨鴆字依釋文改。

堯讓天下於許由〔一〕，曰：「日月出矣而爝火不息，其於光也，不亦難乎！時雨降矣而猶浸灌，其於澤也，不亦勞乎〔二〕！夫子立而天下治，而我猶尸之，吾自視缺然。請致天下〔三〕。」

〔一〕【疏】堯者，帝嚳之子，姓伊祁，字放勛，母慶都，（嚳）感赤龍而生，身長一丈，兑上而豐下，眉有八彩，足履翼星，有聖德。年十五，封唐侯，二十一，代兄登帝位，都平陽，號曰陶唐。在位七十二年，乃授舜。年百二十八歲崩，葬於陽城，謚曰堯。依謚法，翼善傳聖曰堯，言其有傳舜之功也。許由，隱者也，姓許，名由，字仲武，潁川陽城人也。隱於箕山，師於齧缺，依山而食，就河而飲。堯知其賢，讓以帝位。許由聞之，乃臨河洗耳。巢父飲犢，牽而避之，曰：「惡吾水也。」死後，堯封其墓，謚曰箕公，即堯之師也。【釋文】「堯」唐帝也。「許由」隱人也，隱於箕山。司馬云：潁川陽城人。簡文云：陽城槐里人。李云：字仲武。

〔二〕【疏】爝火，猶炬火也，亦小火也。神農時十五日一雨，謂之時雨也。且以日月照燭，詎假炬火之光；時雨滂沲，無勞浸灌之澤。堯既撝謙克讓，退己進人，所以致此之辭，盛推仲武也。【釋文】「爝」本亦作燋，音爵。郭祖繳反。司馬云：然也。向云：人所然火也。一云：燋火，謂小火也。字林云：爝，炬火也，子召反。燋，所以然持火者，子約反。◯慶藩案說文：爝，苣火（被）〔祓〕也。呂不韋曰：湯（時）〔得〕①伊尹，爝以爟火，釁以犧豭。（案苣，束葦燒之也。祓，除惡之祭也。）燋，所以然持火也。段玉裁注：持火者，人所持之火也。禮少儀執燭抱燋，凡執之曰燭，未爇曰燋，燋即燭也。細繹許説，則燋本爲未爇之燭，未爇則不得云不息。釋文引司馬氏李氏本亦作燋，非。（廣韻：燋，傷火也，與焦通。別一義。）「浸」子鴆反。「灌」古亂反。○慶藩案正韻：浸，漬也，又漸也。陰符經云：天地之道浸，故陰陽勝。易之臨曰：剛浸而長。浸者，漸也。博雅：灌，聚也，又溉也。浸灌蓋浸潤漸漬之謂。

〔三〕【疏】治，正也。尸，主也。致，與也。堯既師於許由，故謂之爲夫子。若仲武立爲天子，寓内必致太平，而我猶爲物主，自視缺然不足，請將帝位讓與賢人。【釋文】「天下治」直吏反。下已治、注天下治、而治者也、既治、而治實、而治者、得以治者皆同。

〔校〕①祓字得字並依説文原本改。

許由曰：「子治天下，天下既已治也〔一〕。而我猶代子，吾將爲名乎？名者，實之賓也。吾將爲賓乎①〔二〕？鷦鷯巢於深林，不過一枝；偃鼠飲河，不過滿腹〔三〕。歸休乎君，予无所用天下爲〔四〕！庖人雖不治庖，尸祝不越樽俎而代之矣〔五〕。」

〔一〕【注】夫能令天下治，不治天下者也。故堯以不治治之，非治之而治者也。今許由方明既治，則無所代之。而治實由堯，故有子治之言，宜忘言以尋其所況。而或者遂云：治之而治者，堯也；不治而堯得以治者，許由也。斯失之遠矣。夫治之由乎不治，爲之出乎無爲也，取於堯而足，豈借之許由哉！若謂拱默乎山林之中而後得稱無爲者，此莊老之談所以見棄於當塗。〔當塗〕②者自必於有爲之域而不反者，斯之由也。【疏】治，謂理也。既，盡也。言堯治天下，久以昇平，四海八荒，盡皆清謐，何勞讓我，過爲辭費。然覩莊文則貶堯而推許，尋郭注乃劣許而優堯者，何邪？欲明放勛大聖，仲武大賢，賢聖二塗，相去遠矣。故堯負扆汾陽而喪天下，許由不夷其俗而獨立高山，圓照偏溺，斷可知矣。是以莊子援禪讓之迹，故有爝火之談；郭生察無待之心，更致不治之説。可謂探微索隱，了文合義，（宣）〔宜〕尋其旨況，無所稍嫌也。【釋文】「能令」力呈反，下同。

〔二〕【注】夫自任者對物，而順物者與物無對，故堯無對於天下，而許由與稷契爲匹矣。何以言其然邪？夫與物冥者，故羣物之所不能離也。是以無心玄應，唯感之從，汎乎若不繫之舟，東西之非己也，故無行而不與百姓共者，亦無往而不爲天下之君矣。以此爲君，若天之自高，實君之德也。若獨亢然立乎高山之頂，非夫人有情於自守，守一家之偏尚，何得專此！此故俗中之一物，而爲堯之外臣耳。若以外臣代乎内主，斯有爲君之名而無任君之實也。【疏】許由偃蹇箕山，逍遥潁水，膻臊榮利，厭穢聲名。而堯殷勤致請，猶希代己，許由若高九五，將爲萬乘之名。然實以生名，名從實起，實則是内是主，名便是外是賓。捨主取賓，喪内求外，既非隱者所尚，故云吾將爲賓也。【釋文】「稷契」息列反，皆唐虞臣也。稷，周之始祖，名棄。契，殷之始祖名。「能離」力智反。「玄應」應對之應。「（汎）〔汎〕乎」芳劍反。「非夫」音扶。下明夫同。

〔三〕【注】性各有極，苟足其極，則餘天下之財也！【疏】鷦鷯，巧婦鳥也，一名工雀，一名女匠，亦名桃蟲，好深處而巧爲巢也。偃鼠，形大小如牛，赤黑色，獐脚，脚有三甲，耳似象耳，尾端白，好入河飲水。而鳥巢一枝之外，不假茂林；獸飲滿腹之餘，无勞浩汗。況許由安兹蓬蓽，不顧金闈，樂彼疏食，詎勞玉食也！【釋文】「鷦」子遥反。「鷯」音遼。李云：鷦鷯，小鳥也。郭璞云：鷦鷯，桃雀。「偃鼠」如字。李云：鼷鼠也。説文：鼢鼠，一曰偃鼠。鼢，音扶問反。○盧文弨曰：舊無音字。今案凡不見正文及注之字而加音者，例有音字。今依前後例增。○慶藩案李楨曰：偃鼠；李云鼷鼠也。案説文鼢下云：地行鼠，伯勞所化也，一曰偃鼠。偃，或作鼴，俗作鼹。玉篇：鼴，大鼠也。廣雅：鼹鼠，鼢鼠。本艸：鼹鼠在土中行。陶注：俗一名隱鼠，一名鼢鼠，常穿耕地中行，討掘即得。説文鼷下云：鼷，小鼠也。爾雅：鼷，鼠有螫毒者。公羊成七年傳注云：鼷鼠，鼠中之微者。博物志：鼷鼠，鼠之類最小者，食物，當時不覺痛，或名甘鼠。據此，知偃鼠、鼷鼠，判然爲二，李説誤。

〔四〕【注】均之無用，而堯獨有之。明夫懷豁者無方，故天下樂推而不厭。【疏】予，我也。許由寡欲清廉，不受堯讓，故謂堯云：君宜速還黄屋，歸反紫微，禪讓之辭，宜其休息。四海之尊，於我無用，九五之貴，予何用爲！【釋文】「歸休乎君」絶句。一讀至乎字絶句，君别讀。「懷豁」呼活反。「樂推」音洛。「不厭」於豔反。

〔五〕【注】庖人尸祝，各安其所司；鳥獸萬物，各足於所受；帝堯許由，各静其所遇；此乃天下之至實也。各得其實，又何所爲乎哉？自得而已矣。故堯許之行③雖異，其於逍遥一也。

【疏】庖人，謂掌庖厨之人，則今之太官供膳是也。尸者，太廟中神主也；祝者，則今太常太祝是也；執祭版對尸而祝之，故謂之尸祝也。樽，酒器也。俎，肉器也。而庖人尸祝者，各有司存。假令膳夫懈怠，不肯治庖，尸祝之人，終不越局濫職，棄於樽俎而代之宰烹；亦猶帝堯禪讓，不治天下，許由亦不去彼山林，就茲帝位，故注云帝堯許由各静於所遇也已。

【釋文】「庖人」鮑交反，徐扶交反，掌厨人也。周禮有庖人職。○慶藩案說文：庖，厨也。禮王制三爲充君之庖，注：庖，今之厨也。周禮庖人注：庖之爲言苞也，苞裹肉曰苞苴。（裹之曰苞，藉之曰苴。）釋文一本庖下無人字，非是。「尸祝」之六反。傳鬼神辭曰祝。「樽」子存反，本亦作尊。○盧文弨曰：案尊乃正體。「俎」徐側吕反。

〔校〕①俞樾云：此本作吾將爲實乎，與上吾將爲名乎相對成文。實與賓形似，又涉上句實之賓也而誤。②當塗二字依世德堂本補。③之行二字趙諫議本作之地，世德堂本作天地。

肩吾問於連叔曰：「吾聞言於接輿〔一〕，大而无當，往而不返。吾驚怖其言，猶河漢而无極也〔二〕；大有逕庭，不近人情焉〔三〕。」

〔一〕【疏】肩吾連叔，並古之懷道人也。接輿者，姓陸，名通，字接輿，楚之賢人隱者也，與孔子同時。而佯狂不仕，常以躬耕爲務，楚王知其賢，聘以黄金百鎰，車駟二乘，並不受。於是夫負妻戴，以遊山海，莫知所終。肩吾聞接輿之言過無準的，故問連叔，詢其義旨。而言吾聞言於接輿者，聞接輿之言也。莊生寄三賢以明堯之一聖，所聞之狀具列於下文也。【釋文】「肩吾」李云：賢人也。司馬云：神名。「連叔」李云：懷道人也。「接輿」本又作與，同，音餘。接輿，楚人也，姓陸，名通。皇甫謐曰：接輿躬耕，楚王遣使以黄金百鎰車二駟聘之，不應。

〔二〕【疏】所聞接輿之言，（怖）〔恢〕弘而無的當，一往而陳梗概，曾無反覆可尋。吾竊聞之，驚疑怖恐，猶如上天河漢，迢遞清高，尋其源流，略無窮極也。【釋文】「無當」丁浪反，司馬云：言語弘大，無隱當也。「驚怖」普布反，廣雅云：懼也。

〔三〕【疏】逕庭，猶過差，亦是直往不顧之貌也。謂接輿之言，不偶於俗，多有過差，不附世情，故大言不合於里耳也。【釋文】「大有」音泰，徐勑佐反。「逕」徐古定反，司馬本作莖。「庭」勑定反。李云：逕庭，謂激過也。○慶藩案文選劉孝標辯命論注引司馬云：極，崖也，言廣若河漢無有崖也。逕庭，激過之辭也。釋文闕。「不近」附近之近。

連叔曰：「其言謂何哉〔一〕？」

〔一〕【疏】陸通之説其若何？此則反質肩吾所聞意謂。

曰：『藐姑射之山，有神人居焉，肌膚若冰雪，（綽）〔淖〕①約若處子〔一〕。不食五穀，吸風飲露〔二〕。乘雲氣，御飛龍，而遊乎四海之外〔三〕。其神凝，使物不疵癘而年穀熟。』吾以是狂而不信也〔四〕。」

〔一〕【注】此皆寄言耳。夫神人即今所謂聖人也。夫聖人雖在廟堂之上，然其心無異於山林之中，世豈識之哉！徒見其戴黄屋，佩玉璽，便謂足以纓紱②其心矣；見其歷山川，同民事，便謂足以憔悴其神矣；豈知至至者之不虧哉！今言王德之人而寄之此山，將明世所無由識，故乃託之於絶垠之外而推之於視聽之表耳。處子者，不以外傷内。【疏】藐，遠也。山海經云：姑射山在寰海之外，有神聖之人，戢機應物。時須揖讓，即爲堯舜；時須干戈，即爲湯武。綽約，柔弱也。處子，未嫁女也。言聖人動寂相應，則空有並照，雖居廊廟，無異山林，和光同塵，在染不染。冰雪取其潔净，綽約譬以柔和，處子不爲物傷，姑射語其絶遠。此明堯之盛德，窈冥玄妙，故託之絶垠之外，推之視聽之表。斯蓋寓言耳，亦何必有姑射之實乎，宜忘言以尋其所況。此即肩吾述己昔聞以答連叔之辭者也。【釋文】「藐」音邈，又妙紹反。簡文云：遠也。「姑射」徐音夜，又食亦反，李實夜反。山名，在北海中。○李楨曰：姑射山，釋文云在北海中。下文姑射在汾水之陽。考山海經本有兩姑射。東山經：盧其之山，又南三百八十里，曰姑射之山，無草木，多水。又南，水行三百里，流沙百里，曰北姑射之山，無草木，多水。又南三百里，曰南姑射之山，無草木，多水。海内北經：列姑射在海河洲中，姑射國在海中，屬列姑射，西南山環之。列子黄帝篇，列姑射在海河洲中。與海内北經同。（下文山上有神人云云，大致與莊子同，足證音義云姑射在北海中不誤。）唐殷敬順列子釋文引山海經曰：姑射國在海中，西南山環之。從國南水行百里，曰姑射之山。又西南行三百八十里，曰姑射山。郭云河水所經海上也。言遥望諸姑射山行列在海河之閒也。與今本山海經不同。隋書地理志，臨汾有姑射山，此即東山經之姑射。莊子所謂姑射之山，汾水之陽是也。據秦氏恩復列子補注云：臨汾姑射，即今平陽府西之九孔山。前後左右並無所謂南北姑射者。證之殷氏釋文，則東山經北姑射南姑射兩條，當在海内北經西南山環之之下。蓋必有諸姑射環列，而後可以列姑射名之也。且殷所據山海經爲唐時本，度古本元如此，不知何時脱寫，羼入東山經姑射山一條之後，遂成今本。賴有列子釋文，可以正山海經之誤。而莊子兩言姑射。一在北海，一在臨汾，亦免混合爲一。（畢氏沅注山海經引莊子，誤混爲一。）雖其文並屬寓言，而山名所在，既皆確有可據，要無妨辨證及之耳。「肌」居其反。〇慶藩案冰，古凝字，肌膚若冰雪，即詩所謂膚如凝脂也，（風俗通義引詩云，既白且滑。）説文，冰正字，凝俗字。爾雅冰脂也，孫炎本作凝。冰脂以滑白言，冰雪以絜白言也。「淖」郭昌略反，又徒學反。字林丈卓反。蘇林漢書音：火也。「約」如字。李云：淖約，柔弱貌。司馬云：好貌。「處子」在室女也。「黄屋」車蓋以黄爲裏。一云，冕裏黄也。「玉璽」音徙。「纓」字或作嬰。「紱」方物反，字或作紼。〇盧文弨曰：今注本作纓紼。案説文：紼，亂系也。此纓紼當作嬰拂解，不當以爲冠紱。紱亦俗字，説文本作市，重文作韍。「憔悴」在遥反，下在醉反。「至至者」本亦作至足者。「王德」于況反。本亦作至。「絶垠」音銀，又五根反。本又作限。

〔二〕【注】俱食五穀而獨爲神人，明神人者非五穀所爲，而特禀自然之妙氣。【疏】五穀者，黍稷麻菽麥也。言神聖之人，降生應物，挺淳粹之精靈，禀陰陽之秀氣。雖順物以資待，非五穀之所爲，託風露以清虛，豈四時之能變也！【釋文】「吸」許及反。

〔三〕【疏】智照靈通，無心順物，故曰乘雲氣。不疾而速，變現無常，故曰御飛龍。寄生萬物之上而神超六合之表，故曰遊乎四海之外也。

〔四〕【注】夫體神居靈而窮理極妙者，雖靜默閒堂之裏，而玄同四海之表，故乘兩儀而御六氣，同人羣而驅萬物。苟無物而不順，則浮雲斯乘矣；無形而不載，則飛龍斯御矣。遺身而自得，雖淡然而不待，坐忘行忘，忘而爲之，故行若曳枯木，止若聚死灰，是以云其神凝也。其神凝，則不凝者自得矣。世皆齊其所見而斷之，豈嘗信此哉！【疏】凝，靜也。疵癘，疾病也。五穀熟，謂有年也。聖人形同枯木，心若死灰，本迹一時，動寂俱妙，凝照潛通，虛懷利物，遂使四時順序，五穀豐登，人無災害，物無夭枉。聖人之處世，有此功能，肩吾未悟至言，謂爲狂而不信。【釋文】「神凝」魚升反。「疵」在斯反，病也。司馬云：毀也。一音子爾反。「癘」音厲，李音賴，惡病也。本或作厲。「狂」求匡反。李云：癡也。李又九況反。「閒」音閑。「澹然」徒暫反，恬靜也。「皆齊」才細反，又如字。「而斷」丁亂反。

〔校〕①淳字依釋文及世德堂本改。②世德堂本紱作紼。

連叔曰：「然。瞽者无以與乎文章之觀，聾者无以與乎鐘鼓之聲。豈唯形骸有聾盲①哉？夫知亦有之〔一〕。是其言也，猶時女也〔二〕。之人也，之德也，將旁礴萬物以爲一，世蘄乎亂，孰弊弊焉以天下爲事〔三〕！之人也，物莫之傷〔四〕，大浸稽天而不溺，大旱金石流土山焦而不熱〔五〕。是其塵垢粃糠，將猶陶鑄堯舜者也，孰肯以物爲事〔六〕！宋人資章甫而適諸越，越人斷髮文身，無所用之〔七〕。堯治天下之民，平海内之政，往見四子藐姑射之山，汾水之陽，窅然喪其天下焉〔八〕。」

〔一〕【注】不知至言之極妙，而以爲狂而不信，此知之聾盲也。【疏】瞽者，謂眼無眹縫，冥冥如鼓皮也。聾者，耳病也。盲者，眼根敗也。夫目視耳聽，蓋有物之常情也，既瞽既聾，不可示之以聲色也。亦猶至言妙道，唯懸解者能知。愚惑之徒，終身未悟，良由智障盲闇，不能照察，豈唯形質獨有之耶！是以聞接輿之言，謂爲狂而不信。自此以下，是連叔答肩吾之辭也。【釋文】「瞽」音古。盲者無目，如鼓皮也。「與乎」徐音豫，下同。「之觀」古亂反。「聾」鹿工反，不聞也。「之聾」崔、向、司馬本此下更有眇者無以與乎眉目之好，夫刖者不自爲假文屨。「夫知」音智。注知之同。

〔二〕【注】謂此接輿之所言者，自然爲物所求，但知之聾盲者謂無此理。【疏】是者，指斥之言也。時女，少年處室之女也。指此接輿之言，猶如窈窕之女，綽約凝潔，爲君子所求，但知之聾盲者謂無此理也。【釋文】「時女」司馬云：猶處女也。向云：時女虛靜柔順，和而不喧，未嘗求人而爲人所求也。○慶藩案時，是也。猶時女也，謂猶是女也。猶時二字連讀。

易女子貞不字，女即處女也。司馬訓時女猶處女，疑誤，詩大雅綿篇曰止曰時，箋曰：時，是也。是其證。

〔三〕【注】夫聖人之心，極兩儀之至會，窮萬物之妙數。故能體化合變，無往不可，旁礴萬物，無物不然。世以亂故求我，我無心也。我苟無心，亦何爲不應世哉！然則體玄而極妙者，其所以會通萬物之性，而陶鑄天下之化，以成堯舜之名者，常以不爲爲之耳，孰弊弊焉勞神苦思，以事爲事，然後能乎！【疏】之是語助，亦歎美也。旁礴，猶混同也。蘄，求也。孰，誰也。之人者，歎堯是聖人；之德者，歎堯之盛德也。言聖人德合二儀，道齊羣品，混同萬物，制馭百靈。道荒淫，蒼生離亂，故求大聖君臨安撫。而虚舟懸鏡，應感無心，誰肯勞形弊智，經營區宇，以事爲事，然後能事，故老子云爲無爲，事無事，又云取天下常以無事，及其有事不足以取天下也。【釋文】「旁」薄剛反，李鋪剛反。字又作磅，同。「礴」蒲博反，李普各反。司馬云：旁礴，猶混同也。○李楨曰：漢司馬相如傳旁魄四塞，注：旁魄，廣被也。魄與礴通。揚雄傳旁薄羣生，注：旁薄，猶言蕩薄也。蕩薄即廣被之意。旁礴萬物，承上之德也三字，言其德將廣被萬物以爲一。世蘄乎亂，亂，治也，猶虞書亂而敬之亂，舉世望治，德握其符，神人無功，豈肯有勞天下之迹！老子云，我無爲而民自化，此之謂也。「世蘄」徐音祈。李云：求也。○盧文弨曰：舊蘄作鄿，譌，今從宋本正。「弊弊」李扶世反。徐扶計反。簡文云：弊弊，經營貌，司馬本作蔽蔽。「不應」應對之應。「苦思」息嗣反。

〔四〕【注】夫安於所傷，則傷不能傷；傷不能傷，而物亦不傷之也。

〔五〕【注】無往而不安，則所在皆適，死生無變於己，況溺熱之間哉！故至人之不嬰乎禍難，非避之也，推理直前而自然與吉會。【疏】稽，至也。夫達於生死，則無死無生；宜於水火，則不溺不熱。假令陽九流金之災，百六滔天之禍，紛紜自彼，於我何爲！故郭注云，死生無變於己，何況溺熱之間也哉！【釋文】「大浸」子鴆反。「稽天」音雞，徐、李音啓。司馬云：至也。「不溺」奴歷反，或奴學反。「禍難」乃旦反。「非避」音辟。

〔六〕【注】堯舜者，世事之名耳；爲名者，非名也。故夫堯舜者，豈直堯舜而已哉？必有神人之實焉。今所稱堯舜者，徒名其塵垢粃糠耳。【疏】散爲塵，膩爲垢，穀不熟爲粃，穀皮曰糠，皆猥物也。鎔金曰鑄，範土曰陶。謚法，翼善傳聖曰堯，仁聖盛明曰舜。夫堯至（本）〔聖〕，妙絶形名，混迹同塵，物甘其德，故立名謚以彰聖體。然名者粗法，不異粃糠；謚者世事，何殊塵垢。既而矯諂佞妄，將彼塵垢鍛鑄爲堯，用此粃糠埏埴作舜。豈知妙體胡可言邪！是以誰肯以物爲事者也。【釋文】「塵垢」古口反。塵垢，猶染污。「粃」本又作秕。徐甫姊反，又悲矣反。○盧文弨曰：案説文作秕。「穅」字亦作糠，音康。粃穅，猶煩碎。○盧文弨曰：舊本穅作康，今依注本改。穅亦俗字。似當云音康，字亦作康爲是，疑後人亂之，而又妄改也。康已從米，何必又贅米旁。「陶」徒刀反，李移昭反。本亦作鞫，音同。「鑄」之樹反。

〔七〕【疏】此起譬也。資，貨也。越國逼近江湖，斷髮文身，以避蛟龍之難也。章甫，冠名也。故孔子生於魯，衣縫掖；長於宋，冠章甫。而宋實微子之裔，越乃太伯之苗，二國貿遷往來，乃以章甫爲貨。且章甫本充首飾，必須雲鬟承冠，越人斷髮文身，資貨便成無用。亦如榮華本猶滯著，富貴起自驕矜。堯既體道洞忘，故能無用天下。故郭注云，夫堯之無所用天下爲，亦猶越人無所用章甫耳。【釋文】「宋人」宋，今梁國睢陽縣，殷後，微子所封。「資章甫」李云：資，貨也。章甫，殷冠也。以冠爲貨。「越」今會稽山陰縣。○慶藩案文選張景陽雜詩注引司馬云：資，取也。章甫，冠名也。（嵇叔夜與山巨源絕交書注引同。）諸，於也。釋文闕。○李楨曰：諸越，猶云於越。春秋定五年經於越入吴，杜注：於，發聲也。公羊傳：於越者，未能以其名通也，何休注：越人自名於越。此作諸者，廣雅釋言：諸，於也。禮記射義注：諸，猶於也。是疊韻假借。「斷」丁管反。李徒短反。司馬本作敦，云：敦，斷也。

〔八〕【注】夫堯之無用天下爲，亦猶越人之無所用章甫耳。然遺天下者，固天下之所宗。天下雖宗堯，而堯未嘗有天下也，故窅然喪之，而嘗遊心於絕冥之境，雖寄坐萬物之上而未始不逍遥也。四子者蓋寄言，以明堯之不一於堯耳。夫堯實冥矣，其迹則堯也。自迹觀冥，內外異域，未足怪也。世徒見堯之爲堯，豈識其冥哉！故將求四子於海外而據堯於所見，因謂與物同波者，失其所以逍遥也。然未知至遠之〔迹〕〔所〕②順者更近，而至高之所會者反下也。若乃厲然以獨高爲至而不夷乎俗累，斯山谷之士，非無待者也，奚足以語至極而遊無窮哉！

【疏】治，言緝理；政，言風教。此合喻也。汾水出自太原，西入於河。水北曰陽，則今之晉州平陽縣，在汾水北，昔堯都也。窅然者寂寥，是深遠之名。喪之言忘，是遣蕩之義。而四子者，四德也：一本，二迹，三非本非迹，四非非本迹也。言堯反照心源，洞見道境，超兹四句，故言往見四子也。夫聖人無心，有感斯應，故能緝理萬邦，和平九土。雖復凝神四子，端拱而坐汾陽；統御萬機，窅然而喪天下。斯蓋即本即迹，即體即用，空有雙照，動寂一時。是以姑射不異汾陽，山林豈殊黄屋！世人齊其所見，曷嘗信此邪！而馬彪將四子爲齧缺，便未達於遠理；劉璋推汾水於射山，更迷惑於近事。今所解釋，稍異於斯。故郭注云，四子者蓋寄言，明堯之不一於堯耳，世徒見堯之迹，豈識其（真）〔冥〕③哉！【釋文】「四子」司馬、李云：王倪，齧缺，被衣，許由。「汾水」徐扶云反，郭方聞反。案汾水出太原，今莊生寓言也。司馬、崔本作盆水。○李楨曰：東山經之姑射，是否爲冀州域内之山，經文究無可攷。隋志以屬之臨汾，或後世據此篇汾水之陽一語以名其地之山，亦未可知。上文所稱姑射，遠在北海中，故曰藐，藐者遠也。汾陽，堯所居，若有姑射，何爲亦云藐哉！蓋堯之心未嘗有天下，其心即姑射神人之心，其身亦如姑射神人之身，雖垂衣廟堂，如逍遥海外，是以彼山藐遠，無殊近在帝都。（四子本無其人，徵名以實之則鑿矣。）注疏推闡，並極精妙。余前辨證一條，謂山名不可混合爲一，然恐有失莊生玄旨，故復論及之。汾水，司馬、崔本並作盆水，古讀汾如盆，非别一水，説見錢氏大昕養新録。「窅然」徐烏了反。郭武駢反。李云：窅然，猶悵然。○盧文弨曰：郭必以爲（寘）〔窴〕④字，故如此音。「喪其」息浪反，注同。「絶冥」亡丁反。「之竟」音境。本亦作境。○盧文弨曰：今注作境。

〔校〕①闕誤引天台山方瀛觀古藏本盲作瞽。②所字依宋本改。③冥字依注文改。④窴字依抱經堂原本改。按原刻本似亦有誤。説文：窴，塞也，從穴，真聲。徐待年切。即今填字。武騈與待年同韻異攝，殆非其字，以窴然狀喪天下，語亦不倫。疑郭本作冥，釋文郭下脱作冥二字，冥字古與瞑眠通。列禦寇篇而甘冥乎無何有之鄉，釋文云：本又作瞑，音眠。俞樾謂淮南子俶真篇甘瞑乎溷澖之域即本此，甘瞑即甘眠。説文：瞑，翕目也，從目冥，冥亦聲。徐鉉曰：今俗別作眠，非是。武延切。漢書揚雄傳目冥眴而無見，冥眴即孟子滕文公之瞑眩，並疊韻連詞。又作眩眠或眩湣，如史記司馬相如傳視眩眠而無見兮及紅杳渺而眩湣兮皆是。諸字並義近音同。陸冥武騈切，與徐瞑武延切，而漢書顔注冥莫見反，孫奭孟子音義瞑莫甸切，史記索隱引蘇林湣音麪，韻攝皆同，（古無輕脣音，武莫聲同。）惟平仄異耳。冥與窅義亦相通，故常連用。逍遥遊篇北冥有魚，釋文引簡文云，窅冥無極，故謂之冥是也。二字又形近，故今本作窅，郭本作冥。郭於此注連用四冥字，皆就冥然立言，足爲的證。上句故窅然喪之之窅，疑本亦作冥，後人依今本正文改之耳。

惠子謂莊子曰：「魏王貽我大瓠之種〔一〕，我樹之成而實五石，以盛水漿，其堅不能自舉也〔二〕。剖之以爲瓢，則瓠落無所容。非不呺然大也，吾爲其無用而掊之〔三〕。」

〔一〕【疏】姓惠，名施，宋人也，爲梁國相。謂，語也。貽，遺也。瓠，匏之類也。魏王即梁惠王也。昔居安邑，國號爲魏，後爲强秦所逼，徙於大梁，復改爲梁，僭號稱王也。惠子所以起此大匏之譬，以譏莊子之書，雖復詞旨恢弘，而不切機務，故致此詞而更相激發者也。【釋文】「惠子」司馬云：姓惠，名施，爲梁相。「魏王」司馬云：梁惠王也。案魏自河東遷大梁，故謂之魏，或謂之梁也。「貽」徐音怡，郭與志反，遺也。「大瓠」徐音護。「之種」章勇反。「以盛」音成。

〔二〕【疏】樹者，藝植之謂也。實者，子也。惠施既得瓠種，藝之成就，生子甚大，容受五石，仍持此瓠以盛水漿，虚脆不堅，故不能自勝舉也。【釋文】「而實五石」司馬云：實中容五石。

〔三〕【疏】剖，分割之也。瓢，勺也。瓠落，平淺也。呺然，虚大也。掊，打破也。用而盛水，虚脆不能自勝；分剖爲瓢，平淺不容多物。衆謂無用，打破棄之。刺莊子之言，不救時要，有同此〔言〕〔瓠〕，應須屏削也。【釋文】「剖之」普口反。「爲瓢」毗遥反。徐扶堯反。「則瓠」户郭反，司馬音護。下同。「落」簡文云：瓠落，猶廓落也。司馬云：瓠，布護也；落，零落也。言其形平而淺，受水則零落而不容也。「呺然」本亦作号。徐許憍反。李云：号然，虚大貌。崔作謌，簡文同。「吾爲」于僞反。「掊之」徐方垢反。司馬云：擊破也。〇慶藩案文選謝靈運之郡初發都詩注引司馬云：瓠，布護；落，零落也。枵然，大貌。掊，謂擊破之也。喻莊子之言大也，若巨瓠之無施也。較釋文引爲詳。○俞樾曰：説文：号，痛聲也。呺諤，説文所無，蓋皆号之俗體，施之於此，義不可通。文選謝靈運初發都詩李善注引此文作枵，當從之。爾雅釋天：玄枵，虚也。虚則有大義，故曰枵然大也。釋文引李云号然虚大貌，是固以枵字之義説之。

莊子曰：「夫子固拙於用大矣。宋人有善爲不龜手之藥者，世世以洴澼絖爲事〔一〕。客聞之，請買其方①百金〔二〕。聚族而謀曰：『我世世爲洴澼絖，不過數金；今一朝而鬻技百金，請與之〔三〕。』客得之，以説吴王。越有難，吴王使之將，冬與越人水戰，大敗越人，裂地而封之〔四〕。能不龜手，一也；或以封，或不免於洴澼絖，則所用之異也〔五〕。今子有五石之瓠，何不慮以爲大樽而浮乎江湖，而憂其瓠落無所容？則夫子猶有蓬之心也夫〔六〕！」

〔一〕【注】其藥能令手不拘坼，故常漂絮於水中也。【疏】洴，浮；澼，漂也。絖，絮也。世世，年也。宋人隆冬涉水，漂絮以作牽離，手指生瘡，拘坼有同龜背。故世世相承，家傳此藥，令其手不拘坼，常得漂絮水中，保斯事業，永無虧替。又云：澼，擗也；絖，纊也，謂擗纊於水中之故也。【釋文】「龜手」愧悲反。徐舉倫反。李居危反。向云：拘坼也。司馬云：文坼如龜文也。又云：如龜攣縮也。○俞樾曰：釋文引司馬云文坼如龜文也，又云如龜攣縮也，義皆未安。向云如拘坼也，郭注亦云能令手不拘坼，然則龜字宜即讀如拘。蓋龜有丘音，後漢西域傳龜茲讀曰丘慈，是也。古丘音與區同，故亦得讀如拘矣。拘，拘攣也，不龜②者，不拘攣也。龜文之説雖非，攣縮之説則是，但不必以如龜爲説耳。○李楨曰：龜手，釋文云徐舉倫反，蓋以龜爲皸之叚借。按龜皸雙聲。衆經音義卷十一：皸，居雲、去雲二反。通俗文：手足坼裂曰皸，經文或作龜坼。下引莊此文及郭注爲證。是玄應以龜皸音義互通。集韻十八諄：皸，區倫切，皴也。漢書趙充國傳，將軍士寒，手足皸瘃，文穎曰：皸，坼裂也；瘃，寒創也。唐書李甘傳，凍膚皸瘃。不龜手，猶言不皸手耳。皸，説文作[足囷]。鈕氏樹玉、鄭氏珍以韗下或體（皸）〔韗〕爲皸字，不足據。「洴」徐扶經反。「澼」普歷反。徐敷歷反。郭、李恪歷反，澼，聲。○盧文弨曰：案今本書作澼聲，疑洴澼是擊絮之聲。洴澼二字本雙聲，蓋亦象其聲也。「絖」音曠。小爾雅云：絮細者謂之絖。李云：洴澼絖者，漂絮於水上。絖，絮也。「能令」力呈反。「不拘」紀于反。依字宜作跔，紀于、求于二反。周書云天寒足跔是也。「坼」勑白反。○盧文弨曰：坼，俗本多從手，非。「漂」匹妙反，韋昭云：以水擊絮爲漂。説文作潎，豐市反，又匹例反。○盧文弨曰：潎舊譌作敝，今改正。「絮」胥慮反。

〔二〕【疏】金方一寸重一斤爲一金也。他國遊客，偶爾聞之，請買手瘡一術，遂費百金之價者也。

【釋文】「百金」李云：金方寸重一斤爲一金。百金，百斤也。

〔三〕【疏】鬻，賣也。估價既高，聚族謀議。世世洴澼，爲利蓋寡，一朝賣術，資貨極多。異口同音，僉曰請與。【釋文】「數金」色主反。「鬻」音育。司馬云：賣也。「技」本或作伎，竭彼反。

〔四〕【疏】吳越比鄰，地帶江海，兵戈相接，必用艫船，戰士隆冬，手多拘坼。而客素禀雄才，天生睿智，既得方術，遂説吳王。越國兵難侵吳，吳王使爲將帥，賴此名藥，而兵手不拘坼。旌旗才舉，越人亂轍。獲此大捷，獻凱而旋，勳庸克著，胙之茆土。【釋文】「以説」始鋭反，又如字。「有難」乃旦反。「之將」子匠反。「大敗」必邁反。

〔五〕【疏】或，不定也。方藥無工〔拙〕③而用者有殊，故行客得之以封侯，宋人用之以洴澼，此則所用工拙之異。

〔六〕【注】蓬，非直達者也。此章言物各有宜，苟得其宜，安往而不逍遥也。【疏】慮者，繩絡之也。樽者，漆之如酒罇，以繩結縛，用渡江湖，南人所謂腰舟者也。蓬，草名，拳曲不直也。夫，歎也。言大瓠浮汎江湖，可以舟船淪溺；至教興行世境，可以濟渡羣迷。而惠生既有蓬心，未能直達玄理，故妄起掊擊之譬，譏刺莊子之書。爲用失宜，深可歎之。【釋文】「不慮以爲大樽」本亦作尊。司馬云：樽如酒器，縛之於身，浮於江湖，可以自渡。慮，猶結綴也。案所謂腰舟。○盧文弨曰：縳舊作縛，今從宋本正④。「蓬之心」郭云：蓬，生非直達者。向云：蓬者短不暢，曲士之謂。○盧文弨曰：士，舊譌土，今改正。

〔校〕①闕誤引江南古藏本方下有以字。②龜字依諸子平議補。③拙字依下文補。④按盧説非是。説文：縳，束也。縳，白鮮色也，段注改色爲巵，云，聲類以爲今正絹字，據許則縳與絹各物。若羽人十摶爲縳，左傳縳一如瑱，又皆卷縳之義，非字之本義。朱珔段借義證謂縳與縳音隔，疑以形近而誤，其説是也。是束縳字正當作縳，宋本誤。

惠子謂莊子曰：「吾有大樹，人謂之樗〔一〕。其大本擁腫而不中繩墨，其小枝卷曲而不中規矩，立之塗，匠者不顧〔二〕。今子之言，大而無用，衆所同去也〔三〕。」

〔一〕【疏】樗，栲漆之類，嗅之甚臭，惡木者也。世間名字，例皆虚假，相與嗅之，未知的當，故言人謂之樗也。【釋文】「樗」勑魚反，木名。

〔二〕【疏】擁腫，槃瘿也。卷曲，不端直也。規圓而矩方。塗，道也。樗栲之樹，不材之木，根本擁腫，枝榦攣卷，繩墨不加，方圓無取，立之行路之旁，匠人曾不顧盼也。【釋文】「擁腫」章勇反。李云：擁腫，猶盤瘿。「不中」丁仲反。下同。「卷曲」本又作拳，同。音權，徐紀阮反。李丘圓反。

〔三〕【疏】樹既擁腫不材，匠人不顧；言（迹）〔亦〕迂誕無用，衆所不歸。此合喻者也。【釋文】「同去」如字。李羌吕反。○慶藩案大而無用，猶言迂遠無當於事情也。禮文王世子況于其身以善其君乎，鄭注曰：于讀爲迂，猶廣也，大也。是大與迂同義。老子道德經云，天下皆謂道大似不肖，亦此大字之義。

莊子曰：「子獨不見狸狌乎？卑身而伏，以候敖者；東西跳梁，不辟高下；中於機辟，死於罔罟〔一〕。今夫斄牛，其大若垂天之雲。此能爲大矣，而不能執鼠〔二〕。今子有大樹，患其无用，何不樹之於无何有之鄉，廣莫之野〔三〕，彷徨乎无爲其側，逍遥乎寢卧其下〔四〕。不夭斤斧，物无害者，无所可用，安所困苦①哉〔五〕！」

〔一〕【疏】狌，野貓也。跳梁，猶走躑也，辟，法也，謂機關之類也。罔罟，罝罘也。子獨不見狸狌捕鼠之狀乎？卑伏其身，伺候傲慢之鼠；東西跳躑，不避高下之地；而中於機關之法，身死罔罟之中，皆以利惑其小，不謀大故也。亦猶擎跪曲拳，執持聖迹，僞情矯性，以要時利，前雖遂意，後必危亡，而商鞅、蘇、張，即是其事。此何異乎捕鼠狸狌死於罔罟也。【釋文】「狸」力之反。「狌」徐音姓。郭音生。又音星。司馬云：狖也。狖，音由救反。「敖者」徐、李五到反。支云：伺彼怠敖，謂承夫間②殆也。本又作慠，同。司馬音遨，謂伺遨翔之物而食之，雞鼠之屬也。「跳」音條。「不辟」音避。今本多作避。下放此。「機辟」毗赤反。司馬云：罔也。○盧文弨曰：案當作毗亦反。○慶藩案辟疑爲繴之借字。爾雅：繴謂之罿，罿，罬也；罬謂之罦，罦，覆車也。郭璞曰：今之翻車也，有兩轅，中施罥以捕鳥。司馬曰辟罔也，誤。辟若訓罔，則下文死於罔罟爲贅矣。楚辭九章設張辟以娛君兮，王逸注：辟，法也，言讒人設張峻法以娛樂君，（王念孫曰：楚辭九章以張辟連讀，非以設張連讀。張讀弧張之張。周官冥氏掌弧張，鄭注：弧張，罿罦之屬，所以扃絹禽獸。）頗費解義。墨子非儒篇：盜賊將作，若機辟將發也，鹽鐵論刑法篇曰：辟陷設而當其蹊，皆當作檗。（楚辭哀時命，外迫脅於機臂兮，機臂與機辟同。玉篇、王注以爲弩身，亦失之。）「罟」徐音古。

〔二〕【疏】斄牛，猶旄牛也，出西南夷。其形甚大，山中遠望，如天際之雲。藪澤之中，逍遥養性，跳梁投鼠，不及野狸。亦猶莊子之言，不狎流俗，可以理國治身，且長且久者也。【釋文】「斄牛」郭呂之反。徐、李音來。又音離。司馬云：旄牛。

〔三〕【疏】無何有，猶無有也。莫，無也。謂寬曠無人之處，不問何物，悉皆無有，故曰無何有之鄉也。【釋文】「无何有之鄉廣莫之野」謂寂絶無爲之地也。簡文云：莫，大也。

〔四〕【疏】彷徨，縱任之名；逍遥，自得之稱；亦是異言一致，互其文耳。不材之木，枝葉茂盛，婆娑蔭映，蔽日來風，故行李經過，徘徊憩息，徙倚顧步，寢卧其下。亦猶莊子之言，無爲虚淡，可以逍遥適性，蔭庇蒼生也。【釋文】「彷」薄剛反，又音房。「徨」音皇。彷徨，猶翱翔也。崔本作方羊，簡文同。廣雅云：彷徉，徙倚也。

〔五〕【注】夫小大之物，苟失其極，則利害之理均；用得其所，則物皆逍遥也。【疏】擁腫不材，拳曲無取，匠人不顧，斤斧無加，夭折之災，何從而至，故得終其天年，盡其生理。無用之用，何所困苦哉！亦猶莊子之言，乖俗會道，可以攝衛，可以全真，既不夭枉於世途，詎肯困苦於生分也！

〔校〕①闕誤引文本困苦作窮困。②世德堂本閒作隕。

莊子集釋卷一下

內篇　齊物論第二〔一〕

〔一〕【注】夫自是而非彼，美己而惡人，物莫不皆然。然，故是非雖異而彼我均也。【釋文】「齊物論」力頓反。李如字。「而惡」烏路反。

南郭子綦隱机而坐，仰天而噓，荅焉似喪其耦〔一〕。顏成子游立侍乎前，曰：「何居乎？形固可使如槁木，而心固可使如死灰乎〔二〕？今之隱机者，非昔之隱机者也〔三〕。」

〔一〕【注】同天人，均彼我，故外無與爲歡，而荅焉解①體，若失其配匹。【疏】楚昭王之庶弟，楚莊王之司馬，字子綦。古人淳質，多以居處爲號，居於南郭，故號南郭，亦猶市南宜僚、東郭順子之類。其人懷道抱德，虛心忘淡，故莊子羨其清高而託爲論首。隱，憑也。噓，嘆也。荅焉，解釋貌。耦，匹也，（爲）〔謂〕身與神爲匹，物與我〔爲〕②耦也。子綦憑几坐忘，凝神遐想，仰天而歎，妙悟自然，離形去智，荅焉墮體，身心俱遣，物我（無）〔兼〕忘，故若喪其匹耦也。【釋文】「南郭子綦」音其。司馬云：居南郭，因爲號。「隱」於靳反，馮也。「机」音紀。李本作几。○盧文弨曰：案今本作几。「而嘘」音虛。吐氣爲嘘。向云：息也。「荅焉」本又作嗒，同。吐荅反，又都納反。注同。解體貌。○盧文弨曰：今本作嗒。案解體，即趙岐孟子注所云解罷枝也。○慶藩案慧琳一切經音義八十八終南山龍田寺釋法琳本傳卷四引司馬云：荅焉，云失其所，故有似喪耦也。釋文闕。「其耦」本亦作偶，五口反。匹也，對也。司馬云：耦，身也，身與神爲耦。○俞樾曰：喪其耦，即下文所謂吾喪我也。郭注曰若失其配匹，未合喪我之義。司馬云耦身也，此説得之。然云身與神爲耦則非也。耦當讀爲寓。寓，寄也，神寄於身，故謂身爲寓。

〔二〕【注】死灰槁木，取其冡莫③無情耳。夫任自然而忘是非者，其體中獨任天真而已，又何所有哉！故止若立枯木，動若運槁枝，坐若死灰，行若遊塵。動止之容，吾所不能一也；其於無心而自得④，吾所不能二也⑤。【疏】姓顏，名偃，字子游。居，安處也。方欲請益，故起而立侍。如何安處，神識凝寂，頓異從來，遂使形將槁木而不殊，心與死灰而無別。必有妙術，請示所由。【釋文】「顏成子游」李云：子綦弟子也，姓顏，名偃，謚成，字子游。「何居」如字，又音姬。司馬云：猶故也。「槁木」古老反。注同。「冡」音寂，本亦作寂。○盧文弨曰：冡，舊譌家。今案大宗師云，其容冡，釋文云：本亦作寂，崔本作宋，據改正。方言云：冡，安靜也。漢人碑版多作此字。老子銘，顯虛無之清冡，張公神碑，畺界冡靜，成皋令任伯嗣碑，官朝冡靜，巴郡太守張納碑，四竟冡謐，博陵太守孔彪碑，冡兮冥冥，皆如此作。

今注作寂寞。「莫」本亦作漠。

〔三〕【注】子游嘗見隱机者，而未有⑥若子綦也。【疏】子游昔見坐忘，未盡玄妙；今逢隱机，實異曩時。怪其寂泊無情，故發驚疑之旨。

〔校〕①趙諫議本無解字。②爲字依上句例補。③家莫，趙本作寂漠，世德堂本作寂寞。④其於無心而自得，趙本作無心自得。⑤二也，世德堂本作一也。趙本二亦作一，與上句一字下均無也字。⑥世德堂本嘗作常，有作見。

子綦曰：「偃，不亦善乎，而問之也！今者吾喪我，汝知之乎〔一〕？女聞人籟而未聞地籟，女聞地籟而未聞天籟夫〔二〕！」

〔一〕【注】吾喪我，我自忘矣；我自忘矣，天下有何物足識哉！故都忘外内，然後超然俱得。【疏】而，猶汝也。喪，猶忘也。許其所問，故言不亦善乎。而子綦境智兩忘，物我雙絶，子游不悟，而以驚疑，故示隱几之能，汝頗知不。

〔二〕【注】籟，簫也。夫簫管參差，宮商異律，故有短長高下萬殊之聲。聲雖萬殊，而所稟之度一也，然則優劣無所錯其閒矣。況之風物，異音同是，而咸自取焉，則天地之籟見矣。【疏】（人）①籟，簫也，長一尺二寸，十六管，象鳳翅，舜作也。夫簫管參差，所受各足，況之風物，咸稟自然，故寄此二賢以明三籟之義。釋在下文。【釋文】「女聞」音汝。下皆同。本亦作汝。○盧文弨曰：上汝知何以不一律作女？「人籟」力帶反，簫也。「籟夫」音扶。「參」初林反。「差」初宜反。「所錯」七故反。「見矣」賢遍反。

〔校〕①人字依注文刪。

子游曰：「敢問其方〔一〕。」

〔一〕【疏】方，道術也。雖聞其名，未解其義，故請三籟，其術如何。

子綦曰：「夫大塊噫氣，其名爲風〔一〕。是唯无作，作則萬竅怒呺〔二〕。而獨不聞之翏翏①乎〔三〕？山林之畏佳〔四〕，大木百圍之竅穴，似鼻，似口，似耳，似枅，似圈，似臼，似洼者，似污者〔五〕；激者，謞者，叱者，吸者，叫者，譹者，宎者，咬者〔六〕，前者唱于而隨者唱喁。泠風則小和，飄風則大和〔七〕，厲風濟則衆竅爲虛〔八〕。而獨不見之調調，之刁刁〔刀刀〕②乎〔九〕？」

〔一〕【注】大塊者，無物也。夫噫氣者，豈有物哉？氣塊然而自噫耳。物之生也，莫不塊然而自生，則塊然之體大矣，故遂以大塊爲名。【疏】大塊者，造物之名，亦自然之稱也。言自然之理通生萬物，不知所以然而然。大塊之中，噫而出氣，仍名此氣而爲風也。【釋文】「大塊」苦怪反。李苦對反。説文同，云：俗凷字也。徐口回反，徐、李又胡罪反。郭又苦猥反。司馬云：大朴之貌，衆家或作大槐，班固同。淮南子作大昧。解者或以爲無，或以爲元氣，或以爲混成，或以爲天，謬也。○慶藩案慧琳一切經音義九十五正誣經卷五引司馬云：大塊，謂天也。與釋文所引異。○俞樾曰：大塊者，地也。塊乃凷之或體。説文土部：凷，墣也。蓋即中庸所謂一撮土之多者，積而至於廣大，則成地矣，故以地爲大塊也。司馬云大朴之貌，郭注曰大塊者無物也，並失其義。此本説地籟，然則大塊者，非地而何？「噫」乙戒反。注同。一③音蔭。

〔二〕【注】言風唯無作，作則萬竅皆怒動而爲聲也。【疏】是者，指此風也。作，起也。言此大風唯當不起，若其動作，則萬殊之穴皆鼓怒呺叫也。【釋文】「萬竅」苦弔反。「怒呺」胡刀反，徐又（詐）〔許〕④口反，又胡到反。

〔三〕【注】長風之聲。【釋文】「翏翏」良救反，又六收反。長風聲也。李本作飂，音同。又力竹反。

〔四〕【注】大風之所扇動也。【疏】翏翏，長風之聲。畏佳，扇動之貌。而翏翏清吹，擊蕩山林，遂使樹木枝條，畏佳扇動。世皆共覩，汝獨不聞之邪？下文云。【釋文】「畏」於鬼反。郭烏罪反。崔本作嵔。「佳」醉癸反。徐子唯反。郭祖罪反。李諸鬼反。李頤云：畏佳，山阜貌。○盧文弨曰：佳，舊本作隹，今莊子衆家本皆作佳。韻會支韻内引此，似亦可讀追。此所音（唯）〔雖〕⑤皆仄聲，然實與佳本音皆相近，故從衆家本改正。

〔五〕【注】此略舉衆竅之所似。【疏】竅穴，樹孔也。枅，柱頭木也，今之斗楷是也。圈，畜獸闌也。木既百圍，穴亦奇衆，故或似人之口鼻，或似獸之闌圈，或似人之耳孔，或似舍之枅楷，或洼曲而擁腫，或汚下而不平。形勢無窮，略陳此八事。亦（由）〔猶〕⑥世間萬物，種類不同，或醜或妍，蓋稟之造化。【釋文】「之竅」崔本作窾。「似鼻似口」司馬云：言風吹竅穴動作，或似人鼻，或似人口。「似枅」音雞，又音肩。字林云：柱上方木也。簡文云：欂櫨也。「似圈」起權反。郭音權，杯圈也。徐其阮反，言如羊豕之闌圈也。「似臼」其九反。「似洼者」（鳥）〔烏〕⑦攜反，李於花反，又烏乖反，郭烏蛙反。司馬云：若洼曲。「汚者」音烏。司馬云：若汚下。

〔六〕【注】此略舉（異）〔衆〕⑧竅之聲殊。【疏】激者，如水湍激聲也。謞者，如箭鏃頭孔聲（也）⑨。叱者，咄聲也。吸者，如呼吸聲也。叫者，如叫呼聲也。譹者，哭聲也。宎者，深也，若深谷然。咬者，哀切聲也。略舉樹穴，即有八種；風吹木竅，還作八聲。亦（由）〔猶〕人稟分不同，種種差異，率性而動，莫不均齊。假令小大夭壽，未足以相傾。【釋文】「激者」經歷反，如水激也。李古弔反。司馬云：聲若激喚也。李又驅弔反。○慶藩案慧琳一切經音義六十八阿毘達摩大（昆）婆沙論卷四引司馬云：流急曰激也。七十八（音）經律異相卷十四、九十高僧傳十三引並同。又文選盧子諒時興詩注、玄應衆經音義十四引亦同。與釋文所引異。「謞者」音孝。李虛交反。簡文云：若箭去之聲。司馬云：若讙謞聲。○盧文弨曰：舊音考，謞。今注本音孝，從之。「叱者」昌實反。徐音七。司馬云：若叱咄聲。「吸者」許及反。司馬云：若噓吸聲也。「叫者」古弔反。郭古幼反。李居曜反。司馬云：若叫呼聲也。「譹者」音豪。郭又户報反。司馬云：若譹哭聲。〇盧文弨曰：舊脱者字，今增，與衆句一例。「宎者」徐於堯反。一音杳。又於弔反。司馬云：深者也，若深宎宎然。「咬者」於交反。或音狡。司馬云：聲哀切咬咬然。又許拜反。

〔七〕【注】夫聲之宫商雖千變萬化，唱和大小，莫不稱其所受而各當其分。【疏】泠，小風也。飄，大風也。于喁，皆是風吹樹動前後相隨之聲也。故泠〔泠〕清風，和聲即小；暴疾飄風，和聲即大；各稱所受，曾無勝劣，以況萬物稟氣自然。【釋文】「唱于」如字。「唱喁」五恭反。徐又音愚。又五斗反。李云：于喁，聲之相和也。「泠風」音零。李云：泠泠，小風也。「小和」胡卧反。下及注皆同。「飄風」鼻遥反，又符遥反。李敷遥反。司馬云：疾風也。爾雅云：回風爲飄。「不稱」尺證反。「其分」符問反。下不出者同。

〔八〕【注】濟，止也。烈風作則衆竅實，及其止則衆竅虚。虚實雖異，其於各得則同。【疏】厲，大也，烈也。濟，止也。言大風止則衆竅虚，及其動則衆竅實。虚實雖異，各得則同耳。況四序盈虚，二儀生殺，既無心於亭毒，豈有意於虔劉！【釋文】「厲風」司馬云：大風。向、郭云：烈風。「濟」子細反。向云：止也。〇慶藩案厲風濟，濟者止也。詩鄘風載馳篇旋濟，毛傳曰：濟，止也。風止則萬竅寂然，故曰衆竅爲虚。

〔九〕【注】調調〔刁刁〕〔刀刀〕，動摇貌也。言物聲既異，而形之動摇亦又不同也。動雖不同，其得齊一耳，豈調調獨是而〔刁刁〕〔刀刀〕獨非乎！【疏】而，汝也。調調〔刁刁〕〔刀刀〕，動摇之貌也。言物形既異，動亦不同，雖有調〔刁〕〔刀〕之殊，而終無是非之異。況盈虛聚散，生死窮通，物理自然，不得不爾，豈有是非臧否於其間哉！【釋文】「調調」音條。「刀刀」徐都堯反。向云：調調刀刀，皆動搖貌。○盧文弨曰：舊俱作刁，俗；今改依正體。「動搖」如字，又羊照反。

〔校〕①闕誤引李本翏作飂，力救切。②刀字依世德堂本及盧校改，下注及疏文並同。③一下疑脱作暗二字。知北遊篇生者暗醷物也，釋文暗音陰，引李郭云：暗醷，聚氣貌。暗氣亦即聚氣。④許字依釋文原本改。⑤抱經堂原刻本唯作雎，誤。此本作唯，亦非。字當作雖。⑥由猶古通用，今以義別之，後不複出。⑦烏字依釋文原本改。⑧衆字依世德堂本及上注文改。趙諫議本亦作異。⑨也字依上下文句例補。

子游曰：「地籟則衆竅是已，人籟則比竹是已。敢問天籟〔一〕。」

〔一〕【疏】地籟則竅穴之徒，人籟則簫管之類，並皆眼見，此則可知。惟天籟深玄，卒難頓悟，敢陳庸昧，請決所疑。【釋文】「比竹」毗志反。又必履反。李扶必反。注同。

子綦曰：「夫吹萬不同，而使其自己也〔一〕，咸其自取，怒者其誰邪〔二〕！」

〔一〕【注】此天籟也。夫天籟者，豈復別有一物哉？即衆竅比竹之屬，接乎有生之類，會而共成一天耳。無既無矣，則不能生有；有之未生，又不能爲生。然則生生者誰哉？塊然而自生耳。自生耳，非我生也。我既不能生物，物亦不能生我，則我自然矣。自己而然，則謂之天然。天然耳，非爲也，故以天言之。〔以天言之〕①所以明其自然也，豈蒼蒼之謂哉！而或者謂天籟役物使從己也。夫天且不能自有，況能有物哉！故天者，萬物之總名也，莫適爲天，誰主役物乎？故物各自生而無所出焉，此天道也。【疏】夫天者，萬物之總名，自然之別稱，豈蒼蒼之謂哉！故夫天籟者，豈別有一物邪？即比竹衆竅接乎有生之類是爾。尋夫生生者誰乎，蓋無物也。故外不待乎物，內不資乎我，塊然而生，獨化者也。是以郭注云，自己而然，則謂之天然。故以天然言之者，所以明其自然也。而言吹萬不同。且風唯一體，竅則萬殊，雖復大小不同，而各稱所受，咸率自知，豈賴他哉！此天籟也。故知春生夏長，目視耳聽，近取諸身，遠託諸物，皆不知其所以，悉莫辨其所然。使其自己，當分各足，率性而動，不由心智，所謂亭之毒之，此天籟之大意者也。【釋文】「豈復」扶又反。「莫適」丁歷反。○慶藩案文選謝〔宣城〕〔靈運〕②九日從宋公戲馬臺集送孔令詩注引司馬云：吹萬，言天氣吹煦，生養萬物，形氣不同。已，止也，使各得其性而止。謝靈運道路憶山中詩注、江文通雜體詩注引同。釋文闕。

〔二〕【注】物皆自得之耳，誰主怒之使然哉！此重明天籟也。【疏】自取，〔由〕〔猶〕自得也。言風竅不同，形聲乃異，至於各自取足，未始不齊，而怒動爲聲，誰使之然也！欲明羣生糾紛，萬象參差，分內自取，未嘗不足，或飛或走，誰使其然，故知鼓之怒之，莫知其宰。此則重明天籟之義者也。【釋文】「此重」直用反。

〔校〕①以天言之四字依世德堂本補。②靈運二字依文選原本改。

大知閑閑，小知閒閒〔一〕；大言炎炎，小言詹詹〔二〕。其寐也魂交，其覺也形開〔三〕，與接爲構，日以心鬭。縵者，窖者，密者〔四〕。小恐惴惴，大恐縵縵〔五〕。其發若機栝，其司是非之謂也〔六〕；其留如詛盟，其守勝之謂也〔七〕；其殺若秋冬，以言其日消也〔八〕；其溺之所爲之，不可使復之也〔九〕；其厭也如緘，以言其老洫①也〔一〇〕；近死之心，莫使復陽也〔一一〕。喜怒哀樂，慮嘆變慹，姚佚啓態〔一二〕；樂出虛，蒸成菌〔一三〕。日夜相代乎前，而莫知其所萌〔一四〕。已乎，已乎！旦暮得此，其所由以生乎〔一五〕！

〔一〕【注】此蓋知之不同。【疏】閑閑，寬裕也。閒閒，分別也。夫智惠寬大之人，率性虛淡，無是無非；小知狹劣之人，性靈褊促，有取有捨。〔有取有捨，〕②故閒隔而分別；無是無非，故閑暇而寬裕也。【釋文】「大知」音智。下及注同。「閑閑」李云：無所容貌。簡文云：廣博之貌。「閒閒」古閑反，有所閒別也。○俞樾曰：廣雅釋詁：閒，覗也。小知閒閒，當從此義，謂好覗察人也。釋文曰有所閒別，非是。

〔二〕【注】此蓋言語之異。【疏】炎炎，猛烈也。詹詹，詞費也。夫詮理大言，（由）〔猶〕猛火炎燎原野，清蕩無遺。儒墨小言，滯於競辯，徒有詞費，無益教方。【釋文】「炎炎」于廉于凡二反，又音談。李作淡，徒濫反。李頤云：同是非也。簡文云：美盛貌。「詹詹」音占。李頤云：小辯之貌。崔本作閽。

〔三〕【注】此蓋寤寐之異。【疏】凡鄙之人，心靈馳躁，耽滯前境，無得暫停。故其夢寐也，魂神妄緣而交接；其覺悟也，則形質開朗而取染也。【釋文】「魂交」司馬云：精神交錯也。「其覺」古孝反。「形開」司馬云：目開意悟也。

〔四〕【注】此蓋交接之異。【疏】構，合也。窖，深也，今穴地藏穀是也。密，隱也。交接世事，構合根塵，妄心既重，(渴)〔愒〕日不足，故惜彼寸陰，心與日鬬也。其運心逐境，情性萬殊，略而言之，有此三別也。【釋文】「與接爲構」司馬云：人道交接，構結驩愛也。「縵者」(未)〔末〕旦反。簡文云：寬心也。「窖者」古孝反。司馬云：深也。李云：穴也。案穴地藏穀曰窖。簡文云：深心也。

〔五〕【注】此蓋恐悸之異。【疏】惴惴，怵惕也。縵縵，沮喪也。夫境有違從，而心恒憂度，慮其不遂，恐懼交懷。是以小恐惴慄而怵惕，大恐寬暇而沮喪也。【釋文】「小恐」曲勇反。下及注同。「惴惴」之瑞反。李云：小心貌。爾雅云：懼也。「縵縵」李云：齊死生貌。「悸」其季反。

〔六〕【疏】機，弩牙也。栝，箭栝也。司，主也。言發心逐境，速如箭栝；役情拒害，猛若弩牙。唯主意是非，更無他謂也。【釋文】「機栝」古活反。機，弩牙。栝，箭栝。○慶藩案文選鮑明遠苦熱行注引司馬云：言生死是非，臧否交校，則禍敗之來，若機栝之發。釋文闕。○又案機謂弩牙。（見易繫辭鄭注。）釋名曰：弩，(弩)〔怒也③。〕鉤弦者曰牙，牙外曰郭，(郭)下曰縣刀，合名之(則)曰機(栝)，言如機之巧也。（機栝與樞機義各不同。樞爲户樞，機爲門橜。廣雅：朱也。朱與梱同。説文：梱，門橜也。王引之曰：樞爲户樞，所以利轉。機爲門梱，所以止扉。故以樞機並言，謂開闔有節也。書傳機與栝並言弩牙也。）

〔七〕【注】此蓋動止之異。　【疏】詛，祝也。盟，誓也。言役意是非，(由)〔猶〕如祝詛，留心取境，不異誓盟。堅守確乎，情在勝物。　【釋文】「詛」側據反。「盟」音明，徐武耕反，郭武病反。

〔八〕【注】其衰殺日消有如此者。　【疏】夫素秋摇落，玄冬肅殺，物景貿遷，驟如交臂，愚惑之類，豈能覺邪！唯争虚妄是非，詎知日新消毁，人之衰老，其狀例然。　【釋文】「其殺」色界反，徐色例反。注同。

〔九〕【注】其溺而遂往有如此者。　【疏】滯溺於境，其來已久，所爲之事，背道乖真。欲使復命還源，無由可致。　【釋文】「其溺」奴狄反，郭奴徼反。

〔一〇〕【注】其厭没於欲，老而愈洫，有如此者。　【疏】厭，没溺也。顛倒之流，厭没於欲，惑情堅固，有類緘繩。豈唯壯年縱恣，抑乃老而愈洫。　【釋文】「其厭」於葉反，徐於冉反，又於感反。「如緘」徐古咸反。「老洫」本亦作溢，同。音逸，郭許鵙反，又已質反。

〔一一〕【注】其利患輕禍，陰結遂志，有如此者。　【疏】莫，無也。陽，生也。耽滯之心，鄰乎死地，欲使反於生道，無由得之。　【釋文】「近死」附近之近。「復陽」陽，謂生也。○家世父曰：

日以心鬭，百變不窮。司是非者有萬應之機，守勝者有一成之見。或久倦思反而殺如秋令，或沈迷不悟而溺爲之，亦有深緘其機，無復生人之氣者。人心之相搆，各視所藏之機，以探而取之。

〔一二〕【注】此蓋性情之異者。【疏】凡品愚迷，(則)〔耽〕執違順，順則喜樂，違則哀怒。然哀樂則重，喜怒則輕。故喜則心生懽悦，樂則形於舞忭，怒則當時嗔恨，哀則舉體悲號，慮則抑度未來，嘆則咨嗟已往，變則改易舊事，慹則屈服不伸，姚則輕浮躁動，佚則奢華縱放，啓則開張情慾，態則嬌淫妖冶。衆生心識，變轉無窮，略而言之，有此十二。審而察之，物情斯見矣。【釋文】「哀樂」音洛。「慹」之涉反。司馬云：不動貌。「姚」郭音遥，徐李勑弔反。「佚」音逸。「態」勑代反，李又奴載反。

〔一三〕【注】此蓋事變之異也。自此以上，略舉天籟之無方；自此以下，明無方之自然也。物各自然，不知所以然而然，則形雖彌異，其④然彌同也。【疏】夫簫管内虚，故能出於雅樂；濕暑氣蒸，故能生成朝菌。亦猶二儀萬物，虚假不真，從無生有，例如菌樂。浮幻若是，喜怒何施！【釋文】「蒸」之膺反。「成菌」其隕反。向云：結也。「以上」時掌反。

〔一四〕【注】日夜相代，代故以新也。夫天地萬物，變化日新，與時俱往，何物萌之哉？自然而然耳。【疏】日晝月夜，輪轉循環，更相遞代，互爲前後。推求根緒，莫知其狀者也。【釋文】「萌」武耕反。

〔一五〕【注】言其自生。【疏】已，止也。推求日夜，前後難知，起心虞度，不如止息。又重推旦暮，覆察昏明，亦莫測其所由，固不知其端緒。欲明世間萬法，虛妄不真，推求生死，即體皆寂。故老經云，迎之不見其首，隨之而不見其後，理由若此。【釋文】「旦暮」本又作莫，音同。

〔校〕①闕誤引江南古藏本洫作溢。②依下句例補。③怒也依釋名改，以下郭則栝三字均依釋名删。④世德堂本其作自。

非彼无我，非我无所取。是亦近矣〔一〕，而不知其所爲使〔二〕。若有真宰，而特不得其眹〔三〕。可行已信〔四〕，而不見其形〔五〕，有情而无形〔六〕。百骸，九竅，六藏，賅而存焉〔七〕，吾誰與爲親〔八〕？汝皆説之乎？其有私焉〔九〕？如是皆有爲臣妾乎〔一〇〕？其臣妾不足以相治乎〔一一〕？其遞相爲君臣乎〔一二〕？其有真君存焉〔一三〕？如求得其情與不得，無益損乎其真〔一四〕。一受其成形，不忘以待盡〔一五〕。與物相刃相靡，其行盡如馳，而莫之能止，不亦悲乎〔一六〕！終身役役而不見其成功〔一七〕，苶然疲役而不知其所歸，可不哀邪〔一八〕！人謂之不死，奚益〔一九〕！其形化，其心與之然，可不謂大哀乎〔二〇〕？人之生也，固若是芒乎？其我獨芒，而人亦有不芒者乎〔二一〕？夫隨其成心而師之，誰獨且无師乎〔二二〕？奚必知代而心自取者有之？愚者與有焉〔二三〕。未成乎心而有是非，是今日適越而昔至也〔二四〕。是以無有爲有。無有爲有，雖有神禹，且不能知，吾獨且柰何哉〔二五〕！

〔一〕【注】彼，自然也。自然生我，我自然生。故自然者，即我之自然，豈遠之哉！【疏】彼，自然也。取，稟受也。若非自然，誰能生我？若無有我，誰稟自然乎？然我則自然，自然則我，其理非遠，故曰是亦近矣。

〔二〕【注】凡物云云，皆自爾耳，非相爲使也，故任之而理自至矣。【疏】言我稟受自然，其理已具。足行手捉，耳聽目視，功能御用，各有司存。亭之毒之，非相爲使，無勞措意，直置任之。【釋文】「相爲」于僞反。下未爲同。

〔三〕【注】萬物萬情，趣舍不同，若有①真宰使之然也。起索真宰之眹迹，而亦終不得，則明物皆自然，無使物然也。【疏】夫肢體不同，而御用各異，似有真性，竟無宰主。眹迹攸肇，從何而有？【釋文】「而特」崔云：特，辭也。「其眹」李除忍反。兆也。「趣舍」七喻反。字或作取。下音捨，或音赦。下皆倣此。「起索」所百反。

〔四〕【注】今夫行者，信己可得行也。【疏】信己而用，可意而行，天機自張，率性而動，自濟自足，豈假物哉！

〔五〕【注】不見所以得行之形。【疏】物皆信己而行，不見信可行之貌者也。

〔六〕【注】情當其物，故形不別見也。【疏】有可行之情智，無信己之形質。【釋文】「情當」丁浪反，下皆同。「別見」賢遍反。

〔七〕【注】付之自然，而莫不皆存也。【疏】百骸，百骨節也。九竅，謂眼耳鼻舌口及下二漏也。六藏，六腑也，謂大腸小腸膀胱三焦也。藏，謂五藏，肝心脾肺腎也。賅，備也。言體骨在外，藏腑在内，竅通内外。備此三事以成一身，故言存。【釋文】「百骸」户皆反。「六藏」才浪反。案心肺肝脾腎，謂之五藏。大小腸膀胱三焦，謂之六府。身别有九藏氣，天地人。天以候頭角之氣，人候耳目之氣，地候口齒之氣。三部各有天地人，三三而九，神藏五，形藏四，故九。今此云六藏，未見所出。○李楨曰：釋文云，此云六藏，未見所出。成疏遂穿鑿以六爲六腑，藏（謂）〔爲〕五藏，致與上百官九竅，訓不一例。按難經三十九難，五藏亦有六藏者，謂腎有兩藏也。其左爲腎，右爲命門。命門者，謂精神之所舍也。其氣與腎通，故言藏有六也。「賅」徐古來反。司馬云備也。小爾雅同。簡文云：兼也。

〔八〕【注】直自②存耳。

〔九〕【注】皆説之，則是有所私也。有私則不能賅而存矣，故不説而自存，不爲而自生也。【疏】言夫六根九竅，俱是一身，豈有親疏，私存愛悦！若有心愛悦，便是有私。身而私之，理在不可。莫不任置，自有司存。於身既然，在物亦爾。【釋文】「皆説」音悦，注同。今本多即作悦字。後皆倣此。

〔一〇〕【注】若皆私之，則志過其分，上下相冒，而莫爲臣妾矣。臣妾之才，而不安臣妾之任，則失矣。故知君臣上下，手足外内，乃天理自然，豈真人之所爲哉！【疏】臣妾者，士女之賤職也。且人之一身，亦有君臣之别，至如見色則目爲君而耳爲臣，行步則足爲君手爲臣也。斯乃出自天理，豈人之所爲乎！非關係意親疏，故爲君臣也。郭注云，時之所賢者爲君，才不應世者爲臣。治國治身，内外無異。

〔一一〕【注】夫臣妾但各當其分耳，未爲不足以相治也。相治者，若手足耳目，四肢百體，各有所司而更相御用也。【疏】夫臣妾御用，各有職司，（知）〔如〕手執脚行，當分自足，豈爲手之不足而脚爲行乎？蓋天機自張，無心相爲而治理之也。舉此手足，諸事可知也。【釋文】「而更」音庚。

〔一二〕【注】夫時之所賢者爲君，才不應世者爲臣。若天之自高，地之自卑，首自在上，足自居下，豈有遞哉！雖無錯於當而必自當也。【疏】夫首自在上，足自居下；目能視色，耳能聽聲。而用捨有時，故有貴賤。豈措情於上下，而遞代爲君臣乎？但任置無心而必自當也。【釋文】「其遞」音弟。徐又音第。「不應」應對之應。「無錯」七素反。下同。

〔一三〕【注】任之而自爾，則非僞也。【疏】直置忘懷，無勞措意，此即真君妙道，存乎其中矣。又解：真君即前之真宰也。言取捨之心，青黄等色，本無自性，緣合而成，不自不他，非無非有，故假設疑問，以明無有真君也。

〔一四〕【注】凡得真性，用其自爲者，雖復皁隸，猶不顧毁譽而自安其業。故知與不知，皆自若也。若乃開希幸之路，以下冒上，物喪其真，人忘其本，則毁譽之間，俯仰失錯也。【疏】夫心境相感，欲染斯興。是以求得稱情，即謂之爲益；如其不得，即謂之爲損。斯言凡情迷執，有得喪以攖心；道智觀之，無損益於其真性者也。○家世父曰：彼我相形而有是非，而是非之成於心者，先入而爲之主。是之非之，隨人以爲役，皆臣妾也，而百骸九竅六藏悉攝而從之。夫此攝而從之以聽役於人，與其心之主宰，果有辨乎，果無辨乎？心之主宰有是非，於人何與！求得人之情而是之非之，無能爲益，不得無能爲損。而既搆一是非之形，役心以從之，終其身守而不化，夫是之謂成心。成心者，臣妾之所以聽役也。【釋文】「雖復」扶又反。下同。「毀譽」音餘。「物喪」息浪反。

〔一五〕【注】言性各有分，故知者守知以待終，而愚者抱愚以至死，豈有能中易其性者也！【疏】夫稟受形性，各有涯量，不可改愚以爲智，安得易醜以爲妍！是故形性一成，終不中途亡失，適可守其分內，待盡天年矣。

〔一六〕【注】羣品云云，逆順相交，各信其偏見而恣其所行，莫能自反。此（皆）〔比〕③衆人之所悲者，亦可悲矣。而衆人未嘗以此爲悲者，性然故也。物各性然，又何物足悲哉！【疏】刃，逆也。靡，順也。羣品云云，銳情逐境。境既有逆有順，心便執是執非。行有終年，速如馳驟；唯知貪境，曾無止息。格量物理，深可悲傷。

〔一七〕【注】夫物情無極，知足者鮮。故得（止）〔此〕④不止，復逐於彼。皆疲役終身，未厭其志，死而後已。故其成功者無時可見也。【疏】夫物浮競，知足者稀，故得此不休，復逐於彼。所以終身疲役，没命貪殘，持影繫風，功成何日。【釋文】「者鮮」息淺反。

〔一八〕【注】凡物各以所好役其形骸，至於疲困苶然。不知所以好此之歸趣云何也！【疏】苶然，疲頓貌也。而所好情篤，勞役心靈，形魂既弊，苶然困苦。直以信心，好此貪競，責其意謂，亦不知所歸。愚癡之甚，深可哀歎。【釋文】「苶然」乃結反，徐李乃協反。崔音捻，云：忘貌。簡文云：疲病困之狀。○盧文弨曰：苶當作茶，字小變耳。今注本乃作薾⑤。說文引詩彼薾維何，音義與此異。○慶藩案苶，司馬作薾。文選謝靈運過始寧墅詩注引司馬云：薾，極貌也。釋文闕。「所好」呼報反。下同。

〔一九〕【注】言其實與死同。【疏】奚，何也。耽滯如斯，困而不已，有損行業，無益神氣，可謂雖生之日猶死之年也。

〔二〇〕【注】言其心形並馳，困而不反，比於凡人所哀，則此真哀之大也。然凡人未嘗以此爲哀，則凡所哀者，不足哀也。【疏】然，猶如此也。念念遷移，新新流謝，其化而爲老，心識隨而昏昧，形神俱變，故謂與之然。世之悲哀，莫此甚也。

〔二一〕【注】凡此上事，皆不知其所以然而然，故曰芒也。今未知者皆不知所以知而自知矣，生者〔皆〕⑥不知所以生而自生矣。萬物雖異，至於生不由知，則未有不同者也，故天下莫不芒也。【疏】芒，闇昧也。言凡人在生，芒昧如是，舉世皆惑，豈有一人不昧者！而莊子體道真人，智用明達，俯同塵俗，故云而我獨芒。郭注稍乖，今不依用。【釋文】「芒乎」莫剛反，又音亡。芒，芒昧也。簡文云：芒，同也。

〔二二〕【注】夫心之足以制一身之用者，謂之成心。人自師其成心，則人各自有師矣。人各自有師，故付之而自當。【疏】夫域情滯著，執一家之偏見者，謂之成心。夫隨順封執之心，師之以爲準的，世皆如此，故誰獨無師乎。

〔二三〕【注】夫以成代不成，非知也，心自得耳。故愚者亦師其成心，未肯用其所謂短而舍其所謂長者也。【疏】愚惑之類，堅執是非，何必知他理長，代己之短，唯欲斥他爲短，自取爲長。如此之人，處處皆有，愚癡之輩，先豫其中。【釋文】「與有」音豫。○家世父曰：説文，代，更也。今日以爲是，明月以爲非，而一成乎心，是非迭出而不窮，故曰知代。心以爲是，則取所謂是者而是之，心以爲非，則取所謂非者而非之，故曰心自取。「而舍」音捨，字亦作捨。下同。

〔二四〕【注】今日適越，昨日何由至哉？未成乎心，是非何由生哉？明夫是非者，羣品之所不能無，故至人兩順之。【疏】吳越路遥，必須積旬方達，今朝發途，昨日何由至哉？欲明是非彼我，生自妄心。言心必也未生，是非從何而有？故先分別而後是非，先造途而後至越。【釋文】「昔至」崔云：昔，夕也。向云：昔者，昨日之謂也。○家世父曰：是非者，人我相接而成者也。而必其心先有一是非之準，而後以爲是而是之，以爲非而非之。人之心萬應焉而無窮，則是非亦與爲無窮。是非因人心而生，物論之所以不齊也。

〔二五〕【注】理無是非，而惑者以爲有，此以無有爲有也。惑心已成，雖聖人不能解，故付之自若而不强知也。【疏】夏禹，字文命，鯀子，啓父也。謚法：泉源流通曰禹，又云：受禪成功曰禹。理無是非而惑者爲有，此用無有爲有也。迷執日久，惑心已成，雖有大禹神人，亦不〔能〕令其解悟。莊生深懷慈救，獨柰之何，故付之自若，不强知之者也。【釋文】「不强」其丈反。

〔校〕①趙諫議本若有作有若。②趙本自作目。③④比字及此字依宋本及世德堂本改。⑤世德堂本作薾。⑥皆字依道藏焦竑本補。

夫言非吹也，言者有言〔一〕，其所言者特未定也〔二〕。果有言邪〔三〕？其未嘗有言邪〔四〕？其以爲異於鷇音，亦有辯乎，其無辯乎〔五〕？道惡乎隱而有真僞〔六〕？言惡乎隱而有是非〔七〕？道惡乎往而不存〔八〕？言惡乎存而不可〔九〕？道隱於小成〔一〇〕，言隱於榮華〔一一〕。故有儒墨之是非〔一二〕，以是其所非而非其所是〔一三〕。欲是其所非而非其所是，則莫若以明〔一四〕。

〔一〕【注】各有所説，故異於吹。【疏】夫名言之與風吹，皆是聲法，而言者必有詮辯，故曰有言。

【釋文】「吹也」如字，又叱瑞反。崔云：吹，猶籟也。

〔二〕【注】我以爲是而彼以爲非，彼之所是，我又非之，故未定也。未定也者，由彼我之情偏。【疏】雖有此言，異於風吹，而咸言我是，僉曰彼非。既彼我情偏，故獨未定者也。

〔三〕【注】以爲有言邪？然未足以有所定。

〔四〕【注】以爲無言邪？則據已有言。【疏】果，決定也。此以爲是，彼以爲非，此以爲非，而彼以爲是。既而是非不定，言何所詮！故不足稱定有言也。然彼此偏見，各執是非，據己所言，故不可以爲無言也。

〔五〕【注】夫言與鷇音，其致一也，有辯無辯，誠未可定也。天下之情不必同而所言不能異，故是非紛紜，莫知所定。【疏】辯，別也。鳥子欲出卵中而鳴，謂之鷇音也，言亦帶殼曰鷇。夫彼此偏執，不定是非，亦何異鷇鳥之音，有聲無辯！故將言説異於鷇音者，恐未足以爲別者也。【釋文】「鷇」苦豆反，李音豰。司馬云：鳥子欲出者也。

〔六〕【疏】惡乎，謂於何也。虛通至道，非真非僞，於何逃匿而真僞生焉？【釋文】「惡乎」音烏。下皆同。「真僞」一本作真詭。崔本作真然。

〔七〕【注】道焉不在！言何隱蔽而有真僞，是非之名紛然而起？【疏】至教至言，非非非是，於何隱蔽，有是有非者哉？【釋文】「道焉」於虔反。

〔八〕【注】皆存。【疏】存，在也。陶鑄生靈，周行不殆，道無不偏，于何不在乎！所以在僞在真而非真非僞也。

〔九〕【注】皆可。【疏】玄道真言，隨物生殺，何往不可而言隱邪？故可是可非，而非非非是者也。

〔一〇〕【疏】小成者，謂仁義五德，小道而有所成得者，謂之小成也。世薄時澆，唯行仁義，不能行於大道，故言道隱於小成，而道不可隱也。故老君云，大道廢，有仁義。

〔一一〕【注】夫小成榮華，自隱於道，而道不可隱。則真僞是非者，行於榮華而止於實當，見於小成而滅於大全也。【疏】榮華者，謂浮辯之辭，華美之言也。只爲滯於華辯，所以蔽隱至言。所以老君經云，信言不美，美言不信。【釋文】「實當」丁浪反。後可以意求，不復重出。「見於」賢遍反。

〔一二〕【疏】昔有鄭人名緩，學於（求）〔裘〕①氏之地，三年藝成而化爲儒。儒者，祖述堯舜，憲章文武，行仁義之道，辯尊卑之位，故謂之儒也。緩弟名翟，緩化其弟，遂成於墨。墨者，禹道也。尚賢崇禮，儉以兼愛，摩頂放踵以救蒼生，此謂之墨也。而緩翟二人，親則兄弟，各執一教，更相是非。緩恨其弟，感激而死。然彼我是非，其來久矣。爭競之甚，起自二賢，故指此二賢爲亂羣之帥。是知道喪言隱，方督是非。

〔一三〕【注】儒墨更相是非，而天下皆儒墨也。故百家並起，各私所見，而未始出其方也。【疏】天下莫不自以爲是，以彼爲非，彼亦與汝爲非，自以爲是。故各用己是是彼非，各用己非非彼是。【釋文】「更相」音庚。

〔一四〕【注】夫有是有非者，儒墨之所是也；無是無非者，儒墨之所非也。今欲是儒墨之所非而非儒墨之所是者，乃欲明無是無非也。欲明無是無非，則莫若還以儒墨反覆相明。反覆相明，則所是者非是而所非者非非矣。非非則無非，非是則無是。【疏】世皆以他爲非，用己爲是。今欲翻非作是，翻是作非者，無過還用彼我，反覆相明。反覆相明，則所非者非非則無非，所是者非是則無是。無是則無非，故知是非皆虚妄耳。○家世父曰：郭象云，有是有非者儒墨之所是也，無是無非者儒墨之所非也。今欲是儒墨之所非而非儒墨之所是，莫若還以儒墨反覆相明，則所是者非是而所非者非非矣。今觀墨子之書及孟子之闢楊墨，儒墨互相是非，各據所見以求勝，墨者是之，儒者非焉。是非所由成，彼是之所由分也。彼是有對待之形，而是非兩立，則所持之是非非是非也，彼是之見存也。莫若以明者，還以彼是之所明，互取以相證也。郭注誤。【釋文】「反覆」芳服反。下同。

〔校〕①裘字依漁父篇改。

物无非彼，物无非是〔一〕。自彼則不見，自知則知之〔二〕。故曰彼出於是，是亦因彼〔三〕。彼是方生之説也，雖然，方生方死，方死方生；方可方不可，方不可方可；因是因非，因非因是〔四〕。是以聖人不由，而照之於天，亦因是也〔五〕。是亦彼也〔六〕，彼亦是也〔七〕。彼亦一是非，此亦一是非〔八〕。果且有彼是乎哉？果且无彼是乎哉〔九〕？彼是莫得其偶，謂之道樞〔一〇〕。樞始得其環中，以應无窮〔一一〕。是亦一无窮，非亦一无窮也〔一二〕。故曰莫若以明。以指喻指之非指，不若以非指喻指之非指也；以馬喻馬之非馬，不若以非馬喻馬之非馬也〔一三〕。天地一指也，萬物一馬也〔一四〕。

〔一一〕【注】物皆自是，故無非是；物皆相彼，故無非彼。無非彼，則天下無是矣；無非是，則天下無彼矣。無彼無是，所以玄同也。【疏】注曰，物皆自是，故無非是，物皆相彼，故無非彼。無非彼，則天下無是矣；無非是也，則天下無彼矣。無彼無是，所以玄同。此注理盡，無勞別釋。

〔一二〕【疏】自爲彼所彼，此則不自見，自知己爲是，便則知之；物之有偏也，例皆如是。若審能見他見自，故無是無非也。

〔一三〕【注】夫物之偏也，皆不見彼之所見，而獨自知其所知。自知其所知，則自以爲是。自以爲是，則以彼爲非矣。故曰彼出於是，是亦因彼，彼是相因而生者也。【疏】夫彼對於此，是待於非，文家之大體也。今言彼出於是者，言約理微，舉彼角勢也；欲示舉彼明此，舉是明非也。而彼此是非，相因而有，推求分析，即體皆空也。

〔一四〕【注】夫死生之變，猶春秋冬夏四時行耳。故死生之狀雖異，其於各安所遇，一也。今生者方自謂生爲生，而死者方自謂生爲死，則無生矣。生者方自謂死爲死，而死者方自謂死爲生，則無死矣。無生無死，無可無不可，故儒墨之辨，吾所不能同也；至於各冥其分，吾所不能異也。【疏】方，方將也。言彼此是非，無異生死之說也。夫生死交謝，（由）〔猶〕寒暑之遞遷。而生者以生爲生，而死者將生爲死，亦如是者以是爲是，而非者以是爲非。故知因是而非，因非而是。因非而是，則無是矣；因是而非，則無非矣。是以無是無非，無生無死，無可無不可，何彼此之論乎！

〔五〕【注】夫懷豁者，因天下之是非而自無是非也。故不由是非之塗而是非無患不當者，直明其天然而無所奪故也。【疏】天，自然也。聖人達悟，不由是得非，直置虛凝，照以自然之智。只因此是非而得無非無是，終不奪有而別證無。

〔六〕【注】我亦爲彼所彼。

〔七〕【注】彼亦自以爲是。【疏】我自以爲是，亦爲彼之所非；我以彼爲非，而彼亦以自爲是也。

〔八〕【注】此亦自是而非彼，彼亦自是而非此，此與彼各有一是一非於體中也。【疏】此既自是，彼亦自是；此既非彼，彼亦非此；故各有一是，各有一非也。

〔九〕【注】今欲謂彼爲彼，而彼復自是；欲謂是爲是，而是復爲彼所彼；故彼是有無，未果定也。【疏】夫彼此是非，相待而立，反覆推討，舉體浮虛。自以爲是，此則不無；爲彼所彼，此則不有。有無彼此，未可決定。【釋文】「彼復」扶又反。下同。

〔一〇〕【注】偶，對也。彼是相對，而聖人兩順之。故無心者與物冥，而未嘗有對於天下也。〔樞，要也。〕①此居其樞要而會其玄極，以應夫無方也。【疏】偶，對也。樞，要也。體夫彼此俱空，是非兩幻，凝神獨見而無對於天下者，可謂會其玄極，得道樞要也。前則假問有無，待奪不定；此則重明彼此，當體自空。前淺後深，所以爲次也。【釋文】「道樞」尺朱反。樞，要也。「以應」應對之應。前注同。後可以意求，不復重音。

〔一一〕【注】夫是非反覆，相尋無窮，故謂之環。環中，空矣；今以是非爲環而得其中者，無是無非也。無是無非，故能應夫是非。是非無窮，故應亦無窮。【疏】夫絶待獨化，道之本始，爲學之要，故謂之樞。環者，假有二竅；中者，真空一道。環中空矣，以明無是無非。是非無窮，故應亦無窮也。○家世父曰：是非兩化而道存焉，故曰道樞。握道之樞以游乎環中，中，空也。是非反復，相尋無窮，若循環然。游乎空中，不爲是非所役，而後可以應無窮。○慶藩案唐釋湛然止觀輔行傳弘決引莊子古注云：以圓環内空體無際，故曰環中。

〔一二〕【注】天下莫不自是而莫不相非，故一是一非，兩行無窮。唯涉空得中者，曠然無懷，乘之以游也。【疏】夫物莫不自是，故是亦一無窮；莫不相非，故非亦一無窮。唯彼我兩忘，是非雙遣，而得環中之道者，故能大順蒼生，乘之遊也。

〔一三〕【疏】指，手指也。馬，戲籌也。喻，比也。言人是非各執，彼我異情，故用己指比他指，即用他指爲非指；復將他指比汝指，汝指於他指復爲非指矣。指義既爾，馬亦如之。所以諸法之中獨奉指者，欲明近取諸身，切要無過於指，遠託諸物，勝負莫先於馬，故舉二事以況是非。

〔一四〕【注】夫自是而非彼，彼我之常情也。故以我指喻彼指，則彼指於我指獨爲非指矣。此以指喻指之非指也。若復以彼指還喻我指，則我指於彼指復爲非指矣。此（亦）〔以〕②非指喻指之非指也。將明無是無非，莫若反覆相喻。反覆相喻，則彼之與我，既同於自是，又均於相非。均於相非，則天下無是；同於自是，則天下無非。何以明其然邪？是若果是，則天下不得(彼)〔復〕③有非之者也。非若果非，〔則天下〕④亦不得復有是之者也。今是非無主，紛然淆亂，明此區區者各信其偏見而同於一致耳。仰觀俯察，莫不皆然。是以至人知天地一指也，萬物一馬也，故浩然大寧，而天地萬物各當其分，同於自得，而無是無非也。【疏】天下雖大，一指可以蔽之；萬物雖多，一馬可以理盡。何以知其然邪？今以彼我是非反覆相喻，則所是者非是，所非者非非。故知二儀萬物，無是無非者也。【釋文】「天地一指也萬物一馬也」崔云：指，百體之一體；馬，萬物之一物。「浩然」户老反。

〔校〕①樞要也三字依焦竑本補。②③以字復字依宋本改。④則天下三字依焦竑本補。

可乎可〔一〕，不可乎不可〔二〕。道行之而成〔三〕，物謂之而然〔四〕。惡乎然？然於然。惡乎不然？不然於不然〔五〕。物固有所然，物固有所可〔六〕。无物不然，无物不可〔七〕。故爲是舉莛與楹，厲與西施，恢恑憰怪，道通爲一〔八〕。其分也，成也〔九〕；其成也，毁也〔一〇〕。凡物无成與毁，復通爲一〔一一〕。唯達者知通爲一，爲是不用而寓諸庸〔一二〕。庸也者，用也；用也者，通也；通也者，得也〔一三〕；適得而幾矣〔一四〕。因是已〔一五〕。已而不知其然，謂之道〔一六〕。勞神明爲一而不知其同也〔一七〕，謂之朝三〔一八〕。何謂朝三？

狙公賦芧，曰：「朝三而暮四。」衆狙皆怒。曰：「然則朝四而暮三。」衆狙皆悦。名實未虧而喜怒爲用，亦因是也〔一九〕。是以聖人和之以是非而休乎天鈞〔二〇〕，是之謂兩行〔二一〕。

〔一〕【注】可於己者，即謂之可。

〔二〕【注】不可於己者，即謂之不可。【疏】夫理無是非，而物有違順，故順其意者則謂之可，乖其情者則謂之不可。違順既空，故知可不可皆妄也。

〔三〕【注】無不成也。【疏】大道曠蕩，亭毒含靈，周行萬物，無不成就。故在可成於可，而不當於可；在不可成不可，亦不當於不可也。

〔四〕【注】無不然也。【疏】物情顛倒，不達違從，虚計是非，妄爲然不。

〔五〕【疏】心境兩空，物我雙幻，於何而有然法，遂執爲然？於何不然爲不然也？

〔六〕【注】各然其所然，各可其所可。【疏】物情執滯，觸境皆迷，必固（爲）〔謂〕有然，必固謂有可，豈知可則不可，然則不然邪！

〔七〕【疏】羣品云云，各私所見，皆然其所然，可其所可。【釋文】「無物不然無物不可」崔本此下更有可於可，而不可於不可，不可於不可，而可於可也。

〔八〕【注】夫莛横而楹縱，厲醜而西施好。所謂齊者，豈必齊形狀，同規矩哉！故舉縱横好醜，恢恑憰怪，各然其所然，各①可其所可，則理雖萬殊而性同得，故曰道通爲一也。【疏】爲是義故，略舉八事以破之。莛，屋梁也。楹，舍柱也。厲，病醜人也。西施，吴王美姬也。恢者，寬大之名。恑者，奇變之稱。憰者，矯詐之心。怪者，妖異之物。夫縱横美惡，物見所以萬殊；恢憰奇異，世情用(之)爲顛倒。故有是非可不可，迷執其分。今以玄道觀之，本來無二，是以妍醜之狀萬殊，自得之情惟一，故曰道通爲一也。【釋文】「故爲」于僞反。下爲是皆同。「莛」徐音庭，李音挺。司馬云：屋梁也。「楹」音盈。司馬云：屋柱也。○俞樾曰：司馬以莛爲屋梁，楹爲屋柱，故郭云莛横而楹縱。案説文：莛，莖也。屋梁之説，初非本義。漢書東方朔傳以莛撞鍾，文選答客難篇莛作筳。李注引説苑曰：建天下之鳴鐘，撞之以筳，豈能發其音聲哉！筳與莛通。是古書言莛者，謂其小也。莛楹以大小言，厲西施以好醜言。舊説非是。「厲」如字，惡也。李音賴。司馬云：病癩。「西施」司馬云：夏姬也。案句踐所獻吴王美女也。「恢」徐苦回反，大也。郭苦虺反。簡文本作弔。○盧文弨曰：案弔音的。下恑字與詭同。弔詭見下文。「恑」九委反，徐九彼反。李云：戾也。「憰怪」音決。李云：憰，乖也。怪，異也。○家世父曰：可不可，然不然，達者委而不用，而即寓用於不用之中，故通爲一。「楹縱」本亦作從，同。將容反。

〔九〕【注】夫物或此以爲散而彼以爲成。【疏】夫物或於此爲散，於彼爲成，欲明聚散無恒，不可定執。此則於不二之理更舉論端者也。【釋文】「其分」如字。

〔一〇〕【注】我之所謂成而彼或謂之毁。【疏】或於此爲成，於彼爲毁。物之涉用，有此不同，則散毛成氈，伐木爲舍等也。

〔一一〕【注】夫成毀者，生於自見而不見彼也。故無成與毀，猶無是與非也。【疏】夫成毀是非，生於偏滯者也。既成毀不定，是非無主，故無成毀，通而一之。【釋文】「復通」扶又反。

〔一二〕【疏】寓，寄也。庸，用也。唯當達道之夫，凝神玄鑒，故能去彼二偏，通而爲一。爲是義故，成功不處，用而忘用，寄用羣材也。

〔一三〕【注】夫達者無滯於一方，故忽然自忘，而寄當於自用。自用者，莫不條暢而自得也。【疏】夫有夫至功而推功於物，馳馭億兆而寄用羣材者，其惟聖人乎！是以應感無心，靈通不滯，可謂冥真體道，得玄珠於赤水者也。

〔一四〕【注】幾，盡也。至理盡於自得也。【疏】幾，盡也。夫得者，内不資於我，外不資於物，無思無爲，絶學絶待，適爾而得，蓋無所由，與理相應，故能盡妙也。【釋文】「幾矣」音機，盡也。下同。徐具衣反。

〔一五〕【注】達者因而不作。【疏】夫達道之士，無作無心，故能因是非而無是非，循彼我而無彼我。我因循而已，豈措情哉！

〔一六〕【注】夫達者之因是，豈知因爲善而因之哉？不知所以因而自因耳，故謂之道也。【疏】已而者，仍前生後之辭也。夫至人無心，有感斯應，譬彼明鏡，方茲虚谷，因循萬物，影響蒼生，不知所以然，不知所以應，豈有情於臧否而係於利害者乎！以法因人，可謂自然之道也。

【釋文】「謂之道」向郭絶句。崔讀謂之道勞，云：因自然是道之功也。

〔一七〕【疏】夫玄道妙一，常湛凝然，非由心智謀度而後不二。而愚者勞役神明邂逅言辯而求一者，與彼不一無以異矣，不足（類）〔賴〕②也。不知至理，理自混同，豈俟措心，方稱不二耶！

〔一八〕【疏】此起譬也。○家世父曰：謂之朝三，明以朝三爲義也。蓋賦芧在朝，故以得四而喜，得三而怒，皆所見惟目前之一隅也，是以謂之因也。疏謂混同萬物以爲其一因以爲一者無異衆狙之惑解因是也一語，大謬。

〔一九〕【注】夫達者之於一，豈勞神哉？若勞神明於爲一，不足賴也，與彼不一者無以異矣。亦同衆狙之惑，因所好而自是也。【疏】此解譬也。狙，獮猴也。賦，付與也。芧，橡子也，似栗而小也。列子曰：宋有養狙老翁，善解其意，戲狙曰：「吾與汝芧，朝三而暮四，足乎？」衆狙皆起而怒。又曰：「我與汝朝四而暮三，足乎？」衆狙皆伏而喜焉。朝三暮四，朝四暮三，其於七數，並皆是一。名既不虧，實亦無損，而一喜一怒，爲用愚迷。此亦同其所好，自以爲是。亦猶勞役心慮，辯飾言詞，混同萬物以爲其一因以爲一者，亦何異衆狙之惑耶！【釋文】「狙公」七徐反，又緇慮反。司馬云：狙公，典狙官也。崔云：養猨狙者也。李云：老狙也。廣雅云：狙，獮猴。「賦芧」音序，徐食汝反，李音予。司馬云：橡子也。「朝三暮四」司馬云：朝三升，暮四升也。「所好」呼報反。下文皆同。

〔二〇〕【注】莫之偏任，故付之自均而止也。【疏】天均者，自然均平之理也。夫達道聖人，虛懷不執，故能和是於無是，同非於無非，所以息智乎均平之鄉，休心乎自然之境也。【釋文】「天鈞」本又作均。崔云：鈞，陶鈞也。

〔二二〕【注】任天下之是非。【疏】不離是非而得無是非，故謂之兩行。

〔校〕①趙諫議本無各字。②賴字依下注文改。

古之人，其知有所至矣〔一〕。惡乎至〔二〕？有以爲未始有物者，至矣，盡矣，不可以加矣〔三〕。其次以爲有物矣，而未始有封也〔四〕。其次以爲有封焉，而未始有是非也〔五〕。是非之彰也，道之所以虧也〔六〕。道之所以虧，愛之所以成〔七〕。果且有成與虧乎哉？果且无成與虧乎哉〔八〕？有成與虧，故昭氏之鼓琴也；無成與虧，故昭氏之不鼓琴也〔九〕。昭文之鼓琴也，師曠之枝策也，惠子之據梧也，三子之知幾乎〔一〇〕，皆其盛者也，故載之末年〔一一〕。唯其好之也，以異於彼〔一二〕，其好之也，欲以明之〔一三〕。彼非所明而明之，故以堅白之昧終〔一四〕。而其子又以文之綸終，終身無成〔一五〕。若是而可謂成乎？雖我亦成也①〔一六〕。若是而不可謂成乎？物與我無成也〔一七〕。是故滑疑之耀，聖人之所圖也。爲是不用而寓諸庸，此之謂以明〔一八〕。

〔一〕【疏】至，造極之名也。淳古聖人，運智虛妙，雖復和光混俗，而智則無知，動不乖寂，常真妙本。所至之義，列在下文也。

〔二〕【疏】假設疑問，於何而造極耶？

〔三〕【注】此忘天地，遺萬物，外不察乎宇宙。內不覺其一身，故能曠然無累，與物俱往，而無所不應也。　【疏】未始，猶未曾。世所有法，悉皆非有，唯物與我，内外咸空，四句皆非，蕩然虚静，理盡於此，不復可加。答於前問，意以明至極者也。

〔四〕【注】雖未都忘，猶能忘其彼此。　【疏】初學大賢，鄰乎聖境，雖復見空有之異，而未曾封執。

〔五〕【注】雖未能忘彼此，猶能忘彼此之是非也。　【疏】通欲難除，滯物之情已有；別惑易遺，是非之見猶忘也。

〔六〕【注】無是非乃全也。　【疏】夫有非有是，流俗之鄙情；無是無非，達人之通鑒。故知彼我彰而至道隱，是非息而妙理全矣。

〔七〕【注】道虧則情有所偏而愛有所成，未能忘愛釋私，玄同彼我②也。　【疏】虚玄之道，既以虧損，愛染之情，於是乎成著矣。

〔八〕【注】有之與無，斯不能知，乃至。　【疏】果，決定也。夫道無增減，物有虧成。是以物愛既成，謂道爲損，而道實無虧也。故假設論端以明其義。有無既不決定，虧成理非實録。

〔九〕【注】夫聲不可勝舉也。故吹管操絃，雖有繁手，遺聲多矣。而執籥鳴弦者，欲以彰聲也，彰聲而聲遺，不彰聲而聲全。故欲成而虧之者，昭文之鼓琴也；不成而無虧者，昭文之不鼓琴也。　【疏】姓昭，名文，古之善鼓琴者也。夫昭氏鼓琴，雖云巧妙，而鼓商則喪角，揮宮則失徵，未若置而不鼓，則五音自全。亦(由)〔猶〕有成有虧，存情所以乖道；無成無虧，忘智所以合真者也。【釋文】「可勝」音升。「操弦」七刀反。「執籥」羊灼反。「昭文」司馬云：古善琴者。

〔一〇〕【注】幾，盡也。夫三子者，皆欲辯非己所明以明之，故知盡慮窮，形勞神倦，或枝策假寐，或據梧而瞑。【疏】師曠，字子野，晉平公樂師，甚知音律。支，柱也。策，打鼓(枝)〔杖〕也，亦言擊節(枝)〔杖〕③也。梧，琴也；今謂不爾。昭文已能鼓琴，何容二人共同一伎？況檢典籍，無惠子善琴之文。而言據梧者，只是以梧几而據之談說，猶隱几者也。幾，盡也。昭文善能鼓琴，師曠妙知音律，惠施好談名理。而三子之性，禀自天然，各以己能明示於世。世既不悟，已又疲怠，遂使柱策假寐，或復凭几而瞑。三子之能，咸盡於此。【釋文】「枝策」司馬云：枝，柱也。策，杖也。崔云：舉杖以擊節。「據梧」音吾。司馬云：梧，琴也。崔云：琴瑟也。「之知」音智。「而瞑」亡千反。

〔一一〕【注】賴其盛，故能久，不爾早困也。【疏】惠施之徒，皆少年盛壯，故能運載形智。至於衰末之年，是非少盛，久當困苦也。【釋文】「故載之末年」崔云：書之於今也。

〔一二〕【注】言此三子，唯獨好其所明，自以殊於衆人。【疏】三子各以己之所好，耽而翫之，方欲矜其所能，獨異於物。

〔一三〕【注】明示衆人，欲使同乎我之所好。【疏】所以疲倦形神好之不已者，欲將己之道術明示衆人也。

〔一四〕【注】是猶對牛鼓簧耳。彼竟不明，故己之道術終於昧然也。【疏】彼，衆人也。所明，道術也。白，即公孫龍守白馬論也。姓公孫，名龍，趙人。當六國時，弟子孔穿之徒，堅執此論，横行天下，服衆人之口，不服衆人之心。言物稟性不同，所好各異，故知三子道異，非衆人所明。非明而强示之，彼此終成暗昧。亦何異乎堅執守白之論眩惑世間，雖弘辯如流，終有言而無理也！【釋文】「堅白」司馬云：謂堅石白馬之辯也。又云：公孫龍有淬劍之法，謂之堅白。崔同。又云：或曰，設矛伐之説爲堅，辯白馬之名爲白。○盧文弨曰：伐即盾也，亦作戧，又作瞂，音皆同。「鼓簧」音黄。

〔一五〕【注】昭文之子又乃終文之緒，亦卒不成。【疏】綸，緒也。言昭文之子亦乃荷其父業，終其綸緒，卒其年命，竟無所成。況在它人，如何放哉？【釋文】「之綸」音倫。崔云：琴瑟絃也。○俞樾曰：釋文綸音倫，崔云琴瑟絃也。然以文之絃終，其義未安。郭注曰，昭文之子又乃終文之緒，則是訓綸爲緒。今以文義求之。上文曰彼非所明而明之，故以堅白之昧終，之昧與之綸，必相對爲文。周易繫辭傳，故能彌綸天地之道，京房注曰：綸，知也。淮南子説山篇，以小明大，以近論遠，高誘注曰：論，知也。古字綸與論通。淮南與明對言，則綸亦明也。以文之綸終，謂以文之所知者終，即是以文之明終。蓋彼非所明而明之，故以堅白之昧終；而昭文之子又以文之明終，則仍是非所明而明矣，故下曰終身無成也。郭注尚未達其恉。

〔一六〕【注】此三子雖求明於彼，彼竟不明，所以終身無成。若三子而可謂成，則雖我之不成亦可謂成也。【疏】我，衆人也。若三子異於衆人，遂自以爲成，而衆人異於三子，亦可謂之成也。

〔一七〕【注】物皆自明而不明彼，若彼不明，即謂不成，則萬物皆相與無成矣。故聖人不顯此以耀彼，不捨己而逐物，從而任之，各〔宜〕〔冥〕④其所能，故曲成而不遺也。今三子欲以己之所好明示於彼，不亦妄乎！【疏】若三子之與衆物相與而不謂之成乎？故知衆人之與三子，彼此共無成矣。

〔一八〕【注】夫聖人無我者也。故滑疑之耀，則圖而域之；恢恑憰怪，則通而一之；使羣異各安其所安，衆人不失其所是，則己不用於物，而萬物之用用矣。物皆自用，則孰是孰非哉！故雖放蕩之變，屈奇之異，曲而從之，寄之自用，則用雖萬殊，歷然自明。【疏】夫聖人者，與天地合其德，與日月齊其明。故能晦迹同凡，韜光接物，終不眩耀羣品，亂惑蒼生，亦不矜己以率人，而各域限於分内，忘懷大順於萬物，爲是寄〔用〕於羣才。而此運心，斯可謂聖明真知也。【釋文】「滑疑」古没反。司馬云：亂也。「屈奇」求物反。

〔校〕①闕誤引江南古藏本作雖我無成亦可謂成矣。②趙諫議本我作此。③杖字依釋文改。④冥字依宋本及世德堂本改。

今且有言於此，不知其與是類乎？其與是不類乎？類與不類，相與爲類，則

與彼无以異矣〔一〕。雖然，請嘗言之〔二〕。有始也者〔三〕，有未始有始也者〔四〕，有未始有夫未始有始也者〔五〕。有有也者〔六〕，有无也者〔七〕，有未始有无也者〔八〕，有未始有夫未始有无也者〔九〕。俄而有无矣，而未知有无之果孰有孰无也〔一〇〕。今我則已有謂矣〔一一〕，而未知吾所謂之其果有謂乎，其果无謂乎〔一二〕？天下莫大於秋豪之末，而大山爲小；莫壽於殤子，而彭祖爲夭。天地與我並生，而萬物與我爲一〔一三〕。既已爲一矣，且得有言乎〔一四〕？既已謂之一矣，且得无言乎〔一五〕？一與言爲二，二與一爲三。自此以往，巧曆不能得，而況其凡乎〔一六〕！故自无適有以至於三，而況自有適有乎〔一七〕！无適焉，因是已〔一八〕。

〔一〕【注】今以言無是非，則不知其與言有者類乎不類乎？欲謂之類，則我以無爲是，而彼以無爲非，斯不類矣。然此雖是非不同，亦固未免於有是非也，則與彼類矣。故曰類與不類又相與爲類，則與彼無以異也。然則將大不類，莫若無心，既遣①是非，又遣其遣。遣之又遣之以至於無遣，然後無遣無不遣而是非自去矣。【疏】類者，輩徒相似之類也。但羣生愚迷，滯是滯非。今論乃欲反彼世情，破茲迷執，故假且説無是無非，則用爲真道。是故復言相與爲類，此則遣於無是無非也。既而遣之又遣，方至重玄也。

〔二〕【注】至理無言，言則與類，故試寄②言之。【疏】嘗，試也。夫至理雖復無言，而非言無以詮理，故試寄言，彷象其義。

〔三〕【注】有始則有終。　【疏】此假設疑問，以明至道無始無終，此遣於始終也。

〔四〕【注】謂無終始而一死生。　【疏】未始，猶未曾也。此又假問，有未曾有始終不。此遣於無始終也。

〔五〕【注】夫一之者，未若不一而自齊，斯又忘其一也。　【疏】此又假問，有未曾有始也者。斯則遣於無始無終也。

〔六〕【注】有有則美惡是非具也。　【疏】夫萬象森羅，悉皆虚幻，故標此有，明即以有體空。此句遣有也。

〔七〕【注】有無而未知無無也，則是非好惡猶未離懷。　【疏】假問有此無不。今明非但有即不有，亦乃無即不無。此句遣於無也。　【釋文】「好惡」並如字。「未離」力智反。

〔八〕【注】知無無矣，而猶未能無知。　【疏】假問有未曾有無不。此句遣非。

〔九〕【疏】假問有未曾未曾有無不。此句遣非非無也。而自淺之深，從麁入妙，始乎有有，終乎非無。是知離百非，超四句，明矣。前言始終，此則明時；今言有無，此則辯法；唯時與法，皆虚静者也。

〔一〇〕【注】此都忘其知也，爾乃俄然始了無耳。了無，則天地萬物，彼我是非，豁然確斯也。　【疏】前從有無之迹入非非有無之本，今從非非有無之體出有無之用。而言俄者，明即體即用，俄爾之間，蓋非賒遠也。夫玄道窈冥，真宗微妙。故俄而用，則非有無而有無，用而體，則有無非有無也。是以有無不定，體用無恒，誰能決定無耶？誰能決定有耶？此又就有無之用明非有非無之體者也。【釋文】「俄而」徐音峩。「確斯」苦角反。斯，又作澌，音賜，李思利反。○盧文弨曰：斯訓盡，與澌賜義同。

〔一一〕【注】謂無是非，即復有謂。【釋文】「即復」扶又反。

〔一二〕【注】又不知謂之有無，爾乃蕩然無纖芥於胷中也。【疏】謂，言也。莊生復無言也。理出有言之教，即前請嘗言之類是也。既寄此言以詮於理，未知斯言定有言耶，定無言耶。欲明理家非默非言，教亦非無非有。恐學者滯於文字，故致此辭。【釋文】「纖介」古邁反，又音界。○盧文弨曰：今本介作芥。

〔一三〕【注】夫以形相對，則大山大於秋豪也。若各據其性分，物冥其極，則形大未爲有餘，形小不爲不足。〔苟各足〕③於其性，則秋豪不獨小其小而大山不獨大其大矣。若以性足爲大，則天下之足未有過於秋豪也；〔其〕〔若〕性足者〔爲〕〔非〕④大，則雖大山亦可稱小矣。故曰天下莫大於秋豪之末而大山爲小。大山爲小，則天下無大矣；秋豪爲大，則天下無小也。無小無大，無壽無夭，是以蟪蛄不羨大椿而欣然自得，斥鴳不貴天池而榮願以足。苟足於天然而安其性命⑤，故雖天地未足爲壽而與我並生，萬物未足爲異而與我同得。則天地之生又何不並，萬物之得又何不一哉！【疏】秋時獸生豪毛，其末至微，故謂秋豪之末也。人生在於襁褓而亡，謂之殤子。太，大也。夫物之生也，形氣不同，有小有大，有夭有壽。若以性分言之，無不自足。是故以性足爲大，天下莫大於豪末；無餘爲小，天下莫小於大山。大山爲小，則天下無大；豪末爲大，則天下無小。小大既爾，夭壽亦然。是以兩儀雖大，各足之性乃均；萬物雖多，自得之義唯一。前明不終不始，非有非無；此明非小非大，無夭無壽耳。

【釋文】「秋豪」如字。依字應作毫。司馬云：兔毫在秋而成。王逸注楚辭云：鋭毛也。案毛至秋而耎細，故以喻小也。「大山」音泰。「殤子」短命者也。或云：年十九以下爲殤。

〔一四〕【注】萬物萬形，同於自得，其得一也。已自一矣，理無所言。

〔一五〕【注】夫名謂生於不明者也。物或不能自明其一而以此逐彼，故謂一以正之。既謂之一，即是有言矣。【疏】夫玄道冥寂，理絶形聲，誘引迷途，稱謂斯起。故一雖玄統，而猶是名教。既謂之一，豈曰無言乎！

〔一六〕【注】夫以言言一，而一非言也，則一〔與〕⑥言爲二矣。一既一矣，言又二之；有一有二，得不謂之三乎！夫以一言言一，猶乃成三，況尋其支流，凡物殊稱，雖有善數，莫之能紀也。故一之者與彼未殊，而忘⑦一者無言而自一。【疏】夫妙一之理，理非所言，是知以言言一而一非言也。且一既一矣，言又言焉；有一有言，二名斯起。覆將後時之二名，對前時之妙一，有一有二，得不謂之三乎！從三以往，假有善巧算曆之人，亦不能紀得其數，而況凡夫之類乎！【釋文】「殊稱」尺證反。「善數」色主反。

〔一七〕【注】夫一，無言也，而有言則至三。況尋其末數，其可窮乎！【疏】自，從也。適，往也。夫至理無言，言則名起。故從無言以往有言，纔言則至乎三。況從有言往有言，枝流分派，其可窮乎！此明一切萬法，本無名字，從無生有，遂至於斯矣。

〔一八〕【注】各止於其所能，乃最是也。【疏】夫諸法空幻，何獨名言！是知無即非無，有即非有，有無名數，當體皆寂。既不從無以適有，豈復自有以適有耶！故無所措意於往來，因循物性而已矣。

〔校〕①趙諫議本遺作遺，下並同。②趙本寄作嘗。③苟各足三字依趙本及世德堂本補。④若字非字依趙本及世德堂本改。⑤命字趙本作分，世德堂本作命。⑥與字依世德堂本補。⑦趙本忘作亡。

夫道未始有封〔一〕，言未始有常〔二〕，爲是而有畛也〔三〕，請言其畛〔四〕：有左，有右〔五〕，有倫，有義〔六〕，有分，有辯〔七〕，有競，有爭〔八〕，此之謂八德〔九〕。六合之外，聖人存而不論〔一〇〕；六合之內，聖人論而不議〔一一〕。春秋經世先王之志，聖人議而不辯〔一二〕。故分也者，有不分也；辯也者，有不辯也〔一三〕。曰：何也〔一四〕？聖人懷之〔一五〕，衆人辯之以相示也。故曰辯也者有不見也〔一六〕。夫大道不稱〔一七〕，大辯不言〔一八〕，大仁不仁〔一九〕，大廉不嗛〔二〇〕，大勇不忮〔二一〕。道昭而不道〔二二〕，言辯而不及〔二三〕，仁常而不成①〔二四〕，廉清而不信〔二五〕，勇忮而不成〔二六〕。五者园而幾向方矣〔二七〕，故知止其所不知，至矣〔二八〕。孰知不言之辯，不道之道？若有能知，此之謂天府〔二九〕。注焉而不滿，酌焉而不竭〔三〇〕，而不知其所由來〔三一〕，此之謂葆光〔三二〕。

〔一〕【注】冥然無不在也。【疏】夫道無不在，所在皆無，蕩然無際，有何封域也。【釋文】「夫道未始有封」崔云：齊物七章，此連上章，而班固説在外篇。

〔二〕【注】彼此言之，故是非無定。【疏】道理虚通，既無限域，故言教隨物，亦無常定也。

〔三〕【注】道無封，故萬物得恣其分域。【疏】畛，界畔也。理無崖域，教隨物變，（是）爲〔是〕義故，畛分不同。【釋文】「爲是」于僞反。「有畛」徐之忍反，郭李音真。謂封域畛陌也。

〔四〕【疏】（畛）假設問旨，發起後文也。

〔五〕【注】各異便也。【疏】左，陽也。右，陰也。理雖凝寂，教必隨機。畛域不同，昇沈各異，故有東西左右，春秋生殺。【釋文】「有左有右」崔本作宥，在宥也。○盧文弨曰：舊作崔本作有，譌。案下云在宥也，則當作宥明甚。今改正。「異便」婢面反。

〔六〕【注】物物有理，事事有宜。【疏】倫，理也。義，宜也。羣物糾紛，有理存焉，萬事參差，各隨宜便者也。【釋文】「有倫有義」崔本作有論有議。○俞樾曰：釋文云，崔本作有論有議，當從之。下文云，六合之外，聖人存而不論；六合之内，聖人論而不議。又曰，故分也者，有不分也；辯也者，有不辯也。彼所謂分辯，此有分有辯；然則彼所謂論議，即此有論有議矣。

〔七〕【注】羣分而類别也。【疏】辯，别也。飛走雖衆，各有羣分；物性萬殊，自隨類别矣。【釋文】「有分」如字。注同。「類别」彼列反。下皆同。

〔八〕【注】並逐曰競，對辯曰争。【疏】夫物性昏愚，彼我封執，既而並逐勝負，對辯是非也。【釋文】「有争」争鬬之争。注同。

〔九〕【注】略而判之，有此八德。【疏】德者，功用之名也。羣生功用，轉變無窮，略而陳之，有此八種。斯則釋前有眕之義也。

〔一〇〕【注】夫六合之外，謂萬物性分之表耳。夫物之性表，雖有理存焉，而非性分之内，則未嘗以感聖人也，故聖人未嘗論之。〔若論之〕②，則是引萬物使學其所不能也。故不論其外，而八眕同於自得也。【疏】六合者，謂天地四方也。六合之外，謂衆生性分之表，重玄至道之鄉也。夫玄宗〔罔〕〔罔〕象，出四句之端；妙理希夷，超六合之外。既非神口所辯，所以存而不論也。

〔一一〕【注】陳其性而安之。【疏】六合之内，謂蒼生所稟之性分。夫云云取捨，皆起妄情，尋責根源，並同虚有。聖人隨其機感，陳而應之。既曰馮虚，亦無可詳議，故下文云，我亦妄説之。

〔一二〕【注】順其成迹而凝乎至當之極，不執其所是以非衆人也。【疏】春秋者，時代也。經者，典誥也。先王者，三皇五帝也。誌，記也。夫祖述軒頊，憲章堯舜，記録時代，以爲典謨，軌轍蒼生，流傳人世。而聖人議論，利益當時，終不執是辯非，滯於陳迹。

〔一三〕【注】夫物物自分，事事自別。而欲由己以分別之者，不見彼之自別也。【疏】夫理無分別，而物有是非。故於無封無域之中，而起有分有辯之見者，此乃一曲之士，偏滯之人，亦何能剖析於精微，分辯於事物者也！【釋文】「故分」如字。下及注同。

〔一四〕【疏】假問質疑，發生義旨。

〔一五〕【注】以不辯爲懷耳，聖人無懷。【疏】夫達理聖人，冥心會道，故能懷藏物我，包括是非，枯木死灰，曾無分別矣。

〔一六〕【注】不見彼之自辯，故辯己所知以示之。【疏】衆多之人，即衆生之別稱也。凡庸迷執，未解虚（忘）〔妄〕，故辯所知，示見於物，豈唯不見彼之自別，亦乃不鑒己之妙道，故云有不見也。

〔一七〕【注】付之自稱，無所稱謂。【疏】大道虚廓，妙絶形名，既非色聲，故不可稱。謂體道之人，消聲亦爾也。【釋文】「不稱」尺證反，注同。

〔一八〕【注】已自别也。【疏】妙悟真宗，無可稱説，故辯彫萬物，而言無所言。

〔一九〕【注】無愛而自存也。【疏】亭毒羣品，（汛）〔汎〕愛無心，譬彼青春，非爲仁也。

〔二〇〕【注】夫至足者，物之去來非我也，故無所容其嗛盈。【疏】夫玄悟之人，鑒達空有，知萬境虚幻，無一可貪，物我俱空，何所遜讓。【釋文】「不嗛」郭欺簟反。徐音謙。

〔二一〕【注】無往而不順，故能無險而不往。【疏】忮，逆也。内藴慈悲，外弘接物，故能俯順塵俗，惠救蒼生，虛己逗機，終無迕逆。【釋文】「不忮」徐之豉反，又音跂，李之移反。害也。李云：健也。

〔二二〕【注】以此明彼，彼此俱失矣。【疏】明己功名，炫燿於物，此乃淫僞，不是真道。【釋文】「道昭」音照。

〔二三〕【注】不能及其自分。【疏】不能玄默，唯滯名言，華詞浮辯，不達深理。

〔二四〕【注】物無常愛，而常愛必不周。【疏】不能忘愛釋知，玄同彼我，而恒懷恩惠，每挾親情，欲効成功，無時可見。

〔二五〕【注】皦然廉清，貪名者耳，非真廉也。【疏】皎然異俗，卓爾不羣，意在聲名，非實廉也。

〔二六〕【注】忮逆之勇，天下共疾之，無敢舉足之地也。【疏】捨慈而勇，忮逆物情，衆共疾之，必無成遂也。

〔二七〕【注】此五者，皆以有爲傷當者也，不能止乎本性，而求外無已。夫外不可求而求之，譬猶以圓學方，以魚慕鳥耳。雖希翼鸞鳳，擬規日月，此愈近，彼愈遠，實學彌得，而性彌失。故齊物而偏尚之累去矣。【疏】园，圓也。幾，近也。五者，即已前道昭等也。夫學道之人，直須韜晦；而乃矜炫己之能，顯燿於物，其於道也，不亦遠乎！猶如慕方而學园圓，愛飛而好游泳，雖希翼鸞鳳，終無鶱翥之能，擬規日月，詎有幾方之效故也。【釋文】「园」崔音刓。徐五丸反。司馬云：圓也。郭音團。「而幾」徐其衣反。「向方」本亦作嚮，音同。下皆放此。「近彼」附近之近。「遠實」于萬反。

〔二八〕【注】所不知者，皆性分之外也。故止於所知之內而至也。【疏】夫境有大小，智有明闇，智不逮者，不須强知。故知止其分，學之造極也。

〔二九〕【注】浩然都任之也。【疏】孰，誰也。天，自然也。誰知言不言之言，道不道之道？以此積辯，用茲通物者，可謂合於自然之府藏也。

〔三〇〕【注】至人之心若鏡，應而不藏，故曠然無盈虛之變也。【釋文】「注焉」徐之喻反。

〔三一〕【注】至理之來，自然無迹。【疏】夫巨海深弘，莫測涯際，百川注之而不滿，尾閭泄之而不竭。體道大聖，其義亦然。萬機頓起而不撓其神，千難殊對而不忤其慮，故能囊括羣有，府藏含靈。又譬懸鏡高堂，物來斯照。能照之智，不知其所由來，可謂即照而忘，忘而能照者也。

〔三二〕【注】任其自明，故其光不弊也。【疏】葆，蔽也。至忘而照，即照而忘，故能韜蔽其光，其光彌朗。此結以前天府之義。【釋文】「葆光」音保。崔云：若有若无，謂之葆光。

〔校〕①闕誤引江南古藏本成作周。②若論之三字依趙本及世德堂本補。

故昔者堯問於舜曰：「我欲伐宗、膾、胥敖，南面而不釋然。其故何也〔一〕？」舜曰：「夫三子者，猶存乎蓬艾之間〔二〕。若不釋然，何哉〔三〕？昔者十日並出，萬物皆照〔四〕，而況德之進乎日者乎〔五〕！」

〔一〕【注】於安任之道未弘，故聽朝而不怡也。將寄明齊一之理於大聖，故發自怪之問以起對也。

【疏】釋然，怡悦貌也。宗、膾、胥敖，是堯時小蕃三國號也。南面，君位也。舜者，顓頊六世孫也。父曰瞽瞍，母曰握登，感大虹而生舜。舜生於姚墟，因即姓姚，住於嬀水，亦曰嬀氏，目有重瞳子，因字重華。以仁孝著於鄉黨，堯聞其賢，妻以二女，封邑於虞。年三十，總百揆，三十三，受堯禪。即位之後，都於蒲坂。在位四十年，讓禹。後崩，葬於蒼梧之野。而三國貢賦既愆，所以應須問罪，謀事未定，故聽朝不怡。欲明齊物之一理，故寄問答於二聖。

【釋文】「宗膾」徐古外反。「胥」息徐反。華胥國。「敖」徐五高反。司馬云：宗、膾、胥敖，三國名也。崔云：宗一也，膾二也，胥敖三也。「聽朝」直遥反。

〔二〕【注】夫物之所安無陋也，則蓬艾乃三子之妙處也。【釋文】「妙處」昌慮反。

〔三〕【疏】三子，即三國之君也。言蓬艾賤草，斥鴳足以逍遥，況蕃國雖卑，三子足以存養，乃不釋然，有何意謂也。

〔四〕【注】夫重明登天，六合俱照，無有蓬艾而不光被也。【釋文】「重明」直龍反。「光被」皮寄反。

〔五〕【注】夫日月雖無私於照，猶有所不及，德則無不得也。而今欲奪蓬艾之願而伐使從己，於至道豈弘哉！故不釋然神解耳。若乃物暢其性，各安其所安，無遠邇幽深，付之自若，皆得其極，則彼無不當而我無不怡也。【疏】進，過也。淮南子云，昔堯時十日並出，焦禾稼，殺草木，封豨長虵，皆爲民害。於是堯使羿上射十日，遂落其九；下殺長虵，以除民害。夫十日登天，六合俱照，覆盆隱處，猶有不明。而聖德所臨，無幽不燭，運兹二智，過彼三光，乃欲興動干戈，伐令從己，於安任之道，豈曰弘通者耶！○家世父曰：伐國者，是非之見之積而成者也。而於此有不釋然，左右倫義分辯競爭八德，交戰於中而不知。夫三子者，蓬艾之間，無爲辯而分之。萬物受日之照而不能遯其形，而於此累十日焉，皆求得萬物而照之，則萬物之神必敝。日之照，無心者也。德之求辯乎是非，方且以有心出之，又進乎日之照矣。人何所措手足乎！○慶藩案文選謝靈運出游京口北固應詔詩注引司馬云：言陽（克）〔光〕①麗天，則無不鑒。釋文闕。【釋文】「神解」音蟹。

〔校〕①光字依文選注原文改。

齧缺問乎王倪曰：「子知物之所同是乎〔一〕**？」**

〔一〕【疏】齧缺，許由之師，王倪弟子，竝堯時賢人也。託此二人，明其齊一。言物情顛倒，執見不同，悉皆自是非他，頗知此情是否。【釋文】「齧」五結反。「缺」丘悅反。「王倪」徐五稽反，李音詣。高士傳云：王倪，堯時賢人也。天地篇云，齧缺之師。

曰：「吾惡乎知之〔二〕**！」**

〔一〕【注】所同未必是，所異不獨非，故彼我莫能相正，故無所用其知。【疏】王倪答齧缺云：「彼此各有是非，遂成無主。我若用知知彼，我知還是是非，故我於何知之！」言無所用其知也。【釋文】「惡乎」音烏。下皆同。

「子知子之所不知邪〔一〕？」

〔一〕【疏】「子既不知物之同是，頗自知己之不知乎？」此從麤入妙，次第窮質，假託師資，以顯深趣。

曰：「吾惡乎知之〔一〕！」

〔一〕【注】若自知其所不知，即爲有知。有知則不能任羣才之自當。【疏】若以知知不知，不知還是知。故重言於何知之，還以不知答也。

「然則物无知邪〔一〕？」

〔一〕【疏】重責云：「汝既自無知，物豈無知者邪？」

曰：「吾惡乎知之〔一〕！

〔一〕【注】都不知，乃曠然無不任矣。【疏】豈獨不知我，亦乃不知物。唯物與我，內外都忘，故無所措其知也。

雖然，嘗試言之〔二〕。庸詎知吾所謂知之非不知邪〔二〕？庸詎知吾所謂不知之非知邪〔三〕？

〔一〕【注】以其不知，故未敢正言，試言之耳。　【疏】然乎，猶雖然也。既其無知，理無所説，不可的當，故嘗試之也。

〔二〕【注】魚游於水，水物所同，咸謂之知。然自鳥觀之，則向所謂知者，復爲不知矣。夫蛣蜣之知在於轉丸，而笑蛣蜣者乃以蘇合爲貴。故所同之知，未可正據。【疏】夫物或此知而彼不知，彼知而此不知。魚鳥水陸，即其義也。故知即不知，不知即知。凡庸之人，詎知此理耶！　【釋文】「庸詎」徐本作巨，其庶反。郭音鉅。李云：庸，用也；詎，何也；猶言何用也。服虔云：詎，猶未也。「復爲」扶又反。「蛣」丘一反。「蜣」丘良反。爾雅云：蛣蜣，蜣蜋也。

〔三〕【注】所謂不知者，直是不同耳，亦自一家之知。【疏】所謂不知者，彼此不相通耳，非謂不知也。○慶藩案文選潘安仁秋興賦注引司馬云：庸，猶何用也。釋文闕。○又案庸詎，猶言何遽也。詎遽距鉅巨通用，或作渠。史記甘茂傳何遽叱乎？淮南人間篇此何遽不能爲福乎？韓子難篇衛奚距然哉？荀子正論篇是定鉅知見侮之爲不辱哉？王制篇豈渠得免夫累乎？皆其證。

且吾嘗試問乎女〔一〕：民溼寢則腰疾偏死，鰌然乎哉？木處則惴慄恂懼，猨猴然乎哉？三者孰知正處〔二〕？民食芻豢，麋鹿食薦，蝍蛆甘帶，鴟鴉耆鼠，四者孰知正味〔三〕？猨猵狙以爲雌，麋與鹿交，鰌與魚游。毛嬙麗姬，人之所美也；魚見之深入，鳥見之高飛，麋鹿見之決驟。四者孰知天下之正色哉〔四〕？自我觀之，仁義之端，是非之塗，樊然殽亂，吾惡能知其辯〔五〕！

〔一〕【注】已不知其正，故①試問女。【疏】理既無言，不敢正據，聊復反質，試問乎女。【釋文】「乎女」音汝。注及下同。「已不知」音紀。

〔二〕【注】此略舉三者，以明萬物之異便。【疏】惴慄恂懼，是恐迫之別名。然乎哉，謂不如此也。言人溼地臥寢，則病腰跨偏枯而死，泥鰌豈如此乎？人於樹上居處，則迫怖不安，猨猴跳躑，曾無所畏。物性不同，便宜各異。故舉此三者，以明萬物誰知正定處所乎。是知蓬户金闈，榮辱安在。【釋文】「偏死」司馬云：偏枯死也。「鰌」徐音秋。司馬云：魚名。「惴」之瑞反。「慄」音栗。「恂」郭音荀，徐音峻。恐貌。崔云：戰也。班固作眴也。「猨」音猿。「猴」音侯。「異便」婢面反。

〔三〕【注】此略舉四者，以明美惡之②無主。【疏】芻，草也，是牛羊之類；豢，養也，是犬豕之徒；皆以所食爲名也。麋與鹿而食長薦茂草，鴟鳶鴉鳥便嗜腐鼠，蝍蛆食蛇。略舉四者，定與誰爲滋味乎？故知盛饌疏食，其致一者也。【釋文】「芻」初俱反，小爾雅云：秆謂之芻。秆，音古但反。「豢」徐音患，又胡滿反。司馬云：牛羊曰芻，犬豕曰豢，以所食得名也。「麋」音眉。「薦」牋練反。司馬云：美草也。崔云：甘草也。郭璞云：三蒼云，六畜所食曰薦。〇慶藩案説文：薦，獸之所食艸，從廌從艸。古者神人以廌遺黄帝，帝曰：何食？

曰：食薦。漢書趙充國傳，今虜亡其美地薦艸。三蒼郭注云：六畜所食曰薦。管子八觀篇，薦艸多衍，則六畜易繁也。「蝍」音即。「且」字或作蛆，子徐反。李云：蝍且，蟲名也。廣雅云：蜈公也。爾雅云，蒺藜蝍蛆，郭璞注云：似蝗，大腹，長角，能食蛇腦。蒺，音疾，藜，音梨。「帶」如字。崔云：蛇也。司馬云：小蛇也，蝍蛆好食其眼。「鴟」尺夷反。「鴉」本亦作鵶，於加反。崔云：烏也。「耆」市志反。字或作嗜。崔本作甘。「美惡」烏路反。

〔四〕【注】此略舉四者，以明天下所好之不同也。不同者而非之，則無以知所同之必是。【疏】猨猴狙以爲雌雄，麋鹿更相接，泥鰌與魚游戲。毛嬙，越王嬖妾；麗姬，晉國之寵嬪。此二人者，姝妍冠世，人謂之美也。然魚見怖而深入，鳥見驚而高飛，麋鹿走而不顧。舉此四者，誰知宇內定是美色耶。故知凡夫愚迷，妄生憎愛，以理觀察，孰是非哉？決，卒疾貌也。【釋文】「猵」篇面反，徐敷面反，又敷畏反，郭李音偏。「狙」七餘反。司馬云：狙，一名獦牂，似猨而狗頭，憙與雌猨交也。崔云：猵狙，一名獦牂，其雄憙與猨雌爲牝牡。向云：猵狙以猨爲雌也。獦，音葛。「爲雌」音妻，一音如字。○慶藩案御覽九百十引司馬云：猵狙似猨而狗頭，食獼猴，好與雄狙接。與釋文所引異。「毛嬙」徐在良反。司馬云：毛嬙，古美人，一云越王美姬也。「麗姬」力知反。下同。麗姬，晉獻公之嬖，以爲夫人。崔本作西施。「決」喜缺反。李云：疾貌。崔云：疾足不顧爲決。徐古惠反，郭音古穴反。「驟」士救反，又在遘反。○慶藩案決驟即決趮也。〔說文廣雅並云：趮，疾也。〕易〔繫辭下〕〔說卦〕傳，爲決躁，（躁與趮同。）正義作決驟，云取其剛（勁）〔動〕③也。其正字當作趹趣。説文：趹，馬行貌。又云：趹，踶也。淮南脩務篇救蹻趹，高注云：趹，趣。亦與駃同。廣雅云：駃，奔也。史記張儀傳，探前趹〔後〕④，蹄間三尋，索隱曰：言馬之走勢疾也。與崔氏訓疾走不顧義同。「所好」呼報反。

〔五〕【注】夫利於彼者或害於此，而天下之彼我無窮，則是非之竟無常。故唯莫之辯而任其自是，然後蕩然俱得。【疏】夫物乃衆而未嘗非我，故行仁履義，損益不同，或於我爲利，於彼爲害，或於彼爲是，則於我爲非。是以從彼我而互觀之，是非之路，仁義之緒，樊亂糾紛，若殽饌之雜亂，既無定法，吾何能知其分別耶！【釋文】「樊然」音煩。「殽亂」徐户交反。郭作散，悉旦反。○慶藩案殽，郭本作散，非也。説文：殽，雜錯也。散，雜肉也。（雜乃離之誤，辯見説文斆正。）義不相通。隸書殽或作散，（見漢殽阬君神祠碑。）與散相似；散或作散，（見李翕析〔里〕橋郙閣頌。）與殽亦相似；殽散以形相似而誤。太玄元瑩，晝夜殽者其禍福雜，今本殽誤散。淮南原道篇，不與物殽，粹之至也，精神篇，不與物殽而天下自服，今本皆誤作散。（高注曰：散，雜皃。案諸書散字，無雜亂之訓，故散皆當作殽。）「之竟」音境。今本多作境。下放此。

〔校〕①趙諫議本無故字。②趙本無略舉二字及以字之字。③動字依正義原文改。④後字依史記原文補。

齧缺曰：「子不知利害，則至人固不知利害乎〔一〕？」

〔一〕【注】未能妙其不知，故猶嫌至人當知之。斯懸之未解也。【疏】齧缺曰，未悟彼此之不知，更起利害之疑。請云：「子是至人，應知利害。必其不辯，迷暗若夜遊。」重爲此難，冀圖後荅之矣。【釋文】「未解」音蟹。

王倪曰：「至人神矣〔一〕！大澤焚而不能熱，河漢沍而不能寒，疾雷破山〔飄〕①風振海而不能驚〔二〕。若然者，乘雲氣〔三〕，騎日月〔四〕，而遊乎四海之外〔五〕。死生无變於己〔六〕，而況利害之端乎〔七〕！」

〔一〕【注】無心而無不順。【疏】至者，妙極之體；神者，不測之用。夫聖人虛己，應物無方，知而不知，辯而不辯，豈得以名言心慮億度至人耶！

〔二〕【注】夫神全形具而體與物冥者，雖涉至變而未始非我，故蕩然無(躉)〔蠆〕②介於胸中也。【疏】沍，凍也。原澤焚燎，河漢冰凝，雷霆奮發而破山，飄風濤蕩而振海。而至人神凝未兆，體與物冥，水火既不爲災，風雷詎能驚駭。【釋文】「沍」户故反。徐又户各反。李户格反。向云：凍也。崔云：沍，猶涸也。○家世父曰：大浸稽天而不溺，大旱金石流土山焦而不熱。能不以物爲(是)〔事〕，而天地造化自存於吾心，則外境不足以相累。莊子之自期許如此，故屢及之。「蠆」勑邁反，又音豸。「介」古邁反，又音界。

〔三〕【注】寄物而行，非我動也。【疏】〔若然〕，猶如此也。虛淡無心，方之雲氣，蔭芘羣品，順物而行。

〔四〕【注】有晝夜而無死生也。【疏】昏明代序，有晝夜之可分；處順安時，無死生之能異。而控馭羣物，運載含靈，故有乘騎之名也耳。

〔五〕【注】夫唯無其知而任天下之自爲，故馳萬物而不窮也。【疏】動寂相即，（真）〔冥〕應一時，端坐寰宇之中，而心遊四海之外矣。

〔六〕【注】與變爲體，故死生若一。

〔七〕【注】況利害於死生，愈不足以介意。【疏】夫利害者，生涯之損益耳。既死生爲晝夜，乘變化以遨遊，況利害於死生，曾何足以介意矣！

〔校〕①飄字依趙諫議本補。②蠆字依世德堂本改。

瞿鵲子問乎長梧子曰：「吾聞諸夫子，聖人不從事於務〔一〕，不就利，不違害〔二〕，不喜求〔三〕，不緣道〔四〕；无謂有謂，有謂无謂〔五〕，而遊乎塵垢之外〔六〕。夫子以爲孟浪之言，而我以爲妙道之行也。吾子以爲奚若〔七〕？」

〔一〕【注】務自來而理自應耳，非從而事之也。【疏】務，猶事也。諸，於也。瞿鵲是長梧弟子，故謂師爲夫子。夫體道聖人，忘懷冥物，雖涉事有而不以爲務。混迹塵俗，泊爾無心，豈措意存情，從於事物！瞿鵲既欲請益，是以述昔之所聞者也。【釋文】「瞿鵲」其俱反。「長梧子」李云：居長梧下，因以爲名。崔云：名丘。簡文云，長梧封人也。「夫子」向云：瞿鵲之師。○俞樾曰：瞿鵲子必七十子之後人，所稱聞之夫子，謂聞之孔子也。下文長梧子曰，是黃帝之所聽熒也，而丘也何足以知之？丘即是孔子名，因瞿鵲子述孔子之言，故曰丘也何足以知之也。而讀者不達其意，誤以丘也爲長梧子自稱其名，故釋文云，長梧子，崔云名丘。此大不然。下文云，丘也與女皆夢也，予謂女夢亦夢也。夫予者，長梧子自謂也。既云丘與女皆夢，又云予亦夢，則安得即以丘爲長梧子之名乎？

〔二〕【注】任而直前，無所避就。【疏】違，避也。體窮通之關命，達利害之有時，故推理直前，而無所避就也。

〔三〕【注】求之不喜，直取不怒。【疏】妙悟從（遠）〔違〕也。故物求之而不忻喜矣。

〔四〕【注】獨至者也。【疏】夫聖智凝湛，照物無情，不將不迎，無生無滅，固不以攀緣之心行乎虛通至道者也。

〔五〕【注】凡有稱謂者，皆非吾所謂也，彼各自謂耳，故無彼有謂而有此無謂也。【疏】謂，言教也。夫體道至人，虛夷寂絕，從本降迹，感而遂通。故能理而教，無謂而有謂，教而理，有謂而無謂者也。【釋文】「稱謂」尺證反。下放此。

〔六〕【注】凡非真性，皆塵垢也。【疏】和光同塵，處染不染，故雖在囂俗之中，而心自遊於塵垢之外者矣。【釋文】「而遊」崔本作而施。

〔七〕【疏】孟浪，猶率略也。奚，何也；若，如也；如何。所謂不緣道等，乃窮理盡性。瞿鵲將爲妙道之行，長梧用作率略之談。未知其理如何，以何爲是。【釋文】「孟」如字。徐武黨反，又或武葬反。「浪」如字，徐力蕩反。向云：孟浪，音漫瀾，無所趨舍之謂。李云：猶較略也。崔云：不精要之貌。○慶藩案文選左太沖吳都賦注引司馬云：孟浪，鄙野之語。釋文闕。又案：孟浪，猶莫絡，不委細之意。（見劉逵注文選左思吳都賦。）莫絡一作摹略。墨子小取篇，摹略萬物之然。摹略者，總括之詞。莫絡摹略孟浪，皆一聲之轉也。「之行」如字，又下孟反。

長梧子曰：「是（皇）〔黃〕①帝之所聽熒也，而丘也何足以知之〔一〕！且女亦大早計，見卵而求時夜，見彈而求鴞炙〔二〕。

〔一〕【疏】聽熒，疑惑不明之貌也。夫至道深玄，非名言而可究。雖復三皇五帝，乃是聖人，而詮辯至理，不盡其妙，聽熒至竟，疑惑不明。我是何人，猶能曉了。本亦有作黃字者，則是軒轅。【釋文】「皇帝」本又作黃帝。○盧文弨曰：皇黃通用。今本作黃帝。「聽」勑定反。「熒」音瑩磨之瑩。本亦作瑩，於迥反。向司馬云：聽熒，疑惑也。李云：不光明貌。崔云：小明不大了也。向崔本作䵒榮。○盧文弨曰：字彙補云：䵒字見釋典中。隨函云：䵒與輝同。

〔二〕【注】夫物有自然，理有至極。循而直往，則冥然自合，非所言也。故言之者孟浪，而聞之者聽熒。雖復黄帝，猶不能使萬物無懷，而聽熒至竟。故聖人付當於塵垢之外，而玄合乎視聽之表，照之以天而不逆計，放之自爾而不推明也。今瞿鵲子方聞孟浪之言而便以爲妙道之行，斯亦無異見卵而責司晨之功，見彈而求鴞炙之實也。夫②不能安時處順而探變求化，當生而慮死，執是以辯非，皆逆計之徒也。【疏】鴞即鵩鳥，賈誼之所賦者也。大小如雌雞，而似斑鳩，青緑色，其肉甚美，堪作羹炙，出江南。然卵有生雞之用，而卵時未能司晨，彈有得鴞之功，而彈時未堪爲炙；亦猶教能詮於妙理，而教時非理，今瞿鵲纔聞言説，將爲妙道，此計用之太早。【釋文】「且女」音汝。下同。「亦大」音泰，徐李勑佐反。注同。「時夜」崔云：時夜，司夜，謂雞也。「見彈」徒旦反。「鴞」于驕反。司馬云：小鳩，可炙。毛詩草木疏云：大如斑鳩，緑色，其肉甚美。「雖復」扶又反。下皆同。下章注亦準此。

〔校〕①黄字依世德堂本改。②趙諫議本無夫字。

予嘗爲女妄言之〔一〕，女以妄聽之。奚①〔二〕旁日月，挾宇宙〔三〕？爲其脗②合，置其滑涽，以隸相尊〔四〕。衆人役役〔五〕，聖人愚芚③〔六〕，參萬歲而一成純〔七〕。萬物盡然〔八〕，而以是相藴〔九〕。

〔一〕【注】言之則孟浪也，故試妄言之。【釋文】「嘗爲」于僞反。

〔二〕【注】若正聽妄言，復爲太早計也。故亦妄聽之，何？【疏】予，我也。奚，何也。夫至理無言，言則孟浪。我試爲汝妄説，汝亦妄聽何如？亦言，奚者即何之聲也。

〔三〕【注】以死生爲晝夜，旁日月之喻也；以萬物爲一體，挾宇宙之譬也。【疏】旁，依附也。挾，懷藏也。天地四方曰宇，往來古今曰宙。契理聖人，忘物忘我，既而囊括萬有，冥一死生。故郭注云，以死生爲晝夜，旁日月之喻也；以萬物爲一體，挾宇宙之喻也。【釋文】「旁日月」薄葬反，徐扶葬反。司馬云：依也。崔本作謗。○盧文弨曰：官校本改謗爲傍，未必是。○家世父曰：郭象以女以妄聽之奚斷句，熟玩文義，奚旁日月挾宇宙自爲句，言操何術以超出天地之表。○慶藩案旁當爲放之借字。放，依也。論語里仁篇放於利而行，鄭孔注並曰：放，依也。墨子法儀篇放依以從事，放亦依也。亦通作方。詩維鳩方之，言鵲有巢而鳩依之也。（見王氏經義述聞。）又通作傍。旁日月，謂依日月也。應從司馬訓依之義爲正。崔本作謗者非也。「挾」戶牒反。崔本作扶。「宇宙」治救反。尸子云：天地四方曰宇，往古來今曰宙。說文云：舟輿所極覆曰宙。

〔四〕【注】以有所賤，故尊卑生焉，而滑涽紛亂，莫之能正，各自是於一方矣。故爲脗然自合之道，莫若置之勿言，委之自爾也。脗然，無波際之謂也。【疏】脗，無分別之貌也。置，任也。滑，亂也。涽，闇也。隸，皁僕之類也，蓋賤稱也。夫物情顛倒，妄執尊卑。今聖人欲祛此惑，（無）〔爲〕④脗然合同之道者，莫若滑亂昏雜，隨而任之，以隸相尊，一於貴賤也。【釋文】「脗」本或作䐣。郭音泯，徐武軫反，李武粉反。无波際之貌。司馬云：合也。向音脣，云：若兩脣之相合也。○盧文弨曰：今注本波作被⑤，似誤。「滑」徐古没反，亂也。向本作汩，音同。崔户八反，云：栝口（本）〔木〕⑥也。「涽」徐音昏。向云：汩昏，未定之謂。崔本作緍，武巾反，云：繩也。○盧文弨曰：舊作涽。宋本從氏，並注中昏涽並從氏，今從之。

〔五〕【注】馳騖於是非之境也。

〔六〕【注】芚然無知而直往之貌。【疏】役役，馳動之容也。愚芚，無知之貌。凡俗之人，馳逐前境，勞役而不息；體道之士，忘知廢照，芚然而若愚也。【釋文】「芚」徐徒奔反。郭治本反。司馬云：渾沌不分察也。崔〔云〕⑦：文厚貌也。或云：束也。李丑倫反。

〔七〕【注】純者，不雜者也。夫舉萬歲而參其變，而衆人謂之雜矣，故役役然勞形怵心而去彼就此。唯大聖無執，故芚然直往而與變化爲一，一變化而常遊於獨者也。故雖參糅億載，千殊萬異，道行之而成，則古今一成也；物謂之而然，則萬物一然也。無物不然，無時不成；斯可謂純也。【疏】夫聖人者，與二儀合其德，萬物同其體，故能隨變任化，與世相宜。雖復代歷古今，時經夷險，參雜塵俗，千殊萬異，而淡然自若，不以介懷，抱一精純，而常居妙極也。○家世父曰：衆人役役，較量今日，又較量明日。今日見爲是，明日又見爲非，今日見爲非非，明日又見爲非是。聖人愚芚，爲是不用而寓諸庸，參萬歲以極其量。一者，渾然無彼此之别；成者，怡然無然可之差；純者，泊然無是非之辯。聖人以此應萬物之變而相蘊於無窮，斯爲參萬歲而一成純。【釋文】「怵心」勑律反。「參糅」如救反。

〔八〕【注】無物不然。

〔九〕【注】蘊，積也。積是於萬歲，則萬歲一是也；積然於萬物，則萬物盡然也。故不知死生先後之所在，彼我勝負之所如也。【疏】蘊，積也。夫物情封執，爲日已久。是以橫論萬物，莫不我然彼不然；〔堅〕〔豎〕説古今，悉皆自是他不是。雖復萬物之多，古今之遠，是非蘊積，未有休時。聖人順世汙隆，動而常寂，參糅億載而純一凝然也。【釋文】「相蘊」本亦作緼。徐於憤反，郭於本反，李於問反。積也。

〔校〕①朱桂曜本奚下有若字。②趙諫議本作脗，下同。③闕誤引劉同一本芚作芼，云：芚，治本切，無知直往之貌。④爲字依覆宋本改。⑤世德堂本作被，本書依釋文原本改。⑥木字依世德堂本改。⑦云字依世德堂本補。

予惡乎知説生之非惑邪〔一〕！予惡乎知惡死之非弱喪而不知歸者邪〔二〕！麗之姬，艾封人之子也。晉國之始得之也，涕泣沾襟；及其至於王所，與王同筐牀，食芻豢，而後悔其泣也〔三〕。予惡乎知夫死者不悔其始之蘄生乎〔四〕！

〔一〕【注】死生一也，而獨説生，欲與變化相背，故未知其非惑也。【疏】夫鑪錘萬物，未始不均；變化死生，其理唯一。而獨悦生惡死，非惑如何！【釋文】「予惡」音烏。下惡乎皆同。「説」音悦。注同。「相背」音佩。

〔二〕【注】少而失其故居，名爲弱喪。夫弱喪者，遂安於所在而不知①歸於故鄉也。焉知生之非夫弱喪，焉知死之非夫還歸而惡之②哉！【疏】弱者弱齡，喪之言失。謂少年遭亂，喪失桑梓，遂安他土而不知歸，謂之弱失。從無出有，謂之爲生；自有還無，謂之爲死。遂其戀生惡死，豈非弱喪不知歸邪！【釋文】「惡死」烏路反。注同。「弱喪」息浪反。注同。「少而」詩照反。「焉知」於虔反。下同。

〔三〕【注】一生之内，情變若此。當此之日，則不知彼，況夫死生之變，惡能相知哉！【疏】昔秦穆公與晉獻公共伐麗戎之國，得美女一，玉環二。秦取環而晉取女，即麗戎國艾地守封疆人之女也。筐，正也。初去麗戎，離别親戚，懷土之戀，故涕泣沾襟。後至晉邦，寵愛隆重，與獻公同方牀而燕處，進牢饌以盈厨，情好既移，所以悔其先泣。一生之内，情變若此。況死生之異，何能知哉！莊子寓言，故稱獻公爲王耳。【釋文】「至於王所」崔云：六國時諸侯僭稱王，因此謂獻公爲王也。「筐」本亦作匡。徐起狂反。「牀」徐音床。司馬云：筐牀，安牀也。崔云：筐，方也。一云：正牀也。

〔四〕【注】蘄，求也。【疏】蘄，求也。麗姬至晉，悔其先泣。焉知死者之不卻悔初始在生之日求生之意也！【釋文】「蘄」音祈，求也。

〔校〕①趙諫議本不知下有所謂二字。②趙本無之字。

夢飲酒者，旦而哭泣；夢哭泣者，旦而田獵〔一〕。方其夢也，不知其夢也〔二〕。夢之中又占其夢焉〔三〕，覺而後知其夢也〔四〕。且有大覺而後知此其大夢也〔五〕，而愚者自以爲覺，竊竊然知之。君乎，牧乎，固哉〔六〕！丘也與女，皆夢也〔七〕；予謂女夢，亦夢也〔八〕。是其言也，其名爲弔詭〔九〕。萬世之後而一遇大聖，知其解者，是旦暮遇之也〔一〇〕。

〔一〕【注】此寤寐之事變也。事苟變，情亦異，則死生之願不得同矣。故生時樂生，則死時樂死矣，死生雖異，其於各得所願一也，則何係哉！【疏】夫死生之變，猶覺夢之異耳。夫覺夢之事既殊，故死生之情亦别，而世有覺凶而夢吉，亦何妨死樂而生憂邪！是知寤寐之間，未足可係也。【釋文】「樂生」音洛。下同。

〔二〕【注】由此觀之，當死之時，亦不知其死而自適其志也。【疏】方將爲夢之時，不知夢之是夢，亦猶方將處死之日，不知死之爲死。各適其志，何所戀哉！

〔三〕【注】夫夢者乃復夢中占其夢，則無以異於寤者也。

〔四〕【注】當所遇，無不足也，何爲方生而憂死哉！【疏】夫人在睡夢之中，謂是真實，亦復占候夢想，思度吉凶，既覺以後，方知是夢。是故生時樂生，死時樂死，何爲當生而憂死哉！

【釋文】「覺而」音教。下及注皆同。

〔五〕【注】夫大覺者，聖人也。大覺者乃知夫患慮在懷者皆未寤也。【疏】夫擾擾生民，芸芸羣品，馳騖有爲之境，昏迷大夢之中，唯有體道聖人，朗然獨覺，知夫患慮在懷者皆未寤也。

〔六〕【注】夫愚者大夢而自以爲寤，故竊竊然以所好爲君上而所惡爲牧圉，欣然信一家之偏見，可謂固陋矣。【疏】夫物情愚惑，暗若夜遊，昏在夢中，自以爲覺，竊竊然議專所知。情之好者爲君上，情之惡者同牧圉，以此爲情懷，可謂固陋。牛曰牧，馬曰圉也。【釋文】「竊竊」司馬云：猶察察也。「牧乎」崔本作跂乎，云：踶跂，强羊貌。「所好」呼報反。注同。「所惡」烏路反。

〔七〕【注】未能忘言而神解，故非大覺也。【疏】丘是長梧名也。夫照達真原，猶稱爲夢，況愚徒竊竊，豈有覺哉！【釋文】「神解」音蟹。徐户解反。

〔八〕【注】即復夢中之占夢也。夫自以爲夢，猶未寤也，況竊竊然自以爲覺哉！【疏】夫迷情無覺，論夢還在夢中；聲說非真，妙辯猶居言内。是故夢中占夢，夢所以皆空；言内試言，言所以虛假。此託夢中之占夢，亦結孟浪之譚耳。

〔九〕【注】夫非常之談，故非常人之所知，故謂之弔當卓詭，而不識其懸解。【疏】夫舉世皆夢，此乃玄談。非常之言，不顧於俗，弔當卓詭，駭異物情，自非清通，豈識深遠哉！【釋文】「弔」如字，又音的，至也。○盧文弨曰：舊脱又字，今補。「詭」九委反，異也。

〔一〇〕【注】言能蜕然無係而玄同死生者至希也。【疏】且世〔歷〕萬年而一逢大聖，知三界悉空，四生非有，彼我言說，皆在夢中。如此解人，其爲希遇，論其賒促，是旦暮逢之。三十年爲一世也。【釋文】「其解」音蟹，徐户解反。「蜕然」音帨，又始鋭反。

既使我與若辯矣，若勝我，我不若勝，若果是也，我果非也邪〔一〕？我勝若，若不吾勝，我果是也，而果非也邪〔二〕？其或是也，其或非也邪〔三〕？其俱是也，其俱非也邪〔四〕？我與若不能相知也，則人固受其黮闇。吾誰使正之〔五〕？使同乎若者正之？既與若同矣，惡能正之〔六〕！使同乎我者正之？既同乎我矣，惡能正之〔七〕！使異乎我與若者正之？既異乎我與若矣，惡能正之〔八〕！使同乎我與若者正之？既同乎我與若矣，惡能正之〔九〕！然則我與若與人俱不能相知也，而待彼也邪〔一〇〕？

〔一〕【疏】若，而，皆汝也。若不勝汝也耶，假問之詞也。夫是非彼我，舉體不真，倒置之徒，妄爲臧否。假使我與汝對爭，汝勝我不勝，汝勝定是，我不勝定非耶？固不可也。

〔二〕【注】若，而，皆汝也。【疏】假令我勝於汝，汝不及我，我決是也，汝定非也？各據偏執，未足可依也。

〔三〕【疏】或，不定也。我之與汝，或是或非，彼此言之，勝負不定，故或是則非是，或非則非非也。

〔四〕【疏】俱是則無非，俱非則無是。故是非彼我，出自妄情也。

〔五〕【注】不知而後推，不見而後辯，辯之而不足以自信，以其與物對也。辯對終日，黮闇至竟，莫能正之，故當付之自正耳。【疏】彼我二人，各執偏見，咸謂自是，故不能相知。必也相知，己之所非者，他家之是也。假令別有一人，遣定臧否，此人還有彼此，亦不離是非，各據妄情，總成闇惑，心必懷愛，此見所以黮闇不明。三人各執，使誰正之？黮闇，不明之謂也。

【釋文】「黮闇」貪闇反。李云：黮闇，不明貌。

〔六〕【疏】既將汝同見，則與汝不殊，與汝不殊，何能正定！此覆釋第一句。【釋文】「惡能」音烏。下皆同。

〔七〕【注】同故是之，未足信也。【疏】注云，同故是之耳，未足信也。此覆釋第二句也。

〔八〕【注】異故相非耳，亦不足據。【疏】既異我汝，故别起是非。别起是非，亦何足可據？此覆解第三句。

〔九〕【注】是若果是，則天下不得復有非之者也；非若信非，則亦無緣復有是之者也；今是其所同而非其所異，異同既具而是非無主。故夫是非者，生於好辯而休乎天均，付之兩行而息乎自正也。【疏】彼此曲從，是非兩順，不異我汝，亦何能正之？此解第四句。

〔一〇〕【注】各自正耳。待彼不足以正此，則天下莫能相正也，故付之自正而至矣。【疏】我與汝及人，固受黮闇之人。總有三人，各執一見，咸言我是，故俱不相知。三人既不能定，豈復更須一人！若别待一人，亦與前何異！〔待〕彼也耶，言其不待之也。

何謂和之以天倪〔一〕？曰：是不是，然不然。是若果是也，則是之異乎不是也亦无辯；然若果然也，則然之異乎不然也亦无辯①〔二〕。化聲之相待，若其不相待〔三〕。和之以天倪，因之以曼衍，所以窮年也〔四〕。忘年忘義，振於无竟，故寓諸无竟〔五〕。」

〔一〕【注】天倪者，自然之分也。【疏】天，自然也。倪，分也。夫彼我妄執，是非無主，所以三人四句，不能正之。故假設論端，託爲問荅，和以自然之分，令歸無是無非。天倪之義，次列於下文。【釋文】「和之」如字，崔胡卧反。「天倪」李音崖，徐音詣，郭音五底反。李云：分也。崔云：或作霓，音同，際也。班固曰：天研。○盧文弨曰：舊本崖譌崔，今據大宗師篇改正。倪音近研，故計倪亦作計研。

〔二〕【注】是非然否，彼我更對，故無辯。無辯，故和之以天倪，安其自然之分而已，不待彼以正之。【疏】辯，別也。夫是非然否，出自妄情，以理推求，舉體虛幻，所是則不是，然則不然。何以知其然耶？是若定是，是則異非；然若定然，然則異否。而今此謂之是，彼謂之非；彼之所然，此以爲否。故知是非然否，理在不殊，彼我更對，妄爲分別，故無辯也矣。

〔三〕【注】是非之辯爲化聲。夫化聲之相待，俱不足以相正，故若不相待也。【疏】夫是非彼我，相待而成，以理推尋，待亦非實。故變化聲說，有此待名；名既不真，待便虛待。待即非待，故知不相待者也。○家世父曰：言隨物而變，謂之化聲。是與不是，然與不然，在人者也。待人之爲是爲然而是之然之，與其無待於人而自是自然，一皆無與於其心，是謂和之以天倪。

〔四〕【注】和之以自然之分，任其無極之化，尋斯以往，則是非之境自泯，而性命之致自窮也。【疏】曼衍，猶變化也。因，任也。窮，盡也。和以自然之分，所以無是無非；任其無極之化，故能不滯不著。既而處順安時，盡天年之性命也。【釋文】「曼」徐音萬，郭武半反。「衍」徐以戰反。司馬云：曼衍，無極也。

〔五〕【注】夫忘年故玄同死生，忘義故彌貫是非。是非死生蕩而爲一，斯至理也。至理暢於無極，故寄之者不得有窮也。【疏】振，暢也。竟，窮也。寓，寄也。夫年者，生之所禀也，既同於生死，所以忘年也；義者，裁於是非也，既一於是非，所以忘義也。此則遣前知是非無窮之義也。既而生死是非蕩而爲一，故能通暢妙理，洞照無窮。寄言無窮，亦無無窮之可暢，斯又遣於無極者也。【釋文】「振」如字。崔云：止也。又之忍反。「无竟」如字，極也。崔作境。

〔校〕①闕誤引江南古藏本是也下亦無辯作其無辯矣，然也下亦無辯作亦無辯矣。

罔兩問景曰：「曩子行，今子止；曩子坐，今子起；何其无特操與〔一〕？」

〔一〕【注】罔兩，景外之微陰也。【疏】罔兩，景外之微陰也。曩，昔也。（特）向也。〔特〕，獨也。莊子寓言以暢玄理，故寄景與罔兩，明於獨化之義。而罔兩問景云：「汝向行今止，昔坐今起。然則子行止坐起，制在於形，唯欲隨逐於他，都無獨立志操者，何耶？」【釋文】「罔兩」郭云：景外之微陰也。向云：景之景也。崔本作罔浪，云：有無之狀。○慶藩案罔兩，司馬作罔浪。文選班孟堅幽通賦注引司馬云：罔浪，景外重陰也。釋文引崔本作罔浪，云有無之狀，與司馬訓異義。「景」映永反，又如字。本或作影，俗也。「曩」徐乃蕩反。李云：曩者也。「無特」本或作持。崔云：特，辭也。向云：無特者，行止無常也。「操與」音餘。

景曰：「吾有待而然者邪〔一〕？吾所待又有待而然者邪〔二〕？吾待蛇蚹蜩翼邪〔三〕？惡識所以然！惡識所以不然！〔四〕」

〔一〕【注】言天機自爾，坐起無待。無待而獨得者，孰知其故，而責其所以哉？【疏】夫物之形質，咸禀自然，事似有因，理在無待。而形影非遠，尚有天機，故曰萬類參差無非獨化者也。

〔二〕【注】若責其所待而尋其所由，則尋責無極，(而)〔卒〕①至於無待，而獨化之理明矣。【疏】影之所待，即是形也。若使影待於形，形待造物，請問造物復何待乎？斯則待待無窮，卒乎無待也。

〔三〕【注】若待蛇蚹蜩翼，則無特操之所由，未爲難識也。今所以不識，正由不待斯類而獨化故耳。【疏】昔諸講人及郭生注意，皆云蛇蚹是腹下齟齬，蜩翼者是蜩翅也。言蛇待蚹而行，蜩待翼而飛，影待形而有也，蓋不然乎。若使待翼而飛，待足而走，飛禽走獸，其類無窮，何勞獨舉蛇蚹，頗引爲譬？即今解蚹者，蛇蜕皮也，蜩翼者，蜩甲也。言蛇蜕舊皮，蜩新出甲，不知所以，莫辯其然，獨化而生，蓋無待也。而蛇蜩二蟲，猶蜕皮甲，稱異諸物，所以引之。故外篇云，吾待蛇蚹蜩甲耶，是知形影之義，與蚹甲無異者也。【釋文】「蛇蚹」音附，徐又音敷。司馬云：謂蛇腹下齟齬可以行者也。齟，音士女反，齬，音魚女反。「蜩」徐音條。

〔四〕【注】世或謂罔兩待景，景待形，形待造物者。請問：夫造物者，有耶無耶？無也？則胡能造物哉？有也？則不足以物衆形。故明衆形之自物而後始可與言造物耳。是以涉有物之域，雖復罔兩，未有不獨化於玄冥者也。故造物②者無主，而物各自造，物各自造而無所待焉，此天地之正也。故彼我相因，形景俱生，雖復玄合，而非待也。明斯理也，將使萬物各反所宗於體中而不待乎外，外無所謝而內無所矜，是以誘然皆生而不知所以生，同焉皆得而不知所以得也。今罔兩之因景，猶云俱生而非待也，則萬物雖聚而共成乎天，而皆歷然莫不獨見矣。故罔兩非景之所制，而景非形之所使，形非無之所化也，則化與不化，然與不然，從人之與由己，莫不自爾，吾安識其所以哉！故任而不助，則本末內外，暢然俱得，泯然無迹。若乃責此近因而忘其自爾，宗物於外，喪主於內，而愛尚生矣。雖欲推而齊之，然其所尚已存乎胷中，何夷之得有哉！【疏】夫待與不待，然與不然，天機自張，莫知其宰，豈措情於尋責而思慮於心識者乎！【釋文】「喪」息浪反。

〔校〕①卒字依宋本及世德堂本改。②世德堂本物作化。

昔者莊周夢爲胡蝶，栩栩然胡蝶也，自喻適志與〔一〕！不知周也〔二〕。俄然覺，則蘧蘧然周也〔三〕。不知周之夢爲胡蝶與，胡蝶之夢爲周與〔四〕？周與胡蝶，則必有分矣〔五〕。此之謂物化〔六〕。

〔一〕【注】自快得意，悦豫而行。【疏】栩栩，忻暢貌也。喻，曉也。夫生滅交謝，寒暑遞遷，蓋天地之常，萬物之理也。而莊生暉明鏡以照燭，（汛）〔汎〕上善以遨遊，故能託夢覺於死生，寄自他於物化。是以夢爲胡蝶，栩栩而適其心；覺乃莊周，蘧蘧而暢其志者也。【釋文】「胡蝶」徐徒協反。司馬崔云：蛺蝶也。「栩」徐況羽反，喜貌。崔本作翩。「自喻」李云：喻，快也。「志與」音餘。下同。崔云：與，哉。

〔二〕【注】方其夢爲胡蝶而不知周，則與殊死不異也。然所在無不適志，則當生而係生者，必當死而戀死矣。由此觀之，知夫在生而哀死者誤也。【疏】方爲胡蝶，曉了分明，快意適情，悦豫之甚，只言是蝶，（宜）〔不〕識莊周。死不知生，其義亦爾。

〔三〕【注】自周而言，故稱覺耳，未必非夢也。【疏】蘧蘧，驚動之貌也。俄頃之間，夢罷而覺，驚怪思省，方是莊周。故注云，自周而言，故稱覺耳，未必非夢也。【釋文】「然覺」古孝反。「蘧蘧」徐音渠，又其慮反。李云：有形貌。崔作據據，引大宗師云據然覺。

〔四〕【注】今之不知胡蝶，無異於夢之不知周也；而各適一時之志，則無以明胡蝶之不夢爲周矣。世有假寐而夢經百年者，則無以明今之百年非假寐之夢者也。【疏】昔夢爲蝶，甚有暢情；今作莊周，亦言適志。是以覺夢既無的當，莊蝶豈辯真虚者哉！

〔五〕【注】夫覺夢之分，無異於死生之辯也。今所以自喻適志，由其分定，非由無分也。【疏】既覺既夢，有蝶有莊，乃曰浮虚，亦不無崖分也。

〔六〕【注】夫時不暫停，而今不遂存，故昨日之夢，於今化矣。死生之變，豈異於此，而勞心於其間哉！方爲此則不知彼，夢爲胡蝶是也。取之於人，則一生之中，今不知後，麗姬是也。而愚者竊竊然自以爲知生之可樂，死之可苦，未聞物化之謂也。【疏】夫新新變化，物物遷流，譬彼窮指，方兹交臂。是以周蝶覺夢，俄頃之間，後不知前，此不知彼。而何爲當生慮死，妄起憂悲！故知生死往來，物理之變化也。【釋文】「可樂」音洛。

莊子集釋卷二上

内篇 養生主第三〔一〕

〔一〕【注】夫生以養存，則養生者理之極也。若乃養過其極，以養傷生，非養生之主也。【釋文】養生以此爲主也。

吾生也有涯〔一〕，而知也无涯〔二〕。以有涯隨无涯，殆已〔三〕；已而爲知者，殆而已矣〔四〕。爲善无近名，爲惡無近刑〔五〕。緣督以爲經〔六〕，可以保身，可以全生，可以養親〔七〕，可以盡年〔八〕。

〔一〕【注】所稟之分各有極也。【疏】涯，分也。夫生也受形之載，稟之自然，愚智脩短，各有涯分。而知止守分，不蕩於外者，養生之妙也。然黔首之類，莫不稱吾，則凡稱吾者，皆有極者也。【釋文】「有涯」本亦作崖，魚佳反。

〔二〕【注】夫舉重攜輕而①神氣自若，此力之所限也。而尚名好勝者，雖復絶膂，猶未足以慊其願，此知之無涯也。故知之爲名，生於失當而滅於冥極。冥極者，任其至分而無毫銖之加。是故雖負萬鈞，苟當其所能，則忽然不知重之在身；雖應萬機，泯然不覺事之在己。此養生之主也。【疏】所稟形性，各有限極，而分別之智，徇物無涯。遂使心困形勞，未慊其願，不能止分，非養生之主也。【釋文】「而知」音智。注、下同。「好勝」呼報反。下升證反。「雖復」扶又反。下皆同。「絶膂」音旅。「以慊」苦簟反，足也。○盧文弨曰：古與慊恨之慊同一聲，竝不以音愜者爲足之正詁。

〔三〕【注】以有限之性尋無極之知，安得而不困哉！【疏】夫生也有限，知也無涯，是以用有限之生逐無涯之知，故形勞神弊而危殆者也。【釋文】「殆已」向云：疲困之謂。

〔四〕【注】已困於知而不知止，又爲知以救之，斯養而傷之者，真大殆也。【疏】無涯之知，已用於前；有爲之學，救之於後；欲不危殆，其可得乎！○家世父曰：營營以求知，而極乎無涯，終乎殆矣。而此營營之知存於心，足以累性而害心。冥然而物化，寂然而神凝，使其知不生於心，成性存存，泯知以全生。故曰已而爲知者殆而已矣。

〔五〕【注】忘善惡而居中，任萬物之自爲，悶然與至當爲一，故刑名遠己而全理在身也。【疏】夫有爲俗學，抑乃多徒，要切而言，莫先善惡。故爲善也無不近乎名譽，爲惡也無不鄰乎刑戮。是知俗智俗學，未足以救前知，適有疲役心靈，更增危殆。【釋文】「无近」附近之近。下同。○慶藩案文選嵇叔夜幽憤詩注引司馬云：勿修名也。被褐懷玉，穢惡其身，以無陋於形也。釋文闕。○家世父曰：船山云，聲色之類不可名之爲善者，即惡也。「悶然」亡本反，又音門。「遠己」于萬反。

〔六〕【注】順中以爲常也。【疏】緣，順也。督，中也。經，常也。夫善惡兩忘，刑名雙遣，故能順一中之道，處真常之德，虚夷任物，與世推遷。養生之妙，在乎兹矣。【釋文】「緣督以爲經」李云：緣，順也。督，中也。經，常也。郭崔同。○慶藩案文選左太沖魏都賦注引司馬云：緣，順也。督，中也。順守道中以爲常也。釋文闕。○李楨曰：素問骨空論，督(録)〔脈〕②者，起於少腹以下骨中央。靈樞本輸篇七，次脈，頸中央之脈，督脈也。人身惟脊居中，督脈並脊裏而上，故訓中。督爲奇經之一脈，莊子正是叚脈爲喻，故下爲保身全生等語。○家世父曰：船山云，奇經八脈，以任督主呼吸之息。身前之中脈曰任，身後之中脈曰督。督者，居静而不倚於左右，有脈之位而無形質。緣督者，以清微纖妙之氣，循虚而行，止於所不可行，而行自順，以適得其中。

〔七〕【注】養親以適。【釋文】「以養」羊尚反。注同。

〔八〕【注】苟得中而冥度，則事事無不可也。夫養生非求過分，蓋全理盡年而已矣。【疏】夫惟妙捨二偏而處於中一者，故能保守身形，全其生道。外可以孝養父母，大順人倫，内可以攝衛生靈，盡其天命。

〔校〕①趙諫議本而作其。②脈字依素問原文改。

庖丁爲文惠君解牛，手之所觸，肩之所倚，足之所履，膝之所踦，砉然嚮然，奏刀騞然〔一〕，莫不中音。合於桑林之舞，乃中經首之會〔二〕。

〔一〕【疏】庖丁，謂掌厨丁役之人，今之供膳是也。亦言：丁，名也。文惠君，即梁惠王也。解，宰割之也。踦，下角刺也。言庖丁善能宰牛，見其閒理，故以其手（摶）〔搏〕觸，以肩倚著，用脚蹋履，用膝刺築，遂使皮肉離析，砉然嚮應，進奏鸞刀，騞然大解。此蓋寄庖丁以明養生之術者也。【釋文】「庖丁」崔本作胞，同。白交反。庖人，丁其名也。管子有屠牛坦一朝解九牛，刀可剃毛。○盧文弨曰：禮記祭統煇胞，亦與庖同。「爲」于僞反。「文惠君」崔司馬云：梁惠王也。「所倚」徐於綺反，向偃彼反，徐又於佇反，李音妖。「所踦」徐居彼反，向魚彼反。李云：刺也。「砉然」向呼鵙反，徐許鵙反，崔音畫，又古鵙反，李又呼歷反。司馬云：皮骨相離聲。○盧文弨曰：舊鵙皆從貝，非。今正從狊。下並同。「嚮然」許丈反，郭許亮反。本或無然字。「奏」如字。崔云：聞也。「騞」呼獲反，徐許嬖反，向他亦反，又音麥。崔云：音近獲，聲大於砉也。

〔二〕【注】言其因便施巧，無不閑解，盡理之甚，既適牛理，又合音節。【疏】桑林，殷湯樂名也。經首，咸池樂章名，則堯樂也。庖丁神彩從容，妙盡牛理；既而（改）〔宰〕割聲嚮，雅合宮商，所以音中桑林，韻符經首也。【釋文】「中音」丁仲反。下皆同。「桑林」司馬云：湯樂名。崔云：宋舞樂名。案即左傳舞師題以旌夏是也。「經首」向司馬云：咸池樂章也。崔云：樂章名也。或云：奏樂名。「因便」婢面反。「閑解」音蟹。

文惠君曰：「譆，善哉！技蓋至此乎〔一〕？」

〔一〕【疏】譆，歎聲也。惠君既見庖丁因便施巧，奏刀音節，遠合樂章，故美其技術一至於此者也。

【釋文】「譆」徐音熙。李云：歎聲也。「技」具綺反。下同。

庖丁釋刀對曰：「臣之所好者道也，進乎技矣〔一〕。始臣之解牛之時，所見无非〔全〕①牛者〔二〕。三年之後，未嘗見全牛也〔三〕。方今之時，臣以神遇而不以目視〔四〕，官知止而神欲行〔五〕。依乎天理〔六〕，批大郤〔七〕，導大窾〔八〕，因其固然〔九〕。技經肯綮之未嘗〔一〇〕，而況大軱乎〔一一〕！良庖歲更刀，割也〔一二〕；族庖月更刀，折也〔一三〕。今臣之刀十九年矣，所解數千牛矣，而刀刃若新發於硎〔一四〕。彼節者有閒，而刀刃者无厚；以无厚入有閒，恢恢乎其於遊刃必有餘地矣〔一五〕，是以十九年而刀刃若新發於硎〔一六〕。雖然，每至於族，吾見其難爲〔一七〕，怵然爲戒，視爲止〔一八〕，行爲遲〔一九〕。動刀甚微，謋然已解②〔二〇〕，如土委地〔二一〕。提刀而立，爲之四顧，爲之躊躇滿志〔二二〕，善刀而藏之〔二三〕。」

〔一〕【注】直寄道理於技耳，所好者非技也。【疏】捨釋鸞刀，對答養生之道，故倚技術，進獻於君。又解：進，過也。所好者養生之道，過於解牛之技耳。【釋文】「所好」呼報反。注同。

〔二〕【注】未能見其理閒③。【疏】始學屠宰，未見閒理，所覩惟牛。亦猶初學養生，未照真境，是以觸途皆礙。

〔三〕【注】但見其理閒也。　【疏】操刀既久，頓見理閒，所以纔覩有牛，已知空郤。亦猶服道日久，智照漸明，所見塵境，無非虛幻。

〔四〕【注】闇與理會。　【疏】遇，會也。經乎一十九年，合陰陽之妙數，率精神以會理，豈假目以看之！亦猶學道之人，妙契至極，推心靈以虛照，豈用眼以取塵也！　【釋文】「神遇」向云：暗與理會，謂之神遇。

〔五〕【注】司察之官廢，縱心而（順）理〔順〕④。　【疏】官者，主司之謂也；謂目主於色耳司於聲之類是也。既而神遇，不用目視，故眼等主司，悉皆停廢，從心所欲，順理而行。善養生者，其義亦然。　【釋文】「官知止」如字。崔云：官知，謂有所掌在也。向音智。專所司察而後動，謂之官智。「而神欲行」如字。向云：從手放意，無心而得，謂之神欲。

〔六〕【注】不橫截也。　【疏】依天然之腠理，終不橫截以傷牛。亦猶養生之妙道，依自然之涯分，必不貪生以夭折也。

〔七〕【注】有際之處，因而批之令離。　【疏】閒郤交際之處，用刀而批戾之，令其筋骨各相離異。亦猶學道之人，生死窮通之際，用心觀照，令其解脫。　【釋文】「批」備結反，一音鋪迷反。字林云：擊也，父迷父節二反。「大郤」徐去逆反，郭音却。崔李云：閒也。○盧文弨曰：從谷從卩。舊從谷從阝，非。今改正。「令離」力呈反。下同。下力智反。

〔八〕【注】節解窾空，就導令殊。【疏】窾，空也。骨節空處，（甃）〔就〕⑤導令殊。亦猶學人以有資空，將空導有。【釋文】「道」音導。注同。「大窾」徐苦管反，又苦禾反。崔郭司馬云：空也。向音空。○盧文弨曰：今本道作導。窾與科通，故亦同音。○慶藩案説文無窾字，當作款。史記太史公自序，實不中其身者謂之窾，漢書司馬遷傳，窾正作款。服虔注：款，空也。爾雅釋器，鼎款足者謂之鬲，注：款，空也。淮南説山，見款木浮而知爲舟，高注：款，空也，管子國蓄，大國内款，楊注：内款，内空也。是其證。「節解」户賣反。

〔九〕【注】刀不妄加。【疏】因其空卻之處，然後運刀，亦因其眼見耳聞，必不妄加分別也。

〔一〇〕【注】技之妙也，常遊刃於空，未嘗經槩於微礙也。【釋文】「技經」本或作猗，其綺反。徐音技。○俞樾曰：郭注以技經爲技之所經，殊不成義。技經肯綮四字，必當平列。釋文曰：肯，説文作肎，字林同，著骨肉也。一曰：骨無肉也。綮，司馬云：猶結處也。是肯綮並就牛身言，技經亦當同之。技疑枝字之誤。素問三部九候論，治其經絡，王注引靈樞經曰：經脈爲裏，支而横者爲絡。古字支與枝通。枝，謂枝脈；經，謂經脈。枝經，猶言經絡也。經絡相連之處，亦必有礙於游刃。庖丁惟因其固然，故未嘗礙也。○李楨曰：俞氏改技爲枝，訓爲經絡，説信塙矣。未嘗二字，須補訓義。依俞説，嘗當訓試。説文：試，用也。言於經絡肎綮之微礙，未肎以刀刃嘗試之，所謂因其固然者。「肯」徐苦等反。説文作肎。字林同，口乃反，云：著骨肉也。一曰：骨無肉也。崔云：許叔重曰，骨間肉。肯，肯著也。「綮」苦挺反，崔向徐並音啓，李烏係反，又一音罄。司馬云：猶結處也。「經綮」古代反。「微礙」五代反。

〔一一〕【注】軱，戾大骨，衄刀刃也。【疏】肯綮，肉著骨處也。軱，大骨也。夫伎術之妙，遊刃於空，微礙尚未曾經，大骨理當不犯。況養生運智，妙體真空，細惑尚不染心，麤塵豈能累德！【釋文】「大軱」音孤。向郭云：軱，戾大骨也。崔云：盤結骨。「衄刀」女六反。

〔一二〕【注】不中其理閒也。【疏】良善之庖，猶未中理，經乎一歲，更易其刀。況小學之人，未體真道，證空捨有，易奪之心者矣。【釋文】「良庖」司馬云：良，善也。「割也」司馬云：以刀割肉，故歲歲更作。崔云：歲一易刀，猶堪割也。

〔一三〕【注】中骨而折刀也。【疏】況凡鄙之夫，心靈闇塞，觸境皆礙，必損智傷神。【釋文】「族庖」司馬云：族，雜也。崔云：族，衆也。○俞樾曰：郭注曰，中骨而折刀也，此於文義未合。上文云良庖歲更刀割也。割以用刀言，則折亦以用刀言。折，謂折骨，非謂刀折也。哀元年左傳曰：無折骨。

〔一四〕【注】硎，砥石也。【疏】硎，砥礪石也。（牛）〔十〕，陰數也；九，陽數也；故十九年極陰陽之妙也。是以年經十九，牛解數千，遊空涉虛，不損鋒刃，故其刀銳利，猶若新磨者也。況善養生人，智窮空有，和光處世，妙盡陰陽。雖復千變萬化，而自新其德，參涉萬境，而常湛凝然矣。【釋文】「硎」音刑，磨石也。崔本作形，云：新所受形也。「砥石」音脂，又之履反。尚書傳云，砥細於礪，皆磨石也。

〔一五〕【疏】彼牛骨節，素有閒郤，而刀刃鋒鋭，薄而不厚。用無厚之刃，入有閒之牛，故遊刃恢恢，必寬大有餘矣。況養生之士，體道之人，運至忘之妙智，遊虛空之物境，是以安排造適，閒暇有餘，境智相冥，不一不異。

〔一六〕【疏】重疊前文，結成其義。

〔一七〕【注】交錯聚結爲族。

〔一八〕【注】不復屬目於他物也。【釋文】「爲戒」于僞反。下皆同。「屬目」〔意〕〔章〕⑥欲反。

〔一九〕【注】徐其手也。【疏】節骨交聚磐結之處，名爲族也。雖復遊刃於空，善見其郤，每至交錯之處，未嘗不留意艱難，爲其怵惕戒慎，專視徐手。況體道之人，雖復達彼虛幻，至於境智交涉，必須戒慎艱難，不得輕染根塵，動傷於寂者也。

〔二〇〕【注】得其宜則用力少。【釋文】「謋然」化百反，徐又許百反。「已解」音蟹。下皆同。

〔二一〕【注】理解而無刀迹，若聚土也。【疏】謋，化百反。謋然，骨肉離之聲也。運動鸞刀，甚自微妙，依於天理，所以不難，如土委地，有何蹤跡！況運用神智，明照精微，涉於塵境，曾無罣礙，境智冥合，能所泯然。

〔二二〕【注】逸足容豫自得之謂。【疏】解牛事訖，閒放從容，提挈鸞刀，彷徨徙倚。既而風韻清遠，所以高視四方，志氣盈滿，爲之躊躇自得。養生會理，其義亦然。【釋文】「提刀」徐徒嵇反。「躊」直留反。「躇」直於反。

〔一三〕【注】拭刀而弢之也。【疏】善能保愛，故拭而弢之。況（養）〔善〕攝生人，光而不耀。【釋文】「善刀」善，猶拭也。「拭」音式。「弢之」他刀反。○盧文弨曰：弢從𢆶得聲。舊本山下又，譌。今改正。

〔校〕①全字依趙諫議本補。②闕誤引文如海劉得一本此句下有牛不知其死也六字。③趙本無其字閒字。④理順依趙本改。⑤就字依注文改。⑥章字依釋文原本改。

文惠君曰：「善哉！吾聞庖丁之言，得養生焉〔一〕。」

〔一〕【注】以刀可養，故知生亦可養。【疏】魏侯聞庖丁之言，遂悟養生之道也。美其神妙，故歎以善哉。

公文軒見右師而驚曰：「是何人也？惡乎介也〔一〕？天與，其人與〔二〕？」曰：「天也，非人也。天之生是使獨也〔三〕，人之貌有與也〔四〕。以是知其天也，非人也〔五〕。

〔一〕【注】介，偏刖之名。【疏】姓公文，名軒，宋人也。右師，官名也。介，刖也。公文見右師刖足，故驚問所由，於何犯忤而致此殘刖於足者也？【釋文】「公文軒」司馬云：姓公文氏，名軒，宋人也。「右師」司馬云：宋人也。簡文云：官名。「惡乎」音烏。「介」音戒，一音兀。司馬云：刖也。向郭云：偏刖也。崔本作兀，又作趴，云：斷足也。○家世父曰：善養生者養以神，神全則生全，形雖介可也。樊中之雉，神固王矣，而固不得其養。則神者，淡然泊然，怡然渙然，無爲爲之，優遊自得之神也。可以外形骸，齊生死，而何有於介哉！「偏刖」音月，又五刮反。

〔二〕【注】知之所無柰何，天也。犯其所知，人也。【疏】爲稟自天然，少兹一足？爲犯於人事，故被虧殘？此是公文致問之辭故也？【釋文】「天與其人與」並音餘，又皆如字。司馬云：爲天命，爲人事也？

〔三〕【注】偏刖曰獨。夫師一家之知而不能兩存其足，則是知之（無）所（無）①柰何。若以右師之知而必求兩全，則心神内困而形骸外弊矣，豈直偏刖而已哉！【疏】夫智之明闇，形之虧全，並稟自天然，非關人事。假使犯於王憲，致此形殘，亦是天生頑愚，謀身不足，直知由人以虧其形，不知由天以暗其智，是知有與獨，無非命也。【釋文】「使獨」司馬云：一足曰獨。「之知」音智。下之知同。

〔四〕【注】兩足共行曰有與。有與之貌，未有疑其非命也。

〔五〕【注】以有與者命也，故知獨者亦非我也。是以達生之情者不務生之所無以爲，達命之情者不務命之所無柰何也，全其自然而已。【疏】與，共也。凡人之貌，皆有兩足共行，稟之造物。故知我之一腳遭此形殘，亦無非命也。欲明窮通否泰，愚智虧全，定乎冥兆，非由巧拙。達斯理趣者，方可全生。

〔校〕①所無依道藏褚伯秀本改。

澤雉十步一啄，百步一飲，不蘄畜乎樊中〔一〕。神雖王，不善也〔二〕。」

〔一〕【注】蘄，求也。樊，所以籠雉也。夫俯仰乎天地之間，逍遥乎自得之場，固養生之妙處也。又何求於入籠而服養哉！【疏】蘄，求也。樊中，雉籠也。夫澤中之雉，任於野性，飲啄自在，放曠逍遥，豈欲入樊籠而求服養！譬養生之人，蕭然嘉遁，唯適情於林籟，豈企羨於榮華！又解：澤似雉而非，澤尾長而雉尾短，澤雉之類是也。【釋文】「一啄」涉角反。「不蘄」音祈，求也。「樊中」音煩。李云：藩也，所以籠雉也。向郭同。崔以爲園中也。「妙處」昌慮反。

〔二〕【注】夫始乎適而未嘗不適者，忘適也。雉心神長王，志氣盈豫，而自放於清曠之地，忽然不覺善(爲)之〔爲〕①善也。【疏】雉居山澤，飲啄自在，心神長王，志氣盈豫。當此時也，忽然不覺善之爲善。既遭樊籠，性情不適，方思昔日，甚爲清暢。鳥既如此，人亦宜然。欲明至適忘適，至善忘善。【釋文】「雖王」于況反，注同。「長王」丁亮反，又直良反。

〔校〕①之爲二字依世德堂本改。

老聃死，秦失弔之，三號而出〔一〕。

〔一〕【注】人弔亦弔，人號亦號。【疏】老君即老子也。姓李，名耳，字伯陽，外字老聃，大聖人也，降生陳國苦縣。當周平王時，去周，西度流沙，適之罽賓。而内外經書，竟無其迹，而此獨云死者，欲明死生之理泯一，凡聖之道均齊。此蓋莊生寓言耳，而老君爲大道之祖，爲天地萬物之宗，豈有生死哉！故託此言聖人亦有死生，以明死生之理也。故老君降生行教昇天，備載諸經，不具言也。秦失者，姓秦，名失，懷道之士，不知何許人也。既死且弔，奚洎三號！而俯迹同凡，事終而出也。【釋文】「老聃」吐藍反。司馬云：老子也。「秦失」本又作佚，各依字讀，亦皆音逸。「三號」户羔反。注同。

弟子曰：「非夫子之友邪〔一〕？」

〔一〕【注】怪其不倚户觀化，乃至三號也。【疏】秦失老君，俱遊方外，既號且弔，豈曰清高！故門人驚疑，起非友之問。【釋文】「倚户」於綺反。

曰：「然〔一〕。」

〔一〕【疏】然，猶是也。秦失答弟子云，是我方外之友。

「然則弔焉若此，可乎〔一〕？」

〔一〕【疏】方外之人，行方内之禮，號弔如此，於理可乎？未解和光，更致斯問者也。

曰：「然〔一〕。始也吾以爲其①人也，而今非也〔二〕。向吾入而弔焉，有老者哭之，如哭其子；少者哭之，如哭其母。彼其所以會之，必有不蘄言而言，不蘄哭而哭者〔三〕。是〔遯〕〔遁〕②天倍情，忘其所受〔四〕，古者謂之遁天之刑〔五〕。適來，夫子時也〔六〕；

適去，夫子順也〔七〕。安時而處順，哀樂不能入也〔八〕，古者謂是帝之縣解〔九〕。」

〔一〕【注】至人無情，與衆號耳，故若斯可也。【疏】然，猶可也。動寂相即，內外冥符，故若斯可也。

〔二〕【疏】秦失初始入弔，謂哭者是方外門人，及見哀痛過，知非老君弟子也。

〔三〕【注】嫌其先物施惠，不在理上往，故致此甚愛也。【疏】蘄，求也。彼，衆人也。夫聖人虛懷，物感斯應，哀憐兆庶，愍念蒼生，不待勤求，爲其演說。故其死也，衆來聚會，號哭悲痛，如於母子。斯乃凡情執滯，妄見死生，感於聖恩，致此哀悼。以此而測，故知非老君門人也。

【釋文】「少者」詩照反。「先物」悉薦反，又如字。「理上往」一本往作住③。

〔四〕【注】天性所受，各有本分，不可逃，亦不可加。【疏】是，指斥哭人也。倍，加也。言逃遯天然之性，加添流俗之情，妄見死之可哀，故忘失所受之分也。【釋文】「遯天」徒遜反。又作遁。「倍情」音裴，加也。又布對反。本又作背。

〔五〕【注】感物大深，不止於當，遁天者也。將馳騖於憂樂之境，雖楚戮未加而性情已困，庸非刑哉！【疏】夫逃遁天理，倍加俗情，哀樂經懷，心靈困苦，有同捶楚，寧非刑戮！古之達人，有如此議。【釋文】「大深」音泰。「憂樂」音洛。下文、注同。

〔六〕【注】時自生也。

〔七〕【注】理當死也。【疏】夫子者，是老君也。秦失歎老君大聖，妙達本源，故適爾生來，皆應時而降誕；蕭然死去，亦順理而返真耳。

〔八〕【注】夫哀樂生於失得者也。今玄通合變之士，無時而不安，無順而不處，冥然與造化爲一，則無往而非我矣，將何得何失，孰死孰生哉！故任其所受，而哀樂無所錯其閒矣。【疏】安於生時，則不厭於生；處於死順，則不惡於死。千變萬化，未始非吾，所適斯適，故憂樂無錯其懷矣。【釋文】「所錯」七路反。

〔九〕【注】以有係者爲縣，則無係者縣解也，縣解而性命之情得矣。此養生之要也。【疏】帝者，天也。爲生死所係者爲縣，則無死無生者縣解也。夫死生不能係，憂樂不能入者，而遠古聖人謂是天然之解脱也。且老君大聖，冥一死生，豈復逃遁天刑，馳鶩憂樂？子玄此注，失之遠矣。若然者，何謂安時處順，帝之縣解乎？文勢前後，自相鉾楯。是知遁天之刑，屬在哀慟之徒，非關老君也。【釋文】「縣」音玄。「解」音蟹。注同。崔云，以生爲縣，以死爲解。

〔校〕①闕誤引文如海本其作至。②遁字依世德堂本改。③趙諫議本作住。

指窮於爲薪，火傳也〔一〕，**不知其盡也**〔二〕。

〔一〕【注】窮，盡也；爲薪，猶前薪也。前薪以指，指盡前薪之理，故火傳而不滅；心得納養之中，故命續而不絶；明夫養生乃生之所以生也。【疏】窮，盡也。薪，柴樵也。爲，前也。言人然火，用手前之，能盡然火之理者，前薪雖盡，後薪以續，前後相繼，故火不滅也。亦猶善養生者，隨變任化，與物俱遷，故吾新吾，曾無係戀，未始非我，故續而不絶者也。【釋文】「指窮於爲薪」如字。絶句。爲，猶前也。「火傳也」直專反。注同。傳者，相傳繼續也。崔云：薪火，爝火也。傳，延也。○俞樾曰：郭注曰，爲薪猶前薪也，前薪以指，指盡前薪之理，故火傳不滅。此説殊未明了。且爲之訓前，亦未知何義。郭注非也。廣雅釋詁：取，爲也。然則爲亦猶取也。指窮於爲薪者，指窮於取薪也。以指取薪而然之，則有所不給矣，若聽火之自傳，則忽然而不知其薪之盡也。郭得其讀，未得其義。釋文引崔云，薪火，爝火也，則並失其讀矣。○家世父曰：薪盡而火傳，有不盡者存也。太虚來往之氣，人得之以生，猶薪之傳火也，其來也無與拒，其去也無與留，極乎薪而止矣。而薪自火也，火自傳也，取以爲無盡也。執薪以求火，執火以求傳，奚當哉！「之中」丁仲反。

〔二〕【注】夫時不再來，今不一停，故人之生也，一息一得耳。向息非今息，故納養而命續；前火非後火，故爲薪而火傳，火傳①而命續，由夫養得其極也，世豈知其盡而更生哉！【疏】夫迷忘之徒，役情執固。豈知新新不住，念念遷流，昨日之我，於今已盡，今日之我，更生於後耶！舊來分此一篇爲七章明義，觀其文勢，過爲繁宂。今將爲善合於第一，指窮合於老君，總成五章，無所猜嫌也。

〔校〕①趙諫議本火傳二字不重。

莊子集釋卷二中

内篇人間世第四〔一〕

〔一〕【注】與人羣者，不得離人。然人間之變故，世世異宜，唯無心而不自用者，爲能隨變所適而不荷其累也。【釋文】「人間世」此人間見事，世所常行者也。○慶藩案文選潘安仁秋興賦注引司馬云：言處人間之宜，居亂世之理，與人羣者不得離人。然人間之事故，與世異宜，唯無心而不自用者，爲能唯變所適而何足累。釋文闕。「離人」力智反。「不荷」胡我反，又音河。「其累」力僞反。

顔回見仲尼，請行〔一〕。

〔一〕【疏】姓顔，名回，字子淵，魯人也；孔子三千門人之中，總四科入室弟子也。仲尼者，姓孔，名丘，字仲尼，亦魯人，殷湯之後，生衰周之世，有聖德，即顔回之師也。其根由事迹，徧在儒史，今既解釋莊子，意在玄虛，故不復委碎載之耳。然人間事緒，糺紛實難，接物利他，理在不易，故寄顔孔以顯化導之方，託此聖賢以明心齋之術也。孔聖顔賢耳。【釋文】「顔回」孔子弟子，姓顔，名回，字子淵，魯人也。

曰：「奚之〔一〕？」

〔一〕【疏】奚，何也。〔之〕，適也。質問顔回欲往何處耳。

曰：「將之衛〔一〕。」

〔一〕【疏】衛，即殷紂之都，又是康叔之封，今汲郡衛州是也。此則顔答孔問欲行之所也。

曰：「奚爲焉〔一〕？」

〔一〕【疏】欲往衛國，何所云爲？重責顔生行李意謂矣。

曰：「回聞衛君，其年壯，其行獨〔一〕；輕用其國〔二〕，而不見其過〔三〕；輕用民死〔四〕，死者以國量乎澤若蕉〔五〕，民其无如矣〔六〕。回嘗聞之夫子曰：『治國去之，亂國就之，醫門多疾。』願以所聞思其則①，庶幾其國有瘳乎！〔七〕」

〔一〕【注】不與民同欲也。【疏】衛君，即靈公之子蒯聵也，荒淫昏亂，縱情無道。其年少壯而威猛可畏，獨行凶暴而不順物心。顔子述己所聞以答尼父。【釋文】「衛君」司馬云：衛莊公蒯聵也。案左傳，衛莊公以魯哀十五年冬始入國，時顔回已死，不得爲莊公，蓋是出公輒也。「其行」下孟反。「獨」崔云：自專也。向云：與人異也。郭云：不與人同欲。

〔二〕【注】夫君人者，動必乘人，一怒則伏尸流血，一喜則軒冕塞路。故君人者之用國，不可輕之也。【疏】夫民爲邦本，本固則邦寧。不能愛重黎元，方欲輕蔑其用，欲不顛覆，其可得乎！

〔三〕【注】莫敢諫也。【疏】强足以距諫，辨足以飾非，故百姓惶懼而吞聲，有過而無敢諫者也。

〔四〕【注】輕用之於死地。【疏】不凝動静，泰然自安，乃輕用國民，投諸死地也。

〔五〕【注】舉國而輸之死地，不可稱數，視之若草芥也。【疏】蕉，草芥也。或征戰屢興，或賦稅煩重，而死者其數極多。語其多少，以國爲量，若舉爲數，造次難悉。縱恣一身，不恤百姓，視於國民，如藪澤之中草芥者也。【釋文】「國量」音亮。李力章反。「若蕉」似遥反。徐在堯反。向云：草芥也。崔云：芟刈也，其澤如見芟夷，言野無青草。○盧文弨曰：蕉亦同樵，故可訓芟夷。○家世父曰：蕉與焦通。風俗通，水草交厝，名之爲澤。若焦者，水竭草枯，如火爇然，即詩如惔如焚之意。左傳成九年，雖有姬姜，無棄蕉萃，班固賓戲，朝而榮華，夕而焦瘁。蕉焦字通。博雅：蕉，黑也，亦通焦。陸氏音義引向云艸芥也，崔云芟刈也，並誤。「稱數」所主反。

〔六〕【注】無所依歸。【疏】君上無道，臣子飢荒，非但無可柰何，亦乃無所歸往也。

〔七〕【疏】庶，冀也。幾，近也。瘳，愈也。治邦寧謐，不假匡扶；亂國孤危，應須規諫。顔生今將化衛，是以述昔所聞，思其稟受法言，冀其近於善道。譬彼醫門，多能救疾，方兹賢士，必能拯難，荒淫之疾，庶其瘳愈者也。【釋文】「治國」直吏反。「醫門」於其反。「思其則」絶句。崔李云：則，法也。「有瘳」丑由反。李云：愈也。

〔校〕①闕誤引江南李氏本其下有所行二字，則字屬下句。

仲尼曰：「譆！若殆①往而刑耳〔一〕！

〔一〕【注】其道不足以救彼患。【疏】譆，怪笑聲也。若，汝也。殆，近也。孔子哂其術淺，未足化他，汝若往於衛，必遭刑戮者也。【釋文】「譆」音熙，又於其反。

〔校〕①闕誤引張君房本殆在而字下。

夫道不欲雜〔一〕，雜則多，多則擾，擾則憂，憂而不救〔二〕。古之至人，先存諸己而後存諸人〔三〕。所存於己者未定，何暇至於暴人之所行〔四〕！

〔一〕【注】宜正得其人。

〔二〕【注】若夫不得其人。則雖百醫守病，適足致疑而不能一愈也。【疏】夫靈通之道，唯在純粹。必其喧雜則事緒繁多，事多則中心擾亂，心中擾亂則憂患斯起。藥病既乖，彼此俱困，己尚不立，焉能救物哉！

〔三〕【注】有其具，然後可以接物也。【疏】諸，於也。存，立也。古昔至德之人，虛懷而遊世間，必先安立己道，然後拯救他人，未有己身不存而能接物者也。援引古人，以爲鑒誡。

〔四〕【注】不虛心以應物，而役思以犯難，故知其所存於己者未定也。夫唯外其知以養真，寄妙當於羣才，功名歸物而患慮遠身，然後可以至於暴人之所行也。【疏】夫唯虛心以應務，忘智以養真，寄當於羣才，歸功於萬物者，方可處涉人間，逗機行化也。今顏回存立己身，猶未安定，是非喜怒，勃戰胷中，有何（庸）〔容〕暇，輒至於衛，欲諫暴君！此行未可也。【釋文】「役思」息嗣反。「遠身」于萬反。

且若亦知夫德之所蕩而知之所爲出乎哉？德蕩乎名，知出乎爭〔一〕。名也者，相（札）〔軋〕①也；知也者，爭之器也。二者凶器，非所以盡行也〔二〕。

〔一〕【注】德之所以流蕩者，矜名故也；知之所以横出者，爭善故也。雖復桀跖，其所矜惜，無非名善也。【疏】汝頗知德蕩智出所由乎哉？夫德之所以流蕩喪真，爲矜名故也；智之所以横出逾分者，爭善故也。夫唯善惡兩忘，名實雙遣者，故能（萬）〔至〕②德不蕩，至智不出者也。【釋文】「而知」音智。下及注同。「所爲」于僞反。「爭善」此及下爭名二字依字讀。「雖復」扶又反。下皆同。「桀跖」之石反。桀，夏王也。跖，盜跖也。

〔二〕【注】夫名智者，世之所用也。而名起則相（札）〔軋〕，智用則爭興，故遺名知而後行可盡也。【疏】札，傷也。夫矜名則更相毁損，顯智則爭競路興。故二者並凶禍之器，（盡）不可〔盡〕③行於世。【釋文】「相札」徐於八反，又側列反。李云：折也。崔云：夭也。亦作軋。崔又云：或作禮，相賓禮也。○盧文弨曰：今本作軋。○慶藩案相札，猶言相甲也。廣雅：札，甲也；今本札譌作禮。又：車搹，焦札也；太平御覽引作雔禮，鈔本引作鴭禮。古禮字作礼，與札相似，札譌爲礼，後人又改爲禮耳。（今本廣雅作鴭秅，亦札之譌。）崔譔札或作禮，亦沿札礼形似而誤。（淮南説林篇鳥力勝日而服於雔禮，禮亦爲札之譌。）

〔校〕①軏字依趙諫議本及世德堂本改。盧校亦作軏。②覆宋本作万，蓋至之破體。③不可盡，依正文及注改。

且德厚信矼，未達人氣，名聞不爭，未達人心〔一〕。而强以仁義繩墨之言術①暴人之前者，是以人惡有其美也〔二〕，命之曰菑人。菑人者，人必反菑之〔三〕，若殆爲人菑夫！且苟爲悅賢而惡不肖，惡用而求有以異〔四〕？若唯无詔，王公必將乘人而鬭其捷〔五〕。而目將熒之〔六〕，而色將平之〔七〕，口將營之〔八〕，容將形之〔九〕，心且成之〔一〇〕。是以火救火，以水救水，名之曰益多〔一一〕。順始无窮〔一二〕，若殆以不信厚言，必死於暴人之前矣〔一三〕！

〔一〕【疏】矼，確實也。假且道德純厚，信行確實，芳名令聞，不與物爭，而衛君素性頑愚，凶悖少鑒，既未達顏回之意氣，豈識匡扶之心乎！【釋文】「信矼」徐古江反。崔音控。簡文云：慤實貌。

〔二〕【注】夫投人夜光，鮮不按劍者，未達故也。今回之德信與其不爭之名，彼所未達也，而强以仁義準繩於彼，彼將謂回欲毁人以自成也。是故至人不役志以經世，而虚心以應物，誠信著於天地，不爭暢於萬物，然後萬物歸懷，天地不逆，故德音發而天下響會，景行彰而六合俱應，而後始可以經寒暑，涉治亂，而不與逆鱗迕也。【疏】繩墨之言，即五德聖智也。回之德性，衛君未達，而强用仁義之術行於暴人之前，所述先王美言，必遭衛君憎惡，故不可也。【釋文】「而强」其兩反。注同。○盧文弨曰：今本作彊。書内並同，不重出。○家世父曰：祭義結諸心形諸色而術省之，鄭注：術當作述。術暴人之前，猶言述諸暴人之前。「人惡有」烏路反。下惡不肖及注同。崔本有作育，云：賣也。○俞樾曰：釋文惡音烏路反，非也。美惡相對爲文，當讀如本字。有者，育字之誤。釋文云，崔本作育，云賣也。說文貝部：賣，衒也，讀若育。此育字即賣之叚字，經傳每以鬻爲之，鬻亦音育也。以人惡育其美，謂以人之惡鬻己之美也。「鮮不」息淺反。「涉治」直吏反。「迕」音誤。

〔三〕【注】適不信受，則謂與己争名而反害之。【疏】命，名也。衛侯不達汝心，謂汝菑害於己，既遭疑貳，必被反菑故也。【釋文】「菑」音災。下皆同。

〔四〕【注】苟能悦賢惡愚，聞義而服，便爲明君也。苟爲明君，則不〔若〕〔苦〕②無賢臣，汝往亦不足復奇；如其不爾，往必受害。故以有心而往，無往而可；無心而應，其應自來，則無往而不可也。【疏】殆，近也。夫，歎也。汝若往衛，必近危亡，爲暴人所災害，深可歎也。且衛侯苟能悦愛賢人，憎惡不肖，故當朝多君子，屏黜小人，已有忠臣，何求於汝！汝至於彼，亦何異彼人！既與無異，去便無益。【釋文】「菑夫」音扶。「不肖」音笑，徐蘇叫反。似也。「惡用」音烏。

〔五〕【注】汝唯有寂然不言耳，言則王公必乘人以君人之勢而角其捷辯，以距諫飾非也。【疏】

詔，言也。王公，衛侯也。汝若行衛，唯當默爾不言，若有箴規，必遭戮辱。且衛侯恃千乘之勢，用五等之威，飾非距諫，鬬其捷辯，汝既恐怖，何暇匡扶也！【釋文】「若唯」郭如字，一音唯癸反。「無詔」絶句。詔，告也，言也。崔本作詻，音額，云：逆擊曰詻。「王公必將乘人」絶句。「而鬬其捷」在接反。崔讀若唯無詻王公絶句，必將乘人而鬬絶句。捷作接，其接，引續也。

〔六〕【注】其言辯捷，使人眼眩也。【疏】熒，眩也。衛侯雖荒淫暴虐，而甚俊辯聰明，加持人君之威，陵藉忠諫之士，故顔回心生惶怖，眼目眩惑者也。【釋文】「熒之」户扃反。向崔本作營，音熒。○慶藩案營熒字，古通用，皆䁝之借字也。説文：䁝，惑也，從目，熒省聲。玉篇：䁝，唯並胡亭二切。字或作熒，通作營，又通作榮。史記孔子世家匹夫而熒惑諸侯，熒，司馬貞本作營。漢書吴王濞傳、淮南王安傳營惑，史記並作熒惑。否象傳不可榮以禄，虞翻本榮作營，謂不可惑以禄也。漢書禮樂志（瑩）〔營〕③亂富貴之耳目，漢紀（瑩）〔營〕作榮。皆其證。「眼眩」玄遍反。

〔七〕【注】不能復自異於彼也。【疏】縱有諫心，不敢顯異，顔色靡順，與彼和平。

〔八〕【注】自救解不暇。【疏】衛侯位望既高，威嚴可畏，顔生恐禍及己，憂懼百端，所以口舌自營，略無容暇。

〔九〕【疏】形，見也。既懼災害，故委順面從，擎跽曲拳，形迹斯見也。【釋文】「容將形之」謂擎跽也。

〔一〇〕【注】乃且釋己以從彼也。【疏】豈直外形從順，亦乃内心和同，不能進善而更成彼惡故也。

〔一一〕【注】適不能救，乃更足以成彼之威。【疏】以，用也。夫用火救火，猛燎更增；用水救水，波浪彌甚。故顔子之行，適足成衞侯之暴，不能匡勸，可謂益多也。

〔一二〕【注】尋常守故，未肯變也。

〔一三〕【注】未信而諫，雖厚言爲害。【疏】汝之忠厚之言，近不信用，則雖誠心獻替，而必遭刑戮於暴虐君人之前矣。

〔校〕①闕誤引江南古藏本術作衒。②苦字依世德堂本改。③營字依漢書改。

且昔者桀殺關龍逢，紂殺王子比干，是皆修其身以下傴拊人之民，以下拂其上者也〔一〕，故其君因其修以擠之。是好名者也〔二〕。昔者堯攻叢枝、胥敖，禹攻有扈，國爲虚厲，身爲刑戮，其用兵不止，其求實无已。是皆求名實者也，而獨不聞之乎〔三〕？名實者，聖人之①所不能勝也，而況若乎〔四〕！

〔一〕【注】龍逢比干，居下而任上之憂，非其事者也。【疏】謚法，賊民多殺曰桀，殘義損善曰紂。姓關，字龍逢，夏桀之賢臣，盡誠而遭斬首。比干，殷紂之庶叔，忠諫而被割心。傴拊，猶愛養也。拂，逆戾也。此二子者，並古昔良佐，修飾其身，仗行忠節，以臣下之位，憂君上之民，臣有德而君無道，拂戾其君，咸遭戮辱。援古證今，足爲龜鏡。是知顔回化衞，理未可行也。

【釋文】「關龍逄」夏桀之賢臣。「王子比干」殷紂之叔父。「以下」遐嫁反。「傴」紆甫反。「拊」徐向音撫。李云：傴拊，謂憐愛之也。崔云：猶嘔呴，謂養也。「拂其」符弗反。崔云：違也。又芳弗反。

〔二〕【注】不欲令臣有勝君之名也。【疏】擠，墜也，陷也，毒也。夏桀殷紂，無道之君，自不揣量，猶貪令譽，故因賢臣之修飾，肆其鴆毒而陷之。意在争名逐利，遂至於此故也。【釋文】「以擠」徐子計反，又子禮反。司馬云：毒也。一云：陷也。方言云：滅也。簡文云：排也。「是好」呼報反。「欲令」力呈反。

〔三〕【注】夫暴君非徒求恣其欲，復乃求名，但所求者非其道耳。【疏】堯禹二君，已具前解。叢枝，胥敖，有扈，並是國名。有扈者，今雍州鄠縣是也。宅無人曰虚，鬼無後曰厲。言此三國之君，悉皆無道，好起兵戈，征伐他國。豈唯貪求實利，亦乃規覔虚名，遂使境土丘虚，人民絶滅，身遭刑戮，宗廟顛殞。貪名求實，一至如斯，今古共知，汝獨不聞也。【釋文】「叢支」才公反。○盧文弨曰：今本作枝。「有扈」音户。司馬云：國名，在始平郡。案即今京兆鄠縣也。「虚厲」如字，又音墟。李云：居宅無人曰虚，死而無後爲厲。○慶藩案虚厲即虚戾也。墨子魯問篇是以國爲虚戾，趙策齊爲虚戾，均作戾。戾厲古音義通。詩小雅節南山篇降此大戾，大雅瞻卬篇戾作厲。小宛翰飛戾天，文選西都賦〔注〕引韓詩作厲。孟子滕文公篇狼戾，鹽鐵論未通篇作梁厲。皆其證。

〔四〕【注】借名貪欲之君，雖復堯禹，不能勝化也，故與衆攻之，而汝乃欲空手而往，化之以道哉？【疏】夫庸人暴主，貪利求名，雖堯禹聖君，不能懷之以德，猶興兵衆，問罪夷凶。況顏子匹夫，空手行化，不然之理，亦在無疑故也。

〔校〕①趙諫議本無之字。

雖然，若必有以也，嘗以語我來〔一〕！」

〔一〕【疏】嘗，試也。汝之化道，雖復未弘，既欲請行，必有所以，試陳汝意，告語我來。【釋文】「語我」魚據反。下同。○盧文弨曰：舊作魚豫反，譌。今改正。

顏回曰：「端而虛〔一〕，勉而一〔二〕，則可乎〔三〕？」

〔一〕【注】正其形而虛其心也。【疏】端正其形，盡人臣之敬；虛豁心慮，竭匡諫之誠。既承高命，敢述所以耳。

〔二〕【注】言遜而不二也。【疏】勉厲身心，盡誠奉國，言行忠謹，纔無差二。

〔三〕【疏】如前二術，可以行不？

曰：「惡！惡可〔一〕！夫以陽爲充孔揚〔二〕，采色不定〔三〕，常人之所不違〔四〕，因案人之所感，以求容與其心〔五〕。名之曰日漸之德不成，而況大德乎〔六〕！將執而不化〔七〕，外合而内不訾，其庸詎可乎〔八〕！」

〔一〕【注】言未可也。【疏】惡惡，猶於何也。於何而可，言未可也。【釋文】「惡惡」皆音烏，下同。

〔二〕【注】言衛君亢陽之性充張於內而甚揚於外，强禦之至也。【疏】陽，剛猛也。充，滿也。孔，甚也。言衛君以剛猛之性滿實內心，强暴之甚，彰揚外迹。

〔三〕【注】喜怒無常。【疏】順心則喜，違意則嗔，神采氣色，曾無定準。

〔四〕【注】莫之敢逆。【疏】爲性暴虐，威猛尋常，諫士賢人，詎能逆迕！

〔五〕【注】夫頑强之甚，人以快①事感己，己陵藉而乃抑挫之，以求從容自放而遂其侈心也。【疏】案，抑也。容與，猶放縱也。人以快善之事箴規感動，君乃因其忠諫而抑挫之，以求快樂縱容，遂其荒淫之意也。【釋文】「挫之」子卧反。「從容」七容反。

〔六〕【注】言乃少多，無回降之勝也。【疏】衛侯無道，其來已久。日將漸漬之德，尚不能成，況乎鴻範聖明，如何可望也！

〔七〕【注】故守其本意也。【疏】飾非闇主，不能從〔人〕諫如流，固執本心，誰肯變惡爲善者也。

〔八〕【注】外合而內不訾，即向之端虛而勉一耳，言此未足以化之。【疏】外形擎跽，以盡足恭，內心順從，不敢訾毁。以此請行，行何利益，化衛之道，庸詎可乎！斯則斥前端虛之術未宜行用之矣。【釋文】「不訾」向徐音紫。崔云：毁也。

〔校〕①趙諫議本快作使。

「然則我內直而外曲，成而上比〔一〕。內直者，與天爲徒。與天爲徒者，知天子之與己皆天之所子，而獨以己言蘄乎而人善之，蘄乎而人不善之邪〔二〕？若然者，人謂之童子，是之謂與天爲徒〔三〕。外曲者，與人之①爲徒也。擎跽曲拳，人臣之禮也，人皆爲之，吾敢不爲邪！爲人之所爲者，人亦无疵焉〔四〕，是之謂與人爲徒〔五〕。成而上比者，與古爲徒〔六〕。其言雖教，讁之實也〔七〕。古之有也，非吾有也〔八〕。若然者，雖直而不病〔九〕，是之謂與古爲徒〔一〇〕。若是則可乎〔一一〕？」

〔一〕【注】顔回更説此三條也。【疏】前陳二事，已被詆訶，今設三條，庶其允合。此標題目，下釋其義，顔生述己以簡宣尼是也。【釋文】「而上」時掌反。下同。

〔二〕【注】物無貴賤，得生一也。故善與不善，付之公當耳，一無所求於人也。【疏】此下釋義。蘄，求也。言我内心質素誠直，共自然之理而爲徒類。是知帝王與我，皆禀天然，故能忘貴賤於君臣，遺善惡於榮辱，復矜名以避惡，求善於他人乎？具此虚懷，庶其合理。【釋文】「蘄乎」音祈。

〔三〕【注】依乎天理，推己（性）〔信〕②命，若嬰兒之直往也。【疏】然，如此也。童子，嬰兒也。若如向説，推理直前，行比嬰兒，故人謂之童子。結成前義，故是之謂與天爲徒也。

〔四〕【疏】夫外形委曲，隨順世間者，將人倫爲徒類也。擎手跽足，磬折曲躬，俯仰拜伏者，人臣之禮也。而和同塵垢，汚隆任物，人皆行此，我獨不爲邪！是以爲人所爲，故人無怨疾也。【釋文】「擎」徐其驚反。「跽」徐其里反。説文云：長跪也。「曲拳」音權。「无疵」才斯反。

〔五〕【注】外形委曲，隨人事之所當爲者也。【疏】此結（成）〔前〕③也。

〔六〕【注】成於今而比於古也。【疏】忠諫之事，乃成於今，君臣之義，上比於古，故與古之忠臣比干等類，是其義也。

〔七〕【注】雖是常教，實有諷責之旨。【疏】讁，責也。所陳之言，雖是教迹，論其意旨，實有諷責之心也。【釋文】「讁之」直革反。「諷責」非鳳反。

〔八〕【疏】夐古以來，有此忠諫，非我今日獨起箴規者也。

〔九〕【注】寄直於古，故無以病我也。【疏】若忠諫之道，自古有之，我今誠直，亦幸無憂累。

〔一〇〕【疏】此結前也。

〔一一〕【疏】呈此三條，未知可不？

〔校〕①趙諫議本無之字。②信字依趙諫議本改。③依下疏文改。

仲尼曰：「惡！惡可！大多政，法而不諜〔一〕，雖固亦无罪〔二〕。雖然，止是耳矣，夫胡可以及化〔三〕！猶師心者也〔四〕。」

〔一〕【注】當理無二，而張三條以政之，與事不冥也。【疏】諜，條理也，當也。法苟當理，不俟多端，政設三條，大傷繁宂。於理不當，亦不安恬，故於何而可也。【釋文】「大多」音泰，徐勑佐反。崔本作太。「不諜」徐徒協反，向吐頰反。李云：安也。崔云：間諜也。○俞樾曰：政字絶句。大多政者，郭注所謂當理無二而張三條以政之也。法而不諜，四字爲句。列禦寇篇形諜成光，釋文曰：諜，便僻也。此諜字義與彼同，謂有法度而不便僻也。李訓安，崔訓間諜，竝失其義。

〔二〕【注】雖未弘大，亦且不見咎責。【疏】設此三條，雖復固陋，既未行李，亦幸無咎責者也。

〔三〕【注】罪則無矣，化則未也。【疏】胡，何也。顔回化衛，止有是法，纔可獨善，未及濟時，故何可以及化也。又解：若止而勿行，於理便是，如其適衛，必自遭殆也。

〔四〕【注】挾三術以適彼，非無心而付之天下也。【疏】夫聖人虚己，應時無心，譬彼明鏡，方兹虚谷。今顔回預作言教，方思慮可不，既非忘淡薄，故知師其有心也。【釋文】「挾三」户牒反。

顔回曰：「吾无以進矣，敢問其方〔一〕。」

〔一〕【疏】顔生三術，一朝頓盡，化衛之道，進趣無方，更請聖師，庶聞妙法。

仲尼曰：「齋，吾將語若！有〔心〕①而爲之，其易邪〔一〕？易之者，暤天不宜〔二〕。」

〔一〕【注】夫有其心而爲之②者，誠未易也。【疏】顔回殷勤致請，尼父爲説心齋。但能虚忘，吾當告汝，必有其心爲作，便乖心齋之妙。故有心而索玄道，誠未易者也。【釋文】「曰齊」本亦作齋，同，側皆反。下同。○盧文弨曰：今本作齋。「其易」以豉反。後皆同。向崔云：輕易也。

〔二〕【注】以有爲爲易，未見其宜也。【疏】爾雅云，夏曰皓天。言其氣皓汗也。以有爲之心而行道爲易者，皞天之下，不見其宜。言不宜以有爲心齋也。【釋文】「皞天」徐胡老反。向云：皞天，自然也。○盧文弨曰：舊本皥從白，今從注本從日。

〔校〕①心字依闕誤引張君房本及注文補。②趙諫議本無之字。

顏回曰：「回之家貧，唯不飲酒不茹葷者數月矣。如此，則可以爲齋乎〔一〕？」

〔一〕【疏】茹，食也。葷，辛菜也。齋，齊也，謂心跡俱不染塵境也。顏子家貧，儒史具悉，無酒可飲，無葷可茹，簞瓢蔬素，已經數月，請若此得爲齋不。【釋文】「不茹」徐音汝，食也。「葷」徐許云反。「數月」色主反。

曰：「是祭祀之齋，非心齋也〔一〕。」

〔一〕【疏】尼父答言，此是祭祀神君獻宗廟，俗中致齋之法，非所謂心齋者也。

回曰：「敢問心齋〔一〕。」

〔一〕【疏】向説家貧，事當祭祀。心齋之術，請示其方。

仲尼曰：「若一志〔一〕，无聽之以耳而聽之以心〔二〕，无聽之以心而聽之以氣〔三〕！聽止於耳〔四〕，心止於符〔五〕。氣也者，虛而待物者也〔六〕。唯道集虛。虛者，心齋也〔七〕。」

〔一〕【注】去異端而任獨(者)也(乎)①。 【疏】志一汝心，無復異端，凝寂虛忘，冥符獨化。 此下答於顏子，廣示心齋之術者也。 【釋文】「去異」起呂反。 下同。

〔二〕【疏】耳根虛寂，不凝宮商，反聽無聲，凝神心符。

〔三〕【疏】心有知覺，猶起攀緣；氣無情慮，虛柔任物。 故去彼知覺，取此虛柔，遣之又遣，漸階玄妙也乎！

〔四〕【疏】不著聲塵，止於聽。 此釋無聽之以耳也。

〔五〕【疏】符，合也。 心起緣慮，必與境合，庶令凝寂，不復與境相符。 此釋無聽之以心者也。

〔六〕【注】(遺)〔遺〕②耳目，去心意，而符氣性之自得，此虛以待物者也。 【疏】如氣柔弱虛空，其心寂泊忘懷，方能應物。 此解而聽之以氣也。 ○俞樾曰： 上文云，無聽之以耳而聽之以心，無聽之以心而聽之以氣。 此文聽止於耳，當作耳止於聽，傳寫誤倒也，乃申說無聽之以耳之義。 言耳之爲用止於聽而已，故無聽之以耳也。 心止於符，乃申說無聽之以心之義。 言心之用止於符而已，故無聽之以心也。 符之言合也，言與物合也，與物合，則非虛而待物之謂矣。 氣也者虛而待物者也，乃申說氣字，明當聽之以氣也。 郭注曰遺耳目去心意等語，誤以符氣二字連讀，不特失其義，且不成句矣。

〔七〕【注】虛其心則至道集於懷也。 【疏】唯此真道，集在虛心。 故如虛心者，心齋妙道也。

〔校〕①者乎二字依世德堂本刪。 ②遺字依世德堂本及諸子平議改。

顏回曰：「回之未始得使，實自回也〔一〕；得使之也，未始有回也〔二〕；可謂虛乎？」

〔一〕【注】未始使心齋，故有其身。【疏】未稟心齋之教，猶懷封滯之心，既不能隳體以忘身，尚謂顏回之實有也。【釋文】「未始得使」絕句。崔讀至實字絕句。

〔二〕【注】既得心齋之使，則無其身。【疏】既得夫子之教，使其人以虛齋，遂能物我洞忘，未嘗〔回〕之可有也。

夫子曰：「盡矣〔一〕。吾語若！若能入遊其樊而無感其名，〔二〕入則鳴，不入則止〔三〕。無門無毒〔四〕，一宅而寓於不得已〔五〕，則幾矣〔六〕。

〔一〕【疏】夫子向說心齋之妙，妙盡於斯。

〔二〕【注】放心自得之場，當於實而止。【疏】夫子語顏生化衞之要，慎莫據其樞要，且復遊入蕃傍，亦宜晦迹消聲，不可以名智感物。樊，蕃也。

〔三〕【注】譬之宮商，應而無心，故曰鳴也。夫無心而應者，任彼耳，不强應也。【疏】若已道狎衞侯，則可鳴聲匡救；如其諫不入耳，則宜緘口忘言。强顯忠貞，必遭禍害。【釋文】「不强」其丈反。

〔四〕【注】使物自若，無門者也；付天下之自安，無毒者也。毒，治也。【疏】毒，治也。如水如鏡，應感虛懷，已不預作也。【釋文】「無毒」如字，治也。崔本作每，云：貪也。○家世父曰：説文：毒，厚也。老子：亭之毒之。無門者，入焉不測其方；無毒者，游焉不泥其迹。應乎自然之符，斯能入遊其藩而無感其名。○李楨曰：門毒對文，毒與門不同類。説文：毒，厚也。害人之艸，往往而生，義亦不合。毒乃壔之叚借。許壔下云：保也，亦曰高土也，讀若毒。與此注自安義合。張行孚説文發疑曰：壔者，累土爲臺以傳信，即吕氏春秋所謂爲高保禱於王路，寘鼓其上，遠近相聞是也。禱當爲壔之譌。壔是保衛之所，故借其義爲保衛。易經、莊、老三毒字，正是此義，（老子亭之毒之，周易以此毒天下而民從之，毒字並是叚借。）廣雅所以有毒安也一訓。按（擣）〔壔〕爲毒本字，正與門同類，所以門毒對文。讀都皓切，音之轉也。

〔五〕【注】不得已者，理之必然者也，體至一之宅而會乎必然之符者也。【疏】宅，居處也。處心至一之道，不得止而應之，機感冥會，非預謀也。【釋文】「而寓」崔本作如愚。

〔六〕【注】理盡於斯。【疏】幾，盡也。應物理盡於斯也。

絶迹易，无行地難〔一〕。爲人使易以僞，爲天使難以僞〔二〕。聞以有翼飛者矣，未聞以无翼飛者也；聞以有知知者矣，未聞以无知知者也〔三〕。瞻彼闋者，虚室生白〔四〕，吉祥止止〔五〕。夫且不止，是之謂坐馳〔六〕。夫徇耳目内通而外於心知，鬼神將來舍，而況人乎〔七〕！是萬物之化也，禹舜之所紐也，伏戲几蘧之所行終，而況散焉者乎〔八〕！」

〔一〕【注】不行則易，欲行而不踐地，不可能也；無爲則易，欲爲而不傷性，不可得也。【疏】夫端居絶迹，理在不難；行不踐地，故當不易。亦猶無爲虛寂，應感則易；有爲思慮，涉物則難。其理必然，故舉斯譬矣。【釋文】「絶迹易无」絶句。向崔皆以无字屬下句。○盧文弨曰：此讀謬甚，何不依注？

〔二〕【注】視聽之所得者粗，故易欺也；至於自然之報細，故難僞也。則失真少者，不全亦少；失真多者，不全亦多；失得之報，未有不當其分者也。而欲違天爲僞，不亦難乎！【疏】夫人情驅使，其法粗淺，(而)所以易欺；天然馭用，斯理微細，是故難矯。故知人間涉物，必須率性任真也。【釋文】「者粗」音麄。

〔三〕【注】言必有其具，乃能其事，今無至虛之宅，無由有化物之實也。【疏】夫鳥無六翮，必不可以搏空；人無二知，亦未能以接物也。【釋文】「有知知者」上音智，下如字。下句同。

〔四〕【注】夫視有若無，虛室者也。虛室①而純白獨生矣。【疏】瞻，觀照也。彼，前境也。闋，空也。觀察萬有，悉皆空寂，故能虛其心室，乃照真源，而智惠明白，隨用而生。白，道也。【釋文】「闋者」徐苦穴反。司馬云：空也。「虛室生白」崔云：白者，日光所照也。司馬云：室比喻心，心能空虛，則純白獨生也。

〔五〕【注】夫吉祥之所集者，至虛至靜也。【疏】吉者，福善之事。祥者，嘉慶之徵。止者，凝靜之智。言吉祥善福，止在凝靜之心，亦能致吉祥之善應也。○俞樾曰：止止連文，於義無取。淮南子俶真篇作虚室生白，吉祥止也，疑此文下止字亦也字之誤。唐盧重元注列子天瑞篇曰，虚室生白，吉祥止耳，亦可證止止連文之誤。

〔六〕【注】若夫不止於當，不會於極，此爲以應坐之日而馳騖不息也。故外敵未至而内已困矣，豈能化物哉！【疏】苟不能形同槁木，心若死灰，則雖容儀端拱，而精神馳騖，（不）〔可〕謂形坐而心馳者也。

〔七〕【注】夫使耳目閉而自然得者，心知之用外矣。故將任性直通，無往不冥，尚無幽昧之責，而況人間之累乎！【疏】徇，使也。夫能令根竅内通，不緣於物境，精神安静，（志）〔忘〕外於心知者，斯則外遺於形，内忘於智，則隳體黜聰，虚懷任物，鬼神冥附而舍止，不亦當乎！人倫鑽仰而歸依，固其宜矣。故外篇云無鬼責無人非也。【釋文】「夫徇」辭俊反。徐辭倫反。李云：使也。「心知」音智，注同。

〔八〕【注】言物無貴賤，未有不由心知耳目以自通者也。故世之所謂知者，豈欲知而知哉？所謂見者，豈爲②見而見哉？若夫知見可以欲（而）爲〔而〕③得者，則欲賢可以得賢，爲聖可以得聖乎？固不可矣。而世不知知之自知，因欲爲知以知之；不見見之自見，因欲爲見以見之；不知生之自生，又將爲生以生之。故見目而求離朱之明，見耳而責師曠之聰，故心神奔馳於内，耳目竭喪於外，處身不適而與物不冥矣。不冥矣，而能合乎人間之變，應乎世世之節者，未之有也。【疏】是，指斥之名也，此近指以前心齋等法，能造化萬物，孕育蒼生也。

伏牛乘馬，號曰伏戲，姓風，即太昊。几蘧者，三皇已前無文字之君也。言此心齋之道，夏禹虞舜以爲應物綱紐，伏戲几蘧行之以終其身，而況世間凡鄙疏散之人，軌轍此道而欲化物。

【釋文】「所紐」徐女酒反。崔云：系而行之曰紐。簡文云：紐，本也。「伏戲」本又作羲，亦作犧，同。許宜反。即大皞，三皇之始也。「几蘧」其居反。向云：古之帝王也。李云：上古帝王。「散焉」悉旦反。李云：放也。崔云：德不及聖王爲散。「之聰」一本作聽。「竭喪」息浪反。

〔校〕①虛室二字趙諫議本互易。②爲字世德堂本作謂，趙本亦作爲。③爲而依世德堂本互易。

葉公子高將使於齊，問於仲尼曰：「王使諸梁也甚重〔一〕，齊之待使者，蓋將甚敬而不急〔二〕。匹夫猶未可動，而況諸侯乎！吾甚慄之〔三〕。子常語諸梁也曰：『凡事若小若大，寡不道以懽成①〔四〕。事若不成，則必有人道之患〔五〕；事若成，則必有陰陽之患〔六〕。若成若不成而後无患者，唯有德者能之〔七〕。』吾食也執粗而不臧，爨无欲清之人〔八〕。今吾朝受命而夕飲冰，我其內熱與〔九〕！吾未至乎事之情，而既有陰陽之患矣；事若不成，必有人道之患。是兩也〔一〇〕，爲人臣者不足以任之，子其有以語我來〔一一〕！」

〔一〕【注】重其使，欲有所求也。【疏】楚莊王之玄孫尹成子，名諸梁，字子高，食采於葉，僭號稱公。王者，春秋實爲楚子，而僭稱王。齊，即姜姓太公之裔。其先禹之四岳，或封於呂，故謂太公爲呂望。周武王封太公於營丘，是爲齊國。齊楚二國，結好往來，玉帛使乎，相繼不絕，或急難而求救，或問罪而請兵，情事不輕，委寄甚重，是故諸梁憂慮，詢道仲尼也。【釋文】「葉公」音攝。「子高」楚大夫，爲葉縣尹，僭稱公，姓沈，名諸梁，字子高。「將使」所吏反。注及下待使同。

〔二〕【注】恐直空報其敬，而不肯急應其求也。【疏】齊侯跡爾往來，心無真實，至於迎待楚使，甚自殷勤，所請事情，未達依允。奉命既重，預有此憂。

〔三〕【疏】匹夫鄙志，尚不可動，況夫五等，如何可動！以此而量，甚爲憂慄之也。【釋文】「慄之」音栗。李云：懼也。

〔四〕【注】夫事無大小，少有不言以成爲懽者耳。此仲尼之所曾告諸梁者也。【疏】子者，仲尼。寡之言少。夫經營事緒，抑乃多端。雖復大小不同，而莫不以成遂爲懽適也。故諸梁引前所稟，用發后機也。【釋文】「常語」魚據反。下同。○盧文弨曰：今本書常作嘗。

〔五〕【注】夫以成爲懽者，不成則怒矣。此楚王之所不能免也。【疏】情若乖阻，事不成遂，則有人倫之道，刑罰之憂。

〔六〕【注】人患雖去，然喜懼戰於胷中，固已結冰炭於五藏矣。【疏】喜則陽舒，憂則陰慘。事既成遂，中情允愜，變昔日之憂爲今時之喜。喜懼交集於一心，陰陽勃戰於五藏，冰炭聚結，非患如何？故下文云。【釋文】「藏矣」才浪反。

〔七〕【注】成敗若任之於彼而莫足以患心者，唯有德者乎！【疏】安得喪於靈府，任成敗於前塗，不以憂喜累心者，其唯盛德焉！

〔八〕【注】對火而不思涼，明其所饌儉薄也。【疏】臧，善也。清，涼也。承命嚴重，心懷怖懼，執用粗飡，不暇精膳。所饌既其儉薄，爨人不欲思涼，燃火不多，無熱可避之也。【釋文】「執」衆家本並然。簡文作熱。「粗」音麤，又才古反。「而不臧」作郎反，善也。絶句。一音才郎反，句至爨字。「爨」七亂反。「无欲清」七性反，字宜從冫。從氵者，假借也。清，涼也。「之人」言爨火爲食而不思清涼，明火微而食宜儉薄。「所饌」士戀反。

〔九〕【注】所饌儉薄而內熱飲冰者，誠憂事之難，非美食之爲也。【疏】諸梁晨朝受詔，暮夕飲冰，足明怖懼憂愁，內心燻灼。詢道情切，達照此懷也。【釋文】「內熱與」音餘。下慎與同。向云：食美食者必內熱。

〔一〇〕【注】事未成則唯恐不成耳。若果不成，則恐懼結於內而刑網羅於外也。【疏】夫情事未決，成敗不知，而憂喜存懷，是陰陽之患也。事若乖舛，必不成遂，則有人臣之道，刑網斯及。有此二患，何處逃愆？【釋文】「則恐懼」丘勇反。

〔一一〕【疏】忝爲人臣，濫充末使，位高德薄，不足任之。子既聖人，情兼利物，必有所以，幸來告示！【釋文】「以任」而林反，一音而鴆反。

〔校〕①闕誤引江南古藏本此句作寡有不道以成懽。

仲尼曰：「天下有大戒二：其一，命也；其一，義也〔一〕。子之愛親，命也，不可解於心〔二〕；臣之事君，義也，無適而非君也，無所逃於天地之間〔三〕。是之謂大戒〔四〕。是以夫事其親者，不擇地而安之，孝之至也〔五〕；夫事其君者，不擇事而安之，忠之盛也〔六〕；自事其心者，哀樂不易施乎前，知其不可柰何而安之若命，德之至也〔七〕。爲人臣子者，固有所不得已。行事之情而忘其身〔八〕，何暇至於悅生而惡死！夫子其行可矣〔九〕！」

〔一〕【疏】戒，法也。寰宇之内，教法極多，要切而論，莫過二事。二事義旨，具列下文。

〔二〕【注】自然結固，不可解也。【疏】夫孝子事親，盡於愛敬。此之性命，出自天然，中心率由，故不可解。

〔三〕【注】千人聚，不以一人爲主，不亂則散。故多賢不可以多君，無賢不可以無君，此天人之道，必至之宜。【疏】夫君臣上下，理固必然。故忠臣事君，死成其節，此乃分義相投，非關天性。然六合雖寬，未有無君之國，若有罪責，亦何處逃愆！是以奉命即行，無勞進退。

〔四〕【注】若君可逃而親可解，則不足戒也。【疏】結成以前君親大戒義矣。

〔五〕【疏】夫孝子養親，務在順適，登仕求禄，不擇高卑，所遇而安，方名至孝也。

〔六〕【疏】夫禮親事主，志盡忠貞，事無夷險，安之若命，豈得揀擇利害，然後奉行！能如此者，是忠臣之盛美也。

〔七〕【注】知不可柰何者命也而安之，則無哀無樂，何易施之有哉！故冥然以所遇爲命而不施心於其間，泯然與至當爲一而無休戚於其中，雖事凡人，猶無往而不適，而況於君親哉！

【疏】夫爲道之士而自安其心智者，體違順之不殊，達得喪之爲一，故能涉哀樂之前境，不輕易施，知窮達之必然，豈人情之能制！是以安心順命，不乖天理。自非至人玄德，孰能如兹也！【釋文】「哀樂」音洛。注、下同。「施乎」如字。崔以豉反，云：移也。○慶藩案施讀爲移，不易施，猶言不移易也。晏子春秋外篇君臣易施，荀子儒效篇哀虚之相施易也，漢書衛綰傳人之所施易，施並讀爲移。正言之則爲易施，倒言之則爲施易也。（本王氏讀書雜志。）

〔八〕【注】事有必至，理固常通，故任之則事濟，事濟而身不存者，未之有也，又何用心於其身哉！

【疏】夫臣子事於君父，必須致命盡情，有事即行，無容簡擇，忘身整務，固是其宜。苟不得止，應須任命也。

〔九〕【注】理無不通，故當任所遇而直前耳。若乃信道不篤而悦惡存懷，不能與至當俱往而謀生慮死，吾未見能成其事者也。【疏】既曰行人，無容悦惡，奉事君命，但當適齊，有何閒暇謀生慮死也！【釋文】「而惡」烏路反，下皆同。

丘請復以所聞：凡交近則必相靡以信〔一〕，遠則必忠之以言〔二〕，言必或傳之。夫傳兩喜兩怒之言，天下之難者也〔三〕。夫兩喜必多溢美之言，兩怒必多溢惡之言〔四〕。凡溢之類妄〔五〕，妄則其信之也莫〔六〕，莫則傳言者殃〔七〕。故法言曰：『傳其常情，无傳其溢言，則幾乎全〔八〕。』

〔一〕【注】近者得接，故以其信驗親相靡服也。【釋文】「復以」扶又反。下注同。

〔二〕【注】遥以言傳意也。【疏】凡交遊鄰近，則以信情靡順；相去遥遠，則以言表忠誠。此仲尼引己所聞勸戒諸梁也。【釋文】「傳意」丈專反。下文並注同。

〔三〕【注】夫喜怒之言，若過其實，傳之者宜使兩不失中，故未易也。【疏】以言表意，或使人傳，彼此相投，乍相喜怒。爲此使乎，人間未易。【釋文】「兩怒」如字。注同。本又作怨。下同。「未易」以豉反。下文、注皆同。

〔四〕【注】溢，過也。喜怒之言常過其當也。【疏】溢，過也，彼此兩人，互相喜怒，若其順情，則美惡之言必當過者也。

〔五〕【注】嫌非彼言，似傳者妄作。【疏】類，似也。夫溢當之言，體非真實，聽者既疑，似使人妄構也。

〔六〕【注】莫然疑之也。【疏】莫，致疑貌也。既似傳者妄作，遂生不信之心，莫然疑之也。

〔七〕【注】就傳過言，似於誕妄①。受者有疑，則傳言者横以輕重爲罪也。【疏】受者生疑，心懷不信，傳語使乎，殃過斯及。

〔八〕【注】雖聞臨時之過言而勿傳也，必稱其常情而要其誠致，則近於全也。【疏】夫處涉人間，爲使實難，必須探察常情，必使賓主折中，不得傳一時喜怒，致兩言（雖）〔難〕闕。能如是者，近獲全身。夫子引先聖之格言，爲當來之軌轍也。【釋文】「而要」一遥反。「則近」附近之近。

〔校〕①趙諫議本作妄誕。

且以巧鬬力者，始乎陽〔一〕，常卒乎陰〔二〕，（大）〔泰〕①至則多奇巧〔三〕；以禮飲酒者，始乎治〔四〕，常卒乎亂〔五〕，（大）〔泰〕至則多奇樂〔六〕。凡事亦然。始乎諒，常卒乎鄙；其作始也簡，其將畢也必巨〔七〕。

〔一〕【注】本共好戲。【釋文】「共好」呼報反。

〔二〕【注】欲勝情至，潛興害彼者也②。【疏】陽，喜也。陰，怒也。夫較力相戲，非無機巧。初始戲謔，則情在喜歡；逮乎終卒，則心生忿怒，好勝之情，潛似相害。世閒喜怒，情變例然。此舉鬬力以譬之也。○家世父曰：凡顯見謂之陽，隱伏謂之陰。鬬巧者必多陰謀，極其心思之用以求相勝也。

〔三〕【注】不復循理。【疏】忿怒之至，欲勝之甚，則情多奇譎，巧詐百端也。【釋文】「大至」音泰，本亦作泰。徐敕佐反。下同。○盧文弨曰：今本書作泰。「奇巧」如字，又苦孝反。

〔四〕【注】尊卑有別，旅酬有次。【釋文】「乎治」直吏反。「有別」彼列反。

〔五〕【注】湛湎淫液也。【疏】治，理也。夫賓主獻酬，自有倫理，（倒辨）〔側弁〕③之後，無復尊卑，初正卒亂，物皆如此。舉飲酒以爲譬。【釋文】「湛」直林反，又答南反。「湎」面善反。「淫液」以隻反。

〔六〕【注】淫荒④縱橫，無所不至。【疏】宴賞既酬，荒淫斯甚，當歌屢舞，無復節文，多方奇異，歡樂何極也。

〔七〕【注】夫煩生於簡，事起於微，此必至之勢也。【疏】凡情常事，亦復如然。莫不始則誠信，終則鄙惡；初起簡少，後必巨大。是以煩生於簡，事起於微。此合喻也。○俞樾曰：諒與鄙，文不相對。上文云，（使）〔始〕乎陽常卒乎陰，始乎治常卒乎亂，陰陽治亂皆相對，而諒鄙不相對。諒疑諸字之誤。諸讀爲都。爾雅釋地，宋有孟諸，史記夏本紀作明都，是其例也。始乎都常卒乎鄙，都鄙正相對。因字通作諸，又誤作諒，遂失其指矣。淮南子詮言篇曰，故始於都者常大於鄙，即本莊子，可據以訂正。彼文大字乃卒字之誤，說見王氏念孫讀書雜志。

〔校〕①泰字依世德堂本及盧校改。②世德堂本無者也二字。③側弁依劉文典補正本改。④世德堂本荒作流。

（夫）①言者，風波也；行者，實喪也〔一〕。〔夫〕風波易以動，實喪易以危〔二〕。故忿設无由，巧言偏辭〔三〕。獸死不擇音，氣息茀然，於是並生心厲〔四〕。剋核大②至，則必有不肖之心應之，而不知其然也〔五〕。苟爲不知其然也，孰知其所終〔六〕！故法言曰：『无遷令〔七〕，无勸成〔八〕，過度益也〔九〕。』遷令勸成殆事〔一〇〕，美成在久〔一一〕，惡成不及改〔一二〕，可不慎與〔一三〕！且夫乘物以遊心〔一四〕，託不得已以養中，至矣〔一五〕。何作爲報也〔一六〕！莫若爲致命。此其難者〔一七〕。」

〔一〕【注】夫言者，風波也，故行之則實喪矣。【疏】夫水因風而起波，譬心因言而喜怒也。故因此風波之言而行喜怒者，則喪於實理者也。○慶藩案波當讀爲播。鄭注禹貢云：播，散也。波與播，古字通，言風播則易動也。風播與實喪對文，則不可作波浪訓矣。（外物篇司馬波臣注云波蕩之臣，波蕩即播蕩也。）僖二十三年左傳波及晉國，波亦當爲播，謂播散及晉國也。（本王引之經義述聞。）禹貢滎波既豬，馬鄭王本並作（熒）〔滎〕播。（索隱云是播溢之義。）皆其證。【釋文】「實喪」息浪反。注、下同。○家世父曰：實喪，猶言得失。實者，有而存之；喪者，忽而忘之。俛得而俛失者，行之大患也，故曰危。郭象注，行之則實喪矣，遺風波而弗行則實不喪矣，恐誤。

〔二〕【注】故遺風波而弗行，則實不喪矣。夫事得其實，則危可安而蕩可定〔也〕③。【疏】風鼓水波，易爲動蕩，譬言喪實理，危殆不難也。

〔三〕【注】夫忿怒之作，無他由也，常由巧言過實，偏辭失當耳。【疏】夫施設忿怒，更無所由，每爲浮僞巧言偏辭諂佞之故也。【釋文】「偏辭」音篇。崔本作諞，音辯。

〔四〕【注】譬之野獸，蹴之窮地，音急情盡，則和聲不至而氣息不理，茀然暴怒，俱生瘈疵以相對之。【疏】夫野獸困窘，〔迴〕〔迫〕④之窮地，性命將死，鳴不擇音，氣息茀鬱，心生疵疾，忽然暴怒，搏噬於人。此是起譬也。【釋文】「氣息」並如字。向本作謥器，云：謥，馬氏作息。器，氣也。崔本作謥簹，云：喘息簹不調也。又作簞字。〇慶藩案釋文氣一本作器。氣器古通用，氣正字，器借字也。大戴記文王官人篇其氣寬以柔，周書氣作器，是其證。「茀然」徐符弗反。郭敷末反。李音佛。崔音勃。「心厲」如字，李音賴。「蹴之」子六反。「瘈」疑賣反，又音詣。本又作疣，音尤。「疵」士賣反，又齊計反。上若作疣，此則才知反。〇盧文弨曰：蓋讀與睚眦同。

〔五〕【注】夫寬以容物，物必歸焉。剋核太精，則鄙吝心生而不自覺也。故大人蕩然放物於自得之場，不苦人之能，不竭人之歡，故四海之交可全矣。【疏】夫剋切責核，逼迫太甚，則不善之心欻然自應，情事相感，物理自然。是知躁則失君，寬則得衆也。【釋文】「剋核」幸格反。

〔六〕【注】苟不自覺，安能知禍福之所齊詣也！【疏】夫急躁忤物，必拒之理，數自相召，不知所以。且當時以不肖應之，則誰知終後之禍者耶？【釋文】「所齊」如字，又才計反。○慶藩案文選鮑明遠擬古詩注引司馬云：誰知禍之所終者也。釋文闕⑤。

〔七〕【注】傳彼實也。【疏】承君令命，以實傳之，不得以臨時喜怒輒爲遷改者也。

〔八〕【注】任其自成。【疏】直陳君令，任彼事情，無勞勸獎，强令成就也。

〔九〕【注】益則非任實者。【疏】安於天命，率性任情，無勞添益語言，過於本度也。

〔一〇〕【注】此事之危殆者。【疏】故改其君命，强勸彼（我）〔成〕⑥，其於情事，大成危殆。

〔一一〕【注】美成者任其時化，譬之種植，不可一朝成。【疏】心之所美，率意而成，不由勸獎，故能長久。○家世父曰：美者久於其道而後化成，一日之成，不足恃也，惡者一成而遂不及改。美惡幾微之辨，而難易形焉。是以就美而去惡者，人之常情也，而勢常不相及，有反施之而習而安焉者矣。注意似隔。

〔一二〕【注】彼之所惡而勸强成之，則悔敗尋至。【疏】心之所惡，强勸而成，不及多時，尋當改悔。【釋文】「所惡」烏路反。「勸强」其丈反。下欲强同。

〔一三〕【疏】處涉人世，啣命使乎，先聖法言，深宜戒慎。

〔一四〕【注】寄物以爲意也。【疏】夫獨化之士，混跡人閒，乘有物以遨遊，運虛心以順世，則何殆之有哉！

〔一五〕【注】任理之必然者，中庸之符全矣，斯接物之至者也。【疏】不得已者，理之必然也。寄必然之事，養中和之心，斯真理之造極，應物之至妙者乎！

〔一六〕【注】當任齊所報之實，何爲爲齊作意於其間哉！　【疏】率己運命，推理而行，何須預生抑度，爲齊作報（故）也。　【釋文】「爲爲」上如字，下于僞反。

〔一七〕【注】直爲致命最易，而以喜怒施心，故難也。　【疏】直致率情，任於天命，甚自簡易，豈有難耶！　此其難者，言不難。

〔校〕①夫字依世德堂本移下。②世德堂本大作太。③也字依世德堂本補。④迫字依下疏文逼迫太甚改。⑤原誤在疏文下，今改正。⑥成字依劉文典補正本改。

顏闔將傅衛靈公大子〔一〕，而問於蘧伯玉曰：「有人於此，其德天殺〔二〕。與之爲无方，則危吾國；與之爲有方，則危吾身〔三〕。其知適足以知人之過，而不知其所以過〔四〕。若然者，吾柰之何〔五〕？」

〔一〕【疏】姓顏，名闔，魯之賢人也。大子，蒯聵也。顏闔自魯適衛，將欲爲太子之師傅也。　【釋文】「顏闔」胡臘反。向崔本作盧。魯之賢人隱者。○盧文弨曰：今本盧作盍。「衛靈公」左傳云名元。「大子」音泰。司馬云：蒯聵也。

〔二〕【疏】姓蘧，名瑗，字伯玉，衛之賢大夫。蒯聵稟天然之凶德，持殺戮以快心。既是衛國之人，故言有人於此。將爲儲君之傅，故詢道於哲人。　【釋文】「蘧」其居反。「伯玉」名瑗，衛大夫。「天殺」如字，謂如天殺物也。徐所列反。

〔三〕【注】夫小人之性，引之軌制則憎己，縱其無度則亂邦。【疏】方，猶法。稟性凶頑，不履仁義。與之方法，而軌制憎己，所以危身；縱之無度，而荒淫顛蹷，所以亡國。【釋文】「无方」李云：方，道也。

〔四〕【注】不知民過之由己，故罪責於民而不自改。【疏】己之無道，曾不悛革，百姓有罪，誅戮極深。唯見黔首之僁，不知過之由己。既知如風靡草，是知責在於君。【釋文】「其知」音智。

〔五〕【疏】然，猶如是。將柰之何，詢道蘧瑗，故陳其所以。

蘧伯玉曰：「善哉問乎！戒之，慎之，正女身也①哉〔一〕！形莫若就，心莫若和〔二〕。雖然，之二者有患〔三〕。就不欲入〔四〕，和不欲出〔五〕。形就而入，且爲顛爲滅，爲崩爲蹶〔六〕。心和而出，且爲聲爲名，爲妖爲孽〔七〕。彼且爲嬰兒，亦與之爲嬰兒；彼且爲无町畦，亦與之爲无町畦；彼且爲无崖，亦與之爲无崖。達之，入於无疵〔八〕。

〔一〕【注】反覆與會，俱所以爲正身。【疏】戒，勗也。己身不可率耳。防慎儲君，勿輕犯觸，身履正道，隨順機宜。前歎其能問，後則示其方法也。【釋文】「正女」音汝。下同。「反覆」芳服反。

〔二〕【注】形不乖迕，和而不同。【疏】身形從就，不乖君臣之禮。心智和順，跡混而事濟之也。

〔三〕【疏】前之二條，略標方術。既未盡善，猶有其患累也。

〔四〕【注】就者形順，入者遂與同。【疏】郭注云，就者形順，入者遂與同也。

〔五〕【注】和者(以)義濟，出者自顯伐(也)②。【疏】心智和順，方便接引，推功儲君，不顯己能，斯不出也。

〔六〕【注】若遂與同，則是顛危而不扶持，與彼俱亡矣。故當(摸)〔模〕③格天地，但不立小異耳。

【疏】顛，覆也。滅，絶也。崩，壞也。蹶，敗也。形容從就，同入彼惡，則是顛危而不扶持，故致顛覆滅絶，崩蹶敗壞，與彼俱亡也矣。【釋文】「爲蹶」徐其月反。郭音厥。李舉衛反。「摸格」莫胡反。〇盧文弨曰：今本摸從木作模。

〔七〕【注】自顯和之，且有含垢之聲、濟彼之名，彼將惡其勝己，妄生妖孽。故當悶然若晦，玄同光塵，然後不可得而親，不可得而疏，不可得而利，不可得而害。【疏】變物爲妖。孽，災也。雖復和光同塵，而自顯出己智，不能韜光晦迹，故有濟彼之名。蒯聵惡其勝己，謂其妄生妖孽，故以事而害之。〇家世父曰：和，如五味之相濟，甘辛並用，混合無形。若表而出之，則非和矣。時其喜怒，因其緩急，以調伏其機，而不與爲迎拒。有迎拒斯有出入，和不欲出，爲無拒也。【釋文】「孽」彦列反。「將惡」烏路反。「悶然」音門。

〔八〕【注】不小立圭角以逆其鱗也。【疏】町，畔也。畦，埒也。與，共也。入，會也。夫處世接物，其道實難。不可遂與和同，亦無容頓生乖忤。或同嬰兒之愚鄙，且復無知；或類田野之無畦，略無界畔；縱奢侈之貪求，任凶猛之殺戮。然後道之以德，齊之以禮。達斯趣者，方會無累之道也。【釋文】「嬰兒」李云：喻無意也。崔云：喻驕遊也。「无町」徒頂反。「畦」户圭反。李云：町畦，畔埒也。無畔埒，無威儀也。崔云：喻守節。「无崖」司馬云：不顧法也。「无疵」似移反。病也。

〔校〕①世德堂本無也字。②以字也字依趙諫議本及世德堂本删。③模字依世德堂本及盧校改。

汝不知夫螳蜋乎？怒其臂以當車轍，不知其不勝任也，是其才之美者也〔一〕。戒之，慎之！積伐而美者以犯之，幾矣〔二〕。

〔一〕【注】夫螳蜋之怒臂，非不美也；以當車轍，顧非敵耳。今知之所無柰何而欲强當其任，即螳蜋之怒臂也。【疏】螳蜋，有斧蟲也。夫螳蜋鼓怒其臂以當軒車之轍，雖復自恃才能之美善，而必不勝舉其職任。喻顏闔欲以己之才能以當儲君之勢，何異乎螳蜋怒臂之當車轍也！【釋文】「不勝」音升。○慶藩案御覽九百四十六引司馬云：非不有美才，顧不勝任耳。釋文闕。

〔二〕【注】積汝之才，伐汝之美，以犯此人，危殆之道。【疏】積，蘊蓄也。而，汝也。幾，危也。既傅儲君，應須戒慎，今乃蘊蓄才能，自矜汝美，犯觸威勢，必致危亡。

汝不知夫養虎者乎？不敢以生物與之，爲其殺之之怒也〔一〕；不敢以全物與之，爲其決之之怒也〔二〕；時其飢飽，達其怒心〔三〕。虎之與人異類而媚養己者，順也；故其殺者，逆也〔四〕。

〔一〕【注】恐其因有殺心而遂怒也。【疏】汝頗知世有養虎之法乎？豬羊之類，不可生供猛獸，恐其因殺而生嗔怒也。○家世父曰：幾矣，言其怒視螳蜋，幾近之也。此不自量其才者也。虎之怒也，而可使馴，馬之良也，而使缺銜毀首碎胸以怒，無他，勿與攖之而已。螳蜋之攖車轍，奚所利而爲之哉！【釋文】「爲其」于僞反。下同。

〔二〕【注】方使虎自齧分之，則因用力而怒矣。【疏】汝頗知假令以死物投獸，猶須先爲分決，若使虎自齧分，恐因用力而怒之也。【釋文】「分之」如字。

〔三〕【注】知其所以怒而順之。【疏】知飢飽之時，達喜怒之節，通於物理，豈復危亡！

〔四〕【注】順理則異類生愛，逆節則至親交兵。【疏】夫順則悅媚，虎狼可以馴狎；逆則殺害，至親所以交兵。媚己之道既同，涉物之方無別也。○家世父曰：達其怒心，自有作用。所謂順者，非務徇其欲也，無使殺焉而不導之以爲怒也，無使決焉而不縱之以爲怒也。苟無攖其怒而已，其心常有所自達焉，則順矣。

夫愛馬者，以筐盛矢，以蜄盛溺〔一〕。適有蚉虻僕緣〔二〕，而拊之不時〔三〕，則缺銜毀首碎胸〔四〕。意有所至而愛有所亡，可不慎邪〔五〕！」

〔一〕【注】矢溺至賤，而以寶器盛之，愛馬之至者也。【疏】蜄，大蛤也。愛馬之屎，意在貴重。屎溺至賤，以大蜄盛之，情有所滯，遂至於是也。【釋文】「盛矢」音成。下及注同。矢或作屎，同。「以蜄」徐市軫反，蛤類。「溺」奴弔反。

〔二〕【注】僕僕然羣著馬。【釋文】「蚉」音文。本或作蟁，同。「䖟」孟庚反。「僕緣」普木反，徐敷木反。向云：僕僕然，蚉䖟緣馬稠穊之貌。崔音如字，云：僕御。○王念孫曰：案向崔二說皆非也。僕之言附也，言蚉䖟附緣於馬體也。僕與附，聲近而義同。大雅既醉篇景命有僕，毛傳曰：僕，附也。鄭箋曰：天之大命又附著於女。文選子虛賦注引廣雅曰：僕，謂附著於人。（案今廣雅無此語。廣雅疑廣倉之譌。）「羣著」直略反。

〔三〕【注】雖救其患，而掩馬之不意。【釋文】「而拊」李音撫，又音付，一音附。崔本作府，音附。

〔四〕【注】掩其不備，故驚而至此。【疏】僕，聚也。拊，拍也。銜，勒也。適有蚉䖟，羣聚緣馬，主既愛惜，卒然拊之，意在除害。不定時節，掩馬不意，忽然驚駭，於是馬缺銜勒，挽破轡頭，人遭蹄蹋，毁首碎胷者也。

〔五〕【注】意至除患，率然拊之，以至毁碎，失其所以愛矣。故當世接物，逆順之際，不可不慎也。【疏】亡，猶失也。意之所(在)〔至〕①，在乎愛馬，既以毁損，即失其所愛。人間涉物，其義亦然，機感參差，即遭禍害。拊馬之喻，深宜慎之也。○家世父曰：人與人相接而成世，而美惡生焉，從違判焉，順逆形焉。如是而大患因之以生，謂人之不足與處也，而烏知己之不足與處人也！處己以無用，斯得之矣。德蕩乎名，知出乎爭，爲此一篇之主腦。篇尾五段，去名與爭，乃可出入於人間世。【釋文】「率然」疎律反。本或作卒，七忽反。

〔校〕①至字依正文及郭注改。

匠石之齊，至於曲轅，見櫟社樹〔一〕。其大蔽數千①牛，絜之百圍〔二〕，其高臨山十仞而後有枝，其可以爲舟者旁十數〔三〕。觀者如市，匠伯不顧，遂行不輟〔四〕。

〔一〕【疏】之，適也。曲轅，地名也。其道屈曲，猶如嵩山之西有轘轅之道，即斯類也。櫟，木名也。社，土神也。祀封土曰社。社，吐也，言能吐生萬物，故謂之社也。匠是工人之通稱，石乃巧者之私名。其人自魯適齊，塗經曲道，覩茲異木，擁腫不材。欲明處涉人間，必須以無用爲用也。【釋文】「曲轅」音袁。司馬云：曲轅，曲道也。崔云：道名。「櫟」力狄反。李云：木名，一云：梂也。○盧文弨曰：梂，衆本作采，譌。今從宋本正。

〔二〕【疏】絜，約束也。櫟社之樹，特高常木，枝葉覆蔭，蔽數千牛，以繩束之，圍麤百尺。江南莊本多言其大蔽牛，無數千字，此本應錯。且商丘之木，既結駟千乘，曲轅之樹，豈蔽一牛？以此格量，數千之本是也。【釋文】「蔽牛」必世反。李云：牛住其旁而不見。「絜」向徐户結反，徐又虎結反。約束也。○慶藩案文選賈長沙過秦論注引司馬云：絜，匝也。釋文闕。「百圍」李云：徑尺爲圍，蓋十丈也。

〔三〕【疏】七尺曰仞。此樹直竦崟岑七十餘尺，然後挺生枝榦，蔽日捎雲。堪爲船者，旁有數十木之大。蓋其狀如是也。【釋文】「十仞」小爾雅云：四尺曰仞。案七尺曰仞。崔本作千仞。

或云：八尺曰仞。「旁十數」所具反。崔云：旁，旁枝也。○俞樾曰：旁讀爲方，古字通用。尚書皋陶謨篇方施象刑惟明，新序節士篇方作旁，甫刑篇方告無辜於上，論衡變動篇方作旁，並其證也。在宥篇出入無旁，即出入無方，此本書叚旁爲方之證。詩正月篇民今方殆，鄭箋云：方，且也。其可以爲舟者方十數，言可以爲舟者且十數也。釋文引崔曰，旁，旁枝也，蓋不知旁爲方叚字，故語詞而誤以爲實義矣。

〔四〕【疏】輟，止也。木大異常，看者甚衆。唯有匠石知其不材，行塗直過，曾不留視也。【釋文】「觀者」古奂反，又音官。「匠伯」伯，匠石字也。崔本亦作石。○慶藩案文選何平叔景福殿賦注、王子淵洞簫賦注、嵇叔夜琴賦注、司馬紹統贈山濤詩注、張景陽七命注，並引司馬云：匠石，字伯。釋文闕。「不輟」丁劣反。

〔校〕①世德堂本無數千二字，與釋文同，闕誤引江南李氏及張君房本有。

弟子厭觀之，走及匠石，曰：「自吾執斧斤以隨夫子，未嘗見材如此其美也。先生不肯視，行不輟，何邪〔一〕？」

〔一〕【疏】門人驚櫟社之盛美，乃住立以視看。自負笈以從師，未見材有若此（怪）大也。〔怪〕匠之不顧，走及，遂以諮詢。【釋文】「厭」於豔反，又於贍反。

曰：「已矣，勿言之矣〔一〕！散木也，以爲舟則沈，以爲棺槨則速腐〔二〕，以爲器則速毁〔三〕，以爲門户則液樠，以爲柱則蠹〔四〕。是不材之木也，無所可用，故能若是之壽〔五〕。」

〔一〕【疏】已，止也。匠石知大木之不材，非世俗之所用，嫌弟子之辭費，訶令止而勿言也。

〔二〕【疏】櫟木體重，爲船即沈；近土多敗，爲棺槨速折。疏散之樹，終於天年，亦是不材之木，故致閒散也。【釋文】「散木」悉但反，徐悉旦反。下同。「則速」如字。向崔本作數。向所禄反。下同。「腐」扶甫反。

〔三〕【疏】人間器物，貴在牢固。櫟既疏脆，早毀何疑也！

〔四〕【疏】樠，脂汗出也。蠹，木内蟲也。爲門户則液樠而脂出，爲梁柱則蠹而不牢。【釋文】「液」音亦。「樠」亡言反。向李莫干反。郭武半反。司馬云：液，津液也。樠，謂脂出樠樠然也。崔云：黑液出也。○李楨曰：廣韻二十二元：樠，松心，又木名也。説文：樠，松心木。段注云：疑有奪誤，當作松心也，一曰木名也。陸所據是説文古本。按松心有脂，液樠正取此義。謂脂出如松心也。此莊子字法之妙。疏與釋文義俱不明。又廣韻釋⿰木兩曰松脂，段云即樠爲松脂之誤。余疑⿰木兩爲樠之或體。「蠹」丁故反。

〔五〕【注】不在可用之數，故曰散木。【疏】閒散疏脆，故不材之木，涉用無堪，所以免早夭。

匠石歸，櫟社見夢曰：「女將惡乎比予哉？若將比予於文木邪〔一〕？夫柤梨橘柚，果蓏之屬〔二〕，實熟則剥，剥則辱；大枝折，小枝泄。此以其能苦其生者也，故不終其天年而中道夭，自掊擊於世俗者也。物莫不若是。〔三〕且予求无所可用久矣，幾死，乃今得之〔四〕，爲予大用〔五〕。使予也而有用，且得有此大也邪〔六〕？且也若與予也皆物也，奈何哉其相物也〔七〕？而幾死之散人，又惡知散木〔八〕！」

〔一〕【注】凡可用之木爲文木。【疏】惡乎，猶於何也。若，汝也。予，我也。可用之木爲文木也。匠石歸寢，櫟社感夢，問於匠石：「汝將何物比並我哉？爲當將我作不材散木邪？爲當比予於有用文章之木邪？」【釋文】「見夢」胡薦反。「女將」音汝。「惡乎」音烏。下同。

〔二〕【疏】夫在樹曰果，柤梨之類；在地曰蓏，瓜瓠之徒。汝豈比我於此之輩者耶？【釋文】「柤」側加反。「橘」均必反。「柚」由救反。徐以救反。「果蓏」徐力果反。

〔三〕【注】物皆以自用傷。【疏】夫果蓏之類，其味堪食，子實既熟，即遭剥落，於是大枝折損，小枝發泄。此豈不爲滋味能美，所以用苦其生！毁辱之言，即斯之謂。且春生秋落，乃盡天年；中塗打擊，名爲横夭。而有識無情，世俗人物，皆以有用傷夭其生，故此結言莫不如是。掊，打也。【釋文】「泄」徐思列反。崔云：泄，洩同。○俞樾曰：洩字之義，於此無取，殆非也。泄當讀爲抴。荀子非相篇接人則用抴，楊注：抴，牽引也。小枝抴，謂見牽引也。詩七月篇，取彼斧斨，以伐遠揚，即此所云大枝折也。又曰，猗彼女桑，即此所云小枝抴也。鄭箋云：女桑，少枝。少枝即小枝矣。猗乃掎之叚字。説文手部：掎，偏引也，是與抴同義。「苦其」如字。崔本作枯。「掊」普口反。徐方垢反。

〔四〕【注】數有睥睨己者，唯今匠石明之耳。【釋文】「幾死」音祈，又音機。下同。「數有」音朔。

「睥」普係反。「睨」五係反。

〔五〕【注】積無用乃爲濟生之大用。【疏】不材無用，必獲全生，櫟社求之，其來久矣。而庸拙之匠，疑是文木，頻去顧盼，欲見誅翦，懼夭斧斤，鄰乎死地。今逢匠伯，鑒我不材，方得全生，爲我大用。幾，近也。

〔六〕【注】若有用，(必)〔久〕①見伐。【疏】向使我是文木而有材用，必遭翦截，夭折斧斤，豈得此長大而壽年乎！

〔七〕【疏】汝之與我，皆造化之一物也，與物豈能相知！柰何哉，假問之辭。

〔八〕【注】以戲匠石。【疏】匠石以不材爲散，櫟社以材能爲無用，故謂石爲散人也。炫材能於世俗，故鄰於夭折；我以疏散而無用，故得全生。汝是近死之散人，安知我是散木耶？託於夢中，以戲匠石也。【釋文】「而幾死之」絶句，向同。一讀連下散人爲句，崔同。

〔校〕①久字依世德堂本改。

匠石覺而診其夢〔一〕。弟子曰：「趣取無用，則爲社何邪〔二〕？」

〔一〕【疏】診，占也。匠石既覺，思量睡中，占候其夢，說向弟子也。【釋文】「覺」古孝反。「而診」徐直信反。司馬向云：診，占夢也。○王念孫曰：向秀司馬彪並云，診，占夢也。案下文皆匠石與弟子論櫟社之事，無占夢之事。診當讀爲畛。爾雅云：畛，告也。郭注引曲禮曰，畛於鬼神。畛與診，古字通。此謂匠石覺而告其夢於弟子，非謂占夢也。

〔二〕【注】猶嫌其以爲社自榮，不趣取於無用而已。　【疏】櫟木意趣，取於無用爲用全其生者，則何爲爲社以自榮乎？門人未解，故起斯問也。

曰：「密！若無言！彼亦直寄焉〔一〕，以爲不知己者詬厲也〔二〕。不爲社者，且幾有翦乎〔三〕！且也彼其所保與衆異〔四〕，而以義（譽）〔喻〕①之，不亦遠乎〔五〕！」

〔一〕【注】社自來寄耳，非此木求之爲社也。　【疏】若，汝也。彼，謂社也。汝但慎密，莫輕出言。彼社之神，自來寄託，非關此木（櫟）〔樂〕爲社也。

〔二〕【注】言此木乃以社爲不知己而見辱病者也，豈榮之哉！　【疏】詬，辱也。思此社神爲不知我以無用爲用，貴在全生，乃橫來寄託，深見詬病，翻爲羞恥，豈榮之哉！　【釋文】「詬」李云：呼豆反。徐音垢。「厲」如字。司馬云：詬，辱也。厲，病也。

〔三〕【注】（木）〔本〕②自以無用爲用，則雖不爲社，亦終不近於翦伐之害。　【疏】本以疏散不材，故得全其生道，假令不爲社樹，豈近於翦伐之害乎！　【釋文】「且幾」音機，或音祈。「翦乎」子淺反。崔本作前于。○慶藩案乎，崔本作于，于即乎也。論語爲政篇書云孝乎惟孝，皇侃本及漢石經並作于。呂覽審應篇然則先王聖于，高注：于，乎也。皆其例。「不近」附近之近。下同。

〔四〕【注】彼以無保爲保，而衆以有保爲保。　【疏】疏散之樹，以無用保生，文木之徒，以才能折夭，所以爲其異之者也。

〔五〕【注】利人長物，禁民爲非，社之義也。夫無用者，泊然不爲而羣才自用，（自）用者各得其敍而不與焉，此（以）③無用之所以全生也。汝以社譽之，無緣近也乎！【疏】夫散木不材，稟之造物，賴其無用，所以全生。而社神寄託，以成訴厲，更以社義讚譽，失之彌遠。【釋文】「義譽」音餘。注同。○盧文弨曰：今本書譽作喻。「長物」丁兩反。「泊然」步各反。「不與」音餘。

〔校〕①喻字依世德堂本及盧校改。②本字依疏文及世德堂本改。③自字及以字依宋本删。

南伯子綦遊乎商之丘，見大木焉有異，結駟千乘，隱將①芘其所藾〔一〕。子綦曰：「此何木也哉？此必有異材夫〔二〕！」仰而視其細枝，則拳曲而不可以爲棟梁；俯而（見）〔視〕②其大根，則軸解而不可以爲棺槨〔三〕；咶其葉，則口爛而爲傷；嗅之，則使人狂酲，三日而不已〔四〕。

〔一〕【注】其枝所陰，可以隱芘千乘（者也）③。【疏】伯，長也。其道甚尊，堪爲物長，故（爲）〔謂〕之伯，即南郭子綦也。商丘，地名，在梁宋之域。駟馬曰乘。藾，陰也。子綦於宋國之中，徑於商丘之地，遇見大木，異於尋常，樹木粗長，枝葉茂盛，垂陰布影，蔭覆極多，連結車乘，可芘（駟）〔四〕千匹馬也。【釋文】「南伯」李云，即南郭也。伯，長也。「商之丘」司馬云：今梁國睢陽縣是也。「千乘」繩證反。「隱」崔云：傷於熱也。「將芘」本亦作庇。徐甫至反，又悲位反。崔本作比，云：芘也。「所藾」音賴。崔本作賴。向云：蔭也，可以蔭芘千乘也。李同。「所陰」於鴆反。

〔二〕【疏】子綦既覩此木，不識其名，疑有異能，故致斯大。

〔三〕【疏】軸解者，如車軸之轉，謂轉心木也。周身爲棺，棺，完也。周棺爲槨。夫梁棟須直，拳曲所以不堪；棺槨藉牢，解散所以不固也。【釋文】「異材夫」音符。「仰而」向崔本作從而。「則拳」本亦作卷，音權。「軸」直竹反。「解」李云：如衣軸之直解也。

〔四〕【疏】以舌咶葉，則脣口爛傷；用鼻嗅之，則醉悶不止。酲，酒病也。【釋文】「咶」食紙反。「嗅」崔作齅，許救反。○盧文弨曰：舊作崔云齅，云字譌，今改正。「狂酲」音呈。李云，狂如醒也。病酒曰酲。

〔校〕①闕誤引張君房本隱將作將隱。②視字依世德堂本改。③者也二字依世德堂本删。

子綦曰：「此果不材之木也，以至於此其大也〔一〕。嗟乎神人，以此不材〔二〕！

〔一〕【疏】通體不材，可謂全生之大才；衆（諸）〔謂〕無用，乃是濟物之妙用；故能不夭斤斧而蔭庇千乘也矣。

〔二〕【注】夫王不材於百官，故百官御其事，而明者爲之視，聰者爲之聽，知者爲之謀，勇者爲之扞。夫何爲哉？玄默而已。而羣材不失其當，則不材乃材之所至賴也。故天下樂推而不厭，乘①萬物而無害也。【疏】夫至人神矣，陰陽所以不測；混跡人間，和光所以不耀。故能深根固蒂，長生（之）久視，舟船庶物，蔭覆黔黎。譬彼櫟社，方茲異木，是以嗟歎神人〔之〕用，不材者，大材也。【釋文】「爲之」于僞反。下爲之皆同。

〔校〕①趙諫議本乘作臣。

宋有荆氏者，宜楸柏桑〔一〕。其拱把而上者，求狙猴之杙者斬之〔二〕；三圍四圍，求高名之麗者斬之〔三〕；七圍八圍，貴人富商之家求樿傍者斬之〔四〕。故未終其天年，而中道之夭於斧斤，此材之患也〔五〕。故解（以）之〔以〕①牛之白顙者與豚之亢鼻者，與人有痔病者不可以適河〔六〕。此皆巫祝以知之矣〔七〕，所以爲不祥也。此乃神人之所以爲大祥也〔八〕。

〔一〕【疏】荆氏，地名也。宋國有荆氏之地，宜此楸柏桑之三木，悉皆端直，堪爲材用。此略舉文木有材所以夭折，對前散木無用所以全生也。【釋文】「荆氏」司馬云：地名也。一曰里名。「宜秋柏桑」崔云：荆氏之地，宜此三木。李云：三木，文木也。○盧文弨曰：今本書秋作楸。

〔二〕【疏】兩手曰拱，一手曰把。狙猴，獮猴也。杙，橛也，亦杆也。拱把之木，其材非大，適可斬爲杆橛，以擊扞獮猴也。【釋文】「拱」恭勇反。「把」百雅反。徐甫雅反。司馬云：兩手曰拱，一手曰把。「而上」時掌反。「狙」七餘反。「猴」音侯。「之杙」以職反，又羊植反。郭且羊②反。司馬作朳，音八。李云：欲以栖戲狙猴也。崔本作柭，音跋，云：枷也。

〔三〕【疏】麗，屋棟也，亦曰小船也。高名，榮顯也。三尺四尺之圍，其木稍大，求榮華高屋顯好名船者，輒取之也。【釋文】「三圍」崔云：圍環八尺爲一圍。「之麗」如字，又音禮。司馬云：小船也，又屋欂也。○慶藩案名，大也。謂求高大之麗者，用三圍四圍之木也。（謂大爲名，説見天下〔篇〕名山三百下。）

〔四〕【疏】欂旁，棺材也。亦言：棺之全一邊而不兩合者謂之欂旁。七圍八圍，其木極大，富貴之屋，商賈之家，求大板爲棺材者，當斬取之也。【釋文】「求欂」本亦作擅，音膳。○盧文弨曰：舊本欂從示，譌。注同。今改正。「傍」薄剛反。崔云：欂傍，棺也。司馬云：棺之全一邊者，謂之欂傍。

〔五〕【注】有材者未能無惜也。【疏】爲有用，故不盡造化之年，而中途夭於工人之手，斯皆以其才能爲之患害也。

〔六〕【注】巫祝解除，棄此三者，必妙選騂具，然後敢用。【疏】顙，額也。亢，高也。痔，下漏病也。巫祝陳蒭狗以祠祭，選牛豕以解除，必須精簡純色，擇其好者，展如在之誠敬，庶冥感於鬼神。今乃有高鼻折額之豚，白額不騂之犢，痔漏穢病之人，三者既不清潔，故不可往於靈河而設祭奠者也。古者將人沈河以祭河伯，西門豹爲鄴令，方斷之，即其類是也。【釋文】「故解」徐古賣反，又佳買反。注同。向古邂反。「顙」息黨反。司馬云：額也。「亢鼻」徐古葬反。司馬云：高也，額折故鼻高。崔云：仰也。「痔」徐直里反。司馬云：隱創也。○盧文弨曰：舊脱云字，今增。「適河」司馬云：謂沈人於河祭也。「騂具」恤營反。

〔七〕【注】巫祝於此亦知不材者全也。

〔八〕【注】夫全生者，天下之所謂祥也，巫祝以不材爲不祥而弗用也，彼乃以不祥全生，乃大祥也。神人者，無心而順物者也。故天下所謂大祥，神人不逆。【疏】女曰巫，男曰覡。祝者，執板讀祭文者也。祥，善也。巫師祝史解除之時，知此三者不堪享祭，故棄而不用，以爲不善之物也。然神聖之人，知侔造化，知不材無用，故得全生。是知白顙亢鼻之言，痔病不祥之説，適是小巫之鄙情，豈曰大人之適智！故才不全者，神人所以爲吉祥大善之事也。

〔校〕①之以二字依世德堂本互易。②杙無且羊音。郭下疑脱作戕二字。廣韻十一唐戕下云：戕牁，亦作牂牁，則郎切。漢書地理志牂牁郡注：牂戕，係船杙也。是郭本作戕即戕柯之戕，與杙形近義同而音殊，其音且羊反，是戕非杙明矣。

支離疏者，頤隱於臍，肩高於頂〔一〕，會撮指天，五管在上，兩髀爲脅〔二〕。挫鍼治繲，足以餬口〔三〕；鼓筴播精，足以食十人〔四〕。上徵武士，則支離攘臂而遊①於其間〔五〕，上有大役，則支離以有常疾不受功〔六〕；上與病者粟，則受三鍾與十束薪〔七〕。夫支離其形者，猶足以養其身，終其天年，又況支離其德者乎〔八〕！」

〔一〕【疏】四支離拆，百體寬疏，遂使頤頰隱在臍間，肩膊高於頂上。形容如此，故以支離名之。【釋文】「支離疏」司馬云：形體支離不全貌。疏，其名也。「頤」以之反。「於頂」如字。本作項，亦如字。司馬云：言脊曲頸縮也。淮南曰脊管高於頂也。

〔二〕【疏】會撮，高豎貌。五管，五臟腧也。五臟之腧，並在人背，古人頭髻，皆近頂後。今支離殘病，傴僂低頭，一使臟腧頭髻，悉皆向上，兩脚髀股攣縮而迫於脇肋也。【釋文】「會」古外反，徐古活反，向音活。「撮」子外反。向徐子活反。崔云：會撮，項椎也。「指天」司馬云：會撮，髻也。古者髻在項中，脊曲頭低，故髻指天也。向云：兩肩竦而上，會撮然也。○李楨曰：崔云：會撮，項椎也，説是。（大宗師篇，句贅指天，李云：句贅，項椎也，其形如贅。證知崔説是。）素問刺熱篇，項上三椎陷者中也，王注，此舉數脊椎大法也。沈氏彤釋骨曰，項大椎以下二十一椎，通曰脊骨，曰脊椎。崔知會撮是此者，難經四十五難，骨會大杼，張注：大杼，穴名，在項後第一椎，兩旁諸骨，自此檠架往下支生，故骨會於大杼。據此，知會撮正從骨會取義，又在大椎之間，故曰項椎也。樶，唐徐堅初學記卷十九引作樶。玉篇：樶，木樶節也，與脊節正相似，從木作（撮）〔樶〕，於義爲長。按頤肩屬外説，會撮五管屬内説。頤隱，故肩高，項椎指天，故藏腧在上，各相因而致者也。（靈樞背腧篇：肺腧在三椎之間，心腧在五椎之閒，肝腧在九椎之閒，脾腧在十一椎之閒，腎腧在十四椎之閒。）司馬訓髻，是別一義。詩小雅臺笠緇撮，傳云：緇撮，緇布冠也。正義曰：言撮，是小撮持其髻而已。據此，則以會撮爲髻，當亦是小撮持其髮，故名之。會與髗通。説文：髗，骨擿之可以會髮者。衛風會弁如星，許氏引作髗。周禮會五采玉琪，注：故書會作髗。又士喪禮鬠弁用桑，疏云：以髻爲鬠，取以髮會聚之意。會與鬠亦通。集韻有鬠字，音撮，髻也。當是俗因會撮造爲頭髻專字。○慶藩案釋文引崔云，會撮，項椎也，字當作櫕。玉篇：櫕，木椎也，徂活切。撮櫕聲近。尸子行險以撮。撮，乘載器，音與鑽同。周禮喪大記君殯用輴櫕，注：輴，乘柩之車，櫕，猶菆也。尸子所謂樶，即禮之櫕。「管」崔本作筦。「在上」李云：管，腧也。五藏之腧皆在上也。「兩髀」本又作脾，同。音陛。徐又甫婢反。崔云：僂人腹在髀裏也。「爲脅」許劫反。司馬云：脊曲髀豎，故與脅並也。

〔三〕【疏】挫鍼，縫衣也。治繲，洗浣也。餬，飼也，庸役身力以飼養其口命也。【釋文】「挫」徐子臥反，郭租禾反。崔云：案也。「鍼」執金反。司馬云：挫鍼，縫衣也。「治繲」佳賣反。司馬云：浣衣也。向同。崔作䌲，音綫。「餬口」徐音胡。李云：食也。崔云：字或作互，或作餂。

〔四〕【疏】筴，小箕也。精，米也。言其掃市場，鼓箕筴，播揚土，簡精麤也。又解：鼓筴，謂布蓍數卦兆也。播精，謂精判吉凶辨精靈也。或掃市以供家口，或賣卜以活身命，所得之物可以養十人也。【釋文】「鼓筴」初革反，徐又音頰。司馬云：鼓，（簸）〔簸〕②也，小箕曰筴。崔云：鼓筴，揲蓍鑽龜也。「播精」如字。一音所，字則當作數。精，司馬云：簡米曰精。崔云：播精，卜卦占兆也。鼓筴播精，言賣卜。○慶藩案精當爲糈之誤。郭璞注南山經曰：糈，先呂反，今江東音取。（釋文音取，字當作糈③。）精字古無取音，與糈字形相似而誤。說文：糈，糧也。「以食」音嗣。

〔五〕【注】（持）〔恃〕④其無用，故不自竄匿。【疏】邊蕃有事，徵求勇夫，殘病之人，不堪征討，自得無懼，攘臂遨遊，恃其無用，故不竄匿。【釋文】「攘」如羊反。「臂於其閒」如字。司馬云：閒，裏也。崔本作攘臂於其開，云：開，門中也。「竄匿」女力反。

〔六〕【注】不任徭役故也。【疏】國家有重大徭役，爲有痼疾，故不受其功程者也。

〔七〕【注】役則不與，賜則受之。【疏】六石四斗曰鍾。君上憂憐鰥寡，矜恤貧病，形殘既重，受物還多。故郭注云，役則不預，賜則受之者也。【釋文】「三鍾」司馬云：六斛四斗曰鍾。○盧文弨曰：舊本六譌斛，今改正。「不與」音豫。

〔八〕【注】神人無用於物，而物各得自用，歸功名於羣才，與物冥而無跡，故免人閒之害，處常美之實，此支離其德者也。【疏】夫支離其形，猶忘形也；支離其德，猶忘德也。而況支離殘病，適是忘形，既非聖人，故未能忘德。夫忘德者，智周萬物而反智於愚，明並三光而歸明於昧，故能成功不居，爲而不恃，推功名於羣才，與物冥而無跡，斯忘德者也。夫忘形者猶足以養身終年，免乎人閒之害，何況忘德者耶！其勝劣淺深，故不可同年而語矣。是知支離其德者，其唯聖人乎！

〔校〕①世德堂本無而遊二字。②簸字依世德堂本改。③按釋文不言精音取，其謂一音所者，指播字言，故云字則當作數。郭說殊誤。④恃字依疏文及世德堂本改。

孔子適楚，楚狂接輿遊其門曰：「鳳兮鳳兮，何如德之衰也〔一〕！來世不可待，往世不可追也〔二〕。天下有道，聖人成焉；天下無道，聖人生焉〔三〕。方今之時，僅免刑焉〔四〕。福輕乎羽，莫之知載〔五〕；禍重乎地，莫之知避〔六〕。已乎已乎，臨人以德！殆乎殆乎，畫地而趨〔七〕！迷陽迷陽，无傷吾行〔八〕！吾行①郤曲，无傷吾足〔九〕！」

〔一〕【注】當順時直前，盡乎會通之宜耳。世之盛衰，蔑然不足覺，故曰何如。【疏】何如，猶如何也。適，之也。時孔子自魯之楚，舍於賓館。楚有賢人，姓陸，名通，字接輿，知孔子歷聘，行歌譏刺。鳳兮鳳兮，故哀歎聖人，比於來儀應瑞之鳥也，有道即見，無道當隱，如何懷此聖德，往適衰亂之邦者耶！

〔二〕【注】趣當盡臨時之宜耳。【疏】當來之世，有懷道之君可應聘者，時命如馳，故不可待。適往之時，堯舜之主，變化已久，亦不可尋。趣合當時之宜，無勞瞻前顧後也。

〔三〕【注】付之自爾，而理自生成。生成非我也，豈爲治亂易節哉！治者自求成，故遺成而不敗；亂者②自求生，故忘生而不死。【疏】有道之君，休明之世，聖人弘道施教，成就天下。時逢暗主，命屬荒季，適可全生遠害，韜光晦迹。【釋文】「豈爲」于僞反。「治亂」直吏反。下同。

〔四〕【注】不瞻前顧後，而盡當今之會，冥然與時世爲一，而後妙當可全，刑名可免。【疏】方，猶當。今喪亂之時，正屬衰周之世，危行言遜，僅可免於刑戮，方欲執迹應聘，不亦妄乎！此接輿之詞，譏誚孔子也。【釋文】「僅」音覲。

〔五〕【注】足能行而放之，手能執而任之，聽耳之所聞，視目之所見，知止其所不知，能止其所不能，用其自用，爲其自爲，恣其性內而無纖芥於分外，此無爲之至易也。無爲而性命不全者，未之有也；性命全而非福者，理未聞也。故夫福者，即向之所謂全耳，非假物也，豈有寄鴻毛之重哉！率性而動，動不過分，天下之至易者也；舉其自舉，載其自載，天下之至輕者也。然知以無涯傷性，心以欲惡蕩真，故乃釋此無爲之至易而行彼有爲之至難，棄夫自舉之至輕而取夫載彼之至重，此世之常患也。【釋文】「至易」以豉反。下同。「知以」音智。「欲惡」烏路反。

〔六〕【注】舉其性內，則雖負萬鈞而不覺其重也；外物寄之，雖重不盈錙銖，有不勝任者矣。爲內，福也，故福至輕；爲外，禍也，故禍至重。禍至重而莫之知避，此世之大迷也。【疏】夫視聽知能，若有涯分。止於分內，可以全生；求其分外，必遭夭折。全生所以爲福，夭折所以爲禍。而分內之福，輕於鴻毛，貪競之徒，不知載之在己；分外之禍，重於厚地，執迷之徒，不知避之去身。此蓋流俗之常患者也，故寄孔陸以彰其累也。【釋文】「知避」舊本作寘，云：置也。「不勝」音升。

〔七〕【注】夫畫地而使人循之，其跡不可掩矣；有其己而臨物，與物不冥矣。故大人不明我以耀彼而任彼之自明，不德我以臨人而付人之自〔得〕〔德〕③，故能彌貫萬物而玄同彼我，泯然與天下爲一而内外同福也。【疏】已，止也。殆，危也。仲尼生衰周之末，當澆季之時，執持聖跡，歷國應聘，頻遭斥逐，屢被詆訶。故重言已乎，不如止而勿行也。若用五德臨於百姓，捨己效物，必致危己，猶如畫地作跡，使人走逐，徒費巧勞，無由得掩，以己率物，其義亦然也。【釋文】「畫地」音獲。

〔八〕【注】迷陽，猶亡陽也。亡陽任獨，不蕩於外，則吾行全矣。天下皆全其吾，則凡稱吾者莫不皆全也。【疏】迷，亡也。陽，明也，動也。陸通勸尼父，令其晦跡韜光，宜放獨任之無爲，忘遺應物之明智，既而止於分内，無傷吾全生之行也。【釋文】「迷陽」司馬云：迷陽，伏陽也，言詐狂。

〔九〕【注】曲成其行，自足矣。【疏】郤，空也。曲，從順也。虚空其心，隨順物性，則凡稱吾者自足也。【釋文】「郤曲」去逆反。字書作㕁。廣雅云，㕁，曲也。○盧文弨曰：案今説文廣雅俱作迟。○慶藩案郤，釋文引字書作迟，是也。説文：迟，曲行也，從辵，只聲。廣雅：迟，曲也。集韻作迟，云：物曲也。一曰曲受也。玉篇音丘戟反。説文又云：乚，（讀若隱。）匿也，象迟曲隱蔽形。字本從乚作㕁，今作迟。

〔校〕①闕誤引張君房本吾行作郤曲。②治者亂者，世德堂本無兩者字。③德字依趙諫議本改。

山木自寇也，膏火自煎也〔一〕。桂可食，故伐之；漆可用，故割之〔二〕。人皆知有用之用，而莫知无用之用也〔三〕。

〔一〕【疏】寇，伐也。山中之木，楸梓之徒，爲有材用，横遭寇伐。膏能明照，以充鐙炬，爲其有用，故被煎燒。豈獨膏木，在人亦然。【釋文】「山木自寇也膏火自煎也」子然反。司馬云：木生斧柄，還自伐；膏起火，還自消。崔云：山有木，故火焚也。

〔二〕【疏】桂心辛香，故遭斫伐；漆供器用，所以割之；俱爲才能，夭於斤斧。

〔三〕【注】有用則與彼爲功，無用則自全其生。夫割肌膚以爲天下者，天下之所知也。使百姓不失其自全而彼我俱適者，悗然不覺妙之在身也。【疏】楸柏橘柚，膏火桂漆，斯有用也。曲轅之樹，商丘之木，白顙之牛，亢鼻之豕，斯無用也。而世人皆炫己才能爲有用之用，而不知支離其德爲無用之用也。故郭注云，有用則與彼爲功，無用則自全乎其生也。【釋文】「悗然」亡本反。

莊子集釋卷二下

內篇 德充符第五〔一〕

〔一〕【注】德充於內，（應）物〔應〕①於外，外內玄合，信若符命而遺其形骸也。【釋文】崔云：此遺形棄知，以德實之驗也。

〔校〕①物應依趙諫議本改。

魯有兀者王駘〔一〕，從之遊者與仲尼相若〔二〕。常季問於仲尼曰：「王駘，兀者也，從之遊者與夫子中分魯〔三〕。立不教，坐不議，虛而往，實而歸〔四〕。固有不言之教，無形而心成者邪〔五〕？是何人也〔六〕？」

〔一〕【疏】姓王，名駘，魯人也。刖一足曰兀。形雖殘兀，而心實虛忘，故冠德充符而爲篇首也。【釋文】「兀者」五忽反，又音界。李云：刖足曰兀。案篆書兀介字相似。「王駘」音臺，徐又音殆。人姓名也。

〔二〕【注】弟子多少敵孔子。【疏】若，如也。陪從王駘遊行稟學，門人多少似於仲尼者也。【釋文】「從之」如字，李才用反。下同。「相若」若，如也，弟子如夫子多少也。

〔三〕【疏】姓常，名季，魯之賢人也。王駘遊行，外忘形骸，內德充實，所以從遊學者，數滿三千，與孔子之徒中分魯國。常季未達其趣，是以生疑。【釋文】「常季」或云：孔子弟子。

〔四〕【注】各自得而足也。【疏】弟子雖多，曾無講説，立不教授，坐無議論，請益則虛心而往，得理則實腹而歸。又解：未學無德，亦爲虛往也。【釋文】「立不教坐不議」司馬云：立不教授，坐不議論。

〔五〕【注】怪其殘形而心乃充足也。夫心之全也，遺身形，忘五藏，忽然獨往，而天下莫能離。【疏】教授門人，曾不言議。殘兀如是，無復形容，而玄道至德，內心成滿。必固有此，衆乃從之也。【釋文】「五藏」才浪反。後同。

〔六〕【疏】常季怪其殘兀而聚衆極多。欲顯德充之美，故發斯問也。

仲尼曰：「夫子，聖人也，丘也直後而未往耳。丘將以爲師，而況不若丘者乎〔一〕！奚假魯國！丘將引天下而與從之〔二〕。」

〔一〕【疏】宣尼呼王駘爲夫子，答常季云：「王駘是體道聖人也，汝自不識人，所以致疑。丘直爲參差在後，未得往事。丘將尊爲師傅，諮詢問道，何況晚學之類，不如丘者乎！請益服膺，固其宜矣。」【釋文】「丘也直後而未往耳」李云：自在衆人後，未得往師之耳。○慶藩案直之爲言特也。呂氏春秋忠廉篇特王子慶忌爲之飭而不殺耳，高注：特，猶直也。鄘風柏舟實維我特，韓（子）〔詩〕特作直。史記叔孫通傳吾直戲耳，漢書直作特。

〔三〕【注】夫神全心具，則體與物冥。與物冥者，天下之所不能遠，奚但一國而已哉！【疏】奚，何也。「何但假藉魯之一邦耶！丘將誘引宇內，稟承盛德，猶恐未盡其道也。」【釋文】「能遠」于萬反。

常季曰：「彼兀者也，而王先生，其與庸亦遠矣〔一〕。若然者，其用心也獨若之何〔二〕？」

〔一〕【疏】王，盛也。庸，常也。先生，孔子也。彼王駘者，是殘兀之人，門徒侍從，盛於尼父。以斯疑怪，應異常流，與凡常之人固當遠矣。【釋文】「而王」于況反。李云：勝也。崔云：君長也。「其與庸亦遠矣」與凡庸異也。崔云：庸，常人也。

〔二〕【疏】然，猶如是也。王駘盛德如是，爲物所歸，未審運智用心，獨若何術？常季不妄，發此疑也。

仲尼曰：「死生亦大矣〔一〕，而不得與之變〔二〕；雖天地覆墜，亦將不與之遺〔三〕。審乎无假〔四〕而不與物遷〔五〕，命物之化〔六〕而守其宗①也〔七〕。」

〔一〕【注】人雖日變，然死生之變，變之大者也。

〔二〕【注】彼與變俱，故死生不變於彼。【疏】夫山舟潛遁，薪指遷流，雖復萬境皆然，而死生最大。但王駘心冥造物，與變化而遷移，迹混人間，將死生而俱往，故變所不能變者也。

〔三〕【注】斯順之也。【疏】遺，失也。雖復圜天顛覆，方地墜陷，既冥於安危，故未嘗喪我也。

【釋文】「雖天地覆」芳服反。「墜」本又作隊，直類反。李云：天地猶不能變己，況生死也！

〔四〕【注】明性命之固當。○慶藩案无假當是无瑕之誤，謂審乎己之無可瑕疵，斯任物自遷而無役於物也。淮南精神篇正作審乎無瑕。瑕假皆從叚聲，致易互誤。（漢書）〔史記〕鄭世家使人誘劫鄭大夫甫假，左傳作傅瑕。禮檀弓肩假，漢書古今人表作公肩瑕，即其證也。

〔五〕【注】任物之自遷。【疏】靈心安審，妙體真元，既與道相應，故不爲物所遷變者也。

〔六〕【注】以化爲命，而無乖迕。【釋文】「怪迕」五故反。本亦作遻。下同。

〔七〕【注】不離至當之極。【疏】達於分命，冥於外物，唯命唯物，與化俱行，動不乖寂，故恒住其宗本者也。【釋文】「不離」力智反。

〔校〕①闕誤引江南古藏本宗下有者字。

常季曰：「何謂也〔一〕？」

〔一〕【疏】方深難悟，更請決疑。

仲尼曰：「自其異者視之，肝膽楚越也〔一〕；自其同者視之，萬物皆一也〔二〕。夫若然者，且不知耳目之所宜〔三〕，而遊心乎德之和〔四〕；物視其所一而不見其所喪，視喪其足猶遺土也〔五〕。」

〔一〕【注】恬苦之性殊，則美惡之情背。【疏】萬物云云，悉歸空寂。倒置之類，妄執是非，於重玄道中，橫起分別。何異乎肝膽〔附〕①生，本同一體也，楚越迢遞，相去數千，而於一體之中，起數千之遠，異見之徒，例皆如是也。【釋文】「肝膽」丁覽反。「美惡」烏路反。下皆同。「情背」音佩。

〔二〕【注】雖所美不同，而同有所美。各美其所美，則萬物一美也；各是其所是，則天下一是也。夫因其所異而異之，則天下莫不異。而浩然大觀者，官天地，府萬物，知異之不足異，故因其所同而同之，則天下莫不皆同；又知同之不足有，故因其所無而無之，則是非美惡，莫不皆無矣。夫是我而非彼，美己而惡人，自中知以下，至於昆蟲，莫不皆然。然此明乎我而不明乎彼者爾。若夫玄通泯合之士，因天下以明天下。天下無曰我非也，即明天下之無非；無曰彼是也，即明天下之無是。無是無非，混而爲一，故能乘變任化，迕物而不慴。【疏】若夫玄通之士，浩然大觀，二儀萬物，一指一馬；故能忘懷任物，大順羣生。然同者見其同，異者見其異，至論衆妙之境，非異亦非同也。【釋文】「中知」音智。「不慴」之涉反。

〔三〕【注】宜生於不宜者也。無美無惡，則無不宜。無不宜，故忘②其宜也。【疏】耳目之宜，宜於聲色者也。且凡情分別，耽滯聲色，故有宜與不宜，可與不可。而王駘混同萬物，冥一死生，豈於根塵之間而懷美惡之見耶！

〔四〕【注】都忘宜，故無不任也。都任之而不得者，未之有也；無不得而不和者，亦未聞也。故放心於道德之閒，蕩然無不當，而曠③然無不適也。【疏】既而混同萬物，不知耳目之宜，故能遊道德之鄉，放任乎至道之境者也。

〔五〕【注】體夫極數之妙心，故能無物而不同，無物而不同，則死生變化，無往而非我矣。故生爲我時，死爲我順；時爲我聚，順爲我散。聚散雖異，而我皆我之，則生故我耳，未始有得；死亦我也，未始有喪。夫死生之變，猶以爲一，既覩其一，則蛻④然無係，玄同彼我，以死生爲寤寐，以形骸爲逆旅，去生如脱屣，斷足如遺土，吾未見足以纓茀其心也。【疏】物視，猶視物也。王駘一於死生，均於彼我。生爲我時，不見其得；死爲我順，不見其喪；覼視萬物，混而一之。故雖兀足，視之如遺土者也。【釋文】「所喪」息浪反。下及注同。「説然」始鋭反，又音悦。「脱屨」九具反。本亦作屣，所買反。○盧文弨曰：今本書作屣。「斷足」丁管反。

〔校〕①附字依劉文典補正本補。②世德堂本作亡。下同。③世德堂本作擴。④世德堂本作説，趙諫議本作悦。

常季曰：「彼爲己以其知〔一〕，得其心以其心〔二〕。得其常心，物何爲最之哉〔三〕？」

〔一〕【注】嫌王駘未能忘知而自存。【疏】彼，王駘也。謂王駘修善修己，猶用心知。嫌其未能忘知而任獨者也。【釋文】「爲己」于僞反。

〔二〕【注】嫌未能遺心而自得。【疏】嫌王駘不能忘懷任致，猶用心以得心也。夫得心者，無思無慮，忘知忘覺，死灰槁木，泊爾無情，措之於方寸之間，起之於視聽之表，同二儀之覆載，順三光以照燭，混塵穢而不撓其神，履窮塞而不忤其慮，不得爲得，而得在於無得，斯得之矣。若以心知之術而得之者，非真得也。

〔三〕【注】夫得其常心，平往者也。嫌其不得平往而與物遇，故常使物就之。【疏】最，聚也。若能虚忘平淡，得真常之心者，固當和光匿耀，不殊於俗。豈可獨異於物，使衆歸之者也！【釋文】「最之」徂會反，徐采會反。下注同。司馬云：聚也。○家世父曰：知者外發，心者内存；以其知得其心，循外以葆中也。心者，不息之真機，常心者，無妄之本體；以其心得其常心，即體以證道也。説文：最，犯而取也，猶言物莫能犯之。郭象斷句誤。○慶藩案説文：冣，積也，從冖（莫狄切。）取，取亦聲。徐鍇曰：古以聚物之聚爲冣。世人多見最，少見冣，故書傳冣字皆作最。

仲尼曰：「人莫鑑於流水而鑑於止水〔一〕，唯止能止衆止〔二〕。受命於地，唯松柏獨也①在冬夏青青〔三〕；受命於天，唯舜獨也正②〔四〕，幸能正生，以正衆生〔五〕。夫保始之徵，不懼之實。勇士一人，雄入於九軍。將求名而能自要者，而猶若是〔六〕，而況官③天地，府萬物〔七〕，直寓六骸〔八〕，象耳目〔九〕，一知之所知，而心未嘗死者乎〔一〇〕！彼且擇日而登假，人則從是也〔一一〕。彼且何肎以物爲事乎〔一二〕！」

〔一〕【注】夫止水之致鑑者，非爲止以求鑑也。故王駘之聚衆，衆自歸之，豈引物使從己耶④！【疏】鑑，照也。夫止水所以留鑑者，爲其澄清故也；王駘所以聚衆者，爲其凝寂故也。止水本無情於鑑物，物自照之；王駘豈有意於招攜，而衆自來歸湊者也。【釋文】「鑑」古暫反。「流水」崔本作沫水，云：沫或作流。○慶藩案流水與止水相對爲文。崔本作沫，非也。隸書流或作（涿）〔流〕。（見魯相史晨饗孔廟後碑。）與沫形相似，故崔氏誤以爲沫。淮南説山篇人莫鑑於沫雨，高注：沫雨，或作流潦。則沫爲流字之譌益碻。

〔二〕【注】動而爲之，則不能居衆物之止。【疏】唯，獨也。唯止是水本凝湛，能止是留停鑑人，衆止是物來臨照。亦猶王駘忘懷虚寂，故能容止羣生，由是功能，所以爲衆歸聚也。

〔三〕【注】夫松柏特稟自然之鍾⑤氣，故能爲衆木之傑耳，非能爲而得之也。【疏】凡厥草木，皆資厚地。至於稟質堅勁，隆冬不凋者，在松柏通年四序，常保青全，受氣自爾，非關指意。王駘聚衆，其義亦然也。

〔四〕【注】言特受自然之正氣者至希也，下首則唯有松柏，上首則唯有聖人，故凡不正者皆來求正耳。若物皆有青全，則無貴於松柏；人各自正，則無羨於大聖而趣之。【疏】人稟三才，受命蒼昊，圓首方足，其類極多。至如挺氣正真，獨有虞舜。豈由役意，直置自然。王駘合道，其義亦爾。郭注曰下首唯有松柏上首唯有聖人者，但人頭在上，去上則死，木頭在下，去下則死，是以呼人爲上首，呼木爲下首。故上首食傍首，傍首食下首。下首，草木也，傍首，蟲獸也。

〔五〕【注】幸自能正耳，非爲正以正之。【疏】受氣上玄，能正生道也，非由用意，幸率自然，既能正己，復能正物。正己正物，自利利他，内外行圓，名爲大聖。虞舜既爾，王駘亦然。而舜受讓人，故爲標的也。

〔六〕【注】非能遺名而無不任。【疏】徵，成也，信也。天子六軍，諸侯三軍，故九軍也。或有一人，稟氣勇武，保守善始之心，信成令終之節，内懷不懼之志，外顯勇猛之姿。既而直入九軍，以求名位，尚能伏心要譽，忘死忘生。何況王駘！體道之狀，列在下文也。【釋文】「保始之徵」李云：徵，成也，終始可保成也。「九軍」崔（本）〔李〕⑥云：天子六軍，諸侯三軍，通爲九軍也。簡文云：兵書以攻九天，收九地，故謂之九軍。「自要」一遥反。

〔七〕【注】冥然無不體也。【疏】綱維二儀曰官天地，苞藏宇宙曰府萬物。夫勇士入軍，直要名位，猶能不顧身命，忘於生死。而況官府兩儀，混同萬物，視死如生，不亦宜乎！

〔八〕【注】所謂逆旅。【疏】寓，寄也。六骸，謂身首四肢也。王駘體一身非實，達萬有皆真，故能混塵穢於俗中，寄精神於形内，直置暫遇而已，豈係之耶！【釋文】「六骸」崔云：手足首身也。

〔九〕【注】人用耳目，亦用耳目，非須耳目。【疏】象，似也。和光同塵，似用耳目，非須也。

〔一〇〕【注】知與變化俱，則無往而不冥，此知之一者也。心與死生順，則無時而非生，此心之未嘗死也。【疏】一知，智也。所知，境也。能知之智照所知之境，境智冥會，能（無）所〔無〕差，故知與不知，通而爲一。雖復迹理物化，而心未嘗見死者也，豈容有全冗於其間哉！

〔一一〕【注】以不失會爲擇耳，斯人無擇也，任其天行而時動者也。故假借之人，由此而最之耳。【疏】彼王駘者，豈復簡擇良日而登昇玄道？蓋不然乎，直置虛淡忘懷而會之也。至人無心，止水留鑑，而世閒虛假之人，由是而從之也。【釋文】「彼且」如字。徐子余反。下同。「假人」古雅反，借也。徐音遐，讀連上句，人字向下。○慶藩案登假即登格也。假格古通用。詩奏格或作奏假，是其證。爾雅：格，陟，登，升也。既言登又曰格者，古人自有複語耳。楚辭離騷陟陞皇之赫戲兮，陟亦陞也。

〔一二〕【注】其恬漠故全也。【疏】唯彼王駘，冥真合道，虛假之物自來歸之，彼且何曾以爲己務！

〔校〕①闕誤引張君房本也下有正字。俞樾以下在字乃正之誤。②闕誤引張君房本此句作堯舜獨也正，正下有在萬物之首五字。③唐寫本官作宮。④世德堂本無耶字。⑤趙諫議本鍾作種。⑥李字依世德堂本改。

申徒嘉，兀者也，而與鄭子產同師於伯昏无人〔一〕。子產謂申徒嘉曰：「我先出則子止，子先出則我止〔二〕。」其明日，又與合堂同席而坐。子產謂申徒嘉曰：「我先出則子止，子先出則我止。今我將出，子可以止乎，其未邪〔三〕？且子見執政而不違，子齊執政乎〔四〕？」

〔一〕【疏】姓申徒，名嘉，鄭之賢人，兀者也。姓公孫，名僑，字子產，鄭之賢大夫也。伯昏无人，師者之嘉號也。伯，長也。昏，闇也。德居物長，韜光若闇，洞忘物我，故曰伯昏无人。子產申徒，俱學玄道，雖復出處殊隔，而同師伯昏，故寄此三人以彰德充之義也。【釋文】「申徒嘉」李云：申徒，氏；嘉，名。「无人」雜篇作瞀人。

〔二〕【注】羞與刖者並行。【疏】子產執政當塗，榮華富貴；申徒稟形殘兀，無復容儀。子產雖學伯昏，未能忘遺，猶存寵辱，恥見形殘，故預相檢約，令其必不並己也。【釋文】「刖者」音月，又五刮反。

〔三〕【注】質而問之，欲使必不並己。【疏】子產存榮辱之意，申徒忘貴賤之心，前雖有言，都不采領，所以居則共堂，坐還同席。公孫見其如此，故質而問之。

〔四〕【注】常以執政自多，故直云子齊執政，便謂足以明其不遜①。【疏】違，避也。夫出處異塗，貴賤殊致。我秉執朝政，便爲貴大；汝乃卑賤形殘，應殊敬我。不能遜讓，翻欲齊己也。

〔校〕①趙諫議本遜下有也字。

申徒嘉曰：「先生之門，固有執政焉如此哉〔一〕？子而說子之執政而後人者也〔二〕？聞之曰：『鑑明則塵垢不止，止則不明也。久與賢人處則無過。』今子之所取大者，先生也，而猶出言若是，不亦過乎〔三〕！」

〔一〕【注】此論德之處，非計位也。【疏】先生，伯昏也，先生道門，深明衆妙，混同榮辱，齊一死生。定以執政自多，必如此耶？【釋文】「之處」昌慮反。

〔二〕【注】笑其矜説在位，欲處物先。【疏】汝猶悦愛榮華，矜誇政事，推人於後，欲處物先。意見如斯，何名學道？【釋文】「而説」音悦。注同。

〔三〕【注】事明師而鄙吝之心猶未去，乃真過也。【疏】鑑，鏡也。夫鏡明則塵垢不止，止則非明照也，亦猶久與賢人居則無過，若有過則非賢哲。今子之所取，可重可大者，先生之道也。而先生之道，退己虛忘，子乃自矜，深乖妙旨，而出言如是，豈非過乎！

子産曰：「子既若是矣〔一〕，猶與堯争善，計子之德不①足以自反邪〔二〕？」

〔一〕【注】若是形殘。

〔二〕【注】言不自顧省，而欲輕蔑在位，與有德者並。計子之德，故不足以補形殘之過。【疏】反，猶復也。言申徒形殘如是而不自知，乃欲將我並驅，可謂與堯争善。子雖有德，何足在言！以德補殘，猶未平復也。【釋文】「争善」如字。

〔校〕①闕誤引文成李張諸本不作□。

申徒嘉曰：「自狀其過以不當亡者衆〔一〕，不狀其過以不當存者寡〔二〕。知不可奈何而安之若命，唯有德者能之〔三〕。遊於羿之彀中。中央者，中地也；然而不中者，命也〔四〕。人以其全足笑吾不全足者多①矣〔五〕，我怫然而怒〔六〕；而適先生之所，則廢然而反〔七〕。不知先生之洗我以善邪②〔八〕？吾與夫子遊十九年矣③，而未嘗知吾兀者也〔九〕。今子與我遊於形骸之內，而子索我於形骸之外，不亦過乎〔一〇〕！」

〔一〕【注】多自陳其過狀，以己爲不當亡者衆也。

〔二〕【注】默然知過，自以爲應死者少也。【疏】夫自顯其狀，推罪於他，謂己無愆，不合當亡，如此之人，世間甚多。不顯過狀，將罪歸己，謂己之過，不合存生，如此之人，世間寡少。鄭子產奢侈矜伐，於義亦然者也。

〔三〕【疏】若，順也。夫素質形殘，禀之天命，雖有知計，無如之何，唯當安而順之，則所造皆適。自非盛德，其孰能然！【釋文】「知不可」如字，又音智。

〔四〕【注】羿，古之善射者。弓矢所及爲彀中。夫利害相攻，則天下皆羿也。自不遺身忘知與物同波者，皆遊於羿之彀中耳。雖張毅之出，單豹之處，猶未免於中地，則中與不中，唯在命耳。而區區者各有所遇，而不知④命之自爾。故免乎弓矢之害者，自以爲巧，欣然多己，及至不免，則自恨其謬而志傷神辱，斯未能達命之情者也。夫我之生也，非我之所生也，則一生之內，百年之中，其坐起行止，動靜趣舍，情性知能，凡所有者，凡所無者，凡所爲者，凡所遇者，皆非我也，理自爾耳。而横生休戚乎其中，斯又逆自然而失者也⑤。【疏】羿，堯時善射者也。其矢所及，謂之彀中。言羿善射，矢不虛發，彀中之地，必被殘傷，無問鳥獸，罕獲免者。偶然得免，乃關天命，免與不免，非由工拙，自不遺形忘智，皆遊於羿之彀中。是知中徒兀足，忽遭羿之一箭；子產形全，中地偶然獲免；既非人事，故不足自多矣。【釋文】「羿」音詣，徐胡係反。善射人，唐夏有之。一云：有窮之君篡夏者也。「彀」音遘，張弓也。

○家世父曰：玉篇：彀，張弓弩。漢書周亞夫傳，彀弓弩待滿。遊於羿之彀中，觸處皆危機也。而恢恢乎有中地，以自處不中，則上弦下弣，中承箭筈，反有激而傷者矣。均之遊也，中與不中，偶值之數也，不可柰何而安之則命也。言亡足之非其罪。「中」如字。「央」於良反，舊於倉反。郭云：弓矢所及爲彀中。「中地」丁仲反。下不中、注中地、中與不中同。「單豹」音善。

〔五〕【注】皆不知命而有斯笑矣⑥。

〔六〕【注】見其不知命而怒，斯又不知命也。【疏】怫然，暴戾之心也。人不知天命，妄計虧全，況己形好，嗤彼殘兀。如此之人，其流甚衆。忿其無知，怫然暴怒，嗔忿他人，斯又未知命也。【釋文】「怫然」扶弗反。

〔七〕【注】見至人之知命遺形，故廢向者之怒而復常。【疏】往伯昏之所，稟不言之教，則廢向者之怒而復於常性也。

〔八〕【注】不知先生洗我以善道故耶？我爲能自反耶？斯自忘形而遺累矣⑦。【疏】既適師門，入於虛室，廢棄忿怒，反覆尋常。不知師以善水洗滌我心？爲是我之性情〔能〕⑧自反覆？進退尋責，莫測所由。斯又忘於學心，遺其係累。

〔九〕【注】忘形故也。【疏】我與伯昏遊於道德，故能窮陰陽之妙要，極至理之精微。既其遺智忘形，豈覺我之殘兀！【釋文】「知吾介」本又作兀，兩通⑨。

〔一〇〕【注】形骸外矣，其德内也。今子與我德遊耳，非與我形交也，而索我外好，豈不過哉！【疏】郭注云：形骸外矣，其德内也。今子與我德遊耳，非與我形交也，而索我外〔交〕〔好〕⑩，豈不過哉！此注意更不勞別釋也。【釋文】「子索」色百反。注同。

〔校〕①世德堂本作衆。②闕誤引張君房本邪下有吾之自寤邪五字。③世德堂本無矣字。④趙諫議本知下有我字。⑤趙本無也字。⑥世德堂本無矣字。⑦世德堂本遺作遣，無矣字。⑧能字依注文補。⑨今本書作兀。⑩好字依注文改。

子産蹵然改容更貌曰：「子无乃稱〔一〕！」

〔一〕【注】已悟則厭其多言也。【疏】蹵然，驚慚貌也。子産未能忘懷遺欲，多在物先。既被譏嫌，方懷驚悚，改矜誇之貌，更醜惡之容，悟知已至，不用稱説者也。【釋文】「蹵」子六反。「乃稱」如字，舉也。又尺證反。

魯有兀者叔山无趾，踵見仲尼〔一〕。仲尼曰：「子不謹，前既犯患若是矣。雖今來，何及矣〔二〕！」

〔一〕【注】踵，頻也。【疏】叔山，字也。踵，頻也。殘兀之人，居於魯國，雖遭刖足，猶有學心，所以接踵頻來，尋師訪道。既無足趾，因以爲其名也。【釋文】「叔山无趾」音止。李云，叔山，〔氏〕〔字〕①，無足趾。○盧文弨曰：字疑氏。「踵」朱勇反。向郭云：頻也。崔云：無趾，故踵行。「見」賢遍反。

〔二〕【疏】子之修身，不能謹慎，犯於憲（綱）〔網〕，前已遭官，患難艱辛，形殘若此。今來請益，何所逮耶！　【釋文】「子不謹前」絶句。一讀以謹字絶句。

〔校〕①字字依世德堂本及盧校改。

无趾曰：「吾唯不知務而輕用吾身，吾是以亡足〔一〕。今吾來也，猶有尊足者存〔二〕，吾是以務全之也〔三〕。夫天無不覆，地無不載〔四〕，吾以夫子爲天地，安知夫子之猶若是也〔五〕！」

〔一〕【注】人之生也，理自生矣，直莫之爲而任其自生，斯重其身而知務者也。若乃忘其自生，謹而矜之，斯輕用其身而不知務也，故五藏相攻於内而手足殘傷於外也。

〔二〕【注】刖一足未足以虧其德，明夫形骸者逆旅也。

〔三〕【注】去其矜謹，任其自生，斯務全也。【疏】无趾交遊恭謹，重德輕身，唯欲務借聲名，不知務全生道，所以觸犯憲章，遭斯殘兀。形雖虧損，其德猶存，是故頻煩追討，務全道德。以德比形，故言尊足者存。存者，在也。【釋文】「去其」羌吕反。

〔四〕【注】天不爲覆，故能常覆；地不爲載，故能常載。使天地而爲覆載，則有時而息矣；使舟能沈而爲人浮，則有時而没矣。故物爲焉則未足以終其生也。【釋文】「不爲」（於）〔于〕僞反。下不爲、而爲皆同。

〔五〕【注】責其不謹，不及天地也。【疏】夫天地亭毒，覆載無偏，而聖人德合二儀，固當弘普不棄，寧知夫子尚不捨形殘？善救之心，豈其如是也？

孔子曰：「丘則陋矣〔一〕。夫子胡不入乎，請講以所聞！」

〔一〕【疏】仲尼所陳，不過聖迹；无趾請學，務其全生。答淺問深，足成鄙陋也。

无趾出〔一〕。孔子曰：「弟子勉之！夫无趾，兀者也，猶務學以復補前行之惡，而況全德之人乎〔二〕！」

〔一〕【注】聞所聞而出，全其無爲也。【疏】夫子，无趾也。胡，何也。仲尼自覺鄙陋，情實多慚，故屈无趾，令其入室，語説所聞方内之道。既而(蓬)〔蘧〕廬久處，芻狗再陳，无趾惡聞，故默然而出也。

〔二〕【注】全德者生便忘生。【疏】勉，勖勵也。夫无趾殘兀，尚實全生，補其虧殘，悔其前行。況賢人君子，形德兩全，生便忘生，德充於内者也。門人之類，宜勖之焉。【釋文】「前行」下孟反。

无趾語老聃曰：「孔丘之於至人，其①未邪？彼何賓賓以學子爲〔一〕？彼且蘄以諔詭幻怪之名聞，不知至人之以是爲己桎梏邪〔二〕？」

〔一〕【注】怪其方復學於老聃。【疏】賓賓，恭勤貌也。夫玄德之人，窮理極妙，忘言絶學，率性生知。而仲尼執滯文字，專行聖跡，賓賓勤敬，問禮老君。以汝格量，故知其未如至人也，學子何爲者也？【釋文】「語老」魚據反。「賓賓」司馬云：恭貌。張云：猶賢賢也。崔云：有所親疏也。簡文云：好名貌。○俞樾曰：賓賓之義，釋文所引，皆望文生義，未達古訓。賓賓，猶頻頻也。漢書司馬相如傳仁頻并閭，顔注曰：頻字或作賓，是其例也。詩桑柔篇國步斯頻，説文目部作國步斯矉。書禹貢篇海濱廣斥，漢書地理志作海瀕廣潟。是皆賓聲頻聲相通之證。廣雅釋訓：頻頻，比也。楊子法言學行篇，頻頻之黨，甚於鷽斯。皆可説此賓賓之義。

〔二〕【注】夫無心者，人學亦學。然古之學者爲己，今之學者爲人，其弊也遂至乎爲人之所爲矣。夫師人以自得者，率其常然者也；舍己效人而逐物於外者，求乎非常之名者也。夫非常之名，乃常之所生②。故學者非爲幻怪也，幻怪之生必由於學；禮者非爲華藻也，而華藻之興必由於禮。斯必然之理，至人之所無柰何，故以爲己之桎梏也③。【疏】蘄，求也。諔詭，猶奇譎也。在手曰桎，在足曰梏，即今之杻械也。彼之仲尼，行於聖跡，所學奇譎怪異之事，唯求虛妄幻化之名。不知方外體道至人，用此聲教爲己枷鎖也。【釋文】「且蘄」音祈。「諔」尺叔反。「詭」九委反。李云：諔詭，奇異也。○俞樾曰：淑與詭語意不倫，淑詭當讀爲弔詭。齊物論篇其名爲弔詭，正與此同。弔作淑者，古字通用，哀十六年左傳旻天不弔，周官大祝職先鄭注引〔作〕④閔天不淑，是其證矣。○慶藩案諔詭亦作俶詭。（見呂覽傷樂篇。）諔，猶俶也。薛綜注西京賦曰：詭，異也。高誘注淮南本經篇曰：詭文，奇異之文也。

「幻」滑辯反。亦作𢆯。○盧文弨曰：舊本𢆯作𠣞。案説文作⊠，從反予。「桎」之實反，郭真一反。木在足也。「梏」古毒反，木在手也。「爲己」于僞反。下者爲人同。「舍己」音捨。

〔校〕①闕誤引張君房本其作□。②世德堂本有也字。③世德堂本無也字。④作字依諸子平議補。

老聃曰：「胡不直使彼以死生爲一條，以可不可爲一貫者，解其桎梏，其可乎〔一〕？」

〔一〕【注】欲以直理冥之，冀其無跡。【疏】无趾前見仲尼談講之日，何不使孔丘忘於仁義，混同生死，齊一是非？條貫既融，則是帝之縣解，豈非釋其枷鎖，解其杻械也！【釋文】「一貫」古亂反。

无趾曰：「天刑之，安可解〔一〕！」

〔一〕【注】今仲尼非不冥也。顧自然之理，行則影從，言則嚮隨。夫順物則名跡斯立，而順物者非爲名也。非爲名則至矣，而終不免乎名，則孰能解之哉！故名者影嚮也，影嚮者形聲之桎梏也。明斯理也，則名跡可遺；名跡可遺，則尚彼可絕；尚彼可絕，則性命可全矣。【疏】仲尼憲章文武，祖述堯舜，删詩書，定禮樂，窮陳蔡，圍商周，執於仁義，遭斯戮恥。亦猶行則影從，言則響隨，自然之勢，必至之宜也。是以陳迹既興，疵釁斯起，欲不困弊，其可得乎！故天然刑戮，不可解也。【釋文】「嚮隨」許丈反。本又作向。下同。

魯哀公問於仲尼曰：「衛有惡人焉，曰哀駘它〔一〕。丈夫與之處者，思而不能去也。婦人見之，請於父母曰『與爲人妻寧爲夫子妾』者，十數①而未止也〔二〕。未嘗有聞其唱者也，常和人而已矣〔三〕。无君人之位以濟乎人之死〔四〕，无聚祿以望人之腹〔五〕。又以惡駭天下〔六〕，和而不唱〔七〕，知不出乎四域〔八〕，且而雌雄合乎前〔九〕。是必有異乎人者也〔一〇〕。寡人召而觀之，果以惡駭天下。與寡人處，不至以月數，而寡人有意乎其爲人也〔一一〕；不至乎期年，而寡人信之。國无宰，寡②人傳國焉〔一二〕。悶然而後應〔一三〕，氾〔而〕③若辭〔一四〕。寡人醜乎，卒授之國。無幾何也，去寡人而行，寡人卹焉若有亡也，若無與樂是國也。是何人者也？〔一五〕」

〔一〕【注】惡，醜也。【疏】惡，醜也。言衛國有人，形容醜陋，內德充滿，爲物所歸。而哀駘是醜貌，因以爲名。【釋文】「惡人」惡，貌醜也。「哀駘」音臺，徐又音殆。「它」徒何反。李云：哀駘，醜貌；它，其名。

〔二〕【疏】妻者，齊也，言其位齊於夫。妾者，接也，適可接事君子。哀駘才全德滿，爲物歸依，大順羣生，物忘其醜。遂使丈夫與〔之〕④同處，戀仰不能捨去；婦人美其才德，競請爲其媵妾。十數未止，明其慕義者多不爲人妻，彰其道能感物也。

〔三〕【疏】滅跡匿端，謙居物後，直置應和而已，未嘗誘引先唱。【釋文】「常和」户卧反。下同。

〔四〕【注】明物不由權勢而往。【疏】夫人君者，必能赦過宥罪，恤死護生。駘它窮爲匹夫，位非南面，無權無勢，可以濟人。明其懷人不由威力。

〔五〕【注】明非求食而往。【疏】夫儲積倉廩，招迎士衆歸湊，本希飽腹。而駘它既無聚禄，何以致人！明其慕義非由食往也。○李楨曰：望人之望，當讀如易月幾望之望。説文：朢，月滿也。與望各字。腹滿則飽，猶月滿爲望，故以擬之。與逍遥游篇腹猶果然同一字法。叚望爲朢，不見其妙。

〔六〕【注】明不以形美故往。【疏】駘它形容，異常鄙陋，論其醜惡，驚駭天下，明其聚衆，非由色往。【釋文】「惡駭」胡楷反。崔本作駴。

〔七〕【注】非招而致之。【疏】譬幽谷之響，直而無心，既不以言説招攜，非由先物而唱者也。

〔八〕【注】不役思於分外。【疏】域，分也。忘心遺智，率性任真，未曾役思運懷，緣於四方分外也。【釋文】「役思」息嗣反。

〔九〕【注】夫才全者與物無害，故入獸不亂羣，入鳥不亂行，而爲萬物之林藪。【疏】雌雄，禽獸之類也。夫才全之士，與物同波，人無害物之心，物無畏人之慮，故鳥與獸且羣聚於前也。【釋文】「雌雄合乎前」李云：禽獸屬也。「亂行」户剛反。

〔一〇〕【疏】一無權勢，二無利禄，三無色貌，四無言説，五無知慮。夫聚集人物，必不徒然，今駘它爲衆歸依，不由前之五事，以此而驗，固異於常人者也。

〔一一〕【注】未經月已覺其有遠處。【疏】既聞有異，故命召看之。形容醜陋，果驚駭於天下。共其同處，不過三旬，觀其爲人，察其意趣，心神凝淡，似覺深遠也。

〔一二〕【注】委之以國政。【疏】日月既久，漬鍊彌深，是以共處一年，情相委信。而國無良宰，治道未弘，庶屈賢人，傳於國政者也。【釋文】「期年」音基。「傳國」丈專反。

〔一三〕【注】寵辱不足以驚其神。【疏】悶然而後應，不覺之容，亦是虛淡之貌。既無情於利禄，豈有意於榮華，故同彼世人，悶然而應之也。【釋文】「悶然」音門。李云：不覺貌。崔⑤云：有頃之閒也。「後應」應對之應。

〔一四〕【注】人辭亦辭。【疏】氾若者，是無的當不係之貌也。雖無驚於寵辱，亦乃同塵以遜讓，故氾然常人辭亦辭也。【釋文】「氾」浮劍反，不係也。

〔一五〕【疏】愧，慙也。卒，終也。幾何，俄頃也。卹，憂也。寡人是五等之謙稱也。既見良人，氾然虛淡，中心愧醜，戀慕殷勤，終欲與之國政，屈爲卿輔。俄頃之間，逃遁而去，喪失賢宰，實懷憂卹，情之恍惚，若有遺亡，雖君魯邦，曾無歡樂。來喜去憂，感動如此，何人何術，一至於斯？【釋文】「醜乎」李云：醜，慙也。崔云：愧也。「無幾」居豈反。「與樂」音洛。

〔校〕①趙諫議本十數作數十。②世德堂本寡上有而字。③而字依趙本及疏文删。④之字依正文補。⑤崔下疑脱作閒二字。

仲尼曰：「丘也嘗使於楚矣，適見㹠子食於其死母者〔一〕，少焉眴若皆棄之而走。不見己焉爾，不得類焉爾〔二〕。所愛其母者，非愛其形也，愛使其形者也〔三〕。戰而①死者，其人之葬也不以翣資〔四〕；刖者之屨，无爲愛之〔五〕；皆无其本矣〔六〕。爲天子之諸御，不爪翦，不穿耳〔七〕；取妻者止於外，不得復使〔八〕。形全猶足以爲爾〔九〕，而況全德之人乎〔一〇〕！今哀駘它未言而信，无功而親，使人授己國，唯恐其不受也，是必才全而德不形者也〔一一〕。」

〔一〕【注】食乳也。【釋文】「嘗使於楚矣」使，音所吏反。本亦作遊，本又直云嘗於楚矣。「㹠子」本又作豚，徒門反。「食於」音飲，邑錦反。注同。舊如字，簡文同。

〔二〕【注】夫生者以才德爲類，死而才德去矣，故生者以失類而走也。故含德之厚，（者）②比於赤子，無往而不爲之赤子也，則天下莫之害，斯得類而明己故也。情苟類焉，則雖形不與同而物無害心；情類苟亡，（雖）則〔雖〕③形同母子而不足以固其志矣。【疏】哀公陳己心跡以問孔子，孔子以豚子爲譬，以答哀公：「丘曾領門徒，遊行楚地，適見豚子飲其死母之乳，眴目之頃，少時之閒，棄其死母，皆散而走。不見己類，所以爲然。」故郭注云，生者以才德爲類，死而才德去矣，故生者以失類而走也。以況哀公素無才德，非是己類，棄捨而去。駘它才德既全，〔比〕④於赤子，物之親愛，固是其宜矣。【釋文】「眴若」本亦作瞬，音舜。司馬云：驚貌。崔云：目動也。謂死母目動。○俞樾曰：眴若，猶眴然也。徐无鬼篇衆狙見之，恂然棄而走。此云眴若，彼云恂然，文異義同。眴恂並𠔃之叚字。説文兮部：𠔃，驚辭也。從兮，旬聲。眴恂亦從旬聲，故得通用。釋文引司馬曰：驚貌，得之矣。眴若皆棄之而走，言㹠子皆驚而走也。蓋始焉不知其爲死母，就之而食；少焉覺其死，故皆驚走也。眴若二字，以其子言，不以其母言。釋文又引崔云，目動也，謂死母目動。然則其母不死，與下意不合矣。下文不見己焉爾，不得類焉爾，郭注曰，夫生者以才德爲類，死而才德去矣，故生者以失類而走也。若從崔説，死母之目尚動，是其才德未去，何爲以失類而走乎？

〔三〕【注】使形者，才德也。　【疏】郭注曰，使形者才德也。而才德者，精神也。豚子愛母，愛其精神；人慕駘它，慕其才德者也。

〔四〕【注】翣者，武所資也。戰而死者無武也，翣將安施！　【釋文】「翣資」所甲反，扇也，武王所造。宋均云：武飾也。李云：資，送也。崔本作翣杴，音坎，謂先人墳墓也。○盧文弨曰：李下舊無云字，案當有，今增。

〔五〕【注】所愛屨者，爲足故耳。　【釋文】「爲足」于僞反。

〔六〕【注】翣屨者以足武爲本。　【疏】翣者，武飾之具，武王爲之，或云周公作也。其形似方扇，(使)〔飾〕車兩邊。軍將行師，陷陣而死，及其葬日，不用翣資。是知翣者武之所資，屨者足之所(使)用，形者神之所使；無足〔則〕屨無所用，無武則翣無所資，無神則形無所(愛)〔受〕。然翣屨以足武爲本，形貌以才德爲原，二者無本，故並無用也。

〔七〕【注】全其形也。

〔八〕【注】恐傷其形。　【疏】夫帝王宫闈，揀擇御女，穿耳翦爪，恐傷其形。匹夫取妻，停於外務，使役驅馳，慮虧其色。此重舉譬以况全才也。　【釋文】「不得復使」扶又反。章末注同。崔本作不得復使〔矣〕〔入〕⑤，云：不復入直也。○家世父曰：不爪翦，不穿耳，謂不加修飾而後本質見。止於外不復使，謂不交涉他事而後精神專一。郭象以爲恐傷其形，誤也。

〔九〕【注】採擇嬪御及燕爾新昏，本以形好爲意者也。故形之全也，猶⑥以降至尊之情，回貞女之操也。　【釋文】「形好」呼報反。

〔一〇〕【注】德全而物愛之，宜矣。　【疏】爾，然也。夫形之全具，尚能降真人，感貞女，而况德全乎！此合譬也。故郭注云，德全而物愛之，宜矣哉！

〔一一〕【疏】夫親由績彰，信藉言顯。今駘它未至言説而已遭委信，本無功績而付託實親，遂使魯侯虚襟授其朝政，卑己遜讓，唯恐不受。如是之人，必當才智全具而推功於物，故德不形見之也。

〔校〕①趙諫議本無而字。②者字依世德堂本删。③則雖依世德堂本互易。④比字依注文補。⑤入字依釋文原本改。⑥趙本猶作無。

哀公曰：「何謂才全〔一〕？」

〔一〕【疏】前雖標舉，於義未彰，故發此疑，庶希後答。

仲尼曰：「死生存亡，窮達貧富，賢與不肖毁譽，飢渴寒暑，是事之變、命之行也〔一〕，日夜相代乎前〔二〕，而知不能規乎其始者也〔三〕。故不足以滑和〔四〕，不可入於靈府〔五〕。使之和豫，通而不失於兑〔六〕；使日夜无郤①〔七〕而與物爲春〔八〕，是接而生時於心者也〔九〕。是之謂才全〔一〇〕。」

〔一〕【注】其理固當，不可逃也。故人之生也，非誤生也；生之所有，非妄有也。天地雖大，萬物雖多，然吾之所遇適在於是，則雖天地神明，國家聖賢，絶力至知而弗能違也。故凡所不遇，弗能遇也，其所遇，弗能不遇也；〔凡〕②所不爲，弗能爲也，其所爲，弗能不爲也；故付之而自當矣。【疏】夫二儀雖大，萬物雖多，人生所遇，適在於是。故前之八對，並是事物之變化，天命之流行，而留之不停，推之不去，安排任化，所遇〔所〕〔斯〕③適。自非德充之士，其孰能然！此則仲尼答哀公才全之義。【釋文】「毁譽」音餘。

〔二〕【注】夫命行事變，不舍晝夜，推之不去，留之不停。故才全者，隨所遇而任之。【釋文】「不舍」音捨。

〔三〕【注】夫始非知之所規，而故非情之所留。是以知命之必行，事之必變者，豈於終規始，在新戀故哉？雖有至知而弗能規也。逝者之往，吾柰之何哉！【疏】夫命行事變，其速如馳；代謝遷流，不舍晝夜。一前一後，反覆循環，雖有至知，不能測度，豈復在新戀故，在終規始哉？蓋不然也。唯當隨變任化，則無往而不逍遥也。

〔四〕【注】苟知性命之固當，則雖死生窮達，千變萬化，淡然自若而和理在身矣。【疏】滑，亂也。雖復事變命遷，而隨形任化，淡然自若，不亂於中和之道也。【釋文】「以滑」音骨。「淡然」徒暫反。

〔五〕【注】靈府者，精神之宅也。夫至足者，不以憂患經神，若皮外而過去。【疏】靈府者，精神之宅，所謂心也。經寒（涉）暑，〔涉〕治亂，千變萬化，與物俱往，未嘗槩意，豈復關心耶！

〔六〕【注】苟使和性不滑，靈府閒豫，則雖涉乎至變，不失其兑然也。【疏】兑，徧悦也。體窮通，達生死，遂使所遇和樂，中心逸豫，經涉夷險，兑然自得，不失其適悦也。【釋文】「於兑」徒外反。李云：悦也。「閒豫」音閑。

〔七〕【注】泯然常任之。【疏】郤，閒也。駘它流轉，日夜不停，心心相係，亦無閒斷也。【釋文】「無郤」去逆反。李云：閒也。

〔八〕【注】羣生之所賴也。【疏】慈照有生，恩霑動植，與物仁惠，事等青春。

〔九〕【注】順四時而俱化。【疏】是者，指斥以前事也。才全之人，接濟羣品，生長萬物，應赴順時，無心之心，逗機而照者也。【釋文】「是接而生時乎心者也」司馬云：接至道而和氣在心也。李云：接萬物而施生，順四時而俱作。○盧文弨曰：今本書乎作於。

〔一〇〕【疏】總結以前，是才全之義也。

〔校〕①敦煌本郤作隙。②凡字依世德堂本補。③斯字依劉文典補正本改。

「何謂德不形〔一〕？」

〔一〕【疏】已領才全，未悟德不形義。更相發問，庶聞後旨也。

曰：「平者，水停之盛也〔一〕。其可以爲法也〔二〕，内保之而外不蕩也〔三〕。德者，成和之脩也〔四〕。德不形者，物不能離也〔五〕。」

〔一〕【注】天下之平，莫盛於停水也。【疏】停，止也。而天下均平，莫盛於止水。故上文云人莫鑑於流水而必鑑於止水。此擧爲譬，以彰德不形義故也。

〔二〕【注】無情至平，故天下取正焉。

〔三〕【注】内保其明，外無情僞，玄鑒洞照，與物無私，故能全其平而行其法也。【疏】夫水性澄清，鑒照於物，大匠雖巧，非水不平。故能保守其明而不波蕩者，可以軌（徹）〔轍〕工人，洞鑒妍醜也。故下文云水平中準，大匠取則焉。況至人冥真合道，和光（和）〔利〕①物，模楷蒼生，動而常寂，故云内保之而外不蕩者也。【釋文】「情爲」于僞反。○慶藩案情爲即情僞也。古爲僞二字通用。史記小司馬本五帝紀平秩南爲，漢書王莽傳作南僞。禮月令作爲淫巧，鄭注曰：今月令作爲作詐僞。左定公十二年傳子僞不知，釋文：僞，一作爲。荀子性惡篇，可學而能，可事而成之在人者謂之僞。僞即爲也。皆其證。

〔四〕【注】事得以成，物得以和，謂之德也。【疏】夫成於庶事，和於萬物者，非盛德孰能之哉！

必也先須修身立行，後始可成事和物。（之德）〔物得〕以和而我不喪者，方可以謂之德也。

〔五〕【注】無事不成，無物不和，此德之不形也。是以天下樂推而不厭。【疏】夫明齊日月而歸明於昧，功侔造化而歸功於物者，（也）〔此〕②德之不形也。是以含德之厚，比於赤子，天下樂推而不厭，斯物不離之者也。【釋文】「能離」力智反。

〔校〕①利字依應帝王篇名實不入句下疏文改。後同。②此字依注文改。

哀公異日以告閔子曰：「始也吾以南面而君天下，執民之紀而憂其死，吾自以爲至通矣。今吾聞至人之言，恐吾無其實，輕用吾身而亡其國。吾與孔丘，非君臣也，德友而已矣〔一〕。」

〔一〕【注】聞德充之風者，雖復哀公，猶欲遺形骸，忘貴賤也。【疏】姓閔，名損，字子騫，宣尼門人，在四科之數，甚有孝德，魯人也。異日，猶它日也。南面，君位也。初始未悟，矜於魯君，執持綱紀，憂於兆庶，養育教誨，恐其夭死。用斯治術，爲至美至通。今聞尼父言談，且陳才德之義，魯侯悟解，方覺前非。至通憂死之言，更成虛幻；執紀南面之大，都無實録；於是隳肢體，黜聰明，遺尊卑，忘爵位，觀魯邦若蝸角，視己形如隙影，友仲尼以全道德，禮司寇以異君臣。故知莊老之談，其風清遠，德充之美，一至於斯。【釋文】「閔子」孔子弟子閔子騫也。

闉跂支離无脤説衞靈公，靈公説之；而視全人，其脰肩肩。甕盎大癭説齊桓公，桓公説之；而視全人，其脰肩肩〔一〕。故德有所長而形有所忘〔二〕，人不忘其所忘而忘其所不忘，此謂誠忘〔三〕。故聖人有所遊〔四〕，而知爲孽，約爲膠，德爲接，工爲商〔五〕。聖人不謀，惡用知？不斲，惡用膠？无喪，惡用德？不貨，惡用商〔六〕？四者，天鬻也。天鬻者，天食也〔七〕。既受食於天，又惡用人〔八〕！有人之形〔九〕，无人之情〔一〇〕。有人之形，故羣於人〔一一〕，无人之情，故是非不得於身〔一二〕。眇乎小哉，所以屬於人也〔一三〕！謷乎大哉，獨成其天〔一四〕！

〔一〕【注】偏情一往①，則醜者更好而好者更醜也。【疏】闉，曲也，謂攣曲企踵而行。脤，脣也，謂支體坼裂，傴僂殘病，復無脣也。盎，盆也。脰，頸也。肩肩，細小貌也。而支離殘病，企踵而行；瘤癭之病，大如盆甕。此二人者，窮天地之陋，而俱能忘形建德，體道談玄。遂使齊衞兩君，欽風愛悦，美其盛德，不覺病醜，顧視全人之頸，翻小而自肩肩者。【釋文】「闉」音因，郭烏年反。「跂」音企，郭其逆反。「支離无脤」徐市軫反，又音脣。司馬云：闉，曲；跂，企也。闉跂支離，言腳常曲，行體不正卷縮也。無脤，名也。崔云：闉跂，偃者也。支離，傴者也。脤，脣同。簡文云：跂，行也。脤，臀也。◯慶藩案慧琳一切經音義一百肇論卷上引司馬云：跂，望也。釋文闕。「説衞」始鋭反，又如字。下説齊桓同。「説之」音悦。

下說之同。「脰」音豆，頸也。「肩肩」胡咽反，又胡恩反。李云：羸小貌。崔云：猶玄玄也。簡文云：直貌。○李楨曰：攷工梓人文數目顧脰，注云：顧，長脰貌，與肩肩義合。知肩是省借，本字當作顧。竝可据鄭注補釋文一義。「甕」烏送反，郭於寵反。「盎」烏葬反，郭於兩反。李云：甕盎，大癭貌。崔同。「大癭」一領反。說文云：瘤也。

〔二〕【注】其德長於順物，則物忘其醜；長於逆物，則物忘其好。【疏】大癭支離，道德長遠，遂使齊侯衛主，忘其形惡。

〔三〕【注】生則愛之，死則棄之。故德者，世之所不忘也；形者，理之所不存也。故夫忘形者，非忘也；不忘形而忘德者，乃誠忘也。【疏】誠，實也。所忘，形也；不忘，德也；忘形易而忘德難也，故謂形爲所忘，德爲不忘也。不忘形而忘德者，此乃真實（志）〔忘〕②。斯德不形之義也。

〔四〕【注】遊於自得之場，放之而無不至者，才德全也。【疏】物我雙遣，形德兩忘，故放任乎變化之場，遨遊於至虛之域也。

〔五〕【注】此四者自然相生，其理已具。【疏】夫至人道邁三清而神遊六合，故蘊智以救殃孽，約束以檢散心，樹德以接蒼生，工巧以利羣品。此之四事，凡類有之，大聖慈救，同塵順物也。【釋文】「而知」音智，下同。「爲孽」魚列反。司馬云：智慧生妖孽。「約爲膠」司馬云：約束而後有如膠漆。崔云：約誓所以爲膠固。「德爲接」司馬云：散德以接物也。「工爲商」

司馬云：工巧而商賈起。

〔六〕【注】自然已具，故聖人無所用其己也。【疏】惡，何也。至人不殃孽謀謨，何用智惠？不散亂彫斲，何用膠固？本不喪道，用德何爲？不貴難得之貨，無勞商賈。祗爲和光（和）〔利〕物，是故有之者也。【釋文】「惡用」音烏，下同。「不斲」陟角反。「無喪」息浪反。

〔七〕【注】言自然而稟之。【疏】鬻，食也。食，稟也。天，自然也。以前四事，蒼生有之，稟自天然，各率其性，聖人順之，故無所用己也。【釋文】「天鬻」音育，養也。「天食」音嗣，亦如字。

〔八〕【注】既稟之自然，其理已足。則雖沈思以免難，或明戒以避禍，物無妄然，皆天地之會，至理所趣。必自思之，非我思也；必自不思，非我不思也。或思而免之，或思而不免，或不思而免之，或不思而不免。凡此皆非我也，又奚爲哉？任之而自至也。【疏】稟之自然，各有定分。何須分外添足人情！違天任人，故至悔者也。【釋文】「受食」如字，又音嗣。「沈思」息嗣反，亦如字。「免難」乃旦反。

〔九〕【注】視其形貌若人。

〔一〇〕【注】掘若槁木之枝。【疏】聖人同塵在世，有生處之形容；體道虛忘，無是非之情慮。【釋文】「掘若」其勿反。「槁木」苦老反。

〔一一〕【注】類聚羣分，自然之道。【疏】和光混跡，羣聚世間。此解有人之形。【釋文】「羣分」

如字。

〔一二〕【注】無情，故付之於物也。【疏】譬彼靈真，絕無性識；既忘物我，何有是非！此解無人之情故也。

〔一三〕【注】形貌若人。【疏】屬，係也。跡閔囂俗，形係人羣，與物不殊，故稱眇小也。此結有人之形耳。【釋文】「眇」亡小反。簡文云：陋也。○慶藩案慧琳一切經音義九十八廣弘明集音卷十五引司馬云：眇，高視也。釋文闕。

〔一四〕【注】無情，故浩然無不任。無不任者，有情之所未能也，故無情而獨③成天也。【疏】謷，高大貌也。謷然大教，萬境都忘，智德高深，凝照弘遠。故歎美大人，獨成自然之至。此結無人之情也。【釋文】「謷乎」五羔反，徐五報反。簡文云：放也。今取遨遊義也。「獨成其天」如字。崔本天字作大，云：類同於人，所以爲小；情合於天，所以爲大。

〔校〕①趙諫議本作性。②忘字依正文改。③趙本獨作及。

惠子謂莊子曰：「人故无情乎〔一〕？」

〔一〕【疏】前文云，有人之形，無人之情。惠施引此語來質疑。莊子所言人者，必固無情慮乎？然莊惠二賢，並遊心方外，故常稟而爲論端。

莊子曰：「然〔二〕。」

〔一〕【疏】然，如是也。許其所問，故答云然。

惠子曰：「人而无情，何以謂之人〔一〕？」

〔一〕【疏】若無情智，何名爲人？此是惠施進責之辭，問於莊子。

莊子曰：「道與之貌，天與之形，惡得不謂之人〔一〕？」

〔一〕【注】人之生也，非情之所生也；生之所知，豈情之所知哉？故有情於爲離曠而弗能也，然離曠以無情而聰明矣；有情於爲賢聖而弗能也，然賢聖以無情而賢聖矣。豈直賢聖絶遠而離曠難慕哉？雖下愚聾瞽及雞鳴狗吠，豈有情於爲之，亦終不能也。不問遠之與近，雖去己一分，顏孔之際，終莫之得也。是以關之萬物，反取諸身，耳目不能以易任成功，手足不能以代司致業。故嬰兒之始生也，不以目求乳，不以耳向明，不以足操物，不以手求行。豈百骸無定司，形貌無素主，而專由情以制之哉！【疏】惡，何也。虚通之道，爲之相貌；自然之理，遺其形質。形貌具有，何得不謂之人？且形之將貌，蓋亦不殊。道與自然，互其文耳。欲顯明斯義，故重言之也。【釋文】「惡得」音烏。下惡得同。「吠」扶廢反。「一分」如字。「足操」七刀反。

惠子曰：「既謂之人，惡得无情〔一〕？」

〔一〕【注】未解形貌之非情也。【疏】既名爲人，理懷情慮。若無情識，何得謂之人？此是惠施未解形貌之非情。【釋文】「未解」音蟹。

莊子曰：「是非吾所謂情也〔一〕。吾所謂无情者，言人之不以好惡内傷其身〔二〕，常因自然而不益生也〔三〕。」

〔一〕【注】以是非爲情，則無是無非無好無惡者，雖有形貌，直是人耳，情將安寄！【疏】吾所言情者，是非彼我好惡憎嫌等也。若無是無非，雖有形貌，直是人耳，情將安寄！

〔二〕【注】任當而直前者，非情也。【疏】莊子所謂無情者，非木石其懷也，止言不以好惡緣慮分外，遂成性而内理其身者也。何則？蘊虚照之智，無情之情也。

〔三〕【注】止於當也。【疏】因任自然之理，以此爲常；止於所禀之涯，不知生分。

惠子曰：「不益生，何以有其身〔一〕？」

〔一〕【注】未明生之自生，理之自足。【疏】若不資益生道，何得有此身乎？未解生之自生，理之自足者也。

莊子曰：「道與之貌，天與之形〔一〕，无以好惡内傷其身〔二〕。今子外乎子之神，勞乎子之精，倚樹而吟，據槁梧而瞑〔三〕。天選子之形，子以堅白鳴〔四〕！」

〔一〕【注】生理已自足於形貌之中，但任之則身存。【疏】道與形貌，生理已足，但當任之，無勞措意也。

〔二〕【注】夫好惡之情，非所以益生，祇足以傷身，以其生之有分也。【疏】還將益以酬後問也。

【釋文】「无以好惡」呼報反。下烏路反。注同。「祇足」音支。

〔三〕【注】夫神不休於性分之内，則外矣；精不止於自生之極，則勞矣。故行則倚樹而吟，坐則據梧而睡，言有情者之自困也。【疏】槁梧，夾膝几也。惠子未遺筌蹄，耽内名理，疏外神識，勞苦精靈，故行則倚樹而吟詠，坐則隱几而談説，是以形勞心倦，疲怠而瞑者也。【釋文】「倚樹」於綺反。「據槁」苦老反。「梧」音吾。「而瞑」音眠。崔云：據琴而睡也。「而睡」垂臂反。

〔四〕【注】言凡子所爲，外神勞精，倚樹據梧，且吟且睡，此世之所謂情也。而云天選，明夫情①者非情之所生，而況他哉！故雖萬物萬形，云爲趣舍，皆在無情中來，又何用情於其間哉！

【疏】選，授也。鳴，言説也。自然之道，授與汝形，夭壽妍醜，其理已定，無勞措意，分外益生。而子禀性聰明，辨析（明）〔名〕②理，執持己德，炫燿衆人。亦何異乎公孫龍作白馬論，云白馬非馬，堅守斯論，以此自多！信有其言而無其實，能伏衆人之口，不能伏衆人之心。今子分外誇談，即是斯之類也。【釋文】「天選」宣轉反，舊思緩反。

〔校〕①趙諫議本情作此。②名字依劉文典説改。

莊子集釋卷三上

内篇大宗師第六〔一〕

〔一〕【注】雖天地之大，萬物之富，其所宗而師者無心也。【釋文】「大宗師」崔云：遺形忘生，當大宗此法也。

知天之所爲，知人之所爲者，至矣〔一〕。知天之所爲者，天而生也〔二〕；知人之所爲者，以其知之所知以養其知之所不知，終其天年而不中道夭者，是知之盛也〔三〕。

〔一〕【注】知天人之所爲者，皆自然也；則内放其身而外冥於物，與衆玄同，任之而無不至者也。【疏】天者，自然之謂。至者，造極之名。天之所爲者，謂三景晦明，四時生殺，風雲舒卷，雷雨寒温也。人之所爲者，謂手捉腳行，目視耳聽，心知工拙，凡所施爲也。知天之所爲，悉皆自爾，非關修造，豈由知力！是以内放其身，外冥於物，浩然大觀，與衆玄同，窮理盡性，故稱爲至也。

〔二〕【注】天者，自然之謂也。夫爲爲者不能爲，而爲自爲耳；爲知者不能知，而知自知耳。自知耳，不知也，不知也則知出於不知矣；自爲耳，不爲也，不爲也則爲出於不爲矣。爲出於不爲，故以不爲爲主；知出於不知，故以不知爲宗。是故真人遺知而知，不爲而爲，自然而生，坐忘而得，故知稱絶而爲名去也。【疏】雲行雨施，川源岳瀆，非關人力，此乃天生，能知所知，並自然也。此解前知天之所爲。【釋文】「天而生」向崔本作失而生。「知稱」尺證反。

〔三〕【注】人之生也，形雖七尺而五常必具，故雖區區之身，乃舉天地以奉之。故天地萬物，凡所有者，不可一日而相無也。一物不具，則生者無由得生；一理不至，則天年無緣得終。然身之所有者，知或不知也；理之所存者，爲或不爲也。故知之所知者寡而身之所有者衆，爲之所爲者少而理之所存者博，在上者莫能器之而求其備焉。人之所知不必同而所爲不敢異，異則僞成矣，僞成而真不喪者，未之有也。或好知而不倦以困其百體，所好不過一枝而舉根俱弊，斯以其所知而害所不知也。若夫知之盛也，知人之所爲者有分，故任而不(强)〔彊〕也，知人之所知者有極，故用而不蕩也。故所知不以無涯自困，則一體之中，知與不知，闇相與會而俱全矣，斯以其所知養所不知者也。【疏】人之所爲，謂四肢百體各有御用也。知之所知者，謂目知於色，即以色爲所知也。知之所不知者，謂目能知色，不能知聲，即以聲爲所不知也。既而目爲手足而視，腳爲耳鼻而行，雖復無心相爲，而濟彼之功成矣。故眼耳鼻舌，四肢百體，更相役用，各有司存。心之明闇，亦有限極，用其分內，終不强知。斯以其知之所知以養其知之所不知也，故得盡其天年，不横夭折。能如是者，可謂知之盛美者也。【釋文】「不喪」息浪反，下皆同。「或好」呼報反。下同。「不强」其兩反。○盧文弨曰：今本書作彊。

雖然，有患〔一〕。夫知有所待而後當〔二〕，其所待者特未定也〔三〕。庸詎知吾所謂天之非人乎？所謂人之非天乎〔四〕？

〔一〕【注】雖知盛，未若遺知任天之無患也。【疏】知雖盛美，猶有患累，不若忘知而任獨也。

〔二〕【注】夫知者未能無可無不可，故必有待也。若乃任天而生者，則遇物而當也。

〔三〕【注】有待則無定也。【疏】夫知必對境，非境不當。境既生滅不定，知亦待奪無常。唯當境知兩忘，能所雙絶者，方能無可無不可，然後無患也已。

〔四〕【注】我生有涯，天也；心欲益之，人也。然此人之所謂耳，物無非〔天也〕①。天也者，自然者也；人皆自然，則治亂成敗，遇與不遇，非人爲也，皆自然耳。【疏】近取諸身，遠託諸物，知能運用，無非自然。是知天之與人，理歸無二。故謂天則人，謂人則天。凡庸之流，詎曉斯旨！所言吾者，莊生自稱。此則泯合人天，混同物我者也。【釋文】「庸詎」徐其庶反。「則治」直吏反。

〔校〕①天也二字依世德堂本補。

且有真人而後有真知〔一〕。何謂真人〔二〕？古之真人，不逆寡〔三〕，不雄成〔四〕，不謨士〔五〕。若然者，過而弗悔，當而不自得也〔六〕。若然者，登高不慄，入水不濡，入火不熱。是知之能登假於道者也若此。〔七〕

〔一〕【注】有真人，而後天下之知皆得其真而不可亂也。　【疏】夫聖人者，誠能冥真合道，忘我遺物。懷兹聖德，然後有此真知，是以混一真人而無患累。真（知）〔人〕之狀，列在下文耳。

〔二〕【疏】假設疑問，庶顯其旨。

〔三〕【注】凡寡皆不逆，則所願者衆矣。　【疏】寡，少也。引古御今，崇本抑末，虚懷任物，大順羣生，假令微少，曾不逆忤者也。

〔四〕【注】不恃其成而處物先。　【疏】爲而不恃，長而不宰，豈雄據成績，欲處物先耶！

〔五〕【注】縱心直前而羣士自合，非謀謨以致之者也。　【疏】虚夷忘淡，士衆自歸，非關運心謀謨招致故也。　【釋文】「不謨」没乎反。

〔六〕【注】直自全當而無過耳，非以得失經心者也。　【疏】天時已過，曾無悔吝之心；分命偶當，不以自得爲美也。○俞樾曰：過者，謂於事有所過失也。當者，謂行之而當也。在衆人之情，於事有所過失則悔矣，行之而當則自以爲得矣。真人不然。故曰過而弗悔，當而不自得也。正文明言過，郭注謂全當而無過，失之。

〔七〕【注】言夫知之登至於道者，若此之遠也。理固自全，非畏死也。故真人陸行而非避濡也，遠火而非逃熱也，無過而非措當也。故雖不以熱爲熱而未嘗赴火，不以濡爲濡而未嘗蹈水，不以死爲死而未嘗喪生。故夫生者，豈生之而生哉，成者，豈成之而成哉！故任之而無不至者，真人也，豈有概意於所遇哉！　【疏】慄，懼也。濡，溼也。登，昇也。假，至也。真人達生死之不二，體安危之爲一，故能入水入火，曾不介懷，登高履危，豈復驚懼。真知之士，有此功能，昇至玄道，故得如是者也。【釋文】「不慄」音栗。「不濡」而朱反。「登假」更百反，至也。「遠火」于萬反。「有概」古愛反。

古之真人，其寢不夢〔一〕，其覺无憂〔二〕，其食不甘〔三〕，其息深深。真人之息以踵〔四〕，衆人之息以喉。屈服者，其嗌言若哇〔五〕。其耆欲深者，其天機淺〔六〕。

〔一〕【注】無意想也。

〔二〕【注】當所遇而安也。【疏】夢者，情意妄想也。而真人無情慮，絕思想，故雖寢寐，寂泊而不夢，以至覺悟，常適而無憂也。【釋文】「其覺」古孝反。

〔三〕【注】理當食耳。【疏】混迹人間，同塵而食，不耽滋味，故不知其美。

〔四〕【注】乃在根本中來者也。【疏】踵，足根也。真人心性和緩，智照凝寂，至於氣息，亦復徐遲。腳踵中來，明其深静也。【釋文】「深深」李云：内息之貌。○家世父曰：存息於無息之地，而後納之深，泊然寂然，無出無入，無往無來，鬱怒之所不能結，耆欲之所不能加，百骸九竅六藏，一不與爲灌輸，而退而寄之於踵，乃以養息於深微博厚而寓諸無窮。「以踵」章勇反。王穆夜云：起息於踵，遍體而深。

〔五〕【注】氣不平暢。【疏】嗌，喉也。哇，礙也。凡俗之人，心靈馳競，言語喘息，唯出咽喉。情躁氣促，不能深静，屈折起伏，氣不調和，咽喉之中恒如哇礙也。【釋文】「以喉」向云：喘悸之息，以喉爲節，言情欲奔競所致。「其嗌」音益。郭音厄，厄咽喉也。「若哇」獲媧反，徐胡卦反，又音絓。崔一音於佳反，結也，言咽喉之氣結礙不通也。簡文云：哇，嘔也。

〔六〕【注】深根寧極，然後反一，無欲也。【疏】夫耽耆諸塵而情欲深重者，其天然機神淺鈍故也。若使智照深遠，豈其然乎！【釋文】「其耆」市志反。

古之真人，不知説生，不知惡死〔一〕；其出不訢，其入不距〔二〕；翛然而往，翛然而來而已矣〔三〕。不忘其所始，不求其所終〔四〕；受①而喜之〔五〕，忘而復之〔六〕，是之謂不以心捐道，不以人助天。是之謂真人〔七〕。

〔一〕【注】與化爲體者也。【疏】氣聚而生，生爲我時；氣散而死，死爲我順。既冥變化，故不以悦惡存懷。【釋文】「説生」音悦。「惡死」烏路反。

〔二〕【注】泰然而任之也。【疏】時應出生，本無情於忻樂；時應入死，豈有意於距諱耶！【釋文】「不訢」音欣，又音祈。「不距」本又作拒，音巨。李云：欣出則營生，距入則惡死。

〔三〕【注】寄之至理，故往來而不難也。【疏】翛然，無係貌也。翛然獨化，任理遨遊，雖復死往生來，曾無意戀之者也。【釋文】「翛然」音蕭。本又作儵。徐音叔，郭與久反，李音悠。向云：翛然，自然無心而自爾之謂。郭崔云：往來不難之貌。司馬云：儵，疾貌。李同。◯盧文弨曰：舊久譌冬，今從宋本正。

〔四〕【注】終始變化，皆忘之矣，豈直逆忘其生，而猶復探求死意也！【疏】始，生也。終，死也。

生死都遺，曾無滯著。豈直獨忘其生而偏求於死邪？終始均平，所遇斯適也。【釋文】「猶復」扶又反。下非復同。

〔五〕【注】不問所受者何物，遇之而無不適也。【疏】喜所遇也。

〔六〕【注】復之不由於識，乃至也。【疏】反未生也。

〔七〕【注】人生而静，天之性也；感物而動，性之欲也。物之感人無窮，人之逐欲無節，則天理滅矣。真人知用心則背道，助天則傷生，故不爲也。【疏】是謂者，指斥前文，總結其旨也。捐，棄也。言上來智惠忘生，可謂不用取捨之心，捐棄虚通之道；亦不用人情分别，添助自然之分。能如是者，名曰真人也。【釋文】「捐」徐以全反。郭作揖，一入反。崔云：或作楫，所以行舟也。○盧文弨曰：揖舊譌楫。案下方云或作楫，則此當作揖。○俞樾曰：捐字誤。釋文云，郭作揖，崔云或作楫，所以行舟也，其義彌不可通。疑皆偝字之誤。偝即背字，故郭注曰，真人知用心則背道，助天則傷生。是郭所據本正作偝也。「則背」音佩。

〔校〕①趙諫議本受作愛。

若然者，其心志〔一〕，其容寂〔二〕，其顙頯〔三〕；淒然似秋〔四〕，煖然似春〔五〕，喜怒通四時〔六〕，與物有宜而莫知其極〔七〕。

〔一〕【注】所居而安爲志。【疏】若如以前不捐道等心，是心懷志力而能致然也。故老經云，强行者有志。○家世父曰：郭象注，所居而安爲志，應作其心志。説文：志，心之所之也。商書，若射之有志，孔疏云：如射之有志，志之所主，欲得中也。佛書性相如如，常住不遷，即此所謂其心志也。○慶藩案說文無志篆，所引當出字林字書。

〔二〕【注】雖行而無傷於静。【釋文】「容家」本亦作寂。崔本作宋。○盧文弨曰：舊本譌家，今改正，説見前。本書作寂。

〔三〕【注】頯，大朴之貌。【疏】頯，頯也。頯，大朴貌。夫真人降世，挺氣異凡，非直智照虚明，志力弘普，亦乃威容閒雅，相貌端嚴。日角月弦，即斯類也。【釋文】「其頯」息黨反。崔云：頯也。「頯」徐去軌反，郭苦對反，李音仇，一音逵，權也。王云：質樸無飾也。向本作魌，云：魌然，大朴貌。廣雅云：魌，大也。五罪反。

〔四〕【注】殺物非爲威也。【釋文】「淒然」七西反。

〔五〕【注】生物非爲仁也。【釋文】「煖然」音暄，徐況晚反。

〔六〕【注】夫體道合變者，與寒暑同其温嚴，而未嘗有心也。然有温嚴之貌，生殺之節，故寄名於喜怒也。【疏】聖人無心，有感斯應，威恩適務，寬猛逗機。同素秋之降霜，本無心於肅殺；似青春之生育，寧有意於仁惠！是以真人如雷行風動，木茂華敷，覆載合乎二儀，喜怒通乎四序。

〔七〕【注】無心於物，故不奪物宜；無物不宜，故莫知其極。【疏】真人應世，赴感隨時，與物交涉，必有宜便。而虚心慈愛，常善救人，量等太虚，故莫知其極。

故聖人之用兵也，亡國而不失人心〔一〕；利澤施乎萬世，不爲愛人〔二〕。故樂通物，非聖人也〔三〕；有親，非仁也〔四〕；天時，非賢也〔五〕；利害不通，非君子也〔六〕；行名失己，非士也〔七〕；亡身不真，非役人也〔八〕。若狐不偕、務光、伯夷、叔齊、箕子、胥餘、紀他、申徒狄，是役人之役，適人之適，而不自適其適者也〔九〕。

〔一〕【疏】堯攻叢支，禹攻有扈，成湯滅夏，周武伐殷，並上合天時，下符人事。所以興動干戈，弔民問罪，雖復殄亡邦國，而不失百姓歡心故也。【釋文】「亡國而不失人心」崔云：亡敵國而得其人心。

〔二〕【注】因人心之所欲亡而亡之，故不失人心也。夫白日登天，六合俱照，非愛人而照之也。故聖人之在天下，煖焉若春陽之自和，故蒙①澤者不謝；淒乎若秋霜之自降，故凋落者不怨也。【疏】利物滋澤，事等陽春，豈直一時，乃施乎萬世。而芻狗百姓，故無偏愛之情。

〔三〕【注】夫聖人無樂也，直莫之塞而物自通。【疏】夫懸鏡高臺，物來斯照，不迎不送，豈有情哉！大聖應機，其義亦爾。和而不唱，非謂樂通。故知授意於物，非聖人者也。

〔四〕【注】至仁無親，任理而自存。【疏】至仁無親，親則非至仁也。

〔五〕【注】時天者，未若忘時而自合之賢也。【疏】占玄象之虧盈，候天時之去就，此乃小智，豈是大賢者也！

〔六〕【注】不能一是非之塗而就利違害，則傷德而累當矣。【疏】未能一窮通，均利害，而擇情榮辱，封執是非者，身且不能自達，焉能君子人物乎！

〔七〕【注】善爲士者，遺名而自得，故名當其實而福應其身。【疏】矯行求名，失其己性，此乃流俗之人，非爲道之士。【釋文】「行名」下孟反。「福應」應對之應。

〔八〕【注】自失其性而矯以從物，受役多矣，安能役人乎！【疏】夫矯行喪真，求名亡己，斯乃受人驅役，焉能役人哉！

〔九〕【注】斯皆舍己效②人，徇彼傷我者也。【疏】姓狐，字不偕，古之賢人，又云，堯時賢人，不受堯讓，投河而死。務光，黄帝時人，身長七尺。又云：夏時人，餌藥養性，好鼓琴，湯讓天下不受，自負石沈於廬水。伯夷叔齊，遼西孤竹君之二子，神農之裔，姓姜氏。父死，兄弟相讓，不肯嗣位，聞西伯有道，試往觀焉。逢文王崩，武王伐紂，夷齊扣馬而諫，武王不從，遂隱於河東首陽山，不食其粟，卒餓而死。箕子，殷紂賢臣，諫紂不從，遂遭奴戮。胥餘者，箕子名也。又解：是楚大夫伍奢之子，名員，字子胥，吴王夫差之臣，忠諫不從，抉眼而死，屍沈於江。紀他者，姓紀，名他，湯時逸人也；聞湯讓務光，恐及乎己，遂將弟子陷於窾水而死。申徒狄聞之，因以踣河。此數子者，皆矯情僞行，亢志立名，分外波蕩，遂至於此。自餓自沈，促齡夭命，而芳名令譽，傳諸史籍。斯乃被他驅使，何能役人！悦樂衆人之耳目，焉能自適其情性耶！【釋文】「狐不偕」司馬云：古賢人也。「務光」皇甫謐云：黄帝時人，耳長七寸。「伯夷叔齊」孤竹君之二子。「箕子胥餘」司馬云：胥餘，箕子名也，見尸子。崔同。

又云：尸子曰：箕子胥餘，漆身爲厲，被髮佯狂。或云：尸子曰：比干也，胥餘其名。○慶藩案書微子正義、僖十五年左傳正義、論語十八正義，並引司馬云：箕子，名胥餘。與釋文異。「紀他」徒何反。「申徒狄」殷時人，負石自沈於河。崔本作司徒狄。「皆舍」音捨。下同。

〔校〕①世德堂本脱蒙字。②世德堂本效作殉。

古之真人，其狀義而不朋〔一〕，若不足而不承〔二〕；與乎其觚而不堅也〔三〕，張乎其虚而不華也〔四〕；邴邴乎其似喜乎①〔五〕！崔乎其不得已乎②〔六〕！滀乎進我色也〔七〕，與乎止我德也〔八〕；厲乎其似世乎③〔九〕！謷乎其未可制也〔一〇〕；連乎其似好閉也〔一一〕，悗乎忘其言也〔一二〕。以刑爲體〔一三〕，以禮爲翼〔一四〕，以知爲時〔一五〕，以德爲循〔一六〕。以刑爲體者，綽乎其殺也〔一七〕；以禮爲翼者，所以行於世也〔一八〕；以知爲時者，不得已於事也〔一九〕；以德爲循者，言其與有足者至於丘也〔二〇〕；而人真以爲勤行者也〔二一〕。故其好之也一，其弗好之也一〔二二〕。其一也一，其不一也一〔二三〕。其一與天爲徒〔二四〕，其不一與人爲徒〔二五〕。天與人不相勝也，是之謂真人〔二六〕。

〔一〕【注】與物同宜而非朋黨。【疏】狀，迹也。義，宜也。降迹同世，隨物所宜，而虚己均平，曾無偏黨也。○俞樾曰：郭注訓義爲宜，朋爲黨，望文生訓，殊爲失之。此言其狀，豈言其德乎？義當讀爲峨，峨與義並從我聲，故得通用。天道篇而狀義然，義然即峨然也。朋讀爲崩。易復象辭朋來无咎，漢書五行志引作崩來无咎，是也。其狀峨而不崩者，言其狀峨然高大而不崩壞也。廣雅釋詁：峨，高也；釋訓：峨峨，高也。高與大，義相近，故文選西京賦神山峨峨，薛綜注曰：峨峨，高大也。天道篇義然，即可以此說之。郭不知義爲峨之叚字，於此文則訓爲宜，於彼文則曰踶跂自持之貌，皆就本字爲說，失之。

〔二〕【注】沖虛無餘，如不足也；下之而無不上，若不足而不承也。【疏】韜晦沖虛，獨如神智不足；率性而動，(汛)〔汎〕然自得，故無所稟承者也。【釋文】「不承」如字。李云：迎也。又音拯。「不上」時掌反。

〔三〕【注】常遊於獨而非固守。【疏】觚，獨也。堅，固也。彷徨放任，容與自得，遨遊獨化之場而不固執之。【釋文】「與乎」如字，又音豫，同云：疑貌。○盧文弨曰：同當是向字之誤。「其觚」音孤。王云：觚，特立羣也。崔云：觚，棱也。○俞樾曰：郭注曰，常遊於獨而非固守，是讀觚爲孤，然與不堅之義殊不相應。釋文引崔云，觚，棱也，亦與不堅之義不應。殆皆非也。養生主篇技經肯綮之未嘗，而況大軱乎，釋文引崔云：不綮結骨。疑此觚字即彼軱字。骨之綮結，是至堅者也；軱而不堅，是謂真人。崔不知觚軱之同字，故前後異訓耳。○李楨曰：與乎其觚與張乎其虛對文，觚字太不倫。據注疏，觚訓獨。釋文引王云：觚，特立不倚也。並是孤字之義。知所據本必皆作孤，觚是叚借。爾雅釋地觚竹北户，釋文云：本又作孤。此觚孤互通之證。孤特者率方而有棱，故其字亦可借觚爲之。與乎二字，與下與乎止我德也複，疑此誤。注云常遊於獨，就遊字義求之，或元是趨字，抑或是懇字。説文：趨，安行也。懇，趣步懇懇也。並與遊義合。

〔四〕【注】曠然無懷，乃至於實。【疏】張，廣大貌也。靈府寬閒，與虚空等量，而智德真實，故不浮華。

〔五〕【注】至人無喜，暢然和適，故似喜也。【疏】邴邴，喜貌也。隨變任化，所遇斯適，實忘喜怒，故云似喜者也。【釋文】「邴邴」徐音丙，郭甫杏反。向云：喜貌。簡文云：明貌。

〔六〕【注】動静行止，常居必然之極。【疏】崔，動也。已，止也。真人凝寂，應物無方，迫而後動，非關先唱故，不得已而應之者也。【釋文】「崔乎」(于)〔千〕罪反，徐息罪反。郭且雷反。向云：動貌。簡文云：速貌。

〔七〕【注】不以物傷己也。【疏】滀，聚也。進，益也。心同止水，故能滀聚羣生。是以應而無情，惠而不費，適我益我，神色終無減損者也。【釋文】「滀乎」本又作慉，勑六反。司馬云：色憤起貌。王云：富有德充也。簡文云：聚也。

〔八〕【注】無所趨也。【疏】雖復應動隨世，接物逗機，而恒容與無爲，作於真德，所謂動而常寂者也。

〔九〕【注】至人無厲，與世同行，故若厲也。【疏】厲，危也。真人一於安危，冥於禍福，而和光同世，亦似厲乎。如孔子之困匡人，文王之拘羑里，雖遭危厄，不廢無爲之事也。【釋文】「厲乎」如字。崔本作廣，云：莅羅者廣也。〇俞樾曰：郭注殊不可通。且如注意，當云世乎其似厲，不當反言其似世也。今案世乃泰之叚字。荀子榮辱篇橋泄者人之殃也，劉氏台拱補注曰：橋泄即驕泰之異文。荀子他篇或作汏，或作忕，或作泰，皆同。漏泄之泄，古多與外大害敗爲韻，亦讀如泰也。又引賈子簡泄不可以得士爲證。然則以世爲泰，猶以泄爲泰也。猛厲與驕泰，其義相應。釋文曰，厲，崔本作廣，廣大亦與泰義相應，泰亦大也。若以本字讀之，而曰似世，則皆不可通矣。〇慶藩案厲當從崔本作廣者是。郭注訓與世同行，則有廣大之義。然既曰無厲，又曰若厲，殊失解義。經傳中厲廣二字，往往而混。如禮月令天子乃厲飾，淮南時則篇作廣飾。史記平津侯傳厲賢予祿，徐廣曰：厲亦作廣。儒林傳以廣賢材，漢書廣作厲。漢書地理志齊郡廣，說文水部注廣譌爲厲。皆其證。〇又案俞氏云世爲泰之叚字，是也。古無泰字，其字作大。大世二字，古音義同，得通用也。禮曲禮不敢與世子同名，注：世，或爲大。春秋文（三）十〔二〕年大室屋壞，公羊作世室。衛太叔儀，公羊作世叔儀。宋樂大心，公羊〔作〕樂世心。鄭子大叔，論語作世叔。皆其證。

〔一〇〕【注】高放而自得。【疏】聖德廣大，謷然高遠，超於世表，故不可禁制也。【釋文】「謷乎」五羔反，徐五到反。司馬云：志遠貌。王云：高邁於俗也。

〔一一〕【注】綿邈深遠，莫見其門。【疏】連，長也。聖德遐長，連綿難測。心知路絶，孰見其門，昏默音聲，似如關閉，不聞見人也。【釋文】「連乎」如字。李云：連，綿長貌。崔云：蹇連也，音輦。「似好」呼報反，下皆同。

〔一二〕【注】不識不知而天機自發，故悗然也。【疏】悗，無心貌也。放任安排，無爲虚淡，得玄珠於赤水，所以忘言。自此以前，歷顯真人自利利他内外德行。從此以下，明真人利物爲政之方也。【釋文】「悗乎」亡本反。字或作免。李云：無匹貌。王云：廢忘也。崔云：婉順也。

〔一三〕【注】刑者，治之體，非我爲。【釋文】「治之」直吏反。

〔一四〕【注】禮者，世之所以自行耳，非我制。【疏】用刑法爲治，政之體本；以禮樂爲御，物之羽儀。

〔一五〕【注】知者，時之動，非我唱。

〔一六〕【注】德者，自彼所循，非我作。【疏】循，順也。用智照機，不失時候；以德接物，俯順物情。以前略標，此以下解釋也。【釋文】「爲循」本亦作脩，兩得。○俞樾曰：陸氏以爲兩得，非。下文與有足者至于丘也，自〔以〕作循爲是。説文：循，順行也。若作脩則無義矣。○慶藩案作（脩）〔循〕是也。廣雅：循，述也。詩邶風傳：述，循也。隸書循脩字易混。易繫辭損德之脩也，釋文：馬作循。晉語曚瞍脩聲，王制正義作循聲。史記商君傳湯武不循古而王，索隱：商君書作脩古。管子九守篇循名而督實，今本譌作脩。皆其例。

〔一七〕【注】任治之自殺，故雖殺而寬。【疏】綽，寬也。所以用刑法爲治體者，以殺止殺，殺一懲萬，故雖殺而寬簡。是以惠者民之讐，法者民之父。【釋文】「綽乎」昌略反。崔本作淖。

〔一八〕【注】順世之所行，故無不行。【疏】禮雖忠信之薄，而爲御世之首，故不學禮無以立，非禮勿動，非禮勿言，人而無禮，胡不遄死。是故禮之於治，要哉！羽翼人倫，所以大行於世者也。

〔一九〕【注】夫高下相受，不可逆之流也；小大相羣④，不得已之勢也；曠然無情，羣知之府也。承百流之會，居師人之極者，奚爲哉？任時世之知，委必然之事，付之天下而已。【疏】隨機感以接物，運至知以應時，理無可視聽之色聲，事有不得已之形勢。故爲宗師者，曠然無懷，付之羣智，居必然之會，乘之以游者也。

〔二〇〕【注】丘者，所以本也；以性言之，則性之本也。夫物各有足，足於本也。付羣德之自循，斯與有足者至於本也，本至而理盡矣。【疏】丘，本也。以德接物，順物之性，性各有分，止分而足。順其本性，故至於丘也。○家世父曰：孔安國云，九州之志，謂之九丘，莊子則陽篇亦云丘里之言，是凡所居曰丘，顓頊遺墟，謂之帝丘。有足而能行，終必反其所居。循禮者，若所居之安，有足而必至也。

〔二一〕【注】凡此皆自彼而成，成之不在己，則雖處萬機之極，而常閒暇自適，忽然不覺事之經身，悗然不識言之在口。而人之大迷，真謂至人之爲勤行者也。【疏】夫至人者，動若行雲，止若谷神，境智洞忘，虛心玄應，豈有懷於爲物，情係於拯救者乎！而凡俗之人，觸塗封執，見舟航庶品，亭毒羣生，實謂聖人勤行不怠。詎知汾水之上，凝淡窅然？故〔前〕文云孰肯以物爲事也。【釋文】「常閒」音閑。

〔二二〕【注】常無心而順彼，故好與不好，所善所惡，與彼無二也。【疏】既忘懷於美惡，亦遺蕩於愛憎。故好與弗好，出自凡情，而聖智虛融，未嘗不一。

〔二三〕【注】其一也，天徒也；其不一也，人徒也。夫真人同天人，均彼我，不以其一異乎不一。【疏】其一，聖智也；其不一，凡情也。既而凡聖不二，故不一皆一之也。

〔二四〕【注】無有而不一者，天也。

〔二五〕【注】彼彼而我我者，人也。【疏】同天人，齊萬致，與玄天而爲類也。彼彼而我我，將凡庶而爲徒也。

〔二六〕【注】夫真人同天人，齊萬致。萬致不相非，天人不相勝，故曠然無不一，冥然無不在⑤，而玄同彼我也。【疏】雖復天無彼我，人有是非，確然論之，咸歸空寂。若使天勝人劣，豈謂齊乎！此又混一天人，冥同勝負。體此趣者，可謂真人者也。

〔校〕①闕誤引文如海成玄瑛張君房本喜乎作喜也。②又引文成張本重崔字，已乎作已也。③又世乎作世也。④趙諫議本羣作君。⑤宋本在作任。

死生，命也，其有夜旦之常，天也〔一〕。人之有所不得與，皆物之情也〔二〕。彼特以

天爲父，而身猶愛之，而況其卓乎〔三〕！人特以有君爲愈乎己，而身猶死之，而況其真乎〔四〕！

〔一〕【注】其有晝夜之常，天之道也。故知死生者命之極，非妄然也，若夜旦耳，奚所係哉！【疏】夫旦明夜闇，天之常道；死生來去，人之分命。天不能無晝夜，人焉能無死生。故任變隨流，我將於何係哉！【釋文】「夜旦」如字。崔本作靼，音怛。

〔二〕【注】夫真人在晝得晝，在夜得夜。以死生爲晝夜，豈有所不得！人之有所不得而憂娱在懷，皆物情耳，非理也。【疏】夫死生晝夜，人天常道，未始非我，何所係哉！而流俗之徒，逆於造化，不能安時處順，與變俱往，而欣生惡死，哀樂存懷。斯乃凡物之滯情，豈是真人之通智也！

〔三〕【注】卓者，獨化之謂也。夫相因之功，莫若獨化之至也。故人之所因者，天也；天之所生者，獨化也。人皆以天爲父，故晝夜之變，寒暑之節，猶不敢惡，隨天安之。況乎卓爾獨化，至於玄冥之境，又安得而不任之哉！既任之，則死生變化，惟命之從也。【疏】卓者，獨化之謂也。彼之衆人，稟氣蒼旻，而獨以天爲父，身猶愛而重之，至於晝夜寒温，不能返逆。況乎至道窈冥之鄉，獨化自然之境，生天生地，開闢陰陽，適可安而任之，何得拒而不順也！【釋文】「其卓」中學反。○慶藩案卓之言超也，絕也，獨也。字同逴，廣雅：逴，絕。一作逴，玉篇：敕角切，蹇也。蹇者獨任一足，故謂之逴。李善西都賦注：逴躒，猶超絕也。匡謬正俗：逴者，謂超踰不依次第。又作踔。漢書河間獻王傳踔爾不羣，說苑君道篇踔然獨立。依說文當作𥝩。禾部：𥝩，特止。徐鍇〔曰〕：特止，卓〔止〕〔立〕也。卓趠逴踔𥝩，古同聲通用。「敢惡」烏路反。「之竟」音境。

〔四〕【注】夫真者，不假於物而自然也。夫自然之不可避，豈直君命而已哉！【疏】愈，猶勝也。其真則向之獨化者也。人獨以君王爲勝己尊貴，尚殞身致命，不敢有避，而況玄道至極，自然之理，欲不從順，其可得乎！安排委化，固其宜矣。

泉涸，魚相與處於陸，相呴以濕，相漹①以沫，不如相忘於江湖〔一〕。與其譽堯而非桀也，不如兩忘而化其道〔二〕。夫大塊載我以形，勞我以生，佚我以老，息我以死〔三〕。故善吾生者，乃所以善吾死也〔四〕。

〔一〕【注】與其不足而相愛，豈若有餘而相忘！【疏】此起譬也。江湖浩瀚，游泳自在，各足深水，無復往還，彼此相忘，恩情斷絕。洎乎泉源旱涸，鱣鮪困苦，共處陸地，頳尾曝腮。於是吐沫相濡，呴氣相濕，恩愛往來，更相親附，比之江湖，去之遠矣。亦猶大道之世，物各逍遥，雞犬聲聞，不相來往。淳風既散，澆浪漸興，從理生教，聖迹斯起；矜蹩躠以爲仁，踶跂以爲義，父子兄弟，懷情相欺。聖人羞之，良有以也。故知魚失水所以呴濡，人喪道所以親愛之者也。【釋文】「泉涸」户各反，郭户格反。爾雅云：竭也。「相呴」況于、況付二反。「相漹」本又作濡，音儒，或一音如戍反。「以沫」音末。「相忘」音亡。下同。

〔二〕【注】夫非譽皆生於不足。故至足者，忘善惡，遺死生，與變化爲一，曠然無不適矣，又安知堯桀之所在耶！【疏】此合喻。夫唐堯聖君，夏桀庸主，故譽堯善而非桀惡，祖述堯舜以勗將來，仁義之興，自兹爲本也。豈若無善無惡，善惡兩忘；不是不非，是非雙遣！然後出生入死，隨變化而遨遊；莫往莫來，履玄道而自得；豈與夫呴濡聖跡，同年而語哉！【釋文】「譽堯」音餘。注同。

〔三〕【注】夫形生老死，皆我也。故形爲我載，生爲我勞，老爲我佚，死爲我息，四者雖變，未始非我，我奚惜哉！【疏】大塊者，自然也。夫形是構造之物，生是誕育之始，老是耆艾之年，死是氣散之日。但運載有形，生必勞苦；老既無能，暫時閒逸；死滅還無，理歸停憩；四者雖變而未始非我，而我坦然何所惜耶！【釋文】「大塊」苦怪反，又苦對反，徐胡罪反。○慶藩案文選郭景純江賦注引司馬云：大塊，自然也。釋文闕。「佚我」音逸。

〔四〕【注】死與生，皆命也。無善則死，有善則生，不獨善也。故若以吾生爲善乎？則吾死亦善也。【疏】夫形生老死，皆我也。故以善吾生爲善者，吾死亦可以爲善矣。

〔校〕①趙諫議本作濡。

夫藏舟於壑，藏山於澤，謂之固矣〔一〕。然而夜半有力者負之而走，昧者不知也〔二〕。藏小大有宜，猶有所遯〔三〕。若夫藏天下於天下而不得所遯，是恒物之大情也〔四〕。特犯人之形而猶喜之。若人之形者，萬化而未始有極也〔五〕，其爲樂可勝計邪〔六〕！故聖人將遊於物之所不得遯而皆存〔七〕。善妖①善老，善始善終，人猶效之〔八〕，又況萬物之所係，而一化之所待乎〔九〕！

〔一〕【注】方言死生變化之不可逃，故先舉無逃之極，然後明之以必變之符，將任化而無係也。

【釋文】「於壑」火各反。

〔二〕【注】夫無力之力，莫大於變化者也；故乃揭天地以趨新，負山岳以舍故。故不暫停，忽已涉新，則天地萬物無時而不移也。世皆新矣，而自以爲故；舟日易矣，而視之若舊；山日更矣，而視之若前。今交一臂而失之，皆在冥中去矣。故向者之我，非復今我也。我與今俱往，豈常守故哉②！而世莫之覺，横謂今之所遇可係而在，豈不昧哉！【疏】夜半闇冥，以譬真理玄邃也。有力者，造化也。夫藏舟船於海壑，正合其宜；隱山岳於澤中，謂之得所。然而造化之力，擔負而趨；變故日新，驟如逝水。凡惑之徒，心靈愚昧，真謂山舟牢固，不動巋然。豈知冥中貿遷，無時暫息。昨我今我，其義亦然也。○俞樾曰：山非可藏於澤，且亦非有力者所能負之而走，其義難通。山，疑當讀爲汕。爾雅釋器，罺謂之汕。詩南有嘉魚篇毛傳曰：汕，汕樔也，箋云：今之撩罟也。藏舟藏汕，疑皆以漁者言，恐爲人所竊，故藏之，乃世俗常有之事，故莊子以爲喻耳。○家世父曰：壑可以藏舟，澤之大可以藏山。然而大化之運行無窮，舉天地萬物，日夜推移，以舍故而即新，而未稍有止息。水負舟而立，水移即舟移矣；氣負山而行，氣運即山運矣。夜半者，惟行於無象無兆之中，而人莫之見也。○

之固；有力者或能取之。釋文闕。【釋文】「乃揭」其列、其謁二反。

慶藩案文選江文通雜體詩注引司馬云：舟，水物；山，陸居者。藏之壑澤，非人意所求，謂

〔三〕【注】不知與化爲體，而思藏之使不化，則雖至深至固，各得其所宜，而無以禁其日變也。故夫藏而有之者，不能止其遯也；無藏而任化者，變不能變也。【疏】遁，變化也。藏舟於壑，藏山於澤，此藏大也；藏人於室，藏物於器，此藏小也。然小大雖異而藏皆得宜，猶念念遷流，新新移改。是知變化之道，無處可逃也。

〔四〕【注】無所藏而都任之，則與物無不冥，與化無不一。故無外無内，無死無生，體天地而合變化，索所遯而不得矣。此乃常存之大情，非一曲之小意。【疏】恒，常也。夫藏天下於天下者，豈藏之哉？蓋無所藏也。故能一死生，冥變化，放縱寰宇之中，乘造物以遨遊者，斯藏天下於天下也。既變所不能變，何所遯之有哉！此乃體凝寂之人物，達大道之真情，豈流俗之迷徒，運人間之小智耶！【釋文】「索所」所百反。

〔五〕【注】人形乃③是萬化之一遇耳，未足獨喜也。無極之中，所遇者皆若人耳，豈特人形可喜而餘物無樂耶！○慶藩案文選賈長沙（鵩）〔鵬〕④鳥賦注引司馬云：當復化而爲無。釋文闕。

【釋文】「無樂」音洛。下及注同。

〔六〕【注】本非人而化爲人，化爲人，失於故矣。失故而喜，喜所遇也。變化無窮，何所不遇！所遇而樂，樂豈有極乎！【疏】特，獨也。犯，遇也。夫大冶洪鑪，陶鑄羣品，獨遇人形，遂以

爲樂。如人形者，其貌類無窮，所遇即喜，喜亦何極！是以唯形與喜，不可勝計。【釋文】「可勝」音升。

〔七〕【注】夫聖人遊於變化之塗，放於日新之流，萬物萬化，亦與之萬化，化者無極，亦與之無極，誰得遯之哉！夫於生爲亡而於死爲存，則何時而非存哉！【疏】夫物不得遯者，自然也，孰能逃於自然之道乎！是故聖人遊心變化之塗，放任日新之境，未始非我，何往不存耶！

〔八〕【注】此自均於百年之内，不善少而否老，未能體變化，齊死生也。然其平粹，猶足以師人也。

【釋文】「善妖」崔本作狡，同。古卯反。本又作夭，於表反。簡文於橋反，云：異也。○盧文弨曰：今本作夭。○慶藩案妖字，正作夭。夭妖古通用。史記周本紀後宮童妾所棄妖子，徐廣曰：妖，一作夭。崔氏作狡，非也。「善少」詩照反。「否老」音鄙。本亦作鄙。「平粹」雖遂反。

〔九〕【注】此玄同萬物而與化爲體，故其爲天下之所宗也，不亦宜乎！【疏】係，屬也。夫人之識性，明暗不同。自有百年之中，一生之内，從容平淡，鮮有欣慼，至於壽夭老少，都不介懷。雖未能忘生死，但復無嫌惡，猶足以爲物師傅，人放效之。而況混同萬物，冥一變化。屬在至人，必資聖知，爲物宗匠，不亦宜乎！

〔校〕①世德堂本妖作夭，闕誤引張君房本作少。②趙諫議本無哉字。③趙本乃作方。④鵬字依文選改。

夫道，有情有信，无爲无形〔一〕；可傳而不可受〔二〕，可得而不可見〔三〕；自本自根，未有天地，自古以固存〔四〕；神鬼神帝，生天生地〔五〕；在太極之先而不爲高，在六極之下而不爲深，先天地生而不爲久，長於上古而不爲①老〔六〕。狶韋氏得之，以挈天地〔七〕；伏戲氏得之，以襲氣母〔八〕；維斗得之，終古不忒〔九〕；日月得之，終古不息〔一〇〕；堪坏得之，以襲崑崙〔一一〕；馮夷得之，以遊大川〔一二〕；肩吾得之，以處大山〔一三〕；黄帝得之，以登雲天〔一四〕；顓頊得之，以處玄宫〔一五〕；禺强得之，立乎北極〔一六〕；西王母得之，坐乎少廣，莫知其始，莫知其終〔一七〕；彭祖得之，上及有虞，下及五伯〔一八〕；傅説得之，以相武丁，奄有天下，乘東維，騎箕尾，而比於列星〔一九〕。

〔一〕【注】有無情之情，故無爲也；有無常之信，故無形也。【疏】明鑒洞照，有情也。趣機若響，有信也。恬淡寂寞，無爲也。視之不見，無形也。

〔二〕【注】古今傳而宅之，莫能受而有之。【釋文】「可傳」直專反。注同。

〔三〕【注】咸得自容，而莫見其狀。【疏】寄言詮理，可傳也。體非量數，不可受也。方寸獨悟，可得也。離於形色，不可見也。

〔四〕【注】明無不待有而無也。【疏】自，從也。存，有也。虚通至道，無始無終。從（本）〔古〕②以來，未有天地，五氣未兆，大道存焉。故老經云有物混成，先天地生；又云迎之不見其首，隨之不見其後者也。

〔五〕【注】無也，豈能生神哉？不神鬼帝而鬼帝自神，斯乃不神之神也；不生天地而天地自生，斯乃不生之生也。故夫神③之果不足以神，而不神則神矣，功何足有，事何足恃哉！【疏】言大道能神於鬼靈，神於天帝，開明三景，生立二儀，至無之力，有兹功用。斯乃不神而神，不生而生，非神之而神，生之而生者也。故老經云天得一以清，神得一以靈也。

〔六〕【注】言道之無所不在也，故在高爲無高，在深爲無深，在久爲無久，在老爲無老，無所不在，而所在皆無也。且上下無不格者，不得以高卑稱也；外内無不至者，不得以表裏名也；與化俱移者，不得言久也；終始常無者，不可謂老也。【疏】太極，五氣也。六極，六合也。且道在五氣之上，不爲高遠；在六合之下，不爲深邃；先天地生，不爲長久；長於敻古，不爲耆艾。言非高非深，非久非老，故道無不在而所在皆無者也。【釋文】「在大極」音泰。「之先」一本作之先未，崔本同。○盧文弨曰：今本作一本作先之，無未字。「先天」悉薦反。「長於」丁丈反。「稱也」尺證反。

〔七〕【疏】狶韋氏，文字已前遠古帝王號也。得靈通之道，故能驅馭羣品，提挈二儀。又作契字者，契，合也，言能混同萬物，符合二儀者也。【釋文】「狶韋氏」許豈反，郭褚伊反。李音豕。司馬云：上古帝王名。「以挈」徐苦結反，郭苦係反。司馬云：要也，得天地要也。崔云：成也。

〔八〕【疏】伏戲，三皇也，能伏牛乘馬，養伏犧牲，故謂之伏犧也。襲，合也。氣母者，元氣之母，應道也。爲得至道，故能畫八卦，演六爻，調陰陽，合元氣也。【釋文】「伏戲」音羲。崔本作伏戲氏。「以襲氣母」司馬云：襲，入也。氣母，元氣之母也。崔云：取元氣之本。

〔九〕【疏】維斗，北斗也，爲衆星綱維，故謂之維斗。忒，差也。古，始也。得於至道，故歷於終始，維持天地，心無差忒。【釋文】「維斗」李云：北斗，所以爲天下綱維。○盧文弨曰：今本天下作天之。「終古」崔云：終古，久也。鄭玄注周禮云：終古，猶言常也。「不忒」它得反，差也。崔本作代。

〔一〇〕【疏】日月光證於一道，故得終始照臨，竟無休息者也。

〔一一〕【疏】崐崙，山名也，在北海之北。堪坏，崐崙山神名也。襲，入也。堪坏人面獸身，得道入崐崙山爲神也。【釋文】「堪坏」徐扶眉反，郭孚杯反。崔作邳。司馬云：堪坏，神名，人面獸形。淮南作欽負。「崐崙」崐，或作峎，同。音昆。下力門反。崐崙，山名。

〔一二〕【疏】姓馮，名夷，弘農華陰潼鄉堤首里人也，服八石，得水仙。大川，黄河也。天帝錫馮夷爲河伯，故游處盟津大川之中也。【釋文】「馮夷」司馬云：清泠傳曰：馮夷，華陰潼鄉堤首人也。服八石，得水仙，是爲河伯。一云以八月庚子浴於河而溺死，一云渡河溺死。「大川」河也。崔本作泰川。

〔一三〕【疏】肩吾，神名也。得道，故處東岳爲太山之神。【釋文】「肩吾」司馬云：山神，不死，至孔子時。「大山」音泰，又如字。

〔一四〕【疏】黄帝，軒轅也。採首山之銅，鑄鼎於荆山之下，鼎成，有龍垂於鼎以迎帝，帝遂將羣臣及後宫七十二人，白日乘雲駕龍，以登上天，仙化而去。【釋文】「黄帝」崔云：得道而上天也。

〔一五〕【疏】顓頊，(皇)〔黄〕帝之孫，即帝高陽也，亦曰玄帝。年十二而冠，十五佐少昊，二十即位。採羽山之銅爲鼎，能召四海之神，有靈異。年九十七崩，得道，爲北方之帝。玄者，北方之色，故處於玄宫也。【釋文】「顓頊」音專。下許玉反。「玄宫」李云：顓頊，帝高陽氏。玄宫，北方宫也。月令曰：其帝顓頊，其神玄冥。

〔一六〕【疏】禺强，水神名也，亦曰禺京。人面鳥身，乘龍而行，與顓頊並軒轅之胤也。雖復得道，不居帝位而爲水神。水位北方，故位號北極也。【釋文】「禺强」音虞，郭語龍反。司馬云：山海經曰：北海之渚有神，人面鳥身，珥兩青蛇，踐兩赤蛇，名禺强。崔云：大荒經曰：北海之神，名曰禺强，靈龜爲之使。歸藏曰：昔穆王子筮卦於禺强。案海外經云：北方禺强，黑身手足，乘兩龍。郭璞以爲水神，人面鳥身。簡文云：北海神也，一名禺京，是黄帝之孫也。

〔一七〕【疏】少廣，西極山名也。王母，太陰之精也，豹尾，虎齒，善笑。舜時，王母遣使獻玉環，漢武帝時，獻青桃。顔容若十六七女子，甚端正，常坐西方少廣之山，不復生死，故莫知始終也。

【釋文】「西王母」山海經云：狀如人，狗尾，蓬頭，戴勝，善嘯，居海水之涯。漢武内傳云：西王母與上元夫人降帝，美容貌，神仙人也。「少廣」司馬云：穴名。崔云：山名。或云，西方空界之名。

〔一八〕【疏】彭祖，帝顓頊之玄孫也。封於彭城，其道可祖，故稱彭祖，善養性，得道者也。五伯者，昆吾爲夏伯，大彭豕韋爲殷伯，齊桓晉文爲周伯，合爲五伯。而彭祖得道，所以長年，上至有虞，下及殷周，凡八百年也。【釋文】「彭祖」解見逍遥篇。崔云：壽七百歲。或以爲仙，不死。「五伯」如字。又音霸。崔李云：夏伯昆吾，殷大彭豕韋，周齊桓晉文。

〔一九〕【注】道，無能也。此言得之於道，乃所以明其自得耳。自得耳，道不能使之得也；我之未得，又不能爲得也。然則凡得之者，外不資於道，内不由於己，掘然自得而獨化也。夫生之難也，猶獨化而自得之矣，既得其生，又何患於生之不得而爲之哉！故夫④爲生果不足以全生，以其生之不由於己爲也，而爲之則傷其真生也。【疏】武丁，殷王名也，號曰高宗。高宗夢得傅説，使求之天下，於陝州河北縣傅〔嚴〕〔巖〕板築之所而得之，相於武丁，奄然清泰。傅説，星精也。而傅説一星在箕尾上，然箕尾則是二十八宿之數，維持東方，故言乘東維、騎箕尾；而與角亢等星比並行列，故言比於列星也。【釋文】「傅説」音悦。「得之以相」息亮反。「武丁奄有天下乘東維騎箕尾而比於列星」司馬云：傅説，殷相也。武丁，殷王高宗也。東維，箕斗之間，天漢津之東維也。星經曰：傅説一星在尾上，言其乘東維，騎箕尾之間也。崔云：傅說死，其精神乘東維，託龍尾，乃列宿。今尾上有傅說星。崔本此下更有其生無父母，死登假三年而形遯，此言神之無能名者也，凡二十二字。「掘然」其勿反。

〔校〕①世德堂本無爲字。②古字依正文改。③世德堂本神作人。④世德堂本無夫字。

南伯子葵問乎女偊曰：「子之年長矣，而色若（⿰子專）〔孺〕子，何也〔一〕？」

〔一〕【疏】葵當爲綦字之誤，猶人間世篇中南郭子綦也。女偊，古之懷道人也。孺子，猶稚子也。女偊久聞至道，故能攝衞養生，年雖老，猶有童顏之色，駐彩之狀。既異凡人，是故子葵問其何以致此也。【釋文】「南伯子葵」李云：葵當爲綦，聲之誤也。「女偊」徐音禹，李音矩。一云，是婦人也。「年長」張丈反。○盧文弨曰：今本作丁丈反，與前後同。「⿰子專子」本亦作孺，如喻反。李云：弱子也。○盧文弨曰：今本作孺，是正體。

曰：「吾聞道矣〔一〕。」

〔一〕【注】聞道則任其自生，故氣色全也。【疏】答云：聞道故得全生，是以反少還童，色如稚子。

南伯子葵曰：「道①可得學邪〔一〕？」

〔一〕【疏】覩其容色，既異常人，心懷景慕，故詢其方術也。

〔校〕①趙諫議本無道字。

曰：「惡！惡可！子非其人也〔一〕。夫卜梁倚有聖人之才而无聖人之道，我有聖人之道而无聖人之才〔二〕，吾欲以教之，庶幾其果爲聖人乎！不然，以聖人之道告聖人之才，亦易矣。吾猶守而告之〔三〕，參日而後能外天下〔四〕；已外天下矣，吾又守之，七日而後能外物〔五〕；已外物矣，吾又守之，九日而後能外生〔六〕；已外生矣，而後能朝徹〔七〕；朝徹，而後能見獨〔八〕；見獨，而後能无古今〔九〕；无古今，而後能入於不死不生〔一〇〕。殺①生者不死，生生者不生〔一一〕。其爲物，無不將也〔一二〕，無不迎也〔一三〕；無不毀也〔一四〕，無不成也〔一五〕。其名爲攖寧〔一六〕。攖寧也者，攖而後成者也〔一七〕。」

〔一〕【疏】惡惡可，言不可也。女偊心神内靜，形色外彰。子葵見(有)〔其〕容貌，欣然請學。嫌其所問，故抑之謂非其人也。【釋文】「惡惡可」並音烏。下惡乎同。

〔二〕【疏】卜梁，姬姓也，倚，名也。虛心凝淡爲道，智用明敏爲才。言梁有外用之才而無内凝之道，女偊有虛淡之道而無明敏之才，各滯一邊，未爲通美。然以才方道，才劣道勝也。【釋文】「卜梁倚」魚綺反，又其綺反。李云：卜梁，姓；倚，名。

〔三〕【疏】庶，慕也。幾，近也。果，決也。夫上士聞道，猶藉勤行，若不勤行，道無由致。是故雖蒙教誨，必須修學，慕近玄道，決成聖人。若其不然，告示甚易，爲須修守，所以成難。然女偊久聞至道，内心凝寂，今欲傳告，猶自守之。況在初學，無容懈怠，假令口説耳聞，蓋亦何益。是以非知之難，行之難也。【釋文】「亦易」以豉反。

〔四〕【注】外，猶遺也。【疏】外，遺忘也。夫爲師不易，傳道極難。方欲教人，故凝神靜慮，修而守之，凡經三日。心既虛寂，萬境皆空，是以天下地上，悉皆非有也。【釋文】「參日」音三。

〔五〕【注】物者，朝夕所須，切己難忘。【疏】天下萬境疏遠，所以易忘；資身之物親近，所以難遺。守經七日，然後遺之。故郭注云，物者朝夕所須，切己難忘者也。

〔六〕【注】都遺也。【疏】隳體離形，坐忘我喪，運心既久，遺遺漸深也。

〔七〕【注】遺生則不惡死，不惡死故所遇即安，豁然無滯，見機而作，斯朝徹也。【疏】朝，旦也。徹，明也。死生一觀，物我兼忘，惠照豁然，如朝陽初啓，故謂之朝徹也。【釋文】「能朝」如字。李除遥反。下同。「徹」如字。郭司馬云：朝，旦也。徹，達妙之道。李云：夫能洞照，不崇朝而遠徹也。「不惡」烏路反。下同。「豁然」喚活反。

〔八〕【注】當所遇而安之，忘先後之所接，斯見獨者也。【疏】夫至道凝然，妙絶言象，非無非有，不古不今，獨往獨來，絶待絶對。覩斯勝境，謂之見獨。故老經云寂寞而不改。

〔九〕【注】與獨俱往。【疏】任造物之日新，隨變化而俱往，不爲物境所遷，故無古今之異。

〔一〇〕【注】夫係生故有死，惡死故有生。是以無係無惡，然後能無死無生。【疏】古今，會也。夫時有古今之異，法有生死之殊者，此蓋迷徒倒置之見也。時既運運新新，無今無古，故法亦不去不來，無死無生者也。會斯理者，其唯女偊之子耶！

〔一一〕【疏】殺，滅也；死，亦滅也。謂此死者未曾滅，謂此生者未曾生。既死既生，能入於無死無生，故體於法，無生滅也。法既不生不滅，而情亦何欣何惡耶！任之而無不適也。【釋文】「殺生者不死」李云：殺，猶亡也，亡生者不死也。崔云：除其營生爲殺生。「生生者不生」李云：矜生者不生也。崔云：常營其生爲生生。

〔一二〕【注】任其自將，故無不將。

〔一三〕【注】任其自迎，故無不迎。【疏】將，送也。夫道之爲物，拯濟無方，雖復不滅不生，亦而生而滅，是以迎無窮之生，送無量之死也。

〔一四〕【注】任其自毁，故無不毁。

〔一五〕【注】任其自成，故無不成。【疏】不送而送，無不毁滅；不迎而迎，無不生成也。

〔一六〕【注】夫與物冥者，物縈亦縈，而未始不寧也。【疏】攖，擾動也。寧，寂静也。夫聖人慈惠，道濟蒼生，妙本無名，隨物立稱，動而常寂，雖攖而寧者也。【釋文】「攖」郭音縈，徐於營反，李於盈反。崔云：有所繫著也。○家世父曰：趙岐孟子注：攖，迫也。物我生死之見迫於中，將迎成毁之機迫於外，而一無所動，其心乃謂之攖寧。置身紛紜蕃變交争互觸之地，而心固寧焉，則幾於成矣，故曰攖而後成。

〔一七〕【注】物縈而獨不縈，則敗矣。故縈而任之，則莫不曲成也②。【疏】既能和光同塵，動而常寂，然後隨物攖擾，善貸生成也。

〔校〕①闕誤引江南古藏本殺上有故字。②世德堂本也作矣。

南伯子葵曰：「子獨惡乎聞之〔一〕？」

〔一〕【疏】子葵怪女偊之談，其道高妙，故問「子於何處獨得聞之」？自斯已下，凡有九重，前六約教，後三據理，並是女偊告示子葵之辭也。

曰：「聞諸副墨之子〔一〕，副墨之子聞諸洛誦之孫〔二〕，洛誦之孫聞之瞻明〔三〕，瞻明聞之聶許〔四〕，聶許聞之需役〔五〕，需役聞之於謳〔六〕，於謳聞之玄冥〔七〕，玄冥聞之參寥〔八〕，參寥聞之疑始〔九〕。」

〔一〕【疏】諸，之也。副，副貳也。墨，翰墨也；翰墨，文字也。理能生教，故謂文字爲副貳也。夫魚必因筌而得，理亦因教而明，故聞之翰墨，以明先因文字得解故也。【釋文】「副墨」李云：可以副貳玄墨也。崔云：此已下皆古人姓名，或寓之耳，無其人。

〔二〕【疏】臨本謂之副墨，背文謂之洛誦。初既依文生解，所以執持披讀；次則漸悟其理，是故羅洛誦之。且教從理生，故稱爲子；而誦因教起，名之曰孫也。【釋文】「洛誦」李云：誦，通也。苞洛無所不通也。

〔三〕【疏】瞻，視也，亦至也。讀誦精熟，功勞積久，漸見至理，靈府分明。【釋文】「瞻明」音占。李云：神明洞徹也。

〔四〕【疏】聶，登也，亦是附耳私語也。既誦之稍深，因教悟理，心生歡悅，私自許當，附耳竊私語也。既聞於道，未敢公行，亦是漸登勝妙玄情者也。【釋文】「聶許」徐乃攝反。李云：許，與也。攝而保之，無所施與也。

〔五〕【疏】需，須也。役，用也，行也。雖復私心自許，智照漸明，必須依教遵循，勤行勿怠。懈而不行，道無由致。【釋文】「需役」徐音須，李音儒，云：儒弱爲役也。王云：需，待也。役，亭毒也。

〔六〕【疏】謳，歌謡也。既因教悟理，依解而行，遂使盛惠顯彰，謳歌滿路也。【釋文】「於」音烏，又如字。「謳」徐烏侯反。李香于反，云：謳，煦也，欲化之貌。王云：謳，歌謡也。

〔七〕【注】玄冥者，所以名無而非無也。【疏】玄者，深遠之名也。冥者，幽寂之稱。既德行内融，芳聲外顯，故漸階虚極，以至於玄冥故也。【釋文】「玄冥」李云：强名曰玄，視之冥然。向郭云：所以名無而非無也。

〔八〕【注】夫階名以至無者，必得無於名表。故雖玄冥猶未極，而又推寄於參寥，亦是玄之又玄也。【疏】參，三也。寥，絶也。一者絶有，二者絶無，三者非有非無，故謂之三絶也。夫玄冥之境，雖妙未極，故至乎三絶，方造重玄也。【釋文】「參」七南反。「寥」徐力彫反。李云：參，高也。高邈寥曠，不可名也。

〔九〕【注】夫自然之理，有積習而成者。蓋階近以至遠，研粗以至精，故乃七重而後及無之名，九重而後疑無是始也。【疏】始，本也。夫道，超此四句，離彼百非，名言道斷，心知處滅，雖復三絕，未窮其妙。而三絕之外，道之根本，(而)〔所〕謂重玄之域，衆妙之門，意亦難得而差言之矣。是以不本而本，本無所本，疑名爲本，亦無的可本，故謂之疑始也。【釋文】「疑始」李云：又疑無是始，則始非無名也。「研粗」七胡反。「七重」直龍反。下同。

子祀子輿子犁子來四人相與語曰：「孰能以无爲首，以生爲脊，以死爲尻，孰知死生存亡之一體者，吾與之友矣。」〔一〕四人相視而笑，莫逆於心，遂相與爲友〔二〕。

〔一〕【疏】子祀四人，未詳所據。觀其心跡，並方外之士，情同淡水，共結素交，敍莫逆於虛玄，述忘言於至道。夫人起自虛無，無則在先，故以無爲首；從無生有，生則居次，故以生爲脊；既生而死，死最居後，故以死爲尻；亦故然也。尻首離別，本是一身；而死生乃異，源乎一體。能達斯趣，所遇皆適，豈有存亡欣惡於其間哉！誰能知是，我與爲友也。【釋文】「子祀」崔云：淮南作子永，行年五十四而病傴僂。○慶藩案崔本作子永，是也。今本淮南精神篇作子求，與崔所見本異。顧千里曰：求當作永。抱朴子博喻篇曰子永歎天倫之偉，字正作永。永求形近，經傳中互誤者，不可枚舉。「子輿」本又作與，音餘。「子犁」禮兮反。「爲尻」苦羔反。

〔二〕【疏】目擊道存，故相見而笑；同順玄理，故莫逆於心也。

俄而子輿有病，子祀往問之〔一〕。曰：「偉哉夫造物者，將以予爲此拘拘也〔二〕！

曲僂發背，上有五管，頤隱於齊，肩高於頂，句贅指天。」陰陽之氣有沴〔三〕，其心閒而无事〔四〕，跰𨇤而鑑於井，曰：「嗟乎！夫造物者又將以予爲此拘拘也〔五〕！」

〔一〕【疏】友人既病，須往問之，任理而行，不乖於方外也。

〔二〕【疏】偉，大也。造物，猶造化也。拘拘，攣縮不申之貌也。夫洪鑪大冶，造物無偏，豈獨將我一身故爲拘攣之疾！以此而言，無非命也。子輿達理，自歎此辭也。【釋文】「偉哉」韋鬼反。向云：美也。崔云：自此至鑑於井，皆子祀自說病狀也。「拘拘」郭音駒。司馬云：體拘攣也。王云：不申也。

〔三〕【注】沴，陵亂也。【疏】傴僂曲腰，背骨發露。既其俯而不仰，故藏腑並在上，頭低則頤隱於臍，(膊)〔髆〕聳則肩高於頂，而咽項句曲，大挺如贅。陰陽二氣，陵亂不調，遂使一身，遭斯疾篤。【釋文】「曲僂」徐力主反。「於頂」本亦作項。崔本作釘，音項。○盧文弨曰：舊作釘，音頂。今本作缸，音項。據宋本釘音項，疑釘爲缸之譌，參酌改正。「句」俱樹反，徐古侯反。「贅」徐之稅反。「指天」李云：句贅，項椎也。其形似贅，言其上向也。「有沴」音麗，徐又徒顯反。郭奴結反，云：陵亂也。李同。崔本作湮，云：滿也。

〔四〕【注】不以爲患。【疏】死生猶爲一體，疾患豈復嬰懷！故雖曲僂拘拘，而心神閒逸，都不以爲事。【釋文】「其心閒」音閑。崔以其心屬上句。

〔五〕【注】夫任自然之變者，無嗟也，與物嗟耳。【疏】跰𨇤，曳疾貌。言曳疾力行，照臨于井，既見己貌，遂使發傷嗟。尋夫大道自然，造物均等，豈偏於我，獨此拘攣？欲顯明物理，故寄茲嗟嘆也。【釋文】「跰𨇤」步田反，下悉田反。崔本作邊鮮。司馬云：病不能行，故跰𨇤也。「而鑑」古暫反。「曰嗟乎」崔云：此子輿辭。

子祀曰：「女惡之乎〔一〕？」

〔一〕【疏】淡水素交，契心方外，見其嗟嘆，故有驚疑。【釋文】「女惡」音汝。下同。下烏路反。

曰：「亡，予何惡〔一〕！浸假而化予之左臂以爲雞，予因以求時夜；浸假而化予之右臂以爲彈，予因以求鴞炙；浸假而化予之尻以爲輪，以神爲馬，予因以乘之，豈更駕哉！〔二〕且夫得者，時也〔三〕，失者，順也〔四〕；安時而處順，哀樂不能入也〔五〕。此古之所謂縣解也，而不能自解者，物有結之〔六〕。且夫物不勝天久矣，吾又何惡焉〔七〕！」

〔一〕【疏】亡，無也。存亡死生，本自無心。不嗟之嗟，何嫌惡之也！【釋文】「曰亡」如字。絶句。「予何惡」烏路反。下及注同。一音如字讀，則連亡字爲句。

〔二〕【注】浸，漸也。夫體化合變，則無往而不因，無因而不可也。【疏】假令陰陽二氣，漸而化我左右兩臂爲鷄爲彈，彈則求於鴞鳥，鷄則夜候天時。尻無識而爲輪，神有知而作馬，因漸漬而變化，乘輪馬以遨遊，苟隨任以安排，亦於何而不適者也。【釋文】「浸」子鴆反。向云：漸也。「予因以求時夜」一本無求字。「爲彈」徒旦反。「鴞」户驕反。「炙」章夜反。

〔三〕【注】當所遇之時，世謂之得。

〔四〕【注】時不暫停，順往而去，世謂之失。

〔五〕【疏】得者，生也，失者，死也。夫忽然而得，時應生也；倏然而失，順理死也。是以安於時則不欣於生，處於順則不惡於死。既其無欣無惡，何憂樂之入乎！【釋文】「哀樂」音洛。

〔六〕【注】一不能自解，則衆物共結之矣。故能解則無所不解，不解則無所而解也。【疏】處順忘時，蕭然無係，古昔至人，謂爲縣解。若夫當生慮死，而以憎惡存懷者，既内心不能自解，故爲外物結縛之也。【釋文】「縣」音玄。「解」音蟹。下及注同。(同)〔向〕①云：縣解，無所係也。

〔七〕【注】天不能無晝夜，我安能無死生而惡之哉！【疏】玄天在上，猶有晝夜之殊，況人居世間，焉能無死生之變！且物不勝天，非唯今日，我復何人，獨生憎惡！

〔校〕①向字依世德堂本及釋文原本改。

俄而子來有病，喘喘然將死，其妻子環而泣之〔一〕。子犁往問之，曰：「叱！避！无怛化〔二〕！」倚其户與之語曰：「偉哉造化！又將奚以汝爲，將奚以汝適？以汝爲鼠肝乎？以汝爲蟲臂乎？」〔三〕

〔一〕【疏】環，繞也。喘喘，氣息急也。子輿語訖，俄頃之間，子來又病，氣奔欲死。既將屬纊，故妻子繞而哭之也。【釋文】「喘喘」川轉反，又尺軟反。崔本作惴惴。「環而」如字。徐音患。李云：繞也。

〔二〕【注】夫死生猶寤寐耳，於理當寐，不願人驚之，將化而死亦宜，無爲怛之也。【疏】叱，訶聲也。夫方外之士，冥一死生，而朋友臨終，和光往問。故叱彼親族，令避傍近，正欲變化，不欲驚怛也。【釋文】「叱避」昌失反。「无怛」丁達反。崔本作靼，音怛。案怛，驚也。鄭衆注周禮考工記不能驚怛，是也。

〔三〕【疏】又，復也。奚，何也。適，往也。倚户觀化，與之而語。歎彼大造，弘普無私，偶爾爲人，忽然返化。不知方外適往何道，變作何物。將汝五藏爲鼠之肝，或化四支爲蟲之臂。任化而往，所遇皆適也。【釋文】「倚其」於綺反。「鼠肝」向云：委棄土壤而已。王云：取微蔑至賤。「蟲臂」臂，亦作腸。崔本同。

子來曰：「父母於子，東西南北，唯命之從。陰陽於人，不翅於父母〔一〕；彼近吾死而我不聽，我則悍①矣，彼何罪焉〔二〕！夫大塊載我以形，勞我以生，佚我以老，息我以死。故善吾生者，乃所以善吾死也〔三〕。今（之）②大冶鑄金，金踊躍曰『我且必爲鏌鋣』，大冶必以爲不祥之金。今一犯人之形，而曰『人耳人耳』，夫造化者必以爲不祥之人〔四〕。今一以天地爲大鑪，以造化爲大冶，惡乎往而不可哉〔五〕！」成③然寐，蘧然覺〔六〕。

〔一〕【注】自古或有能違父母之命者矣，未有能違陰陽之變而距晝夜之節者也。【疏】自此已下，是子來臨終答子犁之詞也。夫孝子侍親，尚驅馳唯命。況陰陽造化，何啻二親乎！故知違親之教，世或有焉；拒於陰陽，未之有也。【釋文】「不翅」徐詩知反。

〔二〕【注】死生猶晝夜耳，未足爲遠也。時當死，亦非所禁，而横有不聽之心，適足悍逆於理以速其死。其死之速，由於我悍，非死之罪也。彼，謂死耳；在生，故以死爲彼。【疏】彼，造化也。而造化之中，令我近死。我惡其死而不聽從，則是我拒陰陽，逆於變化。斯乃咎在於我，彼何罪焉！郭注以死爲彼也。【釋文】「彼近」如字。「則悍」本亦作捍，胡旦反。又音旱。説文云：捍，抵也。

〔三〕【注】理常俱也。【疏】此重引前文，證成彼義。斯言切當，所以再出。其解釋文意，不異前旨。

〔四〕【注】人耳人耳，唯願爲人也。亦猶金之踊躍，世皆知金之不祥，而不能任其自化。夫變化之道，靡所不遇，今一遇人形，豈故爲哉？生非故爲，時自生耳。務而有之，不亦妄乎！【疏】祥，善也。犯，遇也。鏌鋣，古之良劍名也。昔吴人干將爲吴王造劍，妻名鏌鋣，因名雄劍曰干將，雌劍曰鏌鋣。夫洪鑪大冶，鎔鑄金鐵，隨器大小，悉皆爲之。而鑪中之金，忽然跳躑，殷勤致請，願爲良劍。匠者驚嗟，用爲不善。亦猶自然大冶，彫刻衆形，鳥獸魚蟲，種種皆作。偶爾爲人，遂即欣愛，鄭重啓請，願更爲人，而造化之中，用爲妖孽也。【釋文】「我且」如字。徐子餘反。「鏌」音莫。「鋣」似嗟反。鏌鋣，劍名。

〔五〕【注】人皆知金之有係爲不祥，故明己之無異於金，則所係之情可解，可解則無不可也。【疏】夫用二儀造化，一爲鑪冶，陶鑄羣物，錘鍛蒼生，磅礴無心，亭毒均等，所遇斯適，何惡何欣，安排變化，無往不可也。【釋文】「大鑪」劣奴反。「惡乎」音烏。「可解」如字，下同。

〔六〕【注】寤寐自若，不以死生累心。【疏】成然是閒放之貌，蘧然是驚喜之貌。寐，寢也，以譬於死也。覺是寤也，以況於生。然寤寐雖殊，何嘗不從容逸樂；死生乃異，亦未始不任命逍遥。此總結子來以死生爲寤寐者也。【釋文】「成然」如字，崔同。李云：成然，縣解之貌。本或作戌，音恤。簡文云：當作滅。本又作眓，呼括反，視高貌。本亦作俄然。「蘧然」李音渠。崔本作據，又其據反。蘧然。有形之貌。「覺」古孝反。向崔本此下更有發然汗出一句，云：無係則津液通也。崔云：榮衛和通，不以化爲懼也。

〔校〕①趙諫議本悍作捍。②之字依世德堂本删。③闕誤引古本成作眓，云：眓音呼聒切，高視貌。又音烘，矇眓，不明。

子桑户孟子反子琴張三人相與友，曰：「孰能相與於无相與，相爲於无相爲〔一〕？孰能登天遊霧，撓挑無極〔二〕；相忘以生，无所終窮〔三〕？」三人相視而笑，莫逆於心，遂相與爲友〔四〕。

〔一〕【注】夫體天地，冥變化者①，雖手足異任，五藏殊官②，未嘗相與而百節同和，斯相與於無相與也；未嘗相爲而表裏俱濟，斯相爲於無相爲也。若乃役其心志以卹手足，運其股肱以營五藏，則相營愈篤而外內愈困矣。故以天下爲一體者，無愛爲於其間也。【疏】此之三人，並方外之士，冥於變化，一於死生，志行既同，故相與交友。仍各率乃誠，述其情致云：誰能於虛無自然而相與爲朋友乎？斯乃無與而與，無爲而爲，非爲之而爲，與之而與者也。猶如五藏六根，四肢百體，各有司存，更相御用，豈有心於相與，情係於親疏哉！雖無意於相爲，而相濟之功成矣。故於無與而相與周旋，於無爲而爲交友者，其義亦然乎耳。【釋文】「相與」如字。崔云：猶親也。或一音豫。「相爲」如字，或一音于僞反。「愛爲」于僞反。

〔二〕【注】無所不任。【疏】撓挑，猶宛轉也。夫登昇上天，示清高輕舉；遨遊雲霧，表不滯其中；故能隨變化而無窮，將造物而宛轉者也。【釋文】「撓」徐而少反，郭許堯反。「挑」徐徒了反，郭李徒堯反。又作兆。李云：撓挑，猶宛轉也，宛轉玄曠之中。簡文云：循環之名。

〔三〕【注】忘其生，則無不忘矣，故能隨變任化，俱無所窮竟。【疏】終窮，死也。相與忘生復忘死，死生混一，故順化而無窮也。

〔四〕【注】若然者豈友哉？蓋寄明至親而無愛念之近情也。【疏】得意忘言，故相視而笑；智冥於境，故莫逆於心。方外道同，遂相與爲友也。

〔校〕①世德堂本變作而，趙諫議本無夫字者字。②世德堂本官作管。趙本此兩句作雖手足五臟異殊。

莫然有閒而子桑户死，未葬。孔子聞之，使子貢往侍①事焉〔一〕。或編曲，或鼓琴，相和而歌〔二〕曰：「嗟來桑户乎！嗟來桑户乎！而已反其真，而我猶爲人猗〔三〕！」子貢趨而進曰：「敢問臨尸而歌，禮乎〔四〕？」

〔一〕【疏】莫，無也。三人相視，寂爾無言。俄頃之閒，子桑户死。仲尼聞之，使子貢往而弔，仍令供給喪事，將迎賓客。欲顯方外方内，故寄尼父琴張。【釋文】「莫然」如字。崔云：定也。「有閒」如字。崔李云：頃也。本亦作爲閒。○慶藩案有，釋文作爲。爲閒即有閒矣。古爲有義通。孟子滕文公篇，將爲君子焉，將爲野人焉，趙岐注：爲，有也，雖小國亦有君子野人也。又弟子憮然爲閒，注：爲閒，有頃之閒也。又盡心篇爲閒不用，注：爲閒，有閒也。又梁惠王篇善推其所爲而已矣，説苑貴德篇引孟子爲作有。燕策故不敢爲辭説，新序雜事篇爲作有。皆其證。

〔二〕【疏】曲，薄也。或編薄織簾，或鼓琴歌詠，相和歡樂，曾無慼容。所謂相忘以生，方外之至也。【釋文】「編曲」必連反，字林布千反，郭父殄反，史記甫連反。李云：曲，蠶薄。「相和」胡卧反。

〔三〕【注】人哭亦哭，俗内之跡也。齊死生，忘哀樂，臨尸能歌，方外之至也。【疏】嗟來，歌聲也。桑户乎以下，相和之辭也。猗，相和聲也。夫從無出有，名之曰生；自有還無，名之曰死。汝今既還空寂，便是歸本反真，而我猶寄人閒，羈旅未還桑梓。欲齊一死生，而發斯猗歎者也。○李楨曰：嗟來是歌聲，卻是歎辭。釋名釋言語：嗟，佐也；言之不足以盡意，故發此聲以自佐也。來，哀也；（故）〔使〕②來入已哀之，故其言之低頭以招之也。孟子反子琴張歎桑戶之得已反真，故爲此歌也。【釋文】「我猶」崔本作獨。「人猗」於宜反。崔云，辭也。「哀樂」音洛。

〔四〕【疏】方内之禮，貴在節文，鄰里有喪，舂猶不相。況臨朋友之屍，曾無哀哭，琴歌自若，豈是禮乎？子貢怪其如此，故趨走進問也。

〔校〕①世德堂本侍作待。闕誤引張君房本作侍。②使字依釋名改。

二人相視而笑曰：「是惡知禮意〔一〕！」

〔一〕【注】夫知禮意者，必遊外以經内，守母以存子，稱情而直往也。若乃矜乎名聲，牽乎形制，則孝不任誠，慈不任實，父子兄弟，懷情相欺，豈禮之大意哉！【疏】夫大禮與天地同節，不拘制乎形名，直致任真，率情而往，況冥同生死，豈存哀樂於胸中！而子貢方内儒生，性猶偏執，唯貴麤跡，未契妙本。如是之人，於何知禮之深乎！爲方外所嗤，固其宜矣。【釋文】「惡知」音烏，下皆同。「稱情」尺證反。

子貢反，以告孔子，曰：「彼何人者邪？修行无有，而外其形骸，臨尸而歌，顔色不變，无以命之。彼何人者邪？」〔一〕

〔一〕【疏】命，名也。子貢使返，且告尼父云：彼二人情事難識，修己德行，無有禮儀，而忘外形骸，混同生死，臨喪歌樂，神形不變。既莫測其道，故難以名之。【釋文】「无以命之」崔李云：命，名也。

孔子曰：「彼，遊方之外者也；而丘，遊方之內者也〔一〕。外內不相及，而丘使女往弔之，丘則陋矣〔二〕。彼方且與造物者爲人，而遊乎天地之一氣〔三〕。彼以生爲附贅縣疣〔四〕，以死爲決𤴯①潰癰〔五〕，夫若然者，又惡知死生先後之所在〔六〕！假於異物，託於同體〔七〕；忘其肝膽，遺其耳目〔八〕；反覆終始，不知端倪〔九〕；芒然彷徨乎塵垢之外，逍遥乎无爲之業〔一〇〕。彼又惡能憒憒然爲世俗之禮，以觀衆人之耳目哉〔一一〕！」

〔一〕【注】夫理有至極，外內相冥，未有極遊外之致而不冥於內者也，未有能冥於內而不遊於外者也。故聖人常遊外以（宏）〔冥〕②內，無心以順有，故雖終日（揮）〔見〕③形而神氣無變，俯仰萬機而淡然自若。夫見形而不及神者，天下之常累也。是故覩其與羣物並行，則莫能謂之遺物而離人矣；覩其體化而應務，則莫能謂之坐忘而自得矣。豈直謂聖人不然哉？乃必謂至理之無此。是故莊子將明流統之所宗以釋天下之可悟，若直就稱仲尼之如此，或者將據所見以排之，故超聖人之內跡，而寄方外於數子。宜忘其所寄以尋述作之大意，則夫遊外（宏）〔冥〕內之道坦然自明，而莊子之書，故是涉俗蓋世之談矣。【疏】方，區域也。彼之二人，齊一死生，不爲教跡所拘，故遊心寰宇之外。而仲尼子貢，命世大儒，行裁非之義，服節文之禮，鋭意哀樂之中，遊心區域之內，所以爲異也。【釋文】「而淡」徒暫反。「而離」力智反，下同。「而應」應對之應。下同。「數子」所主反。「坦然」吐但反。○慶藩案文選謝靈運之郡初發都詩注、夏侯孝若東方朔贊注，並引司馬云：方，常也，言彼遊心于常教之外也。釋文闕。

〔二〕【注】夫弔者，方内之近事也，施之於方外則陋矣。【疏】玄儒理隔，内外道殊，勝劣而論，不相及逮。用區中之俗禮，弔方外之高人，芻狗再陳，鄙陋之甚也。【釋文】「使女」音汝。下同。

〔三〕【注】皆冥之，故無二也。【疏】達陰陽之變化，與造物之爲人；體萬物之混同，遊二儀之一氣也。○王引之曰：應帝王篇，予方將與造物者爲人，郭曰：任人之自爲。天運篇，丘不與化爲人，郭曰：夫與化爲人者，任其自化者也。案郭未曉人字之義。人，偶也；爲人，猶爲偶。中庸仁者人也，（郭）〔鄭〕④注：讀如相人偶之人，以人意相存偶之言。詩匪風箋：人偶能割亨者，人偶能輔周道治民者。聘禮注：每門輒揖者，以相人偶爲敬也。公食大夫禮注：每曲揖及當碑揖相人偶。是人與偶同義，故漢世有相人偶之語。淮南原道篇，與造化者爲人，義與此同。（高注：爲治也，非是。互見淮南。）齊俗篇曰：上與神明爲友，下與造化爲人。是其明證也。○慶藩案文選顏延年三月三日曲水詩序注引司馬云：造物者爲道。任彦昇到大司馬記室牋注、宣德皇后令注、陸佐公石闕銘注、沈休文齊故安陸昭王碑文注並引司馬云：造物，謂道也。釋文闕。

〔四〕【注】若疣之自縣，贅之自附，此氣之時聚，非所樂也。【釋文】「縣」音玄。注同。「疣」音尤。

〔五〕【注】若疣之自決，癰之自潰，此氣之自散，非所惜也。【疏】彼三子體道之人，達於死生，冥於變化。是以氣聚而生，譬疣贅附縣，非所樂也；氣散而死，若疣癰決潰，非所惜也。【釋文】「決」徐古穴反。「疣」胡亂反。○盧文弨曰：今本正文亦作疣，音義作疣，胡虬反，恐臆改。「潰」胡對反。○慶藩案慧琳一切經音義卷十六大方廣三戒經下引司馬云：浮熱爲疽，不通爲癰。卷三十持人菩薩經二、卷三十七準提陀羅尼經、九十五正誣經注引竝同。釋文闕。

〔六〕【注】死生代謝，未始有極，與之俱往，則無往不可，故不知勝負之所在也。【疏】先，勝也。後，劣也。夫疣贅疣癰，四者皆是疾，而氣有聚散，病無勝負。若以此方於生死，亦安知優劣之所在乎！

〔七〕【注】假，因也。今死生聚散，變化無方，皆異物也。無異而不假，故所假雖異而共成一體也。【疏】水火金木，異物相假，衆諸寄託，共成一身。是知形體，由來虛僞。

〔八〕【注】任之於理而冥往也。【疏】既知形質虛假，無可欣愛，故能内則忘於臟腑，外則忘其根竅故也。

〔九〕【注】五藏猶忘，何物足識哉！未始有識，故能放任於變化之塗，玄同於反覆之波，而不知終始之所極⑤也。【疏】端，緒也。倪，畔也。反覆，猶往來也。終始，猶生死也。既忘其形質，隳體絀聰，故能去來生死，與化俱往。化又無極，故莫知端倪。【釋文】「反覆」芳服反。「端倪」本或作涀，同。音崖。徐音詣。

〔一〇〕【注】所謂無爲之業，非拱默而已；所謂塵垢之外，非伏於山林也。【疏】芒然，無知之貌也。彷徨逍遥，皆自得逸豫之名也。塵垢，色聲等有爲之物也。前既遺於形骸，此又忘於心智，是以放任於塵累之表，逸豫於清曠之鄉，以此無爲而爲事業也。【釋文】「芒然」莫剛反。李云：無係之貌。「彷」薄剛反。「徨」音皇。「塵垢」如字。崔本作塚均，云：塚，音埲；均，垢同。齊人以風塵爲埲堁。○盧文弨曰：舊埲作逢，今本作摓，乃埲字之譌，今改正。

〔一一〕【注】其所以觀示於衆人者，皆其塵垢耳，非方外之冥物也。【疏】憒憒，猶煩亂也。彼數子者，清高虚淡，安排去化，率性任真。何能强事節文，拘世俗之禮；威儀顯示，悦衆人之視聽哉！【釋文】「憒憒」工内反，説文、蒼頡篇並云：亂也。「以觀」古亂反，示也。注同。

〔校〕①世德堂本疣作疣，注同。②冥字依趙諫議本改。下同。世德堂本上冥字誤作私，下冥字誤作弘。③見字依世德堂本改。④鄭字依中庸注改。⑤世德堂本極作及。

子貢曰：「然則夫子何方之依〔一〕？」

〔一〕【注】子貢不聞性與天道，故見其所依而不見其所以依也。夫所以依者，不依也，世豈覺之哉！【疏】方内方外，淺深不同，未知夫子依從何道。師資起發，故設此疑。

孔子曰：「丘，天之戮民也〔一〕。雖然，吾與汝共之〔二〕。」

〔一〕【注】以方内爲桎梏，明所貴在方外也。夫遊外者依内，離人者合俗，故有天下者無以天下爲也。是以遺物而後能入羣，坐忘而後能應務，愈遺之，愈得之。苟居斯極，則雖欲釋之而理固自來，斯乃天人之所不赦者也。【疏】夫聖迹禮儀，乃桎梏形性。仲尼既依方内，則是自然之理，刑戮之人也。故德充符篇云，天刑之安可解乎。

〔二〕【注】雖爲世所桎梏，但爲與汝共之耳。明己恒自在外也。【疏】夫孔子聖人，和光接物，揚波同世，貴斯俗禮；雖復降跡方内，與汝共之，而遊心方外，蕭然無著也。

子貢曰：「敢問其方〔一〕。」

〔一〕【注】問所以遊外而共内之意。【疏】方，猶道也。問：「跡混域中，心遊方外，外内玄合，其道若何？」

孔子曰：「魚相造乎水，人相造乎道〔一〕。相造乎水者，穿池而養給；相造乎道者，无事而生定〔二〕。故曰，魚相忘乎江湖，人相忘乎道術〔三〕。」

〔一〕【疏】造，詣也。魚之所詣者，適性莫過深水；人之所至者，得意莫過道術。雖復情智不一，而相與皆然。此略標義端，次下解釋也。【釋文】「相造」七報反，詣也。下同。

〔二〕【注】所造雖異，其於由無事以得事，自方外以共内，然後養給而生定，則莫不皆然也。俱不自知耳，故成無爲也。【疏】此解釋前義也。夫江湖淮海，皆名天池。魚在大水之中，窟穴泥沙，以自資養供給也；亦猶人處大道之中，清虛養性，無事逍遥，故得性分静定而安樂也。【釋文】「穿池」本亦作地，崔同。○俞樾曰：定疑足字之誤。穿池而養給，無事而生足，兩句一律。給，亦足也。足與定，字形相似而誤。管子中匡篇：功定以得天與失天，其人事一也。今本定誤作足，與此正可互證。

〔三〕【注】各自足而相忘者，天下莫不然也。至人常足，故常忘也。【疏】此結釋前義也。夫深水游泳，各足相忘；道術内充，偏愛斯絶；豈與夫呴濡仁義同年而語哉！臨尸而歌，其義亦爾故也。【釋文】「相忘」音亡。下同。

子貢曰：「敢問畸人〔一〕。」

〔一〕【注】問向之所謂方外而不耦於俗者，又安在也。【疏】畸者，不耦之名也。修行無有，而疏外形體，乖異人倫，不耦於俗。敢問此人，其道如何？【釋文】「畸人」居宜反。司馬云：不耦也。不耦於人，謂闕於禮教也。李其宜反，云：奇異也。

曰：「畸人者，畸於人而侔於天〔一〕。故曰，天之小人，人之君子；人之君子，天之小人也〔二〕。」

〔一〕【注】夫與内冥者，遊於外也。獨能遊外以冥内，任萬物之自然，使天性各足而帝王道成，斯乃畸於人而侔於天也。【疏】自此已下，孔子答子貢也。侔者，等也，同也。夫不修仁義，不偶於物，而率其本性者，與自然之理同也。【釋文】「而侔」音謀。司馬云：等也，亦從也。

〔二〕【注】以自然言之，則人無小大①；以人理言之，則侔於天者可謂君子矣。【疏】夫懷仁履義爲君子，乖道背德爲小人也。是以行蹩躠之仁，用踶跂之義者，人倫謂之君子，而天道謂之小人也。故知子反琴張，不偶於俗，乃曰畸人，實天之君子。重言之者，復結其義也。

〔校〕①趙諫議本大作人。

顔回問仲尼曰：「孟孫才，其母死，哭泣无涕，中心不戚，居喪不哀。无是三者，以善處①喪〔一〕蓋魯國。固有无其實而得其名者乎？回壹②怪之〔二〕。」

〔一〕【疏】姓孟孫，名才，魯之賢人。體無爲之一道，知生死之不二，故能跡同方內，心遊物表。居母氏之喪，禮數不闕，威儀詳雅，甚有孝容；而淚不滂沱，心不悲戚，聲不哀痛。三者既無，不名孝子，而鄉邦之內，悉皆善之，云其處喪深得禮法也。【釋文】「孟孫才」李云：三桓後，才其名也。崔云：才，或作牛。○李楨曰：以善處喪絶句，文義未完，且嫌於不辭。下蓋魯國三字當屬上爲句，不當連下固有云云爲句。蓋與應帝王篇功蓋天下義同，言孟孫才以善處喪名蓋魯國。爾雅釋言：弇，蓋也。小爾雅廣詁：蓋，覆也。釋名釋言語：蓋，加也。並有高出其上之意，即此蓋字義也。

〔一一〕【注】魯國觀其禮，而顏回察其心。【疏】蓋者，發語之辭也。哭泣縗絰，同域中之俗禮；心無哀戚，契方外之忘懷。魯人覩其外迹，故有善喪之名；顏子察其內心，知無至孝之實。所以一見孟孫才，遂生疑怪也。

〔校〕①世德堂本無處字。②世德堂本壹作一。

仲尼曰：「夫孟孫氏盡之矣，進於知矣〔一〕。唯簡之而不得〔二〕，夫已有所簡矣。孟孫氏不知所以生，不知所以死〔三〕；不知就先，不知就後〔四〕；若化爲物〔五〕，以待其所不知之化已乎〔六〕！且方將化，惡知不化哉？方將不化，惡知已化哉〔七〕？吾特與汝，其夢未始覺者邪〔八〕！且彼有駭形而无損心〔九〕，有旦宅而无情死〔一〇〕。孟孫氏特覺，人哭亦哭，是自其所以乃①〔一一〕。且也相與吾之耳矣〔一二〕，庸詎知吾所謂吾之乎〔一三〕？且汝夢爲鳥而厲乎天，夢爲魚而没於淵〔一四〕。不識今之言者，其覺者乎，其夢者乎〔一五〕？造適不及笑，獻笑不及排〔一六〕，安排而去化，乃入於寥天一〔一七〕。」

〔一〕【注】盡死生之理，應內外之宜者，動而以天行，非知之匹也。【疏】進，過也。夫孟孫氏窮哀樂之本，所以無樂無哀；盡生死之源，所以忘生忘死。既而本迹難測，故能合內外之宜；應物無心，豈是運知之匹者耶！【釋文】「應內」應對之應。

〔二〕【注】簡擇死生而不得其異，若春秋冬夏四時行耳。【疏】夫生來死去，譬彼四時，故孟孫簡擇，不得其異。

〔三〕【注】已簡而不得，故無不安，無不安，故不以生死槩意而付之自化也。【疏】雖復有所簡擇，竟不知生死之異，故能安於變化而不以哀樂槩懷也。

〔四〕【注】所遇而安。

〔五〕【注】不違化也。【疏】先，生也。後，死也。若，順也。既一於死生，故無去無就；冥於變化，故順化爲物也。

〔六〕【注】死生宛轉，與化爲一，猶乃忘其所知於當今，豈待所未知而豫憂者哉！【疏】不知之化，謂當來未化之事也。已，止也。見在之生，猶自忘遺；況未來之化，豈復逆憂！若用心預待，不如止而勿爲也。

〔七〕【注】已化而生，焉知未生之時哉！未化而死，焉知已死之後哉！故無所避就，而與化俱往②也。【疏】方今正化爲人，安知過去未化之事乎！正在生日未化而死，又安知死後之事乎！俱當推理直前，與化俱往，無勞在生憂死，妄爲欣惡也。【釋文】「惡知」音烏，下同。「焉知」於虔反。下皆同。

〔八〕【注】夫死生猶覺夢耳，今夢自以爲覺，則無以明覺之非夢也；苟無以明覺之非夢，則亦無以明生之非死矣。死生覺夢，未知所在，當其所遇，無不自得，何爲在此而憂彼哉！【疏】夢是昏睡之時，覺是了知之日。仲尼顏子，猶拘名教，爲昏於大夢之中，不達死生，未嘗暫覺者也。【釋文】「覺者」古孝反。注、下皆同。

〔九〕【注】以③變化爲形之駭動耳，故不以死生損累其心。【疏】彼之孟孫，冥於變化，假見生死爲形之驚動，終無哀樂損累心神也。【釋文】「駭形」如字。崔作咳，云：有嬰兒之形。

〔一〇〕【注】以形骸之變爲旦宅之日新耳，其情不以爲死。【疏】旦，日新也。宅者，神之舍也。以形之改變爲宅舍之日新耳，其性靈凝淡，終無死生之累者也。【釋文】「旦宅」並如字。王云：旦暮改易，宅是神居也。李本作怛咤，上丹末反，下陟嫁反，云：驚惋之貌。崔本作靼宅。靼，怛也。

〔一一〕【注】夫常覺者，無往而有逆也，故人哭亦哭，正自是其所宜也④。【疏】孟孫冥同生死，獨居覺悟，應於内外，不乖人理。人哭亦哭，自是順物之宜者也。【釋文】「所以乃」崔本乃作惡。

〔一二〕【注】夫死生變化，吾皆吾之。既皆是吾，吾何失哉！未始失吾，吾何憂哉⑤！無逆，故人哭亦哭；無憂，故哭而不哀。【疏】吾生吾死，相與皆吾，未始非吾，吾何所失！若以係吾爲意，何適非吾！

〔一三〕【注】靡所不吾也，故玄同外内，彌貫古今，與化日新，豈知吾之所在也！【疏】庸，常也。凡常之人，識見淺狹，詎知吾之所謂無處非吾！假令千變萬化，而吾常在，新吾故吾，何欣何惡也！【釋文】「庸詎」其庶反。下章同。

〔一四〕【注】言無往而不自得也。

〔一五〕【注】夢之時自以爲覺，則焉知今者之非夢耶，亦焉知其非覺耶？覺夢之化，無往而不可，則死生之變，無時而足惜也。【疏】厲，至也。且爲魚爲鳥，任性逍遥，處死處生，居然自得。而魚鳥既無優劣，死生亦何勝負而係之哉！孟孫妙達斯源，所以未嘗介意。又不知今之所論魚鳥者，爲是覺中而辯，爲是夢中而説乎？夫人夢中，自以爲覺；今之覺者，何妨夢中！是知覺夢生死，未可定也。

〔一六〕【注】所造皆適，則忘適矣，故不及笑也。排者，推移之謂也。夫禮哭必哀，獻笑必樂，哀樂存懷，則不能與適推移矣。今孟孫常適，故哭而不哀，與化俱往也。【疏】造，至也。獻，善也。排，推移也。夫所至皆適，斯亦適也，其常適何及歡笑然後樂哉！若從善事感己而後適者，此則不能隨變任化，與物推移也。今孟孫常適，故哭而不哀也。【釋文】「造適」七報反。注同。「獻笑」向云：獻，善也。王云：章也，意有適，章於笑，故曰獻笑。○家世父曰：造適者，以心取適而已，言笑皆忘也。獻笑者，以笑爲歡而已，推排皆化也。極推排之力而冥然安之，窮變化之用而超然去之，乃以游蕩於萬物之表而與天爲一。「及排」皮皆反。「必樂」音洛。下同。

〔一七〕【注】安於推移而與化俱去，故乃入於寂寥而與天爲一也。自此以上，至於子祀，其致一也。所執之喪異，故歌哭不同。【疏】所在皆適，故安任推移，未始非吾，而與化俱去。如此之人，乃能入於寥廓之妙門，自然之一道也。【釋文】「寥」本亦作廖，力彫反。李良救反。「天一」崔本作造敵不及笑，獻芥不及整，安排而造化不及眇，眇不及雄漂淪，雄漂淪不及簟笙，簟笙乃入於漻天一。「以上」時掌反。

〔校〕①朱桂曜本乃作盈。②世德堂本往作生。③世德堂本以作似。④趙諫議本無注首夫字，注末也字。⑤世德堂本是吾作自吾，兩哉字均作矣。

意而子見許由。許由曰：「堯何以資汝〔一〕？」

〔一〕【注】資者，給濟之謂也。【疏】意而，古之賢人。資，給濟之謂也。意而先謁帝堯，後見仲武。問云：「帝堯大聖，道德甚高，汝既謁見，有何敬授資濟之術，幸請陳説耳。」【釋文】「意而子」李云：賢士也。「資汝」資，給也。

意而子曰：「堯謂我：『汝必躬服仁義而明言是非〔一〕。』」

〔一〕【疏】躬，身也。仁則恩慈育物，義則斷割裁非，是則明賞其善，非則明懲其惡。此之四者，人倫所貴，汝必須己身服行，亦須明言示物。此是意而述堯教語之辭也。

許由曰：「而奚來爲軹〔一〕？夫堯既已黥汝以仁義，而劓汝以是非矣，汝將何以遊夫遥蕩恣睢轉徙之塗乎〔二〕？」

〔一〕【疏】而，汝也。奚，何也。軹，語助也。堯將教迹刑害於汝，瘡痕已大，何爲更來矣？【釋文】「爲軹」之是反，郭之忍反。崔云：軹，辭也。李云：是也。

〔二〕【注】言其將以刑教自虧殘，而不能復遊夫自得之場，無係之塗也。【疏】黥，鑿額也。劓，割鼻也。恣睢，縱任也。轉徙，變化也。塗，道也。夫仁義是非，損傷真性，其爲殘害，譬之刑戮。汝既被堯黥劓，拘束性情，如何復能遨遊自得，逍遥放蕩，從容自適於變化之道乎？言其不復能如是。【釋文】「黥」其京反。「劓」魚器反。李云：毁道德以爲仁義，不似黥乎！破玄同以爲是非，不似劓乎！「遥蕩」王云：縱散也。「恣」七咨反，又如字。「睢」郭李云：許維反，徐許鼻反。李王皆云：恣睢，自得貌。「復遊」扶又反。下同。

意而子曰：「雖然，吾願遊於其藩〔一〕。」

〔一〕【注】不敢復求涉中道也，且願遊其藩傍而已。【疏】我雖遭此虧殘，而庶幾之心靡替，不復敢當中路，願涉道之藩傍也。【釋文】「其藩」甫煩反，李音煩。司馬向皆云：崖也。崔云：域也。

許由曰：「不然。夫盲者无以與乎眉目顔色之好，瞽者无以與乎青黄黼黻之觀〔一〕。」

〔一〕【疏】盲者，有眼睛而不見物；瞽者，眼無眹縫如鼓皮也。作斧形謂之黼，兩己相背謂之黻。而盲瞽之人，眼睛已敗，既不能觀文彩青黄，亦不愛好眉目顔色。譬意而遭堯黥劓，情智已傷，豈能愛慕深玄，觀覽衆妙邪！【釋文】「盲者」本又作眇。崔本作目，云：目，或作刑。

刑，黥劓也。「以與」音豫。下同。「之好」如字，又呼報反。「黼黻」上音甫，下音弗。「觀」古亂反。

意而子曰：「夫无莊之失其美，據梁之失其力，黄帝之亡其知，皆在鑪捶①之間耳〔一〕。庸詎知夫造物者之不息我黥而補我劓，使我乘成以隨先生邪〔二〕？」

〔一〕【注】言天下之物，未必皆自成也，自然之理，亦有須冶鍛而爲器者耳。故此之三人，亦皆聞道而後忘其所務也。此皆寄言，以遣云爲之累耳。【疏】无莊，古之美人，爲聞道故，不復莊飾，而自忘其美色也。據梁，古之多力人，爲聞道守雌，故不勇其力也。黄帝，軒轅也，有聖知，亦爲聞道，故能忘遺其知也。鑪，竈也。錘，鍛也。以上三人，皆因聞道，然後忘其所務以契其真，猶如世間器物，假於鑪冶打鍛以成其用者耳。今何妨自然之理，令夫子教示於我，以成其道耶？故知自然造物，在鑪冶之間，則是有修學冶鍛之義也。【釋文】「无莊據梁」司馬云：皆人名。李云：无莊，无莊飾也。據梁，强梁也。「鑪」音盧。「捶」本又作錘。徐之睡反，又之蘂反，一音時蘂反。李云：錘，鴟頭頗口，句鐵以吹火也。崔云：盧謂之瓮。捶當作甀。盧甀之間，言小處也。甀音丈僞反。「鍛」丁亂反。

〔二〕【注】夫率性②直往者，自然也；往而傷性，性傷而能改者，亦自然也。庸詎知我③之自然當不息黥補劓，而乘可成之道以隨夫子耶？而欲棄而勿告，恐非造物之至也④。【疏】造物，猶造化也。我雖遭仁義是非殘傷情性，焉知造化之内，不補劓息黥，令我改過自新，乘可成之道，隨夫子以請益耶？乃欲棄而不教，恐乖造物者也。○慶藩案乘，猶載也。成，猶備也。與詩儀既成兮義同。黥劓則形體不備，息之補之，復完成矣。言造物者使我得遇先生，安知不使我載一成體以相隨耶？此兼采宣氏說，較郭訓爲長。

〔校〕①趙諫議本捶作錘。②趙本性作然。③世德堂本知我作我知。④世德堂本無也字。

許由曰：「噫！未可知也。我爲汝言其大略〔一〕。吾師乎！吾師乎！𩐎萬物而不爲義，澤及萬世而不爲仁〔二〕，長於上古而不爲老〔三〕，覆載天地刻彫衆形而不爲巧〔四〕。此所遊已〔五〕。」

〔一〕【疏】噫，嘆聲也。至道深玄，絶於言象，不可以心慮測，故嘆云未可知也。既請益慇懃，亦無容杜默，雖復不可言盡，爲汝梗概陳之。【釋文】「曰噫」徐音醫。李云：歎聲也。崔云：亂也。本亦作意，音同。又如字，謂呼意而名也。「我爲」于僞反。注同。

〔二〕【注】皆自爾耳，亦無愛爲於其間也，安所寄其仁義！【疏】吾師乎者，至道也。然至道不可心知，爲汝略言其要，即吾師是也。𩐎，碎也。至如素秋霜降，碎落萬物，豈有情斷割而爲義哉？青春和氣，生育萬物，豈有情恩愛而爲仁哉？蓋不然而然也。而許由師於至道，至道既其如是，汝何得躬服仁義耶？此略爲意而說息黥補劓之方也。【釋文】「𩐎」子兮反。司馬云：碎也。○盧文弨曰：說文作韲，亦作齏。陸每從敕，譌。今從隸省作韲。下並同。

〔三〕【注】日新也。【釋文】「長於」丁丈反。

〔四〕【注】自然，故非巧也。　【疏】萬象之前，先有此道，智德具足，故義説爲長而實無長也。長既無矣，老豈有耶！欲明不長而長，老而不老，故長於上古而不爲老也。雖復天覆地載，而以道爲源，衆形彫刻，咸資造化，同禀自然，故巧名斯滅。既其無老無巧，無是無非，汝何所明言耶？

〔五〕【注】游於不爲而師於無師也。　【疏】吾師之所遊心，止如此説而已。此則總結以前吾師之義是也。

顏回曰：「回益矣〔一〕。」

〔一〕【注】以損之爲益也。　【疏】顏子禀教孔氏，服膺問道，覺己進益，呈解於師。損有益空，故以損爲益也。

仲尼曰：「何謂也〔一〕？」

〔一〕【疏】既言益矣，有何意謂？

曰：「回忘仁義矣〔一〕。」

〔一〕【疏】忘兼愛之仁，遺裁非之義，所言益者，此之謂乎！

曰：「可矣，猶未也〔一〕。」

〔一〕【注】仁者，兼愛之迹；義者，成物之功。愛之非仁，仁迹行焉；成之非義，義功見焉。存夫仁義，不足以知愛利之由無心，故忘之可也。但忘功迹，故猶未玄達也。【疏】仁義已忘，於理漸可；解心尚淺，所以猶未。【釋文】「功見」賢遍反。下文同。

他日，復見，曰：「回益矣〔一〕。」

〔一〕【疏】他日，猶異日也。空解日新，時更復見。所言進益，列在下文。【釋文】「他日」崔本作異日。下亦然。「復見」扶又反。下同。

曰：「何謂也〔一〕？」

〔一〕【疏】所言益者，是何意謂也？

曰：「回忘禮樂矣〔一〕。」

〔一〕【疏】禮者，荒亂之首，樂者，淫蕩之具，爲累更重，次忘之也。

曰：「可矣，猶未也〔一〕。」

〔一〕【注】禮者，形體之用，樂者，樂生之具。忘其具，未若忘其所以具也。【疏】虛心漸可，猶未至極也。【釋文】「樂生」音洛，又音嶽。

他日，復見，曰：「回益矣。」

曰：「何謂也〔一〕？」

〔一〕【疏】並不異前解也。

曰：「回坐忘矣〔一〕。」

〔一〕【疏】虛心無著，故能端坐而忘。坐忘之義，具列在下文。○慶藩案文選賈長沙鵩鳥賦注引司馬云：坐而自忘其身。釋文闕。

仲尼蹵然曰：「何謂坐忘〔一〕？」

〔一〕【疏】蹵然，驚悚貌也，忘遺既深，故悚然驚歎。坐忘之謂，厥義云何也？【釋文】「蹵然」子六反。崔云：變色貌。

顏回曰：「墮肢體，黜聰明〔一〕，離形去知，同於大通，此謂坐忘〔二〕。」

〔一〕【疏】墮，毁廢也。黜，退除也。雖聰屬於耳，明關於目，而聰明之用，本乎心靈。既悟一身非有，萬境皆空，故能毁廢四肢百體，屏黜聰明心智者也。【釋文】「墮」許規反。徐又待果反。

〔二〕【注】夫坐忘者，奚所不忘哉！既忘其迹，又忘其所以迹者，内不覺其一身，外不識有天地，然後曠然與變化爲體而無不通也。【疏】大通，猶大道也。道能通生萬物，故謂道爲大通也。外則離析於形體，一一虛假，此解墮肢體也。内則除去心識，悗然無知，此解黜聰明也。既而枯木死灰，冥同大道，如此之益，謂之坐忘也。【釋文】「去」起吕反。「知」音智。「坐忘」崔云：端坐而忘。○盧文弨曰：依次當在蹵然之前。

仲尼曰：「同則无好也〔一〕，化則无常也〔二〕。而果其賢乎！丘也請從而後也〔三〕。」

〔一〕【注】無物不同，則未嘗不適，未嘗不適，何好何惡哉！　【釋文】「无好」呼報反。注同。「何惡」烏路反。

〔二〕【注】同於化者，唯化所適，故無常也。　【疏】既同於大道，則無是非好惡；冥於變化，故不執滯守常也。

〔三〕【疏】果，決也。而，汝也。「忘遺如此，定是大賢。丘雖汝師，遂落汝後。從而學之，是丘所願。」撝謙退己，以進顏回者也。

子輿與子桑友，而霖①雨十日。子輿曰：「子桑殆病矣！」裹飯而往食之〔一〕。至子桑之門，則若歌若哭，鼓琴曰：「父邪！母邪！天乎！人乎！」有不任其聲而趨舉其詩焉〔二〕。

〔一〕【注】此二人相爲於無相爲者也。今裹飯而相食者，乃任之天理而自爾耳，非相爲而後往者也。　【疏】雨經三日已上爲霖。殆，近也。子桑家貧，屬斯霖雨，近於餓病。此事不疑於方外之交，任理而往，雖復裹飯，非有相爲之情者也。【釋文】「霖雨」本又作淋，音林。左傳云：雨三日以往爲霖。「裹」音果。「食」音嗣。注同。

〔二〕【疏】任，堪也。趨，卒疾也。子桑既遭飢餧，故發琴聲，問此飢貧從誰而得，爲關父母？爲是人天？此則歌哭之辭也。不堪此舉，又卒爾詩詠也。　【釋文】「有不任」音壬。「其聲而趨」七住反。「舉其詩焉」崔云：不任其聲，憊也；趨舉其詩，無音曲也。

〔校〕①趙諫議本作淋。

子輿入，曰：「子之歌詩，何故若是〔一〕？」

〔一〕【注】嫌其有情，所以趨出遠理也。【疏】一於死生，忘於哀樂，〔相與〕於無相與，方外之交。今子歌詩，似有怨望，故入門驚怪，問其所由也。

曰：「吾思夫使我至此極者而弗得也。父母豈欲吾貧哉？天无私覆，地无私載，天地豈私貧我哉？求其爲之者而不得也。然而至此極者，命也夫〔一〕！」

〔一〕【注】言物皆自然，無爲之者也。【疏】夫父母慈造，不欲飢凍；天地無私，豈獨貧我！思量主宰，皆是自然，尋求來由，竟無兆朕。而使我至此窮極者，皆我之賦命也，亦何惜之有哉！

莊子集釋卷三下

內篇 應帝王第七〔一〕

〔一〕【注】夫無心而任乎自化者，應爲帝王也。 【釋文】崔云：行不言之教，使天下自以爲牛馬，應爲帝王者也。

齧缺問於王倪，四問而四不知〔一〕。齧缺因躍而大喜，行以告蒲衣子。

〔一〕【疏】四問而四不知，則齊物篇中四問也。 夫帝王之道，莫若忘知，故以此義而爲篇首。 老子云不以智治國國之德者也。 【釋文】「齧缺」五結反。 下丘悦反。 「王倪」五兮反。 「四問而四不知」向云：事在齊物論中。

蒲衣子曰：「而乃今知之乎〔一〕？有虞氏不及泰氏〔二〕。有虞氏，其猶藏①仁以要人；亦得人矣，而未始出於非人〔三〕。泰氏，其卧徐徐，其覺于于〔四〕；一以己爲馬，一以己爲牛〔五〕；其知情信〔六〕，其德甚真〔七〕，而未始入於非人〔八〕。」

〔一〕【疏】蒲衣子，堯時賢人，年八歲，舜師之，讓位不受，即被衣子也。 齧缺得不知之妙旨，仍踴躍而喜歡，走以告於蒲衣子，述王倪之深義。蒲衣是方外之大賢，達忘言之至道，理無知而固久，汝今日乃知也？【釋文】「蒲衣子」尸子云：蒲衣八歲，舜讓以天下。崔云：即被衣，王倪之師也。淮南子曰：齧缺問道於被衣。

〔二〕【注】夫有虞氏之與泰氏，皆世事之迹耳，非所以迹者也。所以迹者，無迹也，世孰名之哉！未之嘗名，何勝負之有耶！然無迹者，乘羣變，履萬世，世有夷險，故迹有不及也。【疏】有虞氏，舜也。泰氏，即太昊伏羲也。三皇之世，其俗淳和；五帝之時，其風澆競。澆競則運知而養物，淳和則任真而馭宇，不及之義，驗此可知也。【釋文】「泰氏」司馬云：上古帝王也。崔云：帝王也。李云：大庭氏；又云：無名之君也。○慶藩案路史前紀七引司馬云：上古之帝王，無名之稱。與釋文所引小異。

〔三〕【注】夫以所好爲是人，所惡爲非人者，唯以是非爲域者也。夫能出於非人之域者，必入於無非人之境矣，故無得無失，無可無不可，豈直藏仁而要人也！【疏】夫舜，包藏仁義，要求士庶，以得百姓之心，未是忘懷，自合天下，故未出於是非之域。亦有作臧字者。臧，善也。善於仁義，要求人心者也。【釋文】「藏仁」才剛反。崔云：懷仁心以結人也。本亦作臧，作剛反，善也。簡文同。「以要」一遥反。注同。○家世父曰：有人之見存，而要人之仁行焉。無人之見存，出入鳥獸之羣而不亂；其〔世〕〔與〕人也〔汎〕〔汎〕乎相遇泯泯之中，而奚以要人爲！出於非人，忘非我之分矣。入於非人，人我之分之兩忘者，不以心應焉。爲馬爲牛，非獨忘人也，亦忘己也。「所好」呼報反。「所惡」烏路反。「之竟」音境。

〔四〕【疏】徐徐，寬緩之貌。于于，自得之貌。伏犧之時，淳風尚在，故卧則安閒而徐緩，覺則歡娱而自得也。【釋文】「徐徐」如字。崔本作袪袪。「其覺」古孝反。「于于」如字。司馬云：徐徐，安穩貌。于于，無所知貌。簡文云：徐徐于于，寐之狀也。○慶藩案于于，即盱盱也。説文：盱，張目也。于與盱，聲近義同。淮南俶真篇，萬民睢睢盱盱然。魯靈光殿賦鴻荒朴略，厥狀睢盱，張載曰：睢盱，質朴之形。正與司馬注無所知意相合。（淮南覽冥篇卧倨倨，興盱盱，高注曰：盱盱，無智巧貌也。又淮南盱盱作眄眄。王氏讀書雜志據諸書證爲盱盱之僞，亦正與質朴無知同義。）

〔五〕【注】夫如是，又奚是人非人之有哉！斯可謂出於非人之域。【疏】忘物我，遺是非，或馬或牛，隨人呼召。人獸尚且無主，何是非之有哉！

〔六〕【注】任其自知，故情信。【疏】率其真知，情無虚矯，故實信也。

〔七〕【注】任其自得，故無僞。【疏】以不德爲德，德無所德，故不僞者也。

〔八〕【注】不入乎是非之域，所以絶於有虞之世。【疏】既率其情，其德不僞，故能超出心知之境，不入是非之域者也。

〔校〕①趙諫議本藏作臧。

肩吾見狂接輿。狂接輿曰：「日中始何以語女？」〔一〕

〔一〕【疏】肩吾接輿，已具前解。日中始，賢人姓名，即肩吾之師也。既是女師，有何告示？此是接輿發語以問故也。【釋文】「日」人實反。「中」音仲，亦如字。「始」李云：日中始，人姓名，賢者也。崔本無日字，云：中始，賢人也。○俞樾曰：釋文引李云，日中始，人姓名，賢者也。此恐不然。中始，人名，日，猶云日者也。謂日者中始何以語女也，文七年左傳，日衛不睦，襄二十六年傳，日其過此也，昭七年傳，日君以夫公孫段爲能任其事，十六年傳，日起請夫環，並與此日字同義。李以日中始三字爲人姓名，失之矣。崔本無日字。「以語」魚據反。「女」音汝。後皆同。

肩吾曰：「告我君人者以己出經式義度，人①孰敢不聽而化諸〔二〕！」

〔二〕【疏】式，用也。教我爲君之道，化物之方，必須己出智以經綸，用仁義以導俗，則四方氓庶，誰不聽從，遐遠黎元，敢不歸化耶！【釋文】「出經」絶句。司馬云：出，行也。經，常也。崔云：出典法也。「式義度人」絶句。式，法也。崔云：式，用也。用仁義以法度人也。○王念孫曰：釋文曰：出經絶句，式義度人絶句，引諸説皆未協。案此當以以己出經式義度爲句，人孰敢不聽而化諸爲句。義讀爲儀。義〔與〕儀，古字通。説文：義，己之威儀也。文侯之命父義和，鄭注：義讀爲儀。周官肆師治其禮儀，鄭注：故書儀爲義，鄭司農云：義讀爲儀。古者書儀但爲義，今時所爲義爲誼。小雅楚茨篇禮儀卒度，韓詩作義。周官大行人大客之儀，大戴禮朝事篇作義。樂記制之禮義，漢書禮樂志作儀。周語示民軌儀，大射儀注引作義。）儀，法也。（見周語注、淮南精神篇注、楚詞九歎注。）經式儀度，皆謂法度也，解者失之。

〔校〕①闕誤引張君房本度人作庶民。

狂①接輿曰：「是欺德也〔一〕；其於治天下也，猶涉海鑿河而使蚉負山也〔二〕。夫聖人之治也，治外乎〔三〕？正而後行〔四〕，確乎能其事者而已矣〔五〕。且鳥高飛以避矰弋之害，鼷鼠深穴乎神丘之下以避熏鑿之患〔六〕，而曾二蟲之無知〔七〕！」

〔一〕【注】以己制物，則物失其真。【疏】夫以己制物，物喪其真，欺誑之德非實道。【釋文】「欺德」簡文云：欺，（忘）〔妄〕②也。

〔二〕【注】夫寄當於萬物，則無事而自成；以一身制天下，則功莫就而任不勝也。【疏】夫溟海弘博，深廣難窮，而穿之爲河，必無成理。猶大道遐曠，玄絕難知，而鑿之爲義，其功難克。又蚉蟲至小，山岳極高，令其負荷，無由勝任。以智經綸，用仁理物，能小謀大，其義亦然。【釋文】「涉海鑿」待洛反。下同。郭粗鶴反。「河」李云：涉海必陷波，鑿河無成也。「蚉」音文。本亦作蝱，同。「不勝」音升。

〔三〕【注】全其性分之内而已。【疏】隨其分内而治之，必不分外治物。治乎外者，言不治之者也。

〔四〕【注】各正性命之分也。【疏】順其正性而後行化。

〔五〕【注】不爲其所不能。【疏】確，實也。順其實性，於事有能者，因而任之，止於分内，不論於外者也。【釋文】「確乎」苦學反。李云：堅貌。崔本作槖，音託。○慶藩案文選劉孝標辯命論注引司馬云：確乎，不移易。釋文闕。

〔六〕【注】禽獸猶各有以自存，故帝王任之而不爲，則自成也。【疏】矰，網也。弋，以繩係箭而射之也。鼷鼠，小鼠也。神丘，社壇也。鳥則高飛而逃網，鼠則深穴而避熏，斯皆率性自然，豈待教而遠害者也！鳥鼠既爾，在人亦然。故知式義出經，誣罔之甚矣。【釋文】「矰」則能反。李云：罔也。「之害」崔本作菑。「鼷」音兮。「熏」香云反。

〔七〕【注】言汝曾不知③此二蟲之各存而不待教乎！【疏】而，汝也。汝不曾知此二蟲，不待教令，而解避害全身者乎？既深穴高飛，豈無知耶！況在人倫，而欲出經式義，欺矯治物，不亦妄哉！

〔校〕①世德堂本無狂字。②妄字依世德堂本改。③世德堂本知作如。

天根遊於殷陽，至蓼水之上，適遭無名人而問焉，曰：「請問爲天下。」〔一〕

〔一〕【疏】天根無名，並爲姓字，寓言問答也。殷陽，殷山之陽。蓼水，在趙國界内。遭，遇也。天根遨遊於山水之側，適遇無名人而問之，請問之意，在乎天下。【釋文】「天根」崔（本）①

云：人姓名也。「遊於殷陽」李云：殷，山名。陽，山之陽。崔云：殷陽，地名。司馬云：殷，衆也，言向南遊也。或作殷湯。「蓼水」音了。李云：水名也。

〔校〕①本字依世德堂本及釋文原本删。

无名人曰：「去！汝鄙人也，何問之不豫①也〔一〕！予方將與造物者爲人〔二〕，厭，則又乘夫莽眇之鳥，以出六極之外，而遊无何有之鄉，以處壙埌之野〔三〕。汝又何帠以治天下感予之心爲〔四〕？」

〔一〕【注】問爲天下，則非起於大初，止於玄冥也。【疏】汝是鄙陋之人，宜其速去。所問之旨，甚不悦豫我心。【釋文】「不豫」司馬云：嫌不漸豫，太倉卒也。簡文云：豫，悦也。○盧文弨曰：今本作不預。○俞樾曰：爾雅釋詁：豫，厭也。楚詞惜誦篇行婞直而不豫兮，王逸注亦曰：豫，厭也。是豫之訓厭，乃是古義。無名人深怪天根之多問，故曰何問之不豫，猶云何許子之不憚煩也。簡文云，豫，悦也，殊失其義。「大初」音泰。

〔二〕【注】任人之自爲。【疏】夫造物爲人，素分各足，何勞作法，措意治之！既同於大通，故任而不助也。

〔三〕【注】莽眇，羣碎之謂耳。乘羣碎，馳萬物，故能出處常通，而無狹滯之地。【疏】莽眇，深遠之謂。壙埌，弘博之名。鳥則取其無迹輕昇。六極，猶六合也。夫聖人馭世，恬淡無爲，大順物情，有同造化。若其息用歸本，厭離世間，則乘深遠之大道，凌虚空而滅迹，超六合以放任，遊無有以逍遥，凝神智於射山，處清虚於曠野。如是，則何天下之可爲哉！蓋無爲者也。【釋文】「乘夫」音符。「莽」莫蕩反。崔本作猛。「眇」妙小反。莽眇，輕虚之狀也。崔云：猛眇之鳥首也，取其行而無迹。「壙」徐苦廣反。「埌」徐力黨反。李音浪。壙埌，无滯爲名也。崔云：猶曠蕩也。「无狹」户夾反。

〔四〕【注】言皆放之自得之場，則不治而自治也。【疏】夫放而任之，則物皆自化。有何帠術，輒欲治之？感動我心，何爲如此？【釋文】「帠」徐音藝，又魚例反。司馬云：法也。一本作寱，牛世反。崔本作爲。○俞樾曰：帠，未詳何字，以諸説參考之，疑帠乃臬字之誤，故有魚例反之音；而司馬訓法，亦即臬之義也。然字雖是臬，而義則非臬，當讀爲寱。寱，本從臬聲，古文以聲爲主，故或止作臬也。一本作寱者，破叚字而爲正字耳。一切經音義引通俗文曰：夢語謂之寱。無名人蓋謂天根所問皆夢語也，故曰汝又何寱以治天下感予之心爲？○慶藩案一切經音義四分律卷三十二引三蒼云：寱，(于)〔牛〕歲反，譫言也。譫言即與夢語無異。「而自治」直吏反。下文同。

〔校〕①世德堂本作預。

又復問〔一〕。

〔一〕【疏】天根未達，更請決疑。【釋文】「又復」扶又反。

无名人曰：「汝遊心於淡〔一〕，合氣於漠〔二〕，順物自然而無容私焉，而天下治矣〔三〕。」

〔一〕【注】其任性而無所飾焉則淡矣。　【釋文】「於淡」徒暫反，徐大敢反。

〔二〕【注】漠然静於性而止。　【疏】可遊汝心神於恬淡之域，合汝形氣於寂寞之鄉，唯形與神，二皆虚静。如是，則天下不待治而自化者耳。　【釋文】「於漠」音莫。

〔三〕【注】任性自生，公也；心欲益之，私也；容私果不足以生生，而順公乃全也。　【疏】隨造化之物情，順自然之本性，無容私作法術，措意治之。放而任之，則物我全之矣。

陽子居見老聃，曰：「有人於此，嚮疾强梁，物徹疏明，學道不勌。如是者，可比明王乎〔一〕？」

〔一〕【疏】姓陽，名朱，字子居。問老子明王之道：假且有人，素性聰達，神智捷疾，猶如嚮應，涉事理務，强幹果決，鑒物洞徹，疏通明敏，學道精勤，曾無懈倦。如是之人，可得將明王聖帝比德否乎？　【釋文】「陽子居」李云：居，名也。子，男子通稱。「嚮」許亮反。李許兩反。「疾强梁」崔云：所在疾强梁之人也。李云：敏疾如嚮也。簡文云：如嚮，應聲之疾，故是强梁之貌。「物徹疏明」司馬云：物，事也；徹，通也；事能通而開明也。崔云：無物不達，無物不明。「不勌」其眷反。

老聃曰：「是於聖人也，胥易技係，勞形怵心者也〔一〕。且（曰）〔也〕①虎豹之文來田，猨狙之便執斄之狗來藉。如是者，可比明王乎〔二〕？」

〔一〕【注】言此功夫，容身不得，不足以比聖王。【疏】若將彼人比聖王，無異胥徒勞苦，改易形容。技術工巧，神慮劬勞，故形容變改；係累，故心靈怵惕也。【釋文】「胥」如字。司馬云：疏也。簡文云：相也。「易」音亦。崔以豉反，云：相輕易也。簡文同。「技」徐其綺反。簡文云：藝也。「係」如字。崔本作繫，或作轂。簡文云：音繫。○盧文弨曰：轂，舊作繫，與上複。今定作轂，見漢書。○慶藩案鄭注周禮：胥徒，民給徭役者。易，讀如孟子易其田疇之易。胥易，謂胥徒供役治事。鄭注檀弓：易墓，謂治草木。易，猶治也。技係，若王制凡執技以事上者，不貳事，不移官，謂爲技所繫也。釋文云：司馬云，胥，疏也，簡文云，胥，相也，竝誤。「怵心」勑律反。

〔二〕【注】此皆以其文章技能係累其身，非涉虛以御乎無方也。【疏】藉，繩也。猨狙，獮猴也。虎豹之皮有文章，故來田獵；獮猴以跳躍便捷，恒被繩拘；狗以執捉狐狸，每遭係頸。若以嚮疾之人類於聖帝，則此之三物，可比明王乎？【釋文】「來田」李云：虎豹以皮有文章見獵也。田，獵也。「猨」音袁。「狙」七餘反。「之便」毗肩反，舊扶面反。「斄」音來，李音狸。崔云：旄牛也。「來藉」司馬云：藉，繩也，由捷見結縛也。崔云：藉，繫也。

〔校〕①也字惟覆宋本作曰，今依各本改。

陽子居蹵然曰：「敢問明王之治〔一〕。」

〔一〕【疏】既其失問，故驚悚變容，重請明王爲政，其義安在。　【釋文】「蹵然」子六反，改容之貌。「之治」直吏反。下同。

老聃曰：「明王之治：功蓋天下而似不自己〔一〕，化貸萬物而民弗恃〔二〕；有莫舉名，使物自喜〔三〕；立乎不測〔四〕，而遊於无有者也〔五〕。」

〔一〕【注】天下若無明王，則莫能自得。令①之自得，實明王之功也。然功在無爲而還任天下。天下皆得自任，故似非明王之功。　【疏】夫聖人爲政，功侔造化，覆等玄天，載周厚地，而功成不處，故非己爲之也。

〔二〕【注】夫明王皆就足物性，故人人皆云我自爾，而莫知恃賴於明王。　【疏】誘化蒼生，令其去惡；貸借萬物，與其福善；而玄功潛被，日用不知，百姓謂我自然，不賴君之能。　【釋文】「貸」吐代反。

〔三〕【注】雖有蓋天下之功，而不舉以爲己名，故物皆自以爲得而喜。　【疏】莫，無也。舉，顯也。推功於物，不顯其名，使物各自得而懽喜適悦者也。

〔四〕【注】居變化之塗，日新而無方者也。

〔五〕【注】與萬物爲體，則所遊者虚也。不能冥物，則迕物不暇，何暇遊虚哉！　【疏】無有，妙本也。樹德立功，神妙不測，而即迹即本，故常遊心於至極也。

〔校〕①世德堂本令作今。

鄭有神巫曰季咸〔一〕，知人之死生存亡，禍福壽夭，期以歲月旬日，若神。鄭人見之，皆棄而走〔二〕。列子見之而心醉，歸，以告壺子〔三〕，曰：「始吾以夫子之道爲至矣，則又有至焉者矣〔四〕。」

〔一〕【疏】鄭國有神異之巫，甚有靈驗，從齊而至，姓季名咸也。【釋文】「神巫曰季咸」李云：女曰巫，男曰覡。季咸，名。

〔二〕【注】不憙自聞死日也。【疏】占候吉凶，必無差失，剋定時日，驗若鬼神。不喜預聞凶禍，是以棄而走避也。【釋文】「不憙」許忌反。

〔三〕【疏】列子事跡，具逍遥篇，今不重解。壺子，鄭之得道人也。號壺子，名林，即列子之師也。列子見季咸小術，驗若鬼神，中心羨仰，恍然如醉，既而歸反，具告其師。【釋文】「心醉」向云：迷惑於其道也。「壺子」司馬云：名林，鄭人，列子師。

〔四〕【注】謂季咸之至又過於夫子。【疏】夫子，壺子也。至，極也。初始禀學，先生之道爲至，今見季咸，其道又極於夫子。此是禦寇心醉之言也。

壺子曰：「吾與汝既①其文，未既其實，而固得道與〔一〕？衆雌而无雄，而又奚卵焉〔二〕！而以道與世亢，必信，夫故使人得而相（女）〔汝〕②〔三〕。嘗試與來，以予示之〔四〕。」

〔一〕【疏】與，授也。既，盡也。吾比授汝，始盡文言，於其妙理，全未造實。汝固執文字，謂言得道，豈知筌蹄異於魚兔耶！【釋文】「既其文」李云：既，盡也。「得道與」音餘。

〔二〕【注】言列子之未懷道也。【疏】夫衆雌无雄，無由得卵。既文無實，亦何道之有哉！【釋文】「衆雌而无雄而又奚卵焉」司馬云：言汝受訓未熟，故未成，若衆雌无雄則无卵也。

〔三〕【注】未懷道則有心，有心而亢其一方，以必信於世，故可得而相之。【疏】女用文言之道而與世間亢對，既無大智，必信彼小巫，是故季咸得而相女者也。【釋文】「世亢」苦浪反。「必信」崔云：絶句。「相女」息亮反，注、下同。○盧文弨曰：今本作汝。

〔四〕【疏】夫至人凝遠，神妙難知，本迹寂動，非凡能測，故召令至，以我示之也。【釋文】「示之」本亦作視。崔云：視，示之也。

〔校〕①闕誤引江南古藏本既作無。②汝字依世德堂本及盧校改。

明日，列子與之見壺子。出而謂列子曰：「嘻！子之先生死矣！弗活矣！不以旬數矣！吾見怪焉，見濕灰焉〔一〕。」

〔一〕【疏】嘻，歎聲也。子林示其寂泊之容，季咸謂其將死，先怪已彰，不過十日，弗活之兆，類彼濕灰也。【釋文】「嘻」徐音熙，郭許意反。「旬數」所主反。

列子入，泣涕沾襟以告壺子。壺子曰：「鄉①吾示之以地文，萌乎不震不正②〔一〕。是殆見吾杜德機也〔二〕。嘗又與來〔三〕。」

〔一〕【注】萌然不動，亦不自正，與枯木同其不華，濕灰均於寂魄，此乃至人無感之時也。夫至人，其動也天，其靜也地，其行也水流，其止也淵默。淵默之與水流，天行之與地止，其於不爲而自爾，一也。今季咸見其尸居而坐忘，即謂之將死；覩其神動而天隨，因謂之有生。誠〔能〕③應不以心而理自玄符，與變化升降而以世爲量，然後足爲物主而順時無極，故非相者所測耳。此應帝王之大意也。【疏】文，象也。震，動也。地以無心而寧靜，故以不動爲地文也。萌然寂泊，曾不震動，無心自正，（文）〔又〕類傾頽，此是大聖無感之時，小巫謂之弗活也。而壺丘示見，義有四重：第一，示妙本虛凝，寂而不動；第二，示垂迹應感，動而不寂；第三，本迹相即，動寂一時；第四，本迹兩忘，動寂雙遣。此則第一妙本虛凝，寂而不動也。

【釋文】「鄉吾」許亮反。本作曏，亦作向，同。崔本作康，云：向也。「地文」與土同也。崔云：文，猶理也。「不震不正」並如字。崔本作不誫不止，云：如動不動也。◯俞樾曰：列子黃帝篇作罪乎不誫不止，當從之。罪讀爲崋。說文山部作嶵，云：山貌，是也。誫即震之異文。不誫不止者，不動不止也。故以崋乎形容之，言與山同也。今罪誤作萌，（正）〔止〕誤作（止）〔正〕④，失其義矣。據釋文，則崔本作不誫不止，與列子同，可據以訂正。「誠應」應對之應。後同。

〔二〕【注】德機不發曰杜。【疏】殆，近也。杜，塞也。機，動也。至德之機，開而不發，示其凝淡，便爲濕灰。小巫庸瑣，近見於此矣。【釋文】「杜德機」崔云：塞吾德之機。

〔三〕【疏】前者伊妄言我死，今時重命，令遣更來也。

〔校〕①趙諫議本作歸。②闕誤引江南古藏本正作止。③能字依道藏本補。④止誤作正，依諸子平議改。

明日，又與之見壺子。出而謂列子曰：「幸矣子之先生遇我也！有瘳矣，全然有生矣〔一〕！吾見其杜權矣〔二〕。」

〔一〕【疏】此即第二，垂迹應感，動而不寂，示以應容，神氣微動，既殊槁木，全似生平。而濫以聖功，用爲己力，謬言遇我，幸矣有瘳也。【釋文】「有瘳」丑留反。

〔二〕【注】權，機也。今乃自覺昨日之所見，見其杜權，故謂之將死也。【疏】權，機也。前時一覩，有類濕灰，杜塞機權，全無應動。今日遇我，方得全生。小巫寡識，有茲叨濫者也。

列子入，以告壺子。壺子曰：「鄉吾示之以天壤〔一〕，名實不入〔二〕，而機發於踵〔三〕。是殆見吾善者機也〔四〕。嘗又與來。」

〔一〕【注】天壤之中，覆載之功見矣。比之地文，不猶〔卵〕〔外〕①乎！此應感之容也。【疏】壤，地也。示之以天壤，謂示以應動之容也。譬彼兩儀，覆載萬物，至人應感，其義亦然。【釋文】「功見」賢遍反。○慶藩案文選陸士衡演連珠注引司馬云：壤，地也。釋文闕。

〔二〕【注】任自然而覆載，則天機玄應，而名利之飾皆爲棄物也。【疏】雖復降迹同塵，和光利物，而名譽真實，曾不入於靈府也。

〔三〕【注】常在極上起。　【疏】踵，本也。雖復物感而動，不失時宜，而此之神機，發乎妙本，動而常寂。

〔四〕【注】機發而善於彼，彼乃見之。　【疏】示其善機，應此兩儀。季咸見此形容，所以謂之爲善。全然有生，則是見善之謂也。

〔校〕①外字依宋本改。

明日，又與之見壺子。出而謂列子曰：「子之先生不齊，吾无得而相焉。試齊，且復相之〔一〕。」

〔一〕【疏】此是第三，示本迹相即，動寂一時。夫至人德滿智圓，虛心凝照，本迹無別，動靜不殊。其道深玄，豈小巫能測耶！謂齊其心迹，試相之焉。不敢的定吉凶，故言且復相者耳。　【釋文】「不齊」側皆反，本又作齋。下同。「且復」扶又反。

列子入，以告壺子。壺子曰：「吾鄉示之以太沖莫勝〔一〕。是殆見吾衡氣機也〔二〕。鯢桓之審爲淵，止水之審爲淵，流水之審爲淵。淵有九名，此處三焉〔三〕。嘗又與來〔四〕。」

〔一〕【注】居太沖之極，浩然泊心而玄同萬方，故勝負莫得厝①其間也。　【疏】沖，虛也。莫，無也。夫聖照玄凝，與太虛等量，本迹相即，動寂一時，初無優劣，有何勝負哉！　【釋文】「泊心」白博反，又音魄。「得厝」七故反。字又作措，同。○盧文弨曰：今本作措。

〔二〕【注】無往不平，混然一之。以管闚天者，莫見其涯，故似不齊。【疏】衡，平也。即迹即本，無優無劣，神氣平等，以此應機。小巫近見，不能遠測，心中迷亂，所以請齊耳。【釋文】「管闚」去規反。

〔三〕【注】淵者，静默之謂耳。夫水常無心，委順外物，故雖流之與止，鯢桓之與龍躍，常淵然自若，未始失其静默也。夫至人用之則行，捨之則止，行止雖異而玄默一焉，故略舉三異以明之。雖波流九變，治亂紛如，居其極者，常淡然自得，泊乎忘爲也。【疏】此舉譬也。鯢，大魚也。桓，盤也。審，聚也。夫水體無心，動止隨物，或鯨鯢盤桓，或螭龍騰躍，或凝湛止住，或波流湍激。雖復漣漪清淡，多種不同，而玄默無心，其致一也。故鯢桓以方衡氣，止水以譬地文，流水以喻天壤，雖復三異，而虚照一焉。而言淵有九名者，謂鯢桓、止水、流水、(汎)〔氿〕②水、濫水、沃水、雍水、(文)〔汧〕③水、肥水，故謂之九也。並出列子，彼文具載，此略敍有此三焉也。【釋文】「鯢」五兮反。「桓」司馬云：鯢桓，二魚名也。簡文云：鯢，鯨魚也，桓，盤桓也。崔本作鯢拒，云：魚所處之方穴也。又云：拒，或作桓。「之審」郭如字。簡文云：處也。司馬云：審當爲蟠，蟠，聚也。崔本作潘，云：回流所鍾之域也。○俞樾曰：審，司馬云當爲蟠，蟠，聚也；崔本作潘，云回流所鍾之域也。今以字義求之，則實當爲瀋。説文水部：瀋，大波也，從水，旛聲。作潘者，字之省。司馬彪讀爲蟠，誤也。郭本作審，則失其字矣。又案列子黃帝篇云：鯢旋之潘爲淵，止水之潘爲淵，流水之潘爲淵，濫水之潘爲淵，沃水之潘爲淵，氿水之潘爲淵，雍水之潘爲淵，汧水之潘爲淵，肥水之潘爲淵，是爲九淵焉。九淵全列，然於上下文殊不相屬，疑爲它處之錯簡。莊子所見已然。雖不敢徑去，而實非本篇文義所繫，故聊舉其三耳。○家世父曰：釋文引崔本審作潘，云回流所鍾之域也。列子黃帝篇鯢旋之潘爲淵。字當作潘。説文：淵，回水也。管子度地篇水出地而不流，命曰淵。謂水回旋而瀦爲淵，有物伏孕其中而成淵者，有止而不流者，有流而中渟爲淵者，水之渟滀，因其自然之勢而或流或止，皆積之以成淵焉，故曰太沖莫眹。侵尋〔汛〕〔氾〕溢，非人力之所施也。「淵有九名」淮南子云，有九旋之淵。許慎注云：至深也。「治亂」直吏反。

〔四〕【疏】欲示極玄，應須更召。

〔校〕①世德堂本作措。②氿字依列子改。③汧字依列子改。

明日，又與之見壺子。立未定，自失而走〔一〕。壺子曰：「追之〔二〕！」

〔一〕【疏】季咸前後虞度來相，未呈玄遠，猶有近見。今者第四，其道極深，本迹兩忘，動寂雙遣。聖心行虛，非凡所測，遂使立未安定，奔逸而走也。【釋文】「失而走」如字，徐音逸。

〔二〕【疏】既見奔逃，命令捉取。

列子追之不及。反，以報壺子曰：「已滅矣，已失矣，吾弗及已〔一〕。」

〔一〕【疏】驚迫已甚，奔馳亦速，滅矣失矣，莫知所之也。【釋文】「已滅」崔云：滅，不見也。

壺子曰：「鄉吾示之以未始出吾宗〔一〕。吾與之虛而委蛇〔二〕，不知其誰何〔三〕，因以爲弟靡，因以爲波流，故逃也〔四〕。」

〔一〕【注】雖變化無常，而常深根冥極也。【疏】夫妙本玄源，窈冥恍惚，超兹四句，離彼百非，不可以心慮知，安得以形名取！既絶言象，無的宗塗，不測所由，故失而走。

〔二〕【注】無心而隨物化。【釋文】「委」於危反。「蛇」以支反。委蛇，至順之貌。

〔三〕【注】(汎)〔汎〕然無所係也。【疏】委蛇，隨順之貌也。至人應物，虛己忘懷，隨順逗機，不執宗本；既不可名目，故不知的是何誰也。

〔四〕【注】變化頽靡，世事波流，無往而不因也。夫至人一耳，然應世變而時動，故相者無所措其目，自失而走。此明應帝王者無方也。【疏】頽者，放任；靡者，順從。夫上德無心，有感斯應，放任不務，順從於物，而揚波塵俗，隨流世間，因任前機，曾無執滯。千變萬化，非相者所知，是故季咸宜其逃逸也。【釋文】「爲弟」徐音頽，丈回反。「靡」弟靡，不窮之貌。崔云：猶遜伏也。○盧文弨曰：正字通弟作弚。後來字書亦因之，而於古無有也。類篇弟字下有徒回反一音，云：弟靡，不窮皃。正本此。列子黃帝篇作茅靡。「波流」如字。崔本作波隨，云：常隨從之。○王念孫曰：郭象曰，變化頽靡，世事波流，無往而不因。釋文曰，波流，崔本作波隨，云常隨從之。案作波隨者是也。蛇何靡隨爲韻。蛇，古音徒禾反。（委蛇之委，古音於禾反。委蛇，疊韻字也。召南羔羊篇委蛇委蛇，與皮紽爲韻。皮，古音婆。莊子庚桑楚篇與物委蛇，與爲波爲韻。爲，古音譌。委蛇，或作委佗。鄘風君子偕老篇委委佗佗，與珈河宜何爲韻。宜，古音俄。）靡，古音摩。（中孚九二，吾與爾靡之，與和爲韻。莊子知北遊篇安與之相靡，與化多爲韻。成二年左傳師至於靡笄之下，靡一音摩。史記蘇秦傳期年以出揣摩，鄒誕本作揣靡。）隨，古亦音徒禾反。（波隨疊韻。詩序男行而女不隨，老子前後相隨，管子白心篇天不始不隨，吕氏春秋審應篇人先我隨，韓子解老篇大姦作則小盜隨，淮南泰族篇上動而下隨，史記太史公自序主先而臣隨，並與和爲韻。又吕氏春秋任數篇無先有隨，與和多爲韻。賈子道術篇有端隨之，與和宜爲韻。淮南原道篇禍乃相隨，與多爲韻。説文：隨，從辵，隋聲。隋音佗果反。史記天官書，前列直斗口，三星隨北端兑，索隱曰：隨音他果反。）

然後列子自以爲未始學而歸〔一〕，三年不出。爲其妻爨，食豕如食人〔二〕。於事无與親〔三〕，彫琢復朴〔四〕，塊然獨以其形立〔五〕。紛而封哉①〔六〕，一以是終〔七〕。

〔一〕【疏】季咸逃逸之後，列子方悟己迷，始覺壺丘道深，神巫術淺。自知未學，請乞其退歸，習尚無爲，伏膺玄業也。

〔二〕【注】忘貴賤也。【疏】不出三年，屏於俗務。爲妻爨火，忘於榮辱。食豕如人，净穢均等。

【釋文】「爲其」于僞反。「妻爨」七判反。「食豕」音嗣。下同。

〔三〕【注】唯所遇耳。【疏】悟於至理，故均彼我，涉於世事，無親疏也。

〔四〕【注】去華取實。【疏】彫琢華飾之務，悉皆棄除，直置任真，復於朴素之道者也。【釋文】「彫琢」竹角反。「去華」羌吕反。

〔五〕【注】外飾去也。【疏】塊然，無情之貌也。外除彫飾，内遣心智，槁木之形，塊然無偶也。【釋文】「塊然」徐苦怪反，又苦對反。

〔六〕【注】雖動而真不散也。【疏】封，守也。雖復涉世紛擾，和光接物，而守於真本，確爾不移。【釋文】「紛而」芳云反。崔云：亂貌。「封哉」崔本作戎，云：封戎，散亂也。○李楨曰：紛而封哉，列子黄帝篇作份然而封戎。按封戎是也。六句並韻語。食豕二句，人親爲韻。彫琢二句，朴立爲韻。紛而二句，戎終爲韻。哉字，傳寫之譌。下四亦韻語。惟崔本不誤，與列子同。尚書公無困哉，漢書兩引作公無困我。此以我譌哉。亦是一證。

〔七〕【注】使物各自終。【疏】動不乖寂，雖紛擾而封哉；應不離真，常抱一以終始。

〔校〕①闕文引張君房本(封)〔紛〕下有然字。又一本作(粉)〔紛〕而封戎。

无爲名尸〔一〕，无爲謀府〔二〕；无爲事任〔三〕，无爲知主〔四〕。體盡无窮〔五〕，而遊无朕〔六〕；盡其所受乎天〔七〕，而无見得〔八〕，亦虚而已〔九〕。至人之用心若鏡〔一〇〕，不將不迎①，應而不藏〔一一〕，故能勝物而不傷〔一二〕。

〔一〕【注】因物則物各自當其名也。【疏】尸，主也。身尚忘遺，名將安寄，故無復爲名譽之主也。

〔二〕【注】使物各自謀也。【疏】虛淡無心，忘懷任物，故無復運爲謀慮於靈府耳。

〔三〕【注】付物使各自任。【疏】各率素分，恣物自爲，不復於事，任用於己。

〔四〕【注】無心則物各自主其知也。【疏】忘心絕慮，大順羣生，終不運知，以主於物。【釋文】「知主」音(知)〔智〕②。注同。

〔五〕【注】因天下之自爲，故馳萬物而無窮也。【疏】體悟真源，故能以智境冥會，故曰皆無窮也。

〔六〕【注】任物，故無迹。【疏】朕，迹也。雖遨遊天下，接濟蒼生，而晦迹韜光，故无朕也。【釋文】「无朕」直忍反。崔云：兆也。

〔七〕【注】足則止也。【疏】所稟天性，物物不同，各盡其能，未爲不足者也。

〔八〕【注】見得則不知止。【疏】夫目視之所見，雖見不見；得於分内之得，雖得不得。既不造意於見得，故雖見得而無見得也。

〔九〕【注】不虛則不能任羣實。【疏】所以盡於分内而無見得者，(自)直〔自〕虛心(忘)淡〔忘〕而已。

〔一〇〕【注】鑒物而無情。【疏】夫懸鏡高堂，物來斯照，至人虛應，其義亦然。

〔一一〕【注】來即應，去即止。【疏】將，送也。夫物有去來而鏡無迎送，來者即照，必不隱藏。亦猶聖智虛凝，無幽不燭，物感斯應，應不以心，既無將迎，豈有情於隱匿哉！【釋文】「應而不藏」如字。本又作臧，亦依字讀。

〔二三〕【注】物來乃③鑒，鑒不以心，故雖天下之廣④，而無勞神之累。【疏】夫物有生滅，而鏡無隱顯，故常能照物而物不能傷。亦（由）〔猶〕聖人德合二儀，明齊三景，鑒照遐廣，覆載無偏。用心不勞，故無損害，爲其勝物，是以不傷。

〔校〕①世德堂本作逆。②智字依釋文原本及世德堂本改。③世德堂本乃作即。④趙諫議本作來照。

南海之帝爲儵，北海之帝爲忽，中央之帝爲渾沌〔一〕。儵與忽時相與遇於渾沌之地，渾沌待之甚善〔二〕。儵與忽謀報渾沌之德，曰：「人皆有七竅以視聽食息，此獨无有，嘗試鑿之〔三〕。」日鑿一竅，七日而渾沌死〔四〕。

〔一〕【疏】南海是顯明之方，故以儵爲有。北是幽闇之域，故以忽爲無。中央既非北非南，故以渾沌爲非無非有者也。【釋文】「儵」音叔。李云：喻有象也。「忽」李云：喻無形也。「渾」胡本反。「沌」徒本反。崔云：渾沌，無孔竅也。李云：清濁未分也。此喻自然。簡文云：儵忽取神速爲名，渾沌以合和爲貌。神速譬有爲，合和譬無爲。

〔二〕【疏】有無二心，會於非無非有之境，和二偏之心執爲一中之志，故云待之甚善也。

〔三〕【疏】儵忽二人，(由)〔猶〕懷偏滯，未能和會，尚起學心，妄嫌渾沌之無心，而謂穿鑿之有益也。

〔四〕【注】爲者敗之。　【疏】夫運四肢以滯境，鑿七竅以染塵，乖渾沌之至淳，順有無之取舍，是以不終天年，中塗夭折。勗哉學者，幸勉之焉！故郭注云爲者敗之也。　【釋文】「七竅」苦叫反。説文云：孔也。「七日而渾沌死」崔云：言不順自然，强開耳目也。

莊子集釋卷四上

外篇 駢拇第八〔一〕

〔一〕【釋文】舉事以名篇。

駢拇枝指，出乎性哉！而侈於德〔一〕。附贅縣疣，出乎形哉！而侈於性〔二〕。多方乎仁義而用之者，列於五藏哉！而非道德之正也〔三〕。是故駢於足者，連无用之肉也；枝於手者，樹无用之指也〔四〕；多方駢枝於五藏之情者，淫僻於仁義之行〔五〕，而多方①於聰明之用也〔六〕。

〔一〕【疏】駢，合也；〔拇，足〕大〔指〕②也；謂足大拇指與第二指相連，合爲一指也。枝指者，謂手大拇指傍枝生一指，成六指也。出乎性者，謂此駢枝二指，並稟自然，性命生分中有之。侈，多也。德，謂仁義禮智信五德也。言曾史稟性有五德，蘊之五藏，於性中非剩也。【釋文】「駢」步田反。廣雅云：並也。李云：併也。「拇」音母，足大指也。司馬云：駢拇，謂足拇指連第二指也。崔云：諸指連大指也。「枝指」如字。三蒼云：枝指，手有六指也。崔云：音歧，謂指有歧也。○盧文弨曰：歧當作岐，後人强分之。「而侈」昌是反，徐處豉反。郭云：多貌。司馬云：溢也。崔云：過也。「於德」崔云：德，猶容也。

〔二〕【注】夫長者不爲有餘，短者不爲不足，此則駢贅皆出於形性，非假物也。然駢與不駢，其性③各足，而此獨駢枝，則於衆以爲多，故曰侈耳。而惑者或云非性，因欲割而棄之，是道有所不存，德有所不載，而人有棄才，物有棄用也，豈是至治之意哉！夫物有小大，能有少多，所大即駢，所多即贅。駢贅之分，物皆有之，若莫之任，是都棄萬物之性也。【疏】附生之贅肉，縣係之小疣，並禀形以後方有，故出乎形哉而侈性者，譬離曠禀性聰明，列之藏府，非關假學，故無侈性也。【釋文】「附贅」章鋭反。廣雅云：疣也。釋名云：横生一肉，屬著體也。一云：瘤結也。「縣」音玄。「疣」音尤。「而侈於性」司馬云：性，人之本體也。駢拇，枝指，附贅，縣疣，此四者各出於形性，而非形性之正，於衆人爲侈耳。於形爲侈，於性爲多，故在手爲莫用之肉，於足爲無施之指也。王云：性者，受生之質；德者，全生之本。駢枝受生而有，不可多於德；贅疣形後而生，不可多於性。此四者以況才智德行。○俞樾曰：性之言生也。駢拇枝指，生而已然者也。故曰出乎性。附贅縣疣，成形之後而始有者也，故曰出乎形。德者，所以生者也。天地篇曰，物得以生謂之德，是也。駢拇枝指出乎性，而以德言之則侈矣；附贅縣疣出乎形，而以性言之則侈矣。崔云：德，猶容也，司馬云：性，人之本體也。混性與德與形而一之，殊失其旨。○家世父曰：釋文引王云：性者，受生之質；德者，全生之本。駢拇枝指，與生俱來，故曰出於性；附贅縣疣，形既具而後附焉，故曰出於形。「夫」音符。發句之端放此。「至治」直吏反。「之分」符問反。後可以意求。「物皆有之」之，或作定。

〔三〕【注】夫與物冥者，無多也。故多方於仁義者，雖列於五藏，然自一家之正耳，未能與物無方而各正性命，故曰非道德之正。夫方之少多，天下未之有限。然少多之差，各有定分，毫芒之際，即不可以相跂，故各守其方，則少多無不自得。而惑者聞多之不足以正少，因欲棄多而任少，是舉天下而棄之，不亦妄乎！【疏】方，道術也。言曾史之德，性多仁義，羅列藏府而施用之，此直一家之知，未能大冥萬物。夫能與物冥者，故當非仁非義而應夫仁義，不多不少而應夫多少，千變萬化，與物無窮，無所偏執，故是道德之正（言）〔也〕。【釋文】「五藏」才浪反，後皆同。黃帝素問云：肝心脾肺腎爲五藏。

〔四〕【注】直自性命不得不然，非以有用故然也。【疏】夫駢合之拇，無益於行步，故雖有此連，終成無用之肉；枝生於手指者，既不益操捉，故雖樹立此肉，終是無用之指也。欲明稟自然天性有之，非關助用而生也。

〔五〕【注】五藏之情，直自多方耳，而少者横復尚之，以至淫僻，而失至當於體中也。【疏】夫曾史之徒，性多仁義，以此情性，駢於藏府。性少之類，矯情慕之，務此爲行，求於天理，既非率性，遂成淫僻。淫者，耽滯；僻者，不正之貌。【釋文】「淫僻」本又作辟，匹亦反，徐敷赤反。注及篇末同。「於仁義之行」下孟反。崔云：駢枝贅疣，雖非性之正，亦出於形，不可去也。五藏之情，雖非道德之正，亦列於性，不可治也。今設仁義之教以治五藏之情，猶削駢枝贅疣也，既傷自然之理，更益其疾也。「横復」扶又反。(徐)〔除〕篇末注皆同。「至當」丁浪反。後皆倣此。

〔六〕【注】聰明之用，各有本分，故多方不爲有餘，少方不爲不足。然情欲之所蕩，未嘗不賤少而貴多也，見夫可貴而矯以尚之，則自多於本用而困其自然之性。若乃忘其所貴而保其素分，則與性無多而異方俱全矣。【疏】言離曠素分，足於聰明，性少之徒，矯情爲尚，以此爲用，不亦謬乎！

〔校〕①闕誤引張君房本方作□。②三字依釋文補。③世德堂本性作於。

是故駢於明者，亂五色，淫文章，青黃黼黻之煌煌非乎？而離朱是已〔一〕。多於聰者，亂五聲，淫六律，金石絲竹黃鐘①大吕之聲非乎？而師曠是已〔二〕。枝於仁者，擢德塞性以收名聲，使天下簧鼓以奉不及之法非乎？而曾史是已〔三〕。駢於辯者，纍瓦結繩竄句，遊心於堅白同異之閒，而敝跬譽無用之言非乎？而楊墨是已〔四〕。故此皆多駢旁枝之道，非天下之至正也〔五〕。

〔一〕【疏】斧形謂之黼。兩已相背謂之黻。五色，青黃赤白黑也。青與赤爲文，赤與白爲章。煌煌，眩目貌也。豈非離朱乎？是也。已，助聲也。離朱，一名離婁，黃帝時明目人，百里察毫毛也。【釋文】「黼黻」音甫，下音弗。周禮云：白與黑謂之黼，黑與青謂之黻。「煌煌」音皇。廣雅云：光也。向崔本作韹。向云：馬氏音煌。毛詩傳云：皇皇，猶煌煌也。煌，又音晃。○盧文弨曰：舊作光光也，今據本書删一光字。「非乎」向云：非乎，言是也。「離朱」司馬云：黄帝時人，百步見秋毫之末，一云：見千里針鋒。孟子作離婁。「是已」向云：猶是也。

〔二〕【注】夫有耳目者，未嘗以慕聾盲自困也，所困常在於希離慕曠，則離曠雖性聰明，乃是亂耳目之主也。【疏】五聲，謂宫商角徵羽也。六律，黄鐘大呂姑洗蕤賓無射夾鐘之徒是也。六律陽，六呂陰，總十二也。金石絲竹匏土革木，此八音也。非乎，言滯著此聲音，豈非是師曠乎。師曠，字子野，晉平公樂師，極知音律。言離曠二子素分聰明，庸昧之徒横生希慕，既失本性，寧不困乎！然則離曠聰明，乃是亂耳目之主也。【釋文】「五聲」本亦作五音。「師曠」司馬云：晉賢大夫也，善音律，能致鬼神。史記云：冀州南和人，生而無目。

〔三〕【注】夫曾史性長於仁耳，而性不長者横復慕之，慕之而仁，仁已僞矣。天下未嘗慕桀跖而必慕曾史，則曾史之簧鼓天下，使失其真性，甚於桀跖也。【疏】枝於仁者，謂素分枝多仁義，（由）〔猶〕如生分中枝生一指也。擢用五德，既偏滯邪淫，仍閉塞正性。用斯接物，以收聚名聲，遂使蒼生馳動奔競，（由）〔猶〕如笙簧鼓吹，能感動於物欣企也。然曾史性長於仁義，而不長者横復慕之，捨短效長，故言奉不及之法也。擢，拔；謂拔擢僞德，塞其真性也。曾者，姓曾，名參，字子輿，仲尼之弟子。史者，姓史，名鰌，字子魚，衛靈公臣。此二人並稟性仁孝，故舉之。【釋文】「擢德」音濯。司馬云：拔也。○王念孫曰：塞與擢義不相類。塞當爲搴，擢，搴，皆謂拔取之也。廣雅云：搴，取也，（楚辭離騷注及史記叔孫通傳索隱引許慎，並與廣雅同。方言作攓，云：取也，南楚曰攓。說文作㨶，云：拔取也。）拔也。（樊光注爾雅及李奇注漢書季布欒布田叔傳贊，並與廣雅同。）此言世之人皆擢其德，搴其性，務爲仁義以收名聲，非謂塞其性也。淮南俶真篇曰：俗世之學，擢德攓性，内愁五藏，外勞耳目，乃始招蟯振繾物之毫芒，搖消掉捎仁義禮樂，暴行越智於天下，以招號名聲於世。又曰：今萬物之來，擢拔吾性，攓取吾情。皆其證也。隸書手字或作扌，（若擧字作舉，拲字作奉之類。）故搴字或作搴，形與塞相似，因譌而爲塞矣。「簧鼓」音黄，謂笙簧也。鼓，動也。「曾史」曾參史鰌也。曾參行仁，史鰌行義。「跖」之石反。

〔四〕【注】夫騁其奇辯，致其危辭者，未曾容思於檮杌之口，而必競辯於楊墨之間，則楊墨乃亂羣言之主也。【疏】楊者，姓楊，名朱，字子居，宋人也。墨者，姓墨，名翟，亦宋人也，爲宋大夫；以其行墨之道，故稱爲墨。此二人並墨之徒，稟性多辯，咸能致高談危險之辭，鼓動物性，固執是非；（由）〔猶〕如緘結藏匿文句，使人難解，其游心學處，惟在堅執守白之論，是非同異之間，未始出非人之域也。蹩躠，（由）〔猶〕自持也，亦用力之貌。譽，光贊也。楊墨之徒，並矜其小學，炫燿衆人，誇無用之言，惑於羣物。然則楊墨豈非亂羣之師乎？言即此楊墨而已也。【釋文】「纍」劣彼反。「瓦」危委反，向同，崔如字。一云：瓦當作丸。「結繩」(本)〔李〕②云：言小辯危詞，若結繩之纍瓦也。崔云：聚無用之語，如瓦之纍，繩之結也。「竄」七亂反。爾雅云：微也。一云藏也。「句」紀具反。司馬云：竄句，謂邪説微隱，穿鑿文句也。一音鉤。「敝」本亦作蹩。徐音婢，郭父結反，李步計反。司馬云：罷也。「跬」徐丘婢反，郭音屑。向崔本作趌。向丘氏反，云：近也。司馬同。李却垂反。一云：敝跬，分外用力之貌。「譽」音餘。○家世父曰：釋文，敝跬，分外用力之貌。今案跬譽猶云咫言。方言，半步爲跬。司馬法，一舉足曰跬。跬，三尺也。跬譽者，邀一時之近譽也。敝，如周禮弓人筋欲敝之敝，謂勞敝也。敝精罷神於近名而無實用之言，故謂之駢於辯。「楊墨」崔李云：楊朱墨翟也。「容思」息嗣反。「檮杌」上徒刀反。下音兀。

〔五〕【注】此數子皆師其天性，直自多駢旁枝，各自是一家之正耳。然以一正萬，則萬不正矣。故至正者不以己正天下，使天下各得其正而已。【疏】言此數子皆自天然聰明仁辯，(由)〔猶〕如合駢之拇，傍生枝指，稟之素分，豈由人爲！故知率性多仁，乃是多駢傍枝之道也。而愚惑之徒，捨己效物，求之分外，由而不已。然摇動物性，由此數人，以一正萬，故非天下至道正理也。【釋文】「此數」色主反。下文此數音同。

〔校〕①趙諫議本鐘作鍾。②李字依世德堂本及釋文原本改。

彼正正者，不失其性命之情〔一〕。故合者不爲駢〔二〕，而枝者不爲跂①〔三〕；長者不

爲有餘〔四〕，短者不爲不足〔五〕。是故鳧脛雖短，續之則憂；鶴脛雖長，斷之則悲〔六〕。故性長非所斷，性短非所續，無所去憂也〔七〕。意仁義其非人情乎〔八〕！彼仁人何其多憂也〔九〕？

〔一〕【注】物各任性，乃正正也。自此已下觀之，至正可見矣。【疏】以自然之正理，正蒼生之性命，故言正也。物各自得，故言不失也。言自然者即我之自然，所言性命者亦我之性命也，豈遠哉！故言正正者，以不正而正，正而不正（之無）言〔之〕也②。自此以上，明矯性之失；自此以下，顯率性之得也。○俞樾曰：上正字乃至字之誤。上文云故此皆多駢旁枝之道，非天下之至正也，此云彼至正者不失其性命之情，兩文相承。今誤作正正，義不可通。郭曲爲之說，非是。

〔二〕【注】以枝正合，乃謂合爲駢。

〔三〕【注】以合正枝，乃謂枝爲跂。【疏】以枝望合，乃謂合爲駢，而合實非駢；以合望枝，乃謂枝爲跂，而枝實非跂也。【釋文】「不爲跂」其知反。崔本作枝，音同。或渠支反。

〔四〕【注】以短正長，乃謂長有餘。

〔五〕【注】以長正短，乃謂短不足。【疏】長者，謂曾史離曠楊墨，並稟之天性，蘊蓄仁義，聰明俊辯，比之羣小，故謂之長，率性而動，故非有餘。短者，衆人比曾史等不及，故謂之短，然亦天機自張，故非爲不足。

〔六〕【注】各自有正，不可以此正彼而損益之。【疏】鳧，小鴨也。鶴，鶬之類也。脛，脚也。自然之理，亭毒衆形，雖復脩短不同，而形體各足稱事，咸得逍遥。而惑者方欲截鶴之長續鳧之短以爲齊，深乖造化，違失本性，所以憂悲。【釋文】「鳧」音符。「脛」形定反。釋名云：莖也，直而長，如物莖也。本又作踁。「鶴」户各反。「斷之」丁管反。下及注同。

〔七〕【注】知其性分非所斷續而任之，則無所去憂而憂自去也。【疏】夫稟性受形，僉有崖量，脩短明暗，素分不同。此如鳧鶴，非所斷續。如此，即各守分内，雖爲無勞去憂，憂自去也。【釋文】「去憂」起吕反。注去憂、去也同。

〔八〕【注】夫仁義自是人之情性，但當任之耳。【釋文】「意」如字。下同。亦作醫。

〔九〕【注】恐仁義非人情而憂之者，真可謂多憂也。【疏】噫，嗟歎之聲也。夫仁義之情，出自天理，率性有之，非由放效。彼仁人者，則是曾史之徒，不體真趣，横生勸奬，謂仁義之道可學而成。莊生深嗟此迷，故發噫歎。分外引物，故謂多憂也。（非）其〔非〕③人情乎者，是人之情性者也。

〔校〕①闕誤引江南古藏本云岐作跂。今本作跂，疑釋文云崔本作枝之枝係岐字之誤，故云或渠支反。②之無二字依劉文典補正本删，並以之字屬言字下。③其非依正文改。

且夫駢於拇者，決之則泣；枝於手者，齕之則啼。二者，或有餘於數，或不足於數，其於憂一也〔一〕。今世之仁人，蒿目而憂世之患〔二〕；不仁之人，決性命之情而饕貴富〔三〕。故意仁義其非人情乎〔四〕！自三代以下者，天下何其囂囂也〔五〕？

〔一〕【注】謂之不足，故泣而決之；以爲有餘，故啼而齕之。夫如此，雖①羣品萬殊，無釋憂之地矣。唯各安其天性，不決駢而齕枝，則曲成而無傷，又何憂哉！【疏】齕者，齧斷也。決者，離析也。有餘於數，謂枝生六指也。不足於數，謂駢爲四指也。夫駢枝二物，自出天然，但當任置，未爲多少。而惑者不能忘淡，固執是非，謂枝爲有餘，駢爲不足，橫欲決駢齕枝，成於五數。既傷造化，所以泣啼，故決齕雖殊，其憂一也。【釋文】「齕」李音紇，恨發反，齧斷也。徐胡勿反。郭又胡突反。「啼」音提。崔本作謕。

〔二〕【注】兼愛之迹可尚，則天下之目亂矣。以可尚之迹，蒿令有患而遂憂之，此爲陷人於難而後拯之也。然今世正謂此爲仁也。【疏】蒿，目亂也。仁，兼愛之迹也。今世，猶末代。言曾史之徒，行此兼愛，遂令惑者捨己效人，希幸之路既開，耳目之用亂矣。耳目亂則患難生，於是憂其紛擾，還救以仁義。不知患難之所興，興乎聖迹也。【釋文】「蒿目」好羔反。司馬云：亂也。李云：蒿目，快性之貌。○盧文弨曰：今本快作決②。○俞樾曰：司馬與郭注共以蒿目二字爲句，解爲亂天下之目，義殊未安。蒿乃睢之叚字。玉篇目部：睢，庚鞠切，目明又望也。是睢爲望視之貌。仁人之憂天下，必爲之睢然遠望，故曰睢目而憂世之患。睢與蒿，古音相近，故得通用。詩靈臺篇白鳥翯翯，孟子梁惠王篇作鶴鶴，文選景福殿賦作睢睢。然則蒿之通作睢，猶翯之通作鶴與睢矣。周易文言傳：確乎其不可拔。說文土部曰：墝，堅不可拔也。即本易義。是確與墝通，亦其例也。「蒿令」力呈反，下同。「於難」乃旦反。「後拯」拯救之拯。

〔三〕【注】夫貴富所以可饕，由有蒿之者也。若乃無可尚之迹，則人安其分，將量力受任，豈有決己效彼以饕竊非望哉？【疏】饕，貪財也。素分不懷仁義者，謂之不仁之人也。意在貪求利禄，偷竊貴富，故絶己之天性，亡失分命真情，而矯性僞情，舍我逐物，良由聖迹可尚，故有斯弊者也。是知抱樸還淳，必須絶仁棄義。【釋文】「饕」吐刀反。杜預注左傳云：貪財曰饕。

〔四〕【疏】此重結前旨也。○慶藩案意讀爲抑。抑或作意，語詞也。論語學而篇抑與之與，漢石經作意。墨子非命篇意將以爲利天下乎，晏子春秋雜篇意者非臣之罪乎，漢書敍傳曰：其抑者從横之事復起於今乎。抑者與意者同，並與此句法一例。或言意者，或單言意，義亦同也。

〔五〕【注】夫仁義自是人情也。而三代以下，横共囂囂，棄③情逐迹，如將不及，不亦多憂乎！【疏】自，從也。三代，夏殷周也。囂囂，猶讙聒也。夫仁義者，出自性情。而三代以下，棄情徇迹，囂囂競逐，何愚之甚！是以夏行仁，殷行義，周行禮，即此囂囂之狀也。【釋文】「囂囂」許橋反，又五羔反。字林云：聲也。崔云：憂世之貌。

〔校〕①世德堂本雖作舉。②釋文原刻作快，世德堂本作決。③世德堂本棄作乘。

且夫待鉤繩規矩而正者，是削其性者也〔一〕；待繩約膠漆而固者，是侵其德者也〔二〕；屈折禮樂，呴俞仁義，以慰天下之心者，此失其常然也〔三〕。天下有常然。常然者，曲者不以鉤，直者不以繩，圓者不以規，方者不以矩，附離不以膠漆，約束不以纆索〔四〕。故天下誘然皆生而不知其所以生，同焉皆得而不知其所以得〔五〕。故古今不二，不可虧也〔六〕。則仁義又奚連連如膠漆纆索而遊乎道德之間爲哉〔七〕，使天下惑也〔八〕！

〔一〕【疏】鉤，曲；繩，直；規，圓；矩，方也。夫物賴鉤繩規矩而後曲直方圓也，此非天性也；（論）〔喻〕人待教迹而後仁義者，非真性也。夫真率性而動，非假學也。故矯性僞情，舍己效物而行仁義者，是減削毁損於天性也。

〔二〕【疏】約，束縛也。固，牢也。侵，傷也。德，真智也。夫待繩索約束，膠漆堅固者，斯假外物，非真牢者也；喻學曾史而行仁者，此矯僞，非實性也。既乖本性，所以侵傷其德也。

〔三〕【疏】屈，曲也。折，截也。呴俞，猶嫗撫也。揉直爲曲，施節文之禮；折長就短，行漫澶之樂；嫗撫偏愛之仁，呴俞執迹之義。以此僞真，以慰物心，遂使物喪其真，人亡其本，既而棄本逐末，故失其真常自然之性者也。此則總結前文之失，以生後文之得也。【釋文】「屈」崔本作詘。「折」之熱反，謂屈折支體爲禮樂也。「呴」況於反，李況付反。本又作傴，於禹反。「俞」音臾，李音喻。本又作呴，音詡，謂呴喻顏色爲仁義之貌。

〔四〕【疏】夫天下萬物，各有常分。至如蓬曲麻直，首圓足方也，水則冬凝而夏釋，魚則春聚而秋散，斯出自天然，非假諸物，豈有鉤繩規矩膠漆纆索之可加乎！在形既然，於性亦爾。故知禮樂仁義者，亂天之經者也。又解：附離，離，依也。故漢書云：哀帝時附離董氏者，皆起家至二千石，注云：離，依之也。【釋文】「纆」音墨。廣雅云：索也。「索」悉各反。下同。

〔五〕【注】夫物有常然，任而不助，則泯然自得而不自覺也。【疏】誘然生物，稟氣受形，或方或圓，乍曲乍直，亭之毒之，各足於性，悉莫辨其然，皆不知所以生，豈措意於緣慮，情係於得失者乎！是知屈折呴俞，失其常也。

〔六〕【注】同物，故與物無二而常全。【疏】夫見始終以不一者，凡情之闇惑也；覩古今之不二者，聖智之明照也。是以不生而生，不知所以生，不得而得，不知所以得；雖復時有古今而法無虧損，千變萬化，常唯一也。

〔七〕【注】任道而得，則抱朴獨往，連連假物，無爲其閒也。【疏】奚，何也。連連，猶接續也。夫道德者，非有非無，不生不滅，不可以聖智求，安得以形名取！而曾史之類，性多於仁，以己率物，滯於名教，束縛既似緘繩，執固又如膠漆，心心相續，連連不斷。懷挾此行，遨遊道德之鄉者，譬猶以圓學方，以魚慕鳥，徒希企尚之名，終無功用之實，筌蹄不忘魚兔，又喪已陳芻狗，貴此何爲也！【釋文】「連連」司馬云：謂連續仁義，遊道德閒也。

〔八〕【注】仁義連連，祇足以惑物，使喪其真。【疏】仁義之教，聰明之迹，乖自然之道，亂天下之心。【釋文】「祇足」音支。「使喪」息浪反。下已喪同。

夫小惑易方，大惑易性〔一〕。何以知其然邪〔二〕？自虞氏招仁義以撓天下也，天下莫不奔命於仁義〔三〕，是非以仁義易其性與〔四〕？故嘗試論之，自三代以下者，天下莫不以物易其性矣〔五〕。小人則以身殉利，士則以身殉名，大夫則以身殉家，聖人則以身殉天下〔六〕。故此數子者，事業不同，名聲異號，其於傷性以身爲殉，一也〔七〕。臧與穀，二人相與牧羊而俱亡其羊〔八〕。問臧奚事，則挾筴讀書；問穀奚事，則博塞以遊。二人者，事業不同，其於亡羊均也〔九〕。伯夷死名於首陽之下，盜跖死利於東陵之上〔一〇〕，二人者，所死不同，其於殘生傷性均也〔一一〕，奚必伯夷之是而盜跖之非乎〔一二〕！天下盡殉也。彼其所殉仁義也，則俗謂之君子；其所殉貨財也，則俗謂之小人〔一三〕。其殉一也，則有君子焉，有小人焉；若其殘生損性，則盜跖亦伯夷已，又惡取君子小人於其間哉！〔一四〕

〔一〕【注】夫東西易方，於體未虧；矜仁尚義，失其常然，以之死地，乃大惑也。【疏】夫指南爲北，其迷尚小；滯迹喪真，爲惑更大。

〔二〕【疏】然，如是也。此即假設疑問以出後文。

〔三〕【注】夫與物無傷者，非爲仁也，而仁迹行焉；令萬理皆當者，非爲義也，而義功見焉；故當而無傷者，非仁義之招也。然而天下奔馳，棄我徇彼以失其常然。故亂心不由於醜而恒在美色，撓世不由於惡而恒由仁義，則仁義者，撓天下之具也。【疏】虞氏，舜也。招，取也。撓，亂也。自唐堯以前，猶懷質朴；虞舜以後，淳風漸散，故以仁義聖迹，招慰蒼生，遂使宇宙黎元，荒迷奔走，喪於性命，逐於聖迹。【釋文】「以撓」而小反，郭呼堯反，又許羔反。廣雅云：亂也。又奴爪反。○俞樾曰：國語周語好盡言以招人過，韋注曰：招，舉也。舊音曰，招音翹。漢書陳勝傳贊招八州而朝同列，鄧展曰：招，舉也。蘇林曰：招音翹。此文招字，亦當訓舉而讀爲翹，言舉仁義以撓天下也。郭注曰，故當而無傷者，非仁義之招也，然而天下奔馳，棄我殉彼，以失其常然，是讀如本字。然以仁義招人，不得反云招仁義，可知其非矣。「功見」賢遍反。

〔四〕【注】雖虞氏無易之〔之〕①情，而天下之性固以易矣。【疏】由是觀之，豈非用仁義聖迹撓亂天下，使天下蒼生，棄本逐末而改其天性耶？【釋文】「性與」音餘。此可以意消息，後皆倣此。

〔五〕【注】自三代以上，實有無爲之迹。無爲之迹，亦有爲者之所尚也，尚之則失其自然之素。故雖聖人有不得已，或以槃夷之事易垂拱之性，而況悠悠者哉！【疏】五帝以上，猶扇無爲之風；三代以下，漸興有爲之教。澆淳異世，步驟殊時，遂使捨己效人，易奪真性，殉物不及，不亦悲乎！注云或以槃夷之事易垂拱之性者，槃夷，猶創傷也。言夏禹以風櫛雨沐，手足胼胝，以此辛苦之事，易於無爲之業，居上既爾，下民亦然也。【釋文】「三代」夏殷周也。「以上」時掌反。「槃夷」並如字，謂創傷也。依字應作瘢痍。

〔六〕【注】夫鶉居而鷇食，鳥行而無章者，何惜而不殉哉！故與世常冥，唯變所適，其迹則殉世之迹也；所遇者或時有槃夷禿脛之變，其迹則傷性之迹也。然而雖揮斥八極而神氣無變，手足槃夷而居形者不擾，則奚殉哉？無殉也，故乃不殉其所殉，而迹與世同殉也。【疏】殉，從也，營也，求也，逐也，謂身所以從之也。夫小人貪利，廉士重名，大夫殉爲一家，帝王營於四海，所殉雖異，易性則同。然聖人與世常冥，其迹則殉，故有瘢痍禿脛之變，而未始累其神者也。【釋文】「殉」辭俊反，徐辭倫反。司馬云：營也。崔云：殺身從之曰殉。「鶉」音純，又音敦。「鷇」口豆反。「禿」吐木反。「揮斥」上音揮，下音赤。

〔七〕【疏】數子者，則前之三世以下四人也。事業者，謂利名〔家〕②天下不同也。名聲者，謂小人士大夫聖人異號也。言此四人，事業雖復不同，名聲異號也，其於殘生以身逐物，未始不均也。

〔八〕【疏】此仍前舉譬以生後文也。孟子云：臧，善學人；穀，孺子也。揚雄云：男壻婢曰臧；穀，良家子也。牧，養也。亡，失也。言此二人各耽事業，俱失其羊也。【釋文】「臧」作郎反。崔云：好書曰臧。方言云：齊之北鄙，燕之北郊，凡民男而壻婢謂之臧，女而婦奴謂之獲。張揖云：壻婢之子謂之臧，婦奴之子謂之獲。「與穀」如字。爾雅云：善也。崔本作穀，云：孺子曰穀。「牧羊」牧養之牧。

〔九〕【疏】奚，何也。册，簡也。古人無紙，皆以簡册寫書。行五道而投瓊曰博，不投瓊曰塞。問臧問穀，乃有書塞之殊，牧羊亡羊，實無復異也。【釋文】「挾」音協。「筴」字又作策，初革反。李云：竹簡也。古以寫書，長二尺四寸。「博塞」悉代反。塞，博之類也。漢書云：吾丘壽王以善格五待詔，謂博塞也。

〔一〇〕【疏】此下合譬也。伯夷叔齊，並孤竹君之子也。孤竹，神農氏之後也，姜姓。伯夷，名允，字公信；叔齊，名致，字公遠。夷長而庶，齊幼而嫡，父常愛齊，數稱之於夷。及其父薨，兄弟相讓，不襲先封。聞文王有德，乃往於周。遇武王伐紂，扣馬而諫，諫不從，走入首陽山，採薇爲糧，不食周粟，遂餓死首陽山。山在蒲州河東縣。蒲州城南三十里，見有夷齊廟墓，林木森踈。盜跖者，柳下惠之從弟，名跖，徒卒九千，常爲巨盜，故以盜爲名。東陵者，山名，又云即太山也，在齊州界，去東平十五里，跖死其上也。【釋文】「首陽」山名，在河東蒲坂縣。死，謂餓而死。「東陵」李云：謂泰山也。一云：陵名，今名東平陵，屬濟南郡。○慶藩案文選任彥昇王文憲集（字）〔序〕③注引司馬云：東陵，陵名，今屬濟南也。釋文闕。

〔一一〕【疏】伯夷殉名，死於首陽之下；盜跖貪利，殞於東陵之上。乃名利所殉不同，其於殘傷，未能相異也。

〔二〕【注】天下之所惜者生也，今殉之太甚，俱殘其生，則所殉是非，不足復論。【疏】據俗而言，有美有惡；以道觀者，何是何非。故盜跖不必非，伯夷豈獨是。○慶藩案慧琳一切經音義卷八十九梁高僧傳四引司馬云：盜跖，兇惡人也。釋文闕。

〔三〕【疏】此總結前文以成後義。但道喪日久，並非適當。今俗中盡殉，豈獨夷跖！從於仁義，未始離名；逐於貨財，固當走利。唯名與利，殘生之本，即非天理，近出俗情，君子小人，未可正據也。

〔四〕【注】天下皆以不殘爲善，今均於殘生，則雖所殉不同，不足復計也。夫生奚爲殘，性奚爲易哉？皆由乎尚無爲之迹也。若知迹之由乎無爲而成，則絶尚去甚而反冥我極矣。堯桀將均於自得，君子小人奚（辯）〔辨〕④哉！【疏】惡，何也。其所殉名利，則有君子小人之殊；若殘生損性，曾無盜跖伯夷之異。此蓋俗中倒置，非關真極。於何而取君子，於何而辨小人哉？言無别也。【釋文】「又惡」音烏。「取君子小人於其間哉」崔本無小人於三字。

〔校〕①之字依王叔岷説補。②家字依正文補。③序字依文選改。④辨字依世德堂本改。

且夫屬其性乎仁義者，雖通如曾史，非吾所謂臧也〔一〕；屬其性於五味，雖通如俞兒，非吾所謂臧也〔二〕；屬其性乎五聲，雖通如師曠，非吾所謂聰也；屬其性乎五色，雖通如離朱，非吾所謂明也〔三〕。吾所謂臧者，非仁義之謂也，臧於其德而已矣〔四〕；吾所謂臧者，非所謂仁義之謂也，任其性命之情而已矣〔五〕；吾所謂聰者，非謂其聞彼也，自聞而已矣；吾所謂明者，非謂其見彼也，自見而已矣〔六〕。夫不自見而見彼，不自得而得彼者，是得人之得而不自得其得者也，適人之適而不自適其適者也〔七〕。夫適人之適而不自適其適，雖盜跖與伯夷，是同爲淫僻也〔八〕。余愧乎道德，是以上不敢爲仁義之操，而下不敢爲淫僻之行也〔九〕。

〔一〕【注】以此係彼爲屬。屬性於仁，殉仁者耳，故不善也。【疏】屬，係也。臧，善也。吾，莊生自稱也。夫捨己効人，得物喪我者，流俗之僞情也。故係我天性，學彼仁義，雖通達聖迹，如曾參史魚，乖於本性，故非論生之所善也。【釋文】「屬其」郭時欲反，謂係屬也。徐音燭，屬，著也。下皆同。

〔二〕【注】率性通味乃善。【疏】孟子云：俞兒，齊之識味人也。尸子云：俞兒和薑桂，爲人主上食。夫自無天素，効物得知，假令通似俞兒，非其善故也。【釋文】「雖通如楊墨」一本無此句。「俞兒」音榆，李式榆反。司馬云：古之善識味人也。崔云：尸子曰：膳俞兒和之以薑桂，爲人主上食。淮南云：俞兒狄牙，嘗淄澠之水而別之。一云：俞兒，黃帝時人。狄牙則易牙，齊桓公時識味人也。一云：俞兒亦齊人。淮南子一本作申兒，疑申當爲臾。

〔三〕【注】不付之於我而屬之於彼，則雖通之如彼，而我已喪矣。故各任其耳目之用，而不係於離曠，乃聰明也。【疏】夫離朱師曠，稟分聰明，率性而能，非關學致。今乃矯性僞情，捨己效物，雖然通達，未足稱善也。

〔四〕【注】善於自得，忘仁而仁。【疏】德，得也。夫達於玄道者，不易性以殉者也，豈復執已陳之芻狗，滯先王之蘧廬者哉！故當知其自知，得其自得，以斯爲善，不亦宜乎！

〔五〕【注】謂仁義爲善，則損身以殉之，此於性命還自不仁也。身且不仁，其如人何！故任其性命，乃能及人，及人而不累於己，彼我同於自得，斯可謂善也。【疏】夫曾參史魚楊朱墨翟，此四子行仁義者，蓋率性任情，禀之天命，譬彼駢枝，非由學得。而惑者覩曾史之仁義，言放效之可成；聞離曠之聰明，謂庶幾之必致；豈知造物而亭毒之乎！故王弼注易云，不性其情，焉能久行其致，斯之謂也。【釋文】「不累」劣僞反。後皆倣此。

〔六〕【注】夫絶離棄曠，自任聞見，則萬方之聰明莫不皆全也。【疏】夫希離慕曠，見彼聞他，心神馳奔，耳目竭喪，此乃愚闇，豈曰聰明！若聽耳之所聞，視目之所見，保分任真，不蕩於外者，即物皆聰明也。

〔七〕【注】此舍己効人者也，雖効之若人，而己已亡矣。【疏】夫不能視見之所見而見目以求離（未）〔朱〕之明，不能知知之所知而役知以慕史魚之義者，斯乃僞情學人之得，非謂率性自得己得也。既而僞學外顯，効彼悅人，作僞心勞，故不自適其適也。【釋文】「舍己」音捨。

〔八〕【注】苟以失性爲淫僻，則雖所失之塗異，其於失之一也。【疏】淫，滯也。僻，邪也。夫保分率性，正道也；尚名好勝，邪淫也。是以捨己逐物，開希幸之路者，雖伯夷之善，盜跖之惡，亦同爲邪僻也。重舉適人之適者，此疊前生後以起文勢故也。

〔九〕【注】愧道德之不爲，謝冥復之無迹，故絶操行，忘名利，從容吹累，遺我忘彼，若斯而已矣。

【疏】夫虚通之道，至忘之德，絶仁絶義，無利無名。而莊生妙體環中，遊心物表，志操絶乎仁義，心行忘乎是非；體自然之無有，愧道德之不爲。而言上下者，顯仁義淫僻之優劣也。而云余愧不敢者，示謙也。郭注云從容吹累者，從容，猶閒放；而吹累，動而無心也。吹，風也；累，塵；猶清風之動，微塵輕舉也。【釋文】「愧乎」崔本作聭，云：聭，愧同。「之行」下孟反。注同。「冥復」音服。「從容」七容反。「吹」如字，又昌僞反。字亦作炊。

莊子集釋卷四中

外篇　馬蹄第九〔一〕

〔一〕【釋文】舉事以名篇。

馬，蹄可以踐霜雪，毛可以禦風寒，齕草飲水，翹足而陸，此馬之真性也〔一〕。雖有義臺路寢，無所用之〔二〕。及至伯樂，曰：「我善治馬。」燒之，剔之，刻之，雒之，連之以羈馽，編之以皁棧，馬之死者十二三矣；〔三〕飢之，渴之，馳之，驟之，整之，齊之，前有橛飾之患，而後有鞭筴之威，而馬之死者已過半矣〔四〕。陶者曰：「我善治埴，圓者中規，方者中矩〔五〕。」匠人曰：「我善治木，曲者中鉤，直者應繩〔六〕。」夫埴木之性，豈欲中規矩鉤繩哉〔七〕？然且世世稱之曰「伯樂善治馬而陶匠善治埴木」，此亦治天下者之過也〔八〕。

〔一〕【注】駑驥各適於身而足。【疏】齕，齧也；踐，履；禦，捍；翹，舉也。夫蹄踐霜雪，毛禦風寒，飢即齕草，渴即飲水，逸豫適性，即舉足而跳躑，求稟乎造物，故真性豈願羈馽皁棧而爲服養之乎！況萬有參差，咸資素分，安排任性，各得逍遥，不矜不企，即生涯可保。【釋文】「馬」釋名云：武也。王弼注易云：在下而行者也。「蹄」音提。司馬云：馬足甲也。「禦」魚吕反。廣雅云：敵也。崔本作辟。「齕」恨發反，又胡切反。「翹」祁饒反。「足」崔本作尾。「而陸」司馬云：陸，跳也。字書作踛。踛，馬健也。○慶藩案釋文崔本作翹尾，引司馬云，陸，跳也。字書作踛，馬健也。今案足作尾是也。文選〔郭景純〕江賦注引莊子正作尾，陸作踛，云：踛，音六。廣韻：踛，力竹切，翹踛也。踛依字當作𨄗。説文：𨄗，曲脛也，讀若逵。是踛即𨄗之異體。逵從辵坴，踛從足坴，古足辵之字多互用，形相似也。據選注所引，知陸乃踛之譌。「駑」音奴，惡馬也。「驥」音冀，千里善馬也。

〔二〕【注】馬之真性，非辭鞍而惡乘，但無羨於榮華。【疏】義，養也，謂是貴人養衛之臺觀也。亦言：義臺，猶靈臺也。路，大也，正也，即正寢之大殿也。言馬之爲性，欣於原野，雖有高臺大殿，無所用之。況清虚之士，淳樸之民，樂彼茅茨，安兹甕牖，假使丹楹刻桷，於我何爲！【釋文】「義」許宜反，又如字。徐音儀，崔本同。一本作羲。「臺」崔云：義臺，猶靈臺也。「路寢」路，正也，大也。崔云：路寢，正室。○慶藩案史記魏世家索隱引司馬云：義臺，臺名，釋文闕。○俞樾曰：義，徐音儀，當從之。周官肆師職鄭注曰：故書儀爲義，是義即古儀字也。儀臺，猶言容臺。淮南子覽冥篇容臺振而掩覆，高注曰：容臺，行禮容之臺。儀與容，異名同實，蓋是行禮儀之臺，故曰儀臺也。「而惡」烏路反。

〔三〕【注】有意治之，則不治矣。治之爲善，斯不善也。【疏】列子云：姓孫，名陽，字伯樂，秦穆公時善治馬人。燒，鐵炙之也。剔，謂翦其毛；刻，謂削其蹄；雒，謂著籠頭也。羈，謂連枝絆也；馽，謂約前兩腳也。皁，謂槽櫪也。棧，編木爲椗，安馬腳下，以去其濕，所謂馬床也。夫不能任馬真性，而橫見燒剔，既乖天理，而死者已多。況無心徇物，性命所以安全；有意治之，天年於焉夭折。【釋文】「伯樂」音洛，下同。伯樂，姓孫，名陽，善馭馬。石氏星經云：伯樂，天星名，主典天馬。孫陽善馭，故以爲名。「剔之」敕歷反。字林云：剃也。徐詩赤反。向崔本作鬄。向音郝。「雒之」音洛。司馬云：燒，謂燒鐵以爍之；剔，謂翦其毛；刻，謂削其甲；雒，謂羈雒其頭也。○王念孫曰：司馬彪曰，雒，謂羈絡其頭也。案雒讀爲鉻，（音落。）字或作剳，通作雒，又通作落。鉻之言落也，剔去毛鬣爪甲謂之鉻。說文曰：鉻，鬄也。廣雅曰：雒，剔也。吳子治兵篇說畜馬之法云：刻剔毛鬣，謹落四下。此云燒之剔之刻之雒之，語意略相似。司馬以鉻爲羈絡，非也。下文連之以羈馽，乃始言羈絡耳。○家世父曰：司馬云：刻，謂削其甲；雒，謂羈雒其頭也。是通雒爲絡。疑上四者專就馬身言之，下文羈馽皁棧，始及銜勒之事。雒當爲烙，所謂火鋮曰烙也。杜甫詩：細看六印帶官字。六印，亦作火印。刻，謂鑿蹄；雒，謂印烙。燒之剔之以理其毛色。刻之雒之以存其表識。作絡者非也。○俞樾曰：司馬彪解雒之曰，謂羈雒其頭也，是以雒爲絡之叚字。然下文連之以羈馽，乃始言羈絡之事，此恐非也。雒疑當爲烙。說文火部新附有烙字，曰：灼也。今官馬以火烙其皮毛爲識，即其事矣。「羈」居宜反。廣雅云：勒也。「馽」丁邑反，徐丁立反，絆也。李音述。本或作𩥇，非也。𩥇音之樹反。司馬向崔本並作縶。向云：馬氏音竦。崔云：絆前兩足也。○盧文弨曰：舊本無音字，案例當有，今增。「編之」必然反。「皁」才老反，櫪也。一云：槽也。崔云：馬閑也。「棧」（土）〔士〕①板反。徐在簡反，又士諫反。編木作（靈）似〔靈〕牀曰棧，以禦濕也。崔云：木棚也。○盧文弨曰：靈即櫺字。濕當作溼，後人多混用。棚，疑當作柵。○慶藩案文選顏延年赭白馬賦注、潘安仁馬汧督誄注引司馬云：皁，櫪也。棧，若櫺牀，施之溼地也。釋文闕。「不治」直吏反。

〔四〕【注】夫善御者，將以盡其能也。盡能在於自任，而乃走作馳步，求其過能之用，故有不堪而多死焉。若乃任駑驥之力，適遲疾之分，雖則足迹接乎八荒之表，而衆馬之性全矣。而惑②者聞任馬之性，乃謂放而不乘；聞無爲之風，遂云行不如臥；何其往而不返哉！斯失乎莊生之旨遠矣。【疏】橛，銜也，謂以寶物飾於鑣也。帶皮曰鞭，無皮曰筴，俱是馬杖也。夫馳驟過分，飢渴失常，整之以衡扼，齊之以鑣轡，威之以鞭筴，而求其以分外之能，故駑駘不堪，而死已過半。聖智治物，其損亦然。【釋文】「驟」士救反。「橛」向徐其月反。司馬云：銜也。崔云：鑣也。「飾」徐音式。司馬云：排銜也，謂加飾於馬鑣也。○慶藩案文選潘安仁西征賦注引司馬云：橛，騑馬口中長銜也。與釋文異。○又案橛，一作橜。說文齺下曰：齺，馬口中橜也。史記索隱引周〔遷〕輿服志云：鉤逆上者爲橜，橜在銜中，以鐵爲之，大如雞子。漢書司馬相如傳張揖注曰：銜，馬勒銜也。橜，騑馬口長銜也。韓子姦劫弑臣篇無垂策之威，銜橛之備，雖造父不能以服馬，鹽鐵論刑德篇猶無銜橛而禦捍馬也，是銜與橛皆所以制馬者。「鞭」必然反。「筴」初革反。杜注左傳云：馬檛也。檛，音竹瓜反。

〔五〕【疏】範土曰陶。陶，化也，亦窯也。埴，黏也，亦土也。謂陶者善能調和水土而爲瓦器，運用方圓，必中規矩也。【釋文】「陶」道刀反，謂窯也。窯，音弋消反。「埴」徐時力反。崔云：土也。司馬云：埴土可以爲陶器。尚書傳云：土黏曰埴。釋名云：埴，膱也。膱音之食反。「中規」丁仲反。下皆同。

〔六〕【疏】鉤，曲也。繩，直也。謂匠人機巧，善能治木，木之曲直，必中鉤繩。【釋文】「應繩」應對之應。後不音者倣此。

〔七〕【疏】土木之性，稟之造物，不求曲直，豈慕方圓；陶者匠人，浪爲臧否。

〔八〕【注】世以任自然而不加巧者爲不善於治也，揉曲爲直，厲駑習驥，能爲規矩以矯拂其性，使死而後已，乃謂之善治也，不亦過乎！【疏】此總舉前文以合其譬。然世情愚惑，以治爲善，不治之爲僞，僞莫大焉。【釋文】「揉曲」汝久反。「矯」居兆反。「拂」房弗反。

〔校〕①土字依世德堂本及釋文原本改。②世德堂本惑作或。

吾意善治天下者不然〔一〕。彼民有常性，織而衣，耕而食，是謂同德〔二〕；一而不黨，命曰天放〔三〕。故至德之世，其行填填，其視顛顛〔四〕。當是時也，山无蹊隧，澤无

舟梁〔五〕；萬物羣生，連屬其鄉〔六〕；禽獸成羣，草木遂長〔七〕。是故禽獸可係羈而遊，鳥鵲之巢可攀援而闚〔八〕。

〔一〕【注】以不治治之，乃善治也。【疏】然，猶如此也。莊子云：我意謂善治天下，不如向來陶匠等也。善治之術，列在下文。

〔二〕【注】夫民之德，小異而大同。故性之不可去者，衣食也；事之不可廢者，耕織也；此天下之所同而爲本者也。守斯道者，無爲之至也。【疏】彼民，黎首也。言蒼生皆有真常之性而不假於物也。德者，得也。率其真常之性，物各自足，故同德。郭象云，性之不可去者衣食，事之不可廢者耕織，此天下之所同而爲本也，守斯道也，無爲至矣。【釋文】「去者」羌呂反。

〔三〕【注】放之而自一耳，非黨也，故謂之天放。【疏】黨，偏也。命，名也。天，自然也。夫虛通一道，亭毒羣生，長之育之，無偏無黨。若有心治物，則乖彼天然，直置放任，則物皆自足，故名曰天放也。【釋文】「天放」如字。崔本作牧，云：養也。

〔四〕【注】此自足於內，無所求及之貌。【疏】塡塡，滿足之心。顚顚，高直之貌。夫太上淳和之世，遂初至德之時，心既遺於是非，行亦忘乎物我。所以守真內足，塡塡而處無爲；自不外求，顚顚而游於虛淡。【釋文】「塡塡」徐音田，又徒偃反。質重貌。崔云：重遲也。一云：詳徐貌。淮南作莫莫。「顚顚」丁田反。崔云：專一也。淮南作瞑瞑。

〔五〕【注】不求非望之利，故止於一家而足。【疏】蹊，徑；隧，道也。舟，船也。當是時，即至德之世也。人知守分，物皆淳樸，不伐不奪，徑道所以可遺；莫往莫來，船橋於是乎廢。【釋文】「蹊」徐音兮。李云：徑也。「隧」徐音遂。崔云：道也。

〔六〕【注】混茫而同得也，則與一世而淡漠焉，豈國異而家殊哉！【疏】夫混茫之世，淳和淡漠。故無情萬物，連接而共里閭；有識羣生，係屬而同鄉縣；豈國異政而家殊俗哉！【釋文】「連屬其鄉」王云：既無國異家殊，故其鄉連屬。「混」胡本反。「茫」莫剛反。「淡」徒暫反。「漠」音莫。

〔七〕【注】足性而止，無吞夷之欲，故物全。【疏】飛禽走獸不害，所以成羣；蔬草果木不伐，遂其盛茂。【釋文】「遂長」丁丈反，又直良反。「無吞」敦恩反，又音天。

〔八〕【注】與物無害，故物馴也。【疏】人無害物之心，物無畏人之慮。故山禽野獸，可羈係而遨遊；鳥鵲巢窠，可攀援而窺望也。【釋文】「攀」本又作扳，普班反。「援」音袁。廣雅云：牽也，引也。「闚」去規反。「物馴」似遵反，或音純。

夫至德之世，同與禽獸居，族與萬物並，惡乎知君子小人哉〔一〕！同乎无知，其德不離〔二〕；同乎无欲，是謂素樸〔三〕；素樸而民性得矣。〔四〕及至聖人〔五〕，蹩躠爲仁，踶跂爲義，而天下始疑矣；澶漫爲樂，摘僻爲禮，而天下始分矣〔六〕。故純樸不殘，孰爲犧尊！白玉不毁，孰爲珪璋〔七〕！道德不廢，安取仁義〔八〕！性情不離，安用禮樂〔九〕！五色不亂，孰爲文采！五聲不亂，孰應六律〔一〇〕！夫殘樸以爲器，工匠之罪也；毀道德以爲仁義，聖人之過也。〔一一〕

〔一〕【疏】夫殉物邪僻爲小人，履道方正爲君子。既而巢居穴處，將鳥獸而不分，含哺鼓腹，混羣物而無異。於何而知君子，於何而辨小人哉！【釋文】「惡乎」音烏。

〔二〕【注】知則離道以善也。【疏】既無分別之心，故同乎無知之理。又不（以）險德以求行，故抱一而不離也。【釋文】「不離」力智反。注皆同。

〔三〕【注】欲則離性以飾也。【疏】同遂初之無欲，物各清廉；異末代之浮華，人皆淳樸。【釋文】「素樸」普剥反。

〔四〕【注】無煩乎知欲也。【疏】夫蒼生所以失性者，皆由滯欲故也。既而無欲素樸，真性不喪，故稱得也。此一句總結已前至德之美者也。

〔五〕【注】聖人者，民得性之迹耳，非所以迹也。此云及至聖人，猶云及至其迹也。

〔六〕【注】夫聖迹既彰，則仁義不真而禮樂離性，徒得形表而已矣①。有聖人即有斯弊，吾若是何哉！【疏】自此以上，明淳素之德；自此以下，斥聖迹之失。及至聖人，即五帝已下行聖迹之人也。蹩躠，用力之貌。踶跂，矜恃之容。澶漫是縱逸之心，摘僻是曲拳之行。夫淳素道消，澆僞斯起。踶跂恃裁非之義，蹩躠夸偏愛之仁，澶漫貴奢淫之樂，摘僻尚浮華之禮，於是宇内分離，蒼生疑惑，亂天之經，自斯而始矣。【釋文】「蹩」步結反。向崔本作弊，音同。

「躠」本又作薛，悉結反。向崔本作殺，音同。一音素葛反。「踶」直氏反，向同，崔音緹。「跂」丘氏反，一音吕氏反，崔音技。李云：蹩躠踶跂，皆用心爲仁義之貌。○慶藩案踶，各本無訓。説文：踶，躗也。躗，踶（躗）②也。（段注）舊本譌作衛，今據踶字注及牛部衛字注改正。）「澶」本又作儃，徒旦反。又吐旦反。向崔本作但，音燀。「漫」武半反。向崔本作曼，音同。李云：澶漫，猶縱逸也。崔云：但曼，淫衍也。一云：澶漫，牽引也。「摘」敕歷反，又涉革反。「辟」匹壁反，向音檗，徐敷歷反，李父歷反。本或作僻，音同。李云：糾擿邪辟而爲禮也。一音婦赤反，法也。崔云：擿辟，多節。○盧文弨曰：今本作僻。○家世父曰：釋文引李曰，糾擿邪辟而爲禮也，崔云，擿辟，多節。擿辟，當作摘擗。王逸注楚詞：擗，析也。摘者，摘取之；擗者，分之；謂其煩碎也。「始分」如字。下分皆同。

〔七〕【疏】純樸，全木也。不殘，未彫也。孰，誰也。犧尊，酒器，刻爲牛首，以祭宗廟也。上鋭下方曰珪，半珪曰璋。此略舉譬喻，以明澆競之治也。【釋文】「犧尊」音羲。尊，或作樽。司馬云：畫犧牛象以飾樽也。王肅云：刻爲牛頭。鄭玄云：畫鳳皇羽飾尊，婆娑然也。音先河反。○盧文弨曰：今本作樽，俗③。「珪璋」音章。李云：皆器名也。鋭上方下曰珪，半珪曰璋。

〔八〕【疏】此合譬也。夫大道之世，不辨是非；至德之時，未論憎愛。無愛則人心自息，無非則本迹斯忘，故老經云大道廢，有仁義矣。

〔九〕【疏】禮以檢迹，樂以和心。情苟不散，安用和心！性苟不離，何勞檢迹！是知和心檢迹，由乎道喪也。【釋文】「情性不離」如字。別離也。○盧文弨曰：今本情性作性情。

〔一〇〕【注】凡此皆變樸爲華，棄本崇末，於其天素，有殘廢矣，世雖貴之，非其貴也。【疏】夫文采本由相間，音樂貴在相和。若各色各聲，不相顯發，則宮商黼黻，無由成用。此重起譬，卻證前旨。

〔一一〕【注】工匠則有規矩之制，聖人則有可尚之迹。【疏】此總結前義。夫工匠以犧尊之器殘淳樸之本，聖人以仁義之迹毀無爲之道，爲弊既一，獲罪宜均。

〔校〕①趙諫議本無矣字及注首夫字。②邅字依說文删。③世德堂本作樽，本書依釋文改。

夫馬，陸居則食草飲水，喜則交頸相靡，怒則分背相踶。馬知已此矣〔一〕。夫加之以衡扼，齊之以月題，而馬知介倪闉扼鷙曼詭銜竊轡〔二〕。故馬之知而態至盜者，伯樂之罪也〔三〕。

〔一〕【注】御其真知，乘其自（陸）〔然〕①，則萬里之路可致，而羣馬之性不失。【疏】靡，摩也，順也。踶，蹈也。已，止也。夫物之喜怒，稟自天然，率性而動，非由矯僞。故喜則交頸而摩順，怒則分背而踶蹈，而馬之知解適盡於此，食草飲水，樂在其中矣。【釋文】「交頸」頸，領也。居郢反，又祁盈反。「相靡」如字。李云：摩也。一云：愛也。○慶藩案靡，古讀若摩，故與摩通。（見唐韻正。）漢書淮南衡山王傳亦其俗薄臣，下漸靡使然也。漸靡即漸摩。荀子性惡篇身日進於仁義而不自知也者，靡使然也。靡即摩也。（禮學記相觀而善之謂摩，鄭注：摩，相切磋也。）成二年左傳師至於靡笄之下，靡一音摩。史記蘇秦傳以出揣摩，鄒誕本作揣靡。靡讀爲摩。元戴侗六書故：靡與摩通。本書凡交近則相靡以信，亦讀靡爲摩。「相踶」大計反，又徒兮反，又徒祁反。李云：踶，蹋也。廣雅、字韻、聲類並同。通俗文云：小蹋謂之踶。「馬知」李音智。下同。

〔二〕【疏】衡，轅前橫木也。扼，义馬頸木也。月題，額上當顱，形似月者也。介，獨也。倪，睥睨也。闉，曲也。鷙，抵也。曼，突也。詭，詐也。竊，盜也。夫馬之真知，唯欣放逸；不求服飾，豈慕榮華！既而加以月題，齊以衡扼，乖乎天性，不任困苦，是以譎詐萌出，睥睨曲頭緣扼，抵突御人。竊轡即盜脱籠頭，詭銜乃吐出其勒。良由乖損真性，所以矯僞百端者矣。【釋文】「衡扼」於革反。衡，轅前橫木，縛軛者也。扼，义馬頸者也。「月題」徒兮反。司馬崔云：馬額上當顱如月形者也。「介」徐古八反。「倪」徐五圭反，郭五第反。李云：介倪，猶睥睨也。崔云：介出俾倪也。「闉」音因。「鷙」徐敕二反，郭音躓。「曼」武半反，郭武諫反。李云：闉，曲也。鷙，抵也。曼，突也。崔云：闉扼鷙曼，距扼頓遲也。司馬云：言曲頸於扼以抵突也。一云：鷙曼，旁出也。○家世父曰：釋文引李云：介倪，猶睥睨也。闉，曲也。鷙，抵也。曼，突也。崔云，闉扼鷙曼，距扼頓遲也。司馬云，言曲頸於扼以抵突也，一云：鷙曼，旁出也。今案成二年左傳不介馬而馳之，杜預注：介，馬甲也。説文：俾，益也。

倪，俾也。言馬知甲之加其身。史記晉世家馬騺不能行。說文：騺，馬重貌。闉扼，猶言困扼；騺曼，猶言遲重；言馬被介而氣塞行滯，有決銜絶轡之憂，李云睥睨者，失之。「詭」九彼反。「銜」口中勒也。或云：詭銜，吐出銜也。「竊轡」齧轡也。崔云：詭銜竊轡，戾銜橛，盜鞎轡也。○盧文弨曰：舊鞎譌䩲，今改正。說文：車前革曰鞎。

〔三〕【注】馬性不同而齊求其用，故有力竭而態作者。【疏】態，姦詐也。夫馬之真知，適於原野，馳驟過分，即矯詐心生，詭竊之態，罪歸伯樂也。【釋文】「態作」吐代反。

〔校〕①然字依王叔岷說改。

夫赫胥氏之時，民居不知所爲，行不知所之，含哺而熙，鼓腹而遊，民能以此矣〔一〕。及至聖人，屈折禮樂以匡天下之形，縣跂仁義以慰天下之心，而民乃始踶跂好知，爭歸於利，不可止也。此亦聖人之過也〔二〕。

〔一〕【注】此民之真能也。【疏】之，適也。赫胥，上古帝王也；亦言有赫然之德，使民胥附，故曰赫胥，蓋炎帝也。夫行道之時，無爲之世，心絶緣慮，安居而無所爲；率性而動，遊行而無所往。既而含哺而熙戲，與嬰兒而不殊；鼓腹而遨遊，將童子而無別。此至淳之世，民能如此也。【釋文】「赫」本或作萘，呼白反。「胥氏」司馬云：赫胥氏，上古帝王也。一云：有赫然之德，使民胥附，故曰赫胥，蓋炎帝也。○俞樾曰：釋文引司馬云，赫胥氏上古帝王也，此爲允當。又曰，一云有赫然之德，使民胥附，故曰赫胥，蓋炎帝也。此望文生訓，殊不足據。炎帝，即神農也。胠篋篇既云赫胥氏，又云神農氏，其非一人明矣。赫胥，疑即列子書所稱華胥氏。華與赫，一聲之轉耳。廣雅釋器：赫，赤也。而古人名赤者多字華。羊舌赤字伯華，公西赤字子華，是也。是華亦赤也。赤謂之赫，亦謂之華，可證赫胥之即華胥矣。

「含哺」音步。

〔二〕【注】其過皆由乎迹之可尚也。【疏】夫屈曲折旋，行禮樂以正形體；高縣仁義，令企慕以慰心靈；於是始踶跂自矜，好知而興矯詐；經營利祿，爭歸而不知止。噫！聖迹之過者也。【釋文】「縣企」音玄。○盧文弨曰：今本作跂。○慶藩案文選傅長虞贈何劭王濟詩注引司馬云：企，望也。釋文闕。「踶」直氏反。「跂」丘氏反。「好知」呼報反。下音智。

外篇 胠篋第十〔一〕

〔一〕【釋文】舉事以名篇。

將爲胠篋探囊發匱之盜而爲守備，則必攝緘縢，固(扃)〔扃〕①鐍，此世俗之所謂知也。〔一〕然而巨盜至，則負匱揭篋擔囊而趨，唯恐緘縢扃鐍之不固也。然則鄉②之所謂知者，不乃爲大盜積者也〔二〕？

〔一〕【疏】胠，開；篋，箱；囊，袋；攝，收；緘，結；縢，繩也。扃，關鈕也；鐍，鎖鑰也。夫將爲開箱探囊之竊，發匱取財之盜，此蓋小賊，非巨盜者也。欲爲守備，其法如何？必須收攝箱囊，緘結繩約，堅固扃鐍，使不慢藏。此世俗之淺知也。【釋文】「胠」李起居反。史記作擠。徐起法反，一音虛乏反。司馬云：從旁開爲胠。一云：發也。「篋」苦協反。「探」吐南反。「囊」乃剛反。「匱」其位反，櫃也。「必攝」如字。李云：結也。崔云：收也。「緘」古減反。「縢」向崔本作縢，同。徒登反。崔云：約也。案廣雅云：緘縢，皆繩也。「扃」古熒反。崔李云：關也。「鐍」古穴反。李云：紐也。崔云：環舌也。「知也」如字，又音智。下同。

〔二〕【注】知之不足恃也如此。【疏】夫攝緘縢固扃鐍者，以備小賊。然大盜既至，負揭而趨，更恐繩約關鈕之不牢，向之守備，翻爲盜資，是故俗知不足可恃。【釋文】「揭」徐其謁反，又音桀。三蒼云：舉也，擔也，負也。「擔」丁甘反。「而趨」七須反。李云：走也。「唯恐」丘用反。「鄉之」本又作向，亦作曏，同。許亮反。「爲大盜」于僞反。下及下注而爲同。「積者」如字，李子賜反。

〔校〕①依世德堂本及釋文原本改。以下均誤，不複出。②趙諫議本作向。

故嘗試論之，世俗之所謂知者，有不爲大盜積者乎？所謂聖者，有不爲大盜守者乎？〔一〕何以知其然邪〔二〕？昔者齊國鄰邑相望，雞狗之音相聞，罔罟之所布，耒耨之所刺，方二千餘里〔三〕。闔四竟之內，所以立宗廟社稷，治邑屋州閭鄉曲者，曷嘗不法聖人①哉〔四〕！然而田成子一旦殺齊君而盜其國〔五〕。所盜者豈獨其國邪？並與其聖知之法而盜之〔六〕。故田成子有乎盜賊之名，而身處堯舜之安〔七〕；小國不敢非，大國不敢誅，十二世有齊國〔八〕。則是不乃竊齊國，並與其聖知之法以守其盜賊之身乎〔九〕？

〔一〕【疏】夫體道大賢，言无的當，將欲顯忘言之理，故曰試論之。曰：夫世俗之人，知謨淺近，顯迹之聖，於理未深。既而意在防閑，更爲賊之聚積；雖欲官世，翻爲盜之守備。而〔信〕〔言〕有不爲者，欲明豈有不爲大盜積守乎，言其必爲盜積也。

〔二〕【疏】假設疑問，發明義旨。

〔三〕【疏】齊，即太公之後，封於營丘之地。逮桓公九合諸侯，一匡天下，百姓殷實，無出三齊。是以雞犬鳴吠相聞，鄰邑棟宇相望，罔罟布以事畋漁，耒耨刺以修農業。境土寬大，二千餘里，論其盛美，實冠諸侯。耒，犂也。耨，耡也。【釋文】「罔罟」音古，罔之通名。「耒」力對反，徐力猥反，郭呂匱反。李云：犂也。一云：耜柄也。「耨」乃豆反。李云：鋤也。或云：以木爲鋤柄。「所刺」徐七智反。

〔四〕【疏】夫人非土不立，非穀不食，故邑封土祠曰社，封稷祠曰稷。稷，五穀之長也。社，吐也，言能吐生萬物也。司馬法：六尺爲步，步百爲畝，畝百爲夫，夫三爲屋，屋三爲井，井四爲邑。又云：五家爲比，五比爲閭，五閭爲族，五族爲黨，五黨爲州，五州爲鄉。鄭玄云：二十五家爲閭，二千五百家爲州，萬二千五百家爲鄉也。闔，合也。曷，何也。闔四境之內，三齊之中，置此宗廟等事者，皆放效堯舜以下聖人，立邦國之法則也。【釋文】「闔」户臘反。

「四竟」音境。下之竟同。「治邑」直吏反。「屋」周禮：夫三爲屋。「州」五黨爲州，二千五百家也。「閭」五比爲閭，二十五家也。「鄉」五州爲鄉，萬二千五百家也。

〔五〕【注】法聖人者，法其迹耳。夫迹者，已去之物，非應變之具也，奚足尚而執之哉！執成迹以御乎無方，無方至而迹滯矣，所以守國而爲人守之也。【疏】田成子，齊大夫陳恒也，是敬仲七世孫。初，敬仲適齊，食（菜）〔采〕於田，故改爲田氏。魯哀公十四年，陳恒弒其君，君即簡公也。割安平至于郎邪，自爲封邑。至恒曾孫太公和，遷齊康公於海上，乃自立爲齊侯。自敬仲至莊公，凡九世知齊政；自太公至威王，三世爲齊侯；通計爲十二世。莊子，宣王時人，今不數宣王，故言十二世也。【釋文】「田成子」齊大夫陳恒也。「一旦」宋元嘉中本作一日。「殺」音試。「齊君」簡公也。春秋哀公十四年，陳恒殺之于舒州。「而盜其國」司馬云：謂割安邑以東至郎邪自爲封邑也。

〔六〕【注】不盜其聖法，乃無以取其國也。【疏】田恒所盜，豈唯齊國？先盜聖智，故得諸侯。是知仁義陳迹，適爲盜本也。【釋文】「聖知」音智。下同。

〔七〕【疏】田恒篡竊齊國，故有巨盜之聲名；而位忝諸侯，身處唐虞之安樂。

〔八〕【疏】子男之邦，不敢非毁；伯侯之國，詎能征伐！遂胤胄相繫，宗廟遐延。世歷十二，俱如前解。【釋文】「十二世有齊國」自敬仲至莊子，九世知齊政；自太公和至威王，三世爲齊侯，故云十二世也。○俞樾曰：釋文曰，自敬仲至莊子九世知齊政；自太公和至威王，三世爲齊侯，故云十二世。此説非也。本文是説田成子，不當追從敬仲數起。疑莊子原文本作世世有齊國，言自田成子之後，世世有齊國也。古書遇重字，止於字下作二字以識之，應作世二有齊國。傳寫者誤倒之，則爲二世有齊國。於是其文不可通，而從田成子追數至敬仲適得十二世，遂臆加十字於其上耳。

〔九〕【注】言聖法唯人所用，未足以爲全當之具。【疏】揭仁義以竊國，資聖智以保身。此則重舉前文，以結其義也。

〔校〕①闕誤引張君房本聖人作聖智，下文善人不得聖人之道不立，跖不得聖人之道不行；則聖人之利天下也少；聖人生而大盜起；掊擊聖人；聖人已死；聖人不死；雖重聖人；是乃聖人之過也；彼聖人者天下之利器也；句内聖人並同。

嘗試論之，世俗之所謂至知者，有不爲大盜積者乎？所謂至聖者，有不爲大盜守者乎〔一〕？何以知其然邪〔二〕？昔者龍逢斬，比干剖，萇弘胣，子胥靡，故四子之賢而身不免乎戮〔三〕。故跖之徒問於跖曰：「盜亦有道乎〔四〕？」跖曰：「何適而无有道邪〔五〕！」夫妄意室中之藏，聖也；入先，勇也；出後，義也；知可否，知也；分均，仁也。五者不備而能成大盜者，天下未之有也。〔六〕由是觀之，善人不得聖人之道不立，跖不得聖人之道不行〔七〕；天下之善人少而不善人多，則聖人之利天下也少而害天下也多〔八〕。故曰，脣竭則齒寒，魯酒薄而邯鄲圍，聖人生而大盜起〔九〕。掊擊聖人，縱舍盜賊，而天下始治矣〔一○〕。夫川竭而谷虛，丘夷而淵實。聖人已死，則大盜不起，〔一一〕天下平而无故矣〔一二〕。

〔一〕【疏】重結前義，以發後文也。

〔二〕【疏】假設疑問，以暢其旨也。

〔三〕【注】言暴亂之君，亦得據君人之威以戮賢人而莫之敢亢者，皆聖法之由也。向無聖法，則桀紂焉得守斯位而放其毒，使天下側目哉！【疏】龍逢，姓關，夏桀之賢臣，爲桀所殺。比干，王子也，諫紂，紂剖其心而視之。萇弘，周靈王賢臣。説苑云：晉叔向之殺萇弘也，萇弘數見於周，因（羣）〔佯〕遺書，萇弘謂叔向曰：「子起晉國之兵以攻周，以廢劉氏（以）〔而〕①立單氏。」劉子謂君曰：「此萇弘也。」乃殺之。肔，裂也。亦言：肔，刳腸；靡，爛也，碎也。言子胥遭戮，浮屍於江，令靡爛也。言此四子共有忠賢之行，而不免于戮刑者，爲無道之人，恃君人之勢，賴聖迹之威，故得躓頓忠良，肆其毒害。【釋文】「比干剖」普口反，謂割心也。崔本作節，云：支解也。「萇」直良反。「弘胣」本又作肔。徐勑紙反，郭詩氏反。崔云：讀若拖，或作施字。胣，裂也。淮南子曰：萇弘鈹裂而死。司馬云：胣，剔也。萇弘，周靈王賢臣也。案左傳，是周景王敬王之大夫，魯哀公三年六月，周人殺萇弘。一云：刳腸曰胣。「子胥靡」密池反，司馬如字，云：縻也。崔云：爛之於江中也。案子胥，伍員也，諫夫差，夫差不從，賜之屬鏤以死，投之江也。「焉得」於虔反。

〔四〕【疏】假設跖之徒類以發問之端。【釋文】「故跖」之石反。

〔五〕【疏】此即答前問意。道無不在，何往非道！道之所在，具列下文。○慶藩案何適而無有道邪，當作何適其有道邪。適與啻同。（秦策疑臣者不適三人，適與啻通。史記甘茂傳作疑臣者非特三人。）後人不知，誤以爲適齊適楚適秦之適，故改而無二字。呂氏春秋當務篇正作奚啻其有道也。（淮南道應篇奚適其有道也，今本作無道，亦後人所妄改。）

〔六〕【注】五者所以禁盜，而反爲盜資也。【疏】室中庫藏，以貯財寶，賊起妄心，斟量商度，有無必中，其驗若神，故言聖也。戮力同心，不避强禦，並争先入，豈非勇也！矢石相交，不顧性命，出競居後，豈非義也！知可則爲，不可則止，識其安危，審其吉凶，往必克捷，是其智也。輕財重義，取少讓多，分物均平，是其仁也。五者則向之聖勇義智仁也。夫爲一盜，必資五德，五德不備，盜則不成。是知無聖智而成巨盜者，天下未之有也。【釋文】「之藏」才浪反，又如字。○慶藩案意，度也，與億同。禮運聖人耐以天下爲一家，以中國爲一人者，非意之也。管子小問篇君子善謀而小人善意，〔以〕〔臣〕②意之也。皆訓度之義。韓子解老篇前識者，無緣而忘意度也。（案忘即妄字之隸變。）王褒四子講德論君子執分寸而罔意度。（案罔即妄字之義。）少儀鄭注曰：測，意度也。意，本〔又〕作億，論語先進篇億則屢中，漢書貨殖傳作意。「知可」如字，本或作知可否。○盧文弨曰：今本有否字。「分均」符問反，又如字。

〔七〕【疏】聖人之道，謂五德也。以向如是（以）〔之〕理觀之，爲善之徒不履五德，則無由立身行道，盗跖之類不資聖智，豈得行其盗竊乎！

〔八〕【注】信哉斯言！斯言雖信，而猶不可亡聖者，猶天下之知未能都亡，故須聖道以鎮之也。羣知不亡而獨亡於聖知，則天下之害又多於有聖矣。然則有聖之害雖多，猶愈於亡聖之無治也。雖愈於亡聖，故未若都亡之無害也。甚矣，天下莫不求利而不能一亡其知，何其迷而失致哉！【疏】夫善惡二途，皆由聖智者也。伯夷守廉絜著名，盗跖恣貪殘取利。然盗跖之徒甚衆，伯夷之類蓋寡，故知聖迹利益天下也少而損害天下也多。【釋文】「無治」直吏反。下文始治同。

〔九〕【注】夫竭脣非以寒齒而齒寒，魯酒薄非以圍邯鄲而邯鄲圍，聖人生非以起大盗而大盗起。此自然相生，必至之勢也。夫聖人雖不立尚於物，而亦不能使物不尚也。故人無貴賤，事無真僞，苟效聖法，則天下吞聲而闇服之，斯乃盗跖之所至賴而以成其大盗者也。【疏】春秋左傳云，脣亡齒寒，虞虢之謂也。邯鄲，趙城也。昔楚宣王朝會諸侯，魯恭公後至而酒薄。宣王怒，將辱之。恭公曰：「我周公之胤，行天子禮樂，勳在周室。今送酒已失禮，方責其薄，無乃太甚乎！」遂不辭而還。宣王怒，興兵伐魯。梁惠王恒欲伐趙，畏魯救之。今楚魯有事，梁遂伐趙而邯鄲圍。亦（由）〔猶〕聖人生，非欲起大盗而大盗起，勢使之然也。【釋文】「魯酒薄而邯」音寒。「鄲」音丹。邯鄲，趙國都也。「圍」楚宣王朝諸侯，魯恭公後至而酒薄，宣王怒，欲辱之。恭公不受命，乃曰：「我周公之胤，長於諸侯，行天子禮樂，勳在周室。我送酒已失禮，方責其薄，無乃太甚！」遂不辭而還。宣王怒，乃發兵與齊攻魯。梁惠王常欲擊趙，而畏楚救。楚以魯爲事，故梁得圍邯鄲。言事相由也，亦是感應。宣王，名熊良夫，悼王之子。恭公，名奮，穆公之子。許慎注淮南云：楚會諸侯，魯趙俱獻酒於楚王。魯酒薄而趙酒厚，楚之主酒吏求酒於趙，趙不與。吏怒，乃以趙厚酒易魯薄酒，奏之。楚王以趙酒薄，故圍邯鄲也。〇俞樾曰：此竭字當讀爲竭其尾之竭。説文豕篆説解曰：竭其尾，故謂之豕，是也。蓋竭之本義爲負舉，竭其尾即舉其尾也。此云脣竭者，謂反舉其脣以向上。③

〔一〇〕【注】夫聖人者，天下之所尚也。若乃絶其所尚而守其素朴，棄其禁令而代以寡欲，此所以掊擊聖人而我素朴自全，縱舍盜賊而彼姦自息也。故古人有言曰，閑邪存誠，不在善察；息淫去華，不在嚴刑；此之謂也。【疏】掊，打也。聖人，猶聖迹也。夫聖人者，智周萬物，道濟天下。今言掊擊者，亦示貶斥仁義絶聖棄智之意也。不貴難得之貨，故縱舍盜賊，不假嚴刑，而天下太平也。【釋文】「掊」普口反。「擊」徐古歷反。「縱舍」音捨，注同。「閑邪」似嗟反。「去華」起吕反。下注去欲、去其皆同。

〔一一〕【注】竭川非以虚谷而谷虚，夷丘非以實淵而淵實，絶聖非以止盜而盜止。故止盜在去欲，不在彰聖知。【疏】夫智惠出則姦僞生，聖迹亡則大盜息。猶如川竭谷虚，丘夷淵實，豈得措意，必至之宜。死，息也。【釋文】「聖人已死則大盜不起」向云：事業日新，新者爲生，故者爲死，故曰聖人已死也。乘天地之正，御日新之變，得實而損其名，歸真而忘其塗，則大盜息矣。

〔一二〕【注】非唯息盜，爭尚之迹故都去矣。【疏】故，事也。絶聖棄智，天下太平，人歌擊壤，故無有爲之事。【釋文】「爭尚」爭鬭之爭。後皆同。

〔校〕①佯字而字依説苑原文改。②臣字依管子原文改。③俞注原誤置疏文下，今依例改正。

聖人不死，大盜不止。雖重聖人而治天下，則是重利盜跖也。〔一〕爲之斗斛以量之，則並與斗斛而竊之；爲之權衡以稱之，則並與權衡而竊之；爲之符璽以信之，則並與符璽而竊之；爲之仁義以矯之，則並與仁義而竊之。〔二〕何以知其然邪？彼竊鉤者誅，竊國者爲諸侯，諸侯之門而仁義存焉，則是非竊仁義聖知邪〔三〕？故逐於大盜，揭諸侯，竊仁義並斗斛權衡符璽之利者，雖有軒冕之賞弗能勸，斧鉞之威弗能禁〔四〕。此重利盜跖而使不可禁者，是乃聖人之過也〔五〕。

〔一〕【注】將重聖人以治天下，而桀跖之徒亦資其法。所資者重，故所利不得輕也。【疏】若夫淳樸之世，恬淡無爲，物各歸根，人皆復命，豈待教迹而後冥乎！及至聖智不忘，大盜斯起，雖復貴聖法，治天下，無異重利盜跖。何者？所以夏桀肆其害毒，盜跖肆其貪殘者，由資乎聖迹故也。向無聖迹，夏桀豈得居其九五，毒流黎庶！盜跖何能擁卒數千，橫行天下！所資既重，所利不輕，以此而推，過由聖智也。【釋文】「聖人不死大盜不止」向云：聖人不死，言守故而不日新，牽名而不造實也。大盜不止，不亦宜乎！

〔二〕【注】小盜之所困，乃大盜之所資而利也。【疏】斛者，今之函，所以量物之多少。權，稱鎚也，衡，稱梁也，所以平物之輕重也。符者，分爲兩片，合而成一，即今之銅魚木契也。璽者，是王者之玉印，握之所以攝召天下也。仁，恩也；義，宜也。王者恩被蒼生，循宜作則，所以育養黔黎也。此八者，天下之利器也，不可相無也。夫聖人立教以正邦家，田成用之以竊齊國，豈非害於小賊而利大盜者乎！【釋文】「爲之斗斛以量之」向云：自此以下，皆所以明苟非其人，雖法無益。「權衡」李云：權，稱鎚；衡，稱衡也。鎚，音直僞反。「符璽」音徙。「矯之」居表反。

〔三〕【疏】鉤者，腰帶鉤也。夫聖迹之興，本懲惡勸善。今私竊鉤帶，必遭刑戮；公劫齊國，飜獲諸侯：仁義不存，無由率衆。以此而言，豈非竊聖迹而盜國邪？何以知其然者，假問也；彼竊以下，假答也。【釋文】「竊鉤」鉤，謂帶也。○王引之曰：存焉當爲焉存。焉，於是也。言仁義於是乎存也。呂氏春秋季春篇注曰：焉，猶於此也。聘禮記曰，及享發氣焉盈容，言發氣於是盈容也。月令曰，天子焉始乘舟，（今本焉字在上句乃告舟偕具於天子之下，此後人不曉文義而妄改之。今據呂氏春秋季春篇、淮南時則篇訂正。）言天子於是始乘舟也。晉語曰，焉始爲令，言於是始爲令也。三年問曰，故先王焉爲之立中制節，言先王於是爲之立中制節也。（荀子禮論篇焉作安，楊倞曰：安，語助。或作安，或作案，荀子多用此字。焉安案，三字同義，詳見釋詞。）大荒南經曰，雲雨之山有木名曰欒，羣帝焉取藥，言羣帝於是取藥也。管子揆度篇曰，民財足，則君賦斂焉不窮，言賦斂於是不窮也。墨子非攻篇曰，天乃命湯於鑣宮，用受夏之大命，湯焉敢奉率其衆以鄉有夏之境，言湯於是敢伐夏也。楚辭九章曰，焉洋洋而爲客，又曰，焉舒情而抽信兮，言於是洋洋而爲客，於是舒情而抽信也。又僖十五年左傳，晉於是乎作爰田，晉於是乎作州兵，晉語作焉作轅田，焉作州兵。西周策，君何患焉，史記周本紀作君何患於是。是焉與於是同義。莊八年公羊傳，吾將以甲午之日然後祠兵於是，管子小問篇，且臣觀小國諸侯之不服者唯莒於是，是於是與焉同義。此四句以誅侯爲韻，門存爲韻，其韻皆在句末。史記游俠傳作竊鉤者誅，竊國者侯，侯之門，仁義存，是其明證也。

〔四〕【注】夫軒冕斧鉞，賞罰之重者也。重賞罰以禁盜，然大盜者又逐而竊之，則反爲盜用矣。所用者重，乃所以成其大盜也。大盜也者，必行以仁義，平以權衡，信以符璽，勸以軒冕，威以斧鉞，盜此公器，然後諸侯可得而揭也。是故仁義賞罰者，適足以誅竊鉤者也。【疏】逐，隨也。勸，勉也。禁，止也。軒，車也。冕，冠也。夫聖迹之設，本息姦宄，而田恒遂用其道而竊齊國，權衡符璽，悉共有之，誓揭諸侯，安然南面，胡可勸之以軒冕，威之以斧鉞者哉！小曰斧，大曰鉞。又曰黄金飾斧鉞。【釋文】「揭」其謁其列二反。「斧鉞」音越。○慶藩案慧琳一切經音義卷九十五正誣論三引司馬云：夏執黃戉，殷執白戚，周左仗黃戉，右秉白旄。釋文闕。「能禁」音今，又居鴆反。下不可禁同。

〔五〕【注】夫跖之不可禁，由所盜之利重也。利之所以重，由聖人之不輕也。故絶盜在賤貨，不在重聖也。【疏】盜跖所以擁卒九千横行天下者，亦賴於五德故也。向無聖智，豈得爾乎！是知驅馬掠人，不可禁制者，原乎聖人作法之過也。

故曰：「魚不可脱於淵，國之利器不可以示人〔一〕。」彼聖人者，天下之利器也〔二〕，非所以明天下也〔三〕。故絶聖棄知，大盜乃止〔四〕；擿玉毁珠，小盜不起〔五〕；焚符破璽，而民朴鄙〔六〕；掊斗折衡，而民不争〔七〕；殫殘天下之聖法，而民始可與論議〔八〕。擢亂六律，鑠絶竽瑟，塞瞽曠之耳，而天下始人含其聰矣；滅文章，散五采，膠離朱之目，而天下始人含其明矣；〔九〕毁絶鉤繩而棄規矩，攦工倕之指，而天下始人有其巧矣。故曰：「大巧若拙。」〔一〇〕削曾史之行，鉗楊墨之口，攘棄仁義，而天下之德始玄同矣〔一一〕。彼人含其明，則天下不鑠矣；人含其聰，則天下不累矣；〔一二〕人含其知，則天下不惑矣；人含其德，則天下不僻矣。〔一三〕彼曾、史、楊、墨、師曠、工倕、離朱，皆外立其德而以爚亂天下者也〔一四〕，法之所无用也〔一五〕。

〔一〕【注】魚失淵則爲人禽，利器明則爲盜資，故不可示人。【疏】脱，失也。利器，聖迹也。示，明也。魚失水則爲物所禽，利器明則爲人所執，故不可也。

〔二〕【注】夫聖人者，誠能絶聖棄知而反冥物極，物極各冥，則其迹利物之迹也。器猶迹耳，可執而用曰器也。【疏】聖人則堯舜文武等是也。○家世父曰：假聖人之知而收其利，天下皆假而用之，則固天下之利器矣。天下假聖人以爲利器，而惟懼人之發其覆也，（能）〔則〕無有能明之者也。

〔三〕【注】示利器於天下，所以資其盜賊。【疏】夫聖人馭世，應物隨時，揖讓干戈，行藏匪一，不可執固，明示天下。若執而行者，必致其弊，即燕噲白公之類是也。

〔四〕【注】去其所資，則未施禁而自止也。【疏】棄絶聖知，天下之物各守其分，則盜自息。

〔五〕【注】賤其所寶，則不加刑而自息也。【疏】藏玉於山，藏珠於川，不貴珠寶，豈有盜濫！

【釋文】「擿玉」持赤反，義與擲字同。崔云：猶投棄之也。郭都革反。李云：刻也。

〔六〕【注】除矯詐之所賴者，則無以行其姦巧。【疏】符璽者，表誠信也。矯詐之徒，賴而用之，故焚燒毁破，可以反樸還淳而歸鄙野矣。

〔七〕【注】夫小平乃大不平之所用也。【疏】斗衡者，所以量多少，稱輕重也。既遭（斗）〔盜〕竊，翻爲盜資。掊擊破壞，合於古人之智守，故無忿争。

〔八〕【注】外無所矯，則内全我朴，而無自失之言也。【疏】殫，盡也。殘，毁也。聖法，謂五德也。既殘三王，又毁五帝，蘧廬咸盡，芻狗不陳，忘筌忘蹄，物我冥極，然後始可與論重妙之境，議道德之遐也。【釋文】「殫」音丹，盡也。

〔九〕【注】夫聲色離曠，有耳目者之所貴也。受生有分，而以所貴引之，則性命喪矣。若乃毁其所貴，棄彼任我，則聰明各全，人含其真也。【疏】擢，拔也。鑠，消也。竽形與笙相似，並布管於匏内，施簧於管端。瑟長八尺一寸，闊一尺八寸，二十七絃，伏犧造也。夫耳淫宫徵，慕師曠之聰；目滯玄黄，希離朱之視；所以心神奔馳，耳目竭喪。既而拔管絶絃，銷經絶緯；毁黄華之曲，棄白雪之歌；滅黼黻之文，散紅紫之采。故膠離朱之目，除矯効之端；塞瞽曠之耳，去亂羣之帥。然後人皆自得，物無喪我，極耳之所聽而反聽無聲，恣目之能視而内視無色，天機自張，無爲之至也，豈有明暗優劣於其間哉！是以天下和平，萬物同德。率己聞見，故人含其聰明。含，懷養也。【釋文】「鑠絶」郭李詩灼反，向徐音藥。崔云：燒斷之也。「竽」徐音于。「瑟」本亦作笙。「塞瞽曠」崔本塞作杜，云：塞也。○盧文弨曰：今本無瞽①字。「膠」音交，徐古孝反。「喪矣」息浪反。

〔一〇〕【注】夫以蜘蛛蛣蜣之陋，而布網轉丸，不求之於工匠，則萬物各有能也。所能雖不同，而所習不敢異，則若巧而拙矣。故善用人者，使能方者爲方，能圓者爲圓，各任其所能，人安其性，不責萬民以工倕之巧。故衆技以不相能似拙，而天下皆自能則大巧矣。夫用其自能，則規矩可棄而妙匠之指可攦也。【疏】鉤，曲；繩，直；規，圓；矩，方。工倕是堯工人，作規矩之法；亦云舜臣也。攦，折也，割也。工倕稟性機巧，運用鉤繩，割刻異端，述作規矩，遂令天下黔黎，誘然放效，舍己逐物，實此之由。若使棄規矩，絶鉤繩，攦割倕指，則人師分內，咸有其巧。譬猶蜘網蜣丸，豈關工匠人事，若天機巧也！（事）〔語〕出老經。【釋文】「攦」郭呂係反，又力結反，徐所綺反。李云：折也。崔云：撕之也。「工倕」音垂，堯時巧者也。一音睡。○盧文弨曰：舊本音謞名，據達生篇改正。「蜘」音知。「蛛」音誅。「蛣」起一反。「蜣」音羌。

〔一一〕【注】去其亂羣之率，則天下各復其所而同於玄德也②。【疏】削，除也。鉗，閉也。攘，卻也。玄，原也，道也。曾參至孝，史魚忠直，楊朱墨翟，稟性弘辯。彼四子者，素分天然，遂使天下學人，捨己效物，由此亂羣，失其本性。則削除忠信之行，鉗閉浮辯之口，攘去蹩躠之仁，棄擲踶跂之義。於是物不喪真，人皆自得，率性全理，故與玄道混同也。【釋文】「之行」下孟反。「鉗」李巨炎反，又其嚴反。「攘」如羊反。「之帥」本又作率，同。所類反。○盧文弨曰：今本作率。

〔一二〕【疏】鑠，消散也。累，憂患也。只爲自衒聰明，故憂患斯集，彼蒼生顛仆而銷散也。若能含抱聰明於內府而不衒於外者，則物皆適樂而無憂患也。【釋文】「不鑠」（朱）〔失〕③灼反。崔云：不消壞也。向音燿。

〔一三〕【疏】若能知於分內，養德而不蕩者，固當履環中之正道，游寓內而不惑，豈有倒置邪僻於其間哉！【釋文】「不僻」匹亦反。

〔一四〕【注】此數人者，所稟多方，故使天下躍而効之。効之則失我，我失由彼，則彼爲亂主矣。夫天下之大患者，失我也。【疏】以前數子，皆稟分過人，不能韜光匿燿，而揚波激俗，標名於外，引物從己，炫燿羣生。天下亡德而不反本，失我之原，斯之由也。【釋文】「爚」徐音藥。三蒼云：火光銷也。司馬崔云：散也。「此數」所主反。

〔一五〕【注】若夫法之所用者，視不過於所見，故衆目無不明；聽不過於所聞，故衆耳無不聰；事不過於所能，故衆技無不巧；知不過於所知，故羣性無不適；德不過於所得，故羣德無不當。安用立所不逮於性分之表，使天下奔馳而不能自反哉！【疏】夫率性而動，動必由性，此法之妙也。而曾史之徒，以己引物，既無益於當世，翻有損於將來，雖設此法，終無所用也。

〔校〕①世德堂本無瞽字，本書依釋文補。②趙諫議本無也字。③失字依世德堂本及釋文原本改。

子獨不知至德之世乎？昔者容成氏、大庭氏、伯皇氏、中央氏、栗陸氏、驪畜氏、軒轅氏、赫胥氏、尊盧氏、祝融氏、伏犧氏、神農氏，當是時也，民結繩而用之〔一〕，甘其食，美其服〔二〕，樂其俗，安其居〔三〕，鄰國相望，雞狗之音相聞，民至老死而不相往來〔四〕。若此之時，則至治已〔五〕。今遂至使民延頸舉踵曰，「某所有賢者」，贏糧而趣之，則內棄其親而外去其主之事，足跡接乎諸侯之境，車軌結乎千里之外〔六〕。則是上好知（也）〔之〕①過也〔七〕。

〔一〕【注】足以紀要而已。【疏】已上十二氏，並上古帝王也。當時既未有史籍，亦不知其次第前後。刻木爲契，結繩表信，上下和平，人心淳樸。故易云，上古結繩而治，後世聖人易之以書契。【釋文】「容成氏」司馬云：此十二氏皆古帝王。「驪」徐力池反，李音犁。「畜」徐敕六反。「伏戲」音義。

〔二〕【注】適故常甘，當故常美。若思（失）〔夫〕②侈靡，則無時慊矣。【釋文】「慊」口簟反。

〔三〕【疏】止分，故甘；去華，故美；混同，故樂；恬淡，故安居也。【釋文】「樂其」音洛。

〔四〕【注】無求之至。【疏】境邑相比，相去不遠，雞犬吠聲，相聞相接。而性各自足，無求於世，卒於天命，不相往來，無爲之至。【釋文】「而不相往來」一本作不相與往來。檢元嘉中郭注本及崔向永和中本，並無與字。

〔五〕【疏】無欲無求，懷道抱德，如此時也，豈非至哉！【釋文】「至治」直吏反。注同。

〔六〕【注】至治之迹，猶致斯弊。【疏】贏，裹也。亦是至理之風，播而爲教，貴此文迹，使物學之。尚賢路開，尋師訪道，引頸舉足，遠適他方，軌轍交行，足跡所接，裹糧負戴，不憚千里，內則棄親而不孝，外則去主而不忠。至治之迹，遂致斯弊也。【釋文】「頸」如字。李巨盈反。「贏」音盈。崔云：裹也。廣雅云：負也。「糧」音良。「而趣」七于反，徐七喻反。○慶藩案軌，徹迹也。說文：軌，車徹也，從車，九聲。（案徹者通也，中空而通也。經傳多訓軌爲車轊頭，蓋軓字之譌。說文：軓，車軾前也，從車，凡聲。）車軌與足跡對文，則軌之爲車迹明矣。（攷工記匠人皆容力九軌，鄭注：軌，徹廣也。結，交也。）車跡可並列，亦可邪交。邪交則相接，結軌即結徹也。管子小匡篇車不結徹，徹，迹也。高注：結，交也。車輪之迹，往來縱横，彼此交錯，故曰結交也。史記司馬相如傳結軌〔適〕〔還〕轅，東鄉將報。索隱引張揖注：結，屈也，軌，車跡也。本西行，折而東之，則跡亦曲而東也。

〔七〕【注】上，謂好知之君。知而好之，則有斯過矣。【疏】尚至治之迹，好治物之智，故致斯也。

【釋文】「上好」呼報反。注下皆同。

〔校〕①之字依世德堂本改。②夫字依世德堂本改。

上誠好知而无道，則天下大亂矣〔一〕。何以知其然邪〔二〕？夫弓弩畢弋機變之知多，則鳥亂於上矣；鉤餌罔罟罾笱之知多，則魚亂於水矣；削格羅落罝罘之知多，則獸亂於澤矣；〔三〕知詐漸毒頡滑堅白解垢同異之變多，則俗惑於辯矣〔四〕。故天下每每大亂，罪在於好知〔五〕。故天下皆知求其所不知而莫知求其所已知者〔六〕，皆知非其所不善而莫知非其所已善者〔七〕，是以大亂。故上悖日月之明，下爍山川之精，中墮四時之施；惴①耎之蟲，肖翹之物，莫不失其性。甚矣夫好知之亂天下也！〔八〕自三代以下者是已，舍夫種種之民②而悅夫役役之佞，釋夫恬淡无爲而悅夫啍啍之意，啍啍已亂天下矣〔九〕！

〔一〕【疏】在上君王不能無爲恬淡，清虛合道，而以知能治物，物必弊之，故大亂也。老君云以知治國，國之賊也。

〔二〕【疏】假設疑問，出其所由。

〔三〕【注】攻之愈密，避之愈巧，則雖禽獸猶不可圖之以知，而況人哉！故治天下者唯不任知，任知無妙也。【疏】網小而柄，形似畢星，故名爲畢。以繩繫箭射，謂之弋。罟罾，皆網也。笱，曲梁也，亦筌也。削格爲之，即今之鹿角馬槍，以繩木羅落而取獸也。罝罘，兔網也。既以智治於物，寧無沸騰之患，故治國者必不可用智也。【釋文】「弩」音怒。「畢弋機變」李云：兔網曰畢，繳射曰弋，弩牙曰機。「之知」音智，下及注並下知詐皆同。「鉤餌」如志反。「罔罟罾」音曾。○盧文弨曰：今本罔作網③。「笱」音④鉤，釣鉤也。餌，魚餌也。廣雅云：罟謂之罔。罾，魚網也。爾雅云：嫠婦之笱謂之罶。○王念孫曰：鉤，本作釣，釣即鉤也，今本作鉤者，後人但知釣爲釣魚之鉤，而不知其又爲鉤之異名，故以意改之耳。今案廣雅曰：釣，鉤也。田子方篇曰，文王觀於臧，見一丈夫釣，而其釣莫釣，非持其釣，有釣者也，常釣也。（以上六釣字，惟其釣與持其釣兩釣字指鉤而言，餘四釣字皆讀爲釣魚之釣。）鬼谷子摩篇曰，如操釣而臨深淵；淮南説山篇曰，操釣上山，揭斧入淵；説林篇曰，一目之羅不可以得鳥，無餌之釣不可以得魚；東方朔七諫曰，以直鍼而爲釣兮，又何魚之能得。是古人謂鉤爲釣也。又案釋文云，餌，如志反，罾，音曾；苟，音苟，此是釋餌罾笱三字之音。

下又云，釣，鉤也；餌，魚餌也。廣雅云，罟謂之网；罾，魚网也。爾雅云，嫠婦之笱謂之罶。此是釋釣餌網罟罾笱六字之義。後人既改正文釣字爲鉤，又改釋文笱音苟釣鉤也六字爲笱音鉤釣鉤也，其失甚矣。又外物篇任公子爲大鉤巨緇，釋文：鉤，本亦作釣，亦當以作釣者爲是。文選七啓注、傅咸贈何劭王濟詩注、謝靈運七里瀨詩注及太平御覽資産部十四引此，並作釣也。又列子湯問篇，詹何以芒鍼爲釣，後人改釣爲鉤，不知御覽引此正作釣也。又下文投綸沈釣，今本釣作鉤，亦是後人所改。韻府羣玉釣字下引列子投綸沈釣，則所見本尚作釣也。又齊策，君不聞海大魚乎？網不能止，釣不能牽，後人改釣爲鉤，不知御覽鱗介部七引此正作釣，淮南人間篇亦作釣也。又淮南説山篇，人不愛江漢之珠而愛己之釣，高注云：釣，鉤也。後人既改正文釣字爲鉤，又改注文爲鉤釣也。〔則〕其謬滋甚，蓋後人不知釣爲鉤之異名，故以其所知改其所不知，古義寖亡矣。「削」七妙反。「格」古百反。李云：削格，所以施羅網也。「羅落罝」子斜反。「罘」本又作罦，音浮。爾雅云：鳥罟謂之羅，兔罟謂之罝，罬謂之罦，罦，覆車也。郭璞云：今翻車也。○家世父曰：釋文引李云：削格，所以施羅網也。説文：格，木長貌。徐鍇曰：長枝爲格。削格，謂刮削之。鄭注周禮雍氏所謂（祚）〔柞〕⑤鄂也。書（傳）〔費誓〕杜乃擭。〔正義擭〕，捕獸機檻。左思吳都賦峭格周施，峭削義通。謂之格者，格拒之意，削格羅落，皆所以遮要禽獸。漢書鼂錯傳爲中周虎落，師古注：謂遮落之。削格既阱擭之擭也。羅落與上畢弋同文。玉篇云：弋，橛也，一作杙。爾雅釋宮，樴謂之杙，郭璞注：橜也。畢弋，謂施弋以張畢也。人間世狙猴之杙，則用以繫狙猴者。說文：率，捕鳥畢也。詩小雅畢之羅之。鳥罟亦謂之畢。李云：兔網曰畢，繳射曰弋，均失之。

〔四〕【注】上之所多者，下不能安其少也，性少而以逐多則迷也。【疏】智數詐僞，漸漬毒害於物也。頡滑，滑稽也，亦姦黠也。解垢，詐僞也。夫滑稽堅白之智，譎詭同異之談，諒有虧於真理，無益於世教，故遠觀譬於若訥，愚俗惑於小辯。【釋文】「漸毒」李云：漸漬之毒，不覺深也。崔云：漸毒，猶深害。○慶藩案知與智同，謂智故也。淮南主術注曰：故，巧。管子心術去知與故，荀子非十二子知而險，淮南原道偶（睹）〔睦〕⑥智故，並此知字之義。漸，詐也。荀子議兵是漸之也，正論上凶險則下漸詐矣，皆欺詐之義。（李頤謂爲漸漬之毒，失之遠矣。）尚書民興胥漸，王念孫曰：漸，詐也，言小民方興爲詐欺，故下文曰罔中於信，以覆詛盟也。彼傳訓爲漸化，則與下文不屬。「頡」户結反。「滑」干八反。頡滑，謂難料理也。崔云：纏屈也。李音骨，滑稽也。一云：頡滑，不正之語也。「解」苦懈反。「垢」苦豆反。司馬崔云：解垢，隔角也。或云：詭曲之辭。

〔五〕【疏】每每，昏昏貌也。夫忘懷任物，則宇内清夷；執迹用智，則天下大亂。故知上下昏昏，由乎好智。【釋文】「每每」李云：猶昏昏也。○慶藩案每每即夢夢也。爾雅釋訓：夢夢訰訰，亂也。夢之爲每，猶甍之爲甂。（方言甂謂之（甀）〔甋〕⑦，郭注：今字作甍。）

〔六〕【注】不求所知而求所不知，此乃舍己效人而不止⑧其分也。【疏】所以知者，分内也；所不知者，分外也。舍内求外，非惑如何也！　【釋文】「舍己」音捨，下文同。

〔七〕【注】善其所善，争尚之所由生也。　【疏】所不善者，桀跖也；所以善者，聖迹也。盗跖行不善以據東陵，田恒行聖迹以竊齊國。故（藏）〔臧〕穀業異，亡羊趣同，或夷跖行殊，損性均也。愚俗之徒，妄生臧否，善與不善，誠未足定也。

〔八〕【注】夫吉凶悔吝，生於動者也。而知之所動，誠能摇蕩天地，運御羣生，故君人者，胡可以不忘其知哉！　【疏】是以，仍上辭也。只爲上來用智執迹，故天下大亂。悖，亂也。爍，銷也。墮，壞也。附地之徒曰喘耎，飛空之類曰肖翹，皆輕小物也。夫執迹用智，爲害必甚，故能鼓動陰陽，摇蕩天地，日月爲之薄蝕，山川爲之崩竭，炎涼爲之愆敍，風雨所以不時，飛走水陸，失其本性，好知毒物，一至於此也。　【釋文】「上悖」李郭云：必内反，又音佩。司馬云：薄食也。「下爍」失約反。崔云：消也。司馬云：崩竭也。崔向本作櫟，同。徐音藥。「中墮」許規反，毁也。「之施」始豉反。「惴」本亦作蜹，又作喘，川兖反。向音揣。「耎」耳轉反。崔云：蠉蝡動蟲也。一云：惴耎，謂無足蟲。「肖翹」音消，下音祁饒反。崔云：肖翹，植物也。李云：翾飛之屬也。

〔九〕【注】哼哼，以己誨人也。　【疏】自，從也。三代，謂夏殷周也。種種，淳樸之人。役役，輕黠之貌。釋，廢也。哼哼，以己誨人也。夫上古至淳之世，素朴之時，像圜天而清虚，法方地而安静，並萬物而爲族，同禽獸之無知。逮乎散澆去淳，離道背德，而五帝聖迹已彰，三代用知更甚；舍淳樸之素士，愛輕黠之佞夫，廢無欲之自安，悅有心之誨物，已亂天下，可不悲乎！

【釋文】「種種」向章勇反。李云：謹慤貌。一云：淳厚也。「而說」音悅。下同。○盧文弨曰：今本作悅。「役役」李云：鬼黠貌。一云：有爲人也。「恬」徒謙反。「淡」徒暫反。徐大敢反。「啍啍」李之閏反，又之純反。郭音惇，以己誨人之貌。下同。司馬云：少智貌。徐許彭反，又許剛反。向本作啍，音亨。崔本上句作啍啍，少知而芒也。一云：啍啍，壯健之貌。○盧文弨曰：〔今本〕此與下俱作啍啍。案從亨亦可得亨音。

〔校〕①趙諫議本作喘。②世德堂本民作機，趙本作民。③世德堂本作綱，本書依釋文改。④釋文原本無音字。⑤柞字依周禮鄭注改。⑥暛字依淮南子改。⑦甗字依方言改。⑧趙本止作正。

莊子集釋卷四下

外篇 在宥第十一〔一〕

聞在宥天下，不聞治天下也〔二〕。在之也者，恐天下之淫其性也；宥之也者，恐天下之遷其德也。〔三〕天下不淫其性，不遷其德，有治天下者哉〔三〕！昔堯之治天下也，使天下欣欣焉人樂其性，是不恬也；桀之治天下也，使天下瘁瘁焉人苦其性，是不愉也〔四〕。夫不恬不愉，非德也。非德也而可長久者，天下无之。〔五〕

〔一〕【釋文】以義名篇。○慶藩案文選謝靈運九日從宋公戲馬臺集送孔令詩注引司馬云：在，察也。宥，寬也。釋文闕。

〔二〕【注】宥使自在則治，治之則亂也。人之生也直，莫之蕩，則性命不過，欲惡不爽。在上者不能無爲，上之所爲而民皆赴之，故有誘慕好欲而民性淫矣。故所貴聖王者，非貴其能治也，貴其無爲而任物之自爲也。【疏】宥，寬也。在，自在也。治，統馭也。寓言云，聞諸賢聖任物，自在寬宥，即天下清謐；若立教以馭蒼生，物失其性，如伯樂治馬也。【釋文】「聞在宥」音又，寬也。「則治」直吏反。下治亂同。「欲惡」烏路反。「好欲」呼報反。

〔二〕【疏】性者，稟生之理；德者，功行之名；故致在宥之言，以防遷淫之過。若不任性自在，恐物淫僻喪性也。若不宥之，復恐効他，其德遷改也。

〔三〕【注】無治乃不遷淫。【疏】性正德定，何勞布政治之哉！有政不及無政，有爲不及無爲。

【釋文】「有治天下者哉」崔本作有治天下者材失，云：强治之，是材之失也。

〔四〕【注】夫堯雖在宥天下，其迹則治也。治亂雖殊，其於失後世之恬愉，使物爭尚畏鄙而不自得則同耳。故譽堯而非桀，不如兩忘也。【疏】恬，靜也。愉，樂也。瘁，憂也。堯以德臨人，人歌擊壤，乖其靜性也；桀以殘害於物，物遭憂瘁，乖其愉樂也。堯桀政代斯異，使物失性均也。【釋文】「人樂」音洛。「恬」徒謙反。「瘁瘁」在季反，病也。廣雅云：憂也。崔本作醉。「愉」音瑜，徐音喻。「故譽」音餘。

〔五〕【注】恬愉自得，乃可長久。【疏】堯以不恬涖人，桀以不愉取物，不合淳和之性；欲得長久，天下未之有也。

人大喜邪？毗於陽；大怒邪？毗於陰。陰陽並毗，四時不至，寒暑之和不成，其反傷人之形乎！使人喜怒失位，居處无常，〔一〕思慮不自得，中道不成章〔二〕，於是乎天下始喬詰卓鷙，而後有盜跖曾史之行。故舉天下以賞其善者不足，〔三〕舉天下以罰其惡者不給〔四〕，故天下之大不足以賞罰〔五〕。自三代以下者，匈匈焉終以賞罰爲事，彼何暇安其性命之情哉〔六〕！

〔一〕【疏】毗，助也。喜出於魂，怒出於魄，人稟陰陽，與二儀同氣。堯令百姓喜，毗陽暄舒；桀使人怒，助陰慘肅。人喜怒過分，則天失常，盛夏不暑，隆冬無霜。既失和氣，加之天災，人多疾病，豈非反傷形乎！不可有爲作法，必致殘傷也。【釋文】「毗於」如字。司馬云：助也。一云：並也。○俞樾曰：釋文，毗如字，司馬云，助也，一云，並也。然下文云，陰陽並毗，四時不至，寒暑之和不成，則訓（爲）①助已不可通，若訓並更爲失之矣。案此毗字當讀爲毗劉暴樂之毗。爾雅釋詁云，毗劉，暴樂也。合言之則曰毗劉，分言之則或止曰劉，詩桑柔篇捋采其劉是也；或止曰毗，此言毗於陽毗於陰是也。暴樂，毛公傳作爆爍。鄭氏箋云：捋采之則爆爍而疏。然則爆爍猶剝落也。喜屬陽，怒屬陰，故大喜則傷陽，大怒則傷陰。毗陰毗陽，言傷陰陽之和也，故四時不至，寒暑之和不成。若從司馬訓毗爲助，則下三句不貫矣。淮南子原道篇，人大怒破陰，大喜墜陽，正與此同義。

〔二〕【注】此皆堯桀之流，使物喜怒大過，以致斯患也。人在天地之中，最能以靈知喜怒擾亂羣生而振蕩陰陽也。故得失之間，喜怒集乎百姓之懷，則寒暑之和敗，四時之節差，百度昏亡，萬事失②落也。【疏】爲滯喜怒，遂使百姓謀慮失真，既乖憲章之法，斯敗也已。【釋文】「思慮」息嗣反。「大過」音泰。

〔三〕【注】慕賞乃善，故賞不能供。【釋文】「喬」向欽消反，或去夭反，郭音矯，李音驕。「詰」李去吉反，徐起列反。崔云：喬詰，意不平也。「卓」勑角反，郭丁角反，向音箄。「鷙」勑二反，李豬栗反，向豬立反，又勑栗反。崔云：卓鷙，行不平也。「之行」下孟反。

〔四〕【注】畏罰乃止，故罰不能勝。【疏】喬，詐僞也。詰，責問也。卓，獨也。鷙，猛也。於是喬僞詰責，卓爾不羣，獨懷鷙猛，輕陵於物，自堯爲始，次後有盜跖之惡，曾史之善，善惡既著，賞罰係焉。慕賞行善，懼罰止惡，舉天下斧鉞不足以罰惡，傾宇宙之藏不足以賞善。給，猶足也。【釋文】「能勝」音升。

〔五〕【疏】若忘賞罰，任真乃在足也。

〔六〕【注】忘賞罰而自善，性命乃大足耳。夫賞罰者，聖王之所以當功過，非以著勸畏也。故理至則遺之，然後至一可反也。而三代以下，遂尋其事迹，故匈匈焉與迹競逐，終以所寄爲事，性命之情何暇而安哉！【疏】匈匈，讙譁也，競逐之謂也。人懼斧鉞之誅，又慕軒冕之賞，心懷百慮，事出萬端，匈匈競逐而不知止。夏殷已來，其風漸扇，賞罰攖擾，終日荒忙，有何容暇安其性命！【釋文】「匈匈」音凶。

〔校〕①爲字依諸子平議删。②趙諫議本失作夭，世德堂本作失。

而且説明邪？是淫於色也；説聰邪？是淫於聲也；〔一〕説仁邪？是亂於德也；説義邪？是悖於理也；〔二〕説禮邪？是相於技也；説樂（也）〔邪〕①？是相於淫也；〔三〕説聖邪？是相於藝也；説知邪？是相於疵也〔四〕。天下將安其性命之情，之八者，存可也，亡可也〔五〕；天下將不安其性命之情，之八者，乃始臠卷獊②囊而亂天下也〔六〕。而天下乃始尊之惜之，甚矣天下之惑也〔七〕！豈直過也而去之邪！乃齊戒以言之，跪坐以進之，鼓歌以儛之，吾若是何哉〔八〕！

〔一〕【疏】説，愛染也。淫，耽滯也。希離慕曠，爲滯聲色。【釋文】「而且」如字，徐子餘反。「説明」音悦。下同。

〔二〕【疏】德無憎愛，偏愛故亂德；理無是非，裁非故逆理。悖，逆也。【釋文】「是悖」必内反，徐蒲没反。

〔三〕【疏】禮者，擎跽曲拳，節文隆殺。樂者，咸池大夏，律呂八音。説禮乃助浮華技能，愛樂更助宫商淫聲。【釋文】「是相」息亮反，助也。下及注皆同。「於技」其綺反，李音歧。崔云：不端也。

〔四〕【注】當理無説，説之則致淫悖之患矣。相，助也。【疏】説聖迹，助世間之藝術；愛智計，益是非之疵病也。【釋文】「説知」音智。「於疵」疾斯反。

〔五〕【注】存亡無所在，任其所受之分，則性命安矣。【疏】八者，聰明仁義禮樂聖智是也。言人稟分不同，性情各異。離曠曾史，素分有者，存之可也；衆人性分本無，企慕乖真，亡之可也。

〔六〕【注】必存此八者，則不能縱任自然，故爲臠卷獊囊也。【疏】臠卷，不舒放之容也。獊囊，怱遽之貌也。天下羣生，唯知分外，不能安任，臠卷自拘，夸華人事，獊囊怱速，争馳逐物，由八者不忘，致斯弊者也。【釋文】「臠」力轉反。崔本作欒。「卷」卷勉反，徐居阮反。司馬云：臠卷，不申舒之狀也。崔同。一云：相牽引也。「獊」音倉。崔本作戕。「囊」如字。崔云：戕囊，猶搶攘。○盧文弨曰：今本獊作愴。

〔七〕【注】不能遺之，已爲誤矣。而乃復尊之以爲貴，豈不甚惑哉！【疏】前八者，亂天下之經，不能忘遺，已是大惑。方復尊敬，用爲楷模，痛惜甚也。【釋文】「乃復」扶又反。

〔八〕【注】非直由寄而過去也，乃珍貴之如此。【疏】八條之義，事同芻狗，過去之後，不合更收。誠禁致齊，明言執禮，君臣跪坐，更相進獻，鼓九韶之歌，舞大章之曲。珍重蘧廬，一至於此，莊生目擊，無柰之何也。【釋文】「而去」起慮反。「之邪」崔本唯此一字作邪，餘皆作咫。「齊戒」本又作齋，同。側皆反。「跪」其詭反，郭音危。

〔校〕①邪字依世德堂本改。②世德堂本作愴，注同。趙諫議本作傖。

故君子不得已而臨莅天下，莫若无爲。无爲也而後安其性命之情。〔一〕故貴以身於爲天下，則可以託天下；愛以身於爲天下，則可以寄天下〔二〕。故君子苟能无解其五藏，无擢其聰明〔三〕；尸居而龍見，淵默而雷聲〔四〕，神動而天隨〔五〕，從容无爲而萬物炊累焉〔六〕。吾又何暇治天下哉〔七〕！

〔一〕【注】無爲者，非拱默之謂也，直各任其自爲，則性命安矣。不得已者，非迫於威刑也，直抱道懷朴，任乎必然之極，而天下自賓也。【疏】君子，聖人也。不得已臨莅天下，恒自無爲。雖復無爲，非關拱默，動寂無心，而性命之情未始不安也。【釋文】「莅」音利，又音類。○家世父曰：言貴其身重於所以爲天下，愛其身甚於所以爲天下。惟貴惟愛，故無爲。

〔二〕【注】若夫輕身以赴利，棄我而殉物，則身且不能安，其如天下何！【疏】貴身賤利，内我外物，保愛精神，不蕩於世者，故可寄坐萬物之上，託化於天下也。

〔三〕【注】解擢則傷也。【疏】五藏，精靈之宅；聰明，耳目之用。若分辨五藏情識，顯擢聰明之用，則精神奔馳於内，耳目竭喪於外矣。【釋文】「无解」如字。一音蟹，散也。

〔四〕【注】出處默語，常無其心而付之自然。【疏】聖人寂同死尸寂泊，動類飛龍在天，豈有寂動理教之異哉！故寂而動，尸居而龍見，淵默而雷聲。欲明寂動動寂，理教教理，不一異也。

【釋文】「龍見」賢遍反。向崔本作睍，向音見，崔音睍。

〔五〕【注】神順物而動，天隨理而行。【疏】神者，妙萬物而爲言也，即動即寂，德同蒼昊，隨順生物也。○家世父曰：尸居龍見，不見而章；淵默雷聲，不動而變；神動天隨，無爲而成。

〔六〕【注】若游塵之自動。【疏】累，塵也。從容自在，無爲虚淡，若風動細塵，類空中浮物，陽氣飄飖，任運去留而已。【釋文】「從容」七容反。「炊」昌睡反，又昌規反。本或作吹，同。「累」劣僞反。司馬云：炊累，猶動升也。向郭云：如埃塵之自動也。

〔七〕【注】任其自然而已。【疏】物我齊混，俱合自然，何勞功暇，更爲治法也！

崔瞿問於老聃曰：「不治天下，安藏①人心？」老聃曰：「女慎無攖人心〔一〕。人心排下而進上〔二〕，上下囚殺〔三〕，淖約柔乎剛彊〔四〕。廉劌彫琢，其熱焦火，其寒凝冰〔五〕。其疾俛仰之間而再撫四海之外〔六〕，其居也淵而静，其動也縣而天〔七〕。僨驕而不可係者，其唯人心乎〔八〕！

〔一〕【注】攖之則傷其自善也。【疏】姓崔，名瞿，不知何許人也。既問：「在宥不治人心，何以履善？」答曰：「宥之放之，自合其理，作法理物，則攖撓人心。」〔人心〕列下文云。【釋文】「崔瞿」向崔本作臞。向求朱反。崔瞿，人姓名也。「老聃」吐藍反。「女慎」音汝。「攖」於營反，又於盈反。司馬云：引也。崔云：羈落也。

〔二〕【注】排之則下，進之則上，言其易摇蕩也。【疏】人心排他居下，進己在上，皆常情也。【釋文】「排」皮皆反。崔本作俳。「進上」時掌反。注及下同。「其易」以豉反。

〔三〕【注】無所排進，乃安全耳。【疏】溺心上下，爲境所牽，如禁之囚，攖煩困苦。【釋文】「囚殺」如字，徐所例反。言囚殺萬物也。○家世父曰：上下囚殺，言詭上詭下，使其心拘囚噍殺，不自適也。淖約者矯揉，則剛可使柔，廉劌者徑遂，寒熱百變，水火兼施，攖之而遂至於不可遏。郭象注恐誤。

〔四〕【注】言能淖約，則剛彊者柔矣。【疏】淖約，柔弱也。矯情行於柔弱，欲制服於剛彊。

【釋文】「淖」昌略反，又直角反。

〔五〕【注】夫焦火之熱，凝冰之寒，皆喜怒並積之所生。若乃不彫不琢，各全其樸，則何冰炭之有哉！　【疏】廉，務名也。劌，傷也。彫琢名行，欲在物前。若違情起怒，寒甚凝冰；順心生喜，熱踰焦火。

〔六〕【注】風俗之所動也。　【釋文】「廉劌」居衛反。司馬云：傷也。廣雅云：利也。「琢」丁角反。

〔七〕【注】静之可使如淵，動之則係天而踊躍也。　【疏】逐境之心，一念之頃，已遍十方，况俛仰之間，不再臨四海哉！

【疏】有欲之心，去無定準。偶爾而静，如流水之遇淵潭；觸境而動，類高天之縣；不息動之，則係天踊躍。　【釋文】「縣而天」音玄。向本無而字，云：希高慕遠，故曰縣天。

〔八〕【注】人心之變，靡所不爲。順而放之，則静而自②通；治而係之，則跂而僨驕。僨驕者，不可禁之勢也。　【疏】排下進上，美惡喜怒，僨發驕矜，不可禁制者，其在人心乎！　【釋文】「僨」向粉問反。廣雅云：僵也。郭音奔。「驕」如字，又居表反。郭云：僨驕者，不可禁之勢。

〔校〕①世德堂本藏作臧。②世德堂本無自字。

昔者黄帝始以仁義攖人之心〔一〕，堯舜於是乎股無胈，脛無毛，以養天下之形，愁其五藏以爲仁義，矜其血氣以規法度。然猶有不勝也，〔二〕堯於是放讙兜於崇山，投三苗於三峗，流共工於幽都，此不勝天下也。〔三〕夫施及三王而天下大駭矣〔四〕。下有桀跖，上有曾史〔五〕，而儒墨畢起〔六〕。於是乎喜怒相疑〔七〕，愚知相欺〔八〕，善否相非〔九〕，誕信相譏〔一〇〕，而天下衰矣〔一一〕；大德不同，而性命爛漫矣〔一二〕；天下好知，而百姓求竭矣〔一三〕。於是乎釿鋸制焉，繩墨殺焉，椎鑿決焉〔一四〕。天下脊脊大亂，罪在攖人心。故賢者伏處大①山嵁巖之下，而萬乘之君憂慄乎②廟堂之上〔一五〕。

〔一〕【注】夫黃帝非爲仁義也，直與物冥，則仁義之迹自見。迹自見，則後世之心必自殉之，是亦黃帝之迹使物攖也。【疏】黃帝因宜作則，慈愛養民，實異偏尚之仁，裁非之義。後代之王，執其軌轍，蒼生名之爲聖，攖人之心自此始也。弊起後王，釁非黃帝。【釋文】「自見」賢遍反。下同。

〔二〕【疏】胈，白肉也。堯舜行黃帝之迹，心形瘦弊，股瘦無白肉，脛禿無細毛，養天下形容，安萬物情性，五藏憂愁於內，血氣矜莊於外，行仁義以爲規矩，立法度以爲楷模，尚不免流放凶族，則有不勝。【釋文】「股」音古。脛本曰股。「胈」畔末反，向父末反。李扶蓋反，云：白肉也。或云：字當作紱。紱，蔽膝也。崔云：胈，厇也。「脛」刑定反。○慶藩案矜其血氣，猶孟子言苦其心志也。矜者，苦也，訓見爾雅釋言篇。

〔三〕【疏】昔帝鴻氏有不才子，天下謂之渾沌，即讙兜也，爲黨共工，放南裔也。縉雲氏有不才子，天下謂之饕餮，即三苗也。爲堯諸侯，封三苗之國。國在左洞庭，右彭蠡，居豫章，近南岳。三峗，山名，在西裔，即秦州西羌地。少昊氏有不才子，天下謂之窮奇，即共工也，爲堯水官。

幽都在北方，即幽州之地。尚書有殛鯀，此文不備也。四人皆包藏凶惡，不遵堯化，故投諸四裔，是堯不勝天下之事。放四凶由舜，今稱堯者，其時舜攝堯位故耳。【釋文】「讙」音歡。「兜」(下)〔丁〕③侯反。「崇山」南裔也。堯六十年，放讙兜於崇山。「投三苗」崔本投作殺，尚書作竄。三苗者，縉雲氏之子，即饕餮也。「三峗」音危。本亦作危。三危，西裔之山也，今屬天水。堯六十六年，竄三苗於三危。「共工」音恭。共工，官名，即窮奇也。「幽都」李云：即幽州也。尚書作幽州，北裔也。堯六十四年，流共工於幽州。

〔四〕【注】夫堯舜帝王之名，皆其迹耳，我寄斯迹而迹非我也，故駭者自世。世彌駭，其迹愈粗，粗之與妙，自途之夷險耳，遊者豈常改其足哉！故聖人一也，而④有堯舜湯武之異。明斯異者，時世之名耳，未足以名聖⑤人之實也。故夫堯舜者，豈直一堯舜而已哉！是以雖有矜愁之貌，仁義之迹，而所以迹者故全也。【疏】施，延也。自黄帝逮乎堯舜，聖迹滯，物擾亂，延及三王，驚駭更甚。【釋文】「施及」以智反。崔云：延也。「大駭」駭，驚也。「愈粗」音麤。下同。

〔五〕【疏】桀跖行小人之行爲下，曾史行君子之行爲上。

〔六〕【疏】謂儒墨守迹，是非因之而起也。

〔七〕【疏】喜是怒非，更相疑貳。

〔八〕【疏】飾智驚愚，互爲欺侮。【釋文】「愚知」音智。下及注同。

〔九〕【疏】善與不善，彼此相非。

〔一〇〕【疏】誕虛信實，自相譏誚。

〔一一〕【注】莫能齊於自得。　【疏】相仍糾紛，宇宙衰也。

〔一二〕【注】立小異而不止於分。　【疏】喜怒是非，熾然大盛，故天年夭枉，性命爛漫。爛漫，散亂也。

〔一三〕【注】知無涯而好之，故無以供其求。　【疏】聖人窮無涯之知，百姓焉不竭哉！　【釋文】「好知」呼報反。注同。

〔一四〕【注】彫琢性命，遂至於此。　【疏】繩墨，正木之曲直；禮義，示人之隆殺；椎鑿，穿木之孔竅；刑法，決人之身首。工匠運斤鋸以殘木，聖人用禮法以傷道。　【釋文】「釿」音斤，本亦作斤。「鋸」音據。「制焉」釿鋸制，謂如肉刑也。「繩墨殺焉」並如字。崔云：謂彈正殺之。「椎」直追反。「鑿」在洛反。「決焉」古穴反，又苦穴反。崔云：肉刑，故用椎鑿。

〔一五〕【注】若⑥夫任自然而居當，則賢愚襲情而貴賤履位，君臣上下，莫匪爾極，而天下無患矣。斯迹也，遂⑦攖天下之心，使奔馳而不可止。故中知以下，莫不外飾其性以眩惑衆人，惡直醜正，蕃徒相引。是以任真者失其據，而崇僞者竊其柄，於是主憂於上，民困於下矣。　【疏】脊脊，相踐籍也。一云亂，宇宙大亂，罪由聖知。君子道消，晦迹林藪，人君雖在廟堂，心恒憂慄，既無良輔，恐國傾危也。　【釋文】「脊脊」音藉，在亦反，相踐藉也。本亦作肴肴。

廣雅云：肴，亂也。「大山」音泰，亦如字。「嵁」苦巖反，一音苦咸反，又苦嚴反。「巖」音嚴，語銜反。一音喦，語咸(及)〔反〕⑧。○盧文弨曰：今本作岩⑨。○俞樾曰：釋文，大山，音泰，亦如字，當以讀如字爲是。此泛言山之大者，不必東嶽泰山也。嵁當爲湛。文選封禪文湛恩厖鴻，李注曰：湛，深也。湛巖，猶深巖，因其以山巖言，故變從水者而從山耳。山言其大，巖言其深，義正相應。學者不達其義，而音大爲泰，失之矣。田子方篇其神經乎大山而無介，入乎淵泉而不濡，釋文大音泰，失與此同。文選風賦緣泰山之阿，古詩冉冉孤生竹，結根泰山阿，夫風之所緣，竹之所生，非必泰山也。其原文應並作大山，泛言山之大者。後人誤讀爲泰，並改作泰耳。「以眩」玄遍反。「惡直」烏路反。「蕃徒」音煩。

〔校〕①趙諫議本大作太。②趙本無乎字。③丁字依世德堂本及釋文原本改。④世德堂本而作天，趙本而下有天字。⑤趙本聖作至。⑥世德堂本若作故。⑦世德堂本無遂字。⑧反字依世德堂本及釋文原本改。⑨世德堂本作岩，本書依釋文改。

今世殊死者相枕也，桁楊者相推也，刑戮者相望也〔一〕，而儒墨乃始離跂攘臂乎桎梏之間。意，甚矣哉！其無愧而不知恥也甚矣〔二〕！吾未知聖知之不爲桁楊椄槢也，仁義之不爲桎梏鑿枘也〔三〕，焉知曾史之不爲桀跖嚆矢也〔四〕！故曰『絶聖棄知而天下大治〔五〕』。」

〔一〕【疏】殊者，決定當死也。桁楊者，械也，夾腳及頸，皆名桁楊。六國之時及衰周之世，良由聖迹，黥劓五刑，遂使桁楊者盈衢，殊死者相枕，殘兀滿路。相推相望，明其多也。【釋文】「殊死」如字。廣雅云：殊，斷也。司馬云：決也。一云：誅也。字林云：死也。說文同。又云：漢令曰，蠻夷長有罪，當殊之。崔本作殀死。「相枕」之鴆反。「桁」户剛反。司馬云：腳長械也。「楊」向音陽。崔云：械夾頸及脛者，皆曰桁楊。

〔二〕【注】由腐儒守迹，故致斯禍。不思捐迹反一，而方復攘臂用迹以治迹，可謂無愧而不知恥之甚也。【疏】離跂，用力貌也。聖迹爲害物之具，而儒墨方復攘臂分外，用力於桎梏之間，執迹封教，救當世之弊，何荒亂之能極哉！故發噫歎息，固陋不已，無愧而不知恥也。【釋文】「離」力氏反，又力智反。「跂」丘氏反，又丘豉反。「攘」如羊反。「桎」之實反。「梏」古毒反。○慶藩案離跂即荀子榮辱篇離縱而跂訾之義，謂自異於衆也。「意」如字，又音醫。「無愧」崔本作媿。「腐」音輔。「方復」扶又反。

〔三〕【注】桁楊以接槢爲管，而桎梏以鑿枘爲用。聖知仁義者，遠於罪之迹也。迹遠罪則民斯①尚之，尚之則矯②詐生焉，矯詐生而禦姦③之器不具者，未之有也。故棄所尚則矯詐不作，矯詐不作則桁楊桎梏廢矣，何鑿枘接槢之爲哉！【疏】接槢，械楔也。鑿，孔也。以物内孔中曰枘。械不楔不牢，梏無孔無用。亦猶憲章非聖迹不立，桀跖無仁義不行，聖迹是攖擾之原，仁義是殘害之本。【釋文】「接」李如字，向徐音（燮）〔妾〕④，郭慈接反。「槢」郭李音習，向徐徒燮反。司馬云：接槢，械楔。音息節反。崔本作⿰片習，云：讀爲牒，或作謵字。接槢，桎梏梁也。淮南曰：大者爲柱梁，小者爲椄槢也。○慶藩案文選何平叔景福殿賦注引司馬云：槢，械楔也。與釋文異。（釋文槢上有椄字，楔下無也字。）「鑿」在洛反，又在報反。「枘」人鋭反。向本作内，音同。三蒼云：柱頭枘也。鑿頭廁木，如柱頭枘。「遠於」于萬反。下同。「而禦」魚吕反。本又作御，音同。

〔四〕【注】嚆矢，矢之猛者，言曾史爲桀跖之利用也。【疏】嚆，箭鏃有吼猛聲也。聖智是竊國之具，仁義爲凶暴之資，曾史爲桀跖利用猛箭，故云然也。【釋文】「焉知」於虔反。「嚆矢」許交反。本亦作嗃。向云：嚆矢，矢之鳴者。郭云：矢之猛者。字林云：嚆，大呼也。崔本作蒿，云：蕭蒿可以爲箭。或作矯，矯，梟也。崔本此下更有有無之相生也則甚，曾史與桀跖生有無也，又惡得無相轂也，凡二十四字。

〔五〕【注】去其所以攖也。【疏】絶竊國之具，棄凶暴之資，即宇内清平，言大治也。【釋文】「大治」直吏反。「去其」起吕反。

〔校〕①世德堂本作思，趙諫議本作斯。②趙本矯作驕。③世德堂本作奸。④妄字依世德堂本改，釋文原本亦誤變。

黄帝立爲天子十九年，令行天下〔一〕，聞廣成子在於空同之上〔山〕①，故往見之〔二〕，曰：「我聞吾子達於至道，敢問至道之精。吾欲取天地之精，以佐五穀，以養民人〔三〕，吾又欲官陰陽，以遂羣生，爲之柰何〔四〕？」

〔一〕【疏】德化詔令，(寓)〔寓〕內大行。

〔二〕【疏】空同山，涼州北界。廣成，即老子別號也。【釋文】「廣成子」或云：即老子也。「空同」司馬云：當北斗下山也。爾雅云：北戴斗極爲空同。一曰：在梁國虞城東三十里。

〔三〕【疏】五穀，黍稷菽麻麥也。欲取窈冥之理，天地陰陽精氣，助成五穀，以養蒼生也。

〔四〕【疏】遂，順也。欲象陰陽設官分職，順羣生之性，問其所以。

〔校〕①山字依闕誤引張君房本及成疏改。

廣成子曰：「而所欲問者，物之質也〔一〕；而所欲官者，物之殘也〔二〕。自而治天下，雲氣不待族而雨，草木不待黃而落，日月之光益以荒矣〔三〕。而佞人之心翦翦者，又奚足以語至道〔四〕！」

〔一〕【注】問至道之精，可謂質也。【疏】而，汝也。欲播植五穀，官府二儀，所問粗淺，不過形質，乖深玄之致。是詆訶也。【釋文】「質也」廣雅云：質，正也。

〔二〕【注】不任其自爾而欲官之，故殘也。【疏】苟欲設官分職，引物從己，既乖造化，必致傷殘。

〔三〕【疏】族，聚也。分百官於陰陽，有心治萬物，必致凶災。雨風不調，炎涼失節，雲未聚而雨降，木尚青而葉落；欃槍薄蝕，三光昏晦，人心遭擾，玄象荒殆。【釋文】「雲氣不待族而雨」司馬云：族，聚也。未聚而雨，言澤少。「草木不待黃而落」司馬云：言殺氣多也。爾雅云：落，死也。「益以」崔本作蓋以。

〔四〕【疏】翦翦，狹劣之貌也。是汝謟佞之人，心甚狹劣，何能語至道也！【釋文】「佞人」如字。郭音寧。「翦翦」如字。郭司馬云：善辯也。一曰：佞貌。李云：淺短貌。或云：狹小之貌。

黄帝退，捐天下，築特室，席白茅，閒居三月，復往邀之〔一〕。

〔一〕【疏】黄帝退，清齊一心，舍九五尊位，築特室，避讙囂，藉白茅以絜浄，閒居經時，重往請道。邀，遇也。【釋文】「捐」悦全反。「閒居」音閑。下注同。「復往」扶又反。「邀之」古堯反，要也。

廣成子南首而卧，黄帝順下風膝行而進，再拜稽首而問曰：「聞吾子達於至道，敢問，治身奈何而可以長久？」廣成子蹶然而起，曰：「善哉問乎〔一〕！來！吾語女至道。至道之精，窈窈冥冥；至道之極，昏昏默默〔二〕。无視无聽，抱神以静，形將自正〔三〕。必静必清，无勞女形，无摇女精，乃可以長生〔四〕。目无所見，耳无所聞，心无所知，女神將守形，形乃長生〔五〕。慎女内〔六〕，閉女外〔七〕，多知爲敗〔八〕。我爲女遂於大明之上矣，至彼至陽之原也；爲女入於窈冥之門矣，至彼至陰之原也〔九〕。天地有官，陰陽有藏〔一〇〕，慎守女身，物將自壯〔一一〕。我守其一以處其和，故我修身千二百歲矣，吾形未常衰〔一二〕。」

〔一〕【注】人皆自修而不治天下，則天下治矣，故善之也。【疏】使人治物，物必攖煩，各各治身，天下清正，故善之。蹶然，疾起。【釋文】「南首」音狩。「蹶」其月反，又音厥，驚而起也。○慶藩案文選張景陽七命注引司馬云：蹶，疾起貌。釋文闕。「天下治」直吏反。

〔二〕【注】窈冥昏默，皆了無也。夫莊老之所以屢稱無者，何哉？明生物者無物而物自生耳。自生耳，非爲生也，又何有爲於已生乎！【疏】至道精微，心靈不測，故寄窈冥深遠，昏默玄絶。【釋文】「吾語」魚據反。下同。「女」音汝。後倣此。「窈窈」烏了反。

〔三〕【注】忘視而自見，忘聽而自聞，則神不擾而形不邪也。【疏】耳目無外視聽，抱守精神，境不能亂，心與形合，自冥正道。【釋文】「不邪」似嗟反。

〔四〕【注】任其自動，故閒靜而不夭也。【疏】清神靜慮，體無所勞，不緣外境，精神常寂，心閒形逸，長生久視。

〔五〕【注】此皆率性而動，故長生也。【疏】任視聽而無所見聞，根塵既空，心亦安靜，照無知慮，應機常寂，神淡守形，可長生久視也。

〔六〕【注】全其真也。【疏】忘心，全（漠）〔真〕①也。

〔七〕【注】守其分也。【疏】絶視聽，守分也。

〔八〕【注】知無崖，故敗。【疏】不慎智慮，心神既困，耳目竭於外，何不敗哉！

〔九〕【注】夫極陰陽之原，乃遂於大明之上，入於窈冥之門也。【疏】陽，動也。陰，寂也。遂，出也。至人應動之時，智照如日月，名大明也。至陽之原，表從本降迹，故言出也。無感之時，深根寂然凝湛也。至陰之原，示攝迹歸本，故曰入窈冥之門。廣成示黄帝動寂兩義，故託陰陽二門也。【釋文】「我爲」于僞反。下同。

〔一〇〕【注】但當任之。

〔一一〕【疏】天官，謂日月星辰，能照臨四方，綱維萬物，故稱官也。地官，謂金木水火土，能維持動植，運載羣品，亦稱官也。陰陽二氣，春夏秋冬，各有司存，如藏府也。咸得隨任，無不稱適，何違造化，更立官府也！女但無爲，慎守女身，一切萬物，自然昌盛，何勞措心，自貽伊慼哉！【釋文】「物將自壯」側亮反。

〔一二〕【注】取於盡性命之極，極長生之致耳。身不夭乃能及物也。謂不治天下，則衆物皆自任，自任而壯也。【疏】保恬淡一心，處中和妙道，攝衛修身，雖有壽考之年，終無衰老之日。

〔校〕①真字依注文改。

黄帝再拜稽首曰：「廣成子之謂天矣〔一〕！」

〔一〕【注】天，無爲也。【疏】歎聖道之清高，可與玄天合德也。

廣成子曰：「來！余語女。彼其物无窮，而人皆以爲有終〔一〕；彼其物无測，而人皆以爲有極〔二〕。得吾道者，上爲皇而下爲王〔三〕；失吾道者，上見光而下爲土〔四〕。

今夫百昌皆生於土而反於土，故余將去女〔五〕，入无窮之門，以遊无極之野〔六〕。吾與日月參光，吾與天地爲常〔七〕。當我，緡乎！遠我，昏乎〔八〕！人其盡死，而我獨存乎〔九〕！」

〔一〕【疏】死生變化，物理無窮，俗人愚惑，謂有終始。

〔二〕【注】徒見其一變也。【疏】萬物不測，千變萬化，愚人迷執，謂有限極。○慶藩案無測，言無盡也。說文：測，深所至也。深所至，謂深之盡極處。呂氏春秋論人篇闊大淵深，不可測也，高注：測，盡極也。淮南原道篇水大不可極，深不可測，高注：測，盡也。无測有極，正對文言之。

〔三〕【注】皇王之稱，隨世之上下耳，其於得通變之道以應無窮，一也。【疏】得自然之道，上逢淳樸之世，則作羲農；下遇澆季之時，應爲湯武。皇王迹自夷險，道則一也。【釋文】「之稱」尺證反。

〔四〕【注】失無窮之道，則自信於一變而不能均同上下，故俯仰異心。【疏】喪無爲之道，滯有欲之心，生則覩於光明，死則便爲土壤。迷執生死，不能均同上下，故有兩名也。

〔五〕【注】土，無心者也。生於無心，故當反守無心而獨往也。【疏】夫百物昌盛，皆生於地，及其彫落，還歸於土。世間萬物，從無而生，死歸空寂。生死不二，不滯一方，今將去女任適也。【釋文】「百昌」司馬云：猶百物也。

〔六〕【注】與化俱也。【疏】反歸冥寂之本，入無窮之門；應變天地之間，遊無極之野。

〔七〕【注】都任之也。【疏】參，同也。與三景齊明，將二儀同久，豈千二百歲哉！

〔八〕【注】物之去來，皆不覺也。【疏】聖人無心若鏡，機當感發，即應機冥符，若前機不感，即昏然晦迹也。【釋文】「當我」如字。「緡乎」武巾反。郭音泯，泯合也。○家世父曰：釋文，緡，泯合也。緡昏字通，緡亦昏也。當我，鄉我而來；遠我，背我而去；任人之鄉背，而一以無心應之。「遠我」于萬反。「昏乎」如字，暗也。司馬云：緡昏，並無心之謂也。

〔九〕【注】以死生爲一體，則無往而非存。【疏】一死生，明變化，未始非我，無去無來，我獨存也。人執生死，故憂患之。

雲將東遊，過扶搖之枝而適遭鴻蒙。鴻蒙方將拊脾雀①躍而遊。〔一〕雲將見之〔二〕，倘然止，贄然立，曰：「叟何人邪？叟何爲此〔三〕？」

〔一〕【疏】雲將，雲主將也。鴻蒙，元氣也。扶搖，（木）神〔木〕②，生東海也。亦云風。遭，遇也。拊，拍也。爵躍，跳躍也。寓言也。夫氣是生物之元也，雲爲雨澤之本也，木是春陽之鄉，東爲仁惠之方。舉此四事，示君王御物，以德澤爲先也。【釋文】「雲將」子匠反。下同。李云：雲主帥也。「扶搖」扶，亦作夫，音符。李云：扶搖，神木也，生東海。一云：風也。○慶藩案初學記一、御覽八引司馬云：雲將，雲之主帥。釋文闕。「鴻蒙」如字。司馬云：自然元氣也。一云：海上氣也。「拊」孚甫反，一音甫。「脾」本又作髀，音陛。徐甫婢反，又甫娣反。「雀」本又作爵，同。將略反。「躍」司馬云：雀躍，若雀浴也。一云：如雀之跳躍也。

〔二〕【疏】怪其容儀殊俗，動止異凡，故問行李〔也〕〔之〕由，庶爲理物之道也。

〔三〕【疏】倘，驚疑貌。贄，不動也。叟，長老名也。【釋文】「倘」尺掌反，一音吐郎反，李吐黨反。司馬云：欲止貌。李云：自失貌。「贄」之二反，又豬立反，又魚列反。李云：不動貌。「叟」本又作傁，素口反，郭疏走反。司馬云：長者稱。

〔校〕①趙諫議本脾雀作髀爵，下同。②神木依釋文改。

鴻蒙拊脾雀躍不輟，對雲將曰，「遊〔一〕！」

〔一〕【疏】乘自然變化遨遊也。【釋文】「不輟」丁劣反。李云：止也。

雲將曰：「朕願有問也。」

鴻蒙仰而視雲將曰：「吁！」

雲將曰：「天氣不和，地氣鬱結〔一〕，六氣不調〔二〕，四時不節〔三〕。今我願合六氣之精以育羣生，爲之柰何〔四〕？」

〔一〕【疏】二氣不降不升，鬱結也。【釋文】「曰吁」況于反。亦作呼。○慶藩案釋文，吁亦作呼。呼吁，古通用字。説文：吁，驚〔語〕①也。文元年左傳呼役夫，杜注：呼，發聲也。堯典帝曰吁，傳曰：吁，疑怪之辭。驚疑之聲，亦發聲也。檀弓瞿然曰呼，釋文呼作吁。月令大雩帝，鄭注：雩，吁嗟求雨之祭。周官女巫疏引董仲舒曰：雩，求雨之術，呼嗟之歌。皆其例。「鬱結」如字。崔本作綰，音結。

〔二〕【疏】陰陽風雨晦明，此六氣也。

〔三〕【疏】春夏秋冬，節令愆滯其序。

〔四〕【疏】我欲合六氣精華以養萬物，故問也。

〔校〕①語字依説文補。

鴻蒙拊脾雀躍掉頭曰：「吾弗知！吾弗知〔一〕！」

〔一〕【疏】萬物咸稟自然，若措意治之，必乖造化，故掉頭不答。【釋文】「掉」徒弔反。

雲將不得問。又三年，東遊，過有宋之野而適遭鴻蒙。雲將大喜，行趨而進曰：「天忘朕邪？天忘朕邪？」再拜稽首，願聞於鴻蒙。〔一〕

〔一〕【疏】（故）〔敬〕如上天，再言忘朕，幸憶往事也。【釋文】「有宋」如字，國名也。本作宗者非。

鴻蒙曰：「浮遊，不知所求〔一〕；猖狂，不知所往〔二〕；遊者鞅掌，以觀无妄〔三〕。朕又何知〔四〕！」

〔一〕【注】而自得所求也。【疏】浮遊處世，無貪取也。

〔二〕【注】而自得所往也。【疏】無心妄行，無的當也。

〔三〕【注】夫内足者，舉目皆自正也。【疏】鴻蒙遊心之處寬大，涉見之物衆多，能觀之智，知所觀之境无妄也。鞅掌，衆多也。【釋文】「鞅掌」於丈反。毛詩傳云：鞅掌，失容也。今此言自得而正也。

〔四〕【注】以斯而已矣。【疏】浮遊猖狂，虛心任物，物各自正，我復何知！

雲將曰：「朕也自以爲猖狂，而民隨予①所往；朕也不得已於民，今則民之放也〔一〕。願聞一言〔二〕。」

〔一〕【注】夫乘物非爲迹而迹自彰，猖狂非招民而民自往，故爲民所放效而不得已也。【疏】我同鴻蒙，無心馭世，不得已臨人，人則隨我迹，便爲物放效也。【釋文】「之放」方往反，效也。注同。

〔二〕【疏】願聞要旨，庶決深疑。

〔校〕①趙諫議本予作子。

鴻蒙曰：「亂天之經，逆物之情，玄天弗成〔一〕；解獸之羣，而鳥皆夜鳴〔二〕；災及草木，禍及止①蟲〔三〕。意②，治人之過也〔四〕！」

〔一〕【注】若夫順物性而不治，則情不逆而經不亂，玄默成而自然得也。【疏】亂天然常道，逆物真性，即譎詐方起，自然之化不成也。

〔二〕【注】離其所以靜也。【疏】放效迹彰，害物災起，獸則驚羣散起，鳥則駭飛夜鳴。

〔三〕【注】皆坐而受害也。【疏】草木未霜零落，災禍及昆蟲。昆，明也，向陽啓蟄。【釋文】

「止蟲」如字。本亦作昆蟲。崔本作正蟲。「皆坐」才卧反。

〔四〕【注】夫有治之迹，亂之所由生也。【疏】天治斯滅，治人過也。【釋文】「意」音醫。本又作噫。下皆同。

〔校〕①趙諫議本止作昆。②趙本意作噫，下同。

雲將曰：「然則吾柰何〔一〕？」

〔一〕【疏】欲請不治之術。

鴻蒙曰：「意，毒哉〔一〕！僊僊①乎歸矣〔二〕。」

〔一〕【注】言治人之過深。【疏】重傷禍敗屢嘆。噫，歎聲。

〔二〕【注】僊僊，坐起之貌。嫌不能隤然通放，故遺使歸。【疏】僊僊，輕舉之貌。嫌雲將治物爲禍，故示輕舉，勸令息迹歸本。【釋文】「僊僊」音仙。

〔校〕①趙諫議本僊作仙。

雲將曰：「吾遇天難，願聞一言。」

鴻蒙曰：「意！心養〔一〕。汝徒處无爲，而物自化〔二〕。墮爾形體，吐爾聰明，倫與物忘〔三〕；大同乎涬溟〔四〕，解心釋神，莫然无魂〔五〕。萬物云云，各復其根，各復其根而不知〔六〕；渾渾沌沌，終身不離〔七〕；若彼知之，乃是離之〔八〕。无問其名，无闚其情，物固自生〔九〕。」

〔一〕【注】夫心以用傷，則養心者，其唯不用心乎！【疏】養心之術，列在下文。

〔二〕【疏】徒，但也。但處心無爲而物自化。

〔三〕【注】理與物皆不以存懷，而闇付自然，則無爲而自化矣。【疏】倫，理也。墮形體，忘身也。吐聰明，忘心也。身心兩忘，物我雙遣，是養心也。【釋文】「墮」許規反。○王引之曰：吐當爲咄。咄與黜同。（徐無鬼篇黜耆欲，司馬本作咄。）韋昭注周語曰：黜，廢也。黜與墮，義相近。大宗師篇墮枝體，黜聰明，即其證也。隸書出字或省作士，（若敳省作敳，賣省作賣，款省作款之類。）故咄字或作吐，形與吐相似，因譌爲吐矣。（咄之譌作吐，猶吐之譌作咄。漢書外戚傳必畏惡吐棄我，漢紀吐譌作咄。）俞樾曰：吐當作杜，言杜塞其聰明也。

〔四〕【注】與物無際。【疏】溟涬，自然之氣也。茫蕩身心大同，自然合體也。【釋文】「涬」户頂反，又音幸。「溟」亡頂反。司馬云：涬溟，自然氣也。

〔五〕【注】坐忘任獨。【疏】魂，好知爲也。解釋，遣蕩也。莫然，無知；滌蕩心靈，同死灰枯木，無知魂也。

〔六〕【注】不知而復，乃真復也。【疏】云云，衆多也。衆多往來，生滅不離自然，歸根明矣，豈得用知然後復根矣哉！

〔七〕【注】渾沌無知而任其自復，乃能終身不離其本也。【疏】渾沌無知而任獨，千變萬化，不離自然。　【釋文】「渾渾」户本反。「沌沌」徒本反。「不離」力智反。下及注皆同。

〔八〕【注】知而復之①，與復乖矣。　【疏】用知慕至本，乃離自然之性。

〔九〕【注】闚問則失其自生也。　【疏】道離名言，理絶情慮。若以名問道，以情闚理，不亦遠哉！能遺情忘名，任于獨化，物得生理也。

〔校〕①世德堂本之作知。

雲將曰：「天降朕以德，示朕以默；躬身求之，乃今也得〔一〕。」再拜稽首，起辭而行。

〔一〕【注】知而不默，常自失也。　【疏】降道德之言，示玄默之行，立身以來，方今始悟。

世俗之人，皆喜人之同乎己而惡人之異於己也〔一〕。同於己而欲之，異於己而不欲者，以出乎衆爲心也〔二〕。夫以出乎衆爲心者，曷常出乎衆哉〔三〕！因衆以寧所聞，不如衆技衆矣〔四〕。而欲爲人之國者，此攬乎三王之利而不見其患者也〔五〕。此以①人之國僥倖也，幾何僥倖而不喪人之國乎〔六〕！其存人之國也②，無萬分之一；而喪人之國也，一不成而萬有餘喪矣〔七〕。悲夫，有土者之不知也〔八〕！

〔一〕【疏】染習之人，迷執日久，同己喜懽，異己嫌惡也。　【釋文】「而惡」烏路反。

〔二〕【注】心欲出羣爲衆儁也。　【疏】夫是我而非彼，喜同而惡異者，必欲顯己功名，超出羣衆。○家世父曰：出乎衆者，以才智加人而人皆順之。抑不知己之出乎衆乎，衆之出乎己乎？因衆之所同而同之，因衆之所異而異之，以爲衆也，則夫喜人之同而惡人之異，猶之異同乎衆也。喜與怒固不因己而因衆，而一據之以爲己，此所以爲惑也。

〔三〕【注】衆皆以出衆③爲心，故所以爲衆人也。若我亦欲出乎衆，則與衆無異而不能相出矣。夫衆皆以相出爲心，而我獨無往而不同，乃大殊於衆而爲衆主也。　【疏】人以競先出乎衆爲心，此是恒物鄙情，何能獨超羣外！　同其光塵，方大殊於衆而爲衆傑。

〔四〕【注】吾一人之所聞，不如衆技多，故因衆則寧也。若不因衆，則衆之千萬，皆我敵也。【疏】用衆人技能，因衆人聞見，即無忿競。所謂明者爲之視，智者爲之謀也。　【釋文】「因衆以寧所聞」因衆人之所聞見，委而任之，則自寧安。「不如衆技」其綺反。「衆矣」若役我之知達衆人，衆人之技多於我矣，安得而不自困哉！

〔五〕【注】夫欲爲人之國者，不因衆之自爲而以己爲之者，此爲徒求三王主物之利而不見己爲之患也。然則三王之所以利，豈爲之哉？因天下之自爲而任耳。　【疏】用一己偏執爲國者，徒求三王主物之利，不知爲喪身之大患也。　【釋文】「此攬」音覽。本亦作覽。

〔六〕【疏】僥，要也。以皇王之國利要求非分，爲一身之幸會者，未嘗不身遭殞敗。萬不存一，故云幾何也。　【釋文】「僥」古堯反。徐古了反，字或作徼。「倖」音幸。一云：僥倖，求利不止之貌。○慶藩案僥，要也，求也。釋文或作徼，徼亦求也。（見呂覽頌民篇高注。）「幾何」居豈反。郭巨機反，「不喪」息浪反。下及注同。

〔七〕【注】己與天下，相因而成者也。今以一己而專制天下，則天下塞矣，己豈通哉！故一身既不成，而萬方有餘喪矣。【疏】以僥倖之心爲帝王之主，論存則固無一成，語亡則有餘敗也。

〔八〕【疏】此一句傷嘆君王不知僥倖爲弊矣。【釋文】「萬分」如字，又扶問反。

〔校〕①闕誤引江南古藏本此以作以此因。②世德堂本無此句。③世德堂本無衆字。

夫有土者，有大物也〔一〕。有大物者，不可以物；物〔二〕而不物，故能物物〔三〕。明乎物物者之非物也，豈獨治天下百姓而已哉！出入六合，遊乎九州〔四〕，獨往獨來，是謂獨有〔五〕。獨有之人，是謂至貴〔六〕。

〔一〕【疏】九五尊高，四海弘巨，是稱大物也。

〔二〕【注】不能用物而爲物用，即是物耳，豈能物物哉！不能物物，則不足以有大物矣。【疏】苟求三王之國，不能任物自爲，翻爲物用。己自是物，焉能物物！斷不可也。

〔三〕【注】夫用物者，不爲物用也。不爲物用，斯不物矣，不物，故物天下之物，使各自得也。【疏】不爲物用而用於物者也。○家世父曰：有物在焉，而見以爲物而物之，終身不離乎物，所見之物愈大而身愈小，不見有物而物皆效命焉。夫且不見有物，又奚以物之大小爲哉！

○俞樾曰：郭斷不可以物物五字爲句，失其讀矣。此當讀不可以物爲句，物而不物爲句。

〔四〕【注】用天下之自爲，故馳萬物而不窮。【疏】聖人通自然，達造化，運百姓心知，用羣生耳目，是知物物非物也。豈獨戴黄屋，坐汾陽，佩玉璽，治天下哉？固當排六合，陵太清，超九州，遊姑射矣。

〔五〕【注】人皆自異而已獨羣遊，斯乃獨往獨來者也。獨有斯獨，可謂獨有矣。【疏】有注釋也。

〔六〕【注】夫與衆玄同，非求貴於衆，而衆人不能不貴，斯至貴也。若乃信其偏見而以獨異爲心，則雖同於一致，故是俗中之一物耳，非獨有者也。未能獨有，而欲饕竊軒冕，冒取非分，衆豈歸之①哉！故非至貴也。【疏】（人皆自異而已獨與羣遊，斯乃獨往獨來者也。獨有斯獨，可謂獨有矣。②）人欲出衆而己獨遊，衆無此能，故名獨有。獨有之人，蒼生樂推，百姓荷戴。以斯爲主，可謂至尊至貴也。【釋文】「饕」吐刀反。「冒」亡北反，又亡報反。

〔校〕①世德堂本之下有也字。②人皆至有矣二十七字，注文混入，當删。

大人之教，若形之於影，聲之於響①〔一〕。有問而應之，盡其所懷〔二〕，爲天下配〔三〕。處乎无響〔四〕，行乎无方〔五〕。挈汝適復之撓撓〔六〕，以遊无端〔七〕；出入无旁〔八〕，與日无始〔九〕；頌論形軀，合乎大同〔一〇〕，大同而无己〔一一〕。無己，惡乎得有有〔一二〕！覩有者，昔之君子〔一三〕；覩无者，天地之友〔一四〕。

〔一〕【注】百姓之心，形聲也；大人之教，影響也。大人之於天下何心哉？猶影響之隨形聲耳。

【疏】大人，聖人也。無心感應，應不以心，故百姓之心，形聲也；大人之教，影響也。【釋文】「於嚮」許丈反。本又作響。注及下同。

〔二〕【注】使物之所懷各得自盡也。【疏】聖人心隨物感，感又稱機，盡物懷抱。

〔三〕【注】問者爲主，應故爲配。【疏】配，匹也，先感爲主，應者爲匹也。

〔四〕【注】寂以待物。【疏】處，寂也。無感之時，心如枯木，寂無影響也。

〔五〕【注】隨物轉化。【疏】行，應機也。逗機不定方所也。

〔六〕【注】撓撓，自動也。提挈萬物，使復歸自動之性，即無爲之至也。【疏】撓撓，自動也。逗機無方，還欲提挈汝等羣品，令歸自本性，則無爲至也。【釋文】「挈」苦結反。廣雅云：持(包)〔也〕②。「撓撓」而小反。○俞樾曰：郭注未得其解。爾雅釋詁：適，往也。然則適復，猶往復也。撓撓，亂也。廣雅釋詁：撓，亂也。重言之則爲撓撓矣。適復之撓撓，此世俗之人所以不能獨往獨來也。惟大人則提挈其適復之撓撓者而與之共遊於無端，故曰挈汝適復之撓撓以遊無端。二句本止一句，郭失其解，並失其讀矣。

〔七〕【注】與化俱，故無端。【疏】遊，心與自然俱遊，故無朕迹之端崖。

〔八〕【注】玄同無表。【疏】出入塵埃生死之中，玄同造物，無邊可見。

〔九〕【注】與日新俱，故無始也。【疏】與日俱新，故無終始。

〔一〇〕【注】其形容與天地無異。【疏】(贊)頌，〔贊〕；論，語。聖人盛德軀貌，與二儀大道合同，外不闕乎宇宙，内不有其己身也。

〔一一〕【注】有己則不能大同也。　【疏】合二儀，同大道，則物我俱忘也。

〔一二〕【注】天下之難無者己也。己既無矣，則羣有不足復有之。　【疏】己既無矣，物焉有哉！

【釋文】「惡」音烏。「足復」扶又反。

〔一三〕【注】能美其名者耳。　【疏】行仁義，禮君臣者，不離有爲君子也。

〔一四〕【注】覩無則任其獨生也。　【疏】覩無爲之妙理，見自然之正性，二儀非有，萬物盡空，翻有入無，故稱爲友矣。

〔校〕①趙諫議本作響，世德堂本作嚮，注同。依釋文應作嚮。②也字依世德堂本改。

賤而不可不任者，物也；卑而不可不因者，民也〔一〕；匿而不可不爲者，事也〔二〕；麤而不可不陳者，法也〔三〕；遠而不可不居者，義也〔四〕；親而不可不廣者，仁也〔五〕；節而不可不積者，禮也〔六〕；中而不可不高者，德也〔七〕；一而不可不易者，道也〔八〕；神而不可不爲者，天也〔九〕。故聖人觀於天而不助〔一〇〕，成於德而不累〔一一〕，出於道而不謀〔一二〕，會於仁而不恃〔一三〕，薄於義而不積〔一四〕，應於禮而不諱〔一五〕，接於事而不辭〔一六〕，齊於法而不亂〔一七〕，恃於民而不輕〔一八〕，因於物而不去〔一九〕。物者莫足爲也，而不可不爲〔二〇〕。不明於天者，不純於德〔二一〕；不通於道者，無自而可〔二二〕；不明於道者，悲夫〔二三〕！

〔一〕【注】因其性而任之則治，反其性而淩之則亂。夫民物之所以卑而賤者，不能因任故也。是以任賤者貴，因卑者尊，此必然之符也。【疏】民雖居下，各有功能；物雖輕賤，咸負材用。物無棄材，人無棄用，庶咸亨也。【釋文】「則治」直吏反。

〔二〕【注】夫事藏於彼，故匿也。彼各自爲，故不可不爲，但當因任耳。【疏】匿，藏也。事有隱顯，性有工拙，或顯於此，或隱於彼，或工於此，或拙於彼，但當任之，悉事濟也。【釋文】「匿而」女力反。

〔三〕【注】法者妙事之迹也，安可以迹麤而不陳妙事哉！【疏】法，言教也。以教望理，理妙法粗，取諭筌蹄，故順陳説故也。

〔四〕【注】當乃居之，所以爲遠。【疏】義雖去道疏遠，苟其合理，應須取斷。

〔五〕【注】親則苦偏，故廣乃仁耳。【疏】親（雖）〔則〕①偏愛狹劣，周普廣愛，乃大仁也。

〔六〕【注】夫禮節者，患於係一，故物物體之，則積而周矣。【疏】積，厚也。節，文也。夫禮貴尚往來，人情乖薄，故外示折旋，内敦積厚，此真禮也。

〔七〕【注】事之下者，雖中非德。【疏】中，順也。修道之人，和光處世，卑順於物，而志行清高，涅而不緇其德也。【釋文】「中而不可不高者德也」中者，順也。順其性而高也。

〔八〕【注】事之難者，雖一非道，況不一哉！【疏】妙本一氣，通生萬物，甚自簡易，其唯道乎！

【釋文】「不易」以豉反。下注同。

〔九〕【注】執意不爲，雖神非天，況不神哉！【疏】神功不測，顯晦無方，逗機無滯，合天然也。

〔一〇〕【注】順其②自爲而已。【疏】聖人觀自然妙理，大順羣物而不助其性分。此下釋前文。

〔一一〕【注】自然與高會也。【疏】能使境智冥會，上德既成，自無瑕累也。

〔一二〕【注】不謀而一，所以爲易。【疏】顯出妙一之道，豈得待（顯）謀而後説！

〔一三〕【注】恃則不廣。【疏】老經云，爲而不恃。仁慈博愛，貴在合宜，故無恃賴。

〔一四〕【注】率性居遠，非積也。【疏】先王蘧廬，非可寳重，已陳芻狗，豈積而留！

〔一五〕【注】自然應禮，非由忌諱。【疏】妙本湛然，迹應於禮，豈拘忌諱！○俞樾曰：諱讀爲違。違諱並從韋聲，故廣雅釋詁曰：諱，避也。韋昭注周語、晉語，並曰：違，避也。是二字聲近義通。應於禮而不諱，即不違也。郭注曰，自然應禮，非由忌諱，則失之迂曲矣。

〔一六〕【注】事以（禮）〔理〕③接，能否自任，應動而動，無所辭讓。【疏】混俗揚波，因事接物，應機不取，亦無辭讓。【釋文】「應動」憶升反。

〔一七〕【注】御粗以妙，故不亂也。【疏】因於物性，以法齊之，故不亂也。

〔一八〕【注】恃其自爲耳，不輕用也。【疏】民惟邦本，本固而邦寧，故恃藉不敢輕用也。

〔一九〕【注】因而就任之，不去其本也。【疏】順黔黎之心，因庶物之性，雖施於法教，不令離於性本。

〔二〇〕【注】夫爲者，豈以足爲故爲哉？自體此爲，故不可得而止也。【疏】物之禀性，功用萬殊，如蟯蜋轉丸，蜘蛛結網，出自天然，非關假學。故素無之而不可强爲，性中有者不可不爲也。

【釋文】「物者莫足爲也」分外也。「而不可不爲」分内也。

〔二一〕【注】不明自然則有爲，有爲而德不純也。【疏】闇自然之理，則澆薄之德不純也。

〔二二〕【注】不能虚己以待物，則事事失會。【疏】滯虚玄道性，故觸事面牆，諒無從而可也。

〔二三〕【疏】闇天人之理，惑君臣之義，所作顛蹶，深可悲傷。

〔校〕①則字依注文改。②世德堂本無其字。③理字依世德堂本改。

何謂道？有天道，有人道。无爲而尊者，天道也；〔一〕有爲而累者，人道也〔二〕。主者，天道也〔三〕；臣者，人道也〔四〕。天道之與人道也，相去遠矣〔五〕，不可不察也〔六〕。

〔一〕【注】在上而任萬物之自爲也。【疏】無事無爲，尊高在上者，合自然天道也。

〔二〕【注】以有爲爲累者，不能率其自得也。【疏】司職有爲，事累繁擾者，人倫之道。

〔三〕【注】同乎天之任物，則自然居物上。【疏】君在上任物，合天道無爲也。

〔四〕【注】各當所任。

〔五〕【注】君位無爲而委百官，百官有所司而君不與焉。二者俱以不爲而自得，則君道逸，臣道勞，勞逸之際，不可同日而論之也。【疏】君位尊高，委之宰牧；臣道卑下，竭誠奉上；故君道逸，臣道勞，不可同日而語也。【釋文】「不與」音豫。

〔六〕【注】不察則君臣之位亂矣。【疏】天道君而無爲，人道臣而有事。尊卑有隔，勞逸不同，各守其分，則君臣咸無爲也。必不能鑒理，即勞逸失宜，君臣亂矣。（夫二儀生育，變化無窮，形質之中，最爲廣大，而新新變化，念念推遷，實爲等均，所謂亭之毒之也。）①

〔校〕①夫二儀以下三十七字，係下卷天地篇首二句疏文混入，當删。

莊子集釋卷五上

外篇　天地第十二〔一〕

〔一〕【釋文】以事名篇。

天地雖大，其化均也〔一〕；萬物雖多，其治一也〔二〕；人卒雖衆，其主君也〔三〕。君原於德而成於天〔四〕，故曰，玄古之君天下，无爲也，天德而已①矣〔五〕。

〔一〕【注】均於不爲而自化也。　【疏】夫二儀生育，覆載無窮，形質之中，最爲廣大；而新新變化，其狀不殊，念念遷謝，實惟均等，所謂亭之也。故云天地與我並生。　【釋文】「天地」釋名云：天，顯也，高顯在上也；又坦也，坦然高遠也；地，底也，其體底下，載萬物也。禮統云：天地者，元氣之所生，萬物之祖也。易説云：元氣初分，清輕上爲天，濁重下爲地。

〔二〕【注】一以自得爲治。　【疏】夫四生萬物，其類最繁，至於率性自得，斯理唯一，所謂毒之也。故又云萬物與我爲一。　【釋文】「其治」直吏反。注同，下官治並注亦同。

〔三〕【注】天下異心，無心者主也。　【疏】黔首卒隸，其數雖多，主而君者，一人而已。無心因任，允當斯位。　【釋文】「人卒」尊忽反。

〔四〕【注】以德爲原，無物不得。得者自得，故得而不謝，所以成天也。【疏】原，本也。夫君主人物，必須以德爲宗；物各自得，故全成自然之性。【釋文】「君原」原，本也。

〔五〕【注】任自然之運動。【疏】玄，遠也。古之君，謂三皇已前帝王也。言玄古聖君，無爲而治天下也，蓋何爲哉！此引古證今，成天德之義也。

〔校〕①趙諫議本已作止。

以道觀言而天下之君正〔一〕，以道觀分而君臣之義明〔二〕，以道觀能而天下之官治〔三〕，以道汎觀而萬物之應備〔四〕。故通於天地者，德也〔五〕；行於萬物者，道也①〔六〕；上治人者，事也〔七〕；能有所藝者，技也〔八〕。技兼於事，事兼於義，義兼於德，德兼於道，道兼於天〔九〕。故曰，古之畜天下者，无欲而天下足，无爲而萬物化〔一〇〕，淵靜而百姓定〔一一〕。記曰：「通於一而萬事畢〔一二〕，无心得而鬼神服〔一三〕。」

〔一〕【注】無爲者，自然爲君，非邪也。【疏】以虛通之理，觀應物之數，而無爲因任之君，不用邪僻之言者，故理當於正道。○家世父曰：言者，名也。正其君之名，天下自然聽命焉。故曰名之必可言也，一衷諸道而已矣。【釋文】「非邪也」似嗟反。本又作爲。

〔二〕【注】各當其分，則無爲位上，有爲位下也。【疏】夫君道無爲，而臣道有事，尊卑勞逸，理固不同。譬如首自居上，足自居下，用道觀察，分義分明。

〔三〕【注】官各當其所能則治矣。【疏】夫官有高卑，能有優劣，能受職則物無私得，是故天下之官治也。

〔四〕【注】無爲也，則天下各以其無爲應之。【疏】夫大道生物，性情不同，率己所以，悉皆備足，或走或飛，咸應其用，不知所以，豈復措心！故以理徧觀，則庶物之應備。

〔五〕【注】萬物莫不皆得，則天地通。【疏】通，同也。同兩儀之覆載，與天地而俱生者，德也。

〔六〕【注】道不塞其所由，則萬物自得其行矣。【疏】至理無塞，恣物往來，同行萬物，故曰道也。

〔七〕【注】使人人自得其事。【疏】雖則治人，因其本性，物各率能，咸自稱適，故事事有宜而天下治也。

〔八〕【注】技者，萬物之末用也。【疏】率其本性，自有藝能，非假外爲，故真技術也。【釋文】「技也」其綺反。注、下同。

〔九〕【注】夫本末之相兼，猶手臂之相包，故一身和則百節皆適，天道順則本末俱暢。【疏】兼，帶也，濟也，歸也。夫藝能之技，必須帶事。不帶於事，技術何施也！事苟失宜，（事）〔技〕便無用。（難）〔雖〕行於義，不可乖德；雖有此德，理須法道虛通；（故）〔雖〕曰虛通，終歸自然之術。斯乃理事相包，用不同耳。是故示本能攝末，自淺之深之義。

〔一〇〕【疏】夫兼天所以無爲，兼道所以無欲。故古之帝王養畜羣庶者，何爲哉？蓋無欲而蒼生各足，無爲而萬物自化也。

〔一一〕【疏】一人垂拱而玄默，百姓則比屋而可封。故老經云我好静而民自正。

〔一二〕【疏】一，道也。夫事從理生，理必包事，本能攝末，故知一，萬事畢。語在西升經，莊子引以爲證。【釋文】「記曰」書名也，云老子所作。

〔一三〕【注】一無爲而羣理都舉。【疏】夫迹混人間之事，心證自然之理，而窮原徹際，妙極重玄者，故在於顯則爲人物之所歸，處於幽則爲神鬼之所服。

〔校〕①闕誤引江南古藏本此二句作故通於天者道也，順於地者德也，行於萬物者義也。

夫子曰：「夫道，覆載萬物者也，洋洋乎大哉！君子不可以不刳心焉〔一〕。无爲爲之之謂天〔二〕，无爲言之之謂德〔三〕，愛人利物之謂仁〔四〕，不同同之之謂大〔五〕，行不崖異之謂寬〔六〕，有萬不同之謂富〔七〕。故執德之謂紀〔八〕，德成之謂立〔九〕，循於道之謂備〔一〇〕，不以物挫志之謂完〔一一〕。君子明於此十者，則韜乎其事心之大也〔一二〕，沛乎其爲萬物逝也〔一三〕。若然者，藏金於山，藏①珠於淵〔一四〕，不利貨財〔一五〕，不近貴富〔一六〕；不樂壽，不哀夭〔一七〕；不榮通，不醜窮〔一八〕；不拘一世之利以爲己私分〔一九〕，不以王天下爲己處顯〔二〇〕。顯則明〔二一〕，萬物一府，死生同狀〔二二〕。」

〔一〕【注】有心則累其自然，故當刳而去之。【疏】夫子者，老子也。莊子師老君，故曰夫子也。刳，去也，洒也。虚通之道，包羅無外，二儀待之以覆載，萬物得之以化生，何莫由斯，最爲物本。歎洋洋之美大，以勗當世之君王，可不法道之無爲，洗去有心之累者邪！【釋文】「夫子」司馬云：莊子也。一云：老子也。此兩夫子曰，元嘉本皆爲別章，崔本亦爾。「覆載」芳富反。「洋洋」音羊，又音詳。「不刳」口吳反，又口侯反。崔本作軒，云：寬悦之貌。「而去」起吕反。

〔二〕【注】不爲此爲，而此爲自爲，乃天道。【疏】無爲爲之，率性而動也。天機自張，故謂之天。此不爲爲也。

〔三〕【注】不爲此言，而此言自言，乃真德。【疏】寂然無説而應答無方，譬縣鏡高堂，物來斯照，語默不殊，故謂之德也。此不言而言者也。

〔四〕【注】此任其性命之情也。【疏】慈若雲行，愛如雨施，心無偏執，德澤弘普，措其性命，故謂之仁也。

〔五〕【注】萬物萬形，各止其分，不引彼以同我，乃成大耳。【疏】夫刻彫衆形，而性情各異，率其素分，僉合自然，任而不割，故謂之大也。

〔六〕【注】玄同彼我，則萬物自容，故有餘。【疏】夫韜光晦迹，而混俗揚波，若樹德不異於人，立行豈殊於物！而心無崖際，若萬頃之波，林藪蒼生，可謂寬容矣。

〔七〕【注】我無不同，故能獨有斯萬。【疏】位居九五，威跨萬乘，任庶物之不同，順蒼生之爲異，而羣性咸得，故能富有天下也。

〔八〕【注】德者，人之綱要。【疏】能持已前之德行者，可謂羣物之綱紀也。

〔九〕【注】非德而成者，不可謂立。【疏】德行既成，方可立功而濟物也。

〔一〇〕【注】夫道非偏物也。【疏】循，順也。能順於虛通，德行方足。【釋文】「循」音旬，或作脩。

〔一一〕【注】内自得也。【疏】挫，屈也。一毁譽，混榮辱，不以世物屈節，其德完全。【釋文】「挫」作卧反。

〔一二〕【注】心大，故事無不容也。【疏】韜，包容也。君子賢人，肆於已前十事，則能包容物務，心性寬大也。【釋文】「韜」吐刀反。廣雅云：藏也。○俞樾曰：郭注未得事字之義。事心，猶立心也，言其立心之大也。禮記郊特牲篇鄭注曰：事，猶立也。釋名曰：事，傳也；傳，立也。並其證也。如郭注，則是心足以容事而非事心矣。吕氏春秋論人篇，事心乎自然之塗，亦以事心連文，義與此同，足證郭注之誤。

〔一三〕【注】德澤滂沛，任萬物之自往也。【疏】逝，往也。心性寬閒，德澤滂沛，故爲羣生之所歸往也。【釋文】「沛」普貝反。字林云：流也。「物逝」崔本逝作啓，云：開也。「滂沛」普旁反。

〔一四〕【注】不貴難得之物。【疏】若如前行，便是無爲，既不羨於榮華，故不貴於寶貨。是以珠生於水，不索故藏之於淵；金出於山，不求故韜之於岳也。

〔一五〕【注】乃能忘我，況貨財乎！【疏】雖得珠玉，尚不貪以資身；常用貨財，豈復將爲利也！

〔一六〕【注】自來寄耳，心常去之遠也。【疏】寄去寄來，不哀不樂，故外疏遠乎軒冕，内不近乎富貴也。【釋文】「不近」附近之近。

〔一七〕【注】所謂縣解。【疏】假令壽年延永，不以爲樂，性命夭促，不以爲哀。【釋文】「不樂」音洛。「縣解」上音玄，下音蟹。

〔一八〕【注】忘壽夭於胸中，況窮通之間哉！【疏】富貴榮達，不以爲榮華；貧賤窒塞，不以爲醜辱。壽夭（嘗）〔尚〕不以措意，榮辱之情，豈容介懷！

〔一九〕【注】皆委之萬物也。【疏】光臨宇宙，統御天下，四海珍寶，總繫一人而行，不利貨財，委之萬國，豈容拘束入己，用爲私分也！

〔二〇〕【注】忽然不覺榮之在身。【疏】覆育黔黎，王領天下，而推功於物，忘其富貴，故不以己大而榮顯也。【釋文】「不以王」于況反。下王德並同。

〔二一〕【注】不顯則默而已②。【疏】明，彰也。雖坐汾陽，喪其天下，必也顯智，豈曰韜光也！

〔二二〕【注】蜕然無所在也。【疏】忘於物我，故萬物可以爲一府；冥於變化，故死生同其形狀。死生無變於己，況窮通夭壽之間乎！【釋文】「蜕然」始鋭反，又音悦。

〔校〕①闕誤引張君房本藏作沈。②趙諫議本已作止。

夫子曰：「夫道，淵乎其居也，漻乎其清也〔一〕。金石不得，无以鳴〔二〕。故金石有聲，不考不鳴〔三〕。萬物孰能定之〔四〕！夫王德之人，素逝而恥通於事〔五〕，立之本原而知通於神〔六〕。故其德廣〔七〕，其心之出，有物採之〔八〕。故形非道不生，生非德不明〔九〕。存形窮生，立德明道，非王德者邪〔一〇〕！蕩蕩乎！忽然出，勃然動，而萬物從之乎！此謂王德之人〔一一〕。視乎冥冥，聽乎无聲〔一二〕。冥冥之中，獨見曉焉；无聲之中，獨聞和焉〔一三〕。故深之又深而能物焉〔一四〕，神之又神而能精焉〔一五〕；故其與萬物接也，至无而供其求〔一六〕，時騁而要其宿，大小，長短，脩遠〔一七〕。」

〔一〕【疏】至理深玄，譬猶淵海，漻然清絜，明燭（鬢）〔鬚〕眉。淵則歎其居寂以深澄，漻則歎其雖動而恒絜也。本亦作君字者。【釋文】「漻」李良由反，徐力蕭反，廣雅下巧反，云：清貌。

〔二〕【注】聲由寂彰。【疏】鳴由寂彰，應由真起也。

〔三〕【注】因以喻體道者物感而後應也。【疏】考，擊也。夫金石之内，素蘊宫商，若不考擊，終無聲響。亦（由）〔猶〕至人之心，實懷聖德，物若不感，無由顯應。前託淵水以明至道，此寄金石以顯聖心。

〔四〕【注】應感無方。【疏】喻彼明鏡，方兹虚谷，物來斯應，應而無心。物既脩短無窮，應亦方圓無定。○家世父曰：淵穆澄清之中，而天機自動焉。夫機之動也，有所以動之者也，而動無常。金石無常矣，而韶夏濩武，由所動而樂生焉，所以動之者，物莫能定也。

〔五〕【注】任素而往耳，非好通於事也。【疏】素，真也。逝，往也。王德不驕不（務）〔矜〕，任真而往，既抱朴以清高，故羞通於物務。【釋文】「非好」呼報反。

〔六〕【注】本立而知不逆。【疏】神者，不測之用也。常在理上，往而應物也。不測之神，知通於物，此之妙用，必資於本。欲示本能起用，用不乖本義也。【釋文】「而知」音智。注同。

〔七〕【注】任素通神，而後彌廣。【疏】夫清素無爲，任真而往，神知通物，而恒立本原，用不乖體，動不傷寂。德行如是，豈非大中之道耶！

〔八〕【注】物採之而後出耳，非先物而唱也。【疏】採，求也。夫至聖虛懷，而物我斯應，自非物求聖德，無由顯出聖心。聖心之出，良由物採。欲〔示〕和而不唱，不爲物先。

〔九〕【疏】形者，七尺之身；生者，百齡之命；德者，能澄之智；道者，可通之境也。道能通生萬物，故非道不生；德能鑒照理原，故非德不明。老經云，道生之，德畜之也。

〔一〇〕【疏】存，任也。窮，盡也。任形容之妍醜，盡生齡之夭壽，立盛德以匡時，用至道以通物。能如是者，其唯王德乎！

〔一一〕【注】忽，勃，皆無心而應之貌。動出無心，故萬物從之，斯蕩蕩矣。故能存形窮生，立德明道而成王德也。【疏】蕩蕩，寬平之名。忽，勃，無心之貌。物感而動，逗機而出，因循任物，物則從之。（猶）〔由〕具衆美，故爲王德也。

〔一二〕【疏】至道深玄，聖心凝寂，非色不可以目視，絶聲不可以耳聽。

〔一三〕【注】若夫視聽而不寄之於寂，則有闇昧而不和也。【疏】雖復冥冥非色，而能陶甄萬象，乃云寂寂無響，故能諧韻八音。欲明從體起用，功能如是者也。

〔一四〕【注】窮其原而後能物物。【疏】即有即無，即寂即應，遣之又遣，故深之又深。既而窮理盡性，故能物衆物也。

〔一五〕【注】極至順而後能盡妙。【疏】神者，不測之名。應寂相即，有無洞遣，既而非測非不測，亦〔非非〕不〔非〕測，乃是神之精妙。

〔一六〕【注】我確斯而都任彼，則彼求自供。【疏】遣之又遣，乃曰至無。而接物無方，隨機稱適，千差萬品，求者即供，若縣鏡高堂，物來斯照也。【釋文】「而供」音恭，本亦作恭。「確」苦學反。「斯」音賜，又如字。

〔一七〕【注】皆恣而任之，會其所極而已。【疏】騁，縱也。宿，會也。若夫體故至無，所以隨求稱適，故能順時因任，應物多方，要在會歸而不滯一。故或大或小，乍短乍長，乃至脩遠，恣其來者，隨彼機務，悉供其求，應病以藥，理無不當。

黃帝遊乎赤水之北，登乎崑崙之丘而南望，還①歸，遺其玄珠〔一〕。使知索之而不得〔二〕，使離朱索之而不得〔三〕，使喫詬索之而不得也〔四〕。乃使象罔，象罔得之〔五〕。黃帝曰：「異哉！象罔乃可以得之乎〔六〕？」

〔一〕【注】此寄明得真之所由。【疏】赤是南方之色，心是南方之藏。水性流動，位在北方。譬迷心緣鏡，闇無所照，故言赤水北也。崑丘，身也。南是顯明之方，望是觀見之義，玄則疏遠之目，珠乃珍貴之寶。欲明世間羣品，莫不身心迷妄，馳騁耽著，無所覺知，闇似北方，動如流水，迷真喪道，實此之由。今欲返本還源，祈真訪道，是以南望示其照察，還歸表其復命，故先明失真之處，後乃顯得道之方。所顯方法，列在下文。【釋文】「赤水」李云：水出崑崙山下。「還歸」音旋。「玄珠」司馬云：道真也。○慶藩案文選劉孝標廣絕交論注引司馬云：赤水，(而)〔水〕②假名，玄珠，喻道也，與釋文異。

〔二〕【注】言用知不足以得真。【疏】索，求也。故絕慮不可以心求也。【釋文】「使知」音智。注及下皆同。「索之」所白反。下同。

〔三〕【疏】非色，不可以目取也。

〔四〕【注】聰明喫詬，失真愈遠。【疏】喫詬，言辨也。離言不可以辨索。【釋文】「喫」口懈反。「詬」口豆反。司馬云：喫詬，多力也。○家世父曰：廣韻，喫，同嚱。嚱，聲也；詬，怒也，怒亦聲也。集韻云喫詬力諍者是也。知者以神索之，離朱索之形影矣，喫詬索之聲聞矣，是以愈索而愈遠也。象罔者，若有形，若無形，故曰眸而得之。即形求之不得，去形求之亦不得也。釋文引司馬云，喫詬，多力也，誤。

〔五〕【疏】罔象，無心之謂。離聲色，絕思慮，故知與離朱自涯而反，喫詬言辨，用力失真，唯罔象無心，獨得玄珠也。

〔六〕【注】明得真者非用心也，象罔然即真也。【疏】離婁迷性，恃明目而喪道，軒轅悟理，歎罔象而得珠。勖諸學生，故可以不離形去智，黜聰隳體也。

〔校〕①趙諫議本還作旋。②水字依胡刻本文選注改。

堯之師曰許由，許由之師曰齧缺，齧缺之師曰王倪，王倪之師曰被衣〔一〕。

〔一〕【疏】已上四人，並是堯時隱士，厭穢風塵，懷道抱德，清廉潔己，不同人世，堯知其賢，欲讓天下。莊生示有承稟，故具列其師資也。【釋文】「王倪」徐五兮反。「被衣」音披。

堯問於許由曰：「齧缺可以配天乎〔一〕？吾藉王倪以要之〔二〕。」

〔一〕【注】謂爲天子。

〔二〕【注】欲因其師以要而使之。【疏】配，合也。藉，因也。堯云：「齧缺之賢者，有合天位之德，庶因王倪，遥能屈致。」情事不決，故問許由。【釋文】「要之」一遥反。注同。

許由曰：「殆哉圾乎天下〔一〕！齧缺之爲人也，聰明叡知，給數以敏，其性過人〔二〕，而又乃以人受天〔三〕。彼審乎禁過，而不知過之所由生〔四〕。與之配天乎？彼且乘人而無天〔五〕，方且本身而異形〔六〕，方且尊知而火馳〔七〕，方且爲緒使〔八〕，方且爲物絯〔九〕，方且四顧而物應〔一〇〕，方且應衆宜〔一一〕，方且與物化〔一二〕而未始有恒〔一三〕。夫何足以配天乎？雖然，有族，有祖〔一四〕，可以爲衆父，而不可以爲衆父父〔一五〕。治，亂之率也〔一六〕，北面之禍也〔一七〕，南面之賊也〔一八〕。」

〔一〕【注】圾，危也。【疏】殆，近也。圾，危也。若要齧缺，讓萬乘，危亡之徵，其則不遠也。【釋文】「圾」本又作岌，五急反，又五合反。郭李云：危也。

〔二〕【注】聰敏過人，則使人跂之，屢傷於民也。【疏】叡，聖也。給，捷也。敏，速也。夫聖人治天下也，冕旒垂目，黈纊塞耳，所以杜聰明，不欲多聞多見。今齧缺乃内懷聖知，外眩聰明，詞鋒捷辯，計數弘遠，德行性識，所作過人；其迹既彰，必以爲患。危亡之狀，列在已下。【釋文】「給數」音朔。

〔三〕【注】用知以求復其自然。【疏】物之喪真，其日已久，乃以心智之術，令復其初，故自然之性失之遠矣。

〔四〕【注】夫過生於聰知，而又役知以禁之，其過彌甚矣。故曰，無過在去知，不在於强禁。【疏】過之所由生者，知也。言齧缺但知審禁蒼生之過患，而不知患生之由智也。【釋文】「在去」起吕反。「於强」其丈反。

〔五〕【注】若與之天下，彼且遂使後世任知而失真。【疏】若與天位，令御羣生，必運乎心智，伐乎天理，則物皆喪己，無復自然之性也。

〔六〕【注】夫以萬物爲本，則羣變可一而異形可同。斯迹也，將遂使後世由己以制物，則萬物乖矣。【疏】方，將也。夫聖人無心，因循任物。今齧缺以己身爲本，引物使歸，令天下異形從我之化。物之失性，實此之由，後世之患，自斯而始也。【釋文】「方且」如字。凡言方且者，言方將有所爲也。

〔七〕【注】賢者當位於前，則知見尊於後，奔競而火馳也。【疏】夫不能忘智以任物，而尊知以御世，遂將徇迹，捨己効人，馳驟奔逐，其速如火矣。

〔八〕【注】將興後世事役之端。【疏】緒，端也。使，役也。不能無爲，而任知御物，後世勞役，自此爲端。

〔九〕【注】將遂使後世拘牽而制物。【疏】絯，礙也。不能用道以通人，方復任智以礙物也。【釋文】「物絯」徐户隔反，廣雅公才反，云：束也。與郭義同。今用廣雅音。○家世父曰：釋文引廣雅云，絯，束也。疑絯當爲該。廣韻：該，備也，兼也。漢書律曆志該藏萬物，太玄經萬物該兼。緒使者，其緒餘足〔以〕役〔役〕〔使〕羣倫。物絯者，其機緘足以包羅萬物。

〔一〇〕【注】將遂使後世指麾以動物，令應〔工〕〔上〕①務。【疏】方將顧盼四方，撫安萬國，令彼之氓黎，應我之化法。【釋文】「令應」力呈反。

〔一一〕【注】將遂使後世不能忘善，而利仁以應宜也。【疏】用一己之知，應衆物之宜，既非無心，未免危殆矣。

〔一二〕【注】將遂使後世與物相逐，而不能自得於内。【疏】將我已知，施與物衆，令庶物從化，物既失之，我亦未得也。

〔一三〕【注】此皆盡當時之宜也，然今日受其德，而明日承其弊矣，故曰未始有恒。【疏】以智理物，政出多門，前荷其德，後遭其弊，既乖淳古，所以無恒。

〔一四〕【注】其事類可得而祖效。【疏】族，藪也。夫齧缺隱居山藪，高尚其志，不能混迹，未足配天。而混俗之中，罕其輩類，故志尚清遐，良可效耳。○家世父曰：族者，比類之迹也。祖者，生物之原也。從其比類而合之，則萬物統於一，而主宰夫物者羣生之歸也；從其生物之原而求之，則萬物託始於無，而生物者枝流之衍也。未究乎生物之原，而竊竊焉比類以求合，而治亂繇以生，君臣之禍繇以起矣。

〔一五〕【注】衆父父者，所以迹也。【疏】父，君也。言齧缺高尚無爲，不夷乎俗，雖其道可述，適可爲衆人之父，而未可爲父父也。父父者，堯也。夫堯寄坐萬物之上，而心馳乎姑射之山，往見四子之時，即在汾陽之地。是以即寂而動，即動而寂，無爲有爲，〔有〕爲無爲（有），有無一時，動寂相即，故可爲君中之君，父中之父。所爲窮理盡性，玄之又玄，而爲衆父之父，故其宜矣。故郭注云，衆父父者所以迹也。

〔一六〕【注】言非但治主，乃爲亂率。【疏】率，主也。若用智理物，當時雖治，於後必亂。二塗皆以智爲率。【釋文】「治亂」直吏反。注同。「之率」色類反。注同。又色律反。

〔一七〕【注】夫桀紂非能殺賢臣，乃賴聖知之迹以禍之。【疏】桀紂賴聖知以殺賢臣，故聖知是北面之禍也。

〔一八〕【注】田桓非能殺君，乃資仁義以賊之。【疏】田桓資仁義以殺主，故仁義南面之賊。注云，田桓非能殺君，乃資仁義以賊之。【釋文】「殺君」音試。本又作弒，音同。

〔校〕①上字依宋本改。

堯觀乎華。華封人曰：「嘻，聖人！請祝聖人。」〔一〕

〔一〕【疏】華，地名也，今華州也。封人者，謂華地守封疆之人也。嘻，歎聲也。封人見堯有聖人之德，光臨天下，請祝願壽富，多其男子。【釋文】「華」胡化反，又胡花反。司馬云：地名也。「封人」司馬云：守封疆人也。「曰嘻」音熙。「請祝」之又反，又州六反。

「使聖人壽。」堯曰：「辭。」「使聖人富。」堯曰：「辭。」「使聖人多男子。」堯曰：「辭。」〔一〕

〔一〕【疏】夫富壽多男子，實爲繁撓，而能體之者，不廢無爲。故寄彼二人，明茲三患。辭讓之旨，列在下文。

封人曰：「壽，富，多男子，人之所欲也。女獨不欲，何邪？」〔一〕

〔一〕【疏】前之三事，人之大欲存焉。女獨致辭，有何意謂？【釋文】「女獨」音汝。後同。

堯曰：「多男子則多懼，富則多事，壽則多辱。是三者，非所以養德也，故辭。」〔一〕

〔一〕【疏】夫子嗣扶疏，憂懼斯重；財貨殷盛，則事業實繁；命壽延長，則貽困辱。三者未足養無爲之德，適可以益有爲之累，所以並辭。

封人曰：「始也我以女爲聖人邪，今然君子也〔一〕。天生萬民，必授之職。多男子而授之職，則何懼之有！〔二〕富而使人分之，則何事之有〔三〕！夫聖人，鶉居〔四〕而鷇食〔五〕，鳥行而无彰〔六〕；天下有道，則與物皆昌〔七〕；天下无道，則脩德就閒〔八〕；千歲厭世，去而上僊〔九〕；乘彼白雲，至於帝鄉〔一〇〕；三患莫至，身常无殃；則何辱之有〔一一〕！」

〔一〕【疏】我始言女有無雙照，便爲體道聖人；今既舍有趣無，適是賢人君子也。

〔二〕【注】物皆得所而志定也。【疏】天地造化爲萬物，各有才能，量才授官，有何憂懼！

〔三〕【注】寄之天下，故無事也。【疏】百姓豐饒，四海殷實，寄之羣有而不以私焉，斯事無爲也。

〔四〕【注】無意而期安也。【釋文】「鶉」音淳。「居」鶉居，謂無常處也。又云：如鶉之居，猶言野處。

〔五〕【注】仰物而足。【疏】鶉，鶴鶉也，野居而無常處。鷇者，鳥之子，食必仰母而足。聖人寢處儉薄，譬彼鶴鶉；供膳裁充，方兹鷇鳥。既無心於侈靡，豈有情於滋味乎！【釋文】「鷇」口豆反。「食」爾雅云：生哺，鷇。鷇食者，言仰物而足也。○盧文弨曰：舊生譌主，今改正。

〔六〕【注】率性而動，非常迹也。　【疏】彰，文迹也。夫聖人灰心滅智而與物俱冥，猶如鳥之飛行，無踪跡而可見也。

〔七〕【注】猖狂妄行而自蹈大方也。　【疏】運屬清夷，則撫臨億兆；物來感我，則應時昌盛。郭注云猖狂妄行，恐乖文旨。

〔八〕【注】雖湯武之事，苟順天應人，未爲不閒也。故無爲而無不爲者，非不閒也。　【疏】時逢擾亂，則混俗韜光，脩德隱迹，全我生道，嘉遁閒居，逍遥遁世。所謂隱顯自在，用捨隨時。

【釋文】「就閒」音閑。注同。

〔九〕【注】夫至人極壽命之長，任窮(理)〔通〕①之變，其生也天行，其死也物化，故云厭世而上僊也。　【疏】夫聖人達生死之不二，通變化之爲一，故能盡天年之脩短，厭囂俗以消升。何必鼎湖之舉，獨爲上僊，安期之壽，方稱千歲！　【釋文】「上僊」音仙。

〔一〇〕【注】氣之散，無不之。　【疏】精靈上升，與太一而冥合，乘雲御氣，屆於天地之鄉。

〔一一〕【疏】三患，前富壽多男子也。夫駕造物而來往，乘變化而遨遊，三患本自虛無，七尺來從非有，殃辱之事，曾何足云！

〔校〕①通字依王叔岷說改。

封人去之。堯隨之，曰：「請問。」〔一〕

〔一〕【疏】請言既訖，封人於是去之。堯方悟其非，所以請問。

封人曰：「退已①〔一〕！」

〔一〕【疏】所疑已決，宜速退歸。

〔校〕①闕誤引江南古藏本已作紀。

堯治天下，伯成子高立爲諸侯。堯授舜，舜授禹，伯成子高辭爲諸侯而耕。〔一〕禹往見之，則耕在野。禹趨就下風，立而問焉，曰：「昔堯治天下，吾子立爲諸侯。堯授舜，舜授予，而吾子辭爲諸侯而耕，敢問，其故何也？」〔二〕

〔一〕【疏】伯成子高，不知何許人也，蓋有道之士。【釋文】「伯成子高」通變經云：老子從此天地開闢以來，吾身一千二百變，後世得道，伯成子高是也。

〔二〕【疏】唐虞之世，南面稱孤，逮乎有夏，退耕於野。出處頓殊，有何意謂？

子高曰：「昔堯治天下，不賞而民勸，不罰而民畏〔一〕。今子賞罰而民且不仁，德自此衰，刑自此立，後世之亂自此始矣〔二〕。夫子闔行邪？无落吾事！」俋俋乎耕而不顧〔三〕。

〔一〕【疏】夫賞罰者，所以著勸畏也。而堯以無爲爲治，物物從其化，故百姓不待其褒賞而自勉行善，無勞刑罰而畏惡不爲。此顯堯之聖明，其德如是。

〔二〕【疏】盛行賞罰，百姓猶不仁，至德既衰，是以刑書滋起，故知將來之亂，從此始矣。

〔三〕【注】夫禹時三聖相承，治成德備，功美漸去，故史籍無所載，仲尼不能間，是以雖有天下而不與焉，斯乃有而無之也。故考其時而禹爲最優，計其人則雖三聖，故一堯耳。時無聖人，故天下之心俄然歸啓。夫至公而居當者，付天下於百姓，取與之非己，故失之不求，得之不辭，忽然而往，侗然而來，是以受非毁於廉節之士而名列於三王，未足怪也。莊子因斯以明堯之弊，弊起於堯而釁成於禹，況後世之無聖乎！寄遠跡於子高，便①棄而不治，將以絶聖而反一，遺知而寧極耳。其實則未聞也。夫莊子之言，不可以一途詰，或以黄帝之迹秃堯舜之脛，豈獨貴堯而賤禹哉！故當遺其所寄，而録其絶聖棄智之意焉。【疏】闔，何不也。落，廢也。俋俋，耕地之貌。伯成謂禹爲夫子。「夫子何不行去耶！莫廢我農事。」於是用力而耕，不復顧盼也。夫三聖相承，蓋無優劣，但澆淳異世，故其迹不同。郭注云弊起於堯而釁成於禹者，欲明有聖不如無聖，有爲不及無爲，故尚遠迹，以明絶聖棄智者耳。【釋文】「闔」本亦作盍，胡臘反。「无落」落，猶廢也。「俋俋」徐於執反，又直立反。李云：耕貌。一云：耕人行貌。又音秩，又於十反。字林云：勇壯貌。「治成」直吏反。「能間」間廁之間。「不與」音豫。「侗」音洞，又音同。

〔校〕①趙諫議本便作使。

泰初有无，无有无名〔一〕；一之所起，有一而未形〔二〕。物得以生，謂之德〔三〕；未形者有分，且然无閒，謂之命〔四〕；留動而生物，物成生理，謂之形〔五〕；形體保神，各有儀則，謂之性〔六〕。性脩反德，德至同於初〔七〕。同乃虛，虛乃大〔八〕。合喙鳴〔九〕；喙鳴合，與天地爲合〔一〇〕。其合緡緡，若愚若昏〔一一〕，是謂玄德，同乎大順〔一二〕。

〔一〕【注】無有，故無所名。【疏】泰，太；初，始也。元氣始萌，謂之太初，言其氣廣大，能爲萬物之始本，故名太初。太初之時，惟有此無，未有於有。有既未有，名將安寄！故無有無名。【釋文】「泰初」易說云：氣之始也。

〔二〕【注】一者，有之初，至妙者也，至妙，故未有物理之形耳。夫一之所起，起於至一，非起於無也。然莊子之所以屢稱無於初者，何哉？初者，未生而得生，得生之難，而猶上不資於無，下不待於知，突然而自得此生矣，又何營生於已生以失其自生哉！【疏】一（應）〔者〕道也，有一之名而無萬物之狀。

〔三〕【注】夫無不能生物，而云物得以生，乃所以明物生之自得，任其自得，斯可謂德也。【疏】德者，得也，謂得此也。夫物得以生者，外不資乎物，內不由乎我，非無非有，不自不他，不知所以生，故謂之德也。

〔四〕【疏】雖未有形質，而受氣以有素分，然且此分脩短，愨乎更無閒隙，故謂之命。【釋文】「有分」符問反。「无閒」如字。○家世父曰：一陰一陽之謂道，繼之者善也，成之者性也。物得其生，所謂繼之者善也，未有德之名也。至凝而爲命，而性含焉，所謂成之者性也。命立而各肖乎形，踐形而乃反乎性，各有儀則，盡性之功也。莊生於此蓋亦得其恍惚。

〔五〕【疏】留，静也。陽動陰静，氤氲升降，分布三才，化生萬物，物得成就，生理具足，謂之形也。

【釋文】「留動」留，或作流。

〔六〕【注】夫德形性命，因變立名，其於自爾一也。【疏】體，質；保，守也。稟受形質，保守精神，形則有醜有妍，神則有愚有智。既而宜循軌則，各自不同，素分一定，更無改易，故謂之性也。

〔七〕【注】恒以不爲而自得之。【疏】率此所稟之性，脩復生初之德，故至其德處，同於太初。

〔八〕【注】不同於初，而中道有爲，則其懷中故爲有物也，有物而容養之德小矣。【疏】同於太初，心乃虚豁；心既虚空，故能包容廣大。

〔九〕【注】無心於言而自言者，合於喙鳴。【疏】喙，鳥口也。心既虚空，迹復冥物，故其説合彼鳥鳴。鳥鳴既無心於是非，聖言豈有情於憎愛！【釋文】「喙」丁豆反，又充芮喜穢二反。

〔一〇〕【注】天地亦無心而自動。【疏】言既合於鳥鳴，德亦合於天地。天地無心於覆載，聖人無心於言説，故與天地合也。

〔一一〕【注】坐忘而自合耳，非照察以合之。【疏】緡，合也。聖人内符至理，外順羣生，唯迹與本，罄無不合，故曰緡緡。是混俗揚波，同塵萬物，既若愚迷，又如昏暗。又解：既合喙鳴，又合天地，亦是緡緡。【釋文】「緡緡」武巾反。

〔一三〕【注】德玄而所順者大矣。【疏】總結已前，歎其美盛。如是之人，可謂深玄之德，故同乎太初，大順天下也。

夫子問於老聃曰：「有人治道若相放，可不可，然不然〔一〕。辯者有言曰，『離堅白若縣寓〔二〕。』若是則可謂聖人乎〔三〕？」

〔一〕【注】若相放效，强以不可爲可，不然爲然，斯矯其性情也。【疏】師於老聃，所以每事請答。汎論無的，故曰有人。布行政化，使人效放，以己制物，物失其性，故己之可者，物或不可，己之然者，物或不然，物之可然，於己亦爾也。【釋文】「夫子」仲尼也。「相方」如字，又甫往反。本亦作放，甫往反。注同①。「强以」其兩反。

〔二〕【注】言其高顯易見。【疏】堅白，公孫龍守白論也。孔穿之徒，堅執此論，當時獨步，天下無敵。今辯者云：我能離析堅白之論，不以爲辯，雄辯分明，如縣日月於區宇。故郭注云言其高顯易見也。【釋文】「縣」音玄。「寓」音宇，司馬云：辯明白若縣室在人前也。「易見」以豉反。

〔三〕【疏】結前問意。「如是之人，得爲聖否？」

〔校〕①世德堂本作相放，甫往反，注同。本作作方，如字，又甫往反。

老聃曰：「是胥易技係勞形怵心者也〔一〕。執畱①之狗成思，猿狙之便自山林來〔二〕。丘，予告若，而所不能聞與而所不能言。凡有首有趾无心无耳者衆〔三〕，有形者與无形无狀而皆存者盡无〔四〕。其動，止也；其死，生也；其廢，起也。此又非其所以也〔五〕。有治在人〔六〕，忘乎物，忘乎天，其名爲忘己〔七〕。忘己之人，是之謂入於天〔八〕。」

〔一〕【疏】胥，相也。言以是非更相易奪，用此技藝係縛其身，所以疲勞形體，怵惕心慮也。此答前問意。技，有本或作枝字者，言是非易奪，枝分葉派也。【釋文】「技係」其綺反。

〔二〕【注】言此皆失其常然也。【疏】猿狙，獮猴也。執捉狐狸之狗，多遭係頸而獵，既不自在，故成愁思。猿猴本居山林，逶迤放曠，爲（挑）〔跳〕攫便捷，故失其常處。狸，有本作猫者，竹鼠也。【釋文】「執畱」如字。本又作（狸）〔猫〕，音同。一本作（畱）〔狸〕②，亦如字。司馬云：猫③，竹鼠也。一云：執畱之狗，謂有能故被畱係，成愁思也。○家世父曰：釋文，畱如字，一本作狸，司馬云，狸，竹鼠也。疑狸不當爲鼠。秋水篇騏驥驊騮一日而馳千里，捕鼠不如狸狌，非鼠可知。如司馬說，字當作鼦。說文：鼦，竹鼠也。埤雅：一名竹鼦。郭璞山海經注其音如畱牛，亦引此文執留之狗爲證，則此本作畱。然山海經自謂畱牛，此自謂竹鼠，亦未宜混而一之。司馬一云，執畱之狗，謂有能故被留繫。說文：畱，止也，謂繫而止之。熟玩文義，言狗畱繫思，脱然以去。猨狙之在山林，號爲便捷矣，而可執之以來，皆失其性者也。於執狸之説無取，當從司馬後説。「猿」音袁。「狙」七徐反。「之便」婢面反，徐扶面反。司馬云：言便捷見捕。

〔三〕【注】首趾，猶始終也。無心無耳，言其自化。【疏】若，而，皆汝也。首趾，終始也。理絶言辯，故不能聞言也。又不可以心慮知，耳根聽，故言無心無耳也。凡有識無情，皆曰終始，故言衆也。咸不能以言説，悉不可以心知，汝何多設猿狙之能，高張懸寓之辯，令物效己，豈非過乎！

〔四〕【注】言有形者善變，不能與無形無狀者並存也。故善治道者，不以故自持也，將順日新之化而已。【疏】有形者，身也；無形者，心也。汝言心與身悉存，我以理觀照，盡見是空也。

〔五〕【注】此言動止死生，盛衰廢興，未始有恒，皆自然而然，非其所用而然，故放之而自得也。【疏】時有動静，物有死生，事有興廢，此六者，自然之理，不知所以然也。豈關人情思慮，倣效能致哉！但任而順（之）物之自當也。

〔六〕【注】不在乎主自用。【疏】人各（有）率性而動，天機自張，非（猶）〔由〕主教。

〔七〕【注】天物皆忘，非獨忘己，復何（所）④有哉？【疏】豈惟物務是空，抑亦天理非有。唯事與理，二種皆忘，故能造乎非有非無之至也。【釋文】「復何」扶又反。

〔八〕【注】人之所不能忘者，己也，己猶忘之，又奚識哉！斯乃不識不知而冥於自然。【疏】入，會也。凡天下難忘者，己也，而己尚能忘，則天下有何物足存哉！是知物我兼忘者，故冥會自然之道也。○家世父曰：有首有趾，人物之所同也；無心而不能慮事，若鳥獸是也；無耳而不能聞聲，若蟲魚是也。其動止，其死生，其廢起，一皆天地之化機也。化機之在天地，不窮於物，無形無狀，推移動盪天地之中者，皆化機也。而有治在人，人其多事矣乎！强物以從治，不如忘己而聽諸物之適然也。○慶藩案此言唯忘己之人能與天合德也。管子白心篇尹注：天地，忘形者也。能效天地者，其唯忘己乎！與此同意。

〔校〕①趙諫議本留作狸。②貍字狸字依釋文本改。③世德堂本作狸，此依釋文原本。④所字依趙本删。

將閭葂見季徹曰：「魯君謂葂也曰：『請受教。』辭不獲命，既已告矣，未知中否，請嘗薦之〔一〕。吾謂魯君曰：『必服恭儉，拔出公忠之屬而无阿私，民孰敢不輯〔二〕！』」

〔一〕【疏】薦，獻也。蔣閭及季，姓也。葂，徹，名也。此二賢未知何許人也，未詳所據。魯君，魯侯也，伯禽之後，未知的是何公。魯公見葂，請受治國之術，雖復辭不得免君之命，遂告魯君爲政之道。當時率爾，恐不折中，敢陳所告，試獻吾賢。必不宜，幸希鍼艾。【釋文】「將」一本作蔣。「閭」力於反。「葂」字亦作莬，音免，又音晚，郭音問。將閭葂，人姓名也。一云：姓將閭，名莬。或云：姓蔣，名閭葂也。「季徹」人姓名也，蓋季氏之族。「魯君」或云：

定公。「知中」丁仲反。

〔二〕【疏】阿，曲也。孰，誰也。輯，和也。夫爲政之道，先須躬服恭敬，儉素清約，然後拔擢公平忠節之人，銓衡質直無私之士，獻可替否，共治百姓，則蕃境無虞，域中清謐，民歌擊壤，誰敢不和！【釋文】「不輯」音集。爾雅云：和也。又側立反。郭思魚反。

季徹局局然笑曰：「若夫子之言，於帝王之德，猶螳蜋之怒臂以當車軼，則必不勝任矣〔一〕。且若是，則其自爲處危，其觀臺〔二〕多，物將往〔三〕，投迹者衆〔四〕。」

〔一〕【注】必服恭儉，非忘儉而儉也；拔出公忠，非忘忠而忠也。故雖無阿私，而不足以勝矯詐之任也。【疏】局局，俛身而笑也。夫必能恭儉，拔出公忠，此皆僞情，非忘淡者也。故以此言爲南面之德，何異乎螳蜋怒臂以敵車轍！用小擬大，故不能任也。【釋文】「局局」其玉反。一云：大笑之貌。「螳蜋」音堂郎。「車軼」音轍。○慶藩案釋文軼音轍，是也。轍，車轍也。古轍字通作軼。戰國策車軼之所至，注：軼，音轍。（説文無轍篆，轍即徹也。）史記文帝紀結軼於道，注亦音轍。漢書文帝紀作結轍，是其證。「不勝」音升。注同。

〔二〕【注】此皆自處高顯，若臺觀之可覩也。【疏】夫恭儉公忠，非能忘淡，適自顯燿以炫衆。人既高危，必遭隳敗，猶如臺觀峻聳，處置危縣，雖復行李觀見，而崩毀非久。【釋文】「自爲遽」其據反。本又作處。○盧文弨曰：今本作處。「觀臺」古亂反。注同。

〔三〕【注】將使物不止於本性之分，而矯跂自多以附之。【疏】觀臺高迥，人競觀之，立行自多，物爭歸湊。○家世父曰：觀臺多，言使民觀象受法，其事繁也。郭象以危其觀臺斷句，恐誤。

〔四〕【注】亢足投迹，不安其本步也。【疏】顯燿動物，物不安分，故舉足投迹，企踵者多也。

蔣閭葂覤覤然驚曰：「葂也汒若於夫子之所言矣〔一〕。雖然，願先生之言其風也〔二〕。」

〔一〕【疏】覤覤，驚貌也。汒，無所見也。乍聞高議，率爾驚悚，思量不悟，所以汒然矣。【釋文】「覤覤」許逆反，又生責反。或云：驚懼之貌。「汒若」本或作芒。武剛反，郭武蕩反。

〔二〕【疏】風，教也。我前所陳，深爲乖理，所願一言，庶爲法教。○俞樾曰：風當讀爲凡，猶云言其大凡也。風本從凡聲，故得通用。

季徹曰：「大聖之治天下也，搖蕩民心，使之成教易俗，舉滅其賊心而皆進其獨志，若性之自爲，而民不知其所由然〔一〕。若然者，豈兄堯舜之教民，溟涬然弟之哉〔二〕？欲同乎德而心居矣〔三〕。」

〔一〕【注】夫志各有趣，不可相效也。故因其自搖而搖之，則雖搖而非爲也；因其自蕩而蕩之，則雖蕩而非動也。故其賊心自滅，獨志自進，教成俗易，悶然無迹，履性自爲而不知所由，皆云我自然矣。（舉，皆也）①。【疏】夫聖治天下，大順羣生，乘其自搖而作法，因其自蕩而成教；是以教成而迹不顯，俗易而物不知，皆除滅其賊害之心，而進脩獨化之志。不動於物，故若性之自爲；率性而動，故不知其所由然也。舉，皆也。【釋文】「舉滅」舉，皆也。「悶然」音門。

〔二〕【注】溟涬，甚貴之謂也。不肯多謝堯舜而推之爲兄也。【疏】溟涬，甚貴之謂也。若前方法，以教蒼生，則治合淳古，物皆得性，詎須獨貴堯舜而推之爲兄邪！此意揖讓之風，不讓唐虞矣。【釋文】「豈兄」元嘉本作豈足。「溟」亡頂反。「涬」户頂反。

〔三〕【注】居者，不逐於外也，心不居則德不同也。【疏】居，安定之謂也。夫心馳分外，則觸物參差；虚夷静定，則萬境唯一。故境之異同，在心之静亂耳。是以欲將堯舜同德者，必須定居其心也。

〔校〕①舉皆也三字係釋文誤入，依趙諫議本删。

子貢南遊於楚，反於晉，過漢陰，見一丈人方將爲圃畦，鑿隧而入井，抱甕而出灌，搰搰然用力甚多而見功寡。〔一〕子貢曰：「有①械於此，一日浸百畦，用力甚寡而見功多，夫子不欲乎〔二〕？」

〔一〕【疏】水南曰陰，種蔬曰圃，埒中曰畦。隧，地道也。搰搰，用力貌也。丈人，長者之稱也。子貢南遊荆楚之地，塗經漢水之陰，遂與丈人更相汎答。其抑揚詞調，具在文中。莊子因託二賢以明稱混沌。【釋文】「圃」布户反，又音布，園也。李云：菜蔬曰圃。「畦」（口）〔户〕②圭反。李云：埒中曰畦。説文云：五十畝曰畦。「隧」音遂。李云：道也。「甕」烏送反。字亦作瓮。「搰搰」苦骨反，徐李苦滑反，郭忽滑反。用力貌。一音胡没反。

〔二〕【疏】械，機器也。子貢既見丈人力多而功少，是以教其機器，庶力少功多。輒進愚誠，未知欲否？【釋文】「有械」户戒反。字林作械③。李云：器械也。「浸」子鴆反。司馬云：灌也。

〔校〕①闕誤引張君房本有下有機字。②户字依世德堂本及釋文原本改。③械疑摵字之誤。

爲圃者卬①而視之曰：「柰何〔一〕？」曰：「鑿木爲機，後重前輕，挈水若抽，數如泆湯，其名爲②槔〔二〕。」爲圃者忿然作色而笑曰：「吾聞之吾師，有機械者必有機事，有機事者必有機心。機心存於胸中，則純白不備；純白不備，則神生不定；神生不定者，道之所不載也。吾非不知，羞而不爲也〔三〕。」

〔一〕【疏】柰何，猶如何，(謂)〔請〕其方法也。【釋文】「卬而」音仰。本又作仰。

〔二〕【疏】機，關也。提挈其水，灌若抽引，欲論數疾，似泆湯之騰沸，前輕後重，即今之所用桔槔也。【釋文】「挈水」口節反。「若抽」敕留反。李云：引也。司馬崔本作流。「數如」所角反，徐所録反。「泆湯」音逸。本或作溢。李云：疾速如湯沸溢也。司馬本作佚蕩，亦言其往來數疾如佚蕩。佚蕩，唐佚也。「槔」本又作橋，或作皋，同。音羔，徐居橋反。司馬李云：桔槔也。

〔三〕【注】夫用時之所用者，乃純備也。斯人欲脩純備，而抱一守古，失其旨也。【疏】夫有機關之器者，必有機動之務；有機動之務者，必有機變之心。機變存乎胸府，則純粹素白不圓備矣。純粹素白不圓備，則精神縣境，生滅不定。不定者，至道不載也，是以羞而不爲。此未體真脩，故抱一守白者也。【釋文】「吾師」謂老子也。

〔校〕①趙諫議本印作仰。②闕誤引張君房本爲作桔。

子貢瞞然慙，俯而不對〔一〕。

〔一〕【疏】瞞，羞怍之貌也。既失所言，故不知何答也。【釋文】「瞞」武版反，又亡安反。字林云：目眥平貌。李〔作憮〕天典反，慙貌。一音門，又亡千反。司馬本作憮，音武。崔本作撫。

有閒，爲圃者曰：「子奚爲者邪〔一〕？」

〔一〕【疏】有閒，俄頃也。奚，何也。問子貢：「汝是誰門徒？作何學業？」

曰：「孔丘之徒也〔一〕。」

〔一〕【疏】答，宣尼之弟子也。○慶藩案一切經音義二十五引司馬云：徒，弟子也。釋文闕。

爲圃者曰：「子非夫博學以擬聖，於于以蓋衆，獨弦哀歌以賣名聲於天下者乎〔一〕？汝方將忘汝神氣，墮汝形骸，而庶幾乎〔二〕！而身之不能治，而何暇治天下乎！子往矣，无乏吾事〔三〕！」

〔一〕【疏】於于，佞媚之謂也。言汝博學贍聞，擬似聖人，諂曲佞媚，以蓋羣物；獨坐弦歌，抑揚哀歎，執斯聖迹，賣彼名聲，歷聘諸國，偏行天下。【釋文】「於于」並如字。本或作唹吁，音同。司馬云：夸誕貌。一云：行仁恩之貌。「以蓋衆」司馬本蓋作善。○家世父曰：應帝王，其卧徐徐，其覺于于。説文：于，於也，象氣之舒。是於于字同，於于，猶于于也。

〔二〕【注】不忘不墮，則無庶幾之道。【疏】幾，近也。汝忘遺神氣，墮壞形骸，身心既忘，而後庶近於道。【釋文】「墮」許規反。

〔三〕【疏】而，汝也。乏，闕也。夫物各自治，則天下理矣；以己理物，則大亂矣。如子貢之德，未足以治身，何容應聘天下！理宜速往，無廢吾業。【釋文】「无乏」乏，廢也。

子貢卑陬失色，頊頊然不自得，行三十里而後愈〔一〕。

〔一〕【疏】卑陬，慙怍之貌。頊頊，自失之貌。既被詆訶，顏色自失，行三十里，方得復常。【釋文】「卑陬」走侯反，徐側留反。李云：卑陬，愧懼貌。一云：顏色不自得也。「頊頊」本又作旭旭，許玉反。李云：自失貌。

其弟子曰：「向之人何爲者邪？夫子何故見之變容失色，終日不自反邪？」〔一〕

〔一〕【疏】反，復也。子貢之門人謂賜爲夫子也。「向見之人，脩何藝業，遂使先生一覩，容色失常，竟日崇朝，神氣不復？」門人怪之，所以致問。【釋文】「向之」許亮反。本又作鄉，音同。後倣此。

曰：「始吾以爲天下一人耳〔一〕，不知復有夫人也〔二〕。吾聞之夫子，事求可，功求成。用力少，見功多者，聖人之道。〔三〕今徒不然。執道者德全，德全者形全，形全者神全。神全者，聖人之道也。託生與民並行而不知其所之，汒乎淳備哉！功利機巧必忘夫人之心。〔四〕若夫人者，非其志不之，非其心不爲。雖以天下譽之，得其所謂，謷然不顧；以天下非之，失其所謂，儻然不受。天下之非譽，无益損焉，是謂全德之人哉！我之謂風波之民。〔五〕」

〔一〕【注】謂孔丘也。

〔二〕【疏】昔來稟學，宇内唯夫子一人；今逢丈人，道德又更深遠，所以卑㬷不能自得也。既未體乎真假，實謂賢乎仲尼也。【釋文】「復有」扶又反。「夫人」音符。下夫人同。

〔三〕【注】聖人之道，即用百姓之心耳。【疏】夫事以適時爲可，功以能遂爲成。故力少而見功多者，則是適時能遂之機。子貢述昔時所聞，以爲聖人之道。

〔四〕【注】此乃聖王之道，非夫人道也。子貢聞其假修之説而服之，未知純白者之同乎世也。【疏】今丈人問余，則不如此。言執持道者則德行無虧，德全者則形不虧損，形全者則精神專一。神全者則寄迹人間，託生同世，雖與羣物並行，而不知所往，芒昧深遠，不可測量。故其操行淳和，道德圓備，不可以此功利機巧語其心也。斯乃聖人之道，非假修之術。子貢未悟，妄致斯談。

【釋文】「汒乎」莫剛反。「之心」心，或作道。

〔五〕【注】此宋榮子之徒，未足以爲全德。子貢之迷没於此人，即若列子之心醉於季咸也。【疏】謷〔是〕誕慢之容，儻是無心之貌。丈人志氣淳素，不任機巧，心懷寡欲，不務有爲。縱令舉世贊譽，稱爲〔斯〕〔有〕德，知爲無益，曾不顧盼；舉世非毁，聲名喪失，達其無損，都不領受；既毁譽不動，可謂全德之人。夫水性雖澄，逢風波起，我心不定，類彼波瀾，故謂之風波之民也。郭注云，此宋榮子之徒，未足以爲全德。子貢之迷没於此人，即若列子之心醉於季咸。【釋文】「譽之」音餘，下同。「謷然」五羔反。司馬本作警。「儻然」本亦作黨。司馬本作儻，同。勑蕩反，郭吐更反。

反於魯，以告孔子。孔子曰：「彼假脩渾沌氏之術者也〔一〕；識其一，不知其二〔二〕；治其内，而不治其外〔三〕。夫明白入素，无爲復朴，體性抱神，以遊世俗之間者，汝將固驚邪〔四〕？且渾沌氏之術，予與汝何足以識之哉〔五〕！」

〔一〕【注】以其背今向古，羞爲世事，故知其非真渾沌也。【疏】子貢自魯適楚，反歸於魯，以其情事，咨告孔子。夫渾沌者，無分別之謂也。既背今向古，所以知其〔不〕〔非〕真渾沌氏之術也。【釋文】「渾」胡本反。「沌」徒本反。「背今」音佩。

〔二〕【注】徒識脩古抱灌之朴，而不知因時任物之易也。【疏】識其一，謂〔向〕古而不移也。不知其二，謂不能順今而適變。【釋文】「之易」以豉反。

〔三〕【注】夫真渾沌，都不治也，豈以其外内爲異而偏有所治哉！【疏】抱道守素，治内也；不能隨時應變，不治外也。

〔四〕【注】此真渾沌也，故與世同波而不自失，則雖遊於世俗而泯然無迹，豈必使汝驚哉！【疏】夫心智明白，會於質素之本；無爲虚淡，復於淳朴之原。悟真性而抱精淳，混囂塵而遊世俗者，固當江海蒼生，林藪萬物，鳥獸不駭，人豈驚哉！而言汝將固驚者，明其(必)不〔必〕驚也。○俞樾曰：固讀爲胡。胡固皆從古聲，故得通用。汝將胡驚邪，言汝與真渾沌遇則不驚也。郭注曰，故與世同波而不自失，則雖遊於世俗而泯然無迹，豈必使汝驚哉！正得其意。古書胡字或以故字爲之。管子侈靡篇，公將有行，故不送公，墨子尚賢中篇，故不察尚賢爲政之本也，皆以故爲胡之證。禮記哀公問篇鄭注曰：固，猶故也。是以固爲胡，猶以故爲胡矣。

〔五〕【注】在彼爲彼，在此爲此，渾沌玄同，孰識之哉？所識者常識其迹耳。【疏】夫渾沌無心，妙絶智慮，假令聖賢特達，亦何足識哉！明恍惚深玄，故推之於情意之表者也。

諄芒將東之大壑，適遇苑風於東海之濱〔一〕。苑風曰：「子將奚之〔二〕？」

〔一〕【疏】諄，淳也。苑，小風也，亦言是扶摇大風也。濱，涯；大壑，海也。諄芒苑風，皆寓言也。莊生寄此二人，明於大道，故假爲賓主，相值海涯。【釋文】「諄」郭之倫反，又述倫反。

「芒」本或作汒，武剛反。李云：望之諄諄，察之芒芒，故曰諄芒。一云：姓名也。或云：霧氣也。「大壑」火各反。李云：大壑，東海也。「苑風」本亦作宛。徐於阮反。李云：小貌，謂遊世俗也。一云：苑風，人姓名。一云：扶搖大風也。「之濱」音賓。○慶藩案釋文苑亦作宛，苑宛字同也。淮南俶真篇形苑而神壯，高誘注：苑，枯病也，苑讀南陽宛之宛。

〔二〕【疏】奚，何也。之，往也。借問諄芒，有何游往。

曰：「將之大壑〔一〕。」

〔一〕【疏】欲往東海。

曰：「奚爲焉〔一〕？」

〔一〕【疏】又問何所求訪。

曰：「夫大壑之爲物也，注焉而不滿，酌焉而不竭；吾將遊焉〔一〕。」

〔一〕【疏】夫大海泓宏，深遠難測，百川注之而不溢，尾閭泄之而不乾。以譬至理，而其義亦然。故雖寄往滄溟，實乃游心大道也。【釋文】「酌焉」一本作取焉。

苑風曰：「夫子无意於橫目之民乎？願聞聖治〔一〕。」

〔一〕【疏】五行之內，唯民橫目，故謂之橫目之民。且諄芒東游，臨於大壑，觀其深遠，而爲治方。苑風既察此情，因發斯問：「夫子豈無意於黔首？願聞聖化之法也。」【釋文】「橫目之民」李云：倮蟲之屬，欲令其治之也。「願聞」本或依司馬本作問，下同。「聖治」直吏反。下皆同。

諄芒曰：「聖治乎？官施而不失其宜，拔舉而不失其能〔一〕，畢見其情事而行其所爲〔二〕，行言自爲而天下化〔三〕，手撓顧指，四方之民莫不俱至，此之謂聖治〔四〕。」

〔一〕【疏】施令設官，取得宜便，拔擢薦舉，不失才能。如此則天下太平，彝倫攸敍，聖治之術，在乎兹也。【釋文】「官施」始支反，又始智反。司馬云：施政布教，各得其宜。

〔二〕【注】皆因而任之。【疏】夫所乖舛，事業多端，是以步驟殊時，澆淳異世。故治之者莫先任物，必須覩見其情事而察其所爲，然後順物而行，則無不當也。

〔三〕【注】使物爲之，則不化也。【疏】所有施行之事，教令之言，咸任物自爲，而不使物從己。如此，則宇内蒼生自然從化。

〔四〕【注】言其指麾顧眄而民各至其性也，任其自爲故。【疏】撓，動也。言動手指揮，舉目顧眄，則四方款附，萬國來朝。聖治功能，其義如是。有本作頤字者，言用頤指揮，四方皆服。此中凡有三人：一聖，二德，三神。以上聖治，以下次列德神二人。【釋文】「手撓」而小反，又而了反。司馬云：動也。一云：謂指麾四方也。「顧指」如字。向云：顧指者，言指麾顧（眄）〔盼〕①而治也。或音頤。本亦作頤，以之反，謂舉頤指揮也。○慶藩案手撓顧指，二義對文。注指麾承手撓言，顧盼承顧指言，故疏以動手舉目分釋四字。如向云顧指者言指麾顧盼，失其義矣。顧指，目顧其人而指使之。左思吳都賦搴旗若顧指，劉逵注：謂顧指如意。此言顧指，與漢書貢禹傳目指氣使同義。（師古注曰：動目以指物，出氣以使人。）

〔校〕①盻字依釋文原本改。

「願聞德人〔一〕。」

〔一〕【疏】前之聖治，已蒙敷釋；德人之義，深所願聞。

曰：「德人者，居无思，行无慮〔二〕，不藏是非美惡〔三〕。四海之内共利之之謂悦，共給之之爲安〔三〕；怊乎若嬰兒之失其母也，儻乎若行而失其道也〔四〕。財用有餘而不知其所自來，飲食取足而不知其所從，此謂德人之容〔五〕。」

〔一〕【注】率自然耳。【疏】妙契道境，得無所得，故曰德人。德人凝神端拱，寂爾無思，假令應物行化，曾無謀慮。

〔二〕【注】無是非於胸中而任之天下。【疏】懷道抱德，物我俱忘，豈容藴蓄是非，包藏善惡邪！

【釋文】「美惡」烏路反。

〔三〕【注】無自私之懷也。【疏】夫德人惠澤弘博，徧覃羣品，故貨財將四海共同，資給與萬民無别，是〔以〕普天慶悦，率土安寧。○慶藩案謂悦與爲安對文。謂，猶爲也。古謂爲字同義互用。

〔四〕【疏】夫嬰兒失母，心怊悵而無所依；行李迷途，神儻莽而無所據。用斯二事，以況德人也。

【釋文】「怊乎」音超。字林云：悵也。徐尺遥反，郭音條。「儻乎」敕黨反。司馬本作儻。

〔五〕【注】德者，神人迹也，故曰容。【疏】寡欲止分，故財用有餘；不貪滋味，故飲食取足；性命無求，故不知所從來也。都結前義，故云德之容。【釋文】「德人之容」羊凶反。或云：依注當作客。

「願聞神人〔一〕。」

〔一〕【注】願聞所以迹也。【疏】德者，神人之迹耳，願聞所以迹也。

曰：「上神乘光，與形滅亡〔一〕，此謂照曠〔二〕。致命盡情，天地樂而萬事銷亡〔三〕，萬物復情，此之謂混冥〔四〕。」

〔一〕【注】乘光者乃無光。【疏】乘，用也。光，智也。上品神人，用智照物，雖復光如日月，即照而亡，隳體黜聰，心形俱遣，是故與形滅亡者也。

〔二〕【注】無我而任物，空虛無所懷者，非闇塞也。【疏】智周萬物，明逾三景，無幽不燭，豈非曠遠！

〔三〕【注】情盡命至，天地樂矣。事不妨樂，斯無事矣。【疏】窮性命之致，盡生化之情，故寄天地之間而未嘗不逍遥快樂。既達物我虛幻，是以萬事銷亡。【釋文】「天地樂」音洛。注同。「銷亡」徐音消。

〔四〕【注】情復而混冥無迹也。【疏】夫忘照而照，照與三景高明；忘生而生，生將二儀並樂。故能視萬物之還原，覩四生之復命，是以混沌無分而冥同一道也。【釋文】「混冥」胡本反。

門無鬼與赤張滿稽觀於武王之師〔一〕。赤張滿稽曰：「不及有虞氏乎！故離此患也〔二〕。」

〔一〕【疏】門與赤張，姓也。無鬼，滿稽，名也。二千五百人爲師，師，衆也。武王伐紂，兵渡孟津，時則二人共觀。【釋文】「門无鬼」司馬本作無畏，云：門，姓；無畏，字也。「赤張滿」本或作蒲。「稽」古兮反。李云：門，赤張，氏也。無鬼，滿稽，名也。

〔二〕【疏】離，遭也。虞舜以揖讓御時，武王以干戈濟世。而揖讓干戈，優劣懸隔。以斯商度，至有不及之言。而兵者不祥之器，故遭殘殺之禍也。

門无鬼曰：「天下均治而有虞氏治之邪？其亂而後治之與〔一〕？」

〔一〕【注】言二聖俱以亂故治之，則揖讓之與用師，直是時異耳，未有勝負於其間也。【疏】均，平也。若天下太平，物皆得理，則何勞虞舜作法治之！良由堯年將滅，其德日衰，故讓重華，令其緝理也。【釋文】「均治」直吏反。下及注均治並同。「之與」音餘。本又作邪。「復何」扶又反。下章注同。

赤張滿稽曰：「天下均治之爲願，而何計以有虞氏爲〔一〕！有虞氏之藥瘍也〔二〕，禿而施髢，病而求醫〔三〕。孝子操藥以脩慈父，其色燋然，聖人羞之①〔四〕。

〔一〕【注】均治則願各足矣，復何爲計有虞氏之德而推以爲君哉！許無鬼之言是也。【疏】宇内清夷，志願各足，則何須計有虞氏之德而推之爲君！此領悟無鬼之言，許其有理也。

〔二〕【注】天下皆患創亂，故求虞氏之藥。【疏】瘍，頭瘡也。夫身上患創，故求醫療，亦猶世逢紛擾，須聖人治之。是以不病則無醫，不亂則無聖。【釋文】「瘍」音羊。李云：頭創也。言創以喻亂，求虞氏藥治之。司馬云：疕瘍也。○王引之曰：樂，古讀曜，（説見唐韻正。）聲與療相近。方言：愮，療治也。江湘郊會謂醫治之曰愮，或曰療。注：愮，音曜。與藥古字通。故申鑒俗嫌篇云：藥者，療也。襄三十一年左傳不如吾聞而藥之也。家語正論篇同，王肅注：藥，療也。詩大雅板篇，不可救藥，韓詩外傳藥作療。藥療字，古同義通用。「患創」初良反。

〔三〕【疏】鬢髮如雲，不勞施髢；幸無疾恙，豈假醫人！是知天下清平，無煩大聖。此之二句，總結前旨也。【釋文】「禿」吐木反。「髢」大細反。司馬云：髲也。又吐帝反。郭②音毛。李云：髦，髮也。

〔四〕【注】明治天下者，非以爲榮。【疏】操，執也。脩，理也。燋然，憔悴貌。夫孝子之治慈父，既不伐其功績；聖人之救禍亂，豈務矜以榮顯！事不得已，是故羞之。【釋文】「操藥」七刀反。「燋然」將遥反，又音樵。

〔校〕①闕誤引張君房本羞之作所羞也。②郭下疑脱作髦二字。

至德之世，不尚賢〔一〕，不使能〔二〕；上如標枝〔三〕，民如野鹿〔四〕；端正而不知以爲義，相愛而不知以爲仁〔五〕，實而不知以爲忠，當而不知以爲信〔六〕，蠢動而相使，不以爲賜〔七〕。是故行而（爲）〔無〕①迹〔八〕，事而無傳〔九〕。」

〔一〕【注】賢當其位，非尚之也。【疏】夫不肖與賢，各當其分，非尚之以別賢。

〔二〕【注】能者自爲，非使之也。【疏】巧拙習性，不相夸企，非尚而使之。

〔三〕【注】出物上而不自高也。【疏】君居民上，恬淡虛忘，猶如高樹之枝，無心榮貴也。【釋文】「如標」方小反，徐方遥反，又方妙反。言樹杪之枝無心在上也。「校」胡孝反，李音較。一本作枝。○盧文弨曰：今本校作枝。

〔四〕【注】放而自得也。【疏】上既無爲，下亦淳樸，譬彼野鹿，絕君王之禮也。

〔五〕【疏】端直其心，不爲邪惡，豈識裁非之義！率乎天理，更相親附，寧知偏愛之仁者也！

〔六〕【注】率性自然，非由知也。【疏】率性成實，不知此實爲忠；任真當理，豈將此當爲信！

〔七〕【注】用其自動，故動而不謝。【疏】賜，蒙賴也。蠢動之物，即是精爽之類，更相驅使，理固自然。譬彼股肱，方兹耳目，既無心於爲造，豈有情於蒙賴！無爲理物，其義亦然。【釋文】「蠢」郭處允反，動也。

〔八〕【注】（王）〔主〕②能任其自行，故無迹也。【疏】君民淳樸，上下和平，率性而動，故無迹之可記。

〔九〕【注】各止其分，故不傳教於彼也。【疏】方之首足，各有職司，止其分内，不相傳習。迹既昧矣，事亦滅焉。【釋文】「无傳」丈專反。

〔校〕①無字依宋本及各本改。②主字依道藏本改。

孝子不諛其親，忠臣不諂其君，臣子之盛也〔一〕。親之所言而然，所行而善，則世俗謂之不肖子；君之所言而然，所行而善，則世俗謂之不肖臣。而未知此其必然邪〔二〕？世俗之所謂然而然之，所謂善而善之，則不謂之道①諛之人也。然則俗故嚴於親而尊於君邪〔三〕？謂己道人，則勃然作色；謂己諛人，則怫然作色〔四〕。而終身道人也，終身諛人也〔五〕，合譬飾辭聚衆也，是終始本末不相②坐〔六〕。垂衣裳，設采色，動容貌，以媚一世，而不自謂道諛，與夫人之爲徒，通是非，而不自謂衆人，愚之至也〔七〕。知其愚者，非大愚也；知其惑者，非大惑也。大惑者，終身不解；大愚者，終身不靈〔八〕。三人行而一人惑，所適者猶可致也，惑者少也；二人惑則勞而不至，惑者勝也。而今也以天下惑，予雖有祈嚮，不可得也。不亦悲乎〔九〕！

〔一〕【疏】善事父母爲孝。諛，僞也。諂，欺也。不以正求人謂之諂。爲臣爲子，事父事君，不諂不諛，盡忠盡孝，此乃臣子之盛德也。【釋文】「不諛」羊朱反，郭貽附反。「不諂」敕檢反。

〔二〕【注】此直違俗而從君親，故俗謂不肖耳，未知至當正在何許。【疏】不肖，猶不似也。君父言行，不擇善惡，直致隨時，曾無諫爭之心，故世俗之中，實爲不肖，未知正理的在何許也。

【釋文】「不肖」音笑。

〔三〕【注】言俗不爲尊嚴於君親而從俗，俗不謂之諂，明尊嚴不足以服物，則服物者更在於從俗也。是以聖人未嘗獨異於世，必與時消息，故在皇爲皇，在王爲王，豈有背俗而用我哉！【疏】嚴，敬也。此明違從不定也。世俗然善，則諫爭是也。夫違俗從親，謂之道諛，而違親從俗，豈非諂佞耶！且有逆有順，故見是見非，而違順既空，未知正在何處，又違親從俗，豈謂尊嚴君父！【釋文】「之道」音導。下同。○慶藩案道人即諂人也。漁父篇曰，希意道言謂之諂，道與諂同義。荀子不苟篇非諂諛也，賈子先醒篇君好諂諛而惡至言，韓詩外傳並作道諛。諂與道，聲之轉。「豈有背」音佩。

〔四〕【注】世俗遂以多同爲正，故謂之道諛，則作色不受。【釋文】「則勃」步忽反。「謂己諛人」本又作衆人。下同。司馬云：衆人，凡人也。「則怫」符弗反，郭敷謂反。

〔五〕【注】亦不問道理，期於相善耳。【疏】勃，怫，皆嗔貌也。道，達也，謂其諂佞以媚君親也。言世俗之人，謂己諂佞，即作色而怒，不受其名，而終身道諛，舉世皆爾。

〔六〕【注】夫合譬飾辭，應受道諛之罪，而世復以此得人以此聚衆亦爲從俗者，恒不見罪坐也。【疏】夫合於譬喻，飾於浮詞，人皆競趨，故以聚衆，能保其終始，合其本末；衆既從之，故不相罪坐也。譬，本有作壁字者，言合珪璧也。【釋文】「相坐」才卧反。注同。

〔七〕【注】世皆至愚，乃更不可不從。【疏】黄帝垂衣裳而天下治，上衣下裳，以象天地，紅紫之色，間而爲彩，用此華飾，改動容貌，以媚一世，浮僞之人，不謂道諛，翻且從君謟佞。此乃與夫流俗之人而徒黨，更相彼此，通用是非，自謂殊於衆人，可謂愚癡之至。【釋文】「與夫」音符。

〔八〕【注】夫聖人道同而帝王殊迹者，誠世俗之惑不可解，故隨而任之。【疏】解，悟也。靈，知也。知其愚惑者，聖人也。隨而任之，故（愚）非（愚）惑也。大愚惑者，凡俗也，識闇鄙，觸境生迷，所以竟世終身不覺悟也。【釋文】「不解」音蟹，又佳買反。「不靈」本又作無靈。司馬云：靈，曉也。

〔九〕【注】天下都惑，雖我有求嚮至道之情而終不可得。故堯舜湯武，隨時而已。【疏】適，往也。致，至也。惑，迷也。祈，求也。夫三人同行，一人迷路，所往之方，猶自可至，惑少解多故也；二人迷則神勞而不至，迷勝悟劣故也。今宇内皆惑，莊子雖求向至道之情，無由能致，故可悲傷也。【釋文】「祈嚮」許亮反。司馬云：祈，求也。○俞樾曰：祈字無義。司馬云，祈，求也。則但云予雖祈嚮足矣。郭注云，雖我有求嚮至道之情，則又增出情字，殆皆非也。祈疑所字之誤，言天下皆惑，予雖有所嚮往，不可得也。祈所字形相似，故誤耳。下同。

〔校〕①趙諫議本道作導，下同。②闕誤引張君房本相下有罪字。

大聲不入於里耳〔一〕，折楊皇荂，則嗑然而笑〔二〕。是故高言不止於衆人之心〔三〕，至言不出，俗言勝也〔四〕。以二缶鍾惑，而所適不得矣〔五〕。而今也以天下惑，予雖有祈嚮，其庸可得邪〔六〕！知其不可得也而强之，又一惑也，故莫若釋之而不推〔七〕。不推，誰其比憂〔八〕！厲之人夜半生其子，遽取火而視之，汲汲然唯恐其似己也〔九〕。

〔一〕【注】非委巷之所尚也。【釋文】「大聲」司馬云：謂咸池六英之樂也。

〔二〕【注】俗人得嘖曲，則同聲動笑也。【疏】大聲，謂咸池大韶之樂也，非下里委巷之所聞。折楊皇華，蓋古之俗中小曲也，玩狎鄙野，故嗑然動容，同聲大笑也。昔魏文侯聽於古樂，悗焉而睡，聞鄭衛新聲，欣然而喜，即其事也。【釋文】「折楊」之列反。「皇荂」況于反，又撫于反。本又作華，音花。司馬本作里華。「嗑然」許甲反。李云：折楊皇華，皆古歌曲也。嗑，笑聲也。本又作嗌，烏邈反。司馬本作榼。「嘖曲」仕責反。本又作嗑。

〔三〕【注】不以存懷。【疏】至妙之談，超出俗表，故謂之高言。適可藴羣聖之靈府，豈容止於衆人之智乎！大聲不入於里耳，高言固不止於衆心。

〔四〕【注】此天下所以未曾用聖而常自用也。【疏】出，顯也。至道之言，淡而無味，不入委巷之耳，豈止衆人之心！而流俗之言，飾詞浮僞，猶如折楊之曲，喜聽者多。俗說既其當塗，至言於乎隱蔽，故齊物云，言隱於榮華。

〔五〕【注】各自信據，故不知所之。【疏】踵，足也。夫迷方之士，指北爲南，而二惑既生，垂腳不行，一人亦無由獨進，欲達前所，其可得乎！此復釋前惑者也。【釋文】「以二缶鍾」缶應作垂，鍾應作踵，言垂腳空中，必不得有之適也。司馬本作二垂鍾，云：鍾，注意也。「所適」司馬云：至也。○家世父曰：釋文缶應作垂，鍾應作踵，言垂腳空中，必不得有所適也。司馬本作二垂鍾。今案説文：缶，瓦器也，所以盛酒漿。鍾，酒器也。小爾雅：釜二有半謂之藪，藪二有半謂之缶，缶二謂之鍾。缶鍾皆量器也，缶受四斛，鍾受八斛。以二缶鍾惑，謂不辨缶鍾二者所受多寡也，持以爲量，茫乎無所適從矣。上文一人惑，二人惑，據人言之；此以二缶鍾惑，據事言之。盡人皆惑，而誰與明之！操量器而惑，不足與定數。舉天下之大而皆惑也，誰與舉而指之！自分兩義。○俞樾曰：二缶鍾之文，未知何義。釋文云，缶應作垂，鍾應作踵，言垂腳空中，必不得有之適也。此於莊子之意不合。所適，謂所之也。郭注曰，各自信據，故不知所之，是也。如陸氏説，則以適爲適意之適，當云不得其適，不當云所適不得也。今案鍾當作踵，而二則一字之誤，缶則企字之誤。企下從止，缶字俗作缶，其下亦從止，兩形相似，因致誤耳。文選歎逝賦注引字林曰：企，舉踵也。一切經音義十五引通俗文曰：舉踵曰企。然則企踵猶舉踵也。人一企踵，不過步武之間耳，然以一企踵惑，則已不得其所適矣。故下云而今也以天下惑，予雖有所嚮，其庸可得邪！以天下惑，極言其地之大；以一企踵惑，極言其地之小也。上文二人惑則勞而不至，惑者勝也。而今也以天下惑，予雖有所嚮，不可得也。以天下對二人言，則以人之多寡言；此以天下對一企踵言，則以地之廣狹言。一企踵誤爲二缶鍾，則不得其義矣。

〔六〕【疏】夫二人垂踵，所適尚難，況天下皆迷，如何得正！故雖有求向之心，其用固不可得。此釋前不亦悲乎，傷歎既深，所以鄭重。

〔七〕【注】即而同之。【疏】釋，放也。迷惑既深，造次難解，而强欲正者，又是一愚，莫若放而不推，則物我安矣。【釋文】「而强」其丈反。下注同。

〔八〕【注】趣〔令〕〔舍〕①得當時之適，不强推之令解也，則相與無憂於一世矣。【疏】比，與也。若任物解惑，棄而不推，則彼此逍遥，憂患誰與也！【釋文】「比憂」毗志反。司馬本作鼻，云：始也。「趣令」力呈反，下同。「令解」音蟹。

〔九〕【注】厲，惡人也。言天下皆不願爲惡，及其爲惡，或迫於苛役，或迷而失性耳。然迷者自思復，而厲者自思善，故我無爲而天下自化。【疏】厲，醜病人。遽，速也。汲汲，匆迫貌。言醜人半夜生子，速取火而看之，情意匆忙，恐其似己。而厲醜惡之甚，尚希改醜以從妍，欲明愚惑之徒，豈不厭迷以思悟耶！釋之不推，自無憂患。【釋文】「厲」音賴，又如字。〇家世父曰：厲之人夜半生其子，别出一義以收足上意。以己同俗，亦喜俗之同乎己，不知其非也。厲者生子，而懼其似己，於此顧不求同焉，惟自知其厲也。然則其同於俗也，與其强己以同於厲無以異也，而懵然不辨其非，亦唯其不知焉而已。「遽」巨據反。本或作蘧，音同。

「汲汲」音急。「苛役」音河。

〔校〕①舍字依趙諫議本改。

百年之木，破爲犧尊，青黄而文之，其斷在溝中。比犧尊於溝中之斷，則美惡有間矣，其於失性一也〔一〕。跖與曾史，行義有間矣，然其失性均也〔二〕。且夫失性有五〔三〕：一曰五色亂目，使目不明〔四〕；二曰五聲亂耳，使耳不聰〔五〕；三曰五臭薰鼻，困惾中顙〔六〕；四曰五味濁口，使口厲爽〔七〕；五曰趣舍滑心，使性飛揚〔八〕此五者，皆生之害也〔九〕。而楊墨乃始離跂自以爲得，非吾所謂得也〔一〇〕。夫得者困，可以爲得乎？則鳩鴞之在於籠也，亦可以爲得矣〔一一〕。且夫趣舍聲色以柴其内，皮弁鷸冠搢笏紳修以約其外〔一二〕，内支盈於柴栅，外重纆繳，睆睆然在纆繳之中而自以爲得，則是罪人交臂歷指而虎豹在於囊檻，亦可以爲得矣〔一三〕。

〔一〕【疏】犧，刻作犧牛之形，以爲祭器，名曰犧尊也。間，别。既削刻爲牛，又加青黄文飾，其一斷棄之溝瀆，不被收用。若將此兩斷相比，則美惡有殊，其於失喪木性一也。此且起譬也。

【釋文】「犧」音羲，又素河反。○慶藩案毛傳曰：犧尊有沙飾（者）〔也〕①。（見詩閟宮篇。）鄭司農曰：犧尊飾以翡翠。（見周官司尊彝注。）後鄭曰：犧讀如沙，（見禮明堂位正義。）刻畫鳳凰之象於尊，其羽形婆娑然。王念孫引高注淮南俶真篇曰：犧尊，猶疏鏤之尊。然則犧尊者，刻而畫（畫）〔之〕②爲象物之形，在六尊之中，最爲華美。故古人言文飾之盛者，獨舉犧尊。今案或曰有沙飾者，或曰飾以翡翠，或曰刻畫鳳凰之象於尊，或曰疏鏤之尊，説雖不同，其於雕鏤之義則一。至阮諶禮圖云：犧尊飾以牛，於尊腹之上畫爲牛之形，則因犧從牛，望文生義矣。「其斷」徒亂反。下同。本或作故。

〔二〕【疏】此合譬也。桀跖之縱凶殘，曾史之行仁義，雖復善惡之迹有別，而喪真之處實同。

〔三〕【疏】迷情失性，抑乃多端，要且而言，其數有五。

〔四〕【疏】五色者，青黄赤白黑也，流俗躭貪，以此亂目，不能見理，故曰不明也。

〔五〕【疏】五聲，謂宮商角徵羽也。淫滯俗聲，不能聞道，故曰不聰。

〔六〕【疏】五臭，謂羶薰香鯹腐。惾，塞也，謂刻賊不通也。言鼻躭五臭，故壅塞不通而中傷顙額也。外書呼香爲臭也。故易云其臭如蘭；道經謂五香，故西升經云香味是寃也。【釋文】「困」如字。本或作悃，音同。「惾」子公反。郭音俊，又素奉反。李云：困惾，猶刻賊不通也。「中」丁仲反。「顙」桑蕩反。

〔七〕【疏】五味，謂酸辛甘苦鹹也。厲，病；爽，失也。令人著五味，穢濁口根，遂使鹹苦成痾，舌失其味，故言厲爽也。【釋文】「濁口」本又作噣，音同。○慶藩案大雅思齊箋曰：厲，病也。逸周書謚法篇曰：爽，傷也。（廣雅同。）使口厲爽，病傷滋味也。（見淮南精神篇。）高誘注作爽傷，文子九守篇作使口生創，皆後人妄改。）

〔八〕【疏】趣，取也。滑，亂也。順心則取，違情則舍，撓亂其心，使自然之性馳競不息，輕浮躁動，故曰飛揚也。【釋文】「滑心」李音骨。本亦作嗗。

〔九〕【疏】總結前之五事，皆是伐命之刀，害生之斧，是生民之巨害也。

〔一〇〕【疏】離跂，用力貌也。言楊朱墨翟，各擅己能，失性害生，以此爲得，既乖自然之理，故非莊生之所得也。【釋文】「離」力智（也）〔反〕③。「跂」丘豉反。

〔一一〕【疏】夫仁義禮法約束其心者，非真性者也。既僞其性，則遭困苦。若以此困而爲得者，則何異乎鳩鴞之鳥在樊籠之中，偁其自得者也！

〔一二〕【疏】皮弁者，以皮爲冠也。鷸者，鳥名也，似鶩，紺色，出鬱林；取其翠羽飾冠，故謂之鷸冠。此鳥，知天文者爲之冠也。搢，插也。笏，猶珪，謂插笏也。紳，大帶也。脩，長裙也。此皆以飾朝服也。夫浮僞之徒，以取舍爲業，故聲色諸塵柴塞其内府，衣冠搢笏約束其外形，背無爲之道，乖自然之性，以此爲得，何異鳩鴞也！【釋文】「鷸」尹必反，徐音述。本又作鵡，音同，鳥名也。一名翠，似燕，紺色，出鬱林，取其羽毛以飾冠。○慶藩案説文：鷸，知天將雨鳥也。案鷸即翠鳥也。禮記：知天文冠鷸。玉篇、爾雅、釋文、漢書五行志，鷸並聿述二音。匡謬正俗曰：案鷸水鳥，天將雨即鳴，古人以其知天時，乃爲象此鳥之形，使掌天文者冠之。鷸，音聿。亦有術音，故禮之衣服圖及蔡邕獨斷謂爲術氏冠。亦（音）〔因〕鷸音轉爲術耳。此釋文鶻又作鷸。案漢書輿服志引記曰知天者冠述，説苑修文篇作冠鉥，蓋因鶻有述音，故或作鷸，或作述，或作鉥耳。「笏」音忽。「紳」音申，帶也。

〔一三〕【疏】支，塞也。盈，滿也。柵，籠也。纆繳，繩也。睆睆，視貌也。夫以取舍塞滿於内府，故方柴柵；紳搢約束於外形，取譬繳繩。既外内困弊如斯，而自以爲得者，則何異有罪之人，交臂歷指，以繩反縛也！又類乎虎豹遭陷，困於囊檻之中，憂危困苦，莫斯之甚，自以爲得，何異此乎！【釋文】「柴柵」楚格反，郭音策。「外重」直龍反。「纆」音墨。「繳」音灼，郭古弔反。「睆睆」環版反，又户鰥反。李云：窮視貌。一云：眠目貌。「交臂歷指」司馬云：交臂，反縛也。歷指，猶歷樓貌。「檻」户覽反。

〔校〕①也字依毛傳原文改。②之字依經義述聞改。③依世德堂本及釋文原本改。

莊子集釋卷五中

外篇　天道第十三〔一〕

天道運而无所積，故萬物成〔二〕；帝道運而无所積，故天下歸〔三〕；聖道運而无所積，故海内服〔三〕。明於天，通於聖，六通四辟於帝王之德者，其自①爲也，昧然无不静者矣〔四〕。聖人之静也，非曰静也善，故静也〔五〕；萬物无足以鐃心者，故静也〔六〕。水静則明燭鬚眉，平中準，大匠取法焉〔七〕。水静猶明，而況精神！聖人之心静乎！天地之鑑也，萬物之鏡也〔八〕，夫虚静恬淡寂漠无爲者，天地之平而道德之至②〔九〕，故帝王聖人休焉〔一〇〕。休則虚，虚則實，實者倫③矣〔一一〕。虚則静，静則動，動則得矣〔一二〕。静則无爲，无爲也則任事者責矣〔一三〕。无爲則俞俞，俞俞者憂患不能處，年壽長矣〔一四〕。夫虚静恬淡寂漠无爲者，萬物之本也〔一五〕。明此以南鄉，堯之爲君也；明此以北面，舜之爲臣也〔一六〕。以此處上，帝王天子之德也；以此處下，玄聖素王之道

〔一〕【釋文】以義名篇。

也〔一七〕。以此退居而閒游江海，山林之士服〔一八〕；以此進爲而撫世，則功大名顯而天下一也〔一九〕。靜而聖，動而王〔二〇〕，无爲也而尊〔二一〕，樸素而天下莫能與之争美〔二二〕。夫明白於天地之德者，此之謂大本大宗，與天和者也〔二三〕；所以均調天下，與人和者也〔二四〕。與人和者，謂之人樂；與天和者，謂之天樂〔二五〕。

〔一〕【疏】運，動也，轉也。積，滯也，蓄也。言天道運轉，覆育蒼生，照之以日月，潤之以雨露，鼓動陶鑄，曾無滯積，是以四序回轉，萬物生成也。【釋文】「無所積」積，謂滯積不通。

〔二〕【疏】王者法天象地，運御羣品，散而不積，施化無方，所以六合同歸，八方款附。

〔三〕【注】此三者，皆恣物之性而無所牽滯也。【疏】聖道者，玄聖素王之道也。隨應垂迹，制法立教，舟航有識，拯濟無窮，道合於天，德同於帝，出處不一，故有帝聖二道也。而運智救時，亦無滯蓄，慈造弘博，故海内服也。

〔四〕【注】任其自爲，故雖六通四辟而無傷於靜也。【疏】六通，謂四方上下也。四辟者，謂春秋冬夏也。夫唯照天道之無爲，洞聖情之絶慮，通六合以生化，順四序以施爲，以此而總萬乘，可謂帝王之德也。任物自動，故曰自爲；晦迹韜光，其猶昧闇，動不傷寂，故無不靜也。【釋文】「六通」謂六氣，陰陽風雨晦明。「四辟」毗赤反，謂四方開也。「眛」音妹。○盧文弨曰：今本作昧。

〔五〕【注】善之乃靜，則有時而動也。【疏】夫聖人（以）〔之〕所以虚靜者，直形同槁木，心若死灰，亦不知静之故静也。若以静爲善美而有情於爲静者，斯則有時而動矣。

〔六〕【注】斯乃自得也。【疏】妙體二儀非有，萬境皆空，是以參變同塵而無喧撓，非由飭勵而得静也。【釋文】「鐃心」乃孝反，又女交反，一音而小反。

〔七〕【疏】夫水，動則波流，止便澄静，懸鑒洞照，與物無私，故能明燭鬚眉，清而中正，治諸邪枉，可爲準的，縱使工倕之巧，猶須倣水取平。故老經云，上善若水。此舉喻言之義。【釋文】「中準」丁仲反。○盧文弨曰：今本作准④。「大匠」或云：天子也。

〔八〕【注】夫有其具而任其自爲，故所照無不洞明。【疏】夫聖人德合二儀，智周萬物，豈與夫無情之水同日論邪！水静猶明燭鬚眉，況精神聖人之心静乎！是以鑒天地之精微，鏡萬物之玄賾者，固其宜矣。此合譬也。

〔九〕【注】凡不平不至者，生於有爲。【疏】虚静恬淡寂漠無爲，四者異名同實者也。歎無爲之美，故具此四名，而天地以此爲平，道德用兹爲至也。【釋文】「淡」徒暫反。○慶藩案至與質同。至，實也。禮雜記使某實，鄭注：實當爲至。史記蘇秦傳趙得講於魏，至公子延，索隱曰：至當爲質。漢書東方朔傳非至數也，師古曰：至，實也。刻意篇正作道德之質。

〔一〇〕【注】未嘗動也。【疏】息慮，故平至也。

〔一一〕【注】倫，理也。【疏】既休慮息心，乃與虚空合德；與虚空合德，則會於真實之道；真實之道，則自然之理也。

〔一二〕【注】不失其所以動。　【疏】理虚静寂，寂而能動，斯得之矣。

〔一三〕【注】夫無爲也，則羣才萬品，各任其事而自當其責矣。故曰巍巍乎舜禹之有天下而不與焉，此之謂也。　【疏】任事，臣也，言臣下各有任職之事也。夫帝王任智，安静無爲，則臣下職任，各司憂責。斯則主上無爲而臣下有事，故冕旒垂目而不與焉。　【釋文】「巍巍」魚歸反。「不與」音預。

〔一四〕【注】俞俞然，從容自得之貌。　【疏】俞俞，從容和樂之貌也。夫有爲滯境，塵累所以攖其心；無爲自得，憂患不能處其慮。俞俞和樂，故年壽長矣。　【釋文】「俞俞」羊朱反。廣雅云：喜也。又音喻。「從容」七容反。

〔一五〕【注】尋其本皆在不爲中來。　【疏】此四句萬物根源，故重舉前言，結成其〔美〕〔義〕也。

〔一六〕【疏】夫揖讓之美，無出唐虞；君臣之盛，莫先堯舜；故舉二君以明四德，雖南面北面，而平至一焉。　【釋文】「南鄉」許亮反。本亦作嚮。

〔一七〕【注】此皆無爲之至也。有其道爲天下所歸而無其爵者，所謂素王自貴也。　【疏】用此無爲而處物上者，天子帝堯之德也；用此虚淡而居臣下者，玄聖素王之道也。夫有其道而無其爵者，所謂玄聖素王，自貴者也，即老君尼父是也。　【釋文】「素王」往況反。注同。

〔一八〕【疏】退居，謂晦迹隱處也。用此道而退居，故能游玩山水，從容閒樂，是以天下隱士無不服從，即巢許之流是也。　【釋文】「而閒」音閑。

〔一九〕【注】此又其次也。故退則巢許之流，進則伊望之倫也。夫無爲之體大矣，天下何所不（無）⑤爲哉！故主上不爲冢宰之任，則伊呂静而司尹矣；冢宰不爲百官之所執，則百官静而御事矣；百官不爲萬民之所務，則萬民静而安其業矣；萬民不易彼我之所能，則天下之彼我静而自得矣。故自天子以下至於庶人，下及昆蟲，孰能有爲而成哉！是故彌無爲而彌尊也。【疏】進爲，謂顯迹出仕也。夫妙體無爲而同塵降迹者，故能撫蒼生於仁壽，弘至德於聖朝，著莫測之功名，顯阿衡之政績。是以天下大同，車書共軌，盡善盡美，其唯伊望之倫乎！

〔二〇〕【注】時行則行，時止則止。

〔二一〕【注】自然爲物所尊奉。【疏】其應静也，玄聖素王之尊；其應動也，九五萬乘之貴；無爲也而尊，出則天子，處則素王。是知道之所在，孰敢不貴也！

〔二二〕【注】夫美配天者，唯樸素也。【疏】夫淳樸素質，無爲虚静者，實萬物之根本也。故所尊貴，孰能與之争美也！

〔二三〕【注】天地以無爲爲德，故明其宗本，則與天地無逆也。【疏】夫靈府明静，神照絜白，而德合於二儀者，固可以宗匠蒼生，根本萬有，冥合自然之道，與天和也。

〔二四〕【注】夫順天所以應人也，故天和至而人和盡也。【疏】均，平也。調，順也。且應感無心，方之影響，均平萬有，大順物情，而混迹同塵，故與人和也。

〔二五〕【注】天樂適則人樂足矣。【疏】俯同塵俗，且適人世之懽；仰合自然，方欣天道之樂也。

【釋文】「人樂」音洛，下同。

〔校〕①闕誤引張君房本自下有然字。②闕誤引張君房本至下有也字。③闕誤引張君房本倫作備。④世德堂本作准，本書依釋文改。⑤無字依世德堂本刪。

莊子曰：「吾師乎！吾師乎！𩐁萬物而不爲戾〔一〕，澤及萬世而不爲仁〔二〕，長於上古而不爲壽〔三〕，覆載天地刻彫衆形而不爲巧〔四〕，此之謂天樂〔五〕。故曰：『知天樂者，其生也天行，其死也物化〔六〕。靜而與陰同德，動而與陽同波〔七〕。』故知天樂者，无天怨，无人非，无物累，无鬼責〔八〕。故曰：『其動也天，其靜也地〔九〕，一心定而王天下；其鬼不祟，其魂不疲〔一〇〕，一心定而萬物服〔一一〕。』言以虛靜推於天地，通於萬物，此之謂天樂〔一二〕。天樂者，聖人之心，以畜天下也〔一三〕。」

〔一〕【注】變而相雜，故曰𩐁。自𩐁耳，非吾師之暴戾。【疏】𩐁，碎也。戾，暴也。莊子以自然至道爲師，再稱之者，歎美其德。言我所師大道，亭毒生靈，假令𩐁萬物，亦無心暴怒，故素秋摇落而彫零者不怨。此明雖復斷裁而非義也。【釋文】「𩐁」子兮反。「爲戾」力計反，暴也。

〔二〕【注】仁者，兼愛之名耳；無愛，故無所稱仁。【疏】仁者，偏愛之迹也。言大道開闔天地，造化蒼生，慈澤無窮而不偏愛，故不爲仁。

〔三〕【注】壽者，期之遠耳；無期，故無所稱壽。【疏】豈但長於上古，抑乃象帝之先。既其不滅不生，復有何夭何壽也！郭注云，壽者，期之遠耳。【釋文】「長於」丁丈反。章末同。

〔四〕【注】巧者，爲之妙耳；皆自爾，故無所稱巧。【疏】乘二儀以覆載，取萬物以刻彫，而二儀以生化爲巧，萬物以自然爲用。生化既不假物，彫刻豈假他人！是以物各任能，人皆率性，則工拙之名於斯滅矣。郭注云，巧者，爲之妙耳。

〔五〕【注】忘樂而樂足。【疏】所在任適，結成天樂。【釋文】「天樂」音洛。章内同。

〔六〕【疏】既知天樂非哀樂，即知生死無生死。故其生也同天道之四時，其死也混萬物之變化也。

〔七〕【疏】妙本虚凝，將至陰均其寂泊；應迹同世，與太陽合其波流。

〔八〕【疏】德合於天，故無天怨；行順於世，故無人非；我冥於物，故物不累我；我不負幽顯，有何鬼責也！

〔九〕【注】動静雖殊，無心一也。【疏】天地，以結動静無心之義也。

〔一〇〕【注】常無心，故王天下而不疲病。【疏】境智冥合，謂之爲一。物不能撓，謂之爲定。祇爲定於一心，故能王於萬國。既無鬼責，有何禍祟！動而常寂，故魂不疲勞。【釋文】「而王」往況反。注及下王天同。「祟」雖遂反，徐息類反。李云：禍也。

〔一一〕【疏】一心凝寂者類死灰，而静爲躁君，故萬物歸服。

〔一二〕【注】我心常静，則萬物之心通矣。通則服，不通則叛。【疏】所以一心定而萬物服者，祇言用虚静之智，推尋二儀之理，通達萬物之情，隨物變轉而未嘗不適，故謂之天樂也。

〔一三〕【注】聖人之心所以畜天下者奚爲哉？天樂而已。【疏】夫聖人之所以降迹同凡，合天地之至樂者，方欲畜養蒼生，亭毒羣品也。【釋文】「畜天」許六反。注同。

夫帝王之德，以天地爲宗，以道德爲主，以无爲爲常〔一〕。无爲也，則用天下而有餘〔二〕；有爲也，則爲天下用而不足〔三〕。故古之人貴夫无爲也。上无爲也，下亦无爲也，是下與上同德，下與上同德則不臣；下有爲也，上亦有爲也，是上與下同道，上與下同道則不主〔四〕。上必无爲而用天下，下必有爲爲天下用，此不易之道也〔五〕。故古之王天下者，知雖落天地，不自慮也〔六〕；辯雖彫萬物，不自説也〔七〕；能雖窮海内，不自爲也〔八〕。天不産而萬物化，地不長而萬物育〔九〕，帝王无爲而天下功〔一〇〕。故曰莫神於天，莫富於地，莫大於帝王〔一一〕。故曰帝王之德配天地〔一二〕。此①乘天地，馳萬物，而用人羣之道也〔一三〕。

〔一〕【疏】王者宗本於天地，故覆載無心；君主於道德，故生而不有；雖復千變萬化而常自無爲。盛德如此，堯之爲君也。

〔二〕【注】有餘者，閒暇之謂也。

〔三〕【注】不足者，汲汲然欲爲物用也。欲爲物用，故可得而臣也，及其爲臣，亦有餘也。【疏】

不足者，汲汲之辭。有餘者，閒暇之謂。言君上無爲，智照寬曠，御用區宇，而閒暇有餘；臣下有爲，情慮狹劣，各有職司，爲君所用，匪懈在公，猶恐不足。是知無爲有事，勞逸殊塗。

〔四〕【注】夫工人無爲於刻木而有爲於用斧，主上無爲於親事而有爲於用臣。臣能親事，主能用臣；斧能刻木而②工能用斧；各當其能，則天理自然，非有爲也。若乃主代臣事，則非主矣；臣秉主用，則非臣矣。故各司其任，則上下咸得而無爲之理至矣。【疏】無爲者，君德也；有爲者，臣道也。若上下無爲，則臣僭君德；上下有爲，則君濫臣道。君濫臣道，則非主矣；臣僭君德，豈曰臣哉！於是上下相混，君臣冒亂，既乖天然，必招危禍。故無爲之言，不可不察。無爲，君也。古之人貴夫無爲。郭注此文，甚有辭理。

〔五〕【注】無爲之言，不可不察也。夫用天下者，亦有用之爲耳。然自得此爲，率性而動，故謂之無爲也。今之爲天下用者，亦自得耳。但居下者親事，故雖舜禹爲臣，猶稱有爲。故對上下，則君靜而臣動；比古今，則堯舜無爲而湯武有事。然各用其性而天機玄發，則古今上下無爲，誰有爲也！【疏】夫處上爲君，則必須無爲任物，用天下之才能；居下爲臣，亦當親事有爲，稱所司之職任；則天下化矣。斯乃百王不易之道。

〔六〕【疏】謂三皇五帝淳古之君也。知照明達，籠落二儀，而垂拱無爲，委之臣下，知者爲謀，故不自慮也。【釋文】「知雖」音智。下愚知同。

〔七〕【疏】弘辯如流，彫飾萬物，而付之司牧，終不自言也。【釋文】「自說」音悦。

〔八〕【注】夫在上者，患於不能無爲而代人臣之所司。使咎繇不得行其明斷，后稷不得施其播殖，則羣才失其任而主上困於役矣。故冕旒垂目而付之天下，天下皆得其自爲，斯乃無爲而無不爲者也，故上下皆無爲矣。但上之無爲則用下，下之無爲則自用也。【疏】藝術才能冠乎海内，任之良佐而不與焉，夫何爲焉哉？玄默而已。故老經云，是謂用人之力。【釋文】「咎」音羔。「繇」音遥。「明斷」丁亂反。

〔九〕【注】所謂自爾。【疏】天無情於生産而萬物化生，地無心於長成而萬物成育，故郭注云，所謂自然也。

〔一〇〕【注】功自彼成。【疏】王者同兩儀之含育，順四序以施生，任萬物之自爲，故天下之功成矣。○王念孫曰：案如郭解，則功下須加成字而其義始明。不知功即成也，言無爲而天下成也。（中庸曰，無爲而成。）爾雅曰：功，成也。大戴禮盛德篇曰，能成德法者爲有功。周官稾人，乃入功於司弓矢及繕人，鄭注曰：功，成也。管子五輔篇曰，大夫任官辯事，官長任事守職，士脩身功材。功材，謂成材也。荀子富國篇曰，百姓之力，待之而後功，謂待之而後成也。萬物化，萬物育，天下功，相對爲文，是功爲成也。

〔一一〕【疏】夫日月明晦，雲雷風雨，而蔭覆不測，故莫神於天。囊括川原，包容岳瀆，運載無窮，故莫富於地。位居九五，威跨萬乘，日月照臨，一人總統，功德之大，莫先王者。故老經云，域中四大，王居其一焉。

〔一二〕【注】同乎天地之無爲也。　【疏】配，合也。言聖人之德，合天地之無爲。

〔一三〕【疏】達覆載之無主，是以乘馭兩儀；循變化之往來，故能驅馳萬物；任黔黎之才，用人羣之道也。

〔校〕①世德堂本無此字。②道藏本無而字。

本在於上，末在於下〔一〕；要在於主，詳在於臣〔二〕。三軍五兵之運，德之末也〔三〕；賞罰利害，五刑之辟，教之末也〔四〕；禮法度數，形名比詳，治之末也〔五〕；鐘鼓之音，羽旄之容，樂之末也〔六〕；哭泣衰絰，隆殺之服，哀之末也〔七〕。此五末者，須精神之運，心術之動，然後從之者也〔八〕。

〔一〕【疏】本，道德也。末，仁義也。言道德淳樸，治之根本，行於上古；仁義澆薄，治之末葉，行於下代。故云，本在於上，末在於下也。【釋文】「本在於上末在於下」李云：本，天道；末，人道也。

〔二〕【疏】要，簡省也。詳，繁多也。主道逸而簡要，臣道勞而繁冗。繁冗，故有爲而奉上；簡要，故無爲而御下也。

〔三〕【疏】五兵者，一弓，二殳，三矛，四戈，五戟也。運，動也。夫聖明之世，則偃武修文；逮德下衰，則偃文修武。偃文修武，則五兵動亂；偃武修文，則四民安業。德之本末，自此可知也。

〔四〕【疏】賞者，軒冕榮華，故利也。罰者，誅殘戮辱，故害也。辟，法也。五刑者，一劓，二墨，三刖，四宮，五大辟。夫道喪德衰，浮僞日甚，故設刑辟以被黎元，既虧理本，適爲教末也。

【釋文】「之辟」毗赤反。

〔五〕【疏】禮法者，五禮之法也。數者，計算；度〔者〕，丈尺；形者，容儀；名者，字諱；比者，校當；詳者，定審。用此等法以養蒼生，治乖淳古，故爲治末也。【釋文】「比詳」毗志反。下同。一音如字，云：比較詳審。「治之」直吏反。下治之至、注至治之道同。

〔六〕【疏】樂者，和也。羽者，鳥羽；旄者，獸毛；言采鳥獸之羽毛以飾其器也。夫帝王之所以作樂者，欲上調陰陽，下和時俗也。古人聞樂即知國之興亡，治世亂世，其音各異。是知大樂與天地同和，非羽毛鐘鼓者也。自三代以下，澆浪荐興，賞鄭衛之淫聲，棄雲韶之雅韻，遂使羽毛文采，盛飾容儀，既非咸池之本，適是濮水之末。

〔七〕【疏】經者，實也。衰，摧也。上曰（衰）〔服〕，下曰裳。在首在腰，二俱有經。隆殺者，言禮有斬衰、齊衰、大功、小功、緦麻五等，哭泣衣裳，各有差降。此是教迹外儀，非情發於衷，故哀之末也。【釋文】「衰」音崔。「絰」田結反。「隆殺」所界反。

〔八〕【注】夫精神心術者，五末之本也。任自然而運動，則五事之末不振而自舉也。【疏】術，能也；心之所能，謂之心術也。精神心術者，五末之本也。言此之五末，必須精神心智率性而動，然後從於五事，即非矜矯者也。

末學者，古人有之，而非所以先也〔一〕。君先而臣從，父先而子從，兄先而弟從，長先而少從，男先而女從，夫先而婦從〔二〕。夫尊卑先後，天地之行也，故聖人取象焉〔三〕。天尊，地卑，神明之位也；春夏先，秋冬後，四時之序也〔四〕。萬物化作，萌區有狀〔五〕；盛衰之殺，變化之流也〔六〕。夫天地至神①，而有尊卑先後之序，而況人道乎〔七〕！宗廟尚親，朝廷尚尊，鄉黨尚齒，行事尚賢，大道之序也〔八〕。語道而非其序者，非其道也〔九〕；語道而非其道者，安取道②〔一〇〕！

〔一〕【注】所以先者本也。【疏】古之人，謂中古人也。先，本也。五末之學，中古有之，事涉澆僞，終非根本也。

〔二〕【疏】夫尊卑先後，天地之行也。【釋文】「長先而少」詩照反。

〔三〕【注】言③此先後雖是人事，然皆在至④理中來，非聖人之所作也。【疏】天地之行者，謂春夏先，秋冬後，四時行也。夫天地雖大，尚有尊卑，況在人倫，而無先後！是以聖人象二儀之造化，觀四序之自然，故能篤君臣之大義，正父子之要道也。

〔四〕【疏】天尊，地卑，不刊之位也。春夏先，秋冬後，次序愍乎。舉此二條，足明萬物。

〔五〕【疏】夫萬物變化，未始暫停，或起或伏，乍生乍死，千族萬種，色類不同，而萌兆區分，各有形狀。【釋文】「萌區」曲俱反。

〔六〕【疏】夫春夏盛長，秋冬衰殺，或變生作死，或化故成新，物理自然，非關措意，故隨流任物而所造皆適。

〔七〕【注】明夫尊卑先後之序，固有物之所不能無也。【疏】二儀生育，有不測之功，萬物之中，最爲神化，尚有尊卑先後，況人倫之道乎！

〔八〕【注】言非但人倫所尚也。【疏】宗廟事重，必據昭穆，以嫡相承，故尚親也。朝廷以官爵爲尊卑，鄉黨以年齒爲次第，行事擇賢能用之，此理之必然，故云大道之序。【釋文】「朝廷」直遥反。

〔九〕【疏】議論道理而不知次第者，雖有語言，終非道語；既失其序，不堪治物也。

〔一〇〕【注】所以取道，爲〔其〕有序〔也〕⑤。【疏】既不識次第，雖語非道，於何取道而行理之邪！

〔校〕①闕誤引張君房本神下有也字。②闕誤引文如海本道下有哉字。③趙諫議本無言字。④趙本無至字。⑤其字也字依宋本及道藏本補。世德堂本作爲有序也，無其字。

是故古之明大道者，先明天而道德次之〔一〕，道德已明而仁義次之〔二〕，仁義已明而分守次之〔三〕，分守已明而形名次之〔四〕，形名已明而因任次之〔五〕，因任已明而原省次之〔六〕，原省已明而是非次之〔七〕，是非已明而賞罰次之〔八〕。賞罰已明而愚知處宜，貴賤履位〔九〕；仁賢不肖襲情〔一〇〕，必分其能，必由其名〔一一〕。以此事上〔一二〕，以此畜下，以此治物，以此修身〔一三〕，知謀不用，必歸其天，此之謂大平，治之至也〔一四〕。

〔一〕【注】天者，自然也。自然既明，則物得其道也。【疏】此重開大道次序之義。言古之明開大道之人，先明自然之理。爲自然是道德之本，故道德次之。

〔二〕【注】物得其道而和，理自適也。【疏】先德後仁，先仁後義，故仁義次之。

〔三〕【注】理適而不失其分也。【疏】既行兼愛之仁，又明裁非之義，次令各守其分，不相争奪也。

〔四〕【注】得分而物物之名各當其形也。【疏】形，身也。各守其分，不相傾奪，次勸修身，致其名譽也。

〔五〕【注】無所復改。【疏】雖復勸令修身以致名譽，而皆須因其素分，任其天然，不可矯性僞情以要令聞也。

〔六〕【注】物各自任，則罪責除也。【疏】原者，恕免；省者，除廢。雖復因任其本性，而不無其僭過，故宜布之愷澤，宥免其辜也。【釋文】「原省」所景反。原，除；省，廢也。

〔七〕【注】各以得性爲是，失性爲非。【疏】雖復赦過宥罪，而人心漸薄，次須示其是非，以爲鑒誡也。

〔八〕【注】賞罰者，失得之報也。夫至治之道，本在於天而末極於斯。【疏】是非既明，臧否斯見，故賞善罰惡，以勗黎元也。

〔九〕【注】官①各當其才也。【疏】用此賞罰，以次前序而爲治方者，智之明暗，安處各得其宜，才之高下，貴賤咸履其位也。

〔一〇〕【注】各自行其所能之情。【疏】仁賢，智也；不肖，愚也。襲，用也。主上聖明，化導得所，雖復賢愚各異，而咸用本情，終不舍己效人，矜夸炫物也。

〔一一〕【注】無相易業。【疏】夫性性不同，物物各異，藝能固別，才用必分，使之如器，無不調適也。【釋文】「必分」方云反。

〔一二〕【注】名當其實，故由名而實不濫也。【疏】夫名以召實，而（由）〔當〕實故名。若使實不（當）〔由〕②名，則名過其實。今明名實相稱，故云必由其名也。

〔一三〕【疏】以，用也。言用以前九法，可以爲臣事上，爲君畜下，外以治物，內以脩身也。

〔一四〕【疏】至默無爲，委之羣下，塞聰閉智，歸之自然，可謂太平之君，至治之美也。【釋文】「知謀」音智。「大平」音泰。

〔校〕①世德堂本官作言。②當由二字依注文互易。

故書曰：「有形有名。」形名者，古人有之，而非所以先也〔一〕。古之語大道者，五變而形名可舉，九變而賞罰可言也〔二〕。驟而語形名，不知其本也〔三〕；驟而語賞罰，不知其始也〔四〕。倒道而言，迕道而說者，人之所治也，安能治人〔五〕！驟而語形名賞罰，此有知治之具，非知治之道〔六〕；可用於天下，不足以用天下；此之謂辯士，一曲之人也〔七〕。禮法數度，形名比詳，古人有之，此下之所以事上，非上之所以畜下也〔八〕。

〔一〕【疏】先，本也。言形名等法，蓋聖人之應迹耳，不得已而用之，非所以迹也。書者，道家之書，既遭秦世焚燒，今檢亦無的據。

〔二〕【注】自先明天以下，至形名而五，至賞罰而九，此自然先後之序也。【疏】夫爲治之體，必隨世汚隆，世有澆淳，故治亦有寬急。是以五變九變，可舉可言。苟其不失次序，則是太平至治也。

〔三〕【疏】驟，數也，速也。季世之人，不知倫序，數語形名，以爲治術，而未體九變，以自然爲宗，但識其末，不知其本也。

〔四〕【疏】速論賞罰，以此馭時，唯見枝條，未知根本。始，猶本也，互其名耳。

〔五〕【注】治人者必順序。【疏】迕，逆也。不識治方，不知次序，顛倒道理，迕逆物情，適可爲物所治，豈能治物也！【釋文】「迕道」音悟。司馬云：横也。「而説」徐音悦，又如字。

〔六〕【注】治道先明天，不爲棄賞罰也，但當不失其先後之序耳。【疏】夫形名賞罰，此乃知治之具，度非知治之要道也。

〔七〕【注】夫用天下者，必大通順序之道。【疏】若以形名賞罰可施用於天下者，不足以用於天下也。斯乃苟飾華辭浮游之士，一節曲見偏執之人，未可以識通方，悟於大道者也。

〔八〕【注】寄此事於羣才，斯乃畜下也。【疏】重疊前語。古人有之，但寄羣才而不親預，故是臣下之術，非主上養民之道。總結一章之意，以明本末之旨歸也。

昔者舜問於堯曰：「天王之用心何如〔一〕？」

〔一〕【疏】天王，猶天子也。舜問於堯爲帝王之法，若爲用心以合大道也。

堯曰：「吾不敖无告〔一〕，不廢窮民〔二〕，苦死者，嘉孺子而哀婦人〔三〕。此吾所以用心已〔四〕。」

〔一〕【注】無告者，所謂頑民也。【疏】敖，侮慢也。無告，謂頑愚之甚，無堪告示也。堯答舜云：「縱有頑愚之民，不堪告示，我亦殷勤教誨，不敖慢棄舍也。」故老經云，不善者吾亦善之。敖亦有作教字者，今不用也。【釋文】「不敖」五報反。

〔二〕【注】恒加恩也。【疏】百姓之中有貧窮者，每加拯恤，此心不替也。

〔三〕【疏】孺子，猶稚子也。哀，憐也。民有死者，輒悲苦而慰之。稚子小兒，婦人孤寡，並皆矜愍善嘉養恤也。

〔四〕【疏】已，止也。總結以前，用答舜問。「我之用心，止盡於此。」

舜曰：「美則美矣，而未大也〔一〕。」

〔一〕【疏】用心爲治，美則美矣，其道狹劣，未足稱大。既領堯答，因發此譏。

堯曰：「然則何如〔一〕？」

〔一〕【疏】堯既被譏，因茲請益，「治道之大，其術如何？」

舜曰：「天德而出寧〔一〕，日月照而四時行，若晝夜之有經，雲行而雨施矣〔二〕。」

〔一〕【注】與天合德，則雖出而靜。【疏】化育之方，與玄天合德，迹雖顯著，心恒寧靜。

〔二〕【注】此皆不爲而自然也。【疏】經，常也。夫日月盛明，六合俱照，春秋涼暑，四序運行，晝夜昏明，雲行雨施，皆天地之大德，自然之常道者也。既無心於偏愛，豈有情於養育！帝王之道，其義亦然。【釋文】「雨施」始豉反。

堯曰：「膠膠擾擾乎〔一〕！子，天之合也；我，人之合也〔二〕。」

〔一〕【注】自嫌有事。【疏】膠膠，擾擾，皆擾亂之貌也。領悟此言，自嫌多事，更相發起，聊此撝謙。【釋文】「膠膠」交卯反。司馬云：和也。「擾擾」而小反。司馬云：柔也。案如注意，膠膠擾擾，動亂之貌。

〔二〕【疏】堯自謙光，推讓於舜，故言子之盛德，遠合上天，我之用心，近符人事。夫堯舜二君，德無優劣，故寄此兩聖以顯方治耳。

夫天地者，古之所大也〔一〕，而黃帝堯舜之所共美也〔二〕。故古之王天下者，奚爲哉？天地而已矣〔三〕。

〔一〕【疏】自此已下，莊生之辭也。夫天覆地載，生育羣品，域中四大，此當二焉。故引古證今，歎美其德。

〔二〕【疏】唯天爲大，唯堯則之。故知軒頊唐虞，皆以德合天地爲其美也。

〔三〕【疏】言古之懷道帝王，何爲者哉？蓋無心順物，德合二儀而已矣。【釋文】「之王」往況反。

孔子西藏書於周室。子路謀曰：「由聞周之徵藏史有老聃者，免而歸居，夫子欲藏書，則試往因焉〔一〕。」

〔一〕【疏】姓仲，名由，字子路，宣尼弟子也。宣尼覩周德已衰，不可匡輔，故將己所修之書，欲藏於周之府藏，庶爲將來君王治化之術，故與門人謀議，詳其可否。老君，姓李，名聃，爲周徵藏史，猶今之祕書官，職典墳籍。見周室版蕩，所以解免其官，歸休靜處。故子路咨勸孔子，何不暫試過往，因而問焉。【釋文】「藏書」司馬云：藏其所著書也。「徵藏」才浪反。司馬云：徵藏，藏名也。一云：徵，典也。「史」藏府之史。「老聃」吐甘反。或云：老聃是孔子時老子號也。「免而歸」言老子見周之末不復可匡，所以辭去也。

孔子曰：「善。」

往見老聃，而老聃不許〔一〕，於是繙十二經以說〔二〕。

〔一〕【疏】老子知欲藏之書是先聖之已陳芻狗，不可久留，恐亂後人，故云不許。

〔二〕【疏】孔子刪詩書，定禮樂，修春秋，贊易道，此六經也；又加六緯，合爲十二經也。委曲敷演，故繙覆説之。【釋文】「繙」敷袁反。徐又音盤，又音煩。司馬〔云〕：煩寃也。「十二經」説者云：詩書禮樂易春秋六經，又加六緯，合爲十二經也。一説云：易上下經並十翼爲十二。又一云：春秋十二公經也。「以説」如字，又始鋭反。絶句。

老聃中其説，曰：「大①謾，願聞其要〔一〕。」

〔一〕【疏】中其説者，許其有理也。大謾者，嫌其繁謾太多，請簡要之術也。【釋文】「老聃中」丁仲反。「其説」如字。絶句。「曰大」音泰，徐敕佐反。「謾」末旦反，郭武諫反。

〔校〕①趙諫議本大作太。

孔子曰：「要在仁義〔一〕。」

〔一〕【疏】經有十二，乃得繁盈，切要而論，莫先仁義也。

老聃曰：「請問，仁義，人之性邪〔一〕？」

〔一〕【疏】問：「此仁義率性不乎？」

孔子曰：「然。君子不仁則不成，不義則不生。仁義，真人之性也，又將奚爲矣〔一〕？」

〔一〕【疏】然，猶如此。言仁義是人之天性也。賢人君子，若不仁則名行不成，不義則生道不立。故知仁義是人之真性，又將何爲是疑之也邪？

老聃曰：「請問，何謂仁義〔一〕？」

〔一〕【疏】前言仁義是人之真性，今之重問，請解所由也。

孔子曰：「中心物愷，兼愛无私，此仁義之情也〔一〕。」

〔一〕【注】此常人之所謂仁義者也，故寄孔老以正之。【疏】愷，樂也。忠誠之心，願物安樂，慈愛平等，兼濟無私，允合人情，可爲世教也。【釋文】「中心物」本亦作勿。「愷」開待反。司馬云：樂也。

老聃曰：「意，幾乎後言！夫兼愛，不亦迂乎〔二〕！无私焉，乃私也〔三〕。夫子若欲使天下无失其牧乎〔三〕？則天地固有常矣，日月固有明矣，星辰固有列矣〔四〕，禽獸固有羣矣，樹木固有立矣〔五〕。夫子亦放德而行，循道而趨，已至矣〔六〕；又何偈偈乎揭仁義，若擊鼓而求亡子焉〔七〕？意，夫子亂人之性也〔八〕！」

〔一〕【注】夫至仁者，無愛而直前也。【疏】意，不平之聲也。幾，近也。迂，曲也。後發之言，近乎浮僞，故興意歎，以（長）〔表〕不平。夫至人推理直前，無心思慮，而汝存情兼愛，不乃私曲乎！【釋文】「曰意」於其反。司馬云：不平聲也。下同。「幾乎」音機。司馬本作頎，云：頎，長也，後言長也。○盧文弨曰：舊本後作復①，未詳。「迂乎」音于。

〔二〕【注】世所謂無私者，釋己而愛人。夫愛人者，欲人之愛己，此乃甚私，非忘公而公也。

【疏】夫兼愛於人，欲人之愛己也，此乃甚私，何公之有邪！

〔三〕【疏】牧，養也。欲使天下蒼生咸得本性者，莫若上下各各守分，自全恬養，則大治矣。牧有本作放字者，言君王但放任羣生，則天下太平也。【釋文】「牧平」司馬云：牧，養也。

〔四〕【疏】夫天地覆載，日月照臨，星辰羅列，此並自然之理也，非關人事。豈唯三種，萬物悉然，但當任之，莫不備足，何勞措意，妄爲矜矯也！

〔五〕【注】皆已②自足。【疏】有識禽獸，無情草木，各得生立，各有羣分，豈資仁義，方獲如此！

〔六〕【注】不待於兼愛也。【疏】循，順也。放任己德而逍遥行世，順於天道而趨步人間，人間至極妙行，莫過於此也。【釋文】「放德」方往反。

〔七〕【注】無由得之。【疏】偈偈，勵力貌也。揭，擔負也。亡子，逃人也。言孔丘勉勵身心，擔負仁義，强行於世，以教蒼生，何異乎打擊大鼓而求覓亡子，是以鼓聲愈大而亡者愈離，仁義彌彰而去道彌遠，故無由得之。【釋文】「偈偈」居謁反，又巨謁反。或云：用力之貌。「揭仁」其謁反，又音桀。

〔八〕【注】事至而愛，當義而止，斯忘仁義者也，常念之則亂真矣。【疏】亡子不獲，罪在鳴鼓；真性不明，過由仁義；故發噫歎，總結之也。

〔校〕①釋文原本及世德堂本均作復。②世德堂本已作以。

士成綺見老子而問曰：「吾聞夫子聖人也，吾固不辭遠道而來願見，百舍重趼而不敢息〔一〕。今吾觀子，非聖人也。鼠壤有餘蔬〔二〕，而棄妹之者，不仁也〔三〕，生熟不盡於前〔四〕，而積斂无崖〔五〕。」

〔一〕【疏】姓士，字成綺，不知何許人。舍，逆旅也。趼，腳生泡漿創也。成綺素聞老子有神聖之德，故不辭艱苦，慕義遠來。百經旅舍，一不敢息，塗路既遥，足生重趼。【釋文】「士成綺」如字，又魚紙反。士成綺，人姓名也。「願見」賢遍反。下同。「百舍」司馬云：百日止宿也。「重」直龍反。「趼」古顯反。司馬云：胝也。胝，音陟其反。許慎云：足指約中斷傷爲趼。○慶藩案釋文引許説，本淮南脩務篇注。淮南引莊子作重跰，跰即趼字之誤也。高注云：趼，足生胝也。趼，又讀若繭。賈子勸學篇百舍重繭，宋策墨子百舍重繭，（高注：重繭，累胝也。）皆叚繭作趼也。

〔二〕【注】言其不惜物也。【疏】昔時藉甚，謂是至人；今日親覩，知無聖德。見其鼠穴土中，有餘殘蔬菜。嫌其穢惡，故發此譏也。【釋文】「餘蔬」所居反，又音所。司馬云：蔬讀曰糈。糈，粒也。鼠壤内有遺餘之粒，穢惡過甚也。一云：如鼠之堆壤，餘益蔬外也。

〔三〕【注】無近恩，故曰棄。【疏】妹，猶昧也。闇昧之徒，應須誘進，棄而不教，豈曰仁慈也！【釋文】「棄妹」一本作妹之者。「不仁」釋名云：妹，末也。謂末學之徒，須慈誘之，乃見棄薄，不仁之甚也。

〔四〕【注】至足，故恒有餘。【疏】生，謂粟帛；熟，謂飲食。充足之外，不復槩懷，所以飲食資財，目前狼藉。且大聖寬弘而不拘小節，士成庸瑣，以此爲非。細碎之間，格量真聖，可謂以螺酌海，焉測淺深也！【釋文】「生熟」司馬云：生，膾也。一云：生熟，謂好惡也。

〔五〕【注】萬物歸懷，來者受之，不小立界畔也。【疏】既有聖德，爲物所歸，故供給聚斂，略無涯（峙）〔涘〕，浩然無心，積散任物也。【釋文】「而積」子亦反，李子賜反。「斂」力檢反，李狸豔反。

老子漠然不應〔一〕。

〔一〕【注】不以其言槩意。【疏】塵垢之言，豈曾入耳！漠然虛淡，何足介懷！

士成綺明日復見，曰：「昔者吾有刺於子，今吾心正卻矣，何故也〔一〕？」

〔一〕【注】自怪刺譏之心，所以壞也。【疏】卻，空也，息也。昨日初來，妄生譏刺，今時思省，方覺己非，所以引過責躬，深懷慚竦。心之空矣，不識何耶。【釋文】「復見」扶又反。「有刺」（于）〔千〕①賜反。「正卻」去逆反。或云：息也。

〔校〕①千字依釋文原本改。

老子曰：「夫巧知神聖之人，吾自以爲脱焉〔一〕。昔者子呼我牛也而謂之牛，呼我馬也而謂之馬〔二〕。苟有其實，人與之名而弗受〔三〕，再受其殃〔四〕。吾服也恒服〔五〕，吾非以服有服〔六〕。」

〔一〕【注】脱，過去也。【疏】夫巧智神聖之人者，蓋是迹，非所以迹也。「汝言我欲於聖人乎？我於此久以免脱，汝何爲乃謂我是聖非聖耶？」老君欲抑成綺之譏心，故示以息迹歸本也。

郭注云，脱，過去也，謂我於聖已得過免而去也。【釋文】「夫巧」苦教反，又如字。「知」音智。「爲脱」徒活反。注同。

〔二〕【注】隨物所名。

〔三〕【注】有實，故不以毁譽經心也。【釋文】「毁譽」音餘，下同。

〔四〕【注】一毁一譽，若受之於心，則名實俱累，斯所以再受其殃也。【疏】昨日汝唤我作牛，我即從汝唤作牛，唤我作馬，我亦從汝唤作馬，我終不拒。且有牛馬之實，是一名也。人與之名，諱而不受，是再殃也。譏刺之言，未甚牛馬，是尚不諱，而况非乎！

〔五〕【注】服者，容行之謂也。不以毁譽自殃，故能不變其容。【疏】郭注云，服者，容行之謂也。老君體道大聖，故能制服身心，行行容受，呼牛呼馬，唯物是從，此乃恒常，非由措意也。【釋文】「容行」如字。

〔六〕【注】有爲爲之，則不能恒服。【疏】言我率性任真，自然容受，非關有心用意，方得而然。必也用心，便成矯性，既其有作，豈曰無爲！

士成綺鴈行避影，履行遂進而問：「修身若何〔一〕？」

〔一〕【疏】成綺自知失言，身心慙愧，於是鴈行斜步，側身避影，隨逐老子之後，不敢履躡其迹，仍徐進問，請修身之道如何。

老子曰：「而容崖然〔一〕，而目衝然〔二〕，而顙頯然〔三〕，而口闞然〔四〕，而狀義然〔五〕，似繫馬而止也〔六〕。動而持〔七〕，發也機〔八〕，察而審〔九〕，知巧而覩於泰〔一〇〕，凡以爲不信〔一一〕。邊竟①有人焉，其名爲竊〔一二〕。」

〔一〕【注】進趨不安之貌。【疏】而，汝也。言汝莊飾容貌，夸駭於人，自爲崖岸，不能舒適。

〔二〕【注】衝出之貌。【疏】心既不安，目亦馳動，故左盼右睇，睢盱充詘也。

〔三〕【注】高露發美之貌。【疏】顙額高亢，顯露華飾，持此容儀，矜敖於物。【釋文】「顙頯」上息黨反，下去軌反。本又作顯，如字。司馬本作魌。

〔四〕【注】虓豁之貌。【疏】郭注云，虓豁之貌也。謂志性强梁，言語雄猛，夸張虓豁，使人可畏也。【釋文】「闞」郭許覽反，又火斬反，又火暫反。「虓」火交反。「豁」火括反。

〔五〕【注】踶跂自持之貌。【疏】義，宜也。踶跂驕豪，實乖典禮，而修飾容狀，自然合宜也。【釋文】「踶」直氏反。「跂」去氏反。○慶藩案義讀爲峨。義然，峨然也。説詳俞氏大宗師篇平議。郭訓成疏兩失之。

〔六〕【注】志在奔馳。【疏】形雖矜莊，而心性諠躁，猶如逸馬被繫，意存奔走。

〔七〕【注】不能自舒放也。【疏】馳情逐境，觸物而動，不能任適，每事拘持。

〔八〕【注】趨捨速也。【疏】機，弩牙也。攀緣之心，遇境而發，其發猛速，有類弩牙。

〔九〕【注】明是非也。【疏】不能虛遣，違順兩忘，而明察是非，域心審定。

〔一〇〕【注】泰者，多於本性之謂也。巧於見泰，則拙於抱朴。【疏】泰，多也。不能忘巧忘知，觀無爲之一理，而詐知詐巧，見有爲之多事。

〔一一〕【注】凡此十事，以爲不信性命而蕩夫毁譽，皆非修身之道也。【疏】信，實也。言此十事，皆是虚詐之行，非真實之德也。○家世父曰：郭象云，凡此十事，以爲不信性命而蕩夫毁譽，於文多一轉折。凡以爲不信，言凡所爲皆出於矯揉，與自然之性不相應，故謂之不信。容也，目也，顙也，口也，狀也，一有矜持，若繫馬而制其奔突，不能自信於心也。動而發，一其機應之，而相勝以知巧，不能自信於外也。微分兩義，不得爲十事。

〔一二〕【注】亦如②汝所行，非正人也。【疏】竊，賊也。邊蕃境域，忽有一人，不憚憲章，但行竊盜。内則損傷風化，外則阻隔蕃情，蠹政害物，莫斯之甚。成綺之行，其猥亦然，舉動睢盱，猶如此賊也。【釋文】「邊竟」音境。「有人焉其名爲竊」邊垂之人，不聞知禮樂之正，縱有言語，偶會墳典，皆是竊盜所得，其道何足語哉！司馬云：言遠方嘗有是人。

〔校〕①趙諫議本竟作境。②世德堂本如作知。

夫子曰：「夫道，於大不終，於小不遺，故萬物備〔一〕。廣廣乎其无不容也，淵①乎其不可測也〔二〕。形德仁義，神之末也，非至人孰能定之〔三〕！夫至人有世，不亦大乎！而不足以爲之累〔四〕。天下奮棅而不與之偕〔五〕，審乎無假而不與利遷〔六〕，極物之真，能守其本〔七〕，故外天地，遺萬物，而神未嘗有所困也〔八〕。通乎道，合乎德〔九〕，退仁義〔一〇〕，賓禮樂〔一一〕，至人之心有所定矣〔一二〕。」

〔一〕【疏】莊周師老君，故呼爲夫子也。終，窮也。二儀雖大，猶在道中，不能窮道之量；秋毫雖小，待之成體，此則於小不遺。既其能小能大，故知備在萬物。

〔二〕【疏】既大無不包，細無不入，貫穿萬物，囊括二儀，故廣廣歎其寬博，淵乎美其深遠。○慶藩案廣廣，猶言曠曠也。曠曠者，虛無人之貌。〔漢書〕五行志，師出過時，茲謂廣，李奇曰：廣，音曠。曠與廣，古字義通。（漢書）武五子傳，横術（薛瓚曰：術，道路也。）何廣廣兮，蘇林曰：廣，音曠。

〔三〕【疏】夫形德仁義者，精神之末迹耳，非所以迹也，救物之弊，不得已而用之。自非至聖神人，誰能定其粗妙耶！

〔四〕【注】用世，故不患其大也。【疏】聖人威跨萬乘，王有世界，位居九五，不亦大乎！而姑射汾陽，忘物忘己，即動即寂，何四海之能累乎！

〔五〕【注】靜而順之。【疏】棅，權也。偕，居也。社稷顛覆，宇內崩離，趨世之人，奮動權棅，必靜而自守，不與並逐也。【釋文】「奮棅」音柄。司馬云：威權也。李丑倫反。一本作楝。○家世父曰：釋文引司馬云：棅，威權也。說文：柄，柯也。柄，或（從）〔作〕棅。管子山權數篇此之謂國權，此謂君棅。操國計之盈虛，謂之國權。制人事之重輕，謂之君棅。棅者，所藉以制事者也。大者制大，小者制小，相與奮起以有爲於世，皆有所借者也。說文：叚，借也。無所假則無爲，無爲則因以爲弟靡，因以爲波流，而隨物以遷焉。無假而不與利遷，斯之謂無爲而無不爲。郭象云，任真而直往，非也。

〔六〕【注】任真而直往也。【疏】志性安静，委命任真，榮位既不關情，財利豈能遷動也！

〔七〕【疏】夫聖人靈鑒洞徹，窮理盡性，斯極物之真者也。而應感無方，動不傷寂，能守其本。

〔八〕【疏】雖復握圖御寓，總統羣方，而忘外二儀，遺棄萬物，是以爲既無爲，事既無事，心閒神王，何困弊之有！

〔九〕【疏】淡泊之心，通乎至道，虚忘之智，合乎上德，斯乃境智相會，能(斯)〔所〕冥符也。

〔一〇〕【注】進道德也。

〔一一〕【注】以情性爲主也。【疏】退仁義之澆薄，進道德之淳和，擯禮樂之浮華，主無爲之虚淡。○俞樾曰：賓當讀爲擯，謂擯斥禮樂也，與上句退仁義一律。郭注曰，以性情爲主也，則以本字讀之，其義轉迂。達生篇曰，賓於鄉里，逐於州部，此即假賓爲擯之證。○慶藩案俞説是也。古賓擯音同，音同之字，往往叚借爲義。周禮司儀，賓拜送幣，釋文云：賓，音擯。本書徐無鬼篇，賓於寡人，司馬本賓作擯，即其證。

〔一二〕【注】定於無爲也。【疏】恬淡無爲而用不乖寂，定矣。

〔校〕①闕誤引江南古藏本重淵字。

世之所貴道者書也〔一〕，書不過語，語有貴也。語之所貴者意也〔二〕，意有所隨。意之所隨者，不可以言傳也〔三〕，而世因貴言傳書。世雖貴之①，我猶不足貴也，爲其貴非其貴也〔四〕。故視而可見者，形與色也；聽而可聞者，名與聲也。悲夫，世人以形色名聲爲足以得彼之情！夫形色名聲果不足以得彼之情〔五〕，則知者不言，言者不知，而世豈識之哉〔六〕！

〔一〕【疏】道者，言說；書者，文字。世俗之人，識見浮淺，或託語以通心，或因書以表意，持（許）〔誦〕往來，以爲貴重，不知無足可言也。

〔二〕【疏】所以致書，貴宣於語，所以宣語，貴表於意也。

〔三〕【疏】隨，從也。意之所出，從道而來，道既非色非聲，故不可以言傳說。【釋文】「言傳」丈專反。後同。

〔四〕【注】其貴恒在意言之表。【疏】夫書以載言，言以傳意，而末世之人，心靈暗塞，遂貴言重書，不能忘言求理。故雖貴之，我猶不足貴者，爲言書糟粕，非可貴之物也。故郭注云，其貴恒在意言之表。【釋文】「爲其」于僞反。

〔五〕【注】得彼〔之〕②情，唯忘言遺書者耳。【疏】夫目之所見，莫過形色，耳之所聽，唯在名聲。而世俗之人，不達至理，謂名言聲色，盡道情實。豈知玄極，視聽莫偕！愚惑如此，深可悲歎。郭注云，得彼之情，唯忘言遺書者耳。

〔六〕【注】此絶學去知之意也。　【疏】知道者忘言，貴德者不知，而聾俗愚迷，豈能識悟！　唯當達者方體之矣。　【釋文】「知者」如字。下同。或並音智。「去尚」起吕反。

〔校〕①世德堂本之下有哉字。②之字依宋本及疏補。

桓公讀書於堂上。輪扁斲輪於堂下，釋椎鑿而上，問桓公曰：「敢問，公之所讀者①何言邪〔一〕？」

〔一〕【疏】桓公，齊桓公也。輪，車輪也。扁，匠人名也。斲，雕斫也。釋，放也。齊君翫讀，輪扁打車，貴賤不同，事業各異，乃釋放其具，方事質疑。欲明至道深玄，不可傳(集)〔説〕，故寄桓公匠者，略顯忘言之致也。【釋文】「桓公」李云：齊桓公也，名小白。「輪扁」音篇，又符殄反。司馬云：斲輪人也，名扁。「斲」陟角反。「椎」直追反。「而上」時掌反。

〔校〕①世德堂本者作爲。

公曰：「聖人之言也〔一〕。」

〔一〕【疏】所謂憲章文武，祖述堯舜，是聖人之言。

曰：「聖人在乎〔一〕？」

〔一〕【疏】又問：「聖人見在以不？」

公曰：「已死矣〔一〕。」

〔一〕【疏】答曰：「聖人雖死，厥教尚存焉。」

曰：「然則君之所讀者，古人之糟魄已夫〔一〕！」

〔一〕【疏】（夫）酒滓曰糟，漬糟曰粕。夫醇酎比乎道德，糟粕方之仁義，已陳芻狗，曾何足云！【釋文】「糟」音遭。李云：酒滓也。「魄」普各反。司馬云：爛食曰魄。一云：糟爛爲魄。本又作粕，音同。許慎云：粕，已漉麤糟也。或普白反，謂魂魄也。「已夫」音符。絶句。或如字。○慶藩案釋文，魄，本又作粕，即司馬本也。文選陸士衡文賦〔注〕引司馬云：爛食曰粕。

桓公曰：「寡人讀書，輪人安得議乎！有説則可，无説則死〔一〕。」

〔一〕【疏】貴賤禮隔，不可輕言，庸委之夫，輒敢議論。説若有理，方可免辜，如其無辭，必獲死罪。

輪扁曰：「臣也以臣之事觀之。斲輪，徐則甘而不固，疾則苦而不入。不徐不疾，得之於手而應於心，口不能言，有數存焉於其間。〔一〕臣不能以喻臣之子，臣之子亦不能受之於臣，是以行年七十而老斲輪〔二〕。古之人與其不可傳也死矣，然則君之所讀者，古人之糟魄已夫〔三〕！」

〔一〕【疏】甘，緩也。苦，急也。數，術也。夫斲輪失所則〔不〕①牢固，若使得宜，則口不能言也。況之理教，其義亦然。【釋文】「甘」如字，又音酣。司馬云：甘者，緩也。苦者，急也。「有數」李云：色注反，數，術也。○盧文弨曰：案前後俱作色主反，此注字疑譌。

〔二〕【注】此言物各有性，教學之無益也。　【疏】喻，曉也。輪扁之術，不能示其子，輪扁之子，亦不能稟受其教，是以行年至老，不免斤斧之勞。故知物各有性，不可倣效。

〔三〕【注】當古②之事，已滅③於古矣，雖或傳之，豈能使古在今哉！古不在今，今事已變，故絶學任性，與時變化而後至焉。　【疏】夫聖人制法，利物隨時，時既不停，法亦隨變。是以古人古法淪殘於前，今法今人自興於後，無容執古聖迹行乎今世。故知所讀之書，定是糟粕也。　【釋文】「人與」如字，又一音餘。「可傳」直專反。注同。

〔校〕①不字依正文補。②趙諫議本古作今。③趙本滅作減。

莊子集釋卷五下

外篇　天運第十四〔一〕

〔一〕【釋文】以義名篇。天運，司馬作天員。

「天其運乎〔一〕？地其處乎〔二〕？日月其争於所乎〔三〕？孰主張是〔四〕？孰維綱是〔五〕？孰居无事推而行是〔六〕？意者其有機緘而不得已邪〔七〕？意者其運轉而不能自止邪〔八〕？雲者爲雨乎？雨者爲雲乎〔九〕？孰隆施①是〔一〇〕？孰居无事淫樂而勸是〔一一〕？風起北方，一西一東，有②上彷徨，孰噓吸是？孰居无事而披拂是〔一二〕？敢問何故〔一三〕？」

〔一〕【注】不運而自行也。【疏】言天稟陽氣，清浮在上，無心運行而自動。【釋文】「其運」爾雅云：運，徙也。廣雅云：轉也。○慶藩案運，釋文司馬本作員，運員二字，古通用也。越語廣運百里，韋注曰：東西爲廣，南北爲運。西山經作廣員百里。墨子非命上篇譬猶運鈞之上而立朝夕者也，中篇運作員。運，古又讀若云。云與員通。管子戒篇四時云下而萬物化，云即運字。説文，鴆，一名運日，劉逵吳都賦注運日作云日。云即員也。書泰誓雖則云然，漢書韋賢傳注作員然。詩出其東門聊樂我員，釋文：員，本作云。商頌景員維何，鄭箋：員，古文作云。皆其證。

〔二〕【注】不處而自止也。【疏】地稟陰氣，濁沈在下，亦無心寧静而自止。

〔三〕【注】不争所而自代謝也。【疏】晝夜照臨，出没往來，自然如是。既無情於代謝，豈有心於争處！

〔四〕【疏】孰，誰也。是者，指斥前文也。言四時八節，雲行雨施，覆育蒼生，亭毒羣品，誰爲主宰而施張乎？此一句解天運也。

〔五〕【注】皆自爾。【疏】山岳産育，川源流注，包容萬物，運載無窮，春生夏長，必無差忒。是誰維持綱紀，故得如斯？此一句解地處也。

〔六〕【注】無則無所能推，有則各自有事。然則無事而推行是者誰乎哉？各自行耳。【疏】夫日月代謝，星辰朗耀，各有度數，咸由自然。誰安居無事，推算而行之乎？此一句解日月争所。已前三者，並假設疑問，顯發幽微。故知皆自爾耳，無物使之然也。【釋文】「推而」如字，一音吐回反。司馬本作誰。

〔七〕【疏】機，關也。緘，閉也。玄冬肅殺，夜(霄)〔宵〕暗昧，以意億度，謂有主司關閉，事不得已，致令如此。以理推者，皆自爾也。方地不動，其義亦然也。【釋文】「緘」古咸反，徐古陷反。司馬本作咸，云：引也。

〔八〕【注】自爾，故不可知也。【疏】至如青春氣發，萬物皆生，晝夜開明，六合俱照，氣序運轉，致兹生育，尋其理趣，無物使然。圓天運行，其義亦爾也。

〔九〕【注】二者俱不能相爲，各自爾也。【疏】夫氣騰而上，所以爲雲；雲散而下，流潤成雨。然推尋始末，皆無攸肇，故知二者不能相爲。【釋文】「爲雨」于僞反。下及注同。

〔一〇〕【疏】隆，興也。施，廢也。言誰興雲雨而洪注滂沱，誰廢甘澤而致兹亢旱也。【釋文】「隆施」音弛，式氏反。○俞樾曰：此承上雲雨而言。隆當作降，謂降施此雲雨也。書大傳隆谷，鄭注曰：隆讀如龐降之降。蓋隆從降聲，古音本同。荀子天論篇隆禮尊賢而王，韓詩外傳隆作降。齊策歲八月降雨下，風俗通義祀典篇降作隆。是古字通用之證。

〔一一〕【疏】誰安居無事，自勵勸彼，作此淫雨而快樂邪？司馬本作倦字。【釋文】「淫樂」音洛，又音嶽。「而勸」司馬本勸作倦，云：讀曰隨，言誰無所作，在隨天往來，運轉無已也。

〔一二〕【疏】彷徨，迴轉之貌也。噓吸，猶吐納也。披拂，猶扇動也。北方陰氣，起風之所，故云北方。夫風吹無心，東西任適，或彷徨而居空裹，或噓吸而在山中，拂披升降，略無定準。孰居無事而爲此乎？蓋自然也。【釋文】「有上」時掌反。「彷」薄皇反。「徨」音皇。司馬本作旁皇，云：旁皇，飆風也。「噓」音虚。「吸」許急反。「披」芳皮反。「拂」芳弗反，郭扶弗反。披拂，風貌。司馬本作翇。

〔一三〕【注】設問所以自爾之故。　【疏】此句總問以前有何意故也。

〔校〕①闕誤引李氏本施作弛。②闕誤引張君房本有作在。

巫咸袑曰：「來！吾語女。天有六極五常〔一〕，帝王順之則治，逆之則凶〔二〕。九洛之事，治成德備，監照下土〔三〕，天下戴之，此謂上皇〔四〕。」

〔一〕【注】夫物事之近，或知其故，然尋其原以至乎極，則無故而自爾也。自爾則無所稍問其故也，但當順之。　【疏】巫咸，神巫也，爲殷中宗相。袑，名也。六極，謂六合，四方上下也。五常，謂五行，金木水火土，人倫之常性也。言自然之理，有此六極五常，至於日月風雲，例皆如此，但當任之，自然具足，何爲措意於其間哉！【釋文】「巫咸袑」赤遥反，郭音條，又音紹。李云：巫咸，殷相也。袑，寄名也。「吾語」魚據反。「女」音汝。後皆同。「六極」司馬云：四方上下也。◯俞樾曰：六極五常，疑即洪範之五福六極也。常與祥，古字通。儀禮士虞禮記薦此常事，鄭注曰：古文常爲祥，是其證也。説文示部：祥，福也。然則五常即五福也。下文曰，九洛之事，治成德備，其即謂禹所受之洛書九類乎！

〔二〕【注】夫假學可變，而天性不可逆也。　【疏】夫帝王者，上符天道，下順蒼生，垂拱無爲，因循任物，則天下治矣。而逆萬國之歡心，乖二儀之和氣，所作凶(勃)〔悖〕，則禍亂生也。

〔三〕【疏】九洛之事者，九州聚落之事也。言王者應天順物，馭用無心，故致天下太平，人歌擊壤。九州聚落之地，治定功成；八荒夷狄之邦，道圓德備。既合二儀，覆載萬物；又齊三景，照臨下土。○家世父曰：此言天之運自然而已，帝王順其自然，以道應之，天地亦受裁成焉，而風雨調，四時序。九洛之事，即禹所受之九疇也。莊子言道有不詭於聖人者，此類是也。

〔四〕【注】順其自爾故也。【疏】道合自然，德均造化，故衆生樂推而不厭，百姓荷戴而不辭，可謂返樸還淳，上皇之治也。

商大宰蕩問仁於莊子〔一〕。莊子曰：「虎狼，仁也〔二〕。」

〔一〕【疏】宋承殷後，故商即宋國也。大宰，官號，名盈，字蕩。方欲決己所疑，故問仁於莊子。

【釋文】「商大」音泰，下文大息同。「宰蕩」司馬云：商，宋也，大宰，官也，蕩，字也。

〔二〕【疏】仁者，親愛之迹。夫虎狼猛獸，猶解相親，足明萬類皆有仁性也。

曰：「何謂也〔一〕？」

〔一〕【疏】大宰未達深情，重問有何意謂。

莊子曰：「父子相親，何爲不仁〔一〕？」

〔一〕【疏】父子親愛，出自天然，此乃真仁，何勞再問！

曰：「請問至仁〔一〕。」

〔一〕【疏】虎狼親愛，厥義未弘，故請至仁，庶聞深旨。

莊子曰：「至仁無親〔一〕。」

〔一〕【注】無親者，非薄德之謂也。夫人之一體，非有親也；而首自在上，足自處下，府藏居内，皮毛在外；外内上下，尊卑貴賤，於其體中各任其極，而未有親愛於其間也。然至仁足矣，故五親六族，賢愚遠近，不失分於天下者，理自然也，又奚取於有親哉！【疏】夫至仁者，忘懷絶慮，與大虚而同體，混萬物而爲一，何親疏之可論乎！泊然無心而順天下之親疏也。

【釋文】「府藏」才浪反。

大宰曰：「蕩聞之，無親則不愛，不愛則不孝。謂至仁不孝，可乎？〔二〕

〔二〕【疏】夫無愛無親，便是不孝。謂至仁不孝，於理可乎？商蕩不悟深旨，遂生淺惑。莊生爲其顯折，義列下文。【釋文】「蕩聞之」一本蕩作盈，崔本同。或云：盈，大宰字。

莊子曰：「不然。夫至仁尚矣，孝固不足以言之〔一〕。此非過孝之言也，不及孝之言也〔二〕。夫南行者至於郢，北面而不見冥山，是何也？則去之遠也〔三〕。故曰：以敬孝易，以愛孝難〔四〕；以愛孝易，以忘親難〔五〕；忘親易，使親忘我難〔六〕；使親忘我易，兼忘天下難；兼忘天下易，使天下兼忘我難〔七〕。夫德遺堯舜而不爲也〔八〕，利澤施於萬世，天下莫知也〔九〕，豈直大息而言仁孝乎哉〔一〇〕！夫孝悌仁義，忠信貞廉，此皆自勉以役其德者也，不足多也〔一一〕。故曰，至貴，國爵并焉〔一二〕；至富，國財并焉〔一三〕；至願，名譽并焉〔一四〕。是以道不渝〔一五〕。」

〔一〕【注】必言之於忘仁忘孝之地，然後至耳①。　【疏】至仁者，忘義忘仁，可貴可尚，豈得將愛敬近迹以語其心哉？　固不足以言也。

〔二〕【注】凡名生於不及者，故過仁孝之名而涉乎無名之境，然後至焉。　【疏】商蕩之問，近滯域中，莊生之答，遠超方外。故知親愛之旨，非過孝之談，封執名教，不及孝之言也。

〔三〕【注】冥山在乎北極，而南行以觀之；至仁在乎無親，而仁愛以言之；故郢雖見而愈遠冥山，仁孝雖彰而愈非至理也。　【疏】郢地居南，冥山在北，故郭注云，冥山在乎北極，南行以觀之；至仁在乎無親，而仁愛以言之；故郢雖見而愈遠冥山，仁孝雖彰而愈非至道。此注甚明，不勞更解。　【釋文】「郢」以井反，又以政反，楚都也，在江陵北。「冥山」司馬云：北海山名。○慶藩案史記蘇秦列傳索隱引司馬云：冥山在朔州北。與釋文異。「愈遠」于萬反。

〔四〕【疏】夫敬在形迹，愛率本心。心由天性，故難；迹關人情，故易也。　【釋文】「孝易」以豉反。下皆同。

〔五〕【疏】夫愛孝雖難，猶滯域中，未若忘親，澹然無係。忘既勝愛，有優有劣，以此格量，難易明之矣。

〔六〕【疏】夫騰蝯斷腸，老牛舐犢，恩慈下流，物之恒性。故子忘親易，親忘子難。自非達道，孰能行之！

〔七〕【注】夫至仁者，百節皆適，則終日不自識也。聖人在上，非有爲也，恣之使各自得而已耳。

自得其爲，則衆務自適，羣生自足，天下安得不各自忘我哉！各自忘矣，主其安在乎？斯所謂兼忘也。【疏】夫兼忘天下者，棄萬乘如脱屣也；使天下兼忘我者，謂百姓日用而不知也。夫垂拱汾陽而游心姑射，揖讓之美，貴在虚忘，此兼忘天下者也。方前則難，比後便易，未若忘懷至道，息智自然，將造化而同功，與天地而合德者，故能恣萬物之性分，順百姓之所爲，大小咸得，飛沈不喪，利澤潛被，物皆自然，上如標枝，民如野鹿。當是時也，主其安在乎？此使天下兼忘我者也，可謂軒頊之前，淳古之君耳。其德不見，故天下忘之。斯則從劣向優，自粗入妙，遣之又遣，玄之又玄也。

〔八〕【注】遺堯舜，然後堯舜之德全耳；若係之在心，則非自得也。【疏】遺，忘棄也。言堯舜二君，盛德深遠，而又忘其德，任物不爲。斯解兼忘天下難。

〔九〕【注】泯然常適。【疏】有利益恩澤，惠潤羣生，萬世之後，其德不替，而至德潛被，日用不知。斯解使天下兼忘我難也。

〔一〇〕【注】失於江湖，乃思濡沫。【疏】大息，猶嗟歎也。夫盛德同於堯舜，尚能遺忘而不自顯，豈復太息言於仁孝，嗟歎於陳迹乎！【釋文】「濡沫」音末。

〔一一〕【疏】悌，順也。德者，真性也。以此上八事，皆矯性僞情，勉强勵力，捨己効人，勞役其性，故不足多也。【釋文】「孝弟」音悌。○盧文弨曰：舊本作孝悌，音弟。此因今本作悌而妄改也。若作悌字，則更無兩讀，又何用音？此如他卷道音導，亦有倒作導音道者，皆出後人所變亂，今正之。

〔一二〕【注】并，除棄之謂也。夫貴在於身，身猶忘之，况國爵乎！斯貴之至也。【疏】并者，除棄之謂也。夫貴爵禄者，本爲身也。身猶忘之，況爵禄乎！斯至貴者也。【釋文】「并焉」必領反，棄除也。注同。

〔一三〕【注】至富者，自足而已，故除天下之財者也。【疏】至富者，知足者也。知足之人，以不貪爲寶，縱令傾國資財，亦棄而不用。故老經云，知足者富，斯之謂也。

〔一四〕【注】所至願者適也，得適而仁孝之名都去矣。【疏】夫至願者，莫過適性也。既一毁譽，混榮辱，忘物我，泯是非，故令聞聲名，視之如涕唾也。

〔一五〕【注】去華取實故也。【疏】渝，變也，薄也。既忘富貴，又遺名譽，是以道德淳厚，不隨物變也。【釋文】「去華」起吕反。

〔校〕①世德堂本耳作矣。

北門成問於黃帝曰：「帝張咸池之樂於洞庭之野〔一〕，吾始聞之懼，復聞之怠，卒聞之而惑〔二〕；蕩蕩默默，乃不自得〔三〕。」

〔一〕【疏】姓北門，名成，黃帝臣也。欲明至樂之道，故寄此二人，更相發起也。咸池，樂名。張，施也。咸，和也。洞庭之野，天（地）〔池〕之間，非太湖之洞庭也。【釋文】「北門成」人姓名也。「洞庭」徒送反。

〔二〕【疏】怠，退息也。卒，終也。復，重也。惑，闇也。不悟至樂，初聞之時，懼然驚悚；再聞其聲，稍悟音旨，故懼心退息；最後聞之，知至樂與二儀合德，視之不見，聽之不聞，故心無分別，有同暗惑者也。【釋文】「之懼」如字。或音句，下同。一本作戄，音況縛反。案說文，懼是正字，戄是古文。○盧文弨曰：說文，愳，古文懼字；有愯字，與聳同，非懼字重文，並無戄字。不知陸氏所據。「復聞」扶又反。下注同。

〔三〕【注】不自得，坐忘之謂也。【疏】蕩蕩，平易之容。默默，無知之貌。第三聞之，體悟玄理，故蕩蕩而無偏，默默而無知，芒然坐忘，物我俱喪，乃不自得。

帝曰：「汝殆其然哉！吾奏之以人，徵①之以天，行之以禮義，建之以大清〔一〕。夫至樂者，先應之以人事，順之以天理，行之以五德，應之以自然，然後調理四時，太和萬物〔二〕。四時迭起，萬物循生；一盛一衰，文武倫經〔三〕；一清一濁，陰陽調和，流光其聲〔四〕；蟄蟲始作，吾驚之以雷霆〔五〕；其卒无尾，其始无首〔六〕；一死一生，一僨一起；所常无窮〔七〕，而一不可待。汝故懼也〔八〕。

〔一〕【注】由此觀之，知夫至樂者，非音聲之謂也；必先順乎天，應乎人，得於心而適於性，然後發之以聲，奏之以曲耳。故咸池之樂，必待黃帝之化而後成焉。【疏】殆，近也。奏，應也。徵，順也。禮義，五德也。太清，天道也。黃帝既允北門成第三聞樂，體悟玄道，忘知息慮，是以許其所解，故云汝近於自然也。【釋文】「徵之」如字。古本多作徽。「大清」音泰。

〔二〕【疏】雖復行於禮義之迹，而忘自然之本者也。此是第一奏也。

〔三〕【疏】循，順；倫，理；經，常也。言春夏秋冬更迭而起，一切物類順序而生；夏盛冬衰，春文秋武，生殺之理，天道之常，但常任之，斯至樂矣。【釋文】「迭起」大節反。一本作遞，大計反。「循生」似倫反。

〔四〕【注】自然律吕以滿天地之閒，但當順而不奪，則至樂全②。【疏】清，天也。濁，地也。陰升陽降，二氣調和，故施生萬物，和氣流布，三光照燭，此謂至樂，無聲之聲。○家世父曰：樂記，禮減而進，以進爲文；樂盈而反，以反爲文；故樂闋而後作衰者，闋之餘聲也。始奏以文，復亂以武，以文武紀其盛衰。倫經，猶言經綸。比和分合，所謂經綸也。

〔五〕【注】因其自作而用其所以動。【疏】仲春之月，蟄蟲始啓，自然之理，驚之雷霆，所謂動靜順時，因物或作，至樂具合斯道也。【釋文】「蟄蟲」沈執反，郭音執。爾雅云：靜也。「霆」音廷，又音挺，徒佞反。電也。○家世父曰：雷霆之起，莫知其所自起，莫知其所自竟。其所自起，首也，生之端也；其所自竟，尾也，死之歸也。死生者，萬物之大常，與天爲無窮，而忽一至焉，則亦物之所不能待也。以喻樂之變化，動於自然。

〔六〕【注】運轉無極。【疏】尋求自然之理，無始無終；討論至樂之聲，無首無尾。故老經云，迎之不見其首，隨之不見其後也。

〔七〕【注】以變化爲常，則所常者無窮也。【疏】僨，仆也。夫盛衰生死，虛盈起僨，變化之道，理之常數。若以變化爲常，則所謂常者無窮也。【釋文】「一僨」方問反。司馬云：仆也。

〔八〕【注】初聞無窮之變，不能待之以一，故懼然悚聽也。【疏】至一之理，絕視絕聽，不可待之以聲色，故初聞懼然也。○俞樾曰：一不可待者，皆不可待也。大戴記衛將軍文子篇，則一諸侯之相也，盧注曰：一，皆也。荀子勸學篇，一可以爲法則，君子篇，一皆善也謂之聖，楊注曰：一，皆也。是一有皆義。郭注曰，不能待之以一，與語意未合。

〔校〕①趙諫議本徵作徽。②趙本全下有矣字。

吾又奏之以陰陽之和，燭之以日月之明〔一〕；其聲能短能長，能柔能剛；變化齊一，不主故常〔二〕；在谷滿谷，在阬滿阬〔三〕；塗郤守神〔四〕，以物爲量〔五〕。其聲揮綽〔六〕，其名高明〔七〕。是故鬼神守其幽〔八〕，日月星辰行其紀〔九〕。吾止之於有窮〔一〇〕，流之於无止〔一一〕。予欲慮之而不能知也，望之而不能見也，逐之而不能及也〔一二〕；儻然立於四虛之道〔一三〕，倚於槁梧而吟〔一四〕。目知窮乎所欲見，力屈乎所欲逐，吾既不及已夫①〔一五〕！形充空虛，乃至委蛇。汝委蛇，故怠〔一六〕。

〔一〕【注】所謂用天之道。【疏】言至樂之聲，將陰陽合其序；所通生物，與日月齊其明。此第二奏也。

〔二〕【注】齊一於變化，故不主故常。　【疏】順羣生之修短，任萬物之柔剛，齊變化之一理，豈守故而執常！

〔三〕【注】至樂之道，無不周也。　【疏】至樂之道，無所不徧，乃谷乃阬，悉皆盈滿。所謂道無不在，所在皆無也。　【釋文】「在阬」苦庚反。爾雅云：虚也。

〔四〕【注】塞其兑也。　【疏】塗，塞也。郤，孔也。閉心知之孔郤，守凝寂之精神。郭注云，塞其兑也。　【釋文】「塗郤」去逆反，與隙義同。「其兑」徒外反。

〔五〕【注】大制不割。　【疏】量，音亮。大小修短，隨物器量，終不制割而從己也。　【釋文】「爲量」音亮。

〔六〕【注】所謂闡諧。　【疏】揮，動也。綽，寬也。同雷霆之震動，其聲寬也。

〔七〕【注】名當其實，則高明也。　【疏】高如上天，明如日月，聲既廣大，名亦高明。

〔八〕【注】不離其所。　【疏】人物居其顯明，鬼神守其幽昧，各得其所而不相撓。故老經云，以道利天下，其鬼不神也。　【釋文】「不離」力智反。

〔九〕【注】不失其度。　【疏】三光朗耀，依分而行，綱紀上玄，必無差忒也。

〔一〇〕【注】常在極（止）〔上〕②住也。　【疏】止，住也。窮，極也。雖復千變萬化，而常居玄極，不離妙本，動而常寂也。

〔一一〕【注】隨變而往也。　【疏】流，動也。應感無方，隨時適變，未嘗執守，故寂而動也。

〔一二〕【注】故闇然恣使化去。【疏】夫至樂者，真道也。欲明道非心識，故謀慮而不能知；道非聲色，故瞻望而不能見；道非形質，故追逐而不能逮也。

〔一三〕【注】弘敞無偏之謂。【疏】儻然，無心貌也。四虛，謂四方空，大道也。言聖人無心，與至樂同體，立志弘敞，接物無偏，包容萬有，與虛空而合德。【釋文】「儻」敕黨反，一音敞。

〔一四〕【注】無所復爲也。【疏】弘敞虛容，忘知絶慮，故形同槁木，心若死灰，逍遥無爲，且吟且詠也。【釋文】「倚於」於綺反。「槁」古③老反。

〔一五〕【注】言物之知力各有所齊限。【疏】夫目知所見，蓋有涯限，所以稱窮；力〔所〕馳逐，亦有分齊，所以稱屈。至樂非心色等法，不可以限窮，故吾知盡其不及，故止而不逐也。心既有限，故知愛無名。此覆前予欲慮之等文也。【釋文】「目知」音智。「齊限」才細反。

〔一六〕【注】夫形充空虛，無身也，無身，故能委蛇。委蛇任性，而悚懼之情怠也。【疏】夫形充虛空，則與虛空而等量；委蛇任性，故順萬境而無心；所謂隳體黜聰，離形去智者也。只爲委蛇任性，故悚懼之情怠息。此解第二聞樂也。【釋文】「委」於危反。徐如字。「蛇」以支反。又作施，徐音絁。

〔校〕①趙諫議本夫作矣。②上字依世德堂本改。③世德堂本古作枯。

吾又奏之以无怠之聲〔一〕，調之以自然之命〔二〕，故若混逐叢生〔三〕，林樂而无形〔四〕；布揮而不曳〔五〕，幽昏而无聲〔六〕。動於无方〔七〕，居於窈冥〔八〕；或謂之死，或謂之生；或謂之實，或謂之榮；行流散徙，不主常聲〔九〕。世疑之，稽於聖人〔一〇〕。聖也者，達於情而遂於命也〔一一〕。天機不張而五官皆備，此之謂天樂〔一二〕，无言而心説〔一三〕。故有焱氏爲之頌曰：『聽之不聞其聲，視之不見其形，充滿天地，苞裹六極。』汝欲聽之而无接焉，而故惑也〔一四〕。

〔一〕【注】意既怠矣，乃復無怠，此其至也。【疏】再聞至樂，任性逶迤，悚懼之心，於焉怠息。雖復賢於初聞，猶自不及後聞，故奏無怠之聲。斯則以無遺怠，故郭注云，意既怠矣，乃復無怠，此其至者也。此是第三奏也。

〔二〕【注】命之所有者，非爲也，皆自然耳。【疏】調，和也。凡百蒼生，皆以自然爲其性命。所以奏此咸池之樂者，方欲調造化之心靈，和自然之性命也已。

〔三〕【注】混然無係，隨叢而生。【疏】混，同也。生，出也。同風物之動吹，隨叢林之出聲也。【釋文】「叢生」才公反。

〔四〕【注】至樂者，適而已。適在體中，故無別形。【疏】夫叢林地籟之聲，無心而成至樂，適於性命而已，豈復有形也！【釋文】「林樂」音洛，亦如字。

〔五〕【注】自布耳。【疏】揮動四時，布散萬物，各得其所，非由牽曳。【釋文】「布揮」音輝。廣雅云：振也。

〔六〕【注】所謂至樂。【疏】言至樂寂寥，超於視聽，故幽冥昏暗而無聲響矣。○家世父曰：説文：叢木曰林。林樂者，相與羣樂之。五音繁會，不辨聲之所從出，故曰無形。揮者，振而揚之，若布之曳而愈長，而亦無有曳之者。林樂而無形，其聲聚也；布揮而不曳，其聲悠也；幽昏而無聲，其聲淡也。

〔七〕【注】夫動者豈有方而後動哉！【疏】夫至樂之本，雖復無聲，而應動隨時，實無方所，斯寂而動之也。

〔八〕【注】所謂寧極。【疏】雖復應物隨機，千變萬化，而深根寧極，恒處窈冥，斯動而寂也。【釋文】「於窈」烏了反。

〔九〕【注】隨物變化。【疏】夫春生冬死，秋實夏榮，雲行雨散，水流風從，自然之理，日新其變，至樂之道，豈（常）主〔常〕①聲也！

〔一〇〕【注】明聖人應世非唱也。【疏】稽，留也。夫聖人者，譬幽谷之響，明鏡之象，對之不知其所以來，絶之不知其所以往，物來斯應，應而忘懷，豈預前作法而留心應世！故行留散徙，不主常聲，而世俗之人，妄生疑惑也。【釋文】「稽於」古兮反。

〔一一〕【注】故有情有命者，莫不資焉。【疏】所言聖者，更無他義也，通有物之情，順自然之命，故謂之聖。

〔一二〕【注】忘樂而樂足，非張而後備。【疏】天機，自然之樞機。五官，五藏也。言五藏各有主司，故謂之官。夫目視耳聽，手把腳行，布網轉丸，飛空走地，非由倣效，稟之造物，豈措意而後能爲！故五藏職司，素分備足，天樂之美，其在茲也。

〔一三〕【注】心說在適，不在言也。【疏】體此天和，非由措意，故心靈適悅而妙絕名言也。【釋文】「心說」音悅。注同。

〔一四〕【注】此乃無樂之樂，樂之至也。【疏】焱氏，神農也。美此至樂，爲之章頌。大音希聲，故聽之不聞；大象無形，〔故〕②視之不見；道無不在，故充滿天地二儀；大無不包，故囊括六極。六極，六合也。假欲留意聽之，亦不可以耳根承接，是故體茲至樂，理趣幽微，心無分別，事同愚惑也。【釋文】「焱氏」必遥反。本亦作炎。「苞裹」音包。本或作包。

〔校〕①常聲依正文改。②故字依上下文補。

樂也者，始於懼，懼故祟〔一〕；吾又次之以怠，怠故遁〔二〕；卒之於惑，惑故愚；愚故道，道可載而與之俱也〔三〕。」

〔一〕【注】懼然悚聽，故是祟耳，未大和也。【疏】以下重釋三奏三聽之意，結成至樂之道。初聞至樂，未悟大和，心生悚懼，不能放釋，是故禍祟之也。【釋文】「祟」雖遂反。

〔二〕【注】迹稍滅也。【疏】再聞之後，情意稍悟，故懼心怠退，其迹遁滅也。

〔三〕【注】以無知爲愚，愚乃至也。【疏】最後聞樂，靈府淳和，心無分別，有同闇惑，蕩蕩默默，類彼愚迷。不怠不懼，雅符真道，既而運載無心，與物俱至也。

孔子西遊於衛。顏淵問師金曰：「以夫子之行爲奚如〔一〕？」

〔一〕【疏】衛本昆吾之邑，又是康叔之封。自魯適衛，故曰西遊。師金，魯太師，名金也。奚，何也。言夫子行仁義之道以化衛侯，未知此術行用可否邪？【釋文】「師金」李云：師，魯太師也。金，其名也。「之行」下孟反。

師金曰：「惜乎，而夫子其窮哉〔一〕！」

〔一〕【疏】言仲尼叡哲明敏，才智可惜，守先王之聖迹，執堯舜之古道，所以頻遭辛苦，屢致困窮。

顏淵曰：「何也〔一〕？」

〔一〕【疏】問窮之所以也。

師金曰：「夫芻狗之未陳也，盛以篋衍，巾以文繡，尸祝齊戒以將之〔一〕。及其已陳也，行者踐其首脊，蘇者取而爨之而已；將復取而盛以篋衍，巾以文繡，遊居寢臥其下，彼不得夢，必且數眯焉〔二〕。今而夫子，亦取先王已陳芻狗，聚①弟子游居寢臥其下。故伐樹於宋，削迹於衛，窮於商周，是非其夢邪〔三〕？圍於陳蔡之間，七日不火食，死生相與鄰，是非其眯邪〔四〕？

〔一〕【疏】此下譬喻，凡有六條：第一芻狗，第二舟車，第三桔槔，第四樝梨，第五猿狙，第六妍醜。芻（狗），草也，謂結草爲狗以解除也。衍，笥也。尸祝，巫師也。將，送也。言芻狗未陳，盛以篋笥之器，覆以文繡之巾，致齊絜以表誠，展如在之將送，庶其福祉，貴之如是。【釋文】「芻狗」李云：結芻爲狗，巫祝用之。「盛」音成。下同。「篋」苦牒反。本或作筐。「衍」延善反，郭怡面反。李云：笥也，盛狗之物也。司馬云：合也。○慶藩案巾字，疑飾字之誤。太平御覽引淮南絹以綺繡作飾以綺繡。「齊戒」側皆反。本亦作齋。

〔二〕【注】廢棄之物，於時無用，則更致他妖也。【疏】踐，履也。首，頭也。脊，背也。取草曰蘇。爨，炊也。眯，魘也。言芻狗未陳，致斯肅敬。既祭之後，棄之路中，故行人履踐其頭脊，蘇者取供其炊爨。方將復取而貴之，盛於篋衍之中，覆於文繡之下，遨遊居處，寢卧其旁，假令不致惡夢，必當數數遭魘。故郭注云，廢棄之物，於時無用，則更致他妖也。【釋文】「蘇者」李云：蘇，草也，取草者得以炊也。案方言云：江淮南楚之間謂之蘇。史記云，樵蘇後爨，注云：蘇，取草也。「爨之」七丸反。「將復」扶又反。「必且」如字。徐子餘反。「數」音朔。「眯」李音米，又音美。字林云：物入眼爲病也。司馬云：厭也。音一琰反。

〔三〕【疏】此合芻狗之譬，並合孔子窮義也。先王，謂堯舜禹湯，先代之帝王也。憲章文武，祖述堯舜，而爲教迹，故集聚弟子，遨遊於仁義之域，卧寢於禮信之鄉。古法不可執留，事同已陳芻狗。伐樹於宋者，孔子曾遊於宋，與門人講説於大樹之下，司馬桓魋欲殺夫子，夫子去後，桓魋惡其坐處，因伐樹焉。削，剗也。夫子嘗遊於衛，衛人疾之，故剗削其迹，不見用也。商是殷地，周是東周，孔子歷聘，曾困於此。良由執於聖迹，故致斯弊。狼狽如是，豈非惡夢耶！○俞樾曰：上取字如字，下取字當讀爲聚。周易萃象傳聚以正也，釋文曰：聚，荀作取，漢書五行志，内取兹，師古曰：取，讀如禮記聚麀之聚。是聚取古通用。

〔四〕【注】此皆絶聖棄知之意耳，無所稍嫌也。夫先王典禮，所以適時用也。時過而不棄，即爲民妖，所以興矯效之端也。【疏】當時楚昭王聘夫子，夫子領徒宿於陳蔡之地。蔡人見徒衆極多，謂之爲賊，故興兵圍繞，經乎七日，糧食罄盡，無復炊爨，從者餓病，莫之能興，憂悲困苦，鄰乎死地。豈非遭於已陳芻狗而魘耶！

〔校〕①世德堂本聚作取。

夫水行莫如用舟，而陸行莫如用車。以舟之可行於水也而求推之於陸，則没世不行尋常。〔一〕古今非水陸與？周魯非舟車與？今蘄行周於魯，是猶推舟於陸也，〔二〕勞而无功，身必有殃。彼未知夫无方之傳，應物而不窮者也。〔三〕

〔一〕【疏】夫舟行於水，車行於陸，至於千里，未足爲難。若推舟於陸，求其運載，終没一世，不可數尺。【釋文】「推之」郭吐回反，又如字。下同。

〔二〕【疏】此合（諭）〔喻〕也。蘄，求也。（亦）今古代殊，豈異乎水陸！周魯地異，何異乎舟車！【釋文】「陸與」音餘。下同。「今蘄」音祈，求也。

〔三〕【注】時移世異，禮亦宜變，故因物而無所係焉，斯不勞而有功也。【疏】方，猶常也。傳，轉也。言夫子執先王之迹，行衰周之世，徒勞心力，卒不成功。故削迹伐樹，身遭殃禍也。夫聖人之智，接濟無方，千轉萬變，隨機應物。未知此道，故嬰斯禍也。【釋文】「无方之傳」直專反，下注同。司馬云：方，常也。○慶藩案傳讀若轉，言無方之轉動也。呂氏春秋必己篇，若夫萬物之情，人倫之傳，高注：傳，猶轉也。漢書劉向傳禹稷與咎繇傳相汲引，猶轉相汲引也。淮南主術篇生無乏用，死無轉尸，逸周書大聚篇作傳尸。襄二十五年左傳注，傳寫失之，釋文：傳，一本作轉。

且子獨不見夫桔槔者乎？引之則俯，舍之則仰。彼，人之所引，非引人也，故俯仰而不得罪於人。〔一〕**故夫三皇五帝之禮義法度，不矜於同而矜於治**〔二〕**。故譬三皇五帝之禮義法度，其猶柤梨橘柚邪！其味相反而皆可於口**〔三〕**。**

〔一〕【疏】桔槔，挈水木也。人牽引之則俯下，捨放之則仰上。俯仰上下，引捨以人，委順無心，故無罪。夫人能虛己，其義亦然也。【釋文】「桔」音結。「槔」音羔。○慶藩案文穎說烽火云，櫓上有桔槔，以薪置其中，有寇則然之，字從木。通俗文，機汲謂之㩳捀，字從手。然則從木者櫓上之物，從手者汲水之物也。據莊子文義，當從通俗文爲正。

〔二〕【注】期於合時宜，應治體而已。【疏】矜，美也。夫三皇五帝，步驟殊時，禮樂威儀，不相沿襲，美在逗機，不治以定，不貴率今以同古。【釋文】「於治」直吏反，注同。

〔三〕【疏】夫柤梨橘柚，甘苦味殊，至於噉嚼而皆可於口。譬三皇五帝，澆淳異世，至於爲政，咸適機宜也。【釋文】「柤」側加反。「柚」由救反。

故禮義法度者，應時而變者也〔一〕。今取猨狙而衣以周公之服，彼必齕齧挽裂，盡去而後慊。觀古今之異，猶猨狙之異乎周公也。〔二〕故西施病心而矉其里，其里之醜人見之而美之，歸亦捧心而矉其里。其里之富人見之，堅閉門而不出，貧人見之，挈妻子而去走。〔三〕彼知矉美而不知矉之所以美〔四〕。惜乎，而夫子其窮哉〔五〕！」

〔一〕【注】彼以爲美而此或以爲惡，故當應時而變，然後皆適也。【疏】帝王之迹，蓋無常準，應時而變，不可執留，豈得膠柱刻船，居今行古也！

〔二〕【疏】慊，足也。周公聖人，譬淳古之世；狙猨狡獸，喻澆競之時。是以禮服雖華，猨狙不以爲美；聖迹乃貴，末代不以爲尊。故毀禮服，猨狙始慊其心；棄聖迹，蒼生方適其性。【釋文】「猨狙」上音袁，下七餘反。「而衣」於既反。「齕」音紇。「挽」音晚。「盡去」起呂反。「慊」苦牒反，李云：足也。本亦作嗛，音同。

〔三〕【疏】西施，越之美女也，貌極妍麗，既病心痛，嚬眉苦之。而端正之人，體多宜便，因其嚬蹙，更益其美，是以閭里見之，彌加愛重。鄰里醜人，見而學之，不病强嚬，倍增其陋，故富者惡之而不出，貧人棄之而遠走。捨己效物，其義例然。削迹伐樹，皆學嚬之過也。【釋文】「而矉」徐扶真反，又扶人反。通俗文云：蹙頞曰矉。「其里」絕句。「捧心」敷勇反，郭音奉。「挈」苦結反。

〔四〕【注】況夫禮義，當其時而用之，則西施也；時過而不棄，則醜人也①。【疏】所以，猶所由也。嚬之所以美者，出乎西施之好也。彼之醜人，但美嚬之麗雅，而不知由西施之姝好也。

〔五〕【疏】總會後文，結成其旨。窮之事迹，章中具載矣。

〔校〕①趙諫議本無況夫及二則字。

孔子行年五十有一而不聞道，乃南之沛見老聃〔一〕。

〔一〕【疏】仲尼雖領徒三千，號素王，而盛行五德，未聞大道，故從魯之沛，自北徂南而見老君，以詢玄極故也。　【釋文】「之沛」音貝。司馬云：老子，陳國相人。相，今屬苦縣，與沛相近。

老聃曰：「子來乎？吾聞子，北方之賢者也，子亦得道乎？」孔子曰：「未得也。」〔一〕

〔一〕【疏】聞仲尼有當世賢能，未知頗得至道不？答言未得。自楚望魯，故曰北也。

老子曰：「子惡乎求之哉〔一〕？」

〔一〕【疏】問：「於何處尋求至道？」　【釋文】「惡乎」音烏，下同。

曰：「吾求之於度數，五年而未得也〔一〕。」

〔一〕【疏】數，算術也。三年一閏，天道小成，五年再閏，天道大成，故言五年也。道非術數，故未得之也。

老子曰：「子又惡乎求之哉〔一〕？」

〔一〕【疏】更問：「求道用何方法？」

曰：「吾求之於陰陽，十有二年而未得〔一〕。」

〔一〕【注】此皆寄孔老以明絶學之義也。【疏】十二年，陰陽之一周也。而未得者，明以陰陽取道，而道非陰陽。故下文云，中國有人，非陰非陽。

老子曰：「然。使道而可獻，則人莫不獻之於其君；使道而可進，則人莫不進之於其親；使道而可以告人，則人莫不告其兄弟；使道而可以與人，則人莫不與其子孫。然而不可者，无佗也，〔一〕中无主而不止〔二〕，外无正而不行〔三〕。由中出者，不受於外，聖人不出〔四〕；由外入者，無主於中，聖人不隱〔五〕。名①，公器也〔六〕，不可多取〔七〕。仁義，先王之蘧廬也〔八〕，止可以一宿而不可久處，覯而多責〔九〕。

〔一〕【疏】夫至道深玄，妙絶言象，非無非有，不自不佗。是以不進獻於君親，豈得告於子弟！所以然者，無佗由也。故託孔老二聖以明玄中之玄也。

〔二〕【注】心中無受道之質，則雖聞道而過去也。【疏】若使中心無受道之主，假令聞於聖説，亦不能止住於胸懷，故知無佗也。

〔三〕【注】中無主，則外物亦無正己者（也）②，故未嘗通也。【疏】中既無受道之心，故外亦無能正於己者，故不可行也。○俞樾曰：正乃匹字之誤。禮記緇衣篇，唯君子能好其正，鄭注曰：正當爲匹，字之誤也，是其例矣。此云中無主而不止，外無匹而不行，與宣三年公羊傳自內出者無匹不行，自外至者無主不止，文義相似。自外至者，無主不止，故此言中無主而不止也。自內出者，無匹不行，故此言外無匹而不行也。因匹誤爲正，郭注遂以正己爲説，殊非其義。則陽篇，自外入者有主而不執，由中出者有正而不距，正亦當爲匹，誤與此同。

〔四〕【注】由中出者，聖人之道也，外有能受之者乃出耳。【疏】由，從也。從內出者，聖人垂迹顯教也。良由物能感聖，故聖人顯應，若使外物不能稟受，聖人亦終不出教。

〔五〕【注】由外入者，假學以成性者也。雖性可③學成，然要當內有其質，若無主於中，則無以藏聖道也。【疏】隱，藏也。由外入者，習學而成性也。由其外稟聖教，宜在心中，若使素無受入之心，則無藏於聖道。○家世父曰：由中出者，師其成心者也；由外入者，學一先生言，暖暖姝姝而私自説者也。師其成心，則外有所不能受，聖人不能出而强之使受也；學一先生之言而私自説，則中莫得所主，聖人不能隱於其心而爲之主也。

〔六〕【注】夫名者，天下之所共用。【疏】名，鳴也。公，平也。器，用也。名有二種：一是命物，二是毀譽。今之所言，是毀譽名也。【釋文】「名公器也」釋名云：名，鳴也。公，平也。器，用也。尹文子云：名有三科：一曰命物之名，方圓是也；二曰毀譽之名，善惡是也；三曰況謂之名，愛憎是也。今此是毀譽之名也。

〔七〕【注】矯飾過實，多取者也，多取而天下亂也。　【疏】夫令譽善名，天下共用，必其多取，則矯飾過實而爭競斯起也。

〔八〕【注】猶傳舍也。　【釋文】「蘧」音渠。司馬郭云：蘧廬，猶傳舍也。

〔九〕【注】夫仁義者，人之性也。人性有變，古今不同也。故游寄而過去則冥，若滯而係於一方則見。見則僞生，僞生而責多矣。　【疏】蘧廬，逆旅傳舍也。覯，見也，亦久也。夫蘧廬客舍，不可久停；仁義禮智，用訖宜廢。客停久，疵釁生；聖迹留，過責起。　【釋文】「覯」古豆反，見也，遇也。

〔校〕①闕誤引張君房本名下有者字。②也字依趙諫議本删。③世德堂本性可作由假。

古之至人，假道於仁，託宿於義〔一〕，以遊逍遥之虚①〔二〕，食於苟簡之田，立於不貸之圃〔三〕。逍遥，无爲也〔四〕；苟簡，易養也〔五〕；不貸，无出也〔六〕。古者謂是采真之遊〔七〕。

〔一〕【注】隨時而變，無常迹也。

〔二〕【疏】古之真人，和光降迹，逗機而行博愛，應物而用人羣，何異乎假借塗路，寄託宿止，暫時遊寓，蓋非真實。而動不傷寂，應不離真，故恒逍遥乎自得之場，彷徨乎無爲之境。　【釋文】「之虚」音墟。本亦作墟。

〔三〕【疏】苟，且也。簡，略也。貸，施與也。知止知足，食於苟簡之田；不損己物，立於不貸之圃。而言田圃者，明是聖人養生之地。【釋文】「苟簡」王云：苟，且也。簡，略也。司馬本簡作閒，云：分别也。○慶藩案簡，司馬本作閒。案閒與簡同也。淮南要略篇故節財薄葬，閒服生焉，（閒服，簡服也。閒服，謂三月之服也。）文選〔潘安仁〕夏侯常侍誄注及路史後紀引淮南，並作簡服。「不貸」敕代反。司馬云：施與也。「之圃」音補。

〔四〕【注】有爲則非仁義。

〔五〕【注】且從其簡，故易養也。【疏】只爲逍遥累盡，故能無爲恬淡。苟簡，苟且簡素，自足而已，故易養也。【釋文】「易養」以豉反。注同。

〔六〕【注】不貸者，不損己以爲物也。【疏】不損我以益彼，故無所出。此三句覆釋前義也。【釋文】「以爲物」于僞反。

〔七〕【注】遊而任之，斯②真采也。（真）采〔真〕③則色不僞矣。【疏】古者聖人行苟簡等法，謂是神采真實而無假僞，逍遥任適而隨化遨遊也。

〔校〕①趙諫議本虚作墟。②世德堂本斯作則。③采真依世德堂本改。

以富爲是者，不能讓禄；以顯爲是者，不能讓名；親權者，不能與人柄〔一〕。操之則慄，舍之則悲〔二〕，而一無所鑒，以闚其所不休者，是天之戮民也〔三〕。怨恩取與諫教生殺，八者，正之器也〔四〕，唯循大變无所湮者爲能用之。故曰，正者，正也。其心以爲不然者，天門弗開矣。〔五〕

〔一〕【注】天下未有以所非自累者，而各没命於所是。所是而以没其命者，非立乎不貸之圃也。【疏】夫是富非貧，貪於貨賄者，豈能讓人財禄！是顯非隱，滯於榮位者，何能與人名譽！親愛權勢，矜夸於物者，何能與人之柄！柄，權也。唯厭穢風塵，擅騴榮利者，故能棄之如遺。

〔二〕【注】舍之悲者，操之不能不慄也。【疏】操執權柄，恐失所以戰慄；舍去威力，哀去所以憂悲。【釋文】「操之」七刀反。「舍之」音捨。注同。

〔三〕【注】言其知進而不知止，則①性命喪矣，所以爲戮。【疏】是富好權之人，心靈愚暗，唯滯名利，一無鑒識，豈能窺見玄理而休心息智者乎！如是之人，雖復楚戮未加，而情性以困，故是自然刑戮之民。

〔四〕【疏】夫怨敵必殺，恩惠須償，分内自取，分外與佗，臣子諫上，君父教下，應青春以生長，順素秋以殺罰，此八者治正之器，不得不用之也。【釋文】「喪」息浪反。

〔五〕【注】守故不變，則失正矣。【疏】循，順也。湮，塞也。唯當順於人理，隨於變化，達於物情而無滯塞者，故能用八事治之。正變合於天理，故曰正者正也。其心之不能如是者，天機之門擁而弗開。天門，心也。【釋文】「湮者」音因。李云：塞也，亦滯也。郭音煙，又烏節反。司馬本作歅，疑也。簡文作甄，云：隔也。「天門」一云：謂心也，一云：大道也。

〔校〕①趙諫議本無則字。

孔子見老聃而語仁義。老聃曰：「夫播穅眯目，則天地四方易位矣；蚊虻噆膚，則通昔不寐矣。〔一〕夫仁義憯然乃憤吾心，亂莫大焉〔二〕。吾子使天下无失其朴〔三〕，吾子亦放風而動，總德而立矣〔四〕，又奚傑①然若負建鼓而求亡子者邪〔五〕？夫鵠不日浴而白，烏不日黔而黑〔六〕。黑白之朴〔七〕，不足以爲辯〔八〕；名譽之觀，不足以爲廣〔九〕。泉涸，魚相與處於陸，相呴以溼，相濡以沫，不若相忘於江湖〔一〇〕！」

〔一〕【注】外物加之雖小，而傷性已大也。【疏】仲尼滯於聖迹，故發辭則語仁義。夫播穅眯目，目暗故不能辯東西；蚊虻噆膚，膚痛則徹宵不睡。是以外物雖微，爲害必巨。況夫仁非天理，義不率性，捨己効佗，喪其本性，其爲害也，豈眯目噆膚而已哉！噆，齧也。【釋文】「播」甫佐反，又被我反。「穅」音康。字亦作康。「蚊」音文。字亦作蟁。「虻」音盲，字亦作蝱。「噆」子盍反。郭子合反。司馬云：齧也。「通昔」昔，夜也。○慶藩案昔，猶夕；通昔，猶通宵也。呂氏春秋任地篇曰，孟夏之昔，殺三葉而穫大麥。（淮南天文篇以至於仲春之夕，乃收其藏而閉其寒，正作夕。）書大傳曰，月之朝，月之中，月之夕，鄭注曰：上旬爲朝，中旬爲中，下旬爲夕，字亦作昔。

〔二〕【注】尚之以加其性，故亂。【疏】仁義憯毒，甚於蚊虻，憤憒吾心，令人煩悶，擾亂物性，莫大於此。本亦作憯字者，不審。【釋文】「憯然」七感反。「乃憒」扶粉反。本又作憒，古內反。○慶藩案憒，釋文本又作憒，當從之。賁貴形相近，故從賁從貴之字常相混。潛夫論浮侈篇懷憂憒憒，後漢書王符傳作〔憒憒〕〔憒憒〕②，即其證也。

〔三〕【注】質全而仁義著。

〔四〕【注】風自動而依之，德自立而秉③之，斯易持易行之道也。【疏】放，縱任也。欲使蒼生喪其淳樸之性者，莫若絶仁棄義，則反冥我極也。仲尼亦宜放無爲之風教，隨機務而應物，總虛妄之至德，立不測之神功。亦有作放④，方往反。放，依也。【釋文】「亦放」方往反。「風而動」司馬云：放，依也。依無爲之風而動也。「易持易行」並以豉反。

〔五〕【注】言夫揭仁義以趨道德之鄉，其猶擊鼓而求逃者，無由得也。【疏】建，擊。傑然，用力貌。夫揭仁義以趨道德之鄉，何異乎打大鼓以求逃亡之子！故鼓聲大而亡子遠，仁義彰而道德廢也。【釋文】「傑然」郭居竭反，又居謁反，巨竭反。「夫揭」其列其謁二反。

〔六〕【注】自然各已足。【釋文】「鵠」本又作鶴，同。胡洛反。「日黔」巨淹反，徐其金反。司馬云：黑也。

〔七〕【注】俱自然耳，無所偏尚。【疏】浴，灑也。染緇曰黔。黔，黑也。辯者，別其勝負也。夫鵠白烏黑，稟之自然，豈須日日浴染，方得如是！以言物性，其義例然。黑白素樸，各足於分，所遇斯適，故不足於分，所以論勝負。亦言：辯，變也，黑白分定，不可變白爲黑也。

〔八〕【注】夫至足者忘名譽，忘名譽乃廣耳。【疏】修名立譽，招物觀視，〔如〕此〔挾〕〔狹〕劣，何足自多！唯忘遺名譽，方可稱大耳。【釋文】「之觀」古亂反。司馬本作讙。

〔九〕【注】言仁義之譽，皆生於不足。【釋文】「泉涸」胡洛反。「相呴」況付反，又況于反。「相濡」如主反，又如瑜反。「以沫」音末。

〔一〇〕【注】斯乃忘仁而仁者也。【疏】此總結前文，斥仁義之弊。夫泉源枯竭，魚傳沫以相濡；樸散淳離，行仁義以濟物。及其江湖浩蕩各足所以相忘；道德深玄，得性所以虚淡。既江湖比於道德，濡沫方於仁義，以此格量，故不同日而語矣。【釋文】「相忘」並如字。

〔校〕①闕誤引張君房本重傑字，趙諫議本同。②憒憒依後漢書改。③趙諫議本秉作乘。④放疑當作倣。

孔子見老聃歸，三日不談〔一〕。弟子問曰：「夫子見老聃，亦將何規哉〔二〕？」

〔一〕【疏】老子方外大聖，變化無常，不可測量，故無所談説也。【釋文】「不談」本亦作不言。

〔二〕【疏】不的姓名，直云弟子，當是升堂之類，共發此疑。既見老子，應有規誨，何所聞而三日不談説？

孔子曰：「吾乃今於是乎見龍！龍，合而成體，散而成章〔一〕，乘雲氣而養乎陰陽〔二〕。予口張而不能嗋①，予又何規老聃哉〔三〕！」

〔一〕【注】謂老聃能變化。【疏】夫龍之德，變化不恒。以況至人隱顯無定，故本合而成妙體，妙體窈冥；迹散而起文章，文章焕爛。

〔二〕【注】言其因御無方，自然已足。【疏】言至人乘雲氣而無心，順陰陽而養物也。

〔三〕【疏】噲，合也。心懼不定，口開不合，復何容暇聞規訓之言乎！【釋文】「噲」許劫反，合也。

〔校〕①闕誤引江南古藏本噲下有舌舉而不能訒六字。

子貢曰：「然則人①固有尸居而龍見，雷聲而淵默，發動如天地者乎②〔一〕？賜亦可得而觀乎？」遂以孔子聲見老聃〔二〕。

〔一〕【疏】言至人其處也若死尸之安居，其出也似龍神之變見，其語也如雷霆之振響，其默也類玄理之無聲，是以奮發機動，同二儀之生物者也。既而或處或出，或語或默，豈有出處語默之異而異之哉！然則至人必有出處默語不言之能，故仲尼見之，口開而不能合。【釋文】「龍見」賢遍反。

〔二〕【疏】賜，子貢名也。子貢欲（至）觀至人龍德之相，遂以孔子聲教而往見之。【釋文】「賜亦」本亦作賜也。

〔校〕①闕誤引江南古藏本人上有至字。②闕誤引張君房本乎作哉。

老聃方將倨堂而應，微曰：「予年運而往矣，子將何以戒我乎〔一〕？」

〔一〕【疏】倨，踞也。運，時也。老子自得從容，故踞堂敖誕，物感斯應，微發其言。「予年衰邁，何以教戒我乎？」【釋文】「倨堂」居慮反，跂也。

子貢曰：「夫三王①五帝之治天下②不同，其係聲名一也。而先生獨以爲非聖人，如何哉？〔一〕」

〔一〕【疏】澆淳漸異，步驟有殊，用力用兵，逆順斯異，故云不同，聲名令聞，相係一也。「先生乃排三王爲非聖，有何意旨，可得聞乎？」【釋文】「夫三王」本或作三皇，依注，作王是也。餘皆作三皇。

〔校〕①闕誤王作皇。②闕誤引江南古藏本天下下有也字。

老聃曰：「小子少進！子何以謂不同〔一〕？」

〔一〕【疏】「汝少進前，說不同所由。」

對曰：「堯授舜，舜授禹①，禹用力而湯用兵，文王順紂而不敢逆，武王逆紂而不肯順，故曰不同〔一〕。」

〔一〕【疏】堯舜二人，既是五帝之數，自夏禹以降，便是三王。堯讓舜，舜讓禹，禹治水而用力，湯伐桀而用兵，文王拘羑里而順商辛，武王渡孟津而逆殷紂，不同之狀，可略言焉。

〔校〕①敦煌本此六字作堯與而舜受。

老聃曰：「小子少進！余語汝三皇①五帝之治天下〔一〕。黄②帝之治天下，使民心一，民有其親死不哭而民不非也〔二〕。堯之治天下，使民心親，民有爲其親殺其殺③而民不非也〔三〕。舜之治天下，使民心競，民孕婦十月生子，子生五月而能言〔四〕，不至乎孩而始誰〔五〕，則人始有夭矣〔六〕。禹之治天下，使民心變，人有心而兵有順〔七〕，殺盜非殺〔八〕，人自爲種而天下耳〔九〕，是以天下大駭，儒墨皆起〔一〇〕。其作始有倫，而今乎婦女〔一一〕，何言哉〔一二〕！余語汝，三皇五帝之治天下，名曰治之，而亂莫甚焉〔一三〕。三皇之知，上悖日月之明，下睽山川之精，中墮四時之施〔一四〕。其知憯於蠣蠆之尾，鮮規之獸，莫得安其性命之情者，而猶自以爲聖人，不可恥乎，其无恥也〔一五〕？」

〔一〕【疏】三皇者，伏羲神農黃帝也。五帝，少昊顓頊高辛唐虞也。治天下之（治）〔狀〕，列在下文。

【釋文】「余語」魚據反。下同。

〔二〕【注】若非之，則强哭。【疏】三皇行道，人心淳一，不獨親其親，不獨子其子，故親死不哭而世俗不非。必也非之，則强哭者衆。【釋文】「則强」其丈反。

〔三〕【注】殺，降也。言親疏者降殺。【疏】五帝行德，不及三皇，使父子兄弟更相親愛，爲降殺之服以別親疏，既順人心，亦不非毁。【釋文】「爲其」于僞反。「殺其殺」並所戒反，降也。注同。○家世父曰：殺其殺者，意主於相親，定省之儀，拜跪之節，凡出於儀文之末者，皆可以從殺也。郭象云親疏有降殺，誤。

〔四〕【注】教之速也。【疏】舜是五帝之末，其俗漸澆，樸散淳離，民心浮競，遂使懷孕之婦，十月生子，五月能言。古者懷孕之婦，十四月而誕育，生子兩歲，方始能言。澆淳既革，故與古(之)乖異也。【釋文】「孕」以證反。

〔五〕【注】誰者，别人之意也。未孩已擇人，言其競教速成也。【疏】未解孩笑，已識是非，分别之心，自此而始矣。【釋文】「孩」亥才反。説文云：笑也。「别人」彼列反。下同。

〔六〕【注】不能同彼我，則心競於親疏，故不終其天年也。【疏】分别既甚，不終天年，夭折之始，起自虞舜。

〔七〕【注】此言兵有順，則天下已有不順故也。【疏】去道既遠，澆僞日興，遂使蠢爾之民，好爲禍變。廢無爲之迹，興有爲之心，賞善罰惡，以此爲化。而禹懷慈愛，猶解泣辜，兵刃所加，必順天道也。

〔八〕【注】盜自應死，殺之順也，故非殺。【疏】盜賊有罪，理合其誅，順乎素秋，雖殺非殺。此則兵有順義也。

〔九〕【注】不能大齊萬物而人人自别，斯人自爲種也。承百代之流而會乎當今之變，其弊至於斯者，非禹也，故曰天下耳。言聖知之迹非亂天下，而天下必有斯亂。【疏】夫澆浪既興，分别日甚，人人自爲種見，不能大齊萬物。此則解人有心也。聖智之迹，使其如是，非禹之過也，故曰天下耳矣。【釋文】「爲種」章勇反。注同。○家世父曰：人自爲種類以成乎天下，於是乎有善惡之分，是非之辨。兵者，逆人之性而制其死生者也。既有善惡之分，是非之辨，而兵之用繁矣。於是據之以爲順，而殺盜者謂之當然，因乎人心之變而兵以施焉，而人之心乃日變而不可窮矣。

〔一〇〕【注】此乃百代之弊。【疏】此總論三皇五帝之迹，驚天下蒼生，致使儒崇堯舜以飾非，墨遵禹道而自是。既而百家競起，九流爭(鶩)〔騖〕，後代之弊，實此之由也。【釋文】「大駭」胡楷反。

〔一一〕【注】今之以女爲婦而上下悖逆者，非作始之無理，但至理之弊，遂至於此。【疏】倫，理也。當莊子之世，六國競興，淫風大行，以女爲婦，乖禮悖德，莫甚於兹。故知聖迹始興，故有倫理，及其末也，例同斯弊也。○家世父曰：荀子樂論，亂世之徵，其服組，其容婦，楊倞注：婦，好貌。此(今)〔云〕而今乎婦女，言諸子之興，其言皆有倫要，而終相與爲諧好以悦人也。

〔一二〕【注】弊生於理，故無所復言。【疏】從理生教，遂至於此。世澆俗薄，何可稍言！論主發憤而傷歎也。【釋文】「復言」扶又反。

〔一三〕【注】必弊故也。【疏】夫三皇之治，實自無爲。無爲之迹，迹生於弊，故百代之後，亂莫甚焉。弊亂之狀，列在下文。

〔一四〕【疏】悖，逆也。睽，(乎)〔乖〕離也。墮，廢壞也。施，澤也。運無爲之智以立治方，後世執迹，遂成其弊。致星辰悖彗，日月爲之不明；山川乖離，岳瀆爲之崩竭；廢壞四時，寒暑爲之愆敍。【釋文】「之知」音智，下同。「上悖」補對反。「下睽」苦圭反，又音圭，乖也。「中墮」許規反。「之施」式豉反。

〔一五〕【疏】憯，毒也。蠇蠆，尾端有毒也。鮮規，小貌。言三皇之智，損害蒼生，其爲毒也，甚於（蠆）〔蠇〕蠆，是故細小蟲獸，能遭擾動，況乎黔首，如何得安！以斯爲聖，於理未可。毒害既多，深可羞媿也。【釋文】「憯於」七感反。「蠇」敕邁反，又音例。本亦作厲。郭音賴，又敕介反。「蠆」許謁反，或敕邁反。或云：依字，上當作蠆，下當作蠍。通俗文云：長尾爲蠆，短尾爲蠍。○王引之曰：釋文云，蠇，敕邁反，又音例，本亦作厲。郭音賴，又敕介反。蠆，許謁反，或敕邁反。或云，依字，上當作蠆，下當作蠍。案陸讀蠇爲蠆，讀蠆爲蠍，皆非也。蠇，音賴，又音例。陸云本亦作厲，即其證也。蠆，音敕邁反，蠍，音許謁反。蠇，蠆，皆蠍之異名也。廣雅曰：蠆，蠤，蠍也。（今本廣雅脱蠤字。一切經音義卷五引廣雅，蠆，蠤，蠍也。集韻引廣雅，蠤，蠆也。今據補。）蠤，音盧達反。蠆，蠤，皆毒螫傷人之名。蠆之言蛆。（蛆音哲。一切經音義卷十引字林曰：蛆，螫也。僖二十二年左傳正義引通俗文曰：蠍毒傷人曰蛆。）蠤之言瘌也。（瘌，音盧達反。郭璞注方言曰：瘌，辛螫也。字或作剌。左思魏都賦曰，蔡莽螫剌，昆蟲毒噬（也）是〔也〕。）廣雅釋詁云：毒，蛆，瘌，痛也，是其義矣。蠤與蠇，古同聲。莊子作蠇，廣雅作蠤，其實一字也。（史記秦本紀厲共公，始皇紀作剌龔公。剌之通作厲，猶蠆之通作蠣矣。）「鮮規之獸」李云：鮮規，明貌。一云：小蟲也。一云：小獸也。

〔校〕①世德堂本皇作王。②闕誤引江南古藏本黄上有昔字。③唐寫本其殺作其服。

子貢蹵蹵然立不安〔一〕。

〔一〕【注】子貢本謂老子獨絶三王，故欲同三王於五帝耳。今又見老子通毁五帝，上及三皇，則失其所以爲談矣。【疏】蹵蹵，驚悚貌也。子貢欲（救）〔效〕三王，同五帝；今見老子詞調高邈，排擯五帝，指斥三皇，心形驚悚，失其所謂，故蹵〔蹵〕然，形容雖立，心神不安。【釋文】「蹵蹵」子六反。

孔子謂老耼曰：「丘治詩書禮樂易春秋六經，自以爲久矣，孰知其故矣；以奸者七十二君，論先王之道而明周召之迹，一君无所鉤用。甚矣夫！人之難説也，道之難明邪？」

老子曰：「幸矣子之不遇治世之君也！夫六經，先王之陳迹也，豈其所以迹哉〔一〕！今子之所言，猶迹也。夫迹，履之所出，而迹豈履哉！〔二〕夫白鶂之相視，眸子不運而①風化；蟲，雄鳴於上風，雌應於下風而風化〔三〕；類自爲雌雄，故②風化〔四〕。性不可易，命不可變，時不可止，道不可壅〔五〕。苟得於道，无自而不可〔六〕；失焉者，无自而可〔七〕。」

〔一〕【注】所以迹者，真性也。夫任物之真性者，其迹則六經也。【釋文】「奸」音干。三蒼云：犯也。「鉤用」鉤，取也。「甚矣夫」音符，篇末同。「難説」始鋭反。「治世」直吏反。

〔二〕【注】況今之人事，則以自然爲履，六經爲迹。

〔三〕【注】鶂以眸子相視。蟲以鳴聲相應，俱不待合而便生子，故曰風化。【釋文】「白鶂」五歷反。三蒼云：鶬鶂也。司馬云：鳥子也。「之相視眸」茂侯反。「子不運而風化」司馬云：相待風氣而化生也。又云：相視而成陰陽。「蟲雄鳴於上風雌應於下風而化」一本作而風化③。司馬云：雄者，鼃類；雌者，鼈類。

〔四〕【注】夫同類之雌雄，各自有以相感。相感之異，不可勝極，苟得其類，其化不難，故乃有遥感而風化也。【釋文】「類自爲雌雄故風化」或説云：方之物類，猶如草木異種而同類也。山海經云：亶爰之山有獸焉，其狀如狸而有髮，其名曰師類；帶山有鳥，其狀如鳳，五采文，其名曰奇類，皆自牝牡也。「可勝」音升。

〔五〕【注】故至人皆順而通之。【釋文】「可壅」於勇反。

〔六〕【注】雖化者無方而皆可也。

〔七〕【注】所在皆不可也。

〔校〕①闕誤引張君房本而下有感字，下句而下同。②闕誤引張君房本故下有曰字。③今書而化作而風化。

孔子不出三月，復見曰：「丘得之矣。烏鵲孺，魚傅沫，細要者化〔一〕，有弟而兄啼〔二〕。久矣夫丘不與化爲人！不與化爲人，安能化人〔三〕！」

〔一〕【注】言物之自然，各有性也。【疏】鵲居巢内，交尾而表陰陽；魚在水中，傅沫而爲牝牡；蜂取桑蟲，祝爲己子。是知物性不同，稟之大道，物之自然，各有性也。【釋文】「復見」扶又反。下賢遍反，又如字。「烏鵲孺」如喻反。李云：孚乳而生也。「魚傅」音附，又音付。本亦作傳，直專反。「沫」音末。司馬云，傳沫者，以沫相育也。一云：傅口中沫，相與而生子也。「細要」一遥反。「者化」蜂之屬也。司馬云：取桑蟲祝使似己也。案即詩所謂螟蛉有子，果蠃負之是。○慶藩案列子釋文上引司馬云：穉蜂細要者，取桑蟲祝之，使似己之子也。視釋文所引爲詳。

〔二〕【注】言人之性舍長而（視）〔親〕①幼，故啼也。【疏】有弟而兄失愛，舍長憐幼，故啼。是知陳迹不可執留，但當順之，物我無累，〔郭云，〕言人性舍長視幼故啼也。【釋文】「舍」音捨。「長」張丈反。

〔三〕【注】夫與化爲人者，任其自化者也。若播六經以説則疏也。

〔校〕①親字依道藏本改。

老子曰：「可。丘得之矣！」

莊子集釋卷六上

外篇 刻意第十五〔一〕

〔一〕【釋文】以義名篇。

刻意尚行，離世異俗，高論怨誹，爲亢而已矣；此山谷之士，非世之人，枯槁赴淵者之所好也。〔二〕語仁義忠信，恭儉推讓，爲修而已矣；此平世之士，教誨之人，遊居學者之所好也。〔三〕語大功，立大名，禮君臣，正上下，爲治而已矣；此朝廷之士，尊主强國之人，致功并兼者之所好也。〔三〕就藪澤，處閒曠，釣魚閒處，无爲而已矣；此江海之士，避世之人，閒暇者之所好也。〔四〕吹呴呼吸，吐故納新，熊經鳥申，爲壽而已矣；此道①引之士，養形之人，彭祖壽考者之所好也。〔五〕

〔一〕【疏】刻，削也。意，志也。亢，窮也。言偏滯之人，未能會理，刻勵身心，高尚其行，離世異俗，卓爾不羣，清談五帝之風，高論三皇之教，怨有才而不遇，誹無道而荒淫，亢志林籟之中，削迹岩崖之下。斯乃隱處山谷之士，非毁時世之人。枯槁則鮑焦介推之流，赴淵則申狄下隨之類，蓋是一曲之士，何足以語至道哉！已，止也。其術止於此矣。【釋文】「刻意」司馬云：刻，削也，峻其意也。案謂削意令峻也。廣雅云：意，志也。「尚行」下孟反。「離世」力智反。「高論」力困反。「怨誹」非謂反，徐音非。李云：非世無道，怨己不遇也。「爲亢」苦浪反。李云：窮高曰亢。「枯槁」苦老反。「赴淵」司馬云：枯槁，若鮑焦介推；赴淵，若申徒狄。

〔二〕【疏】發辭吐氣，則語及仁義，用兹等法爲修身之本。此乃平時治世之士，施教誨物之人，斯乃子夏之在西河，宣尼之居洙泗，或遊行而議論，或安居而講説，蓋是學人之所好，良非道士之所先。【釋文】「所好」呼報反。下及注皆同。

〔三〕【疏】建海内之功績，立今古之鴻名，致君臣之盛禮，主上下之大義，寧安社稷，緝熙常道，既而尊君主而服遐荒，强本邦而兼并敵國，豈非朝廷之士，廊廟之臣乎！即皋陶伊尹吕望之徒是也。【釋文】「爲治」直吏反。下同。「此朝」直遥反。

〔四〕【疏】栖隱山藪，放曠皋澤，閒居而事綸釣，避世而處無爲，天子不得臣，諸侯不得友。斯乃從容閒暇之人，即巢父許由公閲休之類。【釋文】「藪」素口反。「處閒」音閑。下同。「鉤魚」本亦作釣，同。○盧文弨曰：今本鉤作釣。彫叫反。

〔五〕【注】此數子者，所好不同，恣其所好，各之其方，亦所以爲逍遥也。然此僅各自得，焉能靡所不樹哉！若夫使萬物各得其分而不自失者，故當付之無所執爲也。【疏】吹冷呼而吐故，呴暖吸而納新，如熊攀樹而自經，類鳥飛空而伸腳。斯皆導引神氣，以養形魂，延年之道，駐形之術。故彭祖八百歲，白石三千年，壽考之人，即此之類。以前數子，志尚不同，各滯一方，未爲通美。自不刻意而下，方會玄玄之妙致也。【釋文】「吹呴」況于反，字亦作煦。「呼吸」許及反。「吐故納新」李云：吐故氣，納新氣也。「熊經」如字，李古定反。司馬云：若熊之攀樹而引氣也。「鳥申」如字，郭音信。司馬云：若鳥之嚬呻也。「道引」音導。下同。李云：導氣令和，引體令柔。「此數」所主反。「僅」其靳反。「焉能」如虔反。

〔校〕①趙諫議本道作導，下同。

若夫不刻意而高，无仁義而修，无功名而治，无江海而閒，不道引而壽〔一〕，无不忘也，无不有也〔二〕，澹然无極而衆美從之〔三〕。此天地之道，聖人之德也〔四〕。

〔一〕【注】所謂自然。

〔二〕【注】忘，故能有，若有之，則不能救其忘矣。故有者，非有之而有也，忘而有之也。【疏】夫玄通合變之士，冥真契理之人，不刻意而其道彌高，無仁義而恒自修習，忘功名而天下大治，去江海而淡爾清閒，不導引而壽命無極者，故能唯物與我，無不盡忘，而萬物歸之，故無不有也。斯乃忘而有之，非有之而有也。○家世父曰：仁義者，人與人相接而見焉者也。愛焉之謂仁，因乎人而愛之，是固有人之見存也；宜焉之謂義，因乎人而宜之，是仍有己之見存也。無人己之見存，則仁義之名可以不立，而所修者乃真修也。○慶藩案忘乃亡之借字。

亡，猶已也。管子乘馬篇今日爲明日忘貨，史記孟嘗君傳所期勿忘其中，並與亡同。漢書武五子傳臣聞子胥於忠而忘其號，師古注：忘，亡也。淮南修務篇南榮疇恥聖道之獨亡於己，賈子勸學篇亡作忘，皆其例。

〔三〕【注】若厲己以爲之，則不能無極而衆惡生。【疏】心不滯於一方，迹冥符於五行，是以澹然虛曠而其道無窮，萬德之美皆從於己也。【釋文】「澹」大暫反，徐音談。「然」一本作澹而。

〔四〕【注】不爲萬物而萬物自生者，天地也；不爲百行而百行自成者，聖人也。【疏】天地無心於亭毒而萬物生，聖人無心於化育而百行成，是以天地以無生生而爲道，聖人以無爲爲而成德。故老經云，天地不仁，聖人不仁。【釋文】「百行」下孟反。下及篇末百行同。

故曰，夫恬惔寂漠虛无无爲，此天地之平而道德之質也〔一〕。**故曰，聖人休休焉①則平易矣**〔二〕，**平易則恬惔矣**〔三〕。**平易恬惔，則憂患不能入，邪氣不能襲②**〔四〕，**故其德全而神不虧③**〔五〕。

〔一〕【注】非夫寂漠無爲也，則危其平而喪其質也。【疏】恬惔寂漠，是凝湛之心；虛無無爲，是寂用之智；天地以此法爲平均之源，道德以此法爲質實之本也。【釋文】「恬惔」大暫反，徐音談。下皆同。「質也」質，正也。「而喪」息浪反。下同。

〔二〕【注】休乎恬惔寂漠，息乎虛無無爲，則雖歷乎阻險④之變，常平夷而無難。【疏】休心於恬惔之鄉，息智於虛無之境，則履艱難而簡易，涉危險而平夷也。【釋文】「人休」虛求反，息也。下及注同。「平易」以豉反。下及注皆同。○俞樾曰：休焉二字，傳寫誤倒。此本作故曰聖人休焉，休則平易矣。天道篇故帝王聖人休焉，休則虛，與此文法相似，可據訂正。「无難」乃旦反。下同。

〔三〕【注】患難生於有爲，有爲亦生於患難，故平易恬惔交相成也。【疏】豈唯休心恬惔故平易，抑乃平易而恬(淡)〔惔〕矣，是知平易恬惔交相成也。

〔四〕【注】泯然與正理俱往。【疏】心既恬惔，迹又平易，唯心與迹，一種無爲，故慇憂患累不能入其靈臺，邪氣妖氛不能襲其藏府。襲，猶入也，互其文也。【釋文】「邪氣」似嗟反。下同。

〔五〕【注】夫不平不惔者，豈唯傷其形哉？神德並喪於內也。【疏】夫恬惔無爲者，豈唯外形無毁，亦乃內德圓全。形德既安，則精神無損虧矣。

〔校〕①闕誤引張君房本休休焉作休焉休。②唐寫本入下襲下均有也字。③唐寫本虧下有矣字。④世德堂本作險阻。

故曰，聖人之生也天行〔一〕，其死也物化〔二〕；靜而與陰同德，動而與陽同波〔三〕；不爲福先，不爲禍始；感而後應〔四〕，迫而後動〔五〕，不得已而後起〔六〕。去知與故，循天之理〔七〕。故无天災〔八〕，无物累〔九〕，无人非〔一〇〕，无鬼責〔一一〕。其生若浮，其死若休〔一二〕。不思慮〔一三〕，不豫謀〔一四〕。光矣而不燿〔一五〕，信矣而不期〔一六〕。其寢不夢，其覺无憂〔一七〕。

其神純粹〔一八〕，其魂不罷〔一九〕。虛无恬惔，乃合天德〔二〇〕。

〔一〕【注】任自然而運動。

〔二〕【注】蛻然無所係。　【疏】聖人體勞息之不二，達去來之爲一，故其生也如天道之運行，其死也類萬物之變化，任鑪冶之陶鑄，無纖介於胸中也。　【釋文】「蛻然」音帨，又始鋭反。

〔三〕【注】動静無心而付之陰陽也。　【疏】凝神静慮，與大陰同其盛德；應感而動，與陽氣同其波瀾，動静順時，無心者也。

〔四〕【注】無所唱也。　【疏】夫善爲福先，惡爲禍始，既善惡雙遣，亦禍福兩忘。感而後應，豈爲先始者也！

〔五〕【注】會至乃動。　【疏】迫，至也，逼也。動，應也。和而不唱，赴機而應。

〔六〕【注】任理而起，吾不得已也。　【疏】已，止也。機感〔通〕〔逼〕①至，事不得止而後起應，非預謀。

〔七〕【注】天理自然，知故無爲乎其間。　【疏】循，順也。内去心知，外忘事故，如混沌之無爲，順自然之妙理也。　【釋文】「去知」起吕反。○慶藩案故，詐也。晉語多爲之故以變其志，韋注曰：謂多作計術以變易其志。吕覽論人篇去巧故，高注：巧故，僞詐也。淮南主術篇上多故則下多詐，高注：故，巧也。皆其例。管子心術篇去智與故，尹知章注：故，事也。失之。

〔八〕【注】災生於違天。【疏】合天，故無災也。

〔九〕【注】累生於逆物。【疏】順物，故無累也。

〔一〇〕【注】與人同者，衆必是焉。【疏】同人，故無非也。

〔一一〕【注】同於自得，故無責。

〔一二〕【注】汎然無所惜也。【疏】夫聖人動静無心，死生一貫，故其生也如浮漚之蹔起，變化俄然；其死也若疲勞休息，曾無繫戀也。

〔一三〕【注】付之天理。【疏】心若死灰，絶於緣念。

〔一四〕【注】理至而應。【疏】譬懸鏡高堂，物來斯照，終不預前謀度而待機務者也。

〔一五〕【注】用天下之自光，非吾燿也。【疏】智照之光，明逾日月，而韜光晦迹，故不炫燿於物也。

〔一六〕【注】用天下之自信，非吾期也。【疏】逗機赴感，如影隨形，信若四時，必無差忒，機來方應，不預期也。

〔一七〕【疏】契真，故凝寂而不夢；累盡，故常適而無憂也。【釋文】「其覺」古孝反。

〔一八〕【注】一無所欲。【疏】純粹者，不雜也。既無夢無憂，契真合道，故其心神純粹而無閒雜也。【釋文】「粹」雖遂反。

〔一九〕【注】有欲乃疲。【疏】恬惔無爲，心神閒逸，故其精魂應用，終不疲勞。【釋文】「不罷」音皮。

〔二〇〕【注】乃與天地合其②恬惔之德也。　【疏】歎此虛無，與天地合其德。

〔校〕①逼字依上句疏文改。上正文迫而後動，疏謂迫，至也，逼也。逼與通形近而誤。②世德堂本無其字。

故曰，悲樂者，德之邪〔一〕；喜怒者，道之過〔二〕；好惡者，德之失①〔三〕。故心不憂樂，德之至也〔四〕；一而不變，靜之至也〔五〕；无所於忤，虛之至也〔六〕；不與物交，惔之至也〔七〕；无所於逆，粹之至也〔八〕。故曰，形勞而不休則弊，精用而不已則勞，勞則竭〔九〕。

〔一〕【疏】違心則悲，順意則樂，不達違從，是德之邪妄。　【釋文】「悲樂」音洛。下同。

〔二〕【疏】稱心則喜，乖情則怒，喜怒不忘，是道之罪過。

〔三〕【疏】無好爲好，無惡爲惡，此之(忘)〔妄〕心，是德之愆咎也。　【釋文】「好惡」烏路反。

〔四〕【注】至德常適，故情無所槩。　【疏】不喜不怒，無憂無樂，恬惔虛夷，至德之人也。

〔五〕【注】靜而一者，不可變也。　【疏】抱真一之玄道，混囂塵而不變，自非至靜，孰能如斯！

〔六〕【注】其心豁然確盡，乃無纖介之違。　【疏】忤，逆也。大順羣生，無所乖逆，自非虛豁之極，其孰能然也！　【釋文】「於忤」五故反。「確」苦角反。「纖介」音界。

〔七〕【注】物自來耳，至惔者無交物之情。　【疏】守分情高，不交於物，無所須待，恬惔之至也。

〔八〕【注】若雜乎濁欲，則有所不順。　【疏】智照精明，至純無雜，故能混同萬物，大順蒼生。(至)

〔此〕論忤之與逆，厥理不殊，顯虚粹兩義，故再言耳。

〔九〕【注】物皆有當，不可失也。【疏】夫形體精神，稟之有限，而役用無涯，必之死地。故分外勞形，不知休息，則困弊斯生。精神逐物而不知止，必當勞損，損則精氣枯竭矣。

〔校〕①唐寫本邪字過字失字下均有也字。

水之性，不雜則清，莫動則平；鬱閉而不流，亦不能清；天德之象也。〔一〕故曰，純粹而不雜〔二〕，静一而不變〔三〕，惔而无爲〔四〕，動而以天行〔五〕，此養神之道也〔六〕。夫有干越之劍者，柙而藏之，不敢①用也，寶之至也〔七〕。精神四達並流，无所不極，上際於天，下蟠於地〔八〕，化育萬物，不可爲象〔九〕，其名爲同②帝〔一〇〕。

〔一〕【注】象天德者，無心而偕會也。【疏】象者，法效也。言水性清平，善鑑於物。若混而雜之，擁鬱而閉塞之，則乖於常性，既不能漣漪流注，亦不能鑒照於物也。唯當不動不閉，則清而且平，洞照無私，爲物準的者，天德之象也。以況聖人心靈皎絜，鑑照無私，法象自然，與玄天合德，故老經云上善若水也。

〔二〕【注】無非至當之事也。【疏】雖復和光同塵，而精神凝湛。此覆釋前其神純粹也。

〔三〕【注】常在當上住。【疏】縱使千變萬化，而心恒静一。此重釋一而不變。

〔四〕【注】與會俱而已矣。【疏】假令混俗揚波，而無妨虚惔，與物交接，亦不廢無爲。此釋前恬惔之至也。

〔五〕【注】若夫逐欲而動，人行也。　【疏】感物而動，應而無心，同於天道之運行，無心而生萬物。

〔六〕【疏】總結以前天行等法，是治身之術，養神之道也。

〔七〕【注】況敢輕用其神乎！　【疏】干，溪名也。越，山名也。干溪越山，俱出良劍也。又云：（于）〔干〕，吴也。言吴越二國，並出名劍，因以爲名也。夫有此干越之寶劍，柙中而藏之，自非敵國大事，不敢輕用。寶而重之，遂至於此，而況寶愛精神者乎！【釋文】「干越之劍」司馬云：干，吴也。吴越出善劍也。李云：干溪越山出名劍。案吴有溪名干溪，越有山名若耶，並出善鐵，鑄爲名劍也。○慶藩案王念孫曰：干越，猶言吴越。漢書貨殖傳辟猶戎翟之與于越，不相入矣。于亦干之誤。干，越，皆國名，故言戎翟之與干越。顔師古以爲春秋之於越，又因于而誤於。當從司馬説爲是。（淮南原道篇干越生葛絺，高注曰：干，吴也。劉本改干爲于，云：于越一作於越，非。）「柙而」户甲反。

〔八〕【注】夫體天地之極應萬物之數以爲精神者，故若是矣。若是而有落天地之功者，任天行耳，非輕用也。　【疏】流，通也。夫愛養精神者，故能通達四方，並流無滯。既而下蟠薄於厚地，上際逮於玄天，四維上下，無所不極，動而常寂，非輕用之者也。【釋文】「下蟠」音盤，郭音煩。

〔九〕【注】所育無方。　【疏】化導蒼生，含育萬物，隨機俯應，不守一方，故不可以形象而域之也。

〔一〇〕【注】同天帝之不爲。　【疏】帝，審也。總結以前，名爲審實之道也。亦言：同天帝之不爲也已。

〔校〕①郭注及成玄瑛本敢下均有輕字。②唐寫本無同字。

純素之道，唯神是守；守而勿失，與神爲一〔一〕；一之精通，合於天倫〔二〕。野語有之曰：「衆人重利，廉士重名，賢人尚志，聖人貴精〔三〕。」故素也者，謂其无所與雜也；純也者，謂其不虧其神也〔四〕。能體純素，謂之真人〔五〕。

〔一〕【注】常以純素守乎至寂而不蕩於外，則冥也。【疏】純精素質之道，唯在守神。守神而不喪，則精神凝靜，既而形同枯木，心若死灰，物我兩忘，身神爲一也。

〔二〕【注】精者，物之真也。【疏】倫，理也。既與神爲一，則精智無礙，故冥乎自然之理。

〔三〕【注】與神爲一，非守神也；不遠其精，非貴精也；然其迹則貴守之①也。【疏】莊生欲格量人物志尚不同，故汎舉大綱，略爲四品，仍寄野逸之人，以明言無的當。且世俗衆多之人，咸重財利，則盜跖之徒是也；貞廉純素之士，皆重聲名，則伯夷介推是也；賢人君子，高尚志節，不屈於世，則許由子州支伯是也。唯體道聖人，無所偏滯，故能寶貴精神，不蕩於物，雖復應變隨時，而不喪其純素也。

〔四〕【注】苟以不虧爲純，則雖百行同舉，萬變參備，乃至純也；苟以不雜爲素，則雖龍章鳳姿，倩乎有非常之觀，乃至素也。若不能保其自然之質而雜乎外飾，則雖犬羊之鞹，庸得謂之純素哉！【疏】夫混迹世物之中而與物無雜者，至素者也；參變囂塵之內而其神不虧者，至純者也；豈復獨立於高山之頂，拱手於林籟之閒而稱純素哉？蓋不然乎！此結釋前純素之道義也。【釋文】「倩乎」七練反。「之觀」古喚反。「鞹」苦郭反。

〔五〕【疏】體，悟解也。妙契純素之理，則所在皆真道也，故可謂之得真道之人也。

〔校〕①趙諫議本之作迹。

外篇 繕性第十六〔一〕

繕性於俗，俗①學以求復其初〔一〕；滑欲於俗②，思以求致其明〔二〕；謂之蔽蒙之民〔三〕。

〔一〕【釋文】以義名篇。

〔一〕【注】已治性於俗矣，而欲以俗學復性命之本，所以求者愈非其道也。【疏】繕，治也。性，生也。俗，習也。初，本也。言人稟性自然，各守生分，率而行之，自合於理。今乃習於僞法，治於真性，矜而矯之，已困弊矣。方更行仁義禮智儒俗之學，以求歸復本初之性，故俗彌得而性彌失，學愈近而道愈遠也。【釋文】「繕」善戰反。崔云：治也。或云：善也。「性」性，本也。

〔二〕【注】已亂其心於欲，而方復役思以求明，思之愈精，失之愈遠。【疏】滑，亂也。致，得也。欲，謂名利聲色等可貪之物也。言人所以心靈暗亂者，爲貪欲於塵俗故也。今還役用分別之心，思量求學，望得獲其明照之道者，必不可也。唯當以無學學，可以歸其本矣；以無思思，可以得其明矣。本亦有作滑欲於欲者也。【釋文】「滑」音骨，亂也。崔云：治也。○俞樾曰：釋文，滑音骨，亂也。崔云，治也。此當從崔説爲長。上文繕性於俗學以求復其初，崔注繕亦訓治。蓋二句一義，繕也，滑也，皆治也，故曰求復其初，求致其明。若訓滑爲亂，則與求字之義不貫矣。滑得訓治者，滑，猶汩也。説文水部：汩，治水也。是其義也。玉篇手部曰：抇，亦搰字。然則滑之與汩，猶搰之與抇矣。「思以」李息吏反。注役思同。「方復」扶又反。下無復、雖復同。

〔三〕【注】若夫發蒙者，必離俗去欲而後幾焉。【疏】蔽，塞也。蒙，暗也。此則結前。以俗學歸本，以思慮求明，如斯之類，可謂蔽塞蒙暗之人。【釋文】「必離」力智反。下文同。「去欲」起吕反。

〔校〕①闕誤引張君房本下俗字作□。②闕誤引張君房本俗作欲。

古之治道者，以恬養知〔一〕；知①生而无以知爲也，謂之以知養恬〔二〕。知與恬交相養，而和理出其性〔三〕。夫德，和也；道，理也〔四〕。德无不容，仁也〔五〕；道无不理，義也〔六〕；義明而物親，忠②也〔七〕；中純實而反乎情，樂也〔八〕；信行容體而順乎文，禮也〔九〕。禮樂徧③行，則天下亂矣〔一〇〕。彼正而蒙己德，德則不冒，冒則物必失其性也〔一一〕。

〔一〕【注】恬静而後知不蕩，知不蕩而性不失也。【疏】恬，静也。古者聖人以道治身治國者，必以恬静之法養真實之知，使不蕩於外也。【釋文】「治道」如字，又直吏反。「養知」音智。下以意求之。

〔二〕【注】夫無以知爲而任其自知，則雖知周萬物而恬然自得也。【疏】率性而照，知生者也；無心而知，無以知爲也。任知而往，無用造爲，斯則無知而知，知而無知，非知之而知者也。故終日知而未嘗知，亦未嘗不知，終日爲而未嘗爲，亦未嘗不爲，仍以此真知養於恬静。若不如是，何以恬乎！

〔三〕【注】知而非爲，則無害於恬；恬而自爲，則無傷於知；斯可謂交相養矣。二者交相養，則和理之分，豈出佗哉！【疏】夫不能恬静，則何以生彼真知？不有真知，何能致茲恬静？是故恬由於知，所以能静；知資於静，所以獲真知。故知之與恬，交相養也。斯則中和之道，存乎寸心，自然之理，出乎天性，在我而已，豈關他哉！

〔四〕【注】和，故無不得；道，故無不理。【疏】德被於人，故以中和爲義；理通於物，故以大道爲名也。

〔五〕【注】無不容者，非爲仁也，而仁迹行焉。【疏】玄德深遠，無不包容，慈愛弘博，仁迹斯見。

〔六〕【注】無不理者，非爲義也，而義功著焉。【疏】夫道能通物，物各當理，理既宜矣，義功著焉。

〔七〕【注】若夫義明而不由忠，則物愈疏。　【疏】義理明顯，情率於中，既不矜矯，故物來親附也。

〔八〕【注】仁義發中，而還任本懷，則志得矣，志得矣，其迹則樂也。　【疏】既仁義由中，故志性純實，雖復涉於物境而恒歸於真情，所造和適，故謂之樂。　【釋文】「樂也」音洛。　注同。

〔九〕【注】信行容體而順乎自然之節文者，其迹則禮也。　【疏】夫信行顯著，容儀軌物而不乖於節文者，其迹則禮也。　【釋文】「信行」下孟反。　注同。　下以行、小行，注行者、行立皆放此。

〔一〇〕【注】以一體之所履，一志之所樂，行之天下，則一方得而萬方失也。　【疏】夫不能虛心以應物而執迹以馭世者，則必滯於華藻之禮而溺於荒淫之樂也，是以芻狗再陳而天下亂矣。　【釋文】「偏」音遍。　○俞樾曰：郭注曰，以一體之所履，一志之所樂，行之天下，則一方得而萬方失也。是偏爲一偏之偏，故郭以一體一志説之。釋文作偏而音遍，非是。

〔一一〕【注】各正性命而自蒙己德，則不以此冒彼也。若以此冒彼，安得不失其性哉！　【疏】蒙，暗也。冒，亂也。彼，謂履正道之聖人也。言人必己冒亂，則物我失其性矣。○家世父曰：德足以正物矣，而抑聽物之自然而蒙吾德焉，未嘗以德强天下而冒之也。强天下而冒之，則正者我也，非物之自正也，而物之失其性多矣。　【釋文】「不冒」莫報反。　崔云：覆也。

〔校〕①闕誤無知字，引張君房本云，知下重知字，通章知俱作智。②闕誤引張君房本忠作中。③闕誤作偏，引江南古藏本云偏作偏。

古之人，在混芒之中，與一世而得澹漠焉〔一〕。**當是時也，陰陽和静，鬼神不擾，**

四時得①節，萬物不傷，羣生不夭，人雖有知，无所用之〔二〕，此之謂至一。當是時也，莫之爲而常自然〔三〕。

〔一〕【疏】謂三皇之前，玄古無名號之君也。其時淳風未散，故處在混沌芒昧之中而與時世爲一，冥然無迹，君臣上下不相往來，俱得恬澹寂漠無爲之道也。【釋文】「在混」胡本反。「芒」莫剛反。崔云：混混芒芒，未分時也。「澹」徒暫反。

〔二〕【注】任其自然而已。【疏】當是混沌之時，淳樸之世，舉世恬惔，體合無爲。遂使陰昇陽降，二氣和而静泰；鬼幽人顯，各守分而不擾。炎涼順序，四時得節，既無災眚，萬物不傷，羣生各盡天年，終無夭折。人雖有心知之術，無爲，故無用之也。【釋文】「不擾」而小反。

〔三〕【注】物皆自然，故至一也。【疏】均彼此於無爲，混是非於恬惔，物我不二，故謂之至一也。莫，無也。莫之爲而自爲，無爲也；不知所以然而然，自然也。故當是時也，人懷無爲之德，物含自然之道焉。○慶藩案自然，謂自成也。廣雅：然，成也。大戴禮武王踐阼篇毋曰胡殘，其禍將然，謂禍將成也。楚詞遠遊無滑而魂兮，彼將自然，言彼將自成也。郭云物皆自然，語未晰。

〔校〕①闕誤引張君房本得作應。

逮德下衰〔一〕，及燧人伏羲始爲天下，是故順而不一〔二〕。德又下衰，及神農黃帝始爲天下，是故安而不順〔三〕。德又下衰，及唐虞始爲天下，興治化之流，澆①淳散朴〔四〕，離道以善〔五〕，險德以行〔六〕，然後去性而從於心〔七〕。心與心識〔八〕知而不足以定天下〔九〕，然後附之以文，益之以博。文滅質，博溺心，〔一〇〕然後民始惑亂，无以反其性情而復其初〔一一〕。

〔一〕【注】夫德之所以下衰者，由聖人不繼世，則在上者不能無爲而羨無爲之迹，故致斯弊也。

〔二〕【注】世已失一，惑不可解，故釋而不推，順之而已。【疏】逮，及也。古者茹毛飲血，與麋鹿同羣。及至燧人始變生爲熟，伏羲則服牛乘馬，創立庖厨，畫八卦以制文字，放蜘蛛而造密網。既而智詐萌矣，嗜欲漸焉，澆淳樸之心，散無爲之道。德衰而始爲天下，此之謂乎！是順黎庶之心，而不能混同至一也。【釋文】「燧人」音遂。

〔三〕【注】安之於其所安而已。【疏】夫德化更衰，爲弊增甚。故神農有共工之伐，黄帝致蚩尤之戰，祆氣不息，兵革屢興。是以誅暴去殘，弔民問罪，苟且欲安於天下，未能大順於羣生者也。

〔四〕【注】聖人無心，任世之自成。成之淳薄，皆非聖也。聖能任世之自得耳，豈能使世得聖哉！故皇王之迹，與世俱遷，而聖人之道未始不全也。【疏】夫唐堯虞舜，居五帝之末，而興治行化，冠三王之始。是以設五典而綱紀五行，置百官而平章百姓，百姓因此而澆訛，五行自斯而荒殆。枝流分派，迄至於兹，豈非毁淳素以作澆訛，散樸質以爲華僞！【釋文】「興治」直吏反。「澡」古堯反。本亦作澆。「醇」本亦作淳，音純。

〔五〕【注】善者，過於適之稱，故有善而道不全。【疏】夫虛通之道，善惡兩忘。今乃捨己効人，矜名企善，善既乖於理，所以稱離也。【釋文】「之稱」尺證反。

〔六〕【注】行者，違性而行之，故行立而德不夷。【疏】險，危阻也。不能率性任真，晦其蹤迹，乃矯情立行以取聲名，實由外行聲名浮僞，故令內德危險，何清夷之有哉！○慶藩案離道以善，險德以行，郭注訓爲有善而道不全，行立而德不夷，望文生義，於理未順。善字疑是爲字之誤，言所爲非大道，所行非大德也。淮南俶真篇雜道以僞，（雜當爲離字之誤。僞，古爲字，爲亦行也。）儉德以行，（儉險，古字通。曾子本孝篇不興儉行以徼幸，漢慎令劉脩碑動乎儉中，儉並當作險。荀子富國篇俗儉而百姓不一，楊倞注：儉當爲險。）即本於此。

〔七〕【注】以心自役，則性去也。【疏】離虛通之道，捨淳和之德，然後去自然之性，從分別之心。

〔八〕【注】彼我之心，競爲先識，無復任性也。【疏】彼我之心，更相謀慮，是非臧否，競爲前識者也。【釋文】「心與心識」如字。衆本悉同。向本作職，云：彼我之心，競爲先職矣。郭注既與向同，則亦當作職也。

〔九〕【注】忘知任性，斯乃定也。【疏】夫心攀緣於有境，知分別於無崖，六合爲之煙塵，八荒爲之騰沸，四時所以愆序，三光所以彗（悖）〔孛〕。斯乃禍亂之源，何足以定天下也！○家世父曰：郭象云，彼我之心，競爲先識，無復任性也。諸本皆以心與心識爲句。向秀本作職，云，彼我之心，競爲先職矣。疑心與心，非彼我之有異心也，心自異也。本然者一心，然引之而動者又一心。引之而動，一念之覺而有識焉，冬則識寒，夏則識暖是也；因覺生意而有知焉，食則知求甘，衣則知求温是也。佛家以意識分兩境。知者，意之發也，故曰不識不知，順帝之則。識者，内心之炯；知者，外心之通也。知識並生而亂始繁矣，烏足以定天下哉！○俞樾曰：識知二字連文。詩曰，不識不知，是識知同義，故連言之曰識知也。心與心識知而不足以定天下，明必不識不知而後可言定也。諸家皆斷識字爲句，非是；向本作職，尤非。

〔一〇〕【注】文博者，心質之飾也。【疏】前（後）〔既〕使心運知，不足以定天下，故後依附文書以匡時，代增博學而濟世。不知質是文之本，文華則隱滅於素質；博是心之末，博學則没溺於心靈。唯當絶學而去文，方會無爲之美也。【釋文】「博溺」乃瀝反，郭奴學反。

〔一一〕【注】初，謂性命之本。【疏】文華既〔隱〕②滅於素質，博學又没溺於心靈，於是蠢民成亂始矣，欲反其恬惔之情性，復其自然之初本，其可得乎！噫，心知文博之過！

〔校〕①世德堂本濅作濅。②隱字依上句疏文補。

由是觀之，世喪道矣，道喪世矣。世與道交相喪也，〔一〕道之人何由興乎世，世亦何由興乎道哉〔二〕！道无以興乎世，世无以興乎道，雖聖人不在山林之中，其德隱矣〔三〕。

〔一〕【注】夫道以不貴，故能存世。然世存則貴之，貴之，道斯喪矣。道不能使世不貴，而世亦不能不貴於道，故交相喪也。【疏】喪，廢也。由是事迹而觀察之，故知時世澆浮，廢棄無爲之道，亦由無爲之道，廢變淳和之世。是知世之與道交相喪之也。【釋文】「世喪」息浪反。下及注皆同。○慶藩案文選江文通雜體詩注引司馬云：世皆異端喪道，道不好世，故曰喪耳。釋文闕。

〔二〕【注】若不貴，乃交相興也。【疏】故懷道聖人，高蹈塵俗，未肯興弘以馭世，而澆僞之世，亦何能興感於聖道也！

〔三〕【注】今所以不隱，由其有情以興也。何由而興？由無貴也。【疏】澆季之時，不能用道，無爲之道，不復行世。假使體道聖人，降迹塵俗，混同羣生，無人知者，韜藏聖德，莫能見用，雖居朝市，何異山林矣！

隱，故不自隱〔一〕。古之所謂隱士者，非伏其身而弗見也，非閉其言而不出也，非藏其知而不發也，時命大謬也〔二〕。當時命而大行乎天下〔三〕，則反一无迹〔四〕；不當時命而大窮乎天下〔五〕，則深根寧極而待〔六〕；此存身之道也〔七〕。

〔一〕【注】若夫自隱而用物，則道世交相興矣，何隱之有哉！【疏】時逢昏亂，故聖道不行，豈是韜光自隱其德邪！

〔二〕【注】莫知反一以息迹而逐迹以求一，愈得迹，愈失一，斯大謬矣。雖復起身以明之，開言以出之，顯知以發之，何由而交興哉！祇所以交喪也。【疏】謬，僞妄也。非伏匿其身而不見，雖見而不亂羣；非閉其言而不出，雖出而不忤物；非藏其知而不發，雖發而不眩曜；但時逢謬妄，命遇迍邅，故隨世汚隆，全身遠害也。【釋文】「弗見」賢遍反。「衹所」音支。

〔三〕【注】此澹漠之時也。

〔四〕【注】反任物性而物性自一，故無迹。【疏】時逢有道，命屬清夷，則播德弘化，大行天下。既而人人反一，物物歸根，彼我冥符，故無朕迹。

〔五〕【注】此不能澹漠之時也。

〔六〕【注】雖有事之世，而聖人未始不澹漠也，故深根寧極而待其自爲耳，斯道之所以不喪也。【疏】時遭無道，命值荒淫，德化不行，則大窮天下。既而深固自然之本，保寧至極之性，安排而隨變化，處常而待終年，豈有窮通休戚於其間哉！

〔七〕【注】未有身存而世不興者也。【疏】在窮塞而常樂，處危險而安寧，任時世之行藏，可謂存身之道也。

古之行①身者，不以辯飾知〔一〕，不以知窮天下〔二〕，不以知窮德〔三〕，危然處其所而反其性已，又何爲②哉〔四〕！道固不小行〔五〕，德固不小識〔六〕。小識傷德，小行傷道〔七〕。故曰，正己而已矣。樂全之謂得志。〔八〕

〔一〕【注】任其真知而已。【疏】古人輕辯重訥，賤言貴行，是以古人之行任其身者，必不用浮華之言辯，飾分別之小智也。

〔二〕【注】此淡泊之情也。　【疏】窮者，困累之謂也，不縱知毒害以困苦蒼生也。　【釋文】「淡」大暫反。「泊」音薄。

〔三〕【注】守其自德而已。　【疏】知止其分，不以無涯而累其自得也。

〔四〕【注】危然，獨正之貌。　【疏】危，猶獨也。言獨居亂世之中，處危而所在安樂，動不傷寂，恒反自然之性，率性而動，復何爲之哉？言其無爲也。　【釋文】「危然」如字。郭云：獨正貌。司馬本作恑，云：獨立貌。崔本作垝，音如累垝之垝。垝然，自持安固貌。

〔五〕【注】遊於坦途。　【疏】大道廣蕩，無不範圍，小成隱道，固不小行矣。　【釋文】「於坦」敕但反。

〔六〕【注】塊然大通。　【疏】上德之人，智周萬物，豈留意是非而爲識鑒也！　【釋文】「塊然」苦對反。

〔七〕【疏】小識小知，虧損深玄之盛德；小學小行，傷毀虛通之大道也。

〔八〕【注】自得其志，獨夷其心，而無哀樂之情，斯樂之全者也。　【疏】夫己身履於正道，則所作皆虛通也。既而無順無逆，忘哀忘樂，所造皆適，斯樂（全）之〔全〕③者也。至樂全矣，然後志性得焉。　【釋文】「樂全」音洛。注、下皆同。

〔校〕①世德堂本行作存。②闕誤引張君房本爲下有乎字。③樂之全者，依注文改。

古之所謂得志者，非軒冕之謂也，謂其无以益其樂而已矣〔一〕。今之所謂得志

新編諸子集成

莊子集釋

下

〔清〕郭慶藩 撰

王孝魚 點校

中華書局

莊子集釋卷六下

外篇 秋水第十七〔一〕

〔一〕【釋文】借物名篇。

秋水時至，百川灌河，涇流之大，兩涘渚崖之間，不辯牛馬〔二〕。於是焉河伯欣然自喜，以天下之美爲盡在己〔三〕。順流而東行，至於北海，東面而視，不見水端，於是焉河伯始旋其面目，望洋向若而歎曰：「野語有之曰，『聞道百以爲莫己若者』，我之謂也〔三〕。且夫我嘗聞少仲尼之聞而輕伯夷之義者，始吾弗信；今我睹子之難窮也，吾非至於子之門則殆矣，吾長見笑於大方之家〔四〕。」

〔二〕【注】言其廣也。【疏】河，孟津也。涇，通也。涘，岸也。涯，際也。渚，洲也，水中之可居曰洲也。大水生於春而旺於秋，素秋陰氣猛盛，多致霖雨，故秋時而水至也。既而凡百川谷，皆灌注黃河，通流盈滿，其水甚大，涯岸曠闊，洲渚迢遥，遂使隔水遠看，不辨牛之與馬也。【釋文】「秋水」李云：水生於春，壯於秋。白虎通云：水，準也。「灌河」古亂反。「涇流」音經。司馬云：涇，通也。崔本作徑，云：直度曰徑。又云：字或作涇。「兩涘」音俟，涯也。「渚」司馬云：水中可居曰渚。釋名云：渚，遮也，體高，能遮水使從旁回也。「崖」字又作涯，亦作厓，並同。「不辯牛馬」辯，別也。言廣大，故望不分別也。

〔二〕【疏】河伯，河神也，姓馮，名夷，華陰潼堤鄉人，得水仙之道。河既曠大，故欣然懽喜，謂天下榮華盛美，盡在己身。【釋文】「河伯」姓馮，名夷，一名冰夷，一名馮遲，已見大宗師篇。一云：姓呂，名公子，馮夷是公子之妻。○慶藩案：〔文選〕枚乘七發注引許慎曰：馮遲，河伯也。釋文云：河伯，姓馮名夷，一名馮遲。遲夷二字，古通用也。淮南齊俗訓馮夷得道以潛大川，許注：馮夷，河伯也，華陰潼鄉隄首里人，服八石，得水仙。詩小雅四牡篇周道倭遲，韓詩作委夷。顏籀匡〔俗〕〔謬〕正〔謬〕〔俗〕云：古遲夷通，此其證。高注淮南原道篇：馮夷，或曰馮遲，古之得道能御陰陽者也。「爲盡」津忍反。

〔三〕【疏】北海，今萊州是。望洋，不分明也，水日相映，故望洋也。若，海神也。河伯沿流東行，至於大海，聊復顧眄，不見水之端涯，方始迴旋面目，高視海若，仍慨然發歎，託之野語。而百是萬之一，誠未足以自多，遂〔爲〕〔謂〕無如己者，即河伯之謂也。此乃鄙俚之談；未爲通論耳。【釋文】「北海」李云：東海之北是也。「面目盳」莫剛反，又音旁，又音望。本一作望。○盧文弨曰：今本盳作望。「洋」音羊。司馬崔云：盳洋，猶望羊，仰視貌。「向若」向徐音嚮，許亮反。司馬云：若，海神。○慶藩案釋文引司馬崔本作盳洋，云盳洋猶望羊，仰視貌。今案洋羊皆叚借字，其正字當作陽。論衡骨相篇武王望陽，言望視太陽也。太陽在天，宜仰而觀，故訓爲仰視。「聞道百」李云：萬分之一也。○家世父曰：李軌云：聞道百，萬分之一也。今案聞字對下（聽）〔睹〕字爲言。聞道雖多而不知其無窮也，以意度其然而自信其有進焉者，及（昧）〔睹〕①其無窮，乃始爽然自失也。百者，多詞也，李注非是。○慶藩案百，古讀若博，與若韻。漢書鄒陽傳鷙鳥絫百，與鶚韻。蔡邕獨斷蠟祝辭歲取千百，與宅壑作韻。

〔四〕【注】知其小而不能自大，則理分有素，跂尚之情無爲乎其間。【疏】方，猶道也。世人皆以仲尼删定六經爲多聞博識，伯夷讓國清廉，其義可重。復有通人達士，議論高談，以伯夷之義爲輕，仲尼之聞爲寡，即河伯嘗聞，竊未之信。今見大海之弘博，浩汗難窮，方覺昔之所聞，諒不虛矣。河伯向不至海若之門，於事大成危殆。既而所見狹劣，則長被（嘔）〔嗤〕笑於大道之家。【釋文】「今我睹」舊音覩。案説文，睹今字，覩古字，睹，見也。崔本作今睹我，云：睹，示也。「大方之家」司馬云：大道也。「理分」扶問反，後同。

〔校〕①兩睹字依下正文改。

北海若曰：「井鼃不可以語於海者，拘於虛①也；夏蟲不可以語於冰者，篤於時也；曲士不可以語於道者，束於教也〔一〕。今爾出於崖②涘，觀於大海，乃知爾醜，爾將可與語大理矣〔二〕。天下之水，莫大於海，萬川歸之，不知何時止而不盈；尾閭泄之，不知何時已而不虛；春秋不變，水旱不知。此其過江河之流，不可爲量數。〔三〕而吾未嘗以此自多者，自以比形於③天地而受氣於陰陽，吾在〔於〕④天地之間，猶小石小木之在大山也，方存乎見少，又奚以自多〔四〕！計四海之在天地之間也，不似礨空之在大澤乎？計中國之在海內，不似稊米之在大倉乎？〔五〕號物之數謂之萬，人處一焉；人卒九州，穀食之所生，舟車之所通，人處一焉；此其比萬物也，不似豪末之在於馬體乎？〔六〕五帝之所連⑤，三王之所争，仁人之所憂，任士之所勞，盡此矣〔七〕。伯夷辭之以爲名，仲尼語之以爲博，此其自多也，不似爾向之自多於水乎〔八〕？」

〔一〕【注】夫物之所生而安者，趣各有極。【疏】海若知河伯之狹劣，舉三物以譬之。夫坎井之鼃，聞大海無風而洪波百尺，必不肯信者，爲拘於虛域也。夏生之蟲，至秋便死，聞玄冬之時，水結爲冰，雨凝成霰，必不肯信者，心厚於夏時也。曲見之士，偏執之人，聞說虛通至道，絕聖棄智，大豪末而小泰山，壽殤子而夭彭祖，而必不信者，爲束縛於名教故也。而河伯不至洪川，未逢海若，自矜爲大，其義亦然。【釋文】「以語」如字，下同。○王引之曰：鼃，本作魚，後人改之也。太平御覽時序部七、鱗介部七、蟲豸部一引此，並云井魚不可以語於海，則舊本作魚可知。且釋文於此句不出鼃字，直至下文埳井之鼃，始云鼃本又作蛙，户蝸反，引司馬注云，鼃，水蟲，形似蝦蟇，則此句作魚不作鼃明矣。若作鼃，則户蝸之音，水蟲之注，當先見於此，不應至下文始見也。再以二證明之：鴻烈原道篇，夫井魚不可與語大，拘於隘也，梁張綰文，井魚之不識巨海，夏蟲之不見冬冰，（水經贛水注云：聊記奇聞，以廣井魚之聽。）皆用莊子之文，則莊子之作井魚益明矣。井九二，井谷射鮒，鄭注曰：所生魚無大魚，但多鮒魚耳。（見劉逵吴都賦注。）困學紀聞（卷十）引御覽所載莊子曰，用意如井魚者，吾爲鈎繳以投之，吕氏春秋諭大篇曰，井中之無大魚也，此皆井魚之證。後人以此篇有埳井鼃之語，而荀子亦云坎井之鼃不可與語東海之樂，（見正論篇。）遂改井魚爲井鼃，不知井自有魚，無煩改作鼃也。自有此改，世遂動稱井鼃夏蟲，不復知有井魚之喻矣。「於虚」音墟。本亦作墟。風俗通云：墟，虚也。崔云：拘於井中之空也。○王念孫曰：崔注拘於虚曰，拘於井中之空也。案崔訓虚爲空，非也。虚與墟同，故釋文云，虚本亦作墟。廣雅曰：墟，凥也。（凥古居字。）文選西征賦注引聲類曰：墟，故所居也。凡經傳言丘墟者，皆謂故所居之地。言井魚拘於所居，故不知海之大也。魚居於井，猶河伯居於涯涘之間，故下文曰，今爾出於涯涘，觀於大海，乃知爾醜也。「夏蟲」户嫁反。○慶藩案文選孫興公天台山賦注引司馬云：厚信其所見之時也。釋文闕。○又案司馬訓篤爲厚，成疏心厚於夏時，即用司馬義。其説迂曲難通。爾雅釋詁：篤，固也。論語泰伯篇篤信好學，謂信之固也。禮儒行篤行而不倦，謂行之固也。後漢延篤字叔堅，堅亦固也。凡鄙陋不達謂之固，夏蟲爲時所蔽而不可語冰，故曰篤於時。篤字正與上下文拘束同義。「曲士」司馬云：鄉曲之士也。

〔二〕【注】以其知分，故可與言理也。【疏】河伯駕水乘流，超於崖涘之表，適逢海若，仍於瀚海之中，詳觀大壑之無窮，方鄙小河之陋劣。既悟所居之有限，故可語大理之虛通也。

〔三〕【疏】尾閭者，泄海水之所也；在碧海之東，其處有石，闊四萬里，厚四萬里，居百川之下尾而爲閭族，故曰尾閭。海水沃著即焦，亦名沃焦也。山海經云，羿射九日，落爲沃焦。此言迂誕，今不詳載。春雨少而秋雨多，堯遭水而湯遭旱。故海之爲物也，萬川歸之而不盈，沃焦瀉之而不虛，春秋不變其多少，水旱不知其增減。論其大也，遠過江（海）〔河〕⑥之流，優劣懸殊，豈可語其量數也！【釋文】「尾閭」崔云：海東川名。司馬云：泄海水出外者也。「泄之」息列反，又與世反。○慶藩案文選嵇叔夜養生論注引司馬云：尾閭，水之從海外出者也，一名沃焦，在東大海之中。尾者，在百川之下，故稱尾。閭者，聚也，水聚族之處，故稱閭也。在扶桑之東，有一石，方圓四萬里，厚四萬里，海水注者無不燋盡，故曰沃燋。較釋文所引加詳。「量數」音亮。注及下同。

〔四〕【注】窮百川之量而縣於河，河縣於海，海縣於天地，則各有量也。此發辭氣者，有似乎觀大可以明小，尋其意則不然。夫世之所患者，不夷也，故體大者（快）〔快〕⑦然謂小者爲無餘，質小者塊然謂大者爲至足，是以上下夸跂，俯仰自失，此乃生民之所惑也。惑者求正，正之者莫若先極其差而因其所謂。所謂大者至足也，故秋毫無以累乎天地矣；所謂小者無餘也，故天地無以過乎秋毫矣；然後惑者有由而反，各知其極，物安其分，逍遥者用其本步而遊乎自得之場矣。此莊子之所以發德音也。若如惑者之説，轉以小大相傾，則相傾者無窮矣。若夫覩大而不安其小，視少而自以爲多，將奔馳於勝負之竟而助天民之矜夸，豈達乎莊生之旨哉！【疏】存，在也。奚，何也。夫覆載萬物，莫大於天地；布氣生化，莫大於陰陽也。是以海若比形於天地，則無等級以寄，言受氣於陰陽，則是陰陽象之一物也。故託諸物以爲譬，猶小木小石之在太山乎，而海若於天理在乎寡少，物各有量，亦何足以自多！【釋文】「而縣」音玄。下同。「快然」於亮反，又於良反。「之竟」音境。

〔五〕【疏】礨空，蟻穴也。稊，草似稗而米甚細少也。中國，九州也。夫四海在天地之間，九州居四海之内，豈不似蟻孔之居大澤，稊米之在大倉乎，言其大小優劣有如此之懸也。【釋文】「礨」力罪反，向同，崔音壘，李力對反。「空」音孔。壘孔，小穴也。李云：小封也。一云：蟻冢也。○家世父曰：釋文引崔云，礨空小穴也。李軌云，小封也。一云蟻塚。今案礨空自具兩義，言高下之勢也。礨者，突然而高；空者，窪然而下。大澤之中，或墳起，或洿深，高下起伏，自然之勢常相因也，故謂之礨空。司馬相如上林賦丘墟掘礨，亦同此義。言丘墟之勢，或掘而成穴，或壘而成垤也。「稊米」徒兮反。司馬云：稊米，小米也。李云：稊草也。案郭注爾雅，稊似稗，稗音蒲賣反。「大倉」音泰。

〔六〕【注】小大之辨，各有階級，不可相跂。【疏】號，名號也。卒，衆也。夫物之數不止於萬，而世間語便，多稱萬物，人是萬數之一物也。中國九州，人衆聚集，百穀所生，舟車來往，在其萬數，亦處一焉。然以人比之萬物，九州方之宇宙，亦無異乎一豪之在馬體，曾何足以介懷也！【釋文】「人卒」尊忽反。司馬云：衆也。崔子恤反，云：盡也。○家世父曰：釋文引司馬云，卒，衆也，崔云，盡也。案人卒九州，言極九州之人數。卒者，盡詞也。九州之大，人數之繁，其在天之中，要亦萬物之一而已。崔說是。○俞樾曰：人卒二字，未詳何義。司馬訓卒爲衆，崔訓卒爲盡，皆不可通。且下云人處一焉，則此不當以人言。人卒疑大率二字之誤。人間世篇，率然拊之，釋文曰，率或作卒。是率卒形似易誤之證。率誤爲卒，因改大爲人以合之。據至樂篇人卒聞之，盜跖篇人卒未有不興名就利者，是人卒之文，本書所有，然施之於此，不可通矣。大率者，總計之辭。上云計四海之在天地之間也，又云計中國之在海內，計與大率，其義正同。

〔七〕【注】不出乎一域。【疏】五帝連接而揖讓，三王興師而爭奪，仁人殷憂於社稷，任士劬勞於職務，四者雖事業不同，俱理盡於毫末也。【釋文】「五常之所連」司馬云：謂連續仁義也。崔云。連，續也。本亦作五帝。○盧文弨曰：今本作五帝。○家世父曰：江南古(莊)〔藏〕本連作運，似從運爲妥。「所争」側耕反。「任士之所勞」李云：任，能也。勞，服也。

〔八〕【注】物有定域，雖至知不能出焉。故起大小之差，將以申明至理之無辯也。【疏】伯夷讓五等以成名，仲尼論六經以爲博，用斯輕物，持此自多，亦何異乎向之河伯自多於水！此通合前喻，並釋前事少仲尼〔之〕⑧聞輕伯夷之義也。

〔校〕①趙諫議本作墟。②趙本作涯。③趙本無於字。④於字依世德堂本補。⑤闕誤引江南古藏本連作運。⑥河字依正文改。⑦快字依釋文及世德堂本改。⑧之字依正文補。

河伯曰：「然則吾大天地而小（毫）〔豪〕末，可乎〔一〕？」

〔一〕【疏】夫形之大者，無過天地，質之小者，莫先毫末；故舉大舉小，以明稟分有差。河伯呈己所知，詢於海若。又解：若以自足爲大，吾可大於兩儀；若以無餘爲小，吾可小於毫末。河伯既其領悟，故物我均齊，所以述己解心，詢其可不也。

北海若曰：「否。夫物，量无窮〔一〕，時无止〔二〕，分无常〔三〕，終始无故〔四〕。是故大知觀於遠近，故小而不寡〔五〕，大而不多〔六〕，知量无窮〔七〕；證曏今故〔八〕，故遥而不悶〔九〕，掇而不跂〔一〇〕，知時无止〔一一〕；察乎盈虚，故得而不喜，失而不憂〔一二〕，知分之无常也〔一三〕；明乎坦塗〔一四〕，故生而不説，死而不禍〔一五〕，知終始之不可故也〔一六〕。計人之所知，不若其所不知〔一七〕；其生之時，不若未生之時〔一八〕；以其至小求窮其至大之域，是故迷亂而不能自得也〔一九〕。由此觀之，又何以知（毫）〔豪〕①末之足以定至細之倪！又何以知天地之足以窮至大之域〔二〇〕！」

〔一〕【注】物物各有量。【疏】既領所疑，答曰不可。夫物之器量，稟分不同，隨其所受，各得稱適，而千差萬别，品類無窮，稱適之處，無大無小，豈得率其所知，抑以爲定！

〔二〕【注】死與生皆時行。【疏】新新不住。

〔三〕【注】得與失皆分。【疏】所稟分命，隨時變易。

〔四〕【注】日新也。【疏】雖復終而復始，而未嘗不新。

〔五〕【注】各自足也。【疏】此下釋量無窮也。以大聖之知，視於遠理，察於近事，故毫末雖小，當體自足，無所寡少也。

〔六〕【注】亦無餘也。【疏】天地雖大，當（離）〔體〕②無餘，故未足以自多也。不多則無夸，不寡則息企也。

〔七〕【注】攬而觀之，知遠近大小之物各有量。【疏】以大人之知，知於物之器量，大小雖異，各稱其情，升降不同，故無窮也。此結前物量無窮也。

〔八〕【注】曏，明也。今故，猶古今。【疏】此下釋時無止義也。曏，明也。既知小大非小大，則證明古今無古今也。【釋文】「證曏」許亮反。崔云：往也。向郭云：明也。又虚丈反。

〔九〕【注】遥，長也。

〔一〇〕【注】掇，猶短也。【疏】遥，長也。掇，短也。既知古今無古今，則知壽夭無壽夭。是故年命延長，終不厭生而悒悶；稟齡夭促，亦不欣企於遐壽；隨變任化，未始非吾。【釋文】「掇」專劣反。郭云：短也。「而不跂」如字。一本作企。下注亦然。○家世父曰：郭象注，遥，長也。掇，猶短也。説文：掇，拾取也。易疏：患至掇也，若手拾掇物然，言近而可掇取也。悶，如老子其政悶悶，不詳明。跂者，所以行也。淮南子原道訓跂行喙息，馬蹄篇蹩躠爲仁，踶跂爲義，謂煩勞也。知時無止，順謂行之而已。故者非遥，無漠視也；今者非近，無强致也。郭象注未愜。

〔一一〕【注】證明古今，知變化之不止於死生也，故不以長而悒悶，短故爲跂也。【疏】此結前時無止義也。

〔一二〕【疏】此下釋分無常義也。夫天道既有盈虚，人事寧無得喪！是以視乎盈虚之變，達乎得喪之理，故儻然而得，時也，不足爲欣；偶爾而失，命也，不足爲戚也。

〔一三〕【注】察其一盈一虚，則知分之不常於得也，故能忘其憂喜。【疏】此結前分無常義也。

〔一四〕【注】死生者，日新之正道也。【疏】此下釋終始無故義也。坦，平也。塗，道也。不以死爲死，不以生爲生，死生無隔故。明乎坦然平等之大道者如此。【釋文】「坦」吐但反。

〔一五〕【疏】夫明乎坦然之道者，〔其〕③生也不足以爲欣悦，其死也不足以爲禍敗。達死生之不二，何憂樂之可論乎！【釋文】「不説」音悦。

〔一六〕【注】明終始之日新也，則知故之不可執而留矣，是以涉新而不愕，舍故而不驚，死生之化若一。【疏】此結前終始無故義。【釋文】「不愕」五各反。「舍故」音捨。

〔一七〕【注】所知各有限也。【疏】强知者乖真，不知者會道。以此計之，當故不如也。

〔一八〕【注】生時各有年也。【疏】未生之時，無喜所以無憂；既生之後，有愛所以有憎。

〔一九〕【注】莫若安於所受之分而已。【疏】至小，智也；至大，境也。夫以有限之小智，求無窮之大境，而無窮之境未周，有限之智已喪，是故終身迷亂，返本無由，喪己企物而不自得也。

〔二〇〕【注】以小求大，理終不得，各安其分，則大小俱足矣。若毫末不求天地之功，則周身之餘，皆爲棄物；天地不見大於秋毫，則顧其形象，裁自足耳；將何以知細之定細，大之定大也！【疏】夫物之稟分，各自不同，大小雖殊而咸得稱適。若以小企大，則迷亂失性，各安其分，則逍遥一也。故毫末雖小，性足可以稱大；二儀雖大，無餘可以稱小。由此視之，至小之倪，何必定在於毫末！至大之域，豈獨理窮於天地！【釋文】「之倪」五厓反，徐音詣。郭五米反。下同。

〔校〕①豪字依世德堂本改。②體字依上疏文改。③其字依下句補。

河伯曰：「世之議者皆曰：『至精无形，至大不可圍。』是信情乎〔一〕？」

〔一〕【疏】信，實也。世俗議論，未辯是非，僉言至精細者無復形質，至廣大者不可圍繞。未知此理情智虚實。河伯未達，故有此疑也。

北海若曰：「夫自細視大者不盡，自大視細者不明〔一〕。夫精，小之微也；垺，大之殷也；故異便①〔二〕。此勢之有也〔三〕。夫精粗者，期於有形者也〔四〕；无形者，數之所不能分也；不可圍者，數之所不能窮也〔五〕。可以言論者，物之粗也；可以意致者，物之精也；言之所不能論，意之所不能察致者，不期精粗焉〔六〕。

〔一〕【注】目之所見有常極，不能無窮也，故於大則有所不盡，於細則有所不明，直是目之所不逮耳。精與大皆非無也，庸詎知無形而不可圍者哉！【疏】夫以細小之形視於曠大之物者，必不盡其弘遠，故謂之不可圍。又以曠大之物觀於細小之形者，必不曉了分明，故謂之無形質。此並未出於有境，豈是至無之義哉！

〔二〕【注】大小異，故所便不得同。【疏】精，微小也。垺，殷大也。欲明小中之小，大中之大，稟氣雖異，並不離有（中）〔形〕②，天機自張，各有便宜也。【釋文】「垺」李普回反。徐音孚，謂盛也。郭芳尤反，崔音裒。「之殷」殷，衆也。○慶藩案殷，大也，故疏云大中之大，不當訓衆。「異便」婢面反。徐扶面反。注皆同。

〔三〕【注】若無形而不可圍，則無此異便之勢也。【疏】大小既異，宜便亦殊，故知此勢未超於有之也。

〔四〕【注】有精粗矣，故不得無形。【疏】夫言及精粗者，必期限於形名之域，而未能超於言象之表也。【釋文】「精粗」七胡反。下同。

〔五〕【疏】無形不可圍者，道也。至道深玄，絶於心色，故不可以名數分別，亦不可以數量窮盡。【釋文】「能分」如字。

〔六〕【注】唯無而已，何精粗之有哉！夫言意者有也，而所言所意者無也，故求之於言意之表，而入乎無言無意之域，而後至焉。【疏】夫可以言辨論説者，有物之粗法也；可以心意致得者，有物之精細也；而神口所不能言，聖心〔所〕③不能察者，妙理也。必求之於言意之表，豈期必於精粗之間哉！【釋文】「不能論」本或作諭。

〔校〕①闕誤引張君房本便下有耳字。②形字依下正文期於有形句改。③所字依上句補。

是故大人之行，不出乎害人①〔一〕，不多仁恩〔二〕；動不爲利〔三〕，不賤門隸〔四〕；貨財弗爭〔五〕，不多辭讓〔六〕；事焉不借人〔七〕，不多食乎力〔八〕，不賤貪汚〔九〕；行殊乎俗〔一〇〕，不多辟異〔一一〕；爲在從衆〔一二〕，不賤佞諂〔一三〕；世之爵禄不足以爲勸，戮恥不足以爲辱〔一四〕；知是非之不可爲分，細大之不可爲倪〔一五〕。聞曰：『道人不聞〔一六〕，至德不得〔一七〕，大人无己〔一八〕。』約分之至也〔一九〕。」

〔一〕【注】大人者，無意而任天行也。舉足而投諸吉地，豈出害人之塗哉！【疏】夫大人應物，譬彼天行，運而無心，故投諸吉地，出言利物，終不害人也。

〔二〕【注】無害而不自多其恩。【疏】慈澤類乎春陽，而不多偏行恩惠也。

〔三〕【注】應理而動，而理自無害。【疏】應機而動，不域心以利物。【釋文】「爲利」于僞反。

〔四〕【注】任其所能而位當於斯耳，非由賤之故措之斯職。【疏】混榮辱，一窮通，故守門僕隸，不以爲賤也。【釋文】「故措」七故反。

〔五〕【注】各使分定。【疏】寡欲知足，守分不貪，故於彼貨財，會無爭競也。

〔六〕【注】適中而已。　【疏】率性謙和，用捨隨物，終不矯情，飾辭多讓。

〔七〕【注】各使自任。　【疏】愚智率性，工拙襲情，終不假借於人，分外求務。

〔八〕【注】足而已。　【疏】食於分内，充足而已，不多貪求，疲勞心力。

〔九〕【注】理自無欲。　【疏】體達玄道，故無情欲，非關苟貴清廉，賤於貪污。

〔一〇〕【注】己獨無可無不可，所以與俗殊。　【疏】和光同塵，無可不可，而在染不染，故行殊乎俗也。　【釋文】「行殊」下孟反。下堯桀之行同。

〔一一〕【注】任理而自殊也②。　【疏】居正體道，故不多邪辟，而大順羣生，故曾無乖異也。　【釋文】「辟異」匹亦反。

〔一二〕【注】從衆之所爲也。　【疏】至人無心，未曾專己，故凡厥施爲，務在從衆也。

〔一三〕【注】自然正直。　【疏】素性忠貞，不履左道，非鄙賤佞諂而後正直也。○家世父曰：大人之行凡五事：本不害人，非爲仁也；無貴賤貨利之在其心，何有辭讓也；不導人以爲利，何有貪汚也；行自殊俗，非爲異也；順從乎衆，非爲諂也。事焉不借人，如許行之云並耕而治，饔飧而食；不多食乎力，如老子之云我無事而民自富，我無〔顧〕〔爲〕③而民自樸；彼貪汚者自止，而無事乎賤之矣。郭象注未能分明。

〔一四〕【注】外事不接④於心。　【疏】夫高官重禄，世以爲榮；刑戮黜落，世以爲恥。既而體榮枯之非我，達通塞之有時，寄來不足以勸勵，寄去不足以羞辱也。○家世父曰：世之爵禄不足以爲勸，戮恥不足以爲辱，承上，言無爲而民自化。仁讓無所施，貪諂無所庸，又何以爵禄戮恥爲也！郭象云外事不棲於心，誤。

〔一五〕【注】故玄同也。【疏】各執是非，故是非不可爲定分；互爲大小，故細大何得有倪限；即天地毫末之謂乎！

〔一六〕【注】任物而物性自通，則功名歸物矣，故不聞。【疏】夫體道聖人，和光韜晦，推功於物，無功名之可聞。寓諸他人，故稱聞曰。

〔一七〕【注】得者，生於失也；物各無失，則得名去也。【疏】得者，不喪之名也。而造極之人，均於得喪，既無所喪，亦無所得。故老經云，上德不德。

〔一八〕【注】任物而已。【疏】大聖之人，有感斯應，方圓任物，故無己也。【釋文】「无己」音紀。

〔一九〕【注】約之以至其分，故冥也，夫唯極乎無形而不可圍者爲然。【疏】約，依也。分，限也。夫大人利物，抑乃多塗，要切而言，莫先依分。若視目所見，聽耳所聞，知止所知，而限於分内者，斯德之至者也。

〔校〕①闕誤引張君房本人下有之塗也三字。②趙諫議本無而字也字。③爲字依老子原文改。④世德堂本作棲，趙本無此句。

河伯曰：「若物之外，若物之内，惡至而倪貴賤？惡至而倪小大〔一〕？」

〔一〕【疏】若物之外，若物之内，謂物性分之内外也。惡，何也。言貴賤之分，小大之倪，爲在物性之中，爲在性分之外，至何處所而有此耶？河伯未達其源，故致斯請也。【釋文】「惡至」音烏。下同。

北海若曰：「以道觀之，物无貴賤〔一〕；以物觀之，自貴而相賤〔二〕；以俗觀之，貴賤不在己〔三〕。以差觀之，因其所大而大之，則萬物莫不大；因其所小而小之，則萬物莫不小；知天地之爲稊米也，知（毫）〔豪〕末之爲丘山也，則差數覩矣〔四〕。以功觀之，因其所有而有之，則萬物莫不有；因其所无而无之，則萬物莫不无；知東西之相反而不可以相无，則功分定矣〔五〕。以趣觀之，因其所然而然之，則萬物莫不然；因其所非而非之，則萬物莫不非；知堯桀之自然而相非，則趣操覩矣〔六〕。

〔一〕【注】各自足也。【疏】道者，虛通之妙理；物者，質礙之麤事。而以麤視妙，故有大小，以妙觀麤，故無貴賤。

〔二〕【注】此區區者，乃道之所錯綜而齊之①也。【疏】夫物情倒置，迷惑是非，皆欲貴己而賤他，他亦自貴而賤彼，彼此懷惑，故言相也。

〔三〕【注】斯所謂倒置也。【疏】夫榮華戮恥，事出儻來，而流俗之徒，妄生欣戚。是以寄來爲貴，得之所以爲寵；寄去爲賤，失之所以爲辱；斯乃寵辱由乎外物，豈貴賤在乎己哉！

〔四〕【注】所大者，足也；所小者，無餘也。故因其性足以名大，則毫末丘山不得異其名；因其無餘以稱小，則天地稊米無所殊其稱。若夫觀差而不由斯道，則差數相加，幾微相傾，不可勝察也。【疏】差，别也。夫以自足爲大，則毫末之與丘山，均其大矣；以無餘爲小，則天地之與稊米，均其小矣。是以因毫末〔以〕②爲大，則萬物莫不大矣；因天地以爲小，則萬物莫不小矣。故雖千差萬際，數量不同，而以此觀之，則理可見。○家世父曰：道者，通乎人我者也；物者，心有所據以衡人者也；俗者，徇俗爲貴賤者也；差者，萬物之等差也；功者，人我兩須之事功也；趣者，一心之旨趣也。繁然殽亂，而持之皆有道，故言之皆有本。貴賤大小，辨争反復，而天下紛然多故也。【釋文】「其稱」尺證反。「可勝」音升。

〔五〕【注】天下莫不相與爲彼我，而彼我皆欲自爲，斯東西之相反也。然彼我相與爲脣齒，脣齒者未嘗相爲，而脣亡則齒寒。故彼之自爲，濟我之功弘矣，斯相反而不可以相無者也。故因其自爲而無其功，則天下之功莫不皆無矣；因其不可相無而有其功，則天下之功莫不皆有矣。若乃忘其自爲之功而思夫相爲之惠，惠之愈勤而僞薄滋甚，天下失業而情性瀾漫矣，故其功分無時可定也。【疏】夫東西異方，其義相反也，而非東無以立西，斯不可以相無者也。若近取諸身者，眼見耳聽，手捉腳行，五藏六腑，四肢百體，各有功能，咸稟定分，豈眼爲耳視而腳爲手行哉？相爲之功，於斯滅矣。此是因其所無而無之，則萬物莫不無也。然足不行則四肢爲之委頓，目不視則百體爲之否塞，而所司各用，無心相爲，濟彼之功，自然成矣，斯因其所有而有之，則萬物莫不有也。以此觀之，則功用有矣，分各定矣。若乃忘其自爲之功而思夫相爲之惠，則彼我失性而是非殽亂也，豈莊生之意哉！【釋文】「自爲」于僞反。注內自爲相爲皆同。餘如字。

〔六〕【注】物皆自然，故無不然；物皆相非，故無不非。無不非，則無然矣；無不然，則無非矣。無然無非者，堯也；有然有非者，桀也。然此二君，各受天素，不能相爲，故因堯桀以觀天下之趣操，其不能相爲也可見矣。【疏】然，猶是也。夫物皆自是，故無不是；物皆相非，故無不非。無不非，則天下無是矣；無不是，則天下無非矣。故以物情趣而觀之，因其自是，則萬物莫不是；因其相非，則萬物莫不非矣。夫天下之極相反者，堯桀也，故舉堯桀之二君以明是非之兩義。故堯以無爲爲是，有欲爲非；桀以無爲爲非，有欲爲是；故曰知堯桀之自然相非。因此而言，則天下萬物情趣志操，可以見之矣。

〔校〕①世德堂本之下有者字。②以字依下句補。

昔者堯舜讓而帝，之噲讓而絶〔一〕；湯武争而王，白公争而滅〔二〕。由此觀之，争讓之禮，堯桀之行，貴賤有時，未可以爲常也〔三〕。梁麗可以衝城，而不可以窒穴，言殊器也〔四〕；騏驥驊騮，一日而馳千里，捕鼠不如狸狌，言殊技也〔五〕；鴟鵂夜撮蚤，察毫末，晝出瞋目而不見丘山，言殊性也〔六〕。故曰，蓋師是而无非，師治而无亂乎？是未明天地之理，萬物之情者也〔七〕。是猶師天而无地，師陰而无陽，其不可行明矣〔八〕。然且語而不舍，非愚則誣也〔九〕。帝王殊禪，三代殊繼。差其時，逆其俗者，謂之篡①夫〔一〇〕；當其時，順其俗者，謂之義〔之〕②徒〔一一〕。默默乎河伯！女惡知貴賤之門，小大之家〔一二〕！」

〔一〇〕【疏】夫帝王異代，爭讓異時。既而堯知天命有歸，故禪於舜；舜知曆祚將改，又讓於禹。唐虞是五帝之數，故曰讓而帝也。（子）之，燕相子之也。噲，燕王名也。子之，即蘇秦之女壻也。秦弟蘇代，從齊使燕，以堯讓許由故事說燕王噲，令讓位與子之，子之遂受。國人恨其受讓，皆不服子之，三年國亂。齊宣王用蘇代計，興兵伐燕，於是殺燕王噲於郊，斬子之於朝，以絶燕國。豈非效堯舜之陳跡而禍至於此乎！【釋文】「之噲」音快，又古邁反，又古會反。之者，燕相子之也。噲，燕王名也。司馬云：燕王噲拙於謀，用蘇代之説，效堯舜讓位與子之，三年而國亂。

〔一一〕【注】夫順天應人而受天下者，其跡則爭讓之跡也。尋其跡者，失其所以跡矣，故絶滅也。【疏】殷湯伐桀，周武克紂，此之二君，皆受天命，故致六合清泰，萬國來朝，是以時繼三王，故云爭而王也。而時須干戈，應以湯武，時須揖讓，應以堯舜。故千變萬化，接物隨時，讓爭之跡，不可執留也。白公名勝，楚平王之孫，太子建之子也。平王用費無忌之言，納秦女而疏太子，太子奔鄭，娶鄭女而生勝。太傅伍奢被殺，子胥奔吳，勝從奔吳，與胥耕於野。楚令尹子西迎勝歸國，封於白邑，僭號稱公。勝以鄭人殺父，請兵報讎，頻請不允，遂起兵反，楚遣葉公子高伐而滅之，故曰白公爭而滅。【釋文】「而王」往況反。「白公」名勝，楚平王之孫，白縣尹，僭稱公，作亂而死。事見左傳哀公十六年。

〔三〕【疏】争讓，文武也。堯桀，是非也。若經緯天地，則賤武而貴文；若克定禍亂，則賤文而貴武。是以文武之道，貴賤有時，而是非之行，亦用舍何定！故争讓之禮，於堯舜湯武之時則貴，於之噲白公之時則賤，不可常也。

〔四〕【疏】梁，屋梁也。麗，屋棟也。衝，擊也。窒，塞也。言梁棟大，可用作攻擊城隍，不可用塞於鼠穴，言其器用大小不同也。【釋文】「梁麗」司馬李音禮，一音如字。司馬云：梁麗，小船也。崔云：屋棟也。○慶藩案初學記二十五引司馬云：麗，小船也。與釋文小異。○俞樾曰：司馬云，梁麗小船也，崔云屋棟也。然小船與屋棟，皆非所以衝城。詩皇矣篇與爾臨衝，毛傳曰：臨，臨車也，衝，衝車也。正義曰：兵書有作臨車衝車之法，墨子有備衝之篇，知臨衝俱是車也。然則此云可以衝城，其爲是車明矣。徐無鬼篇君亦必無陳鶴列於麗譙之間，郭注曰：麗譙，高樓也。司馬曰：麗譙，樓觀名也。此所云梁麗，疑是車之有樓者，若左傳所稱樓車矣。文選辨亡論衝棚息於朔野，李善注曰：字略作轈，樓也，可爲衝車有樓之證。○慶藩案司馬訓梁麗爲小船，非也。俞氏以爲樓車，亦近附會。攷列子湯問篇雍門鬻歌，餘音繞梁欐，三日不絶。梁欐，即此所云梁麗也。力命篇居則連欐，文選司馬長卿上林賦連捲欐佹，〔司馬彪〕注：欐佹，支（柱）〔重累〕③也。欐者附著，佹者交午。欐與麗同。廣韻：麗，著也。玉篇：麗，偶也。柱偶曰麗，梁棟相附著亦曰麗，正謂椽柱之屬。當從崔説爲勝。爲梁麗必材之大者，故可用以衝城，不當泥視。「窒」珍悉反。爾雅云：塞也。崔李同。説文都節反。

〔五〕【疏】騏驥驊騮，並古之良馬也。捕，捉也。狸狌，野猫也。夫良馬駿足，日馳千里，而捕捉小鼠，不及狸狌。是技藝不同，不可一槩而取者也。【釋文】「騏」音其。「驥」音冀。「驊」户花反。「騮」音留。李云：騏驥驊騮，皆駿馬也。「捕」音步。本又作搏。徐音付。「狸」力之反。「狌」音姓，向同。又音生。崔本作鼬，由又反。「殊技」其綺反。

〔六〕【注】就其殊而任之，則萬物莫不當也。【疏】鴟，鵂鶹也，亦名隻狐，是土梟之類也。晝則眼暗，夜則目明，故夜能撮捉蚤蝨，密視秋毫之末，晝出瞋張其目，不見丘山之形。是知物性不同，豈直鴟鵂而已！故隨其性而安之，則物無不當也。【釋文】「鴟」尺夷反。崔云：鴟，鵂鶹；與委梟同。「夜撮」七括反。崔本作最，音同。「蚤」音早。説文：跳蟲齧人者也。淮南子，鴟夜聚蚤，察分毫末。許慎云：鴟夜聚食蚤蝨不失也。司馬本作蚉，音文，云：鴟，鵂鶹，夜取蚉食。今郭本亦有作蚉者。崔本作爪，云：鵂鶹夜聚人爪於巢中也。○王引之曰：鵂字，涉釋文内鴟鵂鶹而衍。（埤雅引此已誤。）案釋文曰，鴟，尺夷反，崔云，鴟鵂鶹，而不爲鵂字作音，則正文内本無鵂字明矣。淮南主術篇亦云鴟夜撮蚤。○慶藩案爪蚤通用，故崔本作爪。蚤蚉字形相近，故司馬本作蚉。淮南主術篇高注：鴟，鴟鵂也，謂之老菟，夜鳴人屋上也。夜則目明，合聚人爪以著其巢中，故曰察分秋毫；晝則無所見，故曰形性詭也。許注曰：鵖夜聚食蚤蝨不失也。撮蚤之説，許高異義。王引之云，揆之事理，當以許注爲雅馴。「瞋」尺夷反，向處辰反。司馬云：張也。崔音眩，又師慎反。本或作瞑。○慶藩案釋文，瞋或作瞑。疑作瞑者是也。説文：瞋，怒目也。瞑，合目也。瞑目則無所見矣。隸書眞或作真，冥或作冥，形相似而誤。管子小問篇桓公瞋目而視，祝鳧已（疵）〔疪〕④，韓子守道篇瞋目切齒傾耳，淮南道應篇瞋目敝然，攘臂拔劍，今本瞋並誤瞑，皆其例。

〔七〕【注】夫天地之理，萬物之情，以得我爲是，失我爲非，適性爲治，失和爲亂。然物無定極，我無常適，殊性異便，是非無主。若以我之所是，則彼不得非，此知我而不見彼者耳。故以道觀者，於是非無當也，付之天均，恣之兩行，則殊方異類，同焉皆得也。【疏】蓋，不盡之辭也。師，猶師心也。夫物各師其（域）〔成〕心，妄爲偏執，將己爲是，不知他以爲非，將我爲治，不知物以爲亂；故師心爲是，不見己上有非；師心爲治，謂言我身無亂。豈知治亂同源，是非無主！故治亂同源者，天地之理也；是非無主者，萬物之情也。暗於斯趣，故言未明也。

【釋文】「師是」或云：師，順也。「師治」直吏反。注皆同。

〔八〕【疏】夫天地陰陽，相對而有。若使有天無地，則萬物不成；有陰無陽，則蒼生不立。是知師是而無非，師治而無亂者，必不可行明矣。

〔九〕【注】天地陰陽，對生也；是非治亂，互有也；將奚去哉？【疏】若夫師是而無非，師天而無地，語及於此而不捨於口者，若非至愚之人，則是故爲誣罔。【釋文】「不舍」音捨。下同。

〔一〇〕【疏】帝，五帝也。王，三王。三代，夏殷周。禪，授也。繼，續也。或宗族相承，或讓與他姓，故言殊禪也。或父子相繼，或興兵篡弒，故言殊繼也。或遲速差互，不合天時；或氓俗未歸，逆於人事。是以之噲慕堯舜以絶嗣，白公效湯武以滅身，如此之流，謂之篡奪也。【釋文】「篡夫」初患反，取也。下如字。

〔一一〕【疏】夫干戈揖讓，事跡不同，用捨有時，不可常執。至如湯武興兵，唐虞揖讓，上符天道，下合人心，如此之徒，謂之爲義也。

〔一二〕【注】俗之所貴，有時而賤；物之所大，世或小之。故順物之跡，不得不殊，斯五帝三王之所以不同也。【疏】河伯未能會理，故海若訶使忘言，默默莫聲，幸勿辭費也。夫小大無主，貴賤無門，物情顛倒，妄爲臧否。故女於何推逐而知貴賤大小之家門乎？言其不知也。【釋文】「女惡」音汝。後放此。下音烏。

〔校〕①闕誤引張君房本篡下有之字。②之字依世德堂本補。③重累二字依文選注改。④疕字依管子改。

河伯曰：「然則我何爲乎，何不爲乎？吾辭受趣舍，吾終奈何〔一〕？」

〔一〕【疏】奈何，猶如何也。河伯雖領高義，而未達旨歸，故更請決疑，遲聞解釋。我欲處涉人世，攝衛修道，於何事而可爲乎？於何事而不可爲乎？及辭讓受納，進趣退舍，衆諸物務，其事云何？願垂告誨，終身奉遵。

北海若曰：「以道觀之，何貴何賤，是謂反衍〔一〕；无拘而志，與道大蹇〔二〕。何少何多，是謂謝施〔三〕；无一而行，與道參差〔四〕。嚴乎若國之有君，其无私德〔五〕；繇繇乎若祭之有社，其无私福〔六〕；泛泛①乎其若四方之无窮，其无所畛域〔七〕。兼懷萬物，其孰承翼〔八〕？是謂无方〔九〕。萬物一齊，孰短孰長〔一〇〕？道无終始，物有死生〔一一〕，不恃其成〔一二〕；一虛一滿，不位乎其形〔一三〕。年不可舉〔一四〕，時不可止〔一五〕；消息盈虛，終則有始〔一六〕。是所以語大義之方，論萬物之理也〔一七〕。物之生也，若驟若馳〔一八〕，无動而不變，无時而不移〔一九〕。何爲乎，何不爲乎？夫固將自化〔二〇〕。」

〔一〕【注】貴賤之道，反覆相尋。【疏】反衍，猶反覆也。夫貴賤者，生乎妄執也。今以虛通之理照之，則貴者反賤而賤者復貴，故謂之反衍也。【釋文】「反衍」如字，又以戰反。崔云：無所貴賤，乃反爲美也。本亦作畔衍，李云：猶漫衍合爲一家。○慶藩案文選左太沖蜀都賦注引司馬作叛衍，云：叛衍，猶漫衍也。釋文闕。「反覆」芳服反。

〔二〕【注】自拘執則不夷於道。【疏】而，汝也。夫修道之人，應須放任，而汝乃拘執心志，矜而持之，故與虛通之理蹇而不夷也。【釋文】「與道大蹇」向紀輦反，徐紀偃反。本或作與天道蹇。崔本蹇作浣，云：猶洽也。

〔三〕【注】隨其分，故所施無常。【疏】謝，代也。施，用也。夫物或聚少以成多，或散多以爲少，故施用代謝，無常定也。【釋文】「謝施」如字。司馬云：謝，代也。施，用也。崔云：不代其德，是謂謝施。

〔四〕【注】不能隨變，則不齊於道。【疏】夫代謝施用，多少適時，隨機變化，故能齊物。若執一爲行，則與理不冥者也。【釋文】「參」初林反。「差」初宜反。

〔五〕【注】公當而已。【疏】體道之士，望之儼然，端拱萬乘，楷模於物，羣彼萬國，宗仰一君，亭毒黎元，必無私德也。【釋文】「嚴乎」魚檢反，又如字。

〔六〕【注】天下之所同求。【疏】繇繇，賒長之貌也。若衆人之祭社稷，而社稷無私福於人也。【釋文】「繇繇」音由。

〔七〕【注】泛泛然無所在。【疏】泛泛，普徧之貌也。夫至人立志，周普無偏，接濟羣生，泛愛平等。譬東西南北，曠遠無窮，量若虛空，豈有畛界限域也！【釋文】「泛泛」孚劍反。字又作汎。「畛」之忍反。「域」于逼反，舊于目反。

〔八〕【注】掩御羣生，反之分内而平往者也，豈扶疏而承翼哉！【疏】懷，藏也。孰，誰也。言大聖慈悲，兼懷庶品，平往而已，終無偏愛，誰復有心拯救而接承扶翼者也！

〔九〕【注】無方，故能以萬物爲方。【疏】譬彼明鏡，方兹幽谷，逗機百變，無定一方也。

〔一〇〕【注】莫不皆足。【疏】萬物參差，亭毒唯一，鳧鶴長短，分足性齊。

〔一一〕【注】死生者，無窮之②變耳，非終始也。　【疏】虛通之道，無終無始，執滯之物，妄計死生。故老經云，迎不見其首，隨不見其後。

〔一二〕【注】成無常處。　【疏】應物無方，超然獨化，豈假待對而後生成也！

〔一三〕【注】不以形爲位，而守之不變。　【疏】譬彼陰陽，春生秋殺，盈虛變化，榮落順時，豈執守形骸而拘持名位邪！

〔一四〕【注】欲舉之令去而不能。　【釋文】「令去」力呈反。

〔一五〕【注】欲止之使停又不可。　【疏】夫年之夭壽，時之賒促，出乎天理，蓋不由人。故其來也不可舉而令去，其去也不可止而令住，俱當任之，未始非我也。

〔一六〕【注】變化日新，未嘗守故。　【疏】夫陰消陽息，夏盈冬虛，氣序循環，終而復始；混成之道，變化日新，循理直前，無勞措意也。

〔一七〕【疏】前來所辨海若之談，正是語大道之義方，論萬物之玄理者也。

〔一八〕【注】但當就用耳。　【疏】夫生滅流謝，運運不停，其爲迅速，如馳如驟。是(尤)〔猶〕百年倏忽，何足介懷也！

〔一九〕【注】故不可執而守。　【疏】夫流動變化，時代遷移，迅若交臂，驟如過隙，故未有語動而不變化，言時而不遷移也。

〔二〇〕【注】若有爲不爲於其間，則敗其自化矣。　【疏】萬物紛亂，同稟天然，安而任之，必自變化，何勞措意爲與不爲！

〔校〕①趙諫議本作汎。②趙本之下有一字。

河伯曰：「然則何貴於道邪〔一〕？」

〔一〕【注】以其自化。【疏】若使爲與不爲混一，則凡聖之理均齊。既任變化之自然，又何貴於至道？河伯更起斯問，遲以所疑。

北海若曰：「知道者必達於理，達於理者必明於權，明於權者不以物害己〔一〕。至德者，火弗能熱，水弗能溺，寒暑弗能害，禽獸弗能賊〔二〕。非謂其薄之也〔三〕，言察乎安危〔四〕，寧於禍福〔五〕，謹於去就〔六〕，莫之能害也〔七〕。故曰，天在內，人在外〔八〕，德在乎天〔九〕。知天①人之行，本乎天，位乎得〔一〇〕；蹢躅而屈伸〔一一〕，反要而語極〔一二〕。」

〔一〕【注】知道者，知其無能也；無能也，則何能生我？我自然而生耳，而四支百體，五藏精神，己不爲而自成矣，又何有意乎生成之後哉！達乎斯理者，必能遣過分之知，遺益生之情，而乘變應權，故不以外傷內，不以物害己而常全也。【疏】夫能知虛通之道者，必達深玄之實理；達深玄之實理者，必明於應物之權智。既明權實之無方，故能安排而去化。死生無變於己，何外物之能害哉！（以）〔此〕答河伯之所疑，次明至道之可貴。【釋文】「五藏」才浪反。

〔二〕【注】夫心之所安，則危不能危；意無不適，故苦不能苦也。【疏】至德者，謂得至道之人也。雖復和光混世，處俗同塵，而不爲四序所侵，不爲三災所害，既得之於內，故外不能賊。此明解道之可貴也。

〔三〕【注】雖心所安，亦不使犯之。【疏】薄，輕也。所以水火不侵，禽獸不害者，惟心所安，則傷不能傷也，既不違避，亦不輕犯之也。【釋文】「其薄」如字。崔云：謂以體著之。

〔四〕【注】知其不可逃也。【疏】所以傷不能傷者，正言審察乎安危，順之而不可逃，處之而常適也。

〔五〕【注】安乎命之所遇。【疏】寧，安也。禍，窮塞也。福，通達也。至德之人，唯變所適，體窮通之有命，達禍福之無門，故所樂非窮通，而所遇常安也。

〔六〕【注】審去就之非己。【疏】謹去就之無定，審取舍之有時，雖復順物遷移，而恒居至當者。

〔七〕【注】不以害爲害，故莫之能害。【疏】一於安危，冥於禍福，與化俱往，故物莫能傷。此總結以前無害之義。

〔八〕【注】天然在內，而天然之所順者在外，故大宗師云，知天人之所爲者至矣，明內外之分皆非爲也。【疏】天然之性，韞之內心；人事所順，涉乎外跡；皆非爲也。任之自然，故物莫之害矣。

〔九〕【注】恣人任知，則流蕩失素也。【疏】至德之美，在乎天然，若恣人任知，則流蕩天性。

〔一〇〕【注】此天然之知，自行而不出乎分者也，故雖行於外，而常本乎天而位乎得矣。【疏】此真知也。位，居處也。運真知而行於世，雖涉於物千變萬化，而恒以自然爲本，居於虛極而不喪其性，動而寂者也。【釋文】「之行」如字。

〔二〕【注】與機會相應者，有斯變也。【疏】躑躅，進退不定之貌也。至人應世，隨物污隆，或屈或伸，曾無定執，趣(人)〔舍〕冥會，以逗機宜。【釋文】「躑」丈益反，又持革反。「躅」丈録反，又音濁。「屈伸」音申。

〔三〕【注】知雖落天地，事雖接萬物，而常不失其要極，故天人之道全也。【疏】雖復混跡人間而心恒凝静，常居樞要而反本還源。所有語言，皆發乎虛極，動不乖寂，語不乖默也。【釋文】「反要」於妙反。

〔校〕①闕誤引江南古藏本天作乎。

曰：「何謂天？何謂人〔一〕？」

〔一〕【疏】河伯未達玄妙，更起此疑，問天人之道，庶希後答。

北海若曰：「牛馬四足，是謂天；落馬首，穿牛鼻，是謂人〔一〕。故曰，无以人滅天〔二〕，无以故滅命〔三〕，无以得殉名〔四〕。謹守而勿失，是謂反其真〔五〕。」

〔一〕【注】人之生也，可不服牛乘馬乎？服牛乘馬，可不穿落之乎？牛馬不辭穿落者，天命之固當也。苟當乎天命，則雖寄之人事，而本在乎天也。【疏】夫牛馬稟於天，自然有四腳，非關人事，故謂之天。羈勒馬頭，貫穿牛鼻，出自人意，故謂之人。然牛鼻可穿，馬首可絡，不知其爾，莫辨所由，事雖寄乎人情，理終歸乎造物。欲顯天人之一道，故託牛馬之二獸也。

〔二〕【注】穿落之可也，若乃走作過分，驅步失節，則天理滅矣。【疏】夫因自然而加人事，則羈絡之可也。若乃穿馬絡牛，乖於造化，可謂逐人情之矯僞，滅天理之自然。

〔三〕【注】不因其自爲而故爲之者，命其安在乎！【疏】夫率性乃動，動不過分，則千里可致而天命全矣。若乃以駑勵驥而驅馳失節，斯則以人情事故毁滅天理，危亡旦夕，命其安在乎！豈唯馬牛，萬物皆爾。

〔四〕【注】所得有常分，殉名則過也。【疏】夫名之可殉者無涯，性之所得者有限，若以有限之得殉無涯之名，則天理滅而性命喪矣。

〔五〕【注】真在性分之内。【疏】夫愚智夭壽，窮通榮辱，稟之自然，各有其分。唯當謹固守持，不逐於物，得於分内而不喪於道者，謂反本還源，復於真性者也。此一句總結前玄妙之理也。

夔憐蚿，蚿憐蛇，蛇憐風，風憐目，目憐心〔一〕。

〔一〕【疏】憐是愛尚之名。夔是一足之獸，其形如（詖）〔鼓〕，足似人腳，而迴踵向前也。山海經云，東海之内，有流波之山，其山有獸，狀如牛，蒼色，無角，一足而行，聲音如雷，名之曰夔。昔黄帝伐蚩尤，以夔皮冒鼓，聲聞五百里也。蚿，百足蟲也，夔則以少企多，故憐蚿；蚿則以有羨無，故憐蛇；蛇則以小企大，故憐風；風則以暗慕明，故憐目；目則以外慕內，故憐心。欲明天地萬物，皆稟自然，明暗有無，無勞企羨，放而任之，自合玄道。倒置之徒，妄心希慕，故舉夔等之麤事，以明天機之妙理。又解：憐，哀愍也。夔以一足而跳躑，憐蚿衆足之煩勞；蚿以有足而安行，哀蛇無足而辛苦；蛇有形而適樂，愍風無質而冥昧；風以飄飖而自在，憐目域形而滯著；目以在外而明顯，憐心處內而暗塞。欲明物情顛倒，妄起哀憐，故託夔蚿以救其病者也。【釋文】「夔」求龜反，一足獸也。李云：黄帝在位，諸侯於東海流山得奇獸，其狀如牛，蒼色，無角，一足，能走，出入水即風雨，目光如日月，其音如雷，名曰夔。黄帝殺之，取皮以冒鼓，聲聞五百里。「憐」音蓮。「蚿」音賢，又音玄。司馬云：馬蚿蟲也。廣雅云：蛆渠馬蚿。「蚿憐蛇蛇憐風風憐目目憐心」司馬云：夔，一足；蚿，多足；蛇，無足；風，無形；目，形綴於此，明流於彼；心則質幽，爲神遊外。

夔謂蚿曰：「吾以一足趻踔而行，予无如矣。今子之使萬足，獨奈何？」〔一〕

〔一〕【疏】趻踔，跳躑也。我以一足跳躑，快樂而行，天下簡易，無如我者。今子驅馳萬足，豈不劬勞？如何受生獨異於物？發此疑問，庶顯天機也。【釋文】「趻」敕甚反，郭菟減反，一音初稟反。「卓」本亦作踔，同。敕角反。李云：趻卓，行貌。○盧文弨曰：今本卓作踔。○慶藩案卓，獨立也，與踔䅵聲義同。漢書河間獻王傳卓爾不羣，説苑君道篇踔然獨立。（踔，敕角切。）説文：䅵，（竹角切。）特止也。徐鍇繫傳：特止，卓立也。通作趠逴。廣雅：趠，絶也。李善西都賦注，逴（救角切。）踔，猶超絶也。義並同。

蚿曰：「不然。子不見夫唾者乎？噴則大者如珠，小者如霧，雜而下者不可勝數也①。今予動吾天機，而不知其所以然。」〔一〕

〔一〕【疏】夫唾而噴者，實無心於大小，而大小之質自分，故大者如珠璣，小者如濛霧，散雜而下，其數難舉。今蚿之衆足，乃是天然機關，運動而行，未知所以，無心自張，有同噴唾。夔以人情起問，蚿以天機直答，必然之理，於此自明也。【釋文】「唾」吐卧反。「噴」普悶反，又芳奔反，又孚問反。「如霧」音務，郭武貢反。「可勝」音升。○慶藩案文選陸士衡文賦注引司馬云：天機，自然也。釋文闕。

〔校〕①趙諫議本無也字。

蚿謂蛇曰：「吾以衆足行，而不及子之無足，何也〔一〕？」

〔一〕【疏】蚿以衆足而遲，蛇以無足而速，然遲速有無，稟之造化。欲明斯理，故發此疑問。

蛇曰：「夫天機之所動，何可易邪？吾安用足哉〔一〕！」

〔一〕【注】物之生也，非知生而生也①，則生之行也，豈知行而行哉！故②足不知所以行，目不知所以見，心不知所以知，俛然而自得矣。遲速之節，聰明之鑒，或能或否，皆非我也。而惑者因欲有其身而矜其能，所以逆其天機而傷其神器也③。至人知天機之不可易也，故捐聰明，棄知慮，魄然忘其所爲而任其自動，故萬物無動而不逍遥也。【疏】天然機關，有此動用，遲速有無，不可改易。無心任運，何用足哉！【釋文】「俛然」亡本反。

〔校〕①趙諫議本無也字。②趙本無哉故二字。③趙本無也字。

蛇謂風曰：「予動吾脊脅而行，則有似也。今子蓬蓬然起於北海，蓬蓬然入於南海，而似无有，何也？」〔一〕

〔一〕【疏】脅，肋也。蓬蓬，風聲也，亦塵動貌也。蛇既無足，故行必動於脊脅也。似，像也。蛇雖無足，而有形像，風無形像，而鼓動無方，自北徂南，擊揚溟海，無形有力。竊有所疑，故陳此問，庶聞後答也。【釋文】「蓬蓬」步東反，徐扶公反。李云：風貌。○家世父曰：玉篇，似，肖也。所以行者，足也；動吾脊脅而行，無足而猶肖夫足也。有形則有肖，無形則亦無所肖也。

風曰：「然。予蓬蓬然起於北海而入於南海也，然而指我則勝我，鰌我亦勝我。雖然，夫折大木，蜚大屋者，唯我能也，故以衆小不勝爲大勝也。爲大勝者，唯聖人能之。」〔一〕

〔一〕【注】恣其天機，無所與爭，斯小不勝者也①。然乘萬物御羣材之所爲，使羣材各自得，萬物各自爲，則天下莫不②逍遥矣，此乃③聖人所以爲大勝也。【疏】風雖自北徂南，擊揚溟海，然人以手指撝於風，風即不能折指，以腳蹹踏於風，風亦不能折腳，此小不勝也。然而飄風卒起，羊角乍騰，則大廈爲之飛揚，櫟社以之摧折，此大勝也。譬達觀之士，穢迹揚波，混愚智於羣小之間，泯是非於囂塵之內，此衆小不勝也。而亭毒蒼生，造化區宇，同二儀之覆載，等三光之照燭，此大勝也。非下凡之所解，唯聖人獨能之。蹭亦有作鰌字者，鰌，藉（蓋）也④。今不用此解也。【釋文】「鰌」音秋。李云：藉也。藉則削也。本又作蹭，子六反，又七六反，迫也。○家世父曰：李軌云，鰌藉也，藉則削也，本（文）〔又〕作蹭。指者，手嚮之；鰌者，足蹴之。荀子强國篇巨楚縣吾前，大燕鰌吾後，勁魏鉤吾右，楊倞注：鰌，蹴也，言蹴踏於後也。「折大」之舌反。「蜚大」音飛，又扶貴反。

〔校〕①趙諫議本無者也二字。②趙本無莫不二字。③趙本無乃字。④蓋字依釋文刪。

孔子遊於匡，宋人圍之數帀，而絃歌不惙①〔一〕。子路入見，曰：「何夫子之娱也〔二〕？」

〔一〕【疏】輟，止也。宋當爲衛，字之誤也。匡，衛邑也。孔子自魯適衛，路經匡邑，而陽虎曾侵暴匡人，孔子貌似陽虎。又孔子弟子顔剋，與陽虎同暴匡邑，剋時復與孔子爲御。匡人既見孔子貌似陽虎，復見顔剋爲御，謂孔子是陽虎重來，所以興兵圍繞。孔子達窮通之命，故絃歌不止也。【釋文】「孔子遊於匡宋人圍之數」色主反。「帀」子合反。司馬云：宋當作衛。匡，衛邑也。衛人誤圍孔子，以爲陽虎。虎嘗暴於匡人，又孔子弟子顔剋，時與虎俱，後剋爲孔子御，至匡，匡人共識剋，又孔子容貌與虎相似，故匡人共圍之。「不惙」本又作輟，同。丁劣反。

〔二〕【疏】娛，樂也。匡人既圍，理須憂懼，而絃歌不止，何故如斯？不達聖情，故起此問。本亦有作虞字者，虞，憂也。怪夫子憂虞而絃歌不止。【釋文】「入見」賢遍反。

〔校〕①趙諫議本作輟。

孔子曰：「來！吾語女。我諱窮久矣，而不免，命也；求通久矣，而不得①，時也。〔一〕當堯舜②而天下无窮人，非知得也；當桀紂而天下无通人，非知失也；時勢適然。〔二〕夫水行不避蛟龍者，漁父之勇也；陸行不避兕虎者，獵夫之勇也；白刃交於前，視死若生者，烈士之勇也；〔三〕知窮之有命，知通之有時，臨大難而不懼者，聖人之勇也〔四〕。由處矣，吾命有所制矣〔五〕。」

〔一〕【注】將明時命之固當，故寄之求諱。【疏】諱，忌也，拒也。窮，否塞也。通，泰達也。夫子命仲由來，語其至理云：「我忌於窮困，而不獲免者，豈非天命也！求通亦久，而不能得者，不遇明時也。夫時命者，其來不可拒，其去不可留，故安而任之，無往不適也。」夫子欲顯明斯理，故寄之窮諱，而實無窮諱也。【釋文】「吾語」魚據反。

〔二〕【注】無爲勞心於窮通之間。【疏】夫生當堯舜之時，而天下太平，使人如器，恣其分內，故無窮塞。當桀紂之時，而天下暴亂，物皆失性，故無通人。但時屬夷險，勢使之然，非關運知，有斯得失也。

〔三〕【注】情各有所安。【疏】情有所安而忘其怖懼。此起譬也。【釋文】「蛟」音交。「漁父」音甫。「兕」徐履反。

〔四〕【注】聖人則無所不安。【疏】聖人知時命，達窮通，故勇敢於危險之中，而未始不安也。此合喻也。【釋文】「大難」乃旦反。

〔五〕【注】命非己制，故無所用其心也。夫安於命者，無往而非逍遥矣，故雖匡陳羑里，無異於紫極閒堂也。【疏】處，安息也。制，分限也。告敕子路，令其安心。「我稟天命，自有涯分，豈由人事所能制哉！」【釋文】「閒堂」音閑。

〔校〕①闕誤引江南古藏本作遇。②闕誤引張君房本堯舜下有之時二字，下句桀紂下同。

无幾何，將甲者進，辭曰：「以爲陽虎也，故圍之。今非也，請辭而退〔一〕。」

〔一〕【疏】無幾何，俄頃之時也。既知是宣尼，非關陽虎，故將帥甲士，前進拜辭，遜謝錯誤，解圍而退也。【釋文】「无幾」居起反。「將甲」如字。本亦作持甲。

公孫龍問於魏牟曰：「龍少學先王之道，長而明仁義之行；合同異，離堅白；然不然，可不可；困百家之知，窮衆口之辯；吾自以爲至達已。〔一〕今吾聞莊子之言，汒焉異之。不知論之不及與，知之弗若與？今吾无所開吾喙，敢問其方。〔二〕」

〔一〕【疏】姓公孫，名龍，趙人也。魏牟，魏之公子，懷道抱德，厭穢風塵。先王，堯舜禹湯之迹也。

仁義，五德之行也，孫龍稟性聰明，率才弘辯，著守白之論，以博辯知名，故能合異爲同，離同爲異；可爲不可，然爲不然；難百氏之書皆困，窮衆口之辯咸屈。生於衰周，一時獨步，弟子孔穿之徒，祖而師之，擅名當世，莫與爭者，故曰，矜此學問，達於至妙，忽逢莊子，猶若井蛙也。【釋文】「公孫龍問於魏牟」司馬云：龍，趙人。牟，魏之公子。「少學」詩照反。「長而」張丈反。「之行」下孟反。「之知」音智。

〔二〕【疏】喙，口也。方，道也。孫龍雖善於言辯，而未體虛玄，是故聞莊子之言，汒焉怪其奇異，方覺己之學淺，始悟莊子語深。豈直議論不如，抑亦智力不逮。所以自緘其口，更請益於魏牟。【釋文】「汒焉」莫剛反，郭音莽。「論之」力困反。「及與」音余。下助句放此。「所開」如字。本亦作關，兩通。本或作闓。「吾喙」許穢反，又昌鋭反。

公子牟隱机大息，仰天而笑曰：「子獨不聞夫埳井之鼃①乎？謂東海之鱉曰：『吾樂與！出跳梁②乎井幹之上，入休乎缺甃之崖；赴水則接腋持頤，蹶泥則没足滅跗；還虷蟹與科斗，莫吾能若也〔一〕。且夫擅一壑之水，而跨跱埳井之樂，此亦至矣，夫子奚不時來入觀乎〔二〕！』東海之鱉左足未入，而右膝已縶矣〔三〕。於是逡巡而卻，告之海曰：『夫千里之遠，不足以舉其大；千仞之高，不足以極其深〔四〕。禹之時十年九潦，而水弗爲加益；湯之時八年七旱，而崖不爲加損。夫不爲頃久推移，不以多少進退者，此亦東海之大樂也。〔五〕」於是埳井之鼃聞之，適適然驚，規規然自失也〔六〕。

〔一〕【疏】公子體道清高，超然物外，識孫龍之淺辯，鑒莊子之深言，故仰天歎息而嗤笑，舉蛙鼈之兩臂，明二子之勝負。埳井，猶淺井也。蛙，蝦蟆也。幹，井欄也。甃，井中累塼也。跗，腳趺也。還，顧視也。蚈，井中赤蟲也，亦言是到結蟲也。蟹，小螃蟹也。科斗，蝦蟆子也。腋，臂下也。頤，口下也。東海之鼈，其形弘巨，隨波游戲，暫居平陸。而蝦蟆小蟲，處於淺井，形容既劣，居處不寬，謂自得於井中，見巨鼈而不懼。云：「我出則跳躑〔乎〕井欄之上，入則休息乎破磚之涯；游泳則接腋持頤，蹶泥則滅趺没足；顧瞻蝦蟹之類，俯視科斗之徒，逍遥快樂，無如我者也。」【釋文】「隱機」於靳反。「大息」音泰。「埳井」音坎，郭音陷。「之鼃」本又作蛙，户蝸反。司馬云：埳井，壞井也。鼃，水蟲，形似蝦蟆。○慶藩案荀子正論篇注引司馬云：鼃，蝦蟆類也。與釋文小異。「之鱉」必滅反。字亦作鼈。「吾樂」音洛。下之樂大樂同。「跳」音條。「井幹」古旦反。司馬云：井欄也。褚詮之音西京賦作韓音。○慶藩案文選班孟堅西都賦注引司馬云：井幹，井欄也，積木有若欄也。謝玄暉同謝諮議銅雀臺詩注引司馬云：幹，井欄；然井幹，臺之通稱也。互有異同，並視釋文所引爲詳。○又案幹當從木作榦。説文正篆作韓，井垣也。漢書枚乘傳單極之紞斷榦，晉灼曰：榦，井上四交之榦。「甃」側救反。李云：如闌，以塼爲之，著井底闌也。字林壯繆反，云：井壁也。「赴水」如字。司馬本作踣，云：赴也。◯盧文弨曰：赴疑是仆字。「蹶」其月反，又音厥。「泥則没足滅跗」方于反，郭音附。司馬云：滅，没也。跗，足跗也。李云：言踊躍於塗中。「還」音旋。司馬云：顧視也。「虷」音寒，井中赤蟲也。一名蜎。爾雅云，蜎，蠉。郭注云：井中小蛣蟩，赤蟲也。蜎，音求兖反，蠉，音況兖反。蛣蟩，音吉厥。「蟹」户買反。「科斗」苦禾反。科斗，蝦蟆子也。

〔二〕【注】此猶小鳥之自足於蓬蒿。【疏】擅，專也。跱，安也。蛙呼鼈爲夫子，言：「我獨專一壑之水，而安埳井之樂，天下至足，莫甚於斯。處所雖陋，可以游涉，夫子何不暫時降步，入觀下邑乎？」以此自多，矜夸於鼈也。【釋文】「夫擅」市戰反，專也。「一壑」火各反。

〔三〕【注】明大之不游於小，非樂然。【疏】縶，拘也。埳井狹小，海鼈巨大，以小懷大，理不可容，故右膝纔下而已遭拘束也。【釋文】「已縶」豬立反。司馬云：拘也。三蒼云：絆也。「非樂」音岳，又五教反。

〔四〕【疏】逡巡，從容也。七尺曰仞。鼈既左足未入，右膝〔以〕〔已〕拘，於是逡巡卻退，告蛙大海之狀。夫世人以千里爲遠者，此未足以語海之寬大；以千仞爲高者，亦不足極海之至深。言海之深大，非人所測度，以埳井爲至，無乃劣乎！【釋文】「逡」七旬反。

〔五〕【疏】頃，少時也。久，多時也。推移，變改也。堯遭洪水，命禹治之有功，故稱禹時也。而堯十年之中，九年遭潦；殷湯八歲之間，七歲遭旱。〔而〕旱〔而〕崖不加損，潦亦水不加益，是明滄波浩汗，溟渺深弘，不爲頃久推移，豈由多少進退！東海之樂，其在茲乎！【釋文】「九潦」音老。「弗爲」于僞反。下同。「頃久」司馬云：猶早晚也。

〔六〕【注】以小羨大，故自失。【疏】適適，驚怖之容。規規，自失之貌。蛙擅埳井之美，自言天下無過，忽聞海鼈之談，茫然喪其所謂，是以適適規規，驚而自失也。而公孫龍學先王之道，篤仁義之行，困百家之知，窮衆口之辯，忽聞莊子之言，亦猶井蛙之逢海鼈也。【釋文】「適適」始赤反，又丈革反，郭菟狄反。「規規」如字。又虛役反，李徐紀睡反。適適，規規，皆驚視自失貌。

〔校〕①趙諫議本鼁作蛙。②世德堂本跳上無出字，闕誤同，引江南古藏本作出跳，無梁字。

且夫知不知是非之竟，而猶欲觀於莊子之言，是猶使蚊負山，商蚷馳河也，必不勝任矣〔一〕。且夫知不知論極妙之言而自適一時之利者，是非埳井之鼁與〔二〕？且彼方跐黃泉而登大皇，无南无北，奭然四解，淪於不測；无東无西，始於玄冥，反於大通〔三〕。子乃規規然而求之以察，索之以辯〔四〕，是直用管闚天，用錐指地也，不亦小乎！子往矣〔五〕！且子獨不聞夫壽陵餘子之學行於邯鄲與？未得國能，又失其故行矣，直匍匐而歸耳〔六〕。今子不去，將忘子之故，失子之業〔七〕。」

〔一〕【注】物各有分，不可强相希效①。【疏】商蚷，馬蚿也，亦名商距，亦名且渠。孫龍雖復聰明性識，但是俗知，非真知也。故知未能窮於是非之境，而欲觀察莊子至理之言者，亦何異乎使蚊子負於丘山，商蚷馳於河海，而力微負重，智小謀大，故必不勝任也。【釋文】「之竟」音境，後同。「蚊」音文。「商蚷」音渠，郭音巨。司馬云：商蚷，蟲名，北燕謂之馬蚿。一本作蝂，徐市軫反。「不勝」音升。「可强」其丈反。

〔二〕【疏】孫龍所學，心知狹淺，何能議論莊子窮微極妙之言耶？祇可辯析是非，適一時之名利耳。以斯爲道，豈非（坎）〔埳〕井之鼃乎！此結譬也。

〔三〕【注】言其無不至也。【疏】跐，蹈也，亦極也。大皇，天也。玄冥，妙本也。大通，應跡也。夫莊子之言，窮理性妙，能仰登旻蒼之上，俯極黃泉之下，四方八極，奭然無礙。此智隱没，不可測量，始於玄極而其道杳冥，反於域中而大通於物也。【釋文】「方跐」音此。郭時紫反，又側買反。廣雅云：蹋也，蹈也，履也。司馬云：測也。「大皇」音泰。「奭然」音釋。「四解」户買反。○慶藩案無東無西，失其韻矣，今本乃後人妄改之也。王念孫曰：無東無西，當作無西無東，與通爲韻。（案大雅皇矣篇同爾弟兄，與王方爲韻，而今作同爾兄弟。逸周書周祝篇惡姑柔剛，與明陽長爲韻，而今作剛柔。管子内業篇能無卜筮而知凶吉乎，與一爲韻，而今作吉凶。文選鵩鳥賦或趨西東，與同爲韻，而今作東西。答客難外有廩倉，與享爲韻，而今作倉廩。皆後人不達古音，任意而妄改之者也。）

〔四〕【注】夫遊無窮者，非察辯所得。【釋文】「索之」所白反。

〔五〕【注】非其任者，去之可也。【疏】規規，經營之貌也。夫以觀察求道，言辯率真，雖復規規用心，而去之遠矣。譬猶以管闚天，詎知天之闊狹！用錐指地，寧測地之淺深！莊子道合二儀，孫龍德同錐管，智力優劣如此之懸，既其不如，宜其速去矣。

〔六〕【注】以此效彼，兩失之。【疏】壽陵，燕之邑。邯鄲，趙之都。弱齡未壯，謂之餘子。趙都之地，其俗能行，故燕國少年，遠來學步。既乖本性，未得趙國之能；捨己效人，更失壽陵之故。是以用手據地，匍匐而還也。【釋文】「壽陵餘子」司馬云：壽陵，邑名。未應丁夫爲餘子。「邯」音寒。「鄲」音丹。邯鄲，趙國都也。○慶藩案餘子，民之子弟。周禮小司徒，凡國之大事致民，大故致餘子，鄭司農云：餘子，謂羨也，以其羨卒也。蓋國之大事則致正卒，大故則并羨卒而致之也。逸周書糴匡篇成年，餘子務藝；年儉，餘子務穡；年（儉）〔饑〕，餘〔子〕倅（務）運②。漢書食貨志餘子亦在於序室，蘇林曰：未任役爲餘子，即司馬未應丁夫是也。「匍」音蒲，又音符。「匐」蒲北反，又音服。

〔七〕【疏】莊子道冠重玄，獨超方外；孫龍雖言辯弘博，而不離域中；故以孫學莊談，終無得理。若使心生企尚，躊躇不歸，必當失子之學業，忘子之故步。此合喻也。

〔校〕①趙諫議本有也字。②年饑餘子倅運句依逸周書原文改。

公孫龍口呿而不合，舌舉而不下，乃逸而走〔一〕。

〔一〕【疏】呿，開也。逸，奔也。前聞莊子之談，（以）〔已〕過視聽之表；復見魏牟之說，更超言象之外。內殊外隔，非孫龍所知，故口開而不能合，舌舉而不能下，是以心神恍惚，形體奔馳也。

【釋文】「口呿」起據反。司馬云：開也。李音袪，又巨劫反。

莊子釣於濮水，楚王使大夫二人往先焉，曰：「願以境內累矣〔一〕！」

〔一〕【疏】濮，水名也，屬東郡，今濮州濮陽縣是也。楚王，楚威王也。莊生心處無爲，而寄跡綸釣，楚王知莊生賢達，屈爲卿輔，是以齎持玉帛，爰發使命，詣於濮水，先述其意，願以國境之內委託賢人，王事殷繁，不無憂累之也。【釋文】「濮水」音卜，陳地水也。「楚王」司馬云：威王也。「先焉」先，謂宣其言也。

莊子持竿不顧，曰：「吾聞楚有神龜，死已三千歲矣，王巾笥而藏之廟堂之上。此龜者，寧其死爲留骨而貴乎？寧其生而曳尾於塗中乎？」〔一〕

〔一〕【疏】龜有神異，故刳之而卜，可以決吉凶也。盛之以笥，覆之以巾，藏之廟堂，用占國事，珍貴之也。問：「此龜者，寧全生遠害，曳尾於泥塗之中？豈欲刳骨留名，取貴廟堂之上邪？」是以莊生深達斯情，故敖然而不顧之矣。【釋文】「巾笥」息嗣反，或音司。「而藏之」李云：藏之以笥，覆之以巾。

二大夫曰：「寧生而曳尾塗中〔一〕。」

〔一〕【疏】大夫率性以答莊生，適可生而曳尾，不能死而留骨也。

莊子曰：「往矣！吾將曳尾於塗中〔一〕。」

〔一〕【注】性各有所安也。【疏】莊子保高尚之遐志，貴山海之逸心，類澤雉之養性，同泥龜之曳尾，是以令使命之速往，庶全我之無爲也。

惠子相梁，莊子往見之〔一〕。或謂惠子曰：「莊子來，欲代子相〔二〕。」於是惠子恐，搜於國中三日三夜〔三〕。

〔一〕【疏】姓惠，名施，宋人，爲梁惠王之相。惠施博識贍聞，辯名析理，既是莊生之友，故往訪之。

【釋文】「惠子相」息亮反。下同。「梁」相梁惠王。

〔二〕【疏】梁國之人，或有來者，知莊子才高德大，王必禮之。國相之位，恐有爭奪，故謂惠子，欲代之〔言〕〔相〕①也。

〔三〕【注】揚兵整旅。【疏】惠施聞國人之言，將爲實録，心靈恐怖，慮有阽危，故揚兵整旅，三日三夜，搜索國中，尋訪莊子。【釋文】「子恐」丘勇反。「摎」字又作搜，或作廋，所求反，李悉溝反，云：索也。説文云：求也。○盧文弨曰：今本作搜。

〔校〕①相字依正文改。

莊子往見之，曰：「南方有鳥，其名爲鵷鶵，子知之乎？夫鵷鶵，發於南海而飛於北海，非梧桐不止，非練實不食，非醴泉不飲。於是鴟得腐鼠，鵷鶵過之，仰而視之曰『嚇！』〔一〕今子欲以子之梁國而嚇我邪〔二〕？」

〔一〕【疏】鵷鶵，鸞鳳之屬，亦言鳳子也。練實，竹食也。醴泉，泉甘味如醴也。嚇，怒而拒物聲也。惠施恐莊子奪己，故整旅揚兵，莊子因往見之，爲其設譬。夫鳳是南方之鳥，來儀應瑞之物，非梧桐不止，非溟海不停，非竹實不食，非醴泉不飲。而凡猥之鳶，偶得臭鼠，自美其味，仰嚇鳳凰。譬惠施滯溺榮華，心貪國相，豈知莊子清高，無情爭奪。【釋文】「鵷」於袁反。「鶵」仕俱反。李云：鵷鶵乃鸞鳳之屬也。「醴泉」音禮。李云：泉甘如醴。「嚇」本亦作呼，同。許嫁反，又許伯反。司馬云：嚇怒其聲，恐其奪己也。詩箋云：以口拒人曰嚇。

〔二〕【注】言物嗜好不同，願各有極。【疏】鴟以腐鼠爲美，仰嚇鵷鶵；惠以國相爲榮，猜疑莊子。總合前譬也。【釋文】「嗜」時志反。「好」呼報反。

莊子與惠子遊於濠梁之上〔一〕。莊子曰：「鯈魚出遊從容，是魚之樂也〔二〕。」

〔一〕【疏】濠是水名，在淮南鍾離郡，今見有莊子之墓，亦有莊惠遨遊之所。石絕水爲梁，亦言是濠水之橋梁，莊惠清談在其上也。【釋文】「豪梁」本亦作濠，音同。司馬云：濠，水名也。石絕水曰梁。○盧文弨曰：今本豪作濠。

〔二〕【疏】鯈魚，白鯈也。從容，放逸之貌也。夫魚遊於水，鳥棲於陸，各率其性，物皆逍遥。而莊子善達物情所以，故知魚樂也。【釋文】「鯈魚」徐音條。説文直留反。李音由，白魚也。爾雅云，鮂，黑鰦。郭注：即白鯈也。一音篠，謂白鯈魚也。○盧文弨曰：鯈，當作儵，注同。此書内多混用。又鮂，黑鰦也。舊鮂爲鮋，今據爾雅改正。「從容」七容反。「魚樂」音洛。注、下皆同。

惠子曰：「子非魚，安知魚之樂〔一〕？」

〔一〕【疏】惠施不體物性，妄起質疑，莊子非魚，焉知魚樂？

莊子曰：「子非我，安知我不知魚之樂〔一〕？」

〔一〕【注】欲以起明相非而不可以相知之義耳。子非我，尚可以知我之非魚，則我非魚，亦可以知魚之樂也。【疏】若以我非魚，不得知魚，子既非我，何得知我？若子非我，尚得知我，我雖非魚，何妨知魚？反而質之，令其無難也。

惠子曰：「我非子，固不知子矣；子固非魚也，子之不知魚之樂，全矣〔一〕。」

〔一〕【注】舍其本言而給辯以難也。【疏】惠非莊子，故不知莊子。莊必非魚，何得知魚之樂？不樂不知之義，於此無虧，捨其本宗，給辯以難。【釋文】「以難」乃旦反。

莊子曰：「請循其本〔一〕。子①曰『汝安知魚樂』云者，既已知吾知之而問我，我知之濠上也〔二〕。」

〔一〕【疏】循，猶尋也。惠施給辯，有言無理，棄初逐末，失其論宗。請尋其源，自當無難。循本之義，列在下文。

〔二〕【注】尋惠子之本言云：「非魚則無緣相知耳。今子非我也，而云汝安知魚樂者，是知我之非魚也。苟知我之非魚，則凡相知者，果可以此知彼，不待是魚然後知魚也。故循子安知之云，已知吾之所知矣。而方復問我，我正知之於濠上耳，豈待入水哉！」夫物之所生而安者，天地不能易其處，陰陽不能回其業；故以陸生之所安，知水生之所樂，未足稱妙耳。【疏】子曰者，莊子卻稱惠之辭也。惠子云子非魚安知魚樂者，足明惠子非莊子，而知莊子之不知魚也。且子既非我而知我，知我而問我，亦何妨我非魚而知魚，知魚而歎魚？夫物性不同，水陸殊致，而達其理者體其情，（足）〔是〕以濠上彷徨，知魚之適樂；鑒照羣品，豈入水哉！故寄莊惠之二賢，以標議論之大體也。【釋文】「方復」扶又反。「其處」昌慮反。

〔校〕①闕誤引張君房本子上有且字。

外篇 至樂第十八〔一〕

天下有至樂无有哉？有可以活身者无有哉〔一〕？今奚爲奚據？奚避奚處？

〔一〕【釋文】以義名篇。「樂」音洛。

奚就奚去？奚樂奚惡〔二〕？

〔一〕【注】忘歡而後樂足，樂足而後身存。將以爲有樂耶？而至樂無歡；將以爲無樂耶？而身以存而無憂。【疏】此假問之辭也。至，極也。樂，歡也。言寰宇之中，頗有至極歡樂，可以養活身命者無有哉？【釋文】「至樂」音洛。篇內不出者皆同。至，極也。樂，歡也。

〔二〕【注】擇此八者，莫足以活身，唯無擇而任其所遇①乃全耳。【疏】奚，何也。今欲行至樂之道以活身者，當何所爲造，何所依據，何所避諱，何所安處，何所從就，何所捨去，何所歡樂，何所嫌惡，而合至樂之道乎？此假設疑問，下自曠顯。【釋文】「奚惡」烏路反。

〔校〕①世德堂本遇下有者字，趙諫議本無。

夫天下之所尊者，富貴壽善也；所樂者，身安厚味美服好色音聲也〔一〕；所下者，貧賤夭惡也〔二〕；所苦者，身不得安逸，口不得厚味，形不得美服，目不得好色，耳不得音聲；若不得者，則大憂以懼。其爲形也亦愚哉！〔三〕

〔一〕【疏】天下所尊重者，無過富足財寶，貴盛榮華，壽命遐長，善名令譽；所歡樂者，滋味爽口，麗服榮身，玄黄悦目，宫商娱耳。若得之者，則爲據處就樂。

〔二〕【疏】貧窮卑賤，夭折惡名，世閒以爲下也。

〔三〕【注】凡此，失之無傷於形而得之有損於性，今反以不得爲憂，故愚。【疏】凡此上事，無益於人，而流俗以不得爲苦，既不適情，遂憂愁懼慮。如此修爲形體，豈不甚愚癡！

夫富者，苦身疾作，多積財而不得盡用，其爲形也亦外矣〔一〕。夫貴者，夜以繼日，思慮善否，其爲形也亦疏矣〔二〕。人之生也，與憂俱生，壽者惛惛，久憂不死，何苦也！其爲形也亦遠矣〔三〕。烈士爲天下見善矣，未足以活身。吾未知善之誠善邪，誠不善邪？若以爲善矣，不足活身；以爲不善矣，足以活人。〔四〕故曰：「忠諫不聽，蹲循勿争〔五〕。」故夫子胥争之以殘其形，不争，名亦不成。誠有善无有哉〔六〕？

〔一〕【注】内其形者，知足而已①。【疏】夫富豪之家，勞神苦思，馳騁身力，多聚錢財，積而不散，用何能盡！内其形者，豈其如斯也！

〔二〕【注】故親其形者，自得於身中而已。【疏】夫位高慮遠，禄重憂深，是以晝夜思量，獻可替否，勞形怵心，無時暫息，其爲形也，不亦疏乎！

〔三〕【注】夫遺生然後能忘憂，忘憂而後生可樂，生可樂而後形是我有，富是我物，貴是我榮也。【疏】夫稟氣頑癡，生而憂戚，雖復壽考，而精神惛闇，久憂不死，翻成苦哉。如此爲形，豈非疏遠，其於至樂，不亦謬乎！【釋文】「惛惛」音昏，又音門。

〔四〕【注】善則適當，故不周濟。【疏】誠，實也。夫忠烈之士，忘身徇節，名傳今古，見善世間，然未知此善是(有)〔否〕虚實。善若實也，不足以活身命；善必虚也，不應養活蒼生。賴諫諍而太平，此足以活人也；爲忠烈而被戮，此不足以活身也。

〔五〕【注】唯中庸之德爲然。【疏】蹲循，猶順從也。夫爲臣之法，君若無道，宜以忠誠之心匡諫；君若不聽，即須蹲循休止，若逆鱗强諍，必遭刑戮也。【釋文】「蹲」七旬反。郭音存，又趣允反。「循」音旬，又音脣。「勿争」争鬬之争。下同。○家世父曰：外物篇踆於窾水，釋文引字林云，踆，古蹲字。史記貨殖傳下有(踆)〔蹲〕鴟，徐廣云：蹲，古作踆。玉篇足部：

踆，退也。辵部：逡，退也。踆逡字同。漢書巡行郡國作循行。蹲循，猶逡巡也。○慶藩案蹲循即逡巡。廣雅：逡巡，卻退也。管子戒篇作逡遁，（漢鄭固碑同。）小問篇作遵循，（荀子同。）晏子問篇作逡遁，又作逡循，漢書平（常）〔當〕傳贊作逡遁，（萬）〔萬〕②章傳作逡循，三禮注作逡遁，字異而義實同。

〔六〕【注】故當緣督以爲經也。【疏】吳王夫差，荒淫無道，子胥忠諫，以遭殘戮。若不諫諍，忠名不成。故諫與不諫，善與不善，誠未可定矣。

〔校〕①趙諫議本此句作厚形知足。②當字萬字均依漢書改。

今俗之所爲與其所樂，吾又未知樂之果樂邪，果不樂邪〔一〕？吾觀夫俗之所樂，舉羣趣者，誙誙然如將不得已〔二〕，而皆曰樂者，吾未之樂也，亦未之①不樂也〔三〕。果有樂无有哉？吾以无爲誠樂②矣〔四〕，又俗之所大苦也。故曰：「至樂无樂，至譽无譽。〔五〕」

〔一〕【疏】果，未定也。流俗以貪染爲心，以色聲爲樂。未知此樂決定樂耶？而倒置之心，未可謂信也。

〔二〕【注】舉羣趣其所樂，乃不避死也。【疏】誙誙，趣死貌也。已，止也。舉世之人，羣聚趣競，所歡樂者，無過五塵，貪求至死，未能止息之也。【釋文】「誙誙」户耕反，徐苦耕反，又胡挺反。李云：趣死貌。崔云：以是爲非，以非爲是。誙誙，本又作脛脛。

〔三〕【注】無懷而恣物耳。【疏】而世俗之人，皆用色聲爲上樂，而莊生體道忘淡，故不見其樂，亦不見其不樂也。

〔四〕【注】夫無爲之樂，無憂而已。【疏】以色聲爲樂者，未知決定有此樂不？若以莊生言之，用虛淡無爲爲至實之樂。

〔五〕【注】俗以鏗鎗爲樂，美善爲譽。【疏】俗以富貴榮華鏗金鎗玉爲上樂，用美言佞善爲令譽，以無爲恬淡寂寞虛夷爲憂苦。故知至樂以无樂爲樂，至譽以无譽爲譽也。【釋文】「鏗」苦耕反。「鎗」七羊反。

〔校〕①闕誤引江南古藏本未之俱作未知之，趙諫議本作未知。②闕誤引江南古藏本誠樂作而誠者爲樂。

天下是非果未可定也。雖然，无爲可以定是非。〔一〕至樂活身，唯无爲幾存〔二〕。請嘗試言之。天无爲以之清，地无爲以之寧〔三〕，故兩无爲相合，萬物皆化〔四〕。芒乎芴乎，而无從出乎〔五〕！芴乎芒乎，而无有象乎〔六〕！萬物職職，皆從无爲殖〔七〕。故曰天地无爲也而无不爲也〔八〕，人也孰能得无爲哉〔九〕！

〔一〕【注】我無爲而任天下之是非，是非者①各自任則定矣。【疏】夫有爲執滯，執是競非，而是非無主，故不可定矣。無爲虛淡，忘是忘非，既無是非而是非定者也。

〔二〕【注】百姓足②則吾身近乎存也。【疏】幾，近也。存，在也。夫至樂無樂，常適無憂，可以養活身心，終其天命，唯彼無爲，近在其中者矣。【釋文】「近乎」附近之近。

〔三〕【注】皆自清寧耳，非爲之所得。

〔四〕【注】不爲而自合，故皆化，若有意乎爲之，則有時而滯也。【疏】天無心爲清而自然清虛，地無心爲寧而自然寧靜。故天地無爲，兩儀相合，升降災福而萬物化生，若有心爲之，即不能已。

〔五〕【注】皆自出耳，未有爲而出之也。【釋文】「芒乎」李音荒，又呼晃反。下同。「芴乎」音忽。下同。

〔六〕【注】無有爲之象。【疏】夫二儀造化，生物無心，恍惚芒昧，參差難測；尋其從出，莫知所由；視其形容，竟無象貌。覆論芒芴，互其文耳。○慶藩案芴芒，即忽荒也。（爾雅太歲在巳曰大荒落，史（書）〔記〕曆書荒作芒。三代世表帝芒，索隱：芒，一作荒。）淮南原道篇游淵霧，鶩忽怳，高注：忽怳，無形之象。文選七發李注引淮南正作忽荒。人間篇曰，翱翔乎忽荒之上，賈誼鵩賦寥廓忽荒兮，與道翱翔。是其證。

〔七〕【注】皆自殖耳。【疏】職職，繁多貌也。夫春生夏長，庶物繁多，孰使其然？皆自生耳。尋其源流，從無爲種植。既無爲種植，豈有爲耶！【釋文】「萬（萬）〔物〕職職」司馬云：職職，猶祝祝也。李云：繁（植）〔殖〕貌。案爾雅，職，主也。謂各有主而區別。○盧文弨曰：舊殖譌植，③今改正。

〔八〕【注】若有爲則有不濟④也。

〔九〕【注】得無爲則無樂而樂至矣。【疏】孰，誰也。夫天地清寧，無爲虚廓而升降，生化而無不爲也。凡俗之人，心靈暗昧，耽滯有欲，誰能得此無爲哉！言能之者，乃至務也。若得之者，便是德合二儀，冥符至樂也。

〔校〕①趙諫議本無者字。②趙本足作定。③世德堂本作殖。④世德堂本濟作齊。

莊子妻死，惠子弔之〔一〕，莊子則方箕踞鼓盆而歌〔二〕。

〔一〕【疏】莊惠二子爲淡水素交，既有死亡，理須往弔。

〔二〕【疏】箕踞者，垂兩腳如簸箕形也。盆，瓦缶也。莊子知生死之不二，達哀樂之爲一，是以妻亡不哭，鼓盆而歌，垂腳箕踞，敖然自樂。【釋文】「箕踞」音據。「盆」謂瓦缶也。

惠子曰：「與人居，長子老身，死不哭亦足矣，又鼓盆而歌，不亦甚乎〔一〕！」

〔一〕【疏】共妻居處，長養子孫，妻老死亡，竟不哀哭，乖於人理，足是無情，加之鼓歌，一何太甚也！【釋文】「長子」丁丈反。

莊子曰：「不然。是其始死也，我獨何能无概然！〔一〕察其始而本无生，非徒无生也而本无形，非徒无形也而本无氣〔二〕。雜乎芒芴之間，變而有氣，氣變而有形，形變而有生，今又變而之死①，是相與爲春秋冬夏四時行也〔三〕。人且偃然寢於巨室，而我噭噭然隨而哭之，自以爲不通乎命，故止也〔四〕。」

〔一〕【疏】然，猶如是也。世人皆欣生惡死，哀死樂生，故我初聞死之時，何能獨無概然驚歎也！

【釋文】「无概」古代反。司馬云：感也。又音骨，哀亂貌。

〔二〕【疏】莊子聖人，妙達根本，故覩察初始本自無生，未生之前亦無形質，無形質之前亦復無氣。從無生有，假合而成，是知此身不足惜也。

〔三〕【疏】大道在恍惚之内，造化芒昧之中，和雜清濁，變成陰陽二氣；二氣凝結，變而有形；形既成就，變而生育。且從無出有，變而爲生，自有還無，變而爲死。而生來死往，變化循環，亦猶春秋冬夏，四時代序。是以達人觀察，何哀樂之有哉！

〔四〕【注】未明而概，已達而止，斯所以誨有情者，將令推至理以遣累也。【疏】偃然，安息貌也。巨室，謂天地之閒也。且夫息我以死，卧於天地之閒，譬彼炎涼，何得隨而哀慟！自覺不通天命，故止哭而鼓盆也。【釋文】「巨室」巨，大也。司馬云：以天地爲室也。「噭噭」古弔反，又古堯反。「將令」力呈反。

〔校〕①闕誤作萬物皆化，今又變而之死，云：化下有生字，又作有。

支離叔與滑介叔觀於冥伯之丘，崑崙之虛，黄帝之所休〔一〕。俄而柳生其左肘，其意蹶蹶然惡之〔二〕。

〔一〕【疏】支離，謂支體離析，以明忘形也。滑介，猶骨稽也，謂骨稽挺特，以遺忘智也。欲顯叔世澆訛，故號爲叔也。冥，闇也。伯，長也。崑崙，人身也。言神智杳冥，堪爲物長；崑崙玄遠，近在人身；丘墟不平，俯同世俗；而黄帝聖君，光臨區宇，休心息智，寄在凡庸。是知至道幽玄，其則非遠，故託二叔以彰其義也。【釋文】「支離叔與滑」音骨。崔本作滈。「介」音界。「叔」李云：支離忘形，滑介忘智，言二子乃識化也。「冥伯之丘」李云，丘名，喻杳冥也。「崑崙」力門反。「之虚」音墟。「所休」休，息也。

〔二〕【疏】蹶蹶，驚動貌。柳（生）者，易生之木；木者，棺槨之象；此是將死之徵也。二叔遊於崑崙，觀於變化，俄頃之間，左臂生柳，蹶然驚動，似欲惡之也。【釋文】「左肘」竹九反。司馬本作胕，音趺，云：胕，足上也。◯家世父曰：説文：瘤，腫也。玉篇：瘤，瘜肉。廣韻：瘤，肉起疾。説文亦以瘜爲寄肉。瘤之生於身，假借者也；人之有生，亦假借也；皆塵垢之附物者也。柳瘤字，一聲之轉。「蹶蹶」紀衛反，動也。「惡之」烏路反。後皆同。

支離叔曰：「子惡之乎〔一〕？」

〔一〕【疏】相與觀化，貴在虚忘。蹶然驚動，似有嫌惡也。

滑介叔曰：「亡，予何惡〔一〕！生者，假借也；假之而生生者，塵垢也〔二〕。死生爲晝夜〔三〕。且吾與子觀化而化及我，我又何惡焉〔四〕！」

〔一〕【疏】亡，無也。觀化之理，理在忘懷，我本無身，何惡之有也！

〔二〕【疏】夫以二氣五行，四支百體假合結聚，借而成身。是知生者塵垢穢累，非真物者也。【釋文】「垢也」音苟。

〔三〕【疏】以生爲晝，以死爲夜，故天不能無晝夜，人焉能無死生！

〔四〕【注】斯皆先示有情，然後尋至理以遣之。若云我本無情，故能無憂，則夫有情者，遂自絶於遠曠之域，而迷困於憂樂之竟矣。【疏】我與子同遊，觀於變化，化而及我，斯乃（是）〔理〕當待終，有何嫌惡？既冥死生之變，故合至樂也。【釋文】「之竟」音境。

莊子之楚，見空髑髏，髐然有形，撽以馬捶，因而問之〔一〕，曰：「夫子貪生失理，而爲此乎〔二〕？將子有亡國之事，斧鉞之誅，而爲此乎〔三〕？將子有不善之行，愧遺父母妻子之醜，而爲此乎〔四〕？將子有凍餒之患，而爲此乎〔五〕？將子之春秋故及此乎〔六〕？」

〔一〕【疏】之，適也。髐然，無潤澤也。撽，打擊也。馬捶，猶馬杖也。莊子適楚，遇見髑髏，空骨無肉，朽骸無潤，遂以馬杖打擊，因而問之。欲明死生之理均齊，故寄髑髏寓言答問也。【釋文】「髑」音獨。「髏」音樓。「髐」苦堯反，徐又許堯反，李呼交反。司馬李云：白骨貌有枯形也。「撽」苦弔反，又古的反。説文作擊，云：旁擊也。「馬捶」拙蘂反，又之睡反，馬杖也。

〔二〕【疏】夫子貪欲資生，失於道理，致使夭折性命，而骸骨爲此乎？

〔三〕【疏】爲當有亡國征戰之事，行陳斧鉞之誅，而爲此乎？

〔四〕【疏】或行姦盜不善之行，世閒共惡，人倫所恥，遺愧父母，羞見妻孥，慚醜而死於此乎？

【釋文】「愧遺」唯季反。

〔五〕【疏】餒，餓也。或遊學他鄉，衣糧乏盡，患於飢凍，死於此乎？　【釋文】「凍」丁貢反。「餒」奴罪反。

〔六〕【疏】春秋，猶年紀也。將子有黄髮之年，耆艾之壽，終於天命，卒於此乎？

於是語卒，援髑髏，枕而卧〔一〕。夜半，髑髏見夢曰：「子①之談者似辯士。視子所言，皆生人之累也，死則无此矣。子欲聞死之説乎？〔二〕」

〔一〕【疏】卒，終也。援，引也。初逢枯骨，援馬杖而擊之，問語既終，引髑髏而高枕也。【釋文】「援」音袁。「枕而」針鴆反。

〔二〕【疏】覩於此，子所言皆是生人之累患，欲論死道，則無此憂虞。子是生人，頗欲聞死人之説乎？　莊子睡中感於此夢也。　【釋文】「見夢」賢遍反。

〔校〕①闕誤引張君房本子上有向字。

莊子曰：「然〔一〕。」

〔一〕【疏】然，許髑髏，欲〔聞〕①其死説。

〔校〕①聞字依上正文補。

髑髏曰：「死，无君於上，无臣於下；亦无四時之事，從①然以天地爲春秋，雖南面王樂，不能過也〔一〕。」

〔一〕【疏】夫死者，魂氣升於天，骨肉歸乎土。既無四時炎涼之事，寧有君臣上下之累乎！從容不復死生，故與二儀同其年壽；雖南面稱孤，王侯之樂亦不能過也。【釋文】「從然」七容反，從容也。李徐子用反，縱逸也。

〔校〕①闕誤引張君房本從作泛。

莊子不信，曰：「吾使司命復生子形，爲子骨肉肌膚，反子父母妻子閭里知識，子欲之乎〔一〕？」

〔一〕【疏】莊子不信髑髏之言，更說生人之事。欲使司命之鬼，復骨肉，反妻子，歸閭里，頗欲之乎？【釋文】「復生」音服，又扶又反。

髑髏深矉蹙頞曰：「吾安能棄南面王樂而復爲人間①之勞乎〔一〕！」

〔一〕【注】舊說云莊子樂死惡生，斯說謬矣！若然，何謂齊乎？所謂齊者，生時安生，死時安死，生死之情既齊，則無爲當生而憂死耳。此莊子之旨也。【疏】深矉蹙頞，憂愁之貌也。既聞司命復形，反於鄉里，於是（矉）〔憂〕愁矉蹙，不用此言。誰能復爲生人之勞而棄南面王之樂耶！【釋文】「深矉」音頻。「蹙」本又作顣，又作蹴，同。子六反。「頞」於葛反。李云：

矉顣者，愁貌。「而復」扶又反。

〔校〕①闕誤引張君房本人閒作生人。

顔淵東之齊，孔子有憂色。子貢下席而問曰：「小子敢問，回東之齊，夫子有憂色，何邪？」〔一〕

〔一〕【疏】顔回自西之東，從魯往於齊國，欲將三皇五帝之道以教齊侯，尼父恐不逗機，故有憂色。於是子貢避席，自稱小子，敢問夫子憂色所由。

孔子曰：「善哉汝問！昔者管子有言，丘甚善之，曰：『褚小者不可以懷大，綆短者不可以汲深〔一〕。』夫若是者，以爲命有所成而形有所適也，夫不可損益〔二〕。吾恐回與齊侯言堯舜黄帝之道，而重以燧人神農之言。彼將内求於己而不得，不得則惑，人惑則死。〔三〕

〔一〕【疏】褚，容受也。懷，包藏也。綆，汲索也。夫容小之器，不可以藏大物；短促之繩，不可以引深井。此言出管子之書，孔丘善之，故引以爲譬也。【釋文】「褚小」豬許反。○慶藩案玉篇：褚，裝衣也。字或作⿰衤宁。一切經音義引通俗文曰：裝衣曰⿰衤宁。説文繫傳：褚，衣之橐也。集韻：囊也。字或作⿰田宁。説文，⿰田宁，⿰巾盾也，所以〔載〕①盛米。又曰：⿰巾盾，載米⿰田宁也。

繫傳曰：欫〔亦〕②囊也。左成三年傳，鄭賈人有將寘於褚中以出，蓋褚可以囊物，亦可以囊人者也。「綆」格猛反，汲索也。「汲」居及反。

〔二〕【注】故當任之而已。【疏】夫人禀於天命，愚智各有所成；受形造化，情好咸著所適；方之鳧鶴不可益損，故當任之而無不當也。【釋文】「所適」適，或作通。

〔三〕【注】内求不得，將求於外。舍内求外，非惑如何！【疏】黄帝堯舜，五帝也。燧人神農，三皇也。恐顔回將三皇五帝之道以説齊侯。既而步驟殊時，澆淳異世，執持聖迹，不逗機緣，齊侯聞此大言，未能領悟，求於己身，不能得解。脱不得解，則心生疑惑，於是忿其勝己，必殺顔回。【釋文】「皇帝」謂三皇五帝也。司馬本作黄帝。○盧文弨曰：今本作黄帝。案皇黄古通用，陸氏謂三皇五帝，非。「而重」直用反。「舍内」音捨。

〔校〕①載字依説文補。②亦字依繫傳補。又欫字原刻均譌作欫，今正之。

且女獨不聞邪？昔者海鳥止於魯郊，魯侯御而觴之于廟，奏九韶以爲樂，具太牢以爲膳〔一〕。鳥乃眩視憂悲，不敢食一臠，不敢飲一杯，三日而死〔二〕。此以己養養鳥也，非以鳥養養鳥也〔三〕。夫以鳥養養鳥者，宜栖之深林，遊之壇陸，浮之江湖，食之鰌鰷，隨行列而止，委虵而處〔四〕。彼唯人言之惡聞，奚以夫譊譊爲乎！咸池九韶之樂，張之洞庭之野，鳥聞之而飛，獸聞之而走，魚聞之而下入，人卒聞之，相與還而觀之〔五〕。魚處水而生，人處水而死，彼必相與異，其好惡故異也①〔六〕。故先聖不一其能，不同其事〔七〕。名止於實，義設於適，是之謂條達而福持〔八〕。」

〔一〕【疏】郭外曰郊。御，迎也。九韶，舜樂名也。太牢，牛羊豕也。昔有海鳥，名曰爰居，形容極大，頭高八尺，避風而至，止魯東郊。實是凡鳥而妄以爲瑞，臧文仲祀之，故有不智之名也。於是奏韶樂，設太牢，迎於太廟之中而觴宴之也。此臧文仲用爲神鳥，非關魯侯，但飲鳥於魯廟之中，故言魯侯觴之也。【釋文】「且女」音汝。後同。「海鳥」司馬云：國語曰爰居也。止魯東門之外三日，臧文仲使國人祭之；不云魯侯也。爰居，一名雜縣，舉頭高八尺。樊光注爾雅云：形似鳳凰。○慶藩案文選江文通雜體詩注引司馬云：海鳥，爰居也。（太平御覽九百二十五引鳥下有即字，爰居作鶢鶋。）不若釋文之詳。「御而」音訝。「觴」音傷。「于廟」司馬云：飲之於廟中也。「九韶」常遥反。舜樂名。

〔二〕【疏】夫韶樂太牢，乃美乃善，而施之爰居，非所餐聽，故目眩心悲，數日而死。亦猶三皇五帝，其道高遠，施之齊侯，非所聞之也。【釋文】「眩」玄徧反。司馬本作玄，音眩。「視」如字。徐市至反。「臠」里轉反。

〔三〕【疏】韶樂牢觴，是養人之具，非養鳥之物也。亦猶顔回以己之學術以教於齊侯，非所樂也。

〔四〕【疏】壇陸，湖渚也。鰌，泥鰌也。鰷，白魚子也。逶迆，寬舒自得也。夫養鳥之法，宜栖茂林，放洲渚，食魚子，浮江湖，逐羣飛，自閒放，此以鳥養之法養鳥者也。亦猶齊侯率己所行，逍遥自得，無所企羡也。【釋文】「壇」大丹反。司馬本作澶，音但，云：水沙澶也。「食之」

音鬝。「鯈」音條，又音攸②，李徒由反，一音由。○盧文弨曰：今本作又音篠。「隨行」户剛反。「委」於危反。「虵」以支反，又如字。

〔五〕【疏】奚，何也。繞，喧聒也。咸池，堯樂也。洞庭之野，謂天地之閒也。還，繞也。咸池九韶，惟人愛好，魚鳥諸物惡聞其聲，愛好則繞而觀之，惡聞則高飛深入。既有欣有惡，八音何用爲乎！【釋文】「譊譊」乃交反。「咸池」堯樂名。「之樂」如字。「人卒」寸忽反。司馬音子忽反，云：衆也。「還而」音患，又旋面反。

〔六〕【疏】魚好水而惡陸，人好陸而惡水。彼之人魚，稟性各别，好惡不同，故死生斯異。豈唯二種，萬物皆然也。

〔七〕【注】各隨其情。【釋文】「其好」呼報反。

【疏】先古聖人，因循物性，使人如器，不一其能，各稱其情，不同其事也。是知將三皇之道以説齊侯者，深不可也。

〔八〕【注】實而適，故條達；性常得，故福持。【疏】夫因實立名，而名以召實，故名止於實，不用實外求名。而義者宜也，隨宜施設，適性而已，不用捨己效人。如是之道，可謂條理通達，而福德扶持者矣。

〔校〕①闕誤引江南古藏本故異也三字作好惡異。②世德堂本作筱，此從釋文原本。

列子行食於道從，見百歲髑髏，攓蓬而指之曰：「唯予與汝知而未嘗死，未嘗生也〔一〕。若①果養乎？予果歡乎〔二〕？」

〔一〕【注】各以所遇爲樂。【疏】攓，拔也。從，傍也。禦寇困於行李，食於道傍，仍見枯朽髑髏，形色似久。言百歲者，舉其大數。髑髏隱在蓬草之下，遂拔卻蓬草，因而指麾與言。然髑髏以生爲死，以死爲生，列子則以生爲生，以死爲死。生死各執一方，未足爲定，故未嘗死，未嘗生也。【釋文】「道從」如字。司馬云：從，道旁也。本或作徒。○盧文弨曰：殷敬順列子天瑞篇釋文云：莊子從作徒。司馬云：徒，道旁也，本或作從。與此本異。○慶藩案道從當爲道徒之誤。從徒形相似，故徒誤爲從。列子天瑞篇正作食於道徒。「攓」居輦反，徐紀偃反，又起虔反。司馬云：拔也。或音厥。「蓬」步東反，徐扶公反。○慶藩案攓，正字作㩃。說文：㩃，拔取也。攓爲㩃之借字，故司馬訓爲拔也。亦通作搴。離騷朝搴阰之木蘭。（說文引此正作㩃。）爾雅：芼，搴也。樊光曰：搴，猶拔也。釋文：搴，九輦反。漢書季布傳搴旗者數矣，李奇注亦曰：搴，猶拔也。

〔二〕【注】歡養之實，未有定在。【疏】「汝欣冥冥，冥冥果有怡養乎？我悅人倫，人倫決可歡乎？」適情所遇，未可定之者也。【釋文】「若果」一本作汝果，元嘉本作汝過。「養」司馬本作暮，云：死也。「予果」元嘉本作子過。「歡乎」司馬本作嚾，云：呼聲，謂生也。○俞樾曰：養，讀爲恙。爾雅釋詁：恙，憂也。若果恙乎？予果歡乎？恙與歡對，猶憂與樂對也。言若之死非憂，予之生非樂也。恙與養，古字通。詩二子乘舟篇中心養養，傳訓養爲憂，即本雅詁矣。司馬本養作暮，乃字之誤。

〔校〕①趙諫議本若作汝。

種有幾①〔一〕？得水則爲𢇍〔二〕，得水土之際則爲鼃蠙之衣〔三〕，生於陵屯則爲陵舃〔四〕，陵舃得鬱棲〔五〕則爲烏足〔六〕，烏足之根爲蠐螬，其葉爲胡蝶。胡蝶胥也〔七〕化而爲蟲，生於竈下，其狀若脱，其名爲鴝掇〔八〕。鴝掇千日爲鳥，其名爲乾餘骨。乾餘骨之沫爲斯彌〔九〕，斯彌爲食醯〔一〇〕。頤輅生乎食醯，黄軦生乎九猷〔一一〕，瞀芮生乎腐蠸〔一二〕。羊奚比乎不箰，久竹〔一三〕生青寧②〔一四〕；青寧生程〔一五〕，程生馬，馬生人〔一六〕，人又反入於機。萬物皆出於機，皆入於機〔一七〕。

〔一〕【注】變化種數，不可勝計。【疏】陰陽造物，轉變無窮，論其種類，不可深計之也。【釋文】「種」章勇反。注同。「有幾」居豈反。「可勝」音升。

〔二〕【疏】潤氣生物，從無生有，故更相繼續也。【釋文】「得水則爲𢇍」此古絶字。徐音絶，今讀音繼。司馬本作繼，云：萬物雖有兆朕，得水土氣乃相繼而生也。本或作斷，又作續斷。○盧文弨曰：古絶字當作𢇁，此𢇍乃繼字。○家世父曰：釋文引司馬本作繼，言萬物雖有兆朕，得水土乃相繼而生也。本或作斷，又作續斷。疑作續斷者是也。説文：藚，水舃也。爾雅，藚，牛脣，郭注引毛詩傳：水蕮也，如藚斷，寸寸有節。藚，續字，即本草之云續斷也。

〔三〕【疏】鼃蠙之衣，青苔也，在水中若張綿，俗謂之蝦蟆衣也。【釋文】「得水土之際則爲鼃」户媧反。「蠙」步田反，徐扶賢反，郭父因反，又音賓，李婢軫反。「之衣」司馬云：言物根在水土際，布在水中，就水上視不見，按之可得，如張綿在水中，楚人謂之鼃蠙之衣。

〔四〕【疏】屯，阜也。陵舄，車前草也。既生於陵阜高陸，即變爲車前也。【釋文】「生於陵屯」司馬音徒門反，云：阜也。郭音純。「則爲陵舄」音昔。司馬云：言物因水成而陸産，生於陵屯，化作車前，改名陵舄也。一名澤舄，隨燥溼變也。然不知其祖，言物化無常形也。人之死也，亦或化爲草木，草木之精或化爲人也。

〔五〕【疏】鬱棲，糞壤也。陵舄既老，變爲糞土也。

〔六〕【疏】糞壤復化生烏足之草根也。【釋文】「陵舄得鬱棲則爲烏足」司馬云：鬱棲，蟲名；烏足，草名；生水邊也。言鬱棲在陵舄之中則化爲烏足也。李云：鬱棲，糞壤也。言陵舄在糞化爲烏足也。○家世父曰：爾雅，芣苢，馬舄，郭注：今車前草，江東呼爲蝦蟆衣。爾雅蕍舄，郭注：今澤蕮，一曰水舄，一曰馬舄，一曰澤舄，三者同類，而所生不同。陸機詩疏：藚，澤舄，葉如車前。圖經亦云澤舄生淺水中。則陵舄生於陵屯，當別一物。釋文引司馬云，物因水成而陸産，生於陵屯，化作車前，改名陵舄。車前生道邊，亦(云)不生陵屯也。

〔七〕【疏】蠐螬，(蠍)〔蝎〕③蟲也。胥，胡蝶名也。變化無恒，故根爲蠐螬而葉爲胡蝶也。【釋文】「烏足之根爲蠐」音齊。「螬」音曹。司馬本作螬蠐，云：蝎也。○慶藩案太平御覽九百四十八引司馬云：烏足，草名，生水邊。蠐螬，蟲也。與釋文異。「其葉爲胡蝶」音牒。司馬云：胡蝶，蛺蝶也。草化爲蟲，蟲化爲草，未始有極。「胡蝶胥也」一名胥。○俞樾曰：釋文曰，胡蝶胥也，一名胥。此失其義，當屬下句讀之。本云，胡蝶胥也化而爲蟲，與下文鴝掇千日爲鳥，兩文相對。千日爲鳥，言其久也；胥也化而爲蟲，言其速也。列子天瑞篇釋文曰：胥，少也，謂少時也。得其義矣。○家世父曰：釋文引司馬云，胡蝶一名胥也。疑胥也不當爲胡蝶之名。爾雅：蚅，烏蠋，郭注：大蟲如指，似蠶。毛詩傳：蠋，桑蟲。説文：蠋，蜀葵中蠶也。廣志：藿蠋有五色者，槐蠋有采有角。爾雅所云桑繭樗繭棘繭欒繭蕭繭，皆蠋類也。老而成蛹，則爲胡蝶。胡蝶生卵，就火取温，又成蠋。生於竈下者，就温也。埤雅云：繭生蛾，蛾生卵。郭注爾雅：䖸羅，即蠶蛾，疏謂蠶蛹所變，是也。胡蝶與蠶蠋之屬互相化。胥也云者，謂互相化也。博雅：原蠶，其蛹蛭蚼。此云鴝，蓋蚼之叚借字。

〔八〕【疏】鴝掇，蟲名也。胥得熱氣，故作此蟲，狀如新脱皮毛，形容雅浄也。【釋文】「化而爲蟲生於竈下」司馬云：得熱氣而生也。「其狀若脱」它括反。司馬音悦，云：新出皮悦好也。○慶藩案集韻十七薛引司馬云：蟲新出皮悦好貌。與釋文小異。「其名爲鴝」其俱反。「掇」丁活反。

〔九〕【疏】乾餘骨，鳥口中之沫，化爲斯彌之蟲。【釋文】「鴝掇千日爲鳥其名爲乾餘骨」乾，音干。「乾餘骨之沫」音末。李云：口中汁也。「爲斯彌」李云：蟲也。

〔一〇〕【疏】酢甕中蠛蠓，亦爲醯雞也。【釋文】「斯彌爲食」如字。司馬本作蝕。「醯」許兮反，李音海。司馬云：蝕醯，若酒上蠛蠓也。蠛，音眠結反，蠓，音無孔反。○家世父曰：列子天瑞篇斯彌爲食醯，頤輅生乎食醯，黄軦生乎九猷，九猷生乎瞀芮，瞀芮生乎腐蠸。是頤輅黄軦數者，皆食醯之類也。方言：蠀螬，自關以東謂之蝤蠀，梁益之閒謂之蛒。輅當爲蛒；猷當爲蝤。漢書王褒傳蜉蝣出乎陰。皆羣飛小蟲也。郭注爾雅蠛蠓云：小蟲似蚋，喜亂飛。瞀芮當爲蜹。荀子醯酸而蜹聚焉，亦食醯之類也。此段言小蟲自相化。

〔一一〕【疏】軦亦蟲名。【釋文】「頤」以之反。「輅生乎食醯」輅，音路，一音洛。「黄軦」音況，徐李休往反。司馬云：頤輅黄軦，皆蟲名。「生乎九猷」音由。李云：九宜爲久。久，老也。猷，蟲名也。○盧文弨曰：案列子作斯彌爲食醯頤輅，食醯頤輅生乎食醯黄軦，食醯黄軦生乎九猷，九猷生乎瞀芮。

〔一二〕【疏】瞀芮，蟲名。腐蠸，螢火蟲也，亦言是粉鼠蟲。【釋文】「瞀」莫豆反，又莫住反，又亡角反。「芮」如鋭反，徐如悦反。「生乎腐」音輔。「蠸」音權，郭音歡。司馬云：亦蟲名也。爾雅云：一名守爪，一云蚡鼠也。

〔一三〕【疏】並草名也。【釋文】「羊奚比」毗志反。「乎不箰」息尹反。司馬云：羊奚，草名，根似蕪菁，與久竹比合而爲物，皆生於非類也。

〔一四〕【疏】羊奚比合於久竹而生青寧之蟲也。【釋文】「久竹生青寧」司馬云：蟲名。○盧文弨曰：殷敬順云，莊子從羊奚至青寧連爲一句。司馬之説固如是，郭本乃分之。列子箰作筍。

〔一五〕【疏】亦蟲名也。【釋文】「青寧生程」李云：未聞。

〔一六〕【疏】未詳所據。【釋文】「程生馬馬生人」俗本多誤，故具録之。

〔一七〕【注】此言一氣而萬形，有變化而無死生也。【疏】機者發動，所謂造化也。造化者，無物也。人既從無生有，又反入歸無也。豈唯在人，萬物皆爾。或無識變成有識，〔或〕有識變爲無識，或無識變爲無識，或有識變爲有識，千萬變化，未始有極也。而出入機變，謂之死生。既知變化無窮，寧復欣生惡死！體斯趣旨，謂之至樂也。○俞樾曰：又當作久，字之誤也。久者，老也。上文黄軦生乎九猷，釋文引李注曰：九宜爲久；久，老也。是其義也。人久反入於機者，言人老復入於機也。列子天瑞篇正作人久入於機。

〔校〕①闕誤引劉得一本幾字有若鼃爲鶉四字。②闕誤引張君房本上六句作斯彌爲食醯，食醯生乎頤輅，頤輅生乎黄軦，黄軦生乎九猷，九猷生乎瞀芮，瞀芮生乎腐蠸，腐蠸生乎羊奚，羊奚比乎不箰，久竹生青寧。③蝎字依釋文原本改。

莊子集釋卷七上

外篇 達生第十九〔一〕

〔一〕【釋文】以義名篇。

達生之情者，不務生之所无以爲〔二〕；達命之情者，不務知①之所无柰何〔三〕。養形必先之以②物，物有餘而形不養者有之矣〔三〕；有生必先无離形，形不離而生亡者有之矣〔四〕。生之來不能卻，其去不能止〔五〕。悲夫！世之人以爲養形足以存生〔六〕；而養形果不足以存生〔七〕，則世奚足爲哉〔八〕！雖不足爲而不可不爲者，其爲不免矣〔九〕。

〔二〕【注】生之所無以爲者，分外物也。【釋文】「達生」達，暢也，通也。廣雅云：生，出也。

〔三〕【注】知之所無柰何者，命表事也。【疏】夫人之生也，各有素分，形之妍醜，命之脩短，及貧富貴賤，愚智窮通，一豪已上，無非命也。故達（生）於性命之士，性靈明照，終不貪於分外，爲己事務也，一生命之所鍾者，皆智慮之所無柰之何也。

〔三〕【注】知止其分，物稱其生，生斯足矣，有餘則傷。【疏】物者，謂資貨衣食，旦夕所須。夫頤養身形，先須用物；而物有分限，不可無涯。故凡鄙之徒，積聚有餘而養衛不足者，世有之矣。【釋文】「物稱」尺證反。

〔四〕【注】守形（太）〔大〕③甚，故生亡也。【疏】既有此浮生，而不能離形遺智，愛形大甚，亡失全生之道也。如此之類，世有之矣。【釋文】「无離」力智反，下同。「大甚」音泰。

〔五〕【注】非我所制，則無爲有懷於其間。【疏】生死去來，委之造物，妙達斯原，故無所惡。

〔六〕【注】故彌養之而彌失之。【疏】夫壽夭去來，非己所制。而世俗之人，不悟斯理，貪多資貨，厚養其身，妄謂足以存生，深可悲歎。

〔七〕【注】養之彌厚，則死地彌至。【疏】厚養其形，彌速其死，故決定不足以存生。

〔八〕【注】莫若放而任之。【疏】夫馳逐物境，本爲資生。生既非養所存，故知世間物務，何足爲也！

〔九〕【注】性分各自爲者，皆在至理中來，故不可免也，是以善養生者，從而任之。【疏】分外之事，不足爲也；分内之事，不可不爲也。夫目見耳聽足行心知者，稟之性理，雖爲無爲，故不務免也。

〔校〕①弘明集正誣論引知作命。②世德堂本無以字。③大字依釋文及世德堂本改。

夫欲免爲形者，莫如棄世。棄世則无累，无累則正平，正平則與彼更生，更生則

幾矣。〔一〕事奚足棄而生奚足遺？棄事則形不勞，遺生則精不虧〔二〕。夫形全精復，與天爲一〔三〕。天地者，萬物之父母也〔四〕，合則成體，散則成始〔五〕。形精不虧，是謂能移〔六〕；精而又精，反以相天〔七〕。

〔一〕【注】更生者，日新之謂也。付之日新，則性命盡矣。【疏】幾，盡也。更生，日新也。夫欲有爲養形者，無過棄卻世閒分外之事。棄世則無憂累，無憂累則合於正真平等之道，平正則冥於日新之變，故能盡道之玄妙。【釋文】「則幾」徐其依反。

〔二〕【注】所以遺棄之。【疏】人世虛無，何足捐棄？生涯空幻，何足遺忘？故棄世事則形逸而不勞，遺生涯則神凝而不損也。

〔三〕【注】俱不爲也。【疏】夫形全不擾，故能保完天命；精固不虧，所以復本還原；形神全固，故與玄天之德爲一。

〔四〕【注】無所偏爲，故能子萬物。【疏】夫二儀無心而生化萬物，故與天地合德者，羣生之父母。

〔五〕【注】所在皆成，無常處。【疏】夫陰陽混合，則成體質，氣息離散，則反於未生之始。○家世父曰：合者，息之機也，消之漸也；散則復反而歸其本，而機又於是息焉，故曰成始。終則有始，天行也，所以能移，不主故常以成其大常也。【釋文】「常處」昌慮反。

〔六〕【注】與化俱也。【疏】移者，遷轉之謂也。夫不勞於形，不虧其精者，故能隨變任化而與物俱遷也。

〔七〕【注】還輔其自然也。【疏】相，助也。夫遣之又遣，乃曰精之又精，是以反本還元，輔於自然之道也。【釋文】「相天」息亮反。

子列子問關尹曰：「至人潛行不窒〔一〕，蹈火不熱，行乎萬物之上而不慄〔二〕。請問何以至於此〔三〕？」

〔一〕【注】其心虚，故能御羣實。【疏】古人稱師曰子，亦是有德之嘉名。具斯二義，故曰子列子，即列禦寇也。〔關尹〕，姓尹，名喜，字公度，爲函谷關令，故曰關令尹真人；是老子弟子，懷道抱德，故禦寇詢之也。窒，塞也。夫至極聖人，和光匿燿，潛伏行世，混迹同塵，不爲物境障礙，故等虚室，空而無塞。本亦作空字。【釋文】「關尹」李云：關令尹喜也。「不窒」珍悉反。

〔二〕【注】至適，故無不可耳，非物往可之。【疏】冥於寒暑，故火不能災；一於高卑，故心不恐懼。【釋文】「蹈火」徒報反。

〔三〕【疏】總結前問意也。

關尹曰：「是純氣之守也，非知巧果敢之列〔一〕。居，予語女〔二〕！凡有貌象聲色者，皆物也，物與物何以相遠〔三〕？夫奚足以至乎先？是色①而已〔四〕。則物之造乎不形而止乎无所化〔五〕，夫得是而窮之者，物焉得而止②焉〔六〕！彼將處乎不淫之度〔七〕，而藏乎无端之紀〔八〕，遊乎萬物之所終始〔九〕，壹其性〔一〇〕，養其氣〔一一〕，合其德〔一二〕，以通乎物之所造〔一三〕。夫若是者，其天守全，其神无郤，物奚自入焉〔一四〕！

〔一〕【疏】夫不爲外物侵傷者，乃是保守純和之氣，養於恬淡之心而致之也，非關運役心智，分別巧詐，勇決果敢而得之。【釋文】「非知」音智。「之列」音例。本或作例。

〔二〕【疏】命禦寇令復坐，我告女至言也。【釋文】「予語」魚據反。「女」音汝。後同。

〔三〕【注】唯無心者獨遠耳。【釋文】「相遠」于萬反。

〔四〕【注】同是形色之物耳，未足以相先也。【疏】夫形貌聲色，可見聞者，皆爲物也。〔一〕〔而〕彼俱物，何足以遠，亦何足以先至乎？俱是聲色故也。唯當非色非聲，絶視絶聽者，故能超貌象之外，在萬物之先也。

〔五〕【注】常遊於極。【疏】夫不色不形，故能造形色者也；無變無化，故能變化於萬物者也。是以羣有從造化而受形，任變化之妙本。

〔六〕【注】夫至極者，非物所制。【疏】夫得造化之深根，自然之妙本，而窮理盡性者，世間萬物，何得止而控馭焉！故當獨往獨來，出沒自在，乘正御辯，於何待焉！【釋文】「焉得」於虔反。

〔七〕【注】止於所受之分。【疏】彼之得道聖人，方將處心虛淡，其度量弘博，終不滯於世閒。

〔八〕【注】冥然與變化日新。【疏】大道無端無緒，不始不終，即用此混沌而爲紀綱，故聖人藏心晦迹於恍惚之鄉也。

〔九〕【注】終始者，物之極。【疏】夫物所始終，謂造化也。言生死始終，皆是造化，物固以終始爲造化也。而聖人放任乎自然之境，遨遊乎造化之場。

〔一〇〕【注】飾則二矣。【疏】率性而動，故不二也。

〔一一〕【注】不以心使之。【疏】吐納虛夷，故愛養元氣。

〔一二〕【注】不以物離性。【疏】抱一不離，故常與玄德冥合也。

〔一三〕【注】萬物皆造於自爾。【疏】物之所造，自然也。既一性合德，與物相應，故能達至道之原，通自然之本。

〔一四〕【疏】是者，指斥以前聖人也。自，從也。若是者，其保守自然之道，全而不虧，其心神凝照，曾無閒郤，故世俗事物，何從而入於靈府哉！【釋文】「无郤」去逆反。

〔校〕①闕誤引江南古藏本色上有形字。②闕誤引張君房本止作正。

夫醉者之墜車，雖疾不死。骨節與人同而犯害與人異，其神全也，乘亦不知也，墜亦不知也，死生驚懼不入乎其胷中，是故遻物而不慴。〔一〕彼得全於酒而猶若是〔二〕，而況得全於天乎〔三〕？聖人藏於天，故莫之能傷也〔四〕。復讎者不折鏌干〔五〕，雖有忮心者不怨飄瓦〔六〕，是以天下平均〔七〕。故无攻戰之亂，无殺戮之刑者，由此道也〔八〕。

〔一〕【疏】自此已下，凡有三譬，以況聖人任獨無心。一者醉人，二者利劍，三者飄瓦，此則是初。夫醉人乘車，忽然顛墜，雖復困疾，必當不死。其謂心無緣慮，神照凝全，既而乘墜不知，死生不（人）〔入〕，是故遻於外物而情無慴懼。【釋文】「之墜」字或作隊，同。直類反。後皆同。○家世父曰：始守乎氣而終養乎神，道家所謂鍊氣歸神也。「乘亦」音繩，又繩證反。「遻」音悟，郭音愕。爾雅云：遻，忤也。郭注云：謂干觸。○盧文弨曰：今本作遻。「不慴」之涉反，懼也。李郭音習。

〔二〕【注】醉故失其所知耳，非自然無心者也。

〔三〕【疏】彼之醉人，因於困酒，猶得暫時凝淡，不爲物傷，而況德全聖人，冥於自然之道者乎！物莫之傷，故其宜矣。

〔四〕【注】不闚性分之外，故曰藏。【疏】夫聖人照等三光，智周萬物，藏光塞智於自然之境，故物莫之傷矣。

〔五〕【注】夫干將鏌鋣，雖與讎爲用，然報讎者不事折之，以其無心。【疏】此第二（諭）〔喻〕①也。干將鏌鋣，並古之良劍。雖用劍殺害，因以結讎，而報讎之人，終不瞋怒此劍而折之也，其爲無心，故物莫之害也。【釋文】「鏌」音莫。本亦作莫。「干」李云：鏌耶干將，皆古之利劍名。吳越春秋云：吳王闔閭使干將造劍，劍有二狀，一曰干將，二曰鏌耶。鏌耶，干將妻名也。

〔六〕【注】飄落之瓦，雖復中人，人莫之怨者，由其無情。【疏】飄落之瓦，偶爾傷人，雖忮逆褊心之夫，終不怨恨，爲瓦是無心之物。此第三〔諭〕〔喻〕也。【釋文】「忮心」之豉反，郭、李音支。害也。字書云：很也。「飄瓦」匹遥反。郭李云：落也。「雖復」扶又反。下章同。「中人」丁仲反。

〔七〕【注】凡不平者，由有情。

〔八〕【注】無情之道大矣。【疏】夫海内清平，遐荒静息，野無攻戰之亂，朝無殺戮之刑者，蓋由此無爲之道，無心聖人，故致之也。是知無心之義大矣。

〔校〕①喻諭古字通，但比喻字疏文前皆作喻。

不開人之天①，而開天之天〔一〕，開天者德生〔二〕，開人者賊生〔三〕。不厭其天，不忽於人〔四〕，民幾乎以其真〔五〕！」

〔一〕【注】不慮而知，開天也；知而後感，開人也。然則開天者，性之動也；開人者，知之用也。【疏】郭注云：不慮而知，開天者也；知而後感，開人者也。然則開天者，性之動；開人者，知之用。郭得之矣，無勞更釋。

〔二〕【注】性動者，遇物而當，足則忘餘，斯德生也。

〔三〕【注】知用者，從感而求，勌②而不已，斯賊生也。【疏】夫率性而動，動而常寂，故德生也。運智御世，爲害極深，故賊生也。老經云，以智治國國之賊，不以智治國國之德也。

〔四〕【注】任其天性而動，則人理亦自全矣。【疏】常用自然之性，不厭天者也；任智自照於物，斯不忽人者也。【釋文】「不厭」李於豔反，徐於贍反。

〔五〕【注】民之所患，僞之所生，常在於知用，不在於性動也。【疏】幾，盡也。因天任人，性動智用，既而人天無別，知用不殊，是以率土盡真，蒼生無僞者也。【釋文】「幾乎」音機，或音祈。

〔校〕①闕誤引劉得一本天作人。②世德堂本勸作勸。

仲尼適楚，出於林中，見痀僂者承蜩，猶掇之也〔一〕。

〔一〕【疏】痀僂，老人曲腰之貌。承蜩，取蟬也。掇，拾也。孔子聘楚，行出林籟之中，遇老公以竿承蟬，如俛拾地芥，一無遺也。【釋文】「痀」郭於禹反，李徐居具反，又其禹反。「僂」郭音縷，李徐良付反。「承」一本作美。○慶藩案承讀爲拯，（説文作抍。）拯，謂引取之也。艮六二不拯其隨，虞翻曰：拯，取也。釋文拯作承，（通志堂〔本〕改承爲拯。）云音拯救之拯。（復）〔渙〕①初六用拯馬壯吉，釋文：子夏〔拯〕作抍；抍，取也。列子黄帝篇使弟子並流而承之，釋文承音拯，引方言出溺爲承。（今方言作拯。）宣十二年左傳曰，目於眢井而拯之，釋文拯作承，云音拯。皆引取之義也。「蜩」音條，蟬也。「猶掇」丁活反，拾也。

〔校〕①渙字依易釋文改。

仲尼曰：「子巧乎！有道邪？」

曰：「我有道也〔一〕。五六月累丸二而不墜，則失者錙銖〔二〕；累三而不墜，則失者十一〔三〕；累五而不墜，猶掇之也〔四〕。吾處身也，若厥①株拘；吾執臂也，若槁木之枝〔五〕；雖天地之大，萬物之多，而唯蜩翼之知〔六〕。吾不反不側，不以萬物易蜩之翼，何爲而不得〔七〕！」

〔一〕【疏】怪其巧妙一至於斯，故問其方。答云有道也。

〔二〕【注】累二丸於竿頭，是用手之停審也。故②其承蜩，所失者不過錙銖之閒也。【疏】錙銖，稱兩之微數也。初學承蜩，時經半歲，運手停審，故所失不多。【釋文】「五六月」司馬云：黏蟬時也。「累丸」劣彼反。下同。司馬云：謂累之於竿頭也。○慶藩案列子釋文引司馬云：纍垸，謂累丸於竿頭也。與釋文小異。「者錙」側其反。「銖」音殊。

〔三〕【注】所失愈（多）〔少〕③。【疏】時節（猶）〔尤〕久，累丸（徵）〔增〕多，所承之蜩十失其一也。

〔四〕【注】停審之至，故乃無所復失。【疏】累五丸於竿頭，一無墜落，停審之意，遂到於斯，是以承蜩蟬猶如俛拾。

〔五〕【注】不動之至。【疏】拘，謂斫殘枯樹枝也。執，用也。我安處身心，猶如枯樹，用臂執竿，若槁木之枝，凝寂停審，不動之至。斯言有道，此之謂也。【釋文】「若厥」本或作橛，同。其月反。「株」音誅。「拘」其俱反，郭音俱。李云：厥，豎也，豎若株拘也。○盧文弨曰：也字未刻，依宋本補。○家世父曰：列子黃帝篇作若橛株駒，注云：株駒，斷木也。山海經海內經，〔達〕〔建〕④木有九欘，下有九枸。郭璞注：欘，枝回曲也，枸，根盤錯也。說文：株，木根也。徐鉉曰：在土曰根，在土上曰株。株枸者，近根盤錯處；橛者，斷木爲杙也。身若斷株，臂若槁木之枝，皆堅實不動之意。「若槁」苦老反。

〔六〕【疏】二儀極大，萬物甚多，而運智用心，唯在蜩翼，蜩翼之外，無他緣慮也。

〔七〕【注】遺彼故得此。　【疏】反側，猶變動也。外息攀緣，內心凝靜，萬物雖衆，不奪蜩翼之知，是以事同拾芥，何爲不得也！

〔校〕①趙諫議本作橛。②世德堂本無故字。③少字依世德堂本改。④建字依山海經原文改。

孔子顧謂弟子曰：「用志不分，乃凝於神，其痀僂丈人之謂乎〔一〕！」

〔一〕【疏】夫運心用志，凝靜不離，故累丸乘蜩，妙凝神鬼。而尼父勉勖門人，故云痀僂丈人之謂也。　【釋文】「不分」如字。○俞樾曰：凝當作疑。下文梓慶削木爲鐻，鐻成，見者驚猶鬼神，即此所謂乃疑於神也。列子黃帝篇正作疑，張湛注曰：意專則與神相似者也。可據以訂正。

顏淵問仲尼曰：「吾嘗濟乎觴深之淵，津人操舟若神〔一〕。吾問焉，曰：『操舟可學邪？』曰：『可。善游者數能〔二〕。若乃夫没人，則未嘗見舟而便操之也〔三〕。』吾問焉而不吾告，敢問何謂也？」

〔一〕【疏】觴深，淵名也。其狀似桮，因以爲名，在宋國也。津人，謂津濟之人也。操，捉也。顏回嘗經行李，濟渡斯淵，而津人操舟，甚有方便，其便辟機巧，妙若神鬼，顏回怪之，故問夫子。　【釋文】「操舟」七曹反。下章同。

〔二〕【注】言物雖有性，亦須數習而後能耳。　【疏】顏回問：「可學否？」答曰：「好游涉者，數習則能。」夫物雖稟之自然，亦有習以成性者。　【釋文】「數能」音朔。注、下同。

〔三〕【注】没人，謂能鶩没於水底。　【疏】注云，謂鶩没水底。鶩，鴨子也。謂津人便水，没入水下，猶如鴨鳥没水，因而捉舟。　【釋文】「鶩」音木，鴨也。

仲尼曰：「善游者數能，忘水也〔一〕。若乃夫没人之未嘗見舟而便操之也，彼視淵若陵，視舟之覆猶其車卻也〔二〕。覆卻萬方陳乎前而不得入其舍〔三〕，惡往而不暇〔四〕！以瓦注①者巧，以鉤注者憚，以黄金注者殙〔五〕。其巧一也，而有所矜，則重外也。凡外重者内拙〔六〕。」

〔一〕【注】習以成性，遂若自然。　【疏】好游於水，數習故能，心無忌憚，忘水者也。

〔二〕【注】視淵若陵，故視舟之覆於淵，猶車之卻退於坂也。　【疏】好水數游，習以成性，遂使顧視淵潭，猶如陵陸，假令舟之顛覆，亦如車之卻退於坂。　【釋文】「之覆」芳服反。注、下同。「猶其車卻也」元嘉本無車字。

〔三〕【注】覆卻雖多而猶不以經懷，以其性便故也。【疏】舍，猶心中也。隨舟進退，方便萬端，陳在目前，不關懷抱。既(不)〔能〕忘水，豈復勞心！◯俞樾曰：萬下脱物字。此本以覆卻萬物爲句，方陳乎前而不得入其舍爲句。方者，竝也。方之本義爲兩舟相竝，故方有竝義。荀子致仕篇莫不明通方起以尚盡矣，楊倞曰：方起，竝起。漢書楊雄傳雖方征僑與偓佺兮，師古注曰：方，謂竝行也。皆其證也。方陳乎前，謂萬物竝陳乎前也。今上句脱物字，而以方字屬上讀，則所謂陳前者，果何指歟？郭注曰：覆卻雖多，而猶不以(輕)〔經〕懷，是其所據本有物字。蓋正文是萬物，故以多言，若如今本作萬方，當以廣大言，不當以多言也。列子黃帝篇正作覆卻萬物方陳乎前而不得入其舍，可據以訂正。

〔四〕【注】所遇皆閒暇也。【疏】率性操舟，任真游水，心無矜係，何往不閒！豈唯操舟，學道亦爾，但能忘遺，即是達生。【釋文】「惡往」音烏。「閒暇」音閑。

〔五〕【注】所要愈重，則其心愈矜也。【疏】注，射也。用瓦器賤物而戲賭射者，既心無矜惜，故巧而中也。以鉤帶賭者，以其物稍貴，恐不中垛，故心生怖懼而不著也。用黃金賭者，既是極貴之物，矜而惜之，故心智昏亂而不中也。是以津人以忘遺故若神，射者以矜物故昏亂。是以矜之則拙，忘之則巧，勗諸學者，幸志之焉。【釋文】「瓦注」之樹反。李云：擊也。「憚」徒丹反，又音丹，又丈旦反。忌惡也。一曰難也。「殙」武典反，又音昏，又音門。本亦作殙。說文云：殙，瞀也。元嘉本作昏。◯盧文弨曰：今本殙作殙，舊瞀也作矜也，訛。今據本書改正。○慶藩案殆，速也。又呂覽去尤篇以黄金投者殆。殆，疑也，（見襄四年公羊傳注。）亦迷惑之意。黄金投者之投不別見。呂覽高注亦云無考。列子黄帝篇以瓦摳者殆，淮南説林訓以金鉒者跂，並襲莊子而不作投字。「所要」一遥反。

〔六〕【注】夫欲養生全内者，其唯無所矜重也。【疏】夫射者之心，巧拙無二，爲重於外物，故心有所矜，只爲貴重黄金，故内心昏拙，豈唯在射，萬事亦然。

〔校〕①闕誤云：呂覽注作投，餘同。

田開之見周威公。威公曰：「吾聞祝腎學生〔一〕，吾子與祝腎游，亦何聞焉〔二〕？」

〔一〕【注】學生者務中適。【釋文】「田開之」李云：開之，其名也。「周威公」崔本作周威公竈。○俞樾曰：史記周本紀（孝）〔考〕①王封其弟於河南，是爲桓公。桓公卒，子威公代立。此周威公殆即其人乎？索隱：按系本，西周桓公名揭，威公之子；東周惠公名班，而威公之名不傳。崔本可補史闕。「祝腎」上之六反，下市軫反。字又作緊，音同。本或作賢。「學生」司馬云：學養生之道也。「務中」丁仲反。下章注而中適同。

〔二〕【疏】姓田，名開之，學道之人。姓祝，名腎，懷道者也。周公之胤，莫顯其名，食采於周，謚曰威也。素聞祝腎學養生之道，開之既從游學，未知何所聞乎？有此咨疑，庶稟其術。【釋文】「吾子與祝腎游」司馬本以吾子屬上句，更云子與祝腎游。

〔校〕①考字依俞樓雜纂改。

田開之曰：「開之操拔篲以侍門庭，亦何聞於夫子〔二〕！」

〔二〕【疏】開之謂祝腎爲夫子。拔篲，掃帚也。言我操提掃帚，參侍門户，灑掃庭前而已，亦何敢輒問先生之道乎！古人事師，皆擁篲以充役也。【釋文】「操」七曹反。「拔」蒲末反，徐甫末反。李云：把也。「篲」似歲反，徐以醉反，郭〔矛〕〔予〕①税反，李尋恚反，信醉反，或蘇忽反。帚也。○盧文弨曰：信醉上脱又字。「亦何聞於夫子」絶句。

〔校〕①予字依釋文及世德堂本改。

威公曰：「田子无讓，寡人願聞之〔一〕。」

〔一〕【疏】讓，猶謙也。養生之道，寡人願聞，幸請指陳，不勞謙遜。

開之曰：「聞之夫子曰：『善養生者，若牧羊然，視其後者而鞭之〔一〕。』」

〔一〕【疏】我承祝腎之説，養生譬之牧羊，鞭其後者，令其折中。【釋文】「而鞭」如字。崔本作趣，云：匿也；視其羸瘦在後者，匿著牢中養之也。○家世父曰：崔説非也。鞭其後，則前者于于然行矣。注視其後而前者不勞也，謹持其終者也。郭象注鞭其後者去其不及也，亦誤。

威公曰：「何謂也〔一〕？」

〔一〕【疏】未悟田開之言，故更發疑問。

田開之曰：「魯有單豹者，巖居而水飲，不與民共利，行年七十而猶有嬰兒之色；不幸遇餓虎，餓虎殺而食之〔一〕。有張毅者，高①門縣薄，无不走也，行年四十而有内熱之病以死〔二〕。豹養其内而虎食其外，毅養其外而病攻其内，此二子者，皆不鞭其後者也〔三〕。」

〔一〕【疏】姓單名豹，魯之隱者也。巖居飲水，不争名利，雖復年齒長老而形色不衰，久處山林，忽遭餓虎所食。【釋文】「單豹」音善。李云：單豹，隱人姓名也。「而水飲」元嘉本作飲水。

〔二〕【疏】姓張名毅，亦魯人也。高門，富貴之家也。縣薄，垂簾也。言張毅是流俗之人，追奔世利，高門甲第，朱户垂簾，莫不馳驟參謁，趨走慶弔，形勞神弱，困而不休，於是内熱發背而死。【釋文】「縣」音玄。「薄」司馬云：簾也。「无不走也」司馬云：走，至也；言無不至門奉富貴也。李云：走，往也。○俞樾曰：無不走也，語意未明。司馬云，走，至也，言無不至門奉富貴也，亦殊迂曲。走乃趣之壞字。文選幽通賦李注引此文曰：有張毅者，高門縣薄無不趣義也。字正作趣，但衍義字耳。吕覽必己篇曰，張毅好恭，門閭帷薄聚居衆無不趨，高注曰：過之必趨。淮南人間篇曰，張毅好恭，過宫室廊廟必趨，見門閭聚衆必下，廝徒馬圉，皆與伉禮，然不終其壽，内熱而死。其義更明。莊子文不備，故學者莫得其解。

〔三〕【注】夫守一方之事至於過理者，不及於會通之適也。鞭其後者，去其不及也。【疏】單豹寡欲清虚，養其内德而虎食其外。張毅交游世貴，養其形骸而病攻其内以死。此二子各滯一邊，未爲折中，故並不鞭其後也。【釋文】「去其」起吕反。

〔校〕①闕誤引劉得一本高上有見字。

仲尼曰：「无入而藏〔一〕，无出而陽〔二〕，柴立其中央〔三〕。三者若得，其名必極〔四〕。夫畏塗者，十殺一人，則父子兄弟相戒也，必盛卒徒而後敢出焉，不亦知乎〔五〕！人之所取①畏者，衽席之上，飲食之閒；而不知爲之戒者，過也〔六〕。」

〔一〕【注】藏既内矣，而又入之，此過於入也。【疏】注云，入既入矣，而又藏之。偏滯於處，此單豹也。

〔二〕【注】陽既外矣，而又出之，是過於出也。【疏】陽，顯也。出既出矣，而又顯之。偏滯於出，此張毅也。

〔三〕【注】若槁木之無心而中適，是立也。【疏】柴，木也。不滯於出，不滯於處，出處雙遣，如槁木之無情，妙捨二邊，而獨立於一中之道。

〔四〕【注】名極而實當也。【疏】夫因名詮理，從理生名。若得已前三句語意者，則理窮而名極者也。亦言：得此三者名爲證至極之人也。

〔五〕【疏】塗，道路也。夫路有劫賊，險難可畏，十人同行，一人被殺，則親情相戒，不敢輕行，彊盛卒伍，多結徒伴，斟量平安，然後敢去。豈不知全身遠害乎！【釋文】「畏塗」司馬云：阻險道可畏懼者也。「卒徒」子忽反。「亦知」音智。

〔六〕【注】十殺一耳，便大畏之；至於色欲之害，動皆之死地而莫不冒之，斯過之甚也。【疏】衽，衣服也。夫塗路患難，十殺其一，猶相戒慎，不敢輕行。況飲食之間，不能將節，衽席之上，恣其淫蕩，動之死地，萬無一全。舉世皆然，深爲罪過。【釋文】「衽」而甚反，徐而鴆反。李云：卧衣也。鄭注禮記云：卧席也。「動皆之死地」一本無地字。「不冒」音墨。

〔校〕①闕誤引江南古藏本取作最。

祝宗人玄端以臨牢筴，說彘〔一〕曰：「汝奚惡死？吾將三月犧①汝，十日戒，三日齊，藉白茅，加汝肩尻乎彫俎之上，則汝爲之乎〔二〕？」爲彘謀，曰不如食以糠糟而錯之牢筴之中，自爲謀，則苟生有軒冕之尊，死得於腞楯之上、聚僂之中則爲之。爲彘謀則去之，自爲謀則取之，所②異彘者何也？〔三〕

〔一〕【疏】祝，祝史也，如今太宰六祝官也。元端，衣冠。筴，圈也。彘，豬也。夫饗祭宗廟，必有祝史，具於元端冠服，執版而祭鬼神。未祭之間，臨圈說彘。說彘之文，在於下也。【釋文】「牢筴」初革反。李云：牢，豕室也。筴，木欄也。「說」如字，又始銳反。「彘」直例反。本亦作豕。

〔二〕【疏】犧，養也。俎，盛肉器也，謂彫飾之俎也。說彘曰：「汝何須好生而惡死乎？我將養汝以好食，齊戒以潔清，藉神坐以白茅，置汝身於俎上，如此相待，豈不欲爲之乎？」【釋文】「奚惡」烏路反。「豢」音患。司馬云：養也。本亦作犧。「日齊」側皆反。後章同。「藉」在夜反，又在亦反。「尻」苦羔反。「彫俎」莊呂反。畫飾之俎也。

〔三〕【注】欲贍則身亡，理常俱耳，不問③人獸也。【疏】措，置也。腞，畫飾也；楯，筴車也；謂畫輀車也。聚僂，棺槨也。爲彘謀者，不如置之圈內，食之糟糠，不用白茅，無勞彫俎；自爲謀，則苟且生時有乘軒戴冕之尊，死則置於棺中，載於楯車之上，則欲得爲之。爲彘謀則去白茅彫俎，自爲謀則取於軒冕楯車，而異彘者何也？此蓋顛倒愚癡，非達生之性也。【釋文】「爲彘」于僞反。下自爲、爲彘同。「食以」音嗣。「糠」音康。「糟」音遭。「錯之」七故反，置也。又如字。本又作措。「腞」音直轉反，又敕轉反。「楯」食準反，徐敕荀反，李敕準反。司馬云：腞，猶篆也。楯，猶案也。「聚僂」力主反。司馬云：聚僂，器名也，今冢壙中注爲之。一云：聚僂，棺槨也。一云：聚當作菆，才官反；僂當作蔞，力久反；謂殯於菆塗蔞翣之中。○王念孫曰：釋文引司馬云，腞猶篆也，楯猶案也，〔娶〕〔聚〕僂，器名也，今冢壙中注爲之。一云，〔娶〕〔聚〕僂，棺槨也。一云，〔娶〕〔聚〕當作菆，僂當作蔞，謂殯於菆塗蔞翣之中。案腞讀爲輇，謂載柩車也。雜記載以輲車，鄭注曰：輲讀爲輇。（釋文：輇，市專反，又市轉反。）士喪禮記〔下篇〕④注曰：載柩車。周禮謂之蜃車，雜記謂之團，或作輇，或作槫，聲讀皆相附耳。其車之輂狀如牀，中央有轅，前後出，設前後輅。輂上有四周，下則前後有軸，以軨爲輪。許叔重說，有輻曰輪，無輻曰軨。軨，輲，槫，團，並字異而義同，此作腞，義亦同也。楯讀爲輴，亦謂載柩車也。檀弓曰：天子之殯也，菆塗龍輴以椁。又曰：天子龍輴而椁幬，諸侯輴而設幬。喪大記曰：君殯用輴，鄭注曰：天子之殯，居棺以龍輴，諸侯輴不畫龍，大夫廢輴。士喪禮下篇注曰：輁，狀如長牀，穿桯，前後著金而關軸焉，大夫諸侯以上有四周，謂之輴。（此謂朝廟時所用。）輴與楯，古字通。雜記注曰：載柩以楯，是其證也。聚僂，謂柩車飾也。衆飾所聚，故曰（娶）〔聚〕僂；亦以其形中高而四下，故言僂也。雜記注曰：將葬，載柩之車飾曰柳。周官縫人，衣翣柳之材，注曰：柳之言聚，（謂）〔諸〕⑤飾之所聚。劉熙釋名曰：輿棺之車，其蓋曰柳。柳，聚也，衆飾所聚，亦其形僂也。檀弓曰：設蔞翣。荀子禮論篇曰：無帾絲歶縷，翣其須以象菲帷幬尉也。柳，蔞，縷，僂，並字異而義同。呂氏春秋節喪篇僂翣以督之。其字亦作僂。釋文所引或說，以僂爲蔞翣字，是也。餘說皆失之。〇家世父曰：釋文引司馬云，腞，猶篆也，楯，猶案也，聚僂，器名也，今冢壙中注爲之。疑楯與輴同，腞楯，即畫輴也，喪大記所謂葬用輴者是也。聚僂，曲簿也，荀子謂之簿器，喪大記所謂熬，（居）〔君〕⑥八筐，大夫六筐，士四筐是也。輴者，所以載柩，故曰腞楯之上；筐簿納之椁內棺外，故曰聚僂之中；皆大夫以上飾葬之具也。

〔校〕①闕誤引張君房本豢作豢。②闕誤引張潛夫本所上有其字。③趙諫議本閒作問。④下篇二字依下文補，士喪禮下篇即既夕禮。⑤諸字依讀書雜志改。⑥君字依喪大記改。

桓公田於澤，管仲御，見鬼焉。公撫管仲之手曰：「仲父何見？」對曰：「臣无所見。」〔一〕

〔一〕【疏】公，即桓公小白也。畋獵於野澤之下，而使管夷吾御車。公因見鬼，心有所怖懼，執管之手問之。答曰：「臣無所見。」此章明凡百病患，多因妄係而成。

公反，誒詒爲病，數日不出〔二〕。齊士有皇子告敖者曰：「公則自傷，鬼惡能傷公〔三〕！夫忿滀之氣，散而不反，則爲不足〔三〕；上而不下，則使人善怒；下而不上，則使人善忘；不上不下，中身當心，則爲病〔四〕。」

〔二〕【疏】誒詒，是懈怠之容，亦是（數）〔煩〕悶之貌。既見鬼，憂惶而歸，遂成病患，所以不出。【釋文】「去反」一本作公反。○盧文弨曰：今本作公反。「誒」於代反，郭音熙。説文云：可惡之辭也。李呼該反，一音哀。「詒」吐代反，郭音怡，李音臺。司馬云：懈倦貌。李云：誒詒，失魂魄也。「數日」所主反。司馬本作數月。

〔三〕【疏】姓皇子，字告敖，齊之賢人也。既聞公有病，來問之，云：「公妄係在心，自遭傷病。鬼有何力，而能傷公！」欲以正理遣其邪病也。【釋文】「皇子告敖」如字。司馬云：皇，姓；告敖，字；齊之賢士也。○俞樾曰：廣韻六止子字注：複姓十一（氏）①，莊子有皇子告敖。

則以皇子爲複姓。列子湯問篇末載錕鋙劍火浣布事，云皇子以爲無此物，殆即其人也。「鬼惡」音烏。

〔三〕【疏】夫人忿怒則滀聚邪氣，於是精魂離散，不歸於身，則心虛弊犯神，道不足也。【釋文】「忿」拂粉反，李房粉反。「滀」敕六反。「之氣散而不反則爲不足」李云：忿，滿也。滀，結聚也。精神有逆，則陰陽結於內，魂魄散於外，故曰不足。

〔四〕【疏】夫邪氣上而不下，則上攻於頭，令人心中怖懼，鬱而好怒；下而不上，陽伏陰散，精神恍惚，故好忘也。夫心者，五藏之主，神靈之宅，故氣當身心則爲病。【釋文】「上」時掌反。下同。「而不下則使人善怒下而不上則使人善忘」亡尚反。李云：陽散陰凝，故怒；陰發陽伏，故忘也。「不上不下中」丁仲反。「身當心則爲病」李云：上下不和，則陰陽爭而攻心。心，精神主，故病也。

〔校〕①氏字依諸子平議補。

桓公曰：「然則有鬼乎？」

曰：「有〔一〕。沈有履，竈有髻〔二〕。户内之煩壤，雷霆處之〔三〕；東北方之下者，倍阿鮭蠪躍之〔四〕；西北方之下者，則泆陽處之〔五〕。水有（岡）〔罔〕①象〔六〕，丘有峷〔七〕，山有夔〔八〕，野有彷徨，澤有委蛇〔九〕。」

〔一〕【疏】公問所由，答言有鬼。

〔二〕【疏】沈者，水下〔汙〕②泥之中，有鬼曰履。竈神，其狀如美女，著赤衣，名髻也。【釋文】「沈有履」司馬本作沈有漏，云：沈水汙泥也。漏，神名。○俞樾曰：司馬云：沈，水汙泥也。則當與水有罔象等句相次，不當與竈有髻相次也。沈當爲煁。煁從甚聲，沈從冘聲，兩音相近。詩蕩篇其命匪諶，説文心部引作天命匪忱；常棣篇和樂且湛，禮記中庸篇引作和樂且耽：並其證也。煁之通作沈，猶諶之通作忱，湛之通作耽矣。白華篇卬烘於煁，毛傳曰：煁，竈也。是煁竈同類，故以煁有履竈有髻並言之耳。鄭裨諶字竈，諶即煁之叚字；漢書古今人表作裨湛，湛亦煁之叚字。李善注文選鄒陽上吳王書曰：湛，今沈字；又注答賓戲曰：湛，古沈字。然則以沈爲煁，即以湛爲煁也。「竈有髻」音結，徐胡節反，郭音詰，李音吉。司馬云：髻，竈神，著赤衣，狀如美女。○慶藩案史記孝武本紀索隱引司馬，髻作浩，云：浩，竈神也，如美女，衣赤。

〔三〕【疏】門户内糞壤之中，其間有鬼，名曰雷霆。【釋文】「霆」音庭，又音挺，又徒佞反。

〔四〕【疏】人宅中東北牆下有鬼，名倍阿鮭蠪，躍狀如小兒，長一尺四寸，黑衣赤幘，帶劍持戟。【釋文】「倍」音裴，徐扶來反。「阿鮭」本亦作蛙，户媧反，徐胡佳反。「蠪」音龍，又音聾。「躍之」司馬云：倍阿，神名也。鮭蠪，狀如小兒，長一尺四寸，黑衣赤幘大冠，帶劍持戟。

〔五〕【疏】豹頭馬尾，名曰泆陽。【釋文】「泆陽」音逸。司馬云：泆陽，豹頭馬尾，一作狗頭。一云：神名也。

〔六〕【疏】注云③，狀如小兒，黑色，赤衣，大耳，長臂，名曰（岡）〔罔〕象。【釋文】「罔象」如字。司馬本作無傷，云：狀如小兒，赤黑色，赤爪，大耳，長臂。一云：水神名。

〔七〕【疏】其狀如狗，有角，身有文彩。【釋文】「峷」本又作莘。所巾反，又音臻。司馬云：狀如狗，有角，文身五采。

〔八〕【疏】大如牛，狀如鼓，一足行也。【釋文】「夔」求龜反。司馬云：狀如鼓而一足。

〔九〕【疏】其狀如蛇，兩頭，五采。【釋文】「方」音傍。本亦作彷，同。「皇」本亦作徨，同。司馬云：方皇，狀如蛇，兩頭，五采文。○盧文弨曰：今本作彷徨。

〔校〕①罔字依世德堂本改。②汙字依釋文補。③今本無此注，注疑司馬之誤。

公曰：「請問，委蛇之狀何如〔一〕？」

〔一〕【疏】桓公見鬼，本在澤中，既聞委蛇，故問其狀。【釋文】「委」於危反，又如字。

皇子曰：「委蛇，其大如轂，其長如轅，紫衣而朱冠。其爲物也，惡聞雷車之聲，則捧其首而立。見之者殆乎霸。」

桓公辴然而笑曰：「此寡人之所見者也〔一〕。」於是正衣冠與之坐，不終日而不知病之去也〔二〕。

〔一〕【疏】辴，喜笑貌也。殆，近也。若見委蛇，近爲霸主。桓公聞説，大笑歡（之）〔云〕：「我所見正是此也。」【釋文】「朱冠」司馬本作俞冠，云：俞國之冠也，其制似螺。「惡聞雷」烏路反。

「捧」芳勇反。「其首」司馬本同。一本作手。「䩕」敕引反，徐敕一反，又敕私反。司馬云：笑貌。李云：大笑貌。

〔二〕【注】此章言憂來而累生者，不明也；患去而性得者，達理也。【疏】聞說委蛇，情中暢適，於是整衣冠，共語論，不終日而情抱豁然，不知疾病從何而去也。

紀渻子爲王養鬬雞〔一〕。

〔一〕【疏】姓紀，名渻子，亦作消字，隨字讀之。爲齊王養雞，擬鬬也。此章明不必稟生知自然之理，亦有積習以成性者。【釋文】「紀渻」所景反，徐所幸反。人姓名也。一本作消。「爲」于僞反。「王」司馬云：齊王也。○俞樾曰：列子黄帝篇亦載此事，云紀渻子爲周宣王養鬬雞，則非齊王也。

十日而問：「雞已乎？」曰：「未也，方虚憍而恃氣〔一〕。」

〔一〕【疏】養經十日，「堪鬬乎？」答曰：「始性驕矜，自恃意氣，故未堪也。」【釋文】「虚憍」居喬反，又巨消反。李云：高也。司馬云：高仰頭也。

十日又問，曰：「未也。猶應嚮景〔一〕。」

〔一〕【疏】見聞他雞，猶相應和若形聲影響也。【釋文】「猶應」應對之應。下同。「嚮」許丈反。本亦作響。「景」於領反，又如字。李云：應響鳴，顧景行。

十日又問，曰：「未也。猶疾視而盛氣〔一〕。」

〔一〕【疏】顧視速疾，意氣强盛，心神尚動，故未堪也。

十日又問，曰：「幾矣。雞雖有鳴者，已无變矣〔一〕，望之似木雞矣，其德全矣，異雞无敢應者①，反走矣〔二〕。」

〔一〕【疏】幾，盡也。都不驕矜，心神安定，雞雖有鳴，已無變慴。養雞之妙，理盡於斯。

〔二〕【注】此章言養之以至於全者，猶無敵於外，況自全乎！【疏】神識安閒，形容審定，遥望之者，其猶木雞，不動不驚，其德全具，他人之雞，見之反走，天下無敵，誰敢應乎！

〔校〕①闕誤引文如海、劉得一本者上有見字。

孔子觀於吕梁，縣水三十仞，流沫四十里，黿鼉魚鼈之所不能游也〔一〕。見一丈夫游之，以爲有苦而欲死也，使弟子並流而拯之〔二〕。數百步而出，被髮行歌而游於塘下〔三〕。

〔一〕【疏】吕梁，水名。解者不同，或言是西河離石有黄河縣絶之處，名吕梁也；或言蒲州二百里有龍門，河水所經，瀑布而下，亦名吕梁；或言宋國彭城縣之吕梁。八尺曰仞，計高二十四丈而縣下也。今者此水，縣注名高，蓋是寓言，談過其實耳。黿者，似鼈而形大；鼉者，類魚而有腳。此水瀑布既高，流波峻駛，遂使激湍騰沫四十里，至於水族，尚不能游，況在陸生，如何可涉！【釋文】「呂梁」司馬云：河水有石絶處也。今西河離石西有此縣絶，世謂之黄梁。淮南子曰：古者龍門未鑿，河出孟門之上也。○慶藩案太平御覽一百八十三引郡國志轉引司馬云：呂梁即龍門也。不若釋文之詳。「縣水」音玄。「三十仞」音刃，七尺曰仞。「流沫」音末。「黿」音元。「鼉」徒多反，或音檀。「鼈」字又作鱉，必滅反。

〔二〕【疏】激湍沸涌，非人所能游，忽見丈夫，謂之遭溺而困苦，故命弟子隨流而拯接之。【釋文】「有苦」如字。司馬云：病也。「拯之」拯救之拯。

〔三〕【疏】塘，岸也。既安於水，故散髮而行歌，自得逍遥，遨遊岸下。【釋文】「數百」所主反。「被髮」皮寄反。「行歌」司馬本作行道。道，常行之道也。

孔子從而問焉，曰：「吾以子爲鬼，察子則人也。請問，蹈水有道乎〔一〕？」

〔一〕【疏】丈夫既不憚流波，行歌自若，尼父怪其如此，從而問之：「我謂汝爲鬼神，審觀察乃人也。汝能履深水，頗有道術不乎？」

曰：「亡，吾无道〔一〕。吾始乎故，長乎性，成乎命〔二〕。與齊俱入，與汩偕出〔三〕，從水之道而不爲私焉〔四〕。此吾所以蹈之也〔五〕。」

〔一〕【疏】答云：「我更無道術，直是久游則巧，習以性成耳。」

〔二〕【疏】「我初始生於陵陸，遂與陵爲故舊也。長大游於水中，習而成性也。既習水成性，心無懼憚，恣情放任，遂同自然天命也。」【釋文】「長乎」丁丈反。下同。

〔三〕【注】磨翁而旋入者，齊也；回伏而涌出者，汩也。【疏】湍沸旋入，如磑心之轉者，齊也；回復騰漫而反出者，汩也。既與水相宜，事符天命，故出入齊汩，曾不介懷。郭注云磨翁而入者，關東人喚磑爲磨，磨翁而入，是磑釭轉也。【釋文】「與齊」司馬云：齊，（向）〔回〕①水如磨齊也。郭云：磨翁而旋入者，齊也。○慶藩案齊，物之中央也。吕刑天齊於民，馬注：齊，中也。管子正世篇治莫貴於得齊，謂得中也。（王念孫曰：人臍居腹之中，故謂之臍。臍者齊也。）漢書郊祀志齊所以爲齊，以天齊也，蘇林注：當天中央齊也。與司馬訓爲回水如磨之義正同。「與汩」胡忽反。司馬云：涌波也。郭云：回伏而涌出者，汩也。

〔四〕【注】任水而不任己。【疏】隨順於水，委質從流，不使私情輒懷違拒。從水尚爾，何況唯道是從乎！

〔五〕【疏】更無道術，理盡於斯。

〔校〕①回字依釋文原本改。

孔子曰：「何謂始乎故，長乎性，成乎命〔一〕？」

〔一〕【疏】未開斯旨，請重釋之。

曰：「吾生於陵而安於陵，故也；長於水而安於水，性也；不知吾所以然而然，命也〔二〕。」

〔一〕【注】此章言人有偏能，得其所能而任之，則天下無難矣。用夫無難以涉乎生生之道，何往而不通也！【疏】此之三義，並釋於前，無勞重解也。

梓慶削木爲鐻，鐻成，見者驚猶鬼神〔一〕。魯侯見而問焉，曰：「子何術以爲焉〔二〕？」

〔一〕【注】不似人所作也。【疏】姓梓，名慶，魯大匠也。亦云：梓者，官號；鐻者，樂器似夾鍾。亦言：鐻似虎形，刻木爲之。彫削巧妙，不類人工，見者驚疑，謂鬼神所作也。【釋文】「梓」音子。「慶」李云：魯大匠也。梓，官名；慶，其名也。○俞樾曰：春秋襄四年左傳匠慶謂季文子，杜注：匠慶，魯大匠。即此梓慶。「鐻」音據。司馬云：樂器也，似夾鍾。

〔二〕【疏】魯侯見其神妙，怪而問之：「汝何道術爲此鐻焉？」

對曰：「臣工人，何術之有！雖然，有一焉。臣將爲鐻，未嘗敢以耗氣也，必齊以静心。〔一〕齊三日，而不敢懷慶賞爵禄〔二〕；齊五日，不敢懷非譽巧拙〔三〕；齊七日，輒然忘吾有四枝形體也。當是時也，无公朝〔四〕，其巧專而外骨①消〔五〕；然後入山林，觀天性；形軀至矣，然後成見鐻，然後加手焉；不然則已〔六〕。則以天合天〔七〕，器之所以疑神者，其②是與〔八〕！」

〔一〕【疏】梓答云：「臣是工巧材人，有何藝術！雖復如是，亦有一法焉。臣欲爲鐻之時，未嘗輒有攀緣，損耗神氣，必齊戒清潔以静心靈也。」【釋文】「秏」呼報反。司馬云：損也。○盧文弨曰：今本作耗，非。「氣」李云：氣耗則心動，心動則神不專也。

〔二〕【疏】心跡既齊，凡經三日，至於慶弔賞罰，官爵利禄，如斯之事，並不入於情田。

〔三〕【疏】齊日既多，心靈漸静，故能非譽雙遣，巧拙兩忘。【釋文】「非譽」音餘。

〔四〕【注】視公朝若無，則跂慕之心絶矣。【疏】輒然，不敢動貌也。齊潔既久，情義清虛，於是百體四肢，一時忘遣，輒然不動，均於枯木。既無意於公私，豈有懷於朝廷哉！【釋文】「輒然」丁協反。輒然，不動貌。「无公朝」直遥反。注同。

〔五〕【注】性外之事去也。【疏】滑，亂也。專精内巧之心，消除外亂之事。【釋文】「骨消」如字。本亦作滑消。

〔六〕【注】必取材中者也。【疏】外事既除，内心虛静，於是入山林觀看天性好木，形容軀貌至精妙，而成事堪爲鐻者，然後就手加工焉。若其不然，則止而不爲。【釋文】「成見」賢遍反。「材中」丁仲反。

〔七〕【注】不離其自然也。【疏】機變雖加人工，木性常因自然，故以合天也。

〔八〕【注】盡因物之妙，故乃③疑是鬼神所作也④。【疏】所以鐻之微妙疑似鬼神者，只是因於天性，順其自然，故得如此。此章明順理則巧若神鬼，性乖則心勞而自拙也。【釋文】「是與」音餘。

〔校〕①趙諫議本骨作滑。②闕誤引江南古藏本其下有由字。③趙本無乃字。④世德堂本也作耳，趙本無。

東野稷以御見莊公，進退中繩，左右旋中規。莊公以爲文①弗過也〔一〕，使之鉤百而反〔二〕。

〔一〕【疏】姓東野，名稷，古之善御人也，以御事魯莊公。左右旋轉，合規之圓，進退抑揚，中繩之直，莊公以爲組繡織文，不能過此之妙也。【釋文】「東野稷」李云：東野，姓；稷，名也。司馬云：孫卿作東野畢。「以御見」賢遍反。下同。「莊公」李云：魯莊公也。或云：内篇曰，顏闔將傅衞靈公太子，問於蘧伯玉，則不與魯莊同時，當是衞莊公。○俞樾曰：荀子哀公篇載此事，莊公作定公，顏闔作顏淵，則爲魯定公矣。「中繩」丁仲反。下同。「文弗過也」司馬云：謂過織組之文也。

〔二〕【疏】任馬旋回，如鉤之曲，百度反之，皆復其跡。【釋文】「使之鉤百而反」司馬云：稷自矜其能，圓而驅之，如鉤復迹，百反而不知止。

〔校〕①文字御覽七四六引作造父。

顏闔遇之，入見曰：「稷之馬將敗。」公密而不應〔一〕。

〔一〕【疏】姓顏，名闔，魯之賢人也，入見。莊公初不信，故密不應焉。【釋文】「顏闔」户臘反。元嘉本作盧。崔同。

少焉，果敗而反。公曰：「子何以知之〔一〕？」

〔一〕【疏】少時之頃，馬困而敗。公問顏生，何以知此？

曰：「其馬力竭矣，而猶求焉，故曰敗〔一〕。」

〔一〕【注】斯明至當之不可過也。【疏】答：「馬力竭盡，而求其過分之能，故知必敗也。」非唯車馬，萬物皆然。

工倕旋而蓋規矩，指與物化而不以心稽〔一〕，故其靈臺一而不桎〔二〕。忘足，屨之適也；忘要，帶之適也〔三〕；知①忘是非，心之適也〔四〕；不内變，不外從，事會之適也〔五〕。始乎適而未嘗不適者，忘適之適也〔六〕。

〔一〕【疏】旋，規也。規，圓也。稽，留也。倕是堯時工人，稟性極巧；蓋用規矩，手隨物化，因物施巧，不稽留也。【釋文】「工倕」音垂，又音睡。「旋而蓋矩指與物化而不以心稽」音雞。司馬本矩作瞿，云：工倕，堯工巧人也。旋，圓也。瞿，句也。倕工巧任規，以見爲圓，覆蓋其句指，不以施度也。是與物化之，不以心稽留也。

〔二〕【注】雖工倕之巧，猶任規矩，此言因物之易也。【疏】任物因循，忘懷虚淡，故其靈臺凝一而不桎梏也。

〔三〕【注】百體皆適，則都忘其身也。【釋文】「不桎」之實反。司馬云：閡也。「之易」以豉反。

〔四〕【注】是非生於不適耳。【釋文】「足屨」九住反。「要帶」一遥反。

【疏】夫有屨有帶，本爲足爲要；今既忘足要，屨帶理當閒適。亦猶心懷憂戚，爲有是非；今則知忘是非，故心常適樂也。

〔五〕【注】所遇而安，故無所變從也。【疏】外智凝寂，内心不移，物境虚空，外不從事，乃契會真道，所在常適。

〔六〕【注】識適者猶未適也。【疏】始，本也。夫體道虚忘，本性常適，非由感物而後歡娱，則有時不適。本性常適，故無往不歡也，斯乃忘適之適，非有心適。

〔校〕①闕誤引文如海、張君房本知俱作□。

有孫休者〔一〕，踵門而詫子扁慶子曰：「休居鄉不見謂不脩，臨難不見謂不勇；然而田原不遇歲，事君不遇世，賓於鄉里，逐於州部，則胡罪乎天哉？休惡遇此命也〔二〕？」

〔一〕【疏】姓孫，名休，魯人也。

〔二〕【疏】踵，頻也。詫，告也，歎也。不能述道而怨迍邅，頻來至門而歎也。姓扁，名子慶，魯之賢人，孫休之師也。孫休俗人，不達天命，頻詣門而言之：「我居鄉里，不見道我不修飾；臨於危難，不見道我無勇武。而營田於平原，逢歲不熟，禾稼不收；處朝廷以事君，不遇聖明，不麋好爵。遭州部而放逐，被鄉閭而賓棄，有何罪於上天，苟遇斯之運命？」【釋文】「踵門」章勇反。司馬云：至也。「而詫」敕駕反，又呼駕反，郭都駕反。司馬云：告也。李本作託，云：屬也。「子扁慶子」音篇，又符殄反。李云：扁，姓；慶子，字也。「臨難」乃旦反。「賓於」必刃反。「惡遇」音烏。下同。

扁子曰：「子獨不聞夫至人之自行邪？忘其肝膽，遺其耳目〔一〕，芒然彷徨乎塵垢之外〔二〕，逍遥乎无事之業〔三〕，是謂爲而不恃〔四〕，長而不宰〔五〕。今汝飾知以驚愚，脩身以明汙，昭昭乎若揭日月而行也〔六〕。汝得全而形軀，具而九竅，无中道夭於聾盲跛蹇而比於人數，亦幸矣，又何暇乎天之怨哉！子往矣〔七〕！」

〔一〕【注】闇付自然也。【疏】夫至人立行，虚遠清高，故能内忘五藏之肝膽，外遺六根之耳目，蕩然空静，無纖介於胸臆。

〔二〕【注】凡非真性，皆塵垢也。【釋文】「芒然」武剛反。「彷徨」元嘉本作房皇，音同。

〔三〕【注】凡自爲者，皆無事之業也。【疏】芒然，無心之貌也。彷徨是縱放之名，逍遥是任適之稱。而處染不染，縱放於囂塵之表；涉事無事，任適於物務之中也。

〔四〕【注】率性自爲耳，非恃而爲之。

〔五〕【注】任其自長耳，非宰而長之。【疏】接物施化，不恃藉於我（我）勞；長養黎元，豈斷割而從己！事出老經。【釋文】「長而」丁丈反。注同。

〔六〕【疏】汝光飾心智，驚動愚俗；修營身形，顯他汙穢；昭昭明白，自炫其能，猶如擔揭日月而行於世也，豈是韜光匿耀，以蒙養恬哉！【釋文】「飾知」音智。「明汙」音烏。「若揭」其列反，又其謁反。

〔七〕【疏】而，汝也。得軀貌完全，九竅具足，復免中塗夭於聾盲跛蹇，又得預於人倫，偕於人數，慶幸（矣）莫甚於斯，有何容暇怨於天道！子宜速往，無勞辭費。【釋文】「九竅」苦弔反。「跛」波我反。○盧文弨曰：舊作彼我反，訛。今改正。「蹇」紀輦反，又紀偃反，徐其偃反。「而比」如字，又毗志反。

孫子出。扁子入，坐有閒，仰天而歎〔一〕。弟子問曰：「先生何爲歎乎〔二〕？」

〔一〕【疏】孫休聞道而出，扁子言訖而歸。俄頃之間，子慶嗟嘆也。

〔二〕【疏】扁子門人問其嗟嘆所以。

扁子曰：「向者休來，吾告之以至人之德，吾恐其驚而遂至於惑也〔一〕。」

〔一〕【疏】孫休頻來，踵門而詫，述己居世，坎軻不平，吾遂告以至人深玄之德，而器小言大，慮有漏機，恐其驚迫，更增其惑，是以吁嘆也。

弟子曰：「不然。孫子之所言是邪？先生之所言非邪？非固不能惑是。孫

子所言非邪？先生所言是邪？彼固惑而來①矣，又奚罪焉！〔一〕

〔一〕【疏】若孫子言是，扁子言非，非理之言，必不惑是。若扁子言是，孫子言非，彼必以非故，來詣斯求是。進退尋責，何罪有乎！先生之嘆，終成虛假。

〔校〕①趙諫議本來下有者字。

扁子曰：「不然。昔者有鳥止於魯郊，魯君說之，爲具太牢以饗之，奏九韶以樂之，鳥乃始憂悲眩視，不敢飲食。此之謂以己養養鳥也。若夫以鳥養養鳥者，宜棲之深林，浮之江湖，食之以委蛇，則①平陸而已矣。〔一〕今休，款啓寡聞之民也，吾告以至人之德，譬之若載鼷以車馬，樂鴳以鐘鼓也。彼又惡能无驚乎哉！〔二〕

〔一〕【注】各有所便也。【疏】此爰居之鳥，非應瑞之物，魯侯濫賞，饗以太牢，事顯前篇，無勞重解。【釋文】「說之」音悅。「爲具」于僞反。「奏九韶」元嘉本作奏韶武。「以樂」音洛。下同。「食之」音嗣。「委」於危反。「蛇」如字。李云：大鳥吞蛇。司馬云：委蛇，泥鰌。○俞樾曰：委蛇未詳何物。李云大鳥食蛇，然未聞養鳥者必食之以蛇也。司馬云委蛇泥鰌。此亦臆說。今案至樂篇云，夫以鳥養養鳥者，宜棲之深林，遊之壇陸，浮之江湖，食之鰌鰷，隨行列而止，委蛇而處。然則此文宜亦當云食之以鰌鰷，委蛇而處，傳寫有闕文耳。且云委蛇而處，方與下句則平陸而已矣文氣相屬；若無而處二字，下句便不貫矣。

〔二〕【注】此章言善養生者各任性分之適而至矣。【疏】鼷，小鼠也。鴳，雀也。孫休是寡識少聞之人，應須款曲啓發其事。今乃告以至人之德，大道玄妙之言，何異乎載小鼠以大車，娱鷃雀以韶樂！既御小而用大，亦何能無驚懼者也！【釋文】「款啓」李云：款，空也；啓，開也；如空之開，所見小也。「鼷」音奚。「鷃」字又作鴳，音晏。○盧文弨曰：今本作鴳。

〔校〕①闕誤引劉得一本則下有安字。

外篇 山木第二十〔一〕

〔一〕【釋文】舉事以名篇。

莊子行於山中，見大木，枝葉盛茂，伐木者止其旁而不取也。問其故，曰：「无所可用。」莊子曰：「此木以不材得終其天年。」〔一〕

〔一〕【疏】既同曲轅之樹，又類商丘之木，不材無用，故終其天年也。【釋文】「山中」釋名云：山，産也，産生物也。説文云：山，宣也，謂能宣散氣生萬物也。「大木」釋名云：木，冒也，冒地而生也。字林云：木，衆樹之總名。白虎通云：木，踊也。

夫子出於山，舍於故人之家〔一〕。故人喜，命豎子殺雁而烹之〔二〕。豎子請曰：「其一能鳴，其一不能鳴，請奚殺？」主人曰：「殺不能鳴者。」

〔一〕【疏】舍，息也。【釋文】「夫出」如字。夫者，夫子，謂莊子也。本或即作夫子。○盧文弨曰：今本作夫子出。

〔二〕【疏】門人呼莊子爲夫子也。豎子，童僕也。【釋文】「豎」市主反。「烹之」普彭反，煮也。○王念孫曰：愚案此亨讀爲享。享之，謂享莊子。故人喜莊子之來，故殺雁而享之。享與饗通。呂氏春秋必己篇作令豎子爲殺雁饗之，是其證也。古書享字作亨，烹字亦作亨，故釋文誤讀爲烹，而今本遂改亨爲烹矣。（原文作亨，故釋文音普彭反。若作烹，則無須音釋。）○慶藩案雁，鵞也。說文：（鵞，雁）〔䳘，鴚䳘〕①也。（鴈，䳘也。）爾雅舒鴈䳘，注：今江東呼鴚。方言：鴈，自關而東謂之鴚䳘，南楚之外謂之䳘。廣雅：鴚䳘，鴈也。即此所謂雁。

〔校〕①䳘，鴚䳘也，依說文原本改。

明日，弟子問於莊子曰：「昨日山中之木，以不材得終其天年；今主人之雁，以不材死；先生將何處？」

莊子笑曰：「周將處乎材與不材之間。材與不材之間①，似之而非也，故未免乎累〔一〕。若夫乘道德而浮遊則不然〔二〕。无譽无訾，一龍一蛇〔三〕，與時俱化〔四〕，而无肯專爲〔五〕；一上一下，以和爲量〔六〕，浮遊乎萬物之祖〔七〕；物物而不物於物，則胡可得而累邪〔八〕！此神農黃帝之法則也〔九〕。若夫萬物之情，人倫之傳，則不然〔一〇〕。合則離，成則毁；廉則挫，尊則議〔一一〕，有爲則虧，賢則謀〔一二〕，不肖則欺，胡可得而必乎哉〔一三〕！悲夫！弟子志之〔一四〕，其唯道德之鄉乎〔一五〕！」

〔一〕【注】設將處此耳，以此未免於累，竟不處。【疏】言材者有爲也，不材者無爲也。之間，中道也。雖復離彼二偏，處茲中一，既未遣中，亦猶人不能理於人，雁不能同於雁，故似道而非真道，猶有斯患累也。

〔二〕【疏】夫乘玄道至德而浮遊於世者，則不如此也。既遣二偏，又忘中一，則能虛通而浮遊於代爾。

〔三〕【疏】訾，毁也。龍，出也。蛇，處也。言道無材與不材，故毁譽之稱都失也。【釋文】「无譽」音餘。「无訾」音紫，毁也。（餘）〔徐〕②音疵。

〔四〕【疏】此遣中也。既遣二偏，又忘中一，遣之又遣，玄之又玄。

〔五〕【疏】言既妙遣中一，遠超四句，豈復謟情毁譽，惑意龍蛇！故當世浮沈，與時俱化，何肯偏滯而專爲一物也！

〔六〕【疏】言至人能隨時上下，以和同爲度量。【釋文】「一上」如字，又時掌反。「爲量」音亮。○俞樾曰：此本作一下一上，以和爲量，上與量爲韻；今作一上一下，失其韻矣。古書往往倒文以協韻，後人不知而誤改者甚多。秋水篇無東無西，始於玄冥，反於大通，亦後人所改。莊子原文本作無西無東，與通爲韻也。

〔七〕【疏】以大和而等量，遊造物之祖宗。

〔八〕【疏】物不相物，則無憂患。

〔九〕【注】故莊子亦處焉。　【疏】郭注云，故莊子亦處焉。

〔一〇〕【疏】倫，理也。共俗物傳習，則不如前也。　【釋文】「人倫之傳」直專反。司馬云：事類可傳行也。

〔一一〕【疏】合則離之，成者必毁，清廉則被剉傷，尊貴者又遭議疑。世情險陂，何可必固！又：廉則傷物，物不堪化，則反挫也。自尊（財）〔賤〕物，物不堪辱，反有議疑也。【釋文】「則剉」子卧反。本亦作挫，同。○盧文弨曰：今本作挫。○慶藩案挫當爲剉，今本作挫，後人誤改也。説文：剉，折傷也。吕覽必己篇高注：剉，缺傷也。淮南修務篇頓兵挫鋭，高注：剉，折辱。（亦後人所改。）剉非挫辱之義。此作挫，非。○俞樾曰：議當讀爲俄。詩賓之初筵篇側弁之俄，鄭箋云：俄，傾貌。尊則俄，謂崇高必傾側也。古書俄字，或以義爲之，説見王氏經義述聞尚書立政篇。亦或以議爲之，管子法禁篇法制不議，則民不相私。議亦俄也，謂法制不傾衺也。又或以儀爲之，荀子成相篇君法儀，禁不爲。儀亦俄也，謂君法傾衺，則當禁使不爲也。

〔一二〕【疏】虧，損也，有爲則損也。賢以志高，爲人所謀。

〔一三〕【疏】言己上賢與不肖等事何必爲也！必則偏執名中，所以有成虧也。○家世父曰：乘道德而浮遊，出世者也；萬物之情，人倫之傳，則方以身入世。合則離，成則毁，（巧）〔交〕相待也；廉則挫，尊則議，有爲則虧，互相因也；賢則謀，不肖則欺，各相炫也。不可必者，莫知禍福生死之所自來也。廉則挫，嶢嶢者易缺；尊則議，位極者高危；有爲則虧，非俊疑傑，固庸態也。舊注失之。

〔一四〕【疏】悲夫，歎聲也。志，記也。

〔一五〕【注】不可必，故待之不可以一方也，唯與時俱化者，爲能涉變而常通耳。【疏】言能用中平之理，其爲道德之鄉也。【釋文】「之鄉」如字，一音許亮反。

〔校〕①趙諫議本此句不重。②徐字依世德堂本改。

市南宜僚見魯侯〔一〕，魯侯有憂色。市南子曰：「君有憂色，何也？」

〔一〕【疏】姓熊，名宜僚，隱於市南也。【釋文】「市南宜僚」了蕭反，徐力遥反。司馬云：熊宜僚也，居市南，因爲號也。李云：姓熊，名宜僚。案左傳云市南有熊宜僚，楚人也。○俞樾曰：高注淮南主術篇云：宜遼，姓也，名熊。疑名姓字互誤。

魯侯曰：「吾學先王之道，脩先君之業；吾敬鬼尊賢〔一〕，親而行之，无須臾離居〔二〕；然不免於患，吾是以憂。」

〔一〕【疏】先王，謂王季文王；先君，謂周公伯禽也。

〔二〕【疏】離，散也。居，安居也。【釋文】「无須臾離」力智反。絕句。崔本無離字。「居然」崔讀以居字連上句①。○俞樾曰：崔譔本無離字，而以居字連上句讀，當從之。吕覽慎人篇胼胝不居，高誘訓居爲止。無須臾居者，無須臾止也，正與上句行字相對成義。學者不達居字之旨，而習於中庸不可須臾離之文，遂妄加離字，而居字屬下讀，失之矣。下文居得行而不名處，亦以居與行對言。郭注曰居然自得此行，非是。

〔校〕①原誤移下節，今改正。

市南子曰：「君之除患之術淺矣〔一〕！夫豐狐文豹〔二〕，棲於山林，伏於巖穴，静也；夜行晝居，戒也；雖飢渴隱約，猶旦①胥疏②於江湖之上而求食焉〔三〕，定也；然且不免於罔羅機辟之患。是何罪之有哉？其皮爲之災也〔四〕。今魯國獨非君之皮邪？吾願君刳形去皮，洒心去欲，而遊於无人之野〔五〕。南越有邑焉，名爲建德之國〔六〕。其民愚而朴，少私而寡欲；知作而不知藏〔七〕，與而不求其報；不知義之所適，不知禮之所將〔八〕；猖狂妄行〔九〕，乃蹈乎大方〔一〇〕；其生可樂，其死可葬〔一一〕。吾願君去國捐俗，與道相輔而行〔一二〕。」

〔一〕【注】有其身而矜其國，故雖憂懷萬端，尊賢尚行，而患慮愈深矣。【疏】言敬鬼尊賢之法，其（法）〔患〕未除也。【釋文】「尚行」下孟反。

〔二〕【疏】豐，大也。以文章豐美，毛衣悦澤，故爲人利也。【釋文】「豐狐」司馬云：豐，大也。

〔三〕【疏】戒，慎也。隱約，猶斟酌也。旦，明也。胥，皆也。言雖飢渴，猶斟酌明旦無人之時，相命於江湖之上，扶疎草木而求食也。【釋文】「胥疏」如字。司馬云：胥，須也。疏，菜也。李云：胥，相也，謂相望疏草也。○家世父曰：釋文引司馬云，胥，須也，疏，菜也，李云，胥，相也，謂相望疏草也。今案江湖之上，舟車之所轃也，廛閈之所都也。豐狐文豹，未嘗求食江湖之上，故曰定。胥疏，疏也，言足跡之所未經也。舊注似皆失之。○慶藩案胥疏二字，古通用，胥即疏也。宣十四年左傳車及於蒲胥之市，呂氏春秋行論篇作蒲疏；史記蘇秦傳東有淮、潁、煮棗、無胥，魏策作無疏。是其證。

〔四〕【疏】機辟，罝罘也。言斟酌定計如此，猶不免罝罘之患者，更無餘罪，直是皮色之患也。

【釋文】「機辟」婢亦反。

〔五〕【注】欲令無其身，忘其國，而任其自化也。【疏】刳形，忘身也。去皮，忘國也。洒心，忘智也。去欲，息貪也。無人之野，謂道德之鄉也。郭注云，欲令無其身，忘其國，而任其自化。

【釋文】「刳形」音枯。廣雅云：屠也。「去皮」起呂反。下去欲去君同。「洒心」先典反。本亦作洗，音同。「去欲」如字。徐音慾。「欲令」力呈反。章末同。

〔六〕【注】寄之南越，取其去魯之遠也。【疏】言去魯既遥，名建立無爲之道德也。

〔七〕【疏】作，謂耕作也。藏，謂藏貯也。君既懷道，民亦還淳。

〔八〕【疏】義，宜也。將，行也。

〔九〕【疏】猖狂，無心也。妄行，混跡也。

〔一〇〕【注】各恣其本步，而人人自蹈其方，則萬方得矣，不亦大乎！　【疏】〔方〕，道（方）也。猖狂恣任，混跡妄行，乃能蹈大方之道。

〔一一〕【注】言可終始處之。　【疏】郭注云，言可以終始處之也。　【釋文】「可樂」音洛。

〔一二〕【注】所謂去國捐俗，謂蕩除其胷中也。　【疏】捐，棄也。言棄俗，與無爲至道相輔導而行也。

〔校〕①世德堂本作且。②唐寫本疏下有草字。

君曰：「彼其道遠而險，又有江山，我无舟車，柰何〔一〕？」

〔一〕【注】真謂欲使之南越。　【疏】迷悟性殊，故致魯越之隔也。

市南子曰：「君无形倨〔一〕，无留居〔二〕，以爲君車〔三〕。」

〔一〕【注】形倨，躓礙之謂。　【疏】勿恃高尊，形容倨傲。　【釋文】「无形倨」音據。司馬云：無倨傲其形。「躓」之實反，又知吏反。「礙」五代反。

〔二〕【注】留居，滯守之謂。　【疏】隨物任運，無滯榮觀。　【釋文】「无留居」司馬云：無留安其居。

〔三〕【注】形與物夷，心與物化，斯寄物以自載也。

君曰：「彼其道幽遠而无人，吾誰與爲鄰？吾无糧，我无食，安得而至焉〔一〕？」

〔一〕【疏】未體獨化，不能忘物也。【釋文】「我无食」一本我作餓。

市南子曰：「少君之費，寡君之欲，雖无糧而乃足〔一〕。君其涉於江而浮於海〔二〕，望之而不見其崖，愈往而不知其所窮〔三〕。送君者皆自崖而反〔四〕，君自此遠矣〔五〕！故有人者累〔六〕，見有於人者憂〔七〕。故堯非有人，非見有於人也〔八〕。吾願去君之累，除君之憂，而獨與道遊於大莫之國〔九〕。方舟而濟於河〔一〇〕，有虛船來觸舟，雖有惼①心之人不怒〔一一〕；有一人在其上，則呼張歙之；一呼而不聞，再呼而不聞，於是三呼邪，則必以惡聲隨之。〔一二〕向也不怒而今也怒，向也虛而今也實。人能虛己以遊世，其孰能害之！〔一三〕」

〔一〕【注】所謂知足則無所不足也。【疏】言道不資物成，而但恬淡耳。

〔二〕【疏】江，謂智也；海，謂道也。涉上善之江，遊大道之海。

〔三〕【注】絕情欲之遠也。【疏】寧知窮極哉！

〔四〕【注】君欲絕，則民各反守其分。【疏】送君行邁，至於道德之鄉，民反真自守素分。崖，分也。

〔五〕【注】超然獨立於萬物之上也。【疏】自，從也。君從此情高，道德玄遠也。

〔六〕【注】有人者，有之以爲己私也。【疏】君臨魯邦，富贍人物，爲我己有，深成病累也。

〔七〕【注】見有於人者，爲人所役用也。　【疏】言未能忘魯，見有於人，是以敬鬼尊賢，矜人恤衆，爲民驅役，寧非憂患！

〔八〕【注】雖有天下，皆寄之百官，委之萬物而不與焉，斯非有人也；因民任物而不役己，斯非見有於人也。　【疏】郭注云，雖有天下，皆寄之百官，委之萬物而不與焉，斯非有人也；因民任物而不役己，斯非見有於人也。　【釋文】「不與」音預。

〔九〕【注】欲令蕩然無有國之懷。　【疏】大莫，猶大無也，言天下無能雜之。　【釋文】「大莫」莫，無也。

〔一〇〕【疏】兩舟相並曰方舟。　【釋文】「方舟」司馬云：方，並也。

〔一一〕【疏】褊，狹急也。不怒者，緣舟虛故也。　【釋文】「惼心」必善反。爾雅云：急也。

〔一二〕【疏】惡聲，罵辱也。　【釋文】「則呼」火故反。下同。「張歙」許及反，徐許輒反，郭踈獵反。張，開也。歙，斂也。

〔一三〕【注】世雖變，其於虛己以免害，一也。　【疏】虛己，無心也。

〔校〕①趙諫議本惼作褊。

北宮奢〔一〕爲衛靈公賦斂以爲鐘，爲壇乎郭門之外〔二〕，三月而成上下之縣〔三〕。

〔一〕【疏】姓北宮，名奢。居北宮，因以爲姓。衛之大夫也。　【釋文】「北宮奢」李云：衛大夫，居北宮，因以爲號。奢，其名也。

〔二〕【疏】鐘，樂器名也。言爲鐘先須設祭，所以爲壇也。【釋文】「爲衛」于僞反。「賦斂」力豔反。「爲壇」但丹反。李云：祭也；禱之，故爲壇也。

〔三〕【疏】上下調，八音備，故曰縣。【釋文】「上下之縣」音玄。司馬云：八音備爲縣而聲高下。

王子慶忌見而問焉，曰：「子何術之設〔一〕？」

〔一〕【疏】慶忌，周王之子，周之大夫。言見鐘壇極妙，怪而問焉。【釋文】「王子慶忌」李云：王族也。慶忌，周大夫也。怪其簡速，故問之。○俞樾曰：論語皇疏，王孫賈，周靈王之孫，名賈，是時仕衛爲大夫。然則此王子慶忌，疑亦周之王子而仕衛者。齊亦有王子成父，見文十一年左傳。

奢曰：「一之閒，无敢設也〔一〕。奢聞之：『既彫既琢，復歸於朴〔二〕。』侗乎其无識〔三〕，儻乎其怠疑〔四〕；萃乎芒乎，其送往而迎來〔五〕；來者勿禁，往者勿止〔六〕；從其强梁〔七〕，隨其曲(傳)〔傅〕①〔八〕，因其自窮〔九〕，故朝夕賦斂而毫②毛不挫〔一〇〕，而況有大塗者乎〔一一〕！」

〔一〕【注】泊然抱一耳，非敢假設以益事也。【疏】郭注云：泊然抱一耳，非敢假設以益事也。

【釋文】「泊然」步各反。

〔二〕【注】還用其本性也。【疏】郭注云，還用本性。

〔三〕【注】任其純朴而已。【疏】侗乎，無情之貌。任其淳朴而已。【釋文】「侗乎」吐功敕動二反，無知貌。字林云：大貌。一音慟。

〔四〕【注】無所趣也。【疏】儻，無慮也。怠，退也。言狐疑思慮之事，並已去矣。【釋文】「儻」敕蕩反。

〔五〕【注】無所忻說。【疏】萃，聚也。言物之萃聚，芒然不知，物之去來，亦不迎送，此下各任物也。又：芒昧恍忽，心無的當，隨其迎送，任物往來。【釋文】「萃乎」在醉反。「芒乎」莫郎反。「忻説」音悦。

〔六〕【注】任彼也。【疏】百姓懷來者未防禁，而去者亦無情留止也。

〔七〕【注】順乎（梁）〔衆〕③也。【釋文】「强梁」多力也。

〔八〕【注】無所係也。【疏】傳，張戀反。剛强難賦者，從而任之；人情曲傳者，隨而順之。【釋文】「曲傳」音附。司馬云：謂曲附己者隨之也。本或作傳，張戀反。

〔九〕【注】用其不得不爾。【疏】因任百姓，各窮於其所情④也。○家世父曰：賦斂以爲鐘，猶左傳昭公二十九年遂賦晉國一鼓鐵以鑄刑鼎，名爲賦斂而聽民之自致，故曰因其自窮。説文：窮，極也。言殫竭所有以輸納之也。惟不敢設術以求，而純任自然，民亦以自然應之。今之賦斂，任術多矣，而固無如民巧遯於術何也！故曰，既彫既琢，復歸於朴。

〔一〇〕【注】當故無損。【疏】雖設賦斂，而未嘗抑度，各率其性，是故略無挫損者也。【釋文】

「不挫」子卧反。

〔二〕【注】泰然無執，用天下之自爲，斯大通之塗也，故曰經之營之，不日成之。【疏】塗，道也。直致任物，己無挫損，況資大道，神化無爲，三月而成，何怪之有！

〔校〕①傅字依釋文及世德堂本改。②趙諫議本毫作豪。③衆字依世德堂本改。④情字疑當作窮。

孔子圍於陳蔡之間，七日不火食〔一〕。

〔一〕【疏】楚昭王召孔子，孔子自魯聘楚，塗經陳蔡二國之間。尼父徒衆既多，陳蔡之人謂孔子是陽虎，所以起兵圍之。門人飢餒，七日不起火食，窘迫困苦也。

大公任往弔之曰：「子幾死乎？」曰：「然。」「子惡死乎？」曰：「然①〔一〕。」

〔一〕【注】自同於好惡耳，聖人無好惡也。【疏】太公，老者稱也。任，名也。幾，近也。然，猶如是也。尼父既遭圍繞，太公弔而問之曰：「子近死乎？」答云：「如是。」曰：「子嫌惡乎？」答云：「如是也。」【釋文】「大」音泰。「公任」如字。李云：大公，大夫稱。任，其名。○俞樾曰：廣韻一東公字注：世本有大公穎叔。然則大公迺複姓，非大夫之稱。「子幾」音祈，又音機。「子惡」烏路反。注及下同。「於好」呼報反。章内同。

〔校〕①趙諫議本無子惡死乎曰然六字。

任曰：「予嘗言不死之道。東海有鳥焉，其①名曰意怠。其爲鳥也，翂翂翐翐，而似无能；引援而飛，迫脅而棲；〔一〕進不敢爲前，退不敢爲後〔二〕；食不敢先嘗，必取其緒〔三〕。是故其行列不斥〔四〕，而外人卒不得害，是以免於患〔五〕。直木先伐，甘井先竭〔六〕。子其意者飾知以驚愚，脩身以明汙，昭昭乎如揭日月而行，故不免也〔七〕。昔吾聞之大成之人曰：『自伐者无功，功成者墮，名成者虧〔八〕。』孰能去功與名而還與衆人〔九〕！道流而不明〔一〇〕，居得行而不名處〔一一〕；純純常常，乃比於狂〔一二〕；削迹捐勢，不爲功名〔一三〕；是故无責於人，人亦无責焉〔一四〕。至人不聞，子何喜哉〔一五〕？」

〔一〕【注】既弘大舒緩，又心無常係。【疏】試言長生之道，舉海鳥而譬之。翂翂翐翐，是舒遲不能高飛之貌也。飛必援引徒侶，不敢先起；棲必戢其脅翼，迫引於羣。【釋文】「翂翂」音紛。字或作⿰氵翂。「翐翐」音秩，徐音族。字或作⿰氵翐。司馬云：翂翂翐翐，舒遲貌。一云：飛不高貌。李云：羽翼聲。「迫脅而棲」李云：不敢獨棲，迫脅在衆鳥中，纔足容身而宿，辟害之至也。

〔二〕【注】常從容處中。【釋文】「從容」七容反。

〔三〕【注】其於隨物而已。【疏】夫進退處中，遠害之至，飲啄隨行，必依次敍。【釋文】「其緒」

緒，次緒也。○王念孫曰：釋文曰：緒，次緒也。案陸説非也。緒者，餘也，言食不敢先嘗，而但取其餘也。讓王篇其緒餘以爲國家，司馬彪曰：緒者，殘也，謂殘餘也。楚詞九章欸秋冬之緒風，王注曰：緒，餘也。管子弟子職篇奉椀以爲緒，尹知章曰：緒，然燭燼也。燼亦餘也。（見方言、廣雅。）

〔四〕【注】與羣俱也。【釋文】「行列」户剛反。下亂行同。「不斥」音尺。

〔五〕【注】患害生於役知以奔競。【疏】爲其謙柔，不與物競，故衆鳥行列，不獨斥棄也，而外人造次不得害之，是以免於人間之禍患。【釋文】「卒不」子恤反，終也。又七忽反。

〔六〕【注】才之害也。【疏】直木有材，先遭斫伐；甘井來飲，其流先竭。人衒才智，其義亦然。

〔七〕【注】夫察焉小異，則與衆爲迕矣；混然大同，則無獨異於世矣。故夫昭昭者，乃冥冥之迹也。將寄言以遺跡，故因陳蔡以託（患）〔意〕②。【疏】謂仲尼意在裝飾才智，驚異愚俗；修瑩身心，顯他汙染；昭昭明察，炫燿己能；猶如揭日月而行，故不免於禍患也。【釋文】「飾知」音智。「明汙」音烏。「揭」其列其謁二反。○慶藩案文選沈休文齊安陸昭王碑注引司馬云：揭，擔也。釋文闕。「爲迕」五故反。

〔八〕【注】恃功名以爲已成者，未之嘗全。【疏】大成之人，即老子也。言聖德弘博，生成庶品，故謂之大成。伐，取也。墮，敗也。夫自取其能者無功績，而功成不退者必墮敗，名聲彰顯者不韜光必毀辱。【釋文】「者墮」許規反。

〔九〕【注】功自衆成，故還之。　【疏】夫能立大功，建鴻名，而功成弗居，推功於物者，誰能如是？其唯聖人乎！　【釋文】「去功」起呂反。

〔一〇〕【注】昧然而自行耳。　【疏】道德流行，徧滿天下，而韜光匿耀，故云不明。

〔一一〕【注】彼皆居然自得此行耳，非由名而後處之。　【疏】身有道德，盛行於世，而藏名晦迹，故不處其名。　【釋文】「居得行」如字，又下孟反。注同。○家世父曰：得，猶德也。集韻：德，行之得也。言其道周流乎天下，而不顯然以居之，其德之行，亦不藉之爲名而以自處。郭象居然自得此行，非由名而後處之，以居得行斷句，恐誤。

〔一二〕【注】無心而動故也。　【疏】純純者材素，常常者混物，既不矜飾，更類於狂人也。

〔一三〕【注】功自彼成，故勢不在我，而名迹皆去。　【疏】削除聖迹，捐棄權勢，豈存情於功績，以留意於名譽！

〔一四〕【注】恣情任彼，故彼各自當其責也。　【疏】爲是義故無名譽，我既不譴於人，故人亦無責於我。

〔一五〕【注】寂泊無懷，乃至人也。　【疏】夫至德之人，不顯於世，子既聖哲，何爲喜好聲名者邪？　【釋文】「泊」步各反。

〔校〕①世德堂本無其字。②意字依明中立四子本改。

孔子曰：「善哉！」辭其交遊，去其弟子，逃於大澤；衣裘褐，食杼栗〔一〕；入獸不亂羣，入鳥不亂行〔二〕。鳥獸不惡，而況人乎〔三〕！

〔一〕【注】取於棄人間之好也。【疏】孔子既承教戒，善其所言，於是辭退交游，捨去弟子，離析徒衆，獨逃山澤之中，損縫掖而服絺裘，棄甘肥而食杼栗。【釋文】「衣裘」於既反。「褐」户割反。「杼」食汝反，又音序。

〔二〕【注】若草木之無心，故爲鳥獸所不畏。

〔三〕【注】蓋寄言以極推至誠之信，任乎物而無受害之地也。【疏】同死灰之寂泊，類草木之無情，羣鳥獸而不驚，況人倫而有惡邪！

孔子問子桑雽①曰：「吾再逐於魯，伐樹於宋，削迹於衛，窮於商周，圍於陳蔡之間。吾犯此數患，親交益疏，徒友益散，何與？〔一〕」

〔一〕【疏】姓桑，名雽，隱者也。孔子爲魯司寇，齊人聞之，遂選女樂文馬而遺魯君，間構魯君，因而被逐。宋是殷後。孔子在宋及周，遂不被用，故偁窮也。遇此憂患，親戚交情，益甚疏遠，門徒朋友，益甚離散，何爲如此邪？【釋文】「子桑雽」音户。本又作雽，音于。李云：桑，姓；雽，其名；隱人也。或云：姓桑雽，名隱。○俞樾曰：疑即大宗師之子桑户。雽音户，則固與子桑户同矣。其或作雽，即雩字。説文，雩，或作䨇。愚以爲古今人表之采桑羽，即子桑户，説在大宗師篇。羽或䨇之壞字乎。「伐樹於衛」一本作伐樹於宋，削迹於衛。○盧文弨曰：今本衛作宋，陸氏(與)〔謂〕下句宋衛當互易。「此數」所主反。「何與」音餘。下放此。

〔校〕①趙諫議本雽作雩，世德堂本作虖。

子桑雽曰：「子獨不聞假人之亡與？林回棄千金之璧，負赤子而趨。或曰：『爲其布與？赤子之布寡矣；〔一〕爲其累與？赤子之累多矣；棄千金之璧，負赤子而趨，何也？〔二〕』林回曰：『彼以利合，此以天屬也。』夫以利合者，迫窮禍患害相棄也；以天屬者，迫窮禍患害相收也。夫相收之與相棄亦遠矣。〔三〕且君子之交淡若水，小人之交甘若醴；君子淡以親〔四〕，小人甘以絶〔五〕。彼无故以合者，則无故以離〔六〕。」

〔一〕【注】布，謂財帛也。【釋文】「假」古雅反。李云：國名。○慶藩案文選王仲寶褚淵碑文注引司馬云：假，國名也。釋文闕。「林回」司馬云：殷之逃民之姓名。○慶藩案文選劉孝標廣絶交論注引司馬云：林回，人姓名也。與釋文小異。○俞樾曰：上文假人之亡，李注：假，國名。然則林回當是假之逃民。蓋假亡而其民逃，故林回負赤子而趨也。殷乃假字之誤。「爲其」如字。下同。又皆于僞反。「布與」布，謂貨財也。

〔二〕【疏】假，國名，晉下邑也。姓林，名回，假之賢人也。布，財貨也。假遭晉滅，百姓逃亡，林回棄擲寶璧，負子而走。或人問之，謂爲財布，然亦以爲財則少財，以爲累（重）則多累。輕少負多，不知何也？

〔三〕【疏】寶璧，利合也。赤子，親屬也。親屬，急迫猶相收；利合，窮禍則相棄。棄收之情，相去遠耳。○慶藩案文選王仲寶褚淵碑文注引司馬云：屬，連也。釋文闕。

〔四〕【注】無利故淡，道合故親。【釋文】「淡」如字，又徒暫反。

〔五〕【注】飾利故甘，利不可常，故有時而絶也。【疏】無利故淡，道合故親，有利故甘，利盡故絶。

〔六〕【注】夫無故而自合者，天屬也，合不由故，則故不足以離之也。然則有故而合，必有故而離矣。【疏】不由事故而合者，謂父子天屬也，故無由而離之。孔子說先王陳迹，親於朋友，非天屬也，皆爲求名利而來，（此）則是有故而合也；見削迹伐樹而去，是則有故而離也。非是天屬，無故自親，無故自離。

孔子曰：「敬聞命矣！」徐行翔佯而歸，絶學捐書，弟子无挹於前，其愛①益加進〔一〕。

〔一〕【注】去飾任素故也。【疏】的聞高命，徐步而歸，翱翔閒放，逍遥自得，絶有爲之學，棄聖迹之書，不行華藻之教，故無揖讓之禮，徒有敬愛，日加進益焉。【釋文】「无挹」音揖。李云：無所執持也。「去飾」起吕反。

〔校〕①敦煌本愛作受。

異日，桑雩又曰：「舜之將死，真泠禹曰：『汝戒之哉！形莫若緣，情莫若率〔一〕。緣則不離，率則不勞〔二〕；不離不勞，則不求文以待形〔三〕；不求文以待形，固不待物〔四〕。』」

〔一〕【注】因形率情，不矯之以利也。【疏】緣，順也。形必順物，情必率中。昔虞舜將終，用此真教命大禹，令其戒慎，依語遵行，故桑雩引來以告孔子。亦有作泠字者，泠，曉也，舜將真言曉示大禹也。【釋文】「真」司馬本作直。「泠」音零。「禹」司馬云：泠，曉也，謂以真道曉語禹也。泠，或爲命，又作令。命，猶教也。○王引之曰：釋文曰，真，司馬本作直，泠，音零。司馬云，泠，曉也，謂以直道曉語禹也。泠，或爲命，又作令，命，猶教也。案直當爲卤。卤，籀文乃字，隸書作迺。卤形似直，（（釋）〔嶧〕①山碑乃今皇帝，乃字作卤，形似直字。）故訛作直，又訛作真。命與令，古字通，（周官司儀則令爲壇三成，覲禮注引此令作命。僖九年左傳令不及魯，令本又作命。莊子田子方篇先君之令，令本或作命。周官大卜注以命龜也，命亦作令。）作命作令者是也。卤令禹者，乃命禹也。

〔二〕【注】形不假，故常全；情不矯，故常逸。【疏】形順則常合於物，性率則用而無弊。

〔三〕【注】任朴而直前也。【疏】率性而動，任朴直前，豈復求假文迹而待用飾其形性哉！

〔四〕【注】朴素而足。【疏】既不求文（籍）〔迹〕②以飾形，故知當分各足，不待於外物也。

〔校〕①嶧字依讀書雜志改。②迹字依上文改。

莊子衣大布而補之，正緳係履而過魏王。魏王曰：「何先生之憊邪〔一〕？」

〔一〕【疏】大布，猶粗布也。莊子家貧，以粗布爲服而補之。緳，履帶也，亦言腰帶也。履穿故以繩係之。魏王，魏惠王也。憊，病也。衣粗布而著破履，正腰帶見魏王。王見其顦顇，故問言：「先生何貧病如此耶？」【釋文】「莊子衣」於既反。「大布」司馬云：麤布也。「正緳」賢節反，又苦結反。司馬云：帶也。「係履」李云：履穿，故係。○家世父曰：釋文引司馬云：緳，帶也。帶之名緳，別無證據，正帶係履，亦不得爲憊也。說文：絜，麻一耑也。〔絜〕與緳字通，言整齊麻之一端，以納束其履而係之。履無絇，係之以麻，故曰憊。「而過」古禾反。「魏王」司馬云：惠王也。「憊」皮拜反，又薄計反。司馬本作病。

莊子曰：「貧也，非憊也。士有道德不能行，憊也；衣弊履穿，貧也，非憊也；此所謂非遭時也。王獨不見夫騰①猿乎？其得柟梓豫章也，攬蔓其枝而王長其間，雖羿、蓬蒙不能眄睨也。〔二〕及其得柘棘枳枸之間也，危行側視，振動悼慄；此筋骨非有加急而不柔也，處勢不便，未足以逞其能也。〔三〕今處昏上亂相之間，而欲无憊，奚可得邪？此比干之見剖心徵也夫！〔三〕」

〔一〕【注】遭時得地，則申其長技，故雖古之善射，莫之能害。【疏】枏梓豫章，皆端直好木也。攬蔓，猶把捉也。王長，猶自得也。羿，古之善射人。逢蒙，羿之弟子也。睥睨，猶斜視。字亦有作眄字者，隨字讀之。言善士賢人，遭時得地，猶如猨得直木，則跳躑自在，雖有善射之人，不敢舉目側視，何況彎弓乎！【釋文】「螣」音騰。本亦作騰。○盧文弨曰：今本作騰。「枏」音南，木名。「攬」舊歷敢反。「蔓」音萬。郭武半反。「而王」往況反。司馬本作往。「長」丁亮反。本又作張，音同。司馬直良反，云：兩枝相去長遠也。○俞樾曰：郭注曰，遭時得地，則申其長技，是讀長爲長短之長，然於本文之義殊爲未合。司馬云，兩枝相去長遠也。則就樹木言，義更非矣。此當就猿而言，謂猿得枏梓豫章，則率其屬居其上而自爲君長也，故曰王長其間。釋文：王，往況反；長，丁亮反。頗得其讀。「羿」音詣，或户係反。「蓬蒙」符恭反，徐扶公反。司馬云：羿，古之善射者。蓬蒙，羿之弟子。「眄」莫練反，舊莫顯反。本或作睥，普計反。「睨」音詣，郭五米反。李云：邪視(反)〔也〕②。「長技」其綺反。

〔二〕【疏】柘棘枸枳，並有刺之惡木也。夫猿得有刺之木，不能逞其捷巧，是以心中悲悼而戰慄，形貌危行而側視，非謂筋骨有異於前，而勢不便也。士逢亂世，亦須如然。【釋文】「柘棘」章夜反。「枳」吉氏反，又音紙。「枸」音矩。「悼」如字，又直弔反。○慶藩案說文：悼，懼也，陳楚謂懼曰悼。呂覽論威篇敵人悼懼憚恐，即此振動悼慄之意。「不便」婢面反。注同。○王念孫曰，古者謂所居之地曰處勢，史記蔡澤傳翠鵠犀象，其處勢非不遠死也。或曰勢居，逸周書周祝篇曰，勢居小者不能爲大；賈子過秦篇至於秦王二十餘君，常爲諸侯雄，其勢居然也；淮南原道篇形性不可易，勢居不可移也。或言處勢，或言勢居，其義皆同。漢書陳湯傳曰：故陵因天性，據真土，處（執）〔埶〕③高敞。

〔三〕【注】勢不便而强爲之，則受戮矣。【疏】此合諭也。當時周室微弱，六國興盛，於是主昏於上，臣亂於下。莊生懷道抱德，莫能見用，晦迹遠害，故發此言。昔殷紂無道，比干忠諫，剖心而死，豈非徵驗！引古證今，異日明鏡。【釋文】「亂相」息亮反。「見心」賢遍反。○盧文弨曰：今本作見剖心。「强爲」其丈反。

〔校〕①趙諫議本騰作縢。②也字依釋文原本及世德堂本改。③埶字依讀書雜志及漢書改。

孔子窮於陳蔡之間，七日不火食，左據槁木，右擊槁枝，而歌猋氏之風，有其具而无其數，有其聲而无宮角，木聲與人聲，犁然有當於人之心〔一〕。

〔一〕【疏】猋氏，神農也。孔子聖人，安於窮通，雖遭陳蔡之困，不廢無爲，故左手擊槁木，右手憑枯枝，恬然自得，歌猋氏之淳風。木乃八音，雖擊而無曲；無聲惟打木，寧有於宮商！然歌聲木聲，犁然清淡而樂正，心故有應，當於人心者也。【釋文】「槁木」苦老反。下同。「猋氏」必遥反。古之無爲帝王也。「犁然」力兮反，又力之反。司馬云：犁然，猶栗然。「有當」丁浪反。

顔回端拱還目而窺之。仲尼恐其廣己而造大也，愛己而造哀也〔一〕，曰：「回，无受天損易〔二〕，无受人益難〔三〕。无始而非卒也〔四〕，人與天一也〔五〕。夫今之歌者其誰乎〔六〕？」

〔一〕【疏】顔生既見仲尼擊木而歌，於是正身回目而視。仲尼恐其未悟，妄生虞度，謂言仲尼廣己道德而規造大位之心，愛惜己身遭窮而〔規〕造哀歎之曲。慮其如是，故召而誨之。【釋文】「還目」音旋。「而窺」徐起規反。「造大」司馬云：造，適也。

〔二〕【注】唯安之故易。【釋文】「損易」以豉反。注、下同。

〔三〕【注】物之儻來，不可禁禦。【疏】夫自然之理，有窮塞之損，達於時命，安之則易。人倫之道，有〔爵〕①禄之益，儻來而寄，推之即難。此明仲尼雖擊木而歌，無心哀怨。

〔四〕【注】於今爲始者，於昨爲卒，則所謂始者即是卒矣。言變化之無窮。【疏】卒，終也。於今爲始者，於昨爲終也。欲明無始無終，無生無死。既無死無生，何窮塞之有哀乎！

〔五〕【注】皆自然。【疏】所謂天損人益者，猶是教迹之言也。若至凝理處，皆是自然，故不二也。

〔六〕【注】任其自爾，則歌者非我也。【疏】夫大聖虛忘，物我兼喪。我既非我，歌是誰歌！我乃無身，歌將安寄也！

〔校〕①爵字依下正文爵禄並至補。

回曰：「敢問无受天損易。」

仲尼曰：「飢渴寒暑，窮桎不行，天地之行也，運物①之泄也〔一〕，言與之偕逝之謂也〔二〕。爲人臣者，不敢去之。執臣之道猶若是，而況乎所以待天乎〔三〕！」

〔一〕【注】不可逃也。【疏】前略標名，此下解義。桎，塞也。夫命終窮塞，道德不行，此猶天地虚盈，四時轉變，運動萬物，發泄氣候也。【釋文】「窮桎」之實反。○家世父曰：窮桎不行，言飢渴寒暑足以梏桎人，而使不自適。然而飢渴以驅之，寒暑以運之，不能抗而不受也，與之俱逝而已矣。「運物」司馬云：運，動也。「之泄」息列反。司馬云：發也。徐以世反。

〔二〕【注】所謂不識不知而順帝之則也。【疏】偕，俱也。逝，往也。既體運物之無常，故與變化而俱往，而無欣惡於其間也。【釋文】「言與之」言，我也。

〔三〕【注】所在皆安，不以損爲損，斯待天而不受其損也。【疏】夫爲人臣者，不敢逃去君命。執持臣道，(由)〔猶〕自如斯，而況爲變化窮通，必待自然之理，豈可違距者哉！

〔校〕①闕誤引江南古藏本物作化。

「何謂无受人益難？」

仲尼曰：「始用四達〔一〕，爵祿並至而不窮〔二〕，物之所利，乃非己也〔三〕，吾命其在外者也〔四〕。君子不爲盜，賢人不爲竊。吾若取之，何哉！〔五〕故曰，鳥莫知於鷾鴯，目之所不宜處，不給視，雖落其實，棄之而走〔六〕。其畏人也，而襲諸人間〔七〕，社稷存焉爾〔八〕。」

〔一〕【注】感應旁通爲四達。

〔二〕【注】旁通，故可以御高大也。

〔三〕【注】非己求而取之。　【疏】始，本也。乃，宜也。妙本虚寂，迹用赴機，傍通四方，凝照九表，既靡好爵，財德无窮，萬物利求，是其宜也。

〔四〕【注】人之生，必外有接物之命，非如瓦石，止於形質而已。　【疏】孔子聖人，挺於天命，運兹外德，救彼蒼生，非瓦石形質也。

〔五〕【注】盜竊者，私取之謂也。今賢人君子之致爵禄，非私取也，受之而已。　【疏】夫賢人君子，尚不爲盜竊，況孔丘大聖，寧肯違天乖理而私取於爵禄乎？儻來而寄，受之而已矣，蓋無心也。

〔六〕【注】避禍之速。　【疏】鷾鴯，燕也。實，食也。智能遠害全身，鳥中無過燕子。飛入人舍，欲作窠巢，目略處所不是宜便，不待周給看（詠）〔視〕，即遠飛出。假令銜食落地，急棄而走，必不復收，避禍之速也。　【釋文】「莫知」音智。「鷾」音意。「鴯」音而。或云：鷾鴯，燕也。「目之所不宜處」昌呂反。言不可止處，目已羅絡知之，故棄之。

〔七〕【注】未有自疏外於人而人存之者也。畏人而入於人舍，此鳥之所以稱知也。　【疏】襲，入也。燕子畏懼於人而依附人住，入人舍宅，寄作窠巢，是故人愛而狎之，故得免害。亦〈由〉〔猶〕聖人和光在世，混迹人間，戒慎災危，不溺塵境，蒼生樂推而不厭，故得久視長〈全〉〔生〕①。

〔八〕【注】況之至人，則玄同天下，故天下樂推而不厭，相與社而稷之，斯無受人益之所以爲難也。【疏】聖德遐被，羣品樂推，社稷之存，故其宜矣。所謂人益，此之謂乎！○家世父曰：有土而因有社，有田而因有稷。社者，所以居也；稷者，所以養也。鳥亦有其居，鳥亦有其養，鷾鴯之襲諸人間，不假人以居而因自爲居，不假人以養而因自爲養也。

〔校〕①生字依老子改。

「何謂无始而非卒？」

仲尼曰：「化其萬物而不知其禪之者〔一〕，焉知其所終？焉知其所始？正而待之而已耳〔二〕。」

〔一〕【注】莫覺其變。【疏】禪，代也。夫道通生萬物，變化羣方，運轉不停，新新變易，日用不知，故莫覺其代謝者也。既〈無〉日新而變，何始卒之有耶！【釋文】「其禪」市戰反。司馬云：授予也。

〔二〕【注】日夜相代，未始有極，故正而待之，無所爲懷也。【疏】夫終則是始，始則是終，故何能定終始！既其無終與始，則無死與生，是以隨變任化，所遇皆適，抱守正真，待於造物而已矣。【釋文】「焉知」於虔反。下同。

「何謂人與天一邪？」

仲尼曰：「有人，天也；有天，亦天也〔一〕。人之不能有天，性也〔二〕，聖人晏然體逝而終矣〔三〕！」

〔一〕【注】凡所謂天，皆明不爲而自然。【疏】夫人倫萬物，莫不自然；愛及自然也，是以人天不二，萬物混同。

〔二〕【注】言自然則自然矣，人安能故有此自然哉？自然耳，故曰性。【疏】夫自然者，不知所以然而然，自然耳，不爲也，豈是能有之哉！若謂所有，則非自然也。故知自然者性也，非人有之矣。此解前有天之義也。

〔三〕【注】晏然無矜，而體與變俱也。【疏】晏然，安也。逝，往也。夫聖人通始終之不二，達死生之爲一，故能安然解體，隨化而往，汎乎無始，任變而終。○家世父曰：孟子，口之於味也，目之於色也，耳之於聲也，鼻之於臭也，四肢之於安佚也，性也，有命焉。莊子之云人之不能有天，即孟子所謂性焉有命者也。莊子以其有物有欲者爲人而自然爲天，於是斷聲色，去臭味，離天與人而二之。其曰人與天一，猶之去人以就天也。聖人盡性以知天，其功不越日用飲食。性也有命，而固不謂之性，命也有性，而固不謂之命，是之謂天與人一。

莊周遊於雕陵之樊，覩一異鵲自南方來者，翼廣七尺，目大運寸，感周之顙而集於栗林〔一〕。莊周曰：「此何鳥哉，翼殷不逝，目大不覩？」蹇①裳躩步，執彈而留之〔二〕。覩一蟬，方得美蔭而忘其身；螳蜋執翳而搏之，見得而忘其形〔三〕；異鵲從而利之，見利而忘其真〔四〕。莊周怵然曰：「噫！物固相累〔五〕，二類相召也〔六〕！」捐彈而反走，虞人逐而誶之〔七〕。

〔一〕【疏】雕陵，栗園名也。樊，藺也，謂遊於栗園藺籬之内也。運，員也。感，觸也。顙，額也。異常之鵲，從南方來，翅長七尺，眼圓一寸，突著莊生之額，仍栖栗林之中。【釋文】「雕」徐音彫。本亦作彫。「陵之樊」音煩。司馬云：雕陵，陵名，樊，藩也，謂遊栗園藩籬之内也。樊，或作埜。埜，古野字。「翼廣」光浪反。「運寸」司馬云：可回一寸也。○王念孫曰：司馬彪曰，運寸，可回一寸也。案司馬以運爲轉運之運，非也。運寸與廣七尺相對爲文，廣爲橫則運爲從也。目大運寸，猶言目大徑寸耳。越語，句踐之地廣運百里，韋注曰：東西爲廣，南北爲運。是運爲從也。西山經曰，是山也廣員百里。員與運同。周官大司徒，周知九州之地域廣輪之數；士喪禮記，廣尺，輪二尺；鄭注並曰：輪，從也。輪與運，聲近而義同，廣輪即廣運也。「感周之顙」息蕩反。李云：感，觸也。

〔二〕【疏】殷，大也。逝，往也。躩步，猶疾行也。留，伺候也。翅大不能遠飛，目大不能遠視。莊生怪其如此，仍即起意規求，既而舉步疾行，把彈弓而伺候。【釋文】「翼殷不逝目大不覩」

司馬云：殷，大也，曲折曰逝。李云：翼大逝難，目大視希，故不見人。「蹇」起虔反。「躩」李驅碧反，徐九縛反。司馬云：疾行也。案即論語云足躩如也。「執彈」徒旦反。「留之」力救反。司馬云：宿留伺其便也。

〔三〕【注】執木葉以自翳於蟬，而忘其形之見乎異鵲也。【釋文】「螳」音堂。「蜋」音郎。「執翳」於計反。司馬云：執草以自翳也。「搏之」郭音博，徐音付。「之見乎」賢遍反。

〔四〕【注】目能覩，翼能逝，此鳥之真性也，今見利，故忘之。【疏】搏，捕也。真，性命也。莊生執彈未放，中間忽見一蟬，隱於樹葉，美兹蔭庇，不覺有身；有螳蜋執木葉以自翳，意在捕蟬，不覺形見異鵲；異鵲從螳蜋之後，利其捕蟬之便，意在取利，不覺性命之危，所謂忘真矣。【釋文】「其真」司馬云：真，身也。

〔五〕【注】相爲利者，恒相②爲累。【疏】既覩蟬鵲徇利忘身，於是怵然驚惕，仍〔言〕〔發〕噫歎之聲。故知物相利者，必有累憂。【釋文】「怵然」肇律反。

〔六〕【注】夫有欲於物者，物亦有欲之。【疏】夫有欲於物者，物亦欲之也。是以蟬鵲俱世物之徒，利害相召，必其然也。

〔七〕【注】誶，問之也。【疏】捐，棄也。虞人，掌栗園之虞候也。誶，問也。既覺利害相隨，棄彈弓而反走，虞人謂其盜栗，故逐而問之。【釋文】「誶之」本又作訊，音信，問也。司馬云：以周爲盜栗也。

〔校〕①闕誤作褰，云：張本作蹇。②趙諫議本相作常。

莊周反入①，三月不庭。藺且從而問之：「夫子何爲頃間甚不庭乎〔一〕？」

〔一〕【疏】莊周見鵲忘身，被疑盜栗，歸家愧恥，不出門庭。姓藺名且，莊子弟子，怪師頃來閉户，所以從而問之。【釋文】「三月不庭」一本作三日。司馬云：不出坐庭中三月。○王念孫曰：釋文曰，三月不庭，一本作三日。司馬云：不出坐庭中三月。案如司馬説，則庭上須加出字而其義始明。下文云，夫子何爲頃間甚不庭乎，若以甚不庭爲甚不出庭，則尤不成語。今案庭當讀爲逞。不逞，不快也；甚不逞，甚不快也。忘吾身，忘吾真，而爲虞人所辱，是以不快也。方言曰：逞，曉，快也。自關而東，或曰曉，或曰逞；江淮陳楚之間曰逞。桓六年左傳今民餒而君逞欲，周語虢公動匱百姓以逞其違，韋杜注並曰：逞，快也。逞字古讀若呈，聲與庭相近，故通作庭。（張衡思玄賦怨素意之不逞，與情名聲營平崢禎鳴榮寧爲韻。説文：逞，從辵，呈聲。僖二十三年左傳淫刑以逞，釋文逞作呈。方言：逞，解也。廣雅作呈。）三月不庭，一本作三日，是也。下文言夫子頃間甚不庭，若三月之久，不得言頃間矣。「藺」力信反。一本作蕳。「且」子餘反。司馬云：藺且，莊子弟子。○慶藩案文選郭景純江賦注引司馬云：頃，久也。謝靈運入華子洞是麻源第三谷詩注引司馬云：頃，常久也。釋文闕。

〔校〕①闕誤引江南古藏本入下有宫字。

莊周曰：「吾守形而忘身〔一〕，觀於濁水而迷於清淵〔二〕。且吾聞諸夫子曰：『入其俗，從其（俗）〔令〕①〔三〕。』今吾遊於雕陵而忘吾身，異鵲感吾顙，遊於栗林而忘真，栗林②虞人以吾爲戮，吾所以不庭也〔四〕。」

〔一〕【注】夫身在人間，世有夷險，若推夷易之形於此世而不度此世之所宜，斯守形而忘身者也。

【釋文】「夷易」以豉反。「不度」直落反。

〔二〕【注】見彼而不明，即因彼以自見，幾忘反鑒之道也。【疏】我見利徇物，愛守其形，而利害相召，忘身者也。既覩鵲蟬，歸家不出門庭，疑亦自責，所謂因觀濁水，所以迷於清泉，雖非本情合真，猶存反照之道。【釋文】「自見」賢遍反。

〔三〕【注】不違其禁令也。【疏】莊周師老聃，故稱老子爲夫子也。夫達者同塵入俗，俗有禁令，從而行之。今既遊彼雕陵，被疑盜栗，輕犯憲綱。悔責之辭。

〔四〕【注】以見問爲戮。夫莊子推平於天下，故每寄言以出③意，乃毀仲尼，賤老聃，上掊擊乎三皇，下痛病其一身也。【疏】意在異鵲，遂忘栗林之禁令，斯忘身也。字亦作真字者，隨字讀之。虞人謂我偷栗，是成身（之）恥（之）辱如此，是故不庭。夫莊子大人，隱身卑位，遨遊（末）〔宋〕國，養性漆園，豈迷目於清淵，留意於利害者耶！蓋欲評品羣性，毀殘其身耳。【釋文】「上掊」普口反。

〔校〕①令字依闕誤引成玄瑛本改，郭注亦作令。②闕誤引文如海、張君房本栗林俱作□□。③

趙諫議本無言以出三字。

陽子之宋，宿於逆旅。逆旅人①有妾二人，其一人美，其一人惡，惡者貴而美者賤。陽子問其故，逆旅小子對曰：「其美者自美，吾不知其美也；其惡者自惡，吾不知其惡也。」〔一〕

〔一〕【疏】姓陽，名朱，字子居，秦人也。逆旅，店也。往於宋國，宿於中地逆旅。美者恃其美，故人忘其美而不知也；惡者謙下自惡，故人忘其惡而不知也。【釋文】「陽子」司馬云：陽朱也。

〔校〕①闕誤引劉得一本人作之。

陽子曰：「弟子記之！行賢而去自賢之行，安往而不愛哉〔一〕！」

〔一〕【注】言自賢之道，無時而可①。【疏】夫種德立行而去自賢輕物之心者，何往而不得愛重哉！故命門人記之云耳。【釋文】「而去」起呂反。「之行」下孟反。

〔校〕①趙諫議本可下有也字。

莊子集釋卷七下

外篇 田子方第二十一〔一〕

〔一〕【釋文】以人名篇。

田子方侍坐於魏文侯，數稱谿工〔二〕。

〔二〕【疏】姓田，名無擇，字子方，魏之賢人也，文侯師也。文侯是畢萬七世孫，武侯之父也。姓谿，名工，亦魏之賢人。【釋文】「田子方」李云：魏文侯師也，名無擇。○慶藩案釋文引李云，田子方，名無擇。無擇當作無斁。斁擇皆從睪聲，古通用字。詩大雅思齊古之人無斁，鄭箋作無擇。説文：斁，厭也，一曰終也。無厭則有常，故字曰子方。（禮檀弓鄭注云：方，常也。）「數稱」雙角反，又所主反。下同。「谿」音溪，又音兮。司馬本作雞。「工」李云：谿工，賢人也。

文侯曰：「谿工，子之師邪？」

子方曰：「非也，無擇之里人也；稱道數當，故无擇稱之。〔一〕」

〔一〕【疏】谿工是子方鄉里人也，稱説言道，頻當於理，故無擇稱之，不是師。

文侯曰：「然則子无師邪？」

子方曰：「有。」

曰：「子之師誰邪？」

子方曰：「東郭順子。」

文侯曰：「然則夫子何故未嘗稱之〔一〕？」

〔一〕【疏】居在郭東，因以爲氏，名順子，子方之師也。既是先生之師，何故不稱説之？

子方曰：「其爲人也真〔一〕，人貌而天〔二〕，虚緣而葆真〔三〕，清而容物〔四〕。物无道，正容以悟之，使人之意也消〔五〕。无擇何足以稱之〔六〕！」

〔一〕【注】無假也。　【疏】所謂真道人也。

〔二〕【注】雖貌與人同，而獨任自然。　【疏】雖復貌同人理，而心契自然也。

〔三〕【注】虚而順物，故真不失。　【疏】緣，順也。虚心順物，而恒守真宗，動而常寂。　【釋文】「葆真」音保。本亦作保。

〔四〕【注】夫清者患於大絜，今清而容物，與天同也。　【疏】郭注云，清者患於大絜，今清而容物，與天同也。　【釋文】「大絜」音泰。○俞樾曰：郭注以人貌而天四字爲句，殆失其讀也。此當以人貌而天虚爲句。人貌天虚，相對成義。緣而保真爲句，與清而容物相對成義。虚者，孔竅也。淮南子氾論篇若循虛而出入，高注曰：虛，孔竅也。訓孔竅，故亦訓心。俶真篇虛室生白，注曰：虛，心也。太玄斷初一曰斷心滅斧，失初一曰刺虛滅刃。滅刃與滅斧同，刺虛與斷心同，故毅初一曰懷威滿虛，猶言滿心也。說詳太玄經。此云人貌而天虛即人貌而天心，言其貌則人，其心則天也。學者不達虛字之義，誤屬下讀，則人貌而天句文義不完。下兩句本相儷者亦參差不齊矣。養生主篇緣督以爲經，釋文引李云：緣，順也。緣而葆真者，順而葆真也。上綴虛字亦爲無義。

〔五〕【注】曠然清虛，正己而已，而物邪自消。【疏】世間無道之物，斜僻之人，東郭自正容儀，令其曉悟，使惑亂之意自然消除也。【釋文】「物邪」似嗟反。

〔六〕【疏】師之盛德，深玄若是，無擇庸鄙，何足稱揚也！

子方出，文侯儻然終日不言，召前立臣而語之曰：「遠矣，全德之君子〔一〕！始吾以聖知之言仁義之行爲至矣，吾聞子方之師，吾形解而不欲動，口鉗而不欲言〔二〕。吾所學者直土梗耳〔三〕，夫魏真爲我累耳〔四〕！」

〔一〕【疏】儻然，自失之貌。聞談順子之德，儻然靡據，自然失所謂，故終日不言。於是召前立侍之臣，與之語話，歎東郭子之道，深遠難知，諒全德之人，可以君子萬物也。【釋文】「儻然」敕蕩反。司馬云：失志貌。「而語」魚據反。

〔二〕【注】自覺其近。【釋文】「聖知」音智。「之行」下孟反。「形解」户買反。「口鉗」其炎反，

（餘）〔徐〕①其嚴反。

〔三〕【注】非真物也。　【疏】我初昔修學，用先王聖智之言，周孔仁義之行，爲窮理至極；今聞説子方之師，其道弘博，遂使吾形解散，不能動止，口舌鉗困，無可言語，自覺所學，土人而已，逢雨則壞，並非真物。　土梗者，土人也。　【釋文】「直」如字。本亦作真，下句同。元嘉本此作真，下句作直。○盧文弨曰：今本作真。「土梗」更猛反。司馬云：土梗，土人也，遭雨則壞。○慶藩案文選劉孝標廣絶交論注引司馬云：梗，土之榛梗也。一切經音義二十引司馬云：土梗，土之木梗，亦木人也；土木相偶，謂以物像人形，皆曰偶耳。與釋文異。

〔四〕【注】知至貴者，以人爵爲累也。　【疏】既聞真道，隳體坐忘，故知爵位壇土，適爲憂累耳。

〔校〕①徐字依世德堂本改。

温伯雪子適齊，舍於魯。魯人有請見之者，温伯雪子曰：「不可。吾聞中國之君子，明乎禮義而陋於知人心，吾不欲見也。」〔一〕

〔一〕【疏】姓温，名伯，字雪子，楚之懷道人也。中國，魯國也。陋，拙也。自楚往齊，途經於魯，止於主人之舍。魯人是孔子門人，聞温伯雪賢人，請欲相見。温伯不許，云：「我聞中國之人，明於禮義聖迹，而拙於知人心，是故不欲見也。」　【釋文】「温伯雪子」李云：南國賢人也。

至於齊，反舍於魯，是人也又請見〔一〕。温伯雪子曰：「往也蘄見我，今也又蘄見我，是必有以振我也〔二〕。」

〔一〕【疏】温伯至齊，反還舍魯，是前之人，復欲請見。

〔二〕【疏】蘄，求也。振，動也。昔我往齊，求見於我，我今還魯，復來求見，必當別有所以，故欲感動我來。【釋文】「蘄」音祈。

出而見客，入而歎。明日見客，又入而歎。其僕曰：「每見之客也，必入而歎，何耶？」〔一〕

〔一〕【疏】前後見客，頻自嗟嘆，温伯僕隸，怪而問之。

曰：「吾固告子矣：『中國之民，明乎禮義而陋乎知人心。』昔之見我者，進退一成規，一成矩，從容一若龍，一若虎〔一〕，其諫我也似子，其道①我也似父〔二〕，是以歎也〔三〕。」

〔一〕【注】槃辟其步，逶蛇其迹。【疏】擎跪揖讓，前卻方圓，逶迤若龍，槃辟如虎。【釋文】「從容」七容反。「槃辟」婢亦反。「遺」如字。本又作逶，於危反。○盧文弨曰：今本遺作逶。「蛇」以支反。

〔二〕【注】禮義之弊，有斯飾也。【釋文】「其道」音導。

〔三〕【疏】匡諫我也，如子之事父；訓導我也，似父之教子。夫遠近尊卑，自有情義，既非天性，何事殷勤！是知聖迹之弊，遂有斯矯，是以歎之也。

〔校〕①闕誤引江南古藏本道作導。

仲尼見之而不言〔一〕。子路曰：「吾子欲見温伯雪子久矣，見之而不言，何邪〔二〕？」

〔一〕【注】已知其心矣。

〔二〕【疏】二人得意，所以忘言。仲由怪之，是故起問。

仲尼曰：「若夫人者，目擊而道存矣，亦不可以容聲矣〔一〕。」

〔一〕【注】目裁往，意已達，無所容其德音也。【疏】擊，動也。夫體悟之人，忘言得理，目裁運動而玄道存焉，無勞更事辭費，容其聲説也。【釋文】「夫人」音符。「目擊而道存矣」司馬云：見其目動而神實已著也。擊，動也。郭云：目裁往，意已達。

顏淵問於仲尼曰：「夫子步亦步，夫子趨亦趨，夫子馳亦馳；夫子奔逸絶塵，而回瞠若乎後矣！」

夫子曰：「回，何謂邪？」

曰：「夫子步，亦步也；夫子言，亦言也；夫子趨，亦趨也；夫子辯，亦辯也；

夫子馳，亦馳也；夫子言道，回亦言道也；及奔逸絶塵而回瞠若乎後者，夫子不言而信，不比而周，无器而民滔乎前，而不知所以然而已矣。」〔一〕

〔一〕【疏】奔逸絶塵，急走也。瞠，直目貌也。滅塵迅速，不可追趁，故直視而在後也。器，爵位也。夫子不言而爲人所信，未曾親比而與物周旋，實無人君之位而民足蹈乎前而衆聚也。不知所然而然，直置而已矣，所謂奔逸絶塵也。【釋文】「奔逸」司馬〔本〕又〔本〕①作徹。「瞠」敕庚反，又〔尹〕〔丑〕郎反。字林云：直視貌。一音杜哽反，又敕孟反。○慶藩案後漢書逸民傳注、文選范蔚宗逸民傳論注，並引司馬云：言不可及也。釋文闕。「不比而周」毗志反。「滔乎前」吐刀反。謂無人君之器，滔聚其前也。又杜高反。

〔校〕①本又及丑字依世德堂本改。

仲尼曰：「惡！可不察與！夫哀莫大於心死，而人死亦次之〔一〕。日出東方而入於西極，萬物莫不比方〔二〕，有目有趾者，待是而後成功〔三〕，是出則存，是入則亡〔四〕。萬物亦然，有待也而死，有待也而生〔五〕。吾一受其成形，而不化以待盡〔六〕，效物而動〔七〕，日夜无隙〔八〕，而不知其所終〔九〕；薰然其成形〔一〇〕，知命不能規乎其前，丘以是日徂〔一一〕。

〔一〕【注】夫心以死爲死，乃更速其死；其死之速，由哀以自喪也。無哀則已，有哀則心死者，乃哀之大也。【疏】夫不比而周，不言而信，蓋由虛心順物，豈徒然哉！何可不忘懷鑒照，夷心審察耶！夫情之累者，莫過心之變易，變易生滅，深可哀傷，而以生死，哀之次也。【釋文】「惡可」音烏。「察與」音餘。下哀與同。「自喪」息浪反。下章同。

〔二〕【注】皆可見也。【疏】夫夜暗晝明，東出西入，亦（由）〔猶〕人入幽出顯，死去生來。故知人之死生，譬天之晝夜，以斯寓比，亦何惜哉！○家世父曰：日之出也，乘之以動焉，其入也，人斯息焉，惟其明也。物之待明而動者，莫能外也；待明而動，待氣而生，順之而已矣。不能御氣而爲生，則亦不能强致其明而爲動。昔日之明，（獨）〔猶〕今日之明也，而固不能執今日之明，一一以規合夫昔。執今之明以規合夫昔，是交臂而失之也。彼有彼之步趨，此有此之步趨。肖者，步趨也，所以肖者，非步趨也，兩相忘於步趨之中，而後與道大適。惟能忘也，而後所以不忘者於是乎存。於人之步趨無所待焉，是乘日之明而不知動者也，謂之人死；於人之步趨强致以求（活）〔合〕焉，是忘今日之明而求之昔也，是之謂心死。死者，襲焉而不化，執焉而不移者也。莊子語妙，惟當以神悟之。

〔三〕【注】目成見功，足成行功也。【疏】趾，足也。夫人百體，稟自陰陽，目見足行，資乎造化，若不待此，何以成功！故知死生非關人也。

〔四〕【注】直以不見爲亡耳，竟不亡。【疏】見日出謂之存，覩日入謂之亡，此蓋凡情之浪執，非通聖人之達觀。

〔五〕【注】待隱謂之死，待顯謂之生，竟無死生也。　【疏】夫物之隱顯，皆待造化，隱謂之死，顯謂之生。日出入既無存亡，物隱顯豈有生死耶！

〔六〕【注】夫有不得變而爲無，故一受成形，則化盡無期也。　【疏】夫我之形性，稟之造化，明闇妍醜，崖分已成，一定已後，更無變化，唯常端然待盡，以此終年。妍醜既不自由，生死理亦當任也。

〔七〕【注】自無心也。　【疏】夫至聖虛凝，感來斯應，物動而動，自無心者也。

〔八〕【注】恒化新也。　【疏】變化日新，泯然而無間隙。

〔九〕【注】不以死爲死也。　【疏】隨之不見其後。

〔一〇〕【注】薰然自成，又奚爲哉！　【疏】薰然，自動之貌。薰然稟氣成形，無物使之然也。　【釋文】「薰然」許云反。

〔一一〕【注】不係於前，與變俱往，故日徂。　【疏】徂，往也。達於時變，不能預作規模，體於日新，是故與化俱往也。　【釋文】「日徂」如字。司馬本作疽，云：病也。

吾終身與汝交一臂而失之，可不哀與〔一〕！　女殆著乎吾所以著也。彼已盡矣，而女求之以爲有，是求馬於唐肆也〔二〕。　吾服女也甚忘〔三〕，女服吾也亦甚忘〔四〕。　雖然，女奚患焉！　雖忘乎故①吾，吾有不忘者存〔五〕。」

〔一〕【注】夫變化不可執而留也。故雖執臂②相守而不能令停，若哀死者，則此亦可哀也。今人未嘗以此爲哀，奚獨哀死耶！　【疏】孔丘顏子，賢聖二人，共修一身，各如交臂；而變化日新，遷流迅速，牢執固守，不能暫停，把臂之間，欻然已謝，新既行矣，故以失焉。若以失故而悲，此深可哀也。【釋文】「能令」力呈反。下章注同。

〔二〕【注】唐肆，非停馬處也，言求向者之有，不可復得也。人之生，若馬之過肆耳，恒無駐須臾，新故之相續，不舍晝夜也。著，見也，言汝殆見吾所以見者耳。吾所以見者，日新也，故已盡矣，汝安得有之！　【疏】殆，近也。著，見也。唐，道；肆，市也。吾所見者，變故日新者也。顏回孔子，對面清談，向者之言，其則非遠，故言殆著也。彼之故事，於今已滅，汝仍求向時之有，謂在於今者耳，〔所〕謂求馬於唐肆也。唐肆非停馬之處也，向者見馬，市道而行，今時覆尋，馬已過去。亦猶向者之迹已滅於前，求之於今，物已變矣。故知新新不住，運運遷移耳。　【釋文】「女」音汝。「殆著乎吾所以著也」郭著音張慮反。注同。又一音張略反。司馬云：吾所以著者外化也，汝殆庶於此耳。吾一不化者，則非汝所及也。「是求馬於唐肆也」郭云：唐肆非停馬處也。李同。又云：唐，亭也。司馬本作廣肆，云：廣庭也，求馬於市肆廣庭，非其所也。「馬處」昌慮反。「可復」扶又反。「不舍」音捨。

〔三〕【注】服者，思存之謂也。甚忘，謂過去之速也。言汝去忽然，思之恒欲不及。　【疏】復③者，尋思之謂也。向者之汝，於今已謝，吾復思之，亦竟忘失。

〔四〕【注】俱爾耳，不問賢之與聖，未有得停者。　【疏】變化日新，不簡賢聖。豈唯於汝，抑亦在吾。汝之思吾，故事亦滅。

〔五〕【注】不忘者存，謂繼之以日新也。雖忘故吾而新吾已至，未始非吾，吾何患焉！故能離俗絕塵而與物無不冥也。【疏】夫變化之道，無時暫停，雖失故吾而新吾尚在，斯有不忘者存也，故未始非吾，汝何患也！【釋文】「離俗」力智反。下章文同。

〔校〕①唐寫本無故字。②王叔岷云：執臂當作交臂。③劉文典云：復當依正文作服。

孔子見老聃，老聃新沐，方將被髮而乾，慹然似非人〔一〕。孔子便而待之〔二〕，少焉見，曰：「丘也眩與，其信然與？向者先生形體掘若槁木，似遺物離人而立於獨也〔三〕。」

〔一〕【注】寂泊之至。【釋文】「被髮」皮寄反。「而干」本或作乾。○盧文弨曰：今本作乾。「慹」乃牒反，又丁立反。司馬云：不動貌。説文云：怖也。「泊」步各反。

〔二〕【疏】既新沐髮，曝之令乾，凝神寂泊，慹然不動，（摇）〔掘〕①若槁木，故似非人。孔子見之，不敢往觸，遂便徙所，消息待之。【釋文】「便而待」待或作侍。

〔三〕【注】無其心身，而後外物去也。【疏】俄頃之間，入見老子，云：「丘見先生，眼爲眩燿，忘遺形智，信是聖人；既而離異於人，遺棄萬物，亡於不測而冥於獨化也。」【釋文】「見曰」賢遍反。「眩」玄遍反。「與」音餘。下同。「掘若」徐音屈。「槁木」苦老反。

〔校〕①掘字依正文改。

老聃曰：「吾遊心於物之初〔一〕。」

〔一〕【注】初未有而歘有，故遊於物初，然後明有物之不爲而自有也。【疏】初，本也。夫道通生萬物，故名道爲物之初也。遊心物初，則是凝神妙本，所以形同槁木，心若死灰也。【釋文】「而歘」訓弗反。

孔子曰：「何謂邪〔一〕？」

〔一〕【疏】雖聞聖言，未識意謂。

曰：「心困焉而不能知，口辟焉而不能言〔一〕，嘗爲汝議乎其將〔二〕。至陰肅肅，至陽赫赫；肅肅出乎天，赫赫發乎地〔三〕；兩者交通成和而物生焉，或爲之紀而莫見其形〔四〕。消息滿虛，一晦一明，日改月化，日有所爲〔五〕，而莫見其功〔六〕。生有所乎萌〔七〕，死有所乎歸〔八〕，始終相反乎无端而莫知乎其所窮〔九〕。非是也，且孰爲之宗〔一〇〕！」

〔一〕【注】欲令仲尼必求於言意之表也。【疏】辟者，口開不合也。夫聖心非不能知，爲其無法可知；口非不能辯，爲其無法可辯。辯之則乖其體，知之則喪其真，是知至道深玄，超言意之表，故困焉辟焉。【釋文】「口辟」必亦反。司馬云：辟，卷不開也。又婢亦反，徐敷赤反。

〔二〕【注】試議陰陽以擬向之無形耳，未之敢必。【疏】夫至理玄妙，非言意能詳。試爲汝議論陰陽，將擬議大道，雖即仿象，未即是真矣。【釋文】「嘗爲」于僞反。

〔三〕【注】言其交也。【疏】肅肅，陰氣寒也；赫赫，陽氣熱也；近陰中之陽，陽中之陰，言其交泰也。

〔四〕【注】莫見爲紀之形，明其自爾。【疏】陽氣下降，陰氣上昇，二氣交通，遂成和合，因此和氣而物生焉。雖復四序炎涼，紀綱庶物，而各自化，故莫見綱紀之形。

〔五〕【注】未嘗守故。【疏】陰消陽息，夏滿冬虛，夜晦晝明，日遷月徙，新新不住，故日有所爲也。

〔六〕【注】自爾故無功。【疏】玄功冥濟，故莫見爲之者也。

〔七〕【注】萌於未聚也。【疏】萌於無物。

〔八〕【注】歸於散也。【疏】歸於未生。

〔九〕【注】所謂迎之不見其首，隨之不見其後。【疏】死生終始，反覆往來，既無端緒，誰知窮極！故至人體達，任其變也。

〔一〇〕【疏】若非是虛通生化之道，誰爲萬物之宗本乎！夫物云云，必資於道也。【釋文】「且孰」如字。舊子餘反。

孔子曰：「請問遊是〔一〕。」

〔一〕【疏】請問：「遊心是道，其術如何？必得遊是，復有何功力也？」

老聃曰：「夫得是，至美至樂也，得至美而遊乎至樂，謂之至人〔一〕。」

〔一〕【注】至美無美，至樂無樂故也。【疏】夫證於玄道，美而歡暢，既得無美之美而遊心無樂之樂者，可謂至極之人也。【釋文】「至樂」音洛。下及注同。

孔子曰：「願聞其方〔一〕。」

〔一〕【疏】方，猶道也。請説至美至樂之道。

曰：「草食之獸不疾易藪，水生之蟲不疾易水，行小變而不失其大常也〔一〕，喜怒哀樂不入於胷次〔二〕。夫天下也者，萬物之所一也。得其所一而同焉，則四支百體將爲塵垢，而死生終始將爲晝夜而莫之能滑，而況得喪禍福之所介乎！〔三〕棄隸者若棄泥塗，知身貴於隸也〔四〕，貴在於我而不失於變〔五〕。且萬化而未始有極也，夫孰足以患心！已爲道者解乎此〔六〕。」

〔一〕【注】死生亦小變也。【疏】疾，患也。易，移也。夫食草之獸，不患移易藪澤；水生之蟲，不患改易池沼；但有草有水，則不失大常，從東從西，蓋小變耳。亦猶人處於大道之中，隨變任化，未始非我，此則不失大常，生死之變，蓋亦小耳。【釋文】「行小」下孟反，又如字。

〔二〕【注】知其小變而不失大常（故）〔也〕①。【疏】喜順，怒逆，樂生，哀死，夫四者生崖之事也。而死生無變於己，喜怒豈入於懷中也！【釋文】「胷次」李云：次，中也。

〔三〕【注】愈不足患。【疏】夫天地萬物，其體不二，達斯趣者，故能混同。是以物我皆空，百體將爲塵垢；死生虛幻，終始均乎晝夜。死生不能滑亂，而況得喪禍福生崖之事乎！愈不足以介懷也。【釋文】「能滑」古没反。「所介」音界。

〔四〕【注】知身之貴於隸，故棄之若遺土耳。苟知死生之變所在皆我，則貴者常在也。

〔五〕【注】所貴者我也，而我與變俱，故無失也。【疏】夫舍棄僕隸，事等泥塗，故知貴在於我，不在外物，我將變俱，故無所喪也。

〔六〕【注】所謂縣解。【疏】夫世物遷流，未嘗有極，而隨變任化，誰復累心！唯當修道達人，方能解此。【釋文】「解乎」户買反。注同。

〔校〕①也字依趙諫議本改。

孔子曰：「夫子德配天地，而猶假至言以修心，古之君子，孰能脱焉〔一〕？」

〔一〕【疏】配，合也。脱，免也。老子德合二儀，明齊三景，故應忘言歸理，聖智自然。今乃盛談至言以修心術，然則古之君子，誰能遺於言説而免於修爲者乎？

老聃曰：「不然。夫水之於汋也，无爲而才自然矣。至人之於德也，不修而物不能離焉，若天之自高，地之自厚，日月之自明，夫何脩焉！」〔二〕

〔一〕【注】不脩不爲而自得也。【疏】汋，水(也)澄湛也。言水之澄湛，其性自然，汲取利潤，非由修學。至人玄德，其義亦然，端拱巖廊而物不能離，澤被羣品，日用不知。若天高地厚，日月照明，夫何修爲？自然而已矣。【釋文】「汋」音灼，又上若反。李以略反。李云：取也。○家世父曰：說(水)〔文〕汋，激水聲也；井一有水，一無水，謂之瀱汋。所引爾雅釋水文。郭璞注爾雅，引山海經天井夏有水冬無水，即此類。汋者，水自然涌出，非若泉之有源，而溪澗之交匯以流行也。說文：激，水礙衺疾波也。謂有所礙而衺出疾行，故有聲。水之涌出，亦若激而有聲。無爲而才自然，言無有疏導之者。釋文引李云，汋，取也。誤。

孔子出，以告顔回曰：「丘之於道也，其猶醯雞與〔一〕！微夫子之發吾覆也，吾不知天地之大全也〔二〕。」

〔一〕【注】醯雞者，甕中之蠛蠓。【釋文】「醯雞」許西反，郭云：醯雞，甕中之蠛蠓也。司馬云：若酒上蠛蠓也。○慶藩案太平御覽三百九十五引司馬云：醯雞，酒上飛蚋。與釋文小異。「甕中」烏弄反。「蠛」亡結反。「蠓」無孔反。

〔二〕【注】比吾全於老聃，猶甕中之與天地矣。【疏】醯雞，醋甕中之蠛蠓，每遭物蓋甕頭，故不見二儀也。亦猶仲尼遭聖迹蔽覆，不見事理，若無老子爲發覆蓋，則終身不知天地之大全，虛通之妙道也。

莊子見魯哀公。哀公曰：「魯多儒士，少爲先生方者〔一〕。」

〔一〕【疏】方，術也。莊子是六國時人，與魏惠王、齊威王同時，去魯哀公一百二十年，如此言見魯哀公者，蓋寓言耳。然魯則是周公之後，應是衣冠之國。又孔子生於魯，盛行五德之教，是以門徒三千，服膺儒服，長裾廣袖，魯地必多，無爲之學，其人鮮矣。【釋文】「莊子見」賢遍反，亦如字。「魯哀公」司馬云：莊子與魏惠王、齊威王同時，在哀公後百二十年。

莊子曰：「魯少儒〔一〕。」

〔一〕【疏】夫服以象德，不易其人，莊子體知，故譏儒少。

哀公曰：「舉魯國而儒服，何謂少乎〔一〕？」

〔一〕【疏】哀公庸暗，不察其道，直據衣冠，謬稱多儒。

莊子曰：「周聞之，儒者冠圜冠者，知天時；履句屨者，知地形；緩佩玦者，事至而斷。君子有其道者，未必爲其服也；爲其服者，未必知其道也。〔一〕公固以爲不然，何不號於國中曰：『无此道而爲此服者，其罪死！』」

〔一〕【疏】句，方也。緩者，五色絛繩，穿玉玦以飾佩也。玦，決也。本亦有作綬字者。夫天員地方，服以象德。故戴圓冠以象天者，則知三象之吉凶；履方屨以法地者，則知九州之水陸；曳綬佩玦者，事到而決斷。是以懷道之人，不必爲服，爲服之者，不必懷道。彼己之子，今古有之，是故莊生寓言辯説也。【釋文】「冠」古亂反。「圜冠」音圓。「履句」音矩，徐其俱反。李云：方也。「屨」徐居具反。「緩」户管反。司馬本作綬。「佩玦」古穴反。○慶藩案說文緌緌二字互訓，緩者，寬綽之意。晉書緩帶輕裘，緩帶，猶博帶也。緩佩玦，言所佩者玦，而繫之帶間，寬綽有餘也。釋文引司馬本作綬，誤。「而斷」丁亂反。

於是哀公號之五日，而魯國无敢儒服者〔一〕，獨有一丈夫儒服而立乎公門。公即召而問以國事，千轉萬變而不窮。

〔一〕【疏】有服無道，罪合極刑，法令既嚴，不敢犯者，號經五日，無復一儒也。【釋文】「號於國」號，號令也。

莊子曰：「以魯國而儒者一人耳，可謂多乎〔一〕？」

〔一〕【注】德充於内者，不脩飾於外。【疏】一人，謂孔子。孔子聖人，觀機吐智，若鏡之照，轉變無窮，舉國一人，未足多也。

百里奚爵禄不入於心，故飯牛而牛肥，使秦穆公忘其賤，與之政也〔一〕。有虞氏死生不入於心，故足以動人〔二〕。

〔一〕【疏】姓孟，字百里奚，秦之賢人也。本是虞人，虞被（秦）〔晉〕亡，遂入秦國。初未遭用，貧賤飯牛。安於飯牛，身甚肥悦，忘於富貴，故爵禄不入於心。後穆公知其賢，委以國事，都不猜疑，故云忘其賤矣。【釋文】「故飯」煩晚反。「忘其賤與之政也」謂忘其飯牛之賤也。

〔三〕【注】内自得者，外事全也。【疏】有虞，舜也，姓嬀氏，字重華。遭後母之難，頻被躓頓，而不以死生經心，至孝有聞，感動天地，於是堯妻以二女，委以萬乘，故足以動人也。

宋元君將畫圖，衆史皆至，受揖而立；舐筆和墨，在外者半〔一〕。有一史後至者，儃儃然不趨，受揖不立，因之舍。公使人視之，則解衣般①礴臝。君曰：「可矣，是真畫者也。〔二〕」

〔一〕【疏】宋國之君，欲畫國中山川地土圖樣，而畫師並至，受君令命，拜揖而立，調朱和墨，争競功能。除其受揖，在外者半，言其趨競者多。【釋文】「受揖而立」司馬云：受命揖而立也。「舐」本或作詑②，食紙反。

〔二〕【注】内足者，神閒而意定。【疏】儃儃，寬閑之貌也。内既自得，故外不矜持，徐行不趨，受命不立，直入就舍，解衣箕坐，倮露赤身，曾無懼憚。元君見其神彩，可謂真畫者也。【釋文】「儃儃」吐袒反，徐音但。李云：舒閒之貌。「般」字又作槃。「礴」傍各反，徐敷各反。司馬云：般礴，謂箕坐也。「臝」本又作羸，同。力果反。司馬云：將畫，故解衣見形。「神閒」音閑。

〔校〕①趙諫議本般作槃。②釋文原本作詑。字當作䑛。説文作𦧇，云：以舌取食也。從舌，易聲。神旨切。或從也。

文王觀於臧，見一丈夫釣，而其釣莫釣〔一〕；非持其釣有釣者也〔二〕，常釣也〔三〕。

〔一〕【注】聊以卒歲。【疏】臧者，近渭水地名也。丈夫者，寓言於太公也。吕望未遭文王之前，綸釣於臧地，無心施餌，聊自寄此逍遥。【釋文】「文王觀於臧」李云：臧，地名也。司馬本作文王微服而觀於臧。「丈夫」本或作丈人。

〔二〕【注】竟無所求。

〔三〕【注】不以得失經意，其於假釣而已。【疏】非執持其釣，有意羨魚，常遊渭濱，卒歲而已。

文王欲舉而授之政，而恐大臣父兄之弗安也；欲終而釋之，而不忍百姓之无天也〔一〕。於是旦而屬之大夫曰：「昔者寡人夢見良人，黑色而頾，乘駁馬而偏朱蹄，號曰：『寓而政於臧丈人，庶幾乎民有瘳乎〔二〕！』」

〔一〕【疏】文王既見賢人，欲委之國政，復恐皇親宰輔，猜而忌之；既欲捨而釋之，不忍蒼生失於覆蔭，故言無天也。

〔二〕【疏】既欲任賢，故託諸夢想，乃屬語臣佐云：「我昨夜夢見賢良之人，黑色而有鬚髯，乘駁馬而蹄偏赤，號令我云：『寄汝國政於臧丈人，慕賢進隱，則民之荒亂病必瘳差矣。』」駁，亦有作駮字者，隨字讀之也。【釋文】「旦而屬」音燭。「之夫夫①」皆方于反。司馬云：夫夫，大夫也。一云：夫夫，古牘爲大夫。○慶藩案昔者，夜者也。古謂夜爲昔。或爲昔者（晏子春秋雜下篇有梟昔者鳴，説苑辨物篇亦作昔者。王念孫云：古謂夜爲昔。），或爲夜者（晏子春秋外篇寡人夜者聞西方有男子哭。夜曰夜者，故晝亦曰晝者。晏子春秋雜上篇晝者進膳是也。），或曰夕者（晏子春秋下篇夕者瞢與二日鬬。），皆其證。「䫇」而占反，郭李而兼反，又而銜反。「駁馬」邦角反。「偏朱蹄」李云：一蹄偏赤也。「瘳乎」敕留反。

〔校〕①夫夫，今書作大夫。

諸大夫蹵然曰：「先君王也〔一〕。」

〔一〕【疏】文王之父季歷生存之日，黑色多髯，好乘駁馬，駁馬蹄偏赤。王之所夢，乃是先君教令於王，是以蹵然驚懼也。【釋文】「蹵然」子六反。本或作愀，在久七小二反。「先君王也」司馬云：言先君王靈神之所致。○俞樾曰：先君下疑奪命字。此本作先君命王也，故下文曰先君之命王其無他。

文王曰：「然則卜之。」

諸大夫曰：「先君之命，王其无它，又何卜焉〔一〕！」

〔一〕【疏】此是先君令命，決定無疑，卜以決疑，不疑何卜也！【釋文】「之令」本或作命。○盧文弨曰：今本作命。「王其無它」司馬云：無違令。

遂迎臧丈人而授之政。典法无更，偏令无出。〔一〕三年，文王觀於國，則列士壞植散羣，長官者不成德，（麵）〔斔〕斛不敢入於四竟〔二〕。列士壞植散羣，則尚同也〔三〕；長官者不成德，則同務也〔四〕；斔斛不敢入於四竟，則諸侯无二心也〔五〕。

〔一〕【疏】君臣契協，遂迎丈人，拜爲卿輔，授其國政。於是典憲刑法，一施無改，偏曲敕令，無復出行也。

〔二〕【疏】植，行列也，亦言境界列舍以受諫書也，亦言是諫士之館也。庾，六斗四升也。爲政三年，移風易俗，君臣履道，無可箴規，散卻列士之爵，打破諫書之館，上下咸亨，長官不顯其德，遐邇同軌，度量不入四境。【釋文】「列士壞」音怪。下同。「植」音直。「散羣」司馬云：植，行列也。散羣，言不養徒衆也。一云：植者，疆界頭造羣屋以待諫者也。○俞樾曰：司馬兩說，並未得植字之義。宣二年左傳華元爲植，杜注曰：植，將主也。列士必先有主而後得有徒衆，故欲散其羣，必先壞其植也。「長」丁丈反。下同。「官者不成德」司馬云：不利功名也。「斔斛」音庾。李云：六斛四斗曰斔。司馬本作斔斞，云：鍾讀曰鍾，斞讀曰臾。「四竟」音境。下同。

〔三〕【注】所謂和其光，同其塵。

〔四〕【注】絜然自成，則與衆務異也。

〔五〕【注】天下相信，故能同律度量衡也。【疏】天下大同，不競忠諫，事無隔異，則德不彰，五等守分，則四方寧謐也。

文王於是焉以爲大師，北面而問曰：「政可以及天下乎？」臧丈人昧然而不應，泛然而辭，朝令而夜遁，終身无聞〔一〕。

〔一〕【注】爲功者非己，故功成而身不得不退，事遂而名不得不去，名去身退，乃可以及天下也①。

【疏】俄頃之間，拜爲師傅，北面事之，問其政術。無心榮寵，故泛然而辭；（其）〔冥〕意消聲，故昧然不應。由名成身退，推功於物，不欲及於天下，故逃遁無聞。然吕佐周室，受封於齊，檢於史傳，竟無逃迹，而云夜遁者，蓋莊生之寓言也。【釋文】「大師」音泰。「昧然」音妹。「泛然」徐敷劒反。「夜遁」（徐）〔徒〕困反。

〔校〕①趙諫議本無也字。

顔淵問於仲尼曰：「文王其猶未邪？又何以夢爲乎〔一〕？」

〔一〕【疏】顔子疑於文王未極至人之德，真人不夢，何以夢乎？

仲尼曰：「默，汝无言！夫文王盡之也〔一〕，而又何論刺焉！彼直以循斯須也〔二〕。」

〔一〕【注】任諸大夫而不自任，斯盡之也。

〔二〕【注】斯須者，百姓之情，當悟未悟之頃，故文王循而發之，以合其大情也。【疏】斯須（由）〔猶〕須臾也。循，順也。夫文王聖人，盡於妙理，汝宜寢默，不勞譏刺。彼直隨任物性，順蒼生之望，欲悟未悟之頃，進退須臾之間，故託夢以發其性耳，未足怪也。【釋文】「刺焉」七賜反。

列禦寇爲伯昏无人射，引之盈貫〔一〕，措杯水其肘上〔二〕，發之，適矢復沓〔三〕，方矢復寓〔四〕。當是時，猶象人也〔五〕。

〔一〕【注】盈貫，謂溢鏑也。【釋文】「爲伯昏」于僞反。「盈貫」古亂反。司馬云：鏑也。「鏑」丁歷反。

〔二〕【注】左手如拒石，右手如附枝，右手放發而左手不知，故可措之杯水也。【疏】禦寇无人，内篇具釋。盈貫，滿鏃也。措，置也。禦寇風仙，（魯）〔鄭〕之善射，右手引弦，如附枝而滿鏑，左手如拒石，置杯水於肘上，言其停審敏捷之至也。【釋文】「措」七故反。「其肘」竹九反。「如拒」音矩。本亦作矩字。

〔三〕【注】矢去也。箭適去，復歃沓也。【釋文】「適矢」丁歷反。「復沓」扶又反。注及下同。「歃」色洽反，又初洽反。

〔四〕【注】箭方去未至的也，復寄杯於肘上，言其敏捷之妙也。【疏】適，往也。沓，重也。寓，寄也。弦發矢往，復重沓前箭，所謂擘括而入者。箭方適垜，未至於的，復寄杯水，言其敏捷。寓字亦作隅者，言圓鏑重沓，破括方全，插孔復於隅角也。

〔五〕【注】不動之至。【疏】象人，木偶土梗人也。言禦寇當射之時，掘然不動，猶土木之人也。

○家世父曰：適矢復沓，狀矢之發；方矢復寓，狀矢之彀。說文：多言沓沓，如水之流。言一矢適發，一矢復涌出也。寓，寄也，言一矢方釋，一矢復在彀也。象人，猶鄭康成之云相人偶。

伯昏无人曰：「是射之射，非不射之射也〔一〕。嘗與汝登高山，履危石，臨百仞之淵，若能射乎〔二〕？」

〔一〕【疏】言汝雖巧，仍是有心之射，非忘懷無心，不射之射也。

〔二〕【疏】七尺曰仞，深七百尺也。若，汝也。此是不射之射也。

於是无人遂登高山，履危石，臨百仞之淵，背逡巡，足二分垂在外，揖禦寇而進之。禦寇伏地，汗流至踵〔一〕。

〔一〕【疏】前略陳射意，此直欲彎弓。逡巡，猶卻行也。進，讓也。登峻聳高山，履危懸之石，臨極險之淵，仍背淵卻行，足垂二分在外空裏。控弦自若，揖禦寇而讓之。禦寇怖懼，不能舉頭，於是冥目伏地，汗流至脚也。【釋文】「逡巡」七旬反。「汗流」户旦反。

伯昏无人曰：「夫至人者，上闚青天，下潛黄泉，揮斥八極，神氣不變〔一〕。今汝怵然有恂目之志，爾於中也殆矣夫〔二〕！」

〔一〕【注】揮斥，猶縱放也。夫德充於内，則神滿於外，無遠近幽深，所在皆明，故審安危之機而泊然自得也①。○慶藩案澘與闞對文。澘，測也，與闞之意相近。古訓澘爲測，見爾雅。【釋文】「揮」音輝。「斥」音尺，李音託。郭云：揮斥，猶放縱。

〔二〕【注】不能明至分，故有懼，有懼而所喪多矣，豈唯射乎！【疏】揮斥，猶縱放也。恂，懼也。夫至德之人，與大空等量，故能上闞青天，下隱黄泉，譬彼神龍，升沈無定，縱放八方，精神不改，臨彼萬仞，何足介懷！今我觀汝有怵惕之心，眼目眩惑，懷恂懼之志，汝於射（之）〔中〕②危殆矣夫！【釋文】「怵然」敕律反。「有恂」李又作眴，音荀。爾雅云：恂，慄也。「目之志」恂，謂眩也，欲以眩悦人之目，故怵也。「於中」丁仲反，又如字。中，精神也。「所喪」息浪反。後章同。

〔校〕①趙諫議本無也字。②中字依正文改。

肩吾問於孫叔敖曰：「子三爲令尹而不榮華，三去之而無憂色。吾始也疑子，今視子之鼻間栩栩然，子之用心獨柰何？」〔一〕

〔一〕【疏】肩吾，隱者也。叔敖，楚之賢人也。栩栩，歡暢之貌也。夫達者毁譽不動，寵辱莫驚，故孫敖三仕而不榮華，三黜而無憂色。肩吾始聞其言，猶懷疑惑，復察其貌，栩栩自懽，若爲用心，獨得如此也？【釋文】「栩栩」況甫反。

孫叔敖曰：「吾何以過人哉！吾以其來不可卻也，其去不可止也，吾以爲得失之非我也，而无憂色而已矣。我何以過人哉〔一〕！且不知其在彼乎，其在我乎？其在彼邪？亡乎我；在我邪？亡乎彼〔二〕。方將躊躇，方將四顧，何暇至乎人貴人賤哉〔三〕！」

〔一〕【疏】夫軒冕榮華，物來儻寄耳，故其來不可遣卻，其去不可禁止。窮通得喪，豈由我哉！達此去來，故無憂色，何有藝術能過人耶！

〔二〕【注】曠然無係，玄同彼我，則在彼非獨亡，在我非獨存也。【疏】亡，失也。且不知榮華定在彼人，定在我己？若在彼邪？則於我爲失；若在我邪？則於彼爲失。而彼我既其玄同，得喪於乎自泯也。○慶藩案彼我皆亡，言不在我，不在彼也。淮南詮言篇亡乎萬物之中，高注曰：不在萬物之中也。即此義。

〔三〕【注】躊躇四顧，謂無可無不可。【疏】躊躇是逸豫自得，四顧是高視八方。方將磅礴萬物，揮斥宇宙，有何容暇至於人世，留心貴賤之間乎！故去之而無憂色也。【釋文】「躊」直留反。「躇」直於反。

仲尼聞之曰：「古之真人，知者不得説，美人不得濫，盜人不得劫，伏戲黄帝不得友〔一〕。死生亦大矣，而无變乎己，況爵禄乎〔二〕！若然者，其神經乎大山而無介，入乎淵泉而不濡，處卑細而不憊，充滿天地，既以與人，己愈有〔三〕。」

〔一〕【注】伏戲黄帝者，功號耳，非所以功者也。故況功號於所以功，相去遠矣，故其名不足以友其①人也。【疏】仲尼聞孫叔敖之言而美其德，故引遠古以證斯人。古之真人，窮微極妙，縱有智言之人，不得辯説，美色之姿，不得淫濫，盜賊之徒，何能劫剥，三皇五帝，未足交友也。【釋文】「得劫」居業反。元嘉本作却。「伏戲」音羲。

〔二〕【疏】人雖日新，死生大矣，而不變於己；況於爵禄，豈復栖心！

〔三〕【注】割肌膚以爲天下者，彼我俱失也；使人人自得而已者，與人而不損於己也。其神明充滿天地，故所在皆可，所在皆可，故不損己爲物而放於自得之地也。【疏】介，礙也。既，盡也。夫真人入火不熱，入水不濡，經乎大山而神無障礙，屈處卑賤，其道不虧，德合二儀，故充滿天地，不損己爲物，故愈有也。【釋文】「大山」音泰。「无介」音界。「不憊」皮拜反。「以爲」于僞反。下同。

〔校〕①其字，元纂圖互注本、明世德堂本及道藏焦竑本並作於，宋本作其。王叔岷云：當作於。

楚王與凡君坐，少焉，楚王左右曰凡亡者三〔一〕。凡君曰：「凡之亡也，不足以喪吾存〔二〕。夫『凡之亡不足以喪吾存』，則楚之存不足以存存〔三〕。由是觀之，則凡未始亡而楚未始存也〔四〕。」

〔一〕【注】言有三亡徵也。【疏】楚文王共凡僖侯同坐，論合從會盟之事。凡是國名，周公之後，國在汲郡界，今有凡城是也。三者，(爲)〔謂〕不敬鬼、尊賢、養民也。而楚大凡小，楚有吞夷之意，故使從者以言感也。○俞樾曰：楚王左右言凡亡者三人也。郭注曰言有三亡徵也，非是。【釋文】「凡君」如字。司馬云：凡，國名，在汲郡共縣。案左傳，凡，周公之後也。隱七年，天王使凡伯來聘。俗本此後有孔子窮於陳蔡及孔子謂顏回二章，與讓王篇同，衆家并於讓王篇音之。檢此二章無郭注，似如重出。古本皆無，謂無者是也。

〔二〕【注】遺凡故也。【疏】自得造化，怡然不懼，可謂周公之後，世不乏賢也。

〔三〕【注】夫遺之者不以亡爲亡，則存亦不足以爲存矣。曠然無矜，乃常存也。

〔四〕【注】存亡更在於心之所(惜)〔措〕①耳，天下竟無存亡。【疏】夫存亡者，有心之得喪也；既冥於得喪，故亡者未必亡而亡者更存，存者不獨存而存者更亡也。

〔校〕①措字依明世德堂本改。

外篇 知北遊第二十二〔一〕

〔一〕【釋文】以義名篇。

知北遊於玄水之上，登隱弅之丘，而適遭无爲謂焉〔一〕。知謂无爲謂曰：「予欲有問乎若〔二〕：何思何慮則知道？何處何服則安道？何從何道則得道？」〔三〕三問而无爲謂不答也，非不答，不知答也〔四〕。

〔一〕【疏】此章並假立姓名，寓言明理。北是幽冥之域，水又幽昧之方，隱則深遠難知，弅則鬱然可見。欲明至道玄絶，顯晦無常，故寄此言以彰其義也。【釋文】「知北遊」音智，又如字。「於玄水之上」李云：玄〔水〕，水名。司馬崔本上作北。○盧文弨曰：今本作玄水水名。以下白水例之，重者是。「隱弅」符云反，又音紛，又符紛反。李云：隱出弅起，丘貌。

〔二〕【疏】若，汝也。此明運知極心問道，假設賓主，謂之無爲。

〔三〕【疏】此假設言方，運知問道。若爲尋思，何所念慮，則知至道？若爲服勤，於何處所，則安心契道？何所依從，何所道説，則得其道也？

〔四〕【疏】知，分别也。設此三問，竟無一答，非無爲謂惜情不答，直是理無分别，故不知所以答也。

知不得問，反於白水之南，登狐闋之上，而睹狂屈焉。知以之言也問乎狂屈。〔一〕狂屈曰：「唉！予知之，將語若。」中欲言而忘其所欲言〔二〕。

〔一〕【疏】白是潔素之色，南是顯明之方，狐者疑似夷猶，闋者空静無物。問不得決，反照於白水之南，捨有反無，狐疑未能窮理，既而猖狂妄行，掘若槁木，欲表斯義，故曰狂屈焉。【釋文】「白水」水名。「狐闋」苦穴反。司馬李云：狐闋，丘名。「而睹」丁古反。「狂屈」求勿反，徐又其述反。司馬向崔本作詘。李云：狂屈，侜張，似人而非也。○慶藩案釋文引李云，狂屈，侜張，似人而非也。文選甘泉賦捎夔魖，扶僪狂。狂屈即僪狂也。司馬與崔作詘，失之。

「以之言」司馬云：之，是也。

〔二〕【疏】唉，應聲也。初欲言語，中途忘之，斯忘之術，反照之道。【釋文】「唉」哀在反。徐烏來反。李音熙，云：應聲。「語若」魚據反。

知不得問，反於帝宮，見黃帝而問焉。黃帝曰：「无思无慮始知道，无處无服始安道，无從无道始得道〔一〕。」

〔一〕【疏】軒轅體道，妙達玄言，故以一無(無)〔答〕於三問。

知問黃帝曰：「我與若知之，彼與彼不知也，其孰是邪？」

黃帝曰：「彼无爲謂真是也，狂屈似之；我與汝終不近也。夫知者不言，言者不知，故聖人行不言之教。〔一〕道不可致〔二〕，德不可至〔三〕。仁可爲也〔四〕，義可虧也〔五〕，禮相僞也〔六〕。故曰：『失道而後德，失德而後仁，失仁而後義，失義而後禮。禮者，道之華而亂之首也〔七〕。』故曰：『爲道者日損〔八〕，損之又損之以至於无爲，无爲而不无爲也〔九〕。』今已爲物也〔一〇〕，欲復歸根，不亦難乎！其易也，其唯大人乎〔一一〕！

〔一〕【注】任其自行，斯不言之教也。【疏】真者不知也，似者中忘也，不近者以其知之也。行不言之教，引老子經爲證也。【釋文】「不近」附近之近。

〔二〕【注】道在自然，非可言致者也。【疏】致，得也。夫玄道不可以言得，言得非道也。

〔三〕【注】不失德故稱德，稱德而不至也。【疏】夫上德不德，若爲德者，非至德也。

〔四〕【疏】夫至仁無親，而今行偏愛之仁者，適可有爲而已矣。

〔五〕【疏】夫裁非①斷割，適可虧殘，非大全也。大全者，生之而已矣。

〔六〕【疏】夫禮尚往來，更相浮僞，華藻亂德，非真實也。

〔七〕【注】禮有常則，故矯效②之所由生也。【疏】棄本逐末，散樸爲澆，道喪淳漓，逮於行禮，故引老經證成其義也。

〔八〕【注】損華僞也。

〔九〕【注】華去而朴全，則雖爲而非爲也。【疏】夫修道之夫，日損華僞，既而前損有，後損無，有無雙遣，以至於非有非無之無爲也，寂而不動，無爲故無不爲也。此引老經重明其旨。

〔一〇〕【注】物失其所，故有爲物。

〔一一〕【注】其歸根之易者，唯大人耳。大人體合變化，故化物不難。【疏】倒置之類，浮僞居心，徇末忘本，以道爲物，縱欲歸根復命，其可得乎！今量反本不難，唯在大聖人耳。○家世父曰：人所受以生者，氣也。既得之以爲生，則氣日流行大化之中，而吾塊然受其成形，無由反氣而合諸漠。道之華爲禮，與氣之流行而爲人，皆非其所固然者也。通死生爲徒，一聽其氣之聚散而吾無與焉，則無爲矣。道至於無爲，而仁義(理)〔禮〕之名可以不立，是之謂歸根。【釋文】「其易」以豉反。注同。

〔校〕①裁非疑裁制之誤。②趙諫議本效作放。

生也死之徒〔一〕，死也生之始，孰知其紀〔二〕！人之生，氣之聚也。聚則爲生，散則爲死〔三〕。若死生爲徒，吾又何患〔四〕！故萬物一也〔五〕，是其所美者爲神奇，其所惡者爲臭腐；臭腐復①化爲神奇，神奇復化爲臭腐。故曰「通天下②一氣耳〔六〕」。聖人故貴一〔七〕。」

〔一〕【注】知變化之道者，不以〔死生〕③爲異。

〔二〕【注】更相爲始，則未知孰死孰生也。【疏】氣聚而生，猶是死之徒類；氣散而死，猶是生之本始，生死終始，誰知紀綱乎！聚散往來，變化無定。【釋文】「更相」音庚。

〔三〕【注】俱是聚也，俱是散也。

〔四〕【注】患生於異。【疏】夫氣聚爲生，氣散爲死，聚散雖異，爲氣則同。〔今〕④斯則死生聚散，可爲徒伴，既無其別，有何憂色！

〔五〕【疏】生死既其不二，萬物理當歸一。

〔六〕【注】各以所美爲神奇，所惡爲臭腐耳。然彼之所美，我之所惡也；我之所美，彼或惡之。故通共神奇，通共臭腐耳，死生彼我豈殊哉！【疏】夫物無美惡而情有向背，故情之所美者則謂爲神妙奇特，情之所惡者則謂爲腥臭腐敗，而顛倒本末，一至於斯。然物性不同，所好各異；彼之所美，此則惡之；此之所惡，彼又爲美。故毛嬙麗姬，人之所美，魚見深入，鳥見高飛，斯則臭腐神奇，神奇臭腐，而是非美惡，何有定焉！是知天下萬物，同一和氣耳。【釋文】「所惡」烏路反。注同。「復化」扶又反。下同。

〔七〕【疏】夫體道聖人，智周萬化，故貴此真一，而冥同萬境。

〔校〕①敦煌本無復字。②闕誤引劉得一本天下作天地之。③死生二字依王叔岷説補。④今字依劉文典補正本删。

知謂黄帝曰：「吾問无爲謂，无爲謂不應我，非不我應，不知應我也。吾問狂屈，狂屈中欲告我而不我告，非不我告，中欲告而忘之也。今予問乎若，若知之，奚故不近？」

黄帝曰：「彼其真是也，以其不知也；此其似之也，以其忘之也；予與若終不近也，以其知之也。」

狂屈聞之，以黄帝爲知言。〔一〕

〔一〕【注】明夫自然者，非言知之所得，故當昧乎無言之地。是以先舉不言之標，而後寄明於黄帝，則夫自然之冥物，概乎可得而見也。【疏】彼无爲謂妙體無知，故真是道也。此狂屈反照遺言，中忘其告，似道非真也。知與黄帝二人，運智以詮理，故不近真道也。狂屈（逖）〔遨〕聽，聞此格量，謂黄帝雖未近真，適可知玄言而已矣。【釋文】「之標」必遥反。

天地有大美而不言，四時有明法而不議，萬物有成理而不説〔一〕。聖人者，原天地之美而達萬物之理，是故至人无爲〔二〕，大聖不作〔三〕，觀於天地之謂也〔四〕。

〔一〕【注】此孔子之所以云予欲無言。【疏】夫二儀覆載，其功最美；四時代敘，各有明法；萬物生成，咸資道理；竟不言説，曾無議論也。【釋文】「大美」謂覆載之美也。

〔二〕【注】任其自爲而已。【疏】夫聖人者，合兩儀之覆載，同萬物之生成，是故口無所言，心無所作。

〔三〕【注】唯因任也。

〔四〕【注】觀其形容，象其物宜，與天地不異。【疏】夫大聖至人，無爲無作，觀天地之覆載，法至道之生成，無爲無言，斯之謂也。

今①彼神明至精，與彼百化〔一〕，物已死生方圓，莫知其根也〔二〕，扁然而萬物自古以固存〔三〕。六合爲巨，未離其内〔四〕；秋豪爲小，待之成體〔五〕。天下莫不沈浮，終身不故〔六〕；陰陽四時運行，各得其序〔七〕。惽然若亡而存〔八〕，油然不形而神〔九〕，萬物畜而不知。此之謂本根〔一〇〕，可以觀於天矣〔一一〕。

〔一〕【注】百化自化而神明不奪。【疏】彼神聖明靈，至精極妙，與物和混，變化隨流，或聚或散，曾無欣戚。今言百千萬者，並舉其大綱數爾。

〔二〕【注】夫死者已自死而生者已自生，圓者已自圓而方者已自方，未有爲其根者，故莫知。

【疏】夫物或生或死，乍方乍圓，變化自然，莫知根緒。

〔三〕【注】豈待爲之而後存哉！　【疏】扁然，徧生之貌也。言萬物翩然，隨時生育，從古以來，必固自有，豈由措意而後有之！　【釋文】「扁」音篇，又音幡。

〔四〕【注】計六合在無極之中則陋矣。　【釋文】「未離」力智反。「其内」謂不能出自化也。

〔五〕【注】秋豪雖小，非無亦無以容其質②。　【疏】六合，天地四方也。獸逢秋景，毛端生豪，豪極微細，謂秋豪也。巨，大也。六合雖大，猶居至道之中，豪毛雖小，資道以成體質也。

〔六〕【注】日新也。　【疏】世間庶物，莫不浮沈，升降生死，往來不住，運之不停，新新相續，未嘗守故也。

〔七〕【注】不待爲之。　【疏】夫二氣氤氳，四時運轉，春秋寒暑，次敍天然，豈待爲之而後行之！

〔八〕【注】(照)〔昭〕③然若存則亡矣。　【疏】惛然如昧，似無而有。　【釋文】「惛然」音昏，又音泯。

〔九〕【注】絜然有形則不神。　【疏】神者，妙萬物而爲言也。油然無係，不見形象，而神用無方。

【釋文】「油然」音由，謂無所給惜也。

〔一〇〕【注】畜之而不得其本性之根，故不知其所以畜也。　【疏】亭毒羣生，畜養萬物，而玄功潛被，日用不知，此之真力，是至道一根本也。　【釋文】「物畜」本亦作滀，同。敕六反。注同。

〔一一〕【注】與天同觀。【疏】觀，見也。天，自然也。夫能達理通玄，識根知本者，可謂觀自然之至道也。

〔校〕①闕誤引劉得一本今作合。②趙諫議本質下有也字。③昭字依世德堂本改。

齧缺問道乎被衣，被衣曰：「若正汝形，一汝視，天和將至〔一〕；攝汝知，一汝度，神將來舍〔二〕。德將爲汝美，道將爲汝居〔三〕，汝瞳焉如新生之犢而无求其故〔四〕！」

〔一〕【疏】齧缺，王倪弟子；被衣，王倪之師也。汝形容端雅，勿爲邪僻，視聽純一，勿多取境，自然和理歸至汝身。【釋文】「被衣」音披，本亦作披。

〔二〕【疏】收攝私心，令其平等，專一志度，令無放逸，汝之精神自來舍止。○俞樾曰：一汝度當作正汝度。蓋此四句變文以成辭，其實一義也。攝汝知，即一汝視之意，所視者專一，故所知者收攝矣。正汝度，即正汝形之意，度，猶形也。淮南子道應篇、文子道原篇並作正汝度，可據以訂正。

〔三〕【疏】深玄上德，盛美於汝，無極大道，居汝心中。

〔四〕【疏】瞳焉，無知直視之貌。故，事也。心既虛夷，視亦平直，故如新生之犢，於事無求也。【釋文】「瞳」敕紅反，郭菟絳反。李云：未有知貌。

言未卒，齧缺睡寐。被衣大説，行歌而去之，〔一〕曰：「形若槁骸，心若死灰，真其

實知，不以故自持〔二〕。媒媒晦晦，无心而不可與謀。彼何人哉〔三〕！」

〔一〕【疏】談玄未終，斯人已悟，坐忘契道，事等睡瞑。於是被衣喜躍，贊其敏速，行於大道，歌而去之。【釋文】「齧缺睡寐」體向所説，畏其視聽以寐耳。受道速，故被衣喜也。「大説」音悦。

〔二〕【注】與變俱也。【疏】形同槁木之骸，心類死灰之土，無情直任純實之真知，不自矜持於事故也。【釋文】「若槁」苦老反。

〔三〕【注】獨化者也。【疏】媒媒晦晦，息照遺明，忘心忘知，不可謀議。非凡所識，故云彼何人哉。自形若槁骸以下，並被衣歌辭也。【釋文】「媒媒」音妹，又武朋反。「晦晦」音誨。李云：媒媒，晦貌。

舜問乎丞曰：「道可得而有乎〔一〕？」

〔一〕【疏】丞，古之得道人，舜師也。而至道虛通，生成動植，未知己身之内，得有此道不乎？既逢師傅，故有咨請。【釋文】「丞」如字。李云：舜師也。一云：古有四輔，前疑後丞，蓋官名。

曰：「汝身非汝有也，汝何得有夫道〔一〕？」

〔一〕【注】夫身者非汝所能有也，塊然而自有耳。身非汝所有，而況（無）〔道〕哉！【疏】道者，四句所不能得，百非所不能詮。汝身尚不能自有，何得有於道耶？　【釋文】「有夫」音符。「塊然」苦對反。

舜曰：「吾身非吾有也，孰有之哉〔一〕？」

〔一〕【疏】未悟生因自然，形由造物，故云身非我有，孰有之哉？

曰：「是天地之委形也；生非汝有，是天地之委和也；性命非汝有，是天地之委順也〔二〕；孫子①非汝有，是天地之委蜕也〔三〕。故行不知所往，處不知所持，食不知所味〔三〕。天地之强陽氣也，又胡可得而有邪〔四〕！」

〔一〕【注】若身是汝有者，則美惡死生，當制之由汝。今氣聚而生，汝不能禁也；氣散而死，汝不能止也。明其委結而自成耳，非汝有也。　【疏】委，結聚也。夫天地陰陽，結聚剛柔和順之氣，成汝身形性命者也。故聚則爲生，散則爲死。死生聚散，既不由汝，是知汝身，豈汝有邪？　【釋文】「委形」司馬云：委，積也。○俞樾曰：司馬云，委，積也。於義未合。國策齊策願委之於子，高注曰：委，付也。成二年左傳王使委於三吏，杜注曰：委，屬也。天地之委形，謂天地所付屬之形也。下三委字並同。

〔二〕【注】氣自委結而蟬蜕也。　【疏】陰陽結聚，故有子孫，獨化而成，猶如蟬蜕也。　【釋文】「委蜕」吐卧反，又音悦，又敕外反，又始鋭反，又始劣反。

〔三〕【注】皆在自爾中來，故不知也。　【疏】夫行住食味，皆率自然，推尋根由，莫知其所。故行者誰行，住者誰住，食者誰食，味者誰味乎？皆不知所由而悉自爾也。○家世父曰：日見其有行而終不知所往，日見其有處而終莫能自持，日見其有食而終莫知所爲味。然則其往也，非我能自主也；其相持數十年之久也，非我能自留也；其食而知味也，非我能自辨也；天地陰陽之氣運掉之使然也，皆不得而有也。

〔四〕【注】强陽，猶運動耳。明斯道也，庶可以遺身而忘生也。【疏】强陽，運動也。胡，何也。夫形性子孫者，並是天地陰陽運動之氣聚結而成者也，復何得自有此身也！【釋文】「天地之强陽氣也」郭云：强陽，猶運動耳。案言天地尚運動，况氣聚之生，何可得執而留也！

〔校〕①闕誤引張君房本孫子作子孫。

孔子問於老聃曰：「今日晏閒，敢問至道〔一〕。」

〔一〕【疏】晏，安也。孔子師於老子，故承安居閒暇而詢問玄道也。【釋文】「晏」於諫反，徐於顯反，又於見反。「閒」音閑。

老聃曰：「汝齊①戒，疏瀹而心，澡雪而精神，掊擊而知！夫道，窅然難言哉！將爲汝言其崖略。〔一〕

〔一〕【疏】疏瀹，猶洒濯也。澡雪，猶精潔也。而，汝也。掊擊，打破也。崖，分也。汝欲問道，先須齋汝心迹，戒慎專誠，洒濯身心，清浄神識，打破聖智，滌蕩虛夷。然玄道窅冥，難可言辯，將爲汝舉其崖分，粗略言之。【釋文】「齊戒」側皆反。「瀹」音藥。或云：漬也。「掊」普口反，徐方垢反。「而知」音智。「窅然」烏了反。「將爲」于僞反。

〔校〕①趙諫議本作齋。

夫昭昭生於冥冥，有倫生於无形，精神生於道〔一〕，形本生於精〔二〕，而萬物以形相生，故九竅者胎生，八竅者卵生〔三〕。其來无迹，其往无崖，无門无房，四達之皇皇也〔四〕。邀於此者，四肢①彊，思慮恂達，耳目聰明，其用心不勞，其應物无方〔五〕。天不得不高，地不得不廣，日月不得不行，萬物不得不昌，此其道與〔六〕！

〔一〕【注】皆所以明其獨生而無所資借。【釋文】「无形」謂太初也。

〔二〕【注】皆由精以至粗。【疏】倫，理也。夫昭明顯著之物，生於窅冥之中；人倫有爲之事，生於無形之內；精智神識之心，生於重玄之道；有形質氣之類，根本生於精微。【釋文】「形本生於精」謂常道也。

〔三〕【注】言萬物雖以形相生，亦皆自然耳，故胎卵不能易種而生，明神氣之不可爲也。【疏】夫無形之道，能生有形之物，有形之物，則以形質氣類而相生也。故人獸九竅而胎生，禽魚八竅而卵生，稟之自然，不可相易。【釋文】「九竅」苦弔反。「卵生」力管反。「易種」章勇反。

〔四〕【注】夫率自然之性，遊無迹之塗者，放形骸於天地之間，寄精神於八方之表；是以無門無房，四達皇皇，逍遥六合，與化偕行也。【疏】皇，大也。夫以不來爲來者，雖來而無蹤跡；

不往爲往者，雖往亦無崖際。是以出入無門户，來往無邊傍，故能弘達四方，大通萬物也。

〔五〕【注】人生而遇此道，則天性全而精神定。【疏】邀，遇也。恂，通也。遇於道而會於真理者，則百體安康，四肢强健，思慮通達，視聽聰明，無心之心，用而不勞，不應之應，應無方所也。【釋文】「邀於」古堯反。○俞樾曰：説文無邀字，彳部：徼，循也。即今邀字也。又曰：循，行順也。然則邀亦順也，邀於此者，猶言順於此者。郭注曰人生而遇此道，是以遇訓邀，義既迂曲，且於古訓無徵，殆失之矣。「思慮」息嗣反。「恂達」音荀。

〔六〕【注】言此皆不得不然而自然耳，非道能使然也。【疏】二儀賴虚通而高廣，三光資玄道以運行，庶物得之以昌盛，斯大道之功用也。故老經云，天得一以清，地得一以寧，萬物得一以生，是之謂也。【釋文】「天不得不高」謂不得一道，不能爲高也。「道與」音餘。下皆同。

〔校〕①世德堂本作枝。

且夫博之不必知，辯之不必慧，聖人以斷之矣〔一〕。若夫益之而不加益，損之而不加損者，聖人之所保也〔二〕。淵淵乎其若海〔三〕，（巍巍）〔魏魏〕①乎其終則復始也〔四〕，運量萬物而不匱②〔五〕。則君子之道，彼其外與〔六〕！萬物皆往資焉而不匱，此其道與〔七〕！

〔一〕【注】斷棄知慧而付之自然也。【疏】夫博讀經典，不必知真；弘辯飾詞，不必慧照。故老經云，善者不辯，辯者不善；知者不博，博者不知。斯則聖人斷棄之矣。【釋文】「博之不必知」觀異書爲博。「以斷」端管反。注同。

〔二〕【注】使各保其正分而已，故無用知慧爲也。【疏】博知辯慧，不益其明；沈默面牆，不加其損；所謂不增不減，無損無益，聖人妙體，故保而愛之也。

〔三〕【注】容姿無量。【疏】尾閭泄之而不耗，百川注之而不增，淵澄深大，故譬玄道。

〔四〕【注】與化俱者，乃積無窮之紀，可謂魏魏。【疏】巍巍，高大貌也。夫道，遠超太一，近邁兩儀，囊括無窮，故以歎巍巍也。終則復始，此明無終無始，變化日新，隨迎不得。【釋文】「魏魏」魚威反。「則復」扶又反。

〔五〕【注】用物而不役己，故不匱也。【釋文】「運量」音亮。「萬物而不匱」求位反。謂任物自動運，物物各足量也。

〔六〕【注】各取於身而足。【疏】夫運載萬物，器量羣生，潛被無窮而不匱乏者，聖人君子之道。此而非遠，近在內心，既不藉稟，豈其外也！

〔七〕【注】還用〔萬〕③物，故我不匱。此明道之贍物，在於不贍，不贍而物自得，故曰此其道與。言至道之無功，無功乃足稱道也。【疏】有識無情，皆稟此玄（之）道；而玄功冥被，終不匱乏。然道物不一不異，而離道無物，故曰此其道與。【釋文】「之贍」涉豔反。下同。

〔校〕①魏魏依世德堂本改，注及釋文亦作魏。②闕誤引文如海劉得一本匱字俱作遺。③萬字依劉文典說補。

中國有人焉，非陰非陽〔一〕，處於天地之間，直且爲人〔二〕，將反於宗〔三〕。自本觀之，生者，喑醷物也〔四〕。雖有壽夭，相去幾何？須臾之説也。奚足以爲堯桀之是非〔五〕！果蓏有理〔六〕，人倫雖難，所以相齒〔七〕。聖人遭之而不違〔八〕，過之而不守〔九〕。調而應之，德也；偶而應之，道也〔一〇〕；帝之所興，王之所起也〔一一〕。

〔一〕【注】無所偏名。

〔二〕【注】敖然自放，所遇而安，了無功名。【疏】中國，九州也。言人所稟之道，非陰非陽，非柔非剛，非短非長，故絶四句，離百非也。處在天地之間，直置爲人，而無偏執。本亦作值字者，言處乎宇内，遇值爲人，曾無所係也。【釋文】「直且」如字。舊子餘反。

〔三〕【注】不逐末也。【疏】既無偏執，任置爲人，故能反本還原，歸於宗極。

〔四〕【注】直聚氣也。【疏】本，道也。喑噫，氣聚也。從道理而觀之，故知生者聚氣之物也，奚足以惜之哉！【釋文】「喑」音蔭，郭音闇，李音飲，一音於感反。「醷」於界反，郭於感反，李音意，一音他感反。李郭皆云：暗醷，聚氣貌。

〔五〕【注】死生猶未足殊，況壽夭之間哉！【疏】一生之内，百年之中，假令壽夭，賒促詎幾！俄頃之間，須臾之説耳，何足以是堯非桀而分别於其間哉！【釋文】「幾何」居豈反。

〔六〕【注】物無不理，但當順之。【釋文】「果蓏」徐力果反。

〔七〕【注】人倫有智慧之變，故難也。然其智慧自相齒耳，但當從而任之。【疏】在樹曰果，在地曰蓏。桃李之屬，瓜瓠之徒，木生藤生，皆有其理。人之處世，險阻艱難，而貴賤尊卑，更相齒次，但當任之，自合夫道，譬彼果蓏，有理存焉。

〔八〕【注】順所遇也。

〔九〕【注】宜過而過。【疏】遭遇軒冕，從而不違，既以過焉，亦不留舍。

〔一〇〕【注】調偶，和合之謂也。【疏】調和庶物，順而應之，上德也；偶對前境，逗機應物，聖道也。

〔一一〕【注】如斯而已。【疏】夫帝王興起，俯應羣生，莫過調偶隨時，逗機接物。

人生天地之間，若白駒之過郤，忽然而已〔一〕。注然勃然，莫不出焉；油然漻然，莫不入焉〔二〕。已化而生，又化而死〔三〕，生物哀之〔四〕，人類悲之〔五〕。解其天弢，墮其天袠〔六〕，紛乎宛乎〔七〕，魂魄將往，乃身從之，乃大歸乎〔八〕！不形之形，形之不形〔九〕，是人之所同知也〔一〇〕，非將至之所務也〔一一〕，此衆人之所同論也〔一二〕。彼至則不論〔一三〕，論則不至〔一四〕。明見无值〔一五〕，辯不若默。道不可聞，聞不若塞。此之謂大得。〔一六〕」

〔一〕【注】乃不足惜。【疏】白駒，駿馬也，亦言日也。隙，孔也。夫人處世，俄頃之間，其爲迫促，如馳駿駒之過孔隙，欻忽而已，何曾足云也！【釋文】「白駒」或云：日也。「過郤」去逆反。本亦作隙。隙，孔也。

〔二〕【注】出入者，變化之謂耳，言天下未有不變也。【疏】注勃是生出之容，油漻是入死之狀。

言世間萬物，相與無恒，莫不從變而生，順化而死。【釋文】「勃然」步忽反。「油然」音由。「漻然」音流，李音礫。

〔三〕【注】俱是化也。

〔四〕【注】死物不哀。

〔五〕【注】死類不悲。【疏】夫生死往來，皆變化耳，委之造物，何足係哉！故其死也，生物人類，共悲哀之務，非類非生，故不悲不哀也。○家世父曰：生物哀之，所以知哀，惟其生也，而不知生之同歸於盡也。人類悲之，所以知悲，惟人之有知也，而不知人之知之亦同歸於盡也。

〔六〕【注】獨脱也。【疏】弢，囊藏也。袠，束囊也。言人執是競非，欣生惡死，故爲生死束縛也。今既一於是非，忘於生死，故墮解天然之弢袠也。【釋文】「天弢」敕刀反。字林云：弓衣也。「墮其」許規反。「天袠」陳筆反。

〔七〕【注】變化烟熅。【釋文】「宛乎」於阮反。「絪」音因。本亦作烟，音因。「緼」於云反。本亦作熅，音同。○盧文弨曰：今本作烟熅。

〔八〕【注】無爲用心於其間也。【疏】紛綸宛轉，並適散之貌也。魂魄往天，骨肉歸土，神氣離散，紛宛任從，自有還無，乃大歸也。

〔九〕【注】不形，形乃成；若形之，〔形〕①則敗其形矣。【疏】夫人之未生也，本不有其形，故從無形；氣聚而有其形，氣散而歸於無形也。　【釋文】「則敗」補邁反。

〔一〇〕【注】雖知之，然不能任其自形而反形之，所以多敗。

〔一一〕【注】務則不至。　【疏】夫從無形生形，從有形復無形質，是人之所同知也。斯乃人間近事，非詣理至人之達務也。

〔一二〕【注】雖論之，然故不能不務，所以不至也。　【疏】形質有無，生死來往，衆人凡類，同共乎論。

〔一三〕【注】悗然不覺乃至。　【釋文】「悗然」亡本反。

〔一四〕【疏】彼至聖之人，忘言得理，故無所論說；若論說之，則不至於道。

〔一五〕【注】闇至乃值。　【疏】值，會遇也。夫能閉智塞聰，〔故〕冥契玄理，若顯明聞見，則不會真也。

〔一六〕【注】默而塞之，則無所奔逐，故大得。　【疏】夫大辯飾詞，去真遠矣；忘言靜默，玄道近焉。故道不可以多聞求，多聞求不如於闇塞。若能妙知於此意，可謂深得於大理矣。○家世父曰：道無形也，見之而以爲道，遂若巧相值焉，而固無值也。說文：值，措也。不能舉而措之，則此所見一道，彼所見又一道，而有不勝其辯者矣，（固）〔故〕曰辯不若默。

〔校〕①形字依世德堂本删。

東郭子問於莊子曰：「所謂道，惡乎在〔一〕？」

〔一〕【疏】居在東郭，故號東郭子，則無擇之師東郭順子也。問莊子曰：「所謂虛通至道，於何處在乎？」【釋文】「東郭子」李云：居東郭也。「惡乎」音烏。

莊子曰：「无所不在〔一〕。」

〔一〕【疏】道無不偏，在處有之。

東郭子曰：「期而後可〔一〕。」

〔一〕【注】欲令莊子指名所在。【疏】郭注云：欲令莊子指名所在也。【釋文】「欲令」力呈反。

莊子曰：「在螻蟻。」

曰：「何其下邪？」

曰：「在稊稗。」

曰：「何其愈下邪？」

曰：「在瓦甓。」

曰：「何其愈甚邪？」

曰：「在屎溺。」

東郭子不應。〔一〕莊子曰：「夫子之問也，固不及質〔二〕。正獲之問於監市履狶也，每下愈況〔三〕。汝唯莫必①，无乎逃物〔四〕。至道若是，大言亦然〔五〕。周徧咸三者，異名同實，其指一也〔六〕。

〔一〕【疏】大道無不在，而所在皆無，故處處有之，不簡穢賤。東郭未達斯趣，謂道卓爾清高，在瓦甓已嫌卑甚，又聞屎溺，故瞋而不應也。【釋文】「螻」力侯反。「蟻」魚綺反。「在苐」大西反。本又作稊。「薜」步計反。本又作稗，蒲賣反。李云：苐薜，二草名。○盧文弨曰：今本作稊稗。「瓦甓」本又作礕，步歷反。「屎」尸旨反，舊詩旨反。本或作矢。「溺」乃弔反。

〔二〕【注】舉其標質，言無所不在，而方復怪此，斯不及質也。【疏】質，實也。言道無不在，豈唯稊稗！固答子之問，猶未逮真也。

〔三〕【注】狶，大豕也。夫監市之履豕以知其肥瘦者，愈履其難肥之處，愈知豕肥之要。今問道之所在，而每況之於下賤，則明道之不逃於物也必矣。【疏】正，官號也，則今之市令也。獲，名也。監，市之魁也，則今屠卒也。狶，猪也。凡今問於屠人買猪之法，云：履踐豕之股腳之間，難肥之處，愈知豕之肥瘦之意況也。何者？近下難肥之處有肉，足知易肥之處足脂。亦猶屎溺卑下之處有道，則明清虚之地皆徧也。【釋文】「正獲之問於監」古銜反。「市履狶」虚豈反。「每下愈況」李云：正，亭卒也；獲，其名也。監市，市魁也。狶，大豕也。履，踐也。夫市魁履豕，履其股腳，狶難肥處，故知豕肥耳。問道亦況下賤則知道也。「瘦」色救反。「之處」昌慮反。

〔四〕【注】若必謂無之逃物，則道不周矣，道而不周，則未足以爲道。【疏】無者，無爲道也。夫大道曠蕩，無不制圍。汝唯莫言至道逃棄於物也。必其逃物，何爲周徧乎！

〔五〕【注】明道不逃物。【疏】至道，理也；大言，教也。理既不逃於物，教亦普徧無偏也。

〔六〕【疏】周悉普徧，咸皆有道。此重明至道不逃於物，雖有三名之異，其實理旨歸則同一也。

【釋文】「周徧」音遍。

〔校〕①闕誤引張君房、成玄瑛本必下有謂字。

嘗相與游乎无何有之宮，同合而論，无所終窮乎〔一〕！嘗相與无爲乎！澹而静乎！漠而清乎！調而閒乎〔二〕！寥已吾志〔三〕，无往焉而不知其所至〔四〕。去而來而不知其所止〔五〕，吾已往來焉而不知其所終〔六〕；彷徨乎馮閎，大知入焉而不知其所窮〔七〕。物物者與物无際〔八〕，而物有際者，所謂物際者也〔九〕；不際之際，際之不際者也〔一〇〕。謂盈虚衰殺，彼爲盈虚非盈虚，彼爲衰殺非衰殺，彼爲本末非本末，彼爲積散非積散也〔一一〕。

〔一〕【注】若遊有，則不能周徧咸也。故同合而論之，然後知道之無不在，知道之無不在，然後能曠然無懷而遊彼無窮也。【疏】無何有之宮，謂玄道處所也；無一物可有，故曰無何有也。而周徧咸三者，相與遨遊乎至道之鄉，實旨既一，同合而論，冥符玄理，故無終始窮極耳。

〔二〕【注】此皆無爲故也。【疏】此總歎周偏咸三功能盛德也。既游至道之鄉，又處無爲之域，故能恬淡安静，寂寞清虚，柔順調和，寬閒逸豫。【釋文】「澹而」徒暫反。○慶藩案漠而清，漠亦清也，古人自有複語耳。爾雅，漠，察，清也，樊注：漠然，清貌。漠亦通作莫，昭二十八年左傳德正應和曰莫，杜注：莫然清静也。「而閒」音閑。

〔三〕【注】寥然空虚。【疏】得道玄聖，契理冥真，性志虚夷，寂寥而已。【釋文】「寥」音遼。

〔四〕【注】志苟寥然，則無所往矣；無往焉，故往而不知其所至；有往矣，則理未動而志已（至）〔驚〕①矣。【釋文】「已驚」如字。本亦作鶩，音務。○慶藩案郭注，有往焉，則理未動而志已驚矣，驚字頗費解，義當從釋文作鶩，是也。鶩與馳同義，注言未動而志已先馳也，志不得云驚。驚字形相近，因誤。（淮南馳（聘）〔騁〕若驚，驚又訛爲鶩。）

〔五〕【注】斯順之也。【疏】（語）〔志〕②既寂寥，故與無還往。假令不往而往，不來而來，竟無至所，亦無止住。

〔六〕【注】但往來不由於知耳，不爲不往來也。往來者，自然之常理也，其有終乎！【疏】假令往還造物，來去死生，隨變任化，亦不知終始也。

〔七〕【注】馮閎者，虚廓之謂也。大知（由）〔遊〕③乎寥廓，恣變化之所如，故不知也。【疏】彷徨是放任之名，馮閎是虚曠之貌，謂入契會也。言大聖知之人，能會於寂寥虚曠之理，是以逍遥自得，放任無窮。【釋文】「彷」音旁。本亦作傍。「徨」音皇。「馮」皮冰反，又普耕反，又步耕反。「閎」音宏。李云：馮宏，皆大也。郭云：虛廓之謂也。

〔八〕【注】明物物者，無物而物自物耳。物自物耳，故冥也。【疏】際，崖畔也。夫能物於物者，聖人也。聖人冥同萬境，故與物無彼我之際畔。

〔九〕【注】物有際，故每相與不能冥然，真所謂際者也。【疏】物情分別，取舍萬端，故有物我之交際也。

〔一〇〕【注】不際者，雖有物物之名，直明物之自物耳。物物者，竟無物也，際其安在乎！【疏】際之不際者，聖人之達觀也；不際之際者，凡鄙之滯情也。

〔一一〕【注】既明物物者無物，又明物之不能自物，則爲之者誰乎哉？皆忽然而自爾也。【疏】富貴爲盈，貧賤爲虛；老病爲衰殺，終始爲本末；生來爲積，死去爲散。夫物物者非物，而生物誰乎？此明能物所物，皆非物也。物既非物，何盈虛衰殺之可語耶！是知所謂盈虛皆非盈虛。故西昇經云，君能明之，所是反非也。【釋文】「衰殺」色界反，徐所例反。下同。

〔校〕①驚字依釋文、世德堂本及郭慶藩按語改，惟覆宋本作至。②志字依正文改。③遊字依世德堂本改。

妸荷甘與神農同學於老龍吉〔一〕。神農隱几闔户晝瞑，妸荷甘日中奓户而入曰：「老龍死矣〔二〕！」神農隱几擁杖而起，嚗然放杖而笑〔三〕，曰：「天知予僻陋慢訑，故棄予而死。已矣夫子！无所發予之狂言而死矣夫〔四〕！」

〔一〕【疏】姓妸，字荷甘。神農者，非三皇之神農也，則後之人物耳。二人同學於老龍吉。老龍吉亦是號也。【釋文】「妸」於河反。「荷甘」音河。本或作苛。「老龍吉」李云：懷道人也。

〔二〕【疏】隱，憑也。闔，合也。奓，開也，亦排也。學道之人，心神凝静，閉門隱几，守默而瞑。荷甘既聞師亡，所以排户而告。【釋文】「隱机」於靳反。下同。○盧文弨曰：今本作几。「闔户」户臘反。「晝瞑」音眠。「奓」郭處野反，又音奢，徐都嫁反，又處夜反。司馬云：開也。

〔三〕【注】起而悟夫死之不足驚，故還放杖而笑也。【疏】曝然，放杖聲也。神農聞吉死，是以擁杖而驚；覆思死不足哀，故還放杖而笑。○俞樾曰：既言擁杖而起，不當言隱几。疑隱几字涉上文神農隱几闔户晝瞑而衍。【釋文】「曝然」音剥，又孚邈反，又孚貌反。李曰：放杖聲也。「投杖」本亦作放杖。○盧文弨曰：今本作放杖。

〔四〕【注】自肩吾已下，皆以至言爲狂而不信也。故非老龍連叔之徒，莫足與言也。【疏】夫子，老龍吉也。言其有自然之德，故呼之曰天也。狂言，猶至言也，非世人之所解，故名至言爲狂也。而師知我偏僻鄙陋，慢訑不專，故棄背吾徒，止息而死。哲人云亡，至言斯絶，無復談玄垂訓，開發我心。【釋文】「僻陋」匹亦反。「慢」武半反，徐無見反，郭如字。「訑」徒旦反，徐徒見反，郭音但。「已矣夫」音符。

弇堈弔聞之，曰：「夫體道者，天下之君子所繫焉〔一〕。今於道，秋豪之端萬分未得處一焉〔二〕，而猶知藏其狂言而死，又況夫體道者乎〔三〕！視之无形，聽之无聲，於人之論者，謂之冥冥，所以論道，而非道也〔四〕。」

〔一〕【注】言體道者，人之宗主也。【釋文】「弇」音奄。「堈」音剛。「弔」李云：弇剛，體道人；弔，其名。「繫焉」謂爲物所歸投也。

〔二〕【注】秋豪之端細矣，又未得其萬分之一。

〔三〕【注】明夫至道非言之所得也，唯在乎自得耳。【疏】姓弇，名堈，隱者也。繫，屬也。聞龍吉之亡，傍爲議論云：「體道之人，世間共重，賢人君子，繫屬歸依。今老龍之於玄道，猶豪端萬分之未一，尚知藏其狂簡，處順而亡，況乎妙悟之人，曾肯露其言說！」是知體道深玄，忘言契理者之至稀也。

〔四〕【注】冥冥而猶復非道，明道之無名也。【疏】夫玄道虛漠，妙體希夷，非色非聲，絶視絶聽。故於學人論者，論曰冥冥而謂之冥冥，猶非真道也。【釋文】「猶復」扶又反。

於是泰清問乎无窮曰：「子知道乎？」

无窮曰：「吾不知〔一〕。」

〔一〕【疏】泰，大也。夫至道弘曠，恬淡清虚，囊括無窮，故以泰清無窮爲名也。既而泰清以知問道，無窮答以不知，欲明道離形聲，亦不可以言知求也。

又問乎无爲。无爲曰：「吾知道。」

曰：「子之知道，亦有數乎？」

曰：「有。」

曰：「其數若何〔一〕？」

〔一〕【疏】子既知道，頗有名數不乎？其數如何，請爲略述。

无爲曰：「吾知道之可以貴，可以賤，可以約，可以散，此吾所以知道之數也〔一〕。」

〔一〕【疏】貴爲帝王，賤爲僕隸，約聚爲生，分散爲死，數乃無極。此略言之，欲明非名而名，非數而數也。

泰清以之言也問乎无始曰：「若是，則无窮之弗知與无爲之知，孰是而孰非乎〔一〕？」

〔一〕【疏】至道玄通，寂寞無爲，隨迎不測，無終無始，故寄無窮無始爲其名焉。無窮無爲，弗知與知，誰是誰非，請定臧否。【釋文】「與无爲之知」並如字。

无始曰：「不知深矣，知之淺矣；弗知內矣，知之外矣〔一〕。」

〔一〕【疏】不知合理，故深玄而處內；知之乖道，故粗淺而疏外。

於是泰清中而歎曰：「弗知乃知乎！知乃不知乎！孰知不知之知〔一〕？」

〔一〕【注】凡得之不由於知，乃冥也。【疏】泰清得中道而嗟歎，悟不知乃真知。誰知不知之知，明真知之至希也。【釋文】「中而歎」崔本中作卬。

无始曰：「道不可聞，聞而非也；道不可見，見而非也；道不可言，言而非也。〔一〕知形形之不形乎〔二〕！道不當名〔三〕。」

〔一〕【注】故默成乎不聞不見①之域而後至焉。【疏】道無聲，不可以耳聞，耳聞非道也；道無色，不可以眼見，眼見非道也；道無名，不可以言說，言說非道也。

〔二〕【注】形自形耳，形形者竟無物也。【疏】夫能形色萬物者，固非形色也，乃曰形形不形也。

〔三〕【注】有道名而竟無物，故名之不能當也。【疏】名無得道之功，道無當名之實，所以名道而非。

〔校〕①王叔岷劉文典均謂不見下當有不言二字。

无始曰：「有問道而應之者，不知道也。雖問道者，亦未聞道。〔一〕道无問，問无應〔二〕。无問問之，是問窮也〔三〕；无應應之，是无內也〔四〕。以无內待問窮，若是者，外不觀乎宇宙，内不知乎大初〔五〕，是以不過乎崑崙，不遊乎太虚〔六〕。」

〔一〕【注】不知故問，問之而應，則非道也。不應則非問者所得，故雖問之，亦終不聞也。【疏】夫道絶名言，不可問答，故問道應道，悉皆不知。

〔二〕【注】絶學去教，而歸於自然之意也。【疏】體道離言，有何問應！凡言此者，覆釋前文。【釋文】「去教」起呂反。

〔三〕【注】所謂責空。【疏】窮，空也。理無可問而强問之，是責空也。

〔四〕【注】實無而假有以應者外矣。【疏】理無可應而强應之，乃成殊外。○家世父曰：道無問，意揣夫道而問之，是先自窮也，故曰問窮。道無〔應，意揣夫道而〕應之，是徇外也，故曰無内。

〔五〕【疏】天地四方曰宇，往古來今曰宙。大初，道本也。若以理外之心待空内之智者，可謂外不識乎六合宇宙，内不知乎己身妙本者也。【釋文】「大初」音泰。

〔六〕【注】若夫婪落天地，遊虚涉①遠，以入乎冥冥者，不應而已矣。【疏】崐崘是高遠之山，太虚是深玄之理。苟其滯著名言，猶存問應者，是知未能經過高遠，游涉深玄者矣。【釋文】「婪落」力含反。

〔校〕①趙諫議本涉作步。

光曜問乎无有曰：「夫子有乎？其无有乎？〔一〕」

〔一〕【疏】光曜者，是能視之智也。無有者，所觀之境也，智能照察，故假名光曜；境體空寂，故假名無有也。而智有明暗，境無深淺，故以智問境，有乎無乎？

光曜不得問，而孰視其狀貌，窅然空然，終日視之而不見，聽之而不聞，搏之而不得也〔一〕。

〔一〕【疏】夫妙境希夷，視聽斷絕，故審狀貌，唯寂唯空也。○俞樾曰：淮南子道應篇光曜不得問上有無有弗應也五字，當從之。惟無有弗應，故光曜不得問也。此脱五字，則義不備。

【釋文】「窅然」烏了反。「搏之」音博。

光曜曰：「至矣！其孰能至此乎！予能有无矣，而未能无无也；及爲无有矣，何從至此哉〔一〕！」

〔一〕【注】此皆絶學之意也。於道絶之，則夫學者乃在根本中來矣。故學之善者，其唯不學乎！

【疏】光明照曜，其智尚淺，唯能得無喪有，未能雙遣有無，故歎無有至深，誰能如此玄妙！而言無有者，非直無有，亦乃無無，四句百非，悉皆無有。以無之一字，無所不無，言約理廣，故稱無也。而言何從至此者，但無有之境，窮理盡性，自非玄德上士，孰能體之！是以淺學小智，無從而至也。

大馬之捶鉤者，年八十矣，而不失豪①芒〔一〕。大馬曰：「子巧與？有道與〔二〕？」

〔一〕【注】（拈）〔玷〕②捶鉤之輕重，而無豪芒之差也。【疏】大馬，官號，楚之大司馬也。捶，打鍛也。鉤，腰帶也。大司馬家有工人，少而善鍛鉤，行年八十，而捶鉤彌巧，專性凝慮，故無豪芒之差失也。鉤，稱鉤權也，謂能拈捶鉤權，知斤兩之輕重，無豪芒之差失也。【釋文】「大馬之捶鉤者年八十矣而不失豪芒」捶，郭音丁果反，徐之累反，李之睡反。大馬，司馬也。（司馬）郭云：捶者，玷捶鉤之輕重而不失豪芒也。或説云：江東三魏之間人皆謂鍛爲捶，音字亦同，郭失之。今不從此説也。○盧文弨曰：玷捶鉤，舊本作玷捶鐵，今依宋本改正③。別本同。「玷」丁恬反。「捶」丁果反。

〔二〕【疏】司馬怪其年老而捶鍛愈精，謂其工巧別有道術也。【釋文】「巧與」音餘。下同。

〔校〕①唐寫本豪作鉤。②玷字依釋文及世德堂本改。③世德堂本作鉤。

曰：「臣有守也。臣之年二十而好捶鉤，於物无視也，非鉤无察也〔一〕。是用之者，假不用者也以長得其用，而況乎无不用者乎！物孰不資焉〔二〕！」

〔一〕【疏】更無別術，有所守持。少年已來，專精好此，捶鉤之外，無所觀察，習以成性，遂至於斯也。○王念孫曰：守即道字。達生篇仲尼曰：子巧乎！有道耶？曰：我有道也。是其證。道字古讀若守，故與守通。（九經中用韻之文，道字皆讀若守，楚辭及老莊諸子並同。秦會稽刻石文追道高明，史記秦始皇紀道作首，首與守同音。説文：道，從辵，首聲。今本無聲字者，二徐不曉古音而削〔之〕①也。）【釋文】「而好」呼報反。

〔二〕【注】都無懷，則物來皆應。【疏】所以至老而長得其捶鉤之用者，假賴於不用心視察他物故也。夫假不用爲用，尚得終年，況乎體道聖人，無用無不用，故能成大用，萬物資稟，不亦宜乎！【釋文】「以長」丁丈反。

〔校〕①之字依讀書雜志補。

冉求問於仲尼曰：「未有天地可知邪？」

仲尼曰：「可。古猶今也〔一〕。」

〔一〕【注】言天地常存，乃無未有之時。【疏】姓冉，名求，仲尼弟子。師資發起，詢問兩儀未有之時可知已否。夫變化日新，則無今無古，古猶今也，故答云可知也。

冉求失問而退，明日復見，曰：「昔者吾問『未有天地可知乎？』夫子曰：『可。古猶今也。〔一〕』昔日吾昭然，今日吾昧然，敢問何謂也〔二〕？」

〔一〕【疏】失其問意，遂退而歸。既遵應問，還用應答。【釋文】「明日復」扶又反。「見」賢遍反。

〔二〕【疏】昔日初咨，心中昭然明察；今時後聞，情慮昧然暗晦。敢問前明後暗，意謂如何？

仲尼曰：「昔之昭然也，神者先受之〔一〕；今之昧然也，且又爲不神者求邪〔二〕？

无古无今，无始无終〔三〕。未有子孫而有子孫，可乎〔四〕？」

〔一〕【注】虛心以待命，斯神受也。

〔二〕【注】思求更致不了。【疏】先來未悟，銳彼精神，用心求受，故昭然明白也。後時領解，不復運用精神，直置任真，無所求請，故昧然闇塞也。求邪者，言不求也。【釋文】「又爲」于僞反。

〔三〕【注】非唯無不得化而爲有也，有亦不得化而爲無矣。是以（無）〔夫〕①有之爲物，雖千變萬化，而不得一爲無也。不得一爲無，故自古無未有之時而常存也。【疏】日新而變，故無始無終，無今無古，故知無未有天地之時者也。

〔四〕【注】言世世無極。【疏】言子孫相生，世世無極，天地人物，悉皆無原無有之時也，可乎，言不可也。【釋文】「未有子孫而有孫子」言其要有由，不得無故而有；傳世故有子孫，不得無子而有孫也。如是，天地不得先無而今有也。○盧文弨曰：今本孫子亦作子孫。○家世父曰：天地運行而不息，子孫代嬗而不窮。浸假而有子孫矣，求之未有子孫之前，是先自惑也。天地大化之運行，無始無終，未有天地，於何求之！故曰古猶今也，相與爲無窮之詞也。

〔校〕①夫字依世德堂本改。

冉求未對。仲尼曰：「已矣，未應矣！不以生生死〔一〕，不以死死生〔二〕。死生有待邪〔三〕？皆有所一體〔四〕。有先天地生者物①邪？物物者非物。物出不得先物也，猶其有物也。猶其有物也②，无已〔五〕。聖人之愛人也終无已者，亦乃取於是者也〔六〕。」

〔一〕【注】夫死者獨化而死耳，非夫生者生此死也。

〔二〕【注】生者亦獨化而生耳。【疏】已，止也。未，無也。夫聚散死生，皆獨化日新，未嘗假賴，豈相因待！故不用生生此死，不用死死此生。冉求未對之間，仲尼止令無應，理盡於此，更何所言也？

〔三〕【注】獨化而足。

〔四〕【注】死與生各自成體。【疏】死，獨化也，豈更成一物哉！死既不待於生，故知生亦不待於死。死生聚散，各自成一體耳，故無所因待也。

〔五〕【注】誰得先物者乎哉？吾以陰陽爲先物，而陰陽者即所謂物耳。誰又先陰陽者乎？吾以自然爲先之，而自然即物之自爾耳。吾以至道爲先之矣，而至道者乃至無也。既以無矣，又奚爲先？然則先物者誰乎哉？而猶有物，無已，明物之自然，非有使然也。【疏】夫能物於物者，非物也。故非物則無先後，物出則是物，復不得有先於此物者。何以知其然耶？謂其猶是物故也。以此推量，竟無先物者也。然則先物者誰乎哉？明物之自然耳，自然則無窮已之時也。是知天地萬物，自古以固存，無未有之時也。【釋文】「有先」悉薦反。下及注同。〇家世父曰：先天地者道也。既謂之生矣，是道亦物也。既謂之物矣，是其先物者又何自而生耶？物與物相嬗而不已，而推求物之始，以得其先物而生者，是物豈有已耶？有已，則或開而先之；無已，孰開而先之？是以謂之物出不得先物也。

〔六〕【注】取於自爾，故恩流百代而不廢也。【疏】夫得道聖人，慈愛覆育，恩流百代而無窮止者，良由德合天地，妙體自然，故能虛己於彼，忘懷亭毒，不仁萬物，芻狗蒼生，蓋取斯義而然也。

〔校〕①唐寫本者下無物字。②猶其有物也句，劉得一本不重。

顏淵問乎仲尼曰：「回嘗聞諸夫子曰：『无有所將，无有所迎。』回敢問其遊〔一〕。」

〔一〕【疏】請夫子言。將，送也。夫聖人如鏡，不送不迎，顏回聞之日，未曉其理，故詢諸尼父，問其所由。

仲尼曰：「古之人，外化而內不化〔一〕，今之人，內化而外不化〔二〕。與物化者，一不化者也〔三〕。安化安不化〔四〕，安與之相靡〔五〕，必與之莫多〔六〕。狶韋氏之囿，黃帝之圃，有虞氏之宮，湯武之室〔七〕。君子之人，若儒墨者師，故以是非相䪠也，而況今之人乎〔八〕！聖人處物不傷物〔九〕。不傷物者，物亦不能傷也〔一〇〕。唯无所傷者，爲能與人①相將迎〔一一〕。山林與！皋壤與！使②我欣欣然而樂與〔一二〕！樂未畢也，哀又繼之〔一三〕。哀樂之來，吾不能禦，其去弗能止。悲夫，世人直爲物逆旅耳！〔一四〕夫知遇而不知所不遇〔一五〕，知③能能而不能所不能〔一六〕。无知无能者，固人之所不免也〔一七〕。夫務免乎人之所不免者，豈不亦悲哉〔一八〕！至言去言，至爲去爲〔一九〕。齊知之所知，則淺矣〔二〇〕。

〔一〕【注】以心順形而形自化。【疏】古人純樸，合道者多，故能外形隨物，内心凝静。

〔二〕【注】以心使形。【疏】内以緣通，變化無明，外形乖誤，不能順物。○家世父曰：外化者物與同，内化者心與適。心與適則與物俱化而莫得其所化，與物俱化，相靡而已矣，莫得其所化而與爲將迎，有多於物者矣。豨韋之囿，皇帝之圃，有虞氏之宫，湯武之室，其中愈深，其外愈閟。説文：苑，囿有垣也。種菜曰圃。釋名：宫，穹也，屋見垣上穹隆然也。説文：室，實也。踵而爲之飾事，將迎日紛，是非日淆，於是儒墨並興，各以其是非相和也；而相與學一先生之言，奉之爲師，取其所謂是非者，將而非之，迎而拒之，是以謂之内化而外不化也。

〔三〕【注】常無心，故一不化；一不化，乃能與物化耳。

〔四〕【注】化與不化，皆任彼耳，斯無心也。【疏】安，任也。夫聖人無心，隨物流轉，故化與不化，斯安任之，既無分別，曾不概意也。

〔五〕【注】直無心而恣其自化耳，非將迎而靡順之。 【疏】靡，順也。所以化與不化悉安任者，爲不忤蒼生，更相靡順。

〔六〕【注】不將不迎，則足而止。 【疏】雖復與物相順，而亦不多仁恩，各止於分，彼我無損。

〔七〕【注】言夫無心而任化，乃羣聖之所游處。 【疏】狶韋、軒轅、虞舜、殷湯、周武，並是聖明王也。言無心順物之道，乃是狶韋彷徨之苑囿，軒轅遨遊之園圃，虞舜養德之宮闈，湯武怡神之虛室，斯乃羣聖之所游而處之也。 【釋文】「之囿」音又。「之圃」布五反，又音布。

〔八〕【注】䪡，和也。夫儒墨之師，天下之難和者，而無心者猶故和之，而況其凡乎！ 【疏】䪡，和也。夫儒墨之師，更相是非，天下之難和者也，而聖人君子，猶能順而和之。況乎今世之人，非儒墨之師者也，隨而化之，不亦宜乎！ 【釋文】「相䪡」子兮反，和也。

〔九〕【注】至順也。 【疏】處俗和光，利而不害，故不傷之也。

〔一〇〕【注】在我而已。 【疏】虛舟飄瓦，大順羣生，羣生樂推，故處不害。

〔一一〕【注】無心故至順，至順故能無所將迎而義冠於將迎也。 【疏】夫唯安任羣品，彼我無傷者，故能與物交際而明不迎而迎者也。 【釋文】「義冠」古亂反。

〔一二〕【注】山林皋壤，未善於我，而我便樂之，此爲無故而樂也。 【釋文】「山林與」音餘。下同。「而樂」音洛。注、下皆同。

〔一三〕【注】夫無故而樂，亦無故而哀也。則凡所樂不足樂，凡所哀不足哀也。【疏】凡情滯執，妄生欣惡，忽覩高山茂林，神皋奧壤，則欣然欽慕，以爲快樂；而樂情未幾，哀又繼之，情隨事遷，哀樂斯變。此乃無故而樂，無故而哀，是知世之哀樂，不足計也。

〔一四〕【注】不能坐忘自得，而爲哀樂所寄也。【疏】逆旅，客舍也。窮達之來，不能禦扞，哀樂之去，不能禁止。而凡俗之人，不閑斯趣，譬彼客舍，爲物所停，以妄爲真，深可悲歎也。【釋文】「能禦」魚吕反。

〔一五〕【注】知之所遇者即知之，知之所不遇者即不知也。

〔一六〕【注】所不能者，不能强能也。由此觀之，知與不知，能與不能，制不〔出〕〔由〕④我也，當付之自然耳。【疏】夫智有明闇，能有工拙，各稟素分，不可强爲。故分之所遇，知則知之，不遇者不能知也；分之所能，能則能之，性之不能，不可能也。譬鳥飛魚泳，蛛網蜣丸，率之自然，寧非性也！○家世父曰：各有所知，各有所能，無相强也；各有所不知，各有所不能，無相勝也。强其所知以通其所不知，强其所能以通其所不能，而據之以爲知，據之以爲能，强天下而齊之，是非相乘，哀樂滋繁。是故忘其所知，而知乃自適也；忘其所能，而能乃自適也。至言去言，至爲去爲，己且忘之，奚暇齊天下焉！齊知之所知者，據所知以强通之天下者也。【釋文】「强」其丈反。

〔一七〕【注】受生各有分也。【疏】既非聖人，未能智周萬物，故知與不知，能與不能，稟生不同，機鬭各異，而流俗之人，必固其所不免也。

〔一八〕【疏】人之所不免者，分外智能之事也。而凡鄙之流不能安分，故鋭意惑清，務在獨免，愚惑之甚，深可悲傷。

〔一九〕【注】皆自得也。　【疏】至理之言，無言可言，故去言也。至理之爲，無爲可爲，故去爲也。

〔二〇〕【注】夫由知而後得者，假學者耳，故淺也。　【疏】見賢思齊，捨己效物，假學求理，運知訪道，此乃淺近，豈曰深知矣！　【釋文】「齊知之」才細反，又如字。

〔校〕①敦煌本人作之。②鬭誤引江南古藏本使上有與我無親四字。③敦煌本無知字。④由字依世德堂本改。

莊子集釋卷八上

雜篇　庚桑楚第二十三〔一〕

〔一〕【釋文】以人名篇。本或作庚桑楚。○盧文弨曰：今書有楚字。

老聃之役有庚桑楚者，偏得老聃之道〔一〕，以北居畏壘之山，其臣之畫然知者去之，其妾之挈然仁者遠之〔二〕；擁腫之與居〔三〕，鞅掌之爲使〔四〕。居三年，畏壘大壤。畏壘之民相與言曰：「庚桑子之始來，吾洒然異之〔五〕。今吾日計之而不足，歲計之而有餘〔六〕。庶幾其聖人乎！子胡不相與尸而祝之，社而稷之乎？〔七〕」

〔一〕【疏】姓庚桑，名楚，老君之弟子，蓋隱者也。役，門人之稱；古人事師，供其驅使，不憚艱危，故稱役也。而老君大聖，弟子極多，門人之中，庚桑楚最勝，故稱偏得也。【釋文】「老聃之役」司馬云：役，學徒弟子也。廣雅云：役，使也。「庚桑楚」司馬云：楚，名；庚桑，姓也。太史公書作亢桑。○慶藩案史記老莊列傳索隱引司馬云：庚桑楚，人姓名。與釋文小異。○俞樾曰：列子仲尼篇老聃之弟子有亢倉子者，張湛注音庚桑。賈逵姓氏英覽云：吳郡有庚桑姓，稱爲七族。然則庚桑子吳人歟？「偏得」向音篇。

〔二〕【注】畫然，飾知；挈然，矜仁。【疏】畏壘，山名，在魯國。臣，僕隸；妾，接也；言人以仁智爲臣妾，庚桑子悉棄仁智以接事君子也。楚既幽人，寄居山藪，情敦素樸，心鄙浮華；山旁士女，競爲臣妾，故畫然（舒）〔飾〕①智自明炫者，斥而去之；（絜）〔挈〕然矜仁苟異於物者，令其疏遠。【釋文】「畏」本或作嵔，又作猥，同。烏罪反，向於鬼反。「壘」崔本作纍，同。力罪反，向良裴反。李云：畏壘，山名也。或云在魯，又云在梁州。「畫然」音獲。「知者」音智。注同。「挈然」本又作契，同。苦計反。向云：知也。又苦結反。廣雅云：提也。「遠之」于萬反。司馬云：言人以仁智爲臣妾，庚桑悉棄仁智也。

〔三〕【注】擁腫，朴也。【釋文】「擁」於勇反。「腫」章勇反。本亦作踵。

〔四〕【注】鞅掌，自得。【疏】擁腫鞅掌，皆淳朴自得之貌也。斥棄仁智，淡然歸實，故淳素之（亡）〔士〕②與其同居，率性之人供其驅使。【釋文】「鞅掌」於丈反。郭云：擁腫，朴也；鞅掌，自得也。崔云：擁腫，無知貌；鞅掌，不仁意。向云：二句，朴纍之謂。司馬云：皆醜貌也。

〔五〕【注】異其棄知而任愚。【釋文】「大壤」而掌反。本亦作穰。崔本同。又如羊反。廣雅云：豐也。○盧文弨曰：案列子天瑞篇亦以壤同穰。「洒然」素殄反，又悉禮反。崔李云：驚貌。向蘇（俱）〔很〕③反。

〔六〕【注】夫與四時俱者無近功。【疏】大穰，豐也。洒，微驚貌也。居住三年，山中大熟，畏壘百姓僉共私道云：庚桑子初來，我微驚異。今我日計，利益不足稱；以歲計〔至〕〔之〕，功其有餘。蓋賢聖之人，與四時合度，無近功故〔目〕〔日〕計不足，有遠德故歲計有餘。三歲一閏，天道小成，故居三年而畏壘大穰。【釋文】「日計之而不足」向云：無旦夕小利也。「歲計之而有餘」向云：順時而大穰也。

〔七〕【疏】庶，慕也。幾，近也。尸，主也。庚桑大賢之士，慕近聖人之德，何不相與尊而爲君，主南面之事，爲立社稷，建其宗廟，祝祭依禮，豈不善邪！

〔校〕①飾字依注文改。②士字依劉文典補正本改。③很字依韻會改，世德堂本誤佷。

庚桑子聞之，南面而不釋然。弟子異之〔一〕。庚桑子曰：「弟子何異於予？夫春氣發而百草生，正得秋而萬寶成。夫春與秋，豈无得而然哉？天道已行矣。〔二〕吾聞至人，尸居環堵之室，而百姓猖狂不知所如往〔三〕。今以畏壘之細民而竊竊焉欲俎豆予于賢人之間，我其杓之人邪〔四〕！吾是以不釋於老聃之言〔五〕。」

〔一〕【疏】忽聞畏壘之人立爲南面之主，既乖無爲之道，故釋然不悦。門人未明斯趣，是以怪而異之也。

〔二〕【注】夫春秋生〔氣〕〔成〕①，皆得自然之道，故不爲也。【疏】夫春生秋實，陰陽之恒；夏長冬藏，物之常事。故春秋豈有心施於萬實，而天然之道已自行焉，故忘其生有之德也。實亦有作寶字者，言二儀以萬物爲寶，故逢秋而成就也。【釋文】「正得秋而萬寶成」天地以萬物爲寶，至秋而成也。元嘉本作萬實。○俞樾曰：得字疑衍，原文蓋作正秋而萬寶成。易説卦，兑正秋也。萬物之所説也。疏：正秋而萬物皆説成也。即本此文，是其證。得字蓋涉下句夫春與秋豈無得而然哉，因而誤衍。春氣發而百草生，正秋而萬寶成，文義已足，不必加得字與上句相儷偶。「大道已行矣」本或作天道②。

〔三〕【注】直自往耳，非由知也。【疏】四面環各一堵，謂之環堵也，所謂方丈室也。如死尸之寂泊，故言尸居。【釋文】「環」如字。廣雅云：圓也。「堵」丁魯反。司馬云：一丈曰堵。環堵者，面各一丈，言小也。

〔四〕【注】不欲爲物標杓。【疏】竊竊，平章偶語也。俎，切肉之几；豆，盛脯之具；皆禮器也。夫羣龍無首，先聖格言；蒙德養恬，後賢軌轍。今細碎百姓，偶語平章，方欲禮我爲賢，尊我爲主，便是物之標杓，豈曰棲隱者乎！【釋文】「俎豆」側吕反。崔云：俎豆，食我於衆人間。「杓」郭音的，又匹么反，又音弔。廣雅云：樹末也。郭云：爲物之標杓也。王云：斯由己爲人準的也。向云：馬氏作馰，音的。「標」必遥反，一音必小反。

〔五〕【注】聃云，功成事遂，而百姓皆謂我自爾，今畏壘反此，故不釋然。【疏】老君云：功成弗居，長而不宰。楚既虔稟師訓，畏壘反此，故不釋然。

〔校〕①成字依世德堂本改。②今本作天道。

弟子曰：「不然。夫尋常之溝，巨魚无所還其體，而鯢鰌爲之制；步仞之丘陵，巨獸无所隱其軀，而蘖狐爲之祥〔一〕。且夫尊賢授能，先善與利，自古堯舜以然，而況畏壘之民乎！夫子亦聽矣〔二〕！」

〔一〕【注】弟子謂大人必有豐禄也。【疏】八尺曰尋，倍尋曰常。六尺曰步，七尺曰仞。鯢，小魚而有腳，此非鯤大魚也。制，擅也。夫尋常小瀆，豈鯤鯨之所周旋！而鯢鰌小魚，反以爲美；步仞丘陵，非大獸之所藏隱，而妖蘖之狐，用之爲吉祥。故知巨獸必隱深山，大人應須厚禄也。【釋文】「尋常之溝」八尺曰尋，倍尋曰常。尋常之溝，則周禮洫澮之廣深也。洫廣深八尺；澮廣二尋，深二仞也。「所還」音旋，回也。崔本作逮。「鯢」五兮反。「鰌」音秋。「爲之制」廣雅云：制，折也。謂小魚得曲折也。王云：制，謂擅之也，鯢鰌專制於小溝也。○慶藩案釋文云，制，折也。小魚得曲折也。折與制，本古通用字。書呂刑制以刑，墨子引作折則刑；論語顏淵篇片言可以折獄者，魯論語作制獄；即其證也。「步仞之丘陵」六尺爲步，七尺曰仞，廣一步，高一仞也。孔安國云：八尺曰仞。小爾雅云：四尺曰仞。○家世父曰：水者，魚之所歸也；丘陵者，獸之所歸也。尋常之溝，步仞之丘陵，亦必有歸之者，爲有所庇賴也。德愈大，則歸之者愈衆。郭象引巨魚巨獸爲喻，而云大人必有豐禄，誤。「蘖」魚竭反。「狐爲之祥」李云：祥，怪也。狐狸憙爲妖蘖。言各有宜，宜不失則大人有豐禄也。王云：野狐依之作妖祥也。崔云：蠱狐以小丘爲善也。祥，善也。

〔二〕【疏】尊貴賢人，擢授能者，有善先用，與其利祿。堯舜聖人，尚且如是，況畏壘百姓，敢異前修！夫子通人，幸聽從也！

庚桑子曰：「小子來！夫函車之獸，介而離山，則不免於罔罟之患；吞舟之魚，碭而失水，則蟻能苦之。故鳥獸不厭高，魚鼈不厭深。〔一〕夫全其形生之人，藏其身也，不厭深眇而已矣〔二〕。

〔一〕【注】去利遠害乃全。【疏】其獸極大，口能含車，孤介離山，則不免網羅爲其患害。吞舟之魚，其質不小，波蕩失水，蟻能害之。故鳥獸高山，魚鼈深水，豈好異哉？蓋全身遠害，魚鳥尚爾，而況人乎！【釋文】「函」音含。「車之獸」李云：獸大如車也。一云：大容車。「介而」音戒。廣雅云：獨也。又古黠反。一本作分，謂分張也。元嘉本同。○俞樾曰：方言：獸無偶曰介。一本作分，非。○慶藩案介，釋文〔一本〕①作分。分與離相屬爲義，則作分者是也。古書介本作分，分俗作兮，二形相似，故傳寫多譌。穀梁莊三十年傳，燕周子兮子，釋文：兮，本或作介。周禮大宗伯注雉取其首介而死，釋文：介，或作兮。春秋繁露立元神篇介障險阻，介譌作兮。淮南謬稱篇禍之生也兮兮，王念孫以爲介介。則介又誤爲兮，皆其證也。「離山」力智反。下、注同。「吞舟」敕恩反，又音天。「碭而失水」徒浪反，謂碭溢而失水也。崔本作去水陸居也。「則蟻」魚綺反。「苦之」如字。向云，馬氏作最，又作窮。

〔二〕【注】若嬰身於利祿，則粗而淺。【疏】眇，遠也。夫棲遁之人，全形養生者，故當遠迹塵俗，深就山泉，若嬰於利禄，則粗而淺也。【釋文】「深眇」彌小反。「則粗」七奴反。後皆同。

〔校〕①一本二字依釋文補。

且夫二子者，又何足以稱揚哉〔一〕！是其於辯也，將妄鑿垣牆而殖蓬蒿也〔二〕。簡髮而櫛，數米而炊〔三〕，竊竊乎又何足以濟世哉〔四〕！舉賢則民相軋〔五〕，任知則民相盜〔六〕。之數物者，不足以厚民。民之於利甚勤，子有殺父，臣有殺君，正晝爲盜，日中穴阫〔七〕。吾語女，大亂之本，必生於堯舜之間，其末存乎千世之後。千世之後，其必有人與人相食者也〔八〕！」

〔一〕【注】二子，謂堯舜。【疏】二子，謂堯舜也。唐虞聖迹，亂人之本，故何足稱邪！【釋文】「二子者」向崔郭皆云：堯舜也。

〔二〕【注】將令後世妄行穿鑿而殖穢亂也。【疏】將令後世妄行穿鑿而殖穢亂。辯，別也。物性之外，別立堯舜之風，以教迹令人倣傚者，猶如鑿破好垣牆，種殖蓬蒿之草以爲蕃屏者也。【釋文】「蓬」蒲空反。「將令」力呈反。

〔三〕【注】理錐刀之末也。【疏】譬如擇簡毛髮，梳以爲髻，格量米數，炊以供餐，利益蓋微，爲損更甚。【釋文】「而扻」莊筆反。又作櫛，亦作楖，皆同。郭音節，徐側冀反。○盧文弨曰：今書作櫛。○王引之曰：釋文扻莊筆反，又作櫛，亦作楖，皆同。郭音節，徐側冀反。按玉篇：扻，苦敢切，打扻也。不得音莊筆反，又音節。扻當爲捬，即玉篇搼字，隸書轉寫手旁於左耳。玉篇：垐，七咨切，𡋤也。此借爲櫛髮之櫛，故音莊筆反，又音節。凡從次聲之字，可讀爲即，又可讀爲節。説文：垐，以土增大道上，從土，次聲，〔堲〕①，古文垐，從土，即聲。引虞書朕堲讒説殄行。玉篇音才資才即二切。説文：楶，欂櫨也，從木咨聲。（咨，從口，次聲），即是山節藻棁之節。康誥勿庸以次女封，荀子致士篇引此，次作即。皆其例也。抆爲櫛髮之櫛，當讀入聲，而其字以次爲聲，則亦可讀去聲，故徐邈音側冀反。「數米」色主反。「而炊」昌垂反。向云：理於小利也。

〔四〕【注】混然一之，無所治爲乃濟。【疏】祖述堯舜，私議竊竊，此蓋小道，何足救世！【釋文】「竊竊」如字。司馬云：細語也。一云：計校之貌。崔本作察察。

〔五〕【注】將戾拂其性以待其所尚。【釋文】「軋」烏黠反，向音乙。「戾拂」符弗反。

〔六〕【注】真不足而以知繼之，則僞矣，僞以求生，非盜如何！【疏】軋，傷也。夫舉賢授能，任知先善，則争爲欺侮，盜詐百端，趨競路開，故更相害也。

〔七〕【注】無所復顧。【疏】數物者，謂舉賢任知等也。此教浮薄，不足令百姓淳厚也。而蒼生貪利之心，甚自殷勤，私情怨忿，遂生篡弑，謀危社稷，正晝爲盜，攻城穿壁，日中穴阫也。【釋文】「有殺」音試。本又作弑。下同。「穴阫」普回反。向音裴，云：阫，牆也。言無所畏忌。○慶藩案阫與培同。淮南子齊俗篇鑿培而遁之，高誘注曰：培，屋後牆也（齊俗篇則必有穿窬拊楗抽箕踰備之〔女〕〔姦〕②。備亦與培同，故高注曰：備，後垣也）。吕氏春秋聽言篇亦作培，漢書楊雄傳作坏，音稍異而義同。

〔八〕【注】堯舜遺其迹，飾僞播其後，以致斯弊。【疏】唐虞揖讓之風，會成篡逆之亂。亂之根本，起自堯舜，千載之後，其弊不絶，黄巾赤眉，則是相食也。【釋文】「吾語」魚據反。「女」音汝。後皆放此。

〔校〕①聖字依説文補。②姦字依淮南子原文改。

南榮趎蹵然正坐曰：「若趎之年者已長矣，將惡乎託業以及此言邪〔一〕？」

〔一〕【疏】姓南榮，名趎，庚桑弟子也。蹵然，驚悚貌。南榮既聞斯義，心生慕仰，於是驚懼正容，勤誠請益云：「趎年老，精神暗昧，憑託何學，方逮斯言？」【釋文】「南榮趎」昌于反，向音疇，一音紹俱反，徐直俱反，又敕俱反，又處由反。李云：庚桑弟子也。漢書古今人表作南榮疇。或作儔，又作壽。淮南作南榮幬，云：敕蹻趹步，百舍不休。亦作幬。○盧文弨曰：案今淮南脩務訓作幬。舊敕蹻譌敕蟜，今據本書改正。高誘注：敕，猶箸。蹻，履；趹，趣也。敕，所角切。蹻，其略切。趹音決。箸即著，直略切。趣，猶趨。今淮南或無步，字脱也。「蹵然」子六反。「已長」丁丈反。「將惡」音烏。

庚桑子曰：「全汝形〔一〕，抱汝生〔二〕，无使汝思慮營營。若此三年，則可以及此言矣〔三〕。」

〔一〕【注】守其分也。【釋文】「其分」扶問反。後以意求之。

〔二〕【注】無攖乎其生之外也。○俞樾曰：釋名釋姿容曰：抱，保也，相親保也。是抱與保義通。抱汝生，即保汝生。郭注曰無攖乎其生之外也，猶泥抱字爲説，未達叚借之旨。

〔三〕【疏】不逐物境，全形者也；守其分内，抱生者也。既正分全生，神凝形逸，故不復役知思慮，營營狥生也。三年虛静，方可及乎斯言。此庚桑教南榮之詞也。【釋文】「思慮」息吏反。下同。

南榮趎曰：「目之與形，吾不知其異也，而盲者不能自見；耳之與形，吾不知其異也，而聾者不能自聞；心之與形，吾不知其異也，而狂者不能自得。〔一〕形之與形亦辟矣〔二〕，而物或閒之邪，欲相求而不能相得〔三〕？今謂趎曰：『全汝形，抱汝生，勿使汝思慮營營。』趎勉聞道達耳矣〔四〕！」

〔一〕【注】目與目，耳與耳，心與心，其形相似而所能不同，苟有不同，則不可强相法效也。【疏】夫盲聾之士，與凡常之人耳目無異，而盲者不見色，聾者不聞聲；風狂之人，與不狂之者形貌相似，而狂人失性，不能自得。南榮舉此三（諭）〔喻〕以況一身，不解至道之言與彼盲聾何别，故内篇云，非唯形骸有聾盲，夫智亦有之也。【釋文】「可强」其丈反。下章可强同。

〔二〕【注】未有閉之。【釋文】「亦辟」婢亦反，開也。崔云：相著也。音必亦反。○家世父曰：郭象注形之與形亦辟矣，未有閉之。釋文：辟，婢亦反，開也。是假辟爲闢。鄭康成禮記大學注：辟，猶喻也。説文言部：譬，喻也。坊記辟則防與，中庸辟如行遠，辟如登高，辟〔譬〕

皆相通。辟，譬喻也，言形之與形亦易喻也。郭象注誤。漢書鮑永傳言之者足戒，聞之者未譬，章懷太子注：譬，猶曉也。曉然於形與形之同。曉亦喻也。

〔三〕【注】兩形雖開，而不能相得，將有間也。【疏】闢，開也。間，別也。夫盲與不盲，二形孔竅俱開；見與不見，於物遂有間別。而盲聾求於聞見，終不可得也，亦猶南榮求於解悟，無由致之。【釋文】「或間」間廁之間。注同。

〔四〕【注】早聞形隔，故難化也。【疏】全形抱生，已如前釋。重述所(問)〔聞〕，以彰問旨。【釋文】「勉聞道」崔向云：勉，强也。本或作踠。「達耳矣」崔向云：僅達於耳，未徹入於心也。

庚桑子曰：「辭盡矣。曰①奔蜂不能化藿蠋，越雞不能伏鵠卵，魯雞固能矣〔一〕。**雞之與雞，其德非不同也，有能與不能者，其才固有巨小也。今吾才小，不足以化子。子胡不南見老子！**〔二〕」

〔一〕【疏】奔蜂，細腰土蜂也。藿，豆也。蠋者，豆中大青蟲。越雞，荆雞也。魯雞，今之蜀雞也。奔蜂細腰，能化桑蟲爲己子，而不能化藿蠋。越雞小，不能伏鵠卵；蜀雞大，必能之也。言我才劣，未能化大，所説辭情，理盡於此也。【釋文】「奔蜂」孚恭反。司馬云：奔蜂，小蜂也。一云土蜂。「藿蠋」音蜀。司馬云：豆藿中大青蟲也。「越雞」司馬向云，小雞也。或云：荆雞也。「能伏」扶又反。「鵠」本亦作鶴，同。户各反，一音户沃反。「卵」力管反。「魯雞」向云：大雞也，今蜀雞也。○慶藩案太平御覽九百十八引司馬云：越雞，小雞也。魯雞，大雞，今蜀雞也。視釋文所引微異。

〔三〕【疏】夫雞有五德：頭戴冠，禮也；足有距，義也；得食相呼，仁也；知時，智也；見敵能距，勇也。而魯越雖異，五德則同，所以有能與不能者，才有大小也。我類越雞，才小不能化子，子何不南行往師，以謁老君！

〔校〕①闕誤引江南古藏本及李張二本曰字俱作□。

南榮趎贏糧，七日七夜至老子之所〔一〕。

〔一〕【疏】贏，裹也，擔也。慕聖情殷，晝夜不息，終乎七日，方見老君也。【釋文】「贏糧」音盈。案方言：贏，儋也，齊楚陳宋之間謂之贏。一音果。○盧文弨曰：音果字或有作贏者。

老子曰：「子自楚之所來乎？」南榮趎曰：「唯〔一〕。」

〔一〕【疏】自，從也。問云：汝從桑楚處來？南榮趎曰：唯，直敬應之聲也。答云如是。【釋文】「曰唯」惟癸反。

老子曰：「子何與人偕來之衆也〔一〕？」南榮趎懼然顧其後〔二〕。

〔一〕【注】挾三言而來故。【疏】偕，俱也。老子聖人，照機如鏡，未忘仁義，故刺以偕來。理挾三言，故譏之言衆也。【釋文】「挾三」音協。

〔二〕【疏】懼然，驚貌也。未達老子之言，忽聞衆來之説，顧眄其後，恐有多人也。【釋文】「懼然」向紀俱反。本又作戄，音同，又況縛反。○慶藩案懼然，即瞿然也，蓋驚貌。其正字作畀。説文：畀（九遇切），舉目驚畀然也。畀正字，瞿懼皆借字。禮檀弓懼然失席，作瞿。史記孟子傳王公大人初見其術，懼然顧化，漢書惠紀贊聞叔孫通之諫則懼然，皆其證。

老子曰：「子不知吾所謂乎〔一〕？」

〔一〕【疏】謂者，言意也。我言偕來，譏汝挾三言而來。汝視其後，是不知吾謂也。

南榮趎俯而慙，仰而歎曰：「今者吾忘吾答，因失吾問。」〔一〕

〔一〕【疏】俯，低頭也。自知暗昧，不達聖言，於是俯首羞慚，仰天歎息，神魂恍惚，情彩章惶。豈直喪其形容，亦乃失其咨問。【釋文】「因失吾問」元嘉本問作聞。○慶藩案問，猶聞也。問聞古通用。論語公冶長篇聞一知十，〔釋文：〕①聞，本或作問。荀子堯問篇不聞即物少至，楊倞曰：聞，或作問。

〔校〕①釋文二字依文義補。

老子曰：「何謂也〔一〕？」

〔一〕【疏】問其所言有何意謂。

南榮趎曰：「不知乎？人謂我朱愚。知乎？反愁我軀。〔一〕不仁則害人，仁則反愁我身；不義則傷彼，義則反愁我己。我安逃此而可？此三言者，趎之所患也，願因楚而問之。〔二〕

〔一〕【疏】朱愚，猶專愚，無知之貌也。若使混沌塵俗，則有愚癡之名；若（也）〔使〕①運智人間，更致危身之禍。禍敗在己，故云愁軀也。○家世父曰：左傳襄公四年朱儒，杜預注：短小曰朱儒。朱愚者，智術短小之謂。

〔二〕【疏】仁者，兼愛之迹；義者，成物之功；並是先聖蘧廬，非所以全身遠害者也。故不仁不義，則傷物害人；行義行仁，則乖真背道。未知若爲處心，免兹患害。寄此三言，因桑楚以爲媒，願留聽於下問。

〔校〕①使字依上句改。

老子曰：「向吾見若眉睫之間，吾因以得汝矣，今汝又言而信之〔一〕。若規規然若喪父母，揭竿而求諸海也。女亡人哉，惘惘乎！〔二〕汝欲反汝情性而无由入，可憐哉〔三〕！」

〔一〕【疏】吾昔觀汝形貌，已得汝心。今子所陳，（畢）〔果〕挾三術。以子之言，於是信驗。【釋文】「向吾」本又作嚮，同。「眉睫」音接。釋名云：目毛也。

〔二〕【疏】規規，細碎之謂也。汝用心細碎，懷兹三術，猶如童稚小兒，喪失父母也；似儋揭竿木，尋求大海，欲測深底，其可得乎！汝是亡真失道之人，亦是溺喪逃亡之子，芒昧何所歸依也！【釋文】「規規」李云：失神貌。一云：細小貌。「若喪」息浪反。注同。「揭」其列其謁二反。「竿」音干。「而求諸海也」向云：言以短小之物，欲測深大之域也。「女亡人哉」崔云：喪亡性情之人也。

〔三〕【疏】榮趎踐於聖迹，溺於仁義，縱欲還原反本，復歸於實(生)〔性〕真情，瘡疣已成，無由可入，大聖運慈，深可哀(憋)〔愍〕也。

南榮趎請入就舍，召其所好，去其所惡，十日自愁，復見老子〔一〕。

〔一〕【疏】既失所問，情識芒然，於是退就家中，思惟旬日，徵求所好之道德，除遣所惡之仁義。未能契道，是以悲愁，庶其請益，仍見老子。【釋文】「所好」呼報反。「去其」起呂反。「所惡」烏路反。注同。「復見」扶又反。

老子曰：「汝自洒濯，熟①哉鬱鬱乎！然而其中津津乎猶有惡也〔一〕。夫外韄者不可繁而捉，將内揵；内韄者不可繆而捉，將外揵〔二〕。外内韄者，道德不能持，而況放道而行者乎〔三〕！」

〔一〕【疏】歸家一旬，遣除五德，滌盪穢累精熟。以吾觀汝氣，鬱鬱乎平，雖復加功，津津尚漏，以此而驗，惡猶未盡也。【釋文】「洒濯」大角反。「鬱鬱」崔云：孰洒貌。「津津」如字。崔本作律律，云惡貌。「猶有惡也」李云：惡計未盡也。

〔二〕【注】揵，關揵也。耳目，外也；心術，内也。夫全形抱生，莫若忘其心術，遺其耳目。若乃聲色韄於外，則心術塞於内；欲惡韄於内，則耳目喪於外；固必無得無失而後爲通也。

【疏】韄者，繫縛之名。揵者，關閉之目。繁者，急也。繆者，殷勤也。言人外用耳目而爲聲色〔也〕所韄者，則心神閉塞於内也；若内用心智而爲欲惡所牽者，則耳目閉塞於外也；此内外相感，必然之符。假令用心禁制，急手捉持，殷勤綢繆，亦無由得也。夫唯精神定於内，耳目静於外者，方合全生之道。【釋文】「外韄」向音霍。崔云：恢廓也。又如字。本亦作韄，音獲，又乙虢反，又烏邈反，又音羈。李云：縛也。三蒼云：佩刀靶韋也。○盧文弨曰：今書作韄。「而捉」徐側角反。崔作促，云：迫促也。「内揵」郭其輦反，徐其偃反。關也。向云：閉也。又音蹇。下同。「繆」莫侯反，又音稠，結也。崔向云，綢繆也。○俞樾曰：郭於此無注，而注下文曰，雖繁手以執之，綢繆以持之，弗能止也。則訓繁爲繁手，殆不可通矣。繁疑繫字之誤。繫，俗作繳。漢書司馬相如傳名家苛察繳繞，如淳曰：繳繞，猶纏繞也。此以繫而捉繆而捉並言，繫，謂繫繞，繆，謂綢繆。廣雅釋詁繫與綢繆並訓纏，是其義一也。繫繁形似，因而致誤耳。○家世父曰：説文：韄，佩刀絲也。徐鍇曰：絲，其繫系也。三蒼云：佩刀靶韋。是韄者，縛繫之意。外韄者，制其耳目；耳目之司，紛紜繁變，不可捉搤，則内揵其心以息耳目之機。内韄者，制其心；而心繆繞百出，亦不可捉搤也，則外揵其耳目以絶心之緣。内外俱韄，冥冥焉相與兩忘，無有倚著，道德不能入而爲主，又何津津有惡之存哉！郭象云，聲〔色〕②韄於外，則心術塞於内；欲惡韄於内，則耳目喪於外；偏韄且不可，況内外俱韄乎！似非莊子本意。

〔三〕【注】偏韄〔由〕〔猶〕不可，況外内俱韄乎！將耳目眩惑於外，而心術流蕩於内，雖繁手以執之，綢繆以持之，弗能止也。【疏】偏執滯邊，已乖生分，況內外韄溺，爲惑更深。縱有懷道抱德之士，尚不能扶持，況放散玄道而專行此惑，欲希禁止可得乎！【釋文】「放道」如字。向方往反，云：依也。

〔校〕①世德堂本作孰。②色字依注文補。

南榮趎曰：「里人有病，里人問之，病者能言其病，然其病①，病者猶未病也〔一〕。若趎之聞大道，譬猶飲藥以加病也〔二〕，趎願聞衞生之經而已矣〔三〕。」

〔一〕【疏】閭里有病，鄰里問之，病人能自說其病狀者，此人雖病，猶未困重而可療也。亦猶南榮雖愚，能自陳過狀，庶可教也。

〔二〕【疏】夫藥以療疾，疾瘉而藥消；教以機悟，機悟而教息。苟其本不病，藥復不消，教資不忘，機又不悟，不（謂）〔猶〕②飲藥以加其病！【釋文】「加病」如字。元嘉本作知病。崔本作駕，云：加也。

〔三〕【疏】經，常也。已，止也。夫聖教多端，學門匪一，今〔之〕所（謂）〔請〕，衞（請）〔護〕全生，心之所存，止在於此，如蒙指誨，輒奉爲常。【釋文】「衞生」李云：防衞其生，令合道也。

〔校〕①高山寺本無然其病三字。②猶字依正文改。

老子曰：「衞生之經，能抱一乎〔一〕？能勿失乎〔二〕？能无卜筮而知吉凶乎〔三〕？能止乎〔四〕？能已乎〔五〕？能舍諸人而求諸己乎〔六〕？能翛然乎〔七〕？能侗然乎〔八〕？

能兒子乎〔九〕？兒子終日嗥而嗌不嗄，和之至也〔一〇〕；終日握而手不掜，共其德也〔一一〕；終日視而目不瞚，偏不在外也〔一二〕。行不知所之〔一三〕，居不知所爲〔一四〕，與物委蛇〔一五〕，而同其波〔一六〕。是衞生之經已〔一七〕。」

〔一〕【注】不離其性。【疏】守真不二也。

〔二〕【注】還自得也。【疏】自得其性也。

〔三〕【注】當則吉，過則凶，無所卜也。【疏】履道則吉，徇物則凶，斯理必然，豈用卜筮！○王念孫曰：吉凶當爲凶吉。一失吉爲韻，止已己爲韻。管子心術篇能專乎？能一乎？能无卜筮而知凶吉乎？是其證。（内業篇凶吉亦誤爲吉凶，唯心術篇不誤。）【釋文】「當則」丁浪反。後放此。

〔四〕【注】止於分也。【疏】不逐分外。

〔五〕【注】無追故迹。【疏】已過不追。

〔六〕【注】全我而不效彼。【疏】諸，於也。捨棄效彼之心，追求己身之道。【釋文】「能舍」音捨。下同。

〔七〕【注】無停迹也。【疏】往來無係止。【釋文】「翛」音蕭。徐始六反，又音育。崔本作隨，云：順也。

〔八〕【注】無節礙也。【疏】順物無心也。【釋文】「侗」本又作侗，大董反，又音慟。向敕動反，云：直而無累之謂。三蒼云：（殼）〔愨〕直貌。崔同。字林云：大也。○盧文弨曰：今書作侗。「礙也」五代反。

〔九〕【疏】同於赤子也。

〔一〇〕【注】任聲之自出，不由於喜怒。【疏】嗌，喉塞也。嗄，聲破。任氣出聲，心無喜怒，故終日嘑號，不破不塞，淳和之守，遂至於斯。【釋文】「嗥」户羔反。本又作號，音同。「而嗌」音益。崔云：喉也。司馬云：咽也。李音厄，謂噎也。一本作而不嗌。案如李音，有不字。「不嗄」於邁反。本又作嚘，徐音憂。司馬云：楚人謂嘑極無聲爲嗄。崔本作喝，云：啞也。○俞樾曰：釋文，嗄本作嚘，徐音憂，當從之。老子終日號而不嗄，傅奕本作歠，即嚘之異文也。揚子太玄經夷次三曰柔，嬰兒於號，三日不嚘，二宋陸王本皆如是。蓋以嚘與柔爲韻，可知揚子所見老莊皆作嚘也。

〔一一〕【注】任手之自握，非獨得也。【疏】捝，拘寄，〔而不〕勞倦者，爲其淳和與玄道至德同也。

【釋文】「終日握」李云：捲手曰握。「不捝」五禮反，向音藝。崔云：寄也。廣雅云：捉也。○俞樾曰：説文無捝字。角部：觬，角觬曲也。疑即此捝字。以角言則從角，以手言則從手，變觬爲捝，字之所以孳乳浸多也。終日握而手不捝，謂手不拳曲也。崔云：捝，寄也。殊非其義。○家世父曰：釋文引崔云，捝，寄也。廣雅云：捝，捉也。今案揚雄太玄玄捝云：玄之贊詞，或以氣，或以類，或以事之骫卒。捝，擬也。雄意假捝爲擬。説文：擬，度也。言無有準擬揣度。說文：共，同也。授之物握之，奪之物亦握之，不待準量以爲握也，其德同也。「共其」如字。崔云：壹也。

〔一二〕【注】任目之自見，非係於色也。【疏】瞚，動也。任眼之視，視不動目，不偏滯於外塵也。【釋文】「不瞚」字又作瞬，同。音舜，動也。本或作瞑，莫經反。「偏不」徐音篇。

〔一三〕【注】任足之自行，無所趣。【疏】之，往也。泛若不繫之舟，故雖行而無所的詣也。

〔一四〕【注】縱體而自任也。【疏】恬惔無爲，寂寞之至。

〔一五〕【注】斯順之也。【疏】接物無心，委曲隨順。【釋文】「委」於危反。「蛇」以支反。

〔一六〕【注】物波亦波。【疏】和光混迹，同其波流。

〔一七〕【疏】總指已前，結成〔其〕義也。

南榮趎曰：「然則是至人之德已乎〔一〕？」

〔一〕【注】若①能自改而用此言，便欲自謂至人之德。【疏】如前所說衛生之經，依而行之，合於玄道。至人之德，止此可乎？

〔校〕①趙諫議本無若字及便欲自三字。

曰：「非也。是乃所謂冰解凍釋者，能乎？〔一〕夫至人者，相與交食乎地而交樂乎天〔二〕，不以人物利害相攖，不相與爲怪，不相與爲謀，不相與爲事〔三〕，翛然而往，侗然而來。是謂衛生之經已。〔四〕」

〔一〕【注】能乎，明非自爾。　【疏】南榮拘束仁義，其日固久，今聞聖教，方解衞生。譬彼冬冰，逢兹春日，執滯之心，於斯釋散。此因學致悟，非率自然。能乎，明非真也。此則老子答趎之辭也。　【釋文】「冰解」音蟹。

〔二〕【注】自無其心，皆與物共。　【疏】夫至人無情，隨物興感，故能同蒼生之食地，共羣品而樂天。交，共也。　【釋文】「交食」崔云：交，俱也。李云，共也。「交樂」音洛。○俞樾曰：郭注曰，自〔無〕其（無）①心，皆與物共。釋文引崔云，交，俱也。李云，共也。是皆未解交字之義。徐無鬼篇曰，吾與之邀樂於天，吾與之邀食於地。與此文異義同。交即邀也，古字只作徼。文二年左傳寡君願徼福於周公魯公。此云邀食乎地，邀樂乎天，語意正相似。作邀者後出字，作交者叚借字。詩桑扈篇彼交匪傲，漢書五行志作匪儌匪傲，即其例矣。

〔三〕【疏】攖，擾亂也。夫至人虚心順世，與物同波，故能息怪異於羣生，絶謀謨於黎首。既不以事爲事，何利害之能攖乎！　【釋文】「相攖」於營反，徐又音嬰。廣雅云：亂也。崔云：猶貫也。

〔四〕【疏】重舉前文，結成其義。

〔校〕①無其二字依正文改。

曰：「**然則是至乎**〔一〕？」

〔一〕【注】謂己便可得此言而至耶。　【疏】謂聞此言，可以造極。南榮不敏，重問老君。

曰：「未也。吾固告汝曰：『能兒子乎？〔一〕』兒子動不知所爲，行不知所之，身若槁木之枝而心若死灰〔二〕。若是者，禍亦不至，福亦不來。禍福无有，惡有人災也！〔三〕」

〔一〕【注】非以此言爲不至也，但能聞而學者，非自至耳。苟不自至，則雖聞至言，適可以爲經，胡可得至哉！故學者不至，至者不學也。【疏】夫云能者，獎勸之辭也。此言雖至，猶是筌蹏，既曰告汝，則因稟學。然學者不至，至者不學，在筌異魚，故曰未也。此是老子重答南榮。

〔二〕【疏】虛冲凝淡，寂寞無情，同槁木而不榮，類死灰而忘照。身心既其雙遣，何行動之可知乎！衞生之要也。【釋文】「若槁」苦老反。

〔三〕【注】禍福生於失得，人災由於愛惡。今槁木死灰，無情之至，則愛惡失得無自而來。【疏】夫禍福生乎得喪，人災起乎美惡。今既形同槁木，心若死灰，得喪兩忘，美惡雙遣，尚無冥昧之責，何人災之有乎！【釋文】「惡有」音烏。「愛惡」烏路反。下同。

宇泰定者，發乎天光〔一〕。發乎天光者，人見其人〔二〕，〔物見其物。〕①人有脩者，乃今有恒〔三〕；有恒者，人舍之，天助之〔四〕。人之所舍，謂之天民；天之所助，謂之天子〔五〕。

〔一〕【注】夫德宇泰然而定，則其所發者天光耳，非人耀。【疏】夫身者神之舍，故以至人爲道德之器宇也。且德宇安泰而静定者，其發心照物，由乎自然之智光。【釋文】「宇泰定」王云：宇，器宇也，謂器宇閒泰則静定也。○家世父曰：虚室生白，吉祥止止，人心自兆其端倪而天光發焉，自然而不可掩也，脩其自然而機應之。人各自脩也，各自見也，故曰人見其人。

〔二〕【注】天光自發，則人見其人，物見其物。物各自見而不見彼，所以泰然而定也。【疏】凡庸之人，不能測聖，但見羣於衆庶，不知天光遐照也。

〔三〕【注】人而脩人，則自得矣，所以常泰。【疏】恒，常也。理雖絶學，道亦資求，故有真脩之人，能會凝常之道也。

〔四〕【注】常泰，故能反居我宅而自然②獲助也。【疏】體常之人，動以吉會，爲蒼生之所舍止，皇天之所福助，不亦宜乎！

〔五〕【注】出則天子，處則天民，此二者俱以泰然而自得之，非爲而得之也。【疏】出則君后，處則逸人，皆以臨道體常，故致斯功者也。

〔校〕①物見其物四字依闕誤引張君房本及注文補。②趙諫議本無自然二字。

學者，學其所不能學也；行者，行其所不能行也；辯者，辯其所不能辯也〔一〕。

知止乎其所不能知，至矣〔一〕；若有不即是者，天鈞敗之〔二〕。

〔一〕【注】凡所能者，雖行非爲，雖習非學，雖言非辯。【疏】夫爲於分内者，雖爲也不爲，故雖學不學，雖行不行，雖辯不辯，豈復爲於分外，學所不能耶！【釋文】「學者學其所不能學也」言人皆欲學其所不能知，凡所能者，故是能於所能。夫能於所能者，則雖習非習也。

〔二〕【注】所不能知，不可彊知，故止斯至①。【疏】率其所能，止於分内，所不能者，不彊知之，此臨學之至妙。

〔三〕【注】意雖欲爲，爲者必敗，理終不能。【疏】若有心分外，即不以分内爲是者，斯敗自然之性者也。【釋文】「敗之」補邁反。或作則。元嘉本作則。

〔校〕①世德堂本有也字。

備物以將形〔一〕，藏不虞以生心〔二〕，敬中以達彼〔三〕，若是而萬惡至者，皆天也〔四〕，而非人也〔五〕，不足以滑成〔六〕，不可内於靈臺〔七〕。靈臺者有持〔八〕，而不知其所持〔九〕，而不可持者也〔一〇〕。

〔一〕【注】因其自備而順其成形。【疏】將，順也。夫造化洪鑪，物皆備足，但順成形，於理問學。【釋文】「備物以將形」備，具也。將，順也。

〔二〕【注】心自生耳，非虞而出之。虞者，億度之謂。【疏】夫至人無情，物感斯應，包藏聖智，遇物生心，終不預謀所爲虞度者也。【釋文】「億度」待洛反。

〔三〕【注】理自達彼耳，非慢中而敬外。　【疏】中，内智也。彼，外境也。敬重神智，不敢輕染，智既凝寂，境自虚通。

〔四〕【注】天理自有窮通。

〔五〕【注】有爲而致惡者乃是人。　【疏】若文王之拘羑里，孔子之困匡人，智非不明也，人非不聖也，而遭斯萬惡窮否者，蓋由天時運命耳，豈人之所爲哉！

〔六〕【注】安之若命，故其成不滑。　【疏】滑，亂也。體道會真，安時達命，縱遭萬惡，不足以亂於大成之心。　【釋文】「以滑」音骨。

〔七〕【注】靈臺者，心也，清暢，故憂患不能入。　【疏】内，入也。靈臺，心也。妙體空靜，故世物不能入其靈臺也。　【釋文】「靈臺」郭云：心也。案謂心有靈智能住持也。許慎云：人心以上，氣所往來也。○俞樾曰：不可上當有萬惡二字。上文若是而萬惡至者，皆天也，而非人也，不足以滑成，其文已足。萬惡不可内於靈臺，則又起下意。下文云，靈臺者有持，而不知其所持而不可持者也，皆承此言之。讀者不詳文義，誤謂不可内於靈臺與不足以滑成兩句相屬，故删萬惡二字耳。文選廣絶交論李善注引此文，正作萬惡不可内於靈臺。

〔八〕【注】有持者，謂不動於物耳，其實非持。　【疏】惟貴能持之心，竟不知所以也。

〔九〕【注】若知其所持則持之。

〔一〇〕【注】持則失也。　【疏】若有心執持，則失之遠矣，故不可也。

不見其誠己而發〔一〕，每發而不當〔二〕，業入而不舍〔三〕，每①更爲失〔四〕。爲不善乎顯明之中者，人得而誅之；爲不善乎幽閒②之中者，鬼得而誅之。〔五〕明乎人，明乎鬼者，然後能獨行〔六〕。

〔一〕【注】此妄發作。【釋文】「不見其誠己而發」謂不自照其内而外馳也。

〔二〕【注】發而不由己誠，何由而當！【疏】以前顯得道之士智照光明，此下明喪真之人妄心乖理。誠，實也。未曾反照實智而輒妄發迷心，心既不真，故每乖實當也。【釋文】「每發而不當」丁浪反。爾雅云：每，雖也。謂雖有發動不中當。

〔三〕【注】事不居其分内。【疏】業，事也。世事攖擾，每入心中，不達違從，故不能舍止。

〔四〕【注】發由己誠，乃爲得也。【疏】每妄發心，緣逐前境，自謂爲得，飜更喪真。

〔五〕【疏】夫人鬼幽顯，乃曰殊塗，至於推誠履信，道理無隔。若彼乖分失真，必招報應，讎怨相感，所以遭誅，則杜伯彭生之類是也。【釋文】「幽閒」音閑。

〔六〕【注】幽顯無愧於心，則獨行而不懼。【疏】幽顯二塗，分明無譴，不犯於物，故獨行不懼也。

〔校〕①闕誤引劉得一本每下有妄字。②高山寺本閒作冥。

券内者，行乎无名〔一〕；券外者，志乎期費〔二〕。行乎无名者，唯庸有光〔三〕；志乎期費者，唯賈人也〔四〕，人見其跂，猶之魁然〔五〕。與物窮者，物入焉〔六〕；與物且者，其身之不能容，焉能容人〔七〕！不能容人者无親，无親者盡人〔八〕。兵莫憯於志，鏌鎁爲下〔九〕；寇莫大於陰陽，无所逃於天地之間〔一〇〕。非陰陽賊之，心則使之也〔一一〕。

〔一〕【注】券，分也。夫遊於分内者，行不由於名。【疏】券，分也。無名，道也。履道而爲於分内者，雖行而無名迹也。【釋文】「券内」字又作卷。徐音勸。「券分」符問反。下同。崔云：券，分明也。則宜方云反。

〔二〕【注】有益無益，期欲損己以爲物也。【疏】期，卒也。立志矜矯，游心分外，終無成益，卒有費損也。【釋文】「期費」芳貴反。下同。廣雅云：期，卒也。費，耗也。言若存分外而不止者，卒有所費耗也。○俞樾曰：案郭象注既言志，又言期，於義複矣。釋文於義亦不可通。今案荀子書每用綦字爲窮極之義。王霸篇目欲綦色，耳欲綦聲，楊注曰，綦，極也。亦或作期，議兵篇曰，已朞三年，然後民可信也；宥座篇曰，綦三年而百姓往矣。是期與綦通。期費者，極費也。費，謂財用也。吕覽安死篇非愛其費也，高曰：費，財也。期費之義，與綦色綦聲相近，彼謂窮極其聲色，此謂窮極其財用也。故下文曰志乎期費者惟賈人也。「以爲」于僞反。

〔三〕【注】本有斯光，因而用之。【疏】庸，用也。游心無名之道者，其所用智，日有光明也。

〔四〕【注】雖己所無，猶借彼而販賣也。【疏】志求之分外，要期聲名而貪損神智者，意唯名利，猶高價販賣之人。【釋文】「賈人」音古。

〔五〕【注】夫期費者，人已見其跂矣，而猶自以爲安。【疏】企，危也。魁，安也，鋭情貪取，分外企求，他人見其危乎，猶自以爲安穩，愚之至也。【釋文】「人見其跂猶之魁」苦回反，安也。一云：主也。「然」謂衆人已見其跂求分外而猶自安，可羞愧之甚也。○家世父曰：説文：券，勞也。人勞則倦。券内者反觀，券外者徇外。徇外則測量之意多而營度之用廣。測量營度，賈人之術也。説文：期，會也。費，散財用也。玉篇：費，用也。期費者，約會施用之意。魁然自大，人見其踶跂以行而不自知。釋文：魁，安也，一曰主也。似未愜。郭象注且謂券外而跂者。窮者誠己而發者也，苟且則苟且相與而已。志乎期會之謂且，行乎無名，斯能窮盡其意也。

〔六〕【注】窮，謂終始。【疏】舍止之謂也。物我冥符而窮理盡性者，故爲外物之所歸依（之）也。

〔七〕【注】且，謂券外而跂者。跂者不立，焉能自容！不能自容，焉能容人！人不獲容則去也。

【疏】聊與人涉，苟且於浮華，貪利求名，身尚矜企，心靈躁競，不能自容，何能容物耶！

【釋文】「物且」且，始也。○俞樾曰：且即苟且之且。詩東門之枌篇穀旦于差，韓詩旦作且，云：苟且也。是重言爲苟且，單言爲且也。上文與物窮者，郭注窮謂終始，是窮爲窮極之義。苟且與窮極，義正相反也。釋文曰：且，始也。非是。「焉」於虔反。注同。

〔八〕【注】身且不能容，則雖己非己，況能有親乎！故盡是他人。【疏】褊狹不容，則無親愛；既無親愛，則盡是他人。逆忤既多，讎敵非少，欲求安泰，其可得乎！

〔九〕【注】夫志之所攖，燋火（疑水）〔凝冰〕①，故其爲兵甚於劍戟也。【疏】兵戈，鋒刃之徒。鏌鋣，良劔也。夫憯毒傷害，莫甚乎心。心志所緣，不疾而速，故其爲損害甚於鏌鋣。以此校量，劔戟爲下。【釋文】「莫憯」七坎反。廣雅云：痛也。元嘉本作潛。○慶藩案憯與慘同。説文：慘，毒也。字或作憯。方言：慘，殺也。與訓毒義相近。「鏌」音莫。「鋣」也嗟反。鏌鋣，良劔名。

〔一〇〕【疏】寇，敵也。域心得喪，喜怒戰於胸中，其寒凝冰，其熱焦火，此陰陽之寇也。夫勍敵巨寇，猶可逃之，而兵起内心，如何避邪！

〔一一〕【注】心使氣，則陰陽徵結於五藏而所在皆陰陽也，故不可逃。【疏】此非陰陽能賊害於人，但由心有躁競，故使之然也。【釋文】「五藏」才浪反。後皆放此。

〔校〕①凝冰二字依宋本及下疏文改。

道通，其分也①，其成也毀也〔一〕。所惡乎分者，其分也以備〔二〕；所以惡乎備者，其有以備〔三〕。故出而不反，見其鬼〔四〕；出而得，是謂得死〔五〕。滅而有實，鬼之一也〔六〕。以有形者象无形者而定矣〔七〕。

〔一〕【注】成毀無常分而道皆通。【疏】夫物之受氣，各有崖限，妍醜善惡，稟分毀成。而此謂之成，彼謂之毀，道以通之，無不備足。【釋文】「其分」符問反。注及下皆同。一音方云反。

〔二〕【注】不守其分而求備焉，所以惡分也。【疏】夫榮辱壽夭，稟自天然，素分之中，反己備足。

分外馳者而求備焉，游心是非之境，惡其所受之分也。【釋文】「所惡」烏路反。下及注皆同。

〔三〕【注】本分不備而有以求備，所以惡備也。若其本分素備，豈惡之哉！【疏】造物已備而嫌惡之，豈知自然先已備矣。

〔四〕【注】不反守其分內，則其死不久。【疏】夫出愚惑，妄逐是非之境而不能反本還原者，動之死地，故見爲鬼也。【釋文】「故出而不反」謂情識外馳而不反觀於內也。「見其鬼」王云：永淪危殆，資死之術，己行及之，故曰見鬼也。

〔五〕【注】不出而無得，乃得生。【疏】其出心逐物，遂其欲情而有所獲者，此可謂得死滅之本。【釋文】「出而得是謂得死」若情識外馳以爲得者，是曰得死耳，非理也。

〔六〕【注】已滅其性矣，雖有斯生，何異於鬼！【疏】迷滅本性，謂身實有，生死不殊，故與鬼爲一也。【釋文】「滅而有實鬼之一也」廣雅云：滅，殄也，盡也。實，塞也。既殄塞純朴之道而外馳澆薄之境，雖復行尸於世，與鬼何別！故云鬼一也。

〔七〕【注】雖有斯形，苟能曠然無懷，則生全而形定也。【疏】象，似也。雖有斯形，似如無者，即形非有故也。曠然忘我，故心靈和光而止定也。

〔校〕①高山寺本其分也下有成也二字。

出无本〔一〕**，入无竅**〔二〕**。有實而无乎處，有長而无乎本剽**〔三〕**，有所出而无竅者有**

實〔四〕。有實而无乎處者，宇也〔五〕。有長而无本剽者，宙也〔六〕。有乎生，有乎死，有乎出，有乎入，入出①而无見其形〔七〕，是謂天門〔八〕。天門者，无有也，萬物出乎无有〔九〕。有不能以有爲有〔一〇〕，必出乎无有〔一一〕，而无有一无有〔一二〕。聖人藏乎是〔一三〕。

〔一〕【注】欻然自生，非有本。

〔二〕【注】欻然自死，非有根。【疏】出，生也。入，死也。從無出有，有無根原，自有還無，無乃無竅穴也。所以知有形累於無形者，以其出入無本竅故也。○家世父曰：郭象以出入爲生死。出入非生死也，以象乎生死者也。【釋文】「出无本入无竅」苦弔反。出，生也。入，死也。本，始也。竅，孔也。形者，實也，無所處乎其形，故有出；無形之形，所以長也，而更無始終本末之可言，故有入；出入無竅者，而固有實。天地六合曰宇，宇以言乎其廣也；古往今來曰宙，宙以言乎其長也。出入宇宙之中而無見其形，斯之謂定。「欻然」訓勿反。

〔三〕【疏】剽，末也，亦原也。本亦作摽字，今隨字讀之。言從無出有，實有此身，推索因由，（意）〔竟〕②無處所，自古至今，甚爲長遠，尋求今古，竟無本末。【釋文】「乎處」昌據反。下注同。「有長」丁丈反，增也。又如字。下注同。「本剽」本亦作摽，同。甫小反。崔云：末也。李怖遥反，徐又敷遥反。下同。○盧文弨曰：摽當作標。

〔四〕【注】言出者自有實耳，其所出無根竅以出之。【疏】有所出而無竅穴者，以凡觀之，謂其有實，其實不有也。【釋文】「有所出」夫生必有所出也。「而无」此明所出是無也。既是無矣，何能有所出耶！「竅者有實」既言有竅，竅必有實；求實不得，竅亦無也。

〔五〕【注】宇者，有四方上下，而四方上下未有窮處。【疏】宇者，四方上下也。方物之生，謂其有實，尋責宇中，竟無來處。宇既非矣，處豈有邪！【釋文】「有實而无乎處者宇也」三蒼云：四方上下爲宇。宇雖有實，而無定處可求也。

〔六〕【注】宙者，有古今之長，而古今之長無極。【疏】宙者，往古來今也。時節賒長，謂之今古，推求代序，竟無本末。宙既無矣，本豈有耶！【釋文】「有長而无本剽者宙也」三蒼云：往古來今曰宙。説文曰：舟輿所極覆爲宙。長，猶增也。本，始也。宙雖有增長，亦不知其始末所至者也。

〔七〕【注】死生出入，皆欻然自爾，无所由，故無所見其形。【疏】出入，（由）〔猶〕生死也。謂其出入生死，故有出入之名，推窮性理，竟無出入處所之形而可見也。

〔八〕【注】天門者，萬物之都名也。謂之天門，猶云衆妙之門也。【疏】天者，自然之謂也；自然者，以無所由爲義。言萬有皆無所從，莫測所以，自然爲造物之門户也。

〔九〕【注】死生出入，皆欻然自爾，未有爲之者也。然有聚散隱顯，故有出入之名；徒有名耳，竟無出入，門其安在乎？故以無爲門。以無爲門，則無門也。【疏】夫天然之理，造化之門，徒有其名，竟無其實，而一切萬物，從此門生，故郭注云以無爲門。以無爲門，則無門矣。

〔一〇〕【注】夫有之未生，以何爲生乎？故必自有耳，豈有之所能有乎！【疏】有既有矣，焉能有有？有之未生，誰生其有？推求斯有，竟無有也。

〔一一〕【注】此所以明有之不能爲有而自有耳，非謂無能爲有也。若無能爲有，何謂無乎！　【疏】夫已生未生，二俱無有，此有之出乎無有，非謂此無能生有。無若生有，何謂無乎！

〔一二〕【注】一無有則遂無矣。無者遂無，則有自欻生明矣。　【疏】不問百非四句，一切皆無，故謂一無有。

〔一三〕【注】任其自生而不生生。　【疏】玄德聖人，冥真契理，藏神隱智，其在茲乎！

〔校〕①闕誤引張君房本入出作出入。②竟字依下句改。

古之人，其知有所至矣〔一〕。惡乎至〔二〕？有以爲未始有物者，至矣，盡矣，弗可以加矣〔三〕。其次以爲有物矣〔四〕，將以生爲喪也〔五〕，以死爲反也〔六〕，是以分已〔七〕。其次曰始无有，既而有生，生俄而死；以无有爲首，以生爲體，以死爲尻；孰知有无死生之一守①者，吾與之爲友〔八〕。是三者雖異，公族也〔九〕，昭景也，著戴也，甲氏也，著封也，非一也〔一〇〕。

〔一〕【疏】玄古聖人，得道之士，知與境合，故稱爲至。

〔二〕【疏】問至所由，（有）〔用〕何爲至？　【釋文】「惡乎」音烏。

〔三〕【疏】此顯至之體狀也。知既造極，觀中皆空，故能用諸有法，未曾有一物者也，可謂精微至極，窮理盡性，虚妙之甚，不復可加矣。

〔四〕【疏】其次以下，未達真空，而諸萬境，用爲有物也。

〔五〕【注】喪其散而之乎聚也。　【釋文】「爲喪」息浪反。　注同。

〔六〕【注】還融液也。　【疏】喪，失也。　流俗之人，以生爲得，以死爲喪。　今欲反於迷情，故以生爲喪，以其無也；以死爲反，反於空寂；雖未盡於至妙，猶齊於死生。　【釋文】「融液」音亦。

〔七〕【注】雖欲均之，然已分也。　【疏】雖齊死生，猶見死生之異，故從非有而起分別也。　【釋文】「以分」方云反。　注同。

〔八〕【疏】其次以下，心知稍闇，而始本無有，從無有生，俄頃之間，此生彼滅。　故用無爲其頭，以生爲其形體，以死爲其尻。　誰能知有無生死之不二而以此脩守者，莊生狎而友朋，斯人猶難得也。　【釋文】「爲尻」苦羔反。

〔九〕【注】或有而無之，或有而一之，或分而齊之，故謂三也。　此三者，雖有盡與不盡，然俱能無是非於胸中，故謂之公族。　【疏】三者，謂以无爲首，以生爲體，以死爲尻是也。　於一體之中而起此三異，猶如楚家於一姓之上分爲三族。

〔一〇〕【注】此四者雖公族，然已非一，則向之三者已復差之。　【疏】昭屈景，楚之公族三姓。　昔屈原爲三閭大夫，掌三族三姓，即斯是也。　此中文略，故直言昭景。　王孫公子，長大加冠，故著衣而戴冠也。　各有品秩，咸莅職官，因官賜姓，故甲第氏族也。　功績既著，封之茅土，枝派分流，故非一也。猶如一道之中，分爲有無生死，種類不同，名實各有異，故引其族以譬也。【釋文】「昭景也著」丁略反，又張慮反。「戴」本亦作載。「也甲氏也著」張慮反，久也。又丁略反。「封也非一也」一説云：昭景甲三者，皆楚同宗也。著戴者，謂著冠，世世處楚朝，爲衆人所戴仰也。著封者，謂世世處封邑，而光著久也。昭景甲三姓雖異，論本則同也。崔云：昭景二姓，楚之所顯戴，皆甲姓顯封，雖非一姓，同出公族，喻死生同也。此兩説與注不同，聊出之耳。○家世父曰：郭注四者公族，似謂昭景甲氏皆族。釋文一説云，昭景甲三者，皆楚同宗。又引崔云，昭景二姓，楚之所顯戴，皆甲姓顯封。疑崔説是也。王逸楚辭注：三閭掌王族三姓，曰昭屈景。無以甲爲氏者。説文：首，戴也。爾雅釋地：途出其前戴邱。著戴者，昭景相承爲氏也；甲者，日之始也，言始得氏以受封，而後相承爲氏也。同爲公族，而所從來固非一矣。「已復」扶又反。

〔校〕①闕誤引文如海本守作宗。

有生，黬也〔一〕，披然曰移是〔二〕。嘗言移是，非所言也〔三〕。雖然，不可知者也〔四〕。臘者之有膍胲，可散而不可散也〔五〕；觀室者周於寢廟，又適其偃①焉〔六〕，爲是舉移是〔七〕。

〔一〕【注】直聚氣也。【疏】黬，疵也。無有此形質而謂之生者，直是聚氣成疵黬，非所貴者也。

【釋文】「有生黬」徐於減反。司馬〔云〕烏簟反，云：黶，有疵也，有疵者，欲披除之。李烏感反。字林云：釜底黑也。

〔二〕【注】既披然而有分，則各是其所是矣②。是無常在，故曰移。【疏】披，分散也。夫道無彼我而物有是非。是非不定，故分散移徙而不常也。其移是之狀，列在下文。【釋文】「披」普皮反。「然曰移是」或云：黴然聚而生，披然散而死也。

〔三〕【注】所是之移，已著於言前矣。【疏】理形是非，故試言耳。然是非之移，非所言也。

〔四〕【注】不言其移，則其移不可知，故試言也。【疏】雖復是非不由於言，而非言無以知是非，故試言是非，一遣於是非。名不寄言，則不知是非之無是非也。

〔五〕【注】物各有用。【疏】臘者，大祭也。膍，牛百葉也。胲，備也，亦言是牛蹄也。臘祭之時，牲牢甚備，至於四肢五藏，並皆陳設。祭事既訖，方復散之，則以散爲是；若其祭未了，則不合散，則以散爲不是。是知是與不是，移是无常。【釋文】「臘」力闔反。「者之有膍」音毗。司馬云：牛百葉也。本或作肶，音毘，𦢊也。「胲」古來反，足大指也。崔云：備也。案臘者大祭備物，而看有膍胲。此雖從散，禮應具不可散棄也。

〔六〕【注】偃，謂屏廁。【疏】偃，屏廁也。祭事既竟，齋宮與飲，施設餘胙於屋室之中，觀看周旋於寢廟之內。飲食既久，應須便僻，故往圊圂而便尿也。飲食則以寢廟爲是，便尿則以圊圂爲是，是非無常，竟何定乎？臘者明聚散無恒，觀室顯處所不定，俱無是非也。【釋文】「其偃」於晚反。司馬郭皆云：屏廁也。又於建反。○慶藩案郭與司馬云，偃，屏廁也。桂馥云：屏當爲庰，偃當爲晏。急就篇庰廁清圂糞土壤，顔注：庰，僻偃之名也。今案桂氏謂屏當爲庰，是矣；偃當爲晏，頗無所據。愚謂偃當爲匽。周禮宮人爲其井（井疑庰之誤字。）匽，鄭司農云：匽，路廁也。燕策宋王鑄諸侯之象使侍屏（屏亦庰之譌也。）匽。庰匽者，庰廁也。開元占經引甘氏云：天溷七星在外屏，淮南注：天溷，廁也，屏，所以障天翳也。「屏廁」步定反，又必領反。下同。

〔七〕【注】寢廟則以饗燕，屏廁則以偃溲；當其偃溲，則寢廟之是移於屏廁矣。故是非之移，一彼一此，誰能常之！故至人因而乘之則均耳。【釋文】「爲是」于僞反。○家世父曰：有生，塵也；黬者，塵之積而留焉者也；則將以死易生，披然曰移是乎？雖然，既有生矣，如臚胲之相附，散之則死，而固不可散也；有生者有死，如寢廟之有偃，相須而成者也；而是曰移是，是以生爲攖，以死爲歸，自見爲累者也。齊生死者，更無是非名實之可言也。以生爲累，固必有己之見存，而乘之以爲是非名實，而知愚榮辱之爭紛然起矣。移是者，終有不能移者也，有生之所以爲黬也。「溲」所留反。

〔校〕①闕誤引江南古藏本及李張二本偃下有溲字。②世德堂本矣作也。

請常言移是。是以生爲本〔一〕，以知爲師〔二〕，因以乘是非〔三〕；果有名實〔四〕，因以己爲質〔五〕；使人以爲己節〔六〕，因以死償節〔七〕。若然者，以用爲知，以不用爲愚，以徹爲名，以窮爲辱〔八〕。移是，今①之人也〔九〕，是蜩與學鳩同於同也〔一〇〕。

〔一〕【注】物之變化，無時非生，生則所在皆本也。【疏】夫能忘生死者，則無是無非者也，祇爲滯生，所以執是也。必能遺生，是將安寄？故知移是以生爲本。

〔二〕【注】所知雖異，而各師其知。

〔三〕【注】乘是非者，無是非也。【疏】因其師知之心，心乘是非之用，豈知師知者顛倒是非（者）無是非乎！

〔四〕【注】物之名實，果各自有。【疏】夫物云云，悉皆虚幻，芻狗萬象，名實何施！倒置之徒，謂決定有此名實也。

〔五〕【注】質，主也。物各謂己是，足②以爲是非之主。【疏】質，主也。妄執名實，遂用己爲名實之主而競是非也。

〔六〕【注】人皆謂己是，故莫通。【疏】節者，至操也。既迷名實，又滯是非，遂使無識之人，堅執虚名以爲節操也。

〔七〕【注】當其所守，非真脱也。【疏】守是非以成志操，（慤）〔確〕乎不拔，期死執之也。【釋文】「因以死償節」常亮反。廣雅云：償，報也，復也。案謂殺身以成名，節成而身死，故曰以死償節也。

〔八〕【注】不能隨所遇而安之。【疏】以炫燿爲智，晦迹爲愚，通徹爲榮名，窮塞爲恥辱，若然者，豈能一窮通榮辱乎！【釋文】「爲知」音智。

〔九〕【注】玄古之人，無是無非，何移之有！【疏】夫固執名實，移滯是非，澆季浮僞，今世之人也，豈上古淳和質樸之士乎！

〔一〇〕【注】同共是其所同。【疏】蜩鷽二蟲，以蓬蒿爲是。二蟲同是，未爲通見，移是之人，斯以類也。蜩同於鳩，鳩同於蜩，故曰同於同也。【釋文】「蜩」音條。「學鳩」本或作鷽，音同。

〔校〕①闕誤引江南古藏本及李張二本今上俱有非字。②趙諫議本足作是。

蹍市人之足，則辭以放驁〔一〕，兄則以嫗〔二〕，大親則已矣〔三〕。故曰，至禮有不人〔四〕，至義不物〔五〕，至知不謀〔六〕，至仁无親〔七〕，至信辟金〔八〕。

〔一〕【注】稱己脱誤以謝之。【疏】蹍，蹋也，履也。履蹋市廛之人不相識者之（節）〔足〕腳，則謝云，己傲慢放縱錯（雜）誤而然，非故爲也者。【釋文】「蹍」女展反。司馬李云：蹈也。廣雅云：履也。○慶藩案文選馬季長長笛賦注引司馬云：蹍，女展切。釋文漏。「驁」五報反。廣雅云：妄也。

〔二〕【注】言嫗詡之，無所辭謝。【疏】蹋著兄弟之足，則嫗詡而憐之，不以言愧。【釋文】「嫗」於禹反。注同。「詡」況甫反。

〔三〕【注】明恕素足。【疏】若父蹋子足，則（敏）〔默〕然而已，不復辭費。故知言辭往來，（者）〔虛〕僞不實。

〔四〕【注】不人者，視人若己。視人若己則不相辭謝，斯乃禮之至也。【疏】自彼兩忘，視人若己，不（允）〔見〕人（者）己〔內〕外，何辭謝之有乎！斯至禮也。

〔五〕【注】各得其宜，則物皆我也。【疏】物我雙遣，妙得其宜，不（卻）〔知〕我外有物，何（裁）〔是〕非之有！斯至義〔也〕①。

〔六〕【注】謀而後知，非自然知。【疏】率性而照，非謀謨而（智）〔知〕，斯至智也。

〔七〕【注】譬之五藏，未曾相親，而仁已至矣。【疏】方之手足，更相御用，無心相爲，而相濟之功成矣，豈有親愛於其間哉！【釋文】「未曾」才能反。

〔八〕【注】金玉者，小信之質耳，至信則除矣。【疏】辟，除也。金玉者，〔小〕信之質耳，至信則棄除之矣。【釋文】「辟金」必領反。除也。又婢亦反。

〔校〕①也字依上下文補。

徹志之勃，解心之謬，去德之累，達道之塞〔一〕。貴富顯嚴名利六者，勃志也〔二〕。容動色理氣意六者，（繆）〔謬〕①心也〔三〕。惡欲喜怒哀樂六者，累德也〔四〕。去就取與知能六者，塞道也〔五〕。此四六者不盪胷中則正，正則靜，靜則明，明則虛，虛則无爲而无不爲也〔六〕。道者，德之欽也〔七〕；生者，德之光也〔八〕；性者，生之質也〔九〕。性之動，謂之爲〔一〇〕；爲之僞，謂之失〔一一〕。知者，接也；知者，謨也〔一二〕；知者之所不知，猶睨也〔一三〕。動以不得已之謂德〔一四〕，動无非我之謂治〔一五〕，名相反而實相順也〔一六〕。

〔一〕【疏】徹，毀也。勃，亂也。（謬）〔繆〕，繫縛也。此略標名，下具顯釋也。【釋文】「之勃」本又作悖，同。必妹反。「之謬」如字。一本作繆，亡侯反，亦音謬。「去德」起吕反。

〔二〕【疏】榮貴、富贍、高顯、尊嚴、聲名、利禄六者，亂情志之具也。

〔三〕【疏】容貌、變動、顏色、辭理、氣調、情意六者，綢繆繫縛心靈者也。本亦有作謬字者，解心之謬妄也。

〔四〕【疏】憎惡、愛欲、欣喜、恚怒、悲哀、歡樂，六者德（家）之患累也。【釋文】「惡欲」烏路反。「哀樂」音洛。「累德」劣僞反。後注同。

〔五〕【疏】去捨、從就、貪取、施與、知慮、伎能，六者蔽真道也。【釋文】「知能」音智。

〔六〕【注】盪，動也。【疏】四六之病，不動盪於胸中，則心神平正，正則安静，静則照明，明則虚通，虚則恬淡無爲，應物而無窮也。【釋文】「不盪」本亦作蕩，徒黨反。郭云：動也。又徒浪反，又吐浪反。

〔七〕【疏】道是所脩之法，德是臨人之法。重人輕法，故欽仰於道。○俞樾曰：説文广部：廞，陳輿服於庭也。小爾雅廣詁：廞，陳也。此欽字即廞之叚字。蓋所以生者爲德而陳列之即爲道，故曰德之廞也。漢書哀帝紀注引李斐曰：陳，道也。是其義矣。

〔八〕【疏】天地之大德曰生，故生化萬物者，盛德之光華也。【釋文】「德之光」一本光字作先。

〔九〕【疏】質，本也。自然之性者，是稟生之本也。

〔一〇〕【注】以性自動，故稱爲耳；此乃真爲，非有爲也。【疏】率性而動，分内而爲，爲而無爲，非有爲也。

〔一一〕【疏】感物而動，性之欲〔也。矯性〕僞情，分外有爲，謂之喪道也。

〔一二〕【疏】夫交接前物，謀謨情事，故謂之知也。

〔一三〕【注】夫目之能視，非知視而視也；不知視而視，不知知而知耳，所以爲自然。若知而後爲，則知僞也。【疏】睨，視也。夫目之張視也，不知所以視而視，〔而〕②視有明暗。心之能知，不知所以知而知，而知有深淺。（而）目不能視而不可强視，心不能知而不可强知，若有分限，猶如睨也。【釋文】「睨也」魚計反，又五禮反，視也。

〔一四〕【注】若得已而動，則爲强動者，所以失也。【疏】夫迫而後動，和而不唱，不得已而用之，可謂盛德也。○家世父曰：與物相接而知生焉，因而爲之（謹）謀〔謨〕③而知名焉。其所不知，猶將睨視而揣得之。知之所由成也，道之所由毁也。動於不得已而一任我之自然，奚以知爲哉！

〔一五〕【注】動而效彼則亂。【疏】率性而動，不捨我效物，合於正理，故不亂。【釋文】「謂治」直吏反。

〔一六〕【注】有彼我之名，故反；（各）〔名〕④得其實，則順。【疏】有彼我是非之名，故名相反；無彼我是非之實，故實相順也。

〔校〕①謬字依上文及世德堂本改。②而字依下句補。③謀謨二字依上疏文改。④名字依世德堂本改。

羿工乎中微而拙乎使人無己譽〔一〕。聖人工乎天而拙乎人〔二〕。夫工乎天而俍乎人者，唯全人能之〔三〕。唯蟲能蟲，唯蟲能天〔四〕。全人惡天？惡人之天〔五〕？而況吾天乎人乎〔六〕！

〔一〕【注】善中則善取譽矣，理常俱〔也〕①。【疏】羿，古之善射人。工，巧也。羿彎弓放矢，工中前物，盡射家之微妙。既有斯伎，則擅斯名，使己無令譽，不可得也。【釋文】「羿」五計反。徐又户計反。「中微」丁仲反。注同。「己譽」音餘。後章同。

〔二〕【注】任其自然，天也；有心爲之，人也。【疏】前起譬，此合〔諭〕〔喻〕也。聖人妙契自然，功侔造化，使羣品日用不知，不顯其迹，此誠難也。故上文云使天下兼忘我難。

〔三〕【注】工於天，即俍於人矣，謂之全人，全人則聖人也。【疏】俍，善也。全人，神人也。夫巧合天然，善能晦迹，澤及萬世而日用不知者，其神人之謂乎！神人無功，故能之耳。【釋文】「而俍」音良。崔云：良工也。又音浪。

〔四〕【注】能還守蟲，即是能天。【疏】鳥飛獸走，能蟲也；蛛網蜣丸，能天也。皆稟之造物，豈仿效之所致哉！【釋文】「唯蟲」一本唯作雖，下句亦爾。言蟲自能爲蟲者，天也。○家世父曰：能天者，不知所謂天。若知有天，則非天矣。（令）〔全〕②人惡知天？惡知人之天？天（也）〔者〕吾心自適之趣，全人初未嘗辨而知之，豈吾心所能自喻乎！惡當爲汪胡切，與烏同，釋文烏路反者誤。○慶藩案兩唯字當從釋文作雖。唯，古或借作雖。詩大雅抑篇女雖湛樂從，言女唯湛樂之從也。（書無逸惟耽樂之從。）管子君臣篇雖有明君能決之，又能塞之，言唯有明君能之也。

〔五〕【疏】夫全德之人，神功不測，豈嫌己之素分而惡人之所稟哉？蓋不然〔乎〕，率順其天然而已矣。【釋文】「惡天」烏路反。下同。

〔六〕【注】都不知而任之，斯（而）〔所〕③謂工乎天。【疏】天乎人乎，不見人天之異，都任之也。前自遣天人美惡，猶有天人。此句混一天人，不見天人之異也。吾者，論主假自稱也。

〔校〕①也字依王叔岷說補。②全字依正文改。③所字依王叔岷說改。

一雀適羿，羿必得之，威也〔一〕；以天下爲之籠，則雀無所逃〔二〕。是故湯以胞①人籠伊尹，秦穆公以五羊之皮籠百里奚〔三〕。是故非以其所好籠之而可得者，無有也〔四〕。

〔一〕【注】威以取物，物必逃之。【疏】假有一雀，羿善射，射必得之。此以威猛，（猛）非由德慧，故所獲者少，所逃者多。以威御世，其義亦爾。【釋文】「威也」崔本作或也。

〔二〕【注】天下之物，各有所好，所好各得，則逃將安(在)〔往〕！　【疏】大道曠蕩，無不制圍，故以天地爲籠，則雀無逃處。是知以威取物，深乖大造。　【釋文】「之籠」力東反。「所好」呼報反，下及注文同。

〔三〕【疏】伊尹，有莘氏之媵臣，能調鼎，負玉鼎以干湯。湯知其賢也，又順其性，故以庖厨而籠之。百里奚没狄，狄人愛羊皮，秦穆公以五色羊皮而贖之。又云：百里奚好著五色羊皮裘，號曰五羖大夫。而湯聖穆賢，俱能好士，故得此二人，用爲良(佑)〔佐〕，皆順其本性，所以籠之。　【釋文】「湯以胞」本又作庖，白交反。○盧文弨曰：案胞與庖通。禮記祭統煇胞翟閽注：胞者，肉吏之賤者也。「人籠伊尹」伊尹好厨，故湯用爲庖人也。「秦穆公以五羊之皮籠百里奚」百里奚好秦而拘於宛，故秦穆公以五羊皮贖之於楚也。或云：百里好五色皮裘，故因其所好也。

〔四〕【疏】順其所好，則天下無難；逆其本性而牢籠得者，未之有也。

〔校〕①趙諫議本胞作庖。

介者拸畫，外非譽也〔一〕；胥靡登高而不懼，遺死生也〔二〕。夫復謵不餽而忘人〔三〕，忘人，因以爲天人矣〔四〕。故敬之而不喜，侮之而不怒者，唯同乎天和者爲然〔五〕。出怒不怒，則怒出於不怒矣；出爲无爲，則爲出於无爲矣〔六〕。欲静則平氣，欲神則順心，有爲也。欲當則緣於不得已，不得已之類，聖人之道。〔七〕

〔一〕【注】畫，所以飾容貌也。刖者之貌既以虧殘，則不復以好醜在懷，故拸而棄之。【疏】介，刖也。拸，去也。畫，裝也。裝嚴服飾，本爲容儀。殘刖之人，形貌殘損，至於非譽榮辱，無復在懷，故拸而棄之。【釋文】「介」音界。郭云：刖也。又古黠反。廣雅云：獨也。崔本作兀。「拸畫」敕紙反，又音他，又與紙反。本亦作移。司馬云：畫，飾容之具；無足，故不復愛之。一云：移，離也。崔云：移畫，不拘法度也。○俞樾曰：郭注曰，畫，所以飾容貌也，刖者之貌既以虧殘，則不復以好醜在懷，故拸而棄之。然云外非譽，似不當以容貌言。崔云，拸畫，不拘法度也。當從之。漢書司馬相如傳痑以陸離，師古注曰：痑，自放縱也。即此拸字之義。桓六年穀梁傳以其畫我，公羊傳作化我，何休注曰：行過無禮謂之化。即此畫字之義。蓋人既刖足，不自顧惜，非譽皆所不計，故不拘法度也。「不復」扶又反。

〔二〕【注】無賴於生，故不畏死。【疏】胥靡，徒役之人也。千金之子固貴其身，僕隸之人不重其命，既不矜惜，故登危而不怖懼也。【釋文】「胥靡」司馬云：刑徒人也。一云：癃人也。崔云：腐刑也。

〔三〕【注】不識人之所惜。【疏】餽，本亦有作愧字者，隨字讀之。夫復於本性，胥以成之，既不舍己效人，遂棄忘於愧謝，斯忘於人倫之道也。譬之手足，方諸服用，更相御用，豈謝賴於其間哉！【釋文】「夫復」音服，徐扶又反。「謵」音習。「不餽」其愧反。廣雅云：遺也。一音愧。元嘉本作愧。「而忘人」復者，溫復之謂也。謵，慹也。夫人慹習者，雖復小事，皆所至惜。今温復人之所習，既得之矣，而不還歸以餽遺之，此至愚不獲人之所習者也。無復相爲之情，故曰忘人。○家世父曰：非譽，通作毁譽言。此言毁其陋也。外非譽，遺死生，忘己者也；復謵不餽，忘人者也。説文：讋，失氣言。謵，言〔謵〕讋〔謵〕①也。復謵，謂人語言慴伏以下我而我報之。鄭康成士虞禮注：饋，猶歸也，以物與神及人皆言饋。以物與人曰餽，以言語餉人亦曰餽。復謵不餽，忘貴賤也。忘人忘己，則同乎天和矣。釋文謂音習，翫也，誤。

〔四〕【注】無人之情，則自然爲天人。【疏】率其天道之性，忘於人道之情，因合於自然之理也。

〔五〕【注】彼形殘胥靡而猶同乎天和，況天和之自然乎！【疏】同乎天和，忘於逆順，故恭敬之而不喜，侮慢之而不怒也。【釋文】「侮之」亡甫反。

〔六〕【注】此故是無不能生有有不能爲生之意也。【疏】夫能出怒出爲者，不爲不怒者也，是以從不怒不爲出。故知爲本無爲，怒本不怒，能體斯趣，故侮之而不怒也。

〔七〕【注】平氣則静，理足順心則神功至，緣於不得已則所爲皆當。故聖人以斯爲道，豈求無爲於恍惚之外哉！【疏】緣，順也。夫欲静攀援，必須調乎志氣，神功變化，莫先委順心靈；和混有爲之中而欲當於理者，又須順於不得止。不得止者，感而後應，分内之事也。如斯之例，聖人所以用爲正道也。

〔校〕①謵讋二字原誤倒，依説文改。

莊子集釋卷八中

雜篇 徐无鬼第二十四〔一〕

徐无鬼因女商見魏武侯〔一〕，武侯勞之曰：「先生病矣！苦於山林之勞，故乃肯見於寡人〔二〕。」

〔一〕【釋文】以人名篇。

〔一〕【疏】姓徐，字无鬼，隱者也。姓女，名商，魏之宰臣。武侯，文侯之子，畢萬十世孫也。無鬼欲箴規武侯，故假宰臣以見之。【釋文】「徐无鬼」緡山人，魏之隱士也。司馬本作緡山人徐无鬼。「女商」人名也。李云：无鬼女商，並魏幸臣。「魏武侯」名擊，文侯之子，治安邑。

〔二〕【疏】久處山林，勤苦貧病，忽能降志，混迹俗中，中心欣悅，有慰勞也。【釋文】「武侯勞之」力報反。唯山林之勞一字如字，餘并下章並力報反。

徐无鬼曰：「我則勞於君，君有何勞於我！君將盈耆欲，長好惡，則性命之情病矣；君將黜耆欲，掔好惡，則耳目病矣〔一〕。我將勞君，君有何勞於我！〔二〕」武侯超然不對〔三〕。

〔一〕【注】嗜欲好惡，内外無可。【疏】黜，廢退也。掔，引卻也。君若嗜欲盈滿，好惡長進，則性命精靈困病也；君屏黜嗜欲，掔去好惡，既不稱適，故耳目病矣。是故我將慰勞於君，君有何暇能勞於我也！【釋文】「盈耆」時志反。下、注同。「長」丁丈反。「好」呼報反。下注、下章同。「惡」烏路反。下注、下章同。「黜」敕律反，退也。本又作出，音同。司馬本作咄。「掔」苦田反，又口閑反。爾雅云：固也。崔云：引去也。司馬云：牽也。

〔二〕【疏】此重結前義。

〔三〕【注】不説其言。【疏】超，悵也。既不稱情，故悵然不答。【釋文】「超然」司馬云：猶悵然也。「不説」音悦。下文大説同。

少焉，徐无鬼曰：「嘗語君，吾相狗也〔一〕。下之質執飽而止，是狸德也〔二〕；中之質若視日〔三〕，上之質若亡其一〔四〕。吾相狗，又不若吾相馬也〔五〕。吾相馬，直者中繩〔六〕，曲者中鉤〔七〕，方者中矩〔八〕，圓者中規〔九〕，是國馬也〔一〇〕，而未若天下馬也。天下馬有成材〔一一〕，若卹若失，若喪其一〔一二〕，若是者，超軼絶塵，不知其所〔一三〕。」武侯大悦而笑〔一四〕。

〔一〕【疏】既覺武侯悵然不悦，試語狗馬，庶愜其心。【釋文】「語君」魚據反。「吾相」息亮反。

下皆同。

〔二〕【疏】執守情志，唯貪飽食，此之形質，德比狐狸，下品之狗。【釋文】「下之質」一本無質字。「執飽而止」司馬以執字絶句，云：放下之能執禽也。「是狸德也」謂貪如狐狸也。○俞樾曰：廣雅釋獸：狸，貓也。貓之捕鼠，飽而止矣，故曰是狸德也。秋水篇曰，騏驥驊騮，一日而馳千里，捕鼠不如狸狌。此本書以狸爲貓之證。御覽引尸子曰：使牛捕鼠，不如貓狌之捷。莊子言狸狌，尸子言貓狌，一也。釋文曰，狸德，謂貪如狐狸也，未得其義。

〔三〕【疏】意氣高遠，望如視日，體質如斯，中品狗也。【釋文】「示日」音視。司馬本作視，云：視日瞻遠也。○盧文弨曰：今書作視日。舊音視，仍譌作示，今改正。

〔四〕【疏】一，身也。神氣定審，若喪其身，上品之狗也。【釋文】「若亡其一」一，身也；謂精神不動，若無其身也。

〔五〕【疏】狗有三品，馬有數階，而相狗之能，不若相馬。武侯庸鄙，故以此逗機，冀其歡悦，庶幾歸正。

〔六〕【疏】謂馬前齒。

〔七〕【疏】謂馬項也。

〔八〕【疏】謂馬頭也。

〔九〕【疏】謂馬眼也。【釋文】「直者中繩」丁仲反。下皆同。司馬云：直，謂馬齒；曲，謂背上；方，謂頭；圓，謂目。

〔一〇〕【疏】合上之相，是謂諸侯之國上品馬也。

〔一一〕【疏】材德素成，不待於習，斯乃宇内上馬，天王所馭也。【釋文】「成材」字亦作才。言自然已足，不須教習也。

〔一二〕【疏】眼自顧視，既似憂虞，蹄足緩疏，又如奔佚，觀其神彩，若忘己身，如此之材，天子馬也。【釋文】「若卹」音恤。「若失」音逸。司馬本作佚。李云：卹失，皆驚悚若飛也。「若喪」息浪反。下章注同。「其一」言喪其耦也。

〔一三〕【疏】軼，過也。馳走迅速，超過羣馬，疾若迅風，塵埃遠隔，既非教習，故不知所由也。【釋文】「超軼」李音逸，徐徒列反。崔云：徹也。廣雅云：過也。

〔一四〕【注】夫真人之言何遜哉？唯物所好之可也。【疏】語當其機，故笑而歡悦。

徐无鬼出，女商曰：「先生獨何以説吾君乎〔一〕？吾所以説吾君者，横説之則以詩書禮樂，從説之則以金板六弢〔二〕，奉事而大有功者不可爲數，而吾君未嘗啓齒〔三〕。今先生何以説吾君，使吾君説若此乎〔四〕？」

〔一〕【疏】議事已了，辭而出。女商怪君歡笑，是以咨問無鬼也。【釋文】「以説」如字，又始鋭反。下皆同。司馬作悦。

〔二〕【疏】詩書禮樂，六經。金版六弢，周書篇名也，或言祕讖也。本有作韜字者，隨字讀之，云是太公兵法，謂文武虎豹龍犬六弢也。横，遠也；從，近也。武侯好武而惡文，故以兵法爲從，六經爲横也。　【釋文】「從説」子容反。「金版」本又作板，薄版反，又如字。○盧文弨曰：今書作板。「六弢」吐刀反。司馬崔云：金版六弢，皆周書篇名。或曰：秘（識）〔讖〕①也。本又作六韜，謂太公六韜，文武虎豹龍犬也。

〔三〕【注】是直樂鴳以鐘鼓耳，故愁。○慶藩案文選郭景純游仙詩注引司馬云：啓齒，笑也。釋文闕。　【釋文】「樂」音洛。章末同。「鴳」一諫反。

〔四〕【疏】奉事武侯，盡於忠節，或獻替可否，功績克彰，如此之徒，不可稱數，而我君未嘗開口而微笑。今子有何術，遂使吾君歡説如此耶？　【釋文】「吾君説」音悦。

〔校〕①識字依釋文原本改。

徐无鬼曰：「吾直告之吾相狗馬耳〔一〕。」

〔一〕【疏】夫藥無貴賤，瘉疾則良，故直告犬馬，更無佗説。

女商曰：「若是乎〔一〕？」

〔一〕【疏】直（置）如是告狗馬乎？怪其術淺，故有斯問。

曰：「子不聞夫越之流人乎？去國數日，見其所知而喜〔一〕；去國旬月，見所嘗見於國中者喜〔二〕；及期年也，見似人者而喜矣；不亦去人滋久，思人滋深乎〔三〕？夫逃虚空者，藜藋柱乎①鼪鼬之逕，踉位其空，聞人足音跫然而喜矣，又②況乎昆弟親戚之謦欬其側者乎〔四〕！久矣夫莫以真人之言謦欬吾君之側乎〔五〕！」

〔一〕【注】各思其本性之所好。【疏】去國迢遞，有被流放之人，或犯憲綱，或遭苛政。辭鄉甫爾，始經數日，忽逢知識，喜慰何疑！此起譬也。【釋文】「越之流人」越，遠也。司馬云，流人，有罪見流徙者也。「數日」所主反。

〔二〕【疏】日月稍久，思鄉漸深，雖非相識，而國中曾見故人，見之而歡也。

〔三〕【注】各得其所好則無思，無思則忘其所以喜也。【疏】去國周年，所適漸遠，故見似鄉里人而歡喜矣。豈非離家漸遠而思戀滋深乎？以況武侯性好犬馬，久不聞政事，等離鄉之人，忽聞談笑。【釋文】「及期」音基。

〔四〕【注】得所至樂，則大悦也。【疏】柱，塞也。踉，良人也。跫，行聲也。夫時遭暴亂，運屬飢荒，逃避波流，於虛園宅，唯有藜藋野草，柱塞門庭，狙蝯鼪鼬，蹊徑斯在，若於堂宇人位，虛廣閒然。當爾之際，思鄉滋甚，忽聞佗人行聲，猶自欣悦，況乎兄弟親眷謦欬言笑者乎！此重起譬也。【釋文】「夫逃」司馬本作巡也。「虛空者」司馬云：故壞冢處爲空虛也。「藜」力西反。「藋」徒弔反。本或作藿，同。「柱」誅矩反。司馬云：塞也。「乎鼪」音生，又音姓。「鼬」由救反。「之逕」本亦作徑。司馬云：徑，道也。本又作跡。元嘉本作迭，徐音逸。崔云：迭，跡。○慶藩案藜，蒿也。藋即今所謂灰藋也。爾雅拜商藋，郭注：商藋，似藜。案藜藋皆生於不治之地，其高過人，必排之而後得進，故史記仲尼弟子傳曰排藜藋。此言柱乎䟕跔之逕，亦極謂其高也。「良位其空」司馬云：良，良人，謂巡虛者也，位其空，謂處虛空之間也。良，或作踉，音同。○盧文弨曰：今書良作踉。○家世父曰：釋文良位其空，司馬云，良人，謂巡虛者也。良或作踉。據秋水篇跳梁乎井榦之上，一本作跳踉。潘安仁射雉賦已踉蹡而徐來。玉篇：踉蹡，疾行。此云藜藋䟕跔之逕，有空隙焉，蹌踉處乎其中。説文：蹌，動貌。舒〔言〕之（言）曰蹌踉，急〔言〕之（言）曰踉。釋文誤。「跫然」郭巨恭反，李曲恭反，又曲勇反，悚也。徐苦江反，又祛扃反。司馬云：喜貌。崔云：行人之聲。「而喜矣」李云：喻武侯之無人君之德而處在防衛之間，雖臨朝矯厲，愈非其意，及得其所思，猶逃竄之聞人音，安能不跫然改貌，釋然而喜也！「謦」苦頂反，又音磬。「欬」苦愛反，一音器。李云：謦欬，喻言笑也。但呼聞所好猶大悦，況骨肉之情，歡之至也。

〔五〕【注】所以未嘗啓齒也。夫真人之言所以得吾君，性也；始得之而喜，久得之則忘。【疏】武侯思聞犬馬，其日固久，譬彼流人，方（滋）〔兹〕逃客，覊（弊）〔旅〕既淹，實懷鄉眷。今乃以真人六經之説，太公兵法之談，謦欬其側，非所宜也。此合前（諭）〔喻〕也。【釋文】「久矣夫」音扶。後放此。

〔校〕①闕誤引文如海張君房本乎俱作于。②世德堂本又作而。

徐无鬼見武侯，武侯曰：「先生居山林，食芧栗，厭葱韭，以賓寡人，久矣夫！

今老邪？其欲干酒肉之味邪？其寡人亦有社稷之福邪〔一〕？」

〔一〕【疏】干，求也。久處山林，飡食蔬果，年事衰老，勞苦厭倦，豈不欲求於滋味以養頹齡乎？庶稟德以謀固宗廟。【釋文】「食芧」音序，又食汝反。本亦作芧栗。○慶藩案說文：橡，栩實。又曰：栩，柔也（柔與芧同。），其實草。（今借用（早）〔草〕字，俗作皁。）一曰樣。又曰：草斗，櫟實，一曰樣斗。高注呂氏春秋：橡，（早）〔皁〕①斗也（恃君篇。），其狀如栗。漢書司馬相如傳應劭注曰：櫟，采木也。合觀諸說，櫟，一名栩，一名柔，一名采；其實謂之皁，亦謂之樣。是樣者，采實也。司馬此注柔橡子也，則采亦謂之樣矣。說文樣字，今書傳皆作橡。（案山木篇杼栗，徐无鬼篇作芧栗，是芧柔杼三字皆通。淮南本經菱杼紾抱，高注：杼，采實也。王引之曰：杼，水草也。杼讀爲芧，字亦作苧。漢書司馬相如傳上林賦蔣芧青薠，張揖曰：芧，三稜也。文選芧作苧。作苧者或字，作杼者借（之）〔字〕也。）「韭」音久。或卄下作者，非也。○盧文弨曰：卄，即草字頭，卄下作，乃俗韭字。舊卄作卝，譌，今改正。「以賓」必刃反。本或作擯。司馬云：擯，棄也。又必人反。李云：賓客也。「欲干」李云：干，求也。「社稷之福邪」李云：謂善言嘉謀，可以利社稷也。

〔校〕①皁字依呂氏春秋高注改。

徐无鬼曰：「无鬼生於貧賤，未嘗敢飲食君之酒肉，將來勞君也。〔二〕」

〔二〕【疏】生涯貧賤，安於山藪，豈欲貪於飲食以自養哉？蓋不然乎！將勞君也。

君曰：「何哉，奚勞寡人〔一〕？」

〔一〕【疏】奚，何也。問其所以也。

曰：「勞君之神與形〔一〕。」

〔一〕【疏】食欲無厭，形勞神倦，故慰之耳。

武侯曰：「何謂邪〔一〕？」

〔一〕【疏】問其所言，有何意謂。

徐无鬼曰：「天地之養也一〔一〕，登高不可以爲長，居下不可以爲短。君獨爲萬乘之主，以苦一國之民，以養耳目鼻口，〔二〕夫神者不自許也〔三〕。夫神者，好和而惡姦〔四〕；夫姦，病也，故勞之。唯君所病之，何也？〔五〕」

〔一〕【注】不以爲君而恣之無極。【疏】夫天地兩儀，亭毒羣品，物於資養，周普無偏，不以爲君恣其奢侈。此並是無鬼勞君之辭。

〔二〕【注】如此，違天地之平也。【疏】登高位爲君子，不可樂之以爲長；居卑下爲百姓，不可苦之以爲短。而獨誇萬乘之威，苦此一國黎庶，貪色聲香味，以恣耳目鼻口，既違天地之意，竊爲公不取焉。【釋文】「萬乘」繩證反。

〔三〕【注】物與之耳。【疏】許，與也。夫聖主神人，物我平等，必不多貪滋味而自與焉。【釋文】「不自許」司馬云：許，與也。

〔四〕【注】與物共者，和也；私自許者，姦也。【疏】夫神聖之人，好與物和同而惡姦私者。

〔五〕【疏】夫姦者私通，於理爲病。君獨有斯病，其困如何？【釋文】「夫姦病」王云：姦者，以正從邪也，謂病也。「所病之何也」李云：服而無對也。或云：養違天地之平，獨恣其欲，自許不損於神而以姦爲病，故不知所以。以此爲病，何爲乎？

武侯曰：「欲見先生久矣。吾欲愛民而爲義偃兵，其可乎〔一〕？」

〔一〕【疏】欲行愛養之仁而爲裁非之義，偹於文教，偃息兵戈，如斯治國，未知可不也？【釋文】「偃兵」偃，息也。

徐无鬼曰：「不可。愛民，害民之始也〔一〕；爲義偃兵，造兵之本也〔二〕；君自此爲之，則殆不成〔三〕。凡成美，惡器也〔四〕；君雖爲仁義，幾且僞哉〔五〕！形固造形〔六〕，成固有伐〔七〕，變固外戰〔八〕。君亦必无盛鶴列於麗譙之間〔九〕，无徒驥於錙壇之宮〔一〇〕，无藏逆於得〔一一〕，无以巧勝人〔一二〕，无以謀勝人〔一三〕，无以戰勝人〔一四〕。夫殺人之士民，兼人之土地，以養吾私與吾神者，其戰不知孰善？勝之惡乎在？〔一五〕君若勿已矣，偹胷中之誠，以應天地之情而勿攖〔一六〕。夫民死已脫矣，君將惡乎用夫偃兵哉〔一七〕！」

〔一〕【注】愛民之迹，爲民所尚。尚之爲愛，愛已僞也。

〔二〕【注】爲義則名彰，名彰則競興，競興則喪其真矣。父子君臣，懷情相欺，雖欲偃兵，其可得乎！【疏】夫偏愛之仁，裁非之義，偃武之功，脩文之事，迹既彰矣，物斯徇焉，害民造兵，自此始也。

〔三〕【注】從無爲爲之乃成耳。【疏】自，從也。殆，近也。從此以爲，必殆隳敗無爲之本，故近不成也。

〔四〕【注】美成於前，則僞生於後，故成美者乃惡器也。【疏】夫善善之事，成之於前，美迹既彰，物則趨競，故爲惡之器具也。

〔五〕【注】民將以僞繼之耳，未肯爲真也。【疏】幾，近也。仁義迹顯，物皆喪真，故近僞本也。

〔六〕【注】仁義有形，固僞形必作。【疏】仁義二塗，並有形迹，故前迹既依，後形必造。

〔七〕【注】成則顯也。【疏】夫功名成者，必招爭競，故有征伐。

〔八〕【注】失其常然。【疏】夫造作刑法而變更易常者，物必害之，故致外敵，事多爭戰。【釋文】「成固有伐變固外戰」王云：成功在己，亦衆所不與，欲無有伐，其可得乎！夫僞生形造，又伐焉，非本所圖，勢之變也。既有僞伐，得無戰乎！○家世父曰：假仁義爲名，將日懸仁義之形於胸中，而凡依於仁義之形，皆可意造之，成乎仁義之名則自多。小爾雅：伐，美也。謂自多其功美。仁〔意〕〔義〕可以意造之而固非安之，必有中變者矣。變則耳目手足皆失其常，喜怒哀樂亦違其節，是外戰也。凡有意爲之者，皆殆也。

〔九〕【注】鶴列，陳兵也。麗譙，高樓也。【釋文】「鶴列」李云：謂兵如鶴之列行。司馬云：鶴列，鍾鼓也。「麗」如字，又力智反，力支反。「譙」本亦作嶕，在逍反。司馬郭李皆云：麗譙，樓觀名也。案謂華麗而嶕嶢。

〔一〇〕【注】步兵曰徒。但不當爲義愛民耳，亦無爲盛兵走馬。【疏】鶴列，陳兵也，言陳設兵馬，如鶴之行列也。麗譙，高樓也。言其華麗嶕嶢也。錙壇，宫名也。君但勿起心偃兵爲義，亦無勞盛陳兵卒於高樓之下，(徒)〔走〕①驥馬宫苑之間。【釋文】「无徒」司馬云：徒，步也。「錙壇」徐側其反。錙壇，壇名。○家世父曰：史記陳涉世家戰譙門中，顏師古注：門上爲高樓以望遠，樓一名譙。説文：封土曰壇。錙壇之宫，謂軍壘也。麗譙，城樓。盛鶴列者，守兵。徒驥，猶徒御也，謂行兵。

〔一一〕【注】得中有逆則失耳。【疏】莫包藏逆心而苟於得。【釋文】「无藏」一本作臧，司馬本同。「逆於得」司馬本作德。李云：凡非理而貪，貪得而居之，此藏逆於德內者也。孰有貪得而可以德不失哉？固宜無藏而捨之。又云：謂有貪則逆道也。

〔一二〕【注】守其朴而朴各有所能則平。【疏】大巧若拙，各敦朴素，莫以機心争勝於人。

〔一三〕【注】率其真知而知各有所長則均。【疏】忘心遣慮，率其真知，勿以謀謨勝捷於物。

〔一四〕【注】以道應物，物服而無勝名。【疏】先爲清淡，以道服人，勿以兵戰取勝於物。

〔一五〕【注】不知以何爲善，則雖克非己勝。【疏】夫應天順人，而或滅凶殄逆者，雖亡國戮人而不失百姓之歡心也。若使誅殺人民，兼土并地，而意在貪取，私養其身及悦其心者，雖復戰克前敵，善勝於人，不知此勝於何處在，善且在誰邊也。【釋文】「惡乎」音烏。下同。

〔一六〕【注】若未能已，則莫若脩己之誠。【疏】誠，實也。攖，擾也。事不得止，應須治國，若脩心中之實，應二儀之生殺，無勞作法攖擾黎民。【釋文】「勿攖」一營反，又一盈反。

〔一七〕【注】甲兵無所陳，非偃也。【疏】（夫）〔大〕順天地，施化無心，民以勝殘，免脱傷死，何勞措意作法偃兵耶！【釋文】「已脱」音奪。

〔校〕①走字依注文改。

黄帝將見大隗乎具茨之山〔一〕，方明爲御，昌寓驂乘，張若謵朋前馬，昆閽滑稽後車〔二〕；至於襄城之野，七聖皆迷，无所問塗〔三〕。

〔一〕【疏】黄帝，軒轅也。大隗，大道廣大而隗然空寂也。亦言：大隗，古之至人也。具茨，山名也。在（熒）滎陽密縣界，亦名泰隗山。黄帝聖人，久冥至理，方欲寄尋玄道，故託迹具茨。【釋文】「大隗」五罪反。司馬崔本作泰隗。或云：大隗，神名也。一云：大道也。「具茨」一本作次，同。祀咨反，又音資。司馬本作疚。山名也。司馬云，在滎陽密縣東，今名泰隗山。

〔二〕【疏】方明滑稽等，皆是人名。在右爲驂，在左爲御。前馬，馬前爲導也。後車，車後爲從也。【釋文】「昌寓」音禹。「驂乘」繩證反。驂乘，車右也。「謵」音習。元嘉本作謂。崔同。

「㞑」舒氏反。崔本作㢒，本亦作朋，蒲登反。徐扶恒反。○盧文弨曰：今書作謵朋。○慶藩案㞑，崔本作朋，蓋多朋字常相混。古文多字作𡖍，形與朋相似而誤。史記五帝紀鬼神山川，封禪與爲多焉，徐廣曰：多，亦作朋。漢書霍去病傳校尉僕多有功，師古曰：功臣侯表作僕朋。皆傳寫之誤也。（周策公仲侈，韓子十過篇、漢書古今人表皆作公仲朋，亦其（誤）〔證〕。）「前馬」司馬云：二人先馬導也。「昆閽」音昏。「滑」音骨。「稽」音雞。「後車」司馬云：二人從車後。

〔三〕【注】聖者名也；名生而物迷矣，雖欲之乎大隗，其可得乎！【疏】塗，道也。今汝州有襄城縣，在泰隗山南，即黄帝訪道之所也。自黄帝已上至於滑稽，總有七聖也。注云，聖者名也，名生而物迷矣，雖欲之乎大隗，其可得乎！此注得之，今不重釋也。【釋文】「襄成之野」李云：地名。「七聖」黄帝一，方明二，昌寓三，張若四，謵朋五，昆閽六，滑稽七也。

適遇牧馬童子，問塗焉〔一〕，曰：「若知具茨之山乎？」曰：「然。」〔二〕

〔一〕【疏】牧馬童子，得道人也。牧馬曰牧。適爾而值牧童，因問道之所在。

〔二〕【疏】若，汝也。然，猶是也。問山之所在，答云我知。

「若知大隗之所存乎？」曰：「然。」〔一〕

〔一〕【疏】存，在也。又問道之所在，答云知處。

黄帝曰：「異哉小童！非徒知具茨之山，又知大隗之所存。請問爲天下。」〔一〕

〔一〕【疏】帝驚異牧童知道所在，因問緝理區宇，其法如何。

小童曰："夫爲天下者，亦若此而已矣，又奚事焉〔一〕！予少而自遊於六合之內，予適有瞀病，有長者教予曰：『若乘日之車而遊於襄城之野〔二〕。』今予病少痊，予又且復遊於六合之外。夫爲天下亦若此而已。予又奚事焉！〔三〕"

〔一〕【注】各自若則無事矣，無事乃可以爲天下也。【疏】奚，何也。若，如也。夫欲脩爲天下，亦如治理其身，身既無爲，物有何事！故老經云，我無爲而民自化。

〔二〕【注】日出而遊，日入而息。【疏】六合之內，謂囂塵之裏也。瞀病，謂風眩冒亂也。言我少遊至道之境，棲心塵垢之外，而有眩病，未能體真。幸聖人教我脩道，晝作夜息，乘日遨遊，以此安居而逍遥處世。本有作專字者，謂乘日新以變化。【釋文】「予少」詩召反。「瞀」莫豆反，郭音務。李云：風眩貌。司馬云：瞀，讀曰眊，謂眩眊也。「長者」丁丈反。「乘日之車」司馬云：以日爲車也。元嘉本車作居。

〔三〕【注】夫爲天下，莫過自放任，自放任矣，物亦奚攖焉！故我無爲而民自化。【疏】痊，除也。虛妄之病，久已痊除，任染而游心物外，治身治國，豈有異乎！物我混同，故無事也。【釋文】「少痊」七全反。李云：除也。○慶藩案文選潘安仁閒居賦注引司馬云：痊，除也。釋文闕。「且復」扶又反。

黄帝曰："夫爲天下者，則誠非吾子之事〔一〕。雖然，請問爲天下〔二〕。"小童辭〔三〕。

〔一〕【注】事由民作。

〔二〕【注】令民自得，必有道也。　【疏】夫牧養蒼生，實非聖人務。理雖如此，猶請示以要言。

〔三〕【疏】無所説也。

黄帝又問〔一〕。小童曰：「夫爲天下者，亦奚以異乎牧馬者哉！亦去其害馬者而已矣〔二〕！」

〔一〕【疏】殷勤請小童也。

〔二〕【注】馬以過分爲害。　【疏】害馬者，謂分外之事也。夫治身莫先守分，故牧馬之術，可以養民。問既殷勤，聊爲此答。　【釋文】「去其」起吕反。下、注同。

黄帝再拜稽首，稱天師而退〔一〕。

〔一〕【注】師夫天然而去其過分，則大隗至也。　【疏】頓悟聖言，故身心愛敬，退其分外，至乎大隗，合乎天然之道，其在吾師乎！

知士无思慮之變則不樂〔一〕，辯士无談説之序則不樂〔二〕，察士无淩誶之事①則不樂〔三〕，皆囿於物者也〔四〕。

〔一〕【疏】世屬艱危，時逢禍變，知謀之士，思而慮之，如其不然，則不樂也。　【釋文】「知士」音智。「不樂」音洛。下不樂及注同。

〔二〕【疏】辯類縣河，辭同炙輠，無談説端（敍）〔緒〕，則不歡樂。

〔三〕【疏】機警之士，明察之人，若不容主客問訊，辭鋒淩轢，則不樂也。【釋文】「察士」李云：察，識也。○俞樾曰：禮記鄉飲酒篇愁以時察，鄭注曰：察，猶察察，嚴殺之貌也。老子俗人察察，河上公注曰：察察，急且疾也。然則察有嚴急之意，故以淩誶爲樂。李云，察，識也，則與上文知士複矣。「淩」李云：謂相淩轢。「誶」音信。廣雅云：問也。又音祟，又音峻。一本作説。

〔四〕【注】不能自得於内而樂物於外，故可囿也②。故各以所樂囿之，則萬物不召而自來，非强之也。【疏】此數人者，各有偏滯，未達大方，並囿域於物也。【釋文】「皆囿」音又。「非强」其丈反。

〔校〕①闕誤引文成張三本事俱作辭。②趙諫議本無故可囿也四字。

招世之士興朝〔一〕，中民之士榮官〔二〕，筋力之士矜難〔三〕，勇敢之士奮患〔四〕，兵革之士樂戰〔五〕，枯槁之士宿名〔六〕，法律之士廣治〔七〕，禮教①之士敬容〔八〕，仁義之士貴際〔九〕。農夫无草萊之事則不比，商賈无市井之事則不比〔一〇〕。庶人有旦暮之業則勸〔一一〕，百工有器械之巧則壯〔一二〕。錢財不積則貪者憂〔一三〕，權勢不尤則夸者悲〔一四〕。勢物之徒樂變〔一五〕。遭時有所用，不能无爲也〔一六〕。此皆順比於歲，不物於易者也〔一七〕，馳其形性，潛之萬物，終身不反，悲夫〔一八〕！

〔一〕【疏】推薦忠良，招致人物之士，可以興於朝廷也。【釋文】「興朝」直遥反。

〔二〕【疏】治理四民，甚能折中，斯人精幹局分，可以榮官。【釋文】「中民」李云：善治民也。

〔三〕【疏】英髦壯士，有力如虎，時逢戹難，務於濟世也。【釋文】「矜難」乃旦反。

〔四〕【疏】武勇之士，果決之人，奮發雄豪，滌除禍患。

〔五〕【疏】情好干戈，志存鋒刃，如此之士，樂於征戰。

〔六〕【疏】食杼衣褐，形容顦顇，留心寢宿，唯在聲名也。【釋文】「枯槁」苦老反。後章同。「宿名」宿，積久也。王云：枯槁一生以爲娛，其所寢宿，唯名而已。○俞樾曰：宿讀爲縮。國語楚語縮於財用則匱，戰國秦策縮劍將自誅，韋昭高誘注竝曰：縮，取也。枯槁之士縮名，猶言取名也。釋文曰，宿，積久也，於義未安。又引王云其所寢宿唯名而已，更爲迂曲。由不知宿爲縮之叚字耳。

〔七〕【疏】刑法之士，留情格條，懲惡勸善，其治〔方〕〔廣〕②也。【釋文】「廣治」直吏反。

〔八〕【疏】節文之禮，矜敬容貌。

〔九〕【注】士之不同若此，故當之者不可易其方。【疏】世有迍邅，時逢際會，則施行仁義以著名動際會也。【釋文】「貴際」謂盟會事。○家世父曰：貴際，謂相與交際，仁義之用行乎交際之間者也。鄭康成禮記中庸注：人也，讀如相人偶之人，以人意相存問之言。故人與人比而仁見焉，仁義之士所以貴際也。釋文，貴際，謂盟會事。誤。

〔一〇〕【注】能同則事同，所以〔相〕③比。　【疏】比，和樂。古者因井爲市，故謂之市井也。若乖本務，情必不和也。　【釋文】「不比」毗志反，下同。○俞樾曰：比，通作庀。周官遂師疏云：周禮之内云比者，先鄭皆爲庀。是也。國語魯語子將庀季氏之政焉，又曰，夜庀其家事，韋注竝曰：庀，治也。農夫惟治草萊之事，故無草萊之事則不庀，商賈惟治市井之事，故無市井之事則不庀也。郭注曰，能同則事同，所以比。是以本字讀之，非是。「商賈」音古。

〔一一〕【注】業得其志故勸。　【疏】衆庶之人各有事，旦暮稱情，故自勉勵。

〔一二〕【注】事非其巧則惰。　【疏】壯，盛也。百工功巧，各有器械，能順其情，事斯盛矣。　【釋文】「則壯」李云：壯，猶疾也。「則惰」徒卧反。

〔一三〕【注】物得所耆而樂也。　【釋文】「所耆」時志反。「而樂」音洛。

〔一四〕【疏】尤，甚也。夫貪競之人，必聚財以適性；矜夸之士，假權勢以娱心；事苟乖情，則憂悲斯生矣。○慶藩案文選賈長沙〔鵩〕〔鵬〕鳥賦注、阮嗣宗詠懷詩注並引司馬云：夸，虚名也。釋文闕。

〔一五〕【注】權勢生於事變。　【疏】夫禍起則權勢尤，故以勢陵物之徒樂禍變也。

〔一六〕【注】凡此諸士，用各有時，時用則不能自已也。苟不遭時，則雖欲自用，其可得乎！故貴賤無常也。　【疏】以前諸士，遭遇時命，情隨事遷，故不能無爲也。

〔一七〕【注】士之所能，各有其極，若四時之不可易耳。故當其時物，順其倫次，則各有用矣。是以順歲則時序，易性則不物，物而不物，非毀如何！　【疏】（此）〔比〕④，次第也。夫士之所行，能有長短，用捨隨時，（成）〔咸〕有次第，方之歲序炎涼，不易於物。不物，猶不易於物者也。

〔一八〕【注】不守一家之能，而之夫萬方以要時利，故有匍匐而歸者，所以悲也。　【疏】馳騖身心，潛伏前境，至乎没命，不知反歸，頑愚若此，深可悲歎也已矣！○家世父曰：囿於物者，致用之器也，發之自内者也；時有所用，待用之資也，應之自外者也。性有所倚，才有所偏，内外相須以成能，形性交馳而不反矣。　【釋文】「以要」一遥反。「匍」音扶，又音蒲。「匐」音服，又蒲北反。

〔校〕①世德堂本教作樂。②廣字依正文改。③相字依道藏本補。④比字依正文改。

莊子曰：「射者非前期而中，謂之善射，天下皆羿也，可乎〔一〕？」

〔一〕【注】不期而中，謂誤中者也，非善射也。若謂謬中爲善射，是則天下皆可謂之羿，可乎？言不可也。　【疏】期，謂準的也。夫射無期準而誤中一物，即謂之善射者，若以此爲善射，可乎？　【釋文】「而中」丁仲反，注同。

惠子曰：「可〔一〕。」

〔一〕【疏】謂宇内皆羿也。

莊子曰：「天下非有公是也，而各是其所是，天下皆堯也，可乎〔一〕？」

〔一〕【注】若謂謬中者羿也，則私自是者亦可謂堯矣。莊子以此明妄中者非羿而自是者非堯。【疏】各私其是，故無公是也。而唐堯聖人，對桀爲是。若各是其所是，則皆聖人，可乎？言不可。

惠子曰：「可〔一〕。」

〔一〕【疏】言各是其是，天下盡堯，有斯理，而惠施滯辨，有言無實。

莊子曰：「然則儒墨楊秉四，與夫子爲五，果孰是邪〔一〕？或者若魯遽者邪？其弟子曰：『我得夫子之道矣，吾能冬爨鼎而夏造冰矣〔二〕。』魯遽曰：『是直以陽召陽，以陰召陰，非吾所謂道也〔三〕。吾示子乎吾道。』於是爲之調瑟，廢一於堂，廢一於室，鼓宮宮動，鼓角角動，音律同矣〔四〕。夫或改調一弦，於五音无當也〔五〕，鼓之，二十五弦皆動〔六〕，未始異於聲，而音之君已〔七〕。且若是者邪〔八〕？」

〔一〕【注】若皆堯也，則五子何爲復①相非乎？【疏】儒，姓鄭，名緩。墨，名翟也。楊，名朱。秉者，公孫龍字也。此四子者，並聰名過物，蓋世雄辨，添惠施爲五，各相是非，未知決定用誰爲是。若天下皆堯，何爲五復相非乎？【釋文】「復相」扶又反。

〔二〕【疏】姓魯，名遽，周初人。云冬取千年燥灰以擁火，須臾出火，可以爨鼎；盛夏以瓦瓶盛水，湯中煮之，縣瓶井中，須臾成冰也。而迷惑之俗，自是非他，與魯無異也。【釋文】「魯遽」

音渠，又其據反。李云：魯遽，人姓名也。一云：周初時人。「爨」七亂反，又七端反。

〔三〕【疏】千年灰陽也，火又陽也，此是以陽召陽；井中陰也，水又陰也，此是以陰召陰。魯遽此言非其弟子也。

〔四〕【注】俱亦以陽召陽而横自以爲是。【疏】廢，置也。置一瑟於堂中，置一瑟於室内，鼓堂中宫角，室内弦應而動，斯乃五音六律聲同故也，猶是以陽召陽也。【釋文】「爲之」于僞反。「廢一」廢，置也。

〔五〕【注】隨調而改。【疏】堂中改調一弦，則室内音無復應動，當爲律不同故也。【釋文】「改調」徒弔反。注皆同。「无當」丁浪反，合也。

〔六〕【注】無聲則無以相動，有聲則非同不應。今改此一弦而二十五弦皆改，其以急緩爲調也。【疏】應唯宫角而已密，二十五弦俱動，聲律同者悉應動也。

〔七〕【注】魯遽以此夸其弟子，然亦以同應同耳，未爲②獨能其事也。【疏】聲律之外，〔何〕曾更有異術！雖復應動不同，總以五音爲其君主而已。既無佗術，何足以自夸！

〔八〕【注】五子各私所見而是其所是，然亦無異於魯遽之夸其弟子，未能相出也。【疏】惠子之言，各私其是，務夸陵物，不異魯遽，故云若是。

〔校〕①趙諫議本無復字。②爲字世德堂本在獨能下，趙諫議本在亦以下。

惠子曰：「今夫儒墨楊秉，且方與我以辯，相拂①以辭，相鎮以聲，而未始吾非也，則奚若矣〔一〕？」

〔一〕【注】未始吾非者，各自是也。惠子便欲以此爲至。【釋文】「相拂」扶弗反。

〔校〕①世德堂本拂作排。

莊子曰：「齊人蹢子於宋者，其命閽也不以完〔一〕，其求鈃鍾也以束縛〔二〕，其求唐子也而未始出域，有遺類矣〔三〕！夫楚人寄而蹢閽者〔四〕，夜半於无人之時而與舟人鬭，未始離於岑而足以造於怨也〔五〕。」

〔一〕【注】投之異國，使門者守之，出便與（手）〔子〕①不保其全。此齊人之不慈也，然亦自以爲是，故爲之。【疏】閽，守門人也。齊之人棄蹢其子於宋，仍命以此，不亦我是？【釋文】「蹢」呈亦反，投也。司馬云：齊人憎其子，蹢之於宋，使門者守之，令形不全，自以爲是。

〔二〕【注】乃反以愛鍾器爲是，束縛，恐其破傷。【釋文】「鈃鍾」音刑，徐户挺反。又字林云：鈃似小鍾而長頸。又云：似壺而大。「以束縛」郭云：恐其破傷也。案此言賤子貴鈃，自以爲是也。

〔三〕【注】唐，失也。失亡其子，而不能遠索，遺其氣類，而亦未始自非。人之自是，有斯謬矣。【疏】鈃，小鍾也。唐，亡失也。求覓亡子，不出境域；束縛鈃鍾，恐其損壞；賤子貴器爲不慈，遺其氣類，亦言我是。○俞樾曰：有遺類矣，當連下夫字爲句。有遺類矣夫，與襄二十四年左傳有令德也夫、有令名也夫句法相似。類，謂種類也。詩裳裳者華序棄賢者之類，正義曰：類，謂種類。是也。求亡子而不出域，則其亡子不可得，必無遺類矣，故曰有遺類矣夫，反言以明之也。郭注失其讀，所説未得。【釋文】「唐子」謂失亡子也。「遺類」遺，亡也，亡其種類故也。惠施畔道而好辯，猶齊人遠子而愛鍾也。「遠索」所百反。

〔四〕【注】俱寄止而不能自投於高地也。

〔五〕【注】岑，岸也。夜半獨上人船，未離岸已共人鬬。言齊楚二人所行若此，而未嘗自以爲非，今五子自是，豈異斯哉！【疏】楚郢之人，因子客寄，近於江濱之側，投蹢守門之家。夜半無人之時，輒入他人舟上，而船未離岑，已共舟人鬬打，不懷恩德，更造怨辭，愚猥如斯，亦云我是。惠子之徒，此之類也。岑，岸也。○俞樾曰：案夫楚人寄而蹢閽者句，夫字當屬上有遺類矣爲句。蹢當讀謫。揚雄方言：謫，怒也。張揖廣雅釋詁：謫，責也。楚人寄而謫閽者，謂寄居人家，而怒責其閽者也。與下文夜半於無人之時而與舟人鬬，均此楚人之事，皆喻其自以爲是也。郭注曰，俱寄止而不能自投於高地，於義殊不可通。【釋文】「而與舟人鬬」司馬云：夜上人船，人必擠己於水也。擠，排也。○家世父曰：説文：蹢，住足也。易羸豕孚蹢躅，戴記三年問蹢躅焉，釋〔文〕：蹢躅，不行也。閽者守門，蹢躅不良於行，故可以命閽。趼鍾，當爲趼踵，天道篇百舍重趼而不敢息。説文：踵，追也，一曰往來貌。束縛，謂行縢也。言命閽則足不必完，趼踵急行則於足也又加之束縛。爾雅釋宮：廟中路謂之唐，堂途謂之陳。毛詩陳風傳：唐，堂途也。田子方篇猶求馬於唐肆也，司馬亦云：唐肆，廣庭也。唐子，猶周禮門子，謂給使令者。未始出域而有遺類，言其多也。閽者稱其材，走者極其量，堂途給事，人皆能之，各據爲是而自足，豈必殊尤卓絶哉！其相非也，又各不察其情而以意求勝。寄而蹢閽，所司閽耳。説文：閽，常以昏閉門隸也。何由夜半於無人之境而與舟人鬭？意以爲夜半無人之境，則竟無人矣；意以爲與舟人鬭，則竟鬭矣，造怨者無窮而身固未離於岑也。齊人之於宋，楚人之寄，本非族類，不相習也，無因而造怨，則亦可夜半與舟人鬭矣。是者之是，莫得其所以是；非者之非，莫知其所以非。舊注失之太遠。「未始離」力智反。注同。「於岑」七金反，徐在林反，又語審反，謂崖岸也。「獨上」時掌反。

〔校〕①子字依世德堂本改。

莊子送葬，過惠子之墓，顧謂從者曰：「郢人堊慢①其鼻端若蠅翼，使匠石斲之。匠石運斤成風，聽而斲之②，〔一〕盡堊而鼻不傷，郢人立不失容。宋元君聞之，召匠石曰：『嘗試爲寡人爲之。』〔二〕匠石曰：『臣則嘗能斲之。雖然，臣之質死久矣。』自夫子之死也，吾无以爲質矣，吾无與言之矣。〔三〕」

〔一〕【注】瞑目恣手。【疏】郢，楚都也。漢書揚雄傳作獿，乃回反。郢人，謂泥畫之人也，堊者，白善土也。漫，汙也。莊生送親知之葬，過惠子之墓，緬懷疇昔，仍起斯譬。瞑目恣手，聽聲而斲，運斤之妙，遂成風聲。若蠅翼者，言其神妙也。【釋文】「從者」才用反。「郢人」以井反，楚都也。漢書音義作獿人。服虔云：獿人，古之善塗塈者，施廣領大袖以仰塗而領袖不污，有小飛泥誤著其鼻，因令匠石揮斤而斲之。獿，音鐃，韋昭乃回反。○盧文弨曰：獿人，舊譌作慢人。案漢書揚雄解嘲云：獿人亡則匠石輟斤，今據改正，下同。又音鐃，舊譌音混，別本音温，亦譌，俱改正。「堊」烏路反。「慢」本亦作漫。郭莫干反，徐莫但反。李云：猶塗也。○慶藩案慢當作𢅆。説文：𢅆，墀地（説文，墀，涂地也，涂與塗同。）以擭之，從巾，夒聲，（夒籀文婚字，今本夒譌爲夓。）讀若水温㬈。（㬈字注：安㬈温也。玉篇：奴旦切。）徐鉉依唐韻乃昆切，玉篇奴回奴昆二切，廣韻（切）〔乃〕③回乃案二切。廣雅曰：墀、塈、𢅆，塗也。（今本亦譌作𢅆。）𢅆字，曹憲音奴回〔切〕，鹽鐵論散不足篇富者堊𢅆（今本譌作憂。）壁飾。案𢅆人，古之善塗塈者也，施廣領大袖以仰塗而領袖不污，有小飛泥誤著鼻，因令匠石而斲，知石之善斲，故敢使斲之也。（見漢書揚雄傳服虔注。）

〔二〕【疏】去堊慢而鼻無傷損，郢人立傍，容貌不失。元君聞其神妙，嘗試召而爲之。【釋文】「爲寡人」于僞反。

〔三〕【注】非夫不動之質，忘言之對，則雖至言妙斲而無所用之。【疏】質，對也。匠石雖巧，必須不動之質；莊子雖賢，猶藉忘言之對。蓋知惠子之亡，莊子喪偶，故匠人輟成風之妙響，莊子息濠上之微言。

〔校〕①趙諫議本作漫。②闕誤引江南古藏本及李本之下有瞑目恣手四字。又云：一云四字是郭注。③乃字依廣韻改。

管仲有病，桓公問之，曰：「仲父之病病矣，可不(謂)〔諱〕①云，至於大病，則寡人惡乎屬國而可〔一〕？」

〔一〕【疏】管仲，姓管，名仲，字夷吾，齊相也，是鮑叔牙之友人。桓公尊之，號曰仲父。桓公，即小白也，一匡天下，九合諸侯而爲霸主者，管仲之力也。病病者，言是病極重也，大病者，至死也。既將屬纊，故臨問之，仲父死後，屬付國政，與誰爲可也。【釋文】「大病」謂死也。「惡乎」音烏。「屬國」音燭。

〔校〕①諱字依江南古藏本及李氏本改。

管仲曰：「公誰欲與？」

公曰：「鮑叔牙〔一〕。」

〔一〕【疏】問：國政欲與誰？答曰：與鮑叔也。【釋文】「欲與」如字。又音餘。

曰：「不可。其爲人絜廉善士也，其於不己若者不比之，又一聞人之過，終身不忘。使之治國，上且鉤乎君，下且逆乎民。其得罪於君也，將弗久矣！」〔一〕

〔一〕【疏】姓鮑，字叔牙，貞廉清絜善人也。而庸猥之人，不如己者，不比數之，一聞人之過，至死不忘。率性廉直，不堪宰輔，上以忠直鉤束於君，下以清明逆忤百姓，不能和混，故君必罪之。管仲賢人，通鑑於物，恐危社稷，慮害叔牙，故不舉之也。【釋文】「且鉤」鉤，反也。亦作拘，音同。又音俱。

公曰：「然則孰可？」

對曰：「勿已，則隰朋可。其爲人也，上忘而下畔〔一〕，愧不若黃帝而哀不己若者〔二〕。以德分人謂之聖，以財分人謂之賢〔三〕。以賢臨人，未有得人者也；以賢下人，未有不得人者也。其於國有不聞也，其於家有不見也。勿已，則隰朋可〔四〕。」

〔一〕【注】高而不亢。【疏】姓隰，名朋，齊賢人也。畔，猶望也。混高卑，一榮辱，故己爲卿輔，能遺富貴之尊；下撫黎元，須忘皁隸之賤。事不得止，用之可也。【釋文】「上忘而下畔」言在上不自高，於下無背者也。

〔二〕【注】故無棄人。【疏】不及己者，但懷哀悲，輔弼齊侯，期於淳樸，心之所愧，不逮軒轅也。

〔三〕【疏】聖人以道德拯物，賢人以財貨濟人也。

〔四〕【注】若皆聞見，則事鍾於己而羣下無所措手足，故遺之可也。未能盡遺，故僅可也。【疏】運智明察，臨於百姓，逆忤物情。叔牙治國則不問物之小瑕，治家則不見人之過。勿已則隰朋可，總結以前義。【釋文】「下人」遐嫁反。「所措」七故反。「故僅」其靳反。

吴王浮於江，登乎狙之山。衆狙見之，恂然棄而走，逃於深蓁。有一狙焉，委蛇攫㧌①，見巧乎王。王射之，敏給〔一〕搏捷矢〔二〕。王命相者趨射之，狙執死〔三〕。

〔一〕【注】敏，疾也。給，續括也。【疏】狙，獼猴也。山多獼猴，故謂之狙山也。恂，怖懼也。蓁，棘叢也。委蛇，從容也。攫㧌，騰擲也。敏給，猶速也。吴王浮江，遨遊眺望，衆狙恂懼，走避深棘。獨一老狙，恃便敖王，王既怪怒，急速射之。【釋文】「狙」七徐反。「恂然」音舜，徐音荀，又思俊反。司馬云：遽也。「深蓁」徐仕巾反，一音側巾反。「委」於危反。「蛇」餘支反。「攫」俱縛反，徐居碧反。三蒼云：搏也。郭又七（段）〔叚〕②反。司馬本作攫。○盧文弨曰：攫不應與上同，或是玃字之誤。「㧌」本又作搔，素報反。徐本作捈，七活反。司馬本作條。「見」賢遍反。「巧」如字，或苦孝反。崔本作攻。「王射」食亦反。下同。

〔二〕【注】捷，速也。矢往雖速而狙猶（能）搏③（之）。【疏】搏，接也。捷，速也。矢，箭也。箭往雖速，狙皆接之，其敏捷也如此。【釋文】「搏」音博。○俞樾曰：郭於敏給下出注曰：敏，疾也；給，續括也。是以敏給屬王言，殆非也。敏給二字同義，後漢書酈炎傳言論給捷，李賢注曰：給，敏也。是其證也。故國語晉語曰，知羊舌職之聰敏肅給也，使佐之。荀子性惡篇曰，齊給便敏而無類。並以敏給對言。然則郭以給爲續括，非古義矣。敏給當以狙言，謂狙性敏給，能搏捷矢也。捷讀爲接。爾雅釋詁：接，捷也。是捷與接聲近義通。莊十二年左氏經文宋萬弑其君捷，僖三十二年鄭伯捷卒，文十六年晉人納捷菑於邾，公羊捷並作接。

人間世篇必將乘人而鬭其捷，釋文曰：捷，本作接。此捷接通用見於本書者。搏捷矢，即搏接矢，謂以手搏而接其矢也。郭注曰：捷，速也。夫矢自無不速，又何必言捷乎！見執而死也。

〔三〕【疏】命，召也。相，助也，謂王之左右也。王既自射不中，乃召左右亂趨射之，於是狙抱樹而死。【釋文】「相者」息亮反。司馬云：佐王獵者也。「趨射」音促，急也。「執死」司馬云：

〔校〕①世德堂本作抓。②叚字依世德堂本改。③能搏依世德堂本改。

王顧謂其友顔不疑曰：「之狙也，伐其巧恃其便以敖予，以至此殛也！戒之哉！嗟乎，无以汝色驕人哉〔一〕！」顔不疑歸而師董梧以助①其色，去樂辭顯，三年而國人稱之〔二〕。

〔一〕【疏】姓顔，字不疑，王之友也。殛，死也。予，我也。狙矜伐勁巧，恃賴方便，傲慢於王，遂遭死殛。嗟此狡獸，可以戒人，勿淫聲色，驕豪於世。【釋文】「之狙也」之，猶是也。本或作是。「其便」婢面反。「以敖」司馬本作悻，云：佷也。

〔二〕【注】稱其忘巧遺色而任夫素朴。【疏】姓董。名梧，吴之賢人也。鋤，除去也。既奉王教，於是退歸，悔過自新，師於有道，除其美色，去其聲樂，重素朴，辭榮華，脩德三年，國人稱其賢善。【釋文】「董梧」有道者也。師其德以鋤色。「以助」士居反。本亦作鋤。「去樂」起吕反。

〔校〕①趙諫議本作鋤。

南伯子綦隱几而坐，仰天而噓〔一〕。顏成子入見曰：「夫子，物之尤也。形固可使若槁骸，心固可使若死灰乎〔二〕？」

〔一〕【疏】猶是齊物中南郭子綦也。其隱几等義，並具解内篇。○慶藩案南伯子綦，齊物論作南郭子綦。伯郭古聲相近，故字亦通用。唐韻正：伯，古讀若博。周禮司几筵其柏席用萑，亦借柏爲椁。（鄭注以柏爲椁字磨滅之餘，非也。說見經義述聞。）【釋文】「隱」於靳反。「噓」音虛。

〔二〕【疏】顏成，子綦門人也。尤，甚也。每仰歎先生志物之甚，必固形同槁骸，心若死灰。慕德殷勤，有此嗟詠也。【釋文】「入見」賢遍反。「夫物之尤也」音符。一本作夫子，則如字。○盧文弨曰：今書夫下有子字。

曰：「吾嘗居山穴之中①矣。當是時也，田禾一覩我，而齊國之衆三賀之〔一〕。我必先之，彼故知之；我必賣之，彼故鬻之〔二〕。若我而不有之，彼惡得而知之？若我而不賣之，彼惡得而鬻之〔三〕？嗟乎！我悲人之自喪者〔四〕，吾又悲夫悲人者〔五〕，吾又悲夫悲人之悲者，其後而日遠矣〔六〕。」

〔一〕【注】以得見子綦爲榮。【疏】山穴，齊南山也。田禾，齊王姓名。子綦隱居山穴，德音遐振，齊王暫覩，以見爲榮，所以一國之人三度慶賀也。【釋文】「山穴之中」司馬本同。李云：齊南山穴也。一本作之口。「田禾」齊君也。尊德，故國人慶之。○盧文弨曰：即齊太公和。

〔二〕【疏】我聲名在先，故使物知我；我便是賣於名聲，故田禾見而販之。【釋文】「鬻之」羊六反。

〔三〕【疏】若我韜光晦迹，不有聲名，彼之世人何得知我？我若名價不貴，彼何得見而販之？只爲不能滅迹匿端，故爲物之所賣鬻也。【釋文】「彼惡」音烏。下同。

〔四〕【疏】喪，猶亡失也。子綦悲歎世人，捨己慕佗，喪失其道。【釋文】「自喪」息浪反。

〔五〕【疏】夫道無得喪而物有悲樂，故悲人之自喪者亦可悲也。

〔六〕【注】子綦知夫爲之不足以救彼而適足以傷我，故以不悲悲之，則其悲稍去，而泊然無心，枯槁其形，所以爲日遠矣。【疏】夫玄道沖虛，無喪無樂，是以悲人自喪及悲者，雖復前後悲深淺稱異，咸未偕道，故亦可悲。悲而又悲，遣之又遣，教既彰矣，玄玄之理斯著，與衆妙相符，故日加深遠矣。【釋文】「而泊」步各反。

〔校〕①趙諫議本中作口。

仲尼之楚，楚王觴之，孫叔敖執爵而立，市南宜僚受酒而祭曰：「古之人乎！於此言已〔一〕。」

〔一〕【注】古之言者，必於會同。【疏】觴，酒器之總名，謂以酒燕之也。爵亦酒器，受一升。（大）〔古〕人欲飲，必（先）祭其〔先〕，宜僚瀝酒祭，故祝聖人，願與孔子於此言論也。【釋文】「觴之」音商。李云：酒器之總名也。「孫叔敖執爵」案左傳孫叔敖是楚莊王相，孔子未生。哀公十六年，仲尼卒後，白公爲亂。宜僚未嘗仕楚。又宣十二年傳，楚有熊相宜僚，則與叔敖同時，去孔子甚遠。蓋寄言也。

曰：「丘也聞不言之言矣，未之嘗言〔一〕，於此乎言之〔二〕。市南宜僚弄丸而兩家之難解，孫叔敖甘寢秉羽而郢人投兵〔三〕。丘願有喙三尺〔四〕。」

〔一〕【注】聖人無言，其所言者，百姓之言耳，故曰不言之言。苟以言爲不言，則雖言出於口，故爲未之嘗言。

〔二〕【注】今將於此言於無言。【疏】夫理而教不言矣，教而理未之嘗言也。是以聖人妙體斯趣，故終日言而未嘗言也。孔子應宜僚之請，故於此亦言於無言矣。

〔三〕【注】此二子息訟以默，澹泊自若，而兵難自解。【疏】姓熊，字宜僚，楚之賢人，亦是勇士沈（没）〔默〕者也。居於市南，因號曰市南子焉。楚白公勝欲因作亂，將殺令尹子西。司馬子綦言熊宜勇士也，若得，敵五百人，遂遣使屈之。宜僚正上下弄丸而戲，不與使者言。使因以劍乘之，宜僚曾不驚懼，既不從命，亦不言佗。白公不得宜僚，反事不成，故曰兩家難解。姓孫，字叔敖，楚之令尹，甚有賢德者也。郢，楚都也。投，息也。叔敖蘊藉實知，高枕而逍遥，會理忘言，執羽扇而自得，遂使敵國不侵，折衝千里之外，楚人無事，脩文德，息其武略。彰二子有此功能，故可與仲尼晤言，贊揚玄道也。【釋文】「兩家之難」乃旦反。注同。「解」音蟹，注同。司馬云，宜僚，楚之勇士也，善弄丸。楚白公勝將作亂，殺令尹子西。子期石乞曰：「市南有熊宜僚者，若得之，可以當五百人。」乃往告之，不許也。承之以劍，不動，弄丸如故，曰：「吾亦不泄子。」白公遂殺子西。子期歎息，兩家(而)〔難〕已，宜僚不預其患。○慶藩案太平御覽二百七十九引司馬云：宜僚善弄丸，白公脅之，弄丸如故。視釋文較略①。「甘寢秉羽」如字，又音翮。司馬本作翯，云：讀曰翮。或作翅，雩舞者之所執。崔本作翼。「郢人投兵」司馬云：言叔敖願安寢恬卧，以養德於廟堂之上，折衝於千里之外，敵國不敢犯，郢人投兵，無所攻伐也。郢，楚都也。○慶藩案太平御覽二百七十九引司馬云：孫叔敖秉羽之舞，郢人無所攻，故投兵。視釋文較略。○藩又案孫叔敖甘寢秉羽而郢人投兵，淮南主術篇所謂昔孫叔敖恬卧而郢人無所害其鋒同意。投兵，謂無所用也。高注曰：但恬卧養德，折衝千里之外，敵國不敢犯。即司馬注所本。(王念孫曰：害其鋒三字，義不相屬。害當爲用之誤，謂無所用其鋒也。隸書害作⿳宀丰口，其上半與用相似。案淮南多本莊子，此云投兵，亦謂無所用之也。)王氏正害字義頗精。

〔四〕【注】苟所言非己，則雖終身言，故爲未嘗言耳。是以有喙三尺，未足稱長，凡人閉口，未是不言。【疏】喙，口也。苟其言當，即此無言。假余喙長三尺，與閉口何異，故願有之也。【釋文】「喙」許穢反，又丁豆反，或昌鋭反。「三尺」三尺，言長也。司馬云：喙，息也。宜僚弄丸而弭難，叔敖除備以折衝，丘亦願有，歎息其三尺。三尺，匕首劍。

〔校〕①慶藩案下三十四字原誤入疏文下。

彼之謂不道之道〔一〕，此之謂不言之辯〔二〕，故德總乎道之所一〔三〕。而言休乎知之所不知，至矣〔四〕。道之所一者，德不能同也〔五〕；知之所不能知者，辯不能舉也〔六〕；名若儒墨而凶矣〔七〕。故海不辭東流，大之至也〔八〕；聖人并包天地，澤及天下，而不知其誰氏〔九〕。是故生无爵〔一〇〕，死无謚〔一一〕，實不聚〔一二〕，名不立〔一三〕，此之謂大人〔一四〕。狗不以善吠爲良，人不以善言爲賢〔一五〕，而況爲大乎〔一六〕！夫爲大不足以爲大，而況爲德乎〔一七〕！夫大備矣，莫若天地；然奚求焉，而大備矣〔一八〕。知大備者，无求，无失，无棄，不以物易己也〔一九〕。反己而不窮〔二〇〕，循古而不摩〔二一〕，大人之誠〔二二〕。

〔一〕【注】彼，謂二子。【疏】彼，謂所詮之理。不道而道，言非道非不道也。

〔二〕【注】此，謂仲尼。【疏】此，謂能詮之教。不言而言，非言非不言也。子玄乃云此謂仲尼，斯注粗淺，失之遠矣。夫不道不言，斯乃探微索隱，窮理盡性，豈二子之所能耶！若以甘寢弄丸而稱息訟以默者，此則默語懸隔，丘何得有喙三尺乎？故不可也。又此一章，盛談玄極，觀其文勢，不關孫熊明矣。【釋文】「彼之謂此之謂」郭云：彼，謂二子；此，謂仲尼也。司馬云：彼，謂甘寢；此，謂弄丸。

〔三〕【注】道之所容者雖無方，然總其大歸，莫過於自得，故一也。【釋文】「總」音揔。

〔四〕【注】言止其分，非至如何！【疏】夫至道之境，重玄之域，聖心所不能知，神口所不能辯，若以言知索真，失之遠矣。故德之所總，言之所默息者，在於至妙之一道也。

〔五〕【注】各自得耳，非相同也，而道一也。【疏】夫一道虛玄，曾無涯量，而德有上下，(誰)不能周備也。本有作同字者，言德有優劣，未能同道也。此解前道之所一也。【釋文】「不能同」一本作相同。

〔六〕【注】非其分，故不能舉。【疏】夫知者玄道，所謂妙絕名言，故非辯說所能勝舉也。此解前知之所不知也。

〔七〕【注】夫儒墨欲同所不能同，舉所不能舉，故凶①。【疏】夫執是競非，而名同儒墨者，凶禍斯及矣。○家世父曰：儒墨之所以凶，以有儒墨之名也。懸儒墨之名以召爭，德不能同者，强道以一之；辯不能舉者，强知以通之，各是其是，而道與知之所及亦小矣。生無爵，死無謚，實且不以自居，名何有哉！

〔八〕【注】明受之無所辭，所以成大。【疏】百川競注，東流不息，而巨海容納，曾不辭憚。此據東海爲言，亦弘博之至也已。

〔九〕【注】汎然都任。　【疏】前舉海爲（諭）〔喻〕，此下合譬也。聖人德合二儀，故并包天地；仁覃無外，故澤及天下；成而不處，故不知誰爲；推功於人，故莫識其氏族矣。

〔一〇〕【注】有而無之。

〔一一〕【注】謚所以名功，功不在己，故雖謚而非己有。　【疏】夫人處世，生有名位，死定謚號，所以表其實也。聖人生既以功推物，故死亦無可謚也。

〔一二〕【注】令萬物各知足。　【疏】縱有財德，悉分散於人也。

〔一三〕【注】功非己爲，故名歸於物。　【疏】夫名以召實，實既不聚，故名將安寄也。

〔一四〕【注】若爲而有之，則小矣。　【疏】總結以前。忘於名謚之士，可謂大德之人。

〔一五〕【注】賢出於性，非言所爲。　【疏】善，喜好也。夫犬不必吠，賢人豈復多言！　【釋文】「善吠」伐廢反。司馬云：不别客主而吠不止。「善言」司馬云：失本逐末而言不止也。

〔一六〕【注】夫大愈不可爲而得。　【疏】夫好言爲賢，猶自不可，況惑心取捨於大乎！

〔一七〕【注】唯自然乃德耳。　【疏】愛心弘博謂之大，冥符玄道謂之德。夫有心求大，於理尚乖，況有情爲德，固不可也。

〔一八〕【注】天地大備，非求之也。　【疏】備，具足也。夫二儀覆載，亭毒無心，四敍周行，生成庶品，蓋何術焉，而萬物必備。

〔一九〕【注】知其自備者，不舍己而求物，故無求無失無棄也。【疏】夫體弘自然之理而萬物素備者，故能於物我之際淡然忘懷，是以無取無捨，無失無喪，無證無得，而不以物境易奪己心也。【釋文】「不舍」音捨。

〔二〇〕【注】反守我理，我理自通。【疏】只爲弘備，故契於至理。既而反本還原，會己身之妙極而無窮竟者也。

〔二一〕【注】順常性而自至耳，非摩拭。【疏】循，順也。順於物性，無心改作，豈復摩飾而矜之！【釋文】「循古而不摩」一本作磨。郭云：摩，拭也。王云：摩，消滅也。雖常通物而不失及己，雖理於今，常循於古之道焉，自古及今，其名不摩滅也。「摩拭」音式。

〔二二〕【注】不爲而自得，故曰誠。【疏】誠，實也。夫反本還原，因循萬物者，斯乃大聖之人自實之德也。

〔校〕①趙諫議本凶下有也字。

子綦有八子，陳諸前，召九方歅曰：「爲我相吾子，孰爲祥〔一〕？」

〔一〕【疏】子綦，楚司馬子綦也。陳，行列也。諸，於也。〔九〕方，姓也；歅，名也。孰，誰也。祥，善也。九方歅，善相者也。陳列諸子於庭前，命方歅令相之，八子之中，誰爲吉善。【釋文】「九方歅」音因，李烏雞反，又音煙，善相馬人。淮南子作九方皋。「爲我」于僞反。「相吾子」息亮反。

九方歅曰：「梱也爲祥〔一〕。」

〔一〕【疏】梱，子名也。言八子之中，梱最祥善也。【釋文】「梱」音困，又口本反，子綦子名。

子綦瞿然喜曰：「奚若〔一〕？」曰：「梱也將與國君同食以終其身。」

〔一〕【疏】瞿然，驚喜貌。聞子吉祥，故容貌驚喜，問其祥善貌相如何。【釋文】「瞿然」紀具反。司馬云：喜貌。本亦作戄，吁縛反。字林云：大視貌。李云：驚視貌。○慶藩案此瞿然與庚桑楚篇懼然，皆驚駭之貌。瞿，説文作界，云：舉目驚界然也。漢書吳王濞傳膠西王瞿然駭，師古注：瞿然，無守之貌。又鄒陽傳長君懼然曰將爲奈何，師古注：懼讀爲瞿，瞿然，無守之貌。東方朔傳於是吳王懼然易容，師古注：懼然，失守之貌。案師古訓瞿懼爲失守貌、爲無守貌者，本齊風東方未明篇狂夫瞿瞿毛傳也。不知傳以下不能辰夜二語，故以瞿瞿爲無守，與瞿然不同。瞿然當從李頤此訓爲正。

子綦索然出涕曰：「吾子何爲以至於是極也〔一〕！」

〔一〕【疏】索然，涕出貌。方歅識見淺近，以食肉爲祥，子綦鑒深玄妙，知其非吉，故憫其凶極，悲而出涕。【釋文】「索然」悉各反，又色白反。司馬云：涕下貌。

九方歅曰：「夫與國君同食，澤及三族，而況①父母乎！今夫子聞之而泣，是禦福也。子則祥矣，父則不祥。」〔一〕

〔一〕【疏】三族，謂父母族也，妻族也。禦，拒扞也。夫共國君食，尊榮富貴，恩被三族，何但二親！子享吉祥，父翻涕泣，斯乃禦福德也。【釋文】「禦福」魚吕反，距也，逆也。

〔校〕①世德堂本況下有於字。

子綦曰：「歅，汝何足以識之，而梱祥邪？盡於酒肉，入於鼻口矣，而何足以知其所自來〔一〕？吾未嘗爲牧而牂生於奥，未嘗好田而鶉生於宎，若勿怪，何邪〔二〕？吾所與吾子遊者，遊於天地①〔三〕。吾與之邀樂於天，吾與之邀食於地〔四〕；吾不與之爲事，不與之爲謀，不與之爲怪〔五〕；吾與之乘天地之誠而不以物與之相攖〔六〕，吾與之一委蛇而不與之爲事所宜〔七〕。今也然有世俗之償焉〔八〕！凡有怪徵者，必有怪行，殆乎，非我與吾子之罪，幾天與之也〔九〕！吾是以泣也〔一〇〕」

〔一〕【疏】自，從也。方歅小巫，識鑒不遠，相梱祥者，不過酒肉味入於鼻口。方歅道術，理盡於斯，詎知酒肉由來，從何而至。

〔二〕【注】夫所以怪，出於不意故也。【疏】牂，羊也。奥，西南隅未地，羊位也；宎，東南隅辰地也，辰爲鶉位；故言牂鶉生也。夫羊須牧養，鶉因田獵，若禄藉功著，然後可致富貴。今梱(而)功行未聞，而與國君同食，何異乎無牧而忽有羊也，不田而獲鶉也！非牧非田，怪如何也！【釋文】「未嘗」如字。本或作曾，才能反。「而牂」子郎反。爾雅云：牝羊也。「於奧」烏報反。西南隅未地也。一曰：豕牢也。「好田」呼報反。「於宎」字又作窔，烏弔反，徐烏了反。司馬云：東北隅也。一云：東南隅鶉火地，生鶉也。一云：窟也。郭徒忽反，字則穴下犬。○盧文弨曰：案爾雅釋宮：東南隅謂之窔②。其東北隅乃宧也。又案説文：宧，户樞聲，室之東南隅。窔但訓深。○家世父曰：牂所從出，牧也；鶉所從來，田也。不牧而牂生，不田而鶉生，儻然而來，翛然而至，謂之不祥。祥者，怪徵也；乘天地之誠而有世俗之償，是亦怪徵也。

〔三〕【注】不有所爲。　【釋文】「遊於天地」司馬本地作汩，云：亂也。崔本同。

〔四〕【注】隨所遇於天地耳。邀，遇也。　【疏】邀，遇也。天地，無心也。子綦體道，虛忘順物，自足於性分之内，敖游乎天地之間，所造皆適，不待歡娛，所遇斯食，豈資厚味耶！　【釋文】「邀」古堯反，遇也。「樂」音洛。

〔五〕【注】怪，異也。循常任性，脱然自爾。　【疏】忘物，故不爲事；忘智，故不爲謀；循常，故不爲怪。

〔六〕【注】斯不爲也。　【疏】誠，實也。乘二儀之實道，順萬物以逍遥，故不與物更相攖擾。

〔七〕【注】斯順耳，無擇也。　【疏】委蛇，猶縱任也。心境不二，從容任物，事既非事，何宜便之可爲乎！

〔八〕【注】夫有功於物，物乃報之。吾不爲功而償之，何也？　【疏】夫報功（賞）〔償〕德者，世俗務也。苟體道任物，不立功名，何須功之償哉！【釋文】「之償」時亮反，又音賞。

〔九〕【注】今無怪行而有怪徵，故知其天命也。【疏】殆，危也。幾，近也。夫有怪異之行者，必〔有〕怪異之徵祥也。今吾子未有怪行而有怪徵，必遭殆者，斯乃近是天降之災，非吾子之罪。【釋文】「怪行」下孟反。注同。

〔一〇〕【注】夫爲而然者，勿爲則已矣。不爲而自至，則不可奈何也，故泣之。【疏】罪若由人，庶其脩改，既關天命，是以泣也。

〔校〕①闕誤引江南古藏本地下有也字。②爾雅釋文作窔，云：又作窔，同。説文作窅。

无幾何而使梱之於燕，盜得之於道，全而鬻之則難，不若刖之則易〔一〕，於是乎刖而鬻之於齊，適當渠公之街，然身食肉而終〔二〕。

〔一〕【注】全恐其逃，故不如刖之易售也。【疏】無幾何，謂俄頃間也。楚使梱聘燕，途道之上，爲賊所得，略梱爲奴。而全形賣之，恐其逃竄，故難防禦，則刖足，不慮其逃，故易售。【釋文】「无幾」居豈反。「於燕」音煙。「全而鬻之」音育，絕句。一本作鬻之難。「刖」音月，又五刮反。「易」以豉反。注同。「售也」受又反。

〔二〕【疏】渠公，齊之富人，爲街正。梱（之）既遭刖足，賣與齊國富商之家，代主當街，終身肉食也。字又作術者，云：渠公，屠人也，賣梱在屠家，共主行宰殺之術，終身食肉也。【釋文】「渠公」或云：渠公，齊之富室，爲街正，買梱自代，終身食肉至死。一云：渠公屠者，與梱君臣同食肉也。「之街」音佳。一本作術。「然身食肉終」本或作身肉食者誤。○盧文弨曰：今書終上有而字。

齧缺遇許由，曰：「子將奚之〔一〕？」

〔一〕【疏】齧缺逢遇許由，仍問欲何之適。

曰：「將逃堯〔一〕。」

〔一〕【疏】答曰：將欲逃避帝堯。

曰：「奚謂邪〔一〕？」

〔一〕【疏】問其何意。

曰：「夫堯，畜畜然仁，吾恐其爲天下笑。後世其人與人相食與〔一〕！夫民，不難聚也；愛之則親，利之則至，譽之則勸，致其所惡則散〔二〕。愛利出乎仁義，捐仁義者寡，利仁義者衆。夫仁義之行，唯且无誠〔三〕，且假乎①禽貪者器〔四〕。是以一人之斷制利天下〔五〕，譬之猶一覕也〔六〕。夫堯知賢人之利天下也，而不知其賊天下也，夫唯外乎賢者知之矣〔七〕。」

〔一〕【注】仁者争尚之原故也。【疏】畜畜，盛行貌也。盛行偏愛之仁，乖於淳和之德，恐宇內喪道之士猶甚澆季，將來逐迹，百姓饑荒，倉廩既虚，民必相食，是以逃也。【釋文】「畜畜」許六反，郭他六反。李云：行仁貌。王云：卹愛勤勞之貌。「其人與」如字。「人相食與」音餘。言將馳走於仁義，不復營農，飢則相食。

〔二〕【疏】夫民，撫愛則親，利益則至來，譽賛則相勸勉，與所惡則衆離散，故黔首聚散，蓋不難也。【釋文】「譽之」音餘。「所惡」烏路反。

〔三〕【注】仁義既行，將僞以爲之②。【疏】夫利益蒼生，愛育羣品，立功聚衆，莫先仁義。而履仁蹈義，捐率於中者少，託於聖迹以規名利者多，是故行仁義者，矯性僞情，無誠實者也。【釋文】「之行」下孟反。

〔四〕【注】仁義可見，則夫貪者將假斯器以獲其志。【疏】器，聖迹也。且貪於名利，險於禽獸者，必假夫仁義爲其器者也。【釋文】「且假夫禽貪者器」司馬云：禽之貪者殺害無極，仁義貪者傷害無窮。

〔五〕【注】若夫仁義各出其情，則其斷制不止乎一人。【疏】榮利之徒，負於仁義，恣其鴆毒，斷制天下。向無聖迹，豈得然乎！

〔六〕【注】覬，割也。萬物萬形，而以一劑割之，則有傷也。【疏】覬，割也。若以一人制服天下，譬猶一刀割於萬物，其於損傷彼此多矣。【釋文】「覬」郭薄結反，云：割也。向芳舌反。司馬云：暫見貌。又甫莅反，又普結反，又初栗反。「劑」子隨反。

〔七〕【注】外賢則賢不僞。　【疏】夫賢聖之迹，爲利一時，萬代之後，必生賊害，唯能忘外賢聖者知之也。

〔校〕①世德堂本作夫。②趙諫議本之下有也字。

有暖姝者，有濡需者，有卷婁者〔一〕。

〔一〕【疏】此略標，下解釋。　【釋文】「暖」吁爰反，又吁晚反，柔貌。「姝」昌朱反，妖貌。「濡」音儒，又音如，安也。「需」音須。濡需，謂偷安須臾之頃。「卷」音權。「婁」音縷。卷婁，猶拘攣也。

所謂暖姝者，學一先生之言，則暖暖姝姝而私自説也，自以爲足矣，而未知未始有物也〔一〕，是以謂暖姝者也。

〔一〕【注】意盡形教，豈知我之獨化於玄冥之竟哉！　【疏】暖姝，自許之貌也。小見之人，學問寡薄，自悦〔自〕①足，謂窮微極妙，豈知所學未有一物可稱也，是以謂暖姝者，此言結前也。

【釋文】「自説」音悦。「之竟」音境。

〔校〕①自字依正文補。

濡需者，豕蝨是也，擇疏鬣①自以爲廣宮大囿，奎蹏曲隈，乳間股腳，自以爲安室利處，不知屠者之一旦鼓臂布草操煙火，而己與豕俱焦也〔一〕。此以域進，此以域退〔二〕，此其所謂濡需者也〔三〕。

〔一〕【疏】濡需，矜誇之貌也。豕，猪也。言蝨寄猪體上，擇疏長之毛鬣，將爲廣大宮室苑囿。蹄脚奎隈之所，股脚乳旁之間，(蹄)用爲温暖利便。豈知屠人忽操湯火，攘臂布草而殺之乎！即己與豕俱焦爛者也。(諭)〔喻〕流俗寡識之人，耽好情欲，與豕蝨濡需喜歡無異也。【釋文】「蝨」音瑟。「奎」苦圭反。本亦作睽。「曲隈」烏回反。向云：股間也。○慶藩案曲隈，胯内也。凡言隈者，皆在内之名。淮南覽冥篇漁者不争隈，高注：隈，曲深處，魚所聚也。列子黄帝篇何曲之淫隈，殷敬順曰：隈，水曲也。僖二十五年左傳秦人過析隈，杜注：隈，隱蔽之處。故知言隈者，皆在内曲深之謂。向秀曰，隈，股間也，疑誤。「暖室」奴緩反，又虚袁反。一本作安室。○盧文弨曰：今書作安室。「操」七曹反。

〔二〕【疏】域，境界也。蝨則逐豕而有亡，人則隨境而榮樂，故謂之域進退也。

〔三〕【注】非夫通變邈世之才而偷安乎一時之利者，皆豕蝨者也。【疏】此結也。○家世父曰：以域進，以域退，言逐衆人之好惡而與之爲進退。暖姝者，囿於知識者也；濡需者，滯於形迹者也；卷婁者，罷於因應者也。三者同蔽，莊生所以逃而去之。

〔校〕①闕誤引張君房本鬣下有長毛二字。

卷婁者，舜也。羊肉不慕蟻，蟻慕羊肉，羊肉羶也。舜有羶行，百姓悦之，〔一〕故三徙成都，至鄧之虚①而十有萬家〔二〕。堯聞舜之賢，舉之童土之地，曰冀得其來之澤〔三〕。舜舉乎童土之地，年齒長矣，聰明衰矣，而不得休歸，所謂卷婁者也〔四〕。

〔一〕【疏】卷婁者，謂背項俛曲，向前攣卷而傴僂也。夫羊肉羶腥，無心慕蟻，蟻聞而歸之。舜有仁行，不慕百姓，百姓悅之。故羊肉比舜，蟻況百姓。【釋文】「羊肉不慕蟻」魚綺反。李云：年長心勞，無憂樂之志，是猶羊肉不慕蟻也。「羶也」設然反。「羶行」下孟反。

〔二〕【疏】舜避丹朱，又不願衆聚，故三度逃走，移徙避之，百姓慕德，從者十萬，所居之處，自成都邑。至鄧虛，地名也。【釋文】「至鄧」向云：邑名。「之虛」音墟。本又作墟。

〔三〕【疏】地無草木曰童土。堯聞舜有賢聖之德，妻以娥皇女英，舉以自代，讓其天下。居不毛土，歷試艱難，望鄰境承儀，蒼生蒙澤。【釋文】「童土」如字，又音杜。向云：童土，地無草木也。

〔四〕【注】聖人之形，不異凡人，故耳目之用衰也，至於精神，則始終常全耳②。若少則未成，及長而衰，則聖人之聖曾不崇朝，可乎？【疏】既登九五，威跨萬乘，（慭）〔愍〕念蒼生，憂憐凡庶，於是年齒長老，耳目衰竭，無由休息，豈得歸寧！傴僂攣卷，形勞神倦，所謂卷婁者也。【釋文】「齒長」丁丈反。注同。○慶藩案華嚴經音義引司馬云：齒，數也。釋文闕。「若少」詩召反。

〔校〕①趙諫議本作墟。②趙本無耳字。

是以神人惡衆至〔一〕，衆至則不比，不比則不利也〔二〕。故无所甚親，无所甚疏，抱德煬和以順天下，此謂真人〔三〕。於蟻棄知，於魚得計，於羊棄意〔四〕。

〔一〕【注】衆自至耳，非好而致也①。【疏】三徙遠之，以惡也。【釋文】「惡衆」烏路反。「非好」呼報反。

〔二〕【注】明舜之所以有天下，蓋於不得已耳，豈比而利之！【疏】比，和也。夫衆聚則不和，不和則不利於我也。【釋文】「不比」毗志反。下注同。

〔三〕【疏】煬，温也。夫不測神人，親疏一觀，抱守温和，可謂真聖。【釋文】「煬」郭音羊，徐餘亮反。「和」李云：煬，炙也，爲和氣所炙。

〔四〕【注】於民則蒙澤，於舜則形勞。【疏】不慕羊肉之仁，故於蟻棄智也；不爲羶行教物，故於羊棄意也；既遺仁義，合乎至道，不傷濡沫，相忘於江湖，故於魚得計。此斥虞舜羶行，故及斯言也。【釋文】「於蟻棄知」音智。「於魚得計於羊棄意」司馬云：蟻得水則死，魚得水則生，羊得水則病。一説云：真人無羶，故不致蟻，是蟻棄知也；共處相忘之大道，無沾濡之德，是魚得計也；羊無羶行而不致蟻，是羊棄意也。○家世父曰：所惡乎衆至者，惡其比也。所以比者，歆其利也。神人衆至不比，正惟不以利歆之。蟻之附羶也，有利而趨之也，即其知也；羊之羶也，與以可歆之利也，即其意也。蟻無知而有知，羊無意而有意，惟羶之（惟）利也。魚相忘於江湖，人相忘於道術，何羶之可慕哉！故曰於魚得計。

〔校〕①世德堂本也作之，趙諫議本無。

以目視目，以耳聽耳，以心復心〔一〕。若然者，其平也繩〔二〕，其變也循〔三〕。古之真人，以天待〔之〕〔人〕①〔四〕，不以人入天〔五〕。古之真人，得之也生，失之也死；得之也死，失之也生〔六〕。

〔一〕【注】此三者，未能無其耳目心意也。【疏】夫視目之所見，聽耳之所聞，復心之所知，不逐物於分外而知止其分内者，其真人之道也。

〔二〕【注】未能去繩而自平。【疏】繩無心而正物，聖忘懷而平等。【釋文】「能去」起呂反。

〔三〕【注】未能絶迹而玄會。【疏】循，順也。處世和光，千變萬化，大順蒼生，曾不逆寡。

〔四〕【注】居無事以待事，事斯得。【疏】如上所解，即是玄古真人，用自然之道，虛其心以待物。

〔五〕【注】以有事求無事，事愈荒。【疏】不用人事取捨，亂於天然之智。

〔六〕【注】死生得失，各隨其所居耳，於生爲得，於死或復爲失，未始有常也。【疏】夫處生而言，即以生爲得；若據死而語，便以生爲喪。死生既其無定，得失的在誰邊？噫，未可知也！是以混死生，一得喪，故謂之真人矣。〇家世父曰：形氣之相須也，得之生，失之死，有比而合之者也；自然之待化也，得之死，失之生，有委而聽之者也。得之生，故有爲而無爲；得之死，故無爲而無不爲。【釋文】「或復」扶又反。

〔校〕①人字依闕誤引張君房本改。

藥也其實，堇也，桔梗也，雞廱也，豕零也，是時爲帝者也，何可勝言〔一〕！

〔一〕【注】當其所須則無賤，非其時則無貴，貴賤有時，誰能常也！　【疏】堇，烏頭也，治風痹。桔梗治心腹血。雞壅即雞頭草也，服延年。豕零，豬苓根也，似豬卵，治渴病。此並賤藥也。帝，君主也。夫藥無貴賤，瘉病則良，藥病相當，故便爲君主。乃至目視耳聽，手捉心知，用有行藏，時有興廢。故時之所賢者爲君，才不應世者爲臣，此事必然，故何可言盡也。【釋文】「堇」音謹，郭音覲，徐音靳。司馬云：烏頭也，治風冷痹。「桔」音結。本亦作結。「梗」古猛反。司馬云：桔梗治心腹血瘀瘕痹。「雞廱」徐於容反。本或作壅，音同。司馬云：即雞頭也。一名芡，與藕子合爲散，服之延年。「豕零」司馬本作豕囊，云：一名豬苓，根似豬卵，可以治渴。案四者皆藥草名。「是時爲帝者也」司馬云：藥草有時迭相爲帝，謂其王相休廢，各得所用也。○慶藩案時者，更也；帝者，主也；言堇、桔梗、雞廱、豕零，更相爲主也。方言曰：蒔，更也。（蒔，郭音侍。古無蒔字，借時字爲之。）爾雅曰：帝，君也。淮南正論篇時舉而代御。齊俗篇此代爲帝者也。（帝，今本誤作常。）太平御覽引馮衍鄧禹牋：此更爲（通）〔適〕者也。（適讀若嫡。廣雅：嫡，君也。）或言時，或言代，或言更，其義一也。（方言：更，代也。說文：代，更也。）「勝言」音升。

句踐也以甲楯三千棲於會稽〔一〕。唯種也能知亡之所以存，唯種也不知其身之所以愁〔二〕。故曰，鴟目有所適，鶴脛有所節，解之也悲〔三〕。

〔一〕【疏】句踐，越王也。會稽，山名也。越爲吳軍所殘，窘迫退走，棲息於會稽山上也。【釋文】「句踐」音鉤。「甲楯」純尹反，徐音尹。「棲於」音西。李云：登山曰棲。「會」古外反。「稽」音雞。

〔二〕【疏】種，越大夫名。其時句踐大敗，兵唯三千，走上會稽山，亡滅非遠，而種密謀深智，亡時可〔在〕〔存〕，當時矯與吳和，後二十二年而滅吳矣。夫狡兔死，良狗烹，敵國滅，忠臣亡，數其然也。平吳之後，范蠡去越而游乎江海，變名易姓，韜光晦迹，即陶朱公是也。大夫種不去，爲句踐所誅，但知國亡而可以存，不知愁身之必死也。字亦有作種者，隨字讀之。【釋文】「種」章勇反，越大夫名也。吳越春秋云：姓文，字少禽。「所以存」本又作可以存，言知越雖亡可以存也。

〔三〕【注】各適一時之用，不能靡所不可，則有時而失，有時而失，故有時而悲矣。解，去也。【疏】鴟目晝闇而夜開，則適夜不適晝；鶴脛稟分而長，則能長不能短。枝節如此，故解去則悲，亦猶種闇於謀身，長於存國也。【釋文】「鴟」尺夷反。「脛」刑定反。「解之」佳買反。司馬云：去也。一音懈。

故曰，風之過河也有損焉，日之過河也有損焉〔一〕。請只風與日相與守河，而河以爲未始其攖也〔二〕，恃源而往者也〔三〕。故水之守土也審，影之守人也審，物之守物也審〔四〕。

〔一〕【注】有形者自然相與爲累，唯外乎①形者磨之而不磷。【疏】風日是氣，河有形質。凡有形氣者，未能無累也。而風吹日累，必有損傷，恃源而往，所以不覺。亦猶吴得越之後，謀臣必恃〔謂〕其功勳，〔謂〕以〔無〕後〔無〕慮遭戮。是知物相利者必相爲害也。【釋文】「有損」有形自然相累，世能累物，物能累人，故大夫種所以不免也。「不磷」鄰刃反。

〔二〕【注】實已損矣而不自覺。

〔三〕【注】所以不覺，非不損也，恃源往也。【疏】恃，賴也。攖，損也。風之與日，相與守河，於河攖損而不知覺，恃其源流。【釋文】「恃」本亦作持。「源而往者也」水由源往，雖遇風日，不能損也；道成其性，雖在於世，不能移也。

〔四〕【注】無意則止於分，所以爲審。【疏】審，安定也。夫水非土則不安，影無人則不見，物無造物則不立，故三者相守而自以爲固。而新故不住，存亡不停，昨日之物，於今已化，山舟潛遁，昧者不知，斯之義也。

〔校〕①世德堂本乎作夫。

故目之於明也殆，耳之於聰也殆，心之於殉也殆〔一〕。凡能其於府也殆，殆之成也不給改〔二〕。禍之長也兹萃〔三〕，其反也緣功〔四〕，其果也待久〔五〕。而人以爲己寶，不亦悲乎〔六〕！故有亡國戮民无已〔七〕，不知問是也〔八〕。

〔一〕【注】有意則無崖，故殆。【疏】殉，逐也。夫視目所見，聽耳所聞，任心所逐，若目求離朱之明，耳索師曠之聰，心逐無崖之知，欲不危殆，其可得乎！○家世父曰：水之守土，二物也，相比而相須也；影之守人，一物而爲二物也，自生而自化也；物之守物，物還而自證也，抱一者也。所以謂之審者，無外馳也。目馳而明生焉，耳馳而聰出焉，心馳而所殉見焉。凡能於其府者，皆外馳也。(及)〔反〕其所自持，而緣之以爲功，致果以求之，積久而不知所歸，役耳目心思之用以與萬物爲攖，故可悲也。

〔二〕【注】所以貴其無能而任其天然。【疏】夫運分別之智，出於藏府而自伐能者，必致危亡也。故雖有成功，不還周給而改悔矣。

〔三〕【注】萃，聚也。苟不能忘知，則禍之長也多端矣。【疏】滋，多也。萃，聚也。役於藏府，自顯其能，故凶災禍患，增長而多聚之也。【釋文】「之長」丁丈反。注同。「茲萃」所巾反。郭云：聚也。李云：多也。本又作萃①。

〔四〕【注】反守其性，則其功不作而成。【疏】自伐己能而反招禍敗者，緣於功成不退故也。

〔五〕【注】欲速則不果。【疏】夫誠意成功，決定矜伐。有待之心，其日固久。

〔六〕【注】己寶，謂有其知能。【疏】流(徒)〔徙〕之人，心處愚暗，寶貴己能，成功而處，執滯如是，甚可悲傷。

〔七〕【注】皆有其身之禍。【疏】貪土地爲己有大寶，取之無道，國破家亡，殘害黎元無數，無窮已也。

〔八〕【注】不知問禍之所由，由乎有心，而修心以救禍也。【疏】世有明人，是爲龜鏡。不知問禍敗所由，唯惡貧賤，愚之至也。

〔校〕①今本作萃。

故足之於地也踐，雖踐，恃其所不蹍而後善博也〔一〕；人之於知也少，雖少，恃其所不知而後知天之所謂也〔二〕。知大一，知大陰，知大目，知大均，知大方，知大信，知大定，至矣〔三〕。大一通之〔四〕，大陰解之〔五〕，大目視之〔六〕，大均緣之〔七〕，大方體之〔八〕，大信稽之〔九〕，大定持之〔一〇〕。

〔一〕【疏】踐，蹍，俱履蹈也。夫足之能行，必履於地，仍賴不踐之土而後得行，若無餘地，則無由安善而致博遠也。此舉譬也。【釋文】「恃其所不蹍」女展反。李云：一足常不往，故能行廣遠也。○俞樾曰：兩踐字並當作淺，或字之誤，或古通用也。足之於地，止取容足而已，故曰足之於地也淺。然容足之外，雖皆無用之地而不可廢也，故曰雖淺恃其所不蹍而後善博也。外物篇曰，夫地非不廣且大也，人之所用容足耳。然則廁足而墊之致黃泉，人尚有用乎？即此義也。下文曰，人之知也少，雖少，恃其所不知而後知天之所謂也。少與淺，文義相近。若作踐則不可通矣。

〔二〕【注】夫忘天地，遺萬物，然後蜩翼可得而知也，況欲知天之所謂，而可以不無其心哉！【疏】知有明暗，能有少多，各止其分，則物逍遥。是以地藉不踐而得行，心賴不知而能照。所以處寂養恬，天然之理，故老經云，有之以爲利，無之以爲用。此合（諭）〔喻〕也。

〔三〕【疏】此略標能知七大之名，可謂造極。自此以下歷解義。

〔四〕【注】道也。【疏】一是陽數。大一，天也，能通生萬物，故曰通。

〔五〕【注】用其分内，則萬事無滯也。【疏】大陰，地也，無心運載而無分解，物形之也。【釋文】「解之」音蟹。下同。又佳買反。

〔六〕【注】用萬物之自見，亦大目也。【疏】各視其所見（謂）〔爲〕大目。

〔七〕【注】因其本性，令各自得，則大均也。【疏】緣，順也。大順則物物各性足均平。【釋文】「令各」力呈反。下同。

〔八〕【注】體之使各得其分，則萬方俱得，所以爲大方也。【疏】萬物之形，各有方術，蜘蛛結網之類，斯體達之。

〔九〕【注】命之所期，無令越逸，斯大信也。【疏】信，實也。稽，至也。循而任之，各至其實，斯大信也。

〔一〇〕【注】真不撓則自定，故持之以大定，斯不持也。【疏】物各信空，持而用之，其理空矣。【釋文】「不撓」乃孝反。

盡有天〔一〕，循有照〔二〕，冥有樞〔三〕，始有彼〔四〕。則其解之也似不解之者〔五〕，其知之也似不知之也〔六〕，不知而後知之〔七〕。其問之也，不可以有崖〔八〕，而不可以无崖〔九〕。頡滑有實〔一〇〕，古今不代〔一一〕，而不可以虧〔一二〕，則可不謂有大揚搉乎〔一三〕！闔不亦①

問是已，奚惑然爲〔一四〕！以不惑解惑，復於不惑，是尚大不惑②〔一五〕。

〔一〕【注】夫物未有無自然者也。【疏】上來七大，未有不由其自然者也。

〔二〕【注】循之則明，無所作也。【疏】循，順也。但順其天然，智自明照。

〔三〕【注】至理有極，但當冥之，則得其樞要也。【疏】窈冥之理，自有樞機，而用之無勞措意也。

【釋文】「樞」尺朱反。

〔四〕【注】始有之者彼也，故我述而不作。【疏】郭注云，始有之者彼也，故我述而不作也。

〔五〕【注】夫解任彼，則彼自解；解之無功，故似不解。【疏】體從彼學而解也，戒（小）〔不〕成性，故（不）似〔不〕解。

〔六〕【注】明彼知也。【疏】能忘其知，故似不知也。

〔七〕【注】我不知則彼知自用，彼知自用，則天下莫不皆知也。【疏】不知而知，知而不知，非知而知；故不知而後知，此是真知。

〔八〕【注】應物宜而無方。

〔九〕【注】各以其分。

〔一〇〕【注】萬物雖頡滑不同，而物物各自有實也。【疏】頡滑，不同也。萬物紛擾，頡滑不同，統而治之，咸資實道。【釋文】「頡」徐下結反。「滑」乎八反。向云：頡滑，謂錯亂也。

〔一一〕【注】各自有故，不可相代。【疏】古自在古，不從古以來今；今自存今，亦不從今以生古；

物各有性，新故不相代换也。

〔一二〕【注】宜各盡其分也。　【疏】時不往來，法無遷貿，豈賴古以爲今耶！

〔一三〕【注】搉而揚之，有大限也。　【疏】如上所問，其道廣大，豈不謂顯揚妙理而搉實論之乎！

【釋文】「揚搉」音角，又苦學反。三蒼云：搉，敵也。許慎云：揚搉，粗略法度。王云：搉略而揚顯之。○慶藩案釋文引三蒼云，搉，敵也。敵當作敲。説文：搉，敲擊也。漢書五行志搉其眼，師古注云：搉，謂敲擊去其精也。敵敲二文以形近而誤。

〔一四〕【注】若問其大搉，則物有至分，故忘己任物之理可得而知也，奚爲而惑若此也！　【疏】闔，何不也。奚，何。無識之類若夜游，何不詢問聖人！及其弱喪而迷惑困苦如是何爲也！

〔一五〕【注】夫惑不可解，故尚大不惑，愚之至也，是以聖人從而任之，所以皇王殊迹，隨世爲名也。

【疏】不惑聖智，惑於凡情也。以聖智之言辨於凡惑，忘得反本，復乎真根，而不能得意忘言而執乎聖迹，貴重明言，以不惑爲大，此乃欽尚不惑，豈能除惑哉！斯又遣於不惑也。

【釋文】「惑解」佳買反。注同。「復於」音服，又扶又反。

〔校〕①趙諫議本不亦作亦不。②唐寫本惑下有也字。

莊子集釋卷八下

雜篇 則陽第二十五〔一〕

〔一〕【（音義）〔釋文〕】以人名篇。

則陽游於楚〔一〕，夷節言之於王，王未之見，夷節歸〔二〕。

〔一〕【疏】姓彭，名陽，字則陽，魯人。游事諸侯，後入楚，欲事楚文王。【釋文】「則陽」司馬云：名則陽，字彭陽也。一云：姓彭，名則陽，周初人也。

〔二〕【疏】夷姓，名節，楚臣也。則陽欲事於楚，故因夷節稱言於王，王既貴重，故猶未之見也。夷節所進未遂，故罷朝而歸家。【釋文】「夷節」楚臣。

彭陽見王果曰：「夫子何不譚我於王〔一〕？」

〔一〕【疏】王果，楚之賢大夫也。譚，猶稱說也，本亦有作言談字者。前因夷節，未得見王，後說王果，冀其談薦也。【釋文】「王果」司馬云：楚賢人。「譚」音談。本亦作談。李云：說也。郭徒堪反，徐徒暗反。

王果曰：「我不若公閱休〔一〕。」

〔一〕【疏】若，如也。公閱休，隱者之號也。王果賢人，嫌彭陽貪榮情速，故盛稱隱者，以抑其進趨之心也。【釋文】「公閱休」隱士也。閱，音悦。

彭陽曰：「公閱休奚爲者邪〔一〕？」

〔一〕【疏】奚，何也。既稱公閱休，言己不如，故問何爲，庶聞所以。

曰：「冬則擉鼈於江，夏則休乎山樊。有過而問者，曰：『此予宅也。』〔一〕夫夷節已不能，而况我乎！吾又不若夷節。夫夷節之爲人也，无德而有知，不自許，以之神其交固，顛冥乎富貴之地，〔二〕非相助以德，相助消也〔三〕。夫凍者假衣於春，暍者反冬乎冷風〔四〕。夫楚王之爲人也，形尊而嚴；其於罪也，無赦如虎；非夫佞人正德，其孰能橈焉〔五〕！

〔一〕【注】言此者，以抑彭陽之進趨。【疏】擉，刺也。樊，傍也，亦茂林也。隆冬刺鼈，於江渚以逍遥；盛夏歸休，偃茂林而取適；既無環廡，故指山傍而爲舍。此略陳閱休之事迹也。【釋文】「擉」初角反，又敕角反。司馬云：刺也。郭音觸，徐丁綠反，一音捉。○盧文弨曰：舊捉作促，譌。今改正。○慶藩案廣韻引司馬云：擉鼈，刺鼈也。與釋文小異。「樊」音煩。李云：傍也。司馬云：陰也。廣雅云：邊也。「予宅」司馬云：以隱居山陰自顯也。

〔二〕【注】言己不若夷節之好富貴，能交結，意盡形名，任知以干上也。【疏】顛冥，猶迷没也。

言夷節交游堅固，意在榮華；顛倒迷惑，情貪富貴；實無眞德，而有俗知；不能虛淡以從神，而好任知以干上。數數如此，猶自不能，況我守愚，若爲堪薦！此是王果謙遜之辭也。【釋文】「有知」音智。注同。「顛冥」音眠。司馬云：顛冥，猶迷惑也。言其交結人主，情馳富貴。

〔三〕【注】苟進，故德薄而名消。【疏】消，毀損也。言則陽憑我談己於王者，此適可敗壞名行，必不益於盛德也。

〔四〕【注】言已順四時之施，不能赴彭陽之急。【疏】夫遭凍之人，得衣則煖；被暍之（者）〔人〕，遇水便活。乃待陽和以解凍，須寒風以救暍，雖乖人事，實順天時。履道達人，體無近惠，不進彭陽，其義亦爾。【釋文】「暍」音謁。字林云：傷暑也。「之施」始豉反。下同。

〔五〕【疏】儀形有南面之尊，威嚴據千乘之貴，赫怒行毒，猶如暴虎，戮辱蒼生，必無赦宥。自非大佞之人，不堪任使。若履正懷德之士，誰能屈撓心志而事之乎！【釋文】「能橈」乃孝反，又呼毛反。王云：惟正德以至道服之，佞人以才辯奪之，故能泥橈之也。

故聖人，其窮也使家人忘其貧〔一〕，其達也使王公忘爵祿而化卑〔二〕。其於物也，與之爲娛矣〔三〕；其於人也，樂物之通而保己焉〔四〕；故或不言而飲人以和〔五〕，與人並立而使人化〔六〕。父子之宜，彼其乎歸居〔七〕，而一閒其所施〔八〕。其於人心者若是其遠也〔九〕。故曰待公閱休〔一〇〕。」

〔一〕【注】淡然無欲，樂足於所遇，不以侈靡爲貴，而以道德爲榮，故其家人不識貧之可苦。【疏】(御)〔禦〕寇居鄭，老萊在楚，妻孥窮窶而樂在其內。賢士尚然，況乎真聖，斯忘貧也。【釋文】「淡然」徒暫反。

〔二〕【注】輕爵禄而重道德，超然坐忘，不覺榮之在身，故使王公失其所以爲高。【疏】韜光爲窮，顯迹爲達。哀公德友於尼父，軒轅膝步於廣成，斯皆道任則尊，不拘品命，故能使萬乘之王，五等之君，化其高貴之心而爲卑下之行也。【釋文】「而化卑」居高而以卑爲本也。本或作而化卑於人也。

〔三〕【注】不以爲物自苦。【疏】同塵涉事，與物無私，所造皆適，故未嘗不樂也。

〔四〕【注】通彼(人)〔而〕①不喪我。【疏】混迹人間而無滯塞，雖復通物而不喪我，動不傷寂而常守於其真。【釋文】「不喪」息浪反。

〔五〕【注】人各自得，斯飲和矣，豈待言哉！【疏】蔭芘羣生，冥同蒼昊，中和之道，各得其心，滿腹而歸，豈勞言教！【釋文】「而飲」於鴆反。

〔六〕【注】望其風而靡之。【疏】和光同塵，斯並立也；各反其真，斯人化也。

〔七〕【注】使彼父父子子各歸其所。【疏】雖復混同貴賤，而倫敍無虧，故父子君臣，各居其位，無相參冒，不亦宜乎！

〔八〕【注】其所施同天地之德，故閒静而不二。【疏】所有施惠，與四時合敍，未嘗不閒暇從容，動静不二。【釋文】「一閒」音閑。

〔九〕【疏】聖人之用心，(其)〔具〕如上説，是以知其清高深遠也。○家世父曰：父子之宜，承上家人忘其貧。子，養父者也，父，待養於子者也，所謂宜也。歸居，即據上文冬擉鼈夏休乎山樊言之。釋(文)〔名〕：閒，(蕳)〔簡〕也。謂別異其所施以求自足也，(以)〔非〕使家人忘其貧，自忘而已矣。此其遠於人心者也。

〔一〇〕【注】欲其釋楚王而從閱休，將以静泰之風鎮其動心也。【疏】此總結也。

〔校〕①而字依世德堂本改。

聖人達綢繆〔一〕，周盡一體矣〔二〕，而不知其然，性也〔三〕。復命摇作而以天爲師〔四〕，人則從而命之也〔五〕。憂乎知而所行恒无幾時，其有止也若之何〔六〕！

〔一〕【注】所謂玄通。【疏】綢繆，結縛也。夫達道聖人，超然縣解，體知物境空幻，豈爲塵網所羈！閱休雖未極乎道，故但託而説之也。【釋文】「綢」直周反。「繆」亡侯反。綢繆，猶纏綿也。又云：深奥也。

〔二〕【注】無外内①而皆同照。【疏】夫智周萬物，窮理盡性，物我不二，故混同一體也。【釋文】「周盡一體」所鑒綢繆，精麤洞盡，故言周盡一體。一體，天也。

〔三〕【注】不知其然而自然者，非性如何！【疏】能所相應，境智冥合，不知所以，莫辨其然，故與真性符會。

〔四〕【注】搖者自搖，作者自作，莫不復命而師其天然也。【疏】反乎真根，復於本命，雖復搖動，順物而作，動靜無心，合於天地，故師於二儀也。【釋文】「復命搖作」搖，動也。萬物動作生長，各有天然，則是復其命也。

〔五〕【注】此非赴名而高其迹。（師）〔帥〕②性而動，其迹自高，故人不能下其名也。【疏】命，名也。合道聖人，本無名字，爲有清塵可慕，故人從後而名之。【釋文】「命之也」命，名也。

〔六〕【注】任知（其）〔而〕③行，則憂患相繼。【疏】任知爲物，憂患斯生，心靈易奪，所行無幾，攀緣念慮，寧有住時！假令神禹，無奈之何！【釋文】「憂乎知」音智。「而所行恒無幾」居豈反。「時其有止也若之何」王云：憂乎智，謂有爲者以形智不至爲憂也。不知用智必喪，喪而更以不智爲憂，及其智之所行有弊無濟，故其憂患相接無須臾停息，故曰恒無幾時其有止也，不能遺智去憂，非可憂如何！

〔校〕①世德堂本作内外。②帥字依世德堂本改。③而字依趙諫議本改。

生而美者，人與之鑑，不告則不知其美於人也〔一〕。若知之，若不知之，若聞之，若不聞之，其可喜也終无已〔二〕，人之好之亦无已，性也〔三〕。聖人之愛人也，人與之名，不告則不知其愛人也〔四〕。若知之，若不知之，若聞之，若不聞之，其愛人也終无已〔五〕，人之安之亦无已，性也〔六〕。

〔一〕【注】鑑，鏡也，鑑物無私，故人美之。今夫鑑者，豈知鑑而鑑耶？生而可鑑，則人謂之鑑耳，若人不相告，則莫知其美於人，譬之聖人，人與之名。【疏】鑑，鏡也。告，語也。（夫）〔天〕生明照，照物無私，人愛慕之，故名爲鏡。若人不相告語，明鏡本亦無名。此起譬也。【釋文】「則不知其美於人」生便有見物之美而爲無心，人與作名言鏡耳，故人美之。若不相告，即莫知其美於人。

〔二〕【注】夫鑑之可喜，由其無情，不問知與不知，聞與不聞，來即鑑之，故終無已。若鑑由聞知，則有時而廢也。【疏】已，止也。夫鏡之照物，義在無情，不問怨親，照恒平等。若不聞而不知，鏡亦不照，既有聞知，鏡能照之，斯則事涉間奪，有時休廢矣，焉能久照乎！只爲凝照無窮，故爲人之所喜好也。○慶藩案王氏念孫曰：終無已者，終，竟也，竟無已時也。

〔三〕【注】若性所不好，豈能久照！【疏】鏡之能照，出自天然，人之喜好，率乎造物，既非矯性，所以無窮。【釋文】「好之」呼報反。注同。

〔四〕【注】聖人無愛若鏡耳。然而事濟於物，故人與之名，若人不相告，則莫知其愛人也。【疏】聖人澤被蒼生，恩流萬代，物荷其德，人與之名，更相告語，嘉號斯起。不若然者，豈有聖名乎！

〔五〕【注】蕩然以百姓爲芻狗，而道合於愛人，故能無已。若愛之由乎聞知，則有時而衰也。【疏】夫聖德遐曠，接物無私，亭毒羣生，芻狗百姓，豈待知聞而後愛之哉！只爲慈救無偏，故德無窮已。此合(論)〔喻〕也。

〔六〕【注】性之所安，故能久。　【疏】安，定也。夫静而與陰同德，動而與陽同波，故無心於動静也。故能疾雷破山而恒定，大風振海而不驚，斯率其真性者也。若矯性僞情，則有時而動矣。故王弼云，不性其情，焉能久行其企！

舊國舊都，望之暢然〔一〕；雖使丘陵草木之緡〔二〕，入之者十九，猶之暢然。況見見聞聞者也〔三〕，以十仞之臺縣衆閒者也〔四〕！

〔一〕【注】得舊猶暢然，況得性乎！　【疏】國都，(論)〔喻〕其真性也。夫少失本邦，流離他邑，歸望桑梓，暢然喜歡。況喪道日淹，逐末來久，今既還原反本，故曰暢然。　【釋文】「暢然」喜悦貌。

〔二〕【注】緡，合也。　【釋文】「之緡」民忍反，徐音昬。郭云：合也。司馬云：盛也。

〔三〕【注】見所嘗見，聞所嘗聞，而猶暢然，況體其體用其性也！　【疏】緡，合也。舊國舊都，荒廢日久，丘陵險陋，草木叢生；入中相訪，十人識九，見所曾見，聞所曾聞，懷生之情，暢然歡樂。況喪道日久，流没生死，忽然反本，會彼真原，歸其重玄之鄉，見其至道之境，其爲樂也，豈易言乎！　【釋文】「十九」謂見十識九也。「見見聞聞」見所見，聞所聞。○俞樾曰：緡字，釋文引司馬云盛也，郭注云合也，於義俱通。入之者十九，釋文曰謂見十識九也，此未得其義。入者，謂入於丘陵草木所掩蔽之中也。入之者十九，則其出於外而可望見者止十之一耳，而猶覺暢然喜悦，故繼之曰況見見聞聞者也。郭注曰，見所嘗見，聞所嘗聞，而猶暢然，則於況見見聞聞句不復可通，遂增益之曰況體其體用其性也，於莊子本義不合矣。

〔四〕【注】衆之所習，雖危猶閒，況聖人之無危！【疏】七尺曰仞。臺高七丈，可謂危縣，人衆數登，遂不怖懼。習以性成，尚自寬閒，而況得真，何往不安者也！【釋文】「臺縣」音玄。「衆閒」音閑。注同。元嘉本作閑。○俞樾曰：此承見見聞聞而言。以十仞之臺而縣於衆人耳目之間，此人所共見共聞者，非猶夫丘陵草木之緡入之者十九也，其爲暢然可知矣。郭注曰，衆之所習，雖危猶閒。此誤讀間爲閑，於義殊不可通。蓋由不解上文，故於此亦失其旨。○家世父曰：説文：閒，隙也。周禮匠人井閒、成閒、同閒，凡空處謂之閒，屋空處亦曰閒。十仞之臺，縣之衆閒，傑然獨出，見見聞聞不能揜也。得其環中以隨成，不以之見於外而自得之於中，乃可以應無窮。

冉相氏得其環中以隨成〔一〕，與物无終无始，无幾无時〔二〕。日與物化者，一不化者也〔三〕，闔嘗舍之〔四〕！夫師天而不得師天〔五〕，與物皆殉，其以爲事也若之何〔六〕？夫聖人未始有天，未始有人，未始有始，未始有物〔七〕，與世偕行而不替，所行之備而不洫，其合之也若之何〔八〕？湯得其司御門尹登恒爲之傅之〔九〕，從師而不囿〔一〇〕；得其隨成，爲之司其名〔一一〕；之名嬴法，得其兩見〔一二〕。仲尼之盡慮，爲之傅之〔一三〕。容成氏曰：「除日无歲〔一四〕，无内无外〔一五〕。」

〔一〕【注】冉相氏，古之聖王也。居空以隨物，物自成。【疏】冉相氏，三皇以前無爲皇帝也。環，中之空也。言古之聖王，得真空之道，體環中之妙，故道順羣生，混成庶品。【釋文】「冉相」息亮反。注同。郭云：冉相氏，古聖王。○俞樾曰：路史循蜚紀有冉相氏。

〔二〕【注】忽然與之俱往。【疏】無始，無過去；無終，無未來也；無幾無時，無見在也。體化合變，與物俱往，故無三時也。

〔三〕【注】日與物化，故常無我，常無我，故常不化也。【疏】順於日新，與物俱化者，動而常寂，故凝寂一道，嶷然不化。

〔四〕【注】言夫爲者，何不試舍其所爲（之）①乎？【疏】闔，何也。言體空之人，冥於造物，千變萬化而與化俱往，曷嘗暫相舍離也！【釋文】「嘗舍」音捨。注同。

〔五〕【注】唯無所師，乃得師天。【疏】師者，倣傚之名；天者，自然之謂。夫大塊造物，率性而動，若有心師學，則乖於自然，故不得也。

〔六〕【注】雖師天猶未免於殉，奚足事哉！師天猶不足稱事，況又不師耶！【疏】殉者，逐也，求也。夫有心倣傚造化而與物俱往者，此不率其本性也，奚足以爲脩其事業乎！尚有所求，故是殉也。夫師猶有稱殉，況（拾）〔捨〕己逐物，其如之何！【釋文】「皆殉」辭俊反。○家世父曰：其有止也，通乎命者也；其以爲事，應乎物者也；其舍之也。盡性復命，渾人己而化之也。云若之何者，如是之爲道也。

〔七〕【疏】夫得中聖人，達於至理，故能人天雙遣，物我兩忘。既曰無終，何嘗有始！率性合道，不復師天。

〔八〕【注】都無，乃冥合。　【疏】替，廢也，堙塞也。混同人事，與世並行，接物隨時，曾無廢闕。然人間否泰，備經之矣，而未嘗堙塞，所遇斯通，無心師學，自然合道，如何倣傚，方欲契真？固不可也。　【釋文】「所行之備而不洫」音溢。郭許的反，李虛域反，濫也。王云：壞敗也。無心偕行，何往而不至，故曰皆殉也。所行行備而物我無傷，故無壞敗也。

〔九〕【注】委之百官而不與焉。　【疏】姓門，名尹。（且）〔亦〕言：門尹，官號也，姓登，名恒。殷湯聖人，忘懷順物，故得良臣御事，既爲師傅，玄默端拱而不爲也。　【釋文】「門尹登恒」向云：門尹，官名，登恒，人名。「爲之」于僞反。下同。「傅之」音付。下同。「不與」音預。

〔一〇〕【注】任其自聚，非囿之也；縱其自散，非解之也。　【疏】從，任也。囿，聚也。虛淡無爲，委任師傅，終不積聚而爲己功。

〔一一〕【注】司御之屬，亦能隨物之自然也，而湯得之，所以名寄於物而功不在己。　【疏】良臣受委，隨物而成，推功司御，名不在己。

〔一二〕【注】名法者，已過之迹耳②，非適足也。故曰，嬴然無心者，寄治於羣司，則其名迹並見於彼。　【疏】嬴然，無心也。見，顯也。成物之名，聖迹之法，並是師傅而不與焉。故名法二事，俱顯於彼，嬴然閒放，功成弗居也。　【釋文】「之名嬴」音盈。「法得其兩見」賢遍反。注同。得其隨成之道以司其名，名實法立，故得兩見，猶人鑑之相得也。○家世父曰：隨成者，渾成者也；兩見者，對待者也。説文：傅，相也。即輔相之義。隨成，可以爲相矣。仲尼之盡慮，亦輔相也，是亦對待也。司者，察也。名之嬴，法之絀也。爾雅釋詁：法，常也。老子名可名，非常名。察其名迹之所至而可知其成，故曰兩見。「寄治」直吏反。

〔一三〕【注】仲尼曰：天下何思何慮！慮已盡矣，若有纖芥之慮，豈得寂然不動，應感無窮，以輔萬物之自然也！【疏】傅，輔也。盡，絶也。孔丘聖人，忘懷絶慮，故能開化羣品，輔稟自然。若蘊纖芥有心，豈能坐忘應感！

〔一四〕【注】今所以有歲而存日者，爲有死生故也。若無死無生，則歲日之計除。【疏】容成，古之聖王也。歲日者，時敍之名耳。爲計於時日，故有生死，生死無矣，故歲日除焉。【釋文】「容成」老子師也。○俞樾曰：漢書藝文志陰陽家有容成子十四篇，房中家又有容成陰道二十六卷，此即老子之師也。列子湯問篇黄帝與容成子居空峒之上，同齋三月。當是别一人。淮南本經篇昔容成氏之時，道路雁行列處，託嬰兒於巢上，置餘糧於畝首，虎豹可尾，虺蛇可蹍，而不知其所由然。此則當爲上古之君，即莊子胠篋之容成氏，與大庭、伯皇、中央、栗陸諸氏並稱者也。而高誘注乃云，容成氏，黄帝時造曆日者，則以爲黄帝之臣矣。此以説列子湯問篇與黄帝同居空峒之容成氏，乃爲得之，非此容成也。合諸説觀之，容成氏有三：黄帝之君，一也；黄帝之臣，二也；老子之師，三也。然老子生年究不可考，其師或即黄帝之臣，未可知也。

〔二五〕【注】無彼我則無内外也。　【疏】内，我也。外，物也。爲計死生，故有内外。歲日既遣，物我何施！

〔校〕①之字依覆宋本及王叔岷説删。②世德堂本耳作而。

魏瑩與田侯牟約，田侯牟背之。魏瑩怒，將使人刺之〔一〕。

〔一〕【疏】瑩，魏惠王名也。田侯，即齊威王也，名牟，桓公之子，田恒之後，故曰田侯。齊魏二國，約誓立盟，不相征伐。盟後未幾，威王背之，故魏侯瞋怒，將使人刺而殺之。其盟在齊威二十六年，魏惠八年。【釋文】「魏瑩」郭本作罃，音瑩磨之瑩。今本多作瑩。乙耕反。司馬云：魏惠王也。○盧文弨曰：舊作罃與作瑩互易，文頗不順。且今書實多作瑩字，今改正。史表梁惠王之名作罃。「與田侯」一本作田侯牟。司馬云：田侯，齊威王也，名牟，桓公子。案史記，威王名因，不名牟。○盧文弨曰：案今書有牟字。史記威王名因齊，戰國策亦同。○俞樾曰：史記威王名因齊。田齊諸君無名牟者，惟桓公名午，與牟字相似。牟或午之譌。然齊桓公午與梁惠王又不相值也。「背之」音佩。「刺之」七賜反。

犀首〔公孫衍〕①聞而恥之曰：「君爲萬乘之君也，而以匹夫從讎〔二〕！衍請受甲二十萬，爲君攻之，虜其人民，係其牛馬〔三〕，使其君内熱發於背，然後拔其國。忌

也出走，然後抶其背，折其脊。〔三〕」

〔一〕【疏】犀首，官號也，如今虎賁之類。公家之孫名衍爲此官也。諸侯之國，革車萬乘，故謂之君也。匹夫者，謂無官職夫妻相匹偶也。從讎，猶報讎也。夫君人者，一怒則伏尸流血，今乃令匹夫行刺，單使報讎，非萬乘之事，故可羞。【釋文】「犀首」魏官名也。司馬云：若今虎牙將軍，公孫衍爲此官。元嘉本作齒首。○慶藩案戰國策三鮑注引司馬云：犀首，魏〔官〕②，若今虎牙將軍。視釋文較略。「萬乘」繩證反。

〔二〕【疏】將軍孫衍，請專命受鉞，率領甲卒二十萬人，攻其齊城，必當獲勝。於是擄掠百姓，羈係牛馬，〔緒〕〔敍〕勳酬賞，分布軍人也。【釋文】「爲君」于僞反。下請爲君同。

〔三〕【疏】姓田，名忌，齊將也。抶，折，擊也。國破人亡而懷恚怒，故熱氣藴於心，癰疽發於背也。國既傾拔，獲其主將，於是擊抶其背，打折腰脊，旋師獻凱。不亦快乎！【釋文】「忌也出走」忌畏而走。或言圍之也。元嘉本忌作亡。「抶」敕一反。三蒼云：擊也。郭云：秩，又豬栗反。○盧文弨曰：舊秩仍作抶，譌。今書内所載音義作秩，姑從之。或疑是柣，亦不訓擊。「折其」之舌反。

〔校〕①公孫衍三字依疏文及趙諫議本補。②官字依國策鮑注補。

季子聞而恥之曰：「築十仞之城，城者既十仞矣，則又壞之，此胥靡之所苦也〔一〕。今兵不起七年矣，此王之基也。衍亂人，不可聽也。〔二〕」

〔一〕【疏】季，姓也；子，（者）〔有〕德之稱；魏之賢臣也。胥靡，徒役人也。季子懷道，不用征伐，聞犀首請兵，羞而進諫。夫七丈之城，用功非少，城就成矣，無事壞之，此乃徒役之人濫遭辛苦。此起譬也。【釋文】「季子」魏臣。○俞樾曰：下十字，疑七字之誤。城者既七仞，則雖未十仞而去十仞不遠矣，故壞之爲可惜。若既十仞，則直謂之已成可耳，不當言既十仞也。下文曰，今兵不起七年矣，此王之基也，明是以七仞喻七年，其爲字誤無疑。「又壞」音怪。

〔二〕【疏】干戈静息，已經七年，偃武修文，王者洪基，犀首方爲禍亂，不可聽從。

華子聞而醜之曰：「善言伐齊者，亂人也；善言勿伐者，亦亂人也；謂伐之與不伐亂人也者，又亂人也。」〔一〕

〔一〕【疏】華，姓；子，有德〔之〕稱；亦魏之賢臣也。善巧言伐齊者，謂興動干戈，故是禍亂之人，此公孫衍也。善言勿伐者，意在王之洪基，勝於敵國，有所解望，故是亂人，斯季子也。謂伐與不伐亂人者，未能忘言行道，猶以是非爲心，故亦未免爲亂人，此華子自道之辭也。【釋文】「華子」亦魏臣也。

君曰：「然則若何〔一〕？」

〔一〕【疏】華子遺蕩既深，王不測其所以，故問言旨，意趣如何。

曰：「君求其道而已矣〔一〕！」

〔一〕【疏】夫道清虛淡漠，物我兼忘，故勸求之，庶其寡欲，必能履道，争奪自消。

惠子聞之而見戴晉人〔一〕。戴晉人曰：「有所謂蝸者，君知之乎？」

〔一〕【疏】戴晉人，梁之賢者也。姓戴，字晉人。惠施聞華子之清言，猶恐魏王之未悟，故引戴晉，庶解所疑。【釋文】「惠子」惠施也。「而見」賢遍反。下同。「戴晉人」梁國賢人，惠施薦之於魏王。

曰：「然〔一〕。」

〔一〕【注】蝸至微，而有兩角。【疏】蝸者，蟲名，有類小螺也；俗謂之黄犢，亦謂之蝸牛，有四角。君知之不？曰然，魏王答云：「我識之矣。」【釋文】「蝸」音瓜，郭音戈。李云：蝸蟲有兩角，俗謂之蝸牛。三蒼云：小牛螺也。一云：俗名黄犢。

「有國於蝸之左角者曰觸氏，有國於蝸之右角者曰蠻氏，時相與争地而戰，伏尸數萬，逐北旬有五日而後反〔一〕。」

〔一〕【注】誠知所争者若此之細也，則天下無争矣。【疏】蝸之兩角，二國存焉。蠻氏〔觸氏〕，頻相戰争，殺傷既其不少，進退亦復淹時。此起譬也。【釋文】「數萬」色主反。「逐北」如字，又音佩。軍走曰北。

君曰：「噫！其虛言與〔一〕？」

〔一〕【疏】所言奇譎，不近人情，故發噫嘆，疑其不實也。【釋文】「曰噫」於其反。「言與」音餘。

曰：「臣請爲君實之〔一〕。君以意在四方上下有窮乎〔二〕？」

〔一〕【疏】必謂虚言，請陳實録。

〔二〕【疏】君以意測四方上下有極不？因斯理物，又質魏侯。

君曰：「無窮〔一〕。」

〔一〕【疏】魏侯答云：「上下四方，竟無窮已。」

曰：「知遊心於無窮，而反在通達之國〔一〕，若存若亡乎〔二〕？」

〔一〕【注】人迹所及爲通達，謂今四海之内也。

〔二〕【疏】人迹所接爲通達也。存，有也。亡，無也。遊心無極之中，又比九州之内，語其大小，可謂如有如無也。

君曰：「然〔一〕。」

〔一〕【注】今自以四海爲大，然計在無窮之中，若有若無也。【疏】然，猶如此也。謂所陳之語不虚也。

曰：「通達之中有魏〔一〕，於魏中有梁〔二〕，於梁中有王。王與蠻氏，有辯乎〔三〕？」

〔一〕【注】謂魏國在四海之中。

〔二〕【疏】昔在河東，國號爲魏，魏爲强秦所逼，徙都於梁。梁從魏而有，故曰魏中有梁也。

〔三〕【疏】辯，别也。王之一國，處於六合，欲論大小，如有如無。與彼蠻氏，有何差異？此合譬也。

君曰：「无辯〔一〕。」

〔一〕【注】王與蠻氏，俱有限之物耳①。有限，則不問大小，俱不得與無窮者計也，雖復天地共在無窮之中，皆蔑如也。況魏中之梁，梁中之王，而足爭哉！【疏】自悟己之所爭與蝸角無別也。【釋文】「雖復」扶又反。

〔校〕①趙諫議本無耳字。

客出而君惝然若有亡也〔一〕。

〔一〕【注】自悼所爭者細。【疏】惝然，悵恨貌也。晉人言畢，辭出而行。君覺己非，惝然悵恨；心之悼矣，怳然如失。【釋文】「惝」音敞。字林云：惘也。又吐蕩反。

客出，惠子見。君曰：「客，大人也，聖人不足以當之〔一〕。」

〔一〕【疏】聖人，謂堯舜也。晉人所談，其理弘博，堯舜之行不足以當。

惠子曰：「夫吹筦也，猶有嗃也；吹劍首者，吷而已矣。堯舜，人之所譽也；道堯舜於戴晉人之前，譬猶一吷也。〔一〕」

〔一〕【注】曾不足聞。【疏】嗃，大聲；吷，小聲也。夫吹竹管，聲猶高大；吹劍環，聲則微小。唐堯俗中所譽，若於晉人之前盛談斯道者，亦何異乎吹劍首聲，曾無足可聞也！【釋文】「筦」音管。本亦作管。「嗃」許交反，管聲也。玉篇呼洛反，又呼教反。廣雅云：鳴也。「劍首」司馬云：謂劍環頭小孔也。「吷」音血，又呼悅反。司馬云：吷然如風過。「所譽」音餘。

孔子之楚，舍於蟻丘之漿〔一〕。其鄰有夫妻臣妾登極者，子路曰：「是稯稯何爲者邪〔二〕？」

〔一〕【疏】蟻丘，丘名也。漿，賣漿水之家也。仲尼適楚而爲聘使，路旁舍息於賣漿水之家，其家住在丘下，故以丘爲名也。【釋文】「蟻丘」魚綺反。李云：蟻丘，山名。「之漿」李云：賣漿家。司馬云：謂逆旅舍以菰蔣草覆之也。

〔二〕【疏】極，高也。總總，衆聚也。孔丘應聘，門徒甚多，車馬威儀，驚異常俗，故漿家鄰舍男女羣聚，共登賣漿，觀視仲尼。子路不識，是以怪問。【釋文】「登極」司馬云：極，屋棟也。升之以觀也。一云：極，平頭屋也。「稯稯」音總，字亦作總。李云：聚貌。本又作稷。一本作稷，初力反。○盧文弨曰：兩稷字疑有一譌。

仲尼曰：「是聖人僕也〔一〕。是自埋於民〔二〕，自藏於畔〔三〕。其聲銷〔四〕，其志無窮〔五〕，其口雖言，其心未嘗言〔六〕，方且與世違而心不屑與之俱〔七〕。是陸沈者也〔八〕，是其市南宜僚邪〔九〕？」

〔一〕【疏】古者淑人君子，均號聖人，故孔子名宜僚爲聖人也。言臣妾登極聚衆多者，是市南宜僚之僕隸也。【釋文】「聖人僕」謂懷聖德而隱僕隸也。司馬本僕作樸，謂聖人坏樸也。

〔二〕【注】與民同。

〔三〕【注】進不榮華，退不枯槁。【疏】混迹泥滓，同塵氓俗，不顯其德，故自埋於民也；進不榮華，退不枯槁，隱顯出處之際，故自藏於畔也。【釋文】「藏於畔」王云：脩田農之業，是隱藏於壠畔。

〔四〕【注】損①其名也。【釋文】「銷」音消。司馬云：小也。「捐其」本亦作損。○盧文弨曰：今書捐作損。

〔五〕【注】規是②生也。【疏】聲，名也。消，滅也。一榮辱，故毀滅其名；冥至道，故其心無極。

〔六〕【注】所言者皆世言。【疏】口應人間，心恒凝寂，故不言而言，言未嘗言。

〔七〕【注】心與世異。【疏】道與俗反，固違於世，虛心無累，不與物同，此心迹俱異也。【釋文】「不屑」屑，絜也，不絜世也。本或作肯。

〔八〕【注】人中隱者，譬無水而沈也。【疏】寂寥虛淡，譬無水而沈，謂陸沈也。【釋文】「陸沈」司馬云：當顯而反隱，如無水而沈也。

〔九〕【疏】姓熊，字宜僚，居於市南，故謂之市南宜僚也。

〔校〕①趙諫議本損作捐。②趙本規是作視長。

子路請往召之〔一〕。

〔一〕【疏】由聞宜僚陸沈賢士，請往就舍召之。

孔子曰：「已矣〔一〕！彼知丘之著於己也〔二〕，知丘之適楚也，以丘爲必使楚王之召己也，彼且以丘爲佞人也〔三〕。夫若然者，其於佞人也羞聞其言，而況親見其身乎〔四〕！而何以爲存〔五〕？」

〔一〕【疏】已，止也。彼必不來，幸止勿喚。

〔二〕【注】著，明也。

〔三〕【疏】彼，宜僚也。著，明也。知丘明識宜僚是陸沈賢士，又知適楚必向楚王薦召之，如是則用丘爲諂佞之人也。

〔四〕【疏】陸沈之人，率性誠直，其於邪佞，恥聞其言，況自視其形，良非所願。

〔五〕【注】不如舍之以從其志。【疏】而，汝也。存，在也。匿影銷聲，久當逃避，汝何爲請召，謂其猶在？

子路往視之，其室虛矣〔一〕。

〔一〕【注】果逃去也。【疏】仲由無鑑，不用師言，遂往其家，庶觀盛德。而辭聘情切，宜僚已逃，其屋虛矣。

長梧封人問子牢曰：「君爲政焉勿鹵莽，治民焉勿滅裂〔一〕。昔予爲禾，耕而鹵莽之，則其實亦鹵莽而報予；芸而滅裂之，其實亦滅裂而報予〔二〕。予來年變齊，深其耕而熟耰之〔三〕，其禾蘩以滋，予終年厭飧〔四〕。」

〔一〕【注】鹵莽滅裂，輕脱末略，不盡其分。　【疏】長梧，地名，其地有長樹之梧，因以名焉。封人，（也）即此地守疆之人。子牢，孔子弟子，姓琴，宋（鄉）〔卿〕也。爲政，行化也。治民，宰割也。鹵莽，不用心也。滅裂，輕薄也。夫民爲邦本，本固則邦寧，唯當用意養人，亦不可輕爾搔擾。封人有道。故戒子牢。【釋文】「長梧封人」長梧，地名。封人，守封疆之人。「子牢」司馬云：即琴牢，孔子弟子。○慶藩案琴張，孔子弟子，經傳中無作琴牢子牢者，惟孔子家語弟子有琴張。一名牢，字子開，亦字張，衛人也。是琴〔張〕始見於家語，其書乃王子雍所僞撰，不足爲據。賈逵鄭衆注左傳，以琴張爲顓孫師。服虔駁之云：子張少孔子四十餘歲，孔子是時四十，知未有子張。趙岐注孟子，亦以琴張爲子張，云：子張善鼓琴，號曰琴張。（蓋又據禮記子張既除喪數語而附會者也。）尤爲不經。琴張子牢，本非一人也，司馬此説非。漢書古今人表作琴牢，亦淺學者據家語改之也。如漢書有琴牢，則賈鄭服各注早據之以釋牢曰琴張矣。論語鄭注、孟子趙岐注及左傳同。「鹵」音魯。「莽」莫古反，又如字。「滅裂」猶短草也。李云：謂不熟也。郭云：鹵莽滅裂，輕脱末略，不盡其分也。司馬云：鹵莽，猶麤粗也。謂淺耕稀種也。滅裂，斷其草也。○盧文弨曰：案麤，千奴反；粗，才古反；二字古多連用。如春秋繁露俞（予）〔序〕①篇云：始於麤粗，終於精微。論衡正説篇云：略正題目麤粗之説，以照篇中微妙之文。其他以麤𤛓連用者亦多，猶麤粗也。有欲改爲粗疎者，故正之。

〔二〕【疏】爲禾，猶種禾也。芸，拔草也。耕地不深，鉏治不熟，至秋收時，嘉實不多，皆由疏略，故致斯報也。【釋文】「芸」音云，除草也。

〔三〕【注】功盡其分，無爲之至②。【釋文】「變齊」才細反。司馬如字，云：變更也，謂變更所法也。齊，同也。「耰」音憂。司馬云：鋤也。廣雅云：推也。字林云：摩田器也。

〔四〕【疏】變，改也。耕，治也。耰，芸也。去歲爲田，亟遭飢餒，今年藝植，故改法深耕。耕墾既深，鉏耰又熟，於是禾苗蘩茂，子實滋榮，寬歲足飧，故其宜矣。【釋文】「厭湌」音孫。本又作飧③。

〔校〕①序字依繁露改。②世德堂本作無所不至，趙諫議本所作爲。③今本作飧。

莊子聞之曰：「今人之治其形，理其心，多有似封人之所謂〔一〕，遁其天，離其性，滅其情，亡其神，以衆爲〔二〕。故鹵莽其性者，欲惡之孽，爲性萑葦〔三〕蒹葭，始萌以扶吾形〔四〕，尋擢吾性〔五〕；並潰漏發，不擇所出，漂疽疥癰，内熱溲膏是也〔六〕。」

〔一〕【疏】今世之人，澆浮輕薄，馳情欲境，倦而不休，至於治理心形，例如封人所謂。莊周聞此，因而論之。

〔二〕【注】夫遁離滅亡，以衆爲之所致①也。若各至②其極，則何患也。【疏】逃自然之理，散淳和之性，滅真實之情，失養神之道者，皆以徇逐分外，多滯有爲故也。【釋文】「離其」力智反。下同。「以衆爲」如字。王云：凡事所可爲者也。遁離滅亡，皆由衆爲。衆爲，所謂鹵莽也。司馬本作爲僞。

〔三〕【注】萑葦害黍稷，欲惡傷正性。【疏】萑葦，蘆也。夫欲惡之心，多爲妖孽。萑葦害黍稷，欲惡傷真性，皆由鹵莽浮僞，故致其然也。【釋文】「欲惡」烏路反。注並同。「之孽」魚列反。「萑」音丸，葦類。「葦」于鬼反，蘆也。

〔四〕【注】形扶疎則神氣傷。【疏】蒹葭，亦蘆也。夫穢草初萌，尚易除翦，及扶疎盛茂，必害黍稷。亦猶欲心初萌，尚易止息，及其昏溺，戒之在微。故老子云，其未兆易謀也。【釋文】「蒹」古恬反，薕也。「葭」音加，亦蘆也。○俞樾曰：爲性萑葦蒹葭，六字爲句。郭於萑葦下出注云，萑葦害禾稷，欲惡傷正性。此失其讀也。始萌以扶吾形，尋擢吾性，尋與始相對爲義，尋之言寖尋也。漢書郊祀志寖尋於泰山矣，晉灼曰：尋，遂往之意也。始萌以扶吾形，言其始若足以扶助吾形也；尋擢吾性，言寖尋既久則拔擢吾性也。郭解扶吾形曰，形扶疎則神氣傷，亦爲失之。

〔五〕【注】以欲惡引性，不止於當。【疏】尋，引也。擢，拔也。以欲惡之事誘引其心，遂使拔擢真性，不止於當也。

〔六〕【注】此鹵莽之報也。故治性者，安可以不齊其至分！【疏】潰漏，人冷瘡也。漂疽，熱毒腫也。癃，亦疽之類也。溲膏，溺精也。耽滯物境，没溺聲色，故致精神昏亂，形氣虚羸，衆病發動，不擇處所也。【釋文】「並潰」回内反。「漏發」李云：謂精氣散泄，上潰下漏，不擇所出也。「漂」本亦作瘭。徐敷妙反，又匹招反，一音必招反。「疽」七餘反。瘭疽，謂病瘡膿出也。「疥」音界。「溲」本或作廋，所求反。「膏」司馬云：謂虚勞人尿上生肥白沫也。皆爲利欲感動，失其正氣，不如深耕熟耰之有實。「不齊」才細反，又如字。

〔校〕①世德堂本致作至。②趙諫議本至作致。

柏矩學於老聃，曰：「請之天下遊〔一〕。」

〔一〕【疏】柏，姓；矩，名。懷道之士，老子門人也。請遊行宇内，觀風化，察物情也。【釋文】「柏矩」有道之人。

老聃曰：「已矣！天下猶是也〔一〕。」

〔一〕【疏】老子止之，不許其往，言天下物情，與此處無别也。

又請之，老聃曰：「汝將何始〔一〕？」

〔一〕【疏】鄭重殷勤，所請不已，方問行李欲先往何邦。

曰：「始於齊〔一〕。」

〔一〕【疏】柏矩魯人，與齊相近，齊人無道，欲先行也。

至齊，見辜人焉，推而强之，解朝服而幕之〔一〕，號天而哭之曰：「子乎子乎！天下有大菑，子獨先離之，曰莫爲盜！莫爲殺人〔二〕！榮辱立，然後覩所病〔三〕；貨財聚，然後覩所争〔四〕。今立人之所病，聚人之所争，窮困人之身使无休時，欲无至此，得乎〔五〕！

〔一〕【疏】游行至齊，以觀風化，忽見罪人，刑戮而死。於是推而强之，令其正卧，解取朝服，幕而覆之。【釋文】「辜」辜，罪也。李云：謂應死人也。元嘉本作幸人。○盧文弨曰：幸或是辜之誤。○俞樾曰：釋文，辜，罪也。李云，謂應死人也，此失其義。辜，謂辜磔也。周官掌戮殺王之親者辜之，鄭注：辜之言枯也，謂磔之。是其義。漢景帝紀改磔曰棄市，顔注：磔，謂張其尸也。是古之辜磔人者，必張其尸於市，故柏矩推而强之，解朝服而幕之也。「强之」其良反。字亦作彊。「朝服」直遥反。「幕」音莫。司馬云：覆也。

〔二〕【注】殺人大菑，謂自此以下事。大菑既有，則雖戒以莫爲，其可得已乎！【疏】離，罹也。菑，禍也。號叫上天，哀而大哭，愍其枉濫，故重曰子乎。爲盜殺人，世間大禍，子獨何罪，先此遭罹！大菑之條，具列於下。又解：所謂辜人，則朝士是也。言其强相推讓以被朝服，重爲羅網以繼黎元，故告天哭之，明菑由斯起。預張之網，列在下文。○俞樾曰：子乎子乎，乃歎辭也。詩綢繆子兮子兮，毛傳：子兮者，嗟兹也。管子小稱篇嗟兹乎，聖人之言長乎哉！說苑貴德篇曰，嗟兹乎，我窮必矣！並以嗟兹爲歎辭。說詳經義述聞。此云子乎子乎，正與子兮子兮同義。子當讀爲嗞。釋文子字不作音，蓋失其義久矣。【釋文】「號天」户刀反。「大菑」音哉。「離之」離，著也。

〔三〕【注】各自得則無榮辱，得失紛紜，故榮辱立，榮辱立則夸其所謂辱而跂其所謂榮矣。奔馳乎夸跂之間，非病如何！【疏】軒冕爲榮，戮恥爲辱，奔馳取舍，非病如何！

〔四〕【注】若以知足爲富，將何爭乎！【疏】珍寶彌積，馳競斯起。

〔五〕【注】上有所好，則下不能安其本分。【疏】賞之以軒冕，玩之以珠璣，遂使羣品奔馳，困而不止，欲令各安本分，其可得乎！【釋文】「所好」呼報反。

古之君人者，以得爲在民，以失爲在己〔一〕；以正爲在民，以枉爲在己〔二〕；故一形有失其形者，退而自責〔三〕。今則不然〔四〕。匿爲物而愚不識〔五〕，大爲難而罪不敢〔六〕，重爲任而罰不勝〔七〕，遠其塗而誅不至〔八〕。民知力竭，則以僞繼之〔九〕，日出多僞，士民安取不僞〔一〇〕！夫力不足則僞，知不足則欺，財不足則盜。盜竊之行，於誰責而可乎？〔一一〕

〔一〕【注】君莫之失，則民自得矣。【疏】推功於物，故以得在民；受國不祥，故以失在己。

〔二〕【注】君莫之枉，則民自正。【疏】無爲任物，正在民也；引過責躬，枉在己也。

〔三〕【注】夫物之形性何爲而失哉？皆由人君撓之以至斯患耳，故自責①。【疏】夫人受氣不同，稟分斯異，令各任其能，則物皆自得。若有一物失所，虧其形性者，則引過歸己，退而責躬。昔殷湯自翦，千里來霖，是也。

〔四〕【疏】步驟殊時，澆淳異世，故今之馭物者則不復如此也。

〔五〕【注】反其性，匿也；用其性，顯也；故爲物所顯則皆識。【疏】所作憲章，皆反物性，藏匿罪名，愚妄不識，故罪名者衆也。【釋文】「匿」女力反。「爲物而愚」一本作遇。○俞樾曰：下文大爲難而罪不敢，重爲任而罰不勝，遠其塗而誅不至，曰罪，曰罰，曰誅，皆謂加之以刑也。此曰愚，則與下文不一律矣。釋文曰：愚，一本作遇。遇疑過字之誤。廣雅釋詁曰：過，責也。因其不識而責之，是謂過不識。呂覽適威篇曰：煩爲教而過不識，數爲令而非不從，巨爲危而罪不敢，重爲任而罰不勝。與此文義相似，而正作過不識。高誘注訓過爲責，可據以訂此文之誤。過誤爲遇，又臆改爲愚耳。○慶藩案愚與遇古通。晏子春秋外篇盛爲聲樂以淫愚民，墨子非儒篇愚作遇。韓子南面篇愚贛窳惰之民，宋乾道本愚作遇，秦策愚惑與罪人同心，姚本愚作遇。曩謂當從釋文作遇之義爲長，今案俞氏以爲過字之誤，其說更精。過遇二字，古多互譌。本書漁父篇今者丘得過也，釋文：過或作遇。讓王篇君過而遺先生食，釋文：過本亦作遇。是二字形似互誤之證。「不識」反物性而强令識之。

〔六〕【注】爲物所易則皆敢。【疏】法既難定，行之不易，故決定違者，斯罪之也。【釋文】「大爲難而罪不敢」王云：凡所施爲者，皆用物之所能，則莫不易而敢矣。而故大爲艱難，令出不能，物有不敢者，則因罪之。「所易」以豉反。

〔七〕【注】輕其所任則皆勝。【釋文】「不勝」音升。注同。

〔八〕【注】適其足力則皆至。【疏】力微事重而責其不勝，路遠期促而罰其後至，皆不可也。

〔九〕【注】將以避誅罰也。【疏】智力竭盡，不免誅罰，懼罰情急，故繼之以僞。【釋文】「民知」音智。下同。

〔一〇〕【注】主日興僞，士民何以得其真乎！【疏】譎僞之風，日日而出，僞衆如草，於何得真！

〔一一〕【注】當責上也。【疏】夫知力窮竭，譎僞必生；賦斂益急，貪盜斯起；皆由主上無德，法令滋彰。夫能忘愛釋私，不貴珍寶，當責在上，豈罪下民乎！

〔校〕①趙諫議本責下有也字。

蘧伯玉行年六十而六十化〔一〕，未嘗不始於是之而卒詘之以非也〔二〕，未知今之所謂是之非五十九非也〔三〕。萬物有乎生而莫見其根，有乎出而莫見其門〔四〕。人皆尊其知之所知而莫知恃其知之所不知而後知，可不謂大疑乎〔五〕！已乎已乎！且无所逃〔六〕。此①所謂然與，然乎〔七〕？

〔一〕【注】亦能順世而不係於彼我故也。【疏】姓蘧，名瑗，字伯玉，衛之賢大夫也。盛德高明，照達空理，故能與日俱新，隨年變化。【釋文】「蘧」其居反。

〔二〕【注】順物而暢，物情之變然也。【疏】初履之年，謂之爲是，年既終謝，謂之爲非，一歲之中而是非常出，故始時之是，終詘爲非也。【釋文】「詘」起勿反。廣雅云：曲也。郭音黜。

〔三〕【注】物情之變，未始有極。【疏】故變爲新，以新爲是；故已謝矣，以故爲非。然則去年之非，於今成是；今年之是，來歲爲非。是知執是執非，滯新執故者，倒置之流也。故容成氏曰，除日無歲，蘧瑗達之，故隨物化也。

〔四〕【注】無根無門，忽爾自然，故莫見也。唯無其生亡其出者，爲能覩其門而測其根也。【疏】隨變而生，生無根原；任化而出，出無門户。既曰無根無門，故知無生無出。生出無門，理其如此，何年歲之可像乎！

〔五〕【注】我所不知，物有知之者矣。故用物之知，則無所不知；獨任我知，知甚②寡矣。今不恃物以知，而自尊〔其〕③知，則物不告我，非大疑如何！【疏】所知者，俗知也；所不知者，真知也。流俗之人，皆尊重分別之知，鋭情取捨，而莫能賴其（分別）〔不知〕④之知以照真原，可謂大疑惑之人也。

〔六〕【注】不能用彼，則寄身無地。【疏】已，止也。夫鋭情取捨，不（如）〔知〕休止，必遭禍患，無處逃形。

〔七〕【注】自謂然者，天下未之然也。【疏】各然其所然，各可其所可，彼我相對，孰是孰非乎？

【釋文】「然與」音餘，又如字。「然乎」言未然。

〔校〕①此下世德堂本有則字。②世德堂本甚作其。③其字依世德堂本補。④不知依正文改。

仲尼問於大史大弢、伯常騫、狶韋〔一〕曰：「夫衛靈公飲酒湛樂，不聽國家之政；田獵畢弋，不應諸侯之際；其所以爲靈公者何邪〔二〕？」

〔一〕【疏】太史，官號也。下三人，皆史官之姓名也。所問之事，次列下文。【釋文】「大史」音太。「大弢」吐刀反，人名。「伯常騫」起虔反，人名。「狶」本亦作俙，同。虚豈反。又音希，郭音郗，李音熙。「韋」李云：狶韋者，太史官名。

〔二〕【疏】畢，大網也。弋，繩繫箭而射也。庸猥之君，淫聲嗜酒，捕獵禽獸，不聽國政，會盟交際，不赴諸侯。汝等史官，應須定謚，無道如此，何爲謚靈？【釋文】「湛」丁南反，樂之久也。李常淫反。「樂」音洛。「不應」應對之應。「諸侯之際」司馬云：盟會之事。

大弢曰：「是因是也〔一〕。」

〔一〕【注】靈即是無道之謚也。【疏】依周公謚法：亂而不損曰靈。靈即無道之謚也。此是因其無道，謚之曰靈，故曰是因是也。

伯常騫曰：「夫靈公有妻三人，同濫①而浴〔一〕。史鰌奉御而進所，搏幣而扶翼〔二〕。其慢若彼之甚也，見賢人若此其肅也，是其所以爲靈公也〔三〕。」

〔一〕【注】男女同浴，此無禮也。【釋文】「同濫」徐胡暫反，或力暫反，浴器也。

〔二〕【注】以䲡爲賢，而奉御之勞，故搏幣而扶翼之，使其不得終禮，此其所以爲肅賢也。幣者，奉御之物。【疏】濫，浴器也。姓史，字魚，衞之賢大夫也。幣，帛也。又謚法：德之精明曰靈。男女同浴，使賢人進御。公見史魚良臣，深懷愧悚，假遣人搏捉幣帛，令扶將羽翼，慰而送之，使不終其禮。敬賢如此，便是明君，故謚爲靈，靈則有道之謚。【釋文】「史䲡」音秋。司馬云：史魚也。「所搏」音博。「弊」郭作幣，帛也。徐扶世反。司馬音蔽，云：引衣裳自蔽。○盧文弨曰：今書作幣。「而扶翼」司馬云，謂公及浴女相扶翼自隱也。此殊郭義。

〔三〕【注】欲以肅賢補其私慢。靈有二義，〔不〕〔亦〕②可謂善，故仲尼問焉。【疏】男女同浴，嬌慢之甚，忽見賢人，頓懷肅敬，用爲有道，故謚靈也。

〔校〕①闕誤引張君房本濫作檻。②亦字依覆宋本及王叔岷説改。

豨韋曰：「夫靈公也死，卜葬於故墓不吉，卜葬於沙丘而吉。掘之數仞，得石槨焉，洗而視之，有銘焉，曰：『不馮其子，靈公奪而里①之。』夫靈公之爲靈也久矣〔一〕，之二人何足以識之〔二〕！」

〔一〕【注】子，謂蒯聵也。言不馮其子，靈公將奪女處也。夫物皆先有其命，故來事可知也。是以凡所爲者，不得不爲；凡所不爲者，不可得爲；而愚者以爲之在己，不亦妄乎！【釋文】「故墓」一本作大墓。「沙丘」地名。「掘之」其月反，又其勿反。「數仞」所主反。「洗而」西禮反。「不馮」音憑。「其子靈公」郭讀絶句。司馬以其子字絶句，云：言子孫不足可憑，故使公得此處爲冢也。○家世父曰：郭象注，子謂蒯聵，非也。石槨有銘，古之葬者謂子孫無能憑依以保其墓，靈公得而奪之。釋文一本作奪而埋之，是也。「奪而里」而，汝也。里，居處也。一本作奪而埋之。「蒯」起怪反。「聵」五怪反，蒯聵，衛莊公名。「女處」音汝，下昌慮反。

〔二〕【注】徒識已然之見事耳，未知已然之出於自然也。【疏】沙丘，地名也，在盟津河北。子，蒯聵也。欲明人之名謚皆定於未兆，非關物情而有升降，故沙丘石槨先有其銘。豈馮蒯聵，方能奪葬！（史）〔豉〕與常騫，詎能識邪！【釋文】「之見」賢遍反。

〔校〕①趙諫議本作埋。

少知問於大①公調〔一〕曰：「何謂丘里之言〔二〕？」

〔一〕【疏】智照狹劣，謂之少知。太，大也。公，正也。道德廣大，公正無私，復能調順羣物，故謂之太公調。假設二人，以論道理。【釋文】「大公」音泰。下同。

〔二〕【疏】古者十家爲丘，二十家爲里。鄉閭丘里，風俗不同，故假問答以辯之也。【釋文】「丘里之言」李云：四井爲邑，四邑爲丘，五家爲鄰，五鄰爲里。古者鄰里井邑，士風不同，猶今鄉曲各自有方俗，而物不齊同。○盧文弨曰：舊士作土，今書內音義作士字，從之。

〔校〕①趙諫議本作太。下同。

大公調曰：「丘里者，合十姓百名而以爲風俗也〔一〕，合異以爲同，散同以爲異。今指馬之百體而不得馬，而馬係於前者，立其百體而謂之馬也。〔二〕是故丘山積卑而爲高，江河合水而爲大，大人合并而爲公〔三〕。是以自外入者，有主而不執〔四〕；由中出者，有正而不距〔五〕。四時殊氣，天不賜，故歲成〔六〕；五官殊職，君不私，故國治〔七〕；文武大人不賜，故德備〔八〕；萬物殊理，道不私，故无名〔九〕。无名故无爲，无爲而无不爲〔一〇〕。時有終始，世有變化〔一一〕。禍福淳淳〔一二〕，至有所拂者而有所宜〔一三〕；自殉殊面〔一四〕，有所正者有所差〔一五〕。比於（太）〔大〕①澤，百材皆度〔一六〕；觀於大山，木石同壇〔一七〕。此之謂丘里之言〔一八〕。」

〔一〕【疏】采其十姓，取其百名，合而論之，以爲風俗也。【釋文】「十姓百名」一姓爲十人，十姓爲百名，則有異有同，故合散以定之。

〔二〕【疏】如采丘里之言以爲風俗，斯合異以爲同也；一人設教，隨方順物，斯散同以爲異也。亦猶指馬百體，頭尾腰脊，無復是馬，此散同以爲異也；而係於前見有馬，此合異以爲同也。

〔三〕【注】無私於天下，則天下之風一也。【疏】積土石以成丘山，聚細流以成江海，亦猶聖人無心，隨物施教，故能并合八方，均一天下，華夷共履，遐邇無私。【釋文】「積卑」如字，又音婢。「合水」一本作合流。○俞樾曰：水乃小字之誤。卑高小大，相對爲文。「合并而爲公」

合羣小之稱以爲至公之一也。

〔四〕【疏】自，從也。謂聖人之教，從外以入，從中而出，隨順物情，故居主竟無所執也。

〔五〕【注】自外入者，大人之化也；由中出者，民物之性也。性各得正，故民無違心；化必至公，故主無所執。所以能合丘里而并天下，一萬物而夷羣異也。【疏】由，亦從也。謂萬物黔黎，各有正性，率心而出，稟受皇風，既合物情，故順而不距。

〔六〕【注】殊氣自有，故能常有，若本無之而由天賜，則有時而廢。【疏】賜，與也。夫春暄夏暑，秋涼冬寒，稟之自然，故歲敍成立，若由天與之，則有時而廢矣。【釋文】「天不賜」賜，與也。

〔七〕【注】殊職自有其才，故任之耳，非私而與之。【疏】五官，謂古者法五行置官也。春官秋官，各有司職，君王玄默，委任無私，故致宇内清夷，國家寧泰也。【釋文】「國治」直吏反。

〔八〕【注】文者自文，武者自武，非大人所賜也，若由賜而能，則有時而闕矣。豈唯文武，凡性皆然。【疏】文相武將，量才授職，各任其能，非聖與也。無私於物，故道德圓備。

〔九〕【疏】夫羣物不同，率性差異，或巢居穴處，走地飛空，而亭之毒之，咸能自濟，物各得理，故無功也。

〔一〇〕【注】名止於實，故無爲；實各自爲，故無不爲。【疏】功歸於物，故爲無爲，不執此（無）〔爲〕而無不爲。

〔一一〕【注】故無心者斯順。　【疏】時，謂四敍遞代循環。世，謂人事遷貿不定。

〔一二〕【注】流行反覆。　【疏】淳淳，流行貌。夫天時寒暑，流謝不常，人情禍福，何能久定！故老經云，禍兮福所倚，福兮禍所伏也。　【釋文】「淳淳」如字。王云：流動流貌。○盧文弨曰：兩流字疑衍其一。「反覆」芳服反。

〔一三〕【注】於此爲戾，於彼或以爲宜。　【疏】拂，戾也。夫物情向背，蓋無定準，故於此乖戾者，或於彼爲宜，是以達道之人不執逆順也。　【釋文】「所拂」扶弗反，戾也。又音弗，又音弼。

〔一四〕【注】各自信其所是，不能離也。　【疏】殉，逐也。面，向也。夫彼此是非，紛然固執，故各逐己見而所向不同也。　【釋文】「自殉殊面」廣雅云：面，向也。謂心各不同而自殉焉。殊向自殉，是非天隔，故有所正者亦有所差。「離也」力智反。

〔一五〕【注】正於此者，或差於彼。　【疏】於此爲正定者，或於彼〔爲〕差〔耶〕〔邪〕，此明物情顛倒，殊向而然也。○家世父曰：禍禍淳淳，任之以無心，雖有拂於人而自得所宜，自殉殊面，强之以異趣，名爲正之而實已兩差矣。

〔一六〕【注】無棄材也。　【疏】比，譬也。度，量也。夫廣大皋澤，林籟極多，隨材量用，必無棄擲。大人取物，其義亦然。　【釋文】「比于大澤」本亦作宅。○盧文弨曰：今書于作於。「百材皆度」度，居也。雖別區異所，「同以」②大澤爲居；雖木石異端，同以大山爲壇。此可以當丘里之言也。

〔一七〕【注】合異以爲同也。　【疏】壇，基也。石有巨小，木有粗細，共聚大山而爲基本，此合異以爲同也。

〔一八〕【注】言於丘里，則天下可知。　【疏】總結前義也。

〔校〕①大字依世德堂本改。②同以二字依下句補。

少知曰：「然則謂之道，足乎〔一〕？」

〔一〕【疏】以道爲名，名道於理，謂不足乎？欲明至道無名，故發斯問。

大公調曰：「不然。今計物之數，不止於萬，而期曰萬物者，以數之多者號而讀之也。〔一〕是故天地者，形之大者也；陰陽者，氣之大①者也；道者爲之公〔二〕。因其大以號而讀之則可也〔三〕，已有之矣，乃將得比哉〔四〕！則若以斯辯，譬猶狗馬，其不及遠矣〔五〕。」

〔一〕【注】夫有數之物，猶不止於萬，况無數之數，謂道而足耶！　【疏】期，限也。號，語也。夫有形之物，物乃無窮，今世人語之，限曰萬物者，此舉其大經爲言也。亦猶虚道妙理，本自無名，據其功用，强名爲道，名於理未足也。　【釋文】「而讀」李云：讀，猶語也。

〔二〕【注】物得以通，通物無私，而强字之曰道。　【疏】天覆地載，陰陽生育，故形氣之中最大者也。天道能通萬物，亭毒蒼生，施化無私，故謂之公也。　【釋文】「强字」巨丈反。

〔三〕【注】所謂道可道也。　【疏】大通有物，生化羣品，語其始本，實曰無名，因其功號，讀亦可也。

〔四〕【注】名已有矣，故乃將無可得而比耶！　【疏】因其功用，已有道名，不得將此有名比於無名之理。以斯比擬，去之迢遞。

〔五〕【注】今名之辯無，不及遠矣，故謂道猶未足也；必在乎無名無言之域而後至焉，雖有名，故莫之比也。　【疏】夫獨以狗馬二獸語而相比者，非直大小有殊，亦乃貴賤斯別也。今以有名之道比無名之理者，非直粗妙不同，亦深淺斯異，故不及遠也。

〔校〕①闕誤引劉得一本大作廣。

少知曰：「四方之内，六合之裏，萬物之所生惡起〔一〕？」

〔一〕【注】問此者，或謂道能生之。　【疏】六合之内，天地之間，萬物動植，從何生起？少知發問，欲辯其原。　【釋文】「惡起」音烏。

大公調曰：「陰陽相照相蓋相治，四時相代相生相殺〔一〕，欲惡去就於是橋起，雌雄片合於是庸有〔二〕。安危相易，禍福相生，緩急相摩，聚散以成〔三〕。此名實之可紀，精微之可志也〔四〕。隨序之相理，橋運之相使，窮則反，終則始。此物之所有〔五〕，言之所盡，知之所至，極物而已〔六〕。覩道之人，不隨其所廢，不原其所起〔七〕，此議之所止〔八〕。」

〔一〕【注】言此皆其自爾，非無所生。【疏】夫三光相照，二儀相蓋，風雨相治，炎涼相代，春夏相生，秋冬相殺，豈關情慮，物理自然也。○俞樾曰：蓋當讀爲害。爾雅釋言：蓋，割裂也，釋文曰：蓋，舍人本作害。是蓋害古字通。陰陽或相害，或相治，猶下句云四時相代相生相殺也。

〔二〕【注】凡此事故云爲趨舍，近起於陰陽之相照，四時之相代也。【疏】橋，起貌也。庸，常也。順則就而欲，逆則惡而去。言物在陰陽造化之中，藴斯情慮，開杜交合，以此爲常也。【釋文】「欲惡」烏路反。「橋起」居表反。下同。又音羔。王云：高勁，言所起之勁疾也。「片合」音判，又如字。

〔三〕【疏】夫逢泰則安，遇否則危，危則爲禍，安則爲福，緩者爲壽，急者爲夭，散則爲死，聚則爲生。凡此數事，出乎造物相摩而成，其猶四敍變易遷貿，豈關情慮哉！

〔四〕【注】過此以往，至於自然。自然之故，誰知所以也！【疏】誌，記也。夫陰陽之内，天地之間，爲實有名，故可綱可紀。假令精微，猶可言記，至於重玄妙理，超絶形名，故不可以言象求也。

〔五〕【注】皆物之所有，自然而然耳，非無能有之也。【疏】夫四序循環，更相治理，五行運動，遞相驅役，物極則反，終而復始。物之所有，理盡於斯。【釋文】「隨序」謂變化相隨，有次序也。序，或作原，一本作享。「橋運之相使」橋運，謂相橋代頓至，次序以相通理，橋運以相制使也。

〔六〕【注】物表無所復有，故言知不過極物也。【疏】夫真理玄妙，絕於言知。若以言詮辯，運知思慮，適可極於有物而已，固未能造於玄玄之境。【釋文】「所復」扶又反。

〔七〕【注】廢起皆自爾，無所原隨也。

〔八〕【注】極於自爾，故無所議。【疏】覩，見也。隨，逐也。夫見道之人，玄悟之士，凝神物表，寂照環中，體萬境皆玄，四生非有，豈復留情物物而推逐廢起之所由乎！所謂（之）言語道斷，議論休止者也。

少知曰：「季真之莫爲，接子之或使，二家之議，孰正於其情，孰偏於其理〔一〕？」

〔一〕【注】季真曰，道莫爲也。接子曰，道或使。或使者，有使物之功也。【疏】季真接子，並齊之賢人，俱遊稷下，故託二賢明於理。莫，無也。使，爲也。季真以無爲爲道，接子謂道有（爲）使物之功，各執一家，未爲通論。今少知問此以定臧否，於素情妙理誰正誰偏者也。【釋文】「季真接子」李云：二賢人。○俞樾曰：尚書微子篇殷其勿或亂正四方，多士篇時予乃或言，枚傳並曰：或，有也。禮記祭義篇庶或饗之，孟子公孫丑篇夫既或治之，鄭趙注並曰：或，有也。此云季真之莫爲，接子之或使，或與莫爲對文。莫，無也；或，有也。周易益上九，莫益之，或擊之，亦以莫或相對。○慶藩案接子，漢書古今人表作捷子。接捷字異而義同。爾雅接捷也，郭璞曰：捷，謂相接續也。（公羊春秋莊十二年宋萬弒其君接，僖三十年鄭伯接卒，左穀皆作捷。）又案史記孟子荀卿列傳索隱云：接子，古箸書者之名號。「孰徧」音遍，徐音篇。

大公調曰：「雞鳴狗吠，是人之所知；雖有大知，不能以言讀其所自化，又不能以意其所將爲〔一〕。斯而析之，精至於无倫，大至於不可圍〔二〕，或之使，莫之爲，未免於物而終以爲過〔三〕。或使則實〔四〕，莫爲則虛〔五〕。有名有實，是物之居〔六〕；无名无實，在物之虛〔七〕。可言可意，言而愈疏〔八〕。未生不可忌〔九〕，已死不可徂①〔一〇〕。死生非遠也，理不可覩〔一一〕。或之使，莫之爲，疑之所假〔一二〕。吾觀之本，其往无窮；吾求之末，其來无止。无窮无止，言之无也，與物同理〔一三〕；或使莫爲，言之本也，與物終始〔一四〕。道不可有，有不可无〔一五〕。道之爲名，所假而行〔一六〕。或使莫爲，在物一曲，夫胡爲於大方〔一七〕？言而足，則終日言而盡道〔一八〕；言而不足，則終日言而盡物〔一九〕。道物之極，言默不足以載〔二〇〕；非言非默，議有所②極〔二一〕。」

〔一〕【注】物有自然，非爲之所能也。由斯而觀，季真之言當也。【疏】夫目見耳聞，雞鳴狗吠，出乎造化，愚智同知。故雖大聖至知，不能用意測其所爲，不能用言道其所以，自然鳴吠，豈道使之然！是知接子之言，於理未當。【釋文】「吠」符廢反。「大知」音智。

〔二〕【注】皆不爲而自爾。【疏】假令精微之物無有倫緒，粗大之物不可圍量，用此道理推而析之，未有一法非自然獨化者也。

〔三〕【注】物有相使，亦皆自爾，故莫之爲者，未爲非物也。凡物云云，皆由莫爲而過去③。

【疏】不合於道，故未免於物；各滯一邊，故卒爲過患也。

〔四〕【注】實自使之。　【疏】滯有（爲）〔故〕也。

〔五〕【注】無使之也。　【疏】溺無故也。

〔六〕【注】指名實之所在。

〔七〕【注】物之所在，其實至虚。　【疏】夫情苟滯於有，則所在皆物也；情苟尚無，則所在皆虚也；是知有無在心，不在乎境。

〔八〕【注】故求之於言意之表而後至焉。　【疏】夫可以言詮，可以意察者，去道彌疏遠也。故當求之於言意之表而後至焉。

〔九〕【注】突然自生，制不由我，我不能禁。

〔一〇〕【注】忽然自死，吾不能違。　【疏】忌，禁也。阻，礙也。突然而生，不可禁忌，忽然而死，有何礙阻！唯當隨變任化，所在而安。字亦有作沮者，怨也。處順而死，故不怨喪也。【釋文】「不可徂」一本作阻。

〔一一〕【注】近在身中，猶莫見其自爾而欲憂之。　【疏】勞息聚散，近在一身，其理窈冥，愚人不見。

〔一二〕【注】此二者，世所至疑也。　【疏】有無二執，非達者之心，疑惑之人情偏，乃爲議論之也。

〔一三〕【注】物理無窮，故知言無窮，然後與物同理也。【疏】本，過去也。末，未來也。過去已往，生化無窮，莫測根原，焉可意致！假令盛談無有，既其偏滯，未免於物，故與物同於一理也。

〔一四〕【注】恒不爲而自使然也。【疏】本，猶始。各執一邊以爲根本者，猶未免於本末也，故與有物同於始，斯離於物也。

〔一五〕【注】道故不能使有，而有者常自然也。【疏】夫至道不絶，非有非無，故執有執無，二俱不可也。

〔一六〕【注】物所由而行，故假名之曰道。【疏】道大無名，强名曰道，假此名教，〔動〕〔勤〕而行之也。

〔一七〕【注】舉一隅便可知。【疏】胡，何也。方，道也。或使莫爲，未階虚妙，斯乃俗中一物，偏曲之人，何足以造重玄，語乎大道？

〔一八〕【注】求道於言意之表則足。

〔一九〕【注】不能忘言而存意則不足。【疏】足，圓徧也。不足，偏滯也。苟能忘言會理，故曰言未嘗言，盡合玄道也。如其執言不能契理，既乖虚通之道，故盡是滯礙之物也。

〔二〇〕【注】夫道物之極，常莫爲而自爾，不在言與不言。【疏】道物極處，非道非物，故言默不能盡載之。

〔二一〕【注】極於自爾，非言默而議〔之〕④也。【疏】默非默，議非議，唯當索之於四句之外，而後造於衆妙之門也。

〔校〕①趙諫議本徂作阻。②世德堂本有所作其有。③趙本去下有所字。④之字依世德堂本删。

莊子集釋卷九上

外物第二十六〔一〕

雜篇

〔一〕【釋文】以義名篇。

外物不可必〔二〕，故龍逢誅，比干戮，箕子狂，惡來死，桀紂亡〔三〕。人主莫不欲其臣之忠，而忠未必信，故伍員流于江，萇弘死于蜀，藏其血三年而化爲碧〔三〕。人親莫不欲其子之孝，而孝未必愛，故孝己憂而曾參悲〔四〕。木與木相摩則然，金與火相守則流〔五〕。陰陽錯行，則天地大絯，於是乎有雷有霆，水中有火，乃焚大槐〔六〕。有甚憂兩陷而无所逃〔七〕，螴蜳不得成〔八〕，心若縣於天地之間〔九〕，慰暋①沈屯〔一〇〕，利害相摩，生火甚多〔一一〕，衆人焚和〔一二〕，月固不勝火〔一三〕，於是乎有僓然而道盡〔一四〕。

〔一〕【疏】域心執固，謂必然也。夫人間事物，參差萬緒，惟安大順，則所在虛通，若其逆物執情，必遭禍害。【釋文】「外物」王云：夫忘懷於我者，固無對於天下，然後外物無所用必焉。若乃有所執爲者，諒亦無時而妙矣。○盧文弨曰：宋本必作心。○慶藩案文選嵇叔夜養生論注引司馬云：物，事也。忠孝，内也，外事咸不信受也。釋文闕。

〔二〕【注】善惡之所致，俱不可必也。【疏】龍逢比干，外篇已解。箕子，殷紂之庶叔也，忠諫不從，懼紂之害，所以佯狂，亦終不免殺戮。惡來，紂之佞臣，畢志從紂，所以俱亡。

〔三〕【注】精誠之至。【疏】碧，玉也。子胥萇弘，外篇已釋。而言流江者，忠諫夫差，夫差殺之，取馬皮作袋，爲鴟鳥之形，盛伍員屍，浮之江水，故云流於江。萇弘遭譖，被放歸蜀，自恨忠而遭譖，遂刳腸而死。蜀人感之，以匱盛其血，三年而化爲碧玉，乃精誠之至也。【釋文】「而化爲碧」吕氏春秋藏其血三年，化爲碧玉。○慶藩案太平御覽八百九引司馬云：萇弘忠而流，故其血不朽而化爲碧。釋文闕。

〔四〕【注】是以至人無心而應物，唯變所適。【疏】孝己，殷高宗之子也。遭後母之難，憂苦而死。而曾參至孝，而父母憎之，常遭父母打，鄰乎死地，故悲泣也。夫父子天性，君臣義重，而至忠至孝，尚有不愛不知，況乎世事萬塗，而可必固者！唯當忘懷物我，適可全身遠害。【釋文】「孝己」李云：殷高宗之太子。「曾參」李云：曾參至孝，爲父所憎，嘗見絶糧而後蘇。

〔五〕【疏】夫木生火，火剋金，五行之氣，自然之理，故木摩木則火生，火守金則金爍。是以誠心執固而必於外物者，爍滅之敗。○俞樾曰：淮南子原道篇亦云兩木相摩而然。然兩木相摩，未見其然。下句云金與火相守則流，疑此句亦當作木與火。下文云，水中有火，乃焚大槐，又云，利害相摩，生火甚多，衆人焚和，月固不勝火。是此章多言火，益知此文之當爲木與火矣。蓋木金二物皆畏火，故舉以爲言，見火之爲害大也。

〔六〕【注】所謂錯行。【疏】水中有火，雹也。乃焚大槐，霹靂也。陰陽錯亂，不順五行，故雷霆擊怒，驚駭萬物。人乖和氣，敗損亦然。【釋文】「大絯」音駭，又音該，又胡待反。「水中有火乃焚大槐」司馬云：水中有火，謂雹也。焚，謂霹靂時燒大樹也。○家世父曰：天地之大用，水火而已矣。水，陽也，而用陰；火，陰也，而用陽。人生陰陽之用，喜怒憂樂，愛惡生死，相争相靡，猶水火也。兩陷者，水火之横溢者也。螴當作蝀。爾雅釋天：螮蝀，虹也。螴蜳，猶言虹蜺。淮南説山訓天二氣則成虹。二氣者，陰陽之相薄者也。相薄而兩相争勝，則虹蜺亦不得成。人心水火之争，陽常舒而徐進，陰常慘而暴施。凡不平於心，皆陰氣之發也，故曰生火甚多。坎爲月，月者，水氣之（積）〔精〕也，體陽而用陰也。火生而水不能勝之，所以兩陷而無所逃也。

〔七〕【注】苟不能忘形，則隨形所遭而陷於憂樂，左右無宜也。【疏】不能虚志而忘形，域心執固，是以馳情於榮辱二境，陷溺於憂樂二邊，無處逃形。【釋文】「兩陷」司馬云：兩，謂心與膽也。陷，破也。畏雷霆甚憂，心膽破陷也。「憂樂」音洛。

〔八〕【注】矜之愈重，則所在爲難，莫知②所守，故不得成。【疏】螴蜳，猶怵惕也。不能忘情，（忘）〔妄〕懷矜惜，故雖勞形怵慮而卒無所成。【釋文】「螴」郭音陳，又楮允反，徐敕盡反。

「蜳」郭音惇，又柱允反，徐敕轉反，李餘準反。司馬云：螴蜳，讀曰忡融，言怖畏之氣，忡融兩溢，不安定也。

〔九〕【注】所希跂者高而闊也。【疏】心徇有爲，高而且遠，馳情逐物，通乎宇宙。【釋文】「若縣」音玄。

〔一〇〕【注】非清夷平暢也。【疏】遂心則慰喜，乖意則昏悶，遇境則沈溺，觸物則屯邅，既非清夷，豈是平暢！【釋文】「慰暋」武巾反。李音昬，又音泯。慰，鬱也。暋，悶也。「沈屯」張倫反。司馬云：沈，深也。屯，難也。

〔一一〕【注】內熱故也。【疏】夫利者必有害，蟬鵲是也。纓纏於利害之間，內心恒熱，故生火多矣。

〔一二〕【注】衆人而遺利則和，若利害存懷，則其和焚也。【疏】焚，燒也。衆人，猶俗人也，不能守分無爲，而每馳心利害，內熱如火，故燒焰中和之性。

〔一三〕【注】大而闇則多累，小而明則知分。【疏】月雖大而光圓，火雖小而明照。(諭)〔喻〕志大而多貪，不如小心守分。

〔一四〕【注】唯僓然無矜，遺形自得，道乃盡也。【疏】僓然，放任不矜之貌。忘情利害，淡爾不矜，虛玄道理，乃盡於此也。【釋文】「僓」音頹，又呼懷反。郭云：順也。

〔校〕①暋原誤瞀，依世德堂本改。下釋文同。②世德堂本知作之。

莊周家貧，故往貸粟於監河侯〔一〕。監河侯曰：「諾。我將得邑金，將貸子三百金，可乎？」〔二〕

〔一〕【疏】監河侯，魏文侯也。莊子高素，不事有爲，家業既貧，故來貸粟。【釋文】「貸粟」音特，或一音他得反。「監河侯」古銜反。説苑作魏文侯。

〔二〕【疏】諾，許也。銅鐵之類，皆名爲金，此非黄金也。待我歲終，得百姓租賦封邑之物乃貸子。

【釋文】「將貸」他代反。

莊周忿然作色曰：「周昨來，有中道而呼者。周顧視車轍中，有鮒魚焉。周問之曰：『鮒魚來！子何爲者邪？』對曰：『我，東海之波臣也。君豈有斗升之水而活我哉？』〔一〕周曰：『諾。我且南遊①吳越之王，激西江之水而迎子，可乎？』〔二〕鮒魚忿然作色曰：『吾失我常與，我无所處。吾得斗升之水然活耳，君乃言此，曾不如早索我於枯魚之肆！』〔三〕」

〔一〕【疏】波浪小臣，困於車轍，君頗有水以相救乎？【釋文】「而呼」火故反。「鮒」音附。廣雅云：鰿也。鰿，音迹。「波臣」司馬云：謂波蕩之臣。

〔二〕【疏】西江，蜀江也。江水至多，北流者衆，惟蜀江從西來，故謂之西江是也。【釋文】「激西」古狄反。

〔三〕【注】此言當理無小，苟其不當，雖大何益。【疏】索，求。肆，市。常行海水鮒魚，波浪失於常處，升斗之水，可以全生，乃激西江，非所宜也。既其不救斯須，不如求我於乾魚之肆。此言事無大小，時有機宜，苟不逗機，雖大無益也。【釋文】「旱索」所白反。「枯魚」李云：猶乾魚也。

〔校〕①闕誤引張君房本遊下有説字。

任公子爲大鉤巨緇，五十犗以爲餌〔一〕，蹲乎會稽，投竿東海〔二〕，旦旦而釣，期年不得魚。已而大魚食之，牽巨鉤，錎没而下，〔騖〕〔鶩〕①揚而奮鬐，白波若山，海水震蕩，聲侔鬼神，憚赫千里。〔三〕任公子得若魚，離而腊之，自制河以東，蒼梧已北，莫不厭若魚者〔四〕。已而後世輇才諷説之徒，皆驚而相告也〔五〕。夫揭竿累，趣②灌瀆，守鯢鮒，其於得大魚難矣〔六〕，飾小説以干縣令，其於大達亦遠矣〔七〕，是以未嘗聞任氏之風俗，其不可與經於世亦遠矣〔八〕。

〔一〕【疏】任，國名，任國之公子。巨，大也。緇，黑繩也。犗，犍牛也。餌，鉤頭肉。既爲巨鉤，故用大繩，懸五十頭牛以爲餌。【釋文】「任公子」如字，下同。李云：任，國名。「大鉤」本亦作釣。○盧文弨曰：釣，舊譌約，宋本同，今改正。「巨緇」司馬云：大黑綸也。「犗」郭古邁反，云：犍牛也。徐音界。説文云：騬牛也。司馬云：犧牛也。騬，音繩。犍，紀言反。○盧文弨曰：舊無牛字，據説文增。「爲餌」音二。

〔二〕【疏】號爲巨鉤，朞年不得魚。蹲，踞也；踞，坐也，踞其山。【釋文】「蹲」音存。「會」古外反。「稽」古兮反。會稽，山名，今爲郡也。

〔三〕【疏】朞年之外有大魚吞鉤，於是牽鉤陷没，馳（驚）〔騖〕而下，揚其頭尾，奮其鱗鬐，遂使白浪如山，洪波際日。【釋文】「期年」本亦作朞，同。音基。言必久其事，後乃能感也。「錎没」音陷。字林：猶陷字也。「鶩揚」徐音務，一本作騖。「鬐」徐（來）〔求〕③夷反。李音須。「憚」〔徒〕丹（末）反。○慶藩案憚，古皆訓爲畏難。（見論語學而篇朱注，秦策高注。）此言憚赫，憚者，盛威之名也。賈子解縣篇陛下威憚大信，（信與伸同。）亦此憚字之義。盛威爲憚，盛怒亦爲憚。大雅桑柔篇逢天僤怒是也。僤與憚同。（見王氏讀書雜志。）「赫」火百反。「千里」言千里皆懼。

〔四〕【疏】若魚，海神也。淛，浙江也。蒼梧，山名，在嶺南，舜葬之所。海神肉多，分爲脯腊，自五嶺已北，三湘已東皆厭之。【釋文】「若魚」司馬云：大魚名若，海神也。或云：若魚，猶言此魚。「而腊」音昔。「制河」諸設反。依字應作浙。漢書音義音逝。河亦江也，北人名水皆曰河。浙江，今在餘杭郡，後漢以爲吳會分界。司馬云：浙江，今在會稽錢塘。○慶藩案制河之制，釋文諸設反，字當作浙，謂浙水以東也。古制聲與浙同。論語顏淵篇片言可以折獄者，鄭注曰：魯讀折爲制。書呂刑制以刑，墨子尚同篇制作折。

〔五〕【疏】末代季葉，才智輕浮，諷誦詞説，不敦玄道，聞得大魚，驚而相語。輕字有作輇字者，輇，量也。【釋文】「輇」七全反，又（視）〔硯〕專反，又音權。李云：輇，量人也，本或作軨。軨，小也。本又或作輕。「諷説」方鳳反。

〔六〕【疏】累，細繩也。鯢鮒，小魚也。擔揭細小之竿繩，趨走溉灌之溝瀆，適得鯢鮒，難獲大魚也。【釋文】「揭」其列其謁二反。「竿累」劣彼反，謂次足不得並足也。本亦作纍。司馬（云）力追反，云：綸也。「趣」本又作趨，同。七須反。「灌瀆」司馬云：溉灌之瀆。「守鯢」五兮反。「鮒」音附，又音蒲。本亦作蒲。李云：鯢鮒，皆小魚也。

〔七〕【疏】干，求也。縣，高也。夫修飾小行，矜持言説，以求高名令（問）〔聞〕者，必不能大通於至道。字作縣（字）〔者〕，古懸字多不著心。

〔八〕【注】此言志趣不同，故經世之宜，小大各有所適也。【疏】人間世道，夷險不常，自非懷豁虛通，未可以治亂，若矜名飾行，去之遠矣。

〔校〕①鶩字依世德堂本改。趙諫議本作鶩。②趙本趣作趨。③求字依世德堂本改。下徒末二字及硯字同。

儒以詩禮發冢。大儒臚傳曰：「東方作矣，事之何若？」〔一〕

〔一〕【疏】大儒，碩儒，謂大博士。從上傳語告下曰臚。臚，傳也。東方作，謂天曙日光起。儒弟子發冢爲盜，恐天時曙，故催告之，問其如何將事。【釋文】「臚」力於反，一音盧。蘇林注漢書云：上傳語告下曰臚。臚，猶行也。「傳」治戀反，又丈專反。向云：從上語下曰臚傳。一音張戀反，遽也。「東方作矣」司馬云：謂日出也。

小儒曰：「未解裙襦，口中有珠〔一〕。詩固有之曰：『青青之麥，生於陵陂。生不布施，死何含珠爲〔二〕！』接其鬢，壓①其顪，儒以金椎控其頤，徐別其頰，无傷口中珠〔三〕！」

〔一〕【疏】小儒，弟子也。死人裙衣猶未解脱，捫其口中，知其有寶珠。【釋文】「襦」而朱反。

〔二〕【疏】此是逸詩，久遭删削。凡貴人葬者，口多含珠，故誦青青之詩刺之。【釋文】「青青之麥」司馬云：此逸詩，刺死人也。「陵陂」彼宜反。「布施」始豉反。

〔三〕【注】詩禮者，先王之陳迹也，苟非其人，道不虚行，故夫儒者乃有用之爲姦，則迹不足恃②也。【疏】接，撮也。壓，按也。顪，口也。控，打也。撮其鬢，按其口，鐵錐打，仍恐損珠，故安徐分別之。是以田恒資仁義以竊齊，儒生誦詩禮以發冢，由是觀之，聖迹不足賴。【釋文】「壓」本亦作擪，同。乃協反。郭於琰反，又敕頰反。字林云：擪，一指按也。「其顪」本亦作噦，許穢反。司馬云：頤下毛也。「金椎」直追反。○王念孫曰：儒以金椎控其頤，藝文類聚寶玉部引此，儒作而，是也。而，汝也。自未解裙襦以下，皆小儒答大儒之詞。言汝以金椎控其頤，徐別其頰，無傷其口中之珠也。而儒聲相近，上文又多儒字，故而誤作儒。「控」苦江反。「徐別」彼列反。

〔校〕①趙諫議本壓作摩。②世德堂本恃作持。

老萊子之弟子出①薪，遇仲尼，反以告〔一〕，曰：「有人於彼，脩上而趨下〔二〕，末僂而後耳〔三〕，視若營四海〔四〕，不知其誰氏之子〔五〕。」

〔一〕【疏】老萊子，楚之賢人隱者也，常隱蒙山，楚王知其賢，遣使召爲相。其妻采樵歸，見門前有車馬迹。妻問其故，老萊曰：「楚王召我爲相。」妻曰：「受人有者，必爲人所制，而之不能爲人制也。」妻遂捨而去。老萊隨之，夫負妻戴，逃於江南，莫知所之。出取薪者，采樵也。既見孔子，歸告其師。【釋文】「老萊子」楚人也。「出薪」出採薪也。

〔二〕【注】長上而促下也。【釋文】「趨下」音促。李云：下短也。

〔三〕【注】耳却近後而上僂。【釋文】「末僂」李云：末上，謂頭前也，又謂背膂也。「後耳」司馬云：耳却後。「却近」附近之近。

〔四〕【注】視之儡然，似營他人事者。【釋文】「視若營四海」夫勞形役智以應世務，失其自然者也。故堯有亢龍之喻，舜有卷僂之談，周公類之走狼，仲尼比之逸狗，豈不或信哉！「儡」律悲反，舊魚鬼反，又魚威反。

〔五〕【疏】脩，長也。趨，短〔也〕。末，肩背也。所見之士，下短上長，肩背傴僂，耳卻近後，瞻視高遠，所作悤悤，觀其儀容，似營天下，未知（子）之〔子〕族姓是誰。怪其異常，故發斯問。

〔校〕①闕誤引張君房本出下有拾字。

老萊子曰：「是丘也。召而來〔一〕。」

〔一〕【疏】魯人孔丘，汝宜喚取。

仲尼至。曰：「丘！去汝躬矜與汝容知，斯爲君子矣〔一〕。」

〔一〕【注】謂仲尼能遺形去知，故以爲君子。【疏】躬，身也。孔丘既至，老萊（未）〔謂〕語，宜遣汝身之躬飾，忘爾容貌心知，如此之時，可爲君子。【釋文】「去」起呂反。注同。「而」本又作女。○盧文弨曰：今書而作汝。「躬矜」躬矜，（爲）〔謂〕身矜脩善行。「容知」音智。容智，謂飾智爲容好。

仲尼揖而退〔一〕，蹙然改容而問曰：「業可得進乎〔二〕？」

〔一〕【注】受其言也。【疏】敬受其言，揖讓而退。

〔二〕【注】設問之，令老萊明其不可進。【疏】蹙然，驚恐貌。謂仲尼所學聖迹業行，可得脩進，爲世用（可）不？【釋文】「蹙然」子六反。「業可得進乎」問可行仁義於世乎。「令老」力成反。

老萊子曰：「夫不忍一世之傷而驁萬世之患〔一〕，抑固窶邪〔二〕，亡其略弗及邪〔三〕？惠以歡爲驁，終身之醜〔四〕，中民之行①進焉耳〔五〕，相引以名，相結以隱〔六〕。與其譽堯而非桀，不如兩忘而閉其所譽〔七〕。反无非傷也，動无非邪也〔八〕。聖人躊躇以興事，以每成功〔九〕。奈何哉其載焉終矜②爾〔一〇〕！」

〔一〕【注】一世爲之，則其迹萬世爲患，故不可輕也。【疏】夫聖智仁義，救一時之傷；後執爲姦，成萬世之禍。恃聖迹而驕謷，則陳恒之徒是也。亦有作驁（音）者，云使萬代驅驁不息，亦是奔馳之義也。【釋文】「而驁」本亦作敖，同。五報反。下同。下或作驁。

〔二〕【疏】固執聖迹，抑揚從己，失於本性，故窮窶。【釋文】「窶」其矩反。

〔三〕【注】直任之，則民性不窶而皆自有，略無弗及之事也。【疏】亡失本性，忽略生崖，故不及於真道。○家世父曰：不忍一世之傷而貽萬世之患，自以爲能經營天下也，而不知其心無所蓄備也。夫無所蓄備之謂窶矣，其智略又弗及也。郭象云，直任之則民性不窶而皆自有，略無弗及之事，似失莊子本意。○慶藩案亡讀如無。亡其，轉語也。史記范雎蔡澤列傳：亡其言臣者賤不可用乎？（索隱：亡，猶輕蔑也，義不可通。）呂氏春秋愛類篇亡其不得宋且不義猶攻之乎？韓策又亡其行子之術而廢子之謁乎？是凡言亡其，皆轉語詞也。

〔四〕【注】惠之而歡者，無惠則醜矣。然惠不可長，故一惠終身醜也。【疏】夫以施惠爲歡者，惠不可偏，故謷慢者多矣。是以用惠取人，適爲怨府，故終身醜辱。

〔五〕【注】言其易進，則不可妄惠之。【釋文】「之行」下孟反。「其易」以豉反。

〔六〕【注】隱，括；進③之謂也。【疏】夫上智下愚，其性難改，中庸之人，易爲進退。故聞堯之美，相引慕以利名，聞桀之惡，則結之以隱匿。【釋文】「相結以隱」郭云：隱，括也。李云：隱，病患也。雖相引以名聲，是相結以病患。○俞樾曰：李云，隱，病患也。然病患非所以相結。郭注曰，隱，括；進之謂也。然隱括所以正曲木，亦非所以相結也。隱當訓爲私。呂氏春秋圜道篇分定則下不相隱，高注曰：隱，私也。文選赭白馬賦恩隱周渥，李善引國語注曰：隱，私也。相結以隱，謂相結以恩私。舊説皆非。

〔七〕【注】閉者，閉塞。【疏】贊譽堯之善道，非毁桀之惡迹，以此奔馳，失性多矣，故不如善惡兩忘，閉塞毁譽，則物性全矣。【釋文】「譽堯」音餘。「而閉」一本文注並作門。

〔八〕【注】順之則全，静之則正。【疏】夫反於物性，無不傷損，擾動心靈，皆非正法。【釋文】「反无非傷也」反，逆於理。「動无非邪也」似嗟反。動矜於是也。

〔九〕【注】事不遠本，故其功每成。【疏】躊躇從容，聖人無心，應機而動，興起事業，恒自從容，不逆物情，故其功每就。【釋文】「聖人躊」音疇。「躇」直居反。「以興事以每成功」每者，每有成功也。躊躇者，從容也。從容興事，雖有成功，聖人不存，猶致弊迹，流毒百世。況動矜善行而載之不已哉！「不遠」于萬反。

〔一〇〕【注】矜不可載，故遺而弗有也。【疏】柰何，猶如何也。如何執仁義之迹，擾撓物心，運載矜莊，終身不替！此是老萊訶夫子之詞也。○家世父曰：反，猶撥亂世而反之正。有所反則必有傷，有所動則必爲邪。其反也，矜心之挾以争也；其動也，矜心之載以出也。聽其自化，則無傷矣；無爲而無不爲，則非邪矣。

〔校〕①闕誤引張成二本行下俱有易字。②唐寫本矜上無終字。③趙諫議本括進作恬退。

宋元君夜半而夢人被髮闚阿門〔一〕，曰：「予自宰路之淵，予爲清江使河伯之所，漁者余且得予〔二〕。」

〔一〕【疏】宋國君，謚曰元，即宋元君也。阿，曲也，謂阿旁曲室之門。【釋文】「宋元君」李云：元公也。案元公名佐，平〔之〕公〔之〕子。「阿門」司馬云：阿，屋曲簷也。

〔二〕【疏】自，從也。宰路，江畔淵名。姓余，名且，捕魚之人也。【釋文】「宰路」李云：淵名，龜所居。「予爲」如字，又于僞反。「使河」所吏反。「漁者」音魚。「余」音預。「且」子餘反。姓余，名且也。○俞樾曰：史記龜筴傳作豫且。○慶藩案豫預字同。

元君覺，使人占之，曰：「此神龜也。」

君曰：「漁者有余且乎？」

左右曰：「有。」

君曰：「令余且會朝〔一〕。」

〔一〕【疏】命，召也。召令赴朝，問其所得。【釋文】「覺」古孝反。「令」力成反。「會朝」直遥反。下同。

明日，余且朝。君曰：「漁何得？」

對曰：「且之網得白龜焉，其圓五尺。」

君曰：「獻若之龜。」

龜至，君再欲殺之，再欲活之，心疑，卜之，曰：「殺龜以卜吉〔一〕。」乃刳龜，七十二鑽而无遺筴〔二〕。

〔一〕【疏】心疑猶預，殺活再三，乃殺吉，遂刳龜也卜之。

〔二〕【疏】筭計前後，鑽之凡經七十二，筭計吉凶，曾不失中。【釋文】「刳」口孤反。「鑽」左端反，又左亂反。○慶藩案文選郭景純江賦注引司馬云：鑽，命卜，以所卜事而灼之。〔釋文闕〕。「遺筴」初革反。

仲尼曰：「神龜能見夢於元君，而不能避余且之網；知能七十二鑽而无遺筴，不能避刳腸之患。如是，則知有所困，神有所不及也。〔一〕雖有至知，萬人謀之〔二〕。魚不畏網而畏鵜鶘〔三〕。去小知而大知明〔四〕，去善而自善矣〔五〕。嬰兒生无石師而能言，與能言者處也〔六〕。」

〔一〕【注】神知之不足恃也如是，夫唯静然居其所能而不營於外者爲全。【疏】夫神智，不足恃也。是故至人之處世，忘形神智慮，與枯木同其不華，將死灰均其寂（魄）〔泊〕，任物冥於造化，是以孔丘大聖，因而議之。【釋文】「見夢」賢遍反。「知能」音智，下及注同。「知有所困」一本作知有所不同。

〔二〕【注】不用其知而用衆謀。【釋文】「至知」音智。下、注皆同。

〔三〕【注】網無情，故得魚。【疏】網無情而得魚，（諭）〔喻〕聖人無心，故天下歸之。【釋文】「鵜」徒兮反。「鶘」鵜鶘，水鳥也，一名淘河。

〔四〕【注】小知自私，大知任物。【疏】小知取捨於心，大知無分別。遣閒奪之情，故無分別，則大知光明也。【釋文】「去小」起吕反。下、注同。

〔五〕【注】去善則善無所慕，善無所慕，則善者不矯而自善也。【疏】遣矜尚之小心，合自然之大善，故前文云，離道以善，險德以行，又老經云，天下皆知善之爲善，斯不善已。【釋文】「不矯」居表反。

〔六〕【注】汎然無習而自能者，非跂而學彼也。【疏】夫嬰兒之性，其不假師匠，年漸長大而自然能言者，非有心學之，與父母同處，率其本性，自然能言。是知世間萬物，非由運知，學而成之也。【釋文】「石師」石者，匠名也。謂無人爲師匠教之者也。一本作所師，又作碩師。

惠子謂莊子曰：「子言无用〔一〕。」

〔一〕【疏】莊子，通人也。空有並照，其言弘博，不契俗心，是以惠施譏爲無用。

莊子曰：「知无用而始可與言用矣〔一〕。天地非不廣且大也，人之所用容足耳。然則廁足而墊之致黃泉，人尚有用乎？」惠子曰：「无用。」〔二〕

〔一〕【疏】夫有用則同於夭折，無用則全其〔生〕崖，故知無用始可語其用。

〔二〕【疏】墊，掘也。夫六合之內，廣大無最於地，人之所用，不過容足，若使側足之外，掘至黃泉，人則戰慄不得行動。是知有用之物，假無用成功。【釋文】「廁足」音側，又音測。「墊」丁念反。司馬崔云：下也。本又作塹，七念反，掘也。「致黃泉」致，至也。本亦作至。

莊子曰：「然則无用之爲用也亦明矣〔一〕。」

〔一〕【注】聖應其內，當事而發；己言其外，以暢事情。情暢則事通，外明則內用，相須之理然也。

【疏】直置容足，不可得行，必借餘地，方能運用脚足，無用之理分明，故（取）老子云，有之以爲利，無之以爲用。

莊子曰：「人有能遊，且得不遊乎？人而不能遊，且得遊乎〔一〕？夫流遁之志，決絶之行，噫，其非至知厚德之任與〔二〕！覆墜而不反，火馳而不顧〔三〕，雖相與爲君臣，時也，易世而无以相賤〔四〕。故曰①至人不留行焉〔五〕。

〔一〕【注】性之所能，不得不爲也；性所不能，不得强爲；故聖人唯莫之制，則同焉皆得而不知所以得也。【疏】夫人稟性不同，所用各異，自有聞言如影響，自有智昏菽麥。故性之能者，不得不由性；性之無者，不可强涉；各守其分，則物皆不喪。【釋文】「得强」其丈反。

〔二〕【注】非至厚則②莫能任其志行而信其殊能也。【疏】流蕩逐物，逃遯不反，果決絶滅，因而不移，此之志行，極愚極鄙，豈是至妙真知深厚道德之所任用！莊子之意，謂其如此。【釋文】「之行」下孟反。注同。「任與」音餘。

〔三〕【注】人之所好，不避是非，死生以之。【疏】愚迷之類，執志(慤)〔確〕然，雖復家被覆没，身遭顛墜，亦不知悔反，馳逐物情，急如煙火，而不知回顧，流遁決絶，遂至於斯耳。【釋文】「覆墜」直類反。「所好」呼報反。

〔四〕【注】所以爲大齊同③。【疏】夫時所賢者爲君，才不應世者爲臣，如舜禹應時相代爲君臣也。故世遭革易，不可以爲臣爲君而相賤輕。流遁之徒，不知此事。

〔五〕【注】唯所遇而因之，故能與化俱。【疏】夫世有興廢，隨而行之，是故達人曾無留滯。

〔校〕①唐寫本無曰字。②趙諫議本無則字。③世德堂本作所以爲人齊同。趙本作所以爲人齊。齊，同也。

夫尊古而卑今，學者之流也〔一〕。且以狶韋氏之流觀今之世，夫孰能不波〔二〕，唯至人乃①能遊於世而不僻〔三〕，順人而不失己〔四〕。彼教不學〔五〕，承意不彼〔六〕。

〔一〕【注】古無所尊，今無所卑，而學者尊古而卑今，失其原矣。【疏】夫步驟殊時，澆淳異世，古今情事，變化不同，而乃貴古賤今，深乖遠鑒，適滋爲學小見，豈曰清通！

〔二〕【注】隨時因物，乃平泯也。【疏】狶韋，三皇已前帝號也。以玄古之風御於今代，澆淳既章，誰能不波蕩而不失其性乎！斯由尊古卑今之弊也。【釋文】「狶」虚豈反。「不波」波，高下貌。

〔三〕【注】當時應務，所在爲正②。【釋文】「不僻」匹亦反。

〔四〕【注】本無我，我何失焉！

〔五〕【注】教因彼性，故非學也。

〔六〕【注】彼意自然，故承而用之，則夫萬物各全其我。【疏】獨有至德之人，順時而化彼，非學心而本性具足，不由學致也。承意不彼者，稟承教意以導性，而真道素圓，不彼教也。

〔校〕①唐寫本無乃字。②趙諫議本正作政。

目徹爲明，耳徹爲聰，鼻徹爲顫，口徹爲甘，心徹爲知，知徹爲德〔一〕。凡道不欲壅，壅則哽，哽而不止則跈〔二〕，跈則衆害生〔三〕。物之有知者恃息〔四〕，其不殷，非天之罪〔五〕。天之穿之，日夜无降〔六〕，人則顧塞其竇〔七〕。胞有重閬〔八〕，心有天遊〔九〕。室无空虛，則婦姑勃谿〔一〇〕；心无天遊，則六鑿相攘〔一一〕。大林①丘山之善於人也，亦神者不勝②〔一二〕。

〔一〕【疏】徹，通也。顫者，辛臭之事也。夫六根無壅，故徹；聰明不蕩於外，故爲德也。【釋文】「顫」舒延反。

〔二〕【注】當通而塞，則理有不泄而相騰踐也。【釋文】「哽」庚猛反，塞也。「跈」女展反。郭云：踐也。廣雅云：履也，止也。本或作蹍，同。◯王念孫曰：郭注，當通而塞，則理有不泄而相騰踐也。釋文，跈，女展反。廣雅云：履也，止也。本或作蹍，同。案踐履與壅塞，二義不相比附。郭云理有不泄而相騰踐，所謂曲説者也；本或作蹍，亦非也。今案跈讀爲抮。抮，戾也。言哽塞而不止，則相乖戾，相乖戾則衆害生也。廣雅曰：抮、盭也。（盭與戾同。）方言曰：軫，戾也。郭璞曰：相了戾也。孟子告子篇紾兄之臂而奪之食，趙岐曰：紾，戾也。此云哽而不止則跈，義並與抮同。

〔三〕【注】生，起也。

〔四〕【注】凡根生者無知，亦不恃息也。【疏】天生六根，廢一不可。耳聞眼見，鼻臭心知，爲於分內，雖用無咎。若乃目滯桑中之色，耳淫濮上之聲，鼻滋蘭麝之香，心用無窮之境，則天理滅矣，豈謂徹哉！故六根窮徹，則氣息通而生理全。

〔五〕【注】殷，當也。夫息不由知，由知然後失當，失當而後不通，故知恃息，息不恃知也。然知欲之用，制之由人，非不得已之符也。【疏】殷，當也。或縱恣六根，馳逐前境；或竅穴哽塞，以害生崖；通踂二徒，皆不當理。斯並人情之罪也，非天然之辜。【釋文】「不殷」如字，一音於靳反。

〔六〕【注】通理有常運。【疏】降，止也。自然之理，穿通萬物，自晝及夜，未嘗止息。○家世父曰：物之有知恃息，息者氣也，而氣有厚薄純雜，天不能强而同之。爾雅釋言：殷，齊，中也。齊一則中矣，其不能齊，天之無如何者也。而天既授之以百骸九竅而使之自運焉，授之以心思而使之自化焉，務開通而已。說文：穿，通也。恢恢乎有餘地以自存則通矣。玉篇：降，伏也。言積氣之運無停伏也。郭象注，殷，當也。誤。○俞樾曰：降，當作痒，即癃之籀文。素問宣明五氣篇膀胱不利爲癃，又五常政大論篇其病癃閟。日夜無痒，謂不癃閟也。

〔七〕【注】無情任天，竇乃開。【疏】竇，孔也。流俗之人，反於天理，壅塞根竅，滯溺不通。【釋文】「其竇」音豆。

〔八〕【注】閬，空曠也。【疏】閬，空也。言人腹內空虛，故容藏胃，藏胃空虛，故通氣液。【釋文】「胞」普交反，腹中胎。「有重」直龍反。「閬」音浪。郭云：空曠也。

〔九〕【注】遊，不係也。【疏】虛空，故自然之道遊其中。

〔一〇〕【注】爭處也。【疏】勃磎，爭鬭也。屋室不空，則不容受，故婦姑爭處，無復尊卑。【釋文】「勃谿」音奚。勃，争也。谿，空也。司馬云：勃谿，反戾也。無虛空以容其私，則反戾共鬭争也。

〔一一〕【注】攘，逆。【疏】鑿，孔也。攘，（則）逆也。自然之道，不遊其心，則六根逆，不順於理。【釋文】「六鑿」在報反。「相攘」如羊反。郭云：逆也。司馬云：謂六情攘奪。○慶藩案荀子哀公篇注引司馬云：六情相攘奪。較釋文多一相字。

〔一二〕【注】自然之理，有寄物而通也。【疏】自然之理，有寄物而通者也。○家世父曰：大林丘山之善於人，言所以樂乎大林丘山，爲廣大容萬物之生也。説文：神，天神引出萬物者也。徐鍇曰：申即引也。神者不勝，言發生萬物，不可勝窮也。

〔校〕①鬭誤引張文二本林俱作棥。②唐寫本勝下有也字。

德溢乎名〔一〕，名溢乎暴〔二〕，謀稽乎誸〔三〕，知出乎争〔四〕，柴生乎守〔五〕，官事果乎衆宜〔六〕。春雨日時，草木怒生，銚鎒於是乎始脩〔七〕，草木之到植者過半而不知其然〔八〕。

〔一〕【注】夫名高則利深，故脩德者過其當。【疏】溢，深也。仁義五德，所以行之過多者，爲尚名好勝故也。

〔二〕【注】夫禁暴則名美於德。【疏】暴，殘害也。夫名者争之器，名既過者，必更相賊害。内篇云：名者相軋者也。○家世父曰：説文：暴，晞也。孟子暴之於民而民受之，荀子富國篇聲名足以暴炙之，皆表暴之意。德溢乎名，言德所以洋溢，名爲之也；名溢乎暴，言名所以洋溢，表暴以成之也。五句並同一意。郭象云，禁暴則名美於德，恐誤。

〔三〕【注】謚，急也，急而後考其謀。　【疏】稽，考也。謚，急也。急難之事，然後校謀計。　【釋文】「謚」音賢。郭音玄，急也。向本作弦，云：堅正也。

〔四〕【注】平往則無用知。　【疏】夫運心知以出境，則爭鬭斯至。

〔五〕【注】柴，塞也。　【疏】柴，塞也。守，執也。域情執固而所造不通。　【釋文】「柴」柴，積也。郭云：塞也。

〔六〕【注】衆之所宜者不一，故官事立也。　【疏】夫置官府，設事條者，須順於衆人之宜便，若求逆之，則禍亂生。○俞樾曰：論語子路篇行必果，皇侃義疏曰：果，成也。衆有所宜而後官事以成，故曰官事果乎衆宜。

〔七〕【注】夫事物之生皆有由。　【疏】銚，耜之類也。鎒，鋤也。青春時節，時雨之日，凡百草木，萌動而生，於是農具方始脩理。此明順時而動，不逆物情也。　【釋文】「銚」七遥反，削也。能有所穿削也。又他堯反。「鎒」乃豆反。似鋤，田具也。

〔八〕【注】夫事由理發，故不覺①。　【疏】植，生也。銚鎒既脩，芸除萑葦，幸逢春日，鋤罷到生，良由時節使然，不可以人情均度。是知制法立教，必須順時。　【釋文】「到植」時力反，又音值，立也。本亦作置。司馬云：鋤拔反之更生者曰到植。○盧文弨曰：到，古倒字。

〔校〕①趙諫議本覺作齊。

靜然可以補病〔一〕，眥媙可以休①老〔二〕，寧可以止遽〔三〕。雖然，若是，勞者之務也，非佚者之所未嘗過而問焉〔四〕。聖人之所以駴天下，神人未嘗過而問焉〔五〕；賢人所以駴世，聖人未嘗過而問焉〔六〕；君子所以駴國，賢人未嘗過而問焉〔七〕；小人所以合時，君子未嘗過而問焉〔八〕。演門有親死者，以善毁爵爲官師，其黨人毁而死者半〔九〕。堯與許由天下，許由逃之；湯與務光，務光怒之，〔一〇〕紀他聞之，帥弟子而踆於窾水，諸侯弔之，三年，申徒狄因以踣河〔一一〕。荃②者所以在魚，得魚而忘荃；蹄者所以在兔，得兔而忘蹄〔一二〕；言者所以在意，得意而忘言〔一三〕。吾安得夫忘言之人而與之言哉〔一四〕！」

〔一〕【注】非不病也。【疏】適有煩躁之病者，簡靜可以療之。

〔二〕【注】非不老也。【疏】翦齊髮鬢，滅③狀貌也。衰老之容，以此而沐浴。【釋文】「眥」子斯反，徐子智反。亦作揃，子淺反。三蒼云：揃，猶翦也。玉篇云：滅也。○慶藩案蕭該漢書音義引司馬云：眥，視也。釋文闕。「媙」本亦作搣，音滅。又武齊反。字林云：枇也。枇，音千米反。○盧文弨曰：舊米作未，今從宋本。○家世父曰：釋文眥媙可以休老，媙，本亦作搣。廣韻：搣，按也，摩也。似謂以兩手按摩目眥，然與上下二句文義不類。眥媙，當謂左右眥不能流盼，可以閉目養神，故曰休老。又案媙與搣通，眥，目厓也，眥媙，猶云目陷。

〔三〕【注】非不遽也。【疏】遽，疾速也。夫心性悤迫者，安静可以止之。

〔四〕【注】若是猶有勞，故佚者超然不顧。【疏】夫止遽以寧，療躁以静者，〔以〕對治之術，斯乃小學之人，勞役神智之事務也，豈是體道之士，閒逸之人，不勞不病之心乎！風采清高，故未嘗暫過而顧問焉。【釋文】「非佚」音逸。

〔五〕【注】神人即聖人也，聖言其外，神言其内。【疏】駭，驚也。神者，不測之號；聖者，顯迹之名；爲其垂教動人，故不過問。【釋文】「以駴」户楷反。王云：謂改百姓之視聽也。徐音戒，謂上不問下也。

〔六〕【疏】證空爲賢，並照爲聖，從深望淺，故不問之。

〔七〕【疏】何以人物君子故駭動諸侯之國，賢人捨有，故不問。

〔八〕【注】趨步各有分，高下各有等。【疏】夫趨世小人，苟合一時，如田恒之徒，無足可貴，故淑人君子鄙而不顧也。

〔九〕【注】慕賞而孝，去真遠矣，斯尚賢之過也。【疏】〔演門〕，東門也。亦有作寅者，隨字讀之。東門之孝，出自内心，形容外毁，惟宋君嘉其至孝，遂加爵而命爲卿。鄉黨之人，聞其因孝而貴，於是强哭詐毁，矯性僞情，因而死者，其數半矣。【釋文】「演門」以善反。宋城門名。

〔一〇〕【疏】堯知由賢，禪以九五，洒耳辭退，逃避箕山。湯與務光，務光不受，訶駡瞋怒，遠之林籟。

斯皆率其本性，腥臊榮祿，非關矯僞以慕聲名。

〔一一〕【注】其波蕩傷性，遂至於此。【疏】姓申徒，名狄；姓紀，名佗；並隱者。聞湯讓務光，恐其及己，與弟子蹲踞水旁。諸侯聞之，重其廉素，時往弔慰，恐其沈没。狄聞斯事，慕其高名，遂赴長河，自溺而死。波蕩失性，遂至於斯矣。【釋文】「紀他」徒何反。「而踆」音存。字林云：古蹲字。徐七旬反，又音尊。「窾水」音款，又音科。司馬云：水名。「弔之」司馬云，恐其自沈，故弔之。「踣」徐芳附反，普豆反。字林云：僵也。李云：頓也。郭薄杯反。○盧文弨曰：二音之間，當有又字。下似此者不盡出。

〔一二〕【疏】筌，魚笱也，以竹爲之，故字從竹。亦有從草者，（意）蓀（筌）〔荃〕也，香草也，可以餌魚，置香於柴木蘆葦之中以取魚也。蹄，兔罝也，亦兔（彊）〔弶〕④也，以繫係兔腳，故謂之蹄。此二事，譬也。【釋文】「荃」七全反，崔音孫，香草也，可以餌魚。或云：積柴水中，使魚依而食焉。一云：魚笱也。○盧文弨曰：案如或所云，是潛也。見詩周頌。「蹄」大兮反，兔罥也。又云：兔弶也，係其腳，故曰蹄也。罥音古縣反。弶，音巨亮反。

〔一三〕【疏】此合（諭）〔喻〕也。意，妙理也。夫得魚兔本因筌蹄，而筌蹄實異魚兔，亦（由）〔猶〕玄理假於言説，言説實非玄理。魚兔得而筌蹄忘，玄理明而名言絶。

〔一四〕【注】至於兩聖無意，乃都無所言也。【疏】夫忘言得理，目擊道存，其人實稀，故有斯難也。【釋文】「得夫」音符。

〔校〕①闕誤引張君房本休作沐，高山寺本同。②趙諫議本作筌，下同。③劉文典補正云：當作娍。④琼字依釋文改。

雜篇 寓言第二十七〔一〕

寓言十九〔一〕，重言十七〔二〕，卮言日出，和以天倪〔三〕。

〔一〕【釋文】以義名篇。

〔一〕【注】寄之他人，則十言而九見信。　【疏】寓，寄也。世人愚迷，妄爲猜忌，聞道己説，則起嫌疑，寄之他人，則十言而信九矣。故鴻蒙、雲將、肩吾、連叔之類，皆寓言耳。　【釋文】「寓言十九」寓，寄也。以人不信己，故託之他人，十言而九見信也。

〔二〕【注】世之所重，則十言而七見信。　【疏】重言，長老鄉閭尊重者也。老人之言，猶十信其七也。　【釋文】「重言」謂爲人所重者之言也。○家世父曰：重，當爲直容切。廣韻：重，複也。莊生之文，注焉而不窮，引焉而不竭者是也。郭云世之所重，作柱用切者，誤。

〔三〕【注】夫卮，滿則傾，空則仰，非持故也。況之於言，因物隨變，唯彼之從，故曰日出。日出，謂日新也，日新則盡其自然之分，自然之分盡則和也。　【疏】卮，酒器也。日出，猶日新也。天倪，自然之分也。和，合也。夫卮滿則傾，卮空則仰，空滿任物，傾仰隨人。無心之言，即卮言也，是以不言，言而無係傾仰，乃合於自然之分也。又解：卮，支也。支離其言，言無的當，故謂之巵言耳。【釋文】「巵言」字又作卮，音支。字略云：巵，圓酒器也。李起宜反。王云：夫巵器，滿即傾，空則仰，隨物而變，非執一守故者也；施之於言，而隨人從變，己無常主者也。司馬云：謂支離無首尾言也。○盧文弨曰：卮，舊作巵。案説文作卮，下從卩，今多省作巵。若作巵，則不必云又作矣。「天倪」音宜，徐音詣。

寓言十九，藉外論之〔一〕。親父不爲其子媒。親父譽之，不若非其父者也〔二〕；非吾罪也，人之罪也〔三〕。與己同則應，不與己同則反〔四〕；同於己爲是之，異於己爲非之〔五〕。

〔一〕【注】言出於己，俗多不受，故借外耳。肩吾連叔之類，皆所借者①也。【疏】藉，假也，所以寄之（也）〔他〕人。十言九信者，爲假託外人論説之也。【釋文】「藉」郭云：藉，借也。李云：因也。

〔二〕【注】父之譽子，誠多不信，然時有信者，輒以常嫌見疑，故借外論也。【疏】媒，媾合也。父談其子，人多不信，别人譽之，信者多矣。【釋文】「譽之」音餘。注同。

〔三〕【注】己雖信，而懷常疑者猶不受，寄之彼人則信之，人之聽有斯累也。【疏】吾，父也。非父談子不實，而聽者妄起嫌疑，致不信之過也。

〔四〕【注】互相非也。【疏】夫俗人顛倒，妄爲（藏）〔臧〕否，與己同見則應而爲是，與己不同則反而非之。

〔五〕【注】三異同處，而二異訟其所取，是必於不訟者俱異耳，而獨信其所是，非借外如何！

【疏】夫迷執同異，妄見是非，同異既空，是非滅矣。

〔校〕①世德堂本借下無者字。

重言十七，所以已言也，是爲耆艾〔一〕。年先矣，而无經緯本末以期年耆①者，是非先也〔二〕。人而无以先人，无人道也；人而无人道，是之謂陳人〔三〕。

〔一〕【注】以其耆艾，故俗共重之，雖使言不借外，猶十信其七。【疏】耆艾，壽考者之稱也。已自言之，不藉於外，爲是長老，故重而信之，流俗之人，有斯迷妄也。【釋文】「耆艾」五蓋反。

〔二〕【注】年在物先耳，其餘本末，無以待人，則非所以先也。期，待也。【疏】期，待也。上下爲經，傍通曰緯。言此人直〔置〕〔是〕以年老居先，亦無本末之智，故待以耆宿之禮，非關道德可先也。○家世父曰：已言者，已前言之而復言也。爾雅釋詁：耆艾，長也。艾，歷也。郭璞注：長者多更歷。釋名：六十曰耆；耆，指也，指事使人也。是耆艾而先人之義。經緯本末，所以先人，人亦以是期之。重言之不倦，提撕警惕，人道〔如〕〔於〕是乎存。

〔三〕【注】直是陳久之人耳，而俗便共信之，此俗之所以爲安故而習常也。【疏】無禮義以先人，無人倫之道也，直是陳久之人，故重之耳。世俗無識，一至於斯。

〔校〕①高山寺本年耆二字作來。

卮言日出，和以天倪，因以曼衍，所以窮年〔一〕。不言則齊〔二〕，齊與言不齊〔三〕，言與齊不齊也〔四〕，故曰①无言〔五〕。言无言，終身言，未嘗不言〔六〕；終身不言，未嘗不言〔七〕。有自也而可，有自也而不可；有自也而然，有自也而不然〔八〕。惡乎然？然於然。惡乎不然？不然於不然。惡乎可？可於可。惡乎不可？不可於不可。〔九〕物固有所然，物固有所可〔一〇〕，无物不然，无物不可〔一一〕。非卮言日出，和以天倪，孰得其久〔一二〕！萬物皆種也，以不同形相禪〔一三〕，始卒若環〔一四〕，莫得其倫〔一五〕，是謂天均。天均者天倪也〔一六〕。

〔一〕【注】夫自然有分而是非無主，無主則曼衍矣，誰能定之哉！故曠然無懷，因而任之，所以各終其天年。【疏】曼衍，無心也。隨日新之變轉，合天然之倪分，故能因循萬有，接物無心；所以窮造化之天年，極生涯之遐壽也。【釋文】「曼衍」以戰反。

〔二〕【疏】夫理處無言，言則乖當，故直置不言而物自均等也。○家世父曰：不言則齊，謂與爲卮言，曼衍以窮年，猶之不言也。卮言之言，隨乎言而言之，隨乎不言而言之；有言而固無言，無言而固非無言，是之謂天倪。

〔三〕【疏】齊，不言也。不言與言，既其不一，故不齊也。

〔四〕【注】付之於物而就用其言，則彼此是非，居然自齊。若不能因彼而立言以齊之，則我與萬物復不齊耳。【釋文】「復不」扶又反。下同。

〔五〕【注】言彼所言，故雖有言而我竟不言也。【疏】夫以言遣言，言則無盡，縱加百非，亦未偕妙。唯當凝照聖人，智冥動寂，出處默語，其致一焉，故能無言則言，言則無言也，豈有言與不言之別，齊與不齊之異乎！故曰言無言也。

〔六〕【注】雖出吾口，皆彼言耳。

〔七〕【注】據出我口。【疏】此復解前言無言義。

〔八〕【疏】夫各執自見，故有可有然。自他既空，然可斯泯。

〔九〕【注】自，由也。由彼我之情偏，故有可不可。【疏】惡乎，猶於何也。自他並空，物我俱幻，於何處而有可不可？於何處〔而〕②有然不然？以此推窮，然可自息。斯復解前有自而然可義也。【釋文】「惡乎」音烏。下同。

〔一〇〕【注】各自然，各自可。

〔一一〕【注】統而言之，則無可無不可，無可無不可而至也。【疏】夫俗中之物，倒置之徒，於無然而固然，於不可而執可也。

〔一二〕【注】夫唯言隨物制而任其天然之分者，能無夭落。【疏】自非隨日新之變，達天然之理者，誰能證長生久視之道乎！言得之者之至也。

〔一三〕【注】雖變化相代，原其氣則一。【疏】禪，代也。夫物云云，稟之造化，受氣一種而形質不同，運運遷流而更相代謝。【釋文】「皆種」章勇反。

〔一四〕【注】於今爲始者，於昨已復爲卒也。【疏】物之遷貿，譬彼循環，死去生來，終而復始。此出禪代之狀也。

〔一五〕【注】理自爾，故莫得。【疏】倫，理也。尋索變化之道，竟無理之可致也。

〔一六〕【注】夫均齊者豈妄哉？皆天然之分。【疏】均，齊也。此總結以前一章之（是）〔義〕，謂天然齊等之道，即（以）〔此〕齊均之道，亦名自然之分也。○家世父曰：言相生猶萬物之相禪也。萬物有種，生發至於無窮，而不能執一形以相禪。言有種而推衍至於無窮，不能執一言以爲始。始卒無有端倪，是之（爲）〔謂〕天均。

〔校〕①高山寺本曰下有言字。②而字依上句補。

莊子謂惠子曰：「孔子行年六十而六十化〔一〕，始時所是，卒而非之〔二〕，未知今之所謂是之非五十九非也〔三〕。」

〔一〕【注】與時俱也①。【疏】夫運運不停，新新流謝，是以行年六十而與年俱變者也。然莊惠相逢，好談玄道，故遠稱尼父以顯變化之方。

〔二〕【注】時變則俗情亦變，乘物以遊心者，豈異於俗哉！

〔三〕【注】變者不停，是不可常。【疏】夫人之壽命，依年而數，年既不定，數豈有耶！是以去年之是，於今非矣。故知今年之是，還是去歲之非；今歲之非，即是來年之是。故容成氏曰，除日無歲也。

〔校〕①趙諫議本也作化。

惠子曰：「孔子勤志服知也〔一〕。」

〔一〕【注】謂孔子勤志服膺而後知，非能任其自化也。此明惠子不及聖人之韻遠矣。【疏】服，用也。惠施未達，抑度孔子，謂其勵志勤行，用心學道，故至斯智，非自然任化者也。

莊子曰：「孔子謝之矣，而其未之嘗言〔一〕。孔子云：『夫受才乎大本，復靈以生〔二〕。』鳴而當律，言而當法〔三〕，利義陳乎前，而好惡是非直服人之口而已矣〔四〕。使人乃以心服，而不敢蘁立，定天下之定〔五〕。已乎已乎！吾且不得及彼乎〔六〕！」

〔一〕【注】謝變化之自爾，非知力之所爲，故隨時任物而不造言也。【疏】謝，代也。而，汝也。未，無也。言尼父於勤服之心久已代謝，汝宜復靈，無復浪言也。

〔二〕【注】若役其才知而不復其本靈，則生亡矣。【疏】夫人稟受才智於大道妙本，復於靈命以盡生涯，豈得勤志役心，乖於造物！此是莊子述孔丘之語訶抵惠施也。【釋文】「才知」音智。

〔三〕【注】鳴者，律之所生；言者，法之所出；而法律者，衆之所爲，聖人就用之耳，故無不當，而未之嘗言，未之嘗爲也。【疏】鳴，聲也。當，中也。尼父聖人，與陰陽合德，故風韻中於鍾律，言教考於模範也哉！

〔四〕【注】服，用也。我無言也，我之所言，直用人之口耳，好惡是非利義之陳，未始出吾口也。

【疏】仁義利害，好惡是非，逗彼前機，應時陳説，雖復言出於口而隨前人，即是用衆人之口矣。　【釋文】「而好」呼報反。注同。「惡」烏路反。注同。

〔五〕【注】口所以宣心，既用衆人之口，則衆人之心用矣，我順衆心，則衆心信矣，誰敢逆立哉！吾因天下之自定而定之，又何爲乎！　【疏】隨衆所宜，用其心智，教既隨物，物以順之，如草從風，不敢逆立，因其本静，隨性定之，故定天下之定也。　【釋文】「蘁」音悟，又五各反，逆也。

〔六〕【注】因而乘之，故無不及。　【疏】已，止也。彼，孔子也。重勗惠子，止而勿言，吾徒庸淺，不能逮及。此是莊子歎美宣尼之言。

曾子再仕而心再化〔一〕，曰：「吾及親仕，三釜而心樂；後仕，三千鍾而①不洎，吾心悲〔二〕。」

〔一〕【疏】姓曾，名參，孔子弟子。再仕之義，列在下文。

〔二〕【注】洎，及也。　【疏】六斗四升曰釜，六斛四斗曰鍾。洎，及也。曾參至孝，求禄養親，故前仕親在，禄雖少而歡樂；後仕親没，禄雖多而悲悼；所謂再化，以悲樂易心，爲不及養親故也。【釋文】「三釜」小爾雅云：六斗四升曰釜。「心樂」音洛。下注同。「不洎」其器反。

〔校〕①世德堂本無而字。

弟子問於仲尼曰：「若參者，可謂无所縣其罪乎〔一〕？」

〔一〕【注】縣，係也。謂參仕以爲親，無係祿之罪也。【疏】縣，係也。門人之中，無的姓諱，當是四科十哲之流也。曾參仁孝，爲親求祿，雖復悲樂，應無係罪。門人疑此，咨問仲尼也。【釋文】「參」所金反。「无所縣」音玄。下同。「其罪乎」縣，係也。心再化於祿，所存者親也。雖係祿而無係於罪也。「以爲」于僞反。

曰：「既已縣矣〔一〕。夫无所縣者，可以有哀乎〔二〕？彼視三釜三千鍾，如觀①雀蚊虻相過乎前也〔三〕。」

〔一〕【注】係於祿以養也。【釋文】「以養」羊尚反。下同。

〔二〕【注】夫養親以適，不問其具。若能無係，則不以貴賤經懷，而平和怡暢，盡色養之宜矣。【疏】夫孝子事親，務在於適，無論祿之厚薄，盡於色養而已，故有庸賃而稱孝子，三仕猶爲不孝。參既心存哀樂，得無係祿之罪乎！夫唯無係者，故當無哀樂也。

〔三〕【注】彼，謂無係也。夫無係者，視榮祿若蚊虻鳥雀之在前而過去耳，豈有哀樂於其間哉！【疏】彼，謂無係之人也。鳥雀大，以諭千鍾，蚊虻小，以比三釜。達道之人，無心係祿，千鍾三釜，不覺少多。猶如鳥雀蚊虻相與飛過於前矣，決然而已，豈係之哉！【釋文】「如鸛」本亦作觀，同。古亂反。○盧文弨曰：今書作觀。「蚊」音文。「虻」孟庚反。司馬云：觀雀飛疾，與蚊相過，忽然不覺也。王云：鸛蚊取大小相縣，以喻三釜三千鍾之多少。元嘉本作如鸛蚊，無虻字。○俞樾曰：雀字衍文也。釋文云，元嘉本作如鸛蚊，無虻字。則陸氏所據本尚未衍雀字，故元嘉本作鸛蚊。陸氏但言其無虻字，不言其無雀字也。惟鸛與蚊虻，一鳥一蟲，取喻不倫。王云，謂取大小相縣，以喻三釜三千鍾之多少。此不然也。夫至人之視物，一吷而已，豈屑屑於三釜三千鍾之多寡，而必分别其爲鸛爲蚊乎！今案釋文云，鸛本作觀。疑是古本如此。其文蓋曰，彼視三釜三千鍾，如觀蚊虻相過乎前也。淮南子俶真篇毁譽之於己，猶蚊虻之一過也。義與此同。因觀誤作鸛，則鸛蚊虻三字不倫，乃有删一虻字，使蚊與鸛兩文相稱者，元嘉本是也；又有增一雀字，使鸛雀與蚊虻兩文相稱者，今本是也。皆非莊子之舊矣。

〔校〕①趙諫議本觀作鸛。闕誤同，引張君房本云：鸛雀作觀鳥雀。

顔成子游謂東郭子綦曰：「自吾聞子之言，一年而野〔一〕，二年而從〔二〕，三年而通〔三〕，四年而物〔四〕，五年而來〔五〕，六年而鬼入〔六〕，七年而天成〔七〕，八年而不知死，不知生〔八〕，九年而大妙〔九〕。

〔一〕【注】外權利也。　【疏】居在郭東，號曰東郭，猶是齊物篇中南郭子綦也。子游，子綦弟子也。野，質樸也。聞道一年，學心未熟，稍能樸素，去浮華耳。【釋文】「子綦」音其。

〔二〕【注】不自專也。【疏】順於俗也。

〔三〕【注】通彼我也。【疏】不滯境也。

〔四〕【注】與物同也。【疏】與物同也。

〔五〕【注】自得也。【疏】爲衆歸也。

〔六〕【注】外形骸也。【疏】神會理物。

〔七〕【注】無所復爲。【疏】合自然成。【釋文】「所復」扶又反。

〔八〕【注】所遇皆適而安。【疏】智冥造物，神合自然，故不覺死生聚散之異也。

〔九〕【注】妙，善也。善惡同，故無往而不冥。此言久聞道，知天籟之自然，將忽然自忘，則穢累日去以至於盡耳。【疏】妙，精微也。聞道日久，學心漸著，故能超四句，絶百非，義極重玄，理窮衆妙，知照弘博，故稱大也。【釋文】「天籟」力帶反。

生有爲，死也〔一〕。勸公，以其①死也，有自也〔二〕；而生陽也，无自也〔三〕。而果然乎〔四〕？惡乎其所適？惡乎其所不適〔五〕？天有曆數，地有人據，吾惡乎求之〔六〕？莫知其所終，若之何其无命也〔七〕？莫知其所始，若之何其有命也〔八〕？有以相應也，若之何其无鬼邪〔九〕？无以相應也，若之何其有鬼邪〔一〇〕？」

〔一〕【注】生而有爲則喪其生。【疏】處生人道，沈溺有爲，適歸死滅也。【釋文】「則喪」息浪反。

〔二〕【注】自，由也。由有爲，故死；由私其生，故有爲。今所以勸公者，以其死之由私耳。

【疏】公，平也。自，由也。所以人生（也）〔而〕動之死地者，（猶）〔由〕私愛其生，不能公正，故勸導也。

〔三〕【注】夫生之陽，遂以其絶迹無爲而忽然獨爾，非有由也。【疏】感於陽氣而有此生，既無所由從，故不足私也。

〔四〕【疏】果，決定也。陽氣生物，決定如此。

〔五〕【注】然而果然，故無適無不適而後皆適，皆適而至也。【疏】夫氣聚爲生，生不足樂；氣散爲死，死不足哀；生死既齊，哀樂斯泯。故於何處而可適，於何處而不可適乎？所在皆適耳。【釋文】「惡乎」音烏。下同。

〔六〕【注】皆已自足。【疏】夫星曆度數，玄象麗天；九州四極，人物依據；造化之中，悉皆具足，吾於何處分外求之也？【釋文】「天有曆」一本作天有曆數。

〔七〕【注】理必自終，不由於知，非命如何？【疏】夫天地晝夜，人物死生，尋其根由，莫知終始。時來運去，非命如何！其無命者，言有命也。

〔八〕【注】不知其所以然而然，謂之命，似若有意也，故又遣命之名以明其自爾，而後命理全也。【疏】夫死去生來，猶春秋冬夏，既無終始，豈其命乎？其有命者，言無命也。此又遣（其）

〔有〕命也。

〔九〕【注】理必有應，若有神靈以致之也。【疏】鬼，神識也。夫耳眼應於聲色，心智應於物境，義同影響，豈無靈乎？其無鬼者，言其有之也。

〔一○〕【注】理自相應，相應不由於故也，則雖相應而無靈也。【疏】夫人睡中，則不知外物，雖有眼耳，則不應色聲。若其有靈，如何不應？其有鬼者，言其無也。此又遣其有也。

〔校〕①闕誤引張君房本其下有私字。

衆罔兩問於景①曰：「若向也俯而今也仰，向也括〔撮〕②而今也被髮，向也坐而今也起，向也行而今也止，何也〔一一〕？」

〔一一〕【疏】罔兩，影外微陰也。斯寓言者也。若，汝也。俯，低頭也。撮，束髮也。汝坐起行止，唯形是從，以此測量，必因形乃有。言不待，厥理未詳。設此問答，以彰獨化耳。【釋文】「景」音影，又如字。本或作影。○盧文弨曰：影字係陶弘景所撰，非古字。「也括」古活反。司馬云：謂括髮也。「被髮」皮寄反。

〔校〕①趙諫議本景作影，下同。②撮字依成疏及闕誤引張君房本補。

景曰：「搜搜①也，奚稍問也〔一二〕！予有而不知其所以〔一三〕。予，蜩甲也，蛇蛻也，似之而非也〔一四〕。火與日，吾屯也；陰與夜，吾代也〔一五〕。彼吾所以有待邪〔一六〕？而況

乎以〔无〕②有待者乎〔六〕！彼來則我與之來，彼往則我與之往，彼强陽則我與之强陽。强陽者又何以有問乎〔七〕！」

〔一〕【注】運動自爾，無所稍問。【疏】叟叟，無心運動之貌也。奚，何也。景答云：我運動無心，蕭條自得，無所可待，獨化而生，汝無所知，何勞見問也？【釋文】「搜搜」本又作叟，同。素口反，又素刀反，又音蕭。向云：動貌。

〔二〕【注】自爾，故不知所以。【疏】予，我也。我所有行止，率乎造物，皆不知所以，悉莫辯其然爾，豈有待哉！

〔三〕【注】影似形而非形。【疏】蜩甲，蟬殼也。蛇蜕，皮也。夫蠐螬變化而爲蟬，蛇從皮内而蜕出者，皆不自覺知也。而蠐螬滅於前，蟬自生於後，非因蠐螬而有蟬，蟬亦不待蠐螬而生也。蛇皮之義，亦復如之。是知一切萬有，無相因待，悉皆獨化，僉曰自然。故影云：我之因待，同蛇蜕蜩甲，似形有而實非待形者也。【釋文】「蜩甲」音條。司馬云：蜩甲，蟬蜕皮也。「蛇蜕」音帨，又吐卧反，又始鋭反。

〔四〕【疏】屯，聚也。代，謝也。有火有日，影即屯聚，逢夜逢陰，影便代謝。若其（同）〔因〕形有影，故當不待火日。陰夜有形而無影，將知影必不待形，而獨化之理彰也。【釋文】「吾屯」徒門反，聚也。○慶藩案文選謝靈運游南亭詩注引司馬云：屯，聚也。火日明而影見，故曰吾聚也；陰闇則影不見，故曰吾代也。夜代，謂使得休息也。釋文闕。

〔五〕【疏】吾所以有待者，火日也。必其不形，火日亦不能生影也，故影亦不待於火日也。

〔六〕【注】推而極之，則今之（所謂）③有待者（率）〔卒〕④（至）於無待，而獨化之理彰（矣）⑤。【疏】況乎有待者形也，必無火日，形亦不能生影，不待形也。夫形之生也，不用火日，影之生也，豈待形乎！故以火日況之，則知影不待形明矣。形影尚不相待，而況他物乎！是知一切萬法，悉皆獨化也。○家世父曰：火日出而景生焉，陰夜而景潛焉。屯（向）〔者〕，草木之始生也；代者，更也，替也，有相替者而吾固休也。景之與形相待也，又待火日而動，待陰夜而休。彼吾所以相待，又有待也。有待，故不爲物先，待焉而即應，故亦與物（無）忤。景之隨形，各肖其人之情態，虛而與之委蛇，此莊生應世之大旨也。

〔七〕【注】直自强陽運動，相隨往來耳，無意，不可問也。【疏】彼者，形也。强陽，運動之貌也。夫往來運動，形影共時，既無因待，咸資獨化。獨化之理，妙絕名言，名言問答，其具之矣。

〔校〕①趙諫議本搜作叟。②无字依郭注及闕誤引張君房本補。③所謂二字依趙本删。④卒字依趙本改。⑤至字矣字依趙本删。

陽子居南之沛，老聃西遊於秦，邀於郊，至於梁而遇老子〔一〕。老子中道仰天而歎曰：「始以汝爲可教，今不可也〔二〕。」

〔一〕【疏】姓楊，名朱，字子居。之，往也。沛，彭城，今徐州是也。邀，遇也。梁國，今汴州也。楊朱南邁，老子西遊，邂逅逢於梁宋之地，適於郊野而與之言。【釋文】「陽子居」姓楊，名朱，字子居。「之沛」音貝。「邀」古堯反，要也，遇也。玉篇云：求也，抄也，遮也。

〔二〕【疏】昔逢楊子，謂有道心；今見矜夸，知其難教。嫌其異俗，是以傷嗟也。

陽子居不答〔一〕。至舍，進盥漱巾櫛，脱屨户外，膝行而前〔二〕曰：「向者弟子欲請夫子，夫子行不閒，是以不敢。今閒矣，請問其過。〔三〕」

〔一〕【疏】自覺己非，默然悚愧。

〔二〕【疏】盥，洒也。櫛，梳也。屆逆旅之舍，至止息之所，於是進水漱洒，執持巾櫛，肘行膝步，盡禮虔恭，殷勤請益，庶蒙鍼艾也。【釋文】「盥」音管。小爾雅云：澡也，洒也。「漱」所又反。「巾櫛」莊乙反。

〔三〕【疏】向被抵訶，欲請其過，正逢行李，未有閒庸。今至主人，清閒無事，庶聞責旨，以助將來也。【釋文】「不閒」音閑。下同。一音如字。

老子曰：「而睢睢盱盱，而誰與居〔一〕？大白若辱，盛德若不足〔二〕。」

〔一〕【注】睢睢盱盱，跋扈之貌。人將畏難而疏遠。【疏】睢盱，躁急威權之貌也。而，汝也。跋扈威勢，矜莊燿物，物皆哀悼，誰將汝居處乎？【釋文】「睢睢」郭呼維反，徐許圭反。「盱盱」香于反，又許吳反，又音虛。廣雅云：睢睢盱盱，元氣也。而，汝也。言汝與元氣合德，去其矜驕，誰復能同此心？解異郭義。「跋」步末反。「畏難」乃旦反。「疏遠」于萬反。

〔三〕【疏】夫人廉潔貞清者，猶如汙辱也；盛德圓滿者，猶如不足也。此是老子引道德經以戒子居也。

陽子居蹵然變容曰：「敬聞命矣〔一〕！」

〔一〕【疏】蹵然，慚悚也。既承教旨，驚懼更深，稽首虔恭，敬奉尊命也。【釋文】「蹵」子六反。

其往也，舍者迎將，其家公執席，妻執巾櫛，舍者避席，煬者避竈〔一〕。其反也，舍者與之争席矣〔二〕。

〔一〕【注】尊形自異，故憚而避之也。【疏】將，送也。家公，主人公也。煬，然火也。楊朱往沛，正事威容，舍息逆旅，主人迎送，夫執氈席，妻捉梳巾，先坐之人避席而走，然火之者不敢當竈，威勢動物，一至於斯矣。【釋文】「家公」李云：主人公也。一讀舍者迎將其家爲句。「煬」羊尚反，又音羊向反，炊也。

〔二〕【注】去其夸矜故也。【疏】從沛反歸，已蒙教戒，除其容飾，遣其矜夸，混迹同塵，和光順俗，於是舍息之人與争席而坐矣。【釋文】「去其」起吕反。

莊子集釋卷九下

雜篇 讓王第二十八〔一〕

〔一〕【釋文】以事名篇。

堯以天下讓許由，許由不受。又讓於子州支父，子州支父曰：「以我爲天子，猶之可也。雖然，我適有幽憂之病，方且治之，未暇治天下也。」〔一〕夫天下至重也，而不以害其生，又況他物乎〔二〕！唯无以天下爲者，可以託天下也〔三〕。

〔一〕【疏】堯許事迹，具載内篇。姓子，名州，字支父，懷道之人，隱者也。堯知其賢，讓以帝位。以我爲帝，亦當能以爲事，故言猶之可也。幽，深也。憂，勞也。言我滯竟幽深，固心憂勞，且欲脩身，庶令合道，未有閒暇緝理萬機也。【釋文】「子州支父」音甫。李云：支父，字也，即支伯也。「幽憂之病」王云：謂其病深固也。

〔二〕【疏】夫位登九五，威跨萬乘，人倫尊重，莫甚於此，尚不以斯榮貴損害生涯，況乎他外事物，何能介意也！

〔三〕【疏】夫忘天下者，無以天下爲也，唯此之人，可以委託於天下也。

舜讓天下於子州支伯。子州支伯曰：「予適有幽憂之病，方且治之，未暇治天下也〔一〕。」故天下大器也，而不以易生，此有道者之所以異乎俗者也〔二〕。

〔一〕【疏】舜之事迹，具在內篇。支伯，猶支父也。○俞樾曰：漢書古今人表有子州支父，無支伯，則支父支伯是一人也。

〔二〕【疏】夫帝王之位，重大之器也，而不以此貴易奪其生，自非有道，孰能如是！故異於流俗之行也。

舜以天下讓善卷，善卷曰：「余立於宇宙之中，冬日衣皮毛，夏日衣葛絺；春耕種，形足以勞動；秋收斂，身足以休食；日出而作，日入而息，逍遥於天地之間而心意自得。吾何以天下爲哉〔一〕！悲夫，子之不知余也！」遂不受。於是去而入深山，莫知其處。〔二〕

〔一〕【疏】姓善，名卷，隱者也。處於六合，順於四時，自得天地之間，逍遥塵垢之外，道在其中，故不用天下。【釋文】「善卷」眷勉反，居阮反，又音眷。李云：姓善，名卷。○俞樾曰：呂覽下賢篇作善綣。「衣皮」於既反。下同。

〔二〕【疏】古人淳樸，喚帝爲子。恨舜不識野情，所以悲歎。【釋文】「其處」昌慮反。

舜以天下讓其友石户之農，石户之農曰：「捲捲乎后之爲人，葆力之士也〔一〕！」

以舜之德爲未至也，於是夫負妻戴，攜子以入於海，終身不反也〔二〕。

〔一〕【疏】户字亦有作后者，隨字讀之。石户，地名也。農，人也，今江南唤人作農。此則舜之友人也。葆，牢固也。言舜心志堅固，〔筋〕力勤苦，腰背捲捲，不得歸休，以此勤勞，翻來見讓，故不受也。【釋文】「石户」本亦作后。「之農」李云：石户，地名。農，農人也。「捲捲」音權，郭音眷，用力貌。「葆力」音保，字亦作保。

〔二〕【疏】古人荷物，多用頭戴，如今高麗猶有此風。以舜德化，未爲至極，故攜妻子，不踐其土，入於大海州島之中，往而不返也。【釋文】「以入於海」司馬云：凡言入者，皆居其海島之上與其曲隈中也。

大王亶父居邠，狄人攻之〔一〕；事之以皮帛而不受，事之以犬馬而不受，事之以珠玉而不受，狄人之所求者土地也。大王亶父曰：「與人之兄居而殺其弟，與人之父居而殺其子，吾不忍也。子皆勉居矣！爲吾臣與爲狄人臣奚以異！〔二〕且吾聞之，不以所用養害所養。」因杖筴而去之。民相連而從之，遂成國於岐山之下。〔三〕夫大王亶父，可謂能尊生矣。能尊生者，雖貴富不以養傷身，雖貧賤不以利累形。今世之人居高官尊爵者，皆重失之，見利輕亡其身，豈不惑哉！〔四〕

〔一〕【疏】亶父，王季之父，文王之祖也。邠，地名。狄人，獫狁也。國鄰戎虜，故爲狄人攻伐。

【釋文】「大王」音太。下同。「亶」丁但反。「父」音甫。下同。「邠」筆貧反，徐甫巾反。

〔二〕【疏】事，奉也。勉，勵也。奚，何。狄人貪殘，意在土地，我不忍傷殺，汝勉力居之。

〔三〕【疏】用養，土地也。所養，百姓也。本用地以養人，今殺人以存地，故不可也。因拄杖而去，民相連續，遂有國於岐陽。【釋文】「不以所用養害所養」地，所以養人也。今爭以殺人，是以地害人也。人爲地養，故不以地故害人也。「因杖」直亮反。「筴」初革反。「相連」力展反。司馬云：連，讀曰輦。「岐山」其宜反，或祁支反。

〔四〕【疏】夫亂世澆僞，人心浮淺，徇於軒冕以喪其身，逐於財利以殞其命，不知輕重，深成迷惑也。【釋文】「不以養傷身不以利累形」王云：富貴有養，而不以（味）〔昧〕①養傷身，貧賤無利，而不以求利累形也。

〔校〕①昧字依釋文原本改。

越人三世弑其君，王子搜患之，逃乎丹穴。而越國無君，求王子搜不得，從之丹穴。王子搜不肯出，越人薰之以艾。乘以王①輿〔一〕。王子搜援綏登車，仰天而呼曰：「君乎君乎！獨不可以舍我乎！」王子搜非惡爲君也，惡爲君之患也。若王子搜者，可謂不以國傷生矣，此固越人之所欲得爲君也〔二〕。

〔一〕【疏】搜，王子名也。丹穴，南山洞也。玉輿，君之車輦也。亦有作王字者，隨字讀之，所謂玉輅也。越國之人，頻殺君主，王子怖懼，逃之洞穴，呼召不出，以艾薰之。既請爲君，故乘以玉輅。【釋文】「弑其」音試。「王子搜」素羔反，又悉遘反，又邀遘②反。李云：王子名。淮南子作翳。○俞樾曰：釋文云：搜，淮南子作翳。然翳之前無三世弑君之事。史記越世家索隱以搜爲翳之子無顓。據竹書紀年，翳爲其子所弑，越人殺其子，立無余，又見弑而立無顓。是無顓以前三君皆不善終，則王子搜是無顓之異名無疑矣。淮南子蓋傳聞之誤，當據索隱訂正。「丹穴」爾雅云：南戴日爲丹穴。「以艾」五蓋反。「王輿」一本作玉輿。

〔二〕【疏】援，引也。綏，車上繩也。辭不獲免，長歎登車，非惡爲君，恐爲禍患。以其重生輕位，故可屈而爲君也。【釋文】「援」音爰。「而呼」火故反。本或作歎。「以舍」音捨。「非惡」烏路反。下及下章真惡同。

〔校〕①趙諫議本王作玉。②邀遘疑悉邀之誤。

韓魏相與爭侵地。子華子見昭僖侯，昭僖侯有憂色〔一〕。子華子曰：「今使天下書銘於君之前，書之言曰：『左手攫之則右手廢，右手攫之則左手廢，然而攫之者必有天下。』君能①攫之乎〔二〕？」

〔一〕【疏】僖侯，韓國之君也。華子，魏之賢人也。韓魏相鄰，爭侵境土，干戈既動，勝負未知，怵惕居懷，故有憂色。【釋文】「子華子」司馬云：魏人也。○俞樾曰：呂覽貴生篇引子華子曰：全生爲上，虧生次之，死次之，迫生爲下。又誣徒篇引子華子曰：王者樂其所以王，亡者樂其所以亡。高注並云：子華子，古體道人。知度、審爲兩篇注同。「昭僖侯」司馬云：韓侯。○俞樾曰：韓有昭侯，有僖王，無昭僖侯。

〔二〕【疏】銘，書記也。攫，捉取也。廢，斬去之也。假且書一銘記投之於前，左手取銘則斬去右手，右手取銘則斬去左手，然取銘者必得天下，君取之不？（以）取〔以〕譬（諭）〔喻〕，借問韓侯也。【釋文】「攫」俱碧俱縛二反，又史虢反。李云：取也。○盧文弨曰：舊作俱碧反，俱縛反，或又史虢反。譌。今皆從宋本改正。「廢」李云：棄也。司馬云：病也。一云：攫者，援書銘；廢者，斬右手。

〔校〕①高山寺本君下無能字。

昭僖侯曰：「寡人不攫也〔一〕。」

〔一〕【疏】答云：不能斬兩臂而取六合也。

子華子曰：「甚善〔一〕！自是觀之，兩臂重於天下也，身亦重於兩臂。韓之輕於天下亦遠矣〔二〕，今之所争者，其輕於韓又遠。君固愁身傷生以憂戚不得也〔三〕！」

〔一〕【疏】歎君之言，甚當於理。

〔二〕【疏】自，從也。於此言而觀察之，則一身重於兩臂，兩臂重於天下，天下又重於韓，韓之與天下，輕重（之）〔亦〕①遠矣。

〔三〕【疏】所争者疆畔之間，故於韓輕重遠矣，而必固憂愁，傷形損性，恐其不得，豈不惑哉！

【釋文】「其輕於韓又遠」絶句。

〔校〕①亦字依正文改。

僖侯曰：「善哉！教寡人者衆矣，未嘗得聞此言也。」子華子可謂知輕重矣〔一〕。

〔一〕【疏】頓悟其言，歎之奇妙也。

魯君聞顔闔得道之人也，使人以幣先焉〔一〕。顔闔守陋閭，苴布之衣而自飯牛〔二〕。魯君之使者至，顔闔自對之。使者曰：「此顔闔之家與？」顔闔對曰：「此闔之家也。」使者致幣，顔闔對曰：「恐聽者①謬而遺使者罪，不若審之。」使者還，反審之，復來求之，則不得已。〔三〕故若顔闔者，真惡富貴也。

〔一〕【疏】魯侯，魯哀公，或云，魯定公也。姓顔，名闔，魯人，隱者也。幣，帛也。聞顔闔得清廉之道，欲召之爲相，故遣使人賫持幣帛，先通其意。【釋文】「魯君」一本作魯侯。李云：哀公也。

〔二〕【疏】苴布，子麻布也。飯，飼也。居疏陋之閭巷，著粗惡之布衣，身自飯牛，足明貧儉。【釋文】「苴」音麤。徐七餘反。李云：有子麻也。本或作麤，非也。「飯牛」符晚反。

〔三〕【疏】遺，與也。不欲（授）〔受〕幣，致此矯詞以欺使者。○俞樾曰：上者字衍文。恐聽謬而遺使者罪，恐其以誤聽得罪也。聽即使者聽之，非聽者一人，使者一人也。呂氏春秋貴生篇正作恐聽繆而遺使者罪。【釋文】「之使」所吏反。下及下章同。「家與」音餘。「而遺」唯季反。下皆同。「復來」音服，或音扶又反。下章皆同。

〔校〕①闕誤引張君房本者作□。

故曰，道之真以治身，其緒餘以爲國家，其土苴以治天下。由此觀之，帝王之功，聖人之餘事也，非所以完身養生也〔一〕。今世俗之君子，多危身棄生以殉物，豈不悲哉！凡聖人之動作也，必察其所以之與其所以爲〔二〕。今且①有人於此，以隨侯之珠彈千仞之雀，世必笑之。是何也？則其所用者重而所要者輕也。夫生者，豈特隨侯之重哉！〔三〕

〔一〕【疏】緒，殘也。土，糞也。苴，草也。夫用真道以持身者，必以國家爲殘餘之事，將天下同於草土者也。【釋文】「緒餘」並如字。徐上音奢，下以嗟反。司馬李云：緒者，殘也，謂殘餘也。○慶藩案文選司馬子長報任少卿書注引司馬云：緒，餘也。視釋文較略。「土」敕雅反，又片賈行賈二反，又音如字。「苴」側雅反，又知雅反。司馬云：土苴，如糞草也。李云：土苴，糟魄也，皆不真物也。一云：土苴，無心之貌。

〔二〕【疏】殉，逐也。察世人之所適往，觀黎庶之所云爲，然後動作而應之也。【釋文】「必察其所以之」王云，聖人真以持身，餘以爲國，故其動作必察之焉。所以之者，謂德所加之方也。所爲者，謂所以待物也。動作如此，不必察也。

〔三〕【疏】隨國近濮水，濮水出寶珠，即是靈蛇所銜以報恩，隨侯所得者，故謂之隨侯之珠也。夫雀高千仞，以珠彈之，所求者輕，所用者重，傷生殉物，其義亦然也。【釋文】「所要」一遥反。○俞樾曰：隨侯下當有珠字。若無珠字，文義不足。呂氏春秋貴生篇作夫生豈特隨侯珠之重也哉，當據補。

〔校〕①高山寺本今下無且字。

子列子窮，容貌有飢色。客有言之於鄭子陽者曰：「列禦寇，蓋有道之士也，居君之國而窮，君无乃爲不好士乎？」〔一〕鄭子陽即令官遺之粟。子列子見使者，再拜而辭〔二〕。

〔一〕【疏】子陽，鄭相也。禦寇，鄭人也，有道而窮。子陽不好賢士，遠游之客譏刺子陽。【釋文】「子陽」鄭相。「不好」呼報反。

〔二〕【疏】命召主倉之官，令與之粟。禦寇清高，辭謝不受也。【釋文】「即令」力呈反。

使者去，子列子入，其妻望之而拊心曰：「妾聞爲有道者之妻子，皆得佚樂，今有飢色。君過而遺先生食，先生不受，豈不命邪①！〔一〕」

〔一〕【疏】與粟不受，天命貧窮，嗟惋拊心，責夫罪過。故知禦寇之妻，不及老萊之婦遠矣。【釋文】「拊心」徐音撫。「得佚」音逸。「樂」音洛。「君過」古卧反。本亦作遇。

〔校〕①高山寺本豈不命邪作豈非命也哉。

子列子笑謂之曰：「君非自知我也。以人之言而遺我粟，至其罪我也又且以人之言，此吾所以不受也。」其卒，民果作難而殺子陽〔一〕。

〔一〕【疏】子陽嚴酷，人多怒之。左右有誤折子陽弓者，恐必得罪，因國人逐猘狗，遂殺子陽也。【釋文】「作難」乃旦反。下章同。「殺子陽」子陽嚴酷，罪者無赦。舍人折弓，畏子陽怒責，因國人逐猘狗而殺子陽。○俞樾曰：子陽事見吕覽適威篇、淮南氾論訓。至史記鄭世家則云，繻公二十五年，鄭公殺其相子陽。二十七年，子陽之黨共弑繻公駘，又與諸書不同。

楚昭王失國，屠羊説走而從於昭王〔一〕。昭王反國，將賞從者，及屠羊説。屠羊説曰：「大王失國，説失屠羊；大王反國，説亦反屠羊。臣之爵禄已復矣，又何賞之有！」

〔一〕【疏】昭王，名軫，平王之子也。伍奢伍尚遭平王誅戮，子胥奔吴而耕於野，後至吴王闔閭之世，請兵伐楚，遂破楚入郢以雪父之讎。其時昭王窘急，棄走奔隨，又奔於鄭。有屠羊賤人名説，從王奔走。奔走之由，置在下文。【釋文】「楚昭王」名軫，平王子。「屠羊説」音悦，或如字。

王曰：「强之！」

屠羊説曰：「大王失國，非臣之罪，故不敢伏其誅；大王反國，非臣之功，故不敢當其賞。」

王曰：「見之！」

屠羊説曰：「楚國之法，必有重賞大功而後得見，今臣之知不足以存國而勇不足以死寇。吴軍入郢，説畏難而避寇，非故隨大王也。今大王欲廢法毀約而見説，此非臣之所以聞於天下也。」

王謂司馬子綦曰：「屠羊説居處卑賤而陳義甚高，子綦爲我延之以三旌之位〔一〕。」

〔一〕【疏】三旌，三公也。亦有作珪字者，謂三卿皆執珪，故謂三卿爲珪也。○俞樾曰：子綦爲我延之以三旌之位句，此昭王自與司馬子綦言，當稱子，不當稱子綦。綦字衍文。【釋文】「從者」才用反。「强之」其丈反。「見之」賢遍反，下同。「之知」音智。「入郢」以井反。「毀約」如字。徐於妙反。「而見」如字，亦賢遍反。「爲我」于僞反。「三旌」三公位也。司馬本作三珪，云：謂諸侯之三卿皆執珪也。○慶藩案白帖、御覽二百二十八，並引司馬本三旌作三珪，云：諸侯三卿，皆執三珪。與釋文小異。

屠羊説曰：「夫三旌之位，吾知其貴於屠羊之肆也；萬鍾之禄，吾知其富於屠羊之利也；然豈可以貪爵禄而使吾君有妄施之名乎〔一〕！説不敢當，願復反吾屠羊之肆。」遂不受也。

〔一〕【釋文】「妄施」如字，又始豉反。

原憲居魯，環堵之室，茨以生草；蓬户不完，桑以爲樞；而甕牖二室，褐以爲塞；上漏下溼，匡坐而弦①〔一〕。

〔一〕【疏】原憲，孔子弟子，姓原，名思，字憲也。周環各一堵，謂之環堵，猶方丈之室也。以草蓋屋，謂之茨也。褐，粗衣也。匡，正也。原憲家貧，室唯環堵，仍以草覆舍，桑條爲樞，蓬作門扉，破甕爲牖，夫妻二人各居一室，逢雨溼而弦歌自娱，知命安貧，所以然也。【釋文】「茨」徐疾私反。李云：蓋屋也。○慶藩案生草，新序節士篇作生蒿，蒿亦草也。生者，謂新生未乾之草，即牽蘿補屋之意也。「蓬户」織蓬爲户。「桑以爲樞」尺朱反。司馬云：屈桑條爲户樞也。「甕牖」音酉。司馬云：破甕爲牖。「二室」司馬云：夫妻各一室。「褐」下葛反，郭音葛，字或作（褐）〔褐〕②。「爲塞」悉代反。司馬云：以褐衣塞牖也。「匡坐而弦」司馬云：匡，正也。案弦謂弦歌。

〔校〕①闕誤引張君房本弦下有歌字。②褐字依釋文原本及世德堂本改。

子貢乘大馬，中紺而表素，軒車不容巷，往見原憲〔一〕。原憲華冠縰履，杖藜而應門〔二〕。

〔一〕【疏】子貢，孔子弟子，名賜，能言語，好榮華。其軒蓋是白素，(裹)〔裏〕爲紺色，車馬高大，故巷道不容也。【釋文】「中紺」古暗反。李云：紺爲中衣，加素爲表。

〔二〕【疏】縰，躧也。以華皮爲冠，用藜藋爲杖，貧無僕使，故自應門也。【釋文】「華冠」胡化反。以華木皮爲冠。○慶藩案華，(樗)〔榑〕①也。說文：(樗)〔榑〕木也，以其皮裹松脂，讀若華。或作檴。玉篇：檴(樗)〔榑〕，並胡霸胡郭二切。字通作華。司馬相如上林賦華楓枰櫨，張揖曰：華皮可以爲索。「縰履」所倚反，或所買反。本或作縰。并下曳縰同。三蒼解詁作躧，云：躧也。聲類或作屣。韋昭蘇寄反。通俗文云：履不著跟曰屣。司馬本作踐。李云：縰履，謂履無跟也。王云：體之能躧舉而曳之也。履，或作屨。「杖藜」以藜爲杖也。司馬本作扶杖也。「應門」自對門也。

〔校〕①榑字依段氏說文改。

子貢曰：「嘻！先生何病？」

原憲應之曰：「憲聞之，无財謂之貧，學而不能行謂之病。今憲，貧也，非病也。」子貢逡巡而有愧色〔一〕。

〔一〕【疏】嘻，笑聲也。逡巡，卻退貌也。以儉繫奢，故懷慙愧之色。【釋文】「嘻」許其反。「逡巡」七旬反。

原憲笑曰：「夫希世而行，比周而友，學以爲人，教以爲己，仁義之慝，輿馬之飾，憲不忍爲也〔一〕。」

〔一〕【疏】慝，姦惡也。飾，莊嚴也。夫趨世候時，希望富貴，周旋親比，以結朋黨，自求名譽，學以爲人，多覓束脩，教以爲己，託仁義以爲姦慝，飾車馬以衒矜夸，君子恥之，不忍爲之也。【釋文】「希世而行」司馬云：希，望也。所行常顧世譽而動，故曰希世而行。「比周」毗志反。「爲人」于僞反。下爲己同。「教以爲己」學當爲己，教當爲人，今反不然也。「仁義之慝」吐得反，惡也。司馬云：謂依託仁義爲姦惡。

曾子居衛，緼袍无表，顏色腫噲，手足胼胝〔一〕。三日不舉火，十年不製衣，正冠而纓絕，捉衿而肘見，納屨而踵決〔二〕。曳縰而歌商頌，聲滿天地，若出金石。天子不得臣，諸侯不得友〔三〕。故養志者忘形，養形者忘利，致道者忘心矣〔四〕。

〔一〕【疏】以麻緼袍絮，復無表裏也。腫噲，猶剥錯也。每自力作，故生胼胝。【釋文】「緼袍」紆紛反。司馬云：謂麻緼爲絮，論語云衣敝緼袍是也。「種」本亦作腫，章勇反。○盧文弨曰：今書作腫。「噲」古外反，徐古活反。司馬云：種噲，剥錯也。王云：盈虚不常之貌。○慶藩案釋文引司馬云，種噲，剥錯也。王云，盈虚不常之貌。據説文：噲，咽也；一曰嚵，噲也。疑字當爲瘡，病甚也。通作殨，腫決曰殨。説文：瘣，病也，一曰腫旁出。噲殨瘣，並一聲之轉。「胼」薄田反。「胝」竹尼反。

〔二〕【疏】守分清虚，家業窮窶，三日不營熟食，十年不製新衣，繩爛正冠而纓斷，袖破捉衿而肘見，履敗納之而(根)〔跟〕後決也。【釋文】「肘」竹久反。「見」賢遍反。

〔三〕【疏】〔響〕歌商頌(響)，韻叶宫商，察其詞理，雅符天地，聲氣清虚，又諧金石，風調高素，超絶人倫，故不與天子爲臣，不與諸侯爲友也。

〔四〕【疏】夫君子賢人，不以形挫志；攝衛之士，不以利傷生；得道之人，(志)〔忘〕心知之術也。

孔子謂顏回曰：「回，來！家貧居卑，胡不仕乎？」

顏回對曰：「不願仕。回有郭外之田五十畝，足以給飦粥；郭内之田十畝，足以爲絲麻；鼓琴足以自娱，所學夫子之道者足以自樂也。回不願仕。」

孔子愀然變容曰：「善哉回之意！丘聞之：『知足者不以利①自累也，審自得者失之而不懼，行修於内者无位而不怍。』丘誦之久矣，今於回而後見之，是丘之得

也。」〔一〕

〔一〕【疏】訏，麋也。怍，羞也。夫自得之士，不以得喪駭心；內修之人，豈復羞慙無位！孔子誦之，其來已久，今勸回仕，豈非失言！因回反照，故言丘得之矣。【釋文】「訏」之然反。字或作饘。廣雅云：麋也。一云：紀言反。家語云：厚粥。一音干，謂干餅。○盧文弨曰：餅，舊譌餅，今改正。「粥」之六反，又音育。「自樂」音洛。「愀」七小反，徐在九反，又七了子了二反，又資酉反。李音秋，又七遥反。一本作欣。○盧文弨曰：舊作七了反，子了反，今改正。下七遥反，舊脱七字，亦補正。「行修」下孟反。「不怍」在洛反。爾雅云：慙也。又音昨。

〔校〕①闕誤引江南李氏本利作羡。

中山公子牟謂瞻子曰：「身在江海之上，心居乎魏闕之下，柰何〔一〕？」

〔一〕【疏】瞻子，魏之賢人也。魏公子名牟，封中山，故曰中山公子牟也。公子有嘉遁之情而無高蹈之德，故身在江海上而隱遁，心思魏闕下之榮華，既見賢人，借問其術也。【釋文】「公子牟」司馬云：魏之公子，封中山，名牟。「瞻子」賢人也。淮南作詹。「魏闕」淮南作魏。司馬本同，云：魏，讀曰魏。象魏觀闕，人君門也，言心存榮貴。許慎云：天子兩觀也。○盧文弨曰：案今淮南亦作魏。

瞻子曰：「重生。重生則利輕〔一〕。」

〔一〕【疏】重於生道，則輕於榮利，榮利既輕，則不思魏闕。【釋文】「重生」李云：重存生之道者，則名利輕，輕則易絶矣。此人身居江海，心貪榮利，故以此戒之。

中山公子牟曰：「雖知之，未能自①勝也〔一〕。」

〔一〕【疏】雖知重於生道，未能勝於情欲。【釋文】「能勝」音升。下同。

〔校〕①世德堂本無自字。

瞻子曰：「不能自勝則從，神无惡乎〔一〕？不能自勝而强不從者，此之謂重傷。重傷①之人，无壽類矣。〔二〕」

〔一〕【疏】若不勝於情欲，則宜從順心神，亦不勞妄生嫌惡也。【釋文】「不能自勝則從」絶句。一讀至神字絶句。○俞樾曰：釋文曰，不能自勝則從絶句，此讀是也。又曰：一讀至神字絶句，則失之。呂氏春秋審爲篇亦載此事，作不能自勝則縱之，神無惡乎？文子下德篇、淮南子道應篇并疊從之二字，作從之從之，則從神之不當連讀明矣。又案從，呂氏春秋作縱，則當讀子用反，而釋文無音，亦失之。「无惡」如字。又烏路反。「乎」絶句。一讀連下不能自勝爲句。

〔二〕【疏】情既不勝，强生抑挫，情欲已損，抑又乖心，故名重傷也。如此之人，自然夭折，故不得與壽考者爲儕類也。【釋文】「重傷」直用反。下同。○俞樾曰：重傷，猶再傷也。不能自勝，則已傷矣；又强制之而不使縱，是再傷也。故曰此之謂重傷。呂氏春秋審爲篇高誘注曰：重讀復重之重。是也。釋文音直用反，非是。

〔校〕①趙諫議本無此重傷二字。

魏牟，萬乘之公子也，其隱巖穴也，難爲於布衣之士；雖未至乎道，可謂有其意矣〔一〕。

〔一〕【疏】夫大國王孫，生而榮貴，遂能巖棲谷隱，身履艱辛，雖未階乎玄道，而有清高之志，足以激貪勵俗也。【釋文】「萬乘」繩證反。

孔子窮於陳蔡之間，七日不火食，藜羹不糝，顔色甚憊，而弦歌於室〔一〕。顔回擇①菜，子路子貢相與言曰：「夫子再逐於魯，削迹於衛，伐樹於宋，窮於商周，圍於陳蔡，殺夫子者无罪，藉夫子者无禁。弦歌鼓琴，未嘗絶音，君子之无恥也若此乎？〔二〕」

〔一〕【疏】陳蔡之事，外篇已解。既遭飢餒，營無火食，藜菜之羹，不加米糝，顔色衰憊而歌樂自娱，達道聖人，不以爲事也。【釋文】「不火食」元嘉本無火字。「不糝」素感反。「甚憊」皮拜反。

〔二〕【疏】仕於魯而被放，游於衞而削迹，講於宋樹下而司馬桓魋欲殺夫子，憎其坐處，遂伐其樹。故欲殺夫子，當無罪咎，凌藉之者，應無禁忌。由賜未達，故發斯言。【釋文】「伐樹於宋」孔子之宋，與弟子習禮大樹下，宋司馬桓魋欲殺孔子，伐其樹，孔子遂行。「藉」藉，毁也。又云：凌藉也。一云：鑿也。或云：係也。

〔校〕①趙諫議本擇作釋。

顔回无以應，入告孔子。孔子推琴喟然而歎曰：「由與賜，細人也。召而來，吾語之。」

子路子貢入。子路曰：「如此者可謂窮矣！」〔一〕

〔一〕【疏】喟然，嗟歎貌。由與賜，細碎之人也。命召將來，告之善道。如斯困苦，豈不窮乎！【釋文】「喟」去愧反，又苦怪反。「語之」魚據反。

孔子曰：「是何言也！君子通於道之謂通，窮於道之謂窮。今丘抱仁義之道以遭亂世之患，其何窮之爲！故内省而不窮於道，臨難而不失其德，天寒既至，霜雪①既降，吾是以知松柏之茂也②。陳蔡之隘，於丘其幸乎！」〔一〕

〔一〕【疏】夫歲寒别木，處窮知士，因難顯德，可謂幸矣。○慶藩案何窮之爲，爲，猶謂也。古謂爲二字義通呂氏春秋慎人篇作何窮之謂。呂氏春秋精諭篇胡爲不可，淮南原道、道應篇作胡謂不可。漢書高帝紀酈食其爲里監門，史記爲作謂，皆其證。（案左傳一之謂甚，韓詩外傳王欲用何謂辭之，新序雜事篇何謂至於此也，謂字並與爲同義。）【釋文】「臨難」乃旦反。○俞樾曰：天乃大字之誤。國語魯語大寒降，韋昭注曰：謂季冬建丑之月，大寒之後也。若作天寒既至，失其義矣。呂氏春秋慎人篇亦載此事，正作大寒。「之隘」音厄，又於懈反。

〔校〕①趙諫議本雪作露。②闕誤引江南古藏本茂也下有桓公得之莒，文公得之曹，越王得之會稽十六字。

孔子削然反琴而弦歌，子路扢然執干而舞〔一〕。子貢曰：「吾不知天之高也，地之下也。」

〔一〕【疏】削然，取琴聲也。扢然，奮勇貌也。既師資領悟，彼此歡娱也。【釋文】「削然」如字。李云：反琴聲。亦作梢，音消。○盧文弨曰：宋本梢作俏。「扢」許訖反，又巨乙反，魚乙反。李云：奮舞貌。司馬云：喜貌。「執干」干，楯也。

古之得道者，窮亦樂，通亦樂。所樂非窮通也，道德①於此，則窮通爲寒暑風雨之序矣。〔一〕故許由娱②於潁陽而共伯得乎共首③〔二〕。

〔一〕【疏】夫陰陽天地有四序寒温，人處其中，何能無窮通否泰耶！故得道之人，處窮通而常樂，譬之風雨，何足介懷乎！【釋文】「亦樂」音洛，下同。○俞樾曰：德當作得。呂覽慎人篇作道得於此，則窮達一也，爲寒暑風雨之序矣。疑此文窮通下，亦當有一也二字，而今奪之。

〔二〕【疏】共伯，名和，周王之孫也，懷道抱德，食封於共。厲王之難，天子曠絶，諸侯知共伯賢，請立爲王，共伯不聽，辭不獲免，遂即王位。一十四年，天下大旱，舍屋生火，卜曰：厲王爲祟。遂廢共伯而立宣王。共伯退歸，還食本邑，立之不喜，廢之不怨，逍遥於丘首之山。丘首山，今在河内。潁陽，地名，在襄陽，未爲定地名也。故許由娱樂於潁水，共伯得志於首山也。【釋文】「虞於潁陽」廣雅云：虞，安也。安於潁陽。一本作娱④。娱，樂也。「共伯」音恭，下同。「得乎共首」司馬云：共伯名和，脩其行，好賢人，諸侯皆以爲賢。周厲王之難，天子曠絶，諸侯皆請以爲天子，共伯不聽，即干王位。十四年，大旱屋焚，卜於太陽，兆曰：厲王爲祟。召公乃立宣王。共伯復歸於宗，逍遥得意共山之首。共丘山，今在河内共縣西。魯連子云：共伯後歸於國，得意共山之首。紀年云：共伯和即干王位。孟康注漢書古今人表，以爲入爲三公。本或作丘首。○盧文弨曰：案今蜀書作攝行天子事。○慶藩案路史發揮二注引司馬云：共伯和脩行而好賢。厲王之難，天子曠絶，諸侯知共伯賢，立爲天子。共伯不聽，弗獲免，遂即王位。一十四年，天下大旱，舍屋焚，卜於太陽，兆曰：厲王爲祟。召公乃立宣王。共伯還歸於宗，逍遥得意於共丘山之首。與釋文小異。○藩又案釋文引司馬云，共伯逍遥得意於共山之首，而不詳共山屬某所，疑共首即共頭也。荀子儒效篇至共頭而山隧，楊倞注：共，河内縣名，共頭蓋共縣之山名。盧云：共頭即莊子之共首。吕氏春秋誠廉篇亦作共頭。此首字亦當爲頭之誤。（頭從頁，頁即首字也。古頭首字通用。）

〔校〕①高山寺本德作得。②闕誤引江南古藏本娛作虞。③闕誤引江南古藏本得乎共首作得志乎丘首。趙諫議本共作丘。④今本作娛。

舜以天下讓其友北人无擇，北人无擇曰：「異哉后之爲人也，居於畎畝之中而遊堯之門！不若是而已，又欲以其辱行漫我。吾羞見之。」因自投清泠之淵〔一〕。

〔一〕【注】孔子曰：士志於仁者，有殺身以成仁，無求生以害仁。夫志尚清遐，高風邈世，與夫貪利没命者，故有天地之降也。【疏】北方之人，名曰無擇，舜之友人也。后，君也。壟上曰畝，下曰畎。清泠淵，在南陽西崿縣界。舜耕於歷山，長於壟畝，游堯門闕，受堯禪讓，其事迹豈不如是乎？又欲將恥辱之行汙漫於我。以此羞慙，遂投清泠也。○俞樾曰：廣韻二十五德北字注：古有北人無擇。則北人是複姓。漢書古今人表作北人亡擇。【釋文】「畎」古犬反。「畝」司馬云：壟上曰畝，壟中曰畎。○盧文弨曰：畝字俗，説文作晦，亦作畞爲正。「辱行」下孟反。下章同。「漫我」武諫反，徐武畔反。下章同。「清泠」音零。「之淵」山海經云：在江南。一云：在南陽郡西崿山下。

湯將伐桀，因卞隨而謀，卞隨曰：「非吾事也。」

湯曰：「孰可？」

曰：「吾不知也。」

湯又因瞀①光而謀，瞀光曰：「非吾事也。」

〔校〕①趙諫議本作務，下同。

湯曰：「孰可？」

曰：「吾不知也。」

湯曰：「伊尹何如？」

曰：「强力忍垢，吾不知其他也。」〔一〕

〔一〕【疏】姓卞，名隨，姓務，名光，並懷道之人，隱者也。湯知其賢，因之謀議。既非隱者之務，故答以不知。姓伊，名尹，字贄，佐世之賢人也。忍，耐也。垢，恥辱也。既欲阻兵，應須强力之士；方將弑主，亦藉耐羞之人；他外之能，吾不知也。【釋文】「瞀光」音務，又莫豆反。本或作務。「强力」李云：阻兵須力。○盧文弨曰：舊阻譌徂，今改正。「忍垢」司馬云：垢，辱也。李云：弑君須忍垢也。

湯遂與伊尹謀伐桀，尅之，以讓卞隨。卞隨辭曰：「后之伐桀也謀乎我，必以我爲賊也；勝桀而讓我，必〔以〕①我爲貪也。吾生乎亂世，而无道之人再來漫我以其辱行，吾不忍數聞也。」乃自投〔稠〕〔椆〕②水而死。〔一〕

〔一〕【疏】漫。汙也。稠水，在潁川郡界。字又作桐。【釋文】「數聞」音朔。「(稠)〔椆〕水」直留反。本又作桐水。徐音同，又徒董反，又音封。本又作稠。司馬本作洞，云：洞水在潁川。一云：在范陽郡界。

〔校〕①以字依世德堂本補。②椆字依世德堂本及釋文原本改。下釋文同。

湯又讓瞀光曰：「知者謀之，武者遂之，仁者居之，古之道也。吾子胡不立乎？」

瞀光辭曰：「廢上，非義也；殺民，非仁也；人犯其難，我享其利，非廉也〔一〕。吾聞之曰，非其義者，不受其祿，无道之世，不踐其土。況尊我乎！吾不忍久見也。」乃負石而自沈於廬水〔二〕。

〔一〕【疏】享，受也。廢上，謂放桀也。殺民，謂征戰也。〔人〕①犯其難，謂遭誅戮也。我享其利，謂受祿也。【釋文】「知者」音智。「其難」乃旦反。

〔二〕【注】舊說曰：如卞隨務光者，其視天下也若六合之外，人所不能察也。斯則謬矣。夫輕天下者，不得有所重也，苟無所重，則無死地矣。以天下爲六合之外，故當付之堯舜湯武耳。淡然無係，故(汛)〔汎〕②然從衆，得失無槩於懷，何自投之爲哉！若二子者，可以爲殉名慕高矣，未可謂外天下也③。【疏】廬水，在遼西北平郡界也。【釋文】「廬水」音閭。司馬本作盧水，在遼東西界。一云在北平郡界。「淡然」徒暫反。「无槩」古代反。

〔校〕①人字依正文補。②汎字依世德堂本改。③趙諫議本無也字。

昔周之興，有士二人處於孤竹，曰伯夷叔齊。二人相謂曰：「吾聞西方有人，似有道者，試往觀焉〔一〕。」至於岐陽，武王聞之，使叔旦往見之，與①盟曰：「加富二等，就官一列。」血牲而埋之〔二〕。

〔一〕【疏】孤竹，國名，在遼西。伯夷叔齊，兄弟讓位，聞文王有道，故往觀之。夷齊事迹，外篇已解矣。【釋文】「孤竹」司馬云：孤竹國，在遼東令支縣界。伯夷叔齊，其君之二子也。令，音郎定反。支，音巨移反。

〔二〕【疏】岐陽是岐山之陽，文王所都之地，今扶風是也。周公名旦，是武王之弟，故曰叔旦也。其時文王已崩，武王登極，將欲伐紂，招慰賢良，故令周公與其盟誓，加禄二級，授官一列，仍牲血釁其盟書，埋之壇下也。【釋文】「血牲」一本作殺牲。司馬本作血之以牲。

〔校〕①世德堂本與下有之字。

二人相視而笑曰：「嘻，異哉！此非吾所謂道也。昔者神農之有天下也，時祀盡敬而不祈喜①；其於人也，忠信盡治而无求焉〔一〕。樂與政爲政，樂與治爲治，不以人之壞自成也，不以人之卑自高也，不以遭時自利也〔二〕。今周見殷之亂而遽爲政，上謀而下②行貨，阻兵而保威，割牲而盟以爲信，揚行以説衆，殺伐以要利，是推亂以易暴也〔三〕。吾聞古之士，遭治世不避其任，遇亂世不爲苟存。今天下闇，（周）〔殷〕③德衰，其並乎周以塗吾身也，不如避之以絜吾行。」二子北至於首陽之山，遂餓而死焉。若伯夷叔齊者，其於富貴也，苟可得已，則必不賴。高節戾行，獨樂其志，不事於世，此二士之節也。〔四〕

〔一〕【疏】祈，求也。喜，福也。神農之世，淳樸未殘，四時祭祀，盡於恭敬，其百姓忠誠信實，緝理而已，無所求焉。【釋文】「嘻」許其反，一音於其反。「祈喜」如字。徐許記反。○俞樾曰：喜當作禧。爾雅釋詁：禧，福也。不祈禧者，不祈福也。吕氏春秋誠廉篇作時祀盡敬而不祈福也，與此字異義同。「盡治」直吏反。

〔二〕【疏】爲政順事，百姓緝理，從於物情，終不幸人之災以爲己福，願人之險以爲己利也。

〔三〕【疏】遽，速也。速爲治政，彰紂之虐，謀謨行貨以保兵威，顯物行説以化黎庶，可謂推周之亂以易殷之暴也。○王念孫曰：上謀而下行貨，下字後人所加也。上與尚同。上謀而行貨，阻兵而保威，句法正相對。後人誤讀上爲上下之上，故加下字耳。吕氏春秋誠廉篇正作上謀而行貨，阻兵而保威。【釋文】「揚行」下孟反。下吾行、戾行同。「以説」音悦。「以要」一遥反。

〔四〕【注】論語曰：伯夷叔齊餓于首陽之下，不言其死也。而此云死焉，亦欲明其守餓以終，未必餓死也。此篇大意，以起高讓遠退之風。故被其風者，雖貪冒之人，乘天衢，入紫庭，猶時慨然中路而歎，況其凡乎！故夷許之徒，足以當稷契，對伊吕矣。夫居山谷而弘天下者，雖不俱爲聖佐，不猶高於蒙埃塵者乎！其事雖難爲，然其風少弊，故可遺也。曰：夷許之弊安在？曰：許由之弊，使人飾讓以求進，遂至乎之噲也；伯夷之風，使暴虐之君得肆其毒而莫之敢亢也；伊吕之弊，使天下貪冒之雄敢行篡逆；唯聖人無迹，故無弊也。若以伊吕爲聖人之迹，則伯夷叔齊亦聖人之迹也；若以伯夷叔齊非聖人之迹邪？則伊吕之事亦非聖〔人〕④矣。夫聖人因物之自行，故無迹。然則所謂聖者，我本無迹，故物得其迹，迹得而强名聖，則聖者乃無迹之名也。【疏】塗，汙也。若與周並存，恐汙吾行，不如逃避，餓死於首山。首山在蒲州城南近河是也。【釋文】「故被」皮義反。「貪冒」亡北反，或亡報反。下同。「稷契」息列反。「之噲」音快。「篡」初患反。唐云：或曰：讓王之篇，其章多重生，而務光二三子自投於水，何也？答曰：莊書之興，存乎反本，反本之由，先於去榮；是以明讓王之一篇，標傲世之逸志，旨在不降以厲俗，無厚身以全生。所以時有重生之辭者，亦歸棄榮之意耳，深於塵務之爲弊也。其次者，雖復被褐啜粥，保身而已。其全道尚高而超俗自逸，寧投身於清泠，終不屈於世累也。此舊集音有，聊復録之，於義無當也。

〔校〕①高山寺本作熹。②高山寺本無下字。③殷字依高山寺本及闕誤引江南古藏本李氏本改。④人字依趙諫議本補。

雜篇 盗跖第二十九〔一〕

孔子與柳下季爲友，柳下季之弟，名曰盗跖。盗跖從卒九千人，横行天下，侵暴諸侯，穴室樞①户，驅人牛馬，取人婦女，貪得忘親，不顧父母兄弟，不祭先祖。所過之邑，大國守城，小國入保，萬民苦之。〔二〕

〔一〕【釋文】以人名篇。

〔二〕【疏】姓展，名禽，字季，食采柳下，故謂之柳下季。亦言居柳樹之下，故以爲號。展禽是魯莊公時，孔子相去百餘歲，而言友者，蓋寓言也。跖者，禽之弟名也，常爲巨盗，故名盗跖。穿穴屋室，解脱門樞，而取人牛馬也。亦有作空字、驅字者。保，小城也。爲害既巨，故百姓困之。【釋文】「孔子與柳下季爲友」柳下惠姓展，名獲，字季禽。一云：字子禽，居柳下而施德惠。一云：惠，謚也。一云：柳下，邑名。案左傳云，展禽是魯僖公時人，至孔子生八十餘年，若至子路之死百五六十歲，不得爲友，是寄言也。「盗跖」之石反。李奇注漢書云：跖，秦之大盗也。○俞樾曰：史記伯夷傳正義又云，蹠者，黄帝時大盗之名。是跖之爲何時人，竟無定説。孔子與柳下惠不同時，柳下惠與盗跖亦不同時，讀者勿以寓言爲實也。「從」才用反。「卒」尊忽反。下同。「樞户」尺朱反，徐苦溝反。司馬云：破人户樞而取物也。「入保」鄭注禮記曰：小城曰保。

〔校〕①闕誤引劉得一本樞作摳。

孔子謂柳下季曰：「夫爲人父者，必能詔其子；爲人兄者，必能教其弟。若父不能詔其子，兄不能教其弟，則无貴父子兄弟之親矣。今先生，世之才士也，弟爲盜跖，爲天下害，而弗能教也，丘竊爲先生羞之。丘請爲先生往説之。」

柳下季曰：「先生言爲人父者必能詔其子，爲人兄者必能教其弟，若子不聽父之詔，弟不受兄之教，雖今先生之辯，將柰之何哉！且跖之爲人也，心如涌泉，意如飄風，强足以距①敵，辯足以飾非，順其心則喜，逆其心則怒，易辱人以言。先生必无往。」

孔子不聽，顔回爲馭，子貢爲右，往見盜跖。盜跖乃方休卒徒②大③山之陽，膾人肝而餔之〔一〕。孔子下車而前，見謁者曰：「魯人孔丘，聞將軍高義，敬再拜謁者。」

〔一〕【疏】餔，食也。子貢驂乘，在車之右也。【釋文】「能詔」如字，教也。「竊爲」于僞反。下請爲、爲我、竊爲、使爲皆同。「説之」始鋭反。「飄風」婢遥反，徐扶遥反。「易辱」以豉反。「大山」音太。「膾」古外反。「餔」布吳反，徐甫吳反。字林云：日申時食也。

〔校〕①世德堂本距作拒。②闕誤引江南古藏本徒下有於字。③趙諫議本大作太，闕誤同。

謁者入通，盜跖聞之大怒，目如明星，髮上指冠，曰：「此夫魯國之巧僞人孔丘非邪？爲我告之：『爾作言造語，妄稱文武〔一〕，冠枝木之冠，帶死牛之脅〔二〕，多辭繆説，不耕而食，不織而衣，摇脣鼓舌，擅生是非，以迷天下之主，使天下學士不反其本，妄作孝弟①而儌倖於封侯富貴者也〔三〕。子之罪大極重，疾走歸！不然，我將以子肝益晝餔②之膳！』」

〔一〕【疏】言孔子憲章文武，祖述堯舜，刊定禮樂，遺迹將來也。【釋文】「髮上」時掌反。「此夫」音符，又如字。

〔二〕【疏】脅，肋也。言尼父所戴冕，浮華雕飾，華葉繁茂，有類樹枝。又將牛皮用爲革帶，既闊且堅，又如牛肋也。【釋文】「冠」古亂反。「枝木之冠」如字。司馬云：冠多華飾，如木之枝繁。「帶死牛之脅」許劫反。司馬云：取牛皮爲大革帶。

〔三〕【疏】儌倖，冀望也。夫作孝弟，序人倫，意在乎富貴封侯者也。故歷聘不已，接輿有鳳兮之譏；棄本滯迹，師金致芻狗之誚也。【釋文】「繆説」音謬。「孝弟」音悌。本亦作悌。「而儌」古堯反。○俞樾曰：極當作殛。爾雅釋言：殛，誅也。言罪大而誅重也。極殛古字通。書洪範篇鯀則殛死，多士篇大罰殛之，僖二十八年左傳明神殛之，昭七年傳昔堯殛鯀於羽山，釋文並曰：殛，本作極。

〔校〕①趙諫議本弟作悌。②趙本餔作脯。

孔子復通曰：「丘得幸①於季，願望履幕下〔一〕。」

〔一〕【疏】言丘幸其得與賢兄朋友，不敢正覩儀容，願履帳幕之下。亦有作綦字者。綦，履迹也。願履綦迹，猶看足下。【釋文】「復通」扶又反，下同。「願望履幕下」司馬本幕作綦，云：言視不敢望跖面，望履結而還也。

〔校〕①趙諫議本幸下有然字。

謁者復通，盜跖曰：「使來前！」孔子趨而進，避席反走，再拜盜跖。盜跖大怒，兩展其足，案劍瞋目，聲如乳虎，曰：「丘來前！若所言，順吾意則生，逆吾心則死。」〔一〕

〔一〕【疏】趨，疾行也。反走，卻退。兩展其足，伸兩脚也。【釋文】「反走」小卻行也。○慶藩案文選謝靈運〔從〕斤〔行〕〔竹〕澗越嶺溪行注引司馬云：展，申也。釋文闕。「瞋」赤真反，徐赤夷反。廣雅云：張也。「如乳」如樹反。

孔子曰：「丘聞之，凡天下①有三德：生而長大，美好无雙，少長貴賤見而皆說之，此上德也；知維天地，能辯諸物，此中德也；勇悍果敢，聚衆率兵，此下德也。凡人有此一德者，足以南面稱孤矣。今將軍兼此三者，身長八尺二寸，面目有光，脣如激丹，齒如齊貝，音中黄鍾，而名曰盜跖，丘竊爲將軍恥不取焉〔一〕。將軍有意聽臣，臣請南使吳越，北使齊魯，東使宋衛，西使晉楚，使爲將軍造大城數百里，立數十萬户之邑，尊將軍爲諸侯，與天下更始，罷兵休卒，收養昆弟，共祭先祖。此聖人才士之行，而天下之願也。」

〔一〕【疏】激，明也。貝，珠也。黄鍾，六律聲也。【釋文】「少長」詩召反，下丁丈反。「皆説」音悦。下同。「知維」音智。「勇悍」户旦反。「激丹」古歷反。司馬云：明也。「齊貝」一本作含貝。「音中」丁仲反。「南使」所吏反。下三字同。「數百」所主反。下同。「罷兵」如字。徐扶彼反。「共祭」音恭。「之行」下孟反。下同。

〔校〕①張君房本有人字。

盗跖大怒曰：「丘來前！夫可規以利而可諫以言者，皆愚陋恒民之謂耳。今長大美好，人見而悦之者，此吾父母之遺德也。丘雖不吾譽，吾獨不自知邪？且吾聞之，好面譽人者，亦好背而毁之。今丘告我以大城衆民，是欲規我以利而恒民畜我也，安可久長也〔一〕！城之大者，莫大乎天下矣。堯舜有天下，子孫无置錐之地〔二〕；湯武立爲天子，而後世絶滅；非以其利大故邪〔三〕？

〔一〕【疏】言大城衆民，不可長久也。【釋文】「恒民」一本作順民。後亦爾。「吾譽」音餘。下同。「好面」呼報反。下同。「背」音佩。下同。

〔二〕【疏】堯讓舜，不授丹朱，舜讓禹而商均不嗣，故無置錐之地也。

〔三〕【疏】殷湯周武，總統萬機，後世子孫，咸遭篡弒，豈非四海利重所以致之！

且吾聞之，古者禽獸多而人少，於是民皆巢居以避之，晝拾橡栗，暮栖木上，故命之曰有巢氏之民。古者民不知衣服，夏多積薪，冬則煬之，故命之曰知生之民。神農之世，卧則居居，起則于于〔一〕，民知其母，不知其父，與麋鹿共處，耕而食，織而衣，无有相害之心，此至德之隆也。然而黄帝不能致德，與蚩尤戰於涿鹿之野，流血百里〔二〕。堯舜作，立羣臣〔三〕，湯放其主〔四〕，武王殺紂〔五〕。自是之後，以强陵弱，以衆暴寡。湯武以來，皆亂人之徒也〔六〕。

〔一〕【疏】居居，安静之容。于于，自得之貌。【釋文】「橡」音象。「煬」羊亮反。○慶藩案于于，廣大之意也。方言：于，大也。禮文王世子于其身以善其君，鄭注曰：于讀爲迂。迂，猶廣也，大也。檀弓于則于，正義亦訓于爲廣大。于于，重言也。

〔二〕【疏】至，致也。蚩尤，諸侯也。涿鹿，地名，今幽州涿郡是也。蚩尤造五兵，與黄帝戰，故流血百里也。【釋文】「蚩尤」神農時諸侯，始造兵者也。神農之後，第八帝曰榆罔。世蚩尤氏强，與榆罔争王，逐榆罔。榆罔與黄帝合謀，擊殺蚩尤。漢書音義云：蚩尤，古之天子。一曰庶人貪者。「涿鹿」音卓。本又作濁。司馬云：涿鹿，地名，故城今在上谷郡西南八十里。

〔三〕【疏】置百官也。

〔四〕【疏】放桀於南巢也。

〔五〕【疏】朝歌之戰。　【釋文】「武王殺」音試。下同。

〔六〕【疏】征伐篡弑，湯武最甚。

今子脩文武之道，掌天下之辯，以教後世〔一〕，縫衣淺帶，矯言僞行，以迷惑天下之主，而欲求富貴焉，盜莫大於子。天下何故不謂子爲盜丘，而乃謂我爲盜跖？〔二〕

〔一〕【疏】孔子憲章文武，辯説仁義，爲後世之教也。

〔二〕【疏】制縫掖之衣，淺薄之帶，矯飾言行，誑惑諸侯，其爲賊害，甚於盜跖。　【釋文】「摓衣」本又作縫，扶恭反，徐扶公反，又音馮。○盧文弨曰：今書作縫衣。○慶藩案摓衣淺帶，向秀注曰：儒服寬而長大。（見列子黄帝篇注。）釋文摓，又作縫。縫衣，大衣也。或作逢，書洪範子孫其逢吉，馬注曰：逢，大也。禮儒行逢掖之衣，鄭注：逢，猶大也。荀子非十二子篇其衣逢，儒效篇逢衣淺帶，楊注並曰：逢，大也。亦省作夆，墨子公孟篇：夆衣博袍。夆博，皆大也。（集韻：縫，或省作夆。漢丹陽太守郭旻碑彌夆袞口，夆即縫字。）「淺帶」縫帶使淺狹。「矯言」紀表反。

子以甘辭説子路而使從之，使子路去其危冠，解其長劍，而受教於子，天下皆曰孔丘能止暴禁非〔一〕。其卒之也，子路欲殺衛君而事不成，身菹於衛東門之上，是子教之不至也〔二〕。

〔一〕【疏】高危之冠，長大之劍，勇者之服也。既伏膺孔氏，故解去之。【釋文】「説子路」始鋭反，又如字。「去其」起呂反。「危冠」李云：危，高也。子路好勇，冠似雄雞形，背負豭（牛）〔斗〕①，用表己强也。○盧文弨曰：今書音義作豭斗，案史記作佩豭豚。

〔二〕【疏】仲由疾惡情深，殺衛君蒯聵，事既不逮，身遭菹醢，盜跖故以此相譏也。【釋文】「其卒」子恤反。「身菹」莊居反。

〔校〕①斗字依世德堂本及釋文考證改。

子自謂才士聖人邪？則再逐於魯，削跡於衛，窮於齊，圍於陳蔡，不容身於天下。子教子路菹此患，上无以爲身，下无以爲人，子之道豈足貴邪？世之所高，莫若黄帝，黄帝尚不能全德，而戰涿鹿之野，流血百里。堯不慈〔一〕，舜不孝〔二〕，禹偏枯〔三〕，湯放其主，武王伐紂，文王拘羑里〔四〕。此六①子者，世之所高也，孰論之，皆以利惑其真而强反其情性，其行乃甚可羞也〔五〕。

〔一〕【疏】謂不與丹朱天下。【釋文】「以爲」于僞反，下同。「堯不慈」不授子也。

〔二〕【疏】爲父所疾也。

〔三〕【疏】治水勤勞，風櫛雨沐，致偏枯之疾，半身不遂也。

〔四〕【疏】羑里，殷獄名。文王遭紂之難，戹於囹圄，凡經七年，方得免脱。【釋文】「文王拘羑里」紂之二十年，囚文王。

〔五〕【疏】六子者，謂黄帝堯舜禹湯文王也。皆以利於萬乘，是以迷於真道而不反於自然，故可恥也。【釋文】「而强」其丈反。「可羞」如字。本又作惡，烏路反。

〔校〕①闕誤引江南古藏本六作七。

世之所謂賢士，伯夷叔齊。伯夷叔齊①辭孤竹之君而餓死於首陽之山，骨肉不葬。鮑焦飾行非世，抱木而死。〔一〕申徒狄諫而不聽，負石自投於河，爲魚鼈所食〔二〕。介子推至忠也，自割其股以食文公，文公後背之，子推怒而去，抱木而燔死〔三〕。尾生與女子期於梁下，女子不來，水至不去，抱梁柱而死。此六②子者，无異於磔犬流豕操瓢而乞者，皆離③名輕死，不念本養壽命者也〔四〕。

〔一〕【疏】二人窮死首山，復無子胤收葬也。姓鮑，名焦，周時隱者也。飾行非世，廉潔自守，荷擔採樵，拾橡充食，故無子胤，不臣天子，不友諸侯。子貢遇之，謂之曰：「吾聞非其政者不履其地，汙其君者不受其利。今子履其地，食其利，其可乎？」鮑焦曰：「吾聞廉士重進而輕退，賢人易愧而輕死。」遂抱木立枯焉。

〔二〕【疏】申徒自沈，前篇已釋。諫而不聽，未詳所據。崔嘉雖解，無的諫辭。【釋文】「負石自投於河」申徒狄將投於河，崔嘉止之曰：「吾聞聖人仁士民父母，若濡足故，不救溺人，可乎？」申徒狄曰：「不然。昔桀殺龍逢，紂殺比干，而亡天下；吳殺子胥，陳殺泄治，而滅其國。非聖人不仁，不用故也。」遂沈河而死。

〔三〕【疏】晉文公重耳也，遭驪姬之難，出奔他國，在路困乏，推割股肉以飴之。公後還三日，封於從者，遂忘子推。子推作龍蛇之歌，書其營門，怒而逃。公後慙謝，追子推於介山。子推隱避，公因放火燒山，庶其走出。火至，子推遂抱樹而焚死焉。【釋文】「以食」音嗣。「燔死」音煩，燒也。○慶藩案左傳：介之推不言祿，祿亦弗及。又曰：晉侯求之不得，以綿上爲之田，曰：「以志吾過，且旌善人。」呂覽曰：介推負釜蓋簦，終身不見。史記曰：使人召之則亡。聞其入綿上山中，於是環綿上之山中而封之，以爲介推田，號曰介山。徧查經傳，并無介推燔死之事。自屈子爲立枯之説，（楚辭九章惜往日：介子推而立枯兮。）莊生有燔死之文，（容齋三筆云始自新序，非也。）而東方朔七諫、漢書丙吉傳皆承其誤。今當以左傳呂覽正之。

〔四〕【疏】六子者，謂伯夷叔齊鮑焦申徒介推尾生。言此六人，不合玄道，矯情飾行，苟異俗中，用此聲名，傳之後世。亦何異乎張磔死狗，流在水中，貧病之人，操瓢乞告！此閒人物，不許見聞，六子之行，事同於此，皆爲重名輕死，不念歸本養生，壽盡天命者也。豕字有作死字者，乞字有作走字者，隨字讀之。豕，猪也。【釋文】「尾生」一本作微生。戰國策作尾生高，高誘以爲魯人。「磔」竹客反。廣雅云：張也。「操」七曹反。「瓢」婢遥反。「而乞者」李云：言上四人不得其死，猶豬狗乞兒流轉溝中者也。乞，或作走。「離名」力智反。「念本」本，或作卒。

〔校〕①世德堂本伯夷叔齊四字不重。②闕誤六作四，引江南古藏本云：四作六。③闕誤引張君房本離作利。

世之所謂忠臣者，莫若王子比干伍子胥。子胥沈江，比干剖心，此二子者，世謂忠臣也，然卒爲天下笑。〔一〕自上觀之，至于子胥比干，皆不足貴也。

〔一〕【疏】爲達道者之所嗤也。【釋文】「剖心」普口反。

丘之所以説我者，若告我以鬼事，則我不能知也；若告我以人事者，不過此矣，皆吾所聞知也。

今吾告子以人之情，目欲視色，耳欲聽聲，口欲察味，志氣欲盈〔一〕。人上壽百歲，中壽八十，下壽六十，除病瘦死喪憂患，其中開口而笑者，一月之中不過四五日而已矣。天與地无窮，人死者有時，操有時之具而託於无窮之間，忽然无異騏驥之馳過隙也〔二〕。不能説其志意，養其壽命者，皆非通道者也。

丘之所言，皆吾之所棄也，亟去走歸，无復言之！子之道，狂狂汲汲①，詐巧虚僞事也，非可以全真也，奚足論哉〔三〕！」

〔一〕【疏】夫目視耳聽，口察志盈，率性而動，禀之造物，豈矯情而爲之哉？分内爲之，道在其中矣。【釋文】「以説」如字，又始鋭反。

〔二〕【疏】夫天長地久，窮境稍賒，人之死生，時限迫促。以有限之身，寄無窮之境，何異乎騏驥馳走過隙穴也！【釋文】「上壽」音受，又如字。下同。「瘦」色又反。○王念孫曰：釋文，瘦，色又反。案瘦當爲瘐，字之誤也。瘐，亦病也。病瘐爲一類，死喪爲一類，憂患爲一類。瘐字本作瘉。爾雅曰：瘉，病也。小雅正月篇胡俾我瘉，毛傳與爾雅同。漢書宣帝紀今繫者或以掠辜若飢寒瘐死獄中，蘇林曰：「瘐，病也，囚徒病，律名爲瘐。」師古曰：瘐，音庾，字或作瘉。王子侯表曰：富侯龍下獄（庾）〔瘐〕②死。

〔三〕【疏】亟，急也。狂狂，失性也。伋伋，不足也。夫聖迹之道，仁義之行，譬彼蘧廬，方兹芻狗，執而不遺，惟增其弊。狂狂失真，伋伋不足，虚僞之事，何足論哉！【釋文】「能説」音悦。「亟去」紀力反，急也。本或作極。「无復」扶又反。「狂狂」如字，又九況反。「汲汲」本亦作伋，音急，又音及。「詐巧」苦孝反，又如字。

〔校〕①趙諫議本作伋伋。②瘐字依漢書改。

孔子再拜趨走，出門上車，執轡三失，目芒然无見，色若死灰，據軾低頭，不能出氣。歸到魯東門外，適遇柳下季。柳下季曰：「今者闕然數日不見，車馬有行色，得微往見跖邪？」〔一〕

〔一〕【疏】軾，車前横木，憑之而坐者也。盜跖英雄，盛談物理，孔子慴懼，遂至於斯。微，無也。

【釋文】「上車」時掌反。「三失」息暫反，又如字。「芒然」莫剛反。「有行」如字。

孔子仰天而歎曰：「然〔一〕。」

〔一〕【疏】然，如此也。

柳下季曰：「跖得无逆汝意若前乎？」

孔子曰：「然〔一〕。丘所謂无病而自灸也，疾走料虎頭，編虎須，幾不免虎口哉〔二〕！」

〔一〕【疏】若前乎者，則是篇首柳下云：「逆其心則怒，無乃逆汝意如我前言乎？」孔子答云：「實如所言也。」

〔二〕【注】此篇寄明因衆之所欲亡而亡之，雖王紂可去也；不因衆而獨用己，雖盜跖不可御也。

【疏】幾，近也。夫料觸虎頭而編虎須者，近遭於虎食之也，今仲尼往説盜跖，履其危險，不異於斯也。而言此章大意，排擯聖迹，嗤鄙名利，是以排聖迹則訶責堯舜，鄙名利則輕忽夷齊，故寄孔跖以摸之意也。即郭注意，失之遠矣。【釋文】「自灸」久又反。「疾走料」音聊。「扁虎」音鞭，又蒲顯反，徐扶顯反。本或作編，音同。「頷」一本作料頭編虎須。〇盧文弨曰：今書作編虎須。舊亦作須，今從宋本作頷。「幾不」音祈。「可去」起吕反。

子張問於滿苟得曰：「盍不爲行〔一〕？无行則不信，不信則不任，不任則不利。故觀之名，計之利，而義真是也。〔二〕若棄名利，反之於心，則夫士之爲行，不可一日不爲乎〔三〕！」

〔一〕【疏】子張，孔子弟子也，姓顓孫，名師，字子張，行聖迹之人也。姓滿，名苟得，假託爲姓名，曰苟且貪得以滿其心，求利之人也。盍，何不也。何不爲仁義之行乎？勸其捨求名利也。【釋文】「滿苟得」人姓名。「盍」胡臘反。「爲行」下孟反。下、注同。盍，何不也。勸何不爲德行。

〔二〕【疏】若不行仁義之行則不被信用，不被信用則無職任，無職任則無利祿。故有行則有名，有名則有利，觀察計當，仁義真是好事，宜行之也。

〔三〕【疏】反，乖逆也。若棄名利，則乖逆我心，故士之立身，不可一日不行仁義。

滿苟得曰：「无恥者富，多信者顯。夫名利之大者，幾在无恥而信。故觀之名，計之利，而信真是也。〔一〕若棄名利，反之於心，則夫士之爲行，抱其天乎〔二〕！」

〔一〕【疏】多信，猶多言也。夫識廉知讓則貧，無恥貪殘則富；謙柔静退則沈，多言夸伐則顯。故觀名計利，而莫先於多言，多言則是名利之本也。

〔二〕【疏】抱，守也。天，自然也。夫脩道之士，立身爲行，棄擲名利，乃乖俗心，抱守天真，翻合虚玄之道也。

子張曰：「昔者桀紂貴爲天子，富有天下，今謂臧聚曰，汝行如桀紂，則有作色①，有不服之心者，小人所賤也。仲尼墨翟，窮爲匹夫，今謂宰相曰，子行如仲尼墨翟，則變容易色稱不足者，士誠貴也。〔一〕故勢爲天子，未必貴也；窮爲匹夫，未必賤也；貴賤之分，在行之美惡〔二〕。」

〔一〕【疏】桀紂孔墨，並釋於前。臧，謂臧獲也。聚，謂擎竊，即盜賊小人也。以臧獲比（夫）〔天〕子，則慚怍而不服；以宰相比匹夫，則變容而歡慰；故知所貴在行，不在乎位。【釋文】「臧聚」司馬云：謂臧獲盜濫竊聚之人。「有作」音昨。「宰相」息亮反。下相而同。

〔二〕【疏】此復釋前義也。

〔校〕①高山寺本作則作色，闕誤引張君房本作則有作色。

滿苟得曰：「小盜者拘，大盜者爲諸侯，諸侯之門，義士存焉。昔者桓公小白殺兄入嫂而管仲爲臣，田成子常殺君竊國而孔子受幣。論則賤之，行則下之，則是言行之情悖戰於胸中也，不亦拂乎！〔一〕故書曰：『孰惡孰美？成者爲首，不成者爲尾。』〔二〕

〔一〕【疏】悖，逆也。拂，戾也。齊桓公名小白，殺其兄子糾，納其嫂焉。管仲賢人，臣而輔之，卒能九合諸侯，一匡天下。田成子常殺齊簡公，孔子沐浴而朝，受其幣帛。夫殺兄入嫂，弒君竊國，人倫之惡莫甚於斯，而夷吾爲臣，尼父受幣。言議則以爲鄙賤，情行則下而事之，豈非戰爭於心胸，言行相反戾耶？【釋文】「入嫂」先早反。司馬云：以嫂爲室家。「爲臣」臣，或作相。「殺君」申志反。「論則」力頓反。「悖戰」布内反。「亦拂」扶弗反。

〔二〕【疏】成者爲首，君而事之；不成者爲尾，非而毁之。以此而言，只論成與不成，豈關行（以）〔與〕無行，故不知美惡的在誰也。所引之書，並遭燒滅，今並無本也。

子張曰：「子不爲行，即將疏戚无倫，貴賤无義，長幼无序；五紀六位，將何以爲别乎〔一〕？」

〔一〕【疏】戚，親也。倫，理也。五紀，祖父也，身子孫也，亦言金木水火土五行也，仁義禮智信五德也。六位，君臣父子夫婦也，亦言父母兄弟夫妻。子張云：「若不行仁義之行，則親疏無理，貴賤無義，長幼無次敍，五紀六位無可分别也。」【釋文】「長幼」丁丈反。「五紀」司馬云：歲、日、月、星辰、曆數。「六位」君、臣、父、子、夫、婦。○俞樾曰：五紀，司馬云歲日月星辰曆數，然與疏戚貴賤長幼之義不相應，殆非也。今案五紀即五倫也，六位即六紀也。白虎通三綱六紀篇曰：六紀者，謂諸父、兄弟、族人、諸舅、師長、朋友也。此皆所以爲疏戚貴賤長幼之别。不曰五倫而曰五紀，不曰六紀而曰六位，古人之語異耳。家語入官篇羣僕之倫也，王肅注曰：倫，紀也。然則倫紀得通稱矣。「爲别」彼列反。下同。

滿苟得曰：「堯殺長子，舜流母弟，疏戚有倫乎〔一〕？湯放桀，武王殺紂，貴賤有

義乎〔二〕？王季爲適，周公殺兄，長幼有序乎〔三〕？儒者僞辭，墨者兼愛，五紀六位將有別乎〔四〕？

〔一〕【疏】堯廢長子丹朱，不與天位，（又）〔故〕①言殺也。舜封同母弟象於有庳之國，令天下吏治其國，收納貢稅，故言流放也。廢子流弟，何有親疏之理乎？【釋文】「堯殺長子」崔云：堯殺長子考監明。「舜流母弟」弟，謂象也。流，放也。孟子云：舜封象於有庳，不得有爲於其國，天子使吏治其國，而（封）納〔其〕②貢稅焉。故謂之放也。

〔二〕【疏】殷湯放夏桀於南巢，周武殺殷紂於汲郡，君臣貴賤，其義安在？

〔三〕【疏】王季，周大王之庶子季歷，即文王之父也。太伯仲雍讓位不立，故以小兒季歷爲適。管蔡，周公之兄，泣而誅之，故云殺（之）〔兄〕③。廢適立庶，弟殺其兄，尊卑長幼，有次序乎？

【釋文】「爲適」丁歷反。

〔四〕【疏】夫儒者多言，强爲名位；墨者兼愛，周普無私；五紀六位，有何分別？

〔校〕①故字依下文改。②納其依孟子及世德堂本改。③兄字依正文改。

且子正爲名，我正爲利。名利之實，不順於理，不監於道。〔一〕吾日①與子訟於无約曰：『小人殉財，君子殉名。其所以變其情，易其性，則異矣；乃至於棄其所爲而殉其所不爲，則一也。〔二〕』故曰，无爲小人，反殉而天；无爲君子，從天之理〔三〕。若枉若直，相而天極；面觀四方，與時消息〔四〕。若是若非，執而圓機；獨成而意，與道徘徊〔五〕。无轉而行，无成而義，將失而所爲〔六〕。无赴而富，无殉而成，將棄而天〔七〕。

〔一〕【疏】監，明也，見也。子張心之所爲，正在於名；苟得心之所爲，正在於利。且名利二途，皆非真實，既乖至理，豈明見於玄道！【釋文】「且子正爲名」假設之辭也。爲，音于僞反。下爲利同。「不監」本亦作鑑，同。

〔二〕【疏】訟，謂論説也。約，謂契誓也。棄其所爲，捨己；殉其所不爲，逐物也。夫殉利謂之小人，殉名謂之君子，名利不同，所殉一也。子張苟得，皆共談玄言於無爲之理，敦於莫逆之契也。【釋文】「吾日」人實反。「无約」如字。徐於妙反。

〔三〕【疏】而，爾也。既不逐利，又不殉名，故能率性歸根，合於自然之道也。

〔四〕【疏】相，助也。無問枉直，順自然之道，觀照四方，隨四時而消息。

〔五〕【疏】徘徊，猶轉變意也。圓機，猶環中也。執於環中之道以應是非，用於獨化之心以成其意，故能冥其虛通之理，轉變無窮者也。

〔六〕【疏】所爲，真性也。無轉汝志，爲聖迹之行；無成爾心，學仁義之道；捨己效他，將喪爾真性也。○王念孫曰：無轉而行，轉讀爲專。山木篇云，一龍一蛇，與時俱化，而無肯專爲。即此所謂無專而行也。此承上文與時消息，與道徘徊而言，言當隨時順道而不可專行仁義。若專而行，成而義，則將失其所爲矣。故下文云，正其言，必其行，故服其殃，離其患也。必其行，即此所謂專而行也。秋水篇無一而行，與道參差。一亦專也。無專而行，猶言無一而行也。專與轉，古字通。又通作摶。史記吳王濞傳燕王摶胡衆入蕭關，索隱曰：摶，音專，謂專統領胡兵也。漢書摶作轉。

〔七〕【疏】莫奔赴於富貴，無殉逐於成功。必赴必殉，則背於天然之性也。

〔校〕①闕誤引張君房本日作昔。

比干剖心，子胥抉眼，忠之禍也〔一〕；直躬證父，尾生溺死，信之患也〔二〕；鮑子立乾，申①子不自理，廉之害也〔三〕；孔子不見母，匡子不見父，義之失也〔四〕。此上世之所傳，下世之所語，以爲士者正其言，必其行，故服其殃，離其患也〔五〕。」

〔一〕【疏】比干忠諫於紂，紂云，聞聖人之心有九竅，遂剖其心而視之。子胥忠諫夫差，夫差殺之，子胥曰：「吾死後，抉眼縣於吳門東以觀越之滅吳也。」斯皆至忠而遭其禍也。【釋文】「抉眼」烏穴反。

〔二〕【疏】躬父盜羊，而子證之。尾生以女子爲期，抱梁而死。此皆守信而致其患也。

〔三〕【疏】鮑焦廉貞，遭子貢譏之，抱樹立乾而死。申子，晉獻公太子申生也，遭麗姬之難，枉被讒謗，不自申理，自縊而死矣。【釋文】「鮑子立乾」司馬云：鮑子，名焦，周末人，汙時君不仕，採蔬而食。子貢見之，謂曰：「何爲不仕食祿？」答曰：「無可仕者。」子貢曰：「汙時君不食其祿，惡其政不踐其土。今子惡其君，處其土，食其蔬，何志行之相違乎？」鮑焦遂棄其蔬而餓死。韓詩外傳同。又云：槁洛水之上也。「勝子②自理」一本理作俚。本又作申子自埋。或云：謂申徒狄抱甕之河也。一本作申子不自理，謂申生也。

〔四〕【疏】孔子滯耽聖迹，歷國應聘，其母臨終，孔子不見。姓匡，名章，齊人也，諫諍其父，其父不從，被父憎嫌，遂游他邑，亦耽仁義，學讀忘歸，其父臨終而章不見。此皆滯溺仁義，有斯過矣。【釋文】「孔子不見母」李云：未聞。「匡子不見父」司馬云：匡子，名章，齊人，諫其父，爲父所逐，終身不見父。案此事見孟子。○盧文弨曰：疑父母二字當互易。

〔五〕【注】此章言尚③行則行矯，貴士則士僞，故蔑行賤士以全其内，然後行高而士貴耳。【疏】自比干已下，匡子已上，皆爲忠信廉貞而遭其禍，斯皆古昔相傳，下世語之也。是以忠誠之士，廉信之人，正其言以諫君，必其行以事主，莫不遭罹其患，服從其殃，爲道之人深宜戒慎也。【釋文】「所傳」丈專反。

〔校〕①世德堂本中作勝，釋文亦作勝。②世德堂本子下有不字。③趙本尚作上。

无足問於知和曰：「人卒未有不興名就利者。彼富則人歸之，歸則下之，下則貴之。夫見下貴者，所以長生安體樂意之道也。今子獨无意焉，知不足邪，意知而力不能行邪，故推正不忘邪？」〔一〕

〔一〕【疏】無足，謂貪婪之人，不止足者也。知和，謂體知中和之道，守分清廉之人也。假設二人以明貪廉之禍福也。無足云：「世人卒竟未有不興起名譽而從就利禄者。若財富則人歸湊之，歸湊則謙下而尊貴之。夫得人謙下尊貴者，則説其情，適其性，體質安而長壽矣。子獨無貪富貴之意乎？爲運知〔不〕足不求邪？爲心意能知，力不能行，故推於正理，志念不忘，以遺貪求之心而不取邪？」【釋文】「无足」一本作無知。「則下」遐嫁反。下同。「樂意」音洛。下同。「知不」音智。下知謀同。○慶藩案意，語詞也，讀若抑。抑意古字通。論語學而篇抑與之與，漢石經抑作意。墨子明鬼篇豈女爲之與，意鮑爲之與。皆其證。「故推正不忘邪」（疏）忘，或作妄，言君臣但推尋正道不忘，故不用富貴邪？爲智力不足，故不用邪？

知和曰：「今夫此人以爲與己同時而生，同鄉而處者，以爲夫絶俗過世之士焉；是專无主正，所以覽古今之時，是非之分也，與俗化〔一〕。世去至重，棄至尊，以爲其所爲也；此其所以論長生安體樂意之道，不亦遠乎〔二〕！慘怛之疾，恬愉之安，不監於體；怵惕之恐，欣懽之喜，不監於心〔三〕；知爲爲而不知所以爲，是以貴爲天子，富有天下，而不免於患也〔四〕。」

〔一〕【疏】此人，謂富貴之人也。俗人，謂無知，貪利情切，與貴人同時而生，共富人同鄉而住者，猶將己爲超絶流俗，過越世人；況己之自享於富貴乎！斯乃專愚之人，内心無主，不履正道，不覺古今之時代，不察是非之涯分，而與塵俗紛競，隨末而遷化者也，豈能識禍福之歸趣者哉！【釋文】「過世之士焉」言人心易動，但人與賢人俱生，便自謂過於世人，況親自爲富貴者乎！

〔二〕【疏】至重，生也。至尊，道也。流俗之人，捐生背道，其所爲每事如斯，其於長生之道，去之遠矣。

〔三〕【疏】慘怛，悲也。恬愉，樂也。夫悲樂喜懼者，並身外之事也，故不能監明於聖質，照人於心靈，而愚者妄爲之也。【釋文】「慘」七感反。「怛」丹曷反。「之恐」丘勇反。

〔四〕【疏】爲爲者，有爲也；所以爲者，無爲也。但知爲於有爲，不知爲之所以出自無爲也。如斯之人，雖貴總萬機，富贍四海，而不免於怵惕等患也。

无足曰：「夫富之於人，无所不利，窮美究埶，至人之所不得逮，賢①人之所不能及〔一〕，俠人之勇力而以爲威强，秉人之知謀以爲明察，因人之德以爲賢良，非享國而嚴若君父〔二〕。且夫聲色滋味權勢之於人，心不待學而樂之，體不待象而安之〔三〕。夫欲惡避就，固不待師，此人之性也。天下雖非我，孰能辭之！〔四〕」

〔一〕【疏】窮，盡也。夫能窮天下善美，盡人間威勢者，其惟富貴乎！故至德之人，賢哲之士，亦不能遠及也。【釋文】「窮美」窮，猶盡也。「究埶」音勢。本亦作勢。一音藝，究竟也。

〔二〕【疏】夫富貴之人，人多依附，故勇者爲之捍，智者爲之謀，德者爲之助，雖不臨享邦國，而威嚴有同君父焉，斯皆財利致其然矣。【釋文】「俠人」音協。

〔三〕【疏】夫耳悦於聲，眼愛於色，口嗛於味，威權形勢以適其情者，不待教學而心悦樂，豈服法象而身安乎？蓋性之然耳。

〔四〕【疏】夫欲之則就，惡之則避，斯乃人物之常情，不待師教而後爲之（哉）〔者〕，故天下雖非無足，誰獨辯辭於此事者也！【釋文】「欲惡」烏路反。

〔校〕①世德堂本賢作聖。

知和曰：「知者之爲，故動以百姓，不違其度，是以足而不爭，无以爲故不求〔一〕。不足故求之，爭四處而不自以爲貪；有餘故辭之，棄天下而不自以爲廉〔二〕。廉貪之實，非以迫外也，反監之度〔三〕。勢爲天子而不以貴驕人，富有天下而不以財戲人。計其患，慮其反，以爲害於性，故辭而不受也，非以要名譽也。〔四〕堯舜爲帝而雍，非仁天下也，不以美害生也；善卷許由得帝而不受，非虛辭讓也，不以事害己。此皆就其利，辭其害，而天下稱賢焉，則可以有之，彼非以興名譽也。〔五〕」

〔一〕【疏】夫知慧之人，虛懷應物，故能施爲舉動，以百姓心爲心，百姓順之，亦不違其法度也。內心至之，所以不爭，無用無爲，故不求不覺也。

〔二〕【疏】四處，猶四方也。夫凡聖區分，貪廉斯隔。是以爭貪四方，馳騁八極，不自覺其貪婪，棄捨萬乘，辭於九五，而不自覺其廉儉。

〔三〕【疏】監，照也。夫廉貪實性，非過迫於外物也，而反照於內心，各稟度量不同也。

〔四〕【疏】夫不以高貴爲驕矜，不以錢財爲娛玩者，計其災患，憂慮傷害於真性故也。是以辭大寶而不受，非謂要求名譽者也。【釋文】「要名」一遥反。

〔五〕【疏】雍，和也。夫唐虞之化，宇内和平者，非有情於仁惠，不以美麗害生也；善卷許由被禪而不受，非是矯情於辭讓，不以世事害己也。斯皆就其長生之利，辭其篡弑之害，故天下稱其賢能，則可謂有此避害之心，實無彼興名之意。

无足曰：「必持其名，苦體絶甘，約養以持生，則亦①久病長阨而不死者也〔一〕。」

〔一〕【疏】必固將欲修進名譽，苦其形體，絶其甘美，窮約攝養，矜持其生者，亦何異乎久病固疾，長阨不死，雖生之日，猶死之年！此無足之辭，以難知和也。【釋文】「長阨」音厄，又烏賣反。

〔校〕①闕誤引江南古藏本亦下有猶字。

知和曰：「平爲福，有餘爲害者，物莫不然，而財其甚者也〔一〕。今富人，耳營鐘鼓筦①籥之聲，口嗛於芻豢醪醴之味，以感其意，遺忘其業，可謂亂矣〔二〕；侅溺於馮氣，若負重行而上（也）〔阪〕②，可謂苦矣〔三〕；貪財而取慰③，貪權而取竭，靜居則溺，體澤則馮，可謂疾矣〔四〕；爲欲富就利，故滿若堵耳而不知避，且馮而不舍，可謂辱矣〔五〕；財積而无用，服膺而不舍，滿心戚醮，求益而不止，可謂憂矣〔六〕；内則疑刦請之賊，外則畏寇盜之害，内周樓疏，外不敢獨行，可謂畏矣〔七〕。此六者，天下之至害也，皆遺忘而不知察，及其患至，求盡性竭財，單以反一日之无故而不可得也〔八〕。故觀之名則不見，求之利則不得，繚意體而争此，不亦惑乎〔九〕！」

〔一〕【疏】夫平等被其福善，有餘招其禍害者，天理自然也。物皆如是，而財最甚也。

〔二〕【疏】嗛，稱適也。管籥，簫笛之流也。夫富室之人，恣情淫勃，口爽醪醴，耳聒宫商，取捨滑心，觸類感動。性之昏爽，事業忘焉，無所覺知，豈非亂也！【釋文】「筦」音管。本亦作管。「籥」音藥。一本筦籥作壎篪。「口嗛」苦簟反。○慶藩案嗛，快也。説文：嗛，口有所（快與）〔銜也〕④。趙策膳啗之嗛於魏，齊桓公夜半不嗛易牙，高注並曰：嗛，快也。荀子榮辱篇彼臭之而無嗛於鼻，楊倞讀嗛爲慊，云厭也。失之。「醪」力刀反。

〔三〕【疏】馮氣，猶憤懣也。夫貪欲既多，勞役困弊，心中侅塞，沈溺憤懣，猶如負重上阪而行。此之委頓，豈非苦困也哉！【釋文】「侅溺」徐音礙，五代反，又户該反。飲食至咽爲侅。一云：偏也。○家世父曰：釋文飲食至咽爲侅，未免强以意通之。説文：奇侅，非常也。揚子方言：非常曰侅事。侅溺，猶言沈溺之深也。「於馮氣」馮，音憤，憤滿也。下同。言憤畜不通之氣也。○王念孫曰：釋文曰，馮氣，馮音憤，憤滿也。言憤畜不通之氣也。案馮氣，盛氣也。昭五年左傳今君奮焉震電馮怒，杜注曰：馮，盛也。楚辭離騷馮不厭乎求索，王注曰：馮，滿也，楚人名滿曰馮。是馮爲盛滿之義，無煩改讀爲憤也。「而上」時掌反。

〔四〕【疏】貪取財寶以慰其心，誘諂威權以竭情慮，安静閒居則其體沈溺，體氣悦澤則憤懣斯生，動静困苦，豈非疾也！【釋文】「取慰」慰亦作畏。○慶藩案慰當與蔚通。淮南俶真篇五藏無蔚氣，高注曰：蔚，病也。繆稱篇侏儒瞽師，人之困慰者也，高注曰：慰，病也。是蔚慰二字，古訓通用。

〔五〕【疏】堵，牆也。夫欲富就利，情同壑壁，譬彼堵牆，版築滿盈，心中憤懣，貪婪不舍，不知避害，豈非耻辱耶！【釋文】「不舍」音捨。下同。

〔六〕【疏】戚醮，煩惱也。夫積而不散，馮而不舍，貪求無足，煩惱盈懷，（慤）〔榷〕而論之，豈非憂患！○慶藩案服膺而不舍，即上文馮而不舍之義。服膺即憑也。文選漢高祖功臣頌有馮膺而尚缺。（文選膺誤作應。李善注誤以爲憑依瑞應，失之。古應與膺同聲通用。康誥應保殷民，周誥膺保民德，詩閟宮篇戎狄是膺，史〔記〕建元以來侯者年表膺作應。孟子滕文公篇戎狄是膺，音義曰：丁本膺作應。）服膺之爲憑膺，猶伏軾之爲憑軾，（史記酈生傳伏軾下齊七十餘城，漢書作馮軾。）伏琴〔之〕爲憑琴，（史記魏世家中期憑琴，索隱曰：春秋後語作伏琴。）茵伏〔之〕爲茵憑也。（史記酷吏傳未嘗敢均茵伏，漢書作茵馮。）【釋文】「戚醮」在遥反。李云，顦顇也。又音子妙反。

〔七〕【疏】疑，恐也。請，求也。匹夫無罪，懷璧其罪，故在家則恐求財盜賊之災，外行則畏寇盜濫竊之害。是以舍院周回，起疏窗樓，敞出内外，來往怖懼，不敢獨行。如此艱辛，豈非畏哉！

【釋文】「疑刦」許業反，又曲業反。「内周樓疏」李云：重樓内匝，疏軒外通，謂設備守具。

〔八〕【疏】六者，謂亂苦疾辱憂畏也。殫，盡也。天下至害，遺忘不察，及其巨盜忽至，性命惙然，平生貪求，一朝頓盡，所有財寶，當時並罄，欲反一日貧素，其可得之乎！【釋文】「財單」音丹。本或作蘄，音祁。○家世父曰：釋文單本作蘄，音祁，今案釋文非也。單當作（爲）亶。史記曆書單閼，崔駰注：單閼，一作亶安。單亶字通。漢書但字多作亶。賈誼傳非亶倒懸而已，揚雄傳亶費精神於此。説文：但，裼也。是但自爲袒而亶爲但。單以反一日之無故，猶言但以反一日之無故。玉篇：單，一也。一，猶單獨也，與但字義亦近。

〔九〕【注】此章言知足者常足。【疏】繚，纏繞也。巨盜既至，身非己有，當爾之際，豈見有名利耶！而流俗之夫，倒置之甚，情纏繞於名利，心決絶於争求，以此而言，豈非大惑之甚也！【釋文】「繚」音了，又魚弔反。理也。

〔校〕①趙諫議本筦作管。②阪字依成疏改。闕誤引張君房本作坂，與阪同。③張君房本慰作辱。④銜也二字依國策高注改。

莊子集釋卷十上

雜篇 説劍第三十〔一〕

〔一〕【釋文】以事名篇。

昔趙文王喜劍，劍士夾門而客三千餘人，日夜相擊於前，死傷者歲百餘人，好之不厭。如是三年，國衰，諸侯謀之。〔一〕

〔一〕【疏】趙惠王，名何，趙武靈王之子也。好擊劍之士，養客三千，好無厭足。其國衰敝，故諸侯知其無道，共相謀議，欲將伐之也。【釋文】「趙文王」司馬云：惠文王也，名何，武靈王子，後莊子三百五十年。洞紀云：周赧王十七年，趙惠文王之元年。一云：案長曆推惠文王與莊子相值，恐彪之言誤。「喜劍」許紀反。下同。「夾門」郭李音協，又古洽反。「好之」呼報反。下同。「无厭」於鹽反，又於豔反。○盧文弨曰：今書作不厭。

太子悝患之，募左右曰：「孰能説王之意止劍士者，賜之千金。」左右曰：「莊子當能。」〔一〕

〔一〕【疏】悝，趙太子名也。厭患其父喜好干戈，故欲千金以募説士。莊子大賢，當能止劍也。【釋文】「悝」苦回反，太子名。○俞樾曰：惠文王之後爲孝成王丹，則此太子蓋不立。「募」音慕，又音務。「説王」如字，解也。又音悦。

太子乃使人以千金奉莊子。莊子弗受，與使者俱，往見太子曰：「太子何以教周，賜周千金？」

太子曰：「聞夫子明聖，謹奉千金以幣從者。夫子弗受，悝尚①何敢言！」〔二〕

〔二〕【疏】欲教我何事，乃賜千金？既見金多，故問。太子曰：「聞（莊）〔夫〕子賢哲聖明故，所以贈（于）〔千〕金以充從（車）〔者〕之幣帛也。」【釋文】「與使」所吏反。「以幣從」才用反。一本作以幣從者。○盧文弨曰：舊者訛軍，今改正。今書有者字。

〔校〕①闕誤引張君房本尚作當。

莊子曰：「聞太子所欲用周者，欲絶王之喜好也。使臣上説大王而逆王意，下不當太子，則身刑而死，周尚安所事金乎？使臣上説大王，下當太子，趙國何求而不得也！」太子曰：「然。吾王所見，唯劍士也。」

莊子曰：「諾。周善爲劍。」

太子曰：「然吾王所見劍士，皆蓬頭突鬢垂冠，曼胡之纓，短後之衣，瞋目而語難，王乃説之。今夫子必儒服而見王，事必大逆。〔二〕」

〔一〕【疏】髮亂如蓬，鬢毛突出，鐵爲冠，垂下露面。曼胡之纓，謂屯項抹額也。短後之衣，便於武事。瞋目怒眼，勇者之容，憤然實胸，故語聲難澁。斯劍士之形服也。【釋文】「上説」如字，又始鋭反。下同。「蓬」步公反。本或作縫，同。「頭」蓬頭，謂著兜鉾也。有毛，故如蓬。「突鬢」必刃反。司馬本作賓，云：賓讀爲鬢。「垂冠」將欲鬬，故冠低傾也。「曼胡」莫干反。司馬云：曼胡之纓，謂麤纓無文理也。「短後之衣」爲便於事也。「瞋目」赤夷赤真二反。「語難」如字。艱難也；勇士憤氣積於心胸，言不流利也。又乃旦反，既怒而語，爲人所畏難。司馬云：説相擊也。「乃説」音悦。下大説同。

莊子曰：「請治劍服。」治劍服三日，乃見太子。太子乃與見王，王脱白刃待之。莊子入殿門不趨，見王不拜。〔一〕王曰：「子欲何以教寡人，使太子先〔二〕？」

〔一〕【疏】夫自得者，内無懼心，故不趨走也。【釋文】「與見」賢遍反。下劍見同。又如字。「王脱」一本作説，同。土活反。

〔二〕【疏】汝欲用何術以教諫於我，而使太子先言於我乎？

曰：「臣聞大王喜劍，故以劍見王。」

王曰：「子之劍何能禁制？」

曰：「臣之劍，十步一人，千里不留行。」王大悦之，曰：「天下无敵矣！」〔一〕

〔一〕【疏】其劍十步殺一人，一去千里，行不留住，鋭快如是，寧有敵乎！　【釋文】「千里不留行」司馬云：十步與一人相擊，輒殺之，故千里不留於行也。○俞樾曰：十步之内，輒殺一人，則歷千里之遠，所殺多矣，而劍鋒不缺，所當無撓者，是謂十步一人，千里不留行，極言其劍之利也。行以劍言，非以人言，下文所謂行以秋冬是也。司馬云，十步與一人相擊輒殺之，故千里不留於行也。未得其義。

莊子曰：「夫爲劍者，示之以虚，開之以利，後之以發，先之以至。願得試之〔一〕。」

〔一〕【疏】夫爲劍者道也，是以忘己虚心，開通利物，感而後應，機照物先，莊子之用劍也。

王曰：「夫子休就舍，待命令①設戲請夫子〔一〕。」

〔一〕【疏】詞旨清遠，感動王心，故令休息，屈就館舍，待設劍戲，然後邀延也。

〔校〕①張君房本無令字。

王乃校劍士七日，死傷者六十餘人，得五六人，使奉劍於殿下，乃召莊子。王曰：「今日試使士敦劍〔一〕。」

〔一〕【疏】敦，斷也。試陳劍士，使考校敦斷以定勝劣。　【釋文】「乃校」司馬云：考校取其勝者也。校，本或作教。「士敦」如字。司馬云：敦，斷也，試使用劍相擊斷截也。一音丁回反。○家世父曰：釋文引司馬云，敦，斷也，試使用劍相擊截斷也。邶風詩箋王事敦我，敦，猶投擲也。魯頌詩箋敦商之旅，敦，治也。敦劍即治劍之意。説文：敦，怒也，一曰誰何也。誰何，猶言莫我何，亦即兩相比較之意。兩相比較，故怒也。

莊子曰：「望之久矣〔一〕。」

〔一〕【疏】企望日久，請早試之。

王曰：「夫子所御杖，長短何如？」

曰：「臣之所奉皆可。〔一〕然臣有三劍，唯王所用，請先言而後試。」

〔一〕【疏】御，用也。謂莊實可擊劍，故問之。【釋文】「御杖」直亮反。「所奉」司馬本作所奏。

王曰：「願聞三劍。」

曰：「有天子劍，有諸侯劍，有庶人劍①。」

〔校〕①高山寺本三劍字上均有之字。

王曰：「天子之劍何如？」

曰：「天子之劍，以燕谿石城爲鋒，齊岱爲鍔〔一〕，晉魏①爲脊，周宋爲鐔〔二〕，韓魏②爲夾〔三〕；包以四夷，裹以四時〔四〕；繞以渤海，帶以常山〔五〕；制以五行，論以刑德〔六〕；開以陰陽，持以春夏，行以秋冬〔七〕。此劍，直之无前，舉之无上，案之无下，運之无旁，上決浮雲，下絶地紀。此劍一用，匡諸侯，天下服矣〔八〕。此天子之劍也。」

〔一〕【疏】鋒，劍端也。鍔，刃也。燕谿，在燕國；石城，塞外山；此地居北，以爲劍鋒。齊國岱岳在東，爲劍刃也。【釋文】「燕」音煙。「谿」燕谿，地名，在燕國。「石城」在塞外。「鍔」五各反。司馬云：劍刃也。一云：劍稜也。

〔二〕【疏】鐔，環也。晉魏二國近乎趙地，故以爲脊也。周宋二國近南，故以爲環也。【釋文】「鐔」音淫。三蒼云：徒感反，劍口也。徐徒南反，又徒各反，謂劍鐶也。司馬云：劍珥也。

〔三〕【疏】鋏，把也。韓魏二國在趙之西，故以爲把也。【釋文】「爲夾」古協反。司馬云：把也。一本作鋏，同。一云：鐔，從稜向背；鋏，從稜向刃也。

〔四〕【疏】懷四夷以道德，順四時以生化。【釋文】「裹以」音果。

〔五〕【疏】渤海，滄洲也。常山，北岳也。造化之中，以山海鎮其地也。

〔六〕【疏】五行，金木水火土。刑，刑罰；德，德化也。以此五行，匡制寰宇，論其刑德，以御羣生。

〔七〕【疏】夫陰陽開闔，春夏維持，秋冬肅殺，自然之道也。【釋文】「行以秋冬」隨天道以行止也。

〔八〕【疏】夫以道爲劍，則無所不包，故上下旁通，莫能礙者；浮雲地紀，豈足言哉！既以造化爲功，故無不服也。

〔校〕①②高山寺本魏作衞。

文王芒然自失〔一〕，曰：「諸侯之劍何如？」

〔一〕【疏】夫才小聞大，不相承領，故芒然若涉海，失其所謂，類魏惠王之聞韶樂也。【釋文】「芒然」莫剛反。

曰：「諸侯之劍，以知勇士爲鋒，以清廉士爲鍔，以賢良士爲脊，以忠聖士爲鐔，以豪桀士爲夾①。此劍，直之亦无前，舉之亦无上，案之亦无下，運之亦无旁；上法圓天以順三光，下法方地以順四時，中和民意以安四鄉〔一〕。此劍一用，如雷霆之震也，四封之內，無不賓服而聽從君命者矣。此諸侯之劍也〔二〕。」

〔一〕【疏】四鄉，猶四方也。夫能法象天地而知萬物之情，謂諸侯所以爲異也。但能依用此劍而御於邦國，亦宇內無敵。

〔二〕【疏】易以震卦爲諸侯，故雷霆爲諸侯之劍也。

〔校〕①趙諫議本賢良作賢聖，世德堂本及趙本忠聖作忠勝，世德堂本豪桀作豪傑。

王曰：「庶人之劍何如？」

曰：「庶人之劍，蓬頭突鬢垂冠，曼胡之纓，短後之衣，瞋目而語難。相擊於前，上斬頸領，下決肝肺。此庶人之劍，无異於鬭雞，一旦命已絕矣，无所用於國事。今大王有天子之位而好庶人之劍，臣竊爲大王薄之。」〔一〕

〔一〕【疏】莊子雄辯，冠絕古今，故能說化趙王，去其所好，而結會旨歸，在於此矣。【釋文】「肝肺」芳廢反。「竊爲」于僞反。

王乃牽而上殿，宰人上食，王三環之〔一〕。莊子曰：「大王安坐定氣，劍事已畢奏矣。」

〔一〕【疏】環，繞也。王覺己非，深懷慙惡，命莊子上殿以展愧情，繞食三周，不能安坐，氣急心懣，豈復能飡乎！【釋文】「而上」時掌反。下同。「三環」如字。又音患，繞也。聞義而愧，繞(饒)〔饌〕①三周，不能坐食。

〔校〕①饌字依世德堂本改。

於是文王不出宮三月，劍士皆服斃其處也①〔一〕。

〔一〕【疏】不復受賞，故恨而致死也。【釋文】「服斃」婢世反。司馬云：忿不見禮，皆自殺也。

〔校〕①高山寺本及卷子本服斃其處也並作伏斃其處矣。

雜篇 漁父第三十一〔一〕

〔一〕【釋文】以人名篇。

孔子遊乎緇帷之林，休坐乎杏壇之上。弟子讀書，孔子絃歌鼓琴，奏曲未半〔一〕。

〔一〕【疏】緇，黑也。尼父游行天下，讀講詩書，時於江濱，休息林籟。其林鬱茂，蔽日陰沈，布葉垂條，又如帷幕，故謂之緇帷之林也。壇，澤中之高處也。其處多杏，謂之杏壇也。琴者，和也，可以和心養性，故奏之。【釋文】「緇帷」司馬云：黑林名也。本或作惟。「杏壇」司馬云：澤中高處也。李云：壇名。

有漁父者，下船而來，須①眉交②白，被髮揄袂，行原以上，距陸而止，左手據膝，右手持頤以聽。曲終而招子貢子路，二人俱對〔一〕。

〔一〕【疏】漁父，越相范蠡也；輔佐越王句踐，平吳事訖，乃乘扁舟，游三江五湖，變易姓名，號曰漁父，即屈原所逢者也。既而汎海至齊，號曰鴟夷子；至魯，號曰白珪先生；至陶，號曰朱公。晦迹韜光，隨時變化，仍遺大夫種書云。揄，揮也。袂，袖也。原，高平也。距，至也。鬢眉交白，壽者之容；散髮無冠，野人之貌。於是遥望平原，以手揮袂，至於高陸，維舟而止，（拓）〔托〕頤抱膝，以聽琴歌也。【釋文】「有漁父者」音甫，取魚父也。一云是范蠡。元嘉本作有漁者父，則如字。「須眉」本亦作鬚眉。「交白」如字。李云：俱也。一本作皎。「揄」音遥，又音俞，又褚由反，謂垂手衣内而行也。李音投，投，揮也。又士由反。「袂」面世反，李音芮。「以上」時掌反。「距陸」李云：距，至也。

〔校〕①趙諫議本須作鬚。②闕誤引張君房本交作皎。

客指孔子曰：「彼何爲者也〔一〕？」

〔一〕【疏】詢問仲尼是何爵命之人。

子路對曰：「魯之君子也〔一〕。」

〔一〕【疏】答云是魯國賢人君子也。

客問其族。子路對曰：「族孔氏〔一〕。」

〔一〕【疏】問其氏族，答云姓孔。

客曰：「孔氏者何治也〔一〕？」

〔一〕【疏】又問孔氏以何法術脩理其身。

子路未應，子貢對曰：「孔氏者，性服忠信，身行仁義，飾禮樂，選人倫，上以忠於世主，下以化於齊民，將以利天下。此孔氏之所治也。〔一〕」

〔一〕【疏】率姓謙和，服行聖迹，修飾禮樂，簡選人倫，忠誠事君，化物齊等，將欲利羣品，此孔氏之心乎！　【釋文】「飾禮」如字。本又作飭，音敕。「下以化齊民」李云：齊，等也。許慎云：齊等之民也。如淳云：齊民，猶平民。元嘉本作化於齊民後。〔句如〕〔向本〕①無於字。

〔校〕①世德堂本句作向，如應爲本字之誤。

又問曰：「有土之君與？」

子貢曰：「非也。」

「侯王之佐與？」

子貢曰：「非也。」〔一〕

〔一〕【疏】爲是有茅土五等之君？爲是王侯輔佐卿相乎？皆答云非也。【釋文】「君與」音餘。下同。

客乃笑而還，行言曰：「仁則仁矣，恐不免其身；苦心勞形以危其真。嗚呼，遠哉其分於道也！〔一〕」

〔一〕【疏】夫勞苦心形，危忘真性，偏行仁愛者，去本迢遰而分離於玄道也，是以嗤笑徘徊，嗚呼歎之也。【釋文】「以危」危，或作僞。「其分」如字。本又作介，音界。司馬云：離也。○慶藩案分釋文作介，音界，是也。隸書介作分，俗書分作兮，二形相似，往往溷亂。莊三十年穀梁傳周之分子也，釋文：分，本作介。漢書杜周傳執進退之分，師古注：分，或作介。是其證。○藩又案界與介古字通。漢書揚雄傳界（涇）〔涇〕①陽抵穰侯而代之，文選界作介。史記晉世家號曰介山，續漢書郡國志作界山。春秋繁露立元神（碑）〔篇〕②介障險阻，淮南覽冥篇介作界。

〔校〕①涇字依漢書改。②篇字依春秋繁露改。

子貢還，報孔子。孔子推琴而起曰：「其聖人與！」乃下求之，至於澤畔，方將杖拏而引其船，顧見孔子，還鄉而立。孔子反走，再拜而進。〔一〕

〔一〕【疏】拏，橈也。反走前進，是虔敬之容也。【釋文】「杖」直亮反。「拏」女居反。司馬云：

橈也，音餘。「鄉而」香亮反。或作嚮，同。

客曰：「子將何求？」

孔子曰：「曩者先生有緒言而去，丘不肖，未知所謂，竊待①於下風，幸聞咳唾之音以卒相丘也〔一〕！」

〔一〕【疏】曩，向也。緒言，餘論也。卒，終也。相，助也。向者先生有清言餘論，丘不敏，未識所由之故。竊聽下風，庶承謦欬，卒用此言，助丘不逮。【釋文】「緒言」猶先言也。○俞樾曰：楚辭九章款秋冬之緒風，王注曰：緒，餘也。讓王篇曰：其緒餘以爲國家。是緒與餘同義。緒言者，餘言也。先生之言未畢而去，是有不盡之言，故曰緒言。釋文曰：猶先言也。非是。「竊待」待，或作侍。「咳」苦代反。「唾」吐卧反。「相丘」息亮反。

〔校〕①闕誤引張君房本待作侍。

客曰：「嘻！甚矣子之好學也！」

孔子再拜而起曰：「丘少而脩學，以至於今，六十九歲矣，无所得聞至教，敢不虛心！」〔一〕

〔一〕【疏】嘻，笑聲也。丘少年已來，脩學仁義，逮乎耆艾，未聞至道，所以恭謹虔恪虛心矣。【釋文】「曰嘻」香其反。「之好」呼報反。下同。「丘少」詩召反。下同。

客曰：「同類相從，同聲相應，固天之理也。吾請釋吾之所有而經子之所以〔一〕。子之所以者，人事也。天子諸侯大夫庶人，此四者自正，治之美也，四者離位而亂莫大焉。官治其職，人憂①其事，乃无所陵〔二〕。故田荒室露，衣食不足，徵賦不屬，妻妾不和，長少无序，庶人之憂也〔三〕；能不勝任，官事不治，行不清白，羣下荒怠，功美不有，爵禄不持，大夫之憂也〔四〕；廷②无忠臣，國家昏亂，工③技不巧，貢職不美，春秋後倫，不順天子，諸侯之憂也〔五〕；陰陽不和，寒暑不時，以傷庶物，諸侯暴亂，擅相攘伐，以殘民人，禮樂不節，財用窮匱，人倫不飭，百姓淫亂，天子有司之憂也〔六〕。今子既上无君侯有司之勢而下无大臣職事之官，而擅飾禮樂，選人倫，以化齊民，不④泰多事乎〔七〕！

〔一〕【疏】夫虎嘯風馳，龍興雲布，自然之理也，固其然乎！是以漁父大賢，宣尼至聖，賢聖相感，斯同聲相應也。故釋吾之所有方外之道，經營子之所以方内之業也。【釋文】「而經子之所以」經，經營也。司馬云：經，理也。

〔二〕【疏】陵，亦亂也。夫人倫之事，抑乃多端，切要而言，無過此四者。若四者守位，乃教治盛美，若上下相冒，則亂莫大焉。是以百官各司其職，庶人自憂其務，不相陵亂，斯不易之道者也。【釋文】「正治」直吏反。下官事不治同。

〔三〕【疏】田畝荒蕪，屋室漏露，追徵賦稅，不相係屬，妻妾既失尊卑，長幼曾無次序，庶人之憂患也。○慶藩案荒露，謂荒蕪敗露。方言曰：露，敗也。古本或作路，路露古通用。淮南臣道篇路亶者也，王念孫曰：路亶，猶羸憊也。亦通作潞。秦策士民潞病，高注云：潞，羸也。皆與敗義相近。孟子滕文公篇是率天下而路也，趙注云：是導率天下之人以羸路也。「不屬」音燭。「長少」丁丈反。後遇長同。

〔四〕【疏】職任不勝，物務不理，百姓荒亂，四民不勤，大夫之憂也。【釋文】「不勝」音升。「行不」下孟反。

〔五〕【疏】陪臣不忠，苞茅不貢，春秋盟會，落朋倫之後，五等之憂也。【釋文】「工技」其綺反。○盧文弨曰：今書作國技。「貢職」職，或作賦。「春秋後倫」朝覲不及等比也。

〔六〕【疏】攘，除也。陰陽不調，日時愆度，兵戈荐起，萬物夭傷，三公九卿之憂也。【釋文】「不飭」音敕。

〔七〕【疏】上非天子諸侯，下非宰輔卿相，而擅修飾禮樂，選擇人倫，教化蒼生，正齊羣物，乃是多事之人。【釋文】「不泰」本又作大，音同。徐敕佐反。後同。

〔校〕①高山寺本憂作處。②高山寺本廷作朝。③世德堂本工作國，此蓋依釋文改。④高山寺本不下有亦字。

且人有八疵，事有四患，不可不察也。非其事而事之，謂之摠〔一〕；莫之顧而進之，謂之佞〔二〕；希意道言，謂之諂〔三〕；不擇是非而言，謂之諛〔四〕；好言人之惡，謂之讒〔五〕；析交離親，謂之賊〔六〕；稱譽詐僞以敗惡①人，謂之慝〔七〕；不擇善否，兩容頰②適，偷拔其所欲，謂之險〔八〕。此八疵者，外以亂人，內以傷身，君子不友，明君不臣〔九〕。所謂四患者：好經大事，變更易常，以挂功名，謂之叨〔一〇〕；專知擅事，侵人自用，謂之貪〔一一〕；見過不更，聞諫愈甚，謂之很〔一二〕；人同於己則可，不同於己③，雖善不善，謂之矜〔一三〕。此四患也。能去八疵，无行四患，而始可教已。」

〔一〕【疏】摠，濫也。非是己事而强知之，謂之叨濫也。【釋文】「八疵」祀知反。「之摠」李云：謂監也。

〔二〕【疏】强進忠言，人不采顧，謂之佞也。

〔三〕【疏】希望前人意氣而導達其言，斯諂也。【釋文】「道言」音導。

〔四〕【疏】苟且順物，不簡是非，謂之諛也。

〔五〕【疏】聞人之過，好揚敗之。

〔六〕【疏】人有親情交故，輒欲離而析之，斯賊害也。

〔七〕【疏】與己親者，雖惡而（舉）〔譽〕④；與己疏者，雖善而毀；以斯詐僞，好敗傷人，可謂姦慝之人也。【釋文】「稱譽」音餘。「以敗」補邁反。「惡人」烏路反。下同。「之慝」他得反。

〔八〕【疏】否，惡也。善惡二邊，兩皆容納，和顏悅色，偷拔其意之所欲，隨而佞之，斯險詖之人也。【釋文】「善否」悲美反，惡也。又方九反。「兩容頰適」善惡皆容，顏貌調適也。頰，或作顏。

〔九〕【疏】外則惑亂於百姓，內則傷敗於一身，是以君子不與爲友朋，明君不將爲臣佐也。

〔一〇〕【疏】伺候安危，經營大事，變改之際，建立功名，謂叨濫之人也。【釋文】「以挂」音卦，別也。又音圭。「之叨」吐刀反。

〔一一〕【疏】事己獨擅，自用陵人，謂之貪也。

〔一二〕【疏】有過不改，聞諫彌增，很戾之人。【釋文】「很」胡懇反。○慶藩案說文：很，言不聽從也。逸周書謚法篇愎很遂過者曰刺。荀子成相篇愎很遂過不肯悔。

〔一三〕【疏】物同乎己，雖惡而善，物異乎己，雖善而惡，謂之矜夸之人。【釋文】「能去」起呂反。

〔校〕①闕誤引張君房本惡作德。②趙諫議本頰作顏，高山寺本道藏本並同。③高山寺本己下有則字。④譽字依劉文典補正本改。

孔子愀然而歎，再拜而起曰：「丘再逐於魯，削迹於衞，伐樹於宋，圍於陳蔡。丘不知所失，而離此四謗者何也？」〔一〕

〔一〕【疏】愀然，慙竦貌也。罹（離），遭也。丘無罪失而遭罹四謗。未悟前旨，故發此疑。【釋文】「愀然」在九反，又七小反。

客悽然變容曰：「甚矣子之難悟也！人有畏影惡迹而去之走者，舉足愈數而迹愈多，走愈疾而影不離身①，自以爲尚遲，疾走不休，絶力而死。不知處陰以休影，處靜以息迹，愚亦甚矣！子審仁義之間，察同異之際，觀動靜之變，適受與之度，理好惡之情，和喜怒之節，而幾於不免矣〔一〕。謹脩而身，慎守其真，還以物與人，則无所累矣〔二〕。今不脩之身而求之人②，不亦外乎〔三〕！」

〔一〕【疏】留停仁義之間以招門徒，伺察同異之際以候機宜，觀動靜之變，睎其僥倖，適受與之度，望著功名，理好惡之情，而是非堅執，和喜怒之節，用爲達道，以己誨人，矜矯天性，近於不免也。【釋文】「難語」魚據反。下同。本或作悟。○盧文弨曰：今書作難悟。「愈數」音朔。「不離」力智反。

〔二〕【疏】謹慎形體，修守真性，所有功名，還歸人物，則物我俱全，故無患累也。

〔三〕【疏】不能脩其身而求之他人者，豈非疏外乎！

〔校〕①高山寺本離下無身字。②高山寺本作今不脩身而求之於人。

孔子愀然〔一〕曰：「請問何謂真？」

〔一〕【疏】自竦也。

客曰：「真者，精誠之至也。不精不誠，不能動人〔一〕。故强哭者雖悲①不哀，强怒者雖嚴不威，强親者雖笑不和。真悲无聲而哀，真怒未發②而威，真親未③笑而和。真在内者，神動於外，是所以貴真也。其用於人理也，事親則慈孝，事君則忠貞，飲酒則歡樂，處喪則悲哀。〔二〕忠貞以功爲主，飲酒以樂爲主，處喪以哀爲主，事親以適爲主，功成之美，无一其迹矣〔三〕。事親以適，不論④所以矣；飲酒以樂，不選其具矣；處喪以哀，无問其禮矣〔四〕。禮者，世俗之所爲也；真者，所以受於天也，自然不可易也〔五〕。故聖人法天貴真，不拘於俗〔六〕。愚者反此。不能法天而恤於人，不知貴真，禄禄而受變於俗，故不足〔七〕。惜哉，子之蚤湛於人⑤僞而晚聞大道也〔八〕！」

〔一〕【疏】夫真者不僞，精者不雜，誠者不矯也。故矯情僞性者，不能動於人也。

〔二〕【疏】夫道無不在，所在皆通，故施於人倫，有此四事。〔四事〕之義，（以）〔具〕列下文。【釋文】「故强」其丈反。下同。「歡樂」音洛。下同。

〔三〕【疏】貞者，事之幹也。故以功績爲主；飲酒陶蕩性情，故以樂爲主。是以功在其美，故不可一其事迹也。

〔四〕【疏】此覆釋前四義者也。

〔五〕【疏】節文之禮，世俗爲之，真實之性，稟乎大素，自然而然，故不可改易也。

〔六〕【疏】法效自然，寶貴真道，故不拘束於俗禮也。

〔七〕【疏】恤，憂也。禄禄，貴貌也。愚迷之人，反於聖行，不能法自然而造適，貴道德而逍遥，翻復溺人事而憂慮，滯囂塵而遷貿，徇物無厭，故心恒不足也。【釋文】「禄禄」如字，又音録，謂形見爲禮也。司馬云：録，領録也。○慶藩案禄司馬本作録。文選劉公幹雜詩注引司馬云：領〔禄〕〔録〕⑥也。領上無〔禄〕〔録〕字，與釋文異。

〔八〕【疏】惜孔子之雄才，久迷情於聖迹，耽人間之浮僞，不早聞於玄道。【釋文】「蚤」音早。字亦作早。「湛」丁南反，下同。

〔校〕①高山寺本悲作疾。②又未發作不嚴。③又未作不。④又論下有其字。⑤世德堂本無人字。⑥兩録字依文選改。

孔子又再拜而起曰：「今者丘得遇也，若天幸然。先生不①羞而比之服役，而身教之。敢問舍所在，請因受業而卒學大道。」〔一〕

〔一〕【疏】尼父喜歡，自嗟慶幸，得逢漁父，欣若登天。必其不恥訓誨，尋當服勤驅役，庶爲門人，身稟教授，問舍所在，終學大道。【釋文】「丘得過也」謂得過失也。過，或作遇②。○慶藩案釋文過或作遇者是也。遇過形似，致易互訛，説見前。「而比」如字，謂親見比數也。又毗志反。

〔校〕①高山寺本不下有爲字。②今書作遇。

客曰：「吾聞之，可與往者與之，至於妙道；不可與往者，不知其道，慎勿與之，

身乃无咎〔一〕。子勉之！吾去子矣，吾去子矣！」乃刺船而去，延緣葦間〔二〕。

〔一〕【疏】從迷適悟爲往也。妙道，真本也。知，分别也，若逢上智之士，可與言於妙本，若遇下根之人，不可語其玄極，觀機吐照，方乃無疵。

〔二〕【疏】戒約孔子，令其勉勵。延緣止蘆葦之間。重言去子，殷勤訓勗也。【釋文】「乃刺」七亦反。

顔淵還車，子路授綏，孔子不顧，待水波定，不聞拏音而後敢乘〔一〕。

〔一〕【疏】仲尼既見異人告以至道，故仰之彌甚，喜懼交懷，門人授綏，猶不顧盼，船遠波定，不聞橈響，方敢乘車。【釋文】「波定」李云：謂戰如波也。案謂船行故水波，去遠則波定。

子路旁車而問曰：「由得爲役久矣，未嘗見夫子遇人如此其威也。萬乘之主，千乘之君，見夫子未嘗不分庭伉禮，夫子猶有倨敖之容。今漁父杖拏逆立，而夫子曲要磬折，言拜而應，得无太甚乎？門人皆怪夫子矣，漁人何以得此乎？〔一〕」

〔一〕【疏】天子萬乘，諸侯千乘。伉，對也。分處庭中，相對設禮，位望相似，無階降也。仲尼遇天子諸侯，尚懷倨傲，一逢漁父，盡禮曲腰，并受言詞，必拜而應，漁父威嚴，遂至於此。孔丘重方外之道，子路是方内之人，故致驚疑，旁車而問也。【釋文】「旁車」步浪反。「萬乘」繩證反。下同。「倨」音據。「敖」五報反。「曲要」一遥反。「磬折」之設反。

孔子伏軾而歎曰：「甚矣由之難化也！湛於禮義有間矣，而樸鄙之心至今未去〔一〕。進，吾語汝！夫遇長不敬，失禮也；見賢①不尊，不仁也。彼非至人，不能下人，下人不精，不得其真，故長傷身。惜哉！不仁之於人也，禍莫大焉，而由獨擅之。〔二〕且道者，萬物之所由也，庶物失之者死，得之者生，爲事逆之則敗，順之則成。故道之所在，聖人尊之。今漁父之於道，可謂有矣，吾敢不敬乎！〔三〕

〔一〕【疏】湛著禮義，時間固久，嗟其鄙拙，故憑軾歎之也。【釋文】「湛於」湛，或作其。

〔二〕【疏】召由令前，示其進趨。夫遇長老不敬，則失於禮儀；見可貴不尊，則心無仁愛。若非至德之人，則不能使人謙下；謙下或不精誠，則不造於玄極。不仁不愛，乃禍敗之基。惜哉仲由，專擅於此也！【釋文】「下人」遐嫁反。下及注同。

〔三〕【注】此篇言無江海而閒者，能下江海之士也。夫孔子之所放任，豈直漁父而已哉？將周流六虛，旁通無外，蠉動之類，咸得盡其所懷，而窮理致命，(因)〔固〕②所以爲至人之道也。【疏】由，從也。庶，衆也。夫道生萬物，則謂之道，故知衆庶從道而生。是以順而得者則生而成，逆而失者則死而敗，物無貴賤，道在則尊。漁父既其懷道，孔子何能不敬耶！【釋文】「而閒」音閑。「蠉」如兗反。

〔校〕①高山寺本賢作貴。②固字依世德堂本改。

雜篇 列禦寇第三十二〔一〕

〔一〕【釋文】以人名篇。或無列字。

列禦寇之齊，中道而反，遇伯昏瞀人〔一〕。伯昏瞀人曰：「奚方而反〔二〕？」

〔一〕【疏】伯昏，楚之賢士，號曰伯昏瞀人，隱者之徒也。禦寇既師壺子，又事伯昏，方欲適齊，行於化道，自驚行淺，中路而還，適逢瞀人，問其所以。【釋文】「瞀人」音茂，又音務。

〔二〕【疏】方，道也。奚，何也。汝行何道？欲往何方？問其所由中塗反意也。【釋文】「奚方」李云：方，道也。

曰：「吾驚焉〔一〕。」

〔一〕【疏】自覺己非，驚懼而反。此略答前問意。【釋文】「吾驚焉」李云：見人感己即遠驚也。○盧文弨曰：舊感作惑，訛。今書音義作見人感己即違道，故驚也。此似有脱誤。

曰：「惡乎驚〔一〕？」

〔一〕【疏】重問禦寇於何事迹而起驚心。【釋文】「惡乎」音烏。

曰：「吾嘗食於十餥①〔一〕，而五餥先饋〔二〕。」

〔一〕【注】賣漿之家。【釋文】「十餥」子祥反。本亦作漿。司馬云：餥讀曰漿，十家並賣漿也。

〔二〕【注】言其敬己。【疏】饋，遺也。十漿，謂有十家賣漿飲也。列子因行渴，於逆旅十家賣飲，而五家先遺，覩其容觀，競起（驚）〔敬〕②心，未能冥混，是以驚懼也。【釋文】「五餥先饋」饋，遺也，謂十家中五家先見遺。王云，皆先饋進於己。

〔校〕①趙諫議本餥作漿，下同。②敬字依注文改。

伯昏瞀人曰：「若是，則汝何爲驚已〔一〕？」

〔一〕【疏】更問驚由，庶陳己失。

曰：「夫内誠不解〔二〕，形諜成光〔三〕，以外鎮人心〔四〕，使人輕乎貴老〔五〕，而整其所患〔六〕。夫𩞄人特爲食羹之貨，〔無〕①多餘之贏，其爲利也薄，其爲權也輕，而猶若是，而況於萬乘之主乎〔七〕！身勞於國而知盡於事，彼將任我以事而效我以功，吾是以驚〔八〕。」

〔二〕【注】外自矜飾。【疏】自覺内心實智，未能懸解，爲物所敬，是以驚而歸。【釋文】「不解」音蟹。司馬音懈。

〔三〕【注】舉動便辟而成光儀也。【釋文】「形諜」徒協反。郭云：便辟也。説文云：閒也。「成光」司馬云：形諜於衷，成光華也。「便辟」婢亦反。

〔四〕【注】其内實不足以服物。【疏】諜，便辟貌也。鎮，服也。儀容便辟，動成光華，用此外形，鎮服人物。

〔五〕【注】若鎮物由乎内實，則使人貴老之情篤也。【釋文】「貴老」謂重禦寇過於老人。

〔六〕【注】言以美形動物，則所患亂生也。【疏】整，亂也。未能混俗同塵而爲物標杓，使人敬貴於己而輕老人，良恐禍患方亂生矣。【釋文】「而整」子兮反，亂也。○盧文弨曰：舊作整②，訛。今改正。卷内同。

〔六〕【注】權輕利薄，可③無求於人。【釋文】「爲食」音嗣。「贏」音盈。

〔七〕【疏】特，獨也。贏，利也。夫賣漿之人，獨有羹食爲貨，所盈之物，蓋亦不多。爲利既薄，權亦非重，尚能敬己，競走獻漿，況在君王，權高利厚，奔馳尊貴，不亦宜乎！【釋文】「萬乘」繩證反。

〔八〕【疏】夫君人者，位總萬機，威跨四海，故躬疲倦於邦國，心盡慮於世事，則思賢若渴以代己勞，必將任我以物務而驗我以功績，徇外喪內，逐僞忘真。驚之所由，具陳如是也。【釋文】「而效」如字。本又作校，古孝反。

〔校〕①無字依闕誤引江南古藏本及文如海張君房本補，據成疏亦當有無字。②鼇，說文作鼇。③趙諫議本無可字。

伯昏瞀人曰：「善哉觀乎〔一〕！女處己①，人將保女矣〔二〕！」

〔一〕【疏】汝能觀察己身，審知得喪，嘉其自覺，故歎善哉。

〔二〕【注】苟不遺形，則所在見保。保者，聚守之謂也。【疏】保，守也。汝安處己身，不能忘我，猶顯形德，爲物所歸，門人請益，聚守之矣。【釋文】「保女」司馬云：保，附也。

〔校〕①闕誤引江南古藏本及李氏本俱音紀。

无幾何而往，則户外之屨滿矣〔一〕。伯昏瞀人北面而立，敦杖蹙之乎頤，立有間，不言而出〔二〕。

〔一〕【疏】無幾何，謂無多時也。俄頃之間，伯昏往禦寇之所，適見脱屨户外，跣足升堂，請益者多矣。【釋文】「無幾」居豈反。

〔二〕【疏】敦，豎也。以杖柱頤，聽其言説，倚立閒久，忘言而歸也。【釋文】「敦杖」音頓。司馬云：豎也。「蹙之」子六反。

賓者以告列子，列子提屨，跣而走，暨乎門，曰：「先生既來，曾不發藥乎〔一〕？」

〔一〕【疏】賓者，謂通賓客人也。禦寇聞師久立，不言而歸，於是竦息慙惕，不暇納屨，跣足馳走，至門而(反)〔及〕。高人既來，庶蒙鍼艾，不嘗開發藥石，遺棄而還。誠心欽渴，有此固請也。【釋文】「賓者」本亦作儐，同。必刃反。謂通客之人。「跣而」先典反。「暨乎」其器反。「發藥」如字。司馬本作廢，云：置也。○慶藩案發，司馬作廢。發廢，古同聲通用字。爾雅：廢，税，舍也。方言：發，税，舍車也。是發與廢同。漢書貨殖傳子贛發貯鬻(則)〔財〕曹魯之間，史記作廢著。（徐廣曰：著，讀音如貯。）荀子禮論篇大昏之未發齊也，史記禮書發作廢。史記扁鵲傳色廢脈亂，徐廣曰：一作發。皆其例。

曰：「已矣，吾固告汝曰人將保汝，果保汝矣〔一〕。非汝能使人保汝，而汝不能使人无保汝也〔二〕，而焉用之感豫出異也〔三〕！必且有感，搖而本才①，又无謂也〔四〕。與汝遊者又莫汝告也，彼所小言，盡人毒也〔五〕。莫覺莫悟，何相孰也〔六〕！巧者勞而知者憂，无能者无所求，飽食而敖遊，汎若不繫之舟，虚而敖遊者也〔七〕。」

〔一〕【疏】已，止也。我已於先固告汝，汝不能韜光晦迹，必爲物所歸依。今果見汝門人滿室，吾昔語汝，諒非虚言。宜止所請，無勞辭費。○慶藩案保汝，謂依汝也。僖二年左傳保於逆旅，杜注：保，依也。史記周本紀百姓懷之，多從而保歸焉。保歸，謂依歸也。司馬訓保爲附，附亦依也。王逸注七諫曰：依，保也。

〔二〕【注】任平而化，則無感無求，無感無求，乃不相保。【疏】顯迹於外，故爲人保之；未能忘德，故不能無守也。

〔三〕【注】先物施惠，惠不因彼，豫出則異也。【疏】而，汝也。焉，何也。夫物我兩忘，亦何須物來感己！必有機來，感而後應，不勞預出異端，先物施惠。【釋文】「而焉」於虔反。

〔四〕【注】必將有感，則與本性動也。【疏】摇，動也。必固有感迫而後起，率其本性，摇而應之，滅迹匿端，有何稱謂也！【釋文】「摇而本才」一本才作性。○家世父曰：釋文，一本才作性。郭象注，必將有感，則與本性動也。感者人心，所感之〔者〕又出於感人心之心。爾雅釋詁：摇，作也。摇而本才，謂舍其本心之自然而作而致之。「又无謂也」動摇本才以致求者，又非道德之謂也。

〔五〕【注】細巧入人爲小言。【疏】共汝同遊，行解相類，唯事浮辯細巧之言，佞媚於人，盡爲鴆毒，詎能用道以告汝也！【釋文】「小言」言不入道，故曰小言。「人毒」以其多患，故曰人毒。

〔六〕【疏】孰，誰也。彼此迷塗，無能覺，無能悟，何誰獨曉以相告乎？【釋文】「莫覺莫悟何相孰也」彼不敢告汝，汝又不自覺，何期相孰哉！王云：小言爲毒，曾無告語也。孰，誰也。謂誰相親愛者。既無告語，此不相親愛之至也。○家世父曰：釋文引王云：孰，誰也，謂誰相親愛也。疑莊子本旨在蠲親愛之意。説文：孰，食餘也。孰食曰孰，假借爲詳審之義。漢書本紀其孰計之，賈誼傳日夜念此至孰也，鄒陽傳願大王孰察之，顏師古注：孰，審也。言莫之覺悟而終不自審也。

〔七〕【注】夫無其能者，唯聖人耳。過此以下，至於昆蟲，未有自忘其能而任衆人者也。【疏】夫物未嘗爲，無用憂勞，而必以智巧困弊。唯聖人汎然無係，泊爾忘心，譬彼虛舟，任運逍遥。【釋文】「而知」音智。「食而」一本作飽食而。「敖遊」本又作遨，五刀反。下同。「汎若」芳劍反。

〔校〕①趙諫議本作性，依郭注及成疏似均作性。

鄭人緩也呻吟裘氏之地〔一〕。祇三年而緩爲儒〔二〕，河潤九里，澤及三族，使其弟墨〔三〕。儒墨相與辯，其父助翟〔四〕。十年而緩自殺。其父夢之曰：「使而子爲墨者予也。闔胡①嘗視其良，既爲秋柏之實矣〔五〕？」

〔一〕【注】呻吟，吟詠之謂。【釋文】「緩也」司馬云：緩，名也。「呻」音申，謂吟詠學問之聲也。

崔云：呻，誦也。本或作呻吟。「裘氏」地名。崔云：裘，儒服也。「之地」崔本作之地蛇，云：地蛇者，山田茶種也。○盧文弨曰：宋本茶字空。

〔二〕【注】祇，適也。【疏】呻吟，詠讀也。裘氏，地名也。祇，適也。鄭人名緩，於裘地學問，適經三年而成儒道。【釋文】「祇」音支。郭李云：適也。言適三年而成也。司馬云：巨移反，謂神祇祐之也。

〔三〕【疏】三族，謂父母妻族也。能使弟成於墨教也。【釋文】「河潤九里」河從乾位來，乾，陽數九也。「使其弟墨」謂使緩弟翟成墨也。

〔四〕【注】翟，緩弟名。【疏】翟，緩弟名也。儒則憲章文武，祖述堯舜，甚固吝，好多言。墨乃遵於禹道，勤儉好施。儒墨塗別，志尚不同，各執是非，互相争辯，父黨小兒，遂助於翟矣。

〔五〕【注】緩怨其父之助弟，故感激自殺，死而見夢，謂己既能自化爲儒，又化弟令墨，弟由己化而不能順己，己以良師而便怨死，精誠之至，故爲秋柏之實。【疏】闔，何不也。秋柏，勁木也。父既助翟，而緩恨之，經由十年，感激自殺，仍見夢於父，以申怨言云：「使汝子爲墨者，我之功力也。何不看視我爲賢良之師而更朋助弟？我怨恨之甚，化爲異物秋柏子實，生於墓上。」亦有作垠字者，垠，冢也。云：「汝何不看我冢上，已化爲秋柏之木而生實也？」【釋文】「闔胡嘗視其良」闔，語助也。胡，何也。良者，良人，斥緩也。言何不試視緩墓上，已化爲秋柏之實。良或作埌，音浪，冢也。○俞樾曰：釋文曰，良者良人，謂緩也。此與下句之義不屬。又云，良或作埌，冢也。此說近之。埌，猶壙也。壙埌本疊韻字，應帝王篇以處壙埌之野是也。故壙亦得謂之埌。管子度地篇郭外爲之土閬，閬與埌同。外物篇胞有重閬，郭注曰：閬，空曠也。其義亦相近。「而見」賢遍反。「令墨」力呈反。

〔校〕①闕誤引文成李三本胡俱作□。

夫造物者之報人也，不報其人而報其人之天〔一〕。彼故使彼〔二〕。夫人以己爲有以異於人以賤其親〔三〕，齊人之井飲者相捽也。故曰今之世皆緩也〔四〕。自是，有德者以不知也，而況有道者乎〔五〕！古者謂之遁天之刑〔六〕。

〔一〕【注】自此以下，莊子辭也。夫積習之功爲報，報其性，不報其爲也。然則學習之功，成性而已，豈爲之哉！【疏】造物者，自然之洪鑪也，而造物者無物也，能造化萬物，故謂之造物也。夫物之智能，稟乎造化，非由從師而學成也。故假於學習，輔道自然，報其天性，不報人功也。是知翟有墨性，不從緩得。緩言我教，不亦繆乎！

〔二〕【注】彼有彼性，故使習彼。【疏】彼翟（先）者〔先〕有墨性，故成墨，若率性素無，學終不成也。豈唯墨翟，庶物皆然。

〔三〕【注】言緩自美其儒，謂己能有積學之功，不知其性之自然也。夫有功以賤物者，不避其親也，無其身以平（往）〔性〕①者，貴賤不失其倫也。【疏】言緩自恃於己有學植之功，異於常人，故輕賤其親而汝於父也。人之迷滯，而至於斯乎！

〔四〕【注】夫穿井所以通泉，吟詠所以通性。無泉則無所穿，無性則無所詠，而世皆忘其泉性之自然，徒識穿詠之末功，因欲矜而有之，不亦妄乎！　【疏】夫土下有泉，人各有性，天也；穿之成井，學以成術者，人也。嗟乎！世人迷妄之甚，徒知穿學之末事，不悟泉性之自然，而矜之以爲己功者，故世皆緩之流也。齊人穿鑿得井，行李汲而飲之，井主護水，捽頭而休，莊生聞之，故引爲（諭）〔喻〕。　【釋文】「相捽」才骨反。言穿井之人，爲己有造泉之功而捽飲者，不知泉之天然也。喻緩不知翟天然之墨而忿之。捽，一音子晦反。

〔五〕【注】觀緩之繆以爲學，父故能任其自爾而知，故無爲其間也。　【疏】觀緩之迷，以爲己誠有德之人，從是之後，忘知任物，不復自矜，況體道之人，豈視其功耶！　【釋文】「不知」音智，注同。○家世父曰：彼故使彼，彼者，儒墨也。有儒墨矣，因而有儒墨之辯立。夫儒墨之名，所以使之辯也。既成乎儒墨之辯，則貴其同己者而賤其異己者，因其親也亦賤之，執其所辯之異而忘其受於天性之同也。知儒墨之爲德以自是其德，謂之不知德。所謂德者，可而可之，然而然之。所謂道者，無物不可，無物不然。○俞樾曰：自是二字絕句。若緩之自美其儒，是自是也。有德者已不知有此，有道者更無論矣。故曰有德者以不知也，而況有道者乎！　以讀爲已。郭注所説，殊未明了。「學父」本或作久。

〔六〕【注】仍自然之能以爲己功者，逃天者也，故刑戮及之。　【疏】不知物性自爾，矜爲己功者，逃遁天然之理也。既乖造化，故刑戮及之。　【釋文】「仍自」而證反。本又作認，同。

〔校〕①性字依世德堂本改。

聖人安其所安，不安其所不安〔一〕；衆人安其所不安，不安其所安〔二〕。

〔一〕【注】夫聖人無安無不安，順百姓之心也。【疏】安，任也。任羣生之性，不引物從己，性之無者，不强安之，故所以爲聖人也。

〔二〕【注】所安相與異，故所以爲衆人也。【疏】學己所不能，安其所不安也；不安其素分，不安其所安也。

莊子曰：「知道易，勿言難〔一〕。知而不言，所以之天也；知而言之，所以之人也〔二〕；古之①人，天而不人〔三〕。」

〔一〕【疏】玄道窅冥，言象斯絶，運知則易，忘言實難。【釋文】「道易」以豉反。

〔二〕【疏】妙悟玄道，無法可言，故詣於自然之境，雖知至極而猶存言辯，斯未離於人倫矣。

〔三〕【注】知雖落天地，未嘗開言以引物也，應其至分而已。【疏】復古真人，知道之士，天然淳素，無復人情。【釋文】「知雖」音智。「應其」如字，當也。

〔校〕①闕誤引張君房本人上有至字。

朱泙漫學屠龍於支離益，單千金之家，三年技成而无所用其巧〔一〕。

〔一〕【注】事在於適，無貴於遠功。【疏】姓朱，名泙漫。姓支離，名益。殫，盡也。罄千金之産，學殺龍之術，伏膺三歲，其道方成，技雖巧妙，卒爲無用。屠龍之事，於世稍稀，欲明處涉人間，貴在適中，苟不當機，雖大無益也。【釋文】「朱泙」李音平，郭敷音反。徐敷耕反。○慶藩案文選張景陽七命注引司馬云：泙，普彭反。釋文闕。「漫」末旦反，又末干反。司馬云：朱泙漫，支離益，皆人姓名。○慶藩案文選張景陽七命注引司馬云：朱，姓也；泙漫，名也。益，人名也。與釋文小異。○俞樾曰：支離，複姓，説在人間世篇。朱泙，亦複姓。廣韻十虞朱字注：莊子有朱泙漫，郭注：朱泙，姓也。今象注無此文。「屠」音徒。「單」音丹，盡也。「千金之家」如字。本亦作賈，又作價，皆音嫁。「三」絶句。崔云：用千金者三也。一本作三年，則上句至家絶。○盧文弨曰：今書作三年。「技成」其綺反。

聖人以必不必，故无兵〔一〕；衆人以不必必之，故多兵〔二〕；順於兵，故行有求〔三〕。兵，恃之則亡〔四〕。

〔一〕【注】理雖必然，猶不必之，斯至順矣，兵其安有！【疏】達道之士，隨逐物情，理雖必然，猶不固執，故無交争也。

〔二〕【注】理雖未必，抑而必之，各必其所見，則乖逆生也。【疏】庸庶之類，妄爲封執，理不必爾而固必之，既忤物情，則多乖矣。

〔三〕【注】物各順性則足，足則無求。【疏】心有貪求，故任於執固之情也。【釋文】「慎於兵」慎或作順。○盧文弨曰：今書慎作順。

〔四〕【注】不得已而用之以恬惔①爲上者，未之亡也。【疏】不能大順羣命，而好乖逆物情者，則幾亡吾寶矣。

〔校〕①趙諫議本惔作淡。【釋文】「恬」徒謙反。「惔」徒暫反。本亦作淡。

小夫之知，不離苞苴竿牘〔一〕，敝精神乎蹇淺〔二〕，而欲兼濟道①物，太一形虛。若是者，迷惑於宇宙，形累不知太初。〔三〕彼至人者，歸精神乎无始而甘冥②乎无何有之鄉〔四〕。水流乎无形，發泄乎太清〔五〕。悲哉乎！汝爲知在毫毛〔六〕，而不知大寧〔七〕！

〔一〕【注】苞苴以遺，竿牘以問，遺問之具，小知所殉。【疏】小夫，猶匹夫也。苞苴，香草也。竿牘，竹簡也。夫搴芳草以相贈，折簡牘以相問者，斯蓋俗中細務，固非丈夫之所忍爲。【釋文】「之知」音智。注及下爲知同。「不離」力智反。「苞苴」子餘反。司馬云：苞苴，有苞裹也。「竿」音干。「牘」音獨。司馬云：謂竹簡爲書，以相問遺，脩意氣也。「以遺」唯季反。下同。

〔二〕【注】昏於小務，所得者淺。【疏】好爲遺問，徇於小務，可謂勞精神於跛蹇淺薄之事，不能遊虛涉遠矣。【釋文】「敝精神」郭婢世反，一音必世反。

〔三〕【注】小夫之知，而欲兼濟導物，經虛涉遠，志大神敝，形爲之累，則迷惑而失致也。【疏】以蹇淺之知，而欲兼濟羣物，導達羣生，望得虛空其形，合太一之玄道者，終不可也。此人迷於古今，形累於六合，何能照知太初之妙理耶！【釋文】「道物」音導。注同。○盧文弨曰：今書作導物。

〔四〕【疏】無始，妙本也。無何有之鄉，道境也。至德之人，動而常寂，雖復兼濟道物，而神凝无始，故能和光混俗而恒寢道鄉也。【釋文】「甘冥」如字。本亦作瞑。又音眠。○俞樾曰：釋文，冥如字。又云本亦作瞑，又音眠，當從之。瞑眠，古今字。文選養生論達旦不瞑，李善注曰：瞑，古眠字。是也。甘瞑即甘眠。徐無鬼篇孫叔敖甘寢秉羽而郢人投兵，司馬云：言叔敖願安寢恬卧以養德於廟堂之上，折衝於千里之外。此云甘瞑，彼云甘寢，其義一也，並謂安寢恬卧也。釋文讀冥如字，失之。淮南子俶真篇曰，甘瞑於溷澖之域，即本之此。

〔五〕【注】泊然無爲而任其天行也。【疏】無以順物，如水流行，隨時適變，不守形迹。迹不離本，故雖應動，恒發泄於太清之極也。【釋文】「發泄」息列反。徐以世反。「泊然」步各反。

〔六〕【注】爲知所得者細。【釋文】「悲哉乎」一本作悲哉悲哉。「爲」于僞反。

〔七〕【注】任性大寧而至。【疏】苞苴竿牘，何異毫毛！如斯運智，深可悲歎。精神淺薄，詎知乎至寂之道耶！

〔校〕①趙諫議本作導。②趙本作瞑。

宋人有曹商者，爲宋王使秦。其往也，得車數乘；王説之，益車百乘。〔一〕反於宋，見莊子曰：「夫處窮閭阨巷，困窘織屨，槁項黄馘者，商之所短也；一悟萬乘之主而從車百乘者，商之所長也〔二〕。」

〔一〕【疏】姓曹，名商，宋人也。爲宋偃王使秦，應對得所，秦王愛之，遂賜車百乘。乘，駟馬也。【釋文】「宋王」司馬云：偃王也。「使秦」所吏反。「數」所主反。「乘」繩證反。下同。「王說」音悦。

〔二〕【疏】窘，急也。言貧窮困急，織履以自供，頸項枯槁而顑頷，頭面黄瘦而馘厲，當爾之際，是商之所短也。一使强秦，遂使秦王驚悟，遺車百乘者，是商之智數長也。以此自多，矜夸莊子也。【釋文】「阨」於懈反。○慶藩案廣雅：閭，居也。古謂里中道爲巷，亦謂所居之宅爲巷。廣雅：衖，尻也。（尻，今通作居。）衖巷，古字通。閭巷皆居也。故窮閭或曰窮巷。「窘」與隕反，又巨韻反。「槁」苦老反，又袪矯反。本亦作矯，居表反。「項」李云：槁項，羸瘦貌。司馬云：項槁立也。「黄馘」古獲反，徐況璧反。爾雅云：獲也。司馬云：謂面黄熟也。○俞樾曰：馘者，俘馘也，非所施於此。馘疑瘋之叚字。説文疒部，瘋，頭痛也。黄瘋，謂頭痛而色黄。

莊子曰：「秦王有病召醫，破癰潰痤者得車一乘，舐痔者得車五乘，所治愈下，得車愈多。子豈治其痔邪，何得車之多也？子行矣！〔一〕

〔一〕【注】夫事下然後功高，功高然後禄重，故高遠恬淡者遺榮也。【疏】癰，痒熱毒腫也。痔，下漏病也。莊生風神俊悟，志尚清遠，既而縱此奇辯以挫曹商。故郭注云，夫事下然後功高，功高然後禄重，高遠恬淡者遺榮也。【釋文】「秦王」司馬云：惠王也。「痤」徂禾反。

「舐」字又作䑛，食紙反。「痔」治紀反。「愈下」本亦作俞，同。

魯哀公問乎顏闔曰：「吾以仲尼爲貞幹，國其有瘳乎〔一〕？」

〔一〕【疏】言仲尼有忠貞幹濟之德，欲命爲卿相，魯邦亂病庶瘳差矣。【釋文】「瘳」敕由反。

曰：「殆哉圾①乎仲尼〔二〕！方且飾羽而畫〔三〕，從事華辭，以支爲旨〔三〕，忍性以視民而不知不信〔四〕，受乎心，宰乎神，夫何足以上民〔五〕！彼宜女與〔六〕？予頤與〔七〕？誤而可矣〔八〕。今使民離實學僞，非所以視民也，爲後世慮，不若休之〔九〕。難治也〔一〇〕。」

〔一〕【注】圾，危也。夫至人以民靜爲安。今一爲貞幹，則遺高迹於萬世，令飾競於仁義而彫畫其毛彩，百姓既危，至人亦無以爲安也。【疏】殆，近也。圾，危也。以貞幹迹率物，物既失性，仲尼何以安也！【釋文】「汲」魚及反，又五臘反，危也。「令飾」力呈反。下同。

〔二〕【注】凡言方且，皆謂後世，（將然）〔從事〕②飾畫，非任真也。【疏】方將貞幹輔相魯廷，萬代奔逐，修飾羽儀，喪其真性也。

〔三〕【注】將令後世之從事者無實，而意趣横出也。【疏】聖迹既彰，令從政任事，情僞辭華，析派分流爲意旨也。

〔四〕【注】後世人君，將慕仲尼之遐軌，而遂忍性自矯僞以臨民，上下相習，遂不自知也。【疏】後代人君，慕仲尼遐軌，安忍情性，用之臨人，上下相習，矯僞黔黎，而不知已無信實也。以華僞之迹教示蒼生，稟承心靈，宰割真性，用此居人之上，何足稱哉！【釋文】「以視」音示。下同。

〔五〕【注】今以上民，則後世百姓非直外形從之而已，乃以心神受而用之，不能復自得於體中也。【疏】後代百姓，非直外形從之，乃以心神受而用之，不能復自得之性，以此居民上，何足可安哉！【釋文】「能復」扶又反。

〔六〕【注】彼，百姓也。女，哀公也。彼與女各自有所宜，相效則失真，此即今之見驗。【疏】彼，百姓也。女，哀公也。百姓與汝各有所宜，若將汝所宜與百姓，不可也。【釋文】「女與」音餘，又如字。下頤與同。「之見」賢遍反。

〔七〕【注】效彼非所以養己也。【疏】予，我也。頤，養也。我與百姓怡養不同，譬如魚鳥，升沈各異，若以汝所養衞物，物我俱失也。

〔八〕【注】正不可也。【疏】以貞幹之迹錯誤行之，正不可也。○家世父曰：彼宜汝與，言仲尼之道果有宜於汝者乎？予頤與，言將待我以養者乎？周易序卦曰：頤者，養也。以爲宜與而待養之，若謂國可以有瘳則誤矣，意以哀公之所云可者誤也。

〔九〕【注】明不謂當時也。【疏】離實性，學僞法，不可教示黎民，慮後世荒亂，不如休止也。

【釋文】「離實」力智反。

〔一〇〕【注】治（不）〔之〕③則僞，故聖人不治也。　【疏】捨己效物，聖人不治也。

〔校〕①趙諫議本世德堂本圾作汲，注同。釋文亦作汲。②從事二字依世德堂本改。③之字依世德堂本改。

施于人而不忘，非天布也〔一〕。商賈不齒〔二〕，雖以事①齒之，神者弗齒〔三〕。

〔一〕【注】布而識之，非芻狗萬物也。　【疏】二儀布生萬物，豈（責）〔貴〕恩也！　【釋文】「施於」始豉反。下注同。「而識」如字，又申志反。

〔二〕【注】況士君子乎！　【疏】夫能施求報，商客尚不齒理，況君子士人乎！　【釋文】「商賈」音古。

〔三〕【注】要能施惠，故於事不得不齒，以其不忘，故心神忽之。此百姓之大情也。　【疏】施而不忘，未合天道。能施恩惠，於物事不得不齒，爲責求報，心神輕忽不録，百姓之情也。事之者，性情也。

〔校〕①世德堂本事作士。

爲外刑者，金與木也〔一〕；爲内刑者，動與過也〔二〕。宵人之離外刑者，金木訊①

之〔三〕；離内刑者，陰陽食之〔四〕。夫免乎外内之刑者，唯真人能之〔五〕。

〔一〕【注】金，謂刀鋸斧鉞；木，謂捶楚桎梏。【釋文】「鋸」音據。「戉」音越。○盧文弨曰：今書作鉞。「捶」之蘂反。「桎」之實反。「梏」古毒反。

〔二〕【注】静而當，則外内②無刑。

〔三〕【注】不由明坦之塗者，謂之宵人。【疏】宵，闇夜也。離，罹也。訊，問也。闇惑之人，罹於憲網，身遭枷杻斧鉞之刑也。【釋文】「宵人」王云：非明正之徒，謂之宵夜之人也。○俞樾曰：郭注曰，不由明坦之塗者，謂之宵人。釋文引王注云，非明正之徒，謂之宵夜之人也。皆望文生義，未爲確詁。宵人，猶小人也。禮記學記篇宵雅肄三，鄭注曰：宵之言小也，習小雅之三，謂鹿鳴、四牡、皇皇者華也。然則宵人爲小人，猶宵雅爲小雅矣。字亦作肖，方言曰：（宵）〔肖〕③，小也。史記太史公自序申吕肖矣，徐廣曰：肖，音痟。痟猶衰微，義亦相近。文選江文通雜體詩宵人重恩光，李善注引春秋演孔圖曰：宵人之世多飢寒。宋均曰：宵，猶小也。此説得之。「（訊）〔訙〕之」本又作訊，音信，問也。○盧文弨曰：説文有訊無訙，訙俗字。

〔四〕【注】動而過分，則性氣傷於内，金木訊於外也。【疏】若不止分，則内結寒暑，陰陽殘食之也。

〔五〕【注】自非真人，未有能止其分者，故必外内受刑，但不問大小耳。【疏】心若死灰，内不滑靈府，（也）④形同槁木，外不挂桎梏，唯真人哉！

〔校〕①世德堂本作訙，釋文同。②世德堂本外內作內外。③肖字依方言改。④也字依下句删。

孔子曰：「凡人心險於山川，難於知天；天猶有春秋冬夏旦暮之期，人者厚貌深情〔一〕。故有貌愿而益，有長若不肖〔二〕，有順①懁而達〔三〕，有堅而縵，有緩而釬〔四〕。故其就義若渴者，其去義若熱〔五〕。故君子遠使之而觀其忠，近使之而觀其敬〔六〕，煩使之而觀其能〔七〕，卒然問焉而觀其知〔八〕，急與之期而觀其信〔九〕，委之以財而觀其仁〔一〇〕，告之以危而觀其節〔一一〕，醉之以酒而觀其側，雜之以處而觀其色〔一二〕。九徵至，不肖人得矣〔一三〕。」

〔一〕【疏】人心難知，甚於山川，過於蒼昊。厚深之狀，列在下文。

〔二〕【疏】愿，慤真也。不肖，不似也。人有形如慤真，而心益虛浮也；有心實長者，形如不肖也。

【釋文】「愿」音願。廣雅云：謹慤也。○俞樾曰：益當作溢。溢之言驕溢也。荀子不苟篇以驕溢人，是也。謹愿與驕溢，義正相反。「有長」丁丈反。「若不肖」外如長者，內不似也。

〔三〕【疏】懁，急也。形順躁急而心達理也。【釋文】「有順」王作慎。「懁」音環，又許沿反，徐音絹。三蒼云：急腹也。王云：研辨也，外慎研辨，常務質訥。○盧文弨曰：今書音義作音儇，兩研字俱作堅。

〔四〕【注】言人情貌之反有如此者。【疏】縵，緩也。釬，急也。自有形如堅固而實散縵，亦有外形寬緩心内躁急也。【釋文】「縵」武半反，又武諫反。李云：内實堅，外如縵也。「釬」胡旦反，又音干，急也。一云：情貌相反。○俞樾曰：縵者，慢之叚字；釬者，悍之叚字。堅强而又惰慢，紓緩而又桀悍，故爲情貌相反也。

〔五〕【注】但爲難知耳，未爲殊無迹。【疏】人有就仁義如渴思水，捨仁義若熱逃火，雖復難知，未爲無迹。〔徵〕②驗具列下文也。

〔六〕【疏】遠使忠佞斯彰，咫步敬慢立明者也。

〔七〕【疏】煩極任使，察其〔彼〕〔技〕能。

〔八〕【疏】卒問近對，觀其愿智。【釋文】「卒然」寸忽反。「其知」音智。

〔九〕【疏】忽卒與期，觀信契也。

〔一〇〕【疏】仁者不貪。

〔一一〕【疏】告危亡，驗節操。

〔一二〕【疏】至人酒不能昏法則，男女參居，貞操不易。【釋文】「其側」側，不正也。一云：謂醉者喜傾側冠也。王云：側，謂凡爲不正也。側，或作則。○俞樾曰：釋文曰，側，不正也。一云，謂醉者喜傾側冠也。王云，側，謂凡爲不正也。然上文觀其忠、觀其敬云云，所觀者皆舉美德言之，此獨觀其不正，則不倫矣。諸説皆非也。其云側或作則，當從之。則者，法則也。國語周〔書〕〔語〕③曰：威儀有則。既醉之後，威儀反反，威儀怭怭，是無則矣，故曰醉之以酒而觀其則。周書官人篇作醉之酒以觀其恭，與此〔意〕〔文〕語意相近。大戴禮文王官人篇作醉之以觀其不失也，不失即謂不失法則也。○家世父曰：釋文，側，不正也。一云：謂醉者喜傾側冠也。是舊〔序〕〔本〕皆作醉之以酒以觀其側。側，當爲則。詩曰：飲酒孔嘉，維其令儀。所謂則也。

〔三〕【注】君子易觀，不肖難明。然視其所以，觀其所由，察其所安，搜之有塗，亦可知也。【疏】九事徵驗，小人君子，厚貌深情，必無所避。【釋文】「易觀」以豉反。「搜之」所求反。

〔校〕①闕誤引江南古藏本順作慎。②徵字依下文補。③語字及下文字依諸子平議改。

正考父一命而傴，再命而僂，三命而俯，循牆而走，孰敢不軌〔一〕！如而夫者，一命而呂鉅，再命而於車上儛，三命而名諸父，孰協唐許〔二〕！

〔一〕【注】言人不敢以不軌之事侮之。【疏】考，成也。父，大也。有考成大德而履正道，故號正考父，則孔子十代祖宋大夫也。士一命，大夫二命，卿三命也。傴曲循牆，並敬容極恭，卑退若此，誰敢將不軌之事而侮之也！【釋文】「正考父」音甫。宋湣公之玄孫，弗父何之曾孫。「而傴」紆矩反。「而僂」力矩反。「三命」公士一命，大夫再命，卿三命。

〔二〕【注】而夫，謂凡夫也。唐，謂堯也；許，謂許由也。言而夫與考父者，誰同於唐許之事也。【疏】而夫，鄙夫也。諸父，伯叔也。凡夫篤競軒冕，一命則呂鉅夸華，再命則援綏作舞，三命善識自高，下呼伯叔之名。然考父謙夸各異，格量勝劣，誰同唐堯許由無爲禪讓之風哉！【釋文】「而夫」郭云：凡夫也。「呂鉅」矯貌。○家世父曰：釋文，呂鉅，矯貌。疑此不當爲矯。方言：殄、呂，長也；東齊曰殄，宋魯曰呂。説文：鉅，大剛也。亦通作巨，大也。呂鉅，謂自高大，當爲矜張之意，云矯，非也。「孰協唐許」協，同也。唐，唐堯；許，許由：皆崇讓者也。言考父與而夫，誰同於唐許也。○盧文弨曰：舊作協同也，今從宋本。○家世父曰：郭象注，唐謂堯，許謂許由；言而夫與考父，誰同於唐許之事。今按孰協唐許與孰敢不軌對文，言如而夫者，誰知比同於唐許哉！郭注誤。

賊莫大乎德有心〔一〕而心有睫〔二〕，及其有睫也而內視，內視而敗矣〔三〕。凶德有五，中德爲首〔四〕。何謂中德？中德也者，有以自好也而吡其所不爲者也〔五〕。

〔一〕【注】有心於爲德，非真德也。夫真德者，忽然自得而不知所以（德）〔得〕①也。【疏】役智勞慮，有心爲德，此賊害之甚也。

〔二〕【注】率心爲德，猶之可耳；役心於眉睫之間，則僞已甚矣。【釋文】「睫」音接。○俞樾曰：郭注曰，役心於眉睫之間，則僞已甚矣。然正文言心有睫，非役心於眉睫之謂，郭注非也。心有睫，謂以心爲睫也。人於目之所不接，而以意度之，謂其如是，是心有睫也。聖人不逆詐，不意不信，豈如是乎？故曰賊莫大乎德有心而心有睫。下文曰，及其有睫也而內視，內視而敗矣。然則心有睫正內視之謂。內視者，非謂收視返聽也，謂不以目視而以心視也。後世儒者執一理以斷天下事，近乎心有睫矣。

〔三〕【注】乃欲探射幽隱，以深爲事，則心與事俱敗矣。【疏】率心爲役，用心神於眼睫，緣慮逐境，不知休止，致危敗甚矣。【釋文】「探射」食亦反。

〔四〕【疏】謂心耳眼舌鼻也。曰此五根，禍因此(德)〔得〕，謂凶德也。五根禍主，中德爲(無)心也。

〔五〕【注】吡，呰也。夫自是而非彼，則攻之者非一，故爲凶首也。若中無自好之情，則恣萬物之所是，所是各不自失，則天下皆思奉之矣。【疏】吡，呰也。用心中所好者自以爲是，不同己爲者呰而非之。以心中自是爲得，故曰中德。【釋文】「自好」呼報反。注同。「吡」匹爾反，又芳爾反。郭云：呰也。「呰也」子爾反。「皆思奉之矣」本或作皆畢事也。

〔校〕①得字依道藏本改。

窮有八極，達有三必，形有六府〔一〕。美髯長大壯麗勇敢，八者俱過人也，因以是窮〔二〕。緣循，偃佒，困畏不若人，三者俱通達〔三〕。知慧外通〔四〕，勇動多怨〔五〕，仁義多責①〔六〕。達生之情者傀〔七〕，達於知者肖②〔八〕；達大命者隨〔九〕，達小命者遭〔一〇〕。

〔一〕【疏】八極三必窮達，猶人身有六府也。列下文矣。

〔二〕【注】窮於受役也。然天下未曾窮於所短，而恒以所長自困。【疏】美，恣媚也。髯，髭鬢也。長，高也。大，粗大也。壯，多力；麗，妍華；勇，猛；敢，果決也。蘊此八事，超過常人，(愛)〔受〕③役既多，因以窮困也。【釋文】「美髯」人鹽反。「未曾」才能反。

〔三〕【注】緣循，杖物而行者也。偃佒，不能俯執者也。困畏，怯弱者也。此三者既不以事見任，乃將接佐之，故必達也。【疏】循，順也，緣物順他，不能自立也。偃佒，仰首不能俯執也。困畏，困苦(怯)懼也。有此三事不如恒人，所在通達也。【釋文】「偃佒」於丈反。本亦作央，同。偃佒，守分歸一也。○家世父曰，郭注，偃佒，不能俯執者。釋文，偃佒，守分歸一也。疑偃佒當爲偃仰，猶言俯仰從人也。大雅顒顒卬卬，韓詩外傳作顒顒盎盎。央卬亦一聲之轉。○慶藩案緣循偃佒，緣，緣飾也。(見晏子春秋内篇問下。)循，因循也。偃，矢志也。佒當作詇。詇，早知也。(見説文詇字注。)「杖物」直亮反。

〔四〕【注】通外則以無崖傷其内也。【疏】自持智慧照物，外通塵境也。【釋文】「知慧」音智。

〔五〕【注】怯而静，乃厚其身耳。【疏】雄健躁擾，必招讎隙。【釋文】「乃厚其身耳」元嘉本厚作後。一本作乃後恒無怨也。

〔六〕【注】天下皆望其愛，然愛之則有不周矣，故多責。【疏】仁義則不周，必有多責也。

〔七〕【注】傀然，大恬解之貌也。【釋文】「傀」郭、徐呼懷反。字林公回反，云：偉也。「恬解」音蟹。

〔八〕【注】肖，釋散也。【疏】注云：肖，釋散也；傀，恬解也。達悟之崖，真性虛照，傀然縣解，無係戀也。【釋文】「於知」音智。「者肖」音消。郭云：釋散也。○王念孫曰：郭象曰，傀然，大恬解之貌；肖，釋散也。案郭以傀爲大，是也，以肖爲釋散則非。方言曰：肖，小也。（廣雅同。）肖與傀正相反，言任天則大，任智則小也。肖，猶宵也。學記宵雅肄三，鄭注曰：宵之言小也。宵肖古同聲，故漢書刑法志肖字通作宵。史記太史公自序申呂肖矣，徐廣曰：肖，音痟。痟猶衰微，義亦相近也。○慶藩案肖司馬作胥。文選謝靈運初（發）〔去〕④郡詩注引司馬云：傀讀曰瑰，瑰，大也；情在故曰大也。胥，多智也。謝靈運齋中讀書詩注（江文通雜體詩注並⑤）又引云：傀，大也，情在無，故曰大。釋文闕。

〔九〕【注】泯然與化俱也。【疏】大命，大年。假如彭祖壽考，隨而順之，亦不厭其長久，以爲勞苦也。

〔一〇〕【注】每在節上住乃悟也。【疏】小命，小年也。遭，遇也。如殤子促齡，所遇斯適，曾不介懷耳。

〔校〕①闕誤引劉得一本責下有六者所以相刑也七字。②道藏本肖作消。③受字依注文改。④去字依文選改。⑤江文通等八字，因雜體詩注無此文，刪。

人有見宋王者，錫車十乘，以其十乘驕穉莊子〔一〕。

〔一〕【疏】錫，與也。穉，後也。宋襄王時，有庸瑣之人游宋，妄説宋王，錫車十乘，用此驕炫，排莊周於己後，自矜物先也。【釋文】「十乘」繩證反。下同。「驕穉」直吏反，又池夷反。李云：自驕而穉莊子也。○盧文弨曰：今書作穉。○慶藩案穉亦驕也。（集韻：穉，陳尼切，自驕矜貌。）管子軍令篇工以雕文刻鏤相穉，尹知章注：穉，驕也。王引之經義述聞云，詩載馳篇衆穉且（在）〔狂〕①，謂既驕且狂也。

〔校〕①狂字依毛詩改。

莊子曰：「河上有家貧恃緯蕭而食者，其子没於淵，得千金之珠。其父謂其子曰：『取石來鍛之！夫千金之珠，必在九重之淵而驪龍頷下，子能得珠者，必遭其睡也。使驪龍而寤，子尚奚微之有哉！』〔一〕今宋國之深，非直九重之淵也；宋王之猛，非直驪龍也；子能得車者，必遭其睡也。使宋王而寤，子爲虀粉夫！」〔二〕

〔一〕【疏】葦，蘆也。蕭，蒿也。家貧織蘆蒿爲薄，賣以供食。鍛，椎也。驪，黑龍也，頷下有千金之珠也。譬譏得車之人也。【釋文】「緯蕭」如字。緯，織也。蕭，荻蒿也。織蕭以爲畚而賣之。本或作葦，音同。○慶藩案文選顏延年陶徵士誄注引司馬云：蕭，蒿也，織蒿爲薄。北堂書鈔簾部、太平御覽七百並引云：蕭，蒿也，織緝（御覽作緯。）蒿爲薄簾也。御覽九百九十七又引云：蕭，蒿也，緯，織也，織蒿爲箔。釋文闕。「鍛之」丁亂反，謂槌破之。盧文弨曰：鍛，舊從(段)〔叚〕，訛，今改正。「九重」直龍反。「驪龍」力馳反。驪龍，黑龍也。「頷下」户感反。

〔二〕【注】夫取富貴，必順乎民望也，若挾奇説，乘天衢，以嬰人主之心者，明主之所不受也。故如有所譽，必有所試，於斯民不違，僉曰舉之，以合萬夫之望者，此三代所以直道而行之也。【疏】懷忠貞以感人主者，必〔得〕非常之賞。而用左道，使其説佞媚君王，僥倖於富貴者，故有驕穉之容。亦何異遭驪龍睡得珠耶！餘詳注意。【釋文】「韲」子兮反。説文作韲。「粉夫」音符。「若挾」户牒反。「僉曰」七潛反。

或聘於莊子〔一〕。莊子應其使曰：「子見夫犧牛乎〔二〕？衣以文繡，食以芻叔①，及其牽而入於大廟，雖欲爲孤犢，其可得乎〔三〕！」

〔一〕【疏】寓言，不明聘人姓氏族，故言或也。

〔二〕【疏】犧，養也。君王預前三月養牛祭宗廟曰犧也。【釋文】「其使」所吏反。

〔三〕【注】樂生者畏犧而辭聘，髑髏聞生而矉蹙，此死生之情異而各自當也。【疏】芻，草也。菽，豆也。犧養豐(瞻)〔贍〕，臨祭日求爲孤犢不可得也。況祿食之人，例多夭折，嘉遁之士，方足全生。莊子清高，笑彼名利。【釋文】「衣以」於既反。「食以」音嗣。「芻叔」初俱反。芻，草也。叔，大豆也。「大廟」音太。「髑」音獨。「髏」音樓。「矉」毗人反。「蹙」子六反。

〔校〕①趙諫議本叔作菽。

莊子將死，弟子欲厚葬之。莊子曰：「吾以天地爲棺槨，以日月爲連璧，星辰爲珠璣，萬物爲齎送。吾葬具豈不備邪？何以加此！〔一〕」

〔一〕【疏】莊子妙達玄道，逆旅形骸，故棺槨天地，鑪冶兩儀，珠璣星辰，變化三景，資送備矣。門人厚葬，深乖造物也。【釋文】「珠璣」音祈，又音機。一音其既反。「齎」音資。本或作濟，子詣反。

弟子曰：「吾恐烏鳶之食夫子也。」莊子曰：「在上爲烏鳶食，在下爲螻蟻食，奪彼與此，何其偏也〔一〕！」

〔一〕【疏】鳶，鴟也。門人荷師主深恩也，將欲厚葬，避其烏鳶，豈知厚葬還遭螻蟻！情好所奪，偏私之也。【釋文】「鳶」以全反。「螻」音樓。「蟻」魚綺反。

以不平平，其平也不平〔一〕；以不徵徵，其徵也不徵〔二〕。明者唯爲之使〔三〕，神者徵之〔四〕。夫明之不勝神也久矣〔五〕，而愚者恃其所見入於人，其功外也，不亦悲乎〔六〕！

〔一〕【注】以一家之平平萬物，未若任萬物之自平也。【疏】無情與奪，委任均平，此真平也。若運情慮，均平萬物，（若）〔方〕欲起心，已不平矣。

〔二〕【注】徵，應也。不因萬物之自應而欲以其所見應之，則必有不合矣。　【疏】聖人無心，有感則應，此真應也，若有心應物，不能應也。徵，應也。

〔三〕【注】夫執其所見，受使多矣，安能使物哉！　【疏】自炫其明，情應於務，爲物驅使，何能役人也！

〔四〕【注】唯任神然後能至順，故無往不應也。　【疏】神者無心，寂然不動，能無不應也。

〔五〕【注】明之所及，不過於形骸也，至順則無遠近幽深，皆各自得。　【疏】明則有心應務，爲物驅役，神乃無心，應感無方。有心不及無心，存應不及忘應，格量可知也。

〔六〕【注】夫至順則用發於彼而以藏於物，若恃其所見，執其自是，雖欲入人，其功外矣①。【疏】夫忘懷應物者，爲而不恃，功成不居。愚惑之徒，自執其用，叨人功績，歸人己身，雖欲矜伐，其功外矣。迷（忘）〔妄〕如此，深可悲哉！

〔校〕①世德堂本作其功之外也。

莊子集釋卷十下

雜篇　天下第三十三〔一〕

天下之治方術者多矣，皆以其有爲不可加矣〔二〕。古之所謂道術者，果惡乎在〔三〕？曰：「无乎不在〔三〕。」曰：「神何由降？明何由出〔四〕？」「聖有所生，王有所成〔五〕，皆原於一〔六〕。」

〔一〕【釋文】以義名篇。

〔二〕【注】爲其所①有爲，則真爲也，爲其真爲，則無爲矣，又何加焉！【疏】方，道也。自軒頊已下，迄于堯舜，治道藝術，方法甚多，皆隨有物之情，順其所爲之性，任羣品之動植，曾不加之於分表，是以雖教不教，雖爲不爲矣。

〔三〕【疏】上古三皇所行道術，隨物任化，淳朴無爲，此之方法，定在何處？假設疑問，發明深理也。【釋文】「惡乎」音烏。

〔三〕【疏】答曰：無爲玄道，所在有之，自古及今，無處不偏。

〔四〕【注】神明由事感而後降出。【疏】神者，妙物之名；明者，智周爲義。若使虛通聖道，今古有之，亦何勞彼神人顯茲明智，制體作樂以導物乎？

〔五〕【疏】夫虛凝玄道，物感所以誕生，聖帝明王，功成所以降迹，豈徒然哉！

〔六〕【注】使物各復其根，抱一而已，無飾於外，斯聖王所以生成也。　【疏】原，本也。一，道。雖復降靈接物，混迹和光，應物不離真常，抱一而歸本者也。

〔校〕①趙諫議本其所作以其。

不離於宗，謂之天人。不離於精，謂之神人。不離於真，謂之至人。以天爲宗，以德爲本，以道爲門，兆於變化，謂之聖人。〔一〕以仁爲恩，以義爲理，以禮爲行，以樂爲和，薰然慈仁，謂之君子〔二〕。以法爲分，以名爲表，以參爲驗，以稽爲決，其數一二三四是也〔三〕，百官以此相齒，以事爲常〔四〕，以衣食爲主，蕃息畜藏〔五〕，老弱孤寡爲意①，皆有以養，民之理也〔六〕。

〔一〕【注】凡此四名，一人耳，所自言之異。　【疏】冥宗契本，謂之自然。淳粹不雜，謂之神妙。嶷然不假，謂之至極。以自然爲宗，上德爲本，玄道爲門，觀於機兆，隨物變化者，謂之聖人。已上四人，只是一耳，隨其功用，故有四名也。　【釋文】「不離」力智反。下注不離、離性、下章離於同。「兆於」本或作逃。

〔二〕【注】此四（者）〔名〕②之粗迹，而賢人君子之所服膺也。　【疏】布仁惠爲恩澤，施義理以裁非，運節文爲行首，動樂音以和性，慈照光乎九有，仁風扇乎八方，譬蘭蕙芳馨，香氣薰於遐邇，可謂賢矣。【釋文】「爲行」下孟反。章内同。「薰然」許云反，温和貌。崔云：以慈仁爲馨聞也。「之粗」七奴反。卷内皆同。

〔三〕【疏】稽，考也。操，執也。法定其分，名表其實，操驗其行，考決其能。一二三四，即名法等是也。【釋文】「以參」本又作操，同。七曹反，宜也。「以稽」音雞，考也。

〔四〕【疏】自堯舜已下，置立百官，用此四法更相齒次，君臣物務，遂以爲常，所謂彝倫也。

〔五〕【疏】夫事之不可廢者，耕織也；聖人之不可廢者，衣食也。故國以民爲本，民以食爲天，是以蕃滋生息，畜積藏儲者，皆養民之法。【釋文】「蕃息」音煩。「畜」敕六反，又許六反。「藏」如字，又才浪反。

〔六〕【注】民理既然，故聖賢不逆。

〔校〕①高山寺本無爲意二字。②名字依趙諫議本改。

古之人其備乎〔一〕！配神明，醇天地，育萬物，和天下〔二〕，澤及百姓，明於本數，係於末度〔三〕，六通四辟①，小大精粗，其運无乎不在〔四〕。其明而在數度者，舊法世傳之史尚多有之〔五〕。其在於詩書禮樂者，鄒魯之士搢紳先生多能明之〔六〕。詩以道志，書以道事，禮以道行，樂以道和，易以道陰陽，春秋以道名分〔七〕。其數散於天下而設於中國者，百家之學時或稱而道之〔八〕。

〔一〕【注】古之人即向之四名也。【疏】養老哀弱，矜孤恤寡，五帝已下，備有之焉。

〔二〕【疏】配，合也。夫聖帝無心，因循品物，故能合神明之妙理，同天地之精醇，育宇内之黎元，和域中之羣有。【釋文】「醇」順倫反。

〔三〕【注】本數明，故末〔度〕②不離。【疏】本數，仁義也。末度，名法也。夫聖心慈育，恩覃黎庶，故能明仁義以崇本，係〔法〕名〔法〕以救末。○家世父曰：天人、神人、至人、聖人、君子，所從悟入不同，而稽之名法度數，以求養民之理，則固不能離棄萬物，以不與民生爲緣；故曰明〔乎〕〔於〕本數，係於末度。莊子自〔明〕著書之旨而微發其意如此。

〔四〕【注】所以爲備。【疏】〔闢〕〔辟〕，法也。大則兩儀，小則羣物，精則神智，粗則形像，通六合以遨遊，法四時而變化，隨機運動，無所不在也。【釋文】「四辟」婢亦反。本又作闢。

〔五〕【注】其在數度而可明者，雖多有之，已疏外也。【疏】史者，春秋尚書，皆古史也。數度者，仁義名法等也。古舊相傳，顯明在世者，史傳書籍，尚多有之。

〔六〕【注】能明其迹耳，豈所以迹哉！【疏】鄒，邑名也。魯，國號也。搢，笏也，亦插也。紳，大帶也。先生，儒士也。言仁義名法布在六經者，鄒魯之地儒服之人能明之也。【釋文】「鄒」莊由反，孔子父所封邑。

〔七〕【疏】道，達也，通也。夫詩道情志，書道世事，禮道心行，樂道和適，易明卦兆，通達陰陽，春秋褒貶，定其名分。【釋文】「道志」音導。下以道皆同。「名分」扶問反。

〔八〕【注】皆道古人之陳迹耳，尚復不能常稱。【疏】六經之迹，散在區中，風教所覃，不過華壤。

百家諸子，依稀五德，時復稱説，不能大同也。【釋文】「尚復」扶又反。下章不復同。

〔校〕①趙諫議本辟作闢。②度字依王叔岷説補。

天下大亂〔一〕，賢聖不明〔二〕，道德不一〔三〕，天下多得一〔四〕察焉以自好〔五〕。譬如耳目鼻口，皆有所明，不能相通〔六〕。猶百①家衆技也，皆有所長，時有所用〔七〕。雖然，不該不徧，一曲之士也〔八〕。判天地之美，析萬物之理〔九〕，察古人之全，寡能備於天地之美，稱神明之容〔一〇〕。是故内聖外王之道，闇而不明，鬱而不發〔一一〕，天下之人各爲其所欲焉以自爲方。悲夫，百家往而不反，必不合矣！〔一二〕後世之學者，不幸不見天地之純，古人之大體〔一三〕，道術將爲天下裂〔一四〕。

〔一〕【注】用其迹而無統故也。【疏】執守陳迹，故不升平。

〔二〕【注】能明其迹，又未易也。【疏】韜光晦迹。【釋文】「未易」以豉反。

〔三〕【注】百家穿鑿。【疏】法教多端。

〔四〕【注】各信其偏見而不能都舉。【疏】宇内學人，各滯所執，偏得一術，豈能弘通！【釋文】「得一」偏得一術。

〔五〕【注】夫聖人統百姓之大情而因爲之制，故百姓寄情於所統而自忘其好惡，故與一世而得淡漠焉。亂則反之，人恣其近好，家用典法，故國異政，家殊俗。【疏】不能恬淡虛忘，而每運心思察，隨其情好而爲教方。【釋文】「自好」呼報反。注及下同。○王念孫曰：郭象斷天下多得一爲句。釋文曰，得一，偏得一術。案天下多得一察焉以自好，當作一句讀。下文云，天下之人各爲其所欲焉以自爲方，句法正與此同。一察，謂察其一端而不知其全體。下文云，譬如耳目鼻口，皆有所明，不能相通，即所謂一察也。若以一字上屬爲句，察字下屬爲句，則文不成義矣。○俞樾曰：郭注斷天下多得一爲句，釋文曰，得一，偏得一術。王氏念孫謂天下多得一察焉以自好當作一句讀，一察，謂察其一端而不知其全體。今案郭讀文不成義，當從王讀。惟以一察爲察其一端，義亦未安。察當讀爲際，一際，猶一邊也。廣雅釋詁，際、邊並訓方，是際與邊同義。得其一際，即得其一邊，正不知全體之謂。察際並從祭聲，古音相同，故得通用耳。下文云，不該不徧，一曲之士也，一際與一曲，其義相近。○家世父曰：一察，謂察見其一端，據之以爲道而因而好之。舊注以天下多得一爲句，誤。「好惡」烏路反。「淡」本又作澹，徒暫反。「漠」音莫。

〔六〕【疏】夫目能視色，不能聽聲；鼻能聞香，不能辨味，各有所主，故不能相通也。

〔七〕【注】所長不同，不得常用。【疏】夫六經五德，百家諸書，其於救世，各有所長，既未中道，故時有所廢，猶如鼻口有所不通也。【釋文】「衆技」其綺反。

〔八〕【注】故未足備任也。【疏】雖復各有所長，而未能該通周徧，斯乃偏僻之士，滯一之人，非圓通合變者也。【釋文】「不偏」音遍。

〔九〕【注】各用其一曲，故析判。　【疏】一曲之人，各執偏僻，雖著方術，不能會道，故分散兩儀淳和之美，離析萬物虛通之理也。

〔一〇〕【注】況一曲者乎！　【疏】觀察古昔全德之人，猶(解)〔鮮〕能備兩儀之亭毒，稱神明之容貌，況一曲之人乎！　【釋文】「稱神」尺證反。下章同。

〔一一〕【注】全人難遇故也。　【疏】玄聖素王，內也。飛龍九五，外也。既而百家競起，各私所見，是非殽亂，彼我紛紜，遂使出處之道，闇塞而不明，鬱閉而不泄也。

〔一二〕【疏】心之所欲，執而爲之，即此欲心而爲方術，一往逐物，曾不反本，欲求合理，其可得也！既乖物情，深可悲歎！

〔一三〕【注】大體各歸根抱一，則天地之純也。　【疏】幸，遇也。天地之純，無爲也；古人大體，朴素也。言後世之人，屬斯澆季，不見無爲之道，不遇淳朴之世。

〔一四〕【注】裂，分離也。道術流弊，遂各奮其方，或以主物，則物離性以從其上而性命喪矣。【疏】裂，分離也。儒墨名法，百家馳騖，各私所見，咸率己情，道術紛紜，更相倍譎，遂使蒼生措心無所，分離物性，實此之由也。○慶藩案裂，依字當作列。説文：列，分解也。易艮九二列其夤，管子五輔篇、曾子天圓篇瘞大袂列。古分解字皆作列。説文：裂，繒餘也。義各不同。今分列字皆作裂，而列但爲行列字矣。　【釋文】「哀矣」如字。本或作喪，息浪反。○盧文弨曰：今書作喪矣。

〔校〕①世德堂本百作有。

不侈於後世，不靡於萬物，不暉於數度〔一〕，以繩墨自矯〔二〕而備世之急〔三〕，古之道術有在於是者。墨翟禽滑釐聞其風而説之，爲之大過，已之大循①〔四〕。作爲非樂，命之曰節用；生不歌，死无服〔五〕。墨子氾愛兼利而非鬬〔六〕，其道不怒〔七〕；又好學而博，不異〔八〕，不與先王同〔九〕，毁古之禮樂〔一〇〕。

〔一〕【注】勤儉則瘁，故不暉也。【疏】侈，奢也。靡，麗也。暉，明也。教於後世，不許奢華，物我窮儉，未（常）〔嘗〕綺麗，既乖物性，教法不行，故（於）先王典禮不得顯明於世也。【釋文】「不侈」尺紙反，又尺氏反。「不暉」如字。崔本作渾。「則瘁」在醉反。

〔二〕【注】矯，厲也。【疏】矯，厲也。用仁義爲繩墨，以勉厲其志行也。【釋文】「自矯」居表反。

〔三〕【注】勤而儉則財有餘，故②急有備。【疏】世急者，謂陽九百六水火之災也。勤儉節用，儲積財物，以備世之凶災急難也。

〔四〕【注】不復度衆所能也。【疏】循，順也。古之道術，禹治洪水，勤儉枯槁，其迹尚在，故言有在於是者。姓禽，字滑釐，墨翟弟子也。墨翟（循）〔滑〕③釐，性好勤儉，聞禹風教，深悦愛之，務爲此道，勤苦過甚，適周己身自順，未堪教被於人矣。【釋文】「墨翟」宋大夫，尚儉素。

「禽滑」音骨，又户八反。「氂」力之反，又音熙。禽滑氂，墨翟弟子也。不順五帝三王之樂，嫌其奢。「而説」音悦。下注同，後聞風而説皆同。「大過」音太，舊敕佐反。後大過、大多、大少倣此。「大順」順，或作循。〇慶藩案循，或作順。説文：循，順行也。鄭注尚書中候曰：循，順。書大傳三正若循連環，白虎通義引此，循作順。順與循，古同聲而通用也。「度衆」徒各反。

〔五〕【疏】非樂節用，是墨子二篇書名也。生不歌，故非樂，死無服，故節用，謂無衣衾棺槨等資葬之服，言其窮儉惜費也。【釋文】「非樂節用」墨子二篇名。

〔六〕【注】夫物不足，則以鬬爲是，今墨子令百姓皆勤儉各有餘，故以鬬爲非也。【疏】普氾兼愛，利益羣生，使各自足，故無鬬争，以鬬争爲（之）非也。【釋文】「氾」芳劍反。「愛兼利」化同己儉爲氾愛兼利。「令百」力呈反。下同。

〔七〕【注】但自刻也。【疏】克己勤儉，故不怨怒於物也。

〔八〕【注】既自以爲是，則欲令萬物皆同乎己也。【疏】墨子又好學，博通墳典，己既勤儉，欲物同之也。

〔九〕【注】先王則恣其羣異，然後同焉皆得而不知所以得也。

〔一〇〕【注】嫌其侈靡。【疏】禮則節文隆殺，樂則鐘鼓羽毛，嫌其侈靡奢華，所以毁棄不用。

〔校〕①世德堂本循作順。②世德堂本故作而。③滑字依覆宋本改。

黄帝有咸池，堯有大章，舜有大韶，禹有大夏，湯有大濩，文王有辟雍之樂，武王周公作武〔一〕。古之喪禮，貴賤有儀，上下有等，天子棺槨七重，諸侯五重，大夫三重，士再重〔二〕。今墨子獨生不歌，死不服，桐棺三寸而无槨，以爲法式。以此教人，恐不愛人；以此自行，固不愛己。〔三〕未①敗墨子道〔四〕，雖然，歌而非歌，哭而非哭，樂而非樂，是果類乎〔五〕？其生也勤，其死也薄，其道大觳〔六〕；使人憂，使人悲，其行難爲也，恐其不可以爲聖人之道〔七〕，反天下之心，天下不堪。墨子雖獨能任，奈天下何！離於天下，其去王也遠矣。〔八〕

〔一〕【疏】已上是五帝三王樂名也。【釋文】「有夏」户雅反。○盧文弨曰：今書作有大夏。下有濩亦作有大濩。「有濩」音護。「有辟」音壁。「作武」武，樂名。下同。

〔二〕【疏】自天王已下，至于士庶，皆有儀法，悉有等級，斯古之禮也。【釋文】「七重」直龍反。

〔三〕【注】物皆以任力稱情爲愛，今以勤儉爲法而爲之大過，雖欲饒天下，更非所以爲愛也。【疏】師於禹迹，勤儉過分，上則乖於三王，下則逆於萬民，故生死勤窮，不能養於外物，形容枯槁，未可愛於己身也。

〔四〕【注】但非道德。【疏】未，無也。翟性尹老之意也。【釋文】「未敗」敗，或作毁。「墨子」

是一家之正，故不可以爲敗也。崔云：未壞其道。

〔五〕【注】雖獨成墨而不類萬物之情。【疏】夫生歌死哭，人倫之常理；凶哀吉樂，世物之大情。今乃反此，故非徒類矣。【釋文】「非歌」生應歌，而墨以歌爲非也。「樂而」音洛。下及注同。○家世父曰：墨子之意，主於節用。其非樂篇言厚措斂乎萬民，以爲大鍾鳴鼓，琴瑟竽笙，言今王公大人爲樂，虧奪民衣食之時，虧奪民衣食之財，其三篇言其樂逾繁，其治逾寡。莊子亦辯其非樂薄葬，而歸本於節用，言墨子之道所以未敗，今之歌固非歌，今之哭固非哭，今之樂固非樂，其與墨子之言，果類乎，果非類乎？故以下但著其勤苦之實，以明墨子之本旨。

〔六〕【注】觳，無潤也。【疏】觳，無潤也。生則勤苦身心，死則資葬儉薄，其爲道乾觳無潤也。【釋文】「觳」郭苦角反。徐户角反。郭李皆云：無潤也。○家世父曰：爾雅釋詁觳，盡也。管子地員篇淖而不肕，剛而不觳；其下土三十物，又次曰五觳。觳者，薄也。史記始皇本紀雖監門之養，不觳於此矣，言不薄於此也。墨子之道，自處以薄。郭象注觳無潤也，解似迂曲。

〔七〕【注】夫聖人之道，悦以使民，民得性之所樂則悦，悦則天下無難矣。【疏】夫聖人之道，得百姓之歡心，今乃使物憂悲，行之難久，又無潤澤，故不可以教世也。【釋文】「其行」下孟反。下注以成其行同。

〔八〕【注】王者必合天下之懽心而與物俱往也。【疏】夫王天下者，必須虚心忘己，大順羣生，今乃毀皇王之法，反黔首之性，其於主物，不亦遠乎！【釋文】「能任」音任。

〔校〕①趙諫議本未作末。

墨子稱道曰：「昔①禹之湮洪水，決江河而通四夷九州也，名山②三百，支川三千，小者无數〔一〕。禹親自操槖③耜而九雜④天下之川〔二〕；腓无胈，脛无毛，沐甚雨，櫛疾風⑤，置萬國。禹大聖也而形勞天下也如此〔三〕。」使後世之墨者，多以裘褐爲衣，以跂蹻爲服，日夜不休，以自苦爲極〔四〕，曰：「不能如此，非禹之道也，不足謂墨〔五〕。」

〔一〕【疏】湮，塞也。昔堯遭洪水，命禹治水，寘塞隄防，通決川瀆，救百六之災，以播種九穀也。【釋文】「湮洪水」音因，又音煙，塞也，没也。掘地而注之海，使水由地下也。引禹之儉同己之道。○盧文弨曰：舊儉譌險，今改正。○俞樾曰：名山當作名川，字之誤也。名川支川，猶言大水小水。下文曰禹親自操槖耜而九雜天下之川，可見此文專以川言，不當言山也。若但言支川而不言名川，則是舉流而遺其原，於文爲不備矣。襄十一年左傳曰名山名川，是山川並得言名，學者多見名山，尠見名川，故誤改之耳。呂氏春秋始覽篇、淮南子墬形篇並曰名川六百。○慶藩案名川，大川也。禮禮器因名山升中於天，鄭注：名，猶大也。高注淮南墬形篇亦曰：名山，大（川）〔山〕也。王制言名山大川，月令言大山名源，其義一也。

魯語取名魚，韋注：名魚，大魚也。秦策賂之一名都，高注：名，大也。（魏策大都數百，名都數十也。）此皆訓名爲大之證。「支川」本或作支流。

〔二〕【疏】橐，盛土器也。耜，掘土具也。禹捉耜掘地，操橐負土，躬自辛苦以導川原，於是舟檝往來，九州雜易。又解：古者字少，以滌爲盪，川爲原，凡經九度，言九雜也。又本作鳩者，言鳩雜川谷以導江河也。【釋文】「自操」七曹反。「橐」舊古考反，崔郭音託，字則應作囊。崔云：囊也。司馬云：盛土器也。「耜」音似。釋名：耜，似也，似齒斷物。三蒼云：耒頭鐵也。崔云：梩也。司馬云：盛水器也。「而九」音鳩。本亦作鳩，聚也。「雜」本或作杂，音同。崔云：所治非一，故曰雜也。○家世父曰：釋文，九亦作鳩，聚也。雜，本或作杂，崔云，所治非一，故曰雜也。玉篇：雜，同也。廣韻：雜，集也。書序決九州，言雜匯諸川之水，使同會於大川，故曰九雜天下之川。

〔三〕【注】墨子徒見禹之形勞耳，未覩其性之適也。【疏】通導百川，安置萬國，聞啓之泣，無暇暫看，三過其門，不得看子。賴驟雨而洒髮，假疾風而梳頭，勤苦執勞，形容毁悴，遂使腓股無肉，膝脛無毛。禹之大聖，尚自艱辛，況我凡庸，而不勤苦！【釋文】「腓」音肥，又符畏反。「无胈」步葛反，又甫物反，又符蓋反。「脛」刑定反。「甚雨」如字。崔本甚作湛，音淫。○盧文弨曰：今書作沐甚風櫛疾雨。此以甚雨在櫛字上，當本是沐甚雨櫛疾風，文義較順。淮南脩務篇云：禹沐浴霪雨，櫛扶風，可以爲證。淮南浴字乃衍文。李善注文選和王著作八公山詩引淮南作沐淫雨，櫛疾風。○慶藩案崔本甚作湛，是也。湛與淫同。論衡明雩篇久雨爲湛，湛即淫也。太史公自序帝辛湛湎，揚雄光祿勳箴桀紂淫雨。淫湛義同，字亦相通。攷工記（慌）〔㠵〕⑥氏淫之以蜃，杜子春云：淫當爲湛。淮南脩務篇正作禹沐淫雨。（禮檀弓門人後，雨甚。古書中少言甚雨者。）淮南覽冥篇東風而酒湛溢，湛溢即淫溢，謂酒得東風加長也。春秋繁露同類相動篇水得夜長數分，東風而酒湛溢，皆其證。「櫛」側筆反。

〔四〕【注】謂自苦爲盡理之法。【疏】裘褐，粗衣也。木曰跂，草曰蹻也。後世墨者，翟之弟子也。裘褐跂蹻，儉也。日夜不休，力也。用此自苦，爲理之妙極也。【釋文】「裘褐」户葛反。「跂」其逆反。「蹻」紀略反。李云：麻曰屩，木曰屐。屐與跂同，屩與蹻同。一云：鞋類也。一音居玉反，以藉鞋下也。

〔五〕【注】非其時而守其道，所以爲墨也。【疏】墨者，禹之陳迹也。故不能苦勤，乖於禹道者，不可謂之墨也。

〔校〕①世德堂本昔下有者字。②趙諫議本山作川，與俞説合。③世德堂本槖作橐。④闕誤引江南古藏本及李本雜俱作滌。⑤世德堂本風雨二字互易。趙諫議本與釋文同。⑥㠵字依攷工記改。

相里勤之弟子五侯之徒，南方之墨者苦獲、已齒、鄧陵子之屬，俱誦墨經，而倍譎不同，相謂別墨〔一〕；以堅白同異之辯相訾，以觭偶不仵之辭相應；以巨子爲聖人〔二〕，皆願爲之尸〔三〕，冀得爲其後世，至今不決〔四〕。

〔一〕【注】必其各守所見，則所在無通，故於墨之中又相與別也。【疏】姓相里，名勤，南方之墨師也。苦獲五侯之屬，並是學墨人也。譎，異也。俱誦墨經而更相倍異，相呼爲別墨。【釋文】「相」息亮反。「里勤」司馬云：墨師也。姓相里，名勤。○俞樾曰：韓非子顯學篇有相里氏之墨，有相夫氏之墨，有(鄉)〔鄧〕①陵氏之墨。「苦獲已齒」李云：二人姓字也。「而倍」郭音佩，又裴罪反。「譎」古穴反。崔云：決也。○慶藩案倍譎，諸書多作倍僪，或作背譎，(呂氏春秋明理篇日有倍僪，高注：日旁之危氣也，在兩旁反出爲倍，在上反出爲僪。淮南覽冥篇臣心乖則背譎見於天。)皆背鐍之借字。漢書天文志暈適背穴，孟康曰：背，形如北字也；(案吳語韋昭注：北，古之背字。說文：北，乖也，從二人相背。則日兩旁氣外向者爲背，形與北相似，故孟康云背如北。)穴，讀作鐍，其形如(半)〔玉〕②鐍也。如淳曰：凡氣在〔日〕③上，(日)爲冠爲戴，在旁直對爲珥，在旁如半環，向日爲抱，向外爲背，有氣刺日爲鐍，鐍，抉傷也。今案背鐍皆外向之名，莊子蓋喻各泥一見，二人相背耳。以氣刺日爲鐍，失之。

〔二〕【注】巨子最能辨其所是以成其行。【疏】訾，毀也。巨，大也。獨唱曰觭，音奇。對辯曰偶。仵，倫次也。言鄧陵之徒，(然)〔雖〕蹈墨術，堅執堅白，各炫己能，合異爲同，析同爲異；或獨唱而寡和，或賓主而往來，以有無是非之辯相毀，用無倫次之辭相應，勤儉甚者，號爲聖人。【釋文】「相訾」音紫。「以觭」紀宜反，又音寄。「不仵」音誤。徐音五。仵，同也。「巨子」向崔本作鉅。向云：墨家號其道理成者爲鉅子，若儒家之碩儒。

〔三〕【注】尸者，主也。

〔四〕【注】爲欲係巨子之業也。【疏】咸願爲師主，庶傳業將來，對争勝負不能決定也。

〔校〕①鄧字依諸子平議改。②玉字依漢書注改。③日上依漢書注改。

墨翟禽滑釐之意則是〔一〕，其行則非也〔二〕。將使後世之墨者，必自苦以腓无胈脛无毛相進而已矣〔三〕。亂之上也〔四〕，治之下也〔五〕。雖然，墨子真天下之好①也〔六〕，將求之不得也〔七〕，雖枯槁不舍也〔八〕。才士也夫〔九〕！

〔一〕【注】意在不侈靡而備世之急，斯所以爲是。

〔二〕【注】爲之太過故也。【疏】意在救物，所以是也；勤儉太過，所以非也。

〔三〕【疏】進，過也。後世學徒，執墨陳迹，精苦自勵，意在過人也。

〔四〕【注】亂莫大於逆物而傷性也。

〔五〕【注】任衆適性爲上，今墨反之，故爲下。【疏】墨子之道，逆物傷性，故是治化之下術，荒亂之上首也。【釋文】「治之」直吏反。

〔六〕【注】爲其真好重聖賢不逆也，但不可以教人。【釋文】「之好」呼報反，注同。○俞樾曰：真天下之好，謂其真好天下也，即所謂墨子兼愛也。下文曰將求之不得也，雖枯槁不舍也，此求字即心誠求之之求。求之不得，雖枯槁不舍，即所謂摩頂放踵，利天下爲之也。郭注未得。「爲其」于僞反。

〔七〕【注】無輩。

〔八〕【注】所以爲真好也。【疏】宇内好儉，一人而已，求其輩類，竟不能得。顦顇如此，終不休廢，率性真好，非矯爲也。【釋文】「枯槁」苦老反。「不舍也」音捨。下章同。

〔九〕【注】非有德也。【疏】夫，歎也。逆物傷性，誠非聖賢，亦勤儉救世才能之士耳。

〔校〕①高山寺古鈔本好下有者字。

不累於俗，不飾於物，不苟於人，不忮於衆〔一〕，願天下之安寧以活民命，人我之養畢足而止〔二〕，以此白心，古之道術有在於是者〔三〕。宋鈃尹文聞其風而悦之〔四〕，作爲華山之冠以自表〔五〕，接萬物以别宥爲始〔六〕；語心之容，命之曰心之行〔七〕，以聏合驩，以調海内〔八〕，請欲置之以爲主〔九〕。見侮不辱〔一〇〕，救民之鬭，禁攻寢兵，救世之戰〔一一〕。以此周行天下，上説下教，雖天下不取，强聒而不舍者也〔一二〕，故曰上下見厭而强見也〔一三〕。

〔一〕【注】忮，逆也。【疏】於俗無患累，於物無矯飾，於人無苟且，於衆無逆忮，立於名行以養蒼生也。【釋文】「忮」之豉反，逆也。司馬崔云：害也。字書云：很也。又音支，韋昭音洎。

〔二〕【注】不敢望有餘也。

〔三〕【疏】每願宇内清夷，濟活黔首，物我儉素，止分知足，以此教迹，清白其心，古術有在，相傳不替矣。【釋文】「白心」崔云，明白其心也。白，或作任。

〔四〕【疏】姓宋，名鈃；姓尹，名文；並齊宣王時人，同遊稷下。宋著書一篇，尹著書二篇，咸師於黔〔首〕而爲之名也。性與教合，故聞風悦愛。【釋文】「宋鈃」音形。徐胡泠反，郭音堅。「尹文」崔云：齊宣王時人，著書一篇。○俞樾曰：列子周穆王篇老成子學玄於尹文先生，未知即其人否。漢書藝文志尹文子一篇，在名家。師古曰：劉向云，與宋鈃俱遊稷下。

〔五〕【注】華山上下均平。【疏】華山，其形如削，上下均平，而宋尹立志清高，故爲冠以表德之異。【釋文】「華山之冠」華山上下均平，作冠象之，表己心均平也。

〔六〕【注】不欲令相犯錯。【疏】宥，區域也。始，本也。置立名教，應接人間，而區別萬有，用斯爲本也。【釋文】「以別」彼列反，又如字。「宥爲始」始，首也。崔云：以別善惡，宥不及也。

〔七〕【疏】命，名也。發語吐辭，每令心容萬物，即名此容受而爲心行。

〔八〕【注】强以其道聏令合，調令和也。【釋文】「聏」崔本作胹，音而，郭音餌。司馬云：色厚貌。崔郭王云：和也。聏和萬物，物合則歡矣。一云：調也。「合驩」以道化物，和而調之，合意則歡。○家世父曰：以聏合驩，諸本或作聏，莊子闕誤引作胹。説文肉部：胹，爛也。方言：胹，孰也。以胹合驩，即軟孰之意。太玄經耎其中，耎其膝，耎其哇，司馬光集注：耎字與軟同。亦正此意。闕誤作胹字者是也。「强以」其丈反。下皆同。「令合」力呈反。下同。

〔九〕【注】二子請得若此者立以爲物主也。【疏】聏，和也。用斯名教和調四海，庶令同合以得驩心，置立此人以爲物主也。

〔一〇〕【注】其於以活民爲急也。

〔一一〕【注】所謂聏調。【疏】寢，息也。防禁攻伐，止息干戈，意在調和，不許戰鬬，假令欺侮，不以爲辱，意在救世，所以然也。

〔一二〕【注】聏調之理然也。【疏】用斯教迹，行化九州，上説君王，下教百姓，雖復物不取用，而强勸喧聒，不自廢舍也。【釋文】「上説」音悦，又如字。「下教」上，謂國主也，悦上之教下也。一云：説，猶教也。上教教下也。「聒」古活反，謂强聒其耳而語之也。

〔一三〕【注】所謂不辱。【疏】雖復物皆厭賤，猶自强見勸他，所謂被人輕侮而不恥辱也。【釋文】「見厭」於豔反，徐於贍反。

雖然，其爲人太多，其自爲太少〔一〕，曰：「請欲固置五升之飯足矣〔二〕。」先生恐不得飽，弟子雖飢，不忘天下〔三〕，日夜不休，曰：「我必得活哉〔四〕！」圖傲乎救世之士哉〔五〕！曰：「君子不爲苛察〔六〕，不以身假物〔七〕。」以爲无益於天下者，明之不如已也〔八〕，以禁攻寢兵爲外〔九〕，以情欲寡淺爲内〔一〇〕，其小大精粗，其行適至是而止〔一一〕。

〔一〕【注】不因其自化而强以慰之，則其功太重也。【疏】夫達道聖賢，感而後應，先存諸己，後存諸人。今乃勤强勸人，被厭不已，當身枯槁，豈非自爲太少乎！【釋文】「爲人」于僞反。下自爲同。

〔二〕【注】斯明自爲之太少也。

〔三〕【注】宋鈃尹文稱天下爲先生，自稱爲弟子也。【疏】宋尹稱黔首爲先生，自謂爲弟子，先物後己故也。坦然之迹，意在勤儉，置五升之飯，爲一日之食，唯恐百姓之飢，不慮己身之餓，不忘天下，以此爲心，勤儉故養蒼生也，用斯作法，晝夜不息矣。

〔四〕【注】謂民〔亦〕〔必〕①當報己也。

〔五〕【注】揮斥高大之貌。【疏】圖傲，高大之貌也。言其强力忍垢，接濟黎元，雖未合道，可謂救世之人也。【釋文】「圖傲」五報反。

〔六〕【注】務寬恕也。【疏】夫賢人君子，恕己寬容，終不用取捨之心苟且伺察於物也。【釋文】「苛察」音河。一本作苛。○慶藩案苛一本作苛，非也。古書從句從可之字，往往因隸變而譌，苛作苛，亦形似之誤也。漢巴郡太守張納碑犴無拘紲之人，拘作抲，朐忍蠻夷，朐作朐。冀州從事郭君碑凋柯霜榮，柯字作枸，説文抲字解引酒誥曰盡執抲，今本抲作拘。攷工記妢胡之笱，注：故書笱爲笱，杜子春云：笱當作笱。管子五輔篇上彌殘苛而無解舍，苛，今本譌作苟。皆其明證。

〔七〕【注】必自出其力也。【疏】立身求己，不必假物以成名也。

〔八〕【注】所以爲救世之士也。【疏】已，止也。苦心勞形，乖道逆物，既無益於宇内，明不如止而勿行。

〔九〕【疏】爲利他，外行也。

〔一〇〕【疏】爲自利，内行也。

〔一一〕【注】未能經虚涉曠。【疏】自利利他，内外兩行，雖復大小有異，精粗稍殊，而立趨維綱，不過適是而已矣。【釋文】「其行」下孟反，又如字。

〔校〕①必字依趙諫議本改。

公而不當①，易而无私，決然无主〔一〕，趣物而不兩〔二〕，不顧於慮，不謀於知，於物无擇，與之俱往〔三〕，古之道術有在於是者〔四〕。彭蒙田駢慎到聞其風而悦之〔五〕，齊萬物以爲首，曰：「天能覆之而不能載之，地能載之而不能覆之，大道能包之而不能辯之，知萬物皆有所可，有所不可，故曰選則不徧〔六〕，教則不至〔七〕，道則无遺者矣〔八〕。」

〔一〕【注】各自任也。【疏】公正而不阿黨，平易而無偏私，依理斷決，無的主宰，所謂法者，其在於斯。【釋文】「不當」丁浪反。崔本作黨，云：至公無黨也。○盧文弨曰：作不黨是。「易而」以豉反。

〔二〕【注】物得所趣，故一。【疏】意在理趣而於物無二也。

〔三〕【疏】依理用法，不顧前後，斷決正直，無所懼慮，亦不運知，法外謀謨，守法而往，酷而無擇。【釋文】「於知」音智。下棄知同。

〔四〕【疏】自五帝已來，有以法爲政術者，故有可尚之迹而猶在乎世。

〔五〕【疏】姓彭，名蒙；姓田，名駢；姓慎，名到；並齊之隱士，俱游稷下，各著書數篇。性與法合，故聞風悦愛也。○俞樾曰：據下文，彭蒙當是田駢之師。意林引尹文子有彭蒙曰：雉兔在野，衆皆逐之，分未定也；鷄豖滿市，莫有志者，分定故也。【釋文】「田駢」薄田反。齊人也，遊稷下，著書十五篇。慎子云：名廣。○俞樾曰：漢書藝文志道家田子二十五篇，名駢，齊人，遊稷下，號天口〔駢〕②。吕覽不二篇陳駢貴齊，即田駢也。淮南人間篇唐子短陳駢子於齊威王云云，即田駢之事實，亦可見貴齊之一端矣。

〔六〕【注】都用乃周。【疏】夫天覆地載，各有所能，大道包容，未嘗辯説。故知萬物有可不可，隨其性分，但當任之，若欲揀選，必不周徧也。【釋文】「不徧」音遍。

〔七〕【注】性其性乃至。【釋文】「不至」一本作不王。

〔八〕【疏】〔異〕〔萬〕物不同，稟性各異，以此教彼，良非至極，若率至玄道，則物皆自得而無遺失矣。

【釋文】「无遺」如字。本又作貴。

〔校〕①趙諫議本當作黨。②駢字依漢書補。

是故慎到棄知去己而緣不得已，泠汰於物以爲道理〔一〕，曰知不知，將薄知而後鄰傷之者也〔二〕，謑髁无任而笑天下之尚賢也〔三〕，縱脱无行而非天下之大聖①〔四〕，椎拍輐斷，與物宛轉〔五〕，舍是與非，苟可以免〔六〕，不師知慮，不知前後〔七〕，魏然而已矣〔八〕。推而後行，曳而後往〔九〕，若飄風之還，若羽之旋，若磨石之隧，全而无非，動靜无過，未嘗有罪〔一〇〕。是何故〔一一〕？夫无知之物，无建己之患，无用知之累，動靜不離於理，是以終身无譽〔一二〕。故曰至於若无知之物而已，无用賢聖〔一三〕，夫塊不失道〔一四〕。豪桀相與笑之曰：「慎到之道，非生人之行而至死人之理〔一五〕，適得怪焉〔一六〕。」

〔一〕【注】泠汰，猶聽放也。【疏】泠汰，猶揀鍊也。息慮棄知，忘身去己，機不得已，感而後應，揀鍊是非，據法斷決，慎到守此，用爲道理。○俞樾曰：史記孟荀列傳慎到，趙人，著十二論。漢書藝文志法家有慎子四十二篇，名到，先申韓，申韓稱之。【釋文】「去己」起呂反。章内注同。「泠」音零。「汰」音泰，徐徒蓋反。郭云：泠汰，猶聽放也。一云：泠汰，猶沙汰也，謂沙汰使之泠然也；皆泠汰之歸於一，以此爲道理也。或音裔，又音替。

〔二〕【注】謂知力淺，不知任其自然，故薄之而(後)〔又〕鄰傷(也)〔焉〕②。【疏】鄰，近也。夫知則有所不知，故薄淺其知；雖復薄知而未能都忘，故猶近傷於理。

〔三〕【注】不肯當其任而任夫衆人，衆人各自能，則無爲横復尚賢也。【疏】謑髁，不定貌也。隨物順情，無的任用，物各自得，不尚賢能，故笑之也。【釋文】「謑」胡啓反，又音奚，又苦迷反。説文云：恥也。五米反。「髁」户寡反，郭勘禍反；謑髁，訛倪不正貌。王云：謂謹刻也。○家世父曰：説文：謑詬，恥也。謑，一作譲。賈誼治安策，譲詬無節。髁，髀骨也。髁，通作跨。廣韻：跨，同踝。釋名：踝，〔确也〕，居足〔兩〕旁磽确〔然也〕③，亦因其形踝踝然也。謑髁，謂堅确能忍恥辱。釋文：謑髁，訛倪不正貌。王云，謹刻也。均未免望文生義。「无任」無所施任也。王云，雖謹刻於法，而猶能不自任以事，事不與衆共之，則無爲尚賢，所以笑也。「横復」扶又反。

〔四〕【注】欲壞其迹，使物不殉。【疏】縱恣脱略，不爲仁義之德行，忘遺陳迹，故非宇内之聖人也。【釋文】「无行」下孟反。下人之行同。

〔五〕【注】法家雖妙，猶有椎拍，故未泯合。【疏】椎拍，笞撻也。輐斷行刑也。宛轉，變化也。復能打拍刑戮，而隨順時代，故能與物變化而不固執之者也。【釋文】「椎」直追反。「拍」普百反。「輐」五管反，又胡亂反，又五亂反。徐胡管反，圓也。「斷」丁管反，又丁亂反，方也。王云，椎拍輐斷，皆刑截者所用。○家世父曰：釋文：輐，圓也。王云，椎拍輐斷，皆刑截者所用。疑王説非也。輐斷即下文魭斷，郭象云：魭斷，無圭角也。説文：椎，擊也。拍，拊也。言擊拊之而已，不用攻刺；魭斷之而已，不用鋒稜；所以處制事物而與爲宛轉也。

〔六〕【疏】不固執是非，苟且免於當世之爲也。

〔七〕【注】不能知是之與非，前之與後，暗目恣性，苟免當時之患也。【疏】不師其成心，不運用知慮，亦不瞻前顧後，（人）〔矯〕性（爲）〔僞〕情，直舉弘綱，順物而已。【釋文】「不師知」音智。

〔八〕【注】任性獨立。【疏】魏然，不動之貌也。雖復處俗同塵，而魏然獨立也。【釋文】「魏然」魚威反，李五回反。

〔九〕【注】所謂緣於不得已。【疏】推而曳之，緣不得已，感而後應，非先唱也。

〔一〇〕【疏】磨，磑也。隧，轉也。如飄風之回，如落羽之旋，若磑石之轉。三者無心，故能全得，是以無是無非，無罪無過，無情任物，故致然也。【釋文】「若飄」婢遥反，一音必遥反。爾雅云：回風爲飄。「之還」音旋，一音環。「若磨」末佐反，又如字。「石之隧」音遂，回也。徐絶句，一讀至全字絶句。「全而无非」磨石所剴，麤細全在人，言德全無見非責時，言其無心也。

〔一一〕【疏】假設疑問以顯其能。

〔一二〕【注】患生於譽，譽生於有建。【疏】夫物莫不耽滯身己，建立功名，運用心知，没溺前境。今磨磑等，行藏任物，動静無心，恒居妙理，患累斯絶，是以終於天命，無咎無譽也。【釋文】「不離」力智反。

〔一三〕【注】唯聖人然後能去知與故，循天之理，故愚知處宜，貴賤當位，賢不肖襲情，而云無用聖賢，所以爲不知道也。

〔一四〕【注】欲令去知如土塊也。亦爲凡物云云，皆無緣得道，道非偏物也。【疏】貴尚無知，情同瓦石，無用賢聖，闇若夜游，遂如土塊，名爲得理。慎到之惑，其例如斯。【釋文】「夫塊」苦對反，或苦猥反。「欲令」力呈反。

〔一五〕【注】夫去知任性，然後神明洞照，所以爲賢聖也。而云土塊乃不失道，人若土塊，非死如何！豪桀所以笑也。【疏】夫得道賢聖，照物無心，德合二儀，明齊三景。今乃以土塊爲道，與死何殊！既無神用，非生人之行也。是以英儒瞻聞，玄通豪桀，知其乖理，故嗤笑之。

〔一六〕【注】未合至道，故爲詭怪。【疏】不合至道者，適爲其怪也。

〔校〕①古鈔卷子本聖下有也字。②又焉二字依世德堂本改。③确也等五字依釋名原文補。

田駢亦然，學於彭蒙，得不教焉〔一〕。彭蒙之師曰：「古之道人，至於莫之是莫之非而已矣〔二〕。其風窢然，惡可而言〔三〕？」常反人，不見①觀〔四〕，而不免於魭斷〔五〕。其所謂道非道，而所言之韙不免於非〔六〕。彭蒙田駢慎到不知道〔七〕。雖然，概乎皆嘗有聞者也〔八〕。

〔一〕【注】得自任之道也。【疏】田駢慎到，稟業彭蒙，縱任放誕，無所教也。

〔二〕【注】所謂齊萬物以爲首。

〔三〕【注】逆風所動之聲。【疏】窢然，迅速貌也。古者道人，虚懷忘我，指爲天地，無復是非，風教窢然，隨時過去，何可留其聖迹，執而言之也。【釋文】「窢」字亦作罭，又作閾，況逼反，又火麥反。向郭云：逆風聲。「惡可」音烏。

〔四〕【注】不順民望。【疏】未能大順羣品，而每逆忤人心，亦不能致蒼生之稱其瞻望也。【釋文】「不見觀」一本作不聚觀。

〔五〕【注】雖立法而鯇斷無圭角也。【疏】鯇斷，無圭角貌也。雖復立法施化，而未能大齊萬物，故不免於鯇斷也。【釋文】「於鯇」五管反，又五亂反。「斷」丁管反。郭云：鯇斷，無圭角也。一本無斷字。

〔六〕【注】韙，是也。【疏】韙，是也。慎到所謂爲道者非正道也，所言爲是者不是也，故不免於非也。【釋文】「韙」于鬼反，是也。

〔七〕【注】道無所不在，而云土塊乃不失道，所以爲不知。【疏】雖復習尚虚忘，以無心爲道，而未得圓照，故不知也。

〔八〕【注】但不至也。【疏】彭蒙之類，雖未體真，而志尚〔無〕知，略有梗概，更相師祖，皆有稟承，非獨臆斷，故嘗有聞之也。【釋文】「概乎」古愛反。

〔校〕①趙諫議本見作聚。

以本爲精，以物爲粗〔一〕，以有積爲不足〔二〕，澹然獨與神明居，古之道術有在於是者〔三〕。關尹老聃聞其風而悅之〔四〕，建之以常無有〔五〕，主之以太一〔六〕，以濡弱謙下爲表，以空虛不毁萬物爲實〔七〕。

〔一〕【疏】本，無也。物，有也。用無爲妙，道爲精，用有爲事，物爲粗。

〔二〕【注】寄之天下，乃有餘也。

〔三〕【疏】貪而儲積，心常不足，知足止分，故清廉虛淡，絶待獨立而精神，道無不在，自古有之也。

【釋文】「澹然」徒暫反。

〔四〕【疏】姓尹，名熹，字公度，周平王時函谷關令，故（爲）〔謂〕之關尹也。姓李，名耳，字伯陽，外字老聃，即尹熹之師老子也。師資唱和，與理相應，故聞無爲之風而悅愛之也。【釋文】「關尹」關令尹喜也。或云：尹喜字公度。「老聃」他甘反，即老子也。爲喜著書十九篇。○又俞樾曰：漢書藝文志道家有關尹子九篇，注云：名喜，爲關吏。或以尹喜爲姓名，失之。又按釋文云：老子爲喜著書十九篇。考老子一書，漢志有鄰氏經傳四篇、傅氏經説三十七篇、徐氏經説六篇，未聞有十九篇之説。吕覽不二篇關尹貴清，高注：關尹，關正也，名喜，作道書九篇，能相風角，知將有神人而老子到，喜説之，請著上至經五千言。上至經之名，他書所未見也。

〔五〕【注】夫無有何所能建？建之以常無有，則明有物之自建也。

〔六〕【注】自天地以及羣物，皆各自得而已，不兼他飾，斯非主之以太一耶！【疏】太者廣大之名，一以不二爲稱。言大道曠蕩，無不制圍，括囊萬有，通而爲一，故謂之太一也。建立言教，每以凝常無物爲宗，悟其指歸，以虚通太一爲主。斯蓋好儉以勞形質，未可以教他人，亦無勞敗其道術也。

〔七〕【疏】表，外也。以柔弱謙和爲權智外行，以空惠圓明爲實智内德也。【釋文】「以濡」如兖反，一音儒。「謙下」遐嫁反。

關尹曰：「在己无居〔一〕，形物自著〔二〕。其動若水，其静若鏡，其應若響〔三〕。芴乎若亡，寂乎若清，同焉者和，得焉者失〔四〕。未嘗先人而常隨人〔五〕。」

〔一〕【注】物來則應，應而不藏，故功隨物去。【疏】成功弗居，推功於物，用此在己而修其身也。

〔二〕【注】不自是而委萬物，故物形各自彰著。【疏】委任萬物，不伐其功，故彼之形性各自彰著也。

〔三〕【注】常無情也。【疏】動若水流，静如懸鏡，其逗機也似響應聲，動静無心，神用故速。【釋文】「若響」許丈反。

〔四〕【注】常全者不知所得也。【疏】芴，忽也。亡，無也。夫道非有非無，不清不濁，故闇忽似無，體非無也，静寂如清也。是已同靡清濁，和蒼生之淺見也，遂以此清虚無爲而爲德者，斯喪道矣。【釋文】「芴」音忽。

〔五〕【疏】和而不唱也。

老聃曰：「知其雄，守其雌，爲天下谿；知其白，守其辱，爲天下谷〔一〕。」人皆取先，己獨取後〔二〕，曰受天下之垢〔三〕；人皆取實〔四〕，己獨取虛〔五〕，无藏也故有餘〔六〕，巋然而有餘〔七〕。其行身也，徐而不費〔八〕，无爲也而笑巧〔九〕；人皆求福，己獨曲全〔一〇〕，曰苟免於咎〔一一〕。以深爲根〔一二〕，以約爲紀〔一三〕，曰堅則毀矣〔一四〕，銳則挫矣〔一五〕。常寬容①於物〔一六〕，不削於人〔一七〕，可謂②至極。

〔一〕【注】物各自守其分，則靜默而已，無雄白也。夫雄白者，非尚勝自顯者耶？尚勝自顯，豈非逐知過分以殆其生耶？故古人不隨無崖之知，守其分內而已，故其性全。其性全，然後能及天下；能及天下，然後歸之如谿谷也③。【疏】夫英雄俊傑，進躁所以夭年；雌柔謙下，退靜所以長久。是以去彼顯白之榮華，取此韜光之屈辱，斯乃學道之樞機，故爲宇内之谿谷也。而谿谷俱是川壑，但谿小而谷大，故重言耳。【釋文】「谿」苦兮反。

〔二〕【注】不與萬物爭鋒，然後天下樂推而不厭，故後其身。【疏】俗人皆尚勝趨先，大聖獨謙卑處後，故道經云，後其身而身先(故)也。

〔三〕【注】雌辱後下之類，皆物之所謂垢。【疏】退身居後，推物在先，斯受垢辱之者。【釋文】「之垢」音苟。

〔四〕【注】唯知有之以爲利，未知無之以爲用。　【疏】貪資貨也。

〔五〕【注】守沖泊以待羣實。　【疏】守沖寂也。　【釋文】「沖泊」步各反。

〔六〕【注】付萬物使各自守，故不患其少。　【疏】藏，積也。知足守分，散而不積，故有餘。

〔七〕【注】獨立自足之謂。　【疏】巋然，獨立之謂也。言清廉潔己，在物至稀，獨有聖人無心而已。　【釋文】「巋」去軌反，又去類反。本或作魏。

〔八〕【注】因民所利而行之，隨四時而成之，常與道理俱，故無疾無費也。　【疏】費，損也。夫達道之人，無近恩惠，食苟簡之田，立不貸之圃，從容閒雅，終不損己爲（於）物耳，以此爲行而養其身也。　【釋文】「不費」芳味反。

〔九〕【注】巧者有爲，以傷神器之自成，故無爲者，因其自生，任其自成，萬物各得自爲。蜘蛛猶能結網，則人人自有所能矣，無貴於工倕也。　【疏】率性而動，淳朴無爲，嗤彼俗人，機心巧僞也。　【釋文】「蜘」音知。「蛛」音誅。「工倕」音垂。

〔一〇〕【注】委順至理則常全，故無所求福，福已足。

〔一一〕【注】隨物，故物不得咎也。　【疏】咎，禍也。俗人愚迷，所爲封執，但知求福，不能慮禍。唯大聖虛懷，委曲隨物，保全生道，且免災殃。

〔一二〕【注】（理）〔埋〕④根於大初之極，不可謂之淺也。　【釋文】「大初」音泰。

〔一三〕【注】去甚泰也。　【疏】以深玄爲德之本根，以儉約爲行之綱紀。　【釋文】「去甚」起呂反。

〔一四〕【注】夫至順則雖金石無堅也，迕逆則雖水氣無軟⑤也。至順則全，迕逆則毁，斯正理也。【釋文】「迕逆」五故反。「无軟」如兖反，本或作濡，音同。○盧文弨曰：今書作无耎。

〔一五〕【注】進躁無崖爲鋭。【疏】毁損堅剛之行，挫止貪鋭之心，故道經云挫其鋭。【釋文】「挫」作卧反。

〔一六〕【注】各守其分，則自容有餘。

〔一七〕【注】全其性也。【疏】退己謙和，故寬容於物；知足守分，故不侵削於人也。

〔校〕①高山寺本無容字。②高山寺本作雖未，闕誤同，云：江南古藏本及文李二本俱作可謂至極。③趙諫議本無也字。④埋字依宋本改。⑤世德堂本軟作耎。

關尹老聃乎！古之博大真人哉〔一〕！

〔一〕【疏】關尹老子，古之大聖，窮微極妙，冥真合道；教則浩蕩而弘博，理則廣大而深玄，莊子庶幾，故有斯嘆也。

芴①漠无形，變化无常〔一〕，死與生與，天地並與，神明往與〔二〕！芒乎何之，忽乎何適〔三〕，萬物畢羅，莫足以歸〔四〕，古之道術有在於是者。莊周聞其風而悦之，以謬悠之説，荒唐之言，无端崖之辭，時恣縱而不儻②，不以觭見之也〔五〕。以天下爲沈濁，不可與莊語〔六〕，以卮言爲曼衍，以重言爲真，以寓言爲廣〔七〕。獨與天地精神往來而不敖倪於萬物〔八〕，不譴是非〔九〕，以與世俗處〔一〇〕。其書雖瓌瑋而連犿无傷也〔一一〕。其辭雖參差而諔詭可觀〔一二〕。彼其充實不可以已〔一三〕，上與造物者遊，而下與外死生无終始者爲友〔一四〕。其於本也，弘大而辟，深閎而肆，其於宗也，可謂稠③適而上遂矣〔一五〕。雖然，其應於化而解於物也〔一六〕，其理不竭，其來不蜕〔一七〕，芒乎昧乎，未之盡者〔一八〕。

〔一〕【注】隨物也。【疏】妙本無形，故寂漠也；迹隨物化，故無常也。【釋文】「芴」元嘉本作寂。「漠」音莫。

〔二〕【注】任化也。【疏】以死生爲晝夜，故將二儀並也；隨造化而轉變，故共神明往矣。【釋文】「死與」音餘。下同。

〔三〕【注】無意趣也。【疏】委自然而變化，隨芒忽而遨遊，既無情於去取，亦任命而之適。【釋文】「芒乎」莫剛反。下同。

〔四〕【注】故都任置。【疏】包羅庶物，囊括宇內，未嘗離道，何處歸根。

〔五〕【注】不急欲使物見其意。【疏】謬，虛也。悠，遠也。荒唐，廣〔天〕〔大〕也。恣縱，猶放任也。觭，不偶也。而莊子應世挺生，冥契玄道，故能致虛遠深弘之説，無涯無緒之談，隨時放任而不偏黨，和氣混俗，未嘗觭介也。【釋文】「謬悠」謂若忘於情實者也。「荒唐」謂廣大無域畔者也。○慶藩案無端崖，猶無垠鄂也。淮南原道篇無垠鄂之門，許注垠鄂（鍔）（案引注鄂誤鍔。)云：端崖也。(見文選張衡西京賦注。)高注：無形狀也。說文土部：垠，地垠也。楚辭王注：垠，岸崖也。文選甘泉賦李善注：(郭)〔鄂〕，垠堮也。「而儻」丁蕩反。徐敕蕩反。○盧文弨曰：今書時恣縱而不儻有不字。「觭」音羈，徐起宜反。

〔六〕【注】累於形名，以莊語爲狂而不信，故不與也。【疏】莊語，猶大言也。宇内黔黎，沈滯闇濁，咸溺於小辯，未可與說大言也。【釋文】「莊語」並如字。郭云：莊，莊周也。一云：莊，〔端〕④正也。一本作壯，側亮反，(端)大也。○慶藩案莊壯，古音義通用。逸周書謚法篇兵甲亟作曰莊，叡圉克服曰莊，勝敵志强曰莊，死於原野曰莊，屢征殺伐曰莊。莊之言壯也。楚辭遠游精粹而始壯，與行鄉陽爲韻。詩鄘風君子偕老箋顏色之莊，釋文：莊，本又作壯。禮檀弓衛有太史曰柳莊，漢書古今人表作柳壯。天下不可與莊語，釋文：莊，一本作壯。皆其明證。

〔七〕【疏】卮言，不定也。曼衍，無心也。重，尊老也。寓，寄也。夫卮滿則傾，卮空則仰，故以卮器以況至言。而耆艾之談，體多真實，寄之他人，其理深廣，則鴻蒙雲將海若之徒是也。【釋文】「以卮」音支。

〔八〕【注】其言通至理，正當萬物之性命。【疏】敖倪，猶驕矜也。抱真精之智，運不測之神，寄迹域中，生來死往，謙和順物，固不驕矜。【釋文】「不敖」五報反。「倪」音詣。

〔九〕【注】已無是非，故恣物(兩)〔而〕⑤行。【釋文】「不譴」遣戰反。

〔一〇〕【注】形羣於物。【疏】譴，責也。是非無主，不可窮責，故能混世揚波，處於塵俗也。

〔一一〕【注】還與物合，故無傷也。【疏】瓌瑋，弘壯也。連犿，和混也。莊子之書，其旨高遠，言猶涉俗，故合物而無傷。【釋文】「瓌」古回反。「瑋」瓌瑋，奇特也。「連犿」本亦作抃，同。芳袁反。又音獾，又敷晚反。李云：皆宛轉貌。一云：相從之貌，謂與物相從不違，故無傷也。

〔一二〕【注】不唯應當時之務，故參差。【疏】參差者，或虛或實，不一其言也。諔詭，猶滑稽也。雖寓言託事，時代參差，而諔詭滑稽，甚可觀閱也。【釋文】「參」初林反。注同。「差」初宜反。「諔」尺叔反。

〔一三〕【注】多所有也。【疏】已，止也。彼所著書，辭清理遠，括囊無實，富贍無窮，故不止極也。

〔一四〕【疏】乘變化而遨遊，交自然而爲友，故能混同生死，冥一始終。本妙迹粗，故言上下。

〔一五〕【疏】闢，開也。弘，大也。閎，亦大也。肆，申也。遂，達也。言至本深大，申暢開通，真宗調適，上達玄道也。【釋文】「而辟」婢亦反。「深閎」音宏。「稠適」稠，音調。本亦作調。

〔一六〕【疏】言此莊書，雖復諔詭，而應機變化，解釋物情，莫之先也。

〔一七〕【疏】蜕，脱捨也。妙理虛玄，應無窮竭，而機來感己，終不蜕而捨之也。【釋文】「不蜕」音悦，徐始鋭反，又敕外反。

〔一八〕【注】莊子通以平意説己，與説他人無異也，案其辭明爲汪汪然，禹(亦)〔拜〕⑥昌言，亦何嫌乎此也！【疏】芒昧，猶窈冥也。言莊子之書，窈窕深遠，芒昧恍忽，視聽無辯，若以言象徵求，未窮其趣也。【釋文】「汪汪」烏黃反。

〔校〕①趙諫議本芴作寂。②趙本儻作黨。③趙本稠作調。④端字依世德堂本及釋文原本移上。⑤而字依世德堂本改。⑥拜字依世德堂本改。

惠施多方，其書五車，其道舛駁，其言也①不中〔一〕。麻②物之意〔二〕，曰：「至大无外，謂之大一；至小无內，謂之小一〔三〕。无厚，不可積也，其大千里〔四〕。天與地卑，山與澤平〔五〕。日方中方睨，物方生方死〔六〕。大同而與小同異，此之謂小同異〔七〕；萬物畢同畢異，此之謂大同異〔八〕。南方无窮而有窮〔九〕，今日適越而昔來〔一〇〕。連環可解也〔一一〕。我知天下③之中央，燕之北越之南是也〔一二〕。氾愛萬物，天地一體也〔一三〕。」

〔一〕【疏】舛，差殊也。駁，雜揉也。既多方術，書有五車，道理殊雜而不純，言辭雖辯而無當也。【釋文】「惠施」施，惠子名。「五車」尺蛇反，又音居。「舛」川兖反，徐尺允反。「駁」邦角反。○慶藩案司馬作踳駁。文選左太沖魏都賦注引司馬云：踳讀曰舛；舛，乖也；駁，色雜不同也。釋文闕。○藩又案舛駁，當作踳駁。又（引司馬此注）作踳馳。淮南俶真篇二者代謝舛馳。說山篇分流舛馳。（玉篇引作僢馳。）汜論篇見聞舛馳於外。法言敍曰，諸子各以其知舛馳。是其證。（舛踳僢，字異而義同。）「不中」丁仲反。

〔二〕【疏】心遊萬物，厤覽辯之。【釋文】「厤」古歷字。本亦作歷。「物之意」分别歷説之。

〔三〕【疏】囊括無外，謂之大也；入於無間，謂之小也；雖復大小異名，理歸無二，故曰一也。【釋文】「至大无外謂之大一至小无内謂之小一」司馬云：無外不可一，無内不可分，故謂之一也。天下所謂大小皆非形，所謂一二非至名也。至形無形，至名無名。

〔四〕【疏】理既精微，搏之不得，妙絶形色，何厚之有！故不可積而累之也。非但不有，亦乃不無，有無相生，故大千里也。【釋文】「无厚不可積也其大千里」司馬云：物言形爲有，形之外爲無，無形與有，相爲表裏，故形物之厚，盡於無厚。無厚與有，同一體也，其有厚大者，其無厚亦大。高因廣立，有因無積，則其可積，因不可積者，苟其可積，何但千里乎！

〔五〕【疏】夫物情見者，則天高而地卑，山崇而澤下。今以道觀之，則山澤均平，天地一致矣。齊物云，莫大於秋豪而泰山爲小，即其義也。【釋文】「天與地卑」如字，又音婢。「山與澤平」李云：以地比天，則地卑於天，若宇宙之高，則天地皆卑，天地皆卑，則山與澤平矣。

〔六〕【疏】睨，側視也。居西者呼爲中，處東者呼爲側，則無中側也。猶生死也，生者以死爲死，死者以生爲死。日既中側不殊，物亦死生無異也。【釋文】「日方中方睨」音詣。「物方生方死」李云：睨，側視也。謂日方中而景已復昃，謂景方昃而光已復没，謂光方没而明已復升。

凡中昃之與升没，若轉樞循環，自相與爲前後，始終無别，則存亡死生與之何殊也！

〔七〕【疏】物情分别，見有同異，此小同異也。

〔八〕【疏】死生交謝，寒暑遞遷，形性不同，體理無異，此大同異也。【釋文】「大同而與小同異此之謂小同異萬物畢同畢異此之謂大同異」同體異分，故曰小同異。死生禍福，寒暑晝夜，動静變化，衆辨莫同，異之至也，衆異同於一物，同之至也，則萬物之同異一矣。若堅白，無不合，無不離也。若火含陰，水含陽，火中之陰異於水，水中之陽異於火，然則水異於水，火異於火。至異異所同，至同同所異，故曰大同異。

〔九〕【疏】知四方無窮，會有物也。形不盡形，色不盡色，形與色相盡也；知不窮知，物不窮物，窮與物相盡也；只爲無厚，故不可積也。獨言南方，舉一隅，三可知也。【釋文】「南方无窮而有窮」司馬云：四方無窮也。李云：四方無窮，故無四方，上下皆不能處其窮，會有窮耳。一云：知四方之無窮，是以無無窮無窮也。形不盡形，色不盡色，形與色相盡也；知不窮知，物不窮物，知與物相盡也。獨言南方，舉一隅也。

〔一〇〕【疏】夫以今望昔，所以有今；以昔望今，所以有昔。而今自非今，何能有昔！昔自非昔，豈有今哉！既其無昔無今，故曰今日適越而昔來可也。【釋文】「今日適越而昔來」智之適物，物之適智，形有所止，智有所行，智有所守，形有所從，故形智往來，相爲逆旅也。鑒以鑒影而鑒亦有影，兩鑒相鑒，則重影無窮。萬物入於一智而智無間，萬物入於一物而物無朕，天在心中則身在天外，心在天内則天在心外也。遠而思親者往也，病而思親者來也。智在物爲物，物在智爲智。司馬云：彼日猶此日，則見此猶見彼也。彼猶此見，則吳與越人交相見矣。○盧文弨曰：今書眣作眹。案眣與瞬同，眹訓目精，義皆不合。似當作朕兆之朕。

〔一一〕【疏】夫環之相貫，貫於空處，不貫於環也。是以兩環貫空，不相涉入，各自通轉，故可解者也。　【釋文】「連環可解也」司馬云：夫物盡於形，形盡之外，則非物也。連環所貫，貫於無環，非貫於環也，若兩環不相貫，則雖連環，故可解也。

〔一二〕【疏】夫燕越二邦，相去迢遞，人情封執，各是其方。故燕北越南，可爲天中者也。【釋文】「我知天之中央燕之北越之南是也」司馬云：燕之去越有數，而南北之遠無窮，由無窮觀有數，則燕越之間未始有分也。天下無方，故所在爲中，循環無端，故所在爲始也。

〔一三〕【疏】萬物與我爲一，故汎愛之；二儀與我並生，故同體也。【釋文】「汎」芳劍反。「愛萬物天地一體也」李云：日月可觀而目不可見，愛出於身而所愛在物。天地爲首足，萬物爲五藏，故肝膽之別，合於一人，一人之別，合於一體也。

〔校〕①高山寺本無也字。②趙諫議本厤作歷。③世德堂本無下字。

惠施以此爲大，觀於天下而曉辯者〔一〕，天下之辯者相與樂之〔二〕。卵有毛〔三〕，雞三足〔四〕，郢有天下〔五〕，犬可以爲羊〔六〕，馬有卵〔七〕，丁子有尾〔八〕，火不熱〔九〕，山出口〔一〇〕，輪不蹍地〔一一〕，目不見〔一二〕，指不至，至不絕〔一三〕，龜長於蛇〔一四〕，矩不方，規不可以爲圓〔一五〕，鑿不圍枘〔一六〕，飛鳥之景未嘗動也〔一七〕，鏃矢之疾而有不行不止之時〔一八〕，狗非犬〔一九〕，黄馬驪牛三〔二〇〕，白狗黑〔二一〕，孤駒未嘗有母，一尺之捶①，日取其半，萬世不竭〔二二〕。辯者以此與惠施相應，終身无窮。

〔一〕【疏】惠施用斯道理，自以爲最，觀照天下，曉示辯人也。【釋文】「爲大觀」古亂反。「於天下」所謂自以爲最也。「曉辯」字林云：辯，慧也。

〔二〕【疏】愛好既同，情性相感，故域中辯士樂而學之也。【釋文】「樂之」音洛。

〔三〕【疏】有無二名，咸歸虛寂，俗情執見，謂卵無毛，名謂既空，有毛可也。【釋文】「卵有毛」司馬云：胎卵之生，必有毛羽。雞伏鵠卵，卵不爲雞，則生類於鵠也。毛氣成毛，羽氣成羽，雖胎卵未生，而毛羽之性已著矣。故鳶肩蜂目，寄感之分也，龍顔虎喙，威靈之氣也。神以引明，氣以成質，質之所剋如户牖，明暗之懸以晝夜。性相近，習相遠，則性之明遠，有習於生。○盧文弨曰：遠，舊作逮，今書作遠，從之。○慶藩案荀子不苟篇楊注引司馬云：胎卵之生，必有毛羽。雞伏鵠卵，卵不爲雞，則生類於鵠也。毛氣成毛，羽氣成羽，雖胎卵未生，而毛羽之性已著矣，故曰卵有毛也。視釋文爲略。

〔四〕【疏】數之所起，自虛從無，從無適有，三名斯立。是知二三，竟無實體，故雞之二足可名爲三。雞足既然，在物可見者也。【釋文】「雞三足」司馬云：雞兩足，所以行而非動也，故行由足發，動由神御。今雞雖兩足，須神而行，故曰三足也。

〔五〕【疏】郢，楚都也，在江陵北七十里。夫物之所居，皆有四方，是以燕北越南，可謂天中，故楚都於郢，地方千里，何妨即天下者耶！【釋文】「郢有天下」郢，楚都也，在江陵北七十里。李云：九州之内，於宇宙之中未萬中之一分也。故舉天下者，以喻盡而名大夫非大。若各指其所有而言其未足，雖郢方千里，亦可有天下也。

〔六〕【疏】名無得物之功，物無應名之實，名實不定，可呼犬爲羊。鄭人謂玉未理者爲璞，周人謂鼠未腊者亦曰璞，故形在於物，名在於人也。【釋文】「犬可以爲羊」司馬云：名以名物，而非物也，犬羊之名，非犬羊也。非羊可以名爲羊，則犬可以名羊。鄭人謂玉未理者曰璞，周人謂鼠〔未〕腊者亦曰璞，故形在於物，名在於人。

〔七〕【疏】夫胎卵濕化，人情分别，以道觀者，未始不同。鳥卵既有毛，獸胎何妨名卵也！【釋文】「馬有卵」李云：形之所託，名之所寄，皆假耳，非真也。故犬羊無定名，胎卵無定形，故鳥可以有胎，馬可以有卵也。一云：小異者大同，犬羊之與胎卵，無分於鳥馬也。

〔八〕【疏】楚人呼蝦蟆爲丁子也。夫蝦蟆無尾，天下共知，此蓋物情，非關至理。以道觀之者，無體非無，非無尚得稱無，何妨非有，可名尾也。【釋文】「丁子有尾」李云：夫萬物無定形，形無定稱，在上爲首，在下爲尾。世人〔爲〕〔謂〕右行曲波爲尾，今丁子二字，雖左行曲波，亦是尾也。

〔九〕【疏】火熱水冷，起自物情，據理觀之，非冷非熱。何者？南方有食火之獸，聖人則入水不濡，以此而言，固非冷熱也。又譬杖加於體而痛發於人，人痛杖不痛，亦猶火加體而熱發於人，人熱火不熱也。【釋文】「火不熱」司馬云：木生於水，火生於木，木以水潤，火以木光。金寒於水而熱於火，而寒熱相兼無窮，水火之性有盡，謂火熱水寒，是偏舉也，偏舉則水熱火寒可也。一云：猶金木加於人有楚痛，楚痛發於人，而金木非楚痛也。如處火之鳥，火生之蟲，則火不熱也。○盧文弨曰：舊處火作處水，譌，今改正。

〔一〇〕【疏】山本無名，山名出自人口。在山既爾，萬法皆然也。【釋文】「山出口」司馬云：形聲氣色，合而成物。律呂以聲兼形，玄黃以色兼質。呼於一山，一山皆應，一山之聲入於耳，形與聲並行，是山猶有口也。

〔一一〕【疏】夫車之運動，輪轉不停，前迹已過，後塗未至，（徐）〔除〕卻前後，更無蹍時。是以輪雖運行，竟不蹍於地也。猶肇論云，旋風偃嶽而常靜，江河競注而不流，野馬飄鼓而不動，日月歷天而不周。復何怪哉！復何怪哉！【釋文】「輪不蹍」本又作跈，女展反。「地」司馬云：地平輪圓，則輪之所行者跡也。

〔一二〕【疏】夫目之見物，必待於緣。緣既體空，故知目不能見之者也。【釋文】「目不見」司馬云：水中視魚，必先見水；光中視物，必先見光。魚之濡鱗非曝鱗，異於曝鱗，則視濡也。光之曜形異於不曜，則視見於曜形，非見形也。目不夜見非暗，晝見非明，有假也，所以見者明也。目不假光而後明，無以見光，故目之於物，未嘗有見也。

〔一三〕【疏】夫以指指物而非指，故指不至也。而自指得物，故至不絶者也。【釋文】「指不至至不絶」司馬云：夫指之取物，不能自至，要假物故至也，然假物由指不絶也。一云：指之取火以鉗，刺鼠以錐，故假於物，指是不至也。

〔一四〕【疏】夫長短相形，則無長無短。謂蛇長龜短，乃是物之滯情，今欲遣此昏迷，故云龜長於蛇也。【釋文】「龜長於蛇」司馬云：蛇形雖長而命不久，龜形雖短而命甚長。○俞樾曰：此即莫大於秋豪之末而大山爲小之意。司馬云：蛇形雖長而命不久，龜形雖短而命甚長，則不以形言而以壽言，真爲龜長蛇短矣，殊非其旨。

〔一五〕【疏】夫規圓矩方，其來久矣。而名謂不定，方圓無實，故不可也。【釋文】「矩不方規不可以爲圓」司馬云：矩雖爲方而非方，規雖爲圓而非圓，譬繩爲直而非直也。

〔一六〕【疏】鑿者，孔也。枘者，内孔中之木也。然枘入鑿中，木穿空處不關涉，故不能圍。此猶連環可解義也。【釋文】「鑿」曹報反。「不圍枘」如鋭反。司馬云：鑿枘異質，合爲一形。鑿積於枘，則鑿枘異圍，鑿枘異圍，是不相圍也。

〔一七〕【疏】過去已滅，未來未至，過未之外，更無飛時，唯鳥與影，嶷然不動。是知世間即體皆寂，故〔肇〕論云，然則四象風馳，璇璣電卷，得意豪微，雖遷不轉。所謂物不遷者也。【釋文】「飛鳥之景」音影。「未嘗動也」司馬云：鳥之蔽光，猶魚之蔽水，魚動蔽水而水不動，鳥動影生，影生光亡。亡非往，生非來，墨子曰，影不徙也。

〔一八〕【疏】鏃，矢耑也。夫機發雖速，不離三時，無異輪行，何殊鳥影。〔輪〕既不蹍不動，鏃矢豈有止有行！亦如利刀割三條絲，其中亦有過去未來見在（之）者也。【釋文】「鏃」子木反，郭音族，徐朱角反。三蒼云：矢鏑也。○慶藩案鏃，郭音族，非也。鏃爲鍭字之誤。侯，隸書作矦，字形相似，故鍭矢之字，多誤爲鏃。（亦多誤爲錐。隹字隸書作隹，亦因形似而誤。見淮南兵略篇疾如錐矢。齊策亦誤作錐矢。高注以錐矢爲小矢，非。）爾雅金鏃翦羽謂之鍭。說文同。方言曰：箭，江淮之間謂之鍭。大雅四鍭既均，周官司弓矢曰殺矢鍭矢，攷工記矢人曰：鍭矢三分。（鍭字亦作猴。士喪禮曰：猴矢一乘。）故知鏃爲鍭之誤也。（鶡冠子世兵篇發如鏃矢。鏃本或作鍭，亦當以從鍭爲是。）「矢之疾而有不行不止之時」司馬云：形分止，勢分行；形分明者行遲，勢分明者行疾。目明無形，分無所止，則其疾無間。矢疾而有間者，中有止也，質薄而可離，中有無及者也。

〔一九〕【疏】狗之與犬，一物兩名。名字既空，故狗非犬也。狗犬同實異名，名實合，則彼謂狗，此謂犬也；名實離，則彼謂狗，異於犬也。墨子曰：狗，犬也，然狗非犬也。【釋文】「狗非犬」司馬云：狗犬同實異名。名實合，則彼所謂狗，此所謂犬也；名實離，則彼所謂狗，異於犬也。

〔二〇〕【疏】夫形非色，色乃非形。故一馬一牛，以之爲二，添馬之色而可成三。曰黃馬，曰驪牛，曰黃驪，形爲三也。亦猶一與言爲二，二與一爲三者也。【釋文】「黃馬驪」力智反，又音梨。

「牛三」司馬云：牛馬以二爲三。曰牛，曰馬，曰牛馬，形之三也。曰黄，曰驪，曰黄驪，色之三也。曰黄馬，曰驪牛，曰黄馬驪牛，形與色爲三也。故曰一與言爲二，二與一爲三也。○慶藩案文選劉孝標廣絶交論注引司馬云：牛馬以二爲三，兼與别也。曰馬，曰牛，形之三也。曰黄，曰驪，色之三也。曰黄馬，曰驪牛，形與色之三也。與釋文小異。

〔二〕【疏】夫名謂不實，形色皆空，欲反執情，故指白爲黑也。【釋文】「白狗黑」司馬云：狗之目眇，謂之眇狗；狗之目大，不曰大狗；此乃一是一非。然則白狗黑目，亦可爲黑狗。

〔三〕【疏】捶，杖也。取，折也。問曰：一尺之杖，今朝折半，逮乎後夕，五寸存焉，兩日之間，捶當窮盡。此事顯著，豈不竭之義乎？答曰：夫名以應體，體以應名，故以名求物，物不能隱也。是以執名責實，名曰尺捶，每於尺取，何有窮時？若於五寸折之，便虧名理。乃曰半尺，豈是一尺之義耶？【釋文】「孤駒未嘗有母」李云：駒生有母，言孤則無母，孤稱立則母名去也。母嘗爲駒之母，故孤駒未嘗有母也。本亦無此句。「一尺」一本無一字。「之捶」章蘂反。「日取其半萬世不竭」司馬云：捶，杖也。若其可析，則常有兩，若其不可析，其一常存，故曰萬世不竭。

〔校〕①世德堂本捶作棰。

桓團公孫龍辯者之徒〔一〕，飾人之心，易人之意〔二〕，能勝人之口，不能服人之心，辯者之囿也〔三〕。惠施日以其知與人之①辯，特與天下之辯者爲怪，此其柢也〔四〕。

〔一〕【疏】姓桓，名團；姓公孫，名龍；並趙人，皆辯士也，客游平原君之家。而公孫龍著守白論，見行於世。用此上來尺捶言，更相應和，以斯卒歲，無復窮已。【釋文】「桓團」李云：人姓名。徐徒丸反。

〔二〕【疏】縱茲玄辯，彫飾人心，用此雅辭，改易人意。

〔三〕【疏】辯過於物，故能勝人之口；言未當理，故不服人之心。而辯者之徒，用爲苑囿。又解：囿，域也。惠施之言，未冥於理，所詮限域，莫出於斯者也。【釋文】「之囿」音又。

〔四〕【疏】特，獨也，字亦有作將者。怪，異也。柢，體也。惠子日用分別之知，共人評之，獨將一己與天地殊異，雖復姦狡萬端，而本體莫過於此。○俞樾曰：與人之辯，義不可通，蓋涉下句天下之辯者而衍之字。柢與氐通。史記秦始皇紀大氐盡畔秦吏，正義曰：氐，猶略也。此其柢也，猶云此其略也。上文卵有毛，雞三足以下皆是。【釋文】「其柢」丁計反。

〔校〕①支偉成本無之字，與俞說合。

然惠施之口談，自以爲最賢〔一〕，曰天地其壯乎！施存雄而无術〔二〕。南方有倚人焉曰黃繚，問天地所以不墜不陷，風雨雷霆之故〔三〕。惠施不辭而應，不慮而對〔四〕，偏爲萬物說，說而不休，多而无已，猶以爲寡，益之以怪〔五〕。以反人爲實而欲以勝人爲名，是以與衆不適也〔六〕。弱於德，强於物，其塗隩矣〔七〕。由天地之道觀惠施之能，其猶一蚉一虻之勞者也。其於物也何庸〔八〕！夫充一尚可，曰愈貴道，幾矣〔九〕！惠施不能以此自寧，散於萬物而不厭，卒以善辯爲名〔一〇〕。惜乎！惠施之才，駘蕩而不得，逐萬物而不反，是窮響以聲，形與影競走也。悲夫〔一一〕！

〔一〕【疏】然，猶如此也。言惠施解理，亞乎莊生，加之口談最賢於衆，豈似諸人直辯而已！

〔二〕【疏】壯，大也。術，道也。言天地與我並生，不足稱大。意在雄俊，超世過人，既不謙柔，故無真道。而言其壯者，猶獨壯也。【釋文】「天地其壯乎」司馬云：惠施唯以天地爲壯於己也。「施存雄而无術」司馬云：意在勝人，而無道理之術。

〔三〕【疏】住在南方，姓黄，名繚，不偶於俗，羈異於人，游方之外，賢士者也。聞惠施聰辯，故來致問，問二儀長久，風雨雷霆，動静所發，起何端緒。【釋文】「倚人」本或作畸，同。紀宜反。李云：異也。◯慶藩案倚當爲奇，倚人，異人也。王逸注九章云：奇，異也。倚從奇聲，故古字倚與奇通也。易説卦傳參天兩地而倚數，蜀才本倚作奇。春官大祝奇㩻，杜子春曰：奇讀爲倚。僖三十三年穀梁傳匹馬倚輪無反者，釋文：倚，居宜反。即奇輪也。字或作畸。荀子天論篇墨子有見於齊，無見於畸，楊注：畸，謂不齊也。不齊即異之義也。（大宗師篇敢問畸人，李頤曰：畸，奇異也。）「黄繚」音了，李而小反，云：賢人也。「不墜」直類反。「霆」音廷，又音挺。

〔四〕【疏】意氣雄俊，言辯縱横，是以未辭謝而應機，不思慮而對答者也。

〔五〕【疏】徧爲陳説萬物根由，並辯二儀雷霆之故，不知休止，猶嫌簡約，故加奇怪以騁其能者也。

【釋文】「徧爲」音遍，下于僞反。

〔六〕【疏】以反人情曰爲實道，每欲超勝羣物，出衆爲心，意在聲名，故不能和適於世者也。

〔七〕【疏】塗，道也。德術甚弱，化物極强，自言道理異常深隩也。【釋文】「隩」烏報反。李云：深也，謂其道深。

〔八〕【疏】由，從也。庸，用也。從二儀生成之道，觀惠施化物之能，無異乎蚉蝱飛空，鼓翅喧擾，徒自勞倦，曾何足云！（益）〔歷〕物之言，便成無用者也。【釋文】「一蚉」音文。「一蝱」孟庚反。

〔九〕【疏】幾，近也。夫惠施之辯，詮理不弘，於萬物之中，尚可充一數而已。而欲銳情貴道，飾意近真，（愬）權而論之，良未可也。【釋文】「愈貴」羊主反。李云：自謂所慕愈貴近於道也。

〔一〇〕【疏】卒，終也。不能用此玄道以自安寧，而乃散亂精神，高談萬物，竟無道存目擊，卒有辯者之名耳。

〔一一〕【注】昔吾未覽莊子，嘗聞論者爭夫尺棰連環之意，而皆云莊生之言，遂以莊生爲辯者之流。案此篇較評諸子，至於此章，則曰其道舛駁，其言不中，乃知道聽塗説之傷實也。吾意亦謂無經國體致，真所謂無用之談也。然膏（梁）〔粱〕之子，均之戲豫，或倦於典言，而能辯名析理，以宣其氣，以係其思，流於後世，使性不邪淫，不猶賢於博奕者乎！故存而不論，以貽好事也。【疏】駘，放也。痛惜惠施有才無道，放蕩辭辯，不得真原，馳逐萬物之末，不能反歸於妙本。夫得理莫若忘知，反本無過息辯。今惠子役心術〔以〕①求道，縱河瀉以索真，亦何異乎欲逃響以振聲，將避影而疾走者也！洪才若此，深可悲傷也。【釋文】「駘」李音殆。「蕩」駘者，放也，放蕩不得也。○慶藩案：文選謝玄暉直中書省詩注引司馬云：駘蕩，猶放散也。釋文闕。「悲夫」音符。「論者」力困反。「較」音角。「評」音病。「不中」丁仲反。「或倦」本亦作勌，同。「其思」息嗣反。「不邪」似嗟反。「好事」呼報反。子玄之注，論其大體，真可謂得莊生之旨矣。郭生前歎膏粱之塗説，余亦晚覩貴遊之妄談。斯所謂異代同風，何可復言也！或曰：莊惠標濠梁之契，發郢匠之模，而云其書五車，其言不中，何也？豈契若郢匠，褒同寢斤，而相非之言如此之甚者也？答曰：夫不失欲極有教之肆，神明其言者，豈得不善其辭而盡其喻乎！莊生振徽音於七篇，列斯文於後②世，重言盡涉玄之路，從事發③有辭之敍，雖談無貴辯，而教無虛唱。然其文易覽，其趣難窺，造懷而未達者，有過理之嫌。祛斯之弊，故大舉惠子之云辯也。○盧文弨曰：案不失二字，疑衍文。神，宋本作伸。又下列斯文於後世，舊脱後字，今補。又從事發有辭之敍，今書發作展。

〔校〕①以字依下句補。②世德堂本無後字。③世德堂本發作展。

點校後記

莊子一書，漢以前很少有人稱引，也没有人作注釋。魏晉之際，玄學盛行，才有晉人司馬彪、崔譔、向秀、郭象諸家的注和李頤的集解。現在除郭注完全保存以外，其餘諸人的注、解，都僅僅殘存於陸德明經典釋文的莊子音義和他書注文以及類書之中。音義所收還有晉人孟氏的注、李軌的注音、徐邈的音以及梁簡文帝的講疏等等。隋唐兩代，關於莊子的著作，可以考知的有二十多種，但流傳下來的只有陸德明的音義和成玄英的注疏。宋明人注解莊子，一般着重研究它的哲學思想，而且多半用佛理來解釋，重要的有林希逸的莊子口義、褚伯秀的南華真經義海纂微、焦竑的莊子翼等。至於方以智的藥地炮莊，主要是藉莊子來發揮他自己的唯物主義思想。清代關於莊子的著作更多，有的着重研究莊子的哲學思想，其中王夫之的莊子通最爲重要；更多的着重於校勘訓詁考證。清代末年，替莊子注解作總結的有郭慶藩的集釋和王先謙的集解。集解後出，却很簡略。

郭慶藩的集釋收録了郭象注、成玄英疏和陸德明音義三書的全文，摘引了清代漢學家如王念孫、俞樾等人的訓詁考證，盧文弨的校勘，並附有郭嵩燾和他自己的意見。本書雖然没有廣泛地採集宋明以來闡釋莊子思想的各家見解，在目前仍不失爲研究莊子的重要資料，所以根據長沙思賢講舍刊本給整理出來。

本書的莊子本文，原根據黎庶昌古逸叢書覆宋本，但校刻不精，錯誤很多。現在根據古逸叢書覆宋本、續古逸叢書影宋本、明世德堂本、道藏成玄英疏本以及四部叢刊所附孫毓修宋趙諫議本校記、近人王叔岷莊子校釋、劉文典莊子補正等書加以校正。凡原刻顯著錯誤衍奪的字，用小一號字體，外加圓括弧，校改校補的字，外加方括弧，以資識别，校記附於每節之後，闕疑之處，不逕改原文，只注明文字異同。此外，又把陸德明的莊子序録和焦竑莊子翼所附闕誤一併列入。校勘以外，還標點分段。小段另行起排，大段並留空一行，注解和正文分開，用數字標出，排在各段之後。整理工作中的缺點錯誤在所難免，希望讀者指正。

王孝魚　一九五九年十二月